중세
IV

IL MEDIOEVO 4 edited by Umberto Eco

탐험, 무역, 유토피아의 시대

중세

IV

움베르토 에코 기획

김효정 · 주효숙 옮김
차용구 · 박승찬 감수

1 4 0 0 ~ 1 5 0 0

시공사

일러두기

1. 옮긴이 주는 *로 표시했다.
2. 인명, 지명, 도서명, 용어 등의 원어는 사용 당시의 표기에 따랐으나 확인이 안 되는 경우에는 이탈리아어나 영어 등 통용되는 대로 표기했다.
3. 성경 구절, 성경에 나오는 인명, 지명 등은 새번역 성경에 따라 표기했다.
4. 책의 번역 명칭은 한국어판이 출간된 경우에 그 제목에 따르는 것을 원칙으로 했으나 명칭의 통일성 문제가 발생할 경우에는 예외로 했다.
5. 자료나 문헌의 출처 표기는 원어로 했다.
6. 『박학한 무지』의 원문 번역은 한국어판(『박학한 무지』, 지식을 만드는 지식, 니콜라우스 쿠사누스 저, 조규홍 역, 2013)을 참고하여 따랐다.

철학

과학과 기술

문학과 연극

시각예술

음악

음악의 이론적 사상 825

연주 및 작곡 기법 835

역사
Storia

역사 서문

| 라우라 바를레타Laura Barletta |

14세기에 유럽의 나라들, 특히 서유럽의 보다 발전한 나라들을 관통했던 인구 감소 및 경제적 퇴보의 흔적이 아직 남아 있는 가운데 15세기의 문이 열렸다. 주요 곡물(밀, 호밀, 보리) 생산이 감소하고, 곡물 수익률이 내려가자 많은 경작지와 농촌 마을 전체가 버려졌다. 경작지가 손상되어 숲과 목초지는 넓어진 반면에 인구는 도시로 유입되었다. 주요 도시들부터 작은 마을에 이르기까지 귀족과 부르주아가 조직의 중심을 세우기 위해 도시로 몰려들었다. 거래도 줄어 상인들은 어려움에 처했으며, 상사 회사도 망하게 되었다. 교황청이 사람들에게 전하는 이미지도 14세기가 시작될 때의 의기양양했던 그것과는 매우 달랐다. 때로는 세 명이 되기도 했지만, 거의 두 명의 교황과 두 개의 추기경회, 그리고 두 개의 교황청이 각각 로마와 아비뇽에 존재했기 때문이다. 유럽 사회의 팽창에 중요한 역할을 했던 교회의 보편성과 구심적인 성격이 위태로워지고, 교황이 최우선이라는 생각을 나타내는 명백한 이론적 토대가 없어지면서 신자단congregatio fidelium(신앙 공동체*)으로 여겨졌던 교회 지배권의 효율적인 직무에 반대하는 시기가 시작되었다. 신자단에서 교황은 여전히 가장 유명한 대표자였지만 그의 절대적인 우월성은 더 이상 인정받지 못했다. 공의회 지상주의를 주장하는 자들, 즉 교회 회의로 재결합한 성직자 단체의 더 큰 힘과 존재감을 통해 교황의 권력을 통제하려고 하는 자들이 서로 반목했고, 교황은 최고의 주권을 행사하겠다고 주장했다. 이러한 상황은 로잔Lausanne에서 니콜라오 5세Nicolaus V(1397-1455)를 로마의 유일한 교황으로 인정하면서 분열이 끝났음을 승인한 1449년까지 계속되었다. 그러나 예전의 것은 아무것도 남지 않았다. 서로 화합하여 공동의 노선을 찾기 힘들었으므로 공의회 지상주의 운동은 교회의 지도에 어떠한 역할을 할 수가 없었다. 1450년에 토르케마다의 후안Juan de Torquemada(1388-1468)이 『교회 대전Summa de ecclesia』을 발표하며 교황권을 토대로 하여 신의 뜻을 따르는

교회의 위기

조직을 만들고자 했지만 결국 15세기 후반에 교황청이 그리스도교를 안내하는 자신의 역할을 거듭 주장하는 것으로 끝나고 말았다. 사실 15세기 초부터 잉글랜드와 프랑스 및 에스파냐의 교회는 정치적으로 더욱 협소한 관계를 가졌던 로마의 교회에 비해 세금 면에서는 어느 정도 자율성을 가졌는데, 이는 군주정과 더불어 유지되었다. 교황들도 추기경회의 강화 정책을 실시하면서 유럽과 이탈리아 왕족을 그들의 회원으로 받아들였다. 이것은 더 이상 정치권의 요구를 피할 수 없었음을 보여 주는 것이다.

무엇보다도 종교계의 불화가 해소되지 않았거니와, 11세기부터 유럽에 확산된 교회의 재산과 권력이 외부로 드러나는 것에 대한 반감도 사라지지 않았다. 그러나 심도 깊은 개혁을 했음에도 교회가 완전하게 통합되지 못한 순간부터는 종교 재판소와 이교도 화형 및 반란의 진압을 통하여 그와 같은 상태를 유지할 수 있었다. 옥스퍼드 대학의 교수였던 존 위클리프John Wycliffe(약 1320-1384)는 후기 중세 사회에 만연했던 종교계의 불안을 알렸는데, 1401년에 그의 가르침은 보헤미아까지 도달했다. 프라하의 제롬Jerome of Prague(약 1370-1416)은 옥스퍼드 대학 재학 당시 위클리프의 중요 저서들을 번역했고, 보헤미아 여왕의 고해신부이자 프라하 대학 교수였던 얀 후스Jan Hus(약 1370-1415)가 그것들을 유포했다. 종교계의 불화가 대학의 지식인 계층 내부로 확산되자 귀족들도 그에 대해 인지했는데, 얀 후스가 이단 사이에 떠돌던 사상을 순화시켰기 때문이기도 했다. 또한 교리의 근간은 잉글랜드에서 위클리프가 했던 것과는 다르게 크게 손상되지 않았다. 1415년에 얀 후스의 화형에도 불구하고 살아남은 후스파 운동이 오래 지속되었던 것은 교회의 규율 및 도덕의 개혁이라는 주제에 대해 보헤미아의 엘리트들이 중요한 역할을 담당했기 때문이다. 그러나 프라하의 제롬의 교황과 성직자 계급을 반대하는 설교 때문에 민중들이 폭동을 일으켰던 매우 긴장된 상황에서, 후스의 사상은 결국 타보르파와 후스파 사이를 갈라놓고 말았다. 얀 지슈카Jan Žižka(약 1360-1424)가 이끌었던 타보르파는 평등주의를 내걸었으며, 진정으로 고유한 사회적 반란에 길을 열어 주었다. 여기에 반란에 가담한 농민들 및 임금 노동자들이 전쟁 때문에 힘들고 화가 난 자신들의 마음을 표출하면서 지배 계층의 탐욕과 곡물 생산의 위기가 드러났다. 보헤미아의 유산 계급 및 귀족과 결합한 후스파는 빵과 포도주 형태로 분배되는 성체성사聖體聖事, 고위 성직자 선출, 세속의 재산에 대한 종교인들의 거부, 성직자들의 시민 권력에 대한 순종 등에

후스파 운동

대한 얀 후스의 논문을 공유했지만, 교회 및 황제의 권력과 타협했으며 보헤미아 리파니Lipany에서 타보르파의 절멸에 가담했다(1434).

불안한 사회와 문화

종교계의 불안이 유럽 전역에 퍼져 있는 가운데 인문주의의 토대를 이루는 문화의 소요 때문에 성서에 대한 비판적인 조사가 이루어졌다. 신학부의 쇠퇴 및 교단들 사이의 교리 논쟁은 결국 교리의 불확실함으로 이어지는 통상적인 논쟁이 되었다. 한편으로는 위기가 길어지고, 다른 한편으로는 성직자가 사회적인 문제에 휘말리기도 했던지라 종교계는 신성을 말하기 위한 대안을 찾게 되었다. 군주국으로 공인받기 위해 고군분투했던 교황청은 재정 적자 때문에 점차 기금을 필요로 했으며, 군주들은 그들대로 권력에 집중하느라 자신의 국가에서 돈이 흘러 나가는 것에 동의하지 않았거니와 자신과는 다른 권위를 인정하는 것도 꺼렸다. 이와 같은 상황이 교황과 성직자에 대한 저항을 자극했다. 새로운 사회 계층이 대두하자 복음의 소박함을 회복하고 인류의 평등주의에 근접하는 종교적 성찰이 일반화되었다. 하지만 르네상스의 특징을 이루는 세속화가 진행되었다고 해서 그리스도교를 버리는 것은 아니었다. 오히려 새로운 정신적 요구 및 새로운 상황을 향한 사회의 근본적인 운동이 일어났다. 적절한 대답을 찾지 못한 공동체와 사람들의 의식 속에 이미 내재되어 있던 요구가 나타난 것이다. 1498년 5월 23일에 피렌체 시뇨리아 광장에서 지롤라모 사보나롤라Girolamo Savonarola(1452-1498)가 화형당하면서 15세기가 끝나는데, 그의 이야기는 이와 관련된 상징적인 사건이다.

새로운 영적 운동

게다가 15세기 초에 경제적 상황으로 적지 않은 민중이 사라졌다. 즉 방랑 생활을 해야 하는 농민, 목동, 짐꾼, 노동자, 벽돌공, 기술자, 군인 등이 사라졌다. 이들은 우발적이고 불확실한 생활을 했어도 그동안 일할 기회가 여러 번 제공되었기에 구걸하거나 범죄를 저지르지는 않았다. 이들은 은둔자, 예언가, 설교가, 대재앙 예고자, 마법사, 마녀 및 의사들의 말을 쉽게 믿는 배회하는 대중이었다. 그러나 14세기의 반란 이후에는 공동체 및 공식 제도로부터 불신받았으며, 탄압의 대상이 되었을 뿐만 아니라 대도시에 건축 중인 대형 병원에 억지로 수용되어 조직화의 대상이 되기도 했다. 착한 빈민과 악한 빈민을 구분하는 관행이 생겨나서 노인, 장애인, 맹인, 병자, 과부, 어린이, 이단, 창녀, 광인, 개종자, 순례자, 이방인, 걸인, 강도로 이루어진 그리스도의 가난한 자들이라는 기존의 모호한 범주가 파괴되었다. 노동을 할 수 있는 사회에 유용한 유순한 빈민과 실제로 구제해야 하는 빈민 및 위험하고 사나운 빈민이 구별되었다. 반면 신비주의에 대한 억압이 더욱 심각해져서 신비주의는 점점 악령으로 비하되었다.

성녀와 마녀의 구분, 기적과 마법의 구분, 악의 전염에서 세상을 구원하는 것, 탄생과 죽음의 주인으로서 끊임없이 일상과 미지의 세계의 경계선을 넘나드는 여성의 위험한 동물성을 억제하는 것 등 모든 것이 마녀사냥이라는 새로운 물결을 일으켰다. 그리고 여성의 악덕과 덕성을 설명하고, 대개 남성들에게 손실을 주는 여성과 남성의 관계를 논의하는 소책자가 나오게 되었다. 그리하여 1486년에 도미니쿠스회의 수도사인 야콥 슈프랭거(약 1436-1494)와 하인리히 크라머(약 1430-1505)가 저술한 『마녀를 심판하는 망치(말레우스 말레피카룸)Malleus Maleficarum』와 같은 작품이 나왔다.

권력의 집중, 궁정의 발전, 행정 기구 및 재정, 군사, 외교 조직의 발전, 봉건제의 정치적 공간 축소 등의 경향이 있었으며, 그밖에도 교회와 비교하여 중간 상인층, 기술자, 관료, 전문가를 포함하는 제3의 신분이 형성되었다. 이들은 일반적으로 귀족에도 성직자에도 속하지 않았다. 생산에 종사하지 않는 과격파 그룹이 사회 주변부로 밀려났고, 중앙 권력의 통제를 벗어나는 모든 것을 억압하여 마침내 위대한 근대가 시작되었다. 중세가 지속된 것이 아무리 주요하다 해도, 근대 국가로의 이행 과정이 아무리 길다 해도, 또 유럽 여러 국가에서 그 과정을 밟으며 만들어 낸 형태가 아무리 다양하다 해도, 근대 국가의 탄생은 정말이지 중요한 역사적 사건이라 하겠다. 그리고 대국大國들은 지속적으로 자신들의 견고한 힘을 길러 유럽의 주도권을 가지기를 열망했고, 그 결과 오랜 전쟁이 이어졌다.

새로운 사회를 향하여

전쟁

여러 전쟁, 특히 비록 중간에 휴전도 했지만 14세기 중반에 시작된 백년전쟁은 백성들에게는 미래에 대한 불확실함을 의미했다. 잉글랜드와 프랑스의 갈등 속에는 아직도 영주의 권리와 세습권이 얽혀 있었는데, 이는 왕실만이 아니라 여러 가지 특별한 이익도 관련되었다. 가장 놀라운 예가 아르마냑Armagnac 지역과 부르고뉴 지역의 충돌이다. 잉글랜드의 헨리 5세Henry V(1387-1422)는 부르고뉴의 선량공 필리프

백년전쟁의 지속

Philippe le Bon(1396-1467)의 지지로 아쟁쿠르 전투(1415)에서 승리하여 1420년에 트루아 조약을 맺었다. 프랑스는 무능했던 샤를 6세의 죽음을 기다리며 잉글랜드 왕에게 프랑스 왕국의 섭정권을 줌으로써 '프랑스-잉글랜드 이중 왕국'의 무대에 가능성을 열어 주었다. 그러나 1435년에 아라스에서 부르고뉴와 잉글랜드의 동맹이 파괴됨으로써 샤를 7세가 군사 작전을 재개했고, 1453년에 칼레를 제외한 지역에서 잉글랜드군을 퇴각시켰다. 두 경우의 결과가 다른 것은 샤를 7세가 프랑스 왕국을 재편성하여 일찍이 민족정신이라 할 수 있는 정신을 제기했기 때문으로, 잔 다르크 Jeanne d'Arc(약 1412-1431)가 보여 주었다. 어쨌거나 상황은 중세의 지방 분권주의에 대해 자신의 권위를 제기한 프랑스와 잉글랜드 군주국에 유리하게 작용했다.

범위가 더 작았으나 이탈리아에서도 영토의 패권을 위한 전쟁이 전개되었다. 그러나 공동 방어는 할지라도 정치적인 통합 계획은 없었는데, 이탈리아 자유국libertas Italiae이라는 모호한 방식을 예시한 듯하다. 도시 생활의 경험을 말해 주는 이 용어는 지역 통치 강화 및 자율성에 대한 공동의 열망을 다시 이해하기 위해 의미가 더욱 확장되었다. 그와 같은 열망은 15세기 초에 나타났으며, 로디 화약(1454)에서 세력 균형을 찾았다. 비스콘티 가문의 팽창 정책이 다시 시작되었지만 이탈리아 반도의 영토 배치는 본질적으로 변화가 없었다. 비스콘티가는 고작 베네치아를 포함시킬 수 있었으며, 피렌체에서 메디치 가문의 전성기가 오면서는 더 이상 다른 영토를 가질 수 없었다. 이탈리아 반도는 규모가 더 큰 여섯 개의 나라가 나누어 가졌다. 나폴리 왕국, 교황령, 피렌체 공화국, 베네치아 공화국, 밀라노 공국, 사보이 공국이다. 다른 소규모 영토를 다스린 나라는 코르시카 섬을 포함한 제노바 공화국, 시에나 공화국, 루카 공화국, 트렌토 공국, 살루초, 몬페라토, 체바Ceva 후국이 있었으며, 그밖에 로마냐 및 에밀리아 지방을 다스렸던 에스테가 시뇨리아 체제, 만토바의 곤차가가 시뇨리아 체제, 루니지아나(현재의 라스페치아 마사카라라*)의 말라스피나가 시뇨리아 체제, 그리고 또 다른 나라들도 있었다.

이탈리아의 상황

군대

국가를 위해 안정적으로 고용된 군대가 근대 군대를 구성하는 최초의 핵심이었으며, 이들이 전쟁을 지배했다. 용병 대장들은 정치적으로 막중한 역할을 자주 수행했기에 중요했다. 그러나 무기와 전술에서 혁신이 있던 시대인 1470년대에는 그

랑송Grandson, 모라Morat, 낭시 전투에서 부르고뉴 기사에 대항하는 스위스 군대가
나왔고, 백년전쟁에서 이미 경험한 바 있는 새로운 전쟁의 형태가 1453년 봄에 콘
스탄티노플의 성벽 앞에서 나타났다. 콘스탄티노플을 공격할 때 폭격기와 컬버린   **컬버린과 폭격기**
Culverin(15-17세기에 유럽에서 사용했던 대포*)이 매우 중요한 역할을 수행했는데, 특히
"금속 조각을 전체에 붙인 거대한 폭격기는 원주가 열한 뼘과 세 손가락이고, 무게가
1천9백 파운드인 바위를 던졌다"고 한다. 콘스탄티노플 방어전에 참가했던 피렌체
출신의 상인 야코포 테달디에 따르면 이 폭격기는 산 로마노 성문의 상단 부분을 파
괴했다. 화약 사용으로 급격한 변화가 있었다. 단계적이긴 했지만 변화는 뒤집을 수
없는 것이었고, 막대한 전쟁 비용 때문에 군사적 측면 외에도 정치적 측면에서도 즉
각적인 영향을 주었다. 광석 추출과 무기 및 방어용 건물의 제작 때문에 경제적 측면
에서도 더욱 견고하고 규모가 큰 국가만이 전쟁에서 승리할 수 있었다.

콘스탄티노플의 몰락

비잔티움 제국은 서로마 제국의 군주들에게 헛되이 도움을 요청하면서 자신의 허약
함을 보여 주었다. 유일하게 헝가리 십자군이 개입했지만 바르나 전투에서 투르크
족의 공격으로 물러났다(1444). 또 비잔티움 제국은 1447년에 페라라 공의회와 피
렌체 공의회에 참가하여 동방 교회와 로마 교회의 통합을 받아들였다. 이후 1453년
5월 29일의 오스만 제국의 콘스탄티노플 정복은 중세의 종말을 의미하는 상징적인
사건들 중 하나가 되었다. 중세가 열망했던 이데올로기 모델, 즉 고대 후기부터 전해
진 제국과 교회를 하나로 엮어 보편적으로 바라보려는 모델이 사라진 것이었다. 볼
로냐의 법률가들이 유스티니아누스 왕조의 자료를 통해 확인한 바 있다. 유럽인들
은 투르크족 세력 때문에 발칸 반도와 에게 해, 흑해 및 동지중해를 장악하지 못했
고, 콘스탄티노플에서도 그리스도교가 우위를 차지하지 못했다. 이슬람교도들이 예
루살렘, 알렉산드리아, 베이루트, 안티오키아(현재의 안타키아*)를 지나 동방으로 가
는 길을 열었고, 고대 문헌을 비판적으로 재독再讀하도록 격려하면서 인문주의의 문
화적 자극을 터뜨리는 데 공헌했던 것이다.

　15세기 말부터 교황 비오 2세Pius II(에네아 실비오 피콜로미니Enea Silvio Piccolomini,
1405-1464, 1458년부터 교황)를 비롯하여 이탈리아 및 유럽 궁정의 군주들과 후원자
들 옆에는 문학가들과 예술가들이 있었으며, 이들은 때때로 정치적인 임무를 맡기

도 했다. 마르실리오 피치노Marsilio Ficino(1433-1499)가 피렌체에 세운 플라톤 아카데미아와 율리우스 폼포니우스 라에투스Julius Pomponius Laetus(1428-1497)의 아카데미아, 그리고 나폴리에는 폰타노 아카데미아가 세워졌다. 그중에서도 책과 도서관은 종교적인 조건을 배제한 채 인간의 해방권을 인정하는 등 인문주의 연구를 전달하는 통로가 되었다. 비오 2세가 세운 바티칸 도서관 외에 헝가리의 마차시 1세Mátyás I(약 1443-1490, 1458년부터 왕)의 매우 유명한 도서관 같은 왕들의 도서관이 건립되었다. 반면 1455년에는 구텐베르크Gutenberg라 불리는 요하네스 겐스플레이슈(약 1400-1468)가 종이 양면에 압착기를 이용함으로써 유럽에 이동식 활자를 통한 인쇄술이 도입되었다. 구텐베르크는 13세기부터 사용하던 목판술을 수정하여 처음에는 상상에서만 가능했던 서적 생산 및 재생산의 가능성을 제공했다.

니케아 주교였다가 나중에는 라틴 교회의 추기경이 되는 요하네스 베사리온 Johannes Bessarion(1403-1472)이 수집한 필사본 소장본을 비롯하여 비잔티움에서 서유럽으로 전달된 그리스어 서적과 함께 비잔티움 제국의 유산이 서유럽으로 이동했는데, 이들은 베네치아의 마르차나 도서관의 가장 오래된 도서 목록이 될 터였다.

근대 국가의 형성

15세기 말에 국토 모양도 결정되었으며, 이것이 근대 국가의 토대가 되었다. 용담공 샤를Charles Ier le Téméraire(1433-1477)은 루이 11세Louis XI(1423-1483)에 반대하는 대大 귀족들의 반란을 승리로 이끈 대장 중 한 명이었다. 그런 그가 당시 전투에서 사망하자 프랑스 왕 루이 11세는 부르고뉴와 피카르디를 합병했으며, 그로 인해 합스부르크 왕가와 해결해야 할 부르고뉴 지역의 유산 문제가 공개되었다. 이는 1482년에 아라스 조약으로 일부만 해결되었다.

프로방스, 멘Maine, 앙주 같은 다른 지방들이 왕국에 합병되었던 반면에 브르타뉴 지방은 1491년에 루이 11세의 아들인 샤를 8세Charles VIII(1470-1498)와 브르타뉴의 안Anne de Bretagne(1477-1514)과의 결혼을 통해 얻었다.

프랑스와는 다르지만 못지않게 중요한 것이 잉글랜드 군주제의 여정이다. 랭커스터Lancaster 가문(빨간 장미)과 요크York 가문(흰 장미) 사이의 장미전쟁이 끝나고서 부친 쪽으로 랭커스터 가문의 후손인 튜더 왕조의 헨리 7세Henry VII(1457-1509)는 에드워드 4세Edward IV(1442-1483)의 딸인 요크의 엘리자베스Elizabeth(1466-1503)와 결

(좌측 여백)
아카데미아의
탄생과 도서관

프랑스와 잉글랜드

혼했다. 그리하여 1485년에 새로운 왕조는 상원과 하원으로 구성된 이원제의 의회 정치를 통해 안정적인 상황을 유지하게 되었다.

독일 제국은 합법화된 보편주의적인 종교가 없었으며, 1356년에 교황청의 허락을 받아 세속화의 길을 걷느라 오랫동안 고통을 겪었다. 사실 교황청은 선제후選帝侯의 영토를 자신의 관할에서 배제했다. 교황청에 속했던 다른 영토, 세속 공국과 교회 공국, 시뇨리아, 도시들의 또 다른 영토들도 배제되었다. 이들 국가들은 동맹 형태로 뭉쳤지만 정치적 혹은 군사적으로 급한 문제들을 해결하느라 동맹은 아주 짧았다.

이와 같이 각국이 분열되는 상황(같은 시기인 15세기 말에 스위스는 1499년의 바젤 협약으로 독립에 성공했다)에서 이미 오스트리아, 슈타이어마르크, 케르텐 주, 크란스카를 통치하게 된 합스부르크 왕가는, 비록 룩셈부르크의 중재가 있긴 했지만, 비로소 제국의 통치자로 인정받기 시작했다. 헝가리의 마차시 1세가 크란스카의 상당 부분을 잠시 점령했지만 막시밀리안 1세Maximilian I(1459-1519)가 재정복했다.

합스부르크가의 성공

남동쪽으로는 오스만 제국의 압력으로 불가리아와 세르비아가 지도에서 사라졌고, 보헤미아 및 헝가리가 위협받았다. 1526년에 모하치Mohács 전투에서 패하여 독립 기회를 뺏긴 헝가리는 오스만 제국과 합스부르크 제국이 분쟁하는 원인이 되었다. 그동안 동방에서는 1478년에 노브고로드Novgorod 공화국이 붕괴된 뒤에 비잔티움 제국의 공주인 소피아Sophia(1455-1503)와 결혼한 이반 3세Ivan III(1440-1505)가 킵차크 한국의 지배에서 벗어났으며, 그에게 충성하는 대귀족들의 도움을 받아 단일 국가를 형성했다. 그리하여 그는 비잔티움 제국의 상징과 의식을 수용하여 진정한 그리스도교 신앙의 후계자, 즉 제3의 로마라는 신화를 만들어 냈다. 그리고 근처에 위치한 리보니아와 폴란드 왕국을 위협했다. 폴란드 왕국은 1410년 타넨베르크에서 독일 기사단을 무찔러 그들의 팽창 야욕을 막았다.

15세기 초부터 이베리아 반도에는 무역을 하기 위해 해양을 탐사하는 포르투갈이 있었다. 포르투갈은 지브롤터 해협을 넘어 근대 유럽의 새로운 수평선을 개척했다. 그들은 세우타Ceuta를 점령하여 북아프리카 연안으로 영토를 넓히고자 했지만 곧 실현될 수 없음이 밝혀졌다. 간신히 인구 50만 명이 되었던 작은 왕국 세우타는 1094년에 라스 나바스 데 톨로사 전투에서 승리한 뒤 안정적인 영토의 모습을 갖춘 이베리아 반도의 여러 국가들 중 최초의 국가이며, 북동쪽의 카스티야 지방과 남서쪽의 바다 사이에 위치했다. 포르투갈은 15세기 내내 서아프리카 해안을 따라 체계적인 항해를 지속하는 데 집중하며 새로운 운송 기술 및 운송 방법을 사용했다.

무엇보다 도구를 이용하면서 육안 항해술이 사라졌고, 돛을 단 범선의 등장으로 갤리선의 노가 사라졌다. 범선은 세 개의 돛대를 장착하여 50~60도까지 바람을 견딜 수 있었다. 그리고 둥근 형태에다 많은 화물을 실을 수 있어 항해 범위도 넓어졌다. 1418년에는 마데라 섬이 발견되었고, 잠시 후 이 섬에서 사탕수수를 재배하기 시작 했다. 1427년에는 아조레스Azores 제도에 도달했고, 1434년에는 보자도르Bojador 곶 을 회항했다. 15세기 중반에 포르투갈 왕 두아르테 1세Duarte I(1391-1438)의 동생인 항해자 엔히크Henrique(1394-1460)는 카보베르데를 발견했고, 15세기 후반에 포르투 갈인들은 콩고 강 입구에 도착했다. 1494년에는 희망봉을 회항했다.

처음으로 흑인 노예들을 배에 실었던 때가 1441년이다. 그들은 곧 사탕수수를 재 배하는 데 이용되었으며, 이로써 기나긴 노동 착취의 역사가 시작되었다. 인구가 많 지 않아 거대한 영토를 점령할 수 없었던 포르투갈인들은 무역의 토대와, 토착민들 과 합의하여 요새를 만드는 것으로 그쳤다. 오래전부터 내려온 식민지 건설 정책을 따르면서 말이다.

그리고 크리스토퍼 콜럼버스Christopher Columbus(1451-1506)가 지휘하는 세 척의 범선이 카스티야에서 출발했다. 이 범선은 신세계로 가는 길을 열어 주었으며, 경제 분야에 이례적인 충격을 주었고, 구舊대륙에서 유지되었던 힘의 균형에 변화를 주었 다. 카스티야는 불행한 사건이 연속해서 발생했던 중요 지역이었으며, 여왕 이사벨 1세Isabel I(1451-1504)와 아라곤의 페르난도 2세Fernando II(1452-1516)의 결혼 이후 마 침내 이베리아 반도의 여러 국가들 중 중심지가 되었다. 언어, 전통, 경제 및 역사가 전혀 달랐던 두 국가를 통합했던 요소는 대외적으로 공격적인 정책을 실시한 점이었 다. 1492년에는 그라나다를 정복했고, 16세기 초에는 오랑, 알제리, 탕헤르를 정복 했다. 두 국가를 통합한 또 다른 요소는 국내적으로 마라노Marrano(그리스도교로 개종 당한 유대인*)를 억압한 점이었다. 교회 및 에스파냐 이단 재판소는 종교의 해석자 역 할을 수행했으며, 그리스도교는 정치적 안정을 유지하기 위한 수단이 되었다.

아라곤 왕조는 지중해 서쪽으로 눈길을 돌렸고, 1442년에 나폴리 왕국을 정복하 여 지중해 서쪽에 대한 지배권을 확장했다. 반면 카스티야는 일찍이 카나리아 제도 에 진출하여 그곳에서 광범위하고 굳건한 식민지를 건설했다. 이 정책은 이후 신세 계에서도 적용되었다. 지상의 천국 찾아가기, 그리스도교를 보급시키겠다고 강하게

포르투갈의 탐험

크리스토퍼 콜럼버스

마음먹기, 여러 나라에서 정말 부족하다고 주장하는 금을 찾아 숨 가쁘게 달려가기, 동방으로 가는 무역로를 간절한 마음으로 찾아가기 등과 같은 중세의 신화에 사로잡혀 있던 콜럼버스는 중세와 근대를 연결하는 진정한 매개자였다. 비록 계산을 잘못하여 예측이 어긋났지만, 그는 매우 용감한 탐험대를 조직했다. 더욱 중요한 것은 이 탐험대가 과학을 토대로 했다는 점이다. 콜럼버스 이후의 탐험대는 놀라운 기구를 배에 장착하고 미지의 땅을 찾아 떠났다. 그러므로 그렇게 축적된 역사적, 재정적 자본과 경험을 통해 그와 관련한 사업이 성장하여 이익을 보는 것은 자명했다. 그것은 바로 아메리카 대륙이 가진 금과 은이었다. 1492년에 콜럼버스가 아메리카 대륙을 발견하고 이후 1494년에 토르데시야스 조약이 체결된 뒤에, 에스파냐의 대형 범선인 갤리온은 카를 5세Karl V(1500-1558)와 펠리페 2세Felipe II(1527-1598)의 정치 자금 및 전쟁 자금을 대기 위해 십자가를 앞세우고 전진하기 시작했다.

이탈리아

이탈리아는 어떤 식으로든 주권을 지키기 위해 노심초사했던 수많은 소규모 국가들 때문에, 체스에 비교하자면 유럽에서는 약한 졸병이었다. 그러므로 유럽에서 주도권을 가지려는 더 큰 국가들이 도움을 요청하면 거부할 수 없었다. 다시 말해 유럽 국가들이 속한 시스템이라 정의할 수 있는 것이 만들어졌는데, 그것은 이탈리아를 정복하기 위한 것이었다. 요컨대 이탈리아의 정치 질서를 통제했던 것이 이제는 유럽으로 이동한 듯했다. 동맹과 갈등을 통해 국가 사이에 서로 긴밀하게 의존했던 메커니즘을 말하며, 여기 속한 국가들은 각각의 국가가 요소가 되는 복합체임을 깨우쳐야 했다. 도시, 공화국, 참주僭主국, 교황청, 나폴리 왕국, 그리고 이탈리아 자유국libertas Italiae으로 구성되어 로디 화약을 체결한 이탈리아는 최초로 대국이 지향하는 근대성에 직면하게 되었다. 요컨대 샤를 8세는 이탈리아를 침입했지만 저항을 받지 않았으며, 그렇게 이탈리아가 전쟁에 참여하는 시절이 시작되었다.

15세기 말에 들어 마침내 인구가 회복되었다. 일반 식료품, 의복, 도시 및 군대 건축, 해양 건축물, 무기, 철제품, 종이, 유리, 서적, 사치품의 수요가 증가했으며 화폐 경제와 재정이 더욱 중요해졌다.

위기로 인해 변화와 선택의 과정이 더욱 급속하게 진행된 결과로 많은 경우에 생산성이 증가하고 노동력과 기술이 향상되었으며, 일반적으로 생산과 무역 및 재정

체계가 발전했다.

이제 은행가들의 업무와 왕국 및 참주정들의 업무가 서로 얽히게 되었다. 샤를

샤를 8세의 침공 8세의 궁정에서 자크 쾨르(약 1395–1456)와 메디치가의 코시모 1세Cosimo I(코시모 데 메디치, 1389–1464)가 피렌체 정치에 미친 재정가로서의 역할을 통해 보여 주었던 것 처럼 이것은 정치 자체를 공격하기 위해서였다. 이렇게 정치가 경제를 통해 평가받 는 것이 당시에 실행된 방법이었는데, 1475년에 피퀴니Picquigny 조약을 맺게 했던 사 건들을 통해 설명할 수 있다. 이 조약을 맺기 전에 루이 11세(1423–1483)는 용담공 샤를의 도움으로 칼레에 도착한 에드워드 4세의 제안을 받아들였다. 즉 루이 11세 는 2주 안에 에드워드 4세에게 7만5천 스쿠도scudo(이탈리아 은화*)를 지불하고, 매년 5만 스쿠도를 연금으로 지불한다는 것이었다. 이로써 이상적인 기사들의 세계가 몰 락한 듯했다.

16세기 초에 푸거 가문이 돈을 풀어 카를 5세를 황제로 선출한 것은 전혀 놀라운 일이 아니었다.

사건들

STORIA

근대 국가의 형성

| 아우렐리오 무시Aurelio Musi |

다른 길을 통하긴 했지만 15세기에 유럽 전체에서 근대 국가라 말할 수 있는 새로운
형태의 정치 조직이 탄생했다. 근대 국가의 모델을 만들어 낸 것은 이탈리아의
대공국이었다. 군주와 그가 사는 궁정에서는 영토를 통치하고 통제하기 위한 도구와
수단이 갖추어져 있었다. 권력은 군주와 동일시되었으며, 그 권력을 합법적으로
소유하는 것과 행사하는 것에 다소 차이가 생겼다(민정과 군정 및 안정적인 외교
사절단). 영토를 보호하고 확장하는 것은 군주의 능력과 병력에 직접적으로 의존했다.
15세기에 근대 국가를 배태한 특성이 유럽 전체에 확산되었다.

예술 작품과 이탈리아 기록

르네상스를 연구했던 위대한 역사가 야코프 부르크하르트Jacob Burckhardt (1818-1897)
는 15세기 이탈리아 국가들을 '예술 작품'이라고 규정했다. 말하자면 새로운 정치 작
품으로 정의했는데 도시와 생활 방식과 통치 기술을 최초로 실험한 독특한 실험실이
라는 의미다. 실제로 이탈리아 반도에서 더욱 중요한 다섯 개 국가 중 세 개 국가, 즉
밀라노 공국, 베네치아 공화국, 그리고 토스카나 대공국에서 새로운 정치 조직이 형
성된 지역은 농촌보다 도시가 우위였다. 이들은 코무네comune 경험에서 시작하여 참

15세기 이탈리아
국가들: '예술 작품'

주정과 대공국, 그리고 지역 국가에서 점차 진화하는 과정을 통했다. 또 다른 두 가지는 교회 국가와 나폴리 왕국인데, 흥미롭게도 이들은 다른 발전 과정을 경험했다. 15세기 중엽의 로디Lodi 화약 이후, 이 두 국가로 인하여 불안정할지언정 이탈리아의 균형이 가능해졌다. 교회 국가는 특이한 군주인 교황을 중심으로 성립되었는데, 이 군주는 그리스도교의 수장으로서의 특권과 영토에 대한 지배력을 함께 가지고 있었다. 말하자면 하나의 정치 집단이 영권靈權과 세속권을 동시에 지녔던 것이다. 나폴리 왕국은 이미 11세기 말에서 12세기 초부터 위대한 군주국의 면모를 보여 주었다. 즉 시칠리아에서 일어난 만종 사건으로 시칠리아가 분리된 후에도 처음에는 슈바벤 왕조, 1442년까지는 앙주 왕가의 지배를 받았고, 15세기 말엽까지는 아라곤 왕조의 지배를 받았음에도 영토를 통일하여 내부적으로는 강한 견인력을 행사했거니와 국제 정치 및 국제 외교에서도 중요한 비중을 차지했다.

부르크하르트는 다음과 같이 말하고 있다. "대부분의 이탈리아 국가는 내부적으로는 예술 작품이나 다름없었다. 심사숙고하여 만들고 엄격하게 계산하여 타인에게 공개한, 토대 위에 세운 작품이었던 것이다. 마찬가지로 그들 국가 간의 관계도 인위적이었다." 계산, 가시성, 책략 중심의 삼항식이 새로운 정치 구조의 이상적인 기원이었다. 15세기에 이와 같은 정치 구조가 만들어졌으며, 최근에는 근대 국가라는 용어와 개념의 정당성을 부정하는 경향이 있지만 우리는 이를 근대 국가라고 말할 수 있다. 이 삼항식을 통해 비록 15세기에는 발전하지 않았어도 이탈리아의 몇몇 지방 **국가 재편성** 국가가 배태하고 있던 중요한 기능을 모두 알 수 있다. 이탈리아의 지방 국가들은 나 **시도** 중에 유럽의 다른 국가들에서 발전하게 될 근대 국가의 과정과 경향을 앞서 보여 주면서 다른 나라들보다 먼저 경이로운 근대성을 선보였다. 초기에 근대 국가에 필요한 요구에 응답해 주었던 것이다. 즉 영토를 확장하고 통제하기 위해 폭넓은 차원의 정치 조직을 안정적으로 정리했으며 또한 군주에게 건축, 생활 및 통치 기술, 행동 모델과 더불어 궁정을 제공했다. 그리고 궁정끼리의 경쟁을 통해 국내와 국외에 퍼져 나갔다. 그러므로 지역 국가는 민정民政을 통해 군주의 권력을 안정적으로 지지할 수 있었다. 이때 민정은 아직 공무원들로 이루어진 전문화된 단체, 즉 관료 정치는 아니었고 점차 전문화되었던 군사 조직, 즉 국제 관계에서 군주를 대표하거나 세금을 보다 효율적으로 징수하는 도구였다.

피렌체는 대략 1만5천 킬로미터의 지역을 통제하며 중요 도시들을 합병했는데,

정치 및 시민 생활 내부에서 이처럼 구조적인 재편성이 준비되지 않았다면 15세기 중반에 그와 같은 영토 정복을 실현할 수 없었을 것이다. 베네치아는 일찍이 15세기 초에 트레비소Treviso, 비첸차, 파도바, 베로나, 벨루노Belluno, 펠트레Feltre, 바사노Bassano, 아퀼레이아Aquileia, 그리고 이스트리아Istria 및 프리울리의 다른 중심 지역을 아우르는 거대한 영토를 지배할 수 없었을 것이다. 나폴리를 다스리던 아라곤 왕조가 지중해 지역에 큰 영향을 주었던 것은 말할 것도 없다.

유럽과 초기 근대 국가들

1477년 낭시에서 루이 11세(1423-1483)는 용담공 샤를(1433-1477)에게 승리하여 부르고뉴를 정복했고, 1481년에는 프로방스를 합병하면서 프랑스의 지리적 통일을 이루었다. 이 과정은 대부분 부르고뉴 지방의 봉건 귀족 같은 봉건 세력들이 지불한 비용으로 실행되었다. 15세기 말에 국제적인 충돌이 끝났음을 말해 주며, 고대 시대의 기사 관계에 근거하는 것이 아니라, 영토의 통일을 확실히 보증하는 통치권을 지닌 보다 근대적인 군주에 기반을 둔 권력 체계의 우월성을 시사해 준다. 그러므로 왕조에 속한 군주의 힘이 영토의 정치적인 통일을 가능하게 했다. 요컨대 군주가 영토를 보호하고 확장하면서 발생하는 긴밀한 관계로 인해 왕조가 근대 국가의 기원이 된다는 말은 정당하다. 물론 사회사를 보더라도 충격적인 단절은 없었다.

정치 체계의 정상에는 왕이 존재했으며 왕은 아직도 봉건적인 특성을 보유하고 있었다. 그는 가신들로 이루어진 계급 제도의 대장으로 신하들과 개인적-계약적 관계를 유지했다. 지정학적인 단위로 프랑스에 합병된 지방들은 특전과 특권 및 관습을 인정받았다. 모든 지방에는 자율적인 대표 체계가 있었다. 그러나 왕의 특전은 왕조가 그에게 합법적으로 부여한 권력 덕분에 절대적으로 인정받는 경향이 있었다. **프랑스 영토의 조직** 왕조의 힘이 권력을 정당화하는 가장 강력한 요인이 되는 셈이었다. 프랑스 같은 국가의 도덕적 합일은 군주국 안에, 그리고 왕의 권위적인 역할 속에 있었다.

잉글랜드는 군주 제도가 강화되었으며, 장미전쟁(1455-1485)이 끝날 무렵에는 힘을 회복했다. 잉글랜드도 이때 프랑스처럼 당파 간의 싸움이 끝났고, 대大봉건 가문들의 정치 권력이 상황에 맞게 재정비되었다. 15세기 말엽 법 이론은 특별한 제도와 권력으로부터 왕과 국가의 권리를 보호하려고 노력했다. 잉글랜드에서는 왕에게 두 **잉글랜드 군주제** 개의 신체가 있다는 이론이 발전했다. 즉 군주는 질병과 노화 때문에 죽는 자연적인 신체 외에도 노화와 질병, 죽음을 뛰어넘어 썩지 않는 정치적 신체를 부여받는다는 것이다. 따라서 한 왕에서 끝없이 연결되는 또 다른 왕으로 이동하는 이 두 번째 신체에 주권의 본질이 집중되었다.

이베리아 반도의 결혼 정책

1469년 10월 19일에 아라곤 왕조의 후계자인 페르난도 2세(1452-1516)와 카스티야 왕조의 후계자인 이사벨 1세(1451-1504)가 결혼했다. 그들의 결혼을 통하여 이베리아 반도에 국가가 형성되기 위한 전제 조건이 만들어졌다. 그들의 결혼은 왕조를 정당화하는 또 다른 강력한 도구였던 셈이다. 1479년에 페르난도는 아버지의 왕좌를 물려받았다. 그의 결혼으로 중세 에스파냐에서 중요한 다섯 개 지역(카스티야, 아라곤, 포르투갈, 나바라, 그라나다) 중에서 두 지역이 하나의 왕조로 통합되었다. 1492년에는 에스파냐 영토에 남은 최후의 이슬람 왕조인 그라나다 왕조가 합병되었다.

독일의 운명

유럽 근대 국가로 가는 길은 다양했으며 저마다 다른 특징을 보였다. 독일의 경우가 매우 흥미롭다. 여기서 권력 체계는 대개 다음과 같은 세 가지 주역, 즉 황제, 군주, 영주를 고려해야 한다. 15세기 독일 신성로마 제국의 황제는 중세의 세 가지 요건인 신성성, 보편성, 그리고 연속성을 상실했다. 선거에 의한 것이기는 해도 합스부르크 왕가가 황제의 임무를 맡았고, 이후에도 맡게 될 터였다. 하지만 황제가 행사할 수 있는 효과적인 권력은 거의 없었다. 세속권과 성직권을 물려받는 독일 군주들 및 자치 도시들의 권력은 보다 견고했다. 이 모든 현실은 근대 국가의 발전 과정과 관련되었다. 그러나 독일 국가 당국은 영주들이 향유했던 제도적, 행정적, 사법적, 재정적인 자치권도 염두에 두어야 했다. 15세기에 영주들은 군주의 권력을 지지하다가도 중앙의 계획에 대한 군주의 권력을 제한하기도 했는데 이것은 지방의 계획에 대한 군주의 권력을 약화시키기 위해서였다. 황제, 군주, 영주들 간의 3중의 게임은 독일 통일의 주역을 담당했던 프로이센의 힘이 상승할 때까지 독일 역사를 통틀어 계속 흔적을 남길 것이었다.

이반 3세의 러시아

또 다른 경우는 러시아다. 이반 3세(1440-1505)는 킵차크 한국의 몽골인들로부터 해방된 러시아를 만든 인물이다. 러시아의 경우에 국가의 통제와 중앙집권화가 자율적인 군주들, 즉 대토지(대략 7백 만 제곱킬로미터)를 지배하는 자들이 다스리는 군주제에 복종하는 근본적인 과정을 통해서, 그리고 그리스도교 정통파로 종교를 통합하고 군주 위에 존재하는 법률을 거부하는 절대적인 개념의 권력을 통해서 진행되었다. 이반 대제의 정치 이상은 가부장적 유형의 '진실로 그리스도교적인 정통파 전제 정치'며 임무 수행에서는 신의 섭리를 통해 축복받았다.

최초의 본래적 특성: 비교를 제안하다

유럽 근대 국가가 가진 최초의 본래적 특성은 이탈리아 공국과 15세기 유럽의 주요 국가들에서 이미 나타났으며, 이는 다음과 같다: a) 군주 개인에게 점차 더욱 집중되는 권력의 칭호, b) 왕조 초기의 합법적인 세력, c) 권력의 실행과 경영을 왕가의 자손들이 아니라 행동을 통해 직접 왕에게 응답하는 인물들에게 위임, d) 외교 및 전문 군대의 탄생.

c)와 d)를 더욱 깊게 다루어 보자. 중세 프랑스에서 고문들은 왕과 인간적인 관계를 가졌고, 왕국 소속 신하들을 대표했다. 14세기부터 프랑스에서는 중앙에 국왕 평의회가 있고, 주변에 지방에 소속된 재정 관리와 재판관들이 있는 행정 체계가 굳건해졌다. 15세기에 관리들은 전문화되었다. 즉 지방 재무 행정을 관리하는 세금 징수 전문 관리원, 지역 및 지방 의회 관련 소송을 판결하는 부관, 군대 재판을 맡는 일반 대위들이 있었다. 그러므로 대개 법률가들로 구성된 관료들의 군대가 형성되었으며, 이는 근대 프랑스 중앙 행정의 진정한 척추가 되었다.

사법관의 유기적인 결합은 15세기 이탈리아 국가들에서 충분히 눈에 띈다. 밀라노에서 국가 행정은 3인의 고위 사법관에 토대를 두었다. 즉 지역 사법관에 비해 항소 법원 기능을 했던 사법 평의회, 정치적 성격의 업무에서 대공을 보조했던 비밀 평의회, 재정 및 세금 문제를 다루는 최고의 기관인 공국회가 있었다. 이 조직을 통해 공작은 지방 조직이 관할하는 영역에 더욱 빈번하게 개입했다.

베네치아에서는 모든 지방 행정이 도시 귀족의 수중에 있었지만 현명한 행정 기술 덕분에 총독은 지방 과두 정치의 권력을 축소하려고 시도했으며, 도시와 주변부에서 발생하는 반목과 도시 평의회의 권한 문제에 지속적으로 개입했다. 이후 이 행정 기술은 다른 국가들을 위해서도 균형 잡힌 모델이 되었다.

15세기 후반 아라곤 왕국이 다스리던 나폴리 왕국의 특징도 행정의 복합적인 구성이었다. 요컨대 이탈리아 남부에서도 군주와 동일시되는 권력의 칭호와 저명한 법률가 및 사법관들에게 권력의 행사를 위임하는 것을 구분하기 시작했다. 이들은 왕국 최고의 소송 기관인 신성 왕립 평의회 및 재정과 세무를 담당하는 최고의 조직 주권자, 법률관 및
사법관인 조세 왕궁 회의소에 소속되었다. 15세기에 이탈리아에 있던 여러 국가들은 자주 밀접한 관계를 맺었기에 전통적인 외교 사절단이 견고한 외교 대표단으로 변모했다. 군주가 파견한 비범한 자들은 정부의 의지를 더 잘 유념하여 특별한 협상을 했다. 온갖 종류의 정보를 날마다 모으는 것이 안정적인 외교관의 기본 임무였다. 오직 외교관만 궁정에서 개인적인 접촉을 할 수 있었으며, 그 특성을 철저히 인식하게 되었다.

안정적인 군대를 창립하고 전 국토를 무장하려면 막대한 자원이 투입되어야 했고, 군주들만이 처리할 수 있었다. 귀족 계급은 농민 출신의 보병을 거느리고 왕실 군대에 입대함으로써 군주제와의 경쟁을 포기해야 했다.

전통적인 봉건 귀족이 군주의 절반 정도의 권력을 가졌다면 근대 국가가 형성되는 과정에서 군주가 통합된 권력을 가지기 위한 토대가 마련된 것이다.

| 다음을 참고하라 |
역사 이탈리아 국가들의 균형(50쪽)

지중해의 아라곤 왕국
| 아우렐리오 무시 |

아라곤 왕국의 지중해 팽창 정책은 13세기에 시작되어 15세기 중반 무렵에 종결되었다.
이 시기에 아라곤 왕국은 발레아레스 제도, 시칠리아, 사르데냐 및 코르시카를 정복한
뒤에 나폴리 왕국을 정복했다(1442). 아라곤 왕국은 알폰소 5세와 더불어 나름의 문명과
이데올로기가 있는 진정한 해상 제국을 건설하며, 남지중해 국가의 발전을 자극하는
요인이 되는 일종의 '공동 시장'을 토대로 하여 카탈루냐 상인들과 외국 자본, 특히
토스카나 지역의 자본을 결합하고 봉건 농업을 상업화했다. 페르난도 2세와
이사벨 1세의 결혼(1469)으로 아라곤 왕국과 카스티야 왕국이 결합하자
지중해에 대한 에스파냐의 지배력이 새롭게 부상했다.

아라곤 왕국
아라곤 왕국의 지중해 팽창 정책은 13-15세기에 걸쳐 지속되었다. 발레아레스 제도

와 시칠리아 및 사르데냐를 정복한 뒤, 1442년에 알폰소 5세(1396-1458, 1416년부터 아라곤과 시칠리아의 왕)는 앙주 가문으로부터 나폴리 왕국을 탈환했다. 이를 통하여 지중해 지역에 대한 주도권을 장악하면서 15세기 중반의 유럽 역사를 좌지우지하게 되거니와 15세기 말과 16세기에 에스파냐의 국제 정책 노선에 영향을 주었다. 앞으로 계속 보게 될 것이지만, 이는 오직 경제적인 토대에 기반을 둔 주도권만이 아니라 군주 제도 및 주군과 가신 관계를 독창적으로 구축할 수 있다는 가능성을 보여 주는 주도권이기도 했다.

카탈루냐에서는 협정주의가 이론적-정치적으로 특별히 정교해졌다. 이는 군주의 **협정주의** 권위와 가신들의 '자유' 및 특권에 대한 인정 사이의 관계를 조절함으로써 가능했다. 이때 신하들을 조직하는 대표적인 제도는 당시 유럽의 다른 나라들의 제도에 비해 더 많은 권력과 대리인들을 부여받았다.

후안 2세Juan II(1397-1479)는 알폰소의 동생이자 계승자다. 그는 알폰소 5세의 사생아인 페르디난도 1세Ferdinando I(1431-1494, 페란테Ferrante라고도 함*)에게 양도한 나폴리 왕국을 제외하고, 카탈루냐의 농촌과 도시에서 발발한 내전에 휘말렸다. 이에 프랑스의 루이 11세(1423-1483)에게 도움을 청할 수밖에 없게 된 그는 국경을 이루는 피레네 산맥 일부 지역을 프랑스에 양도해야 했다. 그러나 1469년에 그리스도 **카탈루냐-아라곤 연합국** 교 왕 페르난도 2세(1452-1516)와 이사벨의 결혼으로 두 왕국이 결합함으로써 카탈루냐-아라곤 통일 왕국을 보호하기 위해서만이 아니라, 그라나다를 점령하고(1492) 무어인들을 이베리아 반도에서 쫓아낸 뒤에 굳건해진 에스파냐 군주국을 강화하기 위해서라도 새로운 조건이 만들어져야 했다. 여기에는 지중해를 다시 유럽의 중심지로 만들고자 하는 이유도 있었다.

지중해 집중 현상: 경제적 공간

15세기는 페르낭 브로델Fernand Braudel(1902-1985)이 지중해 세계-경제라 호칭한 시기다. 이 시기에 생산 과정, 판매망, 대규모 무역이 중요해짐으로써 도시와 도시의 경제 구조에서 주역을 담당하는 자들이 생겼다. 14세기 및 15세기에 카탈루냐 사람들은 향신료 무역의 중요 흐름을 조절했고, 레반트, 북해, 플랑드르, 잉글랜드 등과 해상 관계를 유지했다. 이탈리아와의 무역도 매우 활발했다. 카탈루냐 상인들은 시 **카탈루냐 경제** 칠리아에서 놀라운 특권을 누렸다. 시칠리아의 곡물이 바르셀로나에 공급되기도 했지만 왕실의 투기와 상인들 및 봉건 귀족의 이윤도 늘었다.

알폰소 5세가 즉위하자 산업 활동의 보호 및 조선업의 발달과 더불어 강화된 해군을 토대로 카탈루냐 경제가 다방면으로 발전했다. 물론 그와 관련한 취약점, 즉 적재량의 제한과 유연하지 않은 운송료, 그리고 해양 조직의 결함도 배제할 수 없다.

카탈루냐와 나폴리 왕국의 사업 관계가 첨예하게 대립하고 있을 때 나폴리 정복이 실현되었다. 정복 계획을 세우고 그것을 오랫동안 숙고하는 동안에 카탈루냐의 경제가 팽창 단계에 이르게 된 것이다. 그러나 알폰소 5세의 위업은 아주 중요한 가치를 보여 주었다. 말하자면 시장의 전략 지구에 깊숙이 침투한 것, 아라곤 왕국의 두려운 적인 제노바의 경제력을 약화시킨 것, 그리고 이탈리아의 복잡한 정치적 균형에 커다란 영향을 준 것이다.

나폴리 왕국을 정복함으로써(1442) 지중해에서 카탈루냐 왕국의 지위가 막강해졌으며, 군비를 확장하여 즉각적인 상업 이익을 얻기 위해 전통적인 항로 안에서 마지막 세력 팽창을 하게 될 것이었다. 새로운 점은 아라곤 왕국의 모든 지배권을 위해 효율적인 경제 계획을 공들여 세운 점이었다. "티레니아 해 이쪽과 저쪽에 위치한 아라곤 왕국의 생산품과 시장의 결합"(마리오 델 트레포Mario Del Treppo, 『카탈루냐 왕국의 시장과 15세기 아라곤 왕국의 팽창 mercanti catalani e l'espansione della Corona d'Aragona nel secolo XV』, 1972)을 기반으로 말이다. 잘 조직된 보호무역주의는 다음과 같은 것들을 수행했다. 즉 아라곤 왕조의 국가들이 외국산 모직물을 수입하는 것을 금지할 것, 왕조의 모든 신하는 국가의 운송 수단만을 의무적으로 사용할 것, 적재량이 큰 배에 대한 집중 투자, 그리고 시칠리아, 사르데냐, 나폴리에서 생산한 곡물만 의무적으로 수입하기. 경제적 통합을 처음 계획한 사람은 알폰소 5세였다. 이 계획서에는 카탈루냐와 바르셀로나가 직물 산업을 이끄는 두 극단이며, 티레니아 해 이쪽에 위치한 아라곤 왕국의 시장이 외국산 직물들의 유입을 피해 직물 산업을 독점하게 되었다. 그 극단의 지점에 해군이 주둔했다. 이탈리아 소유지에서는 에스파냐의 산업 및 상업 도시를 위해 농업 배후지를 건설해야 했고, 그 결과 현지 직물 산업은 쇠퇴할 수밖에 없었다. 공동 시장mercato comune이라는 말은 다소 강한 표현일 것이다. 더구나 그 계획을 효과적으로 실현하는 것보다는 계획 자체가 중요하다는 것을 염두에 두어야 한다. 몇몇 역사가들은 중세 후기 군주가 지역을 초월한 통합과 전문화라는 야심 찬 계획을 세워 실현할 수 있었음을 부정한다. 어떤 역사가들은 공동 시장과 연방 국

공동 시장과 연방 국가

가confederazione를 동일시하려는 용어를 의심의 눈초리로 바라보았다. 요컨대 아라곤 왕국이 지배한 나라들은 모두, 특히 제도적인 특성을 유지하고 있었으며 이는 총독 제도를 통해서 명백히 밝혀졌다. 아라곤 왕국 지배하에서도 지역을 관할하는 통치 권력 기구만이 아니라 공동 군주의 의지 및 권력과의 결합을 인정하고 결정했다. 그러나 대부분의 역사가들은 아라곤 왕조 시대에, 특히 이탈리아 영토가 국제 시장에 긍정적으로 개입했고 경제 발전이 우호적인 경향을 보이기 시작했음을 인정한다. 비록 17세기에 오래도록 위기를 겪는 동안에 경제 발전이 전환점을 보이긴 했지만 말이다.

처음에는 토스카나와 나중에는 카탈루냐 등 외국 시장이 이탈리아 남부의 경제와 사회에 강하게 침투함으로써 토스카나 및 카탈루냐 사회와 경제 성장에 중요한 공헌을 했다. 해당 지역에 유리하도록 단순하게 자원이 유출되는 것이 아니라, 지역 경제를 자극하고 중요한 외국 투자자들과 지역 생산자들을 매개하는 중소 상사商社가 탄생하기 위한 조건이 만들어졌다. 이들 상사는 농업 생산량을 늘리고 작물을 강화하도록 했고, 결과적으로 가장 중요한 교통 흐름이 증가하도록 했다.

지중해 세계-경제에서 도시, 특히 이탈리아 도시들은 매우 중요하다. 카탈루냐-아라곤 왕조가 팽창하던 시절에도 이탈리아 도시들은 결코 힘이 약해지지 않았거니와, 무역에 자본을 집중하고 회사를 조직하며 이윤을 달성하는 과정에서 더 높은 수준에 도달했다. 하지만 제노바보다 바르셀로나에 보험금을 더욱 높게 책정함으로써 돈을 더 많이 소비하게 된 결과, 자산은 더 적어졌다. "이탈리아에 비하여 이처럼 보다 낮은 기술 수준 및 후진적인 무역 방식으로 인하여 사업가 집단(나폴리 궁정 주변에서 일하는 자들처럼 선두에 선 중개인들이 아니라)은 더욱 협소한 정신세계를 가지게 되거니와 형벌의 도구 같은 것이 아니라면 사업에 필요한 기술을 익히려고 하지 않는다. 또한 경제 활동을 통합적으로 사고할 수 없거니와 그것의 철학적이고 과학적인 토대를 제공할 수도 없다"(마리오 델 트레포).

반면에 토스카나 은행의 우월성은 반론의 여지가 없다. 이를 통해 아라곤 왕국의 상업 은행 체계가 잡혔다. 나폴리 은행이 모델로 연구되었다. 스트로치 가문이 상업-은행 체계에서 최고 수준에 도달했다. 이 가문은 전체 활동의 합리화, 지역 기업의 활성화, 왕국의 경제적 공간의 연결 배치 등 조직적인 역할을 수행했다. 토스카나 출신 은행가 및 상인은 모두 나폴리에 거주했으며, 그보다 좀 더 낮은 수준에서 활동했다. 카탈루냐 사업가들도 동일한 수준을 유지했다. 그러나 대부분의 카탈루냐 사업가들은 이와 같은 피라미드 구조에서 견고하고 폭넓은 기반을 이루고 있었다. 수직 구조를 구축하는 것은 신용 자산이었다. 도시와 주변 지역에서 무수히 많은 소규모 지역 상인들과 기술자들, 소매상들이 카탈루냐 왕국에 의존했다. 이 위계질서에서 최하층은 거의 농촌에서만 활동했던 유대인들이었다.

지혜롭게 서로 결합하는 하위 체계 전체가 이 모델을 더욱 견고하게 했으며, 그 정상에는 피렌체 은행 가문인 스트로치 가문처럼 국제적인 엘리트들이 자리했다.

지중해 집중 현상: 정치적 공간

정치를 규정하는 것은 공간이 아니다. 그러나 정치는 공간과 공간에 대한 통제를 통해 평가되어야 한다. 그러므로 정치와 공간은 역사를 표현하는 매우 중요한 개념이 된다. 지중해 공간과, 그 공간에 대한 집중성에 기반한 아라곤 왕국의 정치 전략 간의 관계는 매우 긴밀했다. 알폰소 5세는 나폴리 왕국에서 위업을 실현할 때 카탈루냐 상인들이 자신들의 지중해 자산을 최대한 이용하여 가한 압력을 이용했다. 따라서 아라곤 왕국만의 차별화된 독특한 현실보다는 카탈루냐-아라곤의 복잡한 현실을 봐야 한다. 그러나 알폰소 5세의 나폴리 정복 열망이 군주의 권력 의지와 결합된 정치적 열망인 것도 명백하다. 그의 권력 의지는 15세기 중반에 나타난 권력 모델의 진화로도 보인다.

"언제 나폴리 왕관이 있었는지 아는가? 언제 아라곤 가문이 통치했었지?" 나폴리의 방언 시인 벨라르디니엘로Velardiniello의 유명한 문장이다. 그는 에스파냐 지배가 정점에 이르렀던 16세기 아라곤 왕국의 화려한 시절을 추억하고 있다. 여기서 우리는 시인이 사용한 '왕관'이라는 단어에 대해 생각해 볼 필요가 있다.

이 시는 우선 나폴리 왕조 및 왕조와 결합된 군주제의 힘을 찬양한다. 한창 자율성을 누리던 시기에 지중해 경제와 정치에서 최고 역할을 수행했기 때문이다. 그리고 '왕 자신', 즉 알폰소 5세 왕국의 자율성과 왕조의 특권을 찬양한다. 군주제-자율성-군주라는 삼항식을 실현할 때 마키아벨리(1469-1527)가 나폴리 왕국을 일반 왕국과 동일시할 수 있었던 것도 우연이 아니다.

그러나 왕관은 다른 것도 의미한다. 왕이 나폴리에 정착하기로 했다면, 그것은 이곳에서부터 저 광활한 카탈루냐-아라곤 제국의 배열을 시작할 수 있었기 때문이다.

구심점이 된 나폴리

왕국은 14-15세기에 형성되었으며, 지중해 서부 지역에서 최고의 자리를 차지했다.

그곳에서부터 로디 화약 이후 이탈리아의 정치적 균형을 유지해야 했던 반도의 북부 국가들, 즉 밀라노, 제노바, 베네치아, 피렌체와 관계를 맺으며 이탈리아 반도에서 선도적인 역할을 수행할 수 있었다. 그러므로 이탈리아의 정치 공간에서 지중해 제국을 강화할 수 있었던 것은 알폰소 5세의 통합 능력 덕분이었다.

| 다음을 참고하라 |
문학과 연극 폰타노와 아라곤 치하의 나폴리의 인문주의(518쪽)

콘스탄티노플의 몰락

| 실비아 론케이|Silvia Ronchey |

막강한 군대와 당시의 가장 발전된 기술을 갖춘 오스만 제국의 메흐메트 2세가
콘스탄티노플을 포위 공격했을 때, 고작 몇 천 명의 방어군(콘스탄티누스 11세와 제노바
출신의 불가사의한 지휘관 조반니 주스티니아니 론고를 빽빽이 둘러싸고 있었다)만이
제대로 무장도 하지 못하고 성스러우나 낡은 성벽 뒤에 몸을 숨긴 채 방어했다. 저항은
한 달 이상 지속되었고, 현대의 눈으로는 결과를 예상할 수 있기는 해도,
공격의 결과는 마지막까지도 불확실했다.

전제와 배치

젊고 호전적인 이슬람 왕국의 군주 메흐메트 2세(1432-1481)가 권좌에 오르고 2년 만에 콘스탄티노플 공격 준비를 했던 것(유럽 해안 지역인 루멜리 히사리에 눈 깜짝 할 사이 거대한 요새를 건축한 뒤, 무엇보다 보스포루스Bosporus 해협을 결정적으로 막아 낼 수 있었다)이 명확해졌을 때, 콘스탄티누스 11세(1405-1453)는 비잔티움 왕국의 생존을 위해 서유럽에 관심과 도움을 구할 수 있는 마지막 카드를 꺼냈다. 1452년에 그는 콘스탄티노플에서 교회 합동 예배를 한다고 고지했고, 2백 명의 사수 및 총기병과 도착한 키예프의 이시도루스(약 1380-1463) 추기경은 성 소피아 성당에서 로마 관례

에 따라 미사를 거행했다.

메흐메트 2세의
전진

　　1453년 4월에 메흐메트 2세가 16만 명의 대군을 이끌고 진군했을 때 요안니스 8세 팔라이올로고스(1394-1448)와 콘스탄티누스 11세가 가능하면 수복하려 했던 콘스탄티노플 성내에는 베네치아인, 카탈루냐인, 제노바인을 포함하여 7천 명이 채 안 되는 방어군이 그들을 기다리고 있었다. 그중 조반니 주스티니아니 론고(?-1453)의 강력한 군대가 두드러졌다. 그는 복합적인 인물로, 현대의 역사가들도 어쨌든 그가 확실하고 현실적으로 도시를 끝까지 방어한 것에 대해서 나름대로 의견을 내야 했다. 비잔티움 군인들과 동맹을 맺은 투르크족 분대의 활동도 눈에 띄었는데 이들은 추방된 오르한 왕자의 지휘를 받았다. 역사가들은 금각만金角灣(이스탄불을 끼고 도는 해협 어귀*) 너머의 제노바인 거주지, 갈라타(현재의 키로프그라드Kirovgrad*) 지구에 있던 제노바 당국의 모호한 태도도 이해가 쉽지 않다고 한다. 이들은 이슬람이 공격하는 동안 줄곧 형식적인 중립을 지켰지만 실제로는 위험한 이중 플레이를 하고 있었다. 그러므로 터키 및 비잔티움과의 협상은 난항을 겪었다.

　　수적 우월성을 차치하고, 제노바인들의 기묘한 현실 정치realpolitik도 제쳐 둔다면, 메흐메트 2세의 진정한 힘은 기술의 압도적인 우월성에 있었다. 그는 신하로 부리는 서구 기술자들을 이용했다. 그중 헝가리 출신(혹은 스칸디나비아 출신)의 우르반(?-1453)은 수많은 대포를 가지고 있었으며, 막대한 크기의 대포도 3개나(가장 큰 대포의 지경이 80센티미터가 넘는다) 소유했다.

　　반면에 테오도시우스 시대 때 지어진 콘스탄티노플의 오래된 성벽은 진동으로 무너져 버릴 수도 있었기에 성에 무거운 대포를 설치할 수 없었다.

공격

4월 12일에서 18일까지 투르크족은 흙으로 지은 성벽의 중심부를 쉬지 않고 폭격하고 나서 마침내 18일 밤에 최초의 본격적인 공격을 가했다. 그럼에도 모든 방어군의 사기는 높았다(베네치아 함대가 지원을 보냈다). 4월 20일에 무기와 식량이 실린 네 척의 배가 도착하자 그들은 희망을 버리지 않았다. 3시간 동안의 교전 후에 방어군은 투르크족 함대의 손아귀에서 벗어났고, 거대한 산맥으로 막혀 있어 그때까지만 해도 투르크족의 손에 들어가지 못한 금각만으로 피신할 수 있었다. 그러나 오래 지속되지는 못했다. 4월 22일에 기름을 묻힌 굴림대 위에 실린 70여 척의 투르크 범선이

갈라타 언덕을 통해 금각만으로 내려왔다. 해안 성벽도 블라헤르나이Blachernae 궁도 불길한 징조
더 이상 안전하지 못했기에 방어군은 힘을 분산시켜야 했다. 베네치아인 함장 야코
포 코코는 금각만을 해방시키기 위해 대담하게도 밤중에 몇 척의 배에 불을 붙여(화
공선) 투르크 함대 한가운데로 밀어 넣을 계획을 세웠다. 그러나 계획을 생각한 순간
부터 그것을 실행하는 순간까지 베네치아군과 제노바군 사이의 마찰 때문에 너무 많
은 시간이 지나갔다. 4월 28일 밤에 투르크족은, 아마도 갈라타의 염탐꾼으로부터
전갈을 받았을 터인데, 공격에 대비하고 있었기에 시도는 비극으로 끝나고 말았다.

  5월 초순이 오자 생필품이 부족해지기 시작했다. 몇몇 문헌에 따르면 메흐메트
2세는 방어군에게 형식적인 제안을 했는데(금화 10만 냥을 주면 물러가겠다고 했다),
이는 수용되지 않았을 것이다. 하지만 베네치아 함대가 도착하자 공격군 사이의 신 식량 부족과 폭격
뢰에 금이 가기 시작했다. 상황이 더 좋은 투르크족이 강한 불안감을 느꼈는데, 특히
할릴 파샤Halil Pasha(?-1453)가 지휘하던 가장 미온적인 부대에서 그러했다. '투르크
족으로 변장한' 베네치아 군인들이 정확한 소식을 얻기 위해 다르다넬스 해협을 넘
어 은밀히 파견되었으나 이들은 야코포 로레단 선장이 이끄는 함대의 흔적을 발견하
지 못했다. 그 시각 이 함대는 아직 출발하지 않았으며 나중에는 에비아Euboea 섬에
서 멈추는데, 공식적으로는 바람 한 점 없어 정지된 것이지만 실은 베네치아 원로원
의 명령 때문이었다.

  한편 5월 7일 새벽 4시에 성벽에 대한 2차 대공격이 시작되었고, 공격군의 힘이
월등했으나 방어군은 기발한 방법으로 공격을 물리쳤다. 이후에는 강한 포격이 이
어졌고(공격을 목격한 사람들의 보고서를 보면 눈이 부셨고, 소음이 계속 들렸다는 언급이
나온다), 5월 12일 자정에 감행한 공격도 결국 실패했다. 대량 공격과 포격으로 얻은
결과가 미미하자 메흐메트 2세는 자신의 고문들이 생각해 낸 새로운 전술을 쓰기로
결심했다. 5월 15일부터 술탄의 군대에 합류한 위협적인 세르비아군은 갱도를 파기
위해(전부 7개였을 것이다), 즉 성벽 아래를 통과하는 터널을 파기 위해 투입되었다.
조반니 주스티니아니 론고(제노바 출신 정보 요원intelligence을 통해 처음부터 술탄의 계획
에 대해 알고 있었을 것이다)가 데려온 독일인(혹은 앵글로색슨) 전문가 요한 그랜트(공
성 기술자*)의 지휘를 따르던 방어군은 대적 갱도를 파서 체계적으로 적의 갱도를 파
괴함으로써 성공리에 대응 작전을 펼쳤다.

  이와 같은 상황에서 투르크족은 또 다른 혁신적인 전술을 펼쳤다. 예를 들어 자행

식自行式 고층 공격 탑이 사용되었지만 비잔티움군의 야간 공격으로 파괴되었다. 금각만의 두 개 제방은 군대를 쉽게 이동시키고 대포를 세울 위치를 새로 만들기 위해 부교浮橋와 연결되었다. 지치긴 했지만 그때까지만 해도 사기충천했던 포위된 병사들은 일련의 불길한 징조omina도 염두에 두어야 했다. 5월 22일에 공격자들은 달의

징조와 예언

부분월식을 유리한 전조로 보았다. 고대 예언에 따르면 콘스탄티노플은 달이 저물 때 망할 것이었다. 24일부터 달이 저물기 시작했을 것이다. 과거에 그와 유사한 상황에서 이미 많은 경우에 그래 왔던 것처럼, 방어군은 성모 마리아를 위한 대규모 의식을 거행하기로 했다. 그리하여 성벽에서 멀지 않은 코라Chora에 보관하고 있던 지극히 경배하는 오디기트리아Odighitria(아기 예수를 안고 있는 성모 마리아*)를 들고 엄숙한 행진을 했다. 그러나 행진 도중 운반자들의 손에서 성상이 떨어지더니 진흙 속으로 미끄러졌고, 아주 힘들게 성상을 다시 들어 올렸다. 폭풍우가 너무 심해 참석자들은 모두 흩어지고 말았다. 다음날 자욱한 안개가 콘스탄티노플을 둘러쌌고, 저녁에는 이상한 빛이 성 소피아 성당 위로 떠다녔다. 그렇게 간단한 암시만 있지는 않았다. 최근에 밝혀진 것처럼 1453년 봄에 대기는 태평양 쿠와에Kuwae 섬의 폭발로 생긴 화산재로 가득 차 있었다. 그로 인해 전 세계적으로 기온이 갑자기 하강하여 성 소피아 성당 위에 빛이 비쳤던 것이다. 세인트 엘모의 불(지표의 돌출된 부분에서 대기를 향하여 방출되는 방전 현상*)에 관한 시에서 언급된 것과 유사한 빛이었다. 그날 밤 포위된 병사들 중 일부가, 특히 베네치아 군인들이 대열을 이탈했다.

최후의 공격

최후의 공격을 받기 전날인 5월 28일에 콘스탄티누스 11세는 부하들에게 왕basileus은 체력적으로 지쳤지만 성벽 방어를 지휘하기로 결심했고, 비잔티움 제국의 두 번째 수도인 펠로폰네소스 반도에 위치한 미스트라스Mystras에서 터키 저항군을 조직할 수 있는 방법을 이미 구체적으로 생각해 두었다며 열변을 토했다. 그의 고문들이 도시를 버리라고 압박했음에도 불구하고 말이다. 그리고 그리스도교도와 그리스 정교도들이 성 소피아 성당에서 함께 거행하는 미사에도 참석했다. 5월 29일 새벽 3시에 최후의 공격이 시작되었다. 공격군은 두 줄기 파도처럼 달려왔다. 첫 줄은 터키의 비정규 기마병bashi-bazuk으로 구성되었으며 상당한 수의 공격용 사다리를 들고 있었다. 두 번째 줄은 규율이 엄격한 아나톨리아 정규군으로 이루어졌다. 세 번째 줄과

술탄의 최고 군대인 근위병들로 구성된 마지막 줄까지 있었으나 그들은 의외로 고전했다. 최후의 순간in extremis에 전운을 바꾼 것은 조반니 주스티니아니 론고의 이해할 수 없는 이탈이었다. 그리 심각한 것이 아님이 확실했지만, 부상을 당했을 모든 가능성을 생각해 봐도, 배로 가서 치료받기 위해 자신의 자리를 버렸던 것이다. 게다가 그의 작전 참모까지 그를 따라간 것은 더욱 뜬금없는 일이었다. 방어군은 작전 참모의 통행을 위하여 열쇠로 잠가 두었던 문 가운데 하나를 열었고, 그로 인해 성벽이 함락되었다는 소문이 퍼졌다(실제로 그런 일은 전혀 없었다). 그리하여 다른 중요 지역에서도 혼란과 공포가 조장되었고, 그 결과 터키 황제의 근위병들은 마침내 방어군의 빗장을 열 수 있었다.

> **콘스탄티누스 11세의 몰락**

몇몇 서적에 따르면 콘스탄티누스 11세는 적들이 알아보지 못하도록 자신의 신분을 나타내는 표식을 찢은 다음 산 로마노 성문 근처에서 영웅적으로 전투에 뛰어들었다고 한다. 방어군 중에는 소수의 제노바 배와 베네치아 배를 타고 도망친 사람들도 있었고, 포로가 된 사람들도 있었으며, 차라리 자살을 선택한 소수의 사람들도(오르한 왕자도 자살했다고 한다) 있었다. 약탈과 황폐가 진행되는 가운데 메흐메트 2세는 정오에 도시로 입성하여 성 소피아 성당에 들어간 다음, 오후 기도에 이슬람교 신자들을 초대했다.

반항과 결과

콘스탄티노플이 함락되었다는 소식이 신속하게 서구에 퍼지자 지식인 엘리트 외에도 정치 엘리트까지 진정으로 커다란 충격을 받았으며, 다시 십자군을 준비하기 시작했다. 1456년에는 후녀디 야노시Hunyadi János(1387-1456)와 카페스트라노의 요한(1385-1456)이 이끄는 군대가 모두의 예상을 깨고 터키군의 공격에 맞서 베오그라드를 해방시키는 데 성공했다. 그러나 두 장군이 얼마 후에 사망하자, 특히 비잔티움 제국 치하의 펠로폰네소스 반도의 상황이 암울해졌다. 살아남았으나 경쟁 관계였던 형제 데메트리오스 팔라이올로고스(1407-1471)와 토마스 팔라이올로고스(1409-1465)의 다툼이 시작되었다. 근본적으로 터키에 우호적이었던 데메트리오스는 결국 메흐메트 2세에게 지배권을 양도하는 대신 수익금과 아드리아노플에서의 거주권을 획득했다. 토마스는 신임 교황 비오 2세(에네아 실비오 피콜로미니, 1405-1464, 1458년부터 교황)가 '동방 추기경' 베사리온(1403-1472)에게 자극받아 펠로폰네소스 반도에

> **데메트리오스와 토마스 팔라이올로고스**

보낼 새로운 대군을 모집하겠다는 적극적인 의지에 고무되어 마지막까지 서유럽의 원조를 기대했다. 토마스는 터키 주둔군에 대항하여 제한적인 승리를 거두기도 했지만 1460년에 메흐메트가 몸소 공격을 개시하자 상황이 바뀌었다. 펠로폰네소스 반도의 마지막 군주였던 토마스는 베사리온의 충고에 따라 나바리노 항구에서 배를 타고 코르푸 섬과 라구사를 지나 이탈리아에 도착했다. 비오 2세는 그에게 연금을 주고 산토 스피리토 병원에 머물게 했다. 그는 그곳에서 1465년에 사망했다.

| 다음을 참고하라 |
문학과 연극 그리스어 지식과 연구(495쪽)

백년전쟁의 종말

| 레나타 필라티|Renata Pilati |

아르마냑과 부르고뉴의 싸움으로 잉글랜드의 프랑스 정복이 유리해졌다. 이로써
심각한 위기의 시기가 시작되었으며, 프랑스는 내전과 치열한 왕위 계승 싸움으로
힘이 약해졌다. 민중의 선두에 선 잔 다르크의 반격이 샤를 7세를 자극하여 마침내
잉글랜드로부터의 독립 전쟁에 승리했다.

아르마냑과 부르고뉴로 나뉜 프랑스

신임 왕 샤를 6세(1368-1422)가 정신병에 걸린 것이 확실해지자 아르마냑의 백작 베르나르 7세(약 1360-1418)와 부르고뉴의 공작 용담공 필리프(1342-1407) 사이에서 권력 분쟁이 시작되었다. 베르나르 7세와 그를 추종하는 아르마냑 사람들은 샤를 6세의 동생인 오를레앙의 공작 루이Louis d'Orléans(1372-1407)를 지지했다. 반면에 부르고뉴 가문의 시조인 용담공 필리프는 샤를 6세와 사촌 사이로 조카인 샤를 6세와 대항하기 위해 잉글랜드인들과 동맹을 맺었다. 필리프를 계승한 용맹공 장 Jean sans Peur(1371-1419)은 프랑스에 대한 애국심이 부족했던 인물로, 전쟁의 전환점을 마련했다. 그는 공국을 확장하기 위해 플랑드르 지역의 모직공들을 지원하기

용맹공 장의 개입

를 바랐기 때문에 잉글랜드와 우호 관계를 유지했다. 신학자들인 클레만제스의 니콜라스Nicholas of Clémanges(1363-1437)와 파리 대학의 강직한 상서관인 장 제르송Jean Gerson(1363-1429)이 증언하듯이 농민들의 삶은 약탈과 유린으로 비참해졌다.

1407년에 장은 자신을 적대하던 루이를 암살시켰다. 샤를(1394-1465)이 아르마냑의 새 지도자가 되었고, 1410년에는 베르나르 7세의 딸과 결혼했다.

부르고뉴를 지지하는 파리

궁정과 귀족에 대항한 용맹공 장은 샤를 6세가 1382년에 결정한 개혁 계획 및 면세 압박으로 낙담한 파리 부르주아를 지지했다. 부르주아들이 파리에서 '부르고뉴 만세'를 외치는 동안에 장은 도살자 시몽 카보슈Simon Caboche의 추종자들이 아르마냑인들을 살해하는 것을 허용했다. 1411년 부르고뉴파가 파리에서 공포 정치를 하는 동안에 그들과 대립했던 아르마냑 사람들은 매주 일요일마다 종소리가 울리면 추방되었고, 성상은 성 안드레아의 십자가로 장식되었다.

사람들은 남녀노소 할 것 없이 성 안드레아 십자가 표시가 있는 망토를 입었으며, 이후 망토의 색이 흰색으로 바뀌더니 1413년에는 다시 보라색으로 바뀌었다. 1413년에 용맹공 장은 30년 전부터 모이지 않던 삼부회를 소집했으며, 상급 기사들의 착복과 행정에 적대적인 카보쉬엥cabochiens(부르고뉴당 안의 급진파*)의 개혁 계획을 지지했다.

1414년에 샤를의 군대는 아라스 지역을 오랫동안 공격한 뒤에 부르고뉴가 방어하던 파드칼레Pas-de-Calais 주를 손에 넣었다. 성주로 임명된 베르나르 7세는 다시 권력을 잡아 파리 및 주변 지역들에 폭정을 행했다.

잉글랜드의 때늦은 승리

잉글랜드 왕 헨리 5세(1387-1422)는 1만5천 명의 병사를 이끌고 아르플뢰르 항구에 상륙했고, 1415년 10월 25일에는 아쟁쿠르에서 성주 알베르가 이끄는 5만 명의 병사들과 교전했다. 프랑스 기병대가 세 차례나 공격했지만 잉글랜드 궁수들이 화살을 구름처럼 쉼 없이 쏘아 댔기에 굴복하고 말았다. 프랑스 기사들은 말이 살해되면 말에서 떨어져 죽거나 혹은 적의 기사들에게 살해당했는데, 말에서 떨어진 다음 다시 말을 타면 옆에 있는 보병들에 의해 죽임을 당했다. 프랑스가 패배했다.

용맹공 장은 헨리 5세에게 항복을 선언하면서 중립을 취했으며, 헨리 5세는 코탕탱Cotentin 반도를 정복(1417)한 다음 노르망디와 파리를 점령했다. 파리에 입성한 부르고뉴인들은 아르마냑의 베르나르 7세를 살해했다.

몽트뢰의 범죄

도팽dauphin(프랑스 왕세자에 대한 칭호*) 샤를 7세(1403-1461)는 루아르 강 남쪽에서 저항군을 조직했다. 그는 용맹공 장과 접선하려 했으나 장은 1419년 9월 20일에 약속 장소에서 살해되었다. 장의 아들이자 후계자인 선량공 필리프(1396-1467)는 정치를 장악한 다음 몽트뢰에서 있었던 아버지 살해 사건의 책임자이자 사생아라는 이유로 샤를 7세의 권위를 실추했다. 한편 헨리 5세는 루앙(1419)과 퐁투아즈 및 지조르Gisors를 정복했다.

헨리 6세파와 샤를 7세파로 분열된 프랑스

프랑스는 군주정의 위기, 내전, 군대의 패배, 기병대의 쇠퇴로 암울한 시기를 맞았다. 딸 카트린(1401-1437)을 잉글랜드의 왕 헨리 5세에게 시집보낸(1420년 5월 21일 트루아 조약) 샤를 6세는 도팽 샤를의 후계자들의 권리에 해를 입히기 위해 헨리 5세를 자신의 후계자로 선포했다. 1422년에 헨리 5세와 샤를 6세가 사망했다. 선량공 필리프(1396-1467)가 이끄는 잉글랜드인들과 부르고뉴인들은 태어난 지 몇 달도 안 된 잉글랜드 왕이자 프랑스 왕인 왕자 헨리 6세의 대관식을 거행했다.

도팽 샤를은 1422년 10월 30일에 스스로를 왕으로 선포했다. 많은 프랑스인이 그것을 인정했음에도 파리에서는 수락되지 않았다. 의회와 소르본 대학이 사생아라며 거부했던 것이다. 이에 샤를은 1421년에 부르주에서 결혼한 앙주의 마리(1404-1463)와 정착하여 수년간 아무 활동을 하지 않았다. 반면에 잉글랜드인들은 오를레앙을 포위 공격하면서까지 승승장구했다. 아르마냑의 장 4세(1396-1450)는 기습적으로 잉글랜드인들과 동맹을 맺었다.

샤를 6세 및 샤를 7세를 위해 일한 시인 알랭 샤르티에Alain Chartier(약 1385-약 1435)는 프랑스인들에게 어머니 프랑스Mère France를 사랑하고 지지해 줄 것을 호소했다.

잔 다르크의 업적

보주 산맥 돔레미의 문맹 소녀이며, 로레인 지역 농부의 딸인 17세가량의 잔 다르크(약 1412-1431)는 1429년에 해방과 민중 동원의 가능성을 주었다. 잔 다르크는 하느님이 자신에게 프랑스를 해방시킬 임무를 주었다고 생각했다. 그녀는 시농에 있는 샤를 7세 측근들의 불신을 무너뜨리고, 샤를 7세와 대화하여 수개월 전부터 적군이 공격한 오를레앙을 해방시킬 수 있다고 말했다. 그리하여 잔 다르크는 군대를 인솔하여(1429년 3월) 5월에 오를레앙을 정복하고, 7월에는 랭스를 정복했다. 1429년 7월 17일에 샤를 7세가 랭스에서 축성을 받아 프랑스의 왕이 되는 대관식을 거행했다. 잔 다르크는 군대가 행진하는 동안 깃발을 들고 서 있었다.

샤를 7세는 잉글랜드와 협상하기로 결정한 반면에 잔 다르크는 군대를 이끌어 파리를 해방시키기를 원했다. 그녀는 파리 성벽 밑에서 부상을 당했는데, 다시 공격을 시도했지만 1430년 5월 4일에 부르고뉴의 귀족인 룩셈부르크의 장(1392-1441)의 포로가 되고 말았다. 그는 금화 1만 스쿠도에 잔 다르크를 잉글랜드에 팔아넘겼다. 잉글랜드와 협력한 보베의 백작 피에르 코숑Pierre Cauchon 주교가 이단이자 마녀라는 이유로 잔 다르크를 재판했다. '오를레앙의 처녀' 잔 다르크는 1년간 놀라운 방법으로 혼자 버텼다. 그녀에게는 난해하고 애매한 판결이 선고되었으며, 그것은 유죄를 인정한 자백으로 승인되었다.

잔 다르크는 의지를 철회했지만 이단으로 선고되었다. 따라서 이단과 마녀에게 내리는 형벌인 화형에 처한다는 판결이 내려졌고, 1431년 5월 30일 루앙 광장에서 형이 집행되었다. 잔 다르크는 1456년에 와서야 복권되었고, 1920년에 복자福者로 승격되었다.

파리에 온 헨리 6세

1429년 웨스트민스터에서 잉글랜드 왕으로 대관식을 치른 헨리 6세는 영웅의 덕성을 상징하는 열여덟 명의 영웅 및 여걸들을 앞세우고 1431년 파리에 입성했다. 그리고 그해 12월 16일에는 열 살의 나이에 노트르담 성당에서 추기경 헨리 보퍼트Henry Beaufort(1375-1447)에 의해 프랑스 왕으로 대관식을 거행했다. 연회에는 의회 및 소르본 대학의 귀족들과 상인 조합 회장 및 행정관들이 초대되었다. 민중들은 새벽부터 궁금하기도 하고 음식도 훔치기 위해 연회장을 침범했으며, 초대받은 사람들이

들어가지 못하게 막았다. 이 사건 때문에 민중들은 관례적인 사례금과 사면을 받지 못했다.

보베 주교인 장 주브넬(1388-1473)이 1433년에 블루아 삼부회와, 1439년에 오를 레앙 삼부회에 고지한 바에 따르면 군대의 충돌과 약탈과 빈곤 때문에 사람들은 대부분 비참한 생활을 영위했다.

부르고뉴와의 동맹

샤를 7세는 잉글랜드를 고립시키기 위해 부르고뉴 공작 선량공 필리프와 동맹을 계획했다. 공작도 나름대로 공작령을 강화시키는 데 잉글랜드인들과의 협조가 유리하지 않다고 판단했다. 1435년 1월 느베르Nevers에서 협상이 시작되었다. 니콜로 알베르가티Niccolo Albergati(1373-1443) 추기경이 교황을 대신하여 중재한 평화 회의가 8월 아라스에서 이루어졌다. 샤를 7세 대리인은 잉글랜드 대리인에게 헨리 6세가 프랑스 왕의 칭호를 포기할 것을 요구했지만 잉글랜드는 프랑스의 요구를 거절하고 회의장을 떠났다.

샤를이 용맹공 장 살해의 책임을 지고 도덕적인 보상과 영토를 보상하겠다고 하자, 9월 21일 아라스에서 샤를 7세와 필리프의 합의가 이루어졌다. 왕의 대리인 장 튀데르는 선량공 앞에서 무릎을 꿇고 오세르, 뤽세이유, 솜 강의 도시, 퐁티외, 불로뉴를 양도하고, 부르고뉴의 봉토에서 지대를 받지 않겠다고 했다. 샤를의 대리인 리슈몽의 아르튀르는 1436년 봄에 민중들의 환호를 받으며 파리에 입성했다. 샤를 7세는 1437년 11월 12일에 도팽 루이와 함께 즐거운 입성joyeuse entrée을 수행했다. 화재와 약탈이 계속되었고, 프랑스 왕이나 잉글랜드 왕을 위해 일하는 군대의 학살도 계속되었다.

휴전과 프랑스 군대의 재편성

1443년 투르에서 헨리 6세는 샤를 7세와 2년간의 휴전에 합의했다. 서퍽 백작 윌리엄 드 라 폴(1396-1450)이 이끄는 잉글랜드 평화주의당은 왕의 형제들의 반대에도 샤를의 조카인 앙주의 마거릿Margaret(1430-1482)과 헨리의 약혼을 결정했다. 두 사람의 결혼식은 1444년에 거행되었다. 서퍽 백작은 잉글랜드인들에게 앙주와 멘 주를 주기로 약속했다. 그러나 휴전이 평화로 이어지지는 않았다. 샤를 7세는 영주와 용병에게 세금을 사용하고 싶지 않아 잉글랜드식으로 군대를 재조직했다. 1439년에는 오를레앙의 국회로부터 상비군을 유지하고 장교를 지명하기 위한 세금법을 승인받았다.

샤를 7세는 봉건법이 정한 짧은 군 복무 기간(3-6개월)에 반대하여 왕령에 따라 네 명의 장교와 병참 한 명으로 구성된 창기병 1백 명(기병 6백 명)의 '정규 부대'를 만들었다. 부대의 수는 15개였다. 군주는 전투 훈련을 받은 기수 1천5백 명으로 구성된 상비군을 이용하게 되었다. 이 정예 부대는 적당한 수행단을 거느렸는데, 그중 두 명의 창기병도 포함되었다. 1448년에는 프랑크 궁수 부대Compagnies des francs archers 법에 따라 궁수대와 사수대가 재조직되었다. 50가구마다 적당한 남성이 선출되었다. 선출된 이는 일요일마다 활과 대포를 쏘는 훈련을 해야 하고, 모집에 즉시 응해야 했다. 또한 평화 시에는 세금을 면제받고 전쟁 동안에는 급료를 받았다.

군주는 군대에 대포도 지급했다. 전장에서 여러 번 패했던 봉건 귀족이 강등된 결과였다. 봉건 영주는 필요한 경우에만 호출되었다. 샤를 7세는 영주 장 뷔로(?-1463)의 도움을 받아 군대를 재조직했다. 장 뷔로는 군사 교육에서도 중요한 공헌을 했다. 상비군은 봉건 영주들이 불안정하게 공급하는 임시 소대로 대체되었다. 샤를 7세는 노르망디를 재탈환하기 위해 자크 쾨르(약 1395-1456)에게 경제적인 도움을 받았다.

정규 부대

프랑스의 승리를 향하여

1445년에 잉글랜드에 대항한 군사 작전이 재개되었다. 프랑스 군대는 일련의 공격을 승리로 이끌면서 1449년에 루앙을 되찾았고, 1450년 4월 15일에 포르미니 전투에서 승리를 거두면서 노르망디를 확실히 되찾았다. 1451년 6월에는 보르도가, 8월에는 바욘이 무너지면서 기엔을 재탈환했다. 잉글랜드인들은 민중의 충성을 예상하면서 보르도를 되찾으려고 했지만 패했다. 샤티용Châtillon 전투가 끝난 1453년 10월 19일에 잉글랜드인들이 프랑스를 떠남으로써 프랑스에서는 오직 칼레만 보유하게 되었다. 프랑스인들이 적의 침입으로부터 영토를 구하는 동안, 오랜 전쟁으로 부르주아의 애국심과 왕에 대한 충성심이 높아졌다.

최종적인 평화는 부르주아의 동의에 기반을 둔, 강화된 프랑스 군주정에 의해 1475년에 시작되었다. 토지와 봉토를 구입한 것도, 기술 및 사법적인 경쟁력과 경제력 덕분에 중요한 요직에 진출한 것도 부르주아였다.

1475년부터의 평화

15세기 중엽에 샤를 7세는 대협정Grand traité에 따라 아들 중심의 계승 체계를 확립하기 위해 왕위 계승에 관한 고대 문헌을 조사하도록 했는데, 그중에는 생드니와 랭스에 보관된 것도 있었다. 그리하여 살리족 법이 재발견되었다. 이로부터 3백 년 후에 볼테르가 『철학 사전Dizionario filosofico』에서 여성들에게 그렇듯 불합리한 법을 남긴 문맹 국민이 살리족이라고 밝혔다.

| **다음을 참고하라** |
역사 프랑스 왕국(71쪽); 잉글랜드 왕국(83쪽); 여성의 권력(264쪽)

그라나다 재탈환

| 로산나 시칠리아Rossana Sicilia |

정치적, 종교적 관점에서 볼 때 그라나다 정복은 '재정복'의 마지막 결과라는 점에서 흥미로운 순간이다. 전쟁 이전은 십자군 전쟁 이전 상황과 유사해서 교황은 그리스도교 군주에게 수많은 특권을 허용했으며, 무어인에게 대항할 무기를 가진 자들에게도 많은 사면권을 주었다. 그들이 보기에 그라나다 왕국의 무어인들은 정치적인 분열의 정도가 너무 심해서 패배가 불가피했다. 무어 왕국과 더불어 여러 문화가 접촉하고 서로의 문화를 알던 지역도 사라졌다.

무어인의 주종 관계

1272년부터 이베리아 반도에 옮겨 온 이슬람교도들이 마지막으로 머문 곳이 그라나다 왕국이었다. 무어인들이 에스파냐 남동쪽에 퍼져 있는 지브롤터 해협 근처의 해안 지역을 차지하면서 그리스도교 권력자들과 얽히고설킨 복잡한 동맹 관계 및 주종 관계를 통해 이베리아 반도의 정치에 이후 수백 년간 영향을 주었기에 이곳은 전략적으로 중요한 지역이었다. 이사벨 1세(1451-1504)와 페르난도 2세(1452-1516)가 결혼하여 각자 카스티야 왕국과 아라곤 왕국의 옥좌에 오르자 그들의 영토에 무어인들이 지속적으로 존재하는 문제를 최종적으로 해결해야 한다는 제안이 나왔다. 두 군주가 두 왕국이 그리스도교를 기반으로 해야 한다는 주장에 같은 입장을 보였기 때문이다.

자신의 아내 조반나(1462-1530)에게 카스티야 왕국의 합법적인 계승권이 있다고 주장한 포르투갈의 알폰소 5세Alfonso V(1432-1481)와 이사벨 1세가 전쟁에서 맞서게 된 이후로 두 왕국 모두에 갈등을 유발한 경제적 자원의 낭비가 나타났다. 하지만 그라나다 왕국에서 실행되고 있던 모든 성직록을 합법적으로 획득할 수 있다는 조항을 통해 이와 같은 문제를 해결할 수 있을 듯했다. 이러한 권리는 1484년 12월 8일에 교황 인노첸시오 8세Innocentius VIII(1432-1492, 1484년부터 교황)가 인정한 바 있었다. 그리하여 그라나다 왕국은 교회와 수도원을 후원하게 되었고, 에스파냐 군주들은 그들이 직접 선출한 주교와 수도원장의 이름을 교황청에 제시할 수 있게 되었다.

그라나다 왕국

과거의 문헌을 보면 그라나다 왕국의 이슬람 군주인 물레이 아부 알-하산(?-1485)은 카스티야 군주들에게 지불해야 하는 공물에 반대했다. 이에 카스티야 군주들이 이슬람과 그리스도교가 휴전에 합의한 조건으로 주종 관계가 갱신되었다고 주장하자, 알-하산은 공물로 지불하기 위한 돈을 그리스도교도와 싸울 무기를 제작하기 위해 자신의 신하들에게 주겠다고 위협적으로 답했다. 1480년대 초에 두 그리스도교 군주가 그라나다 왕국에 군사적으로 공동 대응한 것은 이와 같은 일이 있었기 때문이다.

두 이슬람 군주의 위기

그리스도교 군대의 공격에 반대하던 여러 도시의 무어인들을 이끌던 인물들과 위에서 언급한 두 그리스도교 군주 사이에 협상이 있었으나 갈등은 10년 남짓이나 지속되었다. 카디스 후작 레온의 로드리고 폰세(1443-1492)는 이미 1482년에 최초의 중요한 성과를 거두었다. 그는 알라마Alhama 시를 정복하면서 무어인 국가들을 침투했고, 알라마는 1484년 6월 말에 굴복했다. 그가 정복한 도시는 이슬람 왕국의 수도 그라나다에서 멀지 않은 곳이었다. 알라마는 그라나다를 방어하기 위한 일종의 전초 지역이었다. 자신들의 땅에서 전쟁이 이어지자 그라나다의 주민들은 이슬람 군주에게 반기를 들었으며, 그 자리에 술탄의 아들 보압딜Boabdil(무하마드 12세, 1452-1528)을 지명했다. 권력을 빼앗긴 이슬람 군주 하산은 도망쳐서 말라가Malaga에 사는 형제 엘 사갈El Zagal에게로 피신하여 목숨을 구했다. 이런 경우의 결과가 그렇듯 권력

술탄과 그의 아들 보압딜의 갈등

을 빼앗긴 군주와 아들 사이에 내전이 벌어졌고, 그로 인해 그리스도교 군대가 공격해 오자 무어인들의 방어 전선이 무너지고 말았다. 새로 등극한 이슬람 왕은 아버지인 옛 술탄을 지지하는 자들과 새로운 그리스도교 적들에 동시에 맞서기 위해 루세나Lucena 시를 공격했으나 그리스도교 군대의 개입으로 작전은 실패했을 뿐만 아니라 전투 도중 보압딜 자신이 포로가 되었다. 젊은 왕이 붙잡히자 무어 군대는 하산의 지휘로 다시 뭉치게 되었다. 페르디난도 2세는 새로 결합한 무어 전선을 다시 분쇄하기 위하여 보압딜을 석방시켰고, 그가 아버지와 대적할 수 있도록 돈과 군대를 제공했다.

그리스도교의 승리

페르난도 2세의 군대는 무어 왕국에 입성하여 도시 중심을 정복하는 혁혁한 성과를 거두었다. 1484년 9월에 세테닐Setenil을 정복했고, 1485년 5월에는 론다, 1년 뒤에는 로하를 정복했다. 그리고 마침내 1487년 4월과 8월에 벨레스말라가Vélez-Málaga와 말라가를 정복했다. 군대의 붕괴로 왕국의 중심지를 잃게 된 무어인 정규군은 새로운 왕에게 나라의 지휘를 맡기기로 결심했다. 이에 옛 술탄의 형제이자 보압딜의 삼촌인 엘 사갈(무하마드 13세*)이 선출되었으나, 군왕의 교체에도 불구하고 무어 왕국에 타격을 주었던 군대의 위기는 계속되었다. 엘 사갈은 1489년에 바자, 카디스, 그리고 알메리아를 잃었다.

　　그리스도교 군대는 1479년에 십자군을 모집하겠다는 교황의 칙서로 사기가 높아졌고, 이후에도 교황은 십자군 모집을 여러 번 반복했다. 교황의 칙서는 약정 금액에 대한 대가로 절대적인 용서, 은밀한 죄의 사면, 헌금의 감액, 용서와 검열의 생략, 성무 정지 및 금식의 생략을 제공했다. 실제로 저질렀거나 비난만 받은 정신적인 범죄를 금전으로 보상하는 것도 있었다. 마침내 2년 뒤에 두 그리스도교 왕의 군대는 이슬람 왕국의 수도이자 술탄의 본거지인 그라나다를 위협했다. 1492년 1월 6일에 그들은 그라나다의 성벽 내부에 침입했다.

무어인 왕국의 위기 　　이슬람교가 서로마 제국을 정복한 지 8백 년 만에 무함마드(약 570~632, 이탈리아어식으로 마호메트라고도 함*)의 추종자들은 이베리아 반도를 떠나야 했다. 이슬람 예술의 대표 격인 알람브라Alhambra 궁전과 헤네랄리페Generalife 궁전을 보유하면서 아라비아 문명을 보다 잘 보여 주었던 도시를 이제 이사벨 1세와 페르난도 2세의 수중에 넘겨주

었다. 그라나다 역시 756년에 아라비아인들이 폐허가 된 고대 도시 일리베리스Illiberis
에 세웠던 도시이며, 코르도바 정복 이후 마지막으로 남은 무어 왕국의 수도였다.

무어인들의 추방

무어인들이 수백 년 동안 그라나다를 지배하면서 이룩한 문명의 발전과 사회와 경
제의 발전, 그리고 아라비아 수공업 기술의 영향으로 보여 준 특별함이 그리스도교
의 정복으로 손상되었다. 그밖에 중세 후기에 그라나다가 수행했던 이슬람교 세계
와 그리스도교 세계를 연결하는 역할이 좀 더 축소되었다. 그리스도교 왕들이 그라
나다를 정복함으로써 안달루시아 지방의 경제가 혹독한 시련을 겪었고, 그 결과 심
각한 위기가 초래되었다. 에스파냐인들이 도시에 유입됨으로써 강한 정치적-종교적
압력이 행사되었는데, 이것은 무어인들을 강제로 개종시키거나 이민시키기 위해서
였다. 그리하여 매우 불안정한 상황이 야기되었고, 도시의 문명과 경제적 활력이 위
축되었다. 이와 같은 종속 상태로 인해 펠리페 2세(1527-1589)가 통치하는 동안 무
어인들의 반란과 그에 대한 억압이 오랫동안 지속되었다. 그라나다 왕국의 수도의
와해débâcle는 인구의 위기로도 증명된다. 무어인들이 마지막으로 다스렸던 시기에
인구는 20만 명에 이르렀지만 19세기 초에는 대략 1만8천 명이 거주하는 소박한 지
방이 되었다.

| 다음을 참고하라 |
역사 근대 국가의 형성(25쪽); 이탈리아의 전쟁과 유럽의 국가 체계(56쪽); 이탈리아 시뇨리아 체제(133쪽); 베
네치아 공화국(138쪽)
철학 궁중 정치와 이상적인 통치자: 마키아벨리 이전의 권력에 대한 다양한 관점(372쪽)

50

이탈리아 국가들의 균형

| 로산나 시칠리아 |

이탈리아 반도에 위치한 국가 체계는 다섯 개의 강국을 중심으로 구성되었다. 나폴리와
시칠리아 왕국, 교회 국가, 메디치 가문이 지배하는 피렌체의 시뇨리아, 밀라노 공국,
그리고 베네치아 공화국이다. 1454년(로디 화약)에서 1494년(샤를 8세의 이탈리아
침공) 사이에 우세했던 논리는 나폴리, 피렌체, 밀라노가 3자 동맹을 맺기로 한 것인데,
이탈리아 강국 중 가장 강력했던 베네치아 공화국에 대적하기 위해서였다. 이것이 족벌
정치 시대에 중부 이탈리아에서 드넓은 영토를 가지는 교황 국가를 만들고자 했던
로마 교황청의 계획을 막기 위한 것이었음은 말할 것도 없다.

로디 화약 이후: 이탈리아 반도의 정치적 안정

로디 화약(1454)에서부터 1494년 샤를 8세(1470-1498)의 이탈리아 침공까지의 시기
는 일반적으로 정치적 안정의 시대로, 그 전에 설립된 이탈리아 국가들끼리 상대적
으로 평화를 이룩한 시대로 여겨진다. 거대한 영토를 지닌 다섯 국가와 그에 종속된
주변 소국들 전체가 여기에 속한다. 우선 베네치아 공화국은 상인에 의한 과두 정치
덕분에 육지 지배를 유리하게 하는 국가 기구를 만들었고, 자치 행정을 승인할 때 영
향력을 행사했다. 마찬가지로 지중해 중앙과 동쪽에 위치한 해안 지역 및 항구 전체
를 관리함으로써 해상 제국이 세워졌거니와, 키프로스 섬을 소유하면서 단시일 내
에 발전했다.

베네치아의 상업 과두 정치

이탈리아 반도의 또 다른 끝에는 아라곤의 알폰소 5세(1396-1458)가 이룩한 국가
망이 자리 잡고 있었는데, 당시는 나폴리 왕국이 중심이었다. 알폰소가 나폴리의 강
력한 정치적 후원자인 프랑스의 샤를 7세와 제노바에 대항하여 전쟁을 했던 것에서
보듯이 그는 지중해에 관심이 많아 이탈리아 반도를 통제하려고 했지만 성공하지는
못했다. 알폰소 5세가 사망하고 사생아인 페르디난도 1세(1431-1494)는 나폴리 왕
국의 왕위만 계승했으며, 지중해의 큰 섬들인 시칠리아, 사르데냐, 코르시카는 여전
히 아라곤 왕국의 지배를 받았다. 나폴리의 군주정도 페르디난도 1세부터는 그가 속
한 트라스타마라 가문이 다스리는 아라곤 왕국의 하위 국가가 되었으므로 페르난도
2세(1452-1516)에게 군사 원조를 요청하여 도움을 받았다. 메디치가의 피렌체와 밀

나폴리의 트라스타마라가와 피렌체의 메디치가

라노 공국이 만들어 내는 또 다른 이탈리아의 상황은 도시들의 연합으로 나타났다. 이때 지배 도시는 정치적으로 무거운 통제를 했다. 피렌체에서 도시의 유력 인사 회의는 1469년 12월 2일에 로렌초 데 메디치(위대한 자라는 뜻의 일 마니피코il Magnifico라고도 함*, 1449-1492)와 그의 동생 줄리아노Giuliano(1453-1478)를 '국가의 군주'로 임명했다. 두 사람은 뛰어난 정치적 능력 덕에 인문주의 문화를 습득한 위대한 인물들을 주위에 두며 피렌체를 다스렸다. 프란체스코 스포르차Francesco Sforza(1401-1466)가 정복한 밀라노의 경우 그의 후계자들은 메디치 가문과 동일한 크기의 권력을 행사했으나 왕위 계승 때마다 계승권자가 어려움을 만났다. 아직도 밀라노에서는 반反독재적인 정서가 강했기 때문인데, 이는 인문주의 문화로 인한 자치 도시의 유산이라 할 수 있다. 또한 프란체스코의 차남인 루도비코 스포르차Ludovico Sforza(무어인이라는 뜻의 일 모로il Moro라고도 함*, 1452-1508)가 작위 계승을 차남으로 대체하려는 시도도 없이 어린 조카인 잔 갈레아초 스포르차Gian Galeazzo Sforza(1469-1494)를 대신하여 섭정했던 것을 수용하기 어렵기 때문이기도 했다. 메디치 가문보다 컸던 스포르차 가문의 권력은 이와 같은 유명인들 덕분이었으며, 그들이 없었다면 공국을 침략하려는 위협이 구체적으로 존재했을 것이다. 밀라노의 스포르차가

마지막으로 교회 국가는, 적어도 군사적으로 보자면, 이탈리아의 모든 지역 국가 중 가장 힘이 없는 국가로 생각되었다. 니콜라오 5세(1397-1455, 1447년부터 교황)의 업적은 무엇보다도 로마 교회의 매우 고통스러웠던 시대의 문을 닫은 것이다. 이는 교회 분리파 및 바젤 주교들의 공의회 지상주의가 주도하는 정신이 사라졌기 때문이고, 교황청이 그리스도교 세계를 지도하는 유일한 정신적 안내자로 인식되었기 때문이다. 니콜라오 5세는 메디치가의 코시모 1세(1389-1464)의 활동에 의지할 수 있었기에 교황 국가를 재조직할 수 있었다. 1452년에 로마에서는 프리드리히 3세 Friedrich III(1415-1493)가 신성로마 제국의 황제 및 이탈리아의 왕으로 대관식을 거행했기에 황제와의 관계도 우호적이었다. 콘스탄티노플이 무너진 이후의 니콜라오의 활동도 중요하다. 그의 제안으로 로디 화약을 맺은 다음날 이탈리아의 모든 국가가 신성 동맹을 맺었던 것이다. 혹은 알폰소 5세처럼 투르크의 위기에 맞서기 위해 동맹에 가담했던 것일 수도 있다. 아무튼 이 동맹의 상징적인 의미는 그것이 이탈리아 영토 내에서intra terminos italicos 이루어졌다는 사실에 있다. 비록 그 가치가 형식적이고, 이탈리아 국가 중 다섯 개 대국의 불화가 정치적인 공동 화합의 이유보다 강했지 교회의 영적 지도자 니콜라오 5세

만 말이다.

소국들

안정적인 관계를 만드는 것이 이렇게 어려웠던 것은 소국의 수가 너무 많았기 때문
이다. 한편으로 소국들은 대국들의 영토를 야금야금 갉아 먹고 있었으며, 다른 한편
으로는 국경으로 접해 있는 강국들과 이익을 나누었기 때문에 대국들 사이에서 분쟁
의 요인이 되었다. 제노바 공화국이 가장 유명한 경우다. 중세에 이미 거대 해상 도
시가 된 제노바는 이제 프랑스뿐만이 아니라 밀라노 및 토스카나 공국의 영향을 강
하게 받고 있었다. 제노바를 통제하는 것 자체도 이탈리아 국가들 및 프랑스와의 관
계에서 분쟁의 원인이 되었다. 시에나와 루카처럼 상대적으로 의존적인 도시-국가
들도 마찬가지였다. 사보이 공국과 페라라 공국처럼 또 다른 중요 군소 공국을 통해
서, 도시 봉건 영주국들을 통해서, 마사Massa의 말라스피나 가문 및 카라라의 후작
령처럼 어느 정도 중요한 황제의 봉토를 통해서, 라치오 지방 외에 로마냐 및 마르케
지방에 위치한 교황령을 통해서, 또 다른 중요 소국 집단들이 형성되었다. 소국들의
시뇨리아 체제가 공동 유산이었다면 15세기 이탈리아의 용병 대장들과 용병대는 황
제의 봉토와 교황령을 독점하고 있었다.

십자군 계획

이탈리아 국가들이 맺었던 동맹의 한계는 교황 비오 2세(1405-1464, 1458년부터 교
황)가 1464년에 조직한 십자군을 통해 명확해졌다. 이후의 시기에 제노바인들은 동
지중해 식민지를 모두 잃었고, 베네치아는 짧은 기간이나마 투르크와 평화 정책을
시도했으나 이후 십자군 모집 1년 전에 다시 투르크족의 공격을 받았다. 교황과 베
네치아 함대가 안코나에 도착했음에도 불구하고 교황의 죽음으로 십자군 준비는 쓸
모없게 되었다. 교황 바오로 2세Paulus II(1417-1471, 1464년부터 교황)가 1471년에 시
도했던 것과, 나중에 후임 교황인 식스토 4세Sixtus IV(1414-1484, 1471년부터 교황)가
시도했던 것도 마찬가지다. 십자군은 실현되지 않았다. 오히려 투르크 군대가 프리
울리를 공격했고, 1480년에는 오트란토를 공격했다. 이듬해인 1481년에 메호메트
2세(1432-1481)의 죽음으로 투르크군이 그들의 진지를 방어하기 힘들다고 생각한
페르디난도 1세(1431-1494)는 풀리아 지방을 재정복했다.

이탈리아 소국 지배 체제 내의 관계를 정의할 때 중요한 또 다른 시기는 페르디난도 1세가 나폴리 왕국의 왕좌를 계승할 때였다. 그를 합법적인 후계자로 인정하지 않았던 교황 갈리스토 3세Callistus III(1378-1458, 1455년부터 교황)의 태도로 인해 미묘한 문제가 있었다. 알폰소 5세가 제노바에 대항하여 전쟁을 일으킨 것에 흥분한 앙주 왕가가 나폴리 왕국을 재탈환하려고 함으로써 문제가 복잡해졌다. 타란토 영주인 오르시니 가문이 이끄는 나폴리 왕국의 강력한 봉건제는 로렌의 장 2세Jean II de Lorraine(1427-1470)와 어깨를 견줄 정도였다. 제노바 공화국이 프랑스의 영향에서 벗어나기를 바란 프란체스코 스포르차가 페르디난도 1세를 지지했으므로, 정세는 페르디난도에게 유리하게 돌아갔다. 프란체스코는 코시모 1세에게 중립을 강요했다. 비오 2세가 교황이 되자 나폴리의 아라곤 왕조에 특히 유리한 정세가 만들어졌다. 이로써 아라곤 왕조는 앙주 가문과 그 동맹군처럼 행동할 수 있게 되었다.

페르디난도 1세의 왕위 계승

나폴리 왕국 내부의 갈등으로 밀라노-피렌체-나폴리를 묶는 반反프랑스 동맹의 가능성이 부각되었으며, 이 동맹으로 이탈리아 반도 내의 다른 강국이 가하는 위협을 저지할 수 있게 되었다. 사실 베네치아 공화국에 대한 메디치 가문의 정책에 반발했던 밀라노와 피렌체가 동맹 맺는 것에 반감을 보였던 베네치아 공화국은, 그보다 몇 년 전인 1467년에 피렌체로 행군하는 동안 로마냐에 입성하려 했던 바르톨로메오 콜레오니Bartolomeo Colleoni(1400-1475)를 도와주었다. 1467년 몰리넬라Molinella 전투에서 나폴리 왕과 스포르차 가문이 피렌체를 원조해 준 것은 메디치 가문 입장에서 보면 당연했다. 2년 후 로렌초와 줄리아노가 피렌체 및 토스카나를 지배하게 됨으로써 피렌체에 대한 메디치 가문의 시뇨리아 체제가 확고해졌다. 밀라노와 피렌체를 지도하는 새로운 군주가 왕좌에 오르면서 균형 잡힌 상황이 확고해졌거니와, 식스토 4세가 교황청 정책에 일대 전환을 꾀함으로써 1470년대 중반부터 밀라노, 피렌체, 나폴리 동맹이 또다시 강하게 제기되었다.

밀라노-피렌체-나폴리의 반反프랑스 동맹

족벌주의와 교황청의 정복

교황청의 태도가 바뀐 것은 반反투르크 동맹 및 새로운 십자군 정책이 실패함으로써 대두된 정치적-전략적 이유 때문이었다.

교황은 교황이 영토가 없고 정치력이 약하면 이탈리아 소국들에 대해 효과적인 영향력을 행사할 수 없음을 깨달았다. 이렇게 해서 '거대 족벌주의 정책'의 발판이 마련되었다. 교황을 그와 더욱 가까운 친척들과 묶어 두는 혈연관계 특권화로 자기 가문 인물들을 이용하여 중부 이탈리아 정세에 개입하고자 했던 교황들의 의도를 엿볼 수 있다.

그것은 최고위급 성직자들(추기경, 주교, 대수도원장)이 사람들에게 신뢰를 주었기 때문에 가능했다. 혹은 이들 고위급 성직자들은 봉건 세도가들을 지도함으로써 그들에게서 군대와 재정 자원을 끌어내 중부 이탈리아에 교황 영토 대확장 계획을 실현할 수 있었다. 최종 목표는 로마냐 지역 외에 에밀리아, 마크케, 움브리아, 토스카나를 획득하는 것이었다.

식스토 4세, 인노첸시오 8세(1432-1492, 1484년부터 교황), 그리고 보르자가의 알렉산데르 6세Alexander VI(1431/1432-1503, 1492년부터 교황)가 관계되어 있는 이 야심찬 계획의 첫 번째 단계는 피렌체에서 발생한 파치Pazzi 가문의 음모와 함께 시작되었다. 식스토 4세는 조카를 이용하여 시에나 공화국, 나폴리의 페르디난도 1세, 그리고 본인 스스로 교황청의 재정 운영을 맡긴 메디치 가문에 반감이 있는 은행가 단체를 모아 전혀 새로운 동맹을 이끌어 낼 수 있었다. 시에나가 이 동맹에 가담한 것은 팽창하는 메디치 가문에 두려움을 느꼈기 때문이었으며, 페르디난도의 경우 메디치가가 프랑스 왕가에 다시 호의를 보이는 일을 막기 위해서였다. 1474년에 친교황 연합군과 피렌체, 베네치아, 밀라노 동맹군이 대치하며 시작된 전쟁은 1478년 4월 26일에 새로운 국면을 맞았다. 이날 피렌체 대성당에서 교황과 공모한 파치 가문 인물들이 메디치 가문의 로렌초와 줄리아노를 공격하는 사건이 발생했고, 로렌초만 살아남았다. 음모자들은 시뇨리아 궁을 차지하려고 했지만 실패했다. 격분한 피렌체 시민들은 음모에 가담한 자들을 제거했다. 그중 이름이 알려진 피사의 주교 프란체스코 살바티(?-1478)가 교수형을 당했는데, 이에 반발한 식스토 4세는 피렌체에 파문과 성직 박탈을 선고했고, 이즈음 대치하고 있던 두 동맹군 사이에 전쟁이 터졌다. 로렌초는 앞일을 내다보는 정책을 펼쳤다. 1480년에 몸소 나폴리에 간 로렌초는 반메디치 동맹에서 탈퇴하여 피렌체와 나폴리가 옛날처럼 잘 지냈으면 좋겠다면서 페르디난도 1세를 설득했고, 왕은 마니피코의 제안을 받아들였다. 앙주 가문이 혁신에 가까운 정책을 시도한다는 소식을 들었고, 무엇보다 터키군이 오트란토 지역을 향해 위험한 공격을 시작했다는 소식을 들었기 때문이다. 나폴리 왕국과 메디치 가문의 동맹은 루도비코 스포르차가 당시 미성년이었던 밀라노 대공의 후견인이

파치 가문의 음모

되면서 이루어졌다. 로렌초가 과거에 맺었던 동맹을 다시 제안하자 베네치아 공화
국은 반발했다. 그리하여 베네치아 공화국은 식스토 4세의 조카인 지롤라모 리아리
오Girolamo Riario(1443-1488)와 합의했고, 이후 교황과도 합의했다.

그러자 또다시 전쟁이 터졌다. 이번에는 베네치아, 교황, 제노바, 시에나가 동맹
을 맺은 반면 다른 진영에서는 피렌체, 나폴리, 밀라노가 동맹을 맺었다. 라치오 지
역에서 펼쳐진 군사 작전의 주역은 칼라브리아의 대공이었던 반면에 갈리폴리 함대
를 동원한 베네치아 공화국은 남부를 점령하여 바뇰로 조약(1484)을 맺은 다음 폴레
시네Polesine 저지대와 페라라를 보상으로 얻어 냈다. 식스토 4세가 사망했지만 후임
교황인 인노첸시오 8세가 제노바 치보Cybo 가문 출신인지라 교황청의 팽창주의 계
획은 중단되지 않았다. 새 교황이자 그의 조카인 프란체스케토 치보(약 1450-1519)
는 조국 제노바의 이익에 뜻을 모았으며, 왕권과 봉건 귀족 간의 대립을 이용하여 나
폴리 왕국에서 또 다른 이익을 얻어 낼 수 있음을 보여 주었다. 인노첸시오 8세는 살   **교황청의**
팽창주의 욕망
레르노의 군주인 안토넬로 산세베리노Antonello Sanseverino(1458-1499)와 조약을 맺어
앙주 가문에 찬성하는 방법을 안내했다. 그리하여 그들의 동맹은 제노바, 베네치아
까지 확대되었으며, 로렌의 르네 2세René II(1451-1508)로 하여금 이탈리아 남부를 침
입하도록 했다. 그러나 나폴리 왕국은 피렌체와 밀라노가 지원군으로 나섬으로써
위기를 모면했다.

1486년에 페르디난도 1세와 인노첸시오 8세는 평화 조약을 맺어 음모를 주동했던
영주들을 나폴리 국왕이 처단하는 것에 동의했다. 무엇보다 이탈리아 소국들은 균형
을 유지했는데, 의식을 가지고 이를 주도한 사람이 로렌초 데 메디치였다. 밀라노와
피렌체, 나폴리가 예전부터 합의하긴 했지만, 로렌초는 교황의 동의도 얻어 냈다. 유
일하게 베네치아만 조약의 일반적인 조건에 반대했다. 베네치아의 독자적인 행동 때
문에 이탈리아의 다른 강국들의 합의 및 세력 관계에 변화가 생겼다.

| **다음을 참고하라** |
역사 근대 국가의 형성(25쪽); 이탈리아의 전쟁과 유럽의 국가 체계(56쪽); 이탈리아 시뇨리아 체제(133쪽); 베
네치아 공화국(138쪽)
철학 궁중 정치와 이상적인 통치자: 마키아벨리 이전의 권력에 대한 다양한 관점(372쪽)

이탈리아의 전쟁과 유럽의 국가 체계

| 로산나 시칠리아 |

1494년에 샤를 8세가 이탈리아를 침략했을 때부터 1516년에 프랑스와 에스파냐의
누아용 조약에 이르기까지의 이탈리아 전쟁 시기는 '유럽 국가들의 체계가 잡히기
시작한 유년기'(갈라소)로 정의된다. 샤를 8세의 나폴리 거사를 위한 외교적인 준비
작업만이 아니라 그의 나폴리 왕국 정복이 유럽 국가 전체에 불러일으킨 반감으로
인하여 서유럽 국가들이 오랫동안 정치적, 군사적으로 갈등했던 시기가 시작되었다.
거의 모든 국가가 연루되었으며, 그 결과로 유럽의 새로운 균형 관계가 시작되었다. 즉
프랑스는 밀라노 공국을 얻었고(1516), 페르디난도 2세는 1503년부터
나폴리 왕국을 손아귀에 넣었다.

샤를 8세의 침략

1492년 4월 8일에 로렌초 데 메디치(1449-1492)가 사망하자 이탈리아 내에서 주도
권 싸움이 시작되었다. 다툼의 또 다른 결정적인 요인은 그로부터 몇 달 후에 교황
인노첸시오 8세(1432-1492, 1484년부터 교황)가 사망하고, 로드리고 보르자가 알렉
산데르 6세(1431/1432-1503)의 법명으로 교황으로 선출된 것이었다. 그밖에도 이탈
리아 소국 간의 균형이 무너지기 시작한 요인으로는 1494년 1월 28일에 나폴리의
페르디난도 1세(1431-1494)가 사망하고 그의 아들 알폰소 2세Alfonso II(1448-1495)가
세력이 강한 봉건 귀족의 반대를 무릅쓰고 왕위를 계승한 사건을 들 수 있다. 이탈리
아의 안정성이 무너진 것을 확인해 주는 마지막으로 잘 알려진 요인은 밀라노의 루
도비코 스포르차(1452-1508)와 샤를 8세(1470-1498)의 동맹이다. 샤를은 나폴리에
프랑스 군대를 파견할 때 상속권을 요구하기 위해 밀라노 공국의 중립을 승인하기로
했다.

프랑스의 외교단은 페르난도 2세(1452-1516)의 아라곤 왕국과 얽히고설킨 국제 조
약을 체결함으로써 상속권 인수 작업을 계획했다. 페르난도는 카스티야의 이사벨
1세(1451-1504), 오스트리아의 황제 막시밀리안 1세(1459-1519), 심지어는 잉글랜
드의 헨리 7세(1457-1509)와 더불어 시칠리아 왕국을 소유했다. 1494년 8월 말에 샤
를 8세는 이탈리아로 내려와 파비아에서 루도비코 스포르차의 환영을 받았다. 그로

**프랑스의
국제 조약 체결**

부터 얼마 지나지 않아 미심쩍은 사건으로 루도비코의 조카가 사망하고 그가 밀라노 공국의 대공으로 인정받았다. 한편 프랑스 군대가 토스카나에 입성하자 메디치 가의 피에로Piero(1472-1503)는 샤를 8세와의 굴욕 협정에 서명해야 했다. 피렌체에서 메디치 가문을 쫓아낸 샤를 8세는 피렌체를 공화국으로 선포했다. 피에르 카포니(1446-1496)가 왕과 절충하고 용기 있게 입장을 견지한 덕에 샤를이 피렌체에 부가한 조건이 다소 완화되었다. 샤를 8세는 총체적인 절충을 통해 알렉산데르 6세에게 적대적인 추기경들의 요구를 교묘히 처리하면서 교황 국가를 손쉽게 통과할 수 있었다. 추기경들은 교황이 성직 매매를 했다고 고발했으며, 프랑스군이 자유롭게 통과하는 대신 알렉산데르 6세에게 주었던 담보물에 대한 권리를 주장했다.

이윽고 샤를 8세가 나폴리 왕국에 입성하자 자신의 군대와 정치력을 잃을까 두려웠던 알폰소 2세는 아들 페르디난도 2세(1467-1496)에게 왕위를 물려주었다. 그러나 페르디난도는 프랑스 군대를 막지 못했거니와 프랑스에 우호적인 정적들의 반란도 막아 내지 못했으므로 가족과 함께 메시나로 피신했다. 1495년 2월 말에 샤를은 마침내 나폴리에 입성했지만 교황은 왕국 위임을 거부했다. 한편 베네치아에서 루도비코 스포르차, 베네치아인들, 교황, 에스파냐 군주들, 황제가 신성 동맹을 맺어 만토바 출신의 후작 프란체스코 2세 곤차가(1466-1519)가 지휘하는 군대를 조직했다. 두 진영의 군대는 1495년 7월 초 포르노보Fornovo에서 충돌했다. 이 전투에서 탈 **포르노보 전투** 출에 성공한 샤를 8세는 프랑스로 돌아갔지만, 코르도바의 곤살로(1453-1515)가 이끄는 에스파냐 군대가 이탈리아 본토에 상륙하여 프랑스 군대를 물리치고 페르디난도 2세를 다시 왕좌에 앉혔다. 그러나 아라곤의 군주인 페르난도 2세 부부에게 아드리아 해 항구를 빼앗겼고, 항구는 베네치아인들이 점령했다. 이듬해 나폴리 왕인 페르디난도 2세가 후계자 없이 사망했기에 숙부 페데리코(1451-1504)가 자리를 계승했다. 반프랑스 동맹에 참여하지 않은 나라는 피렌체 공화국이었는데, 피렌체 정치가들 중에 프랑스에 우호적인 태도를 보인 사람들이 피렌체가 피사를 주도적으로 통제하는 것을 목표로 삼았던 것이다. 피렌체에서 벗어난 피사는 베네치아인들이 탐내는 우방이었다. 피렌체에서 프랑스에 우호적인 분위기를 만드는 데 이바지 한 사람은 피렌체를 이끌던 지롤라모 사보나롤라(1452-1498)였는데, 그는 교황 알렉산데르에 심각하게 반감을 느끼고 있었다. 사보나롤라는 샤를 8세의 침략과 메디치 가문의 추락을 예언했던 사람으로 인식되었다. 이윽고 그는 교황과 충돌했으나 정치적으로 패하여 사형을 선고받았다.

프랑스와 에스파냐

1498년 봄에 샤를 8세가 후계자 없이 사망하자 사촌 루이 12세Louis XII(1462-1515)가 왕위를 계승했다. 루이 12세는 스스로 시칠리아 왕국과 밀라노 공국, 양국의 왕이라고 선포하면서 이탈리아 정치에 다시 개입했다. 그는 외교상 목표한 바를 얻어 내면서 신성 동맹을 와해시켰다. 루이 12세는 나폴리 왕국을 정복하기 위해 에스파냐와 협약을 맺었고, 베네치아와는 프랑스가 밀라노 공국을 정복하는 대신 롬바르디아 지역과 경계를 이루는 작은 영토를 주겠노라고 협약을 맺었다. 또한 교황 알렉산데르 6세와도 협약을 맺었는데, 교황의 아들인 체사레 보르자Cesare Borgia(1475-1507)에게 구체적인 특권을 주어 중부 이탈리아에 국가를 세우는 일을 돕겠다고 약속했다. 베네치아와 프랑스가 협력한 결과 밀라노 공작은 독일로 도주했고, 1499년 10월에 루이 12세는 밀라노 공국을 차지하고 나서 제노바를 자신의 통제에 둘 수 있었다. 이듬해 루도비코 스포르차가 이에 반발하여 스위스 용병을 모병하여 밀라노를 재정복했지만 스위스 용병을 더 많이 모집한 프랑스 군대가 그를 물리쳤으며, 모로를 포로로 만들어 프랑스에 보냄으로써 루이 12세가 롬바르디아 지방에 머무는 것이 허용되었다. 그사이 1500년에 프랑스와 에스파냐가 그라나다 조약을 맺는데, 이에 따라 루이 12세와 아라곤의 페르난도 2세는 나폴리 왕국을 나누어 가지기로 했다. 조약에 따라서 루이 12세는 나폴리와 아브루초Abruzzo 지역을, 페르난도 2세는 풀리아와 칼라브리아를 차지했다. 이듬해인 1501년에 나폴리 왕국을 정복한 두 군대는 페데리코에 승리했다. 아라곤 출신 사촌들에게 배신당한 페데리코 왕은 프랑스 왕에게 인도되었다. 두 승리자가 왕국을 나누어 가졌으나 1502년 초에 국경 분쟁이 일어났으며, 이는 군사적 충돌로 이어졌다. 갈등 국면을 끝내는 일화는 두 가지다. 첫 번째는 칼라브리아의 세미나라에서 있었다. 1503년 4월 말에 프랑스군 원정대는 이곳에서 시칠리아를 통해 들어온 에스파냐 군대에 패했다. 두 번째는 거의 같은 시기에 풀리아 지방의 체리뇰라에서 일어났는데, 코르도바의 곤살로가 프랑스군 사령관인 느무르Nemours의 공작(1472-1503)과 교전하여 프랑스를 물리쳤다. 같은 해 5월 나폴리에 입성한 에스파냐군은 프랑스인들을 왕국에서 몰아냈다. 2년 후에 아내 이사벨 1세를 잃은 페르난도 2세와 프랑스 왕의 조카인 푸아Foix 백작의 딸 제르맨

그라나다 조약

Germaine(1488-1538)의 결혼을 통해 두 강국이 조약을 맺었으며, 그제야 나폴리 왕국이 에스파냐의 관할 구역으로 인정받았다.

이 시기부터 세력권의 평형 상태가 시작되었다. 강대국들은 이탈리아를 얻기 위해 경쟁했는데, 이에 이탈리아가 또다시 분할되었다. 밀라노 공국은 프랑스가 정복했고 나폴리 왕국은 에스파냐가 정복했다. 이로써 이탈리아가 다시금 균형을 유지하게 되자 그 영향으로 유럽 강국 간 균형 체계도 균형을 유지했다. 그러나 사실 다른 나라들도 프랑스와 에스파냐처럼 자신의 세력권을 넓히기 위해 이탈리아 반도에 슬금슬금 개입하려는 속셈을 봇물처럼 쏟아 냈다. 베네치아 공화국은 이탈리아 전쟁 10년 동안 아드리아 해에 위치한 풀리아 항구를 정복했으며, 전쟁의 두 번째 시기에는 로마냐 해안에 위치한 중요 주거지를 얻어 냈다. 이때 베네치아는 교황 율리오 2세Julius II(1443-1513, 1503년부터 교황)가 에밀리아와 로마냐를 지배하기를 바랐던 교황청과 에스파냐의 반발을 샀다. 이탈리아 반도에서 자신의 몫을 원했던 합스부르크가의 황제 막시밀리안 1세는 이탈리아 침략을 계획했다. 황제에게 이탈리아는 볼로냐에서 황제 대관식을 거행하고 베네토 육지 지방과 이탈리아 중부 지방으로 영토를 확장하기 위한 노잣돈이었다.

이탈리아를 얻고자 다투는 유럽 강국

유럽 대 베네치아

이 시점에서 막시밀리안 1세와 루이 12세가 베네치아에 대항하여 캉브레Cambrai 동맹을 맺었다. 동맹을 제안한 율리오 2세는 베네치아 공화국을 파문하면서 1509년에 동맹에 가담했으며, 여기에 에스파냐, 잉글랜드, 헝가리, 사보이, 페라라, 만토바, 피렌체도 가담했다. 이 조약의 목적은 베네치아 공화국의 본토를 분할하는 것이었다. 유럽 강대국들은 모두 베네치아와 반대 입장을 취했으며, 홀로 남은 베네치아는 무적함대 덕분에 바다에서나마 힘을 모은 강국들보다 우세했다. 그러나 1509년 5월에 육지 아냐델로Agnadello에서 프랑스군에 패하여 동맹국들이 베네치아 영토를 차지했다. 베네치아 귀족은 적국을 해체해야 베네치아 공화국이 살아남는다는 원칙에 입각하여 일관된 정책으로 저항했다. 우선 교황과 에스파냐 왕의 편에서 로마냐 항구와 나폴리 항구를 포기했고, 율리오 2세에게 아드리아 해 무역권과 항해권을 허락하여 파문에서 벗어났다. 그리하여 1510년 초 베네치아, 에스파냐, 율리오 2세가 결합한 반프랑스 동맹이 새롭게 탄생했다. 루이 12세가 공의회를 소집하자 교황은 라

아냐델로 전투

테라노 공의회를 소집하여 대응했다.

스위스 전투

그사이 베네치아는 막시밀리안 1세가 점령한 육지를 재탈환했고, 황제는 루이 12세의 제안을 받아들여 프랑스와 동맹을 맺었다. 이러한 상황에서 스위스 보병이 전장을 차지했다. 두 진영이 모병할 때 들어온 스위스 보병은 유혈의 라벤나 전투(1512)에서 본분을 다했다. 프랑스 사령관 푸아의 가스통Gaston de Foix(1489-1512)이 새로 결성된 교황과 에스파냐의 신성 동맹을 물리쳤지만 전장에서 사망하고 말았다. 이후 롬바르디아군이 가스통의 군대를 제거했고, 루도비코 스포르차의 아들 막시밀리아노(1493-1530)가 다시 밀라노에 입성했다. 한편 신성 동맹 군대가 피렌체로 진군하자 메디치 가문은 자신의 가문 출신 추기경인 조반니(1475-1521)와 더불어 정찰대 병력을 두 배로 늘렸다. 여러 소국들의 관계 측면에서 볼 때, 상황은 아직도 혼란스러웠다.

율리오 2세가 사망한 후인 1516년 2월에 열린 콘클라베conclave(교황 선출 추기경단 선거회*)는 피렌체 추기경인 조반니를 레오 10세의 법명으로 교황으로 선출했다. 유럽은 대규모 군대를 거느릴 수 있는 상황이 되었다. 이 기회에 스포르차 가문의 군대에 들어간 스위스 군인들은 프랑스 군대를 알프스 산 너머로 돌려보냈고, 즉시 프랑스 영토를 위협했다. 에스파냐와 동맹을 맺은 잉글랜드군은 플랑드르 지방을 통과한 다음 스프로니 전투에서 프랑스군을 물리쳤다. 그러나 루이 12세가 사망하고 왕의 젊은 사촌 프랑수아 1세François I(1494-1547)가 왕위를 계승하자 프랑스는 다시 힘을 되찾았으며, 프랑수아는 나라의 군대를 동원할 수 있었다. 이에 대항하여 스위스 군인, 에스파냐, 황제, 교황이 막강한 연합군을 결성했다. 베네치아가 프랑스 편에 섰으며, 젊은 프랑스 군주는 알프스 산을 넘어 밀라노로 향했다. 그는 멜레냐노에서 스위스 군대를 만나 이틀간 전쟁을 벌였는데, 베네치아 기병의 도움과 밀라노 군인 잔 자코모 트리불치오(1441-1518)의 뛰어난 능력으로 프랑스와 베네치아 연합군은 승리를 거두었다. 덕분에 유럽에 다시 평화가 찾아왔다. 막시밀리아노 스포르차는 밀라노 공국을 포기하고 프랑스에 넘겼다. 외조부 페르난도 2세를 계승한 카를 5세(1500-1558)와 프랑수아 1세가 서명한 누아용 조약은 이탈리아 내의 새로운 균형을 만들어 냈다. 이것은 외세가 주도권을 쥐는 것을 토대로 했으며, 로렌초 데 메디치 시대에 만들어진 이탈리아 소국 체계를 결정적으로 무너뜨렸다.

유럽 국가 체계의 탄생

이와 같은 이유들로 이탈리아 전쟁 중에 새로운 국가 체계가 나타나게 되었다. 중추 역할을 했던 두 나라는 프랑스 왕국과 에스파냐 왕국이었다. 두 왕국 모두 이탈리아 반도에 주둔해 있었고, 형식적으로는 상전이지만 실제로는 그 두 강국 중 하나의 하인이나 마찬가지였던 독일 제국 외에, 잉글랜드가 두 왕국의 주변에 있었다. 잉글랜드 또한 이탈리아의 다른 소국들과 마찬가지로 종속 상태였다. 이탈리아 역사학자 주세페 갈라소(1929-2018)가 주장하듯 이탈리아 전쟁 중에 유럽에서 활동했던 소국들은 공평한 상호 의존 정책을 폈으며, 그 결과 소국들은 입장을 드러내고 정책을 제안할 때 얽히고설킨 국제 관계에 영향을 받았다. 이런 상황에서 새로운 체계, 즉 안정적이고 규칙적인 관계가 만들어졌다. 말하자면 서로 충돌하는 강대국들로 인해 근대 유럽을 향하여 영향력과 균형을 이루는 일시적인 역학 관계가 만들어진 것이다. 그러나 이것이 야기하는 도전과 그에 대한 대응은 피할 수 없었다. 아직 유럽적인 수준에서 강대국들의 균형 관계가 시작되었다는 인식은 없었지만, 샤를 8세의 침략을 비롯하여 누아용 조약에 이르기까지 여러 장소에서 발생한 외교 및 군사 사건 덕분에 유럽 강대국들의 관심사와 가능성을 명확히 밝힐 수 있었다. 그리하여 상호 의존하는 유럽 정치 체계라는 명확한 개념이 등장하게 되었으며, 이것은 이전의 지역 체계를 통합하는 것이었다. 한편 강국들 각각이 누리는 자유와 이와 같은 체계 내에서 활동하는 모든 강국의 안전은 힘이 지나치게 강한 강대국에 공동으로 반대하는 활동에서 나왔다. 로렌초 데 메디치가 활동하던 시절 이탈리아에서 확인된 보다 흥미로운 현상은 이후 오래 지속된 외교 체계가 태동한 점이었다. 유럽 국가에 영구적인 대사관이 확대되면서 국가 체계에 대한 인식이 어떻게 근대 유럽의 현실이 되었는지 이 현상을 통해 알 수 있다.

| 다음을 참고하라 |
역사 이탈리아 국가들의 균형(50쪽); 프랑스 왕국(71쪽); 이베리아 반도(127쪽)

합스부르크 왕가의 정책

| 카티아 디 지롤라모Catia Di Girolamo |

15세기부터 합스부르크 왕조는 신성로마 제국을 안정적으로 이끌어 갔다. 원래 있던
원칙들을 인정했기에 황제 선출 형식은 변하지 않았다. 왕조를 강화하기 위한 도구이자
원래 자율적인 대공국의 구조, 즉 제국의 제도들은 서서히 힘이 약해졌다. 무엇보다
안으로는 개별 대공국 및 지배 혈통의 신성화를 재정비하면서 보다 우세한 유럽
군주제를 실행 중이었다. 앞에서 말한 신성화 덕분으로
교황의 개입을 요청할 필요도 없었다.

합스부르크 왕조 이전의 제국

독일은 중세 초부터 황제를 선출로 정한다는 원칙을 세웠으며, 이 전통으로 인해 자
신의 가문으로 왕조를 강화하려는 반복적인 시도가 무력해졌다.

그러나 대부분의 독일 귀족들이 내부적으로 왕조를 만들기로 결정했기에, 적어도
13세기부터는 황제 선출을 엄격하게 통제할 수 있었다. 또한 황제 제도의 특권을 구
체적으로 표현하되, 대공국의 영토를 통치하거나 전유하지 못하는 인물들을 선출하
기 위해 제국 주변부에 자주 드나들었다.

합스부르크가 카를 4세의 황금문서

1356년에 카를 4세Karl IV(1316-1378)가 공표한 황금문서Goldene Bulle(금인 칙서*)로
제후 선출이 문서화되었으며, 좀 더 우세한 권력을 가진 독일 귀족들이 모여 황제 선
출 원칙을 결정했다. 수십 년 전 하인리히 7세(약 1278-1313)가 보편주의적 제안을
환영했다면 황금문서는 신성로마 제국이 이제는 순수하게 독일적인 사건이 되었음
을 명확하게 말해 주는 것이었다. 공식적인 명칭에서도 언급되었다(독일 민족의 신성
로마 제국Sacrum Romanum Imperium Nationis Germanicae).

돌아온 합스부르크 왕조: 알브레히트 2세

10세기에는 영주였고, 11세기에는 백작이었으며, 13세기 후반에는 이미 황제였던
합스부르크 가문이 이제는 오스트리아의 공작이 되었으며, 1438년이 되어서야 다시
황제의 지위를 얻었다. 이번에는 나폴레옹 시대에 제국이 붕괴되고(1806), 공화국이
설립될 때까지 지속되었다(1919).

제국을 다시 이끌 수 있게 된 것은 합스부르크 가문이 체계적으로 수행한 왕조 정 **왕조 정책**
책의 결과였다. 황제든 황제가 아니든 합스부르크 가문은 애초에 자신들이 지배했
던 스위스-알자스 지방을 기점으로 하여 점차 오스트리아를 향해 지배력을 넓혀 갔
으며, 부르고뉴 가문과 결합하여 왕조를 만들었다. 스위스에서의 이들의 활동이 너
무 활발하여 계곡 주민들이 저항할 정도였다. 여기서 스위스 연맹이 시작되었다. 합
스부르크 가문은 무기와 외교술 및 결혼 전략을 사용하여 자주 보헤미아로 진출했으
며, 헝가리 왕국의 왕위 계승에 진입하기 위한 토대를 마련하고자 했다.

아주 젊은 나이에 공작 작위를 물려받은 알브레히트 2세Albrecht II(1397-1439)가 이
와 같은 활동에 착수했다. 그는 걸핏하면 싸움을 하는 숙부들로부터 벗어나 왕국을
통치하기 시작하여 왕조 정책과 전쟁을 적절히 활용하여 제국을 향한 길을 닦았다.

1421년에 룩셈부르크 왕가의 지기스문트Sigismund(1368-1437) 황제의 딸 엘리자
베트(1409-1442)와 결혼한 알브레히트는 장인의 도움을 받아 후스파와 타보르파의
반란을 진압했다. 이 과정에서 14세기 초부터 룩셈부르크 가문이 다스렸던 보헤미
아의 종교적, 민족적 긴장감이 나타났다. 알브레히트는 10년 남짓 분쟁에 휘말리다
가 지기스문트의 자리를 계승했다.

1437년에 장인이 사망하자 알브레히트는 우선 헝가리 왕국의 왕이 되었다. 사실
헝가리도 룩셈부르크 왕가의 지배를 받고 있었다. 알브레히트는 곧 보헤미아의 왕
이 되었으며, 결국 황제로 선출되기에 이른다(1438). 알브레히트 2세가 독일, 오스 **헝가리와**
보헤미아의 왕이 된
트리아, 보헤미아 및 헝가리를 통치하면서 이 국가들은 이미 통합된 것처럼 보였으 **후에 황제가 된**
알브레히트 2세
며 그때부터 줄곧 신성로마 제국 전체의 특성을 보였다. 그러나 아직 불안정한 구성
이 문제였다. 보헤미아에서 후스파 및 반反독일파와의 갈등이 계속되자 자치권을 가
진 귀족들의 반감을 샀으며, 팽창하고 있는 오스만투르크족으로부터 위협을 받았
다. 그는 오스만투르크와 싸우다 사망했다(1439).

프리드리히 3세: 성공한 실패자?
1440년에 알브레히트 2세 후임 독일 왕으로 선출된 알브레히트의 사촌 프리드리히
3세(1415-1493)는 얼마 전 태어난 알브레히트의 유복자 라디슬라우스Ladislaus(라슬
로 5세, 1440-1457)의 후견인이기도 했다. 라디슬라우스는 어머니인 엘리자베트로부
터 보헤미아 및 헝가리 왕관을 물려받았다. 프리드리히 3세는 섭정을 맡았지만 효율

적인 권한을 행사할 수는 없었다.

1457년에 라디슬라우스가 사망하자 상황은 더욱 위태로웠다. 보헤미아에서는 1458년에 이르지 스 포데브라트(1420-1471)가 왕이 되었고, 헝가리에서는 마차시 1세(약 1443-1490)가 왕이 되었다. 마차시는 보헤미아 왕국을 공동으로 통치하기에 이르렀고, 빈을 점령했으며(1485), 황제 계승 후보자로 입후보까지 했다. 그러나 마차시가 사망하자 보헤미아와 헝가리는 합스부르크 왕가의 지배를 벗어난 것처럼 보였는데, 리투아니아와 폴란드를 중심으로 팽창하고 있던 야기에우워 왕조가 두 지역 모두를 지배했기 때문이다.

그러나 합스부르크 왕조는 중단되지 않고 끈질기게 지속되었다. 1448년에 프리드리히 3세는 로마 교회와 조화로운 관계를 맺었고, 1452년에는 황제가 되었다. 바로 그 해에 포르투갈 공주 레오노르(1434-1467)와 결혼한 덕에 경제적으로도 입지를 굳혔다. 이윽고 오스트리아 왕위 계승을 놓고 싸우던 동생 알브레히트 6세보다 오래 살아남아 결국 오스트리아를 지배하게 되었다. 마지막으로 네덜란드도 합스부르크 가문에 합세하게 되었는데, 아들 막시밀리안 1세(1459-1519)가 프랑스 왕과의 전쟁에서 원조를 바란 용담공 샤를(1433-1477)의 딸 부귀공 마리(1457-1482)와 결혼했기 때문이다.

막시밀리안 1세

막시밀리안 1세는 이미 1486년부터 신성로마 제국의 왕으로 선출되어 대관식을 거행했고, 1508년부터는 황제가 되었다. 하지만 전통적으로 교황에게 받는 축성식은 하지 않았다.

그는 전임자들이 펼치던 왕조 정책을 수집하여 다시 제안했으며, 전례 없는 영토 확장을 이루었다. 1482년에 마리가 사망하자 아들 필리프 1세Philipp I(1478-1506)를 염두에 두고 네덜란드를 통치했고, 1490년에는 티롤 지역에 대한 지배권을 물려받았다. 그리고 헝가리보다 열세에 있던 오스트리아를 탈환했고, 나중에는 야기에우워 왕조와 협약을 맺어 보헤미아 및 헝가리 왕위 계승을 확실하게 못 박았다(프레스부르크 조약, 1515). 1493년에 부친 프리드리히 3세가 사망하자 독일 왕이 되었으며, **비앙카 마리아 스포르차와의 결혼** 가문의 다른 영토들도 소유하게 되었다. 같은 해에 이탈리아 북부 지역으로 관심을 돌려 밀라노 대공의 딸인 비앙카 마리아 스포르차(1472-1510)와 결혼했다. 그리고 딸인 마르가레테Margarete(1480-1530)의 결혼을 통해 이베리아 반도의 왕가 및 사보이 왕가와 친척 관계를 맺었다.

그러나 그가 합스부르크 왕조에 크게 기여한 것은 아들 필리프 1세와 카스티야와 레온의 여왕인 후아나 1세Joanna of Castile(1479-1555)와의 결혼이었다. 이들의 결혼 덕분에 막시밀리안에게 손자가 되는 카를 5세가 근대 초기의 거대한 영토를 다스리게 되었다.

왕가의 지배 범위를 넓혔다고 해서 막시밀리안 1세가 실제로 손에 넣은 영토가 증가한 것은 아니었다. 계속된 전쟁, 제국의 국경선(오스만투르크족의 공격이 빈번한 남동쪽 국경선을 포함해서)을 방어해야 했기 때문에 군주들의 지지에 기대야 했다. 군주들의 지지를 받는 대신 황제와 지역 국가라는 과거의 이중 구조가 굳어지면서 막시밀리안 1세(이후에는 카를 5세)의 제국 조직을 개혁하려던 시도가 무력화되었다. 효율적인 통치 도구를 소개하고, 효율적인 관료 조직을 시도했지만 말이다.

제국이 실패한 것은 지역 기반의 대공국이 얼마나 깊이 뿌리 내리고 있었는가를 **제국의 실패와 국력 강화** 보여 주는 한편으로 합스부르크 가문 스스로 중앙집권화 과정을 위해 왕조의 지배력 확장에만 지나치게 주력했음을 확인시켜 준다. 다른 한편 국가의 지배력 강화 절차가 지역의 대공국 내부에서 진행되고 있었는데, 이들 대공국은 유럽 대부분의 군주제 국가가 당시 사용하던 수단과 동일한 수단을 사용했다. 내부 정치권의 규율, 성직자 임무에 대한 통제, 군대 조직 강화 및 행정 및 재정 구조의 강화가 그것이다.

| 다음을 참고하라 |
역사 독일 제국(94쪽); 독일 제국의 세력권과 합스부르크 왕가의 영토(98쪽)

국가들

STORIA

교회 국가

| 에리코 쿠오초Errico Cuozzo |

11세기의 부흥 이후 권력의 중심지는 지속적으로 증가했고(자치 도시와 시뇨리아 체제), 그 시기가 끝난 15세기에는 교회 국가에서 정반대의 과정이 심화되었는데, 이것은 13세기 중반에 있었던 사회적-경제적 대위기 때문이다. 즉 권력의 중심지가 중앙집권화되면서 그 수가 줄었고, 교황만이 유일하게 권위를 가진 사람이 되었다.

교황의 역할, 기능, 특권

교황은 교황청 직원들을 임명하고 해임했다. 지방의 관리들은 그들을 관리하고 처벌하며, 때로는 포상하기도 했지만 무엇보다도 그들에게 급료를 지불했다. 사실 그들 중 많은 성직자가 고위 성직자나 로마 및 교외 지역에서 온 귀족 출신이었다. 그러나 교황청 정상이 일시적으로 위기에 처할 경우(피사 공의회, 바젤 공의회, 콘스탄츠 공의회) 자급자족을 보여 주는 관료-행정 구조가 되었던 것도 사실이다. 요컨대 권력의 몰개인화 과정이 시작되었으며, 이는 새로운 유럽 국가들에게 공통으로 나타나는 현상이었다. 거의 모두가 이탈리아인이었던 교황들은 유럽의 군주들과 연대하여 영향력이 커지고 있는 통치 모델을 지지하는 모든 이론에 반대했으며, 유럽의 호흡 역할을 하여 보편 교회에 다시 집중하기보다는 이탈리아의 협소한 정치권을 더 많이 걱정했다.

교회 국가는 인노첸시오 3세Innocentius III(1160-1216, 1198년부터 교황)가 재임할 때부터 정해진 여러 개의 지방들로 나뉘어 있었다. 즉 안코나의 마르카, 로마냐, 토스카나의 성 베드로 세습 영지, 캄파니아, 마렘마 및 사비나, 마사 트라바리아, 산타 가타Sant'Agata, 파르파 수도원, 스폴레토 공국, 테라 아르눌파와 특별 위탁 영토terra Arnulphorum et specialis commissionis, 그리고 베네벤토. 교회 국가 소속
행정 구역

1357년 에지디오 알보르노즈Egidio Albornoz(1310-1367) 추기경이 공표한 『에지디우스 법령집Constitutiones Aegidianae』이 교황령 통치를 위한 기본 공공 법률이 되었다. 이처럼 중앙 정부와 지방 조직이 교회 국가를 지탱했다.

중앙 정부

중앙 정부의 심장은 교황 궁무처로, 12세기부터 영혼의 군주만이 아니라 세속의 군주이기도 했던 로마 교황이 자신의 재산 관리를 맡겼던 기관이다.

15세기가 되자 궁무처는 또 다른 중요한 임무 두 가지를 맡았다. 교황이 쓰는 수많은 중요 문서를 쓰고, 기록하고, 발송하는 임무를 수행하는 것만이 아니라 국가를 통치하는 기관이 된 것이다. 궁무처는 관료주의 조직이었음에도 근대적인 개념의 내각과는 거리가 멀었다. 궁무처는 에우제니오 4세Eugenius IV(1383-1447, 1431년부터 교황)가 승인한 규약집을 토대로 하여 놀랍도록 다양한 역할을 수행했다. 궁무처 직원들이 세부적인 정책 분야에 배치된 것이 아니라 모두 하나의 단체(궁무회Collegium Camerae)를 구성하고 있었기 때문이다. 궁무처

그밖에도 중앙 회계원으로서 대목代牧 및 지방 재무 관리와도 직접적인 관계를 맺었다.

그중에서도 교황청 회계원 장관은 놀랍도록 다양하고 폭넓은 권력을 가진, 교황청 최고의 인물이었다. 그는 모든 미묘한 정치 문제에 교황의 중요한 고문 역할을 했다.

교황청 출납 관리는 회계원 장관에 종속되어 있었지만 나름 독립된 자리였다. 그의 주요 업무는 지불과 관련된 비용을 수납하고 처리하는 것이었다. 재판을 할 수도 있었지만 교황 궁무처에 소속된 사람이기도 했다. 그가 거느린 서기와 공증인들이

그를 도왔다. 이들은 교황청의 중요한 금전 출납부인 『수입과 지출Introitus et Exitus』을 점유했다. 용병 임금 지불과 관련된 장부처럼 별로 중요하지 않은 금전 출납부도 작성했다.

회계원 장관과
출납 관리

교황청 출납 관리는 보관업자와 긴밀한 관계를 유지해야 했다. 보관업자는 피렌체 은행 로마 지부장으로, 출납 관리와 교황의 돈을 수납하고 지불하는 임무를 맡았기 때문이다. 이들은 월별 회계와 일련의 정산서를 작성했으나 이중장부로 작성하지는 않았다. 또한 궁무처가 보관업자와 거래한 전달의 채무나 신용 거래를 매달 보고했다. 보관업자는 필요할 경우 담보를 받지 않고 거래하기도 했다.

보관업자는 교황의 비밀 보물을 관리하는 일을 가장 세심하게 신경 썼다. 이때 몇몇 믿을 만한 대리인들의 도움을 받았는데, 대리인들이란 궁무처 직원들이었다. 에우제니오 4세는 비밀 시종cubicularius secretus에 관한 책을 만들도록 했는데, 교황청 회계원 장관의 감시 하에 궁무처 직원들이 검토했다.

추기경회

12세기부터 추기경회의 권위와 권력이 커져서 교황청 수입의 일정 비율을 독점할 정도가 되었다. 교황 니콜라오 4세Nikolaus IV(1227-1292, 1288년부터 교황)는 이미 교황 칙서 「높으신 하느님Coelestis altitudo」에서 영적 재산 및 세속 재산의 절반을 추기경회에 주는 것을 승인했다. 추기경들은 수입을 모으고 나누기 위해 개인 회의실을 가지고 있었지만 13세기 말에 니콜라오 4세가 보증했던 모든 수입을 14세기에 추기경회가 되찾을 수 있었는지 확실하게 말할 수는 없다.

궁무처 회계원 감사와
로타 로마나

교황청 대법원 로타 로마나Rota Romana와 교황 궁무처가 최고 단계의 사법 행정을 맡았다. 이들 기구는 종교 사건을 처리하는 최고 법원이기도 했다. 민사 항소 및 형사 항소는 우선 궁무처 회계원 감사에게 전달되었다. 2차 항소는 로타 로마나 앞에서 인정받았다. 이외의 다른 소송에서 소위 말하는 더 중요한 소송causae maiores은 로타 로마나가 직접 맡았다. 궁무처 회계원 감사의 사법권은 '관례적'이었고, '위탁되지' 않았으며, 교황 자리가 공석인 동안에도 계속 효력을 가지고 있었다. 그러나 대법원 소속 회계원 감사들이 가진 사법권의 성격이 투명하지는 않았다. 판결을 대리로 읽는 것 같았기 때문이다.

궁무처가 법원 역할을 하고, 교황청 회계원 장관이 1심이나 항소심 사법권을 맡고 있었다는 논문들은 근거가 없다.

지방 조직

교회 국가에 소속된 모든 지방의 우두머리는 교구 사제였으며, 전능한 검으로 통치하는 최고의 사법권merum et mixtum imperium cum gladii potestate의 완벽한 권력을 행사했다. 15세기에 교구 사제들은 영혼의 문제에 대한 재판권을 제외하고, 『에지디우스 법령집』에서 규정한 모든 권력을 행사했다.

교구 사제 다음으로 영향력을 행사한 관리는 출납 관리였다. 서열이 낮긴 했지만 거의 독립적인 권리를 행사했으며, 교구 사제라 해도 그가 내린 결정에 이의를 제기할 수가 없었다. 출납 관리원은 자신을 '교황청 출납 관리원'으로 여겼으며, 교황이 임의로 임기를 정해서 임명했다. 이때 궁무처 직원이 임명되는 경우가 잦았다. 지방 출납 관리는 정치적으로 놀라운 영향력을 행사했다. 그들이 군사 교육을 감시하는 임무를 맡았고, 교회의 이익을 위해 자치 도시들과 협상했으며, 반역자들의 재산을 몰수하여 판매할 수 있었기 때문이다.

교구 사제와
출납 관리

출납 관리는 교황청 세금 징수원으로 나타날 때도 있었다. 보통 독자적으로 행동하는 지방 관리였으며 지방에서 교황청에 바치는 모든 공물을 징수하기 위해 교황청 궁무처가 임명했다.

'성주 지배권castellanie'은 13, 14세기에 매우 중요한 역할을 담당했다. 15세기에는 도시 체계 전체가 위태로웠고, 성곽은 행정의 중심지가 아니라 군사적 성격의 단위가 되었다. 책임자가 없는 자유로운 성곽의 계약 체계도 위태로웠다. 그리하여 성주의 수입은 지방 출납 관리에 비해 액수가 매우 적었다.

'성주 지배권'

『에지디우스 법령집』을 보면 지방 의회가 매우 중요하며, 지방 행정에 없어서는 안 될 부분이라고 나온다.

그러나 15세기에 이 제도는 위기를 맞았다. 가장 중요한 업무인 군대세tallia militum 부과 역할을 제대로 하지 못했기 때문이다. 사실 이 세금은 지방 교부금tallia sive subsidium, 즉 교구 사제가 모든 거주지에 매년 부과하는 세금이었다.

지방의 출납 관리는 재무 행정을 맡고 있는 유일한 책임자였다. 그의 공증인은 마음대로 모든 비용을 지불했고 현금을 관리했다. 그는 로마에 직접 내는 소량의 간접세를 빼고는 지방 수입을 모두 거두어들였다. 요컨대 교황청이 부과한 가장 오래된 세금인 베드로의 권리regalia beati Petri를 관리했는데, 이 세금은 15세기에 액수가 아주 줄었으나 인상되지 않아, 12세기 『조세 대장Liber Censuum』에 나온 것과 액수가 동일했다. 재판에서 나오는 이익금, 특히 벌금을 관리했고, 가축 이동과 관련된 가축세 dogana pecudum도 관리했다. 가축세는 세관원doganerius과 교황청이 직접 고용한 개인 청부업자가 징수했다.

로마 교황청은 5세기부터 물품 공급에 특별히 문제가 있었음을 지적했다. 1420년에 마르티노 5세(1368-1431, 1417년부터 교황)는 콘스탄츠를 떠나서 로마에 돌아갈 참에 최우선으로 로마에 곡물을 안전하게 운송하도록 조치했다. 그는 자신의 영지와 봉토에서 로마 교황청에 조달할 곡물을 구입하기 위해 특별 위원을 임명했다.

사법 행정　사법 행정을 살펴보자면 지방에서 교구 사제가 주관하는 법정은 가장 완벽한 민사 재판권 및 형사 재판권, 즉 전권plena potestas, 전全재치권plena iurisdictio, 최고의 사법권 merum et mixtum imperium을 누렸다. 교회법 학자들은 이 법정을 '직권자 법정'으로 정의했는데, 특별 사건 청취를 '위임받은' 재판권이 아니기 때문이었다. 교구 사제의 법정은 1심 소송은 거의 취급하지 않고 주로 항소 재판을 담당했는데, 이 시기 자치 도시에는 2심 재판소가 없었기 때문이다. 볼로냐와 페루자만 이 특권을 가질 수 있었다. 15세기 교황 국가에는 어떤 권리가 있었을까? 에지디우스는 자신의 법령집에서 교황령에 존재했던 여러 권리 중에서 특히 다음의 권리에 우선권을 주었다. 우선 교황의 법전을 중요시했고, 다음에는 그의 법전과 앙브륑Embrun의 주교 베르나르의 법전을 중요시했다. 그다음에는 지방의 오래된 관습법과 특히 규약집과 도시 관례집을 중요시했다. 마지막으로는 교회법과 민법을 고려했다. 그러나 실제 양상은 달랐다. 가령 레오 10세(1475-1521, 1513년부터 교황)가 『에지디우스 법령집』을 로마에 확대하기 전까지, 로마에서는 민법이 교회법보다 우세했다.

교황군

비상 시기에 교구 사제나 지방의 출납 관리가 모집하는, 해당 지역에서 징집한 군인을 제외한 교황 국가의 주요 군대는 새로 모집한 이탈리아인 용병으로 이루어졌으며, 궁무처가 월급을 주고 관리했다. 15세기 초에는 외국인 용병들을 고용하지 않았다. 모집된 용병들은 출납 관리의 공증인들을 통해 궁무처에서 계약서(상사firme)를 썼다. 계약 기간은 6-8개월이었다. 봉급은 월급으로 지불했지만 계약서firma상으로는 양질의prestancia 은행에서 발행하는 피렌체 금화floreni auri de camera로 상당한 액수의 선불을 지급하기로 되어 있었다.

군대의 기본 단위는 창기병(랑케아lancea)이었고, 무거운 갑옷을 입은 기마 '상병'과 그의 무기를 취급하는 부하(무기병saccomanus, 노예familiaris)와 하인(덩치 큰 소년 ragazonus)으로 구성되었다. 이때 하인은 군마軍馬 대신에 조랑말ronzinus을 탔다. 용병 부대의 규모는 치르던 소규모 전쟁에 따라 다양했는데, 당시에 2천 명 혹은 3천 명이 소속된 군대는 큰 편이었다. 보병 50명, 창기병 20명으로 구성된 소규모 군대가 1천 5백 명가량의 군대(창기병 4백 명, 보병 2백 명)가 되었으며, 용병 대장 야코포 칼도라 Jacopo Caldora(1369~1439)의 군대에 등록되었다.

모병과 조직화

일정한 수의 용병이 지속적으로 교황령에 머물고 있긴 했지만 궁무처가 관리하는 용병의 수는 정치 상황과 관련되었다.

중세 말 유럽의 다른 국가들과 크게 다르진 않지만 군대를 보더라도 교회 국가는 매우 효율적의 조직의 본보기를 보여 주었다. 수많은 관점에서 볼 때 이 조직은 근대 국가가 형성되는 초기의 모델이 되었다.

| 다음을 참고하라 |
역사 교황과 성직자 계급(194쪽)
시각예술 식스토 4세의 로마(750쪽)

프랑스 왕국

| 파우스토 코제토Fausto Cozzetto |

15세기에 프랑스는 국민의 정체성을 인정하게 될 것이라는 전망을 보여 주었다. 잉글랜드와의 백년전쟁을 끝내면서 대부분의 프랑스 영토에서 잉글랜드인들을 몰아냈으며, 프랑스 왕조로 하여금 자신의 부족함과 허약함을 극복하도록 강제했다. 민중의 힘을 보여 준 새로운 프랑스를 상징하는 인물은 잔 다르크였지만, 이에 대한 샤를 7세와 이후의 루이 11세가 이끄는 군주제의 응답도 못지않게 활발했다. 스위스 군대가 결정적으로 도움을 주긴 했지만 동쪽 국경을 위협하던 용담공 샤를의 부르고뉴 공국이 해체되었으며, 새로운 군주 샤를 8세는 이탈리아 원정을 준비했다.

아르마냑인과 부르고뉴인

1380년에 발루아의 샤를 5세(1338-1380)가 사망했다. 나중에 샤를 6세가 될 그의 아들이 아직 미성년자였기에 프랑스 군주의 권위는 위협을 받았다. 권력이 대토지를 소유한 봉건 영주들이자 왕가의 혈통을 물려받은 대공들의 수중에 들어갔기 때문이다. 더구나 샤를 6세(1368-1422)는 왕좌에 오르자마자 심각한 정신병에 시달렸다.

프랑스 신흥 귀족 가운데 정치적으로 매우 중요한 두 인물이 앙주 공작 루이 1세Louis I(1339-1384)와 용담공 필리프(1342-1404)다. 이후 30년 동안 아르마냑 사람들이라
내전고 불리는 앙주 가문과 15세기 초에 내전을 일으켰던 부르고뉴 가문이 서로 대립하면서 프랑스를 지배했다. 프랑스 왕권이 위기를 맞자 이 틈을 이용해 1415년에 잉글랜드 왕은 프랑스와 다시 갈등하면서 프랑스 북동쪽의 영토로 세력을 확장했다. 1420년에 루아르 강 남쪽 영토만 남게 된 프랑스가 반격을 시작했으며, 그와 더불어 잉글랜드군의 점령에 대해서 민중과 부르주아가 반항했다.

이윽고 1428-1429년에 샹파뉴와 로렌의 중간 지역에, 프랑스군이 전쟁을 치르던
잔다르크곳에서 잔 다르크(약 1412-1431)가 나왔다. 잔 다르크는 잉글랜드군이 주둔한 오를레앙을 구하기 위해 대부분 농민들로 구성된 군대를 지휘했다. 샤를 7세(1403-1461) 앞에 선 그녀는 왕을 설득하여 자신과 함께 랭스로 가자고 했고, 그곳에서 왕은 대관식과 축성식을 거행했다. 부르고뉴 사람들이 잔 다르크를 체포했고, 잉글랜드인들이 그녀를 화형시켰음에도 이 시점에서 전쟁의 운명은 프랑스에게 유리하게 전개되었다. 잔 다르크 이야기는 민중의 새로운 감정을 말해 준다. 즉 여러 사람의 목적이 국가 안에서 결합할 수 있다는 것을 보여 주며, 국가 이성의 등장을 의미한다. 이러한 프랑스인들의 의식은 잉글랜드인들에 대한 막강한 분노로 표출되었고, 왕국은 그 마음을 대변했다. 1433년에 샤를 7세는 아라스 조약을 맺어 잉글랜드와 부르고뉴 사이의 동맹을 깨뜨릴 수 있었다. 그로부터 4년 후에 왕은 파리에 재입성했다. 1453년에는, 1559년까지 잉글랜드인들이 소유했던 칼레를 제외하고, 프랑스 영토에서 잉글랜드인들을 몰아냈다.

잉글랜드와의 전쟁이 끝난 뒤

어떤 평화 조약을 맺어도 전쟁은 끝나지 않았다. 잉글랜드의 헨리 6세(1421-1471)는 계속 프랑스와 잉글랜드의 왕으로 등극했는데, 두 나라의 역량으로는 전쟁의 원인

을 막을 수가 없었기 때문이다. 두 가지 국가 모델이, 즉 시민이 그들의 이익과 정치
적인 입장에 따라 발전할 수 있는 두 가지의 가능한 유형이 맞서고 있었다. 두 나라 **두 가지 국가 모델**
가 갈등하는 중요 지점은 프랑스가 오래전부터 통제하기를 원했던 플랑드르 지방에
가해진 위협 때문이었다. 프랑스가 국력을 키우고 싶었던 것은 잉글랜드의 양모를
플랑드르에 수입하고 싶었기 때문으로, 플랑드르의 제조업 발전을 위해 그것이 꼭
필요한 것임을 통감했다. 프랑스가 양모 제조업에 관심을 둔 결과 두 나라에 심각한
결과를 초래했다. 무엇보다도 잉글랜드와 프랑스 사이에 얽힌 매듭이 풀린 결과, 프
랑스의 동쪽과 북쪽 국경 지역을 부르고뉴가 지배하게 된 것처럼, 오랫동안 준비해
왔던 결과를 보였다. 사실 프랑스는 아라스 조약으로 부르고뉴-플랑드르의 독립을
인정했으며, 부르고뉴-플랑드르는 프랑스의 힘이 동쪽으로 팽창하는 것을 막았다.

발루아 왕조는 부르고뉴와의 갈등 때문에 다른 목적이 생겼다. 프랑스는 그동안
아라곤의 알폰소 5세(1396-1458)와 함께 시칠리아를 지배했을 뿐만 아니라 나폴리
왕국까지 정복함으로써 주변의 위성 국가들을 단결시켰기 때문에 이탈리아에서 중
요한 자리를 잃고 말았다. 아라곤 왕국과 단결한 위성 국가들이 지중해 중서부 지역
을 다스리면서 프랑스는 지중해 지역에서 밀려났다. 그밖에 신성로마 제국 영역 내
에서 움직이던 사보이 공국이 스스로 힘을 길러 프랑스 왕국과 동맹한 밀라노 공국
과 적대 관계를 이루었다.

샤를 7세는 프랑스의 제도들을 근본적으로 재편성했는데, 정규 중대 덕분에 **프랑스의 재편성**
1445년부터 상비군을 설치하게 되었다. 그는 세금과 관세 외에 토지 크기에 따라 모
든 가정에 부과하는 직접세인 타이유taille에 기반을 둔 합리적인 과세 제도를 통해 막
대한 경제적 자원을 모아 개혁을 실현했다. 타이유는 국가에 대한 개인의 납세 의무
가 생기는 계기가 되었다. 샤를 7세는 필리프 4세 미남왕(1268-1314)이 실시한 바
있는 교회의 성직 업무에 간섭하는 정책을 다시 썼으며, 그 결과 갈리아 교회를 만
들었다. 이 교회는 1438년에 부르주 국본 조서에 의해 승인받았다. 교황청의 횡포
가 명확히 드러나자 교황보다 공의회가 우월하다는 공의회 교리를 주장할 수 있었
고, 주교구 참사회와 수도원이 각자 자유롭게 주교와 수도원장을 뽑을 가능성도 생
겼다. 로마 교황청에 성직자 임용과 관련하여 세금을 보내야 하는 강제 조항도 폐지
했다. 그밖에 로마 교황청이 내린 파문과 직무 정지도 그 효과가 제한적이었다. 교
황청은 부르주 자료에 이의를 제기했고, 그로 인해 파올라의 성 프란체스코Francis of

Paola(1416-1507)처럼 교황청 대표자들이 프랑스 궁정에서 지속적으로 중재했다. 프랑스는 교황청 업무에 다시 개입하는 정책을 폈지만 교황청은 황제의 요구 때문에 콘스탄츠 공의회(1414-1418) 이후 로마로 다시 이전되어 더 이상 프랑스 교회가 교황 자리에 영향력을 행사할 수 없었다.

영주와의 전쟁과 부르고뉴

1461년에 프랑스 왕으로 등극한 루이 11세(1423-1483)는 군주의 손에 권력을 집중시키는 정책을 다시 폈으며, 공적인 이익을 앞세운 동맹군과 함께 자신과 대립하는 프랑스 대토지 영주 연합군을 물리쳤다. 왕은 점차 특권이 커지고 있는 도시 부르주아 계층에 지지 기반을 두고 있었으며, 프랑스 봉건제 세력을 억눌러 왕이 직접 통치하는 자국의 영토를 점차 넓혀 가면서 앙주, 멘, 프로방스 지역을 합병했다. 또한 프랑스 상황이 어려운 근본적인 원인이 동쪽 국경에서 새롭게 힘을 키운 부르고뉴 지역 때문이라고 확신했다. 1460년대에 부르고뉴는 또다시 잉글랜드가 프랑스 영토를 침입하는 구실을 제공했다. 그리하여 루이 11세는 부르고뉴와 전쟁을 시작했고, 부르고뉴의 공작 용담공 샤를(1433-1477)은 프랑스 왕국을 독일 제국으로부터 소외시키기 위해 라인 강 계곡을 정복하려는 정치적 팽창주의 계획을 발전시켰다. 프랑스와 부르고뉴의 갈등에는 독일 제국만이 아니라 스위스 연방과 사보이 공국까지 영향을 미쳤다. 그러나 루이 11세는 부르고뉴가 잉글랜드와 동맹을 재개하는 것을 방해하는 데 성공했다. 이후 1477년 낭시 전투에서 스위스인들은 용담공 샤를을 죽였다. 1482년에 아라스 조약을 통해 프랑스가 부르고뉴 공국과 피카르디를 얻었기에 샤를이 이끌었던 국가 조직은 와해되고 말았다. 나머지 영토, 즉 플랑드르 지역 전체는 용담공의 딸 부귀공 마리(1457-1482)와 미래의 황제인 막시밀리안 1세(1459-1519)의 결혼으로 합스부르크 왕가로 넘어갔다.

용담공 샤를의 팽창주의 계획

법률가와 관습법

14세기 말에 유럽 시민들의 삶의 개선으로 사회에는 더 많은 질서가 생겨났다. 지방법과 특별법을 아우르는 독일법과 로마법, 교회법, 봉건법을 토대로 공생하기도 하고, 다른 질서가 만들어지기도 했다. 프랑스도 상황은 마찬가지였다. 이와 같은 다원적인 풍경 속에서 로마법이 다시 부각되었다. 로마법은 공법과 주권만이 아니라 사

법 및 시민 생활에서도 인정받았다. 그렇게 해서 보통법ius comune이 탄생했다. 보통 **보통법**
법은 과학적인 로마법을 재정비한 것으로 총체적인 시민 생활과 관련된 규율과 원칙, 기관과 상점, 의무와 권리, 소송과 처벌을 다루었다. 그러나 진정한 의미의 제도적 법체계가 결정된 것은 아니었고, 입법 활동의 결과도 아니었다. 이는 대다수 법률가들이 법전에 주석과 해석을 달아 과거와 차별화된 사회와 생활의 요구에 맞춘 것이었다. 다수의 다른 법들도, 특히 프랑스 북부 지역에서는 잔존해 있었다.

1430~1480년에 샤를 7세와, 특히 루이 11세는 프랑스 군주제의 신성하고 절대적인 성격을 강조하기 위해 법률가들이 주석 작업을 했던 보통법 개정을 후원했다. 샤를 7세는 왕국의 모든 관습법을 수집했고, 루이 11세는 단일 법전을 편찬했지만, 이 법전은 왕국 전체에서 확대 시행되지는 않았다. 프랑스 왕국은 로마법을 따르는 남 **로마법과 관습법** 부 지역과 관습법을 따르는 북부 지역으로 나뉘어 있었다. 나라 전체의 특성을 보여주는 또 다른 요소는 14세기 중반 파리에 의회를 설립한 것이었다. 국왕의 명령 덕분에 법률가들이 설립한 조직이 영구적으로 유지되었는데, 군주와 봉건법, 군주와 교회법 사이의 관계와 관련 있는 재판 문제를 전담했다. 15세기 중반 이 조직들은 왕국에 소속된 규모가 큰 지방(툴루즈, 그르노블Grenoble, 보르도, 디종Dijon)으로 확대되었지만 지방 의회는 모두 파리 의회에 종속되어 있었다.

이윽고 루이 11세는 의회에 왕에게 항의할 권리를 인정해 주었다. 그러므로 의회는 다양한 재판 분쟁을 조정하고 해결하며, 왕령과 법령을 기록하는 임무를 주로 수행한 사법 조직이자 행정 조직이었다. 의회가 보기에 법령이 왕국의 관습법과 일치하지 않으면 이의를 제기하기도 했다.

사법적 관점에서 볼 때 의회는 군주와 봉건 귀족과 관련된 소송에 대해서는 1심 기관이었고, 재판관이 1심에서 판결한 소송에 대해서는 2심 기관이 되었다. 삼부회는 15세기에 정치적으로 다른 길을 걸었다. 샤를 7세 시절에 매년 소집되었으며 사회의 거대 세력과 군주 사이의 협력을 표명했다. 반면 루이 11세가 다스리던 20년 동안에는 부정기적으로 소집되었으며, 나중에 샤를 8세(1470-1498) 때는 아예 소집되지 않았다.

| 다음을 참고하라 |
역사 백년전쟁의 종말(40쪽); 부르고뉴 공국의 발전(76쪽); 브르타뉴 공국(80쪽); 전쟁: 전통과 혁신(259쪽)
시각예술 프랑스 궁정 양식(617쪽)

부르고뉴 공국의 발전

| 로산나 시칠리아 |

15세기에 부르고뉴 공국은 중세 말 유럽에서 새롭게 발전한 국가들 중에서 가장
부유하고 중요한 국가였다. 부르고뉴 공작 필리프는 1435년에 아라스 조약을 체결한
뒤 프랑스로부터 자율적인 역할을 인정받았으며, 프랑스 동쪽 국경의 중요 지역들도
얻었다. 행운이 따르기도 했거니와 뛰어난 정치-군사 활동의 결과로 이후 수십 년간
옛 로타링기아 왕국을 재건할 수 있었다. 그러나 이후 반反부르고뉴 세력 연합이
결성되어 용담공 샤를을 물리쳤고(1477) 그의 공국을 해체했는데, 이는
막시밀리안 1세의 세습 지배 및 프랑스에 유리하게 작용했다.

발루아 왕조와 부르고뉴 공국

유럽적인 관점에서 볼 때 부르고뉴 공국이 발전하게 된 가장 중요하고 결정적인 단
계는 프랑스 발루아 왕조의 장 2세 선량왕Jean II le Bon(1319-1364)의 넷째 아들인 용
담공 필리프(1342-1404)가 1363년에 부르고뉴 공작령을 물려받았을 때부터 시작
장 2세의 정책 되었다. 장 2세는 왕위 계승에 대한 살리카 법전에 따라 남성 계승자가 없을 경우
부르고뉴 공국이 프랑스 왕권에 귀속되리라 예상하면서 미리 조건을 만들어 갔다.
1369년에 필리프는 플랑드르의 마가렛과 결혼했다. 마가렛은 지참금으로 플랑드르
와 더불어 프랑슈콩테Franche-Cornté(부르고뉴의 콩테로 더 유명하다), 아르투아, 느베르
Nevers 및 레텔Rethel 백작령을 가져왔다. 지리적인 관점에서 볼 때에는 쥐라 주에서
북해까지가 병합된 셈이었지만, 법률상의 관점에서 보면 여러 영토는 나름의 특징
을 가지고 있었을 뿐만이 아니라, 종교적으로 보면 리옹, 상스, 브장송이라는 세 교
구로 나뉘어 있었다. 수백 년의 세월이 지나면서 이 지역들에는 각각 명확한 행정법
이 생겼다. 발루아 왕조는 다양한 지역의 조화를 위해 노력했는데, 공국의 여러 지역
에 지방의 소국들을 정치적으로 대변하는 기관을 건립했다. 그 기관들은 정기적으
로 회합을 가졌다.

용담공 필리프는 프랑스 왕가에 소속되었으므로, 형제인 샤를 5세가 사망하자 샤
를 6세(1368-1422)의 나이가 어린 까닭에 본국에서 하나의 역할을 맡게 되었다. 그
는 조카를 대신해 섭정하는 동안 잉글랜드인들의 통치에 우호적인 백성들의 동요를

막기 위해 프랑스 군대로 플랑드르 백작령의 백성들을 억압했다. 잠깐이긴 하지만 제정신이 돌아온 샤를 6세가 프랑스 정부, 부르고뉴 및 플랑드르 공국을 맡았을 때 필리프는 자국의 이익에만 집중하는 정책을 쓸 수밖에 없었다. 필리프는 부르고뉴 공국의 독일적 요소에 더욱 관심을 기울였다. 독일적 요소란 플랑드르에 사는 독일인들, 즉 플랑드르 도시에 소속된 부르주아에게 더 관심을 기울였음을 의미한다. 부르고뉴에서는 잉글랜드에서 들여온 가공하지 않은 양모가 활발히 교역되었기 때문에 잉글랜드와의 친밀한 관계에 관심이 높았다. 상인들이 플랑드르 직인들이 양모로 짠 옷감을 판매했던 것이다.

용담공 필리프

부르고뉴파

용담공 필리프의 아들인 용맹공 장(1371-1419)은 부르고뉴 공국의 두 번째 공작이 되었다. 그러나 샤를 6세의 무능으로 공국은 1404년부터 복잡한 프랑스 정치 분쟁에 휩쓸렸다. 프랑스가 아르마냐파와 부르고뉴파로 나뉜 것처럼 오를레앙 출신의 경쟁자들과 용맹공 장은 또다시 날카롭게 충돌했다. 논쟁이 최고조에 달했을 때 장은 반대파 당수인 오를레앙의 루이(1372-1407)를 살해하도록 지시했으며, 이윽고 부르고뉴 군대의 지원을 받아 파리를 획득했다(1413). 하지만 백성들의 적대감 때문에 파리를 포기해야 했다. 5년 뒤인 1418년에 다시 파리를 정복했으며, 정신병 때문에 통치를 할 수 없었던 샤를 6세의 아내 바비에르의 이자보(1371-1435) 여왕과 공동으로 파리를 통치했다. 장은 도팽 샤를 7세와 화합하기도 하고, 1415년부터는 백년전쟁의 새로운 단계를 시작했던 잉글랜드인들과도 화합 정책을 폈다. 그의 정책은 1419년에 라이벌인 아르마냐파가 용맹공 장을 살해함으로써 중단되었다.

백년전쟁의 재개

　　부르고뉴의 새로운 공작, 선량공 필리프(1396-1467)는 아버지의 죽음에 복수하기 위해 아버지가 썼던 섬세한 균형 정책을 바꾸어, 그사이 프랑스 북부 지역을 차지한 잉글랜드와 동맹을 맺었다. 그리고 이자보를 설득하여 잉글랜드의 헨리 5세(1387-1422)와 트루아 조약을 협상하도록 했다. 계속해서 이제는 완전히 정신이 나간 샤를 6세를 설득하여 트루아 조약을 받아들이도록 했는데, 왕위를 샤를 7세에게 물려주지 않고 잉글랜드의 헨리 5세가 프랑스를 통치할 뿐만 아니라 샤를 6세가 사망할 경우 후계자마저 되도록 했다. 부르고뉴파의 계획이 성공했다면 막강한 프랑스-잉글랜드의 권력자가 탄생했을 것이다. 선량공 필리프는 15년 동안 잉글랜드를 도와 프

78

샤를 7세 랑스의 새로운 군주가 될 샤를 7세(1403-1461)에게 대항했다. 샤를은 잔 다르크(약 1412-1431) 덕분에 랭스에서 대관식을 치렀다. 1430년에 부르고뉴 공작의 부관인 룩셈부르크의 장(1392-1441)이 잔 다르크를 체포해서 동맹군인 잉글랜드인들에게 양도했다. 선량공 필리프의 정책은 재빨리 크게 수정되었다. 부르고뉴는 위기에 처했고, 막강한 프랑스-잉글랜드 권력이 만들어졌으며, 이 권력이 부르고뉴 국경을 끝없이 위협하리란 것을 깨달았기 때문이다.

아라스 조약

정치적 이익을 위해 라이벌 샤를 7세와 선량공 필리프가 외교 협상을 시작한 결과 1435년 9월 21일에 아라스 조약이 맺어졌다. 필리프는 아버지가 살해당한 것에 대해 보상받았기에 마콩Mâcon 및 오세르Auxerre 백작령, 솜Somme 계곡의 도시들, 퐁티외Ponthieu, 불로뉴쉬르메르Boulogne-sur-mer를 양도했다. 무엇보다 이 조약으로 프랑스

선량공 필리프의 합병 정책

왕 샤를 7세에게 평생 봉신으로서 예의를 지켰다. 이제 선량공 필리프는 프랑스 왕국의 동맹군이 되어 계속 잉글랜드에 대항했다. 잉글랜드인들이 플랑드르 북쪽 해안을 공격했지만 선량공은 저항했을 뿐만 아니라 영토 정복과 합병 정책을 펼쳐 나갔다. 특히 오늘날 벨기에 지역에 해당되는 다양한 봉토를 통일했거니와 나뮈르 백작령을 정복했다. 브라반트-림뷔르흐 공국을 유산으로 받았으며, 잉글랜드와 동맹을 맺은 에노의 자클린(1401-1436)에게서 후에 네덜란드 북쪽이 될 네 개의 백작령(에노, 젤란드Zeeland, 홀란트Holland, 프리슬란트Friesland)을 몰수했다. 룩셈부르크 공국이 합병되었고, 리에주에 보호령이 건설되었다. 1450년대 말에 선량공은 부르고뉴, 프랑슈콩테, 플랑드르, 아르투아, 벨기에 지방의 주인이 되었다. 카롤루스 대제가 유산으로 남긴 로타링기아 왕국이 재탄생한 셈이었다.

부르고뉴 공국은 겉으로 보기에만 여러 지방을 단순하게 합쳐 놓고 동일한 군주가 백성들을 통치하는 것 같았다. 벨기에-네덜란드-룩셈부르크가 적어도 동질적인 문명과 문화를 보였고, 공동의 이익을 누렸다는 것이 핵심이다. 선량공 필리프는 이와 같은 핵심 사항에서 출발하여 부르고뉴에 집중하려고 노력했다. 그는 지방의 다양한 현실을 존중하면서도 자신의 국가를 구성하는 모든 국가의 대표자가 참석하는

대심의회 설립

삼부회를 소집했다(1463). 동시에 정부의 확실한 통합을 위해 대심의회Grand Conseil가 건립되었다.

용담공 샤를

선량공 필리프는 유럽 국가들 안에서 정치적 자율성을 누리고 있었지만 프랑스 왕
국 내부의 변화 추이에 지속적으로 관심을 기울였다. 그리하여 부르고뉴의 새 공작
용담공 샤를(1433-1477)은 카페 왕조 시절의 봉건제로 돌아가기 위해 관료적이고 영
토에 얽매인 구조와 군주제 조직을 와해시킬 계획으로 영주 동맹에 참여했다. 루이
11세(1423-1483)는 무력이 아니라 외교적 능력으로 이와 같은 위협에 맞섰으며, 공
공복지 동맹 내부에 있는 정치적으로 힘이 약한 인물에게 특권과 영토를 양도하면
서, 조직을 위태롭게 하고자 했다. 이로써 공공복지 동맹이 해체되었다. 이윽고 프랑
스 왕국은 동맹에 소속된 각각의 구성원들에게 단독으로 도움을 청하면서 몰수와
군사적 점령 정책을 재개했다. 물론 용담공 샤를에게도 같은 정책을 폈기에 프랑스
와 부르고뉴의 전쟁은 불가피했다.

　황제의 지지를 받고 있긴 했지만 샤를은 한편의 루이 11세와 스위스 간의 협정과
다른 한편의 프랑스와 잉글랜드 간의 협정 때문에 유럽 세력 경쟁에서는 고립되었
다. 동시에 유럽 최고의 기병대인 프랑스 기병대 및 유럽 최고의 보병대인 스위스 보
병대로부터 공격을 받았으며, 그랑송 전투(1476)와 모라 전투(1477)에서 패배했다.
나중에는 낭시를 손에 넣기 위해 스위스군과 싸우다가 사망했다(1477). 루이 11세는
우두머리가 없는 정치적인 위기를 틈타 부르고뉴 공국을 점령하려고 했다. 또한 플 프랑스와 부르고뉴의
전쟁
랑드르도 점령하려고 했지만, 다른 유럽 국가들의 저항은 별도로 하더라도, 프랑스
왕이 발루아 가문은 플랑드르 지역의 합법적인 계승권이 없다고 경고했다. 용담공
샤를이 딸 마리(1457-1482)를 유일한 상속인으로 남겼으므로 살리카 법전 및 아라스
조약에 따라 부르고뉴 공국은 프랑스에게 넘어갔다. 반면 용담공이 통치했던 다른
국가들은 부귀공 마리로부터 그녀의 남편이자 신성로마 제국의 황제가 될 막시밀리
안 1세(1459-1519)에게 유산으로 양도되었다.

| 다음을 참고하라 |
역사 프랑스 왕국(71쪽); 전쟁: 전통과 혁신(259쪽)

브르타뉴 공국

| 로산나 시칠리아 |

13세기에 프랑스 왕국으로부터 독립한 브르타뉴 공국은 몽포르의 장 5세가 지배하던 15세기에 가장 화려한 발전을 이루었다. 하지만 몽포르 왕조는 1458년에 아르튀르 3세와 함께 소멸되면서 프랑수아 2세에게 남겨졌다. 프랑스 왕권을 대토지를 소유한 봉건 영주에 유리하게 축소하려는 프랑수아 2세의 시도가 실패하자, 브르타뉴 공국은 여공작 안과 샤를 8세의 결혼과 함께 독립성을 잃었다.

카페 왕조의 공국

브르타뉴 공작 드뢰의 피에르

1223년 무렵 브르타뉴 공국은 역사적으로 새로운 국면에 진입했다. 그때 드뢰의 피에르(약 1190-1250)는 카페 왕가의 일원으로서 브르타뉴 공작으로 임명되었다. 가족 사이임에도 불구하고 브르타뉴 공국은 프랑스 왕국으로부터 독립을 유지했다. 법률 기관과 고유한 제도를 가지고 있었고, 군대를 설립했으며, 프랑스 왕국과 봉건적인 군신 관계도 없었다. 피에르 및 그를 이은 네 명의 후계자들은 모두 같은 왕조에 소속되어 있었으며, 평범하고 변함없는 정치 전술을 채택했다. 우선 대공들이 독자적인 권력을 최대한 발휘할 수 없도록 방해하는 모든 장애물을 제거하고자 했다. 그리고 영주들에게 적대감과 저항 의지를 보이는 자들을 박해했다. 그밖에 재속 성직자든 수도 성직자든 변함없이 특권을 누리려고 하는 고위 성직자들을 적대했다. 마지막으로 국외 정치에서는 일부러 모호한 태도를 취했는데, 북유럽 정치를 주도하는 막강한 주역인 프랑스, 잉글랜드와 상황에 따라 교대로 동맹을 맺었다.

이들 중 마지막 공작인 선량공 장 3세(1286-1341)는 프랑스 왕의 요구에 굴복할 수밖에 없었다. 프랑스 왕은 공국의 화폐 주조 권리를 뺏는 것 외에 합의를 통하여 플랑드르에 손실을 주는 행동을 강요했다.

1341년에 장 3세가 후사가 없이 사망하면서 공작 작위가 새로운 가문으로 이행되었다. 새 왕조의 첫 번째 대표자는 몽포르의 장 4세(약 1294-1345)였지만 브르타뉴 전쟁(1341-1364)이라고도 불리는 전쟁에서 경쟁자인 블루아 가문의 샤를(1319-1364)이 브르타뉴의 새 공작으로 지명되었다. 백년전쟁 중의 더욱 잔혹했던 유혈 전쟁에서 잉글랜드 왕은 장 4세의 편에 섰고, 프랑스는 샤를의 편을 들었다. 계속된 전쟁에서 두 공작 후보자가 사망했을 정도로 전투는 잔인했고, 이에 그들의 배우자가 남편들을 대신했다. 그로 인해 갈등은 더욱 고조되었다. 이 갈등은 두 명의 잔느(장의 아내와 샤를의 아내 모두 이름이 '잔느'였다*)가 치른 전쟁으로 유명해졌다.

　　1365년 게랑드Guérande 조약으로 몽포르 가문이 공작 직위를 차지했다. 새 공작은 잉글랜드 덕에 공국의 권한을 얻었다고 생각했지만 프랑스 왕국과 가까웠던 대부분의 신하들은 반대로 공작에 적대감을 보였다. 프랑스 왕국을 지지했던 대부분의 사람들은 도시 귀족층이었으며, 프랑스 궁정에 일자리를 가지고 있거나 군대 내에서 특권을 누렸다. 신하들의 적의에 반감을 느낀 공작이 공국을 떠나 잉글랜드로 피신하는 동안 처음에는 프랑스 왕이 브르타뉴 공국을 다스렸다. **몽포르 왕조**

　　브르타뉴 공국은 공작이 다시 왕국으로 들어오는 것을 허락했고, 그가 사망하자 아들인 장 5세Jean V(1389-1442)가 자리를 계승했다. 당시 장은 미성년자였음에도 어머니가 잉글랜드 왕 헨리 4세와 재혼하는 바람에 어머니의 보호를 받지 못했다. 이와 같은 정치적 상황 때문에 프랑스 왕국이 가까운 브르타뉴 공국의 정치를 계속 감시하는 상황이 이어졌다.

자치권을 누리던 시기

장 5세가 브르타뉴 공국을 다스리던 시기에 공국은 정치적으로 최전성기를 누렸다. 공작은 계속 진행 중이던 싸움에 대해 무관심하기로 했다. 1415년 아쟁쿠르에서 잉글랜드군이 프랑스군을 물리치고 프랑스 영토의 대부분을 차지했을 때, 브르타뉴 공국은 프랑스에 군사적 도움을 주지 않았는데, 이것이 부정적인 결과를 초래했다. 장 5세의 후계자들은 잉글랜드와 프랑스의 갈등에 대해 새로운 입장을 보였다. 15세기 중엽에 프랑스가 거대 적수인 잉글랜드의 괴롭힘에서 벗어났기 때문이다. 1442-1458년에 브르타뉴를 다스렸던 공작(프랑수아 1세[1414-1450], 피에르 2세[1418-1457], 아르튀르 3세[1393-1458])들은 샤를 7세(1403-1461) 치하의 프랑스와 지속적으로 가깝게 지냈다. 마지막 공작이었던 아르튀르 3세는 프랑스의 성주로 임명되었으나 프랑스 왕에게 봉건적인 가신의 예를 갖추지는 않았다. 그의 전임자들인 프랑수아 1세와 피에르 2세는 낭트, 렌, 생말로Saint-Malo의 주교들의 요구한, 공작이 다스리는 브르타뉴 영토에 비호법 및 성직법을 행사하겠다는 청을 거부했다. 몽포르 가문의 마지막 후계자가 사망하자 왕조에 변화가 생겼다. 이제 브르타뉴 공국은 완전 **몽포르가에서 에탕프가로**

히 고립되어 부계이든 모계이든 가장 가까운 친척의 수중에 놓였다. 에탕프Étampes 가문이 이전 왕조의 권리를 모두 상속받았다.

새로 브르타뉴 공국을 다스리게 된 첫 번째 인물은 프랑수아 2세(1435-1488)였다. 그는 공공복지 연맹을 추진하면서 프랑스 왕권을 강화하려는 루이 11세(1423-1438)에게 저항하려고 했다. 이 연맹은 브르타뉴 공국 같은 대토지를 소유한 프랑스 봉건 왕조 및 일반적인 거대 봉건 국가를 위해 군주 조직을 재편하는 것이 목적이었다. 그러나 루이 11세는 프랑수아 2세의 저항을 물리쳤다. 또한 프랑수아 2세는 루이 11세의 계획 때문에 지속적으로 위협받았으며, 다른 한편으로는 저마다 목적이 다른 상황에서 용담공 샤를(1433-1477)에게 맞선 전쟁 때문에도 위협받았다. 이후 샤를 8세(1470-1498)는 브르타뉴 공국이 봉신의 의무를 다하지 않는다고 다시 적대 정책을 썼다. 그리고 생또뱅뒤코르니에Saint-Aubin-du-Cormier에서 프랑수아 2세를 물리친 다음 억지로 굴복하게 했으며, 프랑스 왕의 동의가 없으면 그의 딸이자 후계자인 브르타뉴의 안(1477-1514)이 결혼할 수 없도록 했다.

브르타뉴의 안

이제 브르타뉴 공국은 겉으로 보기에만 독립을 유지하는 듯이 보였다. 프랑수아 2세가 사망하고 그의 딸 안이 공작 지위를 계승하자 정치적으로 지극히 미묘한 상황이 발생했다. 여공작 안은 경솔하게도 샤를 8세의 동의를 구하지 않은 채, 자신의 배우자로 막시밀리안 1세(1459-1519)를 선택했다. 물론 샤를 8세는 그 결혼에 동의하지 않았다. 당시 막시밀리안 1세는 결혼 정책에 몰두 중이었는데, 오스트리아 왕조를 위해 부르고뉴 지역의 영토를 가지는 것이 목표였다.

브르타뉴에 입성한 샤를 8세는 렌에서 안을 공격해서 억지로 항복하게 하고 자신과의 결혼 서약서에 서명하도록 했다. 그리하여 안은 샤를 8세의 부인이 되어 프랑스 왕좌에 올랐다. 이 서약서에서 샤를은 옛 지방의 독립을 위해 아무것도 방어할 수 없도록 했기에 브르타뉴로는 매우 심각한 일이었다. 샤를 8세가 사망하자 새로운 상황이 열린 듯했다. 안은 미망인이 되어 브르타뉴 공작 지위를 되찾았다. 하지만 그녀가 자율권을 누린 시기는 짧았다. 샤를 8세를 계승한 루이 12세(1462-1515)가 브르타뉴 주요 지역에 대한 지배권을 잃고 싶지 않아 안에게 자신과 재혼하도록 강요했기 때문이다. 안의 딸이자 후계자인 클로드(1499-1524)와 미래의 프랑스 군주가 될 프랑수아 1세(1494-1547)의 결혼으로 브르타뉴와 프랑스의 결속 관계가 세 번째로 확실시되었다. 1532년 브르타뉴 삼부회는 프랑스와의 합병을 선언했다.

| **다음을 참고하라** |
역사 프랑스 왕국(71쪽)

잉글랜드 왕국

| 레나타 필라티 |

15세기에 잉글랜드는 백년전쟁 기간 중 50년간 치른 전쟁과 30년간 치른 장미전쟁으로 군주정과 사회가 혹독한 시련을 겪었다. 옛 귀족은 가난해졌고, 군주정은 튜더 왕조로 개편되었다. 튜더 왕조는 작위가 없이 토지를 소유한 젠트리와 상인 부르주아에 의지하면서 국가를 재편했다.

플랜태저넷 왕가에서 랭커스터 왕가로

1399년 9월 30일에 리처드 2세Richard II(1367-1400)의 왕위 포기를 강요한 의회는 에드워드 3세Edward III(1312-1377)의 손자를 왕으로 선포했다. 그가 바로 헨리 4세(1367-1413)로, 랭커스터 가문 출신 첫 번째 왕이다. 헨리 4세의 아버지인 리치몬드 공작 곤트의 존John of Gaunt(1340-1399)은 장인인 랭커스터의 헨리(약 1310-1361)로부터 공작 작위를 받았다. 이후 헨리 4세는 브르타뉴 여공작이자 아들 장 5세가 딸린 미망인이었던 나바라의 후아나(약 1370-1437)와 결혼했으며, 이를 계기로 브르타뉴 공국과의 합병을 원했다. 그러나 부르고뉴 공작은 어린 공작 장을 위해 섭정을 제안했다. 또한 헨리 4세는 스코틀랜드를 상대로 전쟁을 벌였지만 성공하지 못했고, 웨일스 출신의 반역자 오와인 글린두르Owain Glyn Dŵr(약 1354-약 1416)와 동맹을 맺은 노섬벌랜드Northumberland 백작(1341-1408)과 그의 아들 헨리 퍼시Henry Percy(약 1364-1403)의 반란에 맞섰다. 헨리 4세는 반대자들을 물리쳤으며, 글린두르가 소송을 포기하는 사이 이들을 살해하도록 했다. 이 과정에서 점차 돈이 필요해진 헨리 4세는 의회에 적대감을 표출했다. 이에 하원은 왕에게서 하인을 임명하고 감시하는 권한을 빼앗고, 왕가의 재산을 자유롭게 쓰지 못하도록 했다. 1407년에 귀족들은 하원의 결정을 승인하거나 거부할 권리를 얻었으며, 하원 의장은 보조금에 대해 최종 승인했다. 어느 정도 시간이 흐른 뒤 헨리 4세는 아르마냑과 동맹을 맺어 프랑스를 상대로 전쟁을 재개했다. 의회는 '전쟁 경비 출납 관리원'을 두어 전쟁 경비를 관리했다. 헨리 4세의 아들 클라렌스 공작 토머스(1388-1421)는 1만2천 명의 궁수 및 기수를 데리고 노르망디에 상륙하여 그곳의 영토를 짓밟았다.

헨리 4세와 아르마냑의 동맹

2백 만 크라운crown을 경비로 쓴 아르마냑은 1412년에 잉글랜드군들이 출발한 지역을 얻었다(뷔장세Buzançais 조약). 이후 헨리 4세가 죽자(1413년 3월 20일) 잉글랜드와 아르마냑의 동맹이 종결되었다.

헨리 4세의 아들인 헨리 5세(1387-1422)는 프랑스와의 전쟁을 재개했고, 아쟁쿠르에서 결정적인 승리를 거두어(1415년 10월 25일) 프랑스 북부의 상당 지역을 자국의 영토에 합병했다. 게다가 샤를 6세가 트루아 조약(1420)으로 헨리 5세를 자신의 후계자 및 계승자로 지명했으며, 딸 카트린(1401-1437)과의 결혼을 허락했다. 결혼은 6월 2일 트루아에서 거행되었다. 헨리 4세는 파리 루브르 궁에 체류했다. 두 왕조를 병합하려던 증조부 에드워드 3세의 계획을 헨리 5세가 실현한 셈이다. 그러나 성공 기간은 짧았는데, 1422년에 헨리 5세가 죽음을 맞이했기 때문이다.

왕조의 몰락은 헨리 5세와 발루아의 카트린의 아들인 랭커스터의 헨리 6세(1421-1471)와 함께 시작되었다. 그는 고작 한 살의 나이에 잉글랜드와 프랑스의 왕이 되었다. 이 때문에 프랑스에서는 숙부가 되는 베드퍼드 공公 존(1389-1435)이, 잉글랜드에서는 글로스터 공작 험프리(1390-1447)가 섭정을 맡았다. 서픽의 백작이었다가 공작이 되었고, 이제는 평화주의당의 당수가 된 윌리엄 드 라 폴(1396-1450) 서기관은 샤를 7세의 질녀인 앙주의 마거릿(1430-1482)과 헨리 6세의 결혼을 추진했다. 이듬해 이행된 결혼으로 잉글랜드와 프랑스의 휴전이 성립되었지만 약속한 기간이 만료되자 다시금 전쟁이 시작되었다. 헨리 6세는 정신병으로 정치에 더욱 무능력을 보여 주었다. 의회가 앙주 및 멘에 위치한 잉글랜드 소유지를 프랑스에 돌려주겠다고 약속한 것 때문에 1450년에 여왕의 애인이었던 서픽 서기관이 배신자로 고발당했다. 고발impeachment은 절차에 따라 왕이 결정 내려야 했는데, 헨리 6세는 의원들의 술책에도 불구하고 극형을 5년 동안의 프랑스 유배로 바꾸었다. 반대자들은 서픽 백작이 배를 타기 전에(1450년 5월 2일) 암살 명령을 내렸다. 여왕은 민중당 당수인 험프리 공작의 압박을 피하기 위해 서머싯Somerset(1406-1455) 백작에게 기댔다. 글로스터 공작 험프리의 후임으로 요크의 공작인 리처드Richard(1411-1460)가 민중당 편에 섰으며, 그는 헨리 6세의 보호자를 자청했다(1453). 1453년 10월 3일에 왕자 에드워드(1453-1471)가 탄생했다. 2년 후 헨리 6세의 정신병이 나아지자 리처드의 섭정이 끝났다. 요크의 리처드는 왕에게 충고하는 일을 더 이상 할 수 없는 것에 좌절하여 세인트 올번스 전투에서 승리를 거두면서 무력으로 권력을 탈취했다.

성직자들의 지나친 권력, 권력 투쟁과 의회의 부패, 프랑스와의 길고 소모적인 백년전쟁이 1453년에 잉글랜드에게 재앙과 같은 결과를 안기며 끝난 것, 군주제를 통제하기 위한 국가 내부의 긴장과 갈등, 군주의 정신병 등이 헨리 6세가 다스렸던 잉글랜드 왕국의 대략적인 모습이었다. 에드워드 3세(1312-1377)의 정략결혼 덕분에 군주와 친척이 된 요크와 랭커스터 가문이 권력을 잡기 위해 그들끼리 싸움을 하게 되면서 내전이 시작되었다. **백년전쟁의 종결**

장미전쟁(1455-1485)

두 가문을 상징하는 문장(요크 가문은 흰 장미, 랭커스터 가문은 붉은 장미)에서 이름을 딴 장미전쟁은 대학살과 약탈, 파괴, 몰수로 수많은 귀족 가문을 파괴하면서 30년간이나 지속되었다. 정신병 때문에 두 번째 위기를 맞은 헨리 6세는 제대로 나라를 통치할 수 없었기에 다시금 요크 가문의 공작 리처드의 섭정(1455-1456)이 필요했다. 여왕은 런던을 떠났다가 몇 달 만에 다시 돌아왔다. 1559년에 요크와 랭커스터 가문 사이에 또다시 내전이 발발했기에 화해는 일시적인 것이었다. 리처드는 1459년 10월에 1442년 루앙에서 탄생한 아들 에드워드(1442-1483)와 사촌인 워릭Warwick의 백작 리처드 네빌Richard Neville(1428-1471)과 함께 칼레로 도주했다가 가문에 속한 인물들을 지지하기 위해 1460년 6월에 잉글랜드로 돌아왔다. 그리고 7월 10일 노샘프턴 전투에 참가했다. 이 전투에서 요크의 리처드가 헨리 6세를 포로로 만드는 사이에 마거릿은 웨일스로 갔다가 스코틀랜드로 피신했다. 하지만 12월 30일 웨이크필드 전투에서 요크의 리처드가 사망했다. 아버지를 이어 요크의 새로운 지도자가 된 에드워드는 1461년 2월에 모티머스 크로스에서 펨브로크Pembroke 백작인 재스퍼 튜더Jasper Tudor(1431-1495)를 물리쳤다. **요크의 에드워드의 도주**

마거릿 여왕의 군대가 두 번째 세인트 올번스 전투에서 승리를 거둠으로써 그녀는 잠깐이나마 런던에 돌아갈 수 있었다. 헨리 6세는 1461년 3월 4일 런던에서 에드워드가 왕이 되는 것에 동의할 정도로 나약했다.

이제 잉글랜드의 왕이 된 요크의 에드워드 4세는 상인 부르주아에 반대하는 귀족들의 지지를 얻기 위해 1463년에 사치 금지법을 공표했다. 그는 합법적인 왕 헨리 6세와 마거릿 왕비에 대항해 싸웠으며, 마침내 헨리 6세를 런던 탑에 가두었다 (1464). 그러나 에드워드는 나중에 '킹메이커'이자 막강한 세력을 지닌 리처드 네빌과 친척들에게 버림받았다. 1468년에는 귀족들의 도움을 받기 위해 '제복법'을 공표하여 그들이 무기를 갖춘 신하를 고용할 수 있도록 했으며 선량공 필리프(1396-1467)의 후계자인 용담공 샤를(1433-1477)과 자신의 여동생인 요크의 마거릿(1446-1503)의 결혼을 추진하여 부르고뉴와 다시 동맹을 맺으려 했다. 반면에 리처드 네빌은 딸 이사벨(1451-1470)과 에드워드 4세의 동생인 클라렌스 공작 조지(1449-1478)의 결혼을 계획하고 결정했는데, 루이 11세(1423-1483)의 승인을 받아 그를 왕으로 내세우기 위해서였다. 이에 에드워드 4세가 1470년 4월에 조지와 워릭 백작을 유배 보냈지만 네빌은 열 척의 함대를 거느리고 있었다. 이들은 에드워드 4세에 대항하고자 앙주 가문의 여왕 마거릿과 동맹을 맺어 같은 해 9월 잉글랜드에 돌아왔으며, 이번에는 에드워드가 부르고뉴로 도망쳐야 했다. 런던 탑에서 6년을 지낸 헨리 6세가 다시 왕좌에 앉았다(1470). 에드워드 4세는 꼽추이자 미래에 리처드 3세 Richard III(1452-1485)가 될 동생인 리처드와 네덜란드로 피신하여 그곳에서 헨리 6세에 대적할 원정대를 준비했다. 1471년에 다시 잉글랜드로 돌아온 에드워드는 조지를 물리친 다음에 네빌을 살해했다. 튜크스베리Tewkesbury 전투에서는 마거릿과 그녀의 아들 에드워드를 체포했는데, 그는 에드워드 왕자를 참수시켰다. 에드워드 4세의 막내 동생인 요크의 리처드는 노샘프턴에서 헨리 6세를 물리쳤고, 헨리 6세는 살해되었다(1471). 랭커스터 가문을 물리친 요크 가문의 에드워드는 다시 권력을 잡았지만 동생인 클라렌스 공작 조지가 무서운 적임을 알았다. 조지는 1462년부터 아일랜드의 총리였고, 1469년에 리처드 네빌의 딸 이사벨과 결혼한 상태였기 때문이다. 1478년이 되자 권력과, 네빌 가문의 유산을 얻기 위해 요크가의 형제들인 에드워드, 조지, 리처드가 서로 대립했다. 리처드 네빌의 딸이자 이사벨의 동생인 앤 네빌 (1456-1485)과 결혼했던 리처드 3세는 조지의 주장에 맞서 유산권을 요구했다. 클라

살해당한 워릭

렌스 공작 조지는 에드워드 4세에 맞서 음모를 꾸몄으나 나머지 두 형제에게 살해되었다. 이 즈음인 1470년에 존 포테스큐John Fortescue(약 1385-약 1479)는 『잉글랜드법 예찬De laudibus legum Angliae』(이 책에서 그는 프랑스법과의 논쟁을 통하여 잉글랜드법을 찬양했으며, 보통법common law이 지배층의 권력 및 특권을 위해 토지 소유를 보호해 준다고 했다)과 『잉글랜드 통치Governance of England』를 저술했다. 후자에서 저자는 의회 및 보통법을 통한 군주정을 찬양했다. 또한 법률, 정치 및 사회 관계를 되돌릴 계획을 세웠다.

『잉글랜드법 예찬』과
잉글랜드 법

  에드워드 4세는 프랑스에게 잃은 영토를 회복하고자 했지만 루이 11세에게 패했으며, 루이 11세는 1475년에 그에게 피키니 조약을 강요했다. 에드워드는 1483년에 사망했고, 어린 두 아들 에드워드와 리처드가 남겨졌다. 1470년에 웨스트민스터에서 엘리자베스 우드빌Elizabeth Woodville(약 1437-1492)과의 사이에서 태어난 열세 살난 장남이 에드워드 5세Edward V(1470-1483)로 왕위를 계승하여 삼촌인 리처드의 보호 속에 4월 9일 왕으로 선포되었다. 그로부터 스무 날이 지난 뒤에 글로스터 공작은 자신의 조카이자 왕을 또 다른 조카이자 왕의 동생인 리처드(1473-1483)와 함께 런던 탑에 가두었다. 또한 왕의 외숙부가 되는 리버스 경과 그레이 경도 감옥에 가두었다. 스스로 호국경護國卿, Lord Protector(잉글랜드에서 왕권이 미약했을 때 섭정을 맡았던 귀족에게 붙인 호칭*)이 된 글로스터 공작 리처드는 의회를 조정하기 위해 자신의 계획에 반대했던 헤이스팅스 경을 살해한다. 그리고 왕실의 혈통인 두 형제도 살해하도록 지시한 다음인 1483년 6월 25일에 의회에 의해 왕으로 추대되었다. 꼽추 왕 리처드 3세의 강력한 라이벌은 헨리 튜더였다. 군대로부터 버림받은 리처드 3세는 1485년에 보스워스 전투에서 기꺼이 죽음을 맞이했으며 이 전투에서 승리한 헨리 튜더는 왕으로 환영받았다.

정치-행정 개편

헨리 5세의 미망인인 발루아의 카트린의 편에서 볼 때 아들 헨리 6세의 이부동생인 에드먼드 튜더(1431-1456)와 랭커스터 가문의 후계자인 마거릿 보퍼트(1443-1509)의 아들인 헨리 7세(1457-1509), 즉 헨리 튜더는 1486년에 평화의 의미로 에드워드 4세의 딸인 요크의 엘리자베스(1466-1503)와 결혼했다. 헨리 7세는 왕위를 노리는 램버트 심넬Lambert Simnel(약 1477-1525)과 퍼킨 워벡Perkins Warbeck(1474-1499)과 싸

왔다. 1487년에는 스토크온트렌트Stoke-on-Trent에서 심넬의 아일랜드 군대를 물리쳤

고, 10년 뒤에는 워벡을 교수형에 처했다. 그리고 잔존한 옛 귀족을 정치적으로 무력화시킴으로써 질서와 평화를 가져오려고 노력했다. 성실청Star Chamber을 시켜 권력 남용 및 폭력을 일삼는 죄인들을 기소하여 사형시킨 반면에 그들의 재산을 몰수하여 왕실 재산으로 귀속시켰다.

헨리 7세는 재위 기간 내내 의회로부터 관세와 소비세를 얻어 냈다. 1398년, 1415년, 1453년, 그리고 1465년에 말이다. 왕은 대부분 부르주아 출신이며 자신에게 충성하는 사람들이 속한 왕실 평의회의 도움을 받아 통치했던 반면, 의회의 세금에 대한 통제권을 제한한 뒤에 의회는 자문 기구로 전락했다. 의회는 과거로 소급해 강제적으로 부과한 대출처럼 반의회적인 과세 형태에 의지하기도 했다.

헨리 7세는 지방의 사법 행정을 위해 평화 재판관을 지명했는데, 지방의 소귀족인 젠트리gentry에서 뽑았다. 군주가 조직한 단체로서 관료 기구를 강화했고, 재정을 개편했고, 길드의 자율성을 제한, 통제했으며 소부르주아의 경제 및 상업 발전을 장려했다.

헨리 7세는 프랑스와 에타플Étaples 조약을 맺었고, 1499년에는 딸 마거릿(1489-1541)과 제임스 4세James IV(1473-1513)의 결혼을 결정하여 스코틀랜드와의 동맹을 강화했다. 이런 행동 덕분에 군주의 힘이 강화되었다.

| 다음을 참고하라 |
역사 백년전쟁의 종말(40쪽); 프랑스 왕국(71쪽); 스코틀랜드(88쪽)

·

스코틀랜드
| 레나타 필라티 |

14세기에 스코틀랜드는 독립을 위해 잉글랜드와 오랫동안 싸웠다. 1371년에 유명해진 스튜어트 가문은 잉글랜드 및 다른 가문들과 계속 싸움을 했고, 잉글랜드에 대항하기 위해 프랑스 및 교황청과 동맹을 맺었다. 스코틀랜드는 행정 및 사법 개편, 경제 및 문화 발전, 대학 세 곳 덕분에 군주의 힘이 막강해졌다.

독립 투쟁

잉글랜드 왕 에드워드 1세Edward I(1239-1307)는 1291년에 스코틀랜드를 통제하기 위해 스코틀랜드 왕좌에 존 발리올John Balliol(약 1249-약 1314)을 올렸지만 스코틀랜드인들이 반란을 일으켰다. 1303년에 왕은 스코틀랜드와 잉글랜드의 합병에 성공했지만 스코틀랜드인들이 1306년에 로버트 브루스(1274-1329)를 스코틀랜드의 왕으로 선출함으로써 전쟁이 불가피해졌다. 브루스는 잉글랜드인들에게 성직록을 양도하는 데에 반대하던 성직자들의 지지를 받았고, 스코틀랜드의 설교자들은 자신들이 잉글랜드에 대항해서 싸우는 것을 성지에서 이슬람교도에 대항해서 싸웠던 십자군과 비교했다. 1314년에 브루스는 배넉번Bannockburn에서 잉글랜드인들을 물리쳤다. 에드워드 3세(1312-1377)는 1329년의 노샘프턴 조약으로 스코틀랜드의 독립을 인정했지만 로버트가 사망하자 존 발리올의 장남인 에드워드 발리올(약 1282-1364)을 왕좌에 올리며 다시 스코틀랜드를 통제하려고 했다. 에드워드 발리올은 1333년부터 1356년까지 불안전하고 불연속적으로 권력을 유지했다. 그러나 스코틀랜드인들은 1333년부터 1346년까지 로버트 브루스와 그의 두 번째 아내인 엘리자베스 버그(약 1289-1372) 사이에서 태어난 아들 데이비드를 왕으로 내세웠다. 반면 에드워드 발리올은 애넌Annan에서 아치볼드 더글러스Archibald Douglas(?-1333)에게 패했고, 핼러든 힐Halidon Hill 전투에서도 그에게 패하여 사망했다(1333). 데이비드 2세(1324-1371)는 1346년에 네빌스 크로스 전투에서 잉글랜드인들의 포로가 되었다가 10년 후에야 자유의 몸이 되었으며 버윅Berwick 조약으로 마침내 왕좌에 올랐다. 그는 1356년부터 사망한 1371년까지 재위했다. 로버트 브루스의 외손자인 로버트 2세(1316-1390)가 왕위를 계승했다. 그가 1371년에 대관식을 거행함으로써 이제 스튜어트 왕조가 시작되었다.

존 발리올과 에드워드 발리올

불화와 음모 끝에 인정받은 스튜어트 가문

로버트 2세는 반反잉글랜드 정책을 펴면서 프랑스와 동맹을 맺었다. 그는 잉글랜드가 인정한 교황 우르바노 6세(약 1318-1389, 1378년부터 교황)가 아닌 1378년에 폰디 콘클라베에서 프랑스 추기경들이 선출한 아비뇽의 교황 클레멘스 7세(1342-1394, 1378년부터 대립 교황)를 찬성했다. 백년전쟁에서는 잉글랜드와 대립한 프랑스를 지지했다.

로버트 2세가 사망하자 권력은 아들 존에게 넘어갔다. 스코틀랜드의 로버트 3세 (약 1340-1406)로 왕이 된 존은 명령권을 동생인 올버니Albany의 1대 공작 로버트(약 1340-1420)에게 양도했다. 1399년에 반대파가 로버트 3세의 맏아들인 데이비드를 지지함으로써 로버트 3세는 확 트인 전장에서 데이비드에게 도전했고, 포클랜드에 서 그를 물리친 다음 아사형에 처했다. 올버니 공작 로버트는 권력을 거부하지 않았 으며 경쟁자를 만들지 않기 위해 로버트 3세의 아들이자 왕위 후계자인 조카 제임스 (1394-1437)를 프랑스로 보냈다. 헨리 4세(1367-1431)는 해적들을 시켜 제임스를 체 포한 다음 런던으로 데려가 포로로 만들었다. 1406년에 부친이 사망하자 제임스는 포로 생활 중 열두 살의 나이에 왕이 되었다. 제임스 1세는 12년 동안 잉글랜드의 포 로로 살았는데, 처음에는 런던 탑에 갇혔다가 나중에는 헨리 5세(1387-1422)에게 환 대받았다.

제임스 1세의 삼촌인 올버니 공작은 자신이 사망한 1420년까지 스코틀랜드를 통 치했고, 1424년까지는 아들 머독(1362-1425)이 통치했다. 이 시기에는 가문 간의 싸 움이 많았다. 남쪽 국경선의 중요 토지를 소유한 더글러스 가문과 스코틀랜드 북부 영토를 소유한 가문의 힘이 강화되었다. 서유럽 교회가 분열하는 동안 스코틀랜드 는 프랑스처럼 아비뇽 교황 베네딕토 13세Benedictus XIII(1329-1422, 1394-1417년에 대 립 교황)를 지지했다. 1408년에 프랑스는 교황청에 대한 충절을 철회했던 반면 스코 틀랜드는 1414년에 세인트 앤드루스 대학의 설립 허락을 받았다. 평소에 스코틀랜 드인들은 잉글랜드의 옥스퍼드와 케임브리지 대학보다는 파리 대학을 선호했는데, 앤드루스 대학이 설립됨으로써 젊은이들이 파리에 가지 않고 자국에서 공부할 수 있 었다. 콘스탄츠에서 다시 공의회가 열리자 세인트 앤드루스 대학의 교수들은 올버 니 공작에게 베네딕토 13세를 버리고 마르티노 5세Martinus V(1368-1431, 1417년부터 교황)를 선택하라고 충고했다.

아비뇽 교황청에 충성

1424년에 제임스 1세는 서머싯 백작 존 보퍼트의 딸이자 헨리 4세의 손녀이며, 윈저 궁에서 만난 조안 보퍼트Joan Beaufort(약 1404-1445)와 결혼했다. 또 잉글랜드와 의 영구 평화 서약과 몸값 4만 스쿠도 덕분에 풀려났다. 스코틀랜드로 돌아온 그는 권력을 잡은 다음 1425년에 사촌 머독을 사형시켰다. 다루기 힘든 귀족들을 기소하 여 질서를 회복했고, 사법 행정을 재편성했으며, 민사 소송을 위한 법정을 설치했다. 왕은 재정을 재정비했지만 세금을 더 많이 거두었기에 비참하게 생활하는 백성들

의 원성을 샀다. 교황 비오 2세(1405-1464, 1458년부터 교황)가 될 에네아 실비오 피콜로미니의 여행기에 따르면, 당시 백성들은 나뭇잎으로 지붕을 덮고 황소 가죽으로 문을 만든 집에서 살고 있었다. 제임스 1세는 의회를 왕권 통제의 도구로 삼고 싶어 했으며, 이로 인해 대토지를 소유한 귀족을 회의에 억지로 참여하게 했지만 저항에 부딪혔다. 북부 지역의 봉건 귀족을 지배하려는 목표도 실패했다. 성직자들은 마르티노 5세와 에우제니오 4세(1383-1447, 1431년부터 교황) 이후 바젤 공의회를 여는 동안 두 개의 파로 분열되었다. 백년전쟁이 막바지에 달한 상황에서 제임스 1세는 잉글랜드와 교전 중이던 샤를 7세에게 도움을 주었으며, 각자의 자녀들인 마가렛(1423-1444)과 장차 루이 11세가 될 황태자 루이(1423-1483)의 결혼에 찬성하면서 동맹을 맺었다. 스코틀랜드 공주 마가렛은 1435년에 프랑스에 도착했고, 이듬해 그곳에서 결혼식을 올렸다.

스튜어트가의 제임스 1세

로버트 그레이엄이 제임스 1세에 반대하는 자들을 이끌었는데, 이들은 왕을 살해하고자 비밀 결사를 조직하여 아톨Atholl의 통치자 월터 스튜어트Walter Stewart(?-1437)를 왕에 올리려 했다. 결국 공모자들은 체포되고 사형당하긴 했지만 왕을 제거하는 데에는 성공을 거두었다.

그리하여 사망한 군주와 조안 보퍼트의 아들인 일곱 살의 제임스 2세(1430-1460)가 왕좌에 올랐고, 세인트 앤드루스 주교인 제임스 케네디(약 1408-1465)가 섭정을 맡았다. 에든버러가 왕국의 수도로 선포되었다. 크릭턴 가문과 더글러스-리빙스턴 가문이 권력 통제를 위한 싸움에 휘말렸다. 섭정위원회에 들어간 투렌Touraine 공작 아치볼드 더글러스(1372-1424)는 대리관이 되었다. 그는 알렉산더 리빙스턴과 윌리엄 크릭턴(15세기에 활동)에게 통치를 맡겼다. 아치볼드 더글러스가 사망하자 조안 보퍼트는 두 명의 섭정인들이 휘두르는 과도한 권력으로부터 보호받기 위해 더글러스 가문과 연결된 제임스 스튜어트(약 1383-1451)와 결혼하지만 얼마 후 남편과 함께 스털링 성에 감금되었다. 이와 같은 싸움에서 더글러스 가문이 패배했지만 윌리엄 크릭턴을 제거한 사람은 더글러스 가문 출신이었다.

제임스 2세는 열아홉 살에 권력을 잡았다. 겔더스의 매리Mary of Guelders(약 1434-1463)와 결혼했고 아버지처럼 반귀족 정책을 추진하면서 반항적인 귀족들의 목을 잘랐다. 프랑스의 도움으로 서기관 크릭턴과 싸우는 윌리엄 더글러스와 알렉산더 리빙스턴을 제거했고, 제임스 더글러스도 제거하여 그의 재산을 압류했다. 이 때문

제임스 2세

에 귀족들의 반란에 맞서야 했다. 3년 후 아킨홀름Arkinholm에서 패배한 더글러스 가문은 잉글랜드로 도망쳤다. 왕과 귀족들이 싸우던 이 시기에 왕의 문화 정책으로 교황 니콜라오 5세(1397-1455, 1447년부터 교황)에게 교서를 받은 추기경 윌리엄 턴불 William Turnbull(?-1454)이 글래스고에 두 번째 대학을 설립했다. 글래스고는 클라이드 강 하구에 위치한 무역이 활발한 중심지였다. 제임스 2세는 부친이 시작한 입법 개혁을 장려했으며, 개인이 준비한 것을 활용하는 행정을 지지했다. 잉글랜드와 싸웠고, 부친의 오랜 동맹자인 프랑스 왕 샤를 7세에게 도움을 주었다. 제임스 1세는 샤를 7세를 도와 잉글랜드에 대항한 바 있었다. 그러나 1444년에 샤를 7세의 며느리이자 제임스 2세의 누나인 마가렛이 사망하자 둘을 중재해 줄 수 있는 연결 고리가 없었다. 샤를 7세는 군사적 도움을 거절했다. 잉글랜드에서 요크 가문과 랭커스터 가문이 전쟁을 시작했고, 제임스 2세는 요크 가문과 동맹을 맺었다. 랭커스터 가문은 제임스 2세에 대항한 더글러스 가문을 지지했다. 제임스 2세는 1460년에 잉글랜드 수중의 중요 요새인 록스버러 성을 공격했지만 그만 대포를 맞고 사망했다. 당시 전쟁에서는 포병술이 막강한 힘을 발휘했다. 제임스 2세와 메리의 아들인 제임스 3세James III(1451-1488)는 고작 아홉 살이었다. 그의 부친이 어렸을 때처럼 세인트 앤드루스의 주교인 제임스 케네디가 통치를 맡았는데, 1465년 7월에 사망할 때까지 5년간 스코틀랜드를 통치했다. 1462년에 두 명의 강력한 귀족인 아일스Isles 경존과 유배에서 돌아온 더글러스는 스코틀랜드를 분할하여 잉글랜드에 예속된 두 국가를 만들기로 합의했지만 이 동맹은 실패했다. 케네디가 사망한 이후 제임스는 자신이 총애하는 인물들에게 정치를 맡겼는데, 이것이 귀족의 불만을 샀다. 1469년에는 덴마크 왕 크리스티안 1세Christian I(1426-1481)와 브란덴부르크의 도로테아 Dorothea(1430-1495) 사이에서 난 마거릿(1456-1486)과 결혼했다. 마거릿은 정복을 통하여 노르웨이에게서 덴마크로 넘어간 오크니와 셰틀랜드 제도를 지참금으로 가져왔다. 이를 통하여 스코틀랜드의 영토가 최고로 확장되었다. 1472년에 세인트 앤드루스는 대주교관으로 격상되었다.

제임스 3세는 형제들인 마Mar의 백작 존(?-1479)과 올버니 공작 알렉산더(약 1454-1485)의 더욱 거세지는 저항을 통제해야 했는데, 존은 살해했지만 알렉산더는 그렇게 하지 못했다. 1470년에 프랑스로 도망친 알렉산더는 잉글랜드로 가서 에드워드 4세(1442-1483)에게 경의를 표했으며, 에드워드는 그가 스코틀랜드 왕좌를 차지할 수 있도록 도움을 주었다. 1482년에 버윅의 요새가 무너졌고, 제임스 3세는 포로가 되었으나 알렉산더에게서는 벗어났다. 힘 있는 가문인 더글러스가에 속한 다섯 번째 앵거스 백작 아치볼드 더글러스(1449-1513)가 이끌던 귀족들은 왕이 총애했던 로버트 코크런Robert Cochrane(?-1482)을 제거하기를 바랐다. 1487년에 제임스 3세는 교황 인노첸시오 8세(1432-1492, 1484년부터 교황)와 협약을 하나 체결했는데, 이에 따라 교황은 성직록에서 군주의 폭넓은 권력을 인정했다. 반면에 제임스 3세를 제거하기로 결정한 귀족들은 제휴하여 자신들의 제안을 수용한 제임스 3세의 아들 제임스 4세를 왕으로 선포했다. 제임스 3세는 반역자들과 맞섰지만 패배했고, 1488년 6월 11일에 스털링 근처의 소키번Sauchieburn 전투에서 살해되었다.

잉글랜드와의 불안정한 평화

1473년 3월 17일에 스털링 성에서 태어난 제임스 4세(1473-1513)는 1488년 6월 6일에 열다섯 살의 어린 나이로 왕관을 썼기 때문에 반역을 모의한 앵거스 백작이자 서기관인 아치볼드 더글러스가 실질적인 권력을 행사했다. 더글러스의 지도를 받은 제임스 4세는 경제와 상업 발전을 장려하여 조선소 두 곳을 세우고 왕실 해군에 38척의 범선을 제공했다. 1489년에는 귀족의 반란에 맞서야 했는데, 여기 참여한 귀족들 중 월터 케네디(약 1455-1518)가 있었다. 월터 케네디는 옥스퍼드에서 공부했던 시절부터(졸업은 1478년에 했다) 잉글랜드 정계 및 궁정과 관계했다. 1492년에는 글래스고에 두 번째 주교관이 만들어졌는데, 이곳은 교회의 구조를 강화하는 대신 세인트 앤드루스의 경쟁심과 질투심을 더욱 가중시켰다. 1494년 스코틀랜드 북해 연안의 어선 항구인 돈 강 유역의 애버딘에 세 번째 대학이 설립되었다.

1493년에 섬들의 군주Lordship of the Isles라는 칭호를 얻으며 권력을 강화했던 제임스 4세는 30년간의 장미전쟁 끝에 1485년에 권력을 잡은 튜더 가문 출신 잉글랜드의 새 왕 헨리 7세(1457-1509)와 좋은 관계를 맺었다. 1502년에 두 사람은 영구 평화 조약을 맺었고 헨리 7세의 딸 마거릿(1489-1541)과 제임스 4세의 결혼 협상을 시작했다. 스코틀랜드 궁정 시인 윌리엄 던바William Dunbar(약 1460-약 1520)는 「런던을 위하여In Honour of the City of London」라는 시를 썼고, 1503년 8월 에든버러에서 거행된 결혼식에서는 「엉겅퀴와 장미The Thrissill and the Rois」를 써서 잉글랜드 장미와 스코틀랜드 엉겅퀴의 결합을 축하했다. 이 결혼을 통해 제임스 4세는 잉글랜드 왕위 계승 권

제임스 4세와 헨리 7세의 평화 조약

리를 얻었는데, 한 세기 후에 튜더 가문의 엘리자베스 1세Elizabeth I(1533-1603)가 후계자 없이 사망했을 때 조카인 제임스 1세(1566-1625)가 잉글랜드의 왕좌에 오르게 된다. 하지만 평화는 짧았다. 헨리 8세(1491-1547)와 전쟁 중인 프랑스의 루이 12세(1462-1515)와 동맹을 맺은 제임스 4세는 잉글랜드인들에 맞서 싸웠다. 그는 노섬벌랜드 플로든 필드 전투에서 서리Surrey의 두 번째 공작인 토머스 하워드가 이끄는 잉글랜드 군대와 싸웠다. 제임스 4세는 1513년 9월 9일에 전장에서 사망했다. 미망인 마거릿은 앵거스의 일곱 번째 백작인 아치볼드 더글러스(1490-1557)와 결혼했다. 이로써 무능하고 시끄러운 소수가 왕국을 다스리게 되었다.

| **다음을 참고하라** |
역사 잉글랜드 왕국(83쪽)

독일 제국

| 줄리오 소다노Giulio Sodano |

14-15세기에 황제들은 독일을 다스리는 단순 통치자에 불과했다. 룩셈부르크 가문의 바츨라프 4세가 선거를 통해 황제 자리에서 물러나고, 콘스탄츠 공의회 및 바젤 공의회를 소집하여 교회의 분열을 막으려고 했던 그의 동생 지기스문트가 새 황제로 선출되었다. 합스부르크가에서 연속해서 세 명이 황제로 선출되면서 황제의 칭호는 오스트리아 가문의 전통적인 전유물처럼 되었다. 그러나 합스부르크 가문도 독일 왕권에서 효율적인 전환점을 마련할 수는 없었다.

룩셈부르크 가문의 마지막 후계자들: 바츨라프 4세와 지기스문트

14세기 말에서 15세기 초에 황제의 권위는 서유럽 교회의 분열이라는 심각한 문제에 휩쓸렸다. 보헤미아의 왕이기도 했던 룩셈부르크의 바츨라프 4세(1361-1419)는 제국 내부의 반대자들만이 아니라 교회 분열로 인해 매우 어려운 임무를 수행했다. 왕국 안에서는 교회의 위기를 극복하기 위한 행동을 할 수가 없었거니와, 로마로부터 대관식을 받지도 못했다. 독일 안에는 적들이 많았으며 그에게는 술고래에 난폭

한 황제라는 이미지가 각인되어 있었다. 바츨라프 4세는 로마 교황을 적당하게 지지하지 않은 점과 롬바르디아 지역의 통제권을 비스콘티 가문에 양도한 점 때문에 특히 비판받았다. 1400년에 그는 선거를 통해 폐위되었고, 왕족 출신 백작인 루페르투스(1352-1410)가 새 황제로 선출되었다. 교회 분열 때문에 가뜩이나 분열된 마당에 왕을 지지하는 자들과 반대하는 자들이 화합하지 못하기도 했다. 그러나 루페르투스는 황제로 선출된 바로 그 해에 사망했기에 독일 정치에서는 스쳐 지나간 황제에 불과했다. 1411년에 바츨라프 4세의 동생인 지기스문트(1368-1437)가 황제로 선출되면서 왕권 분열이 해결되었다.

형에게 많은 것을 양보하고 난 후에 룩셈부르크 가문의 마지막 황제가 된 지기스문트는 조국에서 청하는 합법적인 요구에 응답해야 했다. 토지 귀족과 도시 귀족이 끊임없이 싸우는 와중에 매우 강력한 법률이 통과되었기 때문이다. 황제는 혼란에 빠진 독일을 정리할 수가 없었는데, 무엇보다 자원이 없었다. 이러한 상황에서 그는 중앙집권 정치를 발전시키려는 헛된 노력을 했다.

지기스문트는 보헤미아 문제에만 집중했기 때문에 다른 군주들에게 무관심하다며 비난당했다. 하지만 그는 그대로 자신의 정책을 지지해 주지 않는다며 군주들을 비난했다. 또 교회 분열을 종결짓고 보헤미아의 종교적인 불화를 해결하기 위해 공의회를 소집하려는 원대한 계획을 가지고 있었다. 결국 공의회 소집에 성공하긴 했지만 후스파와 충돌했다. 후스파는 통행을 허용했음에도 불구하고 얀 후스(약 1370-1415)를 콘스탄츠에서 화형시킨 황제를 용서하지 않았다. 결과적으로 반란이 일어난 보헤미아는 더 이상 독일 제국 소속이 아니었다. 그럼에도 바젤 공의회와 콘스탄츠 공의회 덕분에 신성로마 제국의 제도가 명성을 얻게 된 것은 지기스문트 황제의 업적이다.

서방 교회의 대분열

합스부르크 왕가의 도래: 프리드리히 3세

지기스문트 황제가 사망한 후인 1438년 3월 14일에 합스부르크 가문의 알브레히트 2세(1397-1439)가 황제로 선출되었다. 이때부터 이후 3백 년간 합스부르크 왕가가 황제의 왕관을 보유했다. 1438년, 1440년, 그리고 1486년에 황제 세 명이 합스부르크가에서 연이어 선출되자 신성로마 제국은 상속을 통한 군주제의 모습을 보이는 듯했다. 그럼에도 불구하고 황제들은 적극적인 행동에 나설 수가 없었다. 알브레히트

2세는 만장일치로 선출되었지만 독일 영주들을 위해 도시의 비중과 힘을 축소하며 제국의 정책 관련 문제에 대해서는 유권자들에게 의견을 물어야 한다는 조약을 맺었다. 그는 헝가리와 보헤미아의 왕이기도 했지만 당시 헝가리는 터키의 압박을 받고 있었고, 보헤미아에서는 후스파에게 쫓겨났다. 황제는 1439년 10월 27일 급사했다.

　　이어서 1440년에 프리드리히 3세(1415-1493)가 스물네 살에 황제로 선출되었다. 영주들은 자신들의 영토권을 강화하기 위해 언제나 그랬듯이 젊은 사람을 황제로 선출했다. 게다가 프리드리히는 가문이 여러 분파로 나뉜 상태였기에 2년 후에야 아헨에서 왕관을 받았다. 그러나 이후에도 합스부르크 가문의 영토 문제에 몰두했기 때문에 독일 영토에 거의 나타나지 않았다. 1463년 이후, 세 가문 사이에 흩어진 영토를 상당히 모았을 때에야 비로소 제국의 정치에 전념할 수 있었지만 이 경우에도 상황은 좋을 때도 나쁠 때도 있었다. 그가 정치적으로 큰 성공을 거둔 것은 아들 막시밀리안 1세(1459-1519)와 용담공 샤를(1433-1477)의 딸 부귀공 마리(1457-1482)의 결혼 덕분이었다. 보다 정확히는 마리가 가진 플랑드르 및 프랑슈콩테 상속권 때문이다. 프리드리히 3세는 말년에 마차시 1세(약 1443-1490)에게 혹독한 패배를 당하는 치욕을 겪었다. 마차시 1세는 황제를 상속받은 땅에서 쫓아냈기에 프리드리히는 비참하게 살면서 제국을 떠돌아야 했다. 어느덧 연로해진 황제는 1486년 2월 16일에 아들 막시밀리안을 로마 왕으로 선출하는 것에 동의했다. 막시밀리안은 부친에 이어 바이에른과 스위스와 대립했다. 1493년에 프리드리히 3세가 사망하자 막시밀리안이 황제 칭호를 물려받았으며, 교황으로부터 '선출 황제'라는 칭호를 받음으로써 대관식이 없었다는 장애물을 극복했다.

부침이 컸던 왕국

막시밀리안 1세

막시밀리안 1세의 즉위로 새로운 시대가 시작된 듯했다. 새 황제는 재능과 야망이 넘치는 독특한 인물이었다. 한편으로 그는 중세 기사였지만 다른 한편으로는 르네상스의 영향을 강하게 받은 인물이었다. 15세기 중반부터 독일은 새로운 공기를 호흡하고 있었다. 니콜라우스 쿠사누스Nicolaus Cusanus(1401-1464)는 제국 의회Reichstag를 개혁하고 강화하기 위해 정확한 사상을 제기했다. 막시밀리안 1세는 또 다른 개혁가인 브란덴부르크의 알브레히트(1490-1545)의 지지를 받으며 이 제안을 수용했다. 제국 의회는 더욱 활발해졌고, 국회로 변형될 수 있을 듯했다. 막시밀리안 1세가 터키의 진군에 맞서기 위해 도움을 얻고자 제국 의회를 소집했을 때, 제국 의회는 개혁을 요구했다. 1495년에 보름스에서, 그리고 연이어 소집된 제국 의회에서 지방의 무질서를 종식시키기 위해 민족 간 전쟁을 불법으로 선언하고 일반적인 평화를 요청했다. 그렇게 하기 위해 제국의 최고 법원을 창안했으며, 제국 군대의 재정을 위해 제국세(제국 페니pfennig comune)를 만들었다. 이로써 영구 행정위원회가 상정되었고, 제국을 행정 구역으로 분리하게 되었으며, 매년 독일 의회가 소집되었다.

진취적이고 야망이 크긴 했지만 사실 막시밀리안 1세에겐 적당한 자원이 부족했고 통치와 경제 활동에서 무능력했다. 독일 왕이라는 칭호는 두 배의 역할을 감당해야 하는 당시의 혼란스러운 상황을 정비하는 데 도움을 주지 못했다. 제국 차원에서 보편적 주권을 요구하는 것은 독일 왕으로서의 합스부르크 가문의 입지를 허약하게 할 뿐이었다. 독일 영주들은 민족의 엄격한 군주 정치보다는 일반적인 제국의 상황에 충성하는 것을 선호했기 때문이다. 다른 한편으로 합스부르크 가문 자체는 독일 왕이 되기 위해 큰 노력을 하지 않았다. 황제는 잉글랜드, 프랑스, 에스파냐의 군주들처럼 군주 국가를 건설하는 대신 제국의 보편주의적 목표를 추구하는 데 에너지를 낭비했다. 더구나 그는 합스부르크가의 권력과 영향력을 키우는 정치에 주력했는데, 이는 제국의 권위를 손상시키는 행동이었다. 이런 의미에서 레오폴트 폰 랑케의 막시밀리안 1세에 대한 다음과 같은 평가는 유명하다. "그는 자기 가문의 이익을 위해서 살았다." 막시밀리안 1세 최고의 정치적인 작품은 합스부르크 가문의 관습에 따라서 자신의 아들 필리프 1세(1478-1506)를 에스파냐 왕 페르난도 2세의 딸 후아나 1세(1479-1555)와 결혼시킨 것이었다. 합스부르크 왕조에게 새로 생긴 이익을 가장 탁월하게 보여 주는 예라 할 수 있다. 근대를 눈앞에 둔 유럽에서 가장 활력 있는 정치 세력이 되면서 말이다.

합스부르크가의 권력

| 다음을 참고하라 |
역사 독일 제국의 세력권과 합스부르크 왕가의 영토(98쪽)

독일 제국의 세력권과 합스부르크 왕가의 영토

| 줄리오 소다노 |

독일이 영주와 도시 간의 반목으로 정치적 혼돈에 빠지는 동안, 세 차례의 연이은
합스부르크 왕가의 황위 계승에도 불구하고, 제국의 권위는 약해졌다. 영주들이 부가
정점에 달한 도시 중심지에 대해 사법권을 요구하면서 도시 연맹과 봉건 귀족의 갈등이
첨예화되었다. 영주들이 영토를 만드는 과정에서 호엔촐레른 가문이 탄생한 반면
남쪽에서 합스부르크 가문은 가문의 영토를 재통합했다.

15세기 독일: 이질적인 국가들의 조화

중세 독일을 구성하던 옛 공국들(작센, 프랑켄Franken, 슈바벤, 로렌)은 와해, 쇠퇴하고
대신에 합스부르크와 호엔촐레른Hohenzollern 같은 새로운 가문들이 등장했다. 두 가
문은 작센 지방을 나누어 가지고 있었으며, 신성로마 제국의 도시들과 더불어 새로
운 세력을 형성했다. 스위스, 이탈리아, 네덜란드 같은 주위 지역은 점차 독립하고
있었다.

여러 국가가 이해관계로 반목했기에 15세기 독일은 정치적으로 매우 혼란스러웠
다. 영주가 다스리는 영토 안에서만 국가를 재건하는 과정이 진행되었는데, 유럽의
다른 국가들에서 검증되고 있는 것과 유사한 면이 있었다.

제국 의회   독일 통합의 핵심은 거의 모든 독일을 나타내는 제국 의회Reichstag였다. 직접 선
출한 대표자가 없는 기사와 농민은 여기서 제외되었다. 15세기 초에 제국 의회는 활
발한 활동을 했지만 프리드리히 3세(1415-1493) 치하에 다시 힘이 약해졌다. 황제는
제국 의회를 여러 번 소집했지만 30년간 한 번도 참석하지는 않았다. 한편으로 제국
의회는 체계적인 조직이 아니었다. 의회를 소집하는 사람, 소집 대상, 장소, 소집 횟
수, 회의 전개 방식, 의회 절차와 권한에 대한 규칙이 없었다. 15세기에는 세 개의 집
단이 있었다. 첫 번째 집단은 황금문서에서 정의한 것처럼 일곱 명의 선거인 집단이
다. 두 번째 집단은 세속인이든 성직자든 오래전부터 봉건 영주들이 참여한 회의의
일원으로, 여기서 영주들은 단독으로 투표권이 있던 반면에 다른 사람들은 단체로
투표권이 있었다. 그러므로 서로 너무나 다른 관심사가 나오게 되었다. 이론적으로
말하자면 모든 대토지 소유자들은 제국 의회의 회원이었지만 실상 독일 중부와 남부

의 영주들만 참여했다. 마지막 집단은 제국의 도시를 대표하는 자들이었다. 세 집단의 관계가 정확히 정해진 적은 한 번도 없었다.

귀족의 '토지 소유권' 과정

15세기에는 토지 소유권 과정이 두드러졌다. 영주들은 시간이 지나면서 획득한 사법권과 군사권을 강화하면서 자신의 영토에 대한 단일하고 배타적인 권한을 행사했다. 교회 분열의 시기에 교회가 혼란에 빠졌고, 용병 체제가 성공하면서 봉건 군사 체제가 쇠퇴했고, 교황권에는 불리한 로마법이 인정되면서 이 과정은 순조롭게 진행되었다. 그밖에 영주들은 여러 영토에서 반성직자주의가 확산된 상황이나 도시 시민들에게 대항한 귀족들을 이용하면서 스스로의 힘을 키울 수 있었다. 몇몇 영주들은 도시 내부의 분쟁에 개입하는 데 성공했는데, 평화 보증인으로 나타나 그곳을 확실하게 지배했다.

15세기에 영주가 토지 소유권을 강화한 예가 브란덴부르크 지역이다. 지기스문트(1368-1437) 황제는 이곳이 헝가리에서 너무 멀어 통치가 힘들다며 호엔촐레른 가문에 양도했다. 브란덴부르크 후작인 호엔촐레른의 프리드리히 1세(1371-1440)가 가문의 위치를 개선했으며, 그의 아들인 프리드리히 2세(1413-1471)에게 통치권을 물려주었다. 이 때문에 다른 자손들은 조그마한 영토로 만족해야 했다. 이를 통하여 아들 한 명에게 가문의 많은 토지 지배권을 양도한다는 원칙이 인정되었다. 프리드리히 2세는 호엔촐레른 가문의 세력 기초를 세운 사람이었다. 처음에는 귀족의 힘을 약하게 했고, 다음에는 귀족을 징병하여 도시를 지배하기 위해 이용했다. 동생인 알브레히트 3세 아킬레스(1414-1486)가 형을 계승했다. 알브레히트는 영토의 확장을 장려하고 왕국 내부의 정치를 공고히 했다. 1473년에는 '아킬레스의 명령Dispositio Achillea'을 공표하여 호엔촐레른 가문의 왕위 계승에 관한 법을 정했다. 이에 따라서 오직 장자만이 브란덴부르크의 영지를 기반으로 황제를 선출할 수 있는 선제후 자격을 얻으며, 또 다른 그의 속령屬領을 분할할 수 없도록 하여 장자에게 상속할 수 있도록 했다. 다른 자식들에게는 대신 돈과 풍부한 성직록을 주었다. 이렇게 해서 독일 동부의 보다 막강한 귀족 가문이었던 호엔촐레른 가문이 위세를 떨치게 되었다.

브란덴부르크의 상황

영주와 도시의 갈등

15세기는 영주들이 특히 도시를 적대시했던 시기다. 정치적 위기에도 불구하고 독일의 도시들은 경제적으로 활황기를 맞았다. 위기의 14세기에 입은 손실을 빠르게 회복했으며, 유럽 상업 유통의 핵심 지역이 되었고, 인쇄술을 비롯하여 산업이 발전하고 여러 가지 새로운 직업들이 생겨났다. 한자 동맹이 점차 쇠퇴하는 동안 산업 활동이 보다 활발했던 독일 남서쪽 도시들과, 라인 강 및 다뉴브 강을 따라 위치하여 거대 무역 교통과 연계된 도시들은 막대한 부를 창출했다.

아우크스부르크 출신의 푸거 가문처럼 그곳의 시민들은 전례 없던 부를 축적하면서 자본주의 금융 기술을 대규모로 발전시켰다. 1520년에 제국세가 결정되자 쾰른, 뉘른베르크, 울름Ulm은 황제 선거권을 가진 부유한 영주들과 동급으로 분류되었다.

도시와 영주들은 사법권, 통행세, 조폐국에 대한 문제에서 의견이 분분했다. 영주들은 도시가 그들의 권리를 빼앗았다고 생각했으며, 도시를 둘러싼 시골을 약탈하고 있다고 고발했다. 1441년에 슈바벤 지역의 도시들은 봉건 영주들이 가하는 폭력에서 여행자들을 보호하는 동맹을 맺었다. 뉘른베르크의 주도로 31개 도시가 동맹에 참여했다. 이와 대립하여 알브레히트 3세 아킬레스가 조직한 봉건 영주 동맹이 도시 동맹과
봉건 영주 동맹 만들어졌다. 1449년에 광산 채굴권 때문에 뉘른베르크와 갈등이 폭발했다. 뉘른베르크는 알브레히트 후작을 물리쳤지만 도시 동맹은 다른 이익을 얻기 위해 이번 승리를 이용하지는 않았다. 이 일을 계기로 동맹이 유용하다는 것이 명백해졌으며, 그때부터 도시들은 영주들에게 오로지 방어적인 태도를 취했고 다른 도시들의 전쟁에 관여하지 않았다.

15세기 독일 지방 특유의 갈등이 영주와 도시의 충돌에만 있었던 것은 아니다. 영주들 자신들은 무엇보다 서로 평화를 유지하기를 바랐으며, 주교의 임무 분산에 대해서만 갈등했다. 바이에른-잉골슈타트Ingolstadt 지부가 사라진 다음, 바이에른 지방의 공작들이 싸운 일로 남부 독일의 수많은 귀족 사이에서 적대 기류가 형성되었다.

합스부르크 영토

합스부르크 가문의 대표자들이 3대에 걸쳐 황제 자리에 오른 덕분에 이 가문은 큰 자격을 가지고 유럽 궁정에 들어갔다. 15세기가 되자 합스부르크 가문은 베네치아와 갈등했지만 보헤미아와 헝가리만이 아니라 알프스 통과 지역, 베네토 지방의 평원, 이스트라 반도 지역 도시들에 대해 배타적인 팽창주의 정책을 펼치지는 않았다. 1363년부터는 티롤을 지배했다. 하지만 투르크족이 오스트리아를 심각하게 위협했다. 오스만 제국이 위기를 맞자 오스트리아 주변의 세력이 힘을 합치게 되었다. 카롤링거 왕조 시기에 이 지역이 슬라브족과 헝가리인을 막는 국경 지대로서 기능했었다면, 이제는 오스만 제국을 막는 방어벽이 되었다. 이와 같은 15세기의 세력 관계는 스위스에게 유리했다. 스위스는 합스부르크 가문이 세 개로 분할된 것을 이용했다. 사실 1379년부터 알브레히트 혈통과 레오폴트 혈통이 나뉘었고, 레오폴트 가문은 다시 슈타이어마르크 혈통과 티롤 혈통으로 나뉘었다. 가문의 구성원들에게 막대한 종신 연금을 들이부어야 했지만, 프리드리히 3세는 대부분의 영토를 통합할 수 있었다. 그러나 사실 그의 가장 큰 정치적 업적은 1477년에 아들 막시밀리안 1세(1459-1519)를 용담공 샤를(1433-1477)의 딸인 부귀공 마리(1457-1482)와 결혼시킨 일이었다. 그녀는 지참금으로 프랑슈콩테와 플랑드르를 가져왔다.

막시밀리안 1세와
부귀공 마리의 결혼

막시밀리안 1세는 오스트리아, 슈타이어마르크, 케른텐, 트리에스테, 플랑드르, 알자스를 소유했다. 삼촌인 지기스문트가 포기함으로써 티롤도 추가로 획득했다. 하지만 1499년에 그는 스위스의 정치적 독립을 승인하는 조약에 서명해야 했다. 그리고 오래전부터 처음에는 룩셈부르크 가문과, 다음에는 지역 영주들과 충돌했던 헝가리 및 보헤미아를 획득하기를 원했지만 야기에우워 왕조가 싸움에서 이겨 세 왕국을 지배했다. 그러자 막시밀리안 1세는 결혼식 카드를 겨냥했다. 손주인 페르디난트 1세(1503-1564)와 오스트리아의 마리아(1505-1558)를 헝가리 왕 울라슬로 2세 Ulászló II(1456-1516)의 자식들인 안나(1503-1547)와 러요시(1506-1526)와 약혼시켰던 것이다. 울라슬로 2세가 사망하자 페르디난트 1세는 보헤미아 왕이 되었고 헝가리 왕국은 러요시에게 갔다.

| 다음을 참고하라 |
역사 독일 제국(94쪽)

스위스 연방

| 파우스토 코제토 |

15세기에 네 개의 주로 이루어진 스위스 연방이 거둔 군사적 성공 때문에 합스부르크 가문은 자신들에게 계속 패배를 안겨 주었던 스위스에 대한 적대감을 완화시켜야 했다. 취리히 주는 연이은 성공으로 획득한 영토를 분할한 덕에 연방에서 멀어져 합스부르크 가문과 평화 협정을 맺게 되었지만, 이 전대미문의 동맹군은 1440년에 패배했다. 이제 스위스 보병은 군사적 역량으로 유명해졌다. 부르고뉴 공국에 맞서 스위스와 동맹을 맺은 루이 11세 치하의 프랑스처럼, 보다 중요한 유럽 국가들이 스위스의 보병 부대를 필요로 했다. 용담공 샤를을 물리친 것도 스위스 연방의 보병이었지만, 이들은 이 실질적인 승리를 통해 정치적 이익을 도출하지는 못했다. 스위스 연방은 진정한 국가는 아니었지만 군사력 덕에 열세 개 주까지 점차 공간을 넓혔으며, 15세기 초에는 라인 강 남쪽의 모든 영토를 연방에 포함시켰다.

영토 관리

합스부르크 가문 군대가 스위스에 연이어 패배함으로써 신성로마 제국 남부 지역에서 스위스의 군사적 우위가 증명되었다. 최근 불거진 합스부르크가와 연방의 갈등으로 합스부르크 왕가 영토에 위치한 스위스 주들이 독립하게 되었는데, 1389년에 맺은 조약이 5년 뒤에 아무 갈등 없이 갱신될 정도였다. 그러나 이번 계약 기간은 20년이었고, 1417년에 맺은 계약에서는 50년이 되었다. 그리고 1474년에 영구 평화 협정을 맺음으로써 합스부르크 가문은 스위스 연방을 구성하는 영토에서 그들이 지난 시절 가졌던 특권과 권리를 최종적으로 모두 포기했다. 15세기 초에 스위스 연방의 칸톤canton(스위스의 주州*)들은 자율적으로 행동했다. 또한 지역의 자연 경계선을 통과하는 통신로 배후의 지역을 통제할 때는 공동의 군사 조직을 형성하기도 했다. 가장 왕래가 빈번했던 길은 생 고타르 고개였다. 우리Uri 주 주민들이 남쪽 산비탈 분수령을 넘기 위해 알프스 고개를 손에 넣었기 때문이다. 사실 1430년대 말에 스위스는 티치노Ticino의 레벤티나 계곡과 벨린초나 요새를 관리했다. 베른, 루체른, 취리히에 위치한 주들의 활동도 못지않게 중요했다. 1412년에는 룩셈부르크의 지기스문트(1368-1437)와 협정을 맺었다. 황제는 오스트리아 공작을 제국에서 추방하기

칸톤

를 바랐으며, 스위스가 합스부르크 가문이 소유하고 있던 아르가우Aargau 주를 점령하도록 부추겼다. 스위스 연방군이 정복한 새로운 영토는 대부분 위에서 언급한 세 도시에 양도되었지만 스위스는 그 지역들을 소유함으로써 쉽게 국경선을 확장할 수 있었으며, 합스부르크 가문에는 손실이겠지만 투르가우Thurgau 주도 정복 영토에 포함시킬 수 있었다. 투르가우 주는 1460년에 합스부르크 가문이 그들에게 공식적으로 양도했다.

영토 분할과 행정 조직

스위스 도시들이 지정학적으로 그들의 영향권 내에 들어온 영토에 채택했던 영토 팽창 방법이 매우 중요하다. 그것은 연맹에 가입한 도시들이 최근 획득한 합스부르크 소유였던 지역의 주민들에게 채택한 정책이었다. 행정관들이 다스리는 지역들은 과거의 관습과 자치권을 유지할 수 있었으며, 정치적으로만 스위스 연방에 종속되었다. 새로운 영토는 '공동의 행정 구역'으로 나뉜 모든 주가 함께 다스렸기 때문이다. 합스부르크 가문이 개입하지 않게 되자 특별한 이익과 관련하여 중앙집권 세력이 압박하는 것에 대해 지역마다 점차 차별적인 반응을 보였다. 취리히 주와 슈비츠Schwyz 주 사이에 위치한 토겐부르크Toggenburg 백작령이 분리된 것이 이와 같은 정치적 차별성을 명확히 보여 주는 사건이었다. 슈비츠 주는 다른 동맹 주들처럼 견고해졌거니와 토겐부르크와 더불어 1440년에 취리히에 평화 조약을 제기했다. 이는 스위스 연방의 종말을 수반할 수도 있는 매우 심각한 정치적-군사적 사건이 시작되었음을 의미했다. 스위스 평야에서 동떨어져 있던 취리히 주는 프리드리히 3세(1415-1493) 취리히 주의 경우 가 대표하는 합스부르크 왕가와 동맹을 맺었지만 1443년에 취리히와 합스부르크는 연방군에 패배했다. 스위스 연방 군대는 취리히를 공격했으며, 상대는 줄행랑쳤다. 프리드리히는 프랑스 군주 샤를 7세(1403-1461)를 이 갈등에 끌어들였으며, 샤를 7세는 연방의 자치권을 파괴하기 위해 3만 명의 군대를 파견했다. 하지만 스위스 연방에 속한 소규모 군대가 1444년 8월 26일에 바젤 근처에서 막강한 프랑스군을 물리쳤다. 이것은 스위스의 뛰어난 군사적 자질의 명성을 놀랍도록 확장시킨 사건이었다. 취리히와 그 동맹군들은 평화를 얻었으나, 1446년까지 취리히는 스위스 연방에서 자신의 자리를 되찾을 수 없었다.

군대의 성공

유럽은 스위스 연방 군대가 그렇듯 군사력을 키울 수 있던 이유를 찾았다. 잘 알려진 것처럼 오늘날에도 교황청을 위해 일하는 스위스 군대가 그것을 증명한다. 조직적인 측면에서 볼 때 그 힘은 16-60세 남성들의 의무 복역 제도에서 나왔다. 이들은 보통 자유민이었다. 자연스럽게 형성된 국경선을 통해 대규모로 군인을 모집함으로써 상대적으로 짧은 기간에 프랑스나 합스부르크 가문 출신 황제가 모을 수 있었던 수보다 많은 군대를 전장에 내보낼 수 있었던 것이다. 다른 한편으로 전장에서 성공한 중요 요인은 강력한 길고 하얀 창을 들고 함께 서는, 스위스식 방진으로도 불리는 방진인데 방진 전체가 신속하게 이동하도록 매일 수백 명의 남성이 훈련받았다. 스위스 보병은 기동력과 체력 및 용기를 가지고 있었기에 근대 초입에 유럽의 가장 선진화된 군인이었다. 적어도 대포와 총이 발전하여 전장에서 보병들에게 다양한 부상을 안겨 주기 전까지는 말이다. 스위스 군대의 결정 이 스위스 부대가 유럽 대국들의 전쟁에서 용병 군대가 된 이유는 스위스 연방의 영토가 그곳에 거주하는 백성의 생계를 유지시킬 수 없었기 때문이다. 그리하여 유럽의 대규모 모병에 용병으로 지원하기 위해 조국을 떠나야 했다. 프랑수아 1세(1494-1547)가 카를 5세(1500-1558)와 오랫동안 갈등하는 동안, 16만3천 명 정도의 스위스 용병이 한 번에 고용될 정도였다. 그러므로 수백 년간 스위스 군대는 유럽 정치를 주도하는 주역이었다. 15세기 후반에는 특히 부르고뉴 전투에서 스위스 군대가 가진 막대한 자원이 빛을 발했다. 오스트리아의 대공 지기스문트(1427-1496)는 군사적 성공을 얻지 못해 심각한 재정 손실이 있는 상황에서 발츠후트 전투(1468) 때문에 스위스 연방과 또다시 대립하게 되자 힘을 회복하기 위해 부르고뉴의 용담공 샤를(1433-1477)에게 슈바르츠발트, 브라이스가우, 알자스 등 합스부르크 가문의 중요 영토들을 담보로 내놓았다. 그리하여 부르고뉴 공국이 막강해졌고 인접 국가들이 거세게 저항했다. 프랑스의 루이 11세(1423-1483)가 제일 먼저 전투에 참여했고, 다음에는 밀루즈Mulhouse와 바젤 및 알자스 지역의 수많은 도시가 반부르고뉴 연맹을 결성했으며 스위스 연방에 군사적 도움을 요청했다. 반부르고뉴 동맹 스위스 연방은 1474년 10월에 부르고뉴 공국에 전쟁을 선포했다. 같은 해 11월 중순에 벌어진 에리쿠르Héricourt 전투에서 부르고뉴 군대는 스위스에 패했다. 이에 용담공 샤를은 베른을 공격하여 사보이 공국의 프랑스의 욜란다Iolanda(1434-1478)에게서 보Vaud 주를 빼앗아 합병했다. 용담공 샤를의 그랑송 성 정복은 부르고뉴 평야에 우호적인 시작을 알리는 듯했다. 사실 스위스 군대는 부르고뉴의 공격으로부터 그랑송 성을 지키고자 했으나 늦게 도착했다. 하지만 며칠 후인 1476년 3월 2일에는 전력을 다했다. 그리하여 부르고뉴 공작은 베른을 얻기 위한 마지막 장애물인 무르텐Murten 앞에 군대를 결집시켰다. 그리고 6월 22일에 부르고뉴 군대는 이 기념비적인 전투에서 거의 박살 났다. 유럽에서 가장 두려운 존재였던 용담공 샤를은 산산이 부서지고 말았다. 로타링기아 왕국 시절처럼 유럽에 하나의 왕국을 다시 세우려 했던 그의 계획처럼 말이다.

스위스 연방 헌법

1477년 초 용담공 샤를이 사망함으로써 거대한 적을 물리친 스위스 연방은 외교적인 측면에서 그들의 승리가 가져다 준 군사적 결과를 이용할 수가 없었다. 오히려 인접 국가들만 이득을 얻었다. 15세기 말에 부르고뉴 공국의 왕위 계승에서 유럽 정치에 강력한 영향력을 행사한 것은 프랑스와 막시밀리안 1세(1459-1519)였다. 스위스 연방은 당시 유럽 군주들 중 가장 무섭고 용감했던 왕과 싸우면서 크게 이름을 떨쳤음에도 정치적 이익도, 영토에서의 이득도 얻지 못했다. 그사이 스위스 연방의 주들은 신성로마 제국에서 최종적으로 탈퇴하게 되었다. 15세기 말에 막시밀리안 1세는 슈바벤 전투를 통해 다시 한 번 스위스 연방에서 제국의 주도권을 유지하려고 했지만, 갈등의 결과는 연방에 유리하게 작용했다. 결과적으로 바젤 협약을 맺음으로써 **바젤 협약** 독일 영토와 스위스 영토가 분리되었다. 라인 강 남쪽에 위치한 모든 나라와 도시는 이제 스위스 연방에 속하게 되었다. 그중에는 바젤, 샤프하우젠, 졸로투른, 아펜첼 같은 중요 도시와 지역도 속해 있었다. 16세기 초에 스위스 연방에 소속된 주는 8개에서 13개로 늘었고, 18세기 말까지 유지되었다. 13개 주는 슈비츠 주, 우리 주, 운터발덴 주, 루체른 주, 취리히 주, 글라루스 주, 추크 주, 베른 주, 프리부르 주, 졸로투른 주, 바젤 주, 샤프하우젠 주, 아펜첼 주 등이다.

| 다음을 참고하라 |
역사 프랑스 왕국(71쪽); 부르고뉴 공국의 발전(76쪽); 독일 제국의 세력권과 합스부르크 왕가의 영토(98쪽); 전쟁: 전통과 혁신(259쪽)

보헤미아

| 줄리오 소다노 |

15세기에 보헤미아의 혼란은 후스파 운동 때문이었다. 체코 출신의 얀 후스는 성직자의 부패를 고발했다. 파문을 당한 그는 자신을 변호하기 위해 콘스탄츠로 갔지만 기소되어 결국 화형을 당했다. 후스파는 그리스도교 위계질서와 독일에 대항해서 폭넓은 운동을 벌였으나 온건파 우트라키스트와 급진파 타보르의 두 개 분파로 나뉘었다. 여기서 온건파가 승리함으로써 후스파는 다시 그리스도교에 가깝게 되었다. 15세기 말에 체코 출신이자 후스파가 지지했던 이르지 스 포데브라트가 왕으로 선출되었다.

후스파 운동의 탄생

카를 4세(1316-1378)의 개혁 이후인 14세기 중엽부터 보헤미아의 왕 자리는 매우 중요해졌다. 신성로마 제국의 황제를 뽑는 유권자들 중 한 사람이 왕위를 계승하게 되었기 때문이다. 이와 같은 새로운 정세에서 합스부르크 왕가가 끊임없이 자신들이 보헤미아의 왕이 되기를 바랐던 것은 말할 것도 없고, 룩셈부르크 가문의 구성원들도 왕위 계승 분쟁에 참여하기 시작했다.

14세기 초반에 보헤미아의 귀족들은 바츨라프 4세(1361-1419)에 반란을 일으켰다. 이미 황제 자리에서 폐위된 그는 승리를 거두며 대립 구도를 와해시켰고, 예전에는 양보해야 했던 제한된 특권의 일부를 폐지했다. 바츨라프 왕조의 마지막 시기에는 교회 분쟁이 폭발했으며, 14세기 내내 분쟁이 계속되었다. 15세기 초에는 후스파가 진행한 종교 운동, 사회 운동, 민족 운동으로 혼란스러웠다.

1370년 무렵에 태어난 체코 출신의 얀 후스(약 1370-1415)는 14세기 후반에 성직자의 부패와 민중의 상황을 고발했던 보헤미아의 다양한 종교 운동을 계승했다. 프라하의 다양한 환경에서 설교가로 활동했던 점을 높이 평가받은 후스는 이미 수십 년 전부터 보헤미아에 유포되었던 존 위클리프(약 1320-1384)의 사상과 접촉했다. 프라하 베들레헴 교회 설교대에서 성직 매매와 성직자 사면을 비판한 이후 명성이 높아진 후스는 1409년에 유명한 프라하 대학의 학장으로 선출되었던 반면, 프라하 주교는 후스와 후스를 지지하는 사람들에게 더욱 적대적인 태도를 취했다. 파문당한 후스는 공의회에 호소했다. 지기스문트(1368-1437)는 교회 재통합과 이단 문제

<small>얀후스</small>

해결을 위해 콘스탄츠 공의회를 열려고 노력했다. 황제는 그에게 통행권을 주면서 공의회에 출석하도록 했다. 그러나 그가 도착한 며칠 후에 그를 반대하는 자들이 황제의 항의에도 불구하고 공의회 관계자들을 설득하여 얀 후스를 체포하도록 했다.

콘스탄츠에서 얀 후스에 대한 소송이 진행되는 동안에 그의 지지자들은 두 가지 형태로 자신들 공동체의 교리를 주장했다. 온건파는 성체성사가 일반 신자들에게 빵과 포도주를 주는 것이어야 한다고 주장했다. 한편 후스는 자신의 입장을 철회하지 않겠다고 했으므로 콘스탄츠 공의회는 그를 이단으로 규정했다. 그리고 제국 당국에 그를 양도했고, 그들은 재빨리 후스의 형을 집행했다. 체코인들이 분노한 것은 종교적 측면을 뛰어넘어 후스의 사상에 감명을 받았기 때문이다. 그래서 콘스탄츠 공의회에서 후스를 이단으로 선고하자 성직자 계급에 분개했다. 후스파의 입장에 가장 공감한 계층은 중소 귀족이었지만 다른 계층들까지 합세하여 공의회의 결정에 항의했다. 후스파의 요구는 얀 후스의 초기 계획보다 훨씬 앞서갔다. 체코 시민들은 얀 후스를 화형에 처한 것 때문에 폭동을 일으킬 정도로 분개했다. 그러나 그보다 먼저 후스파 내부에서 파벌 싸움이 벌어졌다. 후스파는 보헤미아 교회를 점령하여 독일 그리스도교 성직자 계급에 손해를 끼친 온건파 우트라키스트와, 그보다 더욱 급진적인 성격의 타보르로 나뉘었다. 급진파는 온건파에서 떨어져 나와 따로 복음 공동체를 세웠다. 두 파벌은 1517년에 프라하 대학의 심의를 통해 합의점을 찾게 된다. 프라하 대학은 신자들에게 성찬배聖餐杯와 두 가지 형태의 성체 수령을 허용했다. 그때부터 후스파의 상징은 성찬배가 되었다. 우트라키스트의 입장은 1420년에 프라하 대학의 네 가지 조항Quattro articoli di Praga으로 공식화되었다. 이 조항은 설교의 자유, 두 가지 형태의 성체 수령, 세속 재산에 대한 사제와 수도사의 권한 폐지, 성직 매매와 죄에 대한 처벌 등이었다.

우트라키스트와 타보르

후스파 반란

처음에는 후스파에 호의적이었던 바츨라프 4세는 후스파 운동에 대해 점차 인내심을 잃었다. 상황은 반후스파에 유리하게 돌아갔고, 후스파는 억압받았다. 1419년 7월 30일 프라하에서 격렬하게 위기가 표출되었다. 후스파 행렬이 몇몇 죄수의 석방을 요구했는데, 당국이 그것을 받아들이지 않자 자치 도시 당국을 공격하여 시의원들을 창문 밖으로 던졌다. 이 사건 이후 바츨라프 4세가 사망했고, 그동안 후스파가

108

프라하 행정부를 조직했다. 바츨라프의 동생이자 후계자인 지기스문트 황제는 십자군을 이끌고 프라하로 들어가 대관식을 거행하는 성을 점령했다. 그러나 그의 군대는 즉시 얀 지슈카(약 1360-1424)가 이끌고 급진파가 대부분인 후스파 군대에 쫓겨 도망쳤다. 독일군은 연이어 수없이 패배했다. 1419년부터 1436년까지 보헤미아에는 왕이 없었으며, 임시 특별 시의원들이 나라를 통치했다. 그동안 우트라키스트 온건파와 타보르 급진파의 갈등이 심해졌다. 십자군의 침입 시도에 수년간 저항한 후에 대부분이 귀족이었던 온건파는 그리스도교도들과 협상 지점을 찾으려고 했다. 교리의 여러 논점을 양보하고 신자들의 성찬배 및 교회의 과도한 권력 남용 제한에 만족하면서 말이다. 그리하여 1434년에 프라하 약정Compactata에 합의하게 되었으며, 이로써 그리스도교도들은 네 가지 조항Quattro articoli에 나온 몇 가지 논점을 인정했다. 귀족 그리스도교도들과 귀족 후스파들은 결합했으며, 1434년 5월 30일의 리

타보르파의 패배 판 전투에서 타보르파를 격퇴했다. 급진파가 패배하자 바젤 공의회 및 지기스문트와의 합의가 손쉽게 진행되어 지기스문트는 군주가 되어 프라하에 재입성할 수 있었다. 보헤미아 귀족은 후스파 투쟁으로 여러 면에서 이득을 보았는데, 그중에서도 교회의 막대한 재산을 소유하게 되었다. 반면에 농민들의 열망은 좌절되었다. 그밖에도 2백 년 전부터 나라를 지배했지만 이제는 많은 특권과 세력을 잃은 독일적인 요소에 대립하는 체코인의 자의식이 발전하게 되었다.

이르지 스 포데브라트와 야기에우워 왕조

지기스문트가 사망하자 또다시 왕위 계승으로 인해 혼란기가 시작되었다. 보헤미아의 일부 지역에서 지기스문트의 사위인 오스트리아의 알브레히트 2세(1397-1439)를 왕으로 인정했지만 정작 그는 일찍 사망하고 말았다. 1452년에 유복자 라디슬라우스(1440-1457)의 왕국이 시작되었다. 그러나 이 경우에도 왕이 1457년에 이른 죽음을 맞이하면서 보헤미아는 다시 왕이 없는 상태가 되었다. 룩셈부르크 가문의 대가 끊기고 합스부르크 가문의 요구를 거절한 뒤에, 체코 출신의 이르지 스 포데브라트(1420-1471)가 후스파만이 아니라 그리스도교 귀족들의 지지를 받아 왕이 되었다. 그는 야망 있고, 단호하고, 유능한 사람이었으며, 최고의 우월성을 입증하려고 노력했다. 왕과 더불어 후스파 보헤미아에 국민 군주정이 탄생함으로써 국가와 정치가 재탄생했다. 체코 국민 군주정은 당시 폴란드 및 헝가리 군주정과는 성격이 달랐다.

보헤미아 왕국에서 부르주아들은 제국 의회에서만이 아니라 나라의 통치 기관에서
도 국민 교회와 더불어 강력한 정치 세력을 형성했다.

이르지 스 포데브라트는 보헤미아 왕국을 통치하는 동안 그리스도교 고위 성직자
들과 끊임없이 충돌했으며, 성직자들은 왕이 이단을 묵인해 준다며 왕을 비난했다.
왕은 교황의 자극으로 1468년에 보헤미아를 침략했던 헝가리 왕이자 전 사위 마차
시 1세와 전쟁을 해야 했다. 마차시의 막강한 군대를 앞에 눈 이르지 스 포데브라트
는 자신의 후계자로 카지미에시 4세 야기엘로인칙Casimir IV Jagiellon(1427-1492)의 아
들인 헝가리의 울라슬로 2세(1456-1516)를 선출했다. 이로써 헝가리와 폴란드가 경
쟁할 수밖에 없는 원인이 만들어졌다. 1471년에 포데브라트가 사망하자 프리드리히
3세도 울라슬로 2세를 보헤미아 왕으로 인정했다. 울라슬로 2세는 1478년 올로모우 **올로모우츠 조약**
츠Olomouc 조약을 통해 마차시 1세에게 모라비아, 슐레지엔, 루사티아를 양도해야
했고, 마차시 1세는 1490년에 보헤미아를 야기에우워 왕조의 손에 넘기면서 울라슬
로 2세에게 도움을 주었다.

| **다음을 참고하라** |
시각예술 프라하와 보헤미아, 카를 4세부터 바츨라프까지(624쪽)

헝가리

| 줄리오 소다노 |

러요시 1세의 왕좌를 계승하기 위한 싸움에서 룩셈부르크 가문의 지기스문트 황제가
승리했다. 그는 호족들에게 자신의 왕위를 양도했다. 지기스문트 사망 이후 헝가리는
동쪽에서 오스만 제국의 공격에 저항했던 유일한 나라였다. 바르나 전투에서 대패한
뒤에 처음에는 후녀디 야노시가 이끌었고, 나중에는 그의 아들 마차시 1세가 이끈
후녀디 가문이 헝가리 권력의 실세를 잡았다. 마차시 1세가 민족의 왕으로 선출되어
효율적인 왕국을 건설했고, 터키와의 최종적인 충돌을 예상하여
헝가리를 강국으로 만들고자 노력했다.

헝가리 왕 룩셈부르크 가문의 지기스문트

앙주 가문 출신의 러요시 1세Lajos I(1326-1382)가 남자 후계자 없이 사망하자 헝가리의 왕위 계승 분쟁에 불이 붙었다. 합법적인 후계자는 그의 딸 마리어(1371-1395)로, 황제 카를 4세의 삼남인 룩셈부르크 가문의 지기스문트(1368-1437)의 약혼녀였다. 두러스 가문의 카를로(약 1345-1386)가 앙주 가문의 남자 쪽 계보를 토대로 왕좌를 요구했으나 살해되었고, 1387년에 지기스문트가 헝가리 왕이 되었다. 그러나 1395년에 마리어가 사망하자 헝가리 귀족들은 두러스의 카를로의 아들인 나폴리의 라디슬라오(약 1377-1414)를 지지했다. 이 싸움에서 또다시 지기스문트가 승리했지만 러요시 1세가 남긴 원래 영토가 크게 축소되었다. 폴란드는 러요시 1세의 막내딸 야드비가(1374-1399)에게 양도되었고, 이후에는 그녀의 남편인 브와디스와프 2세 Władysław II(약 1351-1434)에게 돌아갔다. 그사이 헝가리는 나폴리의 라디슬라오로부터 달마티아에 대한 권리를 얻으면서 베네치아를 지배하려고 했다. 발칸 반도 대부분의 영토는 오스만 제국이 통치하고 있었다. 귀족들은 왕의 힘이 약해진 상황을 이용하여 세력을 규합했다. 사실 지기스문트는 왕으로 선출되어 전쟁에 모든 자원을 쏟아 부었으므로 억지로 귀족 계층과 조약을 맺어야 했고, 결과적으로 더욱 강해진 귀족들에게 많은 것을 양보해야만 했다.

형인 바츨라프 4세(1361-1419)가 사망하고 황제로 선출되면서 보헤미아의 왕까지 된 지기스문트의 힘은 더욱 커졌다. 그러나 헝가리는 보헤미아와 왕조를 통합하면서 이득을 보지 못했으며, 오히려 15세기 초반에는 지난 20년간 인접한 지역을 쑥대밭으로 만든 후스파의 공격 대상이 되고 말았다.

터키가 발칸 반도 최전선으로 진군해 오자 지기스문트는 병력을 막대하게 증대해야 했다. 이로 인해 그는 1395년에 니코폴Nikopol에서 굴욕적인 패배를 맛봐야 했다. 늘어만 가는 공물 때문에 이미 도탄에 빠진 백성들은 점증하는 군비 조달을 위해 연이어 세금을 내야 했다. 이 때문에 15세기 초반 농민들의 생활은 14세기보다 나빠졌다.

후녀디 가문의 득세

지기스문트가 사망하자 헝가리만 오스만 제국에 저항했고, 발칸 반도 및 다뉴브 강 유역의 다른 모든 나라들은 술탄에게 굴복했다. 폴란드 왕 브와디스와프 3세(1424-1444)를 헝가리 왕으로 선출한 것은 앙주 가문의 러요시 1세의 정책을 다시 제안하

려는 마지막 시도였다. 즉 보헤미아-독일 연합을 택하려는 것이었으나, 폴란드, 헝
가리, 이탈리아의 거대 동맹이 실현되었다. 1444년에 바르나 전투에서 브와디스와
프가 사망하면서 지기스문트의 선택은 결국 실패하고 말았다. 바르나 전투에서 헝
가리군이 터키군에 참혹한 패배를 맛보았던 것이다. 이 전투는 터키와의 이전 조약
에서 브와디스와프 3세가 약속했던 것을 풀어 준 교황청 대사인 추기경 줄리앙 세자
리니Julian Cesarini(1398-1444)의 강한 요구 때문에 시작되었다. 브와디스와프 3세는
군대를 이끌고 불가리아에 입성했지만 오스만 제국 군대의 압박으로 인해 바르나까
지 밀려났다.

　무엇보다도 바르나 전투로 슬라브 출신의 후녀디Hunyadi 가문이 등장할 수 있었
다. 그들은 지기스문트 궁정에 봉사한 왈라키아 출신의 보이크Voyk가 최초의 기사였
는데, 왕으로부터 트란실바니아에 위치한 코르빈 성을 받았다. 장남 후녀디 야노시
(1387-1456)도 지기스문트 궁정에서 일했으며 터키와의 싸움에서 두각을 나타냈다.
그는 출세 가도를 달리기 시작해 군대의 최고 사령관까지 올라갔으며, 중앙 정부의
7인 구성원이 되었고, 나중에는 브와디스와프 3세를 위해 섭정까지 했다. 브와디스
와프가 헝가리에 도착했을 때 야노시의 권력은 막강했다. 그는 중소 귀족들로부터
지지와 좋은 평가를 받았으며, 터키군을 몰아내는 것을 자신의 중요 임무로 여겼다.
바르나 전투에서는 간신히 죽음을 면할 수 있었다. 왕의 자리가 공석인 상태에서 메
흐메트 2세(1432-1481)는 콘스탄티노플을 점령한 지 3년째가 되는 1456년에 20만 **오스만투르크의**
명의 군사를 이끌고 헝가리를 공격했다. 이때 야노시는 터키군이 포위한 베오그라 **진군**
드 아래로 헝가리 군대를 이끌고 와서 베오그라드를 해방시켰다. 이 승리 덕에 이후
수십 년간 터키군은 진군해 오지 못했다. 그러나 그는 승리의 결실을 만끽하지 못했
는데, 그리스도교 진영에서 발발한 흑사병으로 사망했기 때문이다.

마차시 1세
야노시는 중소 귀족과 호족들이 서로 충돌한 덕에 권력을 잡을 수 있었다. 헝가리 의
회에서 다수를 차지하던 중소 귀족은 나라의 정치에 더 많은 영향을 주려고 했다. 야
노시는 중소 귀족의 우두머리였으며, 그를 섭정 통치자로 임명한 것은 오만한 대귀
족에 대한 중소 귀족의 승리였다. 그러나 야노시가 사망하자 다시 싸움이 시작되었
다. 호족들은 유복자 라디슬라우스(1440-1457)와 그의 사촌인 울릭(1406-1456)을 꼬

드겨 야노시의 자식들을 제거하도록 했으나 야노시에 우호적이었던 정당은 울릭을 죽여 버릴 정도로 반발했다. 라디슬라우스가 사망하자 백성들은 유일하게 살아남은 야노시의 아들을 마차시 1세로 왕으로 선포했다. 중소 귀족이 한 목소리로 마차시를 왕으로 선출하자고 했을 때, 고위급 귀족들은 좋은 얼굴을 할 수도 그렇다고 후녀디 야노시의 아들을 헝가리 왕으로 선출할 수도 없었다.

마차시 1세(약 1443-1490)는 성 스테파노의 위대한 명예를 보여 준 마지막 시기를 의미했다. 그의 왕국의 첫 시기는 1471년까지이며, 그는 이 시기에 국가 안팎의 위협에 맞서 권력을 굳건하게 다지는 일에 몰두했다. 국내의 위협을 없애기 위해서는 헝가리 귀족들의 신임을 얻어야 했다. 이에 중소 귀족과 고위급 귀족 간의 정치적 후원 관계를 끊어 내는 데 성공했다. 그밖에 독자적인 힘을 얻기 위해 직접세와 광산 **'검은 군대'** 개발 개혁을 통해 왕실의 재산을 늘렸다. 그리하여 상비군인 '검은 군대'를 소유할 수 있게 되었다. 그가 취한 군사적 조치 덕분에 헝가리에는 일종의 의무 징병제가 실시되어 유럽에서 전례 없던 상비군이 왕에게 제공되었다. 이를 통해 평화 시에는 보병과 기병이 4만 명 정도였으나 전시에는 20만 명으로 늘어날 수 있었다. 이 전쟁 병기 덕분에 왕은 1463년 보스니아 북쪽에서 오스만 제국의 군대를 물리칠 수 있었다. 또한 터키군의 침입에 대비해 요새를 강화했고, 유럽의 다른 나라들과 동맹을 맺고자 했다. 무엇보다 이것이 적을 속이고 막아 낼 수 있는 방법임을 알았다.

마차시 1세는 호족의 권력 남용으로 짓밟힌 백성들의 실상에 특히 민감하게 반응하면서 사법 행정 및 사법 개혁에 열정적으로 매달렸다. 사법관으로서의 그의 활동 때문에 정의왕이라는 칭호도 얻었다. 강력한 정치를 추구한 것 외에 문화 후원도 함으로써 15세기에 헝가리 문화를 발전시키는 엔진 역할을 했다. 이탈리아 인문주의자들이 그의 궁정에까지 와서 인문주의가 시작되고 발전하여 헝가리 인문주의 첫 세대와 더불어 결실을 보았다.

마차시 왕국의 두 번째 시기는 대귀족들이 음모를 꾸미기 시작한 것과 함께했다. 왕은 제국 의회를 소집하지 않은 채 절대주의 정치를 했다. 1471년에는 보헤미아 왕이 되려다가 실패했지만, 1478-1479년에 맺은 올로모우츠 조약을 통해 새로 등극한 보헤미아의 울라슬로 2세로부터 모라비아, 슐레지엔, 루사티아의 소유권을 얻었다. 그리하여 합스부르크 왕가와 우호적인 관계에 금이 가기 시작했다. 1482년에서 1487년까지는 프리드리히 3세(1415-1479)에 대항해 싸우면서 군대를 빈 성벽 아래까지 끌고 갔다. 이와 같은 정복 전쟁에 힘입어 황제가 되고자 했지만 1486년에 막시밀리안 1세(1459-1519)가 황제로 선출되어 길이 막히고 말았다.

마차시 1세는 헝가리를 중부 유럽의 최초 강대국으로 만들었다. 역사가들은 오스만 제국의 군대를 막는 가장 중요한 목적 때문에 그가 힘을 너무 낭비했다며 질책했다. 그러나 그가 그렇게 막강한 힘을 얻고자 했던 것은 헝가리를 강하게 만들기 위해서였다. 그는 헝가리와 보헤미아의 왕이자 황제였던 지기스문트의 자리를 다시 차지하게 되면 터키의 위험을 적절하게 막을 수 있으리라 여겼다. 그러나 그의 이른 죽음 때문이기도 하지만 아들 야노시(1473-1504)가 사생아라 합법적인 왕위 계승권이 없었기 때문에 계획은 실패했다. 헝가리인들은 보헤미아의 울라슬로 2세(1456-1516)에게 헝가리 왕위를 주었다.

> 중부 유럽 최초의 강대국 헝가리

| 다음을 참고하라 |
역사 콘스탄티노플의 몰락(35쪽); 독일 제국(94쪽); 보헤미아(106쪽); 폴란드(113쪽); 베네치아 공화국(138쪽)
음악 마르실리오 피치노, 요하네스 팅크토리스, 프란키누스 가푸리우스, 그리고 음악 인문주의(825쪽)

폴란드

| 줄리오 소다노 |

15세기 초 폴란드-리투아니아는 울라슬로 2세와 더불어 유럽에서 가장 거대한 군주국이 되었다. 1401년 빌뉴스에서 폴란드와 리투아니아의 관계가 결정되었다. 통합된 리투아니아와 폴란드는 독일 기사들과 싸웠으며 1411년에 타넨베르크에서 그들에게 혹독한 패배를 안겨 주었다. 15세기 후반에 카지미에시 4세도 독일 기사들을 상대로 싸움을 재개했으며, 그들은 폴란드 왕의 봉신으로 전락했다. 15세기 말에 야기에우워 왕조는 최고의 위세를 떨쳤다.

15세기 폴란드: 유럽에서 가장 영토가 넓은 나라

15세기 초에 폴란드-리투아니아는 발트 해부터 흑해까지의 영토를 아우르는, 유럽에서 가장 넓은 영토를 가진 군주국이었다. 1386년에 브와디스와프 2세(약 1351-

> 브와디스와프 2세

1434)가 폴란드의 왕으로 선출된 것은 폴란드 귀족의 외교적 대승이라고 할 수 있었다. 귀족들은 이런 식으로 사회적 지배권을 확고히 했거니와, 폴란드와 리투아니아, 그리고 대부분의 러시아 통합을 실시했다. 세 나라를 통합하는 과정에서 폴란드 귀족은 점차 상당한 권력을 갖게 되었고 이것이 시간이 지나면서 귀족 민주주의의 사회적 토대가 되었다. 브와디스와프 2세 자신도 강력한 군주이긴 했으나 앙주 가문 러요시 1세(1326-1382)의 딸 야드비가(1374-1399)의 배우자 자격으로 폴란드 왕이 되었기에 폴란드 귀족에게 많은 것을 양보해야 했다. 그밖에도 야드비가와의 자손 없는 결혼 이후로 여러 번의 결혼을 통해 낳은 후손들에게 왕위 계승을 보장해 주어야 했다. 그가 속한 야기에우워 왕조의 또 다른 특성은 부르주아 세력의 힘이 약했다는 점이다. 부르주아가 큰 역할을 했던 인접한 왕국 보헤미아에 비해 폴란드 부르주아들은 역사적 발전에서 다른 나라들과 큰 차이를 보였다.

폴란드 왕은 세습이 아니라 선출로 결정되었다. 이론적으로 말하자면 폴란드를 대표하는 모든 단체가 왕을 뽑아야 했지만 사실상 왕을 선출하는 자들은 왕국 고위급 관리들이었다. 형식적으로 선출된 왕은 그니에즈노Gniezno의 주교를 통해 크라쿠프에서 대관식을 거행했다. 왕은 법률과 이전의 특권 세력층을 존중해야 하긴 했지만 법률권을 보유했고, 사법부를 관리했고, 군대의 대장이 되었다. 15세기에 폴란드 의회는 양원제 형태를 취하고 있었다. 15세기 말까지 상원에는 주교와 고위급 관리 및 장관이 있었고, 하원에는 귀족들이 투표를 했다.

폴란드의 국제 정치도 리투아니아와의 통합으로 변화 과정을 밟아야 했다. 브와디스와프 1세(약 1259-1333)와 카지미에시 3세Kazimierz III Wielki(1310-1370)가 다스리던 14세기에 폴란드는 룩셈부르크 가문이 이끄는 신성로마 제국 및 독일 기사단에 대항하기 위해 헝가리와 반독일 연맹을 맺었다. 하지만 지기스문트(1368-1437)가 헝가리 왕이 되는 순간부터 이 동맹은 적합하지 않게 되었으며, 폴란드의 운명을 위해서는 리투아니아와의 통합과 동쪽으로 팽창하여 러시아에 손실을 안기는 정책이 아주 중요했다. 폴란드와 리투아니아의 관계는 1401년에 빌뉴스 회의에서 결정되었으며, 여기서 브와디스와프 1세와 비타우타스(1352-1430)가 평화 조약을 맺었다. 비타우타스는 리투아니아의 군주로 지명되었는데, 그가 죽으면 다시 브와디스와프의 후손들이 리투아니아의 왕위를 계승한다는 것이 조건이었다. 폴란드인들은 리투아니아인들에게 자문을 구하면서 브와디스와프의 후계자들을 뽑는 일에 주력했다. 두 나라의 협정은 독일 기사단을 상대로 싸울 때 보다 신중하게 협력할 수 있도록 했다. 독일 기사단은 헝가리 및 보헤미아의 왕들과 포메라니아 귀족들을 지지했던 반면 브와디스와프 1세와 그의 사촌 비타우타스는 자신들의 힘에만 의지했다. 1409년 7월 15일에 독일인들은 타넨베르크 전투라 하고 폴란드인들은 그룬바르트Grunward 전투라고 하는 전투에서 두 군대가 충돌했다. 폴란드가 파죽지세로 승리한 것을 수세기에 걸쳐 진군한 독일군에 슬라브가 반항한 징조로 여길 수도 있다. 그러나 기사들이 대열을 정비하여 프로이센의 침입을 막기 위한 시간을 가지느라 적당한 때에 승리를 만끽할 수가 없었다. 갈등은 1411년에 맺은 조약으로 끝났다. 지기스문트는 브와디스와프 1세에게 몇 개의 영토를 양보하고, 러시아 및 몰도바에 대한 요구에는 거절하면서 갈등을 해결했다. 타넨베르크―
그룬바르트 전투

이후 수십 년 동안 폴란드는 후스파 문제에 휘말렸다. 얀 후스(약 1370-1415)는 크라쿠프에서 설교했고, 보헤미아인들은 폴란드의 반독일 정책에 호의를 보였다. 콘스탄츠 공의회에서 폴란드 평신도 대표단은 후스파의 입장을 지지했다. 후스 온건파는 처음에는 브와디스와프 1세에게, 나중에는 비타우타스에게 보헤미아의 왕위를 제안했지만 모두 거절당했다. 한편 폴란드 교회는 후스파를 강하게 지지하여 그들에게 운명을 맡겼다. 처음에는 호의를 보이기도 했으나 브와디스와프는 후스파 교리의 유포를 막기 위한 포고령을 발표했다.

브와디스와프 3세의 왕국

비타우타스의 사망 후에 혼란에 빠진 리투아니아 정국을 수습한 브와디스와프 2세가 1434년에 사망했다. 그는 두 아들을 두었는데, 고작 열 살의 장남이 브와디스와프 3세(1424-1444)로 폴란드의 왕으로 선출되어 폴란드 호족들의 후견을 받았다. 이후에 헝가리 왕좌도 브와디스와프 3세에게 돌아갔으며, 보헤미아 왕좌는 그의 동생 카지미에시 4세(1427-1492)에게 돌아갔다. 이것으로 야기에우워 왕조의 명성이 얼마나 자자했는지 알 수 있다. 헝가리에서 브와디스와프 3세는 운이 없었다. 오스만 제국과 전쟁하다가 1444년에 바르나 전투에서 사망했기 때문이다.

폴란드 왕좌는 1444년부터 1447년까지 3년간 공석이었다가 카지미에시 4세가 군주로 선출되어, 1447년부터 1492년까지 오랜 기간 다스렸다.

카지미에시는 고귀한 자질을 가진 왕이었다. 교육을 잘 받았으며, 크라쿠프 대학

116

에서 알게 된 세속 문화와 인문주의 문화에 호감을 보였다. 크라쿠프 대학은 생동감
이 넘치는 곳이었다. 코페르니쿠스(1473-1543)도 이곳에서 공부했다. 폴란드 정치
문제에 있어 카지미에시 4세는 그리스도교 성직자의 간섭 때문에 처음부터 힘들어
했다. 그의 형 브와디스와프 3세가 다스렸던 시기에 폴란드 성직자들은 독일 기사단
을 상대로 전쟁하는 것에 특히 반대했는데, 독일을 침입자로 생각하지 않고 교단으
로 생각했기에 그들을 존중해야 한다고 여겼다. 그러나 카지미에시 4세는 최종적으
로 문제를 해결할 수 있도록 독일 기사단과 마지막 전쟁을 재개하기를 바랐다. 더구
나 독일 기사단이 지배하는 지역에서 그들에 대한 불만이 계속 퍼지는 것을 염두에
두었으며, 많은 사람이 폴란드에 연민을 느끼고 자신의 자유로운 명령권을 주시하
고 있음을 중요하게 생각했다. 수많은 반역자가 프로이센과 포메라니아가 폴란드에
병합되도록 탄원서를 보냈다. 전쟁이 시작되었고, 이 전쟁은 1462년에 푸츠크에서
마지막 전투가 있을 때까지 13년간이나 지속되었다. 그 결과 독일 기사단의 주요 요
새를 정복했고 말보르크Malbork에 설치한 일반 막사들이 붕괴되었다.

독일 기사단은 1466년에 폴란드와 토룬 조약을 맺으면서 포메라니아와 말보르크
의 상징인 요새와 프로이센 서쪽 지역을 양도해야 했다.

칼리닌그라드를 수도로 하는 프로이센 동쪽 지역은 독일 기사단 총장에게 돌아
갔지만 그는 폴란드 가신으로 인정받아야 했다. 폴란드는 발트 해까지 도달했다. 바
다를 향한 판로 및 그단스크 항구 덕분에 다량의 곡물을 서쪽 시장에 판매할 수 있
었다. 곡물 수요가 점차 늘어나면서 농촌의 인과관계가 적지 않게 변했다. 14세기에
폴란드 농민들의 상황은 동유럽 최고였지만 15세기 후반에는 높아진 곡물 수요로
대토지 소유자들이 새로운 기회를 얻었기에 농민들은 점차 착취당하게 되었다. 그
와 더불어 농민들의 자율성과 권리가 제한받았다. 1493-1496년에 농민들이 마을을
떠나지 못하도록 하는 법률이 도입되었다. 이제 농민들은 영주들의 사법권에 완전
히 종속되었으며, 노예 신분으로 빠르게 전락해 갔다.

1490년 이후 야기에우워 왕조는 동유럽에서 막강한 힘을 가진 듯했다. 카지미에
시 4세는 아들 울라슬로 2세(1456-1516)를 1471년에 보헤미아의 왕으로, 1490년에
는 헝가리의 왕으로 선출시킬 수 있었다. 반면 폴란드는 그의 다른 아들인 얀 1세 올
브라흐트(1459-1501)를 왕으로 선출했다. 삼남인 알렉산데르(1461-1506)는 리투아
니아의 대공으로 선출되었다.

노예가 된 농민

| 다음을 참고하라 |
역사 독일 제국(94쪽); 보헤미아(106쪽); 헝가리(109쪽)
철학 과학 르네상스(285쪽)

스칸디나비아 반도의 나라들

| 레나타 필라티 |

스칸디나비아 반도의 세 왕국인 스웨덴, 노르웨이, 덴마크가 1397년에 칼마르에서 맺은
법률 동맹은 15세기 내내 덴마크가 주도권을 쥐었다는 것이 특징이다. 그러나 독자적인
왕국을 세워 자신만의 군주를 지명하고 싶었던 스웨덴 귀족들이 자주 중심에서
이탈하려고 했다. 그보다 약하고, 그래서 비효율적이었지만 노르웨이의 분리주의적인
시도도 존재했다. 덴마크 왕을 지지했던 성직자 쪽은 동맹에 우호적이었다.

스칸디나비아 동맹

1397년에 덴마크의 마르그레테(1353-1412)가 발트 해에 위치한 스웨덴의 항구 칼마
르에서 노르웨이, 스웨덴을 덴마크에 합병시키면서 세 나라의 동맹이 이루어졌다.
노르웨이는 마르그레테가 노르웨이와 스웨덴의 왕인 호콘 6세(1339-1380)와의 결혼
으로 얻은 것으로, 왕이 사망하고 이를 계승한 아들 올라프 4세(1370-1387)마저 일
찍 사망한 터였다. 그리고 스웨덴은 1389년에 메클렌부르크 출신의 알브레크트(약
1340-1412)를 물리치고 정복한 것이었다. 호콘 사망 후에 알브레크트가 스웨덴을 통
치하라는 부름을 받았지만 이에 반대한 귀족들이 덴마크의 개입을 부추겼다. 이 동
맹은 7월 12에서 20일까지 진행된 제국 회의에서 귀족 회의와 스칸디나비아 주교단
의 승인을 받았으며 한자 동맹 소속 독일 도시들의 막강한 권력에 대항하여 스칸디
나비아 반도의 상업적 이익을 방어하는 것을 목적으로 했다. 이렇게 상업 발달을 촉
진하고 제조업이 발전할 수 있는 조건이 만들어지면서 부르주아의 힘이 커졌다. 마
르그레테는 자신의 여동생과 포메라니아의 바르치스와프 7세의 아들인 에리크(약
1382-1459)를 양자로 삼았다. 그리고 1396년에 에리크를 왕으로 올렸다. 스웨덴에
서는 에리크 13세, 덴마크에서는 8세, 노르웨이에서는 3(4)세였다.

불만을 품은 스웨덴

1412년에 마르그레테 여왕이 사망하자 에리크가 단독 통치를 하면서 전제 정치 체제를 구축했다. 1419년에 주민 5천 명이 거주했던 스톡홀름이 스웨덴의 수도로 선포되었다. 스톡홀름은 봉토 양도와 관련해서 마르그레테의 방식을 따랐던 에리크의 통치 방식과 덴마크 및 독일에 대한 공격을 견디지 못했다. 그밖에 왕이 귀족의 권력을 축소하고 교회를 통제하려고 했기 때문에 불만이 확대되었다. 덴마크가 세금을 증대하고 칼을 소지한 채 교회와 국민 의회에 들어가는 특권을 금지하자 스웨덴이 반란을 일으켰다. 동맹에 반대하는 스웨덴 귀족들은 반란의 선두에 스무 살 이상의 농민 처녀들을 세웠다.

　1434년 스웨덴 중소 귀족을 대표하는 엥겔브렉트 엥겔브렉트손(약 1390-1436)이 달라르나의 농민 반란을 이끌었다. 그는 독립당의 당수로 왕을 몰아내고 덴마크로부터 스웨덴의 독립을 위해 싸웠다. 귀족, 부르주아, 성직자까지 반란에 가담했다. 그 결과 에리크는 스웨덴을 떠나야 했으며, 고틀란드 섬으로 피신했다. 덴마크인들이 추방된 것이다. 하지만 돌아오기로 결심한 왕은 1435년에 아르보가Arboga 회의에서 엥겔브렉트를 의원으로 인정했다. 이 회의는 고대 회의thing에서 유래한 것이며, 최초로 국회Riksdag가 소집된 것으로 간주되었다. 의회에는 귀족, 성직자, 시민과 더불어 농민들의 대표자가 출석했다. 엥겔브렉트는 1436년에 살해되었고, 의원직은 덴마크 반대 투쟁에 엥겔브렉트와 참여했던 칼 크누트손Karl Knutsson(약 1408-1470)이 맡았다. 귀족 본데Bonde 가문 소속인 크누트 토르드손(?-1413)의 아들이었던 그는 1441년까지 스웨덴을 통치했다.

에리크의 폐위 및 크리스토퍼 3세의 선출

1439년에 에리크는 스칸디나비아 세 왕국에서 폐위되었다. 왕을 공동으로 선출해야 한다는 칼마르 동맹에서 결정한 원칙에 근거하여 바이에른의 요한(1383-1443)과 에리크 왕의 여동생인 캐더린의 아들 크리스토퍼 3세Christopher Ⅲ(1416-1448), 즉 에리크의 조카가 후계자로 선출되었다. 스웨덴 귀족들은 크리스토퍼를 인정했고, 핀란드 및 수많은 봉토로 보답을 받은 칼 크누트손도 그들을 따랐다. 크리스토퍼 3세는 1442년에 노르웨이의 왕으로도 선포되었지만 권력을 얻기 위해 싸워야 했다. 우위를 점했던 한자 동맹과도 맞서야 했다. 수도는 코펜하겐으로 정했다. 그는 1448년에 헬싱보리에서 사망했다.

크리스티안 1세의 선출과 스웨덴의 분리

덴마크는 올덴부르크 백작인 디트리히(약 1398-1440)와 홀슈타인의 하일비히(약 1400-1440)의 아들인 크리스티안 1세(1426-1481)를 왕으로 선출했다. 에스트리드 왕조가 소멸되자 권력은 글뤽스부르크 가문의 방계인 올덴부르크 가문으로 이동했다. 크리스티안 1세 공작은 정치 동맹 관계였던 슐레지엔의 아돌프 8세(1401-1459)로부터 많은 도움을 받았다. 스웨덴 국민당 대표자들은 칼마르 동맹에서 이탈하여 자신만의 군주인 칼 크누트손을 왕으로 선출했다. 칼 크누트손은 칼 8세가 되었으며, 1448년부터 1457년까지 통치했다. 1449년부터 1450년까지 1년간은 노르웨이를 통치하기도 했다.

노르웨이가 덴마크에 통합되다

노르웨이가 분열되자 덴마크로 합병될 것인지 스웨덴으로 합병될 것인지 자기들끼리 싸웠다. 덴마크로의 합병을 주장했던 입장이 우세했다. 1450년에 크리스티안 1세는 노르웨이의 왕이 되어 달라는 노르웨이의 요청을 수용하고 노르웨이를 덴마크로 합병시켜 1481년까지 유지시켰다. 이익(봉토, 토지 및 세금)은 덴마크와 스웨덴에게 돌아갔다.

　그는 노르웨이 의회에게 군주를 선출할 수 있는 권한을 인정해 주었으며, 그렇게 해서 덴마크와 사법적인 평등을 구축했지만 이는 준수되지 않았다.

스웨덴에 대항한 크리스티안 1세

크리스티안 1세는 자신의 권한을 요구하기 위해 스웨덴과 싸웠다. 1452년에는 덴마크 범선 46척을 거느리고 스톡홀름을 공격했으나 왕이 직접 지휘한 스웨덴에 패했다. 칼마르 동맹을 지지하는 귀족들과 옌스 벵트손 옥센스티에르나Jöns Bengtsson Oxenstierna(1417-1467) 주교를 포함한 성직자들은 칼 크누트손과 독립을 위해 싸우는 자들에 대항하여 반대당을 조직했다.

　크리스티안 1세는 동맹 지지자들의 도움을 믿으며 이듬해 다시 직무에 복귀했고, 스웨덴을 물리쳤으며, 칼 크누트손을 쫓아냈다. 칼은 군대를 이끌고 그단스크로 피신했다. 크리스티안 1세는 1457년에 스웨덴의 왕으로 인정받았다. 하지만 칼마르 동맹을 지켜야 했음에도 스웨덴 귀족들의 권리를 억압했고, 막강한 힘을 가진 주교에 대항했기에 1464년에 또다시 반란에 맞서야 했다. 성직자들과 귀족들은 이번에는 덴마크의 개입에서 벗어나 자율성을 지키고자 했으며, 유력한 스투레Sture 가문과 토트Tott 가문의 비호를 받던 칼 크누트손을 다시 불렀다. 그러나 바사 가문의 코틸(?-1465) 주교와 그의 삼촌 옌스 벵트손은 계속 그를 적대했다. 1464년에 권좌로 돌아온 칼 크누트손을 1465년에 스웨덴 사람들이 다시 쫓아냈으나 2년 후 다시 권력을 잡아 죽을 때까지 권좌를 지켰다(1470년 5월 15일). 칼 8세는 웁살라 참사회의 최고 회장에게 1464년까지의 스웨덴 역사를 저술하도록 했다.

칼 8세는 죽기 전 조카인 대大 스텐 스투레Sten Sture den äldre(1440~1503)를 섭정자로 지명했다. 왕으로 임명된 것은 아니었지만 그는 군주의 역할을 수행했다. 크리스티안 1세는 스웨덴을 상대로 파견대를 조직하여 70척의 배로 스톡홀름을 공격했지만, 1471년 10월 11일에 스톡홀름 근처 브룬케베리에서 대 스텐 스투레에게 패했다. 스투레는 1497년까지 스웨덴을 통치했다. 또한 1477년에 야코브 울브손Jakob Ulvsson(약 1430~1521) 주교의 제안으로 웁살라 대학을 창설한 것처럼 문화적으로 중요한 제안을 비호했다. 웁살라 대학은 북유럽 최초의 대학이며 농장 2천 개가 있어 경제적으로도 독립했다. 웁살라는 인쇄술도 도입되었다.

덴마크로부터 해방되려는 노르웨이

스웨덴과의 전쟁으로 크리스티안 1세의 재정 상황이 악화되었다. 1469년에 그는 마지막으로 남은 해양 소유지인 오크니 제도와 셰틀랜드 제도를 마음대로 노르웨이로부터 빼앗았다. 스코틀랜드의 왕 제임스 3세(1451~1488)와 결혼하러 가는 딸 마거릿(1456~1486)에게 지참금을 주기 위해서였다. 크리스티안 1세가 사망하자(1481) 노르웨이는 덴마크에 반란을 일으키려고 했지만 크리스티안 1세의 아들이자 후계자인 한스(1455~1513)에게 굴복했다.

크리스티안 1세와 한스 통치의 덴마크

왕좌에 오른 크리스티안 1세는 대관식 문서의 내용을 받아들여야 했다. 이것은 법률, 재정, 사법 및 대외 정책과 관련된 일련의 권리를 승인하기 위한 조약으로 준수하지 않을 경우 왕은 폐위될 수도 있었다. 그럼에도 크리스티안 1세는 의무 조항을 준수하지 않았고, 1468년에는 심의회에서 해방되기 위해 여러 나라를 소집했다.

1460년에 홀스타인 백작령의 마지막 상속자가 사망하자 크리스티안 1세는 가족과 합의하여 백작령의 권리를 요구하는 자들에게 땅을 돌려주었다. 이제 그는 슐레스비히 백작 및 홀스타인 공작이 되었으며, 두 영토를 통합해서 관리하는 데 주력했다. 그리하여 현지 귀족이 선택한 왕가에 소속된 사람이 두 영토를 통치했다. 1479년에 코펜하겐에 대학이 설립되었다. 한스는 칼마르 동맹에 의거하여 노르웨이 및 스웨덴의 왕이 되었다. 비록 노르웨이에서 반란에 맞서야 했지만 1483년에는 자신의 권위를 강하게 내세울 수 있었다. 덴마크에서 한스는 군주정을 강화하는 데 주력했고, 그로 인해 귀족의 권한이 제한받았다. 다른 한편으로는 농민과 부르주아의 동의를 구하고자 노력했는데, 부르주아들은 행정상의 책임을 지면서 보상받았으며, 홀란트 및 잉글랜드와의 무역 협정 덕분에 한자 동맹으로부터 보호받았다. 스웨덴의 상황은 매우 달랐다.

덴마크의 한스가 스웨덴의 대 스텐 스투레와 합의하다

1471년부터 스웨덴을 섭정 자격으로 통치했던 대 스텐 스투레는 한스가 스웨덴에서 멀어지게 하는 데 성공했다. 스투레는 농민을 해방시켰고, 통치 체제를 정비했으며, 스웨덴의 번영을 이룩했다. 그러나 핀란드를 점령하려는 러시아와 싸우는 동안 귀족 및 상원의 반대에 맞서야 했다. 이들은 한스가 왕좌에 앉기를 바랐던 것이다 (1495). 스투레에게 징병된 달라르나 농민들은 한스 왕을 지지했고, 이들의 지지를 받아 스톡홀름으로 진군했지만 1497년 10월 28일 로테브로Rotebro에서 패했다. 스웨덴인들에게 군주로 인정받은 한스는 대 스투레와 동맹 맺기를 원했으며, 평화를 위해 스투레를 달라르나의 통치자로 임명했다.

독립을 향해 가는 스웨덴

스웨덴 귀족들은 또다시 일어섰으며 홀스타인 농민 반란을 가혹하게 억압한 한스 왕을 버렸다. 1501년 7월 29일에 스투레가 다시 스웨덴의 섭정을 맡았다. 1503년에 그가 사망하자 독립당은 왕의 손자인 소小 스텐 스투레(1493-1520)를 섭정자로 지명했는데, 자신을 왕으로 선포하려고 했던 계획은 주교 구스타브 트롤레(1488-1535)

에 의해 저지되었다. 동맹당은 1513년부터 덴마크 및 노르웨이의 왕이었던 크리스티안 2세(1481-1559)에 우호적이었다. 크리스티안 2세는 1517-1520년에 세 차례나 스웨덴 정복을 시도했는데, 두 번의 패배 끝에 울리세함Ulricehamn 근처 오순덴스Åsunden 빙하 호수에서 승리할 수 있었다. 반면 소 스투레는 전투에서 부상당해 사망했다. 크리스티안은 스톡홀름에서 왕이 되었지만 학살을 통해 질서와 평화를 가져오겠다는 결심은 저항을 불러일으켰다. 사실 그는 왕이 된 다음 날 80여 명의 반대자들을 살육했다. 이에 귀족 구스타브 바사(1496-1560)는 달라르나 백성들을 선동하여 폭동을 일으켰으며, 반란은 스웨덴 전체로 확대되었다. 스웨덴은 뤼베크 시의 도움 덕분에 덴마크를 물리쳤고, 1523년에 독립하여 구스타브를 구스타브 1세라는 이름으로 왕으로 선출했다. 스웨덴과 덴마크의 칼마르 동맹은 결국 와해되었다. 반면 노르웨이는 여러 번 독립을 시도했지만 1814년까지 덴마크의 속국으로 남았다.

| **다음을 참고하라** |
역사 보헤미아(106쪽); 헝가리(109쪽); 폴란드(113쪽)

'제3의 로마'

| 실비아 론케이 |

콘스탄티노플이 메흐메트 2세의 손에 넘어가자 콘스탄티누스 황제의 자리가 공석으로 남았다. 콘스탄티누스의 칭호는 이후 그리스 추방자들과 서유럽 왕국, 특히 신생 그리스 정교회 국가로 거침없이 발전 중인 모스크바 대공국이 사용하게 되었다. 모스크바 대공국은 왕조를 합병하고, 비잔티움 제국으로부터 세련된 제국 이데올로기를 수용한 덕분에 제3의 로마와 동일시되었다.

그리스와 서유럽의 아류 국가들

1천 년 이상 전에 콘스탄티누스 1세(약 280-337)가 가져간 로마 황제의 호칭만은 지키기 위해서 비잔티움 제국이 제1의, 제2의 로마를 단일한 법률 단위로 결합하고자 실시했던 '서유럽 구출 작전'은 실패했다. 그리스도교와 그리스 정교회가 공존하던 비잔티움 제국을 합동 신앙 고백 강령을 통해 모레아에 다시 설립하면서까지 노력했지만 말이다. 강령은 요하네스 베사리온(1403-1472)이 1439년 피렌체 공의회에서 준비했고, 함락되기 직전의 콘스탄티노플에서 재확인된 바 있다. 이후 정복자 메흐메트 2세(1432-1481)가 로마 제국의 후예 자리를 요구했지만 수용되지 않았다. 미약하긴 했지만 여러 나라가 후계자 자리를 원했다.

우선 거대 왕조의 마지막 후계자들이 있었다. 트라페주스의 다비드(1408-1463)의 조카이자 투르크의 대장인 우준 하산Uzun Hasan(1423-1478)의 아내이기도 한 테오도라 콤네나(15세기, 데스피나 하툰으로 알려짐)는 타브리즈Tabriz 궁전에서 오랫동안 남편을 자극하여 메흐메트 2세에 대항하여 진짜 전쟁을 하도록 재촉했다. 그와 동시에 서유럽의 강대국들, 특히 오스만 제국에 반대하는 베네치아와 긴밀한 관계를 맺었으나 그녀의 시도는 모두 실패했다.

1465년에 로마에서 사망한 펠로폰네소스 반도의 마지막 독재자, 토마스 팔라이올로고스(1409-1465)와 그의 자식들도 같은 운명을 겪었다. 그들은 '동방 주교' 베사리온이 맡아서 돌봐 주었다. 그러나 이들은 곧 불안정한 모습을 보였고 그리스도교 교육 자체를 참지 못했다. 그래도 이 교육 덕분에 양육될 수 있었다. 차남 마누엘(1455-1512)은 동방으로 돌아와 술탄으로부터 속령을 받았다. 반면에 장남 안드레아스(1453-1502)는 서유럽에 남았으며, 여행자를 의미하는 키르쿨라토르circulátor(그리스어로 agyrtes)의 삶을 살았다. 자신의 상속권을 처음에는 프랑스 왕에게 양보하고, 사망하기 조금 전에는 두 번째로 아라곤의 페르난도 2세(1452-1516)와 에스파냐의 이사벨 1세(1451-1504)에게 양보하면서 말이다. 그때 황제 막시밀리안 1세(1459-1519)도 콘스탄티노폴리스에 대한 권리를 요구하려고 했다. 이후 막시밀리안 1세와 페르난도 2세의 손자가 되는 카를 5세(1500-1558)는 안드레아스가 양도한 권리까지 요구했으며, 서유럽으로 추방된 그리스인들은 카를 5세를 로마와 콘스탄티노폴리스의 '새로운 왕basileus'으로 환호했다.

토마스 팔라이올로고스

슬라브족과 모스크바 대공국

서유럽은 헬레니즘 문화를 재발견하고 비잔티움 제국의 사법적-제도적 유산을 복원할 수 있다는 것에 무엇보다 관심을 두긴 했으나 실패한 그리스 제국의 정치적-이데올로기적 유산에 점차 무관심해졌다. 그러나 슬라브 지역에서는 더욱 활기를 띠었다. 콘스탄티노플이 몰락하기 전에 로마 제국과의 결합을 통해서 이룩하려고 했던 하느님의 나라basileia와는 대조적으로, 정교회 신앙에 의거한 일종의 제국 이양설 translatio imperii이 가설로 생각되고 있었기 때문이다. 가령 불가리아 제국의 차르 이반 알렉산더르(1331-1371)가 일찍이 자신이 보편 군주인 척, 비잔티움 제국의 후계자인 척했다는 사실이 주목되었으며, 특히 소박한 도시 터르노보를 '새로운 콘스탄티노플'인 것처럼 인식하고 있었다. 이와 같은 이데올로기적 자립은, 어떤 면에서 보면 '제3의 로마' 가설을 예시하는 듯하다.

아무튼 마지막으로 남은 정교회 강대국은 모스크바 대공국이었고, 콘스탄티누스 대제가 건설한 그리스도교 제국의 역할을 계승하고 영속시키려는 임무를 띠고 있었다. 1394-1397년에 터키군의 포위 작전으로 콘스탄티노플이 곧 몰락할 듯했을 때, 대공 바실리우스 1세Basilius I(1371-1425)는 교회에서 비잔티움 제국의 황제에 대해 언급하는 것을 금지하면서 다음과 같은 유명한 말을 남겼다. "우리에게 교회는 있지만, 황제는 없다." 이 말에 반박한 것이 교회 자신이었음이 놀라운 점이다. 사실 콘스탄티노플의 총대주교 안토니오는 베드로 자신도 「베드로의 첫째 서간」(2장 17절)에서 "하느님을 경외하고 임금을 존경하십시오"라고 주장했을 정도로 교회와 제국이 분리될 수 없음을 상기시키기 위해 바실리우스 1세에게 편지를 썼다. 정교회는 그리스도교 세계의 단일한 황제의 모습을 불가피한 것으로 생각했는데, 이슬람 군주가 콘스탄티노플의 왕좌를 차지하자 바실레우스basileus, 즉 왕의 역할이 공백 상태가 될 수밖에 없었다. 요컨대 모스크바 대공국은 그것을 인정할 수밖에 없었다. 이반 3세 (1440-1505)와 더불어 정교회 중심의 전제적 대제국을 만들기 위한 제도적(장남이 왕위를 계승할 권리), 정치적(광대한 영토를 합병한다. 특히 노브고로드의 영토를 합병), 이데올로기적(황제를 의미하는 차르czar라는 칭호를 사용) 발전이 매우 빠르게 진행되었으며, 한때 몰락했던 비잔티움 제국을 대신할 것이었다. 무엇보다 이미 이 시기에 모스크바 대공에게는 그로즈니groznyi, 즉 '무서운'이라는 호칭을 붙였는데, 이것은 비잔티움 제국의 전제 정치가 전형적으로 드러나는 이데올로기를 보여 주는 것이었다. 이때 지상에서의 하느님의 대리자인 군주는 사법적이고 종교적인 표상을 가졌다. 이를 지칭하는 단어인 뇌우groža의 개념과 가장 가까운 서양의 개념은 존엄maiestas이다. 이반 4세Ivan IV(1530-1584)의 유명한 호칭(뇌제雷帝, 우뢰와 같은 황제*)과 마찬가지

바실레우스

다. 나중에 불가타Vulgata 역사서는 이반 4세를 잘못 인식했는데, 그의 잔인한 기질에 대한 언급은 확실한 것이 아니다.

소피아와 이반 3세의 결혼

두 사람의 결혼으로 두 왕조의 중대한 결합이 이루어졌다. 적당한 시기에 로마에 자리 잡은 추기경 베사리온이 외교적으로는 은밀하게 정치적-재정적으로는 용감하게 후원해 주었기에, 1472년 모스크바에서 이반 3세와 독재자 토마스 팔라이올로고스의 딸 소피아(1455-1503)의 결혼식이 진행되었다. 그녀가 선정된 것은 혈통을 혼합하기 위함이었다. 소피아는 콘스탄티노플을 지배한 마지막 황제들의 황제 칭호를 새로운 왕조에 전달해 주었다.

일부 반대 주장이 있기는 하지만 소피아는 러시아에 빈손으로 시집오지 않았다. 오히려 베사리온이 왕조 협정을 담보로 준비해 주었던 꽤 많은 지참금을 유용했다. 내리막길을 걷고 있는 비잔티움 제국은 '투르크족에 대항하는 성전'에 쓸 기금을 문자 그대로 탈탈 털었다. 그녀는 모스크바에 도착하자마자 또다시 정교회로 신앙 고백을 했다. 어린 시절 로마에 머물렀을 때에 소피아는 후원자 베사리온의 부름을 받아 정교회를 버린 바 있었지만 이번에는 그 의식에 따라 결혼식을 올렸다. 그래서 서방의 여러 여행자와 외교관이 그녀를 영리하고 교활한 여성으로, 수차례 남편에게 **영리하고 교활한 여성** 영향을 미칠 수 있는 여성으로 말했던 것이다.

실제로 차르는 결혼식 이후 콘스탄티노플에서 거행했던 의식을 곧장 받아들여 화려한 궁정 의식을 치르도록 한 것 외에도 비잔티움 제국의 옛 문장이었던 쌍두 독수리를 왕국의 영속적인 상징으로 물려받았다. 1492년에는 주교 조시모Zosimo(?-1494)가 이반 3세에게 경례할 때 "러시아 전체를 통치하는 왕이자 전제 군주, 콘스탄티누스 대제의 새로운 도시 모스크바를 다스리는 새로운 콘스탄티누스 황제"라고 말했다.

1505년에 이반 3세가 사망하자 소피아(본래 이름은 조에지만 모스크바에서 소피아로 다시 세례를 받음)는 이반 3세의 첫 번째 부인의 아들인 이반의 아들 디미트리(1483-1509)가 아니라 자신의 아들인 바실리(1479-1533)를 왕좌에 올리자고 제안하면서 왕조 다툼에 개입했다. 게다가 바실리와 그의 후손들은 공식 명칭에 팔라이올로고스라는 소피아의 성을 채택했다.

제3의 로마가 추구한 이상

정교회의 보편 제국이 비잔티움에서 모스크바로 이동했음을 말해 주는 진정한 학설이 프스코프Pskov 출신의 수도원장 필로페이가 쓴 유명한 두 통의 편지에서 발견되었다. '니콜라우스 뷜로의 점성술에 입각한 설교를 논박하고, 제3의 로마의 이상을 설파한' 서간과 '제3의 로마 및 그곳을 통치하는 자의 의무, 성호 의례에 관한' 서간이 그것이다. 이론과 실천의 모든 측면에서 그것을 최종적으로 완성한 인물은 소피아이반 4세의 손자인 이반 4세(1530-1584)였는데, 그가 안드레이 쿠르프스키(1528-1583)에게 보낸 더 유명한 편지에서 찾아볼 수 있다. 비잔티움 월력에 따르면 7072년(그레고리력[양력*]에 따르면 1564년) 7월 5일에 쓴 편지에서 황제는 '전제 군주의 통치 의지'를 표명하면서, 자신의 왕권이 '신앙심을 가진 최초의 황제'인 콘스탄티누스 대제가 누린 로마 제국의 권리와 '독수리 문양처럼 그리스도교 세계에까지 확장했던' 비잔티움의 '모든 정교회 군주들'이 누린 로마 제국의 권리를 가진다고 주장했다. 여기 따르면 콘스탄티노플 몰락 이후 러시아 제국이 이렇게 단일한 '정교회의 전제 군주 권력'을 유산으로 받은 것은 하느님의 의지 덕분이었다. 첫 번째 유산을 물려받은 것은 1204년의 십자군을 통해서였다. "이후 미카엘 8세 팔라이올로고스(약 1224-1282)가 고대 로마인들을 쫓아낸 다음 또다시 왕국을 만들었지만 이 왕국은 세력이 약해 별명이 드라가세스Dragazes인 콘스탄티노스 11세 팔라이올로고스까지만 존재했다. 그 시기에 우리가 저지른 죄로 인하여 불경한 무함마드가 등장하여 그리스 세력을 청산했고⋯⋯ 그 어떤 흔적도 남기지 않았다. 그제야 마침내 고결한 신앙이 러시아 제국에 도달하게 되었다." 4세기 초에 에우세비우스(약 265-339)가 『콘스탄티누스 찬가Laudes Constantini』에서 언급한 바 있고, 교황 아가피토 1세Agapitus I(?-536)가 유스티니아누스 황제 시절 『교훈집Capitoli parenetici』에서 강조한 바 있던 왕권신수설에 입각한 전제 정치를 말하는 비잔티움 교리를 다시금 명확하게 복원한 것이었다. "하느님께서는 하늘에서 누리는 당신의 권력과 비슷한 지상 권력의 왕홀王笏을 군주에게 주셨다." 이반 4세는 호전적인 성격의 쿠르프스키에게 보낸 편지에서 다음과 같이 주장했다. "우리 권력에 반대하는 자는 하느님에 반대한다는 근거가 된다. 우리에게 권력을 주시는 분이 하느님이기 때문이다." 그는 매우 오래된 비잔티움 제국의 국가 이데올로기를 문자 그대로 재연한 덕에 러시아 대귀족의 지방 분권적 성향과 '봉건적'인 시도를 억누르면서 모스크바-제3의 로마 궁정에 집중하여 러시아 통치 체제를 재조직했고, 근대 러시아 탄생을 위한 기반을 제시했다.

| **다음을 참고하라** |
역사 콘스탄티노플의 몰락(35쪽); 비잔티움 제국과 팔라이올로고스 왕조: 멸망이 임박한 제국(147쪽)

이베리아 반도

| 로산나 시칠리아 |

15세기에 이베리아 반도의 국가들은, 국내 정치에서는 그리스도교 국가 체제를 구성하는 세 개의 국가 중 적어도 둘이 서로 가까워지려는 경향을 보였다. 이사벨 1세와 페르난도 2세의 결혼(1469)으로 가까운 관계가 인정받았다. 반면에 새 왕조인 아비스 왕가가 지배하는 포르투갈 왕국은 망설이지 않고 카스티야 지방과 또다시 갈등의 길로 접어들었지만, 대부분의 에너지를 앞으로 보게 될 놀라운 이야기에 집중했다. 포르투갈은 아프리카를 지나가는 세계 일주 및 새로운 향료 무역로와 더불어 지리상의 발견이라는 대 사업을 이룩했다(1497). 카스티야 왕국도 콜럼버스에게 세계사의 일대 전환이 될 기회를 제공했다(1492).

아라곤 왕국

마르틴 1세의 사망으로 바르셀로나 왕조의 대가 끊길 것이 예상되던 1410년, 아라곤 왕국에서 왕위 계승이 괴로운 문제가 되었기에 카스페 타협을 통하여 조정받았다. 그리고 왕조의 대가 끊기자 아라곤 왕국의 왕관은 카스티야 왕국의 후안 1세의 차남인 아라곤의 페르난도 1세(1380-1416)에게 넘어갔다. 이로써 트라스타마라 왕조가 아라곤을 통치했다. 15세기 중엽에 아라곤 왕국은 페르난도의 아들 알폰소 5세와 더불어 최고의 팽창기를 누리면서 시칠리아와 사르데냐를 정복하고 나폴리 왕국을 추가했다. 더구나 카탈루냐 왕국에서는 아라곤 왕좌에 적당한 후보자를 제공할 **험난한 왕위 계승** 수 없었으므로 카탈루냐가 당시까지 행했던 역동적이고 직접적인 역할을 수행하기가 어려웠다. 경제 질서만이 아니라 정치 질서도 유지할 수 없었는데, 사실 바르셀로나에서는 무역이 활발히 발전하고 있었다. 아라곤 왕국은 카스페 타협을 통해서 카탈루냐 지배에 우위를 점하게 되었다. 카탈루냐 궁정(코르테스cortes)이 아라곤 왕조가 사르데냐와 시칠리아를 잃지 않도록 개입해야 하는데, 그것을 거부했기 때문이다. 또한 아라곤 왕국의 일반적인 이익을 지키는 일은 의회가 아니라 왕조가 신경 써야 할 문제였다. 결과적으로 보듯, 아라곤 왕국의 지배 계급은 대표자를 파견하는 것으로 정치에 활발하게 참여할 수 있었으며, 카탈루냐가 얻은 이익보다 큰 이익을 보게 되었다. 아라곤 사회의 대표 기관은 다양한 구성원들과 더불어 13세기 말부터 놀랍도록 중요한 역할을 하게 되었고, 15세기에는 정치와 교육을 담당하는 중요 기관에 속하게 되었다. 에스파냐의 다른 왕국에서는 이와 같은 일이 매우 드물었다. 잉글랜드의 의회주의가 군주와 그 대화자 사이에 결정된 세력 관계의 결과로 13세기 초부터 인정받았다면, 아라곤 왕국에서는 국가 구조의 다양한 부분에서 주장하는 권리 및 전통을 보호하는 국가와 군주 사이의 관계가 주가 되는 근본 원칙을 중요시했다. 아라곤 왕국의 경험에 이와 같은 협조주의pactismo 가 존재했던 덕분에 역사적으로 주목받을 수 있었다. 이 관심은 해당 국가들의 결속 노력 덕분에 더욱 강화되었다. 그리하여 왕궁이 대표하는 중앙의 정치 조직에 응집할 수 있게 되었다.

협조주의

아비스 왕가의 포르투갈과 카스티야

14세기 말에 페르난두 1세Fernando I(1345-1383)가 남계 혈족으로는 후계자를 남겨 두지 않고 사망했기에 포르투갈은 심각한 왕위 계승 위기에 봉착했다. 그의 딸 베아트리스(1372-1408)는 프랑스의 동맹국인 카스티야의 후안 1세Juan I(1358-1390)와 결혼했다. 포르투갈 백성들은 왕조가 교착 상태empasse인 상황에서 예상 가능한 해결책 때문에 고통을 당했다. 카스티야 왕국의 문제를 해결하는 데 봉건 제도가 도움이 되었기 때문이다. 그러나 발전 중인 도시 시민들은 국가적인 해결을 원했기에 왕의 후보자로 사망한 왕과 친척뻘인 주앙 1세João I(1357-1433), 즉 아비스 왕가의 위대한 스승을 선출했다. 결국 코임브라 궁정 회의에서 주앙 1세가 왕으로 지명되었으나 정치를 시작하면서 카스티야와는 충돌했고, 윈저 조약(1385)을 통해 잉글랜드와는 동맹했다. 새로운 군주는 포르투갈 사회의 가장 역동적인 부분에 의지했으며, 해상 활동을 루시타니아 정책의 가장 중요한 요소 중 하나로 꼽았다. 사실 포르투갈 왕궁은 1289년부터 교회와의 어려웠던 관계를 유리하게 만들어 갔지만 귀족들과의 문제는 15세기 초가 되어서야 해결되었다. 그리하여 보다 조화롭고 포르투갈 왕에게 보다 충실한 봉건제가 만들어졌다. 더욱 호전적인 부류는 카스티야 군주들에게로 피신했다. 카스티야 왕국은 통치 가문의 합법적인 혈통과 트라스타마라 백작 가문의 서자 혈통의 왕권 분쟁이 격심하던 차에 포르투갈 왕에 대한 적대감도 심했고, 잉글랜드-프랑스 갈등에도 관여하고 있었다. 왕조의 문제가 카스티야의 엔리케 4세(1425-1474)에게 유리하게 해결되자, 이후 카스티야 왕국의 계승 순위가 더욱 명확히 드러났다. 비록 국가 내부적인 문제 때문에 어려움이 있었지만 말이다.

지리상의 발견과 포르투갈의 팽창

중세에서 근대로 넘어가는 과도기에 지리상의 발견이 시작되었다. 우선 이 시절의 주역인 에스파냐와 포르투갈이 대양 정책에 큰 자원을 투자한 이유가 무엇이었는지부터 생각해 봐야 할 것이다. 그에 대한 첫 번째 대답은 기술이다. 15세기에 항해술과 항해 도구에서 일련의 혁신이 있었으며, 항해술은 진정한 혁명을 기록했다.

　　포르투갈 선박은 알폰소 4세(1291-1357) 시절부터 카나리아 제도에 도달했고, 14세기 말의 항해 안내서는 마데이라 제도와 아소르스 제도를 지시하고 있었다. 이와 같은 놀라운 진취력을 보이기 시작한 것은 정치적이고 경제적인 특성과 밀접하게 연관된 듯하다. 말하자면 모로코에 거주하던 이슬람교도를 대하는 십자군 정신이었다. 1415년에 세우타를 정복하면서 시작된 사업은 젊은 포르투갈 군주와 가까웠던 집단의 상업적 이익과 무관하지 않았다. 이런 상황에서 포르투갈은 다른 한편으로는 영토가 넓지 않고 경제적 자원도 많지 않고 또 인구도 그리 많지 않은 나라였다. 위에서 언급한 바 있는 경제적, 종교적 이익과 더불어 엔히크(1394-1460) 왕자의 강력한 문화 정책도 포르투갈의 발전을 이끈 동기였다. 그는 유럽과 루시타니아 인문주의를 이끈 보다 고귀한 인물들이 사그레스Segres에 건립한 성에서 진정한 지식인 공동체를 육성했던 아비스 왕조 출신의 항해사였다. 항해 왕자 엔히크와 같은 인물 **항해 왕자 엔히크** 들의 진취적인 계획 덕분에 포르투갈은 일찍이 모로코를 넘어 진출할 수 있었는데, 이슬람에 대한 십자군의 싸움 결과가 좋지 못했기 때문이다. 포르투갈이 남쪽으로 진출하여 단숨에 마데이라 제도 및 아소르스 제도를 점령했다면, 이제는 아프리카 서쪽 해안을 따라서 정기적으로 해군 순찰대를 파견한 목적은 전적으로 새로운 동기 때문이었다. 이와 같은 동기 부여가 전통적-종교적인 특성을 보였다면, 다시 말해 이집트 남쪽을 중심으로 교단을 형성한 콥트교 전통의 후계자인 신비로운 사제왕

요한Presbyter Johannes과 접촉하면서 이슬람과의 싸움에서 동맹군을 찾으려고 했다면, 다른 동기는 그보다 훨씬 구체적인 경제적 목적이었다. 오래전부터 사람들은 지중해 세계에 도달한 금의 일부가 아프리카 사하라 사막 남쪽에서, 즉 포르투갈인들 자신이 이슬람교도들이 살지 않는 기니 만에서 찾아냈던 지역에서 온 것이라고 생각했다. 그래서 사람들은 사하라 사막 남쪽에 거주하는 이 지역 주민들을 만나는 것에 관심을 두었다. 그와 동시에 포르투갈이 팽창 정책을 추진했던 여러 동기 중에는 극동의 향신료 생산 대국에 도달하려는 이유도 있었다. 베네치아가 지중해 통행길에 행사했던 독점권을 대체하기 위함도 있었거니와, 비잔티움 제국에 남아 있던 향신료가 오스만투르크 정복 전쟁으로 서구 세계로 이입되었는데, 그것을 얻기 힘들게 되자 방법을 찾기 위함도 있었다. 그리하여 아프리카 대륙을 일주하면 향신료 생산국에 갈 수 있으리란 생각이 나왔는데 이는 고전에 대한 모방 결과였다.

멈출 수 없는 팽창 정책

지리상의 발견 및 포르투갈이 아프리카 서쪽 해안을 따라 미지의 세계로 진출한 복잡한 이야기에는 최고의 순간들도 있었다. 우선 기니 만의 아프리카 왕국(말리, 가나)과 직접 접촉했고, 그곳에서 벽돌로 쌓은 도시와 황금 지붕 집을 보았다. 그리고 더욱 남쪽으로 진출해 거대한 콩고 강 하구에 도달하여 또 다른 막강한 세력인 마니콩고manikongo(콩고 왕국의 왕*)의 왕국과 접촉했다. 포르투갈인들은 콩고의 왕과 외교 관계를 수립했고, 왕은 그리스도교로 개종했으며, 몇 년 후에는 '형제'인 포르투갈 왕을 만나러 포르투갈에 왔다. 바르톨로메우 디아스Bartolomeu Dias(약 1450–1500)가 이끄는 탐험대는 더욱 남쪽으로 진군하여 1488년에 아프리카 최남단에 도착했으며, 그곳을 희망봉이라고 이름 지었다. 그리고 마다가스카르에서는 중국이 동아프리카와 수세기에 걸쳐 관계 맺은 흔적을 발견했다.

카스티야 왕국과 대서양

카스티야 왕국의 대서양 진출은 과달키비르 강의 항로와 안달루시아를 정복하면서 시작되었다. 그곳을 정복한 덕에 이베리아 반도의 가장 풍요로운 지역 중 하나를 얻게 되었고, 중요한 가치를 지닌 대서양으로 진출할 수 있었다. 이런 상황에서 카스티야 왕국이 해상 강국으로 변모한 것은 우연이 아니었다. 유럽과 아시아, 아프리카 출신 상인들과 선박들이 세비야로 몰려들었다. 카스티야 왕국은 도로 구조를 개선하여 상인의 활동을 부활시켰으며 세비야, 메디나, 산티아고 데 콤포스텔라 시장을 장려했다.

카스티야의 세력이 해상으로 빠르게 확산되자 아라곤과 카스티야는 또다시 왕위 계승과 전쟁으로 반목했다. 1375년에는 엔리케 2세와 함께 트라스타마라 왕조가 카스티야 왕국 및 아라곤 왕국의 정치를 이끌었지만, 15세기 초반에는 그의 손자인 엔리케 3세(1379-1406)가 스물다섯 살의 나이로 요절하면서 불거진 왕위 계승 분쟁으로 허송세월하게 되었다. 고작 두 살에 왕이 된 카스티야의 후안 2세Juan II(1405-1454)의 미성년 시절이 너무 길어 왕국의 정치에 부정적인 영향을 주었다. 후안 2세의 섭정을 맡은 어머니와 숙부가 국내의 복잡한 상황을 관리할 능력이 없었기 때문이다. 후안은 1417년 열세 살의 나이에 아라곤의 마리아(1396-1445)와 결혼했지만 상황은 개선되지 않았다. 엔리케(1400-1445)와 아라곤의 후안 2세(1397-1479)가 정치에 영향력을 행사했기 때문이다. 형제인 두 사람은 카스티야 왕국의 이익에 위배되는 정책을 폈다. 카스티야 왕국에 이로운 정책을 편 사람은 군대 최고 사령관인 루나의 알바로(약 1390-1453)였다. 그의 명성과 정치가로서의 능력은 봉건 귀족 및 궁정의 아라곤 가문과 마찰을 빚어 자주 추방과 유배를 당했지만, 또다시 후안 2세의 신임을 얻었다. 그러나 결국 적대적인 당파에 의해 해임되었다. 이듬해 아라곤의 후안 2세가 사망하자 아들인 엔리케 4세(1425-1474)가 왕위를 계승했다. 그러나 포르투갈의 후아나(1439-1475)와의 원만하지 못한 결혼 생활이 왕조의 운명에 부정적으로 작용했다. 결과적으로는 1465년에 왕위를 박탈당했고, 이복동생인 알폰소(1453-1468)가 왕으로 선포되었다. 그러나 3년 후에 알폰소 4세가 사망하자 왕위 계승 문제가 또다시 불거졌으며, 왕위를 박탈당했던 엔리케 4세가 다시 개입했다. 반대자들이 엔리케에게 토로스 데 귀산도 협정을 제시하면서 상황이 해결되었는데, 엔리케 4세의 여동생인 이사벨 1세(1451-1504)가 후계자로 지명되었기 때문이다. 그동안 그녀는 카탈루냐-아라곤 왕국을 이끌고 있는 아라곤의 후안 2세의 후계자이자 아들인 페르난도 2세(1452-1516)와 결혼하기 위해 바야돌리드Valladolid에 갔다. 이사벨 1세는 1474년에 카스티야 왕좌에 올랐고 페르난도 2세도 아라곤 왕이 되었다. 그러나 두 군주가 결합했다고 해서 두 국가가 정치적으로 결합한 것은 아니었다. 그럼에도 페르난도 2세는 이사벨 1세가 사망할 때까지(1504) 카스티야 정치에 적지 않은 영향을 주었다. 이사벨은 자신의 재임 마지막 20년간 포르투갈의 알폰소 5세(1432-1481)의 위협으로부터 왕위를 지켜야 했고, 왕국 내에서 종교 재판소를 재조직해야

또다시 적대하는
카스티야와 아라곤

**페르난도 2세의
개혁과 정책**

했다. 그리스도교 왕이라 불렸던 페르난도 2세는 재정 개혁을 실현하여 중앙집권 정책을 실시했으며, 덕분에 재정 분담금을 요구하기 위한 의회cortes 소집을 거의 하지 않았다. 또한 교황이 허용한 청원법ius supplicationis 덕분에 보다 중요한 성직록 지정 및 교회 요직 지정에 개입하게 되었다.

크리스토퍼 콜럼버스(1451-1506)가 모험을 떠나기 5년 전에 포르투갈이 인도로 가는 신항로를 찾아냈지만 왕국 내부의 문제 및 이사벨 1세와 페르난도 2세의 결혼으로 탄생한 강력해진 에스파냐와의 관계 때문에 아프리카를 일주하면서도 동양으로 가는 항로는 결국 승인받지 못했다.

이러한 상황에서 콜럼버스의 모험이 시작되었다. 지리상의 발견과 루시타니아의 제안을 잘 알고 있던 콜럼버스는 1478년 마데이라에 도착했고, 이듬해에는 리스본에 도착했다. 1484년에 리스본에서 후안 2세에게 제안서를 제출했으나 서아프리카 및 인도로 가는 팽창주의 정책을 재개하는 데 집중한 후안 2세가 그의 말을 듣지 않자, 콜럼버스는 동생인 바르톨로메오(1460-1514)를 통해 프랑스와 잉글랜드 국왕들과 접촉을 시도했다. 그러나 이것이 소용이 없자 카스티야의 이사벨 1세에게 자신의 계획을 맡겼다. 바야돌리드 궁정은 콜럼버스가 제안한 사업에 저항했지만, 그라나다를 점령한 이슬람 왕국에 대해 에스파냐가 승리를 거두자 저항을 거두었다. 이로써 1492년에 이베리아 반도를 점령했던 마지막 이슬람 왕국이 최종적으로 제거된 셈이었다. 콜럼버스는 1492년 4월 맺은 산타페 협약으로 세 척의 선박을 얻었으며, 사업이 성공할 경우 해군 제독의 지위와 식민지에 대한 총독과 통치자 지위를 약속받았다. 그밖에 무역량의 10퍼센트를 가져가기로 했다. 에스파냐 군주들은 콜럼버

콜럼버스 탐험대

스에게 지구 끝까지 가서 그리스도교를 전파하라는 임무를 맡겼다. 1492년 8월 3일 팔로스 항구를 떠난 그는 서쪽으로 가는 원양 항해를 위해 기술적으로 이용할 수 있는 모든 새로운 도구를 활용했다. 이때 나침반을 사용하여 북극이 자극과 일치하지 않아서 불가피하게 나타나는 실수를 미리 계산할 수 있었다. 콜럼버스의 모험은 1492년 10월 12일에 바하마 군도의 과나하니Guanahani 섬을 발견하면서 끝났다. 그는 이 섬을 산살바도르San Salvador라고 이름 붙였다.

| **다음을 참고하라** |

역사 그라나다 재탈환(46쪽); 원정군과 콜럼버스 이전의 지리상의 발견(184쪽); 마라노와 모리스코스(212쪽)

이탈리아 시뇨리아 체제

| 안드레아 초르치Andrea Zorzi |

14-15세기에 이탈리아 중북부 지역의 정치 발전에서 나타났던 특징은 군사력 경쟁과
더불어 대개 시뇨레가 이끄는 상류층 시민 국가의 성공이었다. 이들 국가는 비스콘티
가문의 경우처럼 이전 시기에 쌓았던 성숙한 경험이 발전해서 나온 것일 수도 있고,
시뇨레가 된 용병 대장처럼 새로운 형식의 권한에서 나온 것일 수도 있고, 또 피렌체의
메디치 가문처럼 우연히 획득한 시뇨레 자체의 권력에서 나온 것일 수도 있다.

상류층 시민 국가

중세 후기 이탈리아의 특징은 다원주의 정치다. 시뇨레signore(자치 도시인 코무네의 수
장*)가 다스리는 도시 국가 체제의 불안정하고 파편화된 이탈리아는 14-15세기에
지역적 차원의 영토 국가라는 보다 조직적이고 안정된 정치 체제로 재편되었다. 시
뇨레가 통치하는 도시적 현실에서 이 무대의 주인공들은 자신의 경제적 능력을 표현
할 수 있었고, 다른 도시와 농촌 공동체 및 다른 권력을 흡수하면서 정치적, 군사적
으로 오랫동안 치열한 경쟁을 벌일 팽창주의적 의지를 표현할 수 있었다. 이것이 이
와 같은 국가가 성립하게 된 주요 계기였다.

유럽 왕국들이 민족주의를 토대로 힘을 키워 가는 동안에 이탈리아는 다양한 정
치 형태로 나뉘어졌다. 보다 우세한 영토 국가를 형성한 도시는 피렌체, 베네치아와
같은 대도시였다. 특히 밀라노는 도시 고유의 사회적, 경제적 힘으로 비스콘티 왕조
의 정치와 군사의 탄생에 도움을 주었다.

14세기 초반에 최초로 상류층 시민 국가를 추진했던 주체는 도시 귀족들이다. 베
로나의 스칼라Scala 가문은 처음에는 칸그란데 1세(1291-1329)와 더불어 베네토 지
방의 도시들(트레비소, 파도바, 비첸차가 속해 있었다)을 지배했으며, 그다음에는 마스
티노 2세(1308-1351)와 더불어 브레시아, 파르마, 루카까지 지배력을 확장했다.

토스카나 지방에서는 루카 출신의 귀족 카스트루치오 카스트라카니(1281-1328)
가 1316년에서 1328년까지 루카, 피스토이아, 루치, 볼테라를 지배했던 것이 중
요하다. 그는 바이에른의 루트비히(약 1286-1347)로부터 공작 칭호도 받았으며,

영토의 파편화 1325년에는 알토파시오Altopascio에서 피렌체인들을 물리쳤다. 그러나 가장 넓은 땅을 차지한 이는 롬바르디아, 피에몬테, 리구리아, 에밀리아까지 세력을 확장한 밀라노 대주교 조반니 비스콘티(약 1290-1354)였다. 그는 브레시아, 베르첼리, 제노바, 파르마, 볼로냐 같은 도시들로 시뇨리아 체제를 확장했다.

세력을 확장할 때마다 해당 도시에 이들 세력을 반대하는 동맹군이 조직되었다. 비스콘티 가문에 반대하는 전쟁의 경우 교황의 지지도 얻었다. 교황은 조반니를 파문했고, 그에 대항하는 십자군을 선포했다.

밀라노 공국

비스콘티 가문이 이탈리아 영토 국가 형성에 박차를 가하는 동안 겪었던 모든 경험이 바로 팽창주의 정책이다. 잔 갈레아초 비스콘티Gian Galeazzo Visconti(1351-1402)는 또다시 강력한 군사력을 각인시켰다. 그는 롬바르디아 지방 및 피에몬테 동부 지역의 많은 부분을 차지하는 티치노 주를 흡수했을 뿐만 아니라 1387년에는 스칼라 가문과 파도바의 카라라 가문이 이끄는 시뇨리아 체제를 파괴하여 베로나, 비첸차, 파도바, 벨루노를 손에 넣었다. 1399-1400년에는 중부 이탈리아로 진출하여 피사, 시에나, 페루자, 스폴레토, 볼로냐의 시뇨리아 체제까지 손에 넣었다.

피렌체는 포위당했지만 강인하게 저항했다. 자유로운 공화제란 이름으로 반독재 논쟁에 휩쓸린 피렌체는 1402년에 잔 갈레아초 공작이 갑자기 사망하면서 그동안의 저항이 큰 성과를 거두었다. 밀라노는 야망의 크기를 조정했다. 공작의 대변자들은 이탈리아 왕국을 건설하려는 것이 그의 야심이라고 선전했다. 영토 정복은 또다시 무산되었고 차남인 필리포 마리아 비스콘티Filippo Maria Visconti(1392-1447)가 제한 **잔 갈레아초** 적이긴 하지만 밀라노 공국의 '롬바르디아적'인 성격을 재정비했다. 1395년에 잔 갈 **비스콘티** 레아초는 황제 바츨라프 4세(1361-1419)에게 1백 만 플로린Florin(중세 이탈리아의 금화*)을 주고 밀라노의 '영주이자 공작' 작위를 받았다. 그리하여 봉건적인 관계를 이용하여 지방의 시뇨리아 체제뿐만 아니라 농촌 공동체 및 도시까지 자신에게 결합시킬 수 있었다. 비스콘티 가문의 복종 조항에 가장 많이 등장하는 문구는 예속된 도시들의 중재 요청이었다. 공작은 지역 규약집을 개정하고, 성직록을 통제하고, 중앙 조직인 사법회의 공작실, 비밀 평의회의 권력을 강화하여 자신의 권한을 공고히 했다. 비용을 감당하기 위해 대부업을 했고, 이를 통해 이자와 재정 수입원을 얻었을 뿐만 아니라 재판권과 관직 임명권을 행사했다. 공국 전체에서 온 사람들을 중앙 정치 조직 및 지방 조직에 임명했다.

사실 밀라노는 통치를 위한 중심지가 아니라 공작이 머무는 거주지였다. 그러므로 밀라노 귀족(개인들과 가족이 모인 협소한 조직이 도시 행정권을 독점했다)은 국가를 독점적으로 통치할 수 없었다. 필리포 마리아가 사망했을 때 밀라노 귀족이 1447-1450년까지 존속했던 '암브로시아 공화국'을 건설하면서 마지막 생명력을 불태운 것도 우연이 아니었다.

용병 대장들의 시뇨리아 체제

1447년에 필리포 마리아 비스콘티가 후계자 없이 사망하자 밀라노 공국의 계승권을 놓고 싸움이 발생했다. 결국 1450년에 마르케 출신의 용병 대장 프란체스코 스포르차(1401-1466)가 공국을 손에 넣었다. 필리포 마리아의 친딸과 결혼한 그는 위기에 처한 암브로시아 공화국(파비아 대학 일원들이 밀라노에 세운 시민 공화국으로 단기간 존재했다*)을 방어해 달라는 밀라노 귀족들의 호출을 받았다. 베네치아가 사보이 공작과 나폴리 왕의 동의와 지원을 받아 로디 및 피아첸차를 점령하면서 롬바르디아 지방으로 진군하자, 이에 맞서기 위해 피렌체가 프란체스코를 지지했다. 프란체스코 스포르차는 15세기 이탈리아 정치판의 특성을 보여 주는 가장 완결된 모습이었다. 요컨대 용병들이 지배하는 시뇨리아 체제가 수립된 것이다. 그중 몇몇은 결국 몬토네의 브라초(1368-1424)나 프란체스코 스포르차의 경우처럼 국가의 토대를 만들기도 했다.

교황청이 무질서한 상황에서 어떤 사람들은 브라초처럼 자신만의 시뇨리아 체제를 수립하려고 했다. 몬토네의 브라초는 1416년에 페루자의 시뇨레가 되었으며, 단시일 내에 움브리아 및 마르케 지방까지 자신의 지배력을 넓혔다. 로마냐 및 마르케 **로마냐와 마르케** 지방의 영토와 도시에서 구체화된 시뇨리아 체제의 경험이 특히 중요하다. 가령 교황은 그쪽 지역에 대해 권한을 크게 발휘하지 못했기에 리미니 출신의 귀족인 말라테스타 가문은 페사로, 체세나, 파노까지 지배력을 확장했고, 몬테펠트로 가문은 로마냐, 마르케, 움브리아 지방의 우르비노에 걸친 거대한 영토를 획득했으며, 폴렌타 가문은 라벤나와 주변 영토에 정착했고, 바라노 가문은 카메리노Camerino를 통치했다. 일반적으로 이들 시뇨레들은 '대리인' 임무를 맡아 합법적인 직함을 얻어 냈고,

교황들은 그들에게 이를 허용함으로써 어떤 식으로든 그들을 자신의 권한 안에 두려고 했다. 이 모든 혈통 속에 공동으로 함축된 것이 군인들의 특이한 태도인데, 15세기 이탈리아 전쟁에서 두각을 보인 용병 대장들이었다.

시뇨리아 체제의 다른 국가들

북부 이탈리아의 정치 지리학에서 살아남은 소수의 국가들은 군소 시뇨레 통치를 강조했다. 곤차가 가문과 에스테 가문은 시민 조직을 기반으로 통치했다. 곤차가 가문의 권한은 만토바와 주변의 영토에 국한되었는데, 곤차가 가문은 1433년에 황제로부터 얻은 후작 작위를 썼다. 에스테 가문의 시뇨리아 체제는 원래 오베르텡기 후작 가문으로부터 물려받은 뚜렷한 봉건 체계를 유지하고 있었으며, 무엇보다 모데나와 에밀리아 지역에 집중했다. 1452년에는 그 두 도시의 공작이 되었고, 1471년에는 교황으로부터 페라라 공작 작위를 받았다. 두 시뇨리아 체제 모두 신중한 보수주의 노선을 유지한 덕에 주변 도시의 공격으로부터 살아남을 수 있었다. 그러나 사보이의 시뇨리아 체제는 이탈리아와 프랑스를 잇는 행보에 있어 전략적으로 중요한 알프스 서쪽 지역으로 세력을 확장했고, 14세기에는 피에몬테 서쪽 지역까지 지배를 확대했다. 사보이의 아메데오 8세(1383-1451)는 니스, 피네롤로Pinerolo, 토리노 및 베르첼리까지 세력을 확장했다. 1416년에 공작 작위를 얻은 그는 정치와 행정 정비에 주력했는데, 1430년에 중요한 규약집을 공표했고, 공국을 열두 지방으로 나누어 행정관에게 맡겼으며, 지방은 장원으로 다시 세분했다. 소규모의 다양한 백작령이 위치한 알프스 이남의 피에몬테 지역에는 살루초 후작령과 몬페라토 후작령도 있었다. 토스카나와 로마냐 지방에 걸친 아펜니노 산맥에서는 15세기까지 귀디 백작 가문의 시뇨리아 체제가 중요해졌다. 루니지아나는 말라스피나 가문이 지배했다.

메디치 가문의 피렌체

1370년에서 1390년까지 피사를 통치한 감바코르타 가문처럼 공화제가 잔존한 도시에서도 시뇨리아 체제가 없지는 않았다. 귀니지 가문은 1400년에서 1430년까지 루카를 통치했고, 페트루치 가문은 1487년부터 1525년까지 시에나를 통치했다. 하층민 출신의 로마 공증인이었던 리엔초의 콜라(약 1313-1354)의 경우는 특별하다. 1347년에 캄피돌리오를 손에 넣은 그는 자신을 '평화와 자유와 정의를 수호하는 집

리엔초의 콜라

정관'이라고 선언했다. 초기에는 반귀족적인 의미에서 도시 행정을 개혁한 덕에 성공을 경험했으나, 교황의 지지를 받았음에도 귀족들의 음모와 백성들의 폭동(세금을 너무 많이 거두어 원성을 샀다) 때문에 곤경에 처했다. 결국 1354년 폭동 와중에 살해되었다.

특히 피렌체는 내부적으로는 공화제의 모습을 하고 있었지만 은행가인 메디치 가문의 코시모 1세(1389-1464)와 더불어 1434년부터 사실상의 시뇨리아 체제를 주장할 수 있었다. 그의 손자인 로렌초(1449-1492)는 피렌체가 지금 힘이 약하고 독립을 빼앗길 위험에 더 많이 노출되어 있음을 알았기에 능숙한 외교 활동에 특별히 주력했다. 그는 스포르차 가문 및 나폴리 군주들과 안정된 동맹 관계를 맺음으로써 베네치아의 팽창 시도를 억제하고, 모호한 교황청의 정책에 대응했다. 1454년에 로디 화약으로 인해 이탈리아 동맹은 정치 제제를 안정적으로 그려 놓긴 했지만, 그렇다고 조용한 것은 아니었다.

사실 외교적인 축을 구성하고 있는 국가들 안에서 연이어 음모가 벌어졌다. 이는 구성원 내부의 세력 관계가 불안정하다는 것을 보여 주었고, 다른 강대국들이 음모에 개입하기도 했다. 1476년에 밀라노에서 갈레아초 마리아 스포르차(1444-1476)가 살해되자 미성년인 그의 아들 잔 갈레아초 스포르차(1469-1494)를 위해 삼촌인 루도비코 스포르차(1452-1508)가 섭정했다. 1478년에 로렌초는 피렌체의 산타 마리아 델 피오레 성당에 잠복해 있던 파치 가문을 피해 도망치기도 했다. 파치가는 교황청 **일련의 음모** 재정을 운영하고 있었다.

교황 식스토 4세(1414-1484, 1471년부터 교황)와 몬테펠트로의 페데리코Federico da Montefeltro(1422-1482)의 도움을 받아 계획한 살해 음모는 실패했다. 동생인 줄리아노만 살해되었고, 상처를 입은 로렌초는 폭압적인 진압을 통하여 결국 권력을 강화했다.

| 다음을 참고하라 |
역사 이탈리아 국가들의 균형(50쪽); 베네치아 공화국(138쪽)
문학과 연극 로렌초 치하의 피렌체에서 재탄생한 속어시(539쪽); 궁정과 도시의 시(555쪽)
시각예술 스포르차 가문의 밀라노(742쪽); 파도바와 페라라: 르네상스의 두 가지 변종(757쪽); 몬테펠트로의 페데리코 시대의 우르비노(763쪽); 만테냐와 곤차가 가문의 만토바(768쪽); 전통과 혁신 사이의 베네치아(774쪽); 로렌초 데 메디치 시대의 피렌체(788쪽)

베네치아 공화국

| 파브리치오 마스트로마르티노Fabrizio Mastromartino |

베네치아 공화국은 다른 나라들보다 안정적인 제도를 운영했기에 15세기 내내 놀라울
정도로 성장했다. 베네치아는 전통적으로 해상을 지배한 데다 육지에 대한 지배까지
확장했고, 정복한 영토에 대한 온건한 행정 및 영리한 외교술 덕분에
이탈리아 최고 강국이 되었다.

베네치아 공화국의 특성

베네치아 공화국은 오랫동안 해 오던 제도적인 실험이 코무네 조직의 실패로 인해 종
결된 이탈리아 정치 무대에서 효율적이고 신뢰할 만한 제도를 만들었다. 귀족 출신의
인사로 구성된 정치 계급이 통치하는 귀족 정치 체제에 따라 지속된 제도 덕에 정치
적 안정을 꾀할 수 있었던 것이다. 이는 13-14세기, 소위 닫힌 대평의회 시기에 생겨
난 귀족 계급을 말한다. 대평의회는 통치자들의 선출 조건을 정했으며, 공화국 정치
에 더 많이 참여했던 고위급 귀족 가문이 베네치아 제도에 접근하는 것을 제한했다.

귀족의 서열

이렇듯 과두 정치와 유사하게 제도를 개편했던 것은 지속적인 정치 활동을 통해
안정적인 제도를 보존할 수 있도록 권력 행사를 제한하고 베네치아 코무네Comune
Veneciarum의 권위를 굳건히 하려는 보수주의적 논리를 따른 것이다. 그리하여 15세
기에 베네치아 공화국은 놀랄 정도로 성장했으며, 영토 발전, 효율적인 외교 정책과
행정 정책 및 당대 이탈리아 최고의 능력을 통해 이내 공화국이 되었다.

대륙으로 팽창한 베네치아 공화국

15세기 초반부터 베네치아가 단호하게 실행한 영토 팽창 정책은 베네치아 공화국의
역사에서 선명한 휴지기를 남겼다. 베네치아는 코무네의 정치적 입지를 다지기 위
한 새로운 통치 전략에 응답하고자 후배지로 도시를 팽창했으며, 그리하여 전통적

해상 지배권

인 해상da mar 지배권(무역로 기능을 함)과 더불어 육지 지배권이 확장되었다.

그리스 및 소아시아의 남동부 해안을 포함한 광대한 영토가 이제는 베네치아 공
화국의 해상 영토가 되었다. 이에 대한 베네치아의 권한은 나라가 특히 어려운 상황

에서도 결코 진지하게 논의되지 않았으므로 굳건하게 보였다. 더구나 베네치아는 당시에는 막을 수 없을 것 같던 막강한 오스만 제국의 세력을 대체하는 지배자였다. 베네치아가 새롭게 방향을 전환한 이유는 많았다. 목적하는 바가 다양했던 것처럼 말이다. 무엇보다 본토로 지배력을 확장함으로써 무역의 판로를 새롭게 열 수 있었다. 보다 규모가 큰 시장을 지배하면서 경제적인 이익을 누리게 되었고, 이탈리아의 복잡한 정치 무대에서 베네치아 공화국의 영향권을 확장하기 위한 영토 방어 정책을 통해 그와 같은 이익을 보장받을 수 있었다. 그밖에도 베네치아 근처 소도시인 키오자에 대한 독점 의욕을 명확히 표명한 비스콘티 가문의 권력이 점차 커지는 것에 맞서기 위해 베네치아의 위력을 보여 줄 필요가 있었다.

1404-1405년에 트레비소 근처 마르카 지방(베로나, 파도바, 로비고, 비첸차, 트레비소)에서 정복한 영토 덕분에 이탈리아에서 베네치아의 입지가 바뀌었다. 이탈리아 군주들과 베네치아의 통치를 신뢰하는 국민들, 그리고 베네치아의 보호를 호소했던 도시들이 베네치아에게 새롭게 관심을 표명했던 것을 보면 베네치아가 이전과는 다른 무게를 가지게 되었음을 확인할 수 있다. 특히 15세기 초반부터 정치 중심지가 되었으며, 이후에는 국제 정치에서 자기 몫을 다했다. 1414년에 필리포 마리아 비스콘티(1392-1447)와 체결한 협약으로 10년 전에 획득한 영토에 대한 지배가 인가되면서 벨루노와 펠트레Feltre까지 통치했다. 나중에는 헝가리의 지기스문트(1368-1437)와의 전쟁에서 아퀼레이아와 우디네를 정복했는데(1420), 이후에는 보헤미아 지역에서 발발한 반란을 잠재우기 위해 점령한 왕국 내부의 어려운 상황을 이용하여 지기스문트로부터 달마티아 해안 지배권을 빼앗았다.

이제 베네치아는 이탈리아 북부의 영토 분쟁에 합법적으로 개입하기 시작했다. 1425년에는 피렌체와 동맹을 맺어 비스콘티 가문의 권력에 대해 견고한 공동 전선을 만듦으로써 밀라노 공국과 10년 전 맺은 조약을 파기했다. 직접 영향권에 있는 밀라노 코무네에 주저하지 않고 대적했으며, 브레시아(1426) 및 베르가모(1428)를 차례로 합병했다. 그리하여 15세기 내내 휴전과 새로운 동맹을 오가 포 강 유역에서는 전쟁이 끊이지 않았다. **브레시아와 베르가모 합병**

그밖에 아퀼레이아 총대주교국과 맺은 협정을 통해 1445년에 또다시 프리울리 지역의 통제권을 강하게 주장하면서 오스만투르크의 권력으로부터 이탈리아 영토를 방어하기 위한 고도의 전략적인 입지를 가졌다. 베네치아는 오스만 제국에 대해 절대 굴복하지 않는 평등한 외교 정책을 펼치면서 이슬람 제국 내에서 상인들이 자유롭게 통행할 수 있도록 했고, 해상권을 지키기 위해 매년 막대한 공물을 쏟아 부었다. 오스만 제국이 콘스탄티노플을 함락(1453)했어도 베네치아 상인들의 권리는 사라지지 않았으며, 술탄과 또다시 강화 조약을 맺었다. 그리하여 오스만 제국과 베네치아의 자유 무역이 재확인되었다. 오스만 제국의 영토에서 이루어진 상품 매매에 대해서는 고작 2퍼센트의 세금만이 부과되었다.

시뇨리아 체제의 베네치아 공화국

15세기 초에 베네치아는 놀라울 정도로 영토를 확장함으로써 도시 제도 자체가 근본적으로 변했다. 베네치아는 도시 국가에서 권력의 중심지로 변모했고, 그중에서도 막대한 영토를 가진 진정한 지역 국가의 대장 역할을 했다. 이탈리아 정치 무대에 깊은 반향을 준 이와 같은 변화의 표시는 베네치아 코무네Comune Veneciarum로 베네치아 공화국의 명칭을 바꾼 것에서 나타난다. 새로운 명칭은 1462년부터 베네치아 공화국 대평의회 공식 문서에 보인다. 이제 베네치아는 굴지의 도시가 되었고, 해상과 육지의 다양한 영토에 대해 자신의 권력을 행사했다. 그곳을 통제하기 위해 잘 정돈된 행정 체계를 서둘러 준비해야 했다.

본토를 지배하는 베네치아의 정치는 중앙집권적인 경향이 있었고, 피렌체 방식과는 명확하게 달랐다. 베네치아는 지역의 자율성을 존중하는 의미로 시뇨리아 체제에 합병된 도시들의 행정을 조직했다. 도시 각각의 법률을 유지하도록 했고, 재정적인 부담을 안고 있는 공동체와는 의견을 절충했다. 베네치아와 합병이 되면 합당하게 조직한 해당 지역 법률가들이 도시 규약집을 개정하도록 했다. 그러나 파도바와 트레비소를 제외한 도시들에서 그와 같은 규약집의 개정은 미비했다. 베네치아와 가까운 파도바와 트레비소의 규약집은 베네치아의 법률을 통해 보완되었다. 시뇨리아 체제에 있어 중요한 것은 베네치아에 종속된 도시들에 대한 베네치아의 통치권이 그와 같은 규약집에 명시되었다는 점이다. 요컨대 시뇨리아 체제가 규약집 개정을 의무적으로 승인해야 하고, 시뇨리아 체제의 사전 허가가 없으면 다음 개정을 할 수 없는 것으로 명시된 통치권이었다. 규약집 개정을 맡은 대리인은 법률가들이 요직을 맡고 있는 지배 계층을 강화하려는 보수주의적인 통치 계획을 따랐고, 귀족 계급(베네치아 제도의 특색을 보여 줌)과 유사한 귀족 체제 육성을 장려했으며, 지역

지역의
자율성 존중

에 존재하는 세력 관계를 그대로 유지하면서 현행 봉건적 특권 체제가 변하지 않도록 했다. 사법 행정 외에 대중 질서와 도시 예산 보호를 맡은 통치자들의 역할은 지역 권력에 비해 부차적으로 나타났다. 지역의 권력자들은 중요한 정치적 분쟁을 해결하기 위해 중앙 권력 조직에 거침없이 직접적으로 요구했다.

베네치아의 유럽 정책

이탈리아 정치 무대에 거침없이 입성한 베네치아 공화국은 최고의 역할을 담당했으며, 유럽의 정치 싸움에 이내 직접적으로 개입했다. 유럽의 권력들은 이탈리아 반도 내의 분쟁에 개입했고 영토를 나누어 가졌다. 샤를 8세(1470-1498)가 1494년에 나폴리 왕국의 왕권을 요구하기 위해 이탈리아로 내려왔을 때, 왕은 자신의 이탈리아 남부 지역에서의 전략적인 입지를 고려하여 반反오스만투르크 전선을 조직하고자 했으며, 이 위업에 베네치아의 참여를 당연하게 여겼다. 베네치아는 샤를 8세와의 약속을 피했는데, 그가 노련하고 교묘한 전술을 써서 이탈리아의 보다 막강한 공국과 교황 국가를 끌어들였기 때문이다.

　더구나 1463년에 베네치아는 이미 오스만 제국을 상대로 거침없이 전쟁을 진행한 결과 운명이 불확실한 갈등 상황에 놓였는데, 결국 혹독한 패배를 맛보았다. 프리울리 지역, 알바니아의 슈코더르Shkodër, 특히 매우 중요한 상업 중심지인 네그로폰테 섬, 림노스 섬, 아르고스, 크루여를 잃었다. 그리하여 1489년에 오스만투르크는 시리아로 가는 해로에서 중요한 키프로스 섬을 정복하면서 그리스와 소아시아에서 패권을 장악했고, 베네치아는 전쟁 패배로 인한 상업적 손실을 만회하고자 노력했다. 베네치아는 샤를 8세가 계획한 사업에서 어떤 이익도 얻을 수 없음을 알았다. 패배하면 이미 확실해진 오스만투르크의 권력이 더욱 강력해질 것이고 반대로 승리하면 자신의 자율권과 식민지 지배권을 프랑스 왕에게 양도해야 했을 것이다.

　베네치아는 샤를 8세의 계획이 실패하도록 노력했으며, 그가 프랑스로 돌아가는 것을 방해하기 위해 1495년에 이탈리아 도시 국가들과 이해관계가 복잡한 동맹을 **1495년의 동맹** 계획했다. 그리고 베네치아가 동맹에서 유리한 고지를 점하고 있는 것을 이용하여 모노폴리와 크레모나를 점령했으며, 아드리아 해 항로를 완벽히 통제하여 포 강 유역으로 영향권을 확대했다.

　그러나 베네치아 공화국의 기회주의적 행보는 오스만투르크의 강한 저항을 불러일으키지 않을 수가 없었다. 오스만투르크는 1499년 8월 12일에 사피엔차 섬 롱고 항구에서 강력한 투르크군의 공격에 무방비 상태로 우왕좌왕하는 베네치아 함대를 격퇴했다. 베네치아와 오스만 제국은 1503년에 평화 조약을 맺었고, 1517년에는 그 조약을 다시 한 번 확인했다. 오스만투르크가 베네치아에 보인 적대감은 유럽과 이탈리아로 빠르게 세력을 확장하는 베네치아 공화국에 대해 처음에 보인 적대감의 표시일 뿐이었다. 이것은 1509년 캉브레 동맹으로 귀결되었는데, 베네치아 공화국 같은 강대국들만 불가피하게 참여했고, 다른 나라들은 만장일치로 베네치아에 적대감을 보였다.

| 다음을 참고하라 |
역사 헝가리(109쪽); 이탈리아 시뇨리아 체제(133쪽); 오스만 제국(151쪽); 인쇄술과 책의 탄생(226쪽)

남부 이탈리아
| 아우렐리오 무시 |

15세기 초반의 30년간 이탈리아 반도에 속한 지역, 즉 나폴리 왕국은 여전히 앙주 가문의 지배를 받고 있었다. 그러나 유혈 전쟁 이후인 1442년에 아라곤의 알폰소 5세가 나폴리를 정복했다. 나폴리 왕국은 알폰소 5세와 더불어 자율적이고 독립적인 왕조가 되었다. 이로써 이미 아라곤 왕조 손에 들어간 사르데냐 및 시칠리아와 이탈리아 남부 전체가 카탈루냐-아라곤 제국에 속하게 되었으며, 경제 발전과 정치 행정 개혁을 이루었다. 그러나 15세기 말의 프랑스-에스파냐 전쟁 이후 독립을 잃었다. 나폴리 왕국은 잠시 프랑스의 지배를 받은 뒤, 페르난도 2세의 손에 들어가 에스파냐의 지배를 받게 되었다(1503-1707).

15세기의 시칠리아와 사르데냐
잠시 동안의 독립 시기가 지난 뒤, 시칠리아는 1409년에 다시 아라곤 왕국의 지배를 받았다. 처음에는 아라곤의 마르틴 1세(1356-1410)의 지배를 받다가 나중에는 그의 후계자인 페르난도 1세(1380-1416), 이후에는 알폰소 5세(1396-1458)의 지배를 받았다. 15세기 초반부터는 총독의 통치를 받기 시작했다. 대토지 소유 및 조방경작은 시칠리아의 경제적 특징을 보여 준다. 파종에 적당한 지면과 목축, 대규모 농장과 인구가 밀집된 과밀 지대는 시칠리아 영토의 중요한 특성이었다. 시칠리아가 가진 진정으로 강한 힘은 봉건 제도였다. 힘이 약한 군주에서 14세기에 봉토 전체에 대한 통제권을 획득했으며, 광범위한 사법권, 즉 경제적, 사회적, 법률적 권력을 얻었다. 군주는 특히 최고의 사법권merum et mixtum imperium, 즉 권한을 부여하는 공식 문서에서 **최고의 사법권** 민사 재판만이 아니라 봉토 내부의 형사 재판과 때로는 극형에 처하는 형벌까지도 행사할 수 있는 권한을 인정받았다.

페르난도 1세가 아라곤의 왕이 되자 시칠리아는 과거에 비해 훨씬 안정적인 왕조를 유지할 수 있었다. 그러나 시칠리아의 신하들은 일전에 군주와 약속한 관계를 요구했는데, 순전히 군사를 동원해서 정복한 직함에 근거한 관계가 아니라 처음에는 아라곤 왕과, 나중에는 에스파냐 왕과 자발적으로 맺은 협약에 준하고 견고한 자치권을 인정해 달라는 것이었다.

사르데냐와 아라곤 왕조의 관계는 더욱 괴로웠다. 군주들은 권력을 강화하기 위해 주력하면서 반란을 진압했고, 엄격한 정책을 실시했고, 지역 고유의 특권과 옛 법규집을 폐지했고, 카탈루냐 및 아라곤 귀족들에게 봉토를 증여했고, 주로 카탈루냐 주민들이 거주하는 알게로Alghero 같은 신도시를 건설했다. 1420년에 알폰소 1세는 최후의 반란자들을 진압하기 위해 사르데냐로 갔으나 1470년대 말에야 최종적으로 이 지역을 통제할 수 있었다.

아라곤 왕조와 나폴리 왕국

15세기 초반의 수십 년간 앙주 가문은 나폴리 왕국에서 위기의 시기를 보냈다. 라디슬라오(약 1377-1414)는 그가 계획했던 것처럼 이탈리아 반도에서의 패권을 장악할 수도 없었거니와 나폴리 왕국 내부의 막강한 봉건 가문들의 힘을 축소할 수도 없었다. 그를 계승한 여동생 조반나 2세(약 1370-1435)가 통치하던 시절에 위기가 가중되었다. 앙주의 루이 3세(1403-1434)가 왕위를 위협하자 조반나는 1420년에 아라곤 왕 알폰소 5세를 아들이자 후계자로 삼았다. 그리하여 후계자들 사이에 전쟁이 일어났다. 처음에는 전세가 루이 3세에게 유리했지만 그가 사망하고, 곧이어 조반나까지 사망하자 왕위 계승 전쟁에 다시 불이 붙었다. 알폰소는 루이 3세의 동생인 앙주의 르네(1409-1480)와 맞섰다. 하지만 알폰소 5세는 폰차Ponza에서 제노바인들의 포로가 되었으며, 앙주 가문의 동맹군인 밀라노 공작 필리포 마리아 비스콘티(1392-1447)에게 양도되었다. 그러나 알폰소는 공작을 설득하여 밀라노가 나폴리 정복 사업에 함께 참여하도록 설득했다(1442). 이듬해 알폰소 5세는 나폴리 왕국에서 개선 행진을 했으며, 시칠리아 왕의 직함인 시칠리아 이중 왕국citra et ultra pharum을 물려받았다. 그러나 나폴리 및 시칠리아 두 왕국은 정치적, 행정적 측면에서 계속해서 뚜렷한 차이를 보였다.

나폴리 왕국은 '고유한' 왕을 얻었다. 나폴리가 다시 독립하자 이후 에스파냐 치하 시절의 수많은 지식인이 나폴리를 신화화했는데, 그중 방언 시인인 벨라르디니 엘로(16세기)는 다음과 같은 유명한 말로 아라곤 왕조 시절을 찬양할 정도였다. "언제 나폴리 왕관이 있었는지 아는가? 언제 아라곤 가문이 통치했지?" 나폴리에 거처를 정한 알폰소 5세는 초기 앙주가 출신 왕들이 시행했던 최고의 국제 정책을 시행함으로써 그간 잃었던 위신을 남부에 되돌려 주었다. 그의 정치 전술에서 보이는 뚜렷한 두 가지 요소 덕분으로, 카탈루냐-아라곤을 남부에 인도한 것이 첫 번째고, 15세기 중엽의 활력과 안정을 누렸던 이탈리아 정치에 나폴리 왕국을 통합한 것이 두 번째다. 특히 후계자인 페르디난도 1세(1431-1494)도 두 번째 정책을 추진했는데, 15세기 중반에 맺은 로디 화약으로 이탈리아 내의 4개 강대국(밀라노 공국, 베네치아 공화국, 로렌초 데 메디치의 피렌체 대공국, 그리고 교황 국가)과 더불어 균형 있고 안정적인 이탈리아 정치를 유지할 수 있었다.

수십 년간 앙주 가문의 위기를 겪은 뒤에 나폴리 왕조를 강화시킨 것은 국외 정치뿐만이 아니라 국내 정치이기도 했다. 알폰소 5세와 페르디난도 1세는 재정 정책을 담당하는 왕실 즉결 재판 회의와 같은 새로운 사법부 및 나폴리 왕국의 최고 사법 기구인 신성 왕실 평의회의 신설을 통해 제도를 보강했다. 두 왕은 나폴리 왕국에서 근대 국가가 발전하는 최초의 싹을 틔웠다.

알폰소 5세의 정책

경제 및 사회 정책

알폰소 5세가 비교적 통합 체제로 개편한 덕에 위기의 14세기가 지나가자 이탈리아의 다른 영토 및 나폴리 왕국은 경제적인 도약을 이루었다. 몇몇 역사가들은 이를 일종의 공동 시장이라고 정의했다. 초기의 경제 통합 정책은 알폰소 5세가 구상한 것이었다. 카탈루냐 및 바르셀로나는 직물 산업의 중심지가 되었고, 티레니아 해부터 카탈루냐와 바르셀로나 지역까지 아라곤 왕조가 독점했기 때문에 외국 직물 상인들은 이 시장에 침투하지 못했다. 또한 해당 지역은 해전 무기도 독점했으며, 이탈리아 영토는 에스파냐의 산업 및 상업 도시를 위한 농업적 배후지 역할을 했기에 지역 직물 산업은 자연적으로 쇠퇴했다.

공동 시장이라는 표현이 조금 강할 수도 있다. 또한 이는 효율적인 실현이라기보다는 계획이었음을 명심해야 한다. 몇몇 역사가들은 중세 후기의 한 군주가 이와 같은 지역을 초월한 통합과 전문화를 표방한 야심찬 계획을 구상하고 실행할 수 있었다는 것에 부정적인 견해를 보였다. 공동 시장mercato comune과 국가 연합confederazione을 동일시하는 데 대해 의혹을 제기하는 역사가들도 있다. 아라곤 왕조가 지배한 왕국들은 모두, 특히 제도적으로 고유한 개성을 유지했다. 이는 총독 제도에서 명확히 나타났다. 아라곤 왕조 치하에서 총독은 영토를 통치하는 권한만이 아니라 공동 군주의 의지 및 권력과의 연결 지점이기도 했다. 그러나 대부분의 역사가들은 아라곤 왕조 때 무엇보다도 이탈리아가 국제 시장에 긍정적으로 개입했고, 경제 발전에 유리한 경향을 보였다는 사실을 인지했다. 이러한 경향은 오랫동안 위기의 시기였던 17세기에서야 부정적인 역행 현상을 보였다. 특히 나폴리 왕국에서 알폰소 5세는 직물 분야를 장려하면서 산업 발전 정책을 폈다. 이를테면 풀리아에서 양에 관세를 매겨 사육 체계를 재정비했고, 농업의 상업화 및 개간 방법을 재정비했고, 강인한 시민들을 통해 전체적인 무역망을 재조직했다. **국제 시장을 향하여**

아라곤 왕조의 지배와 남부 사회의 관계는 훨씬 복잡했다. 최근의 역사학자들은 이탈리아 남부 왕국에서 펼쳐진 아라곤 왕조의 사회 정책이 기존의 세력 관계를 명확히 인식한 결과라고 말한다. 봉건 귀족인 남작과 왕조 간의 상호 합의, 말하자면 특권 및 이해관계를 상호 존중한 일종의 역사적 타협이 있었다. 그렇다고 해서 봉건제의 저항이 없었던 것은 아니다. 페르디난도 1세 치하에서 두 번의 반란이 일어났는데, 첫 번째는 1459-1464년이었다. 그보다 심각했으며 역사적으로는 남작들의 음모로 알려진 두 번째 반란은 1485년에 일어났다. 이는 이듬해 왕의 승리로 끝났다.

남작들의 음모는 왕에게 매우 심각한 정치적 위기였다. 여기 가담한 귀족들 중 유명 인물로는 살레르노의 안토넬로 산세베리노(1458-1499), 사르노 백작이자 갑부사업가였던 프란체스코 코폴라(약 1484-1487), 그리고 왕의 서기관이었던 안토넬로 **남작들의 음모**

페트루치(1420-1487) 등이 있었다. 그러나 이들의 음모를 막을 전략이 왕의 측근이
자 인문주의자인 조반니 조비아노 폰타노(1429-1503)의 손에 있었다. 첫 번째 단계
에서 남작들의 힘을 알고 있던 왕은 그들을 분열시키는 것을 목적으로 삼았다. 그리
하여 음모에 가담했던 사람들 중에 보다 눈에 띄는 이들을 특별한 방식으로 처벌했
다. 그러나 이탈리아 동맹 정책을 일관적으로 추구하지 않았더라면 반란에 가담한
남작들에 대한 왕의 승리는 불가능했을 것이다. 이 정책은 알폰소 5세가 토대를 마
련하여 페르디난도 1세가 폰타노의 충고를 토대로 발전시킨, 목적을 이루기 위해 추
진한 정책이었다. 다시 말해 밀라노, 피렌체, 나폴리의 동맹으로, 특히 반란에 가담
한 남작들을 위해 베네치아와 교황청의 개입을 막았던 로렌초 데 메디치(1449-1492)
의 외교 활동이 두드러졌다. 남작들의 전쟁은 '이탈리아의 저울', 즉 균형 원칙 덕분
에 왕에게 유리한 결과를 가져왔다.

프랑스-에스파냐
전쟁

　　종합적으로 말하자면 남부에서 아라곤 왕조의 사회 정책 노선은 다음과 같았다.
1) 남작을 반대하고 자치 도시를 장려한다. 2) 봉토 상업화 정책을 장려하고, 봉건제
의 입지를 약화시키기 위해 귀족의 작위 계승의 폭을 확대한다. 3) 수도 귀족과 지방
봉건 귀족 간의 보완을 통해 남작 통치의 변화를 꾀한다. 이후 에스파냐 통치자들도
이와 같은 노선을 따랐다.

나폴리 왕국의 독립의 종말

몇 달 전부터 이탈리아 정복을 위해 침략을 감행했던 샤를 8세(1470-1498)가 1494년
12월 로마에 입성하여 나폴리 왕국을 향해 개선 행진을 이어 갔다. 페르디난도 1세
의 사망으로 그의 아들인 알폰소 2세(1448-1495)가 나폴리 왕국을 통치하다 1495년
에 아들 페르디난도 2세(1467-1496, 페란디노라고도 함)에게 물려주었다. 바로 그해에
샤를 8세가 나폴리 왕국을 정복했으나 페르디난도는 반프랑스 동맹 덕분에 1495년
7월 7일에 나폴리 왕국을 다시 얻었다. 얼마 후 그는 사망했고 숙부인 페데리코
(1451-1504)가 페데리코 1세로 왕좌를 받았다. 그는 프랑스, 에스파냐, 이탈리아 소
국 간의 휴전 협정에 서명한 후 1497년에 카푸아에서 대관식을 거행했다. 1498년
샤를 8세가 사망하고 그를 계승한 루이 12세(1462-1515)가 1499년에 밀라노를 정
복했다. 2년 후에 나폴리 왕국은 프랑스와 에스파냐의 지배를 받았다. 이제 나폴리
왕국의 운명은 거대한 국제 정치의 흐름에 따라 결정되었고 영토 분할은 불안정했

다. 에스파냐 왕 페르난도 2세(1452-1516)에게 나폴리는 매우 중요했다. 이사벨 1세
(1451-1504)와 결혼했을 때부터 지중해를 선택했던 자신의 전략에서 나폴리가 중요
했기 때문이다. 그러므로 프랑스와 에스파냐의 전쟁이 불가피했다. 에스파냐 군대
의 대혁신이라 할 테르시오tercio(공격형 방진*)로 카스티야 보병을 조직한 덕분에 에
스파냐가 1503년에 전쟁에서 승리했다. 일반적인 세계사를 살펴볼 때, 이는 마케도
니아 방진이나 로마 전략 군단의 탄생과 유사하다. 이로써 외세의 나폴리 왕국에 대
한 지배가 시작되었다. 이는 1707년까지 2백 년 넘게 지속되었다.

| 다음을 참고하라 |
역사 지중해의 아라곤 왕국(30쪽); 프랑스 왕국(71쪽); 이베리아 반도(127쪽)

비잔티움 제국과 팔라이올로고스 왕조: 멸망이 임박한 제국
| 토마소 브라치니Tommaso Braccini |

서방 교회에 매우 적대적인 종교 진영이 유럽 강대국의 도움으로 오스만 제국의 지배에
대적하려 했던 시도는 콘스탄티노플 궁정의 분위기상 공감을 얻지 못했다. 종교 분열이
다시 시작된 것을 우호적으로 바라보는 엘리트 계층이 있던 반면에 또 다른 엘리트
계층은 오스만 제국에 영향을 주어 비잔티움 제국의 전통적인 행정 구조에 오스만
제국이 동화될 수 있음을 높이 평가하면서, 이것이 오스만 제국과의 평화로운 공존을
유지할 수 있는 기회로 생각했다.

서유럽과의 합의 시도: 논쟁 상황

비잔티움 제국의 정세가 더욱 절망적인 상황으로 치닫자 일부 엘리트 계층과 제국의
여러 인사들이 이때 라틴 사람들과 꼭 합의해야 한다고 주장하기 시작했다. 처음부
터 화해의 목적이 명확했던 것에서 보듯, 이와 같은 접근이 외교 협정을 통해서만 가
능했던 것은 아니다. 서유럽이 동방을 우호적인 시선으로 바라보고, 동방을 보호하
고 도움을 주고, 마침내 종교 분열의 불명예에서 벗어나 로마 교황청과 공동체가 되

기 위해서 말이다. 그러므로 필리오케Filioque(성자로부터*), 교황 최고권, 무교병無酵餠, 연옥의 문제와 같은 해묵은 논쟁이 형식과 신학의 단계에서 진행되었다. 많은 황제와 비잔티움 고관대작의 입장에서 볼 때는 불쾌하더라도 이것이 현실 정치Realpolitik에서 의 단순한 문제였음을 쉽게 알 수 있다. 이는 자국에 남아 있는 것을 구하기 위해 지불해야 할 피할 수 없는 일종의 세금이었다. 무엇보다 그리스 정교회의 목적은 그와 같은 수단을 정당화하는 것이 아니었다. 일반적으로 백성은 교회와 의견이 동일했다. 반면에 종교와 정치가 협력을 위해 결합하기는 무척이나 어려웠다. 오히려 또 다른 비잔티움 엘리트층의 입지를 강화하면서 애초에 그것을 주장했던 자들에 반대하는 결과가 나왔다. 이들은 황궁 안에서도 정반대의 입장에서 편견 없는 태도를 유지했지 **서방에 대한 불신** 만, 항상 오스만 제국에 대해 더 큰 호의를 보였다. 이들이 서유럽에 대한, 특히 상인들에 대한 반감과 불신 혹은 체념을 보였기 때문이거니와 오스만 제국의 지배가 비잔티움 제국의 행정 및 이데올로기 구조와 더욱 유사하고, 보다 많은 영향을 받을 것이라는 인식이 있었기 때문이다.

서유럽과의 협력 시도: 사건

이미 1274년에 미카엘 8세 팔라이올로고스(1224-1282)가 리옹 공의회에서 승인된 단합을 제기했지만 소용없었다. 그것은 교황과 황제의 정치적인 조약이나 다름없었고, 그리스 정교회는 거의 참여하지 않았다. 교황청과의 새로운 조약이 자주 논의되었지만 미카엘 8세의 후계자들은 더욱 신중했다. 요하네스 5세(1332-1391)는 부담을 덜고자 교회 분열을 재정리하기 위해 교황청과의 새로운 협상을 시작하려고 했고, 모험심 넘치는 '초록 백작'(초록색 의상을 즐겨 입어 붙은 별칭*) 사보이의 아메데 **제국 내부의 불화** 오 4세(1334-1383)가 이끄는 십자군 파견(1366-1367)을 얻어 냈다. 팔라이올로고스 가문과 친척 관계였던 아메데오는 오스만 제국으로부터 단숨에 갈리폴리를 빼앗음으로써 비잔티움 제국에게 흑해 주변의 몇몇 도시를 돌려줄 수 있었다. 그러나 함께 파견되었던 교황의 특사는 교회 통합에 대해 협상을 진행하려고 했고, 그로 인해 모든 군사적 행동이 중단될 수밖에 없었다. 콘스탄티노플에서 만국 공의회를 열자는 제안은 수용되지 않았다. 1369년에 요하네스 5세는 로마로 가서 지극히 개인적인 자격으로 개종해야 했다. 그의 계획은 또다시 허사로 돌아갔고, 제국에 손해만줄 뿐이었다. 콘스탄티노플에서 섭정자로 남아 있던 안드로니코스 4세(1348-1385)

는 아버지 요하네스 5세를 향해 반란을 일으켰지만 아버지 옆에는 또 다른 아들 마누엘 2세(1350-1425)가 있었다. 상황에 따라 원인은 달랐지만 오랫동안 내전이 수없이 발발했고, 오스만 제국, 제노바, 베네치아는 그런 전쟁을 또다시 이용했다. 마침내 1391년에 마누엘 2세가 안정적으로 왕에 올랐다. 하지만 그는 술탄의 신하로서 그리스도교 영토에 대항한 전장에서 자주 술탄을 수행해야 했기에 오스만 제국이 발칸 반도를 넘어 세력을 넓히는 것을 볼 수 있었다. 발칸 반도는 펠로폰네소스 반도까지 수많은 소국으로 분할되어 있었고, 이탈리아 군주들도 그곳에서 그들의 잔인함을 알 수 있었다. 서유럽은 닥쳐올 위협을 충분히 인식하기 시작했다. 대부분이 프랑스인과 헝가리인들로 구성된(더구나 나쁘게 합쳐진) 십자군이 조직되었으나 1396년 니코폴에서 대패했다. 비잔티움 군주들은 이와 같은 고통스러운 결과로 인해 이탈리아, 프랑스, 잉글랜드에 도움을 요청했다. 마누엘 2세는 1399년에 베네치아로 향해 오랫동안 런던과 파리에 머물렀다. 정치적인 관점에서 보자면 모든 것이 소용없었으나 문화적인 관점에 보면 동방과 그리스식 문화에 대한 관심이 점차 커지는 첫 씨앗이 던져진 셈이었다. 그리스식 문화는 이후 유럽 사회에 놀라운 결실을 안긴다. 콘스탄티노플의 함락이 임박한 듯 보였지만 1402년 동방의 끝에서 뜻하지 않게 해성처럼 등장한 티무르Timur(1336-1405)가 앙고라 전투에서 오스만 제국을 격파했다. 포로로 잡힌 바예지드 1세Bayezid I(약 1354-1403)가 추방되자마자 그의 자식들은 불화를 겪었으며, 다른 세력들이 한 번 정도 그 틈을 이용하기도 했다. 1421년에 예측대로 무라드 2세Murad II(1404-1451)가 술탄의 자리에 오르자 터키인들이 또다시 유럽의 국경을 위협하기 시작하여 거침없는 진군을 재개했다. 1425년에 마누엘 2세가 사망하자 황제 자리에 오른 아들 요안니스 8세(1394-1448)의 왕국은 경제적으로 더욱 허약했다. 그는 제국의 군주들이 남아 있는 얼마 안 되는 영토를 다시 분할했기에 (1423년 테살로니카는 베네치아에 양도되었다) 만신창이가 된 제국을 맡았다. 비록 펠로폰네소스 반도 전체를 아우른 것은 아니었지만, 비잔티움 제국 소유의 모레아(펠로폰네소스 반도*)가 세 황제의 손을 거쳐 사라지고 말았다(전제국의 군주였던 테오도루스 2세 팔라이올로고스, 콘스탄티누스 11세, 토마스).

오스만 제국의
위협

피렌체 공의회 및 바르나 십자군

나이가 들어 환상에서 벗어난 마누엘 2세는 아들에게 터키군에게 겁을 줄 목적으로

만 공의회를 이용해야지 결코 공의회 조직을 허용하지 말라고 경고한 바 있다. 공의회는 틀림없이 실패할 것이고, 결과적으로 비잔티움 제국의 운명이 결정될 것이라고 말이다. 그러나 요안니스 8세는 아버지의 충고를 듣지 않았으며, 일찌감치 교황 에우제니오 4세(1383-1447, 1431년부터 교황)와 교회 통합을 위한 일련의 협상을 시작했다. 1437년에 요안니스 8세와, 성격이 불안정안 그의 형제 데메트리오스(?-1471), 그리고 막대한 무리의 고위 성직자들(노쇠한 총대주교 콘스탄티노플의 요제프 2세[약 1360-1439]에 이어 젊고 야심만만한 베사리온[1403-1472], 철학자 게미스토스 플레톤[약 1355-1452]도 동행한 문학가 무리들에 이르기까지)이 베네치아로 가는 배를 탔으며, 베네치아에서 페라라로 이동했다. 공의회는 처음에는 페라라에서 열릴 계획이었지만 이후 피렌체로 옮겼다. 한편으로는 한 치의 양보도 없이 열렬히 그리스 정교를 옹호했던 에페수스의 마르코(약 1392-1445)가 자리 잡았고, 다른 한편으로는 총명한 베사리온이 있었다. 베사리온은 진실한 개종을 통해서 혹은 타당한 논리로, 최근에 인정된 것처럼, 공평한 정치적 계산을 통한 교회 통합주의의 진정한 주창자이자 대변자였다. 아무튼 1439년 7월 6일, 마침내 그리스 정교와 그리스도교의 통합이 선언되었다. 그리스 정교도인들은 그들의 의례는 보존할 수 있었지만 나머지는 모두 양보해야 했다. 그들은 즉시 고향으로 돌아갔다. 피렌체 공의회 운동은 내부적으로 큰 재난을 불러일으켰다. 마르코는 처절한 그리스도교 반대 운동의 선봉에 섰다. 서명자들 중 다수가 협상을 취소했으며 여러 그리스 정교회의 군주들(특히 모스크바 군주인 바실리 2세Vasily II[1415-1462])이 격분하여 콘스탄티노플과 절연했다. 에우제니오 4세가 터키군에 대항할 대규모 십자군 파견대를 달래 가며 준비했다. 세르비아, 폴란드, 헝가리 군대가 참여했다. 처음에는 몇 번 승리를 거두기도 했지만 1444년에 바르나 근처인 현재의 불가리아에서 대패했다. 터키군으로부터 발칸 반도를 해방시키기 위해 서유럽이 조직했던 탐험대가 이번이 마지막은 아니었지만 이번의 파멸적인 결과는 오랫동안 십자군 파견을 막는 구실이 되었다.

이제 비잔티움 제국의 운명이 정해졌다. (수도 외에) 유일하게 남은 영토인 모레아는 상대적으로 번영을 누리고 있었지만 1446년에 터키군에 의해 혹독하게 파괴되었다. 터키군은 코린트 지협을 닫는 헥사밀리온 성벽을 손쉽게 파괴했다. 지난 시절 비잔티움 군주들이 실속 없이 많은 자원을 투자했던 성벽이었다. 3년 후 요안니스 8세가 후사 없이 사망하자 마누엘 2세가 정한 왕위 계승의 원칙에 따라 선왕의 아들인

에페수스의 마르코와 베사리온

모레아의 파괴

콘스탄티누스 11세(1405-1453)가 황제가 되었으며, 새 황제는 유령의 도시 콘스탄티노플로 이사했다. 그는 비잔티움 제국의 마지막 황제였다.

| **다음을 참고하라** |
역사 오스만 제국(151쪽)

오스만 제국

| 파브리치오 마스트로마르티노 |

바예지드 1세의 팽창 정책에 강력한 힘을 지닌 몽골 제국이 반발했다. 오스만 제국이 티무르의 군대에 패배함으로써 잠깐의 정치적 불안정기가 있었고, 그 틈을 타서 몽골 제국이 급성장했다. 그러나 연이어 등장한 술탄들이 새롭게 명성을 높인 덕에 오스만 제국의 힘이 다시 강해졌다. 마침내 비잔티움 제국의 콘스탄티노플을 정복할 정도로 최고점에 이르렀다. 이제 콘스탄티노플은 오스만 제국의 새로운 수도이자, 제국의 위세와 문화가 발전하는 중심지가 되었다.

몽골 제국의 개입과 바예지드의 죽음

오스만 제국은 서유럽을 향해 거침없이 진군하고, 소아시아에서 힘겹게나마 패권을 장악하고 있었지만 15세기 초에 티무르(1336-1405)가 이끄는 몽골군의 개입으로 정국이 혼란스러워졌다. 티무르는 1380년부터 근처 페르시아 지역을 통치했으며, 1400년 초반에는 바그다드를 정복했다. 1백 년 이상 전, 그러니까 13세기 말에 몽골이 아나톨리아를 침입하여 초토화시켰을 때 붕괴된 룸 셀주크 왕국(로마령에 속한 셀주크 왕국*)에서 발생했던 일이 오스만 제국에서 또다시 반복되는 듯했다.

오스만 제국의 술탄 바예지드 1세(약 1354-1403)는 14세기의 마지막 10년간 카라만 공국의 저항을 물리치면서 동방을 향해 영토를 확장했다. 그의 팽창주의적인 야망은 과거 일 한국에 속했던 지역에서 오스만투르크가 자신들의 통행을 방해하는 것을 성가시게 생각했던 몽골 세력의 관심을 불러일으켰다. 티무르는 술탄의 권위에 항복한 터키 공국 군주들의 재촉으로 아나톨리아에 입성하여 시바스Sivas를 점령했으며, 이슬람 가지ghazi 형제단 소속 병사들의 변절로 힘이 약해진 오스만 제국의 군대를 손쉽게 물리쳤다. 가지 병사들은 유럽에 대한 술탄의 태도 및 엄격한 이슬람교와는 거리가 먼 그의 방식에 항의했다. 그러나 2년 후 앙카라에서 오스만 제국이 패배한 것이 더욱 심각한 일이었다. 이 전투에서 바예지드는 포로가 되었고, 같은 해 수도 부르사가 약탈당했다. 이듬해 바예지드가 몽골 감옥에서 사망하면서 오스만 제국은 결정적인 위기를 맞았다.

앙카라에서의 패배 (여백 주석)

오스만 제국의 잠시 동안의 위기

바예지드 1세의 사망 후에 어려운 순간이 있었지만 오스만 제국은 금방 위기에서 벗어났다. 또 소아시아에서 크게 손실을 입고 패배했지만 그것에서도 벗어났다. 소아시아에서 오스만 제국의 영토는 티무르가 해방시킨 지역만큼 축소되었지만, 터키 군주들은 다시 독립을 얻었다. 오스만 제국은 부르사 지역인 비티니아Bithynia 만을 보유했다. 비티니아는 어림잡아 원래 오스만 공국의 영토와 일치했다. 그와 다르게 오스만 제국의 서쪽 지방은 술탄의 권력에 복종했는데, 의심할 여지없이 충성했으나 아마도 그가 거느린 강한 군대를 두려워하는 마음이 은연중에 있었을 것이다.

불안한 정치적 공백기 (여백 주석)

바예지드 사망 후 자식들 간의 왕위 계승 분쟁으로 정치적 공백 기간이 있어 10년의 불안정기가 있었음에도 오스만 제국은 붕괴되지 않았다. 14세기에 쌓아 둔 명성 덕분에 심각하게 쇠퇴했던 이 시기를 무사히 넘길 수 있었다. 무엇보다도 위기를 맞은 오스만 제국에 대해 지나치게 수동적인 태도를 보인 그리스도교 왕국들이 당시 혼란에 빠져 있었기 때문이다.

1413년에 가지 형제단 전사들이 정통파의 전통과 관습을 존중하여 자발적으로 지지해 준 덕분에 바예지드의 아들인 메흐메트 1세(1389-1421)가 제국의 권력을 다시 통합할 수 있었다. 새로운 술탄은 이전 10년간 권력에 위기를 맞아 부분적으로 예속 관계가 중단되었던 세르비아 및 불가리아를 다시 통합한 다음 화합 정책을 폈다. 그리하여 오스만 제국은 아나톨리아 반도에 위치한 대부분의 터키 공국을 발전적인 방향으로 통제하게 되었다.

오스만 제국의 부흥

오스만 제국의 권력은 메흐메트 1세의 후계자인 무라드 2세(1404-1451)가 집권했던 20년 동안 왕성하게 재탄생했으며, 14세기에 얻었던 위대한 명성을 회복했다. 그와 더불어 전쟁에서 수없이 승리했고, 외교적인 중재 및 타협을 통한 정책을 폈기에 강력한 위치를 견지할 수 있었다.

무라드 2세는 메흐메트 1세가 시작했던 아나톨리아에서의 오스만 세력의 회복을 신속히 끝내면서 모든 터키 공국을 다시 혼합했다. 카라만 왕국과 칸다르 왕국은 제외되었는데, 두 왕국은 나름의 자율성을 유지했지만 많은 공물을 오스만 제국에 헌납해야 했다. 이후 그는 발칸 지역에서 일어난 반란들을 물리쳤고, 1424년에는 비잔티움과 협약을 체결했다. 협약에 의해 동로마 제국은 나라의 크기가 수도만큼 축소되었다. 그러나 협상이라는 말에 만족하지 못한 무라드 2세는 콘스탄티노플을 공격했으며, 짧은 시간에 비잔티움으로부터 막대한 공물을 얻어 냈다. 1432년에는 베네치아와 평화 조약을 맺으면서 화합 정책을 폈다. 이 조약을 통해 베네치아 왕은 무역특권을 얻는 대신 술탄에게 공물을 제공해야 했다. 덕분에 베네치아 상인은 오스만 제국의 영토에서 최초로 권력을 누렸다.

이후 무라드 2세는 대규모 군사 작전을 펼치기 시작했는데, 이는 10년 정도 걸렸다. 이 시기 터키 권력의 중요한 적은 세르비아 지역의 풍부한 광산을 두고 경쟁했던 헝가리 왕국이었다. 무라드 2세는 헝가리의 주장을 묵살하기 위해 우선 발칸 반도에 개입하여 알바니아 전 지역을 종속시켰으며, 이윽고 위풍당당한 파견대를 직접 헝가리로 인솔했다. 오스만 제국의 공격을 받은 헝가리 백성들이 스칸데르베그(1405-1468)와 후녀디 야노시(1387-1456)와 같은 카리스마 넘치는 인물들 주변으로 결집하여 강하게 저항했기에 처음에는 오스만 제국의 진군을 멈출 수 있을 듯했다. 그러나 불과 몇 년 만에 오스만 제국이 동유럽에서 논란의 여지가 없는 우월성을 증명하면서 무적의 제국임을 다시 한 번 보여 주었다. 서유럽 왕국 군대들에게는 지지받았지만 베네치아와 세르비아로부터 버림받았던 헝가리 군대는 1444년에 바르나에서 전멸당했다. 서유럽 군대가 또다시 패배하자 오스만 제국에 대항하는 십자군에 결집하려는 노력도 사라졌다. 몇 년 후인 1448년에 오스만 제국은 코소보에서 알바니아의 저항을 물리치면서 발칸 반도에서 제국의 위업을 최종적으로 회복했다. 무라드 2세는 발칸 반도에서 오스만 제국의 관리들이 직접 통제하는 행정 체계를 만들기

무라드 2세와
오스만의 부흥

시작했다. 이와 같은 제국의 황금기 덕분에 농산물이 우세했던 국내 무역 및 베네치아와 제노바 상인들이 통제하고 부르사가 주도하는 수출 산업이 성장했다. 부르사는 비단 시장의 수도였던 셈이다. 부가 증가하고 놀라운 정도로 전쟁에서 거듭 승리를 거두자 그리스도교 출신의 터키 황제 근위병의 사회적 지위가 올라갔고, 과거 오스만 제국의 귀족들은 점차 국가 지배층에서 배제되었다. 이렇듯 조용한 사회 혁명으로 제국은 철저히 재조직되었으며, 비잔티움 제국의 문화를 새롭게 수혈받았다. 중부 유럽 및 서부 유럽 왕국의 문명과 오스만 제국의 정치 문명이 본질적으로 혼합되어 있었음을 다시 한 번 확인시켜 준다. 무라드 2세는 제국을 재결합하는 거대 작업을 시작하면서 카눈 나메kānūnnāmeh로 유명한 총체적인 법전에 유명 인사들의 임무와 위계질서의 세심한 규칙까지 나열해 두었다.

오스만 제국의
끊임없는 승리

정점에 오른 오스만 제국의 위세: 비잔티움 정복

무라드 2세와 함께 다시 태어난 오스만 제국의 위력은 1453년에 새로운 술탄 메흐메트 2세(1432-1481)가 콘스탄티노플을 정복하면서 정점을 찍었다. 몇 달간의 공격으로 콘스탄티노플은 함락되었고, 며칠 동안 약탈당했다. 메흐메트 2세는 콘스탄티노플에 거주하던 그리스 주민들을 쫓아내고, 아나톨리아 출신의 투르크 종족으로 대체했다. 다만 그리스 정교 출신의 소수 종파에게는 도시에 머무는 것을 허락했는데, 이들은 공동체의 자율성을 인정받는 대신 술탄에게 상당한 공물을 바쳐야 했다. 이렇게 해서 이들 소수 종파는 자신만의 사회적, 종교적 관습을 보존할 수 있었다.

떠들썩한 성공에 힘입은 메흐메트 2세가 발칸 반도와 에게 해 제도에 또다시 파견대를 보내기 시작하면서 명실공히 이 지역 무역로의 주인이었던 베네치아와 일찌감치 갈등하게 되었다. 거의 20년간 지속되었던 베네치아와의 오랜 전쟁 때문에 과거의 평화 조약이 종결되었다. 이 조약에 따르면 베네치아는 오스만 제국의 영토에서 무역 특권을 누리는 대신 매년 공물을 헌납하고, 베네치아와 경쟁했던 알바니아 영토를 술탄에게 양도해야 했다. 메흐메트 2세는 전장에서 줄곧 막대한 승리를 거두었고, 이것으로 동유럽에서 오스만 제국이 최고의 위력을 자랑하는 단초가 마련되었다. 그리하여 오스만 제국의 황제들은 4백 년간 동유럽을 손쉽게 지배할 수 있다.

제국의 국경선에 위치한 카라만 공국 전체를 합병함으로써 오스만 제국이 소아시아에서도 결국 성공했음을 알 수 있다. 새로운 수도 이스탄불에 거주하는 이탈리아

새로운 수도
이스탄불

상인들이 대부분 통제했지만, 가장 중요한 국고 자원은 무역이었다. 이스탄불은 이내 거대한 중심 도시가 되었으며, 활발한 무역의 교차점이자 이슬람만이 아니라 서양 문명을 위해서도 기준이 되는 문화 중심지가 되었다.

메흐메트 2세는 군대의 성공 외에도 무엇보다 술탄이 굳건하게 소유하고 있는 발칸 반도의 광산 개발과 신하와 속국들에 부과한 강한 재정적 압박을 통해서도 막대한 부를 쌓은 덕에 제국 전 지방에 오스만 제국의 지배력를 견고하게 펼칠 수 있었고, 이 지배 구조는 바예지드 2세(약 1448-1512)가 완수했다. 그러나 그는 터키 귀족과 황제 근위병의 내전에 직면했는데, 이들은 조세 증가 때문에 충돌하고 있었다. 바예지드 2세는 보다 공평한 조세 제도를 계획했는데, 이를 통해 모든 신하에게 동일한 세금을 부과하여 군대 경비를 충당하도록 했다. 그밖에 1492년에는 에스파냐 왕국에서 축출되었던 유대인들이 다시 정착할 수 있도록 장려하면서 무역량 증가를 위한 단초를 마련했다.

| 다음을 참고하라 |
역사 콘스탄티노플의 몰락(35쪽); 헝가리(109쪽); 비잔티움 제국과 팔라이올로고스 왕조: 멸망이 임박한 제국(147쪽); 유대인(217쪽)

경제

STORIA

인구의 증가와 경제 발전

| 발도 다리엔초Valdo d'Arienzo |

15세기의 유럽 인구 통계사에서 1347년에 발발한 악명 높은 '흑사병'은 강한 흔적을
남겼으며, 경제 전반에 부정적인 결과를 낳았다. 당시 모든 생산 분야가 변하고
있었기에 경제가 성장할 수 없었다. 신흥 시장이 생기면서 점차 보다 많은 공간을
요구했는데, 이것은 봉건제가 보장할 수 없는 것이었다.

인구와 생산

중세 인구 통계학 연구에서의 중요 전제는 그럴싸한 평가를 가능하게 하는 자료가
없다는 점이다. 그러나 최근의 연구는, 적어도 일반적인 경향에서 보자면, 어떤 식으
로든 신뢰할 만한 현실적인 가정을 제시하려고 한다.

일련의 평가를 고려하고 또 인구와 직간접적으로 관련된 많은 현상에 집중해서
보면 11-13세기에 유럽 인구 곡선이 급상승했으리라 추정할 수 있다. 새로운 토지를
경작하고 성城과 마을을 세우면서 도시와 유사한 환경이 조성되었고, 다른 도시들보
다 유서 깊고 규모가 큰 도시의 성벽과 경계가 확장되었던 것이 매우 중요한 징후다.
이들을 통해 대략 2백 년 동안 유럽 전 지역에서 인구가 증가했음을 알 수 있다. 그러

나 이러한 상황은 13세기 초에 중단되었다. 과거의 농업 방식으로는 인구 증가로 인한 상품의 요구에 부합할 수가 없었다. 더구나 농산물, 영양 공급의 질, 그리고 인구 증가 사이의 긴밀한 관계는 빈곤-전염병-빈곤의 주기를 결정했다. 이것은 산업화 이전의 경제-인구 주기와 달랐다. 이 관계는 본 장에서 논의하는 현상을 이해하기 위해 제일 중요한 전제다.

점증하는 요구

흑사병과 인구 위기

상황을 매우 복잡하게 만든 것은 흑사병의 확산이었다. 그중에서도 1347년에 발생한 소위 '흑사병'의 확산이었다. 이로 인해 유럽 인구는 오랫동안 변화를 겪어야 했다. 처음 예상했던 것과는 반대로 치유가 불가능한 전염병이 발생했고 그것이 전파된 결과가 이후 수십 년간 확연하게 드러났다. 시간이 가면서 생존자들이 병을 극복하긴 했으나 몸은 더욱 허약해졌고, 흑사병이 14세기 중반부터 또 15세기 초반에도 유럽에서 급격한 주기를 보이며 반복해서 나타났기 때문에 이것은 이미 불안정한 인구 균형에 더욱 나쁜 영향을 미쳤다. 가령 빈곤으로 인체가 유기적으로 쇠약해졌고, 다음 세대에도 부정적인 영향을 주었을 것이다. 1308-1318년의 '대大빈곤'으로 인구가 더욱 감소한 것에서 확인할 수 있다. 사람들은 흑사병에 더욱 많이 노출되었으며, 결과적으로 질병에 대한 저항력이 더욱 약해졌다. 양적으로 확실한 정보를 얻을 수는 없지만, 1347년의 흑사병과 연속해서 발생한 흑사병에 대해 당시 혹은 이후의 문학 서적들이 폭넓게 기술하고 있음을 살펴야 한다. 이와 같은 저술들로 당시 유럽 역사의 보다 확실한 장면을 재현할 수 있다. 피렌체 대학의 인구 통계학 교수인 마시모 리비 바치(1936-)가 제안한 보다 설득력 있는 평가에 따르자면 14세기 초반의 유럽 인구는 1억-1억1천 만 명이었다가 15세기 초반에는 8천 만 명으로 줄었다. 반면 15세기 말에는 14세기와 거의 동일한 수준으로 증가했다. 수차례 반복해서 덮친 흑사병 외에도 백년전쟁처럼 온 유럽이 휘말렸던 전쟁 때문에 손실된 인구를 회복하는 데는 1백 년이 걸렸다.

대빈곤

　　14세기와 15세기의 위기가 전염병, 그러니까 높은 사망률 때문인지 아니면 출생률의 감소 때문인지에 대해서는 아직도 학자들 사이에 의견이 분분하다는 점을 기억해야 할 것이다. 아무튼 많은 사람이 대량으로 사망했기에 인구 곡선이 더욱 밑으로 내려가면서 '자연스럽게' 출생률이 감소했던 것은 확실하다. 이 치명적인 전염병의 유아사망률 공격을 받은 층이 주로 아동이었던 점, 그러므로 내려간 출생률이 다시 상승하려면 적어도 한 세대 혹은 두 세대가 지나야 했다는 점도 고려해야 한다.

경제 위기: 새로운 인구 균형

인구 곡선이 하향하자 또 다른 요인들과 더불어 경제 위기가 닥쳤다. 이러한 현상은 15세기 내내 계속되었고, 경제는 점차 하향 곡선을 그리다가 결국 정체 상태에 이르렀다. 그러나 역사서들은 위기crisi라는 말이 본래 낡은 균형이 붕괴되고 더욱 근대적인 경제 형태로 변화하는 과정으로 인지된다는 점을 명확하게 보여 준다. 봉건제는 11-14세기에 크게 발전했던 경제적, 사회적 균형을 보장하지 못했다. 봉건제의 위기가 유럽의 다양한 지역에서, 다른 방식으로, 다른 시대에 나타났음을 고려한다 해도 말이다.

농업에서 새로운 땅을 경작하는 과정이 중단되면서 경작물과 귀족의 지대가 감소했고 결과적으로 농업에 대한 투자가 줄었다. 이전 시대에 시작되었던 도시-농촌 역학 관계의 균형이 깨졌으며, 시장의 구조에 따라 농사일이 달라졌다.

그러나 수공업에서는 생산 주기에서 진행했던 기술 혁신이 중단되면서 제조업이 쇠퇴했다. 이와 같은 상황에서 협동조합 체제가 쇠퇴하는 첫 징후가 나타났으며, 협동조합의 몰락 17세기가 되면 전면적으로 확연히 드러났다. 사실 15세기 협동조합들은 그때까지 달성한 위치를 방어하는 것에만 주력했지 내부적인 노동관계나 새로운 기술의 점진적인 도입 혹은 제조 기계는 개선하려고 하지 않았다.

마지막으로 상업에서는 경쟁자들이 늘어나면서 상인의 수가 증가했다. 그러나 이 같은 동력이 수공업 협동조합의 태도 때문에 불가피하게 힘을 잃었다. 당시에는 협동조합이 제조업의 발전 지표를 보여 주는 중요 수단이었기 때문이다. 결과적으로 비용이 증가했고 이윤은 감소했기에 상업이 쇠퇴했다.

| 다음을 참고하라 |
역사 농업과 목축업(159쪽); 도시(166쪽); 해상 교통과 항구(170쪽)

농업과 목축업

| 카티아 디 지롤라모 |

14세기는 위기의 시기였지만 그렇다고 농촌 생활이 하루아침에 중단된 것이 아니라
변화한 상황에 재적응하는 과정도 함께 이루어졌다. 15세기 중반 즈음에 이미 재개되어
있었음을 감지할 수 있다. 농작물 재배가 크게 발전했던 것은 새로운 상황, 그러니까
일부 토지가 농지로 다시 전환된 것과 목축업이 보다 많이 확산된 것 등이 주요
요인이었다. 이것은 지역에 따라서 또 특성과 양상 및 실행 시기에 따라서
매우 차별적인 방식으로 실행되었다.

위기로 인한 충격

15세기에 농촌 사회는 인구 위기로 인한 무질서에서 아직 벗어나지 못하고 있었다.
생산 구조와 소유관계 및 노동 기술이 새롭게ex novo 재구성된 것이 아니었음에도,
위기 상황을 뛰어넘을 수 있을 정도로 여러 대규모 토지 소유자들과, 준비된 행정관
들과 질서 정연한 문서 보관소 덕에 대부분의 토지 소유권 중 많은 권리가 살아남아
있었기 때문이다.

15세기 초기 수십 년 동안의 심각한 빈곤 상황이 끝나자 인구가 늘기 시작했고,
국가 건설이 진행되면서 정치적으로도 더욱 안정되었기에 토지 소유권(모두 귀족의
소유는 아니었지만)은 다시 늘어나기 시작했다. 수입은 지난 세기에 비해 여전이 저조
했음에도 말이다.

새로운 개척지와 노동관계의 변화

인구수가 증가하면서 상황이 변했으며, 버려진 땅을 다시 경작해야 했다.

처음에 가치가 높았던 땅은 과거에 더 많은 이익을 주었던 땅이다. 가령 일드프랑
스나 이탈리아 북부 지역이 그러했다. 다시 말해 상업화할 수 있는 가능성이 있어야
지주들의 안정적인 선택을 받을 수 있었기에 도시 시장에 지리적으로 가까운 것도
중요한 요소였다. 15세기 말경에는 중심에서 벗어난 주변부 지역까지 경작되기도
했으며 때로는 고작 몇 십 년 만에 새로운 농지가 만들어지기도 했다.

종종 농민들이 고가의 수확물을 얻기 위해 몰려들었는데, 이들은 높은 임금을 받

았다. 또한 세금이 줄었으며, 장기간의 경작 계약을 맺은 덕에 노동자는 안정적인 일자리를 보장받았고 땅이 마구잡이로 황폐해지지 않게 이용할 수 있었다. 귀족들이 농민들을 개별적으로 통제했던 곳에서는, 독일이나 프랑스 혹은 스코틀랜드에서 그랬던 것처럼, 농민들이 농지 경작세를 줄여 달라고 호소했다.

그러나 이와 같은 관리 방식이 늘 한번에 유지된 것도 모든 곳에서 채택된 것도 아니었다. 일부 지주들은 그간 사용하지 않아 폐기되었던 특권을 다시 세우고 다시금 세금을 징수하기 위하여, 말하자면 사람이 아니라 토지를 점유하여 일정한 장소의 거주민에게 모두 확대 가능한 예속 관계를 부과하기 위해 강제권에 의지하기로 했다. 프랑스와 네덜란드에서도 선택했던 이 방법이 에스파냐와 중부와 남부 이탈리아 및 동유럽에서는 보다 일반적이고 안정적으로 시행되었다.

양가적인 관리 방식

한편 소작료를 예전보다 정확하게 징수했고, 체납자 관리를 더욱 엄격하게 했기에 세금 부담이 줄어든 곳에서도 농민의 상황은 악화될 수 있었다. 세금 징수를 예전보다 주의 깊고 조직적으로 관리한 결과였다. 농민에게 부과한 공공 세금도 점차 그와 같은 성격을 띠었다.

중부와 북부 이탈리아는 임대 계약 기간이 연장되었지만 그것과 상반된 농업 회복의 모습을 보여 주었다. 하지만 농촌 노동자의 부담을 덜어 주는 것은 아니었다. 토스카나와 에밀리아 지방의 지주들은 농업 기업을 재조직하기 위해 인구가 급격히 변하는 상황을 이용했으며, 영토를 촘촘한 단위로 나누어 그곳에 농업 기업을 설립한 다음 농가와 기반 시설(개발)을 마련해 주었다. 농지는 계약서를 통해 임대했다. 이 계약서에는 종자와 농기구 및 가축을 제공했지만 농민들에게 안정성은 보장해 주지 않았고(계약 기간이 1-5년이었다), 농민들에게 가혹한 노동을 강요했으며, 특히 수확량의 상당 부분을 양도하도록 했는데, 보통은 절반을 수탈했다(여기서 새로운 계약

소작 제도

에 따라 소작 제도mezzadria라는 말이 생겼다). 지주들은 이렇게 가격 변동(지주들은 재산을 낮게 책정했다)만이 아니라 기간을 길게 잡은 엄격한 계약 규칙을 통해서도 자신들을 보호했다. 그러므로 소작료가 더욱 저렴한 것은 물론이고 재협상을 할 때에도 농민들은 유리한 조건을 내세우지 못했다.

새로운 상품

농촌의 회복을 돕는 방법 중 하나는 곡물 재배 수량을 줄이는 것이었다. 생산자들은

곡물 재배가 도움이 안 됨을 이제야 알았다(공업용 작품 재배 및 과일과 육류로 인한 이익과 비교할 때). 인구가 감소하고 소작농들의 임금이 상대적으로 증가한 뒤에는 더욱 그러했다. 이와 같은 경향은 도시 시장의 영향이 더 크고, 지주 계층에 사업가적 요소가 보다 강하게 나타나는 곳에서 더욱 뚜렷이 나타났다. 이탈리아 중부와 북부의 시골뿐 아니라 잉글랜드와 프랑스의 광활한 지역에서도 그러했다.

곡물을 재배하지 않은 토지에는 다른 작물을 재배했다. 콩과 식물(완두콩, 콩, 살갈퀴), 식용 가능한 뿌리(특히 순무), 사료용 식물 등이다. 천연 섬유 재배에 필요한 공간도 늘어났다. 땅의 상태가 그것에 적합한 곳에서는 필요한 노동력을 보장해 줄 수 있었다. 리넨이 확산되었던 프랑스 모젤 강 계곡의 경우가 그러하다. 포도나무, 올리브, 뽕나무, 쌀, 아마, 사프란, 과실수, 채소도 이탈리아 중부 및 북부 및 프랑스 지역으로 확대되어 재배되었다. **보다 세심해진 토지 이용**

중세 초에는 교환의 어려움 때문에 고려 대상이 아니었고, 중세 중기에는 인구의 지나친 압박 때문에 그 대상이 되지 못했던 소작농이라는 직업에 대한 관심에서 이와 같은 변화의 중요한 측면이 보인다.

사육

곡물 재배를 하지 않는 토지 중에는 가축 사육에 이용된 경우도 있었다. 특히 양은 기후와 전염병에 취약한 탓에 쉽게 손상되는 재산이었다. 가축들은 많은 노동력을 요구하지 않지만 고기, 우유, 버터, 양모, 가죽 등 많은 농산물을 주었다. 그동안 조방농업 및 곡물에 대한 요구가 높았음에도 넓은 농장을 만들기 어려워 목축업이 널리 확산되지 못했다. 그런데 15세기 후반부터 인구 문제가 해결되면서 무엇보다 도시 근교에서 목축업이 도약할 수 있는 조건이 마련되었다. 그곳에서는 육류든 수공예품이든 쉽게 판매되었다.

노르웨이, 덴마크, 폴란드, 헝가리, 네덜란드, 알프스 지역에는 주로 황소 사육이 확산되었다. 그러나 이런 현상을 보여 주는 더욱 확실한 측면은 양 사육과 관련 있었다. 위기를 맞이하기 전인 14-15세기에 이미 양 사육이 보급되었던 잉글랜드에서는 농촌 풍경이 변화할 정도로 양 사육이 발전했다. 곡물 재배를 하던 노지open-fields 및 공유지에 울타리enclosures를 둘렀고, 대부분의 지주들은 이를 통하여 노지를 소유함으로써(농촌 공동체에는 손실을 안기나) 그것을 자신의 토지로 만들 수 있었다. 그리하 **노지에서 울타리 친 땅으로의 이행**

여 노지를 초원으로 만들어 양모 장수나 가축 장수에게 맡겼다. 그것이 농촌 사회에 얼마나 충격을 주었는지는 토머스 모어Thomas More(1478-1535)가 『유토피아Utopia』에서 다음과 같이 언급했을 정도다. "당신네 양떼들이…… 이제는 사나운 식욕을 갖게 되어 사람까지 먹어 치우게 된 것 같습니다. 양떼들이 들과 집과 도시, 모든 것을 삼켜 버립니다." 그러나 오랜 세월 진행된 중세 후기의 사회 변화는 잉글랜드 제조업 발전의 중요한 전제 조건이 되었다. 다른 지역의 운명은 달랐다(피레네 산맥, 에스파냐, 중부 이탈리아, 시칠리아, 사르데냐). 농촌 공동체의 응집력이 약해지면서 양떼가 쉽게 구역을 침범했고, 농촌 서식지가 해체되면서 대토지 소유가 강화되었다.

| 다음을 참고하라 |
역사 광산업과 제조업(162쪽)
과학과 기술 고전과 과학(458쪽)

광산업과 제조업

| 디에고 다비데Diego Davide |

15세기에 기술이 발전한 것은 과학자들이 떠들썩한 발명을 했기 때문이 아니라 수많은 장인이 쉬지 않고 끊임없이 기술을 개선한 결과였다. 즉 그들이 부지런히 실천하고 실험한 결실이었다. 한편으로 이렇듯 총체적인 기술 혁신 운동으로 생산력이 점차 증가했고, 다른 한편으로는 더 많은 자본이 필요해졌다. 그리하여 투자자들이 보다 많이 참여하게 되었고, 직접 일도 하는 중소 실업가는 임금 노동자로 전락했다.

경기 회복: 광산 활동

14세기에 발발한 흑사병과 정치적, 경제적 혼란으로 장기간 침체기가 이어진 결과 상업이 더디게 성장했다. 그러나 15세기 중반부터 경기 회복의 징후가 나타났다. 또다시 광산 탐사의 시기가 시작되었고, 오스트리아 남부 케르텐 주와 티롤 지역에 풍부하게 매장되어 있는 칼라민이 발견되었다. 이용 가능한 광물표가 늘어났으며, 구리를 요구하는 수요도 상당히 늘었다. 칼라민을 발견한 덕에 합금, 놋쇠를 얻게 되었고, 독일과 네덜란드의 많은 지역에서 칼라민이 생산되었다. 독일 지역의 하층토에는 풍부한 귀금속이 매장되어 있었고 스웨덴, 알자스, 발칸 반도에도 상당한 양의 은이 생산되었다. 세르비아, 보스니아의 광산을 채굴하여 광물을 교역한 주체는 주로 라구사 섬의 사람들이었다. 이들은 베네치아가 달마티아 지방의 도시에 한계선을 정한 덕분에 광산을 독점할 수 있었다. 발칸 반도에서 생산한 은을 이탈리아 남부에서 생산한 은과 교환하게 되면서 아라곤 군주들의 궁정에 광상鑛床을 개발하려는 전문 광부들이 도착했다. 이탈리아는 일등 명반석 생산국이었다. 섬유 산업에서 양모를 정련하고 염색하기 위해 명반을 이용했다. 1461년에 치비타베키아 근처 톨파에서 풍부한 명반석 매장 층이 발견되었다. 이탈리아 반도 전체에 석탄 요구 수요와 더불어 철 요구 수요가 늘어났는데, 철은 시민 생활 및 산업에 이용되었고, 석탄은 연료로 이용되었다. 석탄은 프랑스 남부와 중부만이 아니라 잉글랜드 북부와 케르텐 주, 크란스카, 베스트팔렌, 니베르네(현재의 니에브르 데파르트망*), 토스카나, 피에몬테, 동부 피레네 및 에스파냐 바스크 지방에서도 생산되었다. 에스파냐의 알마덴과 이드리야에는 수은을 얻을 수 있는 진사辰砂가 채굴되었다.

이탈리아와 발칸 반도 사이의 활발한 무역

신기술과 새로운 노동 조직

1451년에 요한센 푼켄이 납을 이용하여 은을 함유한 광물에서 은을 분리하는 중요한 기술을 작센 지방에 소개했다. 그 기술로 더욱 깊은 하층토에 위치한 구리 광맥을 발굴하기 위한 배수 및 환풍 시설도 간접적으로 발전했다. 용광로에 공기를 주입하는 풀무에 수력 에너지를 이용함으로써 철을 녹일 정도로 온도를 높일 수 있게 되었으며, 철이 탄소와 접촉하면서 주철의 모양이 만들어졌다. 그리고 주철은 동화된 탄소 함유물의 양을 줄이기 위해 탈탄소 작업에 들어갔다.

　'간접적'이라고 정의 가능한 이와 같은 처리 방법으로 제철술은 새로운 유형의 화로를 제작하는 길로 들어섰다. 벽돌을 5미터 높이로 쌓아 올린 이 용광로 상부에는 광물과 석탄이 들어갔다. 금속은 용광로 밑에 액체 상태로 모이며, 하부에서 밖으로 배출되지만 불은 절대로 꺼지지 않았다. 그러므로 생산력이 증가했고, 가공할 수 있는 금속을 자유로이 처분할 수 있었다. 슈타이어마르크 주의 철 생산량이 네 배로 증가했고, 16세기 중엽에는 연간 8만 톤을 생산했던 것만 봐도 알 수 있다. 수력이나 마력馬力으로 작동하는 기계류의 고정 비용이 증가하자 광부 및 제련공들은 채권자

용광로

들의 도움을 받아야 했다. 대출금과 이자를 상환하지 못할 경우에는 광산의 가치를 다시 평가하여 다른 사람들에게 광산 개발을 맡겼다. 그러므로 자본과 노동의 관계가 단절되었으며, 한때 중소 투자자이자 사업가였던 사람들은 과거에 누렸던 특권을 누리지 못하고 임금 노동자로 전락했고, 새로 등장한 광산 회사 소유자들이 특권을 이어받았다.

제조업: 직물, 인쇄, 건축, 유리

유럽 지역들이 섬유를 비롯하여 염색까지의 1차 원료 공급에서 지나치게 상호의존적인 관계였다는 점이 섬유 산업이 봉착한 더 큰 어려움이었다. 가령 12세기 직물 생산량에서 적수가 없었던 플랑드르 지방은 잉글랜드에서 양모 원료를 들여왔는데, 백년전쟁의 발발로 잉글랜드와 프랑스 간의 무역이 금지되자 이로 인해 섬유 산업이 쇠퇴의 길로 접어들어야 했다. 반면에 이익을 본 국가는 잉글랜드와 이탈리아 반도였다. 잉글랜드는 15세기 중반에 양모 원료의 수출량을 능가하는 상당한 양의 직물을 수출했고, 이탈리아는 유럽 최고급 양모를 공급받고 지중해와 동방의 염색 기술을 보유한 상인 자본 덕에 유럽 내에서 중요한 역할을 담당했다. 더욱 발전한 도시는 코모, 베로나, 베르가모, 브레시아, 몬차, 파비아, 파르마, 토르토나, 노바라 및 토스카나 지방의 프라토, 피사, 루카, 아레초, 피렌체다.

뽕나무 재배   뽕나무(누에 사육에 필요) 재배를 통해 비단 생산에도 성공했다. 방직 기술이 상당 수준에 도달하여 14-15세기에 이탈리아 견사는 레반트 시장에서 동방의 상품과 견줄 정도가 되었다. 독일 몇몇 지역의 생산량이 증가하여 어려움을 겪기도 했으나 이탈리아 퍼스티언fustian 직물 생산량도 늘었으며, 그 작업 시설이 크레모나, 밀라노, 제노바, 사보나, 볼로냐, 리미니 및 토스카나 지역에 남아 있다. 그러나 섬유 산업의 마지막 발전과 성공을 막은 것은 이탈리아 전쟁(1494-1559)이었다. 전쟁 때문에 이탈리아 상인들이 외국의 수요를 충족할 수 없었기에 섬유 시장은 안트베르펜 시장으로 이동했다.

    중국에서 발명하여 아라비아인들이 서양에 전파한 종이는 이미 아말피, 볼로냐, 프리울리에서 제작하고 있었다. 그러나 규모가 큰 생산지는 파브리아노로 1320년에 제지 공장 22곳이 가동되고 있었다. 이후 프랑스, 독일, 스위스, 플랑드르, 잉글랜드, 폴란드에도 종이 제작이 확산되었다. 종이는 양피지보다 경제적이라 이 시기에 요하네스 구텐베르크(약 1400-1468)가 혁명을 일으킨 인쇄술에서도 폭넓게 사용 되었다. 구텐베르크는 목판 인쇄술을 납, 아연, 주석 합금으로 만든 금속 활자 인쇄 술로 대체했다. 유성 잉크지에 스크루 프레스screw press로 일정한 압력을 가하여 인 쇄하는 원리로, 미적 관점에서 볼 때는 서기가 필사한 필사본이 인쇄본보다 훨씬 가 치 있지만 똑같은 시간에 찍어 내는 인쇄본의 개수에서 볼 때 필사본과 비교할 수가 없었다. 구텐베르크의 장치는 빠른 속도로 독일 밖으로 확산되었으며, 그의 것과 같 은 인쇄기가 1469년에 베네치아에서, 1470년에 파리에서, 그리고 1476년에 잉글 랜드에서 제작되었다. 이탈리아는 종이 산업의 발전과 더불어 출판업도 발전했다. 1471년에는 인쇄소를 운영하던 도시가 4개지만 1500년에는 그 수가 무려 63개였 다. 베네치아의 인쇄술 발전은 놀라웠으며, 15세기의 마지막 수십 년간 유럽에서 출 판된 책의 1/4을 출판할 정도였다.

구텐베르크와 인쇄술

건축 기술에도 기계를 사용하려는 시도가 있었는데, 동물이 기계를 작동하면 노 동자 수를 줄일 수 있었기 때문이다. 기술 및 새로운 기획 능력이 구체적으로 발달 한 최고의 예는 피렌체 산타 마리아 델 피오레 성당에서 필리포 브루넬레스키Filippo Brunelleschi(1377-1446)가 벽돌로 쌓은 돔(둥근 지붕*)이었다[도판 6]. 크기와 비율, 고난 이도의 기술, 작업장의 설치로 인해 매우 혁신적인 작품이 만들어졌다.

피렌체의 산타 마리아 델 피오레 성당 돔

노르망디와 로렌에서는 에나멜 유리가 나왔다. 그리하여 뉘른베르크, 보헤미아, 잉글랜드에서 성당을 화려하게 꾸몄다. 이탈리아에서 유리 공예가 가장 발달한 곳 은 베네치아의 작은 섬 무라노였으며, 전문 숙련공들이 비첸차, 트레비소, 페라라, 볼로냐, 라벤나에서 상점을 열었다. 그리고 리구리아 주 알타레의 직공들이 프랑스 및 플랑드르로 이주하기도 했다. 15세기에는 무라노 출신의 직공들이 유리 제품, 색 유리, 장식 유리로 만든 상품들이 특히 환영을 받았으며, 바로비에르 가문이 가장 유 명했다. 그밖에도 무라노에서 생산한 거울, 카메오 유리, 안경 유리, 유리판도 높은 평가를 받았다.

| **다음을 참고하라** |
역사 농업과 목축업(159쪽); 인쇄술과 책의 탄생(226쪽)
시각예술 건축가 필리포 브루넬레스키(652쪽)

도시

| 아우렐리오 무시 |

15세기에 이탈리아 중소 국가의 중심지는 도시였다. 그러나 유럽 전체가 여러
도시로 구성되었다고 말할 수 있을 것이다. 유형은 저마다 달랐다. 빈, 파리, 리스본
같은 수도만이 아니라 15세기 후반 아라곤 왕조의 치하에 들어가서 유럽 대도시와
흥망성쇠를 경험한 나폴리도 있었다. 이들 도시는 도시 주변부와 배후지를 지배했고,
도시의 크고 작은 중심지가 경제, 상업, 재정, 종교, 정치에서 특별한 역할을 했다.
귀족들이 거주했으며, 귀족들은 도시를 지배하는 지배 계급이 되어
점차 폐쇄적인 과두 정치를 할 수밖에 없었다.

이탈리아 중소 지역 국가의 중심지

이탈리아의 역사가인 카를로 카타네오(1801-1869)는 이탈리아 역사의 이상적인 시
작이 도시였다고 썼다. 그는 도시가 중세부터 르네상스까지의 이탈리아 역사를 묶
는 운명의 붉은 실을 말하는 것일 뿐만이 아니라 민족 공동체 생활에 오랫동안 흔적
을 남겼다고 하면서 그 기본적인 특성을 다양하게 만들어 냈던 문화적, 인류학적 주
요 요인들도 언급했다. 문화 및 역사 서술의 전통에 대해 연구한 많은 정치학자들과
사회학자들은 이탈리아 역사 발전의 다양한 모델이 현재의 이탈리아 국민에게도 강
한 영향을 주고 있다고 주장한다. 그러므로, 이와 같은 판단에 따르면, 중부와 북부
지역 시민들의 자부심이 남부 및 섬 지역 주민들의 자부심에 비해 훨씬 발전했다. 전
자는 코무네 및 시뇨리아 체제가 시작되었을 때부터 생겨났고, 후자는 봉건적인 예
속 상태와 군주제에 대한 복종이 오랫동안 지속되었다.

15세기에 도시는 이탈리아 주요 국가들이 정치와 영토를 정비할 때 중요한 역할
을 했다. 도시는 새로운 지역적 특성을 보여 주었다. 특히 북부와 중부에서 그러했
다. 밀라노, 베네치아, 그리고 피렌체는 이른바 중소 지역 국가라 불리는 새로운 정
치 형태가 발전한 중심지였다. 곤차가 가문과 에스텐시 가문은 각각 시뇨리아 체제
를 통해 만토바와 페라라, 모데나, 레조 같은 도시에서 중소 지역 국가를 형성했다.
특히 곤차가 가문이 지배하던 만토바와 에스텐시 가문이 지배하던 페라라 궁정에서
는 르네상스 문화가 발전했으며, 전 유럽에 인문주의 문명을 전파하는 원전 역할을

**북부와 남부 도시의
유사점과 차이점**

했다.

15세기 초반 비스콘티 가문의 밀라노 시뇨리아는 밀라노 공국이 주도하는 팽창
주의 정책을 다시 펼쳤으며, 롬바르디아 지역을 포함하고 베네토 및 토스카나로까
지 세력을 확장했다. 초기에는 비스콘티 가문이 주도했으나 이후 15세기 내내 스포
르차 가문이 주도했다.

피렌체 역시 영토 정복의 길을 걷기 시작하여 1384-1421년에 아레초, 피사, 코르
토나 및 주변 지역을 정복했다. 이들 도시와 합병한 덕에 피렌체는 해상에 마음대로
접근하여 토스카나 연안 지역 전체를 통제할 수 있었다. 피사 항구가 점차 습지로 변
했기 때문에 10만 플로린에 리보르노를 구입한 일은 특히 값졌다.

베네치아는 15세기 초부터 세력을 확장하여 이스트라, 프리울리 외에 트레비소,
파도바, 베로나, 벨루노, 펠트레, 아퀼레이아 같은 육지를 지배했으며, 15세기 이탈
리아의 최고 강국이 되었다.

나폴리는 아라곤 왕국에게 정복당하고부터(1442) 점차 이탈리아 주요 군주정 국
가들처럼 대도시 역할을 수행했다. 나폴리는 르네상스 궁정의 본거지이자 지중해
지역의 최고 생산지이자 소비 중심지였으며, 외국 상인들이 서로 만나 상품을 교역
하는 지역이자 근대 국가에서 나타나는 최초의 사법부를 실험했던 세계의 핵심 지역
이었다.

도시 중심의 유럽

자국의 한 도시를 주요 도시로 지정하여 그곳에 공적 생활 훈련에 필요하다고 생각
되는 관직과 기구를 설치함에 있어 군주정 국가가 공화정 국가를 앞섰다. 15세기
는 몇몇 군주가 의식적으로 수도를 결정하던 시기였다. 그때까지만 해도 파리를 주 수도의역할
요 도시città principale로 생각했던 프랑스의 샤를 6세(1368-1422)는 1415년에 칼로 자
르듯 명확하게 말했다. "이 도시가 우리 왕국의 수도이니라." 1430년에 프랑스 왕으
로 대관식을 치를 때 헨리 6세(1421-1471)는 선대의 왕들처럼 랭스에서 대관식을 거
행하는 전통을 거부하고 파리로 갔다. 그러나 궁정은 계속 이동 중으로 군부, 병참,
정치 질서 때문에 파리에 자리 잡지 못했다. 수도로서 기능했던 투르 같은 도시들은
대규모 사회 발전과 정치 발전을 이루었다. 합스부르크 왕조의 궁정도 이동했다. 막
시밀리안 1세(1459-1519)는 이탈리아를 보다 쉽게 통치하고 자신에게 반항적인 빈

을 멀리하기 위해 인스브루크에 머물기를 원했다. 1440년부터 빈은 줄곧 모든 도시의 제왕적 역할을 해 왔다. 마리노 베렌고(1928-2000)는 다음과 같이 기록했다. "빈이 오스트리아의 수도caput Austriae라는 사실을 어떤 군주도 부정할 수 없을 것이다. 떠오르는 다른 도시들이 합스부르크 왕가의 거주지가 될 수는 있으나 수도가 되지는 못할 것이다."

물론 국무를 수행하기 위해 안정된 중심지에 궁정을 만들어 그곳에 군주가 상주해야 한다는 생각이 성숙했을 때에야, 다시 말해 16세기가 되어서야 안정적인 수도라 말할 수 있었다.

마지막으로, 유럽의 군주 국가들 중 카스티야는 나중에서야 수도로서의 면모를 갖추었다. 14-15세기에 카스티야 군주들은 부르고스, 톨레도, 바야돌리드, 세고비아, 코르도바, 세비야에 궁정cortes을 세워 머물렀다. 인구수가 수백 명에 달하는 궁정 때문에 도시 중심지로 부상하는 것이 아니라 관료들과 변호사, 모든 행정 기구를 거느린 서기국이 있어야 수도가 될 수 있었다. 그러므로 15세기에 수도는 모든 행정 기구와 더불어 정치 및 행정 관련 관직을 가지고 있어야 했다.

그다음에는 주요 도시가 있다. 14세기 유럽에는 주요 도시가 매우 많았다. 이들은 도시 배후지와 주변부 영토를 관리할 수 있는 중심 도시 역할을 함으로써 경제, 재정, 정치, 종교 등에서 매우 다양한 임무를 수행했다. 인구수는 천차만별이었다. 거의 모든 유럽에서 폐쇄적인 과두 정치에 기반하고, 도시 관직을 통제 또 관리하는 제한된 집단에 기반한 지배 모델이 호평받았다.

위기인가 변화인가?

역사학자들이 중세 말에 도시가 위기를 맞이했다고 말하는 이유는 무엇일까? 이탈리아 역사학자인 조르조 키톨리니는 세 가지 이유를 들었다. 14세기에 발생한 일반적인 위기, 상품 교역 시장이 대서양으로 이동한 것, 그리고 플랑드르 및 이탈리아에 발생한 위기가 그것이다.

도시 국가가 사라지고, 시민 정치가 변하고, 도시 경제가 더욱 넓어진 국가 전체에 흡수되었다고 해서 도시가 종말을 맞은 것은 아니었다. 오히려 국가에 통합됨으로써 도시 내의 위계질서를 전부 다시 세우게 되었으며 도시가 발전할 수 있는 새로운 가능성이 열렸다. 플랑드르 지역이나 서로마 제국의 경계선(프러시아 지역이 아니라 독일 라인란트 안쪽) 안으로 많은 도시를 수용할 수 있었다. 이후 시대에 가서야 도시가 누리는 자율성을 철저하게 평가하는 성숙한 상황이 도래했다.

브뤼헤 같은 몇몇 도시가 15세기에 위기를 맞았다면 반대로 플랑드르 지역의 안트베르펜 같은 도시들은 국제 질서에서 최고 자리에 올랐다. 한자 동맹 도시, 피렌체, 베네치아와 같은 도시들은 이전 시대에 비해 경제적으로 몰락했지만 그 현상이 즉시 나타난 것은 아니었다. 그러나 리옹, 리스본, 네덜란드의 도시, 잉글랜드의 항구 도시들은 시장에서 명확히 중요한 자리를 차지하게 되었다. 자본이 만드는 국제 공화국, 상법 자본주의가 정점에 이르게 된 것에 따른 결과로 그와 같은 상황이 만들 **상업 자본주의** 어지고 발전하게 된 것은 도시의 기능과 밀접하게 연관되었다.

이상 도시와 현실 도시

경제만 살피는 것으로는 충분하지 않다. 인문주의와 르네상스에서 이상적인 도시를 말할 때에 그 긴장감은 현기증이 날 정도다. 소위 말하는 이상적인 도시는 현실적인 방법 및 수단과 관련 있다. 진정한 정치 실험실이라는 의미에서 그렇다.

피렌체 출신 익명의 화가가 그린 〈이상적인 도시 전망La città ideale〉[도판 13]이 상징하는 것은 다음과 같다. 기하학적으로 완벽한 건물, 엄격하게 구분된 공간, 철저하게 계산하여 균형 잡힌 건물 모습, 1480년대에 그려진 이 작품에서 볼 수 있는 당시 도시의 특성이다. 그림은 우르비노가 구현한 인문주의 문화를 찬양하고 있다. 야코프 **우르비노의 경우** 부르크하르트(1818-1897)는 우르비노란 도시 자체가 예술품이라고 말했다. "아드리아 해로 향하는 이탈리아 정중앙에 소도시 우르비노가 있다. 우르비노의 산은 다른 곳에서 보는 산처럼 쾌적하지는 않으나 주변 땅은 매우 기름지고 과일이 풍부하다. 공기도 몸에 좋을뿐더러 사람이 살아가기에 좋은 모든 것이 풍부한 곳이다. 그러나 사람들이 누리는 최고의 행복 가운데 이것은 가장 중요한 것인데, 오래전부터 최고의 귀족들이 이 땅을 지배한 것이었다. 비록 이곳이 한동안 이탈리아 전쟁에서 제외되었지만 말이다. 멀리 찾지 않더라도 그것을 증명하는 것이 있으니, 영원히 각인될 영광스러운 그 이름 페데리코 공작이 있었으며, 그는 전성기에 이탈리아를 환하게 비추었다…… 공작이 남긴 수많은 업적 중 하나는 우르비노의 척박한 땅에 궁을 세운 것인데, 많은 사람의 의견을 따르자면 이탈리아에 있는 모든 공작 궁 가운데 가장 아름답다고 한다. 페데리코 공작은 궁 열 채를 채울 만한 적당한 것으로 한 개의 궁을 장식했다." 발다사레 카스틸리오네Baldassare Castiglione(1478-1529)는 자신의 저술『궁정인Cortegiano』에서 이 궁은 권력자가 거주하는 곳이자 군주를 상징하는 것으로 우르비노와 동일시될 정도라고 했으며, "외형이 왕이 사는 궁전 같았다"고 했다[도판 7].

실험실이 된 도시 그러나 이탈리아 군주들이 추구하던 '이상 도시'는 시뇨레가 보다 근대적인 정치를 펼칠 수 있는 능력을 실험했던 장소였다. 부르크하르트는 르네상스 시기의 페라라를 다음과 같은 명석한 글로 서술한 바 있다. "급격히 인구가 증가하여 얼마나 부유해졌는지 증명할 수 있다면, 1497년에 페라라가 놀랍도록 확장되었음에도 불구하고 이 도시에 임대할 수 있는 집이 없었다는 점에서 증명된다. 페라라는 유럽 최초의 근대 도시다. 그곳에는 역대 군주의 명령에 따라 대규모 시가지가 계획적으로 생겨났다. 관청이 집중적으로 들어서고 산업이 유치되었기 때문에 진정한 수도가 만들어졌다. 피렌체를 비롯하여 이탈리아에서도 부유한 자들이 그곳에 이주하여 저택을 건설했다."

| **다음을 참고하라** |
역사 근대 국가의 형성(25쪽); 해상 교통과 항구(170쪽); 귀족과 시민(189쪽); 일상생활(273쪽)
과학과 기술 이탈리아 도시들의 건강 기구: 대학과 지방 위원회, 검역, 약전(411쪽)
시각예술 유토피아 도시와 현실(736쪽)

해상 교통과 항구

| 마리아 엘리사 솔다니|Maria Elisa Soldani |

14세기 후반에 교통수단이 줄어들며 무너졌던 국제 무역은 15세기 초에 대서양 연안 항구에서 서아시아 지역의 항구로 이동하면서 재개되었다.

중세 후기 무역과 항해술의 특성
유럽에는 아직 농업이 우세했지만 15세기에 국제 무역이 경제를 주도하는 분야로 두각을 나타냈다. 지중해는 다시 공동의 공간, 페르낭 브로델(1902-1985)의 표현을 쓰자면 '액체 대륙'이 되었으며, 승객과 상품을 실은 선박이 빈번하게 드나들었다. 이런 상황에서 지역 간의 교역이 이루어졌고, 해안마다 항만 시설이 갖추어진 덕분에 상업 활동이 활발해졌다. 항로가 늘었으며, 규칙적으로 운항되는 이탈리아, 바스크, 카스티야, 카탈루냐 선박 덕분에 북해에서 레반트에 이르는 먼 지역과도 교역했다. 이 시기에 지역 간 교역과 나라 간 무역으로 알렉산드리아, 베이루트, 로디, 콘스탄티노플 등의 동방 항구들과 흑해 기항지가 아드리아 해, 티레니아 해, 에스파냐 남부 및 북아프리카에 위치한 항구들, 프랑스 연안의 대서양 항구들, 브뤼혜, 안트베르펜, 런던의 북쪽 항구들에 이르기까지 하나의 체계로 통합되었다. 육로 또한 라인 강 유역을 따라 마르세유까지, 독일에서 론 강을 따라 고타르 고개 및 생 베르나르 고개, 브렌네르 고개를 통과하여 북유럽을 지중해와 연결했다. 유럽을 수평으로 가로지르는 육로는 동유럽을 서유럽과 연결했다. 즉 프라하를 콜로니아와 브뤼혜와, 흑해 및 다뉴브 강을 부다페스트를 통해 베네치아와 연결했다. 점점 늘어난 항만 시설

공간을 많이 차지하지 않는 상품은 수송료를 차별화함으로써 활발한 교역이 이루어졌으며, 상품 가치에 따라 운송비가 차등 적용되자 가격이 낮은 상품을 가격이 높은 상품과 결합하여 비용을 줄이려고 했다. 이동식 시장이나 다름없었던 범선은 상품을 가득 싣고 출항했으며, 운항하다가 중간 기착지에서 상품을 교환하고 판매했다. 상품을 재분배하는 시장으로서의 역할 덕분에 상업 지구 간의 결합이 용이해졌던 것이다. 항로는 다양한 배들이 만나는 중간 지점이었던 셈으로 지역 간 교역을 하는 연안 항해가 이루어졌거니와, 다양한 장소에서 온 상품을 볼 수 있었다. 국제 항로는 연안 항해 항로와 육로가 국제 항로를 보완해 주었으며, 육로는 원재료 수확량과 수공업품에 따라 육지와 항구를 연결해 주었다.

조선술과 항해술이 완벽해지면서 국제 무역이 더욱 활발해졌고, 바다와 강에서 배가 건조되었다. 가장 많이 이용한 배는 다음의 두 가지였다. 돛이나 노로 항해하는 갤리선과 화물을 훨씬 많이 수용할 수 있는 둥근 배의 일종인 범선이다. 겨울에는 악천후 때문에 항해가 힘들었다면 여름에는 해적이 자주 출몰하여 위험했다. 이런 의미에서 무장할 수 있어서 공격을 보다 잘 방어할 수 있는 갤리선이 유리했다. 개인이 많이 투자했기 때문에 항해가 쉬워진 부분도 있었다. 이들의 투자는 새로운 사회 시스템으로 구체화되었을 뿐만이 아니라 해상 보험을 실행함으로써 구체화되었다. 해상 보험 덕분에 항해와 무역은 더 이상 계절의 구속을 받지 않게 되었다. 항해사들은 갤리선과 범선

더욱 상세하게 기록된 항해 지도를 이용했고 또한 항해 안내서 같은 책자의 도움을 받을 수도 있었다. 무역 관련 서류야말로 상인들에게 꼭 필요한 것이었는데, 사업에 유용한 정보가 담긴 진정한 교본이었다. 책에는 시장의 모습이 기술되었던 것 외에도 장사, 화폐, 무게와 측량도 자세히 설명해 놓았으며, 화폐를 교환할 때 필요한 조언이나 특별한 상품을 구입하기 위한 속임수도 나와 있었다.

15세기에는 전문적인 운송 조직이 있었고, 그것만 전담했던 회사가 있었다. 범선은 지분율로 나눌 수 있었으며, 개인이나 다수의 투자자가 구입하거나 후원자와 개별적으로 합의한 다수의 상인들이 일정 기간 정해진 여정을 가기 위해 배를 임대하기도 했다. 베네치아, 제노바, 아라곤 왕국과, 나중에는 피렌체 같은 주요 해상 강국들은 국가 항해와 자유 항해 모두 허용했다. 범선 두 척에서 네 척을 차례로 세워 여행하는 선박들도 있었다. 이 배들의 출발 시간 및 여정은 국가가 주도해서 정했으며, 생산량을 조사하고, 다른 항구에서 재분배할 상품을 실은 배가 도착하는 것을 보고 계산했다. 베네치아에서는 이와 같은 체계가 13세기 나타나 14세기에 완성되어 15세기에 정점에 도달했다. 베네치아를 보고 지중해의 다른 강국들도 해군을 조직했다.

르네상스 상인: 이탈리아의 예외적인 경우

15세기 사업가들은 해상 도시에 널리 확산되었던 무역 계약서처럼 구체적인 작업이나 일회성 여행과 관련된 일시적인 협회를 비롯하여 더욱 복잡한 기업적 체계에 이르기까지 그 종류가 다양한 협회를 조직했다. 기업적 체계는 피렌체의 특성으로 메코멘다 디치, 스트로치, 파치 가문처럼 상인이자 은행가 가문과 관련 있었다. 14세기에 전염병이 발생하고, 폐쇄적인 과두 정치 때문에 소수가 자원을 독점하자 이탈리아에서는 대기업 같은 체제가 탄생했으며, 코멘다가 산업과 금융 활동을 상업과 결합시켰다. 이 체제는 합리적인 경제 활동과 자유로운 자본 운용이 특징이다.

이 시기에 이탈리아 주요 기업들은 자신만의 선박을 소유했으며, 그중 몇몇은 동일한 계통에서 두각을 나타내는 다양한 회사들 간의 무역을 지지하며 특정 상품만 취급했다. 창업주들은 재분배 시장에 정착하여 생산량에 따라 사업 계획을 세웠으며, 배가 항구에 도착하고 다양한 경로로 출발하는 것을 연구했다. 동시에 화물을 확인했고, 상업 활동과 재정 활동을 보완했다. 후원자들은 일회성으로 사업을 끝내지

않았다. 상인들은 회사 직원만이 아니라 현지 중개인을 이용하여 대부분의 상업 도
시 및 주요 항구에 체류하는 보고자들의 우두머리 역할을 했다. 사실 국외 시장에서
는 대리인을 통해 사업을 경영했는데, 이들은 작업을 끝낼 때마다 수수료를 받았다.

 길드와 산 조르조 은행은 제노바의 특징이었다. 길드는 투자자들이 만든 단체로 **길드와 제노바의**
일반적으로 여관이라는 명칭의 가족 집단이었으며 제노바에만 있었다. 제노바의 지 **산 조르조 은행**
배를 받던 레반트 영지에서 세금을 징수하고자 창안한 것이었다. 가령 키오스 섬과
포카이아 길드(1346-1566)는 제노바가 아직 정복하지 않은 키오스 섬과 포카이아 항
구에서 세금을 징수하기 위해 만들어졌다. 하나의 메커니즘을 따른 것으로, 이들은
도시로부터 세금을 징수할 권리를 얻었기에 투자자들에게 갤리선을 구입하고 정복
활동을 조직하기 위한 기금을 모금할 수 있었다. 제노바의 또 다른 중요 단체는 제노
바 공화국의 경제 기관이자 재정 기관이었던 산 조르조 은행(1408)으로, 19세기 초
까지 영업했다. 이 은행은 바르셀로나에 생긴 타울라 데 칸비와 더불어 중세 시대 초
기의 공공 은행으로 제노바 공화국으로부터 받은 대출을 관리하고 채권 유입을 승인
하면서 제노바 동쪽 식민지를 통치하고자 만들어졌다.

 르네상스 시대의 상인은 매우 폭넓은 거래망을 가졌으며, 자신의 사무실이 있는
대규모 점포를 열 수 있을 정도로 합리적으로 사업을 조직하고 자유롭게 자본금을
이용할 수 있었다. 예전처럼 물건을 배에 싣고 이동할 필요도 없었다. 이곳저곳 옮겨
다니다가 이제는 한곳에 거주하게 된 것이다. 그러므로 14세기 말부터 15세기까지
상관, 영사관이나 친목회로 모인 상인 공동체가 정기적으로 외국에 나가곤 했으며,
이들에겐 규약집과 운영 회칙도 있었다. 적당한 상법서가 결정되었고, 특별 상업 재
판소에서 상법을 논의했다. 그리하여 재판관이 상업 활동을 기반으로 판결을 내릴
수 있었다.

베네치아, 제노바, 피렌체 및 아라곤 왕국

이 시기의 상업 현황을 이해하기 위해서는 15세기에 그 힘이 상당히 커진 신흥국들
의 관계를 염두에 두어야 한다. 사실 베네치아와 피렌체가 영토 국가로 팽창한 것이
중요 요인이었으며, 두 나라의 힘이 지역 내에서만이 아니라 국제적으로 강건해졌
음을 고려해야 한다. 베네치아는 처음으로 내륙 지역에 관심을 가졌고, 이탈리아 북
부와 동부 육로에 통제력을 확대하려고 했다. 그럼에도 불구하고 레반트 전선에서

아라곤 왕국의 나폴리 정복

는 진군 중인 오스만 제국 및 다른 지중해 강국에 맞서 자국의 영토를 보존하고자 노력했다. 아라곤 왕국은 나폴리 왕국을 정복함으로써(1443) 티레니아 해에 대한 영향력을 굳건히 하고 지중해 무역 체계에서 중요한 역할을 담당하게 되면서 경제 강국으로 인정받았다. 다른 한편 키오자 전투에서 베네치아가 승리함으로써 제노바는 상업 활동이 다소 위축되었으며, 베네치아가 아드리아 해와 레반트 지역에서 우위를 점했다. 그리하여 제노바인들은 지중해 서쪽에서 새로운 무역 관계망을 재정립하고자 했고 이베리아 반도에서, 특히 발레아레스 제도, 발렌시아, 그리고 에스파냐 남쪽에서 지속적으로 이익을 도모했다. 이 지역에서 제노바와 아라곤 왕국은 평화 조약을 맺었다가 다시 갈등하기를 되풀이했다. 퍼스티언과 무기 생산에 주력했던 밀라노 같은 도시들은 제노바 항구를 통한 해로 혹은 아비뇽을 통한 육로로 이베리아 반도에 생산품을 보냈다.

피렌체의 경우

피렌체는 이탈리아 강국 중 가장 작은 나라였고, 바다에 대한 영향력은 타국에 비해 적었지만 은행과 상사商社는 가장 우수했다. 제노바가 피사를 정복하고(1406) 리보르노 항구를 얻어 내자(1421), 피렌체는 자신만의 함대를 조직하기 시작했다. 15세기 초에 피렌체 공화국은 양모 산업을 통한 생산량이 줄어 모직 생산 외에 실크 생산을 통한 고급 섬유 산업으로 방향을 전환했다.

이탈리아 식민지 및 레반트 지역과의 교역

중세 후기의 지중해 동쪽 지역은 베네치아 영향권과 제노바 영향권으로 나뉘었다. 이와 더불어 베네치아의 지배를 받는 크레타 섬과 제노바의 지배를 받는 키오스 섬, 베이욜루Beyoğlu, 카파(현재의 페오도시야*)와 같은, 서쪽 대도시의 전통적인 식민지도 있었다. 이 시기 지중해에서 활동하던 유력 상인들은 이집트 출신의 술탄 상인들의 공격과 오스만투르크의 진군을 제지하라는 요청을 받았다. 그들은 우선 레반트에서 상업적 이익을 지키고 정착권을 보호받고자 했다. 베네치아인들과 제노바인들은 15세기에도 이전에 비잔티움 제국에 속했던 그리스어권 지역의 섬들을 지배하고 있었는데, 베네치아의 두카토 은화가 가장 많이 쓰인 화폐였을 정도다. 이곳 주민들은 서구 출신 상인들 및 유대인, 시리아인들과 혼합되었다. 뤼지냥 왕조는 키프로스 섬을 통치했던 반면에 예루살렘의 성 요한 기사단은 로도스 섬을 다스렸다. 성 요한 기사단이 로도스 섬을 지배한 것은 시리아가 로도스 섬에 대한 지배권을 상실한 뒤였다.

지중해 동쪽 지역은 이탈리아 상인들의 일시적인 거주지이기도 했으나 십자군 시대 이후 안정적인 식민지로 굳어졌다. 이 시절에도 콘스탄티노플은 국제 무역과 지역 간 무역과 현지 교역이 이루어졌던 중심지였으며, 이탈리아 상인들이 참여한 주요 공동체는 면세 특권을 누렸다. 제노바인들은 자신들의 구역을 가지고 있었고 관리자를 두어 그곳을 관리하도록 했던 반면에 제노바인들은 금각만 너머에 위치한 페라(이스탄불의 한 구획*)에 안정적인 거주권을 가졌다.

서구 상인들은 여러 장소를 결합하는 하나의 요소가 되었다. 레반트 섬을 여러 섬들과 연결했을 뿐만 아니라 지중해 서쪽 지역의 규모가 큰 항구, 그리고 아틀란티스 항구 및 북유럽 항구와도 연결했다. 베네치아 및 제노바 상인들의 무역 시스템은 상품 가격의 변동을 통제하는 기능도 수행했으며, 항해 변화를 최대한 이용했다. 이 지역의 주요 수출 품목은 향료와 사치품 외에 곡물, 포도주, 건포도, 밀, 치즈, 현지 농산품이 있었고, 그밖에 키프로스산 설탕과 시리아 및 터키산 면사가 있었다. 아시아 출신 대상隊商들이 알렉산드리아에서 향료를 운송했는데, 아라비아 상인들이 이를 중개했고, 베네치아 상인들이 다시 이탈리아에 분배했다. 다른 지역에서는 플랑드르, 잉글랜드, 프랑스, 카탈루냐, 이탈리아에서 제조한 직물을 주로 수입했다.

그러므로 15세기는 레반트 지역과의 무역으로 큰 번영을 이루던 시기였으며, 오스만 제국이 콘스탄티노플을 점령한 이후로(1453) 이탈리아는 쇠퇴하는 대신 발전했다. 메흐메트 2세(1432-1481)는 전쟁 동안에도 상인과 환금업자를 곁에 두었다. 이후 서구 상인들은 비단 교역의 요지인 부르사처럼 오스만 제국의 지배를 받는 상업 도시를 지속적으로 드나들었다. 이와 같은 시장은 피렌체인들에게 아르노 강 유역에서 생산한 고가의 섬유를 팔 수 있는 최고의 장소였다.

| 다음을 참고하라 |
역사 지중해의 아라곤 왕국(30쪽); 콘스탄티노플의 몰락(35쪽); 이탈리아 시뇨리아 체제(133쪽); 베네치아 공화국(138쪽); 도시(166쪽); 소매 시장과 도매 시장 및 통신 수단(176쪽); 원정군과 콜럼버스 이전의 지리상의 발견(184쪽); 산적과 해적 및 약탈자들(209쪽)

소매 시장과 도매 시장 및 통신 수단

| 디에고 다비데 |

유럽은 1000년부터 인구가 지속적으로 늘고 경제가 발전하여 14세기 후반에서 15세기
초반에 전환기를 맞았다. 흑사병과 전쟁으로 인구가 급격히 감소했고, 무역이 줄었고,
피렌체 회사가 망하여 많은 상인이 은퇴했지만 그럼에도 유럽은 지속적으로 발전했다.
어려운 상황이 계속되었지만 상업 및 재정 체계를 바꾸고 개선하는 과정이
작동하는 기회가 생겼다.

난관과 모험의 한 세기

지난 3세기 동안 인구가 팽창하고 상업 활동이 두드러졌지만 이미 14세기 중반부터
그 속도는 점차 줄어들었다. 상호 의존적인 관계가 더욱 깊어진 유럽 여러 국가의 일
반적인 조건들이 변화했으므로 15세기를 발전의 시기라고 생각하기는 어려우나, 위
기를 말할 때는 반드시 이 점을 기억해야 할 것이다. 이 시기에도 발전을 추진하는
힘이 있었으며, 이탈리아 출신 미국 역사학자 로버트 사바티노 로페즈가 주장한 것
처럼, 일련의 부정적인 사건으로 혹독한 시련을 겪긴 했어도 중세의 구조는 계속 유
지되었다.

불황의 원인은 다양했다. 14세기가 끝나면서 1348년에 발생한 '흑사병'(중동에서
온 흑사병으로 처음에는 이탈리아에서 희생자가 나왔지만 나중에는 프랑스, 에스파냐, 잉글
랜드, 독일 및 스칸디나비아에서까지 희생자가 나왔다)과 다른 전염병으로 인구가 거의

난관에 봉착한 원인 절반으로 줄었다. 흑사병보다 끔찍하지 않았지만 이후 50년간 유럽에 전염병이 끊
이지 않고 확산되었다. 백년전쟁(1337-1453) 때문도 카스티야 귀족 간의 당파 싸움
때문도 아니라, 이탈리아 반도의 지역 간 전쟁과 독일 남부 지역의 전쟁 때문에 또다
시 급격한 성장이 있었다.

몽골의 통일로 이전에는 평화로웠던 지역에서도 긴장 상황이 빈번해졌고(무엇보
다 이탈리아 식민지들이 그 비용을 감당했다), 티무르(1336-1405)에게 정복당했어도 동
양과의 무역은 중단되지 않았으며, 유럽 상인들은 이집트 항구로 되돌아가야 했다.
이곳에서 인도 선박과 중국 정크junk(중국 범선*)가 실어 나른 동양의 상품을 발견할

이집트 항구 수 있었다. 다른 한편 이집트 상황은 매우 순조로웠다. 동양 상품에 대한 수요가 커

지자 베네치아 및 제노바 상인들은 상업 투자에 주력했고, 티무르는 이를 자기 왕국의 재정 위기를 해결하는 데 이용하고자 노력했다. 아주 사소한 것이긴 하지만 봉건제도 전체에 영향을 준 다른 사건들도 있었다. 즉 대규모 경작 방식이 종식되어 많은 마을의 농민들이 떠났고, 잉글랜드산 양모 수출이 감소했고, 고가의 직물을 소비했던 프랑스 귀족이 가난해졌다. 1341-1346년에 피렌체 재정이 맞은 큰 위기를 보면 어떤 연유로 전환기가 시작되었는지 쉽게 이해할 수 있다.

생산품 과다로 발생한 위기 및 상업 기술의 발전

상업혁명이 시작된 이래 처음으로 시장의 활력이 점차 둔화되자 과잉 생산품이 시장을 위협하기 시작했다. 더 이상 팔 수 없는 상품에 자신의 재산을 투자하여 모험 가득한 여행을 하는 것이 너무나도 위험한 일이 되었으므로, 일부 상인들은 사업을 접고 토지에 투자하는 것이 현명하다고 생각했다. 사업을 계속하기로 결심한 상인들은 상품을 따라가는 긴 여행을 포기했고, 13세기에 시에나 주민과 피아첸차 주민들이 시작한 정착 판매가 결과적으로 호평을 받았다. **정착 판매**

이제 상인들은 외국의 보다 규모가 큰 시장에 있는 믿을 만한 사람의 도움을 받아 자신의 거주지에서 사업을 했다. 시간이 흐르면서 외국 주재원들이 전하는 정보가 사실인지 아닌지, 시의적절한지에 따라 사업 방향을 고려해야 하는 새로운 변수가 생겼다. 이때 연락 체계가 좋으면 상품이 포화 상태인 곳에는 물건을 보내지 않았고, 반대로 부족한 경우에는 상품에 대한 수요와 가격이 높으리라 예상할 수 있었다. 따라서 효율적인 우편 서비스가 필요했는데 당시의 몇몇 자료에 따르면 큰 규모의 시장에는 이미 정기적인 통신 서비스가 존재했다고 한다. 일명 전대라 불린 우편 체계였다.

아비뇽의 우편 체계는 상인 길드가 직접 만들었으며, 배달부를 채용하고 편지를 배포하는 책임자를 두 달에 한 번씩 뽑았다.

해상 운반에도 중요한 변화가 있었다. 갤리선을 통한 정기 노선 서비스를 이용하여 제노바와 베네치아를 플랑드르 지역 및 레반트와 연결했다.

동시에 보험이 확산되었다. 보험 회사는 다양한 금액의 보험금을 제시하면서 상황과 계절에 따라 항해하는 동안 발생하는 모든 위험을 부담했다. 사기꾼이 많아서 처음에는 유익한 활동이 아니었지만 15세기 들어 유럽에 더 많이 확산되었으며, 법

보험　적인 효력을 발휘했다. 1484년에 해상 보험과 관련된 카탈루냐 관습법은 『해양 콘술라도의 책Libro del Consulado del Mar』에 성문화되어 있다. 은행업의 발전도 중요하다. 1341-1346년의 위기로 대규모 국제 무역의 운영 방식과 머천트 뱅크merchant bank(어음 인수 또는 증권 발행을 하는 금융 기관*)로 내부 조직이 전환기를 맞았다.

　　프라토 출신 상인 프란체스코 디 마르코 다티니Francesco di Marco Datini(1335-1410)가 새로운 모델을 만들었다. 본점이 모든 지점을 직접 관리하지만 각 지점은 독자적인 경영과 예산을 할 수 있는 구조로, 본점이 망해도 다른 지점까지 망하지 않는 회사 구조다. 1397년에 메디치가의 조반니 디 비치(1360-1429)가 세운 메디치 은행에도 영향을 주었다. 또한 나폴리, 베네치아, 브뤼헤, 피사, 아비뇽, 런던, 밀라노, 리옹, 로마에 지점을 둔 바르디 가문 소속 사람들에게도 영향을 주었다.

　　은행이 투자한 자본은 대부분 임의로 맡겨진 예탁금이었으며, 이에 대해 8-12퍼센트의 이자 지불을 약속받았다. 로마 지점은 다른 지점과 비교하여 투자한 자본에 비해 가장 낮은 배당금을 운영했지만, 전 유럽에서 교회 금고로 들어오는 돈을 이전 메디치 은행　할 때 받는 수수료 덕분에 가장 많은 이자를 주었다. 로렌초 데 메디치(1449-1492)가 다스릴 당시 은행의 지위는 점차 퇴락 중이었다. 브뤼헤 지점장의 사기 행각을 막지 못한 재상 프란체스코 사세티Francesco Sassetti(1421-1490)의 무능력, 리옹과 런던 지점 책임자들의 부도덕한 태도 때문에 로렌초가 사망하고 2년 후인 1494년에 메디치 은행이 파산했다. 메디치 은행의 몰락으로 이탈리아 은행은 우위권을 상실했다. 1519년에 카를 5세(1500-1558)가 황제 호칭을 허락해 달라며 선거인들을 설득하기 위해 막대한 자금을 운용해야 했을 때 그를 지지한 사람은 야코프 푸거Jacob Fugger(1459-1525)였다. 그는 자유 도시 아우크스부르크 출신의 머천트 뱅크 가문인 푸거가 소속이었으며, 장사와 광산 개발로 재산을 모았다.

국제 시장

상파뉴 시장에서 많은 이익을 보았던 중심 지역에서는 이미 어음 거래가 성행했고, 제네바 시장에서도 어음 거래가 많았다. 제네바 시장은 초기 시장의 많은 부분을 물려받았다. 주로 지역 위주로 거래했던 시장은 일찍이 13세기부터 존재했으며, 14세기네바　기에 최고로 발전하여 국제 시장으로 인정받았다. 제네바에서 주기적으로 장이 열리는 날은 주현절, 부활절, 성 베드로 축제, 그리고 모든 성인의 축일까지 네 개였다.

여기는 외국인들, 특히 이탈리아인이 많이 드나들었다(그러한 시장을 알프스 북부 이탈리아 시장이라 말하는 것은 우연이 아니다). 이들은 레반트 지역과 지중해 생산품을 스칸디나비아 및 독일 상인들이 가져온 깃털, 금속, 밀과 교역했다.

1463년에 루이 11세(1423-1483)가 주기적으로 열리던 리옹 장을 제네바 장과 동일한 날에 열기로 결정했을 때, 스위스 시장은 이미 쇠퇴하고 있었기에 이는 유럽 경제 상황의 변화를 고려한 것이었다. 프랑스 정부와 지방 자치 정부가 상인에게 자치권과 특권을 보장해 주기 위해 도입한 계량 도구 덕분에 리옹에 많은 사업가가 몰려들었고, 리옹 장도 번영을 누렸다. 그리하여 리옹 장은 향료와 비단 공급의 요지가 되었다. 이렇듯 리옹 장이 성공을 거둔 중요한 이유는 국가의 개입에 있었다. 지금까지 다른 무엇보다 상인 회의를 번성하도록 만든 것이 경제 흐름과 관련된 요소였다면 이제는 경제와 정치가 결합하고 있었다. 군주의 결정도 재산을 모으는 결정적인 요소가 되었다. 안트베르펜에서 열린 두 개의 시장은 15세기 초에 열리기 시작했을 것이다. 안트베르펜은 더욱 진화한 재무 기술이 시행된 곳이었을 뿐만 아니라 15세기에 유럽 각지에서 온 상품이 이곳에서 분류되었다. 첫 번째 시장은 오순절에 열렸고, 두 번째 시장은 10월 1일에 열렸다. 그밖에 베르헌옵좀Bergen op Zoom에서 열린 시장도 있었는데, 부활절과 성 마르티노의 날에 장이 열렸다. 잉글랜드산 모직물 중 상당 부분이 이곳으로 왔으며, 쾰른 출신 상인들이 구입한 이 모직물은 프랑크푸르트 시장에서 되팔렸다. 프랑크푸르트 시장에서 모직물의 거래가 가장 활발했으며, 1330년에서 15세기 초에 최전성기를 맞았다.

전체적인 개요

프랑스와 1백 년간 싸우다 패배했음에도 잉글랜드는 15세기에 모두가 주목한 군사 강국이 되었다. 잉글랜드가 한자 동맹 상업 도시들 앞에 등장하면서 강한 충돌이 있었지만 승리를 얻었으며, 모든 지역에서 더 많은 상업적 자유를 보장받았다. 상승하는 또 다른 국가는 네덜란드였다. 네덜란드는 맥주, 생선, 모직물 관련 생산 활동을 갑자기 재개했다. 플랑드르 지역의 생산품이 감소하자 이 제품들은 주로 레이던Leiden에서 생산되었다. 유럽 중앙에 위치한 아우크스부르크, 울름, 바젤, 장크트갈렌이 전성기를 맞았다.

뉘른베르크는 동유럽과 북유럽 및 지중해 지역 간의 교차로였다. 뉘른베르크 출신 사업가들은 이탈리아 및 한자 동맹 사업가들과 경쟁했으며, 1380년에 설립된 라벤스부르크 대상사는 21개 나라의 중심 도시에 지점을 가지고 있었다. 지중해 지역의 카스티야 왕국은 농업 강국으로 양 사육을 주로 했기에 거친 양모를 판매하게 되었는데, 잉글랜드인들이 포기한 더 넓은 자리가 있어 가능했다. 잉글랜드인들에게는 직물 생산을 발전시키고 원료보다는 완성된 모직 제품을 수출하는 것이 보다 큰 이익이었다. 원거리 무역에서 절대적인 독점권이 사라졌지만 이탈리아는 발전을 멈추지 않았다. 1494년에 파산할 때까지 메디치가의 피렌체 은행은 국제적인 관계를 유지했고, 베네치아는 세상으로 나아가기 위한 첫 번째 항구가 되었다. 또한 이탈리아 중부와 북부 지역은 양모 산업이 위기를 맞자 견직물을 활발하게 생산했고, 아브루초에서는 서양에서 가장 많은 사프란이 생산되었다.

이탈리아의 상황

이탈리아 상인들은 폴란드, 보헤미아, 헝가리, 세르비아, 불가리아에서 고가품 시장을 새롭게 열었다. 크림 반도에 위치한 제노바의 식민지 카파는 남부와 동부 유럽에서 가장 큰 무역 중심지가 되었다. 모든 것이 이탈리아 경제를 위한 장밋빛 미래를 예견하는 듯했지만 크리스토퍼 콜럼버스(1451-1506)의 여행과 이집트 및 콘스탄티노플이 오스만 제국의 손에 무너지자 전혀 다른 시나리오가 전개되었다.

| **다음을 참고하라** |

역사 도시(166쪽); 해상 교통과 항구(170쪽); 신용, 화폐 및 몬테 디 피에타 은행 (180쪽); 산적과 해적 및 약탈자들(209쪽)

과학과 기술 여행, 탐험, 발견(451쪽)

신용, 화폐 및 몬테 디 피에타 은행

| 발도 다리엔초 |

15세기에 유럽 경제가 침체 상황을 맞이하게 된 복합적인 요인에는 근대 국가의 등장과
영토 팽창이 존재했다. 화폐 유통은 완벽하게 성숙 단계에 이른 은행 시스템과 더욱
상호 작용했다. 이런 상황에서 몬테 디 피에타 은행과 곡물 대여 단체인
몬테 프루멘타리오가 탄생했으며, 이로써 신용 대출 시장의 폭이 더욱 넓어졌다.

새로운 경향

15세기에 유럽 경제가 오랜 기간에 걸쳐 변화했다. 그러한 상황에서 지난 수백 년간 최고의 생산력을 자랑했던 생산 요소(토지, 자본, 노동)가 더 이상 예전 같은 생산력을 담보해 주지 못했다. 생산 주기가 전반적으로 느슨해지면서 순식간에 생산량 정체 상태가 지속되었고 15세기 중 상당 기간 동안 이와 같은 현상이 두드러졌다. 백년전쟁 외에도 근대 국가 형성 과정이 가속화되면서 정치 상황이 매우 불안정했다. 경제는 무거운 타격을 받았으며, 앞에서 언급한 것처럼 변화하고 있었고, 변화하는 시나리오에 부정적인 영향을 받았다. 가령 절대주의를 향한 흐름 때문에 귀족의 권력이 줄면서 결과적으로 봉건제 사회-경제 구조도 허약해졌다. 무엇보다 고정 비용이 들고, 점차 그 비용이 증가했던 관료제 및 상비군이 생겨서 유럽 군주들은 국고를 상당히 축내는 새로운 경비 문제에 직면해야 했다. 중앙집권적인 권력이 통제 경제 정책 및 보호무역정책처럼 시장에 강하게 개입했다. '국가주도주의'는 상인과 은행 자본의 팽창을 예상하고 장려하긴 했지만 국가의 근본적인 역할을 전제로 했다. 이에 따라 국가는 화폐의 이동을 통제하고, 개인의 특수한 이익보다는 국가의 이익을 우선하기 위해 시장을 조직하고 규제했다. 반대로 '보호무역주의'는 국제 경쟁에서 국내 시장을 보호하고 안정시킬 수 있도록 관세 정책을 펼침으로써 국내 시장과 그 모든 주역들(소비자, 생산자, 노동자)을 보호하는 데 집중했다. 절대주의를 향하여

그러나 15세기 말경에 대두한 새로운 현상도 있었는데, 그것은 식민지주의다. 유럽 국가들의 영토가 팽창했던 시기와 크리스토퍼 콜럼버스(1451-1506) 탐험대가 1492년에 아메리카를 발견한 시기가 일치한다고 생각하지만, 사실 콜럼버스 탐험대가 첫 발을 내딛은 것은 그보다 수십 년 전이었다. 당시에 특히 포르투갈이 대서양으로 탐험대를 연속해서 보냈다. 이들 탐험대는 엔히크(1394-1460) 왕자의 후원을 받기도 했지만, 조선술의 발전은 말할 것도 없고 새롭고 더욱 효율적인 항해 도구를 도입한 덕에 좋은 결실을 얻었다. 그와 같은 과정을 통한 결과는 1494년에 맺은 토르데시야스 협정이다. 그 후 바스코 다 가마(약 1460-1524)가 이끄는 함대가 해로를 통해 인도에 도착했고, 1500년에 페드루 알바르스 카브랄(약 1467-약 1526)이 브라질을 발견할 수 있었다. 상업 자본 역시 원료 조달을 위해 새로운 지역을 탐색하면서, 지평을 확장해야 한다는 요구가 더욱 중요해졌다. 그밖에 수적으로 많아진 상인들은 경쟁력을 높였으나 이는 결과적으로 이율이 하락하는 요인이 되었다. 그렇기 식민지주의

때문에 자본주의 기능을 하는 새로운 공간을 차지하고 정복하는 것이 경제 성장에서 중요해졌다. 자본주의는 급변할 위험이 있음에도 불구하고 양적으로 증가하려는 경향이 있었다. 대서양을 건너는 파견대에게 자금을 공급했던 이탈리아, 플랑드르, 그리고 독일의 수많은 상인과 은행가가 확인시켜 주었다.

가격 혁명　　이것이 일반적인 상황에서 '가격 혁명'을 고려하게 되었으며 그 과정에서 15세기 말에 특히 농산물 가격이 상승했다. 수많은 요인 가운데 인플레이션의 원인을 찾아야 할 것이다. 그중에 예전보다 자유롭게 귀금속을 처분할 수 있었던 것과 은행의 발전으로 화폐 유통이 쉬워진 것 등을 꼽을 수 있다. 유럽 팽창의 동력이 무엇인지 철저히 이해하려면 앞에서 언급한 요인들을 탐구해야 할 것이다. 포르투갈이 아프리카 금시장, 특히 기니와 수단의 금시장에 대한 직접적인 접근을 통제했고, 중부 유럽 광산에서 더 많은 양의 은을 안정적으로 생산하게 되었음에도 귀금속에 대한 요구가 기하급수적으로 늘었다. 그것은 근대 국가가 절박하게 금을 필요로 했을 뿐만이 아니라 중개인(은행가, 상인 등)과 소비자의 요구 때문이었다. 이렇듯 중대한 국면에서 아메리카에서 귀금속을 가져와 유럽에 공급하는 것은 의미가 없었다. 브라질 금과 멕시코와 페루의 은은 구^歐대륙에서 유통하는 재고품stock에 큰 영향을 주지 않았으며, 16세기 후반과 17세기에만 영향을 주었다.

동전, 몬테 디 피에타, 곡물 은행

15세기에는 아직 아메리카를 발견한 효과가 나타나지 않았지만 유럽 화폐가 어떻**'양털 깎기'** 게 변화해서 가치가 상승했는지는 기록되어야 한다. 소위 말하는 '양털 깎기', 즉 순도 높은 은화보다는 질이 낮은 은화가 더 많이 통용됨으로써 은화의 가치가 떨어졌다. 개별 화폐에서 은을 긁어내 이를 재활용하는 방식이 은의 가치를 축소시켰고, 은화와 금화의 격차를 더욱 벌어지게 만들었다. 사람들은 금화를 더욱 많이 요구했고, 높이 평가했다. 이렇게 금화는 천천히 '국제 통화'가 되었던 반면에, 은화는 주로 국내 시장에서 사용되면서 이후 두 세기 동안 그 비율이 1 대 10과 1 대 14에 이르렀다. 런던 은행가 토머스 그레셤(약 1519-1579)이 "악화가 양화를 몰아낸다"고 주장하면서 법률을 공표할 정도였다. 그 외에도 15세기에는 은행이 보다 큰 역할을 하는데, 대체 계정, 즉 동전에 의지하지 않고 대체 계정을 지불하면 그것이 돈을 부분적으로 대체했다.

14세기에 개인 은행과 공공 은행에 기반한 신용 유통이 연계적으로 발전했는데, 대다수 유럽 국민은 고리대금업자에게 담보를 저당 잡혀 신용을 얻었다. 당시 개인 은행은 금융 투기에 주력했고, 공공 은행은 본질적으로 시민 경제와 관련된 거래에 주력했다. 그러나 15세기 초반에 프란체스코 수도회는 빈민 계층의 고액 채무를 구제하기 위해 몬테스 피에타티스montes pietatis(신용 조합*)를 설립했다. 이 단체는 담보물과 대등한 최소한의 대출만을 허용했다. 설교와 포교에 몰두하던 시에나의 성 베르나르디노(1380-1444), 마르케의 성 야고보(1393-1476), 카피스트라노의 성 요한(1358-1456)은 이와 같은 목적을 위해 관계망을 조직하고 헌금, 희사금, 의연금, 단체와 귀족이 기부한 금액을 모아 은행을 설립했다. 이탈리아 반도에서는 15세기 후반에서야 확산되었는데, 중부와 북부 지역에 특히 많았던 반면에 남부는 다음 세기까지 기다려야 했다. 처음에는 이탈리아에 국한되었지만 나중에는 유럽의 여러 나라, 특히 벨기에와 독일로 확산되었다. 그러나 프랑스는 왕실에서 호의적인 반응을 보였음에도 불구하고 은행은 설립되지 않았거나 신용 시장이 활발하지 못했다.

몬테 디 피에타 은행은 사제들의 승인을 받아 체계적으로 운영되었으며, '협의 문서'에 따라 제약을 받았다. 이 문서에는 대출금 배당, 제공한 담보물의 상환 시기, 지급 불능의 경우 이행되는 경매 형식과 관련된 규범을 정확히 기재했다. 인도주의를 바탕으로 설립된 몬테 디 피에타 은행은 수혜자가 원하는 금액을 적게 했는데, 요청하는 자들이 너무 많아 최대한 많은 사람에게 대출을 실행하기 위해서였다. 이와 같은 단체가 수행하는 기능에서 특이점은 이자를 지불하지 않는다는 것이었다. 채무자가 총액을 변제하고 담보로 제공한 물건을 돌려받으면 소액의 헌납금만 지불했다. 신학적인 논쟁과 토론을 거친 후에 최소한의 이자 원칙을 도입하긴 했지만, 헌납금으로 늘어난 자본금은 재단이 관리했다. 이 원칙은 피렌체의 메디치 가문 출신 교황인 레오 10세Leo X(1475-1521, 1513년부터 교황)가 최종적으로 공인한 바 있었다.

이탈리아에서 발전한 몬테 은행은 유럽의 다른 지역으로도 확산되었다. 그러나 주된 특징은 도시에서 운영한다는 것이었고, 무엇보다 도시 시민의 신용 대출 요구를 지원하는 것이었다. 프란체스코회 수도사들은 몬테 은행과 매우 유사한 기관을 설립하도록 발의하기도 했다. 곡물 은행이 그것인데, 담보를 받고 돈을 주는 것이 아니라 농민들에게 파종이나 생계에 필요한 곡물을 선불로 주는 것이었다. 추수가 끝나면 농민들은 이자 명목으로 소액의 잉여금surplus을 지불하여 은행의 기금을 마련

협의 문서

선불 통화

했다. 최초의 곡물 은행은 1488년에 리에티Rieti에서 탄생했다. 중부 이탈리아와 북부 이탈리아에서는 확산되었지만 남부 이탈리아는 농민들과 노동자들이 지지하는 이 단체에 봉건제가 명백하게 반감을 보여서 좀 더 시간이 흐른 뒤에야 보급되었다. 그럼에도 곡물 은행은 오랫동안 성공을 거두었고, 이탈리아 전체 농업 경제 및 농촌 신용의 특징을 보여 주었다.

| **다음을 참고하라** |
역사 소매 시장과 도매 시장 및 통신 수단(176쪽)

원정군과 콜럼버스 이전의 지리상의 발견

| 아우렐리오 무시 |

15세기 말에 콜럼버스가 이룰 위업의 발판이 15세기에 마련되었다. 포르투갈과 에스파냐는 유럽의 다른 나라들보다 원정군과 지리상의 발견을 위한 자격 요건을 잘 갖추었다. 두 나라는 원정군을 조직할 수 있는 경제적 토대를 갖추었는데, 무엇보다 자본을 자유롭게 이용했고, 기술이 발전하여 범선이 있었으며, 좀 더 발전한 지리학 이론과 도구를 지녔다. 포르투갈은 아프리카를 배로 일주하는 팽창 정책을 통해 향신료가 풍부한 아시아 해안에 도착했고, 에스파냐는 새로운 땅을 발견하고 정복하는 정책을 통하여 유럽-아프리카 제국을 발전시켰다. 15세기 말 유럽은 신세계를 발견하기 위한 준비가 되어 있었다.

대양 횡단 탐험의 필요조건

15세기 초반부터, 특히 포르투갈과 에스파냐에서 대양 횡단 탐험을 위한 전제 조건과 원조 및 동기가 존재했다. 즉 원정대를 조직하기 위해서는 경제적 토대, 기술적 토대, 그리고 지리학 및 지리학 도구의 발전이 중요했다.

재정, 보험, 중간 상인과 지리학자 간의 상호 협력 관계로 원정대 파견의 토대가 마련되었다. 포르투갈은 이탈리아 상인들의 자본을 자유롭게 이용할 수 있었다. 피렌체, 피사, 제노바 상인들은 안달루시아에서도 상업 기금을 만들었다. 금융 및 무역

원조가 대양 횡단 탐험을 실행하기 위한 토대였다.

15세기 중반에 포르투갈은 지리적 팽창을 위한 기술을 마련했다. 대형 삼각돛을 설치한 카라벨이 일반적으로 사용되었는데, 크기가 작은 배(30-40톤)였지만 갤리선 **카라벨** 에 비해 조종하기 쉽고 항해에도 적합했다. 돛대는 3개인데, 커다란 정사각형 돛 2개 는 바람을 모아 배를 앞으로 전진시키고, 삼각형 돛 1개는 배가 빠르게 회전하도록 했 다. 승무원 수가 감소한 원인도 있지만 이로써 더 많은 양의 비품을 실을 수 있었다. 또한 해안에서 멀리 떨어져서 항해할 수 있었고, 바다에 오랫동안 머물 수 있었다.

지리학 관련 기술 및 이론도 발달했다. 15세기 중반에 프톨레마이오스 세계 지도 를 면밀히 검토하고 논의하려는 징후가 처음으로 나타났다. 그 전에 이미 그리스 지 리학자인 스트라본Strabon(기원전 약 63-기원후 21)이 아프리카를 배로 항해했을 것이 라고 주장한 바 있다. 베네치아 출신의 수사 마우로(?-1460)가 1459년에 그린 세계 지도는 아프리카 대륙을 배로 항해할 수 있음을 보여 준다. **마우로의 세계 지도**

항해 도구도 정교해졌다. 에스파냐는 이미 나침반을 가지고 있었고, 다른 나라들 은 항해용 사분원처럼 위도를 측정하기 위한 도구를 가지고 있었다.

포르투갈의 팽창

일찍이 15세기 초에 포르투갈은 해안과 아프리카 북부 지역을 향해 진출했다. 포르 투갈 왕실을 위해 일한 사람들은 베네치아와 제노바인들이었다. 1445년에 카보베 르데Cape Verde 제도가 발견되었고 1456년에 베네치아 출신의 알비제 카 다 모스토 (1432-1488)와 제노바 출신의 안토니오토 우소디마레(약 1416-약 1461)가 감비아 강 하구에 도착했다. 이렇게 동방으로 가는 바닷길이 열렸다. 포르투갈은 인도양과 아 시아에 가기 위해 아프리카를 배로 항해했고, 향료 무역을 통제했다. 포르투갈은 15세기 후반에 그와 같은 모험을 눈앞에 두고 있었다.

1470년대 기니에서 연속해서 탐험 여행이 시작되었다. 1482-1487년에 디오고 캉Diogo Cão(15세기)이 콩고를 횡단한 다음 남서아프리카에 도착했다.

마지막으로 1487년에 바르톨로메우 디아스(약 1450-1500)가 포르투갈 사람들에 **디아스와 희망봉** 게 인도양 항로를 열어 주었다. 그는 아프리카 대륙의 남쪽 선단을 회항했으며, 아라 비아 반도와 페르시아 및 아프가니스탄 해안을 지나 아프리카 동쪽 해안을 따라 소 말리아까지 올라갔다. 아프리카 대륙의 남쪽 선단은 희망봉이라는 이름을 갖게 되었다. 디아스는 아프리카 일주를 함으로써 동방으로 가는 새로운 대서양 항로를 연 셈이었다. 도처에 요새를 건설하고 상업용 정거장을 세웠으며, 오늘날에도 일부가 남아 있다.

포르투갈은 탐험과 무역을 위해 활동 무대를 아프리카 대륙으로 확장했지만 정확한 계획을 갖고 진행된 것은 아니었다. 하지만 시간이 지나면서 막대한 자원을, 예컨대 노예(보통 알고 있는 바와 같이 1441년에 흑인 노예를 처음으로 배에 실었다), 기니의 금, 상아, 면사, 후추, 설탕을 수탈했다. 이탈리아인과 유대인의 자본을 투자받은 다음 아프리카의 무역용 정거장에서 수입한 노예들에게 재배를 맡기면서, 설탕이 가장 중요한 경제 활동의 자원이 되었다.

포르투갈이 아프리카에 세운 식민지 제국은 처음부터 두 가지 한계를 보였으나 식민지 발전에도 뚜렷한 흔적을 남겼다. 하나는 국가 자체가 상업 자원과 식민지 자원을 합리적으로 운영하기 어려웠던 것이고, 다른 하나는 외국 상인, 특히 이탈리아 상인에게와 나중에는 플랑드르 및 독일 상인에게 크게 의존했다는 점이다. 말하자면 자력으로 유지하지 못하는 식민지 제국을 만들었기에 외국 거대 자본에 지나치게 의존했다.

확장의 법률적 문제

포르투갈은 대서양 남부 해안을 따라 영역을 확장하고, 아프리카에서는 법률적으로 중요한 문제를 제기할 수 있는 침투와 정복을 정당화하기 위해 문서를 이용했다. 포르투갈의 해결책은 선례를 남겼으며, 이후 에스파냐 식민지 정책의 모델이 되었다. 그들은 그리스도교의 지배를 옹호하고 확장하기 위해 전쟁의 합법성을 주장했다. 하지만 아프리카 땅을 정복하고 그 국민을 복종시키는 것을 어떻게 정당화시킬 수 있었을까? 법률가들은 '무주지無主地'를 의미하는 라틴어인 테라 눌리우스terra nullius 원칙을 만들어 냈다. 주인이 없고, 사람이 살지 않거나 질서도 시민법도 없는 야만인들이 사는 땅이라는 의미다. 그리하여 포르투갈은 땅을 발견하여 그곳을 점령한다는 단순 행동만으로 아프리카 영토를 소유할 수 있었다.

이것은 자신들의 정복을 합법화하는 원칙이었으며, 초기 유럽 식민주의의 자세를 보여 주는 것이기도 했다. 이후 폭넓은 논쟁 대상이었고, 강대국들이 유럽 내에서 확장 정책을 펴는 것과 유럽 밖의 국가를 정복하는 것을 명백히 구분하도록 했다.

15세기에 바다 너머의 이국땅을 법률 문서가 없는 순전히 정복하기 위한 땅으로 생각했다면, 16세기에 에스파냐 같은 강대국들이 유럽의 여러 나라를 지배한 것에는 또 다른 합법화와 정당화 문서가 필요했다. 즉 한 명의 군주가 왕위 계승자에게 지위를 상속하는 것, 결혼 정책, 그리고 군사적 승리처럼 말이다. 다른 나라를 지배하는 강대국이 유럽의 여러 나라를 소유할 때에 그 나라의 제도와 법률, 진정한 법률 문명을 구성하는 관습을 존중하게 한 것이었다.

에스파냐의 확장

크리스토퍼 콜럼버스 이전의 카스티야 왕국의 카나리아 제도 점령이 에스파냐의 확장 활동의 기원이었다. 이는 아메리카로 가는 대양을 건너기 위한 전제 조건으로 매우 중요한 가치가 있었으며, 콜럼버스가 그것을 토대로 네 차례나 여행했다는 것이 역사학자들의 일반적인 견해다.

에스파냐는 1477-1479년에 카나리아 제도의 식민지화에 성공하며 포르투갈과 **카나리아 제도 점령** 1479년에 알카소바스 조약을 맺었다. 그 조약은 지구를 분배하고 분할하는 첫 번째 여정이 시작되었음을 의미한다. 이를 토대로 포르투갈은 카나리아 제도에 대한 카스티야 왕국의 권리를 인정해 주었고, 에스파냐는 대서양의 다른 섬들과 보자도르 곶에 대한 포르투갈의 권리를 인정해 주었다.

영토 점령을 정당화하는 원칙은 신앙이었고, 이교도에 대한 전쟁이었다. 미국 식민지화에 연속해서 적용할 수밖에 없었던 원칙도 있다. 카스티야 왕국의 이사벨 1세(1451-1504)는 카나리아 제도에 대한 통치권을 보유하면서 통치자들을 임명하여 정복에 공을 세운 인물들과 해군 사령관들에게 레파르티미엔토repartimientos를 실시할 권한, 즉 전리품과 공직을 나누어 가질 권한을 주었지만 그들에게 수여한 정치적 역할을 통제하고 철회할 권리는 자신이 가지고 있었다.

결국 바다 너머 신대륙을 탐험하고 정복하는 모든 탐험대는 공권력을 정당하게 누렸다.

유럽의 경험

15세기 무렵에 포르투갈이나 에스파냐는 해외 탐험 사업에서 상당한 경험을 쌓았다. 두 나라 모두 여기 필요한 기본적인 조직과 기술, 사회적-경제적 조건을 개선하기 위해 위험한 탐험대에서 위험을 무릅쓰고자 했던 인력, 땅의 발견과 정복 논리에서 수많은 비중을 차지했던 십자군 정신을 갖추었다.

협소한 인구와 더불어 정치적, 사회적, 경제적인 관점에서 에스파냐보다 약했지만 포르투갈은 무엇보다 주앙 2세João II(1455-1495) 덕분에 국가 권위를 강화할 수 있었고, 반항하는 귀족을 억누를 수 있었고, 또 독점 정책을 통해 식민지 자원을 수탈할 수 있었다. 포르투갈의 관심이 주로 아시아를 향했다면 에스파냐의 지중해 정책은 유럽-아프리카 제국 건설을 최우선으로 했다.

그러나 콜럼버스 이전이나 이후의 지리상의 발견과 정복 경험은 포르투갈과 에스파냐만의 역할로 축소시킬 수 있는 성질이 아니다. 구대륙에 속한 많은 지역의 정치, 경제, 사회, 문화의 에너지를 한데 모았다는 의미에서 그것은 유럽 공동의 역사적 경험이었다. 사업가 공동체를 생각하는 것으로 충분하다. 누군가 '돈을 추구하는 국제 공화국'이라고 호칭했던 이 공동체는 부의 축적을 유일하게 귀중한 것으로 인정했다. 그러므로 대양을 횡단하는 탐험대에 자금을 공급하면서 대규모로 탐험대에 참여했다. 발견자와 정복자들을 뒤따른 사람들 중 포르투갈과 에스파냐 사람들만 있었던 것이 아님을 생각해 보는 것으로 충분하다. 또한 다양한 학문 분야, 즉 신학, 철학, 예술, 법학으로 탐험대에 관심을 가진 것이 인문주의 및 초기 르네상스 문명이었다.

('돈을 추구하는 국제 공화국')

15세기 말에 레오나르도 다 빈치Leonardo da Vinci(1452-1519)는 풍경을 정면으로 표현했으며, 하늘색 공간에 우뚝 서서 조감으로 본 풍경을 그렸다. 그는 위에서 내려다보면서 전체 지역을 상세하게 표현한 지도를 제시했다. 회화도 공간을 다시 생각하도록 가르쳤던 것이다. 레오나르도는 당대인들이 그림의 경계선 너머, 다시 말해 예측 가능한 것만 보지 말고 그 너머를 상상하도록 했다. 그와 동시에 사람들은 지도에서 알려 주는 지역 밖으로 나아갈 수 있었고, 아직 탐험하지 않은 지역을 알 수 있다고 생각했다.

이제 시간이 무르익어 신대륙을 발견할 때가 되었다. 신대륙은 국제 관계에 따른 사회적-경제적 관점만이 아니라 공동체 정신과 문화에 따른 사회적-경제적 관점에서 볼 때, 모든 결과를 결정하게 될 터였다.

| 다음을 참고하라 |
역사 이베리아 반도(127쪽); 해상 교통과 항구(170쪽)
과학과 기술 과학 도구와 그것의 적용(386쪽); 여행, 탐험, 발견(451쪽)

사회

STORIA

귀족과 시민

| 아우렐리오 무시 |

15세기의 귀족과 부르주아는 다수의 계층으로 구성되어 있었다. 귀족은 북유럽 및 중동부 유럽에서 급격한 변화를 보였지만, 여기에는 중부와 동부 유럽 및 남부 유럽 농촌에 널리 확산되어 위세를 떨치던 봉건 귀족만이 아니라 도시를 이끌던 도시 귀족 계급도 포함되었다. 부르주아는 '돈을 추구하는 국제 공화국'을 지배하는 거대 상인-은행가, 대표적인 시민 직업이라 칭할 수 있는 판사와 변호사, 의사, 그리고 수공업 단체를 이끄는 장인을 포함했다.

유럽 봉건 사회

15세기의 유럽 사회는 매우 밀접하게 결합되어 있으면서도 차별화된 것처럼 보인다. 유럽 사회를 표현하기 위해 귀족과 부르주아라는 두 범주를 사용하려면 그것을 다수의 계층 구성으로 생각해야지, 서로 소통할 수 없는 사회 계층의 총체로 생각해서는 안 된다.

혈통이 오래된 귀족 출신 가문뿐 아니라 최근에서야 귀족이 된 가문들도 귀족 사회의 구성원이었다. 귀족은 특별한 법규집을 가졌고, 생물학적인 방법으로 존속했고, 매우 엄격한 규칙을 토대로 자신의 계급을 혁신했던 사회 단체라고 정의할 수 있

지위와 직함 다. 지위와 직함은 귀족 사회 내부에서 위계질서를 만들어 냈다. 예컨대 독일 신성로마 제국 내부에서 제국의 고관대작은 그것을 소유한 사람(선거제후, 대군주, 제국의 백작 등)에게 다른 귀족들보다 우세한 구체적인 정치 권력을 부여했다. 에스파냐에서는 고위급 지위 자체가 명예로운 직함이 되었다.

　　15세기 유럽에서 귀족들은 주목할 만한 대표권을 지녔다. 의회 혹은 제국 의회에서 성직자, 귀족, 시민으로 분리된 귀족들은 계급적인 성격을 띠는 모든 대표 기구에서, 특히 재정 문제, 면책권, 특권, 군주 통치를 위한 조건을 마련할 수 있는 강력한 권한을 가지고 있었다.

　　15세기에는 일반적으로 봉건적으로 토지를 소유했으므로, 군왕이 권한을 부여하여 군주, 후작, 공작, 백작의 작위를 전달했다. 이러한 귀족의 역할을 이해하고자 한다면 15세기 유럽 봉건 사회 전체를 살펴야 한다. 유럽은 크게 세 개의 지역, 즉 잉글랜드와 북유럽, 중부와 동부 지역, 그리고 지중해 지역으로 나뉜다.

　　15세기 잉글랜드의 봉건 귀족은 우선 백년전쟁(1337-1453)에, 나중에는 장미전쟁(1455-1485)에 활발히 참여했다. 장미전쟁은 당파 싸움이었으며, 요크 가문과 랭커스터 가문이 대립한 것이었다. 튜더 왕조를 세운 헨리 7세는 왕실의 권위를 회복하려고 노력했고, 이와 함께 새로운 사회적-경제적 흐름 때문에 사회 계층 이동이 더욱 잦아지면서 새로운 계층이 땅을 소유할 기회도 생겼다. 이 격동의 상황이 잉글랜드 귀족 사회를 덮치면서 그들의 봉건적 태도는 더욱 유연해졌고, 사회적 변화도 빠르게 진행되었다. 스칸디나비아 반도의 국가들은 봉건주의의 견고한 농촌 제도를 청산할 수 없었으며, 소지주들이 누린 독립 전통 또한 정리하지 못했다. 중세 말이 되면 귀족, 성직자, 왕실이 토지 대부분을 점유하지만, 스웨덴의 경우 농민들이 국가 전체 경작지의 절반을 소유했다.

　　그러나 중부 및 동부 유럽에서 봉건 귀족은 지배적인 역할을 했다. 광대한 농장 **융커** 을 소유한 지주인 융커Junker가 엘베 강 동쪽의 독일을 지배했으며, 이들은 강제 노동과 농노 노동을 투입하여 직접적인 경영을 시행함으로써 농장을 관리했다. 15세기의 농업 위기로 융커의 상승이 가속화되었고, 권력이 확장되었다. 요컨대 융커는 사법권, 경제권, 재정권과 더불어 봉토에 예속된 백성들에 대한 압박과 통제권을 누렸 **폴란드의 경우** 으며, 군주가 임명한 대리인이 이를 인정해 주었다. 흥미로운 예는 폴란드다. 기존의 역사서에서 폴란드는 귀족 계급이 최고의 권력을 누리던 곳이었다. 재판 체계 및 법률 체제를 통해 귀족에게 막강한 권력을 승인해 주면서 진정한 왕가가 탄생했기 때문이다. 바로 야기에우워 왕조인데, 왕은 15세기 폴란드 봉건 귀족에게 막대한 권력을 허용했다. 임의 체포를 당하지 않는 사법 면책 특권, 세금 징수, 귀족의 동의만으로 가능한 군주의 군대 모집, 농민의 노동력 제공과 예속 상태의 확대 등이다. 15세기 러시아에서도 봉건제가 발달하고 농노의 노동력으로 귀족의 권력이 확대되었다.

지중해 유역의 유럽 지역에서는 토지와 사법권의 관계가 매우 강력한 귀족의 정체성을 보여 주는 요소였다. 에스파냐, 프랑스, 이탈리아의 봉건 귀족은 저마다 다른 조건을 지녔는데, 저마다의 국가 내부적으로도 차별적인 모습을 보였다. 아무튼 이들 국가의 봉건 귀족은 무엇보다 사법관만이 아니라 관료, 형사 재판관의 권력을 확대하여 사법권을 확장하고자 했다. 어떤 경우에는 최종 판결에서까지도 사법권을 확장했다(최고의 사법권merum et mixtum imperium).

따라서 15세기에도 봉건 귀족은 대부분의 유럽 지역에서 경제뿐 아니라 사회에서도 매우 중요한 계층을 이루고 있었다. 북유럽에서는 봉건 귀족의 역할이 부차적이었고, 중부와 동부 유럽에서의 봉건제는 경제와 사회 관계에서 수적 우위를 점하고 있었으며, 남부 유럽에서는 많은 차이가 있긴 했어도 봉건적 사법권이 토지 소유권에 포함된 부가적인 가치를 나타냈다. 어디서든 어떤 경우든 토지는 구체적인 권력을 가졌고, 준군주의 힘을 가진 귀족 직함을 수여하기 위해 중용한 요소가 되기도 했다. 귀족의 조건이 혈통이었다는 점이야말로 강력한 봉건제적 의미를 띤다고 할 것이다.

다양한 유럽

도시 귀족 계급

마리노 베렌고(1928-2000)는 이렇게 말했다. "도시에 하나의 귀족 계급이 형성되기 위한 본질적인 특징을 보려면 어떤 가문이 지도층에 오래 머물렀는지를 보면 된다."

그러므로 고대 로마 시대부터 귀족이었던 귀족들은 다양한 형태를 보이는 유럽 귀족 계층의 일부가 되었다. 기원과 귀족 가문으로 발전한 동력이 달랐음에도 이들은 지속적이고 안전하게 지배층의 역할을 담당했기에 도시 구성원을 대표했고, 도시의 주요 기능을 수행하는 주체가 되었다.

카스티야 왕국과 같은 에스파냐 몇몇 지역에서 그와 같은 과정을 말해 주는 문서가 발견되기도 했다. 14-15세기에 카스티야 왕국의 군주들은 귀족에게 특권을 수여

히달고스 했으며, 히달고스hidalgos(하급 귀족*)의 형성을 재촉했다. 이들은 도시 출신의 귀족으로 도시에서 대부분의 요직을 차지했다.

독일은 진정한 농촌 귀족과 도시 귀족으로 나뉘었다. 귀족 등급에서 농촌의 봉건 귀족이 도시 귀족보다 높은 자리를 차지하긴 했어도 도시 귀족들도 요직을 맡을 수가 있었고, 도시의 바로 그곳에서 계층 분리가 일어났다.

이탈리아에서 귀족의 자격은 도시마다 그 의미가 달랐다. "15세기와 16세기의 이탈리아에서 아마도 가장 태생적으로 또 가장 폭넓게 정치화된 도시"(베렝고)였을 시에나에서 귀족은 계층보다는 당파에 가까웠다. 오랜 전통을 가진 귀족 가문이 조직되었고, 각각의 가문은 수세기에 거쳐 공직에 참여했다. 제노바는 귀족과 민중의 대
이탈리아 귀족 립으로 계급 갈등을 표출하지 않았지만 두 정치 집단 간의 갈등을 야기했다. 제노바 공화국의 서기국은 귀족을 '통치하는 시민'이라고 명시했다. "통치하는 시민은 유서 깊은 가문에서 나오는 것도, 오랫동안 부유했고 누구보다 뛰어나다고 해서 되는 것도 아니었다." 그러나 베네치아에서는 민중의 통치를 선택할 수 있는 가능성이 없었다. 15세기에 헌법이 발전했던 분야는 귀족의 과두 정치에 한해서였다. 15세기 초에 베네치아 본토를 정복함으로써 베네치아에 처음 온 이방인도, 또 시뇨리아 체제의 자치 도시 시대에 예속된 도시들을 지배했던 부유하고 힘 있는 귀족들도 모두 국가를 통치할 수는 없었다. 나폴리에서는 귀족과 민중이 함께 참여하여 도시를 통치했다. 하지만 카푸아나, 니도, 몬타냐, 포르토, 포르타노바를 대표하는 다섯 개 의석에 뽑힌 귀족들이 도시를 지배한 반면 민중은 오직 하나의 의석만을 얻을 수 있었다.

부르주아

15세기 유럽에서 누구를 부르주아로 정의할 수 있을지를 대략이라도 분류하기란 난감하다. 유럽의 몇몇 나라가 부르주아 계층을 그들의 내면과 동일시할 수 있을 만큼 다양한 접합 지점을 제시하지 못했기 때문은 아니다. 부르주아borghese란 말에 포괄적인 의미를 부여하기가 어려웠기 때문이다. 소속 계층과 사회적 출신을 동일시한다면, 15세기에 토스카나 및 제노바 출신의 대상인들은 자산에 있어서는 국제적인 상류층에 속했지만 부르주아는 아니었다. 그들은 모두 귀족 가문에 속했고, 제노바 귀족처럼 매우 유서 깊고 고명한 귀족 가문 출신들이었다. 그러나 그들은 돈에 부여된 새로운 의미와 관련된 역할을 했다. 국제 무역과 재정적-경제적 타협을 위한 혁

신적인 방법과 기술, 도시 시민 계층의 역동성, 귀족의 세계관과 전혀 다른 기업가로 서 투자하는 세계관이 등장한 가운데 '바야흐로 돈의 시대가 왔다'고 하기 시작했다. **'돈의 시대'** 그들이 수행한 역할을 보자면 15세기에 활동한 부르주아의 일원이라고 생각할 수 있으며, 부르주아 계층의 정점에 자리 잡고 있었다.

부르주아라 할 수 있는 두 번째 집단은 직업 세계로 분류할 수 있다. 레트라도스 **레트라도스와** letrados, 즉 변호사들은 '수입 인지를 쓰는 문명'에서 이전에는 공증인이 가지고 있던 **미니스테리알레** 많은 자격을 이어받았다. 미니스테리알레ministeriale는 근대 국가 초기 단계에서 새로 만들어진 사법부의 고위급 인사들이었다. 이들이 부르주아였을까? 그들은 법정 직 업을 수행했고, 국가의 높은 관직을 차지하는 귀족 가문 대표자들일 수도 있었다. 귀 족이 아니라면 귀족이 되기를 열망했으며, 관직을 차지하는 귀족의 형성 과정에 영 향을 주어 이후 수백 년간 귀족의 정체성이 폭넓게 변화되었다.

의학 관련 직업에 종사했던 자들은 귀족이 아니었음이 틀림없다. 유럽의 많은 지 역에서 위험하게도 '천박한 기술'을 쓰는 자와 가깝게 있었기 때문에 이 직업을 위한 훈련이 귀족의 신분에 어울리지 않는다고 여겼다. 상급 기술과 하급 기술에 대한 논 쟁에서 의학 훈련은 대개 법조계보다 저급하다고 생각했던 반면에 법조계 직업은 중 세 후기와 근대 초기 유럽의 주요 활동 중의 하나였던 기술, 즉 통치술과 관계가 있 었다.

앞에서 언급한 직업보다 낮은 등급에 직인 및 상인 조합과 예술계의 최고 장인들 이 있었다. 이들이야말로 유럽 도시의 등뼈가 되었던 부르주아 계층이었다.

| **다음을 참고하라** |

역사 도시(166쪽); 소매 시장과 도매 시장 및 통신 수단(176쪽); 원정군과 콜럼버스 이전의 지리상의 발견(184 쪽); 산적과 해적 및 약탈자들(209쪽)

교황과 성직자 계급

| 마리아 안나 노토Maria Anna Noto |

15세기는 과도기였다. 과거에는 시민 생활과 종교 생활이 깊이 상호 침투했지만 다음과
같은 결정적인 요인에 따라 그와 같은 상호 침투 현상이 멈춘 듯하다. 즉 교황과 고위
성직자들의 엄격하고 복잡한 논쟁, 유럽에 근대적인 형태의 '국가'가 태동된 것, 그리고
신자들이 요구하는 윤리와 정신이 교회와 거리가 멀었던 것. 자신들의 요구가 좌절되자
신자들은 분산되었다. 이들은 교회와 의견이 달랐고, 관계가 변질되었고,
교회에 불만을 보였다.

대분열의 종말과 교황청의 '재탄생'

아비뇽 유수는 교황청이 로마를 떠나 프랑스 왕들에게 복종한 사건이었고, 이로부
터 교회 지도부에 깊은 균열이 생겼음을 보여 주는 교회 분열(1378-1417)이 나타났
다. 이 두 사건은 교황청과, 특히 교황청 지도부에 매우 심각한 충격을 안겼다. 교황
청을 원래대로 로마로 이전하기로 결정하고서 교황으로 선출된 자에 대한 반론이 제
기되자 교황의 권위가 위태로워졌다. 신자들은 중앙집권적 군주제에 교회가 어울리
지 않다고 생각했다. 신자들은 단체 형식, 즉 공의회 형식의 성직자 관리가 필요하다
고 생각했다.

   잠재적으로 공의회주의 이론이 다시 나타나면서 서양의 불안정한 대분열을 해결
할 방법이 나온 것 같았다. 이 이론은 교황의 영향력을 인정하면서도 보편 교회가 교
황에게 권력을 위임했으며, 공의회가 그 교회를 대표한다고 주장했다. 콘스탄츠 공
의회(1414-1418)에서는 지상의 그리스도를 대표하는 최고의 보편 교회를 보여 주는
것이 공의회 회의라는 추론이 우세했다. 이는 11세기의 그레고리우스의 개혁 때부
터 대두되었던 군주제적 영감을 역행하는 것이었다. 성공을 거둔 콘스탄츠 공의회
의 직접적인 결실은 아비뇽 유수로 인한 고통을 재정비하고, 오도네 콜론나Oddone
Colonna를 선출한 교황 선거에서 일인 교황 선출 체제를 확실히 회복한 것이었다. 오
도네는 마르티노 5세(1386-1431, 1417년부터 교황)가 되었으며, 저마다 다른 진영에
서 동시에 선출된 교황들의 대립을 종식시켰다. 콘스탄츠 공의회에서 마르티노 5세
가 교황으로 선출되면서 교황청은 억압에서 해방되었고, 점차 우세한 지위를 회복

했다. 15-16세기에 교황청의 우월성은 굳건한 현실이 되었다. 교황청은 자신들의 세속권 강화를 주도했고, 교황 재산에 대한 세속적 관리를 회복했고, 교구청 조직과 임무를 강화했다.

　　공의회 조직의 권한이 점차 박탈되는 것과 발맞추어 교황 국가가 재조직되었다. 교황 국가는 동시대 유럽 군주국이 시작했던 과정과 병행하여 중앙집권과 절대 군주 원칙, 중앙과 지방 간 명령 관계에 토대를 둔 영토와 법체계를 갖춘 하나의 실체가 되어 가고 있었다. 이와 같은 여정을 굳건히 하기 위해 교황청은 고위 성직자들과 논쟁하는 마지막 단계를 통과해야 했다. 바젤 공의회(1433-1449)가 공의회주의에 새롭게 활력을 부여했다. 교황 에우제니오 4세(가브리엘레 콘둘메르, 1383-1447, 1431년부터 교황)는 교회에서 공의회 교리가 위축될 것을 걱정한 유럽 군주들의 지지를 다시 얻을 수 있었다. 공의회 교리는 공의회가 주는 막강한 권력을 예상하면서 '의회' 형식의 군주제 모델에서 영향을 받았다. 그러나 단호하게 중앙집권 정치를 추구했던 15세기 군주들은 이제 그 모델을 거세게 반대했다. 에우제니오 4세는 폐위되었고, 사보이의 아메데오가 펠리체 5세(1383-1451, 1440-1449년에 대립 교황)의 이름으로 그 자리를 대신했다. 그러나 바젤 공의회로 그가 폐위되고 니콜라오 5세(톰마소 파렌투첼리, 1397-1455, 1447년부터 교황)가 새 교황으로 선출되었다. 결국 서방 교회에서 교황권의 우세를 보여 준 셈이었다.

유럽 군주들이 지지한 펠리체 5세

인문주의, 문화와 교황궁

15세기는 전환기였다. 교황청은 중세에 두르고 있던 보편주의를 상실했고, 확실한 지역 강국으로 변화했다. 그리하여 세속 지배권을 확대했고, 르네상스 정신과 완벽히 일치하는 예술과 문화를 발전시켰고, 궁정 생활의 물질적인 측면을 강조했다. 로마는 서방 그리스도교의 심장으로 중심지의 위치를 회복했고, 인문주의 문화를 장려하는 핵심 지역이 되었고, 예술가와 지식인들이 가고 싶은 목적지가 되었고, 르네상스 분위기를 한곳으로 모아 환하게 비추는 특별한 장소가 되었다. 반종교개혁이 트렌토 공의회(1545-1563) 이후 수백 년 동안 종교와 정치, 문화 형태에 징벌적인 흔적을 남겼는데, 아직 그 시기가 되기 전에 교황청은 활력이 넘치는 군주의 궁정으로, 이념의 순환을 위한 이상적인 장소로, 학자들의 만남의 장소로, 예술적 표현을 실험하는 장소로 나타났다. 15세기에 교황들은 문화 활동을 후원하는 관대한 후원자이

인문주의 도시 로마

자 예술을 후원하는 후원자였고, 승승장구하는 인문주의를 더욱 격려하는 주인공이었으며, 그들 자신이 고상한 지식인이기도 했다. 니콜라오 5세는 지식이 높았고, 도서관을 예찬하고 설립했고, 교회 국가의 수도이자 그리스도교의 등대나 다름없던 로마를 도시 공학과 건축학에 맞게 재설계했다. 비오 2세(에네아 실비오 피콜로미니, 1405-1464, 1458년부터 교황)는 작가이자 시인으로 유명했고, 식스토 4세(프란체스코 델라 로베레, 1414-1484, 1471년부터 교황)는 기념비적인 예술 작품과 건축을 지속적으로 장려했고, 공부하는 학자들을 확고히 지지했다.

교회 국가의 진정한 군주라 할 추기경들도 대다수가 귀족 출신이었다. 이들이 기거한 궁정도 다양한 예술가들을 후원했고, 그들이 재능을 인정받을 기회를 주었다. 궁정은 르네상스 문명을 대표하는 상징적인 장소가 되었다.

교황, 성직 위계 제도 및 교황국의 재건

르네상스 시대의 교황 국가는 동시대 군주 국가들과 더불어 절대 군주제의 길을 걷기 시작했다. 교황 국가는 영토를 가진 군주의 권위와 그리스도교 최고 수장을 포함하는 교황 통치권의 2차원성을 찬양했다. 비오 2세란 이름으로 교황이 되는 인문주의자 에네아 실비오 피콜로미니는 사제의 교육instructio과 왕의 교육praeceptio을 결합하는, 교황의 놀라운 특권을 보여 주었다.

사제의 교육과 왕의 교육

이러한 상황에서 교황이 최고의 권력자임을 집요하게 주장했고, 공의회 조직의 권한을 정지한 것으로 명확히 나타나는 교황청과 고위 성직자들의 관계는 근대 교회 국가가 추구하는 행정 조직을 재편하는 상황에 예속되는 경향을 보였다. 추기경회와 고위층 성직자는 교황 군주를 적대하는 세력에서 강력한 정부 조직으로 점차 변화했다. 조직원들은 교황 권력의 정신적이면서도 세속적in spiritualibus et in temporalibus인 양가적 특징 덕분에 시민이자 목자의 영역에서 유능한 '직원'이 되었다. 교황청과 국가의 재건 과정에 통합된 고위 성직자들은 교황청 관료 기구의 기본적인 뼈대를 만들었으며, 정부 조직이 교권주의에 봉사하도록 했다. 이는 이후 시대에 교황 국가의 행정을 보여 주는 주요 특징이 되었다. 우세한 법 교육을 받은 인물들이 교황의 자리에 오르면서 르네상스 시대에 교황청이 세속 지배를 강화하는 경향이 커지고 더욱 가속화되었다. 그들은 성직자 경험을 충실히 쌓은 인물들이 아니라 교황청 관료 출신이거나 국가 행정직을 수행한 사람이거나 외교 분야에서 경력을 쌓은 인물들이

행정 재조직

었다. 지방 행정의 합리화, 중앙집권화 경향, 성직자 지배에 반역하는 가신과 공동체를 억압하는 것, 그리고 정부 기구 및 교황청을 강화함으로써 새롭고 굳건한 토대를 기반으로 한 국가 재건이 실현되었다.

더구나 세속권 강화는 다른 권력을 조절함으로써 교회의 자유를 승인하고 교황이 정신의 영역에서 초국가적인 권위를 충분히 행사하도록 만드는 전략처럼 보였다. 교황 군주의 "이중적인 영혼"(파올로 파로디Paolo Parodi, *Il sovrano pontefice. Un corpo e due anime: la monarchia papale nella prima eta moderna*, 1982)이 한편으로 교황 군주가 가진 힘의 비정상적인 요소를 보여 주었다면, 다른 한편으로는 세습이 아니라 선출직이었던 점과 나이가 중년 이상인 인물들이 빈번하게 교체되며 즉위했다는 점에서 내부적인 약점이 너무 많다는 말로도 충분하지 않다. 교황의 자리가 본래 상속되지는 않았지만 그와 같은 단점은 교황청 조직이 안정적이 되고 교황이 자신의 국가 기구 및 관직에 자기 가문 사람을 심어 놓음으로써 보완되었다. 그것은 마치 통치권 세습은 불가능하지만, 교황들 편에서 보자면, 자신의 친척을 높은 등급의 귀족으로 향상시킴으로써 문제를 해결하는 것과 같았다. 족벌주의란 이름으로 널리 알려진 이와 같은 현상이 교회 제도에 대한 비난의 주요 원인을 제공했지만, 정치적 음모와 당파 관리에 주력 가능한 '추기경 왕조'를 만들어 냄으로써 교황 선출 때 총체적이고 일시적인 균형을 이루었다. ┃족벌주의

교회의 자율성 유지에 도움을 준 또 다른 현상은 교황과 교황청 인사가 대부분 이탈리아 출신이었다는 점이다. 로마 출신의 마르티노 5세가 교황에 등극하면서 ┃이탈리아 출신 교황들 부터 시작되어 근대를 넘어 1978년까지 지속되었다. 카탈루냐 출신의 갈리스토 3세(알폰소 보르자, 1378-1458, 1455년부터 교황)와 알렉산데르 6세(로드리고 보르자, 1431/1432-1503, 1492년부터 교황), 독일 출신의 하드리아노 6세(아드리안 플로렌츠, 1459-1523, 1522년부터 교황)의 경우만 제외하면 말이다. 이탈리아 출신 교황들이 선출된 덕에 교회는 유럽 군주제에 복종하지 않았으며, 아비뇽 유수 및 이후 시기에 겪었던 일련의 상황처럼 체면을 잃는 상황은 다시 발생하지 않았다. 이탈리아 출신의 교황과 추기경회만이 국가주의의 간섭과 주변 국가의 영향을 받지 않은 듯했다. 이탈리아 반도의 정치가 여러 조각으로 나뉜 것도 그와 같은 목적에 유리하게 작용했을 것이다. 이탈리아 반도가 국제적인 면에서 힘이 약했으므로 주변 강국이 걱정을 하지 않았고, 결과적으로 교황청과 교황에 대한 불가침이 보장되었다.

사회 안의 교회

15세기에는 교회 제도의 도덕적 쇠퇴, 자격 없는 사제, 교회 구성원들의 불충분한 종교 정신에 대한 비판이 거셌다. 초기에 교회 소속 사제들은 가난했지만 이제 대부분의 사제들은 가난과 거리가 먼 듯했다. 교회 안팎에서 지금 당장 해야 할 관습의 개혁, 복음 원칙의 회복, 매우 일시적인 요구에만 매달리던 교황청의 불건전한 세속적 관심의 종식을 슬픈 마음으로 호소하는 일이 일어났지만 모두 허사였다. 이와 같은 슬픈 호소는 그리스도교 정통 교리에서 흘러나와 이단으로 낙인찍힌 바 있는 종 **위클리프와 후스의** 교 단체로 나아가는 일이 많았다. 잉글랜드의 존 위클리프(약 1320-1384)나 보헤미 **이단파** 아의 얀 후스(약 1370-1415) 추종자들이 주장한 교리가 사회와 종교 갱생 요청을 보여 준 중요한 예라고 할 수 있다.

심각한 위기는 성직자들이 영혼의 구제, 교회 재산의 운영, 전례의 의무와 목자의 의무에 대해 일반적으로 무관심했다는 점이다. 르네상스 시기의 교회에서는 흔하게 해이해진 몸가짐, 정신 수행 임무에 대한 무관심, 세속적인 삶의 방식, 부와 물질적 재산에 대한 탐욕을 만날 수 있었다. 특히 임무에 소홀하고 무능력한 재속 사제 집단은 소명에 더욱 헌신했던 수도 사제 집단과 대조를 이루었다.

교회 제도가 불안했던 근본적인 원인은 다음과 같다. 첫 번째로 능력 평가는 도외시하고 주로 정치적, 경제적 요구와 사회적 지위 요구에 응답했던 족벌주의 논리가 실행되었다는 점이다. 두 번째로 의무 수행과 성직록 소유를 명백히 분리했던 점이다. 대리인 직무가 널리 확산되면서 사제들로 하여금 성직록 소유가 자신에게 맡겨진 임무와 재산을 포기하게 만들었다. 부수입을 이용하기 위해 더 많은 직책을 맡으려고 했던 경향이 뚜렷하게 나타나 많은 부를 지닌 고위 성직자들이 생겨났는데, 이들 대다수가 오랫동안 자리를 비웠다. 대부분이 주교들이었는데, 평소에 교구에 살지 않으면서 목자로서의 일과 교구 재산 관리를 무능한 대리인들에게 맡겼다. 하위 성직자들은 교리를 제대로 알지 못한 것, 목자 의무와 전례 의무를 준수하지 않은 것, 문란한 생활 방식 때문에 그들대로 비판받았다. 이들은 모범이 되는 행동을 보여 **개혁의 필요성** 주기보다는 뻔뻔하게도 세속인들처럼 생활했다. 세속인들 역시 정신적으로 의지할 수 있는 적당한 대상이 없었기에 왜곡되고 타락한 신앙에 노출될 위험이 있었다. 교회의 명백한 타락으로 인해 부패, 성직 매매, 방탕함, 부도덕 등 수많은 비난이 쏟아졌다. 이런 비난이 수많은 신자들 가운데 퍼져 나가기도 했지만 당시에 보다 현명한 종교인들은 원래의 순수했던 교회로 되돌아가기 위해 머리와 지체로부터in capite et in membris의 개혁을 서둘러야 한다고 생각했다.

개인과 개인의 잠재력 재평가에 주력했던 인문주의-르네상스 문화가 확산되면서 교회 제도의 중재를 통하지 않고 하느님과 더욱 직접적인 관계를 맺을 필요가 대두되었다. 15세기에 교황과 교황청의 힘은 정점에 올랐지만 교회 제도는 결국 체계적이고 효율적으로 도덕적 갱생이라는 고통스러운 문제에 직면했으며, 앞에서 언급한 것처럼 국가 구조를 강화하는 과정에 집중했다. 16세기에 교황청은 프로테스탄트 종교개혁에 자극받아 정신적, 윤리적, 제도적인 개혁을 총체적으로 장려할 수밖에 없었을 것이며, 이는 트렌토 공의회 이후 수백 년간 교회와 사회 전체에 흔적을 남겼다.

| 다음을 참고하라 |
역사 교회 국가(66쪽)
시각예술 식스토 4세의 로마(750쪽)

수도회

| 파브리치오 마스트로마르티노 |

15세기는 수도회 개혁의 시기였다. 다양한 요구에 부응해 혁신이 이루어졌지만 공동의
야망은 새로운 정신적 도약을 이루었고, 그 수혜자는 종교 공동체였다. 16세기가 되자
이와 같은 열망 중에서 사보나롤라의 드라마틱한 에피소드가 가장 강렬한
본보기를 보여 주었다.

로마 교회와 수도 생활의 위기

14, 15세기에 로마 교회는 끊임없이 개혁을 열망했고, 개혁을 이루고자 노력했다. 콘스탄츠 공의회가 지지한 개혁 과정은 15세기 중반까지 교회 대분열로 오랫동안 혼란스러웠던 교황의 권위를 최소한으로 줄였다.

수도원 제도는 큰 위기를 맞았다. 특히 오래된 교단이 그러했다. 수도원은 규율이 쇠퇴했고, 고립화되었으며, 부를 축적했고, 유해한 성직록 기관까지 생겨났다. 이러

한 기관들 때문에 이미 몰락한 교단의 운명이 더욱 악화되었다. 교황청이나 세속의 **자격이 없는 성직자** 군주들은 교단에는 관심이 없고 수도원 재산에만 관심을 둔 수도원장을 임명하기도 했다. 이들은 교단의 규칙이나 수도원 생활에만 있는 복종 관계조차 모르는 경우가 허다했다.

이렇듯 수도회의 권위가 위태로워진 데에는 서방 교회의 특권이 더욱 쇠퇴한 탓도 있었다. 사실 대분열이 진행되는 동안 교단에는 저마다 단장이 있었다. 상황이 더욱 혼란스러워지면서 과거 교단 조직의 근대화가 더욱 필요해졌다.

회중의 발단

이와 같은 상황에서 회중을 만드는 것이 수도원이 전개한 가장 중요한 임무였다. 베네딕투스 수도회에서는 파도파 출신의 성녀 유스티나(3-4세기)의 명칭을 딴 이탈리아 회중이 매우 중요했다. 1412년에 창설된 이 회중은 연합 형태로 연결되어 있었고, 중앙 조직을 가지고 있었다. 사실 일반적으로 참사회가 권력을 가지고 있던 반면에 대수도원장직은 종신제였기에 성직록은 위태로웠다. 에스파냐, 프랑스, 잉글랜드에서 이탈리아 회중의 조직을 모방했는데 멜크 수도원, 비르스펠덴Birsfelden 수도원의 회중이 명성 높았다. 베네딕투스회 회중의 경우 15세기 중반 시토 수도회에서 에스파냐의 카스티야 회중이 창설된 이후로 15세기 말 이탈리아에서 성 베르나르도 회중이 만들어졌다.

탁발 수도회의 개혁

베네딕투스회 같은 오래된 수도회는 구조적으로 더 나은 조직을 필요로 했기에 개혁이 진행되었다. 그러나 탁발 수도회, 특히 프란체스코회 수도사들의 열망은 매우 달랐다. 그들이 원하는 개혁은, 과거에 그랬던 것처럼, 주로 가난했던 수도사 공동체로 되돌아가기를 바라는 것과 관련 있었다.

도미니쿠스회와 프란체스코회 도미니쿠스회는 오래된 수도회들이 실시했던 개혁과 유사한 개혁을 늦지 않게 시행했다. 지역적인 규모로 개혁을 몇 번 시도하다가 15세기가 시작되자 마침내 롬바르디아, 프랑스, 에스파냐, 네덜란드에 회중을 창설하기에 이르렀다. 회중은 최고의 권력을 가진 수도원장이 인정한 주교 대리가 관리했다. 이와 같은 개혁 바람이 널리 퍼져서 15세기에 어느 정도 성공을 거두었다.

엄격한 규율을 준수했던 프란체스코회는 보다 근본적인 개혁을 주장했다. 하지만 새로운 것을 만들기보다는 공동체 내부의 갈등만 깊어졌는데, 갈등의 뿌리는 수도회가 처음 생겼을 때부터 있었다. 이탈리아와 프랑스에서 갈등이 심화되었다. 사실 프란체스코회 오세르반차Osservanza는 콘스탄츠 공의회로부터 관구장管區長 대리 세 명과 주교 대리 한 명을 선출할 권한을 얻었으며, 수도원장의 확인을 받아야 했다. 이후 교황 에우제니오 4세(1383-1447, 1431년부터 교황)는 오세르반차 수도회를 두 개의 단체, 즉 알프스 산맥 이쪽 거주자와 알프스 산맥 저쪽 거주자로 나누었고, 각각 주교 대리 및 교단에서 직접 선출한 관구장 대리의 지배를 받게 했다. 해체 과정은 1517년에서야 끝이 났다. 교황 레오 10세(1475-1521, 1513년부터 교황)는 수도회에 총회장을 선출할 권리를 부여했으며, 엄격한 규율을 준수하는 파와 수도원파로, 즉 두 개의 수도회로 분리하는 것을 허락했다.

설교의 역할: 사보나롤라의 경우

탁발 수도회는 조직의 혁신 과정에 노력을 기울이면서도 설교 활동을 계속했다. 사보나롤라(1452-1498)를 주인공으로 하는 극적인 에피소드가 그것을 명확히 보여 주었다. 도미니쿠스회 소속인 사보나롤라의 설교는 탁발 수도회가 선언한 도덕적 엄격주의를 가장 잘 보여 주었다. 이들은 교회 제도의 혁명과 더불어 사회정신의 본질적인 혁명을 열망했다. 피렌체 정계에 진출했을 때, 사보나롤라는 자신의 이상에 감명받아 개종한 이들의 지지를 통하여 권력을 행사했다. 반면에 그를 비난했던 자들은 교황의 권력까지 이용했는데 알렉산데르 6세(1431/1432-1503, 1492년부터 교황)는 그에게 즉시 설교를 중단하라고 명했다. 피렌체에서 반대파의 손아귀에 떨어진 사보나롤라는 교회 재판소에 양도되어 이단으로 선고받고 결국 화형당했다.

신중한 역사 비평가들은 사보나롤라가 르네상스 시기의 선각자였으며, 본래의 영적인 본질이 사라진 교회 조직에 저항한 최후의 대표자였다고 평한다. 요컨대 당시 교회의 유일한 목적은 위계질서의 조직화였고, 교황의 권력을 세속의 군주처럼 행사하는 것에만 관심을 두었기에 교황의 권력은 점차 단순한 군주의 권력처럼 되고 말았다. 인간의 자유와 구원에 관련된 영적인 임무에 무관심했던 것이다. 근대가 시작될 무렵 인간의 자유와 구원이라는 이 놀라운 과업에 르네상스 사회가 전념했고, 거대한 프로테스탄트 종교개혁의 서막이 되었다.

| 다음을 참고하라 |
역사 이탈리아의 전쟁과 유럽의 국가 체계(56쪽); 가난한 자와 순례자 및 공공복지(205쪽)
문학과 연극 종교시: 찬가(587쪽)

신심회

| 엘레나 산체스 데 마다리아가Elena Sanchez De Madariaga |

> 15세기에 중세에 발전한 신심회 운동이 최고조에 달했다. 중세 후기, 특히 15세기에
> 신심회와 길드는 긴밀한 관계를 유지하고 있었고, 시민 단체 및 종교 단체에 비해
> 놀라운 자율성을 누렸으며, 사회생활에도 활발히 참여했다. 그들은 예술 발전에
> 상당 부분 기여했다(회화, 조각, 음악, 연극).

유럽과 신심회

서구 그리스도교 사회에서 성직자도 참여했던 신심회는 중세 초기에 탄생했다.
12세기부터 신심회를 이끈 주역은 남녀 평신도들이었다. 종교적 목적을 지닌 평신
도들이 자발적으로 참여한 이 단체는 영원한 구원을 탐색했고, 신앙을 권장했고, 회
원과 이웃에게 자비를 베풀었고, 중세 후기에 널리 확산되었다. 14세기 말부터 15세
기에 신심회 운동이 다양한 형태로 확산된 것을 살펴볼 수 있다. 위기의 순간이나 전
염병이 있을 때나 인구가 증가할 때나 도시나 상업, 수공업이 발전할 때 신심회는 더
욱 많이 만들어졌다. 15세기에는 유럽 전체에서 신심회가 조직되었다는 자료도 있
다. 아일랜드, 잉글랜드, 포르투갈, 에스파냐, 프랑스, 스위스, 벨기에, 네덜란드, 이
탈리아, 독일, 폴란드, 헝가리, 보헤미아, 우크라이나, 벨라루스 등의 도시에 주로 생
겼지만 농촌 지역에서도 많았다. "유럽의 매우 오래된 형제회"(Liana Bertoldi Lenoci,
Studi sull'associazionismo laicale in Puglia, 1990)와 관련 있는 이 연합 운동을, 16세기 중
반부터 반종교개혁을 주도한 교회가 재정립하고 변화시켰다.

새로운 신앙과 낡은 신앙

15세기에 신심회는 종교 프로그램을 혁신, 확대하고 다양한 목적을 세우기는 했지

만 대체로 과거의 특성을 유지했다. 수호성인의 날에 열리는 축제는 내적 결속을 보여 주기 위한 중요한 순간이었다. 이 행사는 몇 차례 비판받기도 했지만 근본적으로 논의된 적이 없다가 16세기 트렌토 공의회에서 세속적인 것과 신성한 것을 분리해야 한다는 주장이 나오면서 논쟁 대상이 되었다. 생자이든 망자이든 형제를 위해 수호성인의 개입을 원했던 전통적인 신심회가 있었던 반면에 그와 더불어 성사, 기도, 채찍질을 자주 실천하는 것처럼 형제들 즉, 개인의 더 많은 참여를 요구하는 신앙 형식에 집중하는 또 다른 신심회도 있었다. 중부 이탈리아 찬미자들은 찬가를 부를 때나 연극을 공연할 때, 다성 음악으로 찬가를 부를 때 방언으로 완벽한 기교를 보여주려고 했지만, 그들의 창조적인 충동은 차츰 사라져 갔다. 반대로 회개 운동은 계속 확대되었다. 15세기 이탈리아에서 탄생한 자기 몸을 때리는 단체가 매우 많아졌으며, 15세기 말경에는 남부 유럽으로 폭넓게 확산되었다. 많은 나라에서 수가 급증했던 에스파냐의 베라크루스 신심회는 회개 운동 초기와 발전기에 매우 중요한 역할을 했으며, 성주간聖週間 무렵 결집했다. 회개와 관련된 것이 아니기는 하지만 그리스도의 신체와 성체에 헌신한 신심회에서 그리스도교론적 신앙이 나타났다. 14세기 문헌에 등장했고, 15세기에 확산된 이 신심회는 반종교개혁을 주도한 교회에 의해 교구 소속 신심회로 강화되었다. 성자 찬양과 지역적 성모 마리아 신앙이 지속적으로 신심회의 중요한 일부가 되었지만, 신심회가 공동의 성모 마리아 신앙(승천 축일, 처녀 잉태, 수태고지, 칠죄)을 확산시키는 데 기여한 것은 틀림없었다. 이 시기 도미니쿠스회는 수도원에서 로사리오의 성모에 헌신하는 신심회 창설을 장려했다. 세속인과 성직자가 함께 로사리오를 암송하도록 하는 로사리오rosario 신심회는 독일에 뿌리 내렸고, 프랑스와 이탈리아에 확산되었다. 로사리오 신심회는 성체에 헌신한 신심회처럼 16세기 트렌토 공의회를 통해 재개되어 발전했다.

중부 이탈리아 찬미자들

로사리오 신심회

자비

신심회는 하느님과 성모 마리아 및 성자들을 직접 찬양하고 헌신할 뿐만이 아니라 형제 간의 자비와 이웃에 대한 자비를 실천함으로써 그리스도의 자비를 표현했다. 형제 간의 자비는 질병이나 가난, 과부살이처럼 인생의 어려운 순간에 표현되었지만, 사망할 때 더욱 특별하게 표현되었다. 사망했을 경우 장례식, 매장, 기도, 미사 등의 도움을 주는 것이 대부분의 신심회에서 공동으로 중요한 요소였다. 수많은 신심회는 도움을 필요로 하는 특별한 단체에게 자비를 실천하는 것을 중요하게 생각했다. 자선 활동을 시작함으로써 빈곤한 자들의 폭이 점차 확대되었다. 즉 가난한 귀족들, 병자들, 순례자들, 죄수들, 버려지거나 방치된 아이들, 결혼을 앞둔 처녀들, 사형수(사법부), 부채로 감옥에 갇힌 자들, 과부, 고아 등이었다. 몇몇 신심회는 전문화되기도 했는데, 피렌체의 부오노미니 디 산 마르티노 신심회는 특히 가난한 자들을 돌보았다. 밀라노의 스쿠올라 델라 디비니타와 같은 신심회는 그리스도를 믿는 가난한 자들을 구별 없이 도왔는데, 가난한 자들이나 죄수 혹은 결혼을 앞둔 처녀들을 주로 도왔다. 이미 15세기 말에 왕의 후원을 받은 포르투갈 자선 단체인 미세리코르디아스Misericordias(자비를*)가 급속히 발전하는 이 단체의 14가지 자선 활동의 선례를 따랐다. 유럽의 많은 도시에서 물질적이고 영적인 도움을 주면서 중요한 역할을 했던, 하나 혹은 그 이상의 신심회가 생겼으며, 규모가 작은 더욱 특별한 단체를 원조했던 신심회들은 그보다 많이 생겨났다.

전문화된 신심회

사회 구성

신심회는 임무에 있어서나 사회 구성에 있어서나 유연성과 다양한 가치를 특성으로 했다. 폭넓은 사회적 영역에 속하는 개인들인 귀족, 장인, 상인, 농민, 성직자, 여성, 남자, 아이들이 한꺼번에 여기에 참여했다.

도시와 수공업 및 상업에 종사하는 중간 계층의 참여를 주목할 만한데, 15세기 도시에서 신심회가 활발히 활동했음을 알 수 있다.

단체 고유의 정체성을 추구했던 신심회는 협회 가입 자체를 명확히 제한했다. 몇몇 신심회는 직업 조합처럼 특별한 단체나 사회 단체에 가입하는 것은 인정해 주었다. 협동조합이 결속하면 국가도 결속하게 되었다. 로마에서 활동한 독일인 구두공 신심회인 성 크리스피노와 성 크리스피니아노 신심회의 경우처럼 말이다. 이 시기에 외국인들의 입국을 환영했던 도시에서 민족 신심회가 빈번히 결성되기 시작했다. 피렌체의 제노바인들, 로마의 피렌체인들, 런던의 독일인들, 크라크푸의 헝가리인들 등등. 여성들은 유럽 전체에서 신심회 운동에 참여했다. 이들의 참여는 공공 활동과 협회 관리 등 다방면에서 이루어졌지만, 일반적으로 남성의 참여에 비해 참여를 제한받았다.

여성의 참여

특별히 아동들만 모인 신심회도 있었다. 15세기 및 16세기 초에 피렌체에서 창립

된 신심회가 주목할 만하다. 여기 속한 아동들은 공적인 시민 생활에 참여하기 위해
교육받았다.

| **다음을 참고하라** |
역사 종교적 불안(239쪽); 종교 생활(254쪽)
문학과 연극 종교시: 찬가(587쪽)

가난한 자와 순례자 및 공공복지

| 줄리아나 보카다모Giuliana Boccadamo |

15세기가 되자 빈자의 유형이 이전 시대에 비해 다양해졌고, 방랑자의 수도 늘었다.
다른 한편으로 자선 단체의 수가 늘고 전문화되면서 더욱 폭넓은 집단군이
그 혜택을 받았다.

누가 가난한 자들인가?

15세기에 빈자의 유형이 이전 시기에 비해 다양해졌고, 부랑자들도 늘었다. 반대로
점차 그 수가 늘어난 빈민들을 위한 자선–복지 제도가 늘고 또 전문화되었다. 15세
기 초에는 1300년 말에 발생했던 사건처럼 빈자들이 자신들의 목소리를 강하게 높
였다. 1419년에 아라곤 지방 농민들은 레멘사스remensas(일종의 보상세*) 운동을 벌
이며 몇몇 노예적인 세금 각출에서 해방되는 것을 막는 귀족들에게 격렬하게 저항
했다. 같은 해 얀 후스(약 1370-1415)는 전장에서 모집한 보헤미아 의용군으로 무장
했고, 어려움에 처한 도시 장인들에게 계급 없는 사회에 토대를 둔 모두가 평등한 가
난한 공동체 생활을 새로운 사회 모델로 제안했다. 가난의 이상화라고도 할 수 있
는 이 이념에 매료된 부자들도 그의 계획에 참여했다. 그렇다면 15세기에 가난한 자
들은 누구였을까? 집과 수확물을 불사르고 귀족을 공개적으로 위협했던 에스파냐
농민인가? 아니면 공동체 이상에 매료된 보헤미아인, 방랑자와 부랑자도 합세했던
1436년에 발발한 리옹 출신의 폭도와 방랑자와 죄수들이 가담하여 14세기 말에 벌

걸인과 방랑자 어졌던 치옴피(하층 노동자인 소모공*) 반란의 가난한 노동자들인가? 혹은 싸구려 그림에서 보이는 가난한 걸인, 빈민, 하느님이 선택한 빈자, 비천하게 손을 내밀어 수도원이나 자선가가 주는 것에 만족하는 그리스도의 이미지인가? 무엇보다 불안하고 근심에 빠진 모습으로 새롭게 나타난 방랑자인가? 이들의 모습은 지난 시절 반복해서 나타났던 유순하고 순종적이며 때로는 가난을 선택한 빈자의 모습이나 그리스도교 성지에 가려는 순례자의 모습과는 매우 다른 모습을 했다.

그렇다면 누가 진짜 가난한 자이고, 누가 직업적인 거지일까? 거지는 의심의 여지없이 범죄인과 동일할까? 1365년에 무수히 많은 거지 무리가 파리 거리를 덮쳤다고 말한 파리 주교를 어떻게 판단해야 할까?

우선 농촌의 가난과 도시의 가난을 구분해야 한다. 더 큰 가난한 자루, 구걸 통, 청빈주의의 깊은 뿌리는 농촌에서 발견되었다. 농민들이 소유한 작은 땅은 농민 자신과 그 가족의 생계를 보장해 주지 못했기에 농민들은 타인의 땅을 경작하는 소작농이 되었으며, 그나마도 충분하지 못했다. 제한적인 구제책은 수행되었다. 몇몇 직업은 주변부로 밀려났고, 이때 방랑자나 거지가 되기 쉬웠다. 목동, 염전 노동자, 뱃사람은 날씨의 변동과 동일한 직업을 가진 부자들 때문에 생계 유지가 힘든 상황이었다. 가난한 귀족은 또 다른 단계에 있었다. 이들은 주로 상속권이 없는 차남이나 몰락한 귀족 및 소득이 없어서 교구를 옮겨 다녀야 했던 성직자들이었다.

도시는 가난이 교차하는 교차로임에 틀림이 없었다. 세금 징수 구역(혹은 가정)에 따라 분류된 가난한 주민들은 마땅히 세금을 납부해야 했지만 실제로는 수입이 없어 세금을 면제받았고, 가난한 노동자들인 수공업 직공들은 자신과 가족을 부양하기에 **농촌의 가난과 도시의 가난** 는 불충분한 임금을 받았다. 이들은 광장이나 다른 지정된 장소에 나와 일용직을 찾았다. 국가와 지역에 따른 다양한 상황을 감안했을 경우 그와 같은 부류의 사람들은 가난에 직면했을 때 품위를 지키기보다는 가난을 드러냈을 것이고, 가족과 집을 버리고 모험이 있는 방랑 생활에 이끌릴 것이 틀림없었다. 그리하여 이들은 대가가 없는 봉급 생활자를 버리고 우연히 거지가 되었고, 우여곡절 끝에 직업적인 거지, 산적, 사기꾼, 범죄자가 되어 홀로 혹은 집단으로 살아갔다. 말하자면 빈자에서 범죄자로 이동했던 것이다.

거지에도 전문가가 있었고, 구걸에도 직업의식이 있었다. 진정한 걸인 수도회가 조직되었으며, 새로운 입회자에게는 직업적인 속임수, 즉 거짓 상처와 흉측한 변장

술을 가르쳤다. 그리고 동정심을 유발하기 위해 사람들에게 보여 줄 어린아이를 팔 결인회
거나 빌렸다. 가난하고 소외된 여성 중에는 필요에 따른 혹은 고정된 매춘부도 있었
는데, 이들은 포주와 뚜쟁이에게 착취당했다. 결국 방랑자 자체는 자신들에게 적대
적인 사회 상황과 사정 때문에 거지가 되는 것과 별반 다르지 않았으나, 주거지가 없
는 데다가 정체성까지 없었다. 뿌리도 없고, 고향도 없는 방랑자는 거지라면 중요하
게 생각할 수도 있는 증빙 서류도 가지고 있지 않았다.

또 다른 집단도 거리에 모여 돌아다녔다. 1520년경부터 중부 유럽과 프랑스에 있
었다고 하는 집시, 직업을 배워 일자리를 찾기 위해 도시를 옮겨 다니는 견습공, 예
루살렘으로 가는 길이라면 해로도 마다 않고서 마을, 지역, 나라를 순례하기 위해,
15세기에 있었던 네 번의 희년禧年(1400, 1423, 1450, 1475)을 기념하여 로마에 도달
하기 위해 육로를 이동하던 순례자들이 그들이다.

청빈 사상과 관련된 문제

쉽게 예상할 수 있듯이, 청빈 사상의 고조와 방랑자의 증가는 다양한 정도의 반발을
불러일으켰다. 행정 당국은 한 세기 전에 추진했던 구걸과 방랑에 대한 억제 수단을
계속 발효했지만 대부분 가혹한 것들이었다. 일하기를 거부하는 건장한 빈자들과
습관적인 방랑자들을 위협할 수 있는 형벌은 영원 추방령에서부터 불명예를 의미하
는 낙인에 이르기까지 다양했다. 제노바는 방랑자들을 영토에서 추방했고, 랑그도
크 같은 지역의 방랑자들은 노의 힘으로 움직이는 대형 범선인 갤리선에 억지로 태
워졌다. 강제 노동이 시작된 셈이었다.

그러나 피렌체에서 지롤라모 사보나롤라(1452-1498)의 설교가 특별한 의미를 가
지게 되었다. 도미니쿠스회의 수도사였던 그는 부유하고 때로는 부패한 15세기 교
회의 몰락을 격렬하게 비난했고, 초기 그리스도교 시기의 공동체 생활 방식으로 돌
아가자고 제안했다. 그때는 나눔이 있었고, 가난한 자들에겐 위엄이 있었으며, 다정
하게 도움을 주고받았다는 것이다. 그는 15세기 피렌체는 부자들이 여분의 물건을 억압 수단:
피렌체의 경우
가난한 자들에게 덜 나누어 줄수록 그만큼 도둑질을 당했다고 했다. 그러나 가난한
자들이 일자리를 찾을 수 있도록 해야 하며, 건장한 빈자들이 게으름을 증오하고 활
기차게 살기 위해 스스로 자립할 수 있도록 노력해야 한다고 덧붙였다.

다른 측면에서 보자면 종교적 가난을 경험하는 방식 때문에 공격받았던 단체

가 바로 탁발 수도회였다. 이미 13세기에 프란체스코회와 그 지파인 꼰벤뚜알 Conventualium, 스피리투알리Spirituális 수도회 생활에서 절대적인 빈곤을 이해하는 방식에서 의견 차이를 보였다. 이제 건강한 걸인 수사가 생계를 유지하기 위해 다른 수사에게 의존하는 것을 수용하는 분위기가 조성되었다. 한편으로는 그것이 건강한 빈자들에게 나쁜 본보기가 될까 염려하기도 했고, 다른 한편으로는 수사에게 헌금을 하는 것이 마땅히 받아야 할 빈자의 몫을 빼앗는다는 생각에서였다. 그러므로 교단의 본래 권위를 되찾으려는 것, 몬티 디 피에타 재단 설립을 추진하기 위한 규율을 엄수하는 프란체스코회 수사들, 즉 프란체스코회의 규칙을 되찾으려는 운동이 있었던 사실은 놀라운 일이 아니다. 고리대금업을 막고 가난한 계층에게 담보로 대출해 주기 위해서였다. 이렇게 규율을 엄수하려는 운동을 통해서 또 다른 유형의 단체인 곡물 은행 설립을 추진하게 되었는데, 곡물을 빌려주고 궁핍한 시기에 곡물을 나누어 주기 위해서였다.

그러나 지난 시기의 통찰력을 더욱 발전시키면서 15세기에 일반적인 복지 단체가 조직되었다. 특히 북유럽과 에스파냐에 확산되었던 가난한 자들의 식탁Tavole dei poveri은 활발한 활동을 전개했다. 이 단체는 공공 기관의 지원을 받아 교구의 가난한 자들에게 의복과 신발을 나누어 주었고, 공동 식당을 제공해 주었으며, 또한 감사 표시도 자주 했다. 신심회의 역할은 점점 명확해졌다. 신심회는 회원들의 유언을 통해 개인 재산을 흡수했으며, 병원도 유산을 기부받았다. 이 시기에는 병원 개혁이 진행되었다. 기존에 있던 소규모 재단은 더 큰 병원, 즉 오스페달리 마조리로 통합되었을 뿐만 아니라 병원 안에서 다양한 환자에게 특별한 간호를 제공하면서 환자나 병의 종류에 따라서 전문화되기도 했다. 선원, 어부, 염색공 등 직업에 따라 그들에게 정해진 병원이 있었고, 이들은 보통 관련 협동조합 및 부속 신심회가 운영했다. 고아나 '부모에게 버림받은 아이들'을 받아 주는 고아원이 특히 발달했다. 피렌체의 유명한 오스페달레 델리 인노첸티 혹은 똑같이 유명한 나폴리의 안눈치아타 고아원을 생각해 보는 것으로 충분하다.

신심회와 복지 단체

| 다음을 참고하라 |
역사 보헤미아(106쪽); 수도회(199쪽)
과학과 기술 이탈리아 도시들의 건강 기구: 대학과 지방 위원회, 검역, 약전(411쪽)

산적과 해적 및 약탈자들

| 카롤리나 벨리Carolina Belli |

15세기 바다 위의 상황은 해적과 약탈자들의 침입으로 계속 악화되었다. 해상 강국들은
국제 관계 체계 내에서 이들의 방해를 제어할 규제를 추진하고자 했다.

바다 위의 상황

15세기 초에 북쪽의 바다와 지중해를 여행하는 항해자들에게 바다는 여전히 불안하
고 위험한 곳이었다. 동쪽 바다도 서쪽 바다만큼이나 음모가 넘쳤지만, 해안 곳곳에
서 떼를 지어 몰려다니는 해적과 해적선 및 약탈자들이 가장 큰 위험이었다. 선원들
은 변덕스러운 폭풍우를 두려워했지만, 해상 보험 계약서에서도 나타나듯이, '바다
의 행운'은 흉악한 사람들과의 만남을 피하는 것이었다. 흉악범들을 만나면 재산을
잃고 때로는 생명 또는 자유를 잃었기 때문이다. 그들은 티레니아 해, 아드리아 해의
중동 연안에 자주 출몰했는데, 중세 말에 그 지역의 도시들이 해상 강국이자 경제 강
국이었기 때문이다. 이곳 도시들은 국가 못지않은 중요한 역할을 했으며, 정치 무대 **통상로**
에서 역시 마찬가지였다. 제노바는 리구리아 해안을 지배했고, 아드리아 해를 지배
한 베네치아는 육지 강국으로도 인정받았다. 바다로 향한 길은 없었지만 피렌체는
결국 자신의 영역으로 들어온 피사의 유산을 수용했다. 바르셀로나는 최고로 발전
중인 카탈루냐의 중심지였지만 해적 및 약탈자들의 소굴이기도 했다. 아프리카 해
안이나 중동 해안에 위치한 도시와 주민들은 이 시기에 똑같이 발전하지는 않았다.
아라비아인들은 과거처럼 도약하지 못했고 막대한 영토를 점령할 수도 없었으며,
라틴 제국의 그리스인들은 심각한 어려움을 겪었다. 결국 동방은 위기의 시기를 맞
았다.

대규모 무역로 옆에는 어디든 소규모 연안 항해 무역이 성행했는데, 규모가 작은
공동체에 생필품을 공급했고, 내륙에서 도착한 농업 생산품과 수공예품을 시장에
내다 팔았다. 그러므로 해로를 따라 발생한 폭넓은 무역이 이전 시기보다 더욱 중요
해졌다. 기술과 도구가 발전하여 연안 항해를 버리고 대형 범선 항해가 가능해졌으
며, 유럽의 군주국과 모든 국가의 요구도 더욱 늘었다.

해적질과 해적의 공격이 성행하다

운반 화물의 교역과 양, 가치가 증가하면서 자동적으로 해적질이 늘었다. 해적과 상인은 과거처럼 크게 구별되지 않았다. 동일한 사람이 때와 상황에 따라 상반되고 다른 행동을 일삼았기 때문이다. 15세기에도 해적은 전문적인 직업이 아니라 차라리 개인의 결정이었다. 순간적 선택인 경우가 흔했으며, 현행 해상법이나 더 강한 자의 법을 따르는 경우가 많았다. 사회의 불안을 야기하는 것은 공동체 내부의 문제였고 우연한 상황이었으며, 그렇게 돌파구를 찾았다. 사회적으로 신분이 높은 계층에 속한 대표자들도 빠른 돈벌이를 위해 해적이 되기도 했으며, 이슬람교도나 그리스도교도나 어디서든 동등한 무기를 가지고 충돌했기에 종교적 긴장감으로 무장하여 이슬람교 해적단이든 그리스도교 해적단이든 입단하기도 했다.

항해에서 만나는
위험 요소:
해적과 난파

상인 은행 형태로 공급했던 자본금을 새롭게 조직하자 결과적으로 해상 조약이 변화했고 위험이 다양하게 세분되었다. 근대적인 형태의 보험 덕분에 상인이기도 했던 선장의 전통적인 이미지가 사라지면서 해적과 약탈자들과의 불쾌한 만남에 대한 위험 수당이 생겼다. 해적을 만날 위험을 줄이기 위한 체계에 더욱 관심을 가지게 된 것이 해상 무역에서의 새로운 요소였다. 국가와 공동체를 위해 비용을 줄이고, 재산을 지키고, 계약서에 좋은 결과를 보장하기 위해서, 국가적인 차원에서도 강해진 여러 해상 강국은 다음과 같은 다양한 도구를 이용하여 자국의 무역을 보호하는 체계를 만들기 위해 노력했다. 국제 협정, 정보와 소식 모집, 수적으로 더욱 늘어난 투자자 협회, 세분화된 개인 투자, 화물 상품의 다양화, 특히 호위대와 해군의 보호를 받는 항해 등이다. 활과 석궁과 다른 공격용 무기로 무장한 사내들이 대형 선박을 타고 여행을 했고, 이들은 공격하는 자들과 육탄전을 펼칠 준비를 하고 있었으며, 그리스의 불(비잔티움 제국에서 사용하던 화기*)을 피하기 위해 식초에 적신 옷을 준비했다. 또한 우연한 공격을 피해 도주할 수 있는 작은 범선도 비치해 두었다. 무역과 일반인, 군대 및 순례자들의 수송은 점차 국가가 조직한 군대의 보호 하에 이루어졌다. 위험에 따라 새로운 유형의 해상 보험 계약서가 확산되었는데, 이 계약서는 이탈리아의 여러 문서 보관소에 보관되어 있다. 계약서를 보면 해적질로 인한 사고는 난파자가 받는 보험금의 두 배가 된다. 약탈자 및 해적과의 싸움이 이제는 개인의 문제가 아니라 국가의 문제가 되었으며, 해적의 공격은 진짜 전쟁으로 변모했다.

전쟁과 해적질의 결합: 사략선

사략선은 군주로부터 '노략 특허장', 즉 전쟁 시에 국가의 적들을 공격할 수 있는 허가장을 받기 때문에 형식상 해적과는 다르다. 육지 전쟁에서 용병단 확산과 유사한 현상이라고 할 수 있다. 귀족과 군주는 상비군이 없었기에 이익을 얻기 위해 서비스를 제공하고 이와 같은 군사적 목적을 얻었다. 가장 유명한 예는 카탈루냐-아라곤 왕국 혹은 북해에 인접한 국가의 역사에서 찾아볼 수 있다. 사략선은 성가시고 끈질기게 침략을 감행했기에 15세기에도 국제 관계 및 무역 체계를 심하게 방해하는 요인이었다. 사략선의 공격은 실제로 해적의 공격과 별반 다르지 않았는데, 사실상 해적의 공격과 구분할 수가 없을 정도였다. 그로 인해 균형 정책에 몰두한 여러 국가는 공공연히 싸움을 하지는 않았지만, 끊임없이 적을 귀찮게 하는 정책으로 해상 병력에 손실을 줌으로써 해상에서의 입지를 약화시켰다. 15세기에 자국의 국기를 내건 **해적의 공격** 사략선에 대한 정부의 정치적 태도는 일관되지 않았다. 베네치아는 선박 장비와 합법적인 무기를 갖추어 사략 행위를 금지했다. 이와는 반대로 티레니아 해의 모든 지역에서, 특히 사르데냐와 코르시카에서 적을 방어해야 했던 제노바인들과 피사인들은 사략선 공격을 절대 중단하지 않았다. 카탈루냐인들은 사략 행위를 공식적으로 인정했고, 모든 적에 대항하기 위해 무장했으며, 심지어는 왕실 군대에 사략선을 포함시켰는데, 나중에 군대는 전리품을 활용했다. 또한 사략 행위에 일련의 규칙을 정해 두었다. 즉 사략선은 왕의 신하와, 동맹군, 중립을 표명한 자들을 공격하지 못하고, 어떤 여행이든 항해가 끝나면 처음에 출발했던 항구로 돌아가야 했으며, 전리품의 합법성을 확인하는 임무를 맡은 왕실 장교의 통제를 받았다.

그러나 많은 곳에서 규범을 지키지 않았다. 15세기에 국제 정책을 통제하고 균형을 보장한 결과물이 명확히 드러났지만 바다 위의 상황은 늘 극도로 위험했다. 대부분의 분쟁은 외교적인 단계에서 해결책을 찾았던 반면에 해적들의 보복 행위는 감소하는 경향을 보였다. 그럼에도 불법 무역은 감소하지 않았고 늘 교회로부터 처벌받았는데, 특히 해적들은 노예 매매로 지속적인 부를 얻었으며, 이윽고 새로운 영토인 대서양에 면한 아프리카에 상륙하게 되었다. 그리스도교 국가들은 모험가들이 하는 여행을 위험으로 분류하지 않았으며, 이제는 다음과 같은 요소를 가장 큰 위험으로 여겼다. 이슬람군이 조금씩 정복한 지중해 동쪽에 살고 있는 이교도와 에스파냐에서 쫓겨나 아프리카로 도망간 무어인들의 아프리카 왕국을 말이다.

해적 행위가 유럽 역사에 야기한 결과

해적들이 유럽과 이탈리아의 영토를 침입하여 역사적으로 얼마나 깊은 흔적을 새겼는지 잊지 말아야 할 것이다. 근대 초에 이탈리아 해안은 황량했다. 사람들은 해적들의 공격을 피하기 위해 내륙으로 몸을 피했으며, 여러 국가는 오늘날 많은 마을에서 보듯 견고한 요새를 가지고 있었다. 해안의 평야는 습지가 되어 말라리아의 온상지가 되었으며 현대까지 그 모습을 고스란히 유지하고 있다. 15세기는 오트란토 순교자들의 끔찍한 이야기와 더불어 막을 내렸다. 이는 바다에서 온 위험이 중단된 것이아니라 오히려 근대가 되면서 바다에 대한 두려움과 공포의 또 다른 장이 열림을 의미한다.

| 다음을 참고하라 |
역사 해상 교통과 항구(170쪽); 소매 시장과 도매 시장 및 통신 수단(176쪽)

마라노와 모리스코스
| 줄리아나 보카다모 |

마라노는 14세기 말에 강제로 그리스도교로 개종당한 에스파냐계 유대인들을 비하하는 말이다. 이들은 15세기에 에스파냐 종교 재판소와 엮이면서 전환기를 맞았다. 모리스코스는 1492년에 칼리프가 다스리던 그라나다의 이슬람교도들을 강제로 그리스도교로 개종시킨 사건과 관련 있다. 17세기 초에 이들이 에스파냐에서 추방되면서 모리스코스의 이야기는 종결되었다.

마라노

마라노marrano는 어원이 모호하나 돼지처럼 '더러운', '불결한'을 의미하고, 또 '지저분한'을 뜻하는 말인데, 14세기부터 에스파냐에서 그리스도교로 개종한 유대인을 지시하게 되었다. 마라노와 동일한 단어는 개종자conversos(콘베르소*), 새로운 그리스도교인nuevos cristianos, 가짜 그리스도교인falsos cristianos, 개종한 유다judeoconversos

혹은 유대교 규율을 지키는 자judaizantes다.

14세기까지 에스파냐에는 격렬한 유대인 배척 운동이 없었지만 유럽의 나머지 국가들은 유대인 학살을 의미하는 포그롬pogrom과 유대인 배척이 심했다. 12세기, 특히 13세기 말에 유대인 공동체는 에스파냐 사회에서 중요한 역할을 담당했다. 그들은 금융과 상업에 종사했고, 왕실이 소유지를 운영하는 데 직접 관여하기까지 했으며, 세금 계산에 특출한 재능을 보였다. 유대인 공동체를 대표하는 적지 않은 대표자들이 의학에 종사했으며, 의료 행위를 거의 독점했다. 요컨대 문화적으로 수준 높은 에스파냐 사회의 중심에서 활발히 활동했던 공동체였다. 경제적·문화적으로
우월한 유대인

14세기에 상황이 변했다. 소위 말하는 레콘키스타Reconquista, 즉 에스파냐 재정복 운동을 위한 싸움이 그리스도교도, 유대인, 이슬람교도 사이의 균형을 깨뜨렸으며, 정치권력의 중심이 그리스도교도에 유리해졌다. 이 시기 유럽은 반복된 전염병으로 고통스러워 하고 있었고, 악화된 경제 상황과 빈곤으로 위기를 맞았다. 에스파냐에서도 유대인에 대한 증오심을 키우는 사악한 메커니즘이 발동했다. 유대인은 모든 악을 속죄하는 희생양이 되었으며, 에스파냐의 경우에는 유대인 공동체가 경제적, 재정적 우위를 점하고 문화적 활력까지 유지했기에 더욱 증오의 대상이 되었다. 그리하여 유대인 공동체와 그리스도교 공동체는 서로 접촉을 피했다. 그리스도교 공동체는 유대인 공동체를 불순한 단체로 규정했고 게토ghetto(유대인 격리 구역*)를 생각해 냈다. 발렌시아 유대인 거리judería에는 높은 벽이 둘러졌다.

1391년에 세비야에서 더욱 심각한 일이 벌어졌다. 부주교 에시하의 에르난 마르티네즈가 몇몇 유대인이 저지른 범죄를 구실로 유대인에게 대항하라며 민중을 선동하기 시작했다. 그가 사망한 뒤에 온건파이며 광신적이지 않은 페드로 고메즈 바로소(1320/1330-1390)가 유대교 예배당인 시나고그Synagogue의 파괴를 요구했고, 그렇게 시나고그는 광분한 대중에 의해 완전히 파괴되었다. 이때 적어도 유대인 4천여 명이 학살되었다. 반反유대인 폭동이 도시와 마을을 휩쓸면서 이베리아 반도 전체에서 마치 산불이 번지듯 확대되었다. 유대인에겐 선택의 여지가 없었다. 그리스도교로 개종하든가 아니면 죽든가였다. 억지로 개종했지만 그들이 세례를 받겠다고 요청한 경우도 자주 있었다. 그러므로 15세기 초에 유대인 공동체는 두 개의 그룹으로 나뉘었다. 소수파는 용기를 내어 조상의 종교에 충실했으며, 발렌시아 왕국과 아라곤에 주로 무리 지어 모여 있었다. 다수파는 콘베르소conversos, 다시 말해 새로운 종 세비야의 학살

교로 개종한 자judeoconversos가 되었다. 하지만 이들은 유대인 거리judería와의 관계를 완전히 청산하지 않았기에 이내 유대교 신봉자, 즉 거짓 개종자로 간주되었다. 콘베르소는 그 유형이 다양했다. 진정 독실한 사람들이 있는가 하면, 자신을 그리스도교도라고 생각하지만 다소 의식적으로 유대인 풍습이나 신앙을 간직하는 사람들도 있었다. 또 다른 사람들은 종교 혼합주의를 실천하기도 했는데, 두 종교 모두 유효하다고 생각했기 때문이다. 이는 여러 종교의 대립적인 요소보다는 통합에 주목한 에스파냐 유대교의 철학적 성찰의 결실이었다. 마지막으로 공공연한 유대교 신봉자와, 심오한 종교적 확신은 없지만 일을 조용하고 신속하게 처리하기 위해 겉으로나마 그리스도교 의식을 준수하는 콘베르소가 있었다. 더구나 빈첸시오 페레리오(1350-1419)가 발렌시아에 도착하는 1413년이 되어서야, 개종한 유대인들에 대한 진정한 교리 문답이 시작되었다. 그는 시 당국과 협의함으로써 새로운 그리스도교도들이 유대인 거리를 드나들지 못하도록 하여 개종자들을 공간적인 측면에서도 그리스도교 사회에 통합할 수 있도록 했다.

개종자에 대한 불신이 이 마지막 유형의 개종자들이 빠르게 상류층의 일원이 되어 새로운 자격을 얻는 것을 막지는 못했다. 새로 개종한 그리스도교도들은 아직 유대교도였을 때 어떤 식으로든 자신들의 행동반경을 제한했던 법적 구속력에서 자유로워지자 재정, 학문, 군대, 행정 분야로 활동 영역을 넓혔다. 콘베르소는 화려한 경력을 자랑했다. 왕실 행정은 산체스 가문과 산탄젤 가문, 심지어는 다윗의 후손이라 주장하는 카발레이아 가문의 수중에 있었다.

유대교도의 수는 감소한 반면에 콘베르소의 수는 늘었지만, 민중의 증오심은 희생양인 유대교도 대신 콘베르소에게로 향했다. 1449년에 톨레도에서 일어난 재정난으로 야기된 민중의 반란은 콘베르소를 표적으로 삼았다. 이들의 직업이 주로 세금 징수원이었기 때문이다. 이때부터 순수 혈통limpieza de sangre을 가진 사람만이 공직을 맡을 수 있다는 원칙이 생겼다. 콘베르소의 교묘한 결혼 정책 때문에 고위급 귀족 중에서도 혼혈이 많았다. 개종자란 단어를 넓은 의미에서 보면, 그리스도교 왕 페르난도 2세(1452-1516)도 어머니의 조상 때문에 개종자로 정의될 수 있었다. 아빌라의 데레사(1515-1582) 혹은 에스파냐의 초대 종교 재판장인 토르케마다의 토머스(1420-1498)도 마찬가지였다.

톨레도 사건 이후 1474년까지 반란이 계속되었는데 악화된 경제 상황에 대한 불만이 금융권에서 여전히 막강했던 콘베르소에 대한 적대감으로 변질되었다. 이들은 구舊귀족들에게도 평판이 나빴고, 인신 공회供犧를 저질렀다며 고발당하기도 했다. 카스티야, 안달루시아, 세비야가 반란에 가담했다. 도처에서 순수 혈통을 토대로 공직에서만이 아니라 신심회에서도 콘베르소를 배제한다는 법령을 채택했다. 1474년은 그리스도교 왕 카스티야의 이사벨 1세(1451-1504)가 페르난도 2세와 함께 왕좌에 오른 해였다. 이들은 공공질서를 회복하여 통제할 수 없는 하층민의 폭력으로부터 도시를 구해야 했다. 국가적 통합이 시급했기에 새로운 기구인 에스파냐 종교 재판소가 설립되었다. 비록 주된 임무는 아니었어도 종교 재판소가 수행한 일 가운데 하나는 유대인 신봉자를 색출하여 억압하는 것이었다. 교황 식스토 4세(1414-1484, 1471년부터 교황)가 1478년 11월 1일에 설립한 최초의 종교 재판소가 1483년 10월 17일부터 도미니쿠스 수도회 소속의 토르케마다에게 위임되었다.

에스파냐
종교 재판소 설립

    새로운 국가는 새로운 그리스도교도, 즉 콘베르소에게 '유대교를 신봉'하도록 재촉하는 유대인들의 책략에서 그들을 구함으로써 정당성을 얻을 수 있었기에 국가를 이데올로기적으로 통합한다는 관점에서 나온 두 번째 행보는 유대인 추방이었고, 이는 1492년에 국왕의 칙령으로 승인받았다. 유대인은 또다시 개종을 할 것인지 아니면 추방당할 것인지 선택의 기로에 섰다. 대략 20만 명에서 25만 명의 유대교도가 그리스도교로 개종했지만 15만 명 정도는 유배를 선택했다. 이들은 최대한 넉 달 안에 금이나 돈을 그대로 두고 북아프리카, 터키, 이탈리아, 포르투갈로 이주했다. 그곳에서 새로운 유대교-그리스도교 공동체가 빠르게 만들어졌지만, 유대인 배척주의가 새롭게 밀려들면서 이 공동체도 지역 종교 재판소에 의해 1536년부터 심문을 받았다. 지역 종교 재판소는 1547년 에스파냐의 종교 재판소의 규범을 따랐다.

모리스코스

그리스도교 왕들이 에스파냐의 그라나다 왕국을 정복(1492)한 후 억지로 그리스도교로 개종시킨 이슬람교도를 모리스코스Moriscos라고 한다.

    유대인이 추방되었던 1492년은 에스파냐에 남은 마지막 이슬람 영토였던 그라나다가 몰락한 해이기도 하다. 당시 이슬람교도는 에스파냐 인구의 10퍼센트를 차지하고 있었다. 모두 그라나다에만 몰려 있는 것은 아니었는데, 그라나다에는 대략 30만 명이 있었고, 2만 명에서 5만 명의 무데하레스mudejares(복종한 이슬람교도*)는 카스티야, 10만 명은 발렌시아, 5만 명은 아라곤 왕국에 분포해 있었다. 이슬람교도에 대한 적대 행위가 15세기 중반에 표출되기 시작했으나 이들과 평화롭게 공존했던 시기도 있었다. 그런데 그 시기에도 발렌시아에 있는 이슬람교도들은 그리스도교로 개종해야 하고, 그렇지 않으면 사형에 처한다는 소문이 돌았다. 그 결과 발렌시아의 무어인들이 습격당했다. 그라나다 함락 이후, 정복당한 그라나다의 무어인들은 세금을 내고 자유를 얻었다. 합의는 준수되지 않았으며, 그와 동시에 강력한 그리스도교 개종 정책이 시행되자 무어인들은 반란을 일으켰다. 반란은 1500-1501년에 절정을 맞았으며, 군대에 의해 진압되었다. 결국 이슬람교도는 이전 세기의 유대인처럼 억지로 개종하던지 추방당해야 했다. 대다수가 새로운 종교를 택했고, 이렇게 **강요된 그리스도교 개종 정책** 모리스코스가 탄생했다. 추방 아니면 개종을 해야 한다는 정책은 1502년 카스티야 전역에 확대되었고, 1525-1526년에는 아라곤 전체에 확대되었다. 카스티야와 그라나다에서는 1529년부터 종교 재판소가 활성화되었지만 아라곤과 발렌시아에는 그보다 훨씬 늦게 설립되었다.

모리스코스의 문제는 콘베르소와 달랐다. 모리스코스는 에스파냐 사회에서 콘베르소 공동체처럼 사회적으로 상류층에 속하지 않았다. 이들은 대개 아랍어를 사용했고, 겉으로는 개종했지만 이슬람교도에 가깝게 생활했다. 시간을 벌어 동화 과정을 늦추고자 노력했으며, 처음 20년간은 소소한 이슬람교 예식을 유지할 수 있었고, 이후 10년 동안은 아랍어를 계속 사용할 수 있었다. 그 시기에 여성들은 히잡을 쓸 수 있었다. 그러나 1567년부터 이전까지는 허용되었던 사항이 모두 철회되었다. 종교적 불화도 그렇지만 이제는 문명의 갈등을 해소할 수가 없었기 때문이다. 그리스도교의 고위층 지식인 성직자들도, 특히 발렌시아의 후안 데 리베라 주교(1532-1611)가 복음 전도에 실패했고, 모리스코스 추방을 지지했다. 모리스코스는 1609-1613년에 에스파냐를 떠났다.

| 다음을 참고하라 |

역사 그라나다 재탈환(46쪽); 이베리아 반도(127쪽); 유대인(217쪽); 종교 재판(235쪽)

유대인

| 잔카를로 라체렌차Giancarlo Lacerenza |

15세기는 초기 르네상스 시기이기도 했지만 유대인들에게는 종교 생활 및 학문과
문화 생활에서 다시 태어난 시기이기도 했다. 유대인 역사에서 이 시기는 이베리아 반도,
사르데냐, 시칠리아에서 추방된 시기다. 1492년에 추방이 시작되었고, 전례가 없던
형태의 디아스포라가 수행되었다. 세파르디 유대교는 포르투갈에서 새로운 조국을
찾았지만, 그곳에서 또다시 제약을 받아 억지로 세례받아야 했다. 반면 이탈리아에서는
지역 유대인 조직에 힘들게 편입되었고, 이탈리아 남부에서는 남부 유대인이
추방되면서 함께 추방되었다. 이슬람교 영토에 가서야, 특히 테살로니키에서 유대인
중심지로 발전할 수 있는 조건이 마련되었다. 이후 지중해 지역을 통틀어 이곳이 중요한
유대교 중심지가 되었다. 흩어지면서 위기를 맞기는 했지만, 그 결과로 구세주에 대한
새로운 희망을 다양하게 연구하고 유포할 수 있게 되었다.

유대인 공간에 대한 재정의

14세기 말에 중부 유럽을 덮친 위기가 지나가자 서구 사회는 결속하여 유대인을 배
척했다. 유대인 추방 정책은 본질적으로 두 가지 다른 방식으로 실현되었다. 첫째는
유대교도들을 불안정한 하위 신분으로나마 그리스도교도들과 같은 거주지에서 살
수 있도록 했으나 두 번째는 결국 그들을 추방했다. 15세기 내내 이탈리아에서 이
와 같은 상황이 구체적으로 실현되었다. 프랑스, 독일, 마지막으로 에스파냐에서 추
방된 자들이 때로는 집단으로 조금씩 이탈리아에 이주하기 시작했다. 수십 년간 이   **이탈리아 반도에
정착**
탈리아에 정착하려고 노력한 것이, 사실상 유럽 유대인들에게는 마지막 남은 기회
였다. 이주민 유입으로 인구가 증가한 덕에 15세기 이탈리아에서 유대인의 생활과
문화는 어디를 가든 놀랍도록 발전한다. 비록 사회적으로 밝고 평화로운 공존을 보
장하는 분위기 속에서 발전한 것은 아니었지만 말이다. 문화적 영역에서의 학문, 문
학, 과학이 조용하고 안정적으로 놀라운 도약을 이루었지만, 그럼에도 문제는 항상
있기 마련이었다. 말하자면 유대인에 대한 편협과 강제적인 '표식' 착용, 빈번한 강
제 설교, 인신 공희 고발과 같은 문제 말이다. 인신 공희에 대해서는 1475년에 트렌
토의 시모니노(?-1475)의 순교 이야기가 놀라운 인상을 주었다. 이 사건으로 소규모

지역 공동체 소속의 유대인들이 부당하게 고발되어 사형당했다.

1492년: 세파르디 추방

그리스도교 왕들인 아라곤의 페르난도 2세(1452-1516)와 카스티야의 이사벨 1세(1451-1504) 부부가 3월 31일에 포고한 법령에 따라서 1492년 여름에 사르데냐와 시칠리아를 포함하여 에스파냐의 모든 영토에서 유대인이 추방되었다. 이 법령은 왕실의 이단 재판관인 도미니쿠스회 소속 수도사 토르케마다(1420-1498)가 추진한 것이었다. 그 전인 1월 초순에 그라나다의 함락으로 인하여 이슬람교도는 에스파냐

레콩키스타 에서 마지막 입지를 잃었으며, 이로써 레콩키스타Reconquista 완성이 가능해졌다. 페르난도와 이사벨은 유대인을 추방하고 국민 전체가 그리스도교로 구성된 새로운 왕국을 추진할 계획을 세웠다. 이 계획을 수행하기 위해 자그마치 16만 명이 몇 달 안으로 강제로 배에 타야 했다(그보다 많다고 평가하는 경우도 있다). 추방자들은 에스파냐 왕실이 직접 통제하지 않는 모든 지역으로 쏟아져 나갔다. 처음에 많은 유대교도들은 근처 지역인 포르투갈로 갔으며, 그곳에서 추방령이 철회되면 에스파냐로 쉽게 돌아올 수 있으리라 믿으며 바라는 소식을 기다렸다. 루시타니아는 유대인 박해 정책을 실시한 전례가 없었으며, 주앙 2세(1455-1495)는 유대인들이 상당한 금액의 돈을 쓸 수 있도록 모든 유대인의 거주를 허용했다. 그러나 에스파냐에서 동산을 가지고 나가는 것을 금했으므로 소수의 추방자만이 그와 같은 요청을 만족시킬 수 있었다. 낙담한 주앙 2세는 다른 모든 추방자에게 일시적인 통행권만 허용했으며, 이에 따라 이들은 최대 8개월 이내에 왕국을 떠나야 했다. 정해진 기한이 종료되었음에도 왕국을 떠난 자들은 소수였고, 거주권을 얻을 수 있었던 이들은 그보다 적었다. 이에 주앙 2세는 유대인을 추방하기보다는, 뜻하지 않게, 이들을 노예로 삼도록 했다. 몇몇 연구자에 따르면 이때 유대인들이 자신들을 태우고 갈 배의 도착을 의도적으로 늦추었다고 한다. 노예가 된 유대인들은 1495년이 되어서야 주앙 2세의 후계

에스파냐 추방령 자인 마누엘 1세Manuel I(1469-1521)에 의해 자유 신분이 되었다. 아무튼 에스파냐에서 추방된 자들은 얼마 후 희망이 사라지는 것을 보았다. 페르난도 2세와 이사벨 1세의 딸인 아라곤의 이사벨라(1470-1521)와 마누엘 1세의 결혼식 전날, 마누엘 1세가 유대인을 자신의 왕국에서도 추방하겠다고 약속했으며, 1496년 12월 5일에 추방령에 서명했다. 추방 기한은 이듬해까지였다. 그러나 마누엘 1세는 유대인을 왕국에

필요한 자원으로 생각했기에 1497년 3월부터 유대인 거주에 맞는 일련의 조치를 공표했고, 필요하다면 억류시키기도 했다. 대부분의 유대인들은 4세에서 14세까지의 모든 유아에게 세례를 한다는 조치에 대해 심지어 키두시 하-솀qiddush ha-shem(신의 이름을 거룩히 여긴다는 뜻*), 즉 자살을 선택하면서까지 격렬하게 저항했다. 결국 마누엘 1세는 탑승을 약속하며 2만 명에 가까운 유대인들을 리스본 항구에 불러 모았다. 그러나 그들을 격리시킨 다음 뜨거운 날씨에 음식을 주지 않고 며칠 동안 내버려두며 끊임없이 설득한 끝에 모두 공동 세례를 받도록 했다. 포르투갈 마라노의 이야기는 그렇게 시작되었으며, 이들은 이후 2백 년간 다른 여러 나라로 흩어졌다.

새로운 디아스포라

1492년에 법령이 실시된 다음 날 유럽에서 유대인의 미래는 암울했다. 보다 중요한 영토에서 추방됨으로써 그리스도교 지역에서 유대인을 위한 공간이 사라졌으며, 이슬람교 국가에 가서야 보다 나은 생존 조건과 구체적인 공생 기회가 생겼다. 그러므로 1492년 이후, 특히 포르투갈 사건 이후 유대인 디아스포라diaspora는 대부분 오스만 제국으로 가는 길을 선택했다. 특히 에게 해와 콘스탄티노플 사이에 위치한 영토를 택했다. 이곳에서 유대인들은 적어도 최근 수백 년간 그리스도교 국가에서 생활했던 것보다 훨씬 좋은 상황에서 살게 될 것이었다. 그럼에도 불구하고 수천 명의 유대교도들은 아직도 다른 길을 선택하여 이탈리아로 향했다. 이탈리아에서는 갈 곳이 많지 않았다. 항구가 있었기에 수백 명의 난민들이 일찍이 제노바에 도착했다. 그러나 여행에 지친 난민들은 비참한 상태로 환영받지 못했으며, 결국에는 별도의 구역에 감금되었다. 그러나 이들은 포르투갈에서 온 난민들과 결합하여 수가 늘어났고, 위기 없는 조용한 시기가 될 때까지 제노바에서 머물 수 있었다. 에스파냐 난민들은 이탈리아의 다른 도시, 가령 페라라와 특히 로마에 도착했다. 로마에서 천천히 인정받아 나중에는 중요한 공동체를 구성했지만, 처음에는 같은 유대인에게도 환영받지 못했다. 최고의 환대를 보인 곳은 나폴리 왕국이었다. 나폴리의 페르디난도 1세(1431-1494)는 이주민들에게 왕국에 사는 유대인과 동일한 신분을 인정해 주었다. 당시에 나폴리 왕국에 사는 유대교도들은 매우 우호적인 상황을 누리고 있었던 것이다. 하지만 의사, 학자 혹은 특별한 명성을 누린 가문(아브라바넬 가문) 등 소수의 엘리트를 제외하고, 이 경우에도 난민들은 살아갈 방법이 거의 없었다. 1492년 9월

오스만 제국으로
가는 길

나폴리 왕국의
우호적인 상황

나폴리에 심각한 흑사병이 전파되었고, 그것이 수개월 동안이나 진행되자 사람들은 즉시 이 재앙이 유대인 때문이라며 그들에게 죄를 뒤집어씌웠다(나중에는 매독을 전염시켰다며 고발하기도 했다). 아무튼 1492-1493년에 발발한 흑사병으로 열 명 중 한 명이 사망했고, 나폴리에 거주하던 유대인들도 많이 죽었다. 그때부터 나폴리 왕국에서도 유대인의 생활 조건은 더욱 어려워졌다. 프랑스의 샤를 8세(1470-1498)가 나폴리에 입성하기 전날에 약탈을 감행하면서 유대인 공동체의 사정은 더욱 악화되었으며, 이와 같은 중대한 국면에서 많은 유대인이 더욱 안전한 나라를 찾아 나폴리를 떠났다. 1496년 5월 10일, 아라곤 왕국은 민중의 압박에 못 이겨 최초로 유대인 추방 공문을 발표했다. 이 법령은 미루고 미루어지다가 1503년에 남부 영토가 에스파냐의 부속 왕국이 된 이후인 1510년에 가서야 처음으로 매우 중요한 효과를 보여 주었다. 포르투갈과 이탈리아 이주 이후, 1492년에 떠난 난민들의 세 번째 목적지는 마그레브와 이슬람 제국이었다. 세파르디Sephardi(에스파냐 및 포르투갈계 유대인*) 유대교도들은 이슬람교를 믿는 지중해에서도 신속히 확대되었으며, 레반트로 향하는 테살로니키와 콘스탄티노플에 주로 거주했다. 이 두 도시는 유럽에 살면서 굴욕과 횡포로 고통당하던 유대인 공동체에 하나의 모범, 하나의 신기루 같은 곳이었다. 이곳에서 유대인들은 경제적, 문화적으로 전례 없던 번영을 이루는 데 공헌했다. 그러나 북아프리카에서의 발전은 달랐다. 1391년 아라곤 왕국과 마요르카 섬에서 추방된 수많은 추방자가 모인 알제리에는 1492년에 추방된 난민들이 그라나다 함락으로 인한 보복 때문에 설 자리가 없었다. 그러나 대부분 카스티야에서 추방된 유대인 **페스에서 찾은 피난처** 4만여 명은 모로코와 특히 페스Fez에서 피난처를 발견했다. 페스에서는 오래전부터 거주해 오던 유대인들이 1465년의 반란 도중 학살되었다. 다른 곳과 마찬가지로 여기서도 에스파냐계 유대인들은 기존의 공동체와 즉시 융화하지 못했으며, 두 개의 단체로 분리되었다. 더 오래된 단체는 스스로 '거주민'(유대어로 토샤빔toshavim)이라 불렀지만 새로 도착한 유민은 추방된 자들(메고라심megorashim)이 되었다. 여기서도 세파르디는 우위를 점했다.

메시아주의의 혁신

15세기 말에 일어난 유대 민족의 장엄한 운동은 종교적으로 다양한 함의를 가지고 있었다. 이것은 특히 히스파니아Hispania-세파르디계 학자들을 통해 토라의 해석에 대한 새로운 방향만이 아니라 이스라엘 백성의 미래처럼 민족의 역사로 구체화되었다. 이와 같은 연구 결과는 새로워진 메시아주의 정서를 통해, 카발라qabbalah에 대한 새로운 연구 및 순환하는 유대인 신화에 대한 새로운 관심을 통해 주로 표출되었다. 이스라엘의 잃어버린 열 개 부족이 재결합하거나 되돌아왔다는 신화인데, 중세 시대 유대인들에게 이 신화가 더욱 어려운 시기에 등장했던 것도 우연은 아니다. 그와 같은 주제를 더욱 잘 표현한 생각이 이탈리아에서 아브라바넬(1437-1508)에 의해 수행되었다(처음에는 나폴리, 다음에는 모노폴리, 마지막으로 베네치아). 유배라는 파국적인 사건으로 디아스포라 유대인이 전통적인 가치에서 멀어졌지만, 아브라바넬은 1492년에 사건 자체에서 새로운 메시아 시대가 도래한다는 징후를 읽었다. 이러한 신념을 토대로 그는 여러 민족의 압제에서 유대 민족이 앞으로 기적적으로 해방되리라는 것을 다양한 측면에서 탐구한 작품을 썼다. 아브라바넬이 메시아의 도래를 예언한 것은 1503년이 처음이었고, 다음에는 1531년이었다. 그의 예언은 드라마틱하게 제시되었다. 최후의 날 전날 밤 잃어버렸던 열 개 부족이 예루살렘에서 재결합할 것이었다. 예루살렘에서 메시아가 나타날 것이고, 유대교도와 이슬람교도가 모여 전 지구에 걸쳐 새로운 왕국을 건설할 것이었다. 16세기 초까지 이스라엘에서 세파르디 유대인의 강신술이 극단화되면서 그와 같은 묵시록이 확산되자 2백 년 후에 거짓 메시아가 유대인들 사이에 나타날 것이라는 신앙과 기대감이 생기기 시작했다.

아브라바넬의 연구

| 다음을 참고하라 |
역사 이베리아 반도(127쪽); 오스만 제국(151쪽); 마라노와 모리스코스(212쪽)

집시

| 엘리사 노비 카바리아Elisa Novi Chavarria |

인도 아대륙을 기원으로 하는 집시는 1000년 무렵 유럽에 도착했다. 그 무렵 그들이 그곳에 존재했다는 증거는 콘스탄티노플과 비잔티움 제국의 다른 지역에 있다. 집시들은 14세기에 그곳에서 시리아 및 이집트, 세르비아와 발칸 반도, 그리스 및 베네치아 공화국의 지배를 받는 이오니아 제도와 에게 해 제도를 지나면서 15세기

초부터 유럽과 지중해 중심지로 퍼졌다. 이들의 신분은 불안정했지만 배척당하지는 않았다. 남자들은 대개 농업에 종사하거나 구리공, 철공, 가죽 수선공으로 일했고, 여자들은 미래를 예언하는 일을 했다. 15세기 말에 새롭게 밀려온 이주민들로 인하여 영토가 더욱 불안정해지자 기존의 권력자들은 걱정을 하기 시작했는데, 이때 집시 관련 추방 조치가 처음으로 나왔다.

인도에서 유럽으로

인도 북서 지역을 기원으로 하는 집시는 1000년 말에 페르시아와 아르메니아를 지나 유럽에 도착했다. 그 무렵 그들이 유럽에 있었다는 증거가 콘스탄티노플 및 트라키아, 왈라키아, 펠로폰네소스 반도 같은 비잔티움 제국 소속의 지역에 있다. 이곳에서 그들은 아치가니Atsingani(예언가, 복화술사, 마법사*) 또는 치가니Tsigani(노예*)라는 호칭으로 구별되었다. 14세기에 집시들은 시리아와 이집트를 통과했다. 그리하여 이집트어를 어원으로 하는 에집티Egiptii, 에집티Egiptii, 아에집티Aegiptii, 데집토d'Egipto 혹은 데 집티오de Giptio라는 이름이 생겨났다. 그때부터 이들은 지중해 여러 지역에서 그와 같은 명칭으로 알려졌다(프랑스에서는 에집시앙Egyptiens, 이탈리아에서는 집티Giptii 혹은 에집티Egiptii, 에스파냐에서는 기타노Gitanos, 잉글랜드에서는 집시Gypsy). 명칭과 더불어 그들의 기원에 관한 초기 이론도 이집트에서 유래했다. 14세기 중엽에 세르비아와 발칸 반도에 그들이 있었다는 증거 자료를 보면 그들은 매우 가난하게 살았고, 몸을 많이 움직이지 않았으며, 대개 농민이나 구리공, 철공, 대장장이, 도공, 가죽 수선공 같은 기술자로 일했음을 알 수 있다. 다른 자료에는 그들이 사육사와 곡예사로 일했으며, 여자는 사람들이 조심하는 점쟁이였다는 기록이 있다.

그 시기에 그들이 베네치아 지배령인 이오니아 제도 및 에게 제도와 그리스에 살았다는 또 다른 기록도 있다. 14세기 말의 자료를 보면 크레타, 자킨토스 및 코르푸 섬에 '집시의 영지'(페우둠 아친가노룸feudum acinganorum, 1360년경 코르푸 섬에 설립된 영지로, 베네치아 공화국의 식민지*)에 관한 기록이 있다. 베네치아인들은 이 영지를 코르푸 섬 주민이나 베네치아 주민에게 빌려주었다. 또한 베네치아인들은 펠로폰네소스 반도의 나플리오에 슬라브 주민과 알바니아 주민을 불러 모으기도 했다. 이 지역에서는 '집시 제독'(드룬가리우스 아친가노룸drungarius acinganorum) 혹은 부제독을 롬족에게 맡겼다. 펠로폰네소스 반도의 남서쪽 메세니아 해안은 성지를 향해 베네치

기원

아에서 야파로 가는 여행객들과 노예 무역을 하는 상인들에게 있어 전략적인 항구였다. 이 해안에 위치한 도시 모돈에서 15세기 초반의 수십 년간 여러 무리로 나뉜 롬족이 언덕이나 성벽 외부에 오두막을 짓고서 살았다. 비록 그들의 신분은 불안정했지만 배척당하지는 않았으며, 베네토 주민, 그리스인, 슬라브인, 알바니아인, 유대인, 상인 및 순례자들로 이루어진 세계 각지에서 모인 현지의 여러 민족과 통합되었다.

아무튼 14세기부터 유럽의 가장 견고한 롬족 공동체가 설립된 곳은 오스만 제국 치하의 발칸 반도였다. 롬족은 현지의 사회-경제 조직에 잘 통합되었다. 그들은 금융인 명부에 지속적으로 이름을 올렸고, 해마다 개별적으로 세금을 납부했고, 자신들의 직업을 신고했다. 구리공, 철공, 대장장이, 도공, 금세공사, 재봉사, 푸주한, 가죽 수선공, 염색업자, 감시인, 하인, 배달꾼 등의 수공업과 관련된 다양한 활동을 했다. 현지 권력자들이 이슬람교를 믿는 롬족에게 실행했던 유일한 차별은 유대인과의 결합을 금지한 것이다.

> 유럽에서 가장 수가 많은 롬족 공동체

왈라키아와 몰도바는 수백 년간 오스만 제국의 지배를 받은 그리스도교 공국이었다. 이 두 공국에 정착한 집시들은 최악의 상황에서 살았다. 14세기 말부터 이곳의 집시들은 노예 신분으로 살았는데 벌채와 같은 대공사에 동원되거나 타타르족의 침입으로 수세기 동안 사람들이 감소한 넓은 지역에서 농작물을 재배했다.

디아스포라

1417년부터 유럽과 지중해 심장부에서 집시에 대한 디아스포라라고 정의할 수 있는 이산이 시작되었다. 오스만 제국의 터키인이 서방으로 진군했고, 1453년 결국 콘스탄티노플이 몰락하자 집시는 두 개의 궤적을 따라 이동했다. 하나는 헝가리와 보헤미아에서 독일, 프랑스, 에스파냐, 잉글랜드의 섬들과 스칸디나비아 반도로 가는 궤적이었고, 다른 하나는 지중해 항로를 따라 이탈리아 중부와 남부 해안과 제법 규모가 큰 섬을 지나 안달루시아까지 가는 궤적이었다. 롬족은 첫 번째 궤적을 따라 1417년에서 1419년까지 독일의 브레멘, 라이프치히, 함부르크 및 스위스에, 1425년에는 아라스와 투르네에 도착했다. 그리고 아마도 프랑스를 통과하여 그 즉시 이베리아 반도 북부 지역이나 아라곤 및 카탈루냐에 도달했을 것이다. 또 다른 집시 집단은 1430-1440년에 잉글랜드에 도착했고, 1492년 무렵에는 스코틀랜드에, 1515년에는 스웨덴에 도착했다. 위에서 언급한 날짜들은 그들이 공문서에 등장한 것과 관련이 있으며, 이런저런 이유 때문에 당시의 서류에 나와 있다. 연대기 작가와 현지 관료들이 우연한 사건으로 그들의 존재를 언급하기 이전에 그들은 이미 그곳에 살았던 것이 틀림없다.

당시의 연대기 작가는 문제의 집시들이 자신들이 남이집트 혹은 소이집트에서 왔다고 말한 것에 주목했다. 이들은 30명에서 2백 명까지 무리를 지어 이동했고, 공작 혹은 백작으로 불리는 우두머리가 무리를 이끌었다. 순례자인 척했고, 필요할 경우 **집시 공작 혹은** 황제의 통행권이나 교황의 칙서를 보여 주었으나 위조된 것이었다. 루도비코 안토 **집시 백작** 니오 무라토리(1672-1750)가 언급한 것처럼 그때부터 집시 무리는 이탈리아에도 살고 있었다. 그는 1422년의 볼로냐 연대기를 인용했다. 이에 따르면 남자는 키가 크고, 피부색이 검고, 긴 머리와 숱 많은 수염을 하고 있었다. 여자는 천으로 몸을 감싸고, 기다란 헝겊으로 어깨를 감쌌는데, 헝겊 안에는 아기가 있었다. 눈에 띄는 은 귀고리를 착용했고, 흰 밴드를 터번처럼 머리에 둘렀다. 그들은 국경 지역에 정착했고, 시장이 형성된 중요 지역들을 맴돌았다. 시장에서 직접 만든 철제와 구리 도구나 말을 팔았고, 여자들은 가까이 오는 사람에게 미래를 예언해 주며 돈을 받았다. 요컨대 이국적인 외모 때문에도 그렇고 배고프고 힘든 생활로 야만적이고 거친 외관 때문에도 연대기 작가와 호기심 많은 사람들의 관심을 끌었다. 다른 종족의 것에 속하는 신체적 특징과 특이한 모양의 여성 의상과 자식에 대한 여성의 친절한 태도도 이목을 끌었다.

이 시기에 발칸 반도에서 온 다른 집시 무리는 지중해 바닷길을 따라 부를 찾으러 이동했다. 아드리아 해와 이오니아 해를 통과하다가 달마티아인 및 그리스인과 결합하기도 했으며, 슬라브 출신의 다양한 집시 집단은 이탈리아 반도 중부와 북부 해안 및 규모가 큰 섬에 도착했다. 이들은 그곳에서 육지에 뿌리 내릴 안정적인 방법을 찾았다. 몇몇은 후배지에 정착하여 도시 주변부의 농업-목축 활동에 참여했으며, 어떤 경우에는 아주 작은 땅을 소유하기도 했다. 그러나 다른 사람들은 지역 봉건제의 **계절에 따른 이주** 목축 활동이나 농사에 참여하기 위해 계절에 따라 이주하면서 그리스인과 알바니아인과 합류하기도 했다. 이를 말해 주는 증거는 무수히 많다. 이탈리아 아브루초 지방의 펜네에는 15세기 말에 그곳에 정착한 구리공 집시들 중 징가로라고 불린 화가 안토니오 솔라리오(약 1465-1530)가 태어났는데, 그는 나폴리와 인근에서 활발하게 활동했다. 풀리아, 칼라브리아, 몰리세에서는 현지 주민들과 결합하여 교회의 종교 전통과 관습 및 풍습에 동화되기도 했다. 메시나에서는 15세기 말부터 집시 공동체가 하나의 대학universitas과 동급으로 취급되어 사법적 자치권을 누린 덕에 고유의 법률과 관습에 따라서 살 수 있었다. 터키인을 피해 도주한 그리스 출신의 집시 무리들은 시칠리아에서 출발하여 이베리아 반도 남동쪽 해안에 도착했으며, 1470년대 및 1480년대에 바르셀로나, 사라고사, 세비야, 바야돌리드에 살았다.

15세기 말에 집시들은 육지에 정기적으로 나타나 살고 있었다(1471년 스위스 연방, 1493년 밀라노 공국, 1499년 아라곤과 카스티야 왕국). 많은 사람이 주장하는 것처럼 배제와 억압의 과정이 점진적으로 불가피하게 이루어진 것이 당시의 문제는 아니었다. 오히려 당시에는 지역 권력자를 피할 수 있도록 무장한 사람들과 단체들이 불안감을 조성했고, 새로 탄생한 국가의 국민을 더 잘 통제하는 것이 필요했으며, 다른 이주민들의 압력이 있었다. 그밖에 가난한 자들과 부랑자들이 집단적으로 나타났으므로 공공질서와 위생에 문제가 있었다.

그리하여 롬족의 역사가 시작되었다. 롬족은 불관용과 소외라는 강렬한 시기를 지나기도 했지만, 현지 주민과 융합하기도 했다. 그러는 동안 거주민들과 교류할 수 있는 사람들이 생기기도 했다. 이 과정에서 집시가 정착한 유럽 국가와 국민들을 만나고 그들과 교류할 수 있는 기회가 생겼다. 사실 집시들은 다소 강제적으로 계속 이동함으로써 문화 중개자의 역할을 수행할 수 있었다. 지중해의 이쪽 해안에서 저쪽 해안으로 인적, 물적 교류를 가능하게 했으며, 기술과 경쟁력, 신앙과 언어를 전달했다. 그리하여 사람들의 생각과 실용적인 능력이 그들에게 유리하게 돌아갔다.

문화 중개자 집시

| 다음을 참고하라 |
역사 콘스탄티노플의 몰락(35쪽)

인쇄술과 책의 탄생

| 마시모 폰테실리Massimo Pontesilli |

15세기 중반 독일 마인츠에서 요하네스 구텐베르크가 활자를 발명하면서 인쇄술의
시대가 열렸다. 서적을 기계로 복사할 수 있게 되면서 책값이 줄었고, 많은 사람이 책을
이용하게 되었다. 우연한 어려움이 있긴 했어도 인쇄된 책은 즉각적인 성공을 거두었고,
이 새로운 방식은 사회적으로나 문화적으로나 막대한 영향을 끼쳤다.

역사적 상황

똑같은 서적을 더 많은 복사본으로 만든 판본이라는 근대적인 인식과 더불어, 책은
15세기 중엽의 인쇄술 덕분에 탄생했다. 서양 지역만을 생각한다면 말이다. 사실 극
동 지역(중국과 한국)은 금속 합금 활자의 발명만이 아니라 목판 인쇄술에서도 서양
보다 훨씬 앞서 있었는데, 목판 인쇄술은 8세기, 그리고 금속 활자 인쇄술은 13세기
에 시작되었다. 그러나 유럽에서 인쇄술이 발명되기까지 오랜 시간이 걸린 만큼(다
년간의 시도, 성공에의 근접, 실패) 서양의 인쇄술이 동양으로부터 직접 유래했으리란
가설은 설득력이 없어 보인다. 그러므로 서양의 인쇄술은 전적으로 발명되었거나
재발명되었고, 여기서 전 세계로 퍼져 나갔다.

   인쇄술의 탄생과 인쇄본의 성공적인 유포가 가능할 수 있었던 역사적 조건은 다
음과 같다.

   1) 종이처럼 필기하기 적당하고 상대적으로 가격이 싼 물건이 있었다.
   2) 당시 기술의 역동적인 발전이었다.
   3) 교회 및 대학, 세속 사회의 책에 대한 요구가 늘면서 글쓰기의 역할이 점차 늘
었다. 더불어 행정, 은행, 공증인, 회계원 등의 간단하고 반복적인 업무용 서류와 관
련된 수요도 늘었다(인쇄술 발명 초기에는 사면 서류가 인쇄되었는데 죄에 대한 간단한 사
면 문구가 수천 장이나 인쇄되어야 했다).
   4) 자유로운 경제 활동의 발전에는 인쇄업자도 포함되었다. 다른 상품과 마찬가
지로 책은 하나의 상품이었고, 중국과 한국의 경우처럼 '제도적'인 산물이 아니었으

므로 자유 시장에서 잠재적인 성장 가능성을 가졌다.

목판 인쇄술과 활자판 인쇄술의 탄생

옷감에 그림과 장식의 본을 뜨기 위해 오래전부터 알려진 목판화 기술이 14세기 말부터 종이에 작은 성화를 제작하기 위해 이용되었으며, 오직 신자들만이 이용했다(나중에 가서야 놀이용 카드처럼 '세속적'인 제품을 제작했다). 이것의 상업적인 성공으로 제작이 더욱 늘었고, 특히 라인 강 지역과 부르고뉴 공국에 집중되었다. 시간이 지나면서 삽화 해설집과 간단한 책이 제작되었는데, 처음에는 필사본(자필 증서 목판본chiroxilografia)이었으나 나중에는 이것도 인쇄되었다. 이때부터 시작해서 15세기에는 책 제작이 더욱 활발해졌다. 소위 말하는 목판 인쇄서 혹은 목판본(영어로 block-book, 독일어로 Blockbuch)이다. 재사용할 수 있는 활자 인쇄가 아니라 작업이 끝나면 유실되는 사각 블록을 조각한 것이었기 때문에 그렇게 불렀다. 『비블리아 파우페룸Biblia pauperum』, 『묵시록Apocalisse』, 『그리스도의 생애와 수난Vita et Passio Christi』, 『아르스 모리엔디Ars moriendi』(사망술*) 등과 같은 목판본이 제작되었다. 그뿐만 아니라 당대 최고의 라틴어 교본이었던 엘리오 도나토(14세기)의 문법책과 같은 여러 종류의 서적도 목판본으로 제작되었다. 인쇄술 이전에 시작되었을 목판 인쇄 서적은 몇 년간 활판 인쇄술과 공생했지만 이내 빠르게 쇠퇴했다. 기술적인 관점에서 볼 때, 활판 인쇄술 발명은 목판 인쇄술과는 전혀 관련이 없었다. 혹시라도 빚진 것이 있다면 다른 측면에서였다. 목판본 서적 덕분에 15세기 중반 무렵 그토록 실현하고자 했던 책의 다량 제작multiplicatio librorum의 구체적이고 포괄적인 예를 찾아볼 수 있었기 때문이다.

　인쇄술이 어떻게 시작된 것인지 아직도 구체적으로 알 수는 없다. 그리하여 수백 년간 다양한 가설과 전설이 전해졌다. 아무튼 인쇄술을 발명한 사람이 요하네스 구텐베르크(약 1400-1468)라는 것에는 논쟁의 여지가 없는 듯하다. 하지만 구텐베르크의 생애는 자료가 미약하여 매우 문제가 많다. 마인츠의 귀족이었던 그는 아버지처럼 귀금속 세공사였을 것이며(확실한 것은 아니다), 인생에서 적어도 10년 동안(1434-1444)은 스트라스부르에서 살았고, 그때 다른 사람들과 함께 다양한 산업 제품을 생산하는 일에 주력했다. 그리고 그중 하나가 활판 인쇄술이었을 것이다. 그것은 우선 텍스트를 해체하는 동안, 다시 말해 책을 구성하는 문자로 책을 축소하고 각각의 글

목판본 서적

도나토의 문법책

구텐베르크와 활판 인쇄술

자를 본뜬 수많은 금속 활자를 제작하는 동안, 발견한 생산 사슬이었다(이것은 복잡한 작업이다. 글자마다 음각 틀을 제조해야 했고, 그것으로 부드러운 금속 모형을 새길 수 있어야 했다. 그다음에는 제작할 활자의 개수만큼 만들었고, 모형에 납 합금을 넣었다). 다음으로 텍스트를 하나의 판으로 재조립하고서 활자를 분리하거나 옮기지 않고 페이지를 만들 수 있도록 활자를 맞춘다. 유성 잉크를 판에 칠하고 나면 잉크가 종이에 흡수되지 않도록 주의하면서 목판 인쇄용 롤러가 아니라(목판 인쇄용 롤러는 페이지를 망가뜨리고, 한 면만 인쇄할 수 있다) 새로운 인쇄기로 종이와 인쇄판을 누른다.

구텐베르크는 이 과정에서 발생하는 수많은 기술적 문제에 몰두했고, 1450년대가 되어서야 문제를 해결할 수 있었는데, 그때 그는 이미 마인츠에 돌아와 있었다. 아무튼 1454년에 정확한 날짜를 기입한 최초의 인쇄물이 등장했다. 터키군의 위협을 받는 키프로스 섬을 방어하는 납세자들에 대한 교황의 사면 문서였다. 사면 문서 이전에는 『시빌의 서Sibyllenbuch』가 인쇄되었을 것이다. 반면에 최근의 비평은 『1448년 천문력Calendario astronomico del 1448』이 그보다 10년 뒤에 인쇄되었을 것이라고 밝히고 있다. 1454년에 인쇄된 『터키 달력Calendario turco』은 현존하는 최초의 완성된 인쇄본일 것이다. 모두 구텐베르크가 인쇄했으리라 여겨지는, 이 모든 초보적인 서적과는 질적으로 다른 최초의 걸작 인쇄본은 구텐베르크의 42행 성서다. 사실 이것은 구텐베르크, 요한 푸스트(약 1400-1466), 피터 스코퍼(약 1425-약 1502)가 공동으로 제작한 것으로, 비록 일부이긴 하지만 1454년 10월에 이미 인쇄되었다. 출판사, 인쇄소, 인쇄 날짜(1457년 10월 14일)를 기입한 콜로폰이 제공된 최초의 작품은 『마인츠 시편Salterio di Magonza』이다. 이 작품은 푸스트와 스코퍼가 삼색판으로 호화롭게 제작한 걸작이었다. 반면 구텐베르크는 그보다 가치가 적은 작품을 인쇄했는데, 여기에는 도나토의 문법책, 달력, 터키인에 대한 교황의 증서, 1460년 밤베르크에서 인쇄한 36행 성서 등이 있다. 구텐베르크는 또한 조반니 발비(?-1298)의 『카톨리콘Catholicon』(가톨릭 단어 사전*)을 인쇄했다. 이 작품은 간기에서 처음으로 밝히듯, 인쇄된 작품이었다. 즉 "깃촉과, 바늘과 펜이 아니라 음각틀과 주형의 놀라운 조화로Non calami stili aut penne suffragio, sed mira patronarum formarumque concordia" 탄생한 작품인 것이었다(1460).

『터키 달력』

인쇄술의 지리학

1462년에 마인츠에서 발생한 나사우의 아돌프의 마인츠 약탈 사건으로 도시는 힘을 잃었고, 무엇보다 많은 인쇄공이 도시를 떠났다. 그러나 이들은 저마다의 피난처에서 다시 활동을 시작했다. 이 사건을 계기로 유럽에 인쇄술이 확산되었고, 이후에는 더욱 빠르게 퍼졌다. 이제 인쇄술은 하나의 산업이 되었고, 유용한 분야가 되었으며, 그리고 경제적으로 다양한 요구에 부응했다. 당시에는 무엇보다 운반비가 높아서 제지 공장이 가까워야 했다. 또한 제작된 책의 3/4 이상이 라틴어로 쓰인 책이라 국제적인 성격을 띠므로 항구에 가까운 것이 이상적이었다. 해상 수송비가 더 저렴했기 때문이다(이런 의미에서 루앙, 세비야, 안트베르펜 등등의 도시가 본보기가 되었다). 아무튼 1460년에서 1470년까지 현지 인쇄소 열두 곳이 문을 열었다. 독일은 별도 **인쇄소 개업** 로 하더라도 이탈리아에도 독일 인쇄공들이 있었다. 베네치아와 폴리뇨에 있었고, 그보다 먼저 수비아코에서 콘라트 스바인하임(?-1477)과 아르놀트 판나르츠(?-약 1476)가 1465년에 이미 키케로의 『웅변에 관하여De Oratore』를 인쇄했고, 로마로 이주하기 전인 1467년에는 성 아우구스티누스의 멋진 『신국론De Civitate Dei』을 인쇄했다. 1470년에는 파리에도 인쇄소가 있었다. 1480년이 되면 유럽의 1백10개가 넘는 도시에 인쇄소가 있었고, 15세기 말에는 대략 2백40곳이 되었다. 대부분이 이탈리아 도시였으며, 베네치아는 인쇄공의 수와 제품의 질에 있어 오랫동안 으뜸이었다. 1499년 알도 마누치오(1450-1515)가 인쇄한 『폴리필로의 꿈Hypnerotomachia Poliphili』은 당시에 가장 아름다운 책으로 인정받았다.

책의 혁명

인쇄 기술이 확산되어 사회적-문화적 충격을 받게 되면서 그것이 폭넓은 연구와 논쟁의 대상이 된 것은 당연했다. 이런 의미에서 이정표를 제공한 책이 엘리자베스 아이젠슈타인(1923-2016)의 『근대 유럽의 인쇄 미디어 혁명The Printing Press as an Agent of Change』(1979)이다. 이 책은 인쇄술을 자세히 논의하면서 지속성이 아니라 인쇄된 책이 야기한 혁명적 단절을 주장했다. 물론 16세기에는 인쇄술의 혁신으로 그 효과 **긍정적인 효과** 가 최대로 확장되었던 반면, 초기 간행본이 출판되던 1501년 이전의 변화는 더욱 애매하고 모순적이었다. 대학은 '묶음으로 된' 필사본으로 자족적인 체계를 갖추고 있었으므로 혁신을 곧장 수용하지 않았다. 세련된 인문주의자들도 처음에는 공을 들

이지 않은 인쇄본 서적을 경멸했다. 따라서 인쇄공의 목록에서 중세가 명맥을 유지
했던 때부터 필사본 중에서 문화 관련 소식을 찾아야 했다(쥘 미슐레의 의견을 따르자
면). 그러나 15세기 말에 사람들은 필사본의 20퍼센트밖에 안 되는 가격에 책 한 권
이 나온다는 것에 열광했다.

더구나 시간이 지나면서 효과가 확대되고 배가되었다. 아직은 중세 전통을 따르
는 구태의연한 제작 방식의 서적이 우세했지만 예전에는 상상할 수 없었던 다양한
제목을 만들 수 있어서 비교와 조합이 더욱 장려되었으며, 지적인 창조성과 비판적
우위를 촉진했다. 서지학적으로 단일한 기준이 명확해지는 가운데 표준화로 인하여
원거리 문화 교류가 유리해졌다. 인쇄물의 양이 많으므로 서적이 훼손되었을 경우
이를 보완해 줄 수 있게 되었다. 정오표errata corrige와 재판으로 처음으로 텍스트의
정확성을 목표로 삼을 수 있게 되었으며, 전해지는 판본을 정확히 결정하는 것이 새
로움을 향해 나아가기 위한 전제 조건이 되었다.

| **다음을 참고하라** |
역사 광산업과 제조업(162쪽); 교육 및 문화의 중심지(249쪽)
과학과 기술 중국의 과학과 기술(469쪽)

마녀사냥

| 마리나 몬테사노Marina Montesano |

13세기부터 마술적 현상에 대한 관심이 빠르게 커져 갔으며, 그 현상을 얻을 방법도
함께 찾기 시작했다. 그러나 유럽 여러 지역에서 마녀사냥은 15세기 말이 되어서야,
동일한 방식은 아니더라도, 현실적인 사건이 되었다. 마술적 현상이 확산된 나라마다
사정이 달랐으므로 몇 가지 다른 특성을 볼 수 있었다. 17세기 중반부터 서유럽에서의
마녀사냥이 점차 줄어들었다. 이는 마녀사냥을 지지했던 악마학 논문을 과소평가한
덕분이었고, 몇몇 유명한 재판이 여론에 충격을 준 덕분이었다. 그러나 마녀사냥은
유행하는 악마 이론이 늦게 도착한 다른 영토에서 18세기에 새롭게 발전했다.

마법 행위와 이단의 차이

1233년에 교황 그레고리오 9세(약 1170-1241, 1227년부터 교황)는 교황 교서 「라마의 목소리Vox in Rama」를 발표했다. 당시 올덴부르크에서 브레멘 주교 거부 운동이 있었는데, 이 교서는 그 사건을 다루었다. 교서는 이단적인 카타리파에 대한 논쟁적인 요소를 말했으며, 반역자들이 기괴한 괴물을 숭배하고(악마의 변신), 신성모독을 저지르며, 바쿠스제를 실행하고 있다고 고발했다. 1326년에 교황 요한 22세(약 1245-1334, 1316년부터 교황)가 발표한 칙령 「수페르 일리우스 스페큘라Super illius specula」는 마법 신앙 혹은 마법 실천을 이단과 동일시하면서 그것의 규정대로 이단 재판 소송을 적용하는 것에 동의했다. 유명한 법학자들은 마력의 본성에 대한 논쟁에 열을 올렸다. 14세기 중반 유럽은 위기에 빠져 있었고, 흑사병 때문에 위기가 최고조에 달했을 때 논쟁이 가열되었다. 14세기 말과 15세기를 거쳐 수많은 이단 재판관들의 작품이 등장했다. 대부분 도미니쿠스회 소속이었던 그들은 오늘날에는 진정 마법적이고 주술적인 문제로 정의되는 주제에 점차 관심을 가졌고, 그것에 대해 심히 염려했다. 서유럽은 이단의 잔재와 마술에 대한 관심이 서로 어정쩡한 거리를 유지한 상태에서 일종의 집단적 공포감에 사로잡혀 있었다. 완전히 타파하지 못한 이단의 잔재는 고대의 증거품과 더불어 민속 문화의 요소였으며, 중세 말기에 문화 혁신이 진행될 때 마술에 대한 관심이 늘어났다(주로 주술적 예언과 천문학).

요한 22세의 「수페르 일리우스 스페큘라」

마술에 대한 정의

1484년에 교황 인노첸시오 8세(1432-1492, 1484년부터 교황)는 교서 「지고의 것을 추구하는 이들에게Summis desiderantes affectibus」를 공표했다. 겉으로는 이미 두 세기 전에 선대 교황들이 이단 및 마술 현상에 대한 걱정을 표명했던 자료와 비슷해 보이나 많은 영향을 준 분기점이었다. 이 교서는 마술을 명확히 언급하지는 않았으나 교황청의 고발이 매우 급진적이어서 마술 행위를 했다는 일반적인 고발과는 철저히 분리되었을 정도였다. 인노첸시오 8세의 교서는 오늘날의 오스트리아에서 도미니쿠스회 소속의 이단 재판관인 야콥 슈프랭거(약 1436-1494)와 하인리히 크라머(인스티토르[장사꾼*]로도 불림, 약 1430-1505)의 활동을 승인했다. 바로 얼마 후인 1486년에 그들은 『마녀를 심판하는 망치』(원어를 읽으면 '말레우스 말레피카룸'이다. 오늘날에는 슈프랭거가 기여한 바가 매우 적다고 생각하는 경향이 있다)란 제목의 책을 발행했다.

슈프랭거와 크라머의 이단 재판 활동

이 책이 출판된 후 마술 현상의 공통되는 특징을 정의하는 무수히 많은 논문들이 뒤따랐다. 도미니쿠스회의 또 다른 이단 재판관인 코모 출신의 베르나르도 라테뇨(?-1510)는 『마녀 논고Tractatus de strigibus』에서 마녀가 악마와 작당해서 저지른 범죄를 고발했다. 그는 논문에서 마녀들이 악마와 함께 그리스도교 사회에 타격을 주고자 한 비밀 결사를 살아남게 해 주었으리라고 추측했다. 이때 마녀 비밀 결사의 근대성이 중요하다. 왜냐하면 과거 많은 학자가 실제 마녀가 가진 힘에 대해 회의적이었던 것과는 완전히 단절된 생각이기 때문이다. 도미니쿠스회의 스피나의 바르톨로메오(1475/1479-1546)와 같은 다른 이론가들은 마녀가 날아다니는 것이 사실이라고 주장하면서 과거 사법 전통의 가치를 알렸다. 그러나 이런 입장을 다수가 즉시 수용한 것은 아니었다. 울리히 몰리토르(약 1442-약 1508)의 『마녀와 여자 예언자에 관하여 De lamiis et phitonicis mulieribus』 및 요한 와이어(약 1515-1588)의 『악령의 유혹에 관하여 De praestigiis daemonum』와 『마녀에 관하여De lamiis』에서 증명하고 있는 반대 입장이 오래 유지되었다. 이들은 마녀가 부리는 마력의 효과를 의심했다.

마녀사냥이 확산된 나라에 따라 다르게 나타난 특성에 주목해 볼 수도 있다. 가령 이탈리아에서는 고전주의 문화가 매우 강렬하게 부흥하고 있었기에 라미아lamiae(여성 괴물*)와 스트리게스striges(여성 마신*)를 다시 소환했다. 다시 회복된 그와 같은 전통은 일반적으로 마법 연고로 이루어지는 변신술, 마법 군대를 위한 시체 유괴, 야간 비행, 흡혈귀의 살인(말하자면 혈액을 흡입하여)이었다. 15세기 초반 이렇게 억지 비교를 했던 학자들 중에 프란체스코회의 엄격주의를 주장했던 시에나의 베르나르디노(1380-1444)가 있다. 16세기에는 이탈리아의 피코 델라 미란돌라(1470-1533, 동명의 철학자인 조반니 프란체코 2세 피코 델라 미란돌라의 조카)와 프랑스의 장 보댕Jean Bodin(1530-1596)이 각각 근대의 마녀와 고전주의 전통에서 나온 마녀를 억지로 연관시켰다. 외모가 비슷했기 때문이다. 고대인들의 저작을 재발견하고 가치를 평가하는 것이 이제는 당대의 신앙을 정당화하는 데 이용되었다. 이탈리아에서의 마녀 재판과 사형은 유럽의 다른 지역에 비해서 횟수 면에서는 더 적었다. 엄격한 공공장소에서는 사형을 선고했던 것과 달리 종교 재판소는 반反마녀 히스테리 확산에 자주 제동을 걸었다. 이런 현상은 정치 권력자나 강한 종교 지도자가 부재한 지역이나 세속 재판소에서 보다 확산될 수 있었다.

프랑스, 아라스의 부두교 신도

15세기의 마지막 수십 년간 프랑스에서 이단, 마술, 그리고 '마녀사냥'의 초기 징후가 복잡하게 얽힌 결과가 아르투아 지역 아라스의 부두교 신도vauderie라는 극적인 일화로 나타났다. 악마술을 행한 범죄로 사형을 선고받은 한 수행자가 공범이 있다고 고백했다. 이 일로 체포, 고문을 당한 이들도 또 다른 공범이 있다고 자백했다. '사냥'은 드라마틱하게 진행되었고, 연루된 피고인의 수는 더욱 늘어만 갔다. 과거 이단자처럼 '발도파vaudois'로 불린 이들은 악마를 돕는 범죄 결사를 조직했다는 이유 악마를 돕는 결사, 발도파 로 기소당했다. 마법 연고를 몸에 바른 다음에 작은 빗자루를 타고 하늘을 날아 야간 회합에 와서 악마를 만났다는 것이다. 악마의 잔치가 진행되는 동안 그리스도교 신앙을 부정하고, 전염병 전파, 농토 불모지화, 임신을 불가능하게 만드는 등 온갖 종류의 극악무도한 짓을 저질렀다는 죄목이었다. 당시까지만 해도 중·하위 계층만 수사했지만 1460년에 반란이 일어났을 때는 지역 고위층 인사까지 고발당했다. 이들도 혹독한 처벌을 받았지만 사형까지는 아니었다. 이 사건은 선량공 필리프(1396-1467)가 소송에 연루될 정도로 떠들썩했지만, 덕분에 집단 히스테리에 제동을 걸 수 있었다. 처벌을 받은 자들은 1491년에 파리 재판소에서 복권되었다. 부분적이긴 하지만 그와 유사한 사건이 알프스 산의 많은 지역에서 확인되었다. 예를 들어 보 지방(스위스)에서 15세기와 16세기 초반에 일어난 수많은 소송이 검토된 바 있다. 조사 결과 이단 소송(이전 시기에도 발도파에 적대적이었던 이 지역에서 이와 같은 소송이 인정되었다)과 마녀 소송 사이의 연관 관계가 뚜렷이 밝혀졌다. 그밖에 초기 '사냥'은 여성뿐만 아니라 남성들도 자주 소추했다. 그러나 나중에는 마술이 오로지 여성만 연관된 현상인 것처럼 여길 정도로 여성들을 공격했다.

프랑스어 사용 지역과 독일어 사용 지역

프랑스어 및 독일어 사용 지역에서의 켈트 및 게르만 전통은 이탈리아에서 고전주의 전통의 마녀가 행하던 것과 별반 다르지 않은 역할을 했다. 12세기부터 문학 작품에 등장하기도 했던 '밤 마실을 나가는 부인'이나 '부유한 부인'에 대한 언급을 찾아볼 수도 있다. 마법으로 이동하고, 닫힌 문과 창문을 통과했던 이들은 지옥 관련 전통뿐만 아니라 풍요 및 탄생 신화와도 관련 있었다. 그런 정황과 이탈리아의 차이는 의미론에서 포착할 수 있다. 마법사를 뜻하는 프랑스어 소르시에sorcier/sorcière는 라틴어 소르틸레구스sortilegus/sortilega에서 유래했으며, 본래는 점쟁이(점괘를 뽑는 자들)를 의미한다. 그러나 영어의 위저드wizard/witch는 색슨어 위카wicca/wicce('현자')에서 유래한 반면에 소서sorcer/sorceress는 프랑스에서 빌린 말이다. 독일어 헥서Hexer/Hexe는 위저드wizard/witch와 마찬가지로 어원이 지혜를 의미한다. 사바sabba는 마녀(그리고 마법사)와 악마의 회합을 뜻하며, 어느 지역이든 대체로 유사한 특성을 보이긴 하나 민속 전통이 우세한 지역에서 거행되었다. 가령 독일에서 사바로 지정된 장소는 하르츠Harz 산맥 최고봉인 브로켄Brocken과 동일시되었으며, 회합은 발푸르기스의 밤 Walpurgisnacht(4월 30일)에 진행되었다.

에스파냐와 잉글랜드

에스파냐는 매우 온건하게 고문을 실행했고, 희생자의 수도 중부와 북부 유럽과 비교하면 저조했다. 재판소는 사형 선고를 싫어했으며, 일반적으로 보다 온화한 처벌을 선호했다. 그 외의 소송은 소위 말하는 '근대적'인 마법 소송보다는 전통적인 마법 소송과 더 유사했다. 근대 마술은 악마와의 계약과 악마 경배, 마술 비행, 영아 살해와 관련 있었다. 박해를 더 많이 받았다고 표시된 지역은 바스크 지역이었다. 이곳은 이탈리아 알프스 지역처럼 나머지 지역에 비해 정기 모임을 여는 곳 같았다.

17세기 중반부터 서유럽에서 마녀사냥이 점차 쇠퇴했다. 마녀사냥을 지지했던 악마학 논문을 대수롭지 않게 여겼으며, 유명 사건들이 대중 여론에 파장을 불러일으켰다. 루덩Loudun에서 일어난 사건으로 예수회 사제 위르뱅 그랑디에(1590-1634)는 사형에 처해졌다. 우르술라 수녀원 원장이 마술을 행했다고 그를 고발했는데, 아마도 방탕한 생활 때문에 그랑디에를 증오했던 프란체스코회 수사들이 그녀를 부추겼을 것이다. 그랑디에가 공개적으로 비판했던 추기경 리슐리외Richelieu(1585-1642)가 소송에 막강한 영향력을 행사했다는 것이 주된 의견이다. 또한 그리스도교도와 위그노교도Huguenot(프랑스 신교도*) 사이의 긴장이 사태를 악화시켰을 것이다.

유럽의 다른 지역은 이와 같은 현상이 보다 늦게 나타났다. 잉글랜드는 1640-1650년대, 즉 올리버 크롬웰Oliver Cromwell(1599-1658)의 유혈 혁명기 때 더욱 혹독한 시련을 겪었다. 이 시기의 주역은 마녀 색출관Witchfinder general 매슈 홉킨스Matthew Hopkins(?-1647)였다. 그는 마녀사냥의 책임자였으며, 이때에도 대륙의 악마학적 요소와 유사한 요소가 도입되었다. 스웨덴에서는 1668년부터 대략 1675년까지가 가장 혹독한 박해의 시기였다.

| 다음을 참고하라 |
역사 종교 재판(235쪽); 종교적 불안(239쪽); 여성의 권력(264쪽)

종교 재판
| 줄리오 소다노 |

카타리파가 사라지자 종교 재판은 의견이 다른 사람들과 주변부 단체에까지 관심의
폭을 넓혔다. 발도파와 프랑스 프란체스코회 엄격파가 가혹한 억압을 받았던 반면에
유대인들은 영아 살해 의식을 실행했다고 고발을 당해 수많은 소송을 치렀다.
15세기에도 정치적 목적을 위하여 종교 재판이 진행되었다. 그러나 14세기 말에서
15세기 초까지 큰 사건은 종교 재판관과 악마의 잔치를 조사했던
세속 판사의 존재와 마녀사냥의 시작이라고 할 수 있다.

종교 재판 및 주변부 단체와 반대파 억압

카타리파의 확장을 막고, 이단 교리를 억압하는 주교들의 활동을 지지하기 위해서
13세기에 탄생한 교황의 종교 재판소는 점차 권력을 확장하면서 주교와 시민의 권
한을 축소했다. 15세기에 카타리파는 패했으나 이단의 개념은 마법, 마술, 무신론
및 교회 위계질서에 반대한 모든 형태를 포함하면서 더욱 확장되었다. '이단 의혹'에
대한 법률적 범주가 새롭게 정립되었고, 욕설, 중혼, 마법 및 마술 행위가 여기에 포
함되었다. 14세기 말에서 15세기에 발도파, 유대인, 프란체스코회 엄격파, 주변부
단체가 박해받았다.

  14세기에 박해를 받은 수많은 유대인이 서유럽의 여러 나라를 떠났다. 그러나 이
탈리아 중부와 북부로 피신한 유대인들은 15세기에도 박해받았다. 유대인 공동체
는 기회가 있을 때마다 사순절에 영아 살해 의식을 행한다는 근거 없는 고발을 당하
곤 했다. 가장 유명한 경우가 1475년에 트렌토에서 살해된 채 발견된 시모니노(?-

트렌토 출신의
시모니노 사건

1475)의 경우다. 이후 지역 유대인 공동체의 수많은 대표자들이 당국에 의해 살인죄로 고발당해 화형에 처해졌다. 소송에 대한 의혹이 너무 많았기에 교황은 귀디치의 바티스타(?-약 1484)를 대리인으로 파견했으며, 바티스타는 증거에 근거가 없음을 밝혔다. 그럼에도 불구하고 추기경위원회는 조사가 올바르게 진행되었다고 판단했다. 그와 유사한 수많은 사건이 이탈리아만이 아니라 유럽의 다른 나라에서도 일어났다. 어떤 경우에는, 트렌토의 시모니노 사건에서 보듯, 유대인들이 살해했다고 주장하는 영아들에 대한 숭배 현상이 생겼다. 다른 한편 살인 의식을 믿는 신앙이 하급 사제들의 설교에서 파급되어 더욱 성행했다.

15세기에 종교 재판에 가장 많이 회부된 반대파는 발도파였다. 이들은 보헤미아 후스파와 몇 번 접촉했고, 후스파가 유럽에 일으킨 공포로 인하여 또다시 발도파를 향한 억압의 물결이 특히 사보이에서 피에몬테에 이르는 지역에서 일어났다. 프랑스에서의 종교 재판은 공공연한 반란이 일어날 정도로 너무나도 가혹했으며, 이 반란은 십자군 덕분에 1488년에서야 진압되었고, 이때 발도파의 많은 민중이 전멸되었다. 이 사건 이후 프랑스 발도파 무리는 이단 재판관 습격이 없는 피에몬테 지역으로 넘어갔다.

서양의 종교 대분열이 종결되자 1420년에서 1467년까지 프란체스코회 엄격파 프라티첼리 사제들에 대한 투쟁이 재개되었다. 그들에 대한 박해를 재개하도록 추진한 사람들은 프란체스코회 수사들이었다. 프라티첼리는 성 프란체스코(1181/1182-1226)가 원래 추구하던 이상으로 되돌아가려고 했지만, 프란체스코회 **프라티첼리** 운동 자체의 엄격하고 극단적인 비주류는 고립시키고 파괴하기를 바랐다. 프라티첼리가 주도한 운동은 15세기에 중단되었다. 이들이 사라진 것이 이단 재판관들의 활동 때문이라는 주장과 프란체스코회가 급진적 비주류 수사들을 수도회 내부로 불러들여 징벌했기 때문이라는 주장 등, 역사 기술적 관점에서 의견이 분분하다.

정치적 대소송

15세기에도 정치적 목적 때문에 이단 재판을 이용했다. 유명한 소송 중 하나가 프랑**잔 다르크 소송** 스에서 있었던 잔 다르크(약 1412-1431) 소송이다. 그녀는 잉글랜드 편에 선 프랑스 부르고뉴 공작에 의해 투옥되어 이단으로 기소되었다. 잔 다르크를 따르는 수많은 추종자 앞에서 그녀의 권위를 실추하려는 의도였다. 1431년 1월에 이 소송을 맡은

사람은 보베 주교인 피에르 코숑(1371-1442)과 프랑스 이단 재판관 총장의 대리인인
매스트르의 장(15세기)이었다. 고문이 수반된 소송이 끝나자 그녀는 우상 숭배, 이
단, 악마 소환이라는 죄목으로 무기징역을 받았다. 판결에 실망한 잉글랜드인들은
1431년 5월 30일 비외마르셰 광장에서 그녀를 화형시키도록 했다.

　정치적 배경이 있는 또 다른 이단 재판은 피렌체에서 있었던 도미니쿠스회의 지
롤라모 사보나롤라(1452-1498)의 재판이었다. 메디치가의 피에로(1472-1503)가 추　처벌된 사보나롤라
방된 후 피렌체 공화국의 정신적 안내자이자 카리스마적 인물인 된 사보나롤라는 종
말론을 예언하는 설교를 했다. 그는 강력한 종교 개혁을 부르짖었고, 부패한 알렉산
데르 6세(1431/1432-1503, 1492년부터 교황)를 공공연하게 비판했다. 교황은 1497년
에 사보나롤라를 파문하고 체포령을 내렸다.

　그러나 이 명령은 수행되지 않았다. 피렌체 당국은 사보나롤라에게 화형 명령이
내려오기를 기다렸지만 사보나롤라는 그것을 피했다. 그러자 피렌체 당국에서 체포
령이 발부되어 소송이 진행되었다. 사보나롤라와 그의 친구들은 시뇨리아 광장에서
교수형과 화형에 처해졌다.

마녀사냥의 시작

14세기 말에서 15세기 초반의 종교 재판 역사에서 크게 주목할 점은 종교 재판관과
세속 재판관이 악마의 축제를 발견한 것이었다. 그렇게 유럽의 역사에 가장 어두운
시대가 시작되었다.

　교황 요한 22세(약 1245-1334, 1316년부터 교황)가 1326년에 마법 의혹에 대한 종
교 재판의 개입을 정당화하는 칙령「수페르 일리우스 스페쿨라」를 발표한 뒤부터 마
술을 마법과 동일시하는 현상이 나타났다. 15세기 초에 소송이 시작되었고, 사탄의
자식이라고 생각되는 사람들은 곧 사형에 처해졌다. 이들은 비밀 결사 소속으로 생
각되었다. 15세기 중반이 되자 형벌을 받은 자들의 수는 더욱 늘었으며, 16세기와
17세기에는 더욱 넘쳐 났다. 이제 유대인과 이단은 내부의 적에서 마녀와 마법사란
죄목까지 덧붙여졌다.

　유럽의 여러 세대를 걸쳐 나타난 가장 불온한 현상 중에서, 여러 역사학자들은 마
법과 악마의 잔치를 추종하는 신앙에 대해 많은 의문을 품었다. 마녀와 마법사의 비
밀 결사는 문화 구조이고, 복합적인 신화이며, 알프스 산 양쪽 지역에서 시작되었다

가 점차 유럽으로 확산되었다는 것이 일반적인 견해다. 마녀사냥은 종교적인 요인 때문에만 일어나는 것은 아니었고 사회적-정치적인 이유도 있었으며, 개인적인 복수와 공공질서 회복과도 관련이 있었다. 사람들은 마녀와 마법사가 인류의 복지 말살을 획책하기 때문에 인간이 본래 불행하고 악에 빠진다고 생각했다. 그러므로 마녀와 악마가 인간의 행복을 방해하려고 음모를 꾸미는 계략을 무력화하기 위해 마녀사냥이 필요했다. 학자 문화와 민속 문화가 한데 정교하게 어우러진 것이 마녀사냥의 특성이었다. 악마의 잔치에서는 배교, 살해 의식과 카니발리즘이 대표적인 학문적 요소이며, 이단 재판관이 이것들을 소개했다. 여기에 야간 비행과 동물로의 변신과 같은 다른 특이한 사항이 첨가되었다. 익히 알려진 것처럼 이 마지막 요소가 민속과 더 많이 연관된 부분이며, 이단 재판관이 민속적 요소에서 골라내어 악마의 잔치라는 포괄적인 구조에 도입했다. 14세기 말에서 15세기 초에 알프스 서쪽 지역에서

이단 재판관의 이미지와 악마의 잔치가 가진 민속적 이미지가 하나의 고정관념으로 혼합되었다. 이를 가능하게 했던 것이 종교 재판이었다. 재판에 회부된 죄인들이 이단 재판관들이 제시한 규범집을 통해 악마의 잔치가 지닌 학자 문화를 흡수했던 반면, 그들 나름대로 판사에게 자신이 믿는 신앙과 신화의 민속적 요소를 제공했다. 이때 신화는 이단 재판관들이 만들어 악마 잔치 메커니즘 안에 끼워 넣은 것이었다.

　　악마의 잔치를 신화로 만들어 보급하는 데 중요한 공헌을 한 요인이 이단 재판관들이 제시한 교본이었다. 가장 유명한 것이 도미니쿠스회의 하인리히 크라머(엔리쿠스 인스티토리스, 약 1430-1505)와 야콥 슈프랭거(약 1436-1494)가 1486년 슈파이어Spires에서 쓴『마녀를 심판하는 망치』다. 이 교본은 1669년까지 28쇄를 찍으면서 이전에 나왔던 교본들의 도착점을 보여 주었다. 처음 나온 교본은 도미니쿠스회 소속 독일인인 요하네스 니더Johannes Nider(1380-1438)가 1436-1438년에 바젤에서 작성한『개미 인생Formicarius』이었다. 이 책은 동떨어져서 작업하는 전통적인 남녀 마법사와 다른 마녀, 마법사의 비밀 조직의 존재를 처음으로 소개했다. 이들은 비밀 조직

에서 동지로 결합한 듯이 보였다. 프랑스 출신의 피에르 마모리스Pierre Mamoris(15세기)는『마녀의 채찍Flagellum malleficorum』에서 악마의 잔치라는 말을 처음 사용했을 뿐만 아니라 재판에서 자백한 자들 덕분에 자신이 직접 경험했다면서 비밀 결사의 존재를 확신했다.

　　역사학자들은 오랫동안 논쟁한 끝에 악마의 잔치가 실제로 있었으리란 가정을 거

부했다. 악마를 숭배하는 종교 의식을 진행하는 회합에 남녀가 참여했다는 자백이 고문 때문에 왜곡되었을 것이라는 의미다. 교회에 대립하는 대상을 숭배하고 종교 의식을 치르는 비밀 조직이 존재했고 이와 같은 조직이 널리 확산되었으리란 가정도 거부되었다. 결국 마술을 믿는 신앙이 성공한 것은 불행을 설명하기 위함이었으며, 집단의 통합을 가능하게 하는 사회적 통제 수단이었을 것이다. 공동체는 마녀에게 타격을 가하면서 악의 원인을 막을 방법을 찾았다.

| 다음을 참고하라 |
역사 마녀사냥(230쪽); 종교적 불안(239쪽)

종교적 불안

| 안토니오 디 피오레|Antonio Di Fiore |

15세기에 종교적 불안은 다양한 형태로 나타났다. 교회 제도(서양의 교회 대분열, 서로의 정통성을 거부하는 교황과 대립 교황의 존재) 및 정치 제도(이탈리아 전쟁, 이탈리아 여러 소국에 대한 외세의 지배)가 심각한 위기를 맞았던 시기에 불안의 다양한 형태가 뿌리를 내렸다. 교회 제도가 위기를 맞는 동안 한편으로는 신앙심 깊은 평신도들의 새로운 운동이 발전했다. 이들은 새로운 신심운동을 의미하는 데보티오 모데르나처럼, 하느님과 더욱 친밀하고 개별적인 관계를 가지기를 바랐다. 다른 한편으로 여러 교단에서 새로운 운동이 일어났다. 정통 교리 영역에 머물기를 원하는 교단이 있는가 하면, 교회 개혁을 시도하여 이단으로 판명된 교단도 있었다. 콘스탄츠 공의회는 이단자에 대한 화형을 더욱 늘렸다. 교황청은 사보나롤라와 그의 추종자들을 화형시켰다. 이단 재판관들은 불안-관용 이항식의 타당함을 주장하면서 그들의 파벌을 더욱 늘려 갔다.

불안, 데보티오 모데르나, 죽음에 대한 걱정
영성 변화의 관점에서 보자면 서양의 종교 대분열에서 프로테스탄트 종교개혁으로 이행한 시기는 매우 풍요로웠다. 보다 외적이긴 하지만 이 관점과 강하게 연결된 교회와 교황청의 역사를 보는 관점에서 보더라도 그렇다.

비앙키 운동   1399년 말에 이탈리아에서 대규모 채찍 고행자 운동인 비앙키Bianchi 운동이 성행했는데, 이는 새로운 세기로 복잡하게 이행하는 과정에서 과거 신앙의 지속성을 상징하는 것이었다. 성모 발현 예측의 물결 속에서 리구리아와 피에몬테 사이에 전파된 이 운동은 거대한 붉은 십자가를 멘 흰 옷을 입은 순례자들이 전개했으며, 남부 지역까지 확산되었다. 순례자들은 대개 교회 당국과 화합하며 움직였으며, 찬송가를 부르고, 금식하고, 미사에 참석하면서 행진했다. 사실 오래전부터 많은 종교 운동이 새로운 부류의 사람들을 끌어들였다. 비앙키 운동처럼 과거와 관련된 운동에는 내적인 형식뿐만 아니라 외적인 형식에 있어서도 새로운 입장을 요구하는 사람들이 없지 않았다.

교회 개혁에 대한 요청이 많아지면서 풍요로운 영적 발전이 가능했다. 원래의 순수한 규칙으로 돌아가고자 14세기 말에 프란체스코회에서 시작한, 소위 말하는 '오세르반차 운동'이 표방한 개혁의 바람이 다른 교단에까지 확대되었으며, 15세기 내내 지속되었다. 15세기에 특별한 방식으로 나타났던 불안의 원인을 현실적으로 진단한 하나의 운동이 이미 14세기 말에 발전했던 것이다. 그것이 바로 새신심운동, 데보티데보티오 모데르나 오 모데르나devotio moderna다. 이 운동이 얻은 더욱 구체적인 결실이 『그리스도를 본받아De Imitatione Christi』이며, 그 덕에 관련 사상이 보다 많이 확산되었다. 이 책은 불안이라는 주제와 관련하여 매우 근대적인 성찰을 하고 있다. "Quandocumque homo inordinate aliquid appetit, statim in se inquietus fit." 즉, 인간이 과도하게 무엇인가를 원하면 그는 즉시 내심 불안해진다(『그리스도를 본받아』, I, 6).

그런데 15세기 사람들이 이렇듯 불안감을 느낀 이유는 무엇일까? 당시 사람들은 무엇을 원했고, 왜 그것을 원했을까? 이 질문에 답하려면 뒤로 한 발자국 물러나 무엇보다 이 작품이 어떤 환경에서 완성되었는지, 그리고 15세기 초에 교회가 어떤 상황이었는지를 봐야 할 것이다.

『그리스도를 본받아』   『그리스도를 본받아』는 아마도 수도원에서 집필되었을 것이다. 저자는 네덜란드 수도사인 토마스 아 켐피스Thomas à Kempis(약 1380-1471)로 추정한다. 이 책은 1418년에 익명으로 출간되었으며, 1472년에 인쇄되었을 것으로 추정하는데 제목만으로도 내용을 말해 준다. 그리스도를 본받는 것은 모든 신자가 생각하는 것이며, 또 가장 흥미로운 점이다. 그것은 교회의 도움을 받지 않고서도 누구나 실현할 수 있었다. 사실 많은 사람이 성경 다음으로 소장했을 정도로 널리 확산된 이 책은 구원자를 본받으라고 할 뿐만이 아니라 고전 작가들의 지혜서나 교훈서에 입증된 규정과 행동 규범을 말했다. 이론적인 사색에 반대하고 영성에 보다 집중해서 나온 성숙한 결과물인 이 책은 이미 14세기 말부터 변화의 조짐을 보였던 평신도 단체에 널리 확산되었다. 특히 눈에 띄는 단체는 네덜란드의 게르트 그로테(1340-1384)가 창설한, 공동생활을 행하는 형제회였다. 그는 활발한 종교 활동을 하는 사회 계층에 속한 인물이었으며, 중세 후기의 가장 중요한 뉴스를 만들어 냈다. 그도 아시시의 성 프란체스코(1181/1182-1226)처럼 상인의 아들이었다. 더구나 상인들은 이단이기도 했고 또 성자이기도 했다. 다른 누구보다 최초의 상인 출신 성자였던 크레모나의 호모보누스Homobonus(?-1197)와 피터 발도Peter Waldo(?-약 1207)를 생각해 보라. 그로테는 1374년에 개종했고, 그때부터 신자들의 단체를 결집했다. 그렇게 해서 새로운 유형의 평신도 종교 활동을 보여 주는 운동인 데보티오 모데르나가 탄생했다. 초기에 이 단체는 이단으로 고발당하기도 했지만 무엇보다 교황청의 승인을 받을 수 있었다. 1384년에 그로테가 사망하자 플로렌시우스 라데빈스(약 1350-1400)가 그를 계승했다. 『그리스도를 본받아』는 특히 15-16세기에 막강한 영향력을 행사했다. 네덜란드에서 유럽으로 확산되었고, 프로테스탄트 종교개혁을 위시하여 로욜라의 이냐시오Ignazio di Loyola(1491-1556)가 주동한 영성 운동에 이르기까지 중요한 종교 운동의 기준점이 되었다.

『그리스도를 본받아』는 15세기 특유의 불안에 대해 근대적인 어조로 말했을 뿐만이 아니라 불안의 근원을 적어도 하나라도 이해하기 위한 매우 유용한 요소를 제공하고 있다. 또한 매우 새로운 어조로 죽음에 대한 기다림을 말했다. 이 기다림은 새로운 방식의 삶을 경험하게 하며, 죽음을 대비하기를 바라는 작품의 주제나 그 이미지를 고정하려는 도상학적인 주제가 되었고, 또한 진정 '잘 죽는 기술'의 주제가 되었으니, 인생에서 가장 중요한 최후의 목표가 종말을 기다리는 것 같았다. 동시에 두려움과 바람이 포함된 기다림이었다. 신자들은 죽음이 뜻하지 않게inaspettata 찾아올까 두려워했고, 죽음을 잘 준비하기preparata를 바랐다. 『그리스도를 본받아』 1권 23장에 다음과 같은 글이 나온다. "자신이 죽을 때를 아는 자는 복이 있나니, 그는 날마다 죽을 준비를 할 것이다."

네덜란드 역사학자인 요한 하위징아Johan Huizinga(1872-1945)는 다음과 같이 말했다. "15세기만큼 그렇게 종교 활동을 하고 그렇듯 집요하게 죽음에 대한 사고를 가꾼 시대는 없었다"(『중세의 가을L'autunno del Medioevo』, 1991). 죄인들이 저승에서 받을 죗값에 대한 설교만이 아니라 해골이 표상하는 다량의 이미지 때문에도 사람들은 벌벌 떨었다. 죽음의 승리와 죽음의 무도는 우비 순트ubi sunt의 시학처럼 예술과 문학의 진정한 클리셰가 되었다. 우비 순트는 프랑수아 비용(약 1431-1463년 이후)의 시「작년에 내린 눈은 어디 갔는가Où sont les neiges d'antan」를 요약한 말로, '함께했던 이들은 어디에 있는가'를 의미한다. 반면 죽음의 무도는 비용의 절망에 빠진 시「교수형에 처한 자들의 발라드Ballade des pendus」를 떠올리게 만든다. 알베르토 테넌티Alberto Tenenti(1924-2002)는 이제는 오래된 책에서 이 주제에 대해 이렇게 말했다. "죽음은 지옥의 고통과 불꽃을 예고하지 않고 생명이 해체되는 광경을 제시한다"(『르네상스 시기 죽음에 관한 감각과 삶에 관한 사랑Il senso della morte e l'amore della vita nel Rinascimento』, 1982). 종교화는 인간과 세상의 노쇠함을 잔인하게 증명하는 시체의 부패를 주로 표현했으며, 이미지를 통해 잘 죽고 싶은 욕망을 나타냈다. 그것은 오래 지속될 열망으로, 익명의 저자가 쓴 『아르스 모리엔디Ars moriendi』(사망술*)는 이후에 나올 시리즈 중 최초로 나온 책이었다. 이 시리즈는 알폰소 마리아 데 리구오리(1696-1787)의 『죽음에 관한 성찰Apparecchio alla morte』과 더불어 18세기 후반에 최전성기를 누렸다. 『아르스 모리엔디』는 15세기 후반에 폭넓게 확산되었으며, 신자들에게 피할 수 없는 최후의 통행인 죽음에 대비할 것을 말했다.

불안과 새로운 이단 · 종교 대분열, 대립 교황, 공의회 속의 교회, 급진적 운동

15세기에 주로 나타난 불안이 개인의 마음속에서만 존재했던 것은 아니다. 교회가 정통파와 이단의 중간에 서면서 최근까지 거대한 이단이 전파되었던 나라만이 아니라, 이단이 닿지 않았던 지역에도 불안이 상당히 확산되었다. 앞에서 언급했던 것처럼 네덜란드에서 삶과 죽음에 대한 '세속적인 숙고'가 시작되었다면, 잉글랜드에서는 존 위클리프(약 1320-1384)의 지적인 성찰과 더불어 단계적으로 전환이 이루어졌다. 프라하에서 먼저, 그리고 독일에서 나중에 충분한 전환이 있었으며 이후 일부는 프로테스탄트 종교개혁으로 분출되었다. 또 다른 일부는 역사에서 '민중의 개혁'이라 정의된 바 있는 운동으로 나타났으며, 그리스도교뿐만이 아니라 공식적인 개혁 세력에도 대립하는 더욱 급진적이고 더욱 분파적인 일종의 수평 운동으로 나아갔다

(Josef Macek, *La riforma popolare*, 1974). 그러므로 로마의 교리 및 정치적 독점을 이런 저런 방식으로 무너뜨리게 될 입장을 이미 15세기에 견지한 유럽의 국가는 적지 않았다. 그러나 이것을 분석하기에 앞서 15세기 초반 교회가 어떤 상황에 있었는지를 잠깐 언급할 필요가 있다.

14세기 말에서 15세기 초에 교황청이 아비뇽 시기를 끝내고 다시 로마로 돌아온 이후 교회 대분열을 겪었다. 교황청의 본거지가 프랑스에 있었을 때 영적인 무기의 잘못된 사용만이 아니라 재정적 약탈이나 교황궁의 세속화와 같은 오래된 문제도 있었지만, 무엇보다 서로의 합법성을 거부하는 여러 명의 교황도 문제였다. 그로 인해 신자들의 불만을 샀고 비판이 가중되었다. 부정적인 상황이 더욱 악화되자 소수의 추기경들이 피사에서 공의회 소집을 제안했다(1409). 이 공의회 때 아비뇽 교황 베네딕토 13세(1329-1422, 1394-1417년에 대립 교황)와 로마 교황 그레고리오 12세(약 1325-1417, 1406-1415년에 교황)가 폐위되었다. 그리고 밀라노 대주교인 피에트로 필라르조가 알렉산데르 5세(약 1340-1410, 1409년부터 대립 교황)의 법명으로 교황 자리에 앉았다. 그러나 폐위된 두 사람은 이 결정을 수용하지 않았기 때문에 역설적으로 이 사건으로 대분열이 발생했고, 세 교황 모두가 교황 직위를 요구했다. 이쯤해서 강조하는 것이 적당할 듯한데, 이 다수의 교황을 모두 비극적으로 생각해서는 안 된다. 파리 대학은 대변인 중 한 명을 통해 "모든 왕은 자신만의 왕국을 가질 수 있다"라고 한 순간부터 "교황이 몇 명인지, 두 명인지, 세 명 혹은 열 명, 아니면 열두 명인지"는 중요하지 않다고 주장했다(자크 르 고프Jacques Le Goff, 「니케아 공의회에서 종교개혁까지의 서양 중세 그리스도교Il cristianesimo medievale in Occidente dal Concilio di Nicea alla Riforma」, 『그리스도교의 역사Storia del cristianesimo』, H. Ch. 푸에쉬Puech 감수, 1983). 이와 같은 상황에서 황제 지기스문트(1368-1437)는 알렉산데르 5세를 계승한 요한 23세(약 1370-1419, 1410-1415년에 대립 교황)에게 모든 그리스도교를 대표하는 공의회(콘스탄츠 공의회, 1414-1418)를 소집할 것을 제안했다. 이 중요한 회의에서 마침내 거의 모두가 인정하는 교황, 마르티노 5세(1368-1431, 1417년부터 교황)가 선출되었으며 근본적 만인의 교황
마르티노 5세 으로 혁명적인 원칙 하나가 승인되었다. 그것은 보편 교회를 대표하는 공의회가 교황청보다 우위에 있다는 원칙이다.

사실 교황청은 교회 대분열을 겪은 후에 점차 위신을 잃어, 이탈리아에 정착한 수많은 공국 중 하나로 전락해 갔다. 프란체스코 귀차르디니(1483-1540)는 『이탈리아 역사Storia d'Italia』(IV. 12)에서 베드로의 후계자들이 "교황보다는 차라리 세속 군주처럼 보이기 시작한다"고 언급했다. 과거의 신권 정치를 포기한 교황청은 공의회 지상주의자들을 상대로 자신의 권위를 황급히 회복해야 했다. 그들은 신자들이 비용을 대는 교회 사업에 군주들도 적당히 이익을 얻게끔 하면서 군주들에게 의지했다. 마틴 루터Martin Luther(1483-1546) 스캔들이 터지기 전까지 사면권 통지는 지역 영주와 교황청 관리들의 절충 대상이었다. 이들은 서로에게 이익이 되는 협약을 할 수밖에 없었으며, 교황청이 목회 활동을 소홀히 하는 일이 눈에 띄게 늘어나게 되었다(조르지오 키톨리니Giorgio Chittolini, 「16세기 초 공의회 우월주의 운동 쇠퇴기의 교황청과 교황궁, 이탈리아 소국Papato, corte di Roma e stati italiani dal tramonto del movimento conciliarista agli inizi del Cinquecento」, 『교황청과 유럽Il papato e l'Europa』, 가브리엘레 드 로사-조르조 크라코 감수, 2001).

교황청 위의 공의회

그러나 공의회가 교회 조직 측면에서는 보다 '민주적'이고, 신앙의 원칙을 정의할 때는 덜 교조적이고, 최근의 슬픈 사건들로 늘어난 불안과 걱정에 즉시 대응했다고 생각한다면 오산이다. 콘스탄츠 공의회는 정통 교리에 대해서 절대적으로 비타협적인 자세를 취했다. 몇 가지 입장은 정통파 교리에 맞지 않았음에도 불구하고(교황의 패권과 십일조를 거부했을 뿐만이 아니라 무엇보다 화체설化體說과 성자숭배를 부정했다) 성서를 최초로 영어로 번역했던 위클리프가 평화롭게 여생을 마칠 수 있었던 반면에 콘스탄츠 공의회는 위클리프의 제안을 이단으로 선포했고, 화체설은 아니지만 여러 측면에서 위클리프의 주장을 다시 제기한 얀 후스(약 1370-1415)를 처벌했다. 후스는 안전과 신변을 보장하는 문서를 받았음에도 화형이 선고되었고, 1415년 7월 6일에 형이 집행되었다.

**비타협적인
공의회주의자**

포지오 브라치올리니(1380-1459)가 레오나르도 브루니(약 1370-1444)에게 보낸 감동적인 편지는 기억할 만하다. 브라치올리니는 후스의 추종자인 프라하의 제롬(약 1370-1416)의 간청으로 콘스탄츠 공의회에 참석했다가 그의 용기에 감동받았다. 포지오(교황청 서기국 업무 때문에 당시 콘스탄츠에 있었다)는 제롬이 얀 후스를 칭찬하며 이렇게 말했다고 전한다. "이 자는 교회에 반대하는 게 아무것도 없었다. 오로지 사제들의 권한 남용, 고위 성직자의 오만과 호사, 화려한 생활에 반대했다. 교회의 재산은 본래 가난한 자들과 순례자들, 그러므로 교회의 활동 덕분이므로, 그자가 보기에 그 재산을 연회에 참석한 매춘부나 개, 말, 의복 및 그리스도교에 맞지 않는 다른 물건과 구별하는 것이 무의미한 듯했다"(『프라하의 제롬의 죽음에 관한 포지오의 서간문Epistola Poggii de morte Hyeromini Pragensis』, 1416).

위클리프는 사후에 재판을 받았다. 예전의 무시무시한 소송과 더불어 1428년에 그의 시체가 발굴되어 불태워졌다. 물론 후스가 화형당한 것은 교리 때문만이 아니라 보헤미아의 애국 운동과 더불어 그의 입지가 굳어지는 것을 두려워했던 정치적 이유 때문이기도 했다. 그러므로 이와 같은 사건을 통해서도 당시 사람들의 불안감의 실제적인 역사적 의미를 판단해 볼 수 있을 것이다. 후스가 사망하자 성찬배聖餐杯를 사용하던 대학 교수들이 저항의 선두에 섰다. 요컨대 후스의 사형 집행은 무질서와 폭동을 불러일으켰고, 이는 제국의 군대와 보헤미아 민중 간의 진짜 전쟁으로 확대되었다. 또한 대부분 20대였던 개혁파들끼리도 싸움을 했다. '민중이 주도하는' 혹은 아래로부터의 개혁을 실행하려는 시도에 후스파 개혁파가 참여했다. 개혁파는 가장 온건파인 양형론자와 더불어 여러 개의 다리를 파괴한 뒤에 보헤미아 남부 세지모보 우스티(체코 공화국에 속한 도시*) 근처 타보르 산에 정착했다. 그곳에서 그들은 세상의 종말이 임박했다고 생각하여 공동체를 세웠는데, 이는 초기 교회의 공산주의를 떠올리게 한다. 타보르파는 처음부터 후스파 운동 급진파로 불리기도 했지만 모든 형태의 교회 조직만이 아니라 국가 조직조차도 거부했다. 그러므로 세금이나 십일조도 납부할 생각이 없었다. 그들은 죄인과 공동체의 적, 특히 귀족과 성직자의 근절을 주장했다. 1백 년 후에 뮌스터Münster의 재세례파再洗禮派가 당한 것처럼 타보르에 정착한 이 공동체는 공격받아 전멸했다. 온건 후스파가 그들에게 가한 비난 중 하나는 자유 연애를 실천한 것이었는데, 이것은 아주 오래전부터 여러 번 비난받은 바 있었다. 타보르의 형제 및 자매 공동체는 1421년에 얀 지슈카(약 1360-1424)가 이끈 군대에 의해 파괴되었다. 이로써 수백 명의 천년 왕국설 신봉자들이 살해되거나 화형을 당했다. 승리를 거둔 양형론자들은 폭력을 정당화하기 위해 이 이단파가 주장한 이단 학설을 모조리 목록으로 작성했다. 그들은 이들을 피카르디파(후스파에 속한 광신파로 농민을 위한 재산 공유 체제 주장*)라고 불렀다. 어떤 식으로든 혁명적인 천년 왕국설을 부인했으나 그와 관련된 불안감을 표현했던 다른 운동 중에 페트르 헬치츠키Petr Chelčický(약 1390~약 1460)가 이끈 운동은 언급할 가치가 있다. 그는 태초의 유토피아적 평등을 주장하며 그리스도교 공동체의 혁신을 계획했다. 또한 진정 올바른 사회적 계급을 세 개의 계층으로 구별했던 중세 사회의 교리를 부인했다.

후스파, 양형론자

보헤미아 형제단　헬치츠키의 경우처럼 타보르파의 유산은 일부나마 보헤미아 형제단Bohemian Brethren이 수집했다. 이들은 타보르파의 교리를 수용했지만 폭력성은 거부했다. 그리하여 종교 대분열, 불화, 타협을 거친 후 상대적으로 암묵적인 관용을 얻을 수 있었다. 1485년에 보헤미아 중부 도시인 쿠트나Kutná 의회는 근대 양형론자 후스파와 그리스도교의 갈등에 종지부를 찍었으며, 초기 단계이기는 하나 중요한 종교의 자유 원칙을 인정했다. 그리하여 평화 조약에는 공공연하게 언급되지 않았지만 보헤미아 형제단이 간접적으로나마 이득을 얻었다.

불안, 예언 활동, 편협. 미래에 대한 불안과 15세기 말의 편협

타보르파의 천년 왕국설을 주장하는 자들은 15세기의 세기말적 예언 활동의 한 분파만을 표현했을 뿐이다. 이 시기의 불안감은 천년 왕국설에 대한 명확한 정의를 내리기 위해 지나치게 복잡한 해석의 문제를 제시했다. 특히 너무 이성적인 논리 안에 갇혀서 고대 신앙과 근대 신앙의 대립, 교황권 신봉자와 공의회 신봉자의 대립, 이단과 정통의 대립에만 몰두했다. 근대 초입부에 진정 불안을 조장했던 것은 변화의 욕구와 더불어 미래에 대한 불안, 종말을 알고 예측하고 싶은 바람, 세계와 역사의 사

예언과 묵시록　건이 일어난 의미를 알아내려는 의지였다. 달리 말하자면 그리스도교 역사에서 주기적으로 나타났던 묵시록적, 예언적 측면이 반복된 것이었다. 권위 있는 학자의 말을 인용해 보자. "15세기 내내 다른 유럽의 나라와 마찬가지로 이탈리아에도 교회사 및 세속사의 과거, 현재, 미래 사건을 요아힘주의와 유사 요아힘주의(수사인 플로라의 요아킴Joachim of Flora을 지칭*)로 해석하는 것에 과거처럼 계속 매료되어 있었다"(체사레 바솔리Cesare Vasoli, 「15세기 말에서 16세기 초 플로라의 요아킴이 이탈리아 예언 활동에 끼친 영향L'influenza di Gioacchino da Fiore sul profetismo italiano della fine del Quattrocento e del primo Cinquecento」, in A.A. V.V.,『15세기에서 16세기까지 이어진 요아킴의 예언 활동 Il profetismo gioachimita tra Quattrocento e Cinquecento』, 잔 루카 포데스타 감수, 1991). 예언집이 확산되면서 그와 같은 해석이 가능해졌던 것이다. 사실 그리스도교 중심에도 뿌리 내린, 임박한 세상의 종말을 알리는 것은 놀라운 일이 아니었다. 이미 언급했던 것처럼 공의회를 통한 개혁 노선이 실패하자 묵시록적이고 예언적인 또 다른 유파들도 실패했다. 오래전부터 '거대한 집단적 개종'을 통하여 교회 혁신에 도달하기 위한 길을 찾으려고 했음에도 말이다. 다양한 방법을 통해서 행해졌던 14세기와 15세기

의 민중 포교와 '오세르반차 운동'처럼, "일부에서 진행한 교단의 개혁"을 목적으로 하는 혁신을 바랐던 것이다(조반니 미콜리Giovanni Miccoli, 「종교의 역사La storia religiosa」, 『이탈리아 역사Storia d'Italia』, II, 1974). 제노바에 주님 사랑 오라토리오Oratorio가 설립 (1497)되어 이탈리아의 여러 도시로 확산되었던 점과 사보나롤라(1452-1498)가 피렌체에서 신정 공화국을 세우고자 불행한 시도를 했던 점, 그리고 표면적으로는 서로 관련이 없는 현상도 바로 이런 불안한 분위기 속에서 발생했으며, 모든 회원과 지도자가 주도하는in capite et in membris 개혁을 바랐다.

예언적 요소로 읽을 수 있는 중요한 사건 중에 이탈리아 전쟁과 샤를 8세(1470-1498)의 이탈리아 침략이 있다. 후자의 사건에서 사보나롤라는 카롤루스의 부활 Carolus redivivus을 보았다. 사실 샤를 8세에게는 시빌라 티부르티나Sibilla Tiburtina(티볼리 예언녀*)와 가짜 메토디오스Methodios의 '최후의 날'에 올 황제에 대한 예언이 적당했다. 세계의 종말이 임박했으니 제2의 카롤루스 대제가 조만간 올 것이었다. 사보나롤라는 회개한 이단자로 사형당한 뒤에 불태워졌고, 피렌체는 다시 질서를 찾았다. 그러나 예언주의 시대는 15세기를 지나 16세기의 30년까지 이어졌고, 카를 5세(1500-1558)의 대관식과 로마 약탈 사건 이후 갑자기 끝나 버렸다(Ottavia Niccoli, *Profeti e popolo nell'Italia del Rinascimento*, 2007).

샤를 8세,
카롤루스의 부활

그러나 예언과 관련이 깊은 불안은 뚜렷한 불관용의 모습을 자주 보였다. 무엇보다 두 개의 현상으로 구체화된 불관용을 언급하지 않는다면, 불안과 관련된 상황은 불완전하게 보일 수밖에 없을 것이다. 역사학자들이 큰 관심을 보여 주었음에도 불구하고 우리가 아는 것은 별로 없다. '불성실한 유대인'에 대한 불관용과 마녀에 대한 불관용이 우리가 아는 두 개의 현상인데, 모두 15세기 마지막 수십 년 동안 상황이 악화되었다. 첫 번째 불관용과 관련된 일화는 이것이다. 1475년 부활절 일요일 트렌토에서 두 살 난 어린아이인 시모니노(?-1475)가 게토 근처에서 거의 핏기가 없는 모습으로 발견되었다. 그러자 영주인 요하네스 힌더바흐Johannes Hinderbach(1418-1486)는 유대인들이 살인 의식에서 무고한 어린아이를 죽였다며 유대인을 고발했다. 믿기 힘들기는 하지만 오늘날까지 이와 같은 살인 의식을 지지하는 자들이 있다. 힌더바흐는 유대인을 트렌토에서 쫓아냈고, 시모니노에 대한 숭배를 조장했다. 이는 알프스 계곡 사이로 폭넓게 전파되었다. 그러나 로마는 시모니노 숭배에 반대했으며, 대략 한 세기가 지난 후 그가 성자로 인정받자 그때서야 시모니노 숭배를 허락했다. 4백 년 후인 1965년이 되어서야 마침내 숭배가 폐지되었다 (Anna Esposito e Diego Quaglioni, *Processi contro gli ebrei di Trento 1475, 1478, 1990*, 1990 ; Tommaso Caliò, *La leggenda dell'ebreo assassino. Percorsi di un racconto antiebraico dal medioevo ad oggi*, 2007).

불안 및 불확실과 명확히 관련된 불관용을 보여 주는 또 다른 시기는 갑자기 심각해진 마녀 박해와 관련 있다. 1487년에 마법에 대한 가장 유명하고 조직적인 학술서 『마녀를 심판하는 망치』가 출판되었다. 도미니쿠스 수도회의 하인리히 크라머(약 1430-1505)와 야콥 슈프랭거(약 1436-1494)가 쓴 이 책은 이후 몇 차례 재쇄를 찍었다. 이 책이 나오기 전에 인노첸시오 8세(1432-1492, 1484년부터 교황)는 교서 「지고의 것을 추구하는 이들에게」를 내려 두 사람에게 라인 강 계곡에서 성행하는 마법을 억압할 임무를 주었다. 그러나 그것이 최초의 매뉴얼은 아니었다. 1475년 쾰른에서 요하네스 니더(1380-1438)의 『개미 인생』이 그의 유작으로 출판되었으며, 그보다 먼저 나온 서적도 있었고 나중에 나온 서적도 있었다. 이후의 재판과 처벌은 이들 매뉴얼의 내용을 따랐다. 15세기가 무엇보다 마녀 박해의 시기라고 했던 하위징아의 견해를 수정할 필요가 있긴 하나, 이 시기에 최초로 마녀 박해를 공식화했고 그 횟수가 강력히 증가한 것이 사실이다. 이단 재판은, 특히 유럽 몇몇 지역에서 악마와 계약했다며 이단으로 고발되기만 하면 막힘없이 진행되었다. 1620년이 되어서야 마녀 재판의 수가 눈에 띄게 감소한다.

어쨌거나 새로운 형식으로 다양한 사회 계층을 모은 신앙 조직을 비롯하여 종교 대분열, 대립 교황, 불행한 이탈리아 전쟁 등을 동반한 묵시록적 예언에 이르기까지, 15세기 사람들은 여러 분야에서 불안감을 표현했다. 예언주의는 하느님이 곧 오시리라는 것을 그럴듯 원하던 혁신renovatio의 유일한 해결책으로 생각했고, 불관용은 역사의 시간을 역행하는 듯이 보였다. 이렇듯 이해관계가 서로 다른 상황에서 15세기 특유의 수많은 모순적인 문제가 켜켜이 쌓였으며 이와 같은 복잡한 상황을 정리할 수 있었던 것은 폭발적인 루터의 종교개혁이었다.

마법 퇴치 학술서

| 다음을 참고하라 |
역사 교황과 성직자 계급(194쪽); 수도회(199쪽); 마녀사냥(230쪽); 종교 재판(235쪽); 종교생활(254쪽)
문학과 연극 인문주의자들의 종교(578쪽); 설교(582쪽); 종교시: 찬가(587쪽)

교육 및 문화의 중심지

| 마리아 안나 노토 |

15세기는 문화와 교육에 있어 상당한 변화가 있었던 시기다. 인문주의-르네상스가
급격하게 나타나기는 했지만 변화는 생각보다 훨씬 점진적이었고, 학문적 전통 역시
중세에 깊이 뿌리 내렸다. 인간 능력에 근거한 총체적인 가치의 전달처인 고전의 재평가,
새로운 형식의 지식 습득 시도는 이론과 다양한 의견을 분석 비교한 비판적 방식을
채택한 것이었고, 학문의 지평을 넓힌 것이었으며, 또한 체계화된 텍스트와 저자를
환기시키며 아리스토텔레스-토마스 아퀴나스 전통이 주도하는 상황이었다. 이러한
분위기에서 새로운 문화 운동은 공식 교육 기관인 대학 및 학교와
다른 장소와 단체에서 주로 발생했다.

전통과 혁신: 중세의 지속과 인문주의의 발전

15세기에 인문주의는 서유럽, 특히 이탈리아 반도에서 성숙한 단계에 올라 화려하
게 표현되고 또 확산되었다. 이탈리아는 다방면에서 다양한 성격을 보이는 놀라운
문화적 각성을 이룬 요람임이 확실했다. 그와 같은 예술 및 사상 운동은 중세에 이
미 시작된 경험과 변화의 징후에 뿌리 내리기도 했으나 한편으로는 오랫동안 고정적
으로 전통적인 교육 과정curricula studiorum을 따른 학교와 대학 교수의 끈질긴 저항에
직면하기도 했다. 교육 과정을 지배했던 것은 절대 침범할 수 없는 교회의 권위자들
auctoritates, 불변의 훈육 과정과 교과서, 엄격한 기억술, 추론 기술의 습득 및 엄격히
확인한 논제에 바탕을 둔 표준화된 교육 체계였다. 공식적인 교육 기관에서는 스콜 **아리스토텔레스주의**
라 철학이 명백한 우위를 차지했고, 이는 문학가들로 구성된 일반적인 공동체로 나 **와 스콜라 철학**
타났다. 그들에게 아리스토텔레스 철학은 교육에 적합한 모델이었을 뿐만 아니라,
"일종의 표준어koinè(그리스 표준어*), 즉 화법과 사색법, 정의, 개념, 외연적인 혹은
내포적인 다양한 지식을 함유한 총체였다. 학교 때부터 가르쳤고, 증명의 힘을 가진
이 지식은 거의 보편적으로 필요한 것"이었다. 이 시기 지식인들에게 아리스토텔레
스 철학은 "무엇보다 논리학, 즉 우수한 증명 방법으로 인식된 삼단 논법이었다"(자
크 베르제Jacques Verger, 『중세 교양인Gli uomini di cultura nel Medioevo』, 1997).

전통 교육계의 공식적인 거부가 있었지만 15세기 교육 기관의 구조는 새로운 학

과를 도입하면서 더욱 풍부해지고 있었다. 인문주의 문화가 어렵게 침투하기는 했

대학 지만 대학은 지적 교류를 위한 특별한 장소였으며, 아카데미 순례peregrinatio라는 유리한 관습 덕분에 대학에 속한 인물들은 여전히 풍요로운 세계주의에서 영감을 받았다. 교수와 특히 학생은 지속적으로 지식을 심화하기 위해 대학을 옮겨 다녔으며, 아직은 혼란에 빠지지 않은 유럽 교단들 역시 지식을 생산에 적용한 사람들인 수공예 장인들에 대해 국제적인 활동을 허락했다. 프로테스탄티즘이 위세를 떨치면서 생긴 신앙 고백의 단절은 시기상조라 문화 세계주의의 장벽이 허물어지지는 않았다. 이후 프로테스탄티즘은 유럽을 조각조각 쪼개면서 새로운 대학의 설립을 유도했다. 시민 권력은 엘리트 교육을 지도, 통제해야 했기에 새로운 대학 설립을 장려하고 후원했으며, 국가를 초월하여 직업을 재평가하면서 본질적인 지역 위주의 과정으로 방향을 바꿀 터였다.

15세기에 문학가, 법률가, 과학자의 교육이 대학에서 이루어졌으며, 대학은 그들에게 학위를 수여했다. 지식인들이 공식적인 교육 기관이 아닌 경험을 통해 새로운 문화 이상에 도달했지만 대학은 거의 불변의 명성을 누리고 있었다. 공식 학교는 일반적으로 종교를 모체로 했다. 이러한 상황에서 르네상스의 세속주의 정신이 도시와 궁정, 문화 집단, 화가들의 상점, 아카데미에 침투하면서 점차 사람들을 열광시켰다. 사람들의 열광은 문화의 본질적인 단일성, 규율과 지적 인식의 상호 보완, 절충적이고 총체적이기를 바라는 현실에 대한 지식으로 이어졌다. 그와 같은 경향을 잘 보여 주는 예가 레오나르도 다 빈치(1452-1519), 레온 바티스타 알베르티Leon Battista Alberti(1406-1472), 그리고 미켈란젤로 부오나로티Michelangelo Buonarroti(1475-1564)의 생애와 작품이다. 그들은 열정을 발휘하는 동시에 지식에 대한 유기적이고 조화로운 시각을 견지하며 시에서 회화, 문학에서 조각, 수학에서 조각에 이르는 다양한 활동을 수행했다.

인간의 세속 경험과 귀중한 잠재력을 재평가하게 되면서 기존의 교육 체계를 개혁해야 할 필요성이 대두되었다. 개성 전체의 발전을 보여 주는 새로운 교육 이상을 실험한 중요한 과정을 제공했을 뿐만 아니라 13-16세기의 놀라운 문화 혁신에 영감과 자극을 주었던 나라는 이탈리아다. 베로나의 구아리노Guarino da
콘투베르니아 Verona(1374-1460) 혹은 펠트레의 비토리노(약 1378-1446)가 창립한 인문주의 콘투베르니아contubernia(대학에 소속된 것은 아니나 선택에 신중을 기했던 일종의 기숙 학교)는

문법 학교 교육의 견고한 전통을 혁신적인 교육 방식 및 규율과 결합했으며, 육체와 정신의 조화로운 교화를 생각했고, 연구서의 범위를 넓혔고, 인간 덕성virtus을 따르는 르네상스 정신을 바탕으로 고전 독서를 확대했다. 교육학의 혁신은 퀸틸리아누스(약 35-약 96)와 플루타르코스(약 45-125)와 같은 저자를 재발견함으로써 이루어졌다. 이들은 15세기에 세련된 교육을 논한 학술서의 불가피한 기준점이 되었다. 학술서 중에는 교황 비오 2세가 될 에네아 실비오 피콜로미니(1405-1464, 1458년부터 교황)의 저술『자유 교육론De liberorum educatione』과 베로나의 구아리노의 아들인 바티스타(1434-1513)가 쓴『교수와 학생 조합De ordine docendi et studendi』이 있다.

이와 같은 문화적 분위기에서 인간은 감히 현실을 조사하고, 해석하고, 분석하고, 비교하고, 정교화를 토대로 하여 비판적 소질을 발전시키게 되었다. 15세기 중반 인쇄술의 발명은 이 과정을 가속화한 혁명적인 현상이었다. 책이 증가하면서 지식이 막대하게 유포되었고, 다양한 의견을 확산할 수 있었다. 이로써 서로 다른 시각을 비교할 수 있었고, 사상, 개념, 공식을 분간할 수 있었고, 정보를 수정할 수 있었다.

학교와 대학

15세기에는 교육의 모든 단계에서 라틴어가 사용되었다. 속어가 사회 계층 모두가 사용하는 구어인 데다 문학, 회계, 때로는 법률에서도 폭넓게 사용되었지만 교회와 서구 지적 계층, 학교에서 선택한 언어는 라틴어였다. 따라서 교육 기관에서 사용하는 텍스트에 포함된 모든 교재는 라틴어로 쓰였고, 스콜라 철학에서는 구두로 표현할 때도 라틴어를 사용했다. 아카데미에는 이를 증명하는 자료가 충분히 많았던 반면에 초등 교육에서는 학생들에게 지식의 일부를 속어로 전달하면서 이 원칙을 자주 위배했다. 그럼에도 불구하고 교육은 전체적으로 라틴어에 집중되었고, 뚜렷한 이중 언어 사용이 당시 사회의 특징이었다. 즉 학교에서는 라틴어를 공부했고, 일상에서는 속어를 사용했다. 라틴어와 속어

귀족들은 일찍부터 기초 교육을 위한 개인 교습을 시행했으나 앞에서도 언급했듯이 15세기에는 문법 학교와 대학과 같은 기관에서 대부분의 교육이 이루어졌다. 귀족층은 전통에 따라 의무적으로 수행해야 했던 군사 훈련 외에도 자손에게 교양 교육을 시키는 것을 중요하게 생각하기 시작했다. 개인 교사를 둘 수 없는 가정에서는, 어머니가 최소한 알파벳 정도는 알고 있다면, 아이들에게 기본적인 읽기 및 쓰기 공 문해

부를 시켰다. 아니면 학교를 보냈는데, 학교는 공부 기간 및 교사의 능력에 따라 기초 문법을 위시하여 대학에서 가르치는 기초 학문을 가르쳤다.

학교에 다니며 읽고 쓰는 능력을 기르기 위한 중요 단계를 수행했던 인구 비율은 지역에 따라 상이했다. 특히 도시 중심지와 농촌 지역은 그 차이가 뚜렷하게 나타났다. 원인은 교육 기관의 확산과 분배 때문이었고, 유료 교육 기관과 관련된 비용, 가정 교육에 비해 가문의 요구와 기대가 컸기 때문이기도 했다. 대부분은 읽기, 쓰기, 셈하기만 배우는 것으로 만족했다. 주로 본당 신부가 공부를 가르쳤는데, 신부는 기초 지식을 가르치면서 종교 교육까지 했다. 부르주아 및 상인 계층 교육에 적합한 학교도 있었고, 여기 학생들은 주로 계산과 회계 공부에 전념했다. 마찬가지로 수공예 기술자, 화가 및 조각가 교육은 공방에서 오랜 기간에 걸쳐 이루어졌다.

문법 학교에 들어간 학생은 일곱 개의 자유 학예 과목을 가르치는 전통 체계를 따르는 교과 과정에 맞추어 공부했다(문법학, 논리학, 수사학으로 구성된 3과trivium와 산 **자유 학예** 술학, 기하학, 음악학, 천문학을 포함한 4과quadrivium를 합침). 사실 오래전부터 그렇게 분류하는 것이 효과가 없었거니와 점차 다른 과목이 편입되고 또 새로운 문화 운동과 사회의 변화된 요구의 영향을 받고 있었지만 말이다. 일반적으로 처음에는 암기를 통해 라틴어 문법을 습득했고, 그와 더불어 총체적인 종교 교육과 도덕 교육이 이루어졌다. 그리스도교 이상에 흔적을 남기고, 교훈을 주려고 했던 이와 같은 절차 **기준이 되는 서적들** 는 다음과 같은 고정되고 표준화된 서적을 통해 실현되었다. 즉 쉬운 전례서인 시편(시편 모음집), 도나투스Aelius Donatus(4세기)가 번역 연습을 위해 모은 간단한 단문 모음집(예를 들어 대大 카토Marcus Porcius Cato의 『2행 시집Distici』, 고전 목록에서 선별한 『테오둘루스 전원시Ecloga Theoduli』와 『이솝Aesopus』, 그리스도교 선집에서 선별한 『덕성의 꽃Fior di Virtù』, 『성자전Vite dei Santi』, 『플로레투스Floretus』) 등이 있었다. 연구가 계속되면서 다른 저자와 작품들로 확장되었는데, 이때 논리학과 자유 학예를 포함하는 인문 과학 studia humanitatis 전체를 학생들에게 소개했다. 새로운 교육 이상의 자극으로 말미암아 역사, 도덕, 철학, 시가 자유 학예에 포함되었고, 더불어 교과 과정에서 4과 과목도 함께 배웠다.

문법 학교는 공식적인 발의(대성당, 교회 혹은 수도원 부속 학교) 혹은 사적인 제안으로(자격 있는 교사가 운영했으며 학생들이 기숙사 비용을 냈다) 설립될 수 있었으며, 세속인 교사가 학교 운영을 맡을 수도 있었으나 성직자가 더 많았다. 교사 교육은 경우에 따라 상이했고, 교육의 질에 근본적인 영향을 미쳤다.

공부를 계속하려면 대학에 가야 했다. 하지만 수업료가 너무 비싸기도 했고 교육 기관이 학생을 까다롭게 선발했기에 대학에 가는 사람은 소수였다. 대학은 교사 선발, 연구 프로그램 선택, 학위 수여에서 자율적이었기 때문에 엄격한 규칙을 세워 따랐고, 교수와 학생들도 그에 복종했다. 그 하나가 학문과 관련이 없는 대화를 할 때에조차 꼭 라틴어로 말해야 한다는 것이었다. 당시는 오늘날에 비하여 좀 더 나이 어린 학생들이 대학에 들어갔는데, 대학에 입학하려면 라틴어를 적절하게 알고 있어야 했다. 대학 과정은 기간이 다양했고, 소수의 학생들만 전체 과정을 마칠 수가 있었다. 대학 교육은 자유 학예 교육부터 시작되었고, 고학년이 될수록 점차 연구의 폭을 넓히고, 깊이를 심화했다. 대학의 고등 단계에서는 신학, 의학, 법학 과목을 공부했다. 그중에 법학이 우위를 차지했다. 법학은 민법과 교회법으로 나뉘었다. 법학자가 전통적인 명성과 사회적으로 선호하는 직업이어서 사람들이 가장 들어가고 싶어 하는 학과였기 때문이다. 15세기에 이탈리아 대학은 오래된 설립 시기에 있어서나 국제적인 명성에 있어서나 특권을 누렸다. 역사학자들은 중세 후기 유럽에서 우수 **북유럽 모델과 지중해 모델** 한 대학의 모델을 두 가지로 꼽았다. 하나는 부르주아가 주로 참여했고 법학이 우위를 보였던 '지중해 모델'이었으며, 다른 하나는 철학 및 신학과 더불어 주로 자유 학예를 가르쳤던 파리에 위치한 '북유럽 모델'이었다.

기타 문화 연구소

르네상스는 문화 지식을 전달하는 공식 기관에 서서히 침투했지만, 특히 이탈리아 도시, 군주의 궁정과 귀족의 저택에서 빠르게 호평을 받았다. 그중에서도 로마 교황청, 앙주 왕가와 이후 아라곤 왕가가 다스린 나폴리, 중부와 북부 이탈리아의 시뇨리아 체제에서 그러했다. 대학을 대체하는 문화 연구소에 대학과 학교 관계자들이 자주 출입했던 사실을 간과해서는 안 된다. 이는 전통과 동등한 선상에서 새로운 문화가 대학으로 점점 전달되고 있음을 의미했다.

15세기에 새로운 인문주의 이상을 찬양하는 지식인, 시인, 화가를 후원한 사람들은 군주와 국왕, 추기경들이었다. 경제적 지원에 의존할 수 있었던 그들은 위로금을 받으며 자신의 예술을 표현할 수 있었다. 군주의 거처는 문학 훈련, 문화와 관련된 평온한 대화, 유익한 사상 교환, 특히 사상가, 작가, 유명한 화가들의 모임에 좋은 장소가 되었다. 결국 정치권력을 인정하는 기능적인 역할도 했다. 궁정에서 예술품과 서적을 구비함으로써 문화가 발전했으며, 당시 교황 니콜라오 5세(1397-1455, 1447년부터 교황)와 식스토 4세(1414-1484, 1471년부터 교황)가 설립한 바티칸 도서관이 그것을 보여 주는 찬란한 증거다.

당국의 후원을 받은 문화 살롱이 활발한 활동을 했으며, 지식인들의 영원한 공간이 되었다. 이곳에서 연구를 비교, 발전시켰으며 문학은 고전 라틴어 재발견과 속어의 귀족화라는 이중 궤도를 따라 발전했다. 나폴리의 폰타니아나 아카데미, 이탈리아 인문주의자 율리우스 폼포니우스 라에투스(1428-1497)가 설립한 로마 아카데미는 지적 활동에서 여가otium를 재평가하려 했던 문화적 사교성의 좋은 예다. 그리하여 인간 경험의 사색적 차원 덕분에 내적인 우월성을 가지게 되었으며, 고전 시대가 일구었던 가치를 회복하고자 했다. 미학과 고상함 찬양, 우정 숭배, 사랑스럽고 지적인 환대 습관은 교양인에 대한 이상적인 교육의 중요성을 보여 주었다.

| 다음을 참고하라 |
역사 이탈리아 시뇨리아 체제(133쪽); 인쇄술과 책의 탄생(226쪽)
철학 과학 르네상스(285쪽); 15세기 이탈리아에서의 아리스토텔레스 전통(295쪽); 레온 바티스타 알베르티: 공작인, 시간과 철학적 교육학(339쪽)
과학과 기술 고대 문헌과 새로운 지식: 식물학과 의학(404쪽); 레오나르도 다 빈치(442쪽)
문학과 연극 레온 바티스타 알베르티와 이탈리아 속어 인문주의(525쪽)
시각예술 레온 바티스타 알베르티(669쪽)

종교 생활

| 비토리아 피오렐리\Vittoria Fiorelli |

끊임없는 전쟁과 가난으로 사회적-정치적으로 깊은 변화가 있던 시대에 생생한 종교적
열정이 유럽을 뒤흔들었다. 영성에 대한 요구가 퍼지면서 사람들은 과거의 악행과
새로운 악행을 바로잡기 위해 종교의 쇄신을 요구했지만 교회는 그것에 즉각 대답하지
못하는 듯했다. 그리하여 개인뿐만 아니라 단체의 습관을 철저히 혁신하려는
당시 사람들의 요구가 빗발쳤으며, 모든 형태의 포교를 장려하게 되었다.
이것은 15세기 종교 생활을 뚜렷이 보여 주는 지표가 되었다.

15세기 초에 유럽의 그리스도교도들은 겨우 지나간 고통스러운 종교 이야기로 인해 매우 혼란에 빠졌다. 교황청의 아비뇽 유수로 민족 교회가 강화되었고, 신자들은 교회 제도가 자신들을 결집시키는 힘인 영성 요구에서 점차 멀어지는 것을 느꼈다.

교회의 세속화와 정치적 역할의 강화와 발맞추어 좀 더 내밀한 종교를 갈망하게 되었다. 그리고 이는 소박함과 엄격함을 기본 특징으로 하는, 태초의 이상화된 종교에 대한 열망으로 구체적으로 나타났다.

데보티오 모데르나

이와 같은 분위기 덕분에 데보티오 모데르나devotio moderna가 폭넓은 영향을 주기 위한 토양이 마련되었다. 이 운동은 플랑드르 부제副祭 그로테 게르트(1340-1384)의 가르침에 영감을 받았다. 그는 14세기 말엽 성직 매매에 반대하여 관습과 도덕의 개혁, 다량의 성직록, 사제들의 축첩, 일반 성직자의 부패에 대해 설교했다. 그의 설교를 듣고 공동생활형제회The Brethren of the Common Life가 탄생했다. 이들은 1400-1450년에 네덜란드와 독일 사이에 수많은 공동체를 창설했다. 이와 같은 새로운 영적 태도를 바탕으로 그리스도의 인간성과 수난에 대한 소박하고 관조적인 명상을 위해 종교의 지나친 지성화를 거부하게 되었다. 그리스도의 수난은 형제에 대한 사랑으로 해석되었고, 세계 복음화 실천으로 구체화되었다.

신앙심에 집중하는 이 혁신적인 방법에 동참하기 위해 여러 단체가 입회했는데, 이 단체 안에서 평신도는 성직자와 더불어 세속의 유혹을 멀리하고 일상생활에서 종교의 가치를 실현하는 보다 개인적인 영성 단련에 주력했다. 신자는 기도와 미덕을 실천하면서 영적 지도자의 충고를 따랐으며, 영적 지도자는 신자들의 수련 진행 상황을 살피면서 지나친 행동을 교정했다. 이렇게 해서 신자는 이상적인 품격과 절제 **겸손과 명상** 를 지키면서 도덕적 의무를 수행할 수 있었다. 특히 더 이상 금욕과 같은 위대한 시련을 견디는 것이 아니라, 더 좋은 방법으로 복음 정신을 실천할 수 있도록 근행勤行 실천이 확산되었다. 신앙은 하느님의 의지에 겸손하게 순종하는 것으로 생각되었고, 성서와 세세한 신학 이론 및 교리 논쟁과 관련이 없는 신비 서적을 읽으며 신앙을 단련했다.

기도서

인쇄술의 발명으로 기도서가 중요한 역할을 하게 되었다. 기도서는 신자의 생활 태도에 지대한 영향을 미쳤고, 영적 교육의 모델이자 도구였다. 유럽에서 가장 유명한 개인 신앙 안내서는 토마스 헤메르켄(약 1380-1471)의 저작으로 짐작되는『그리스도를 본받아』이며, 이 책이 데보티오 모데르나의 산물이었다. 그는 공동생활형제회 학교에서 교육받은 아우구스티누스회 단원으로, 토마스 아 켐피스로 더 잘 알려졌다. 외적이고 과장된 종교 형식에 대해 논박하는 이 책은 자신의 모든 개성을 억제하고 의지를 무력화하기 위해 독서와 사색의 규칙을 순서대로 나열하고 있다.

사적인 독서는 근대 종교를 보완하는 중요 요소가 되었고, 종교권에 대한 소속감을 강화했으며, 그 결과 모든 형태의 제도적 개입을 재평가하게 되었다. 하느님의 말씀에 대한 해석보다 하느님의 말씀이 우월하고, 복음서를 통한 구원을 가치 있게 생각하기 시작하면서 성서 번역과 묵도를 위한 모음집과 선집 유통이 늘었다.

성인전도 큰 성공을 거두면서 출판 역사상 최초의 베스트셀러가 등장했다.

성자의 덕성

성자 찬양은 신자들이 저마다 신성한 존재와 만날 수 있는 특별한 경험이 되었으며, 자신의 두려움을 극복하고 초자연적 존재의 보호에 의존하려는 인간의 바람에 부응한 것이었다. 정치적 격동기와 사회적 위기가 만연했던 시기라 집단적 확신이 필요했고, 그 결과 예언 종교 현상이 나타났다. 이러한 현상은 문화적 환경이 다른 곳으로 확산되었고, 묵시록적 설교도 함께 이루어졌다. 그러므로 성자의 덕성 기준은 15세기 종교의 특징을 보여 주는 요소였고, 기적을 행하는 능력을 강하게 함축한다는 점이 특징이었다. 그리고 시민의 참여를 유도하고 민중에게 보다 가까이 감으로써 내용이 더욱 풍부해졌다. 또한 14세기에는 우위를 점했던 금욕이 권위를 잃었다. 이와 같은 민중 신앙의 새로운 흐름 때문에 교황과 교황청은 지역적 숭배를 공인했고, 교황은 1440년대부터 다시 신용을 얻었다. 그리하여 로마 교황청은 성자로 평판받고 죽은 수많은 남녀에 대한 조사를 실시했고, 그 주변에서 교계제敎階制가 인정하는 태도 및 영적인 원칙과 맞지 않는 내용을 제기하는 숭배 현상이 나타났다.

신비주의적 차원과 환영적 차원과 예언주의의 결합은 여성의 영적인 개성을 심오하게 지시했다. 여성은 광범위한 신앙 네트워크를 정복하는 능력 덕에 정치 및 제

15세기 성자의 덕성을 보여 주는 모델

도에 카리스마적 임무를 투영하면서 교회와 사회 내부에서 비공식적인 권력을 얻었
다. 사실 16세기 초까지 '살아 있는 성녀'는 중부와 북부 이탈리아를 통치하는 군주   **'살아 있는 성녀'**
들의 자문관 역할을 했으며, 신화와 동등한 대우를 받았다. 곤차가 궁정에서 살았던
복녀 호산나 안드레아시(1449-1505)와 비냐스코의 베로니카(1445-1497)가 그런 경
우였다. 세속 세계에 속한 이 여성들은 수도원에 들어갈 수 없는 평민 가정 출신인
경우가 많았다.

신앙 태도

15세기부터 종교적 정체성의 내면화 과정으로 죄를 다양하게 인지하게 되었으며,
단체뿐만 아니라 개인의 신앙 태도도 다양하게 인지되기 시작했다. 개혁을 이룬 교
단들의 쇄신 의무와 그들의 직접적이고 명확한 행동은 개별적인 직업을 가지고 사는
사람들의 태도에 영향을 주었으며 사람들은 도덕이 절대적인 의무라고 확신했다.
절대적 의무라 함은 명상 의무와 더불어 규칙에 따른 엄숙한 실천을 포함했다. 그리
하여 신자들은 모방하고 공유하는 태도를 통해 소속감을 느꼈고, 그와 같은 실천은
15세기에 매우 중요한 기준점이 되었다. 당시 보호받지 못한다는 불안감은 사회를   **도덕의 중요성**
불안하게 만드는 요인이었다. 그럼에도 불구하고 그리스도와 그리스도의 수난이 가
진 중요한 역할은 성사 혹은 적어도 그중 몇 개의 기능을 무가치하게 만들었다. 하느
님의 최고의 희생이 쓸모없게 된 것이 그것이다.

미사는 사람들이 부분적으로나마 속해 있다고 느끼는 그리스도교도 전체를 위해
제공되었던 공적인 의식에서, 한 사제가 특정 신자 집단을 위해 거행한 사적인 의식
으로 변형되었다.

성사 의무에서 개인의 특징이 점차 늘어나면서 관계망이 변화했으며, 사적인 의
무로까지 확대되었다. 세례 관련 관습이 심오하게 변한 것이 그것을 보여 주는 예다.   **세례**
중세에 사람들은 가능하면 더욱 폭넓은 영적인 관계를 의무적으로 만들면서 가족 간
의 관계를 강화하거나 새로운 세례를 만들어 갔다. 15세기에 이르면 성사를 통해 맺
어진 우정은 그다지 중요하지 않았으며, 성직 위계제가 수행하는 전례 강화 활동 및
신앙 실천 활동이 강화되었다. 지금까지는 아기와 대부 간의 관계가 덜 중요했는데,
이제는 어린이와 어른의 개인적이고 심오한 관계로 강화되었다.

도시에서도 시골에서처럼 전례 약속이 있거나 축제일 성찬식에서 성체를 베풀어

설교
야 할 때 의식과 함께 설교가 동반되었고, 설교가 의식의 일부가 되기도 했다. 설교는 영혼을 돌보는 성직자들에게 놀라운 소통과 교육의 수단이 되었다. 설교를 통해 교리와 신앙 형태 및 동정 형태가 전달되었다. 이제는 라틴어를 이해하는 민중이 소수였고, 많은 신자들이 신앙 생활을 영위하는 데 필요한 원칙을 이해하기 위해 다른 채널이 필요하다고 생각했다. 설교자들이 맡은 문화적 매개자로의 역할이 중요해지면서 성직자들은 여러 단체가 종교 생활을 위해 점차 중요해지는 이 분야에서 지켜야 할 통제 및 모집 체계와 방법에 더욱 많은 관심을 보였다. 사실 수도 사제 및 재속 사제보다는 세속에서 여행을 하는 설교자의 존재가 더욱 중요해졌으며, 그는 항상 교계제가 승인하는 원칙을 따르지는 않았다. 교회 건물로는 충분하지 않을 정도로 설교자의 인기가 더욱 많아졌기 때문에 전통적인 만남의 장소였던 교회 외에 광장, 도로, 들판에서 설교가 진행되었다. 이와 같은 습관 덕에 신자들은 신성한 영역에 대해 더욱 친밀감을 가지게 되었다. 또 사회적으로는 영성의 요구와 일상생활을 보완하는 부분으로 생각되었던 동정심의 실천 관행이 더욱 늘어났다.

프란체스코회 제3회
독실한 종교 생활을 경험하고 실천하려는 요구로 제3회가 큰 성공을 거두었으며, 프란체스코 수도회 제3회의 활동이 합법화되기에 이르렀다. 이 현상은 15세기 내내 계속 늘어났다. 종교 생활에 입회하는 형식으로 진행된 이 현상은 수도사와 유사한 의복을 입음으로써 공인되었다. 그러나 공동생활을 하거나 수도원 기관과 연계된 것이 아니라 독자적이고 자율적인 선택이었으며, 많은 세월이 지나서야 비로소 교계제의 통제를 받게 되었다.

| 다음을 참고하라 |
역사 교황과 성직자 계급(194쪽); 수도회(199쪽); 종교적 불안(239쪽); 축제, 놀이, 의식(268쪽)
문학과 연극 종교시: 찬가(587쪽)

전쟁: 전통과 혁신

| 프란체스코 스토르티|Francesco Storti |

15세기에 총포가 두각을 나타냈으며, 상비군 육성 및 새로운 전술 조직의 발전을 야기한
정치 과정이 강조되었다. 그것이 전통적으로 검증받은 전쟁 설계도를 더욱 다듬었던
것이든, 사회적-문화적으로 물려받은 구조이더라도 새로운 군대 형태를 받아들인
것이든, 실험적인 단계에 속해 있었으며 비로소 근대 전술이 탄생하게 되었다.

유럽 내부의 전쟁

15세기 유럽의 군대는 대부분 용병으로 구성되어 있었다. 물론 봉건적 의무나 백성
을 대상으로 한 모병도 없지는 않았다. 그러나 이들은 일부에 지나지 않았으며, 게다
가 압박이 많은 지역에서는 전쟁이 임박해 있었다. 15세기 초에 잉글랜드와 첨예한
갈등 상황에 직면해 있던 프랑스가 그런 경우였다. 프랑스 왕들은 신하 소집령arrière-
ban(간접적 징병)을 내리고 귀족들을 계속해서 군대에 불러 모았는데, 이는 카롤링거
왕조의 오래된 군인 소집 방법hériban(군역 대신 세금을 납부하는 것*)을 수정한 것이었
다. 또한 공동체와 교구에서 궁수와 사수로 구성된 군대를 모았는데, 소집령 결과가
좋지는 않았다. 마찬가지로 독일 왕들도 봉건 군대 징집령을 선언했다(봉건 군대 징
집령Lehnsaufgebot). 그러나 대부분은 용병이었다. 여러 지역에서 갈등이 점차 늘어나
면서 용병이 필요하다는 주장이 제기되었으며, 유럽 국가들은 행정 조직을 개선함
으로써 재정 상태가 호전되어 용병을 쓸 수 있었다. 더구나 봉건적 가신의 병역 의무
servitium debitum에 저항한 서구 귀족들은 동시에 전쟁 시장에 자진 참가하여 전쟁 능
력을 키우는 쪽으로 마음이 기울기도 했다. 14세기에 정교하게 수정한 채용 계약서
가 15세기에 용병 체제에서 군인을 모집하는 가장 적당한 수단이 되었다. 출신이 모
호하거나 가난한 자들도 일반병(기사)이나 보병 징집에 관심을 가졌으며, 신분이 높
은 경우는 자신의 군대를 가지고 참여하기 위해서나 자신만의 군대를 거느리기 위해
서 용병 모집에 관심을 가졌다. 더구나 상인 사회를 모방하여 조직된 중대는 용병 대 _{중대}
장의 명성과 재력에 따라 조직이 팽창되거나 축소되기 쉬운 개방적인 구조였다. 또
한 용병 대장은 최고의 금액을 제공하는 자에게 자신의 잠재적인 전쟁 능력을 채택

하도록 제안했다.

  그러나 시장 법칙이 장소를 불문하고 전쟁을 억제했기 때문에 오직 이탈리아에서만 용병 체제가 발전했다. 에스파냐, 잉글랜드, 독일에서 모병 계약서가 널리 통용되기는 했어도 안정적인 징집 체계는 간신히 유지되는 정도에 그쳤다. 반면 프랑스에서는 14세기 초부터 모집장lettres de retenue을 정기적으로 발표했기에 최고의 군대가 눈에 띄었고, 왕은 이 문서를 통해 용병을 모집할 수 있었다. 그러나 용병 채용에는 구속력이 없었거니와 정기적으로 재협상을 해야 했다.

이탈리아 전쟁

이탈리아어로 지휘를 의미하는 '콘도타condotta'에서 중대장이 뽑는 용병 대장인 콘도티에로condottiero라는 단어가 파생했다. 지휘 형태로 분류되어 상법의 규제를 받는 모병 부대는 이탈리아에서 정확한 법률 계약 규정을 따르는 듯했으며, 이 규정은 국가(임대인locator)가 사업 당사자(지휘자conductor)로부터 '빌리는' 군대의 수와 질, 교전 시기를 결정했다. 이탈리아에서 초기 상비군을 인정했다는 점이 중요한데 일관적이고 안정적인 계약으로 안정적인 군 복무가 가능했으며, 평화 시기에도 협상을 했다. 유럽 내의 전쟁과 관련된 발전 과정에서 중대한 국면이 있었는데, 최후의 특별한 요인 때문에 이탈리아가 유리한 입장이었다. 즉 정치 제도와 군대를 깊이 있게 혼합하는 것이었다. 우르비노의 몬테펠트로 가문, 리미니의 말라테스타 가문, 만토바의 곤차가 가문, 페라라의 에스테 가문이 그러한 경우였으며, 유명한 전례를 보여 주었다. 자기 가문의 용병대를 창설한 그들은 용병이자 정치 지도자라는 두 가지 역할을 수행하면서 정계에 입문했고, 정치가 군대에 균형을 맞추도록 기여했다. 동시에 아텐돌리 가문, 스포르차 가문, 피치노 가문이 지휘하는 큰 중대는 수천 명의 군인과 고유한 관리 및 사무소를 갖출 정도로 막강한 힘을 지녔다. 이들은 이탈리아의 강대국들과 거의 동등하게 논의할 수 있는, 진정한 의미의 편력 국가였다.

상비군

안정적인 모병 기준과 병역 기간의 확대, 그리고 정치권과 군대의 융합을 이룬 이탈리아 용병 체계는 은행 신용장을 이용한 자본을 공급받고, 정치 관행과 법률로 유지되었다. 한마디로 합리적인 르네상스 문화의 영향을 받았으며, 프란체스코 스포르차(1401-1466)의 경우처럼 독특한 상황을 만들어 냈다. 1450년에 그는 용병 대장 자격으로 밀라노의 공작이 되었으며, 상비군의 초기 형태를 만들어 가기 시작했다. 스포르차 가문이 필리포 마리아 비스콘티(1392-1447)가 이미 1420년부터 시작한 체제를 손보면서 밀라노를 다스리던 시기에는 군인 가족familiares ad arma이라는 이름의 상비군 조직이 강화되었다. 이들은 근위병으로, 반세기만에 그 수가 군인 수백 명과 수많은 용병 대장으로 늘었다. 동시에 베네치아에서는 독립적인 중대에 편입되지 않은 '자유로운' 전사들을 통제하면서 모병을 하다가(소위 말하는 부러진 창기병lanze spezzate) 기병대 상비군이 만들어졌다. 1420년대에서 1430년대까지 이 기병대는 베네치아 공화국이 임명하는 대장 밑에서 엄격한 훈련을 받았다. 너무 일찍 나온 군대 체계이지만, 그렇다고 유별난 것은 아니었다. 유럽 도처에서 평화 시에는 국가를 유지하는 데 이용하고, 전시에는 용병 모집을 보완하는 상비군의 필요성을 느끼게 되었는데, 지속적인 성공을 거둔 것은 아니지만 이렇게 상비군의 준비 단계가 시작된 셈이었다. 프랑스에서는 정규 중대 혹은 안정적인 용병대가 설립되었다. 군인과 궁수로 구성된 이 부대는 왕국이 속한 지역에 따라 분류되었으며, 지역 민중이 내는 경비로 유지되었다. 1440년대에 시작된 이 유익한 경험을 중반에 이르러서는 부르고뉴 공국이 따랐다. 나폴리 왕국에서 용병대를 상비군 조직의 모델로 연구하자 매우 특이한 결과가 나왔다. 나폴리의 아라곤 군주들은 도시의 소규모 귀족들로, 1백 년 이상 왕조 전쟁을 치르며 전사의 전문성을 연구했다. 그리고 왕실이 직접 운영하는 군대 배치에 그것을 응용하면서 국가 소속 기병대hominidarme del demanio를 실현했으며, 이것이 근대성의 흔적을 보여 주었다는 것이다. '군자금'으로 급료를 받고, 왕이 임명한 '장교homini da capo'(급료를 받았으나 자신만의 중대가 없었다)의 명령을 받는 이 군대는 진정한 '국민' 군대였으며, 왕실의 신하로 구성된 경우에는 당연히 영토에 소속되었다. 15세기 후반이 되자 소속된 군인의 수가 수천 명에 이르렀다.

기술 혁신: 대포와 총포

15세기에 중대한 목표를 달성한 분야가 전시 편제만은 아니었다. 군대의 구성과 관련된 '조직적'인 측면과 기술적인 측면에서도 중요한 성과가 있었다.

한편 14세기 말부터 유럽에 도입된 포병은 중대한 자리를 차지했으며, 공격 때 예전에 사용하던 지렛대와 평형추를 이용한 무기는 자리를 잃었다. 유럽 강대국들은 석궁과 박격포, 그리고 돌탄을 퍼부을 수 있는 무게가 다양한 장치를 만들었다. 이들 강대국들이 그나마 고가의 총을 만드는 데 필요한 자원을 모을 수가 있었으며, 국가 포병창을 만들었다. 변한 것은 17세기가 될 때까지 유럽에서 전혀 변함이 없던 공격 술이 아니라, 요새의 구조였다. 요새는 폭탄을 쏠 때 표면이 덜 보이도록 하기 위해 서 끝이 뾰족한 별 모양을 하게 되었고, 방어용 대포를 맞기에 적당한 구조와 방어벽 을 갖추었다.

여기서도 이탈리아가 선두를 차지했다. 이탈리아에서는 중포重砲만이 아니라 중 대포 구 경포와 소구 경포 및 수포手砲까지 대포의 전성기를 맞이했다. 수레에 쌓아서 이 동 가능한 대포와 총처럼, 포위할 때 외에도 전투에도 이용할 수 있었다. 대포를 만 든 사람들은 상상력을 발휘하여 무기에 다른 것을 연상할 수 있는 이름을 붙였다. 기묘한 이름 파충류(서페타인serpentine, 컬베린colubrine) 모양의 방추형, 사정거리가 맹금류의 비행 과 유사한 특별한 탄도(큰 매를 의미하는 큰 매포gyrfalcon, 작은 매를 의미하는 팔코네트 falconet), 소음(스키오페티schioppetti)이 연상되기도 하고, 유행이 지나 쓰지 않는 무기 (콩알 총cerbottane, 선회포spingarde)가 연상되기도 한다.

근대 용병술의 시작

전술에 관한 초기 논문들에서 분류한 세련된 전술적 인식이 경기병輕騎兵 교육을 암 시하고 있는데, 경기병대는 다방면에 걸친 작전 수행에서 좋은 평가를 받았다. 에스 파냐에서 아라비아 군대와 싸울 때와 발칸 반도에서 터키 군대와 싸울 때 경험한 바 기병 사수 있다. 창과 검으로 무장한 경기병대는 에스파냐(스페인 조랑말ginetti)와 알바니아(경 기병straditti) 전쟁에 참가했고, 15세기 후반부터는 유럽 군대에 합류하기 시작했다. 또 다른 세련된 유형의 전사, 기병 사수도 주목받았는데, 그는 움직임뿐 아니라 사격 에서도 효율성을 보여 주었다. 더구나 보병도, 보병 사수(궁수와 석궁 사수가 있고, 시 간이 지나면서 권총 사수schioppettieri도 합류한다)만이 아니라 창, 방패, 검으로 무장한 보병 등 점차 범위가 넓고 전문화되었으며, 성주가 배치하는 자율적인 용병 중대가 생겨났다. 중기병重騎兵대는 전통적인 무기에 속했지만, 역시 심오한 변화를 겪었다.

기수와 종자를 포함한 '고전적'인 2인조에서 추론한 결과로, 기병대와 창을 토대 로 한 전술 집단은 14세기에는 군인이나 갑옷을 입은 창기병과 가볍게 무장한 조수 두 명인 세 명의 전사로 구성되었지만 15세기에는 다른 보조 병사를 첨가함으로써 폭이 넓어졌다. 이들은 대포를 장전했기에 싸움이 시작되면 곧장 전사 옆에서 협력할 수 있었다. 여기에서 일반 군인이 기사가 되어 전술을 최고의 전문화 단계로 끌어올리려는 시도를 볼 수 있었으며, 기사는 강철 갑옷에 완벽히 몸을 숨기는 듯했다. 기술이 발전하여 더욱 튼튼하고 가벼운 갑옷을 만들 수 있었던 것이다. 그러나 이것은 쇠퇴하고 있던 전통이 주는 마지막 충격일 뿐이었다. 그렇듯 혁신이 이루어지는 동안 스위스 보병이 출현했다. 1476-1477년에 그랑송 전투, 모라 전투, 낭시 전투에서 용담공 샤를(1433-1477)의 화려한 기병대는 스위스 창병에게 무참히 패했다.

근대 용병술이 탄생한 것이다. 이후로 창병으로 이루어진 보병대가 전장을 지배하게 될 터였다. 조상에게 물려받은 배타적인 공격 체제를 통해 방진 속에서 단단히 결합한 스위스 보병들은 고대의 야만적인 전쟁 습관에 다시 관심을 보였다. 14세기 보병 사수에서도 동일한 것이 검증된 바 있다. 그러므로 유럽 국가들은 효율적이면서도 야만적인 전쟁 도구를 구비해야 했고, 유럽 대륙에서 더욱 고립된 '보수적'인 구역에서 국군의 필요성을 일깨웠으며, 진화한 군인 배치로 과거의 것을 보완했다. 유럽 군대 문화는 그렇게 쿠네우스cuneus(쐐기 모양의 대형*)를 재발견했다. 이는 과거 게르만족의 전투 형태인데, 중세 초기부터 근대 초기까지 이르는 놀라운 과정을 통해 다시 보완되었다.

스위스 보병

| 다음을 참고하라 |
역사 백년전쟁의 종말(40쪽); 이탈리아의 전쟁과 유럽의 국가 체계(56쪽)

여성의 권력

| 아드리아나 발레리오Adriana Valerio |

전통을 통해 전달되고 강화된 판에 박은 조건 외에도 여성의 상황은 매우 다양하고
역동적이었다. 이사벨 1세와 다른 여왕들은 마음대로 궁정을 이동했고, 정치
분쟁에서도 편하게 행동했다. 또 다른 여성들은 전통적인 남성의 모델과 자신을
비교하면서 무기를 들었고, 또 다른 여성들은 자주 불안한 모습을 보인 마력의 공격을
받기도 했다. 그리하여 여성은 마녀와 천사의 양극단을 오가게 되었다.

궁정의 본보기

궁정은 여성들이 폭넓은 상호 교류로 활발하게 활동한 장소다. 우리가 익히 아는 것
처럼 결혼을 통해 여성들이 유럽 궁정을 순회한 덕분에 대단한 권문세족끼리 동맹을
맺고자 중요한 전술을 짜게 되었고, 동시에 지극히 효율적인 외교술을 펼치게 되었
다. 재산과 가문의 명성, 그리고 권력을 유지하고 전달할 수 있는 여성(어머니, 아내,
여성의능력 딸)의 능력과 역할이 가문의 연속성을 보호하기 위해 중요해졌다. 비록 복잡한 상속
규율에서는 배제되었지만 말이다. 특히 아내는 국가의 정치와 행정 운영 때문에 자
주 자리를 비우는 귀족과 군주인 남편을 보조하면서 정치에 적지 않은 영향을 주었
다. 신학자와 철학자가 제공하는 여성의 연약하고 종속적인 이미지는 상투적이고
지나치게 안정적이다. 실제는 그와 같은 전제를 부정하는데, 이는 정치적-경제적 상
황이 야기한 적대적인 요구 때문이었다. 그렇게 해서 역동적이고, 변화가 있으며, 모
순적인 상황이 굳어졌던 것이다. 15세기에도 그와 같은 요청이 있었으며, 여성이 정
치에 참여한 놀라운 증거를 찾아볼 수 있다. 여성이 인정받기 위해 겪은 혹독한 시련
의 결실이기도 했다. 그중 몇 명만 인용하면 다음과 같다. 아라곤의 욜란다Yolanda(약
1383-약 1443), 나바라의 비앙카(약 1385-1441), 잉글랜드의 필리파(1394-1430), 프
랑스의 욜란다(1434-1478), 아라곤의 엘레오노라(1450-1493), 그리고 몬페라토의
비앙카(1472-1519) 등.

카스티야의 그중 단연 돋보이는 여성은 이사벨 1세(1451-1504)다. 그녀는 카스티야 왕국의
이사벨 1세 후계자로 인정받기 위해 처음에는 앙리 4세(1425-1474), 나중에는 포르투갈의 알폰
소 5세(1432-1481)의 단호한 반대에 맞서야 했고, 결국 알폰소 5세와는 전쟁까지 했

다. 이사벨 1세는 1469년 결혼한 아라곤의 페르난도 2세(1452-1516)와 함께 이베리아 반도의 영토 통합이라는 힘겨운 과정에 참여했지만, 유대인과 무어인의 소수파를 박해하기도 했다. 이 시기에 이사벨 1세가 용기 있게 개입한 덕에 크리스토퍼 콜럼버스(1451-1506)는 신세계를 발견하기 위해 출발할 수 있었다.

무기를 든 여성

잔 다르크(약 1412-1431)의 정치적-종교적 임무는 세 시기로 나눌 수 있다. 오를레앙 구출, 잉글랜드의 속박으로부터 프랑스 해방, 프랑스의 합법적인 왕인 샤를 7세(1403-1461) 대관식이다. 잔 다르크는 무기를 들고 남성의 전투복을 입은 여성이었다. 무엇보다 종교 체험을 위해 군인의 삶을 선택한 것이 특이점이었다.

잔 다르크는 전장에서 많은 승리를 거둔 다음인 1430년 12월에 잉글랜드군에 인도되어 재판받은 후, 1431년 5월 30일 산 채로 화형당했다. 그녀는 남성의 의복을 벗지 않으려 했던 것 때문에도 비난받았는데, 판사들은 이를 교회에 대한 불복종으로 여겼다. 잔 다르크는 1456년 7월 7일에 복권되었다. 정치적 위기로 악화된 상황에서 잉글랜드군에 대항하여 백성을 구출한 그녀는 전형적인 남성의 태도를 취했으며, 그녀를 지휘관으로 인정한 군대의 대장이 되었다.

그러나 이 시기에 무기를 든 여성이 잔 다르크만은 아니다.

아라곤 여왕인 카스티야의 마리아(1401-1458)도 마찬가지로 용병술에 능했고, 로렌의 이사벨라(1400-1453)는 전투 중에 나폴리 왕좌를 차지했고, 파엔차의 영주 부인이었던 말라테스타의 젠틸레(?-1450)는 자신의 영지를 지키기 위해 베네치아 공화국에 잠입하여 소기의 목적을 달성하기도 했다. 포를리의 영주 부인 스포르차 리아리오의 카테리나(1463-1509)는 라발디노Ravaldino 요새를 지키기 위해 몸소 싸웠고, 코레조의 영주 부인 베로니카 감바라(1485-1550)는 적의 침략 시도를 물리쳤다.

잔 다르크의 용기

성녀와 마녀, 신앙의 힘

서구 교회 대분열(1378-1417)로 이후 교황청의 합법성을 세우기 위해 적대 당파끼리 교회 내부에서 싸움을 벌였다. 콘스탄츠 공의회가 대분열을 종식시켰지만 사회 여러 곳에서 도덕 개혁과 제도 개혁이 필요한 큰 문제점들은 해결책을 찾지 못했다. 이 시기에 예언자 역할을 한 여성의 수가 증가했는데, 이들은 행정 당국 및 종교 당국에 대한 치밀한 비판을 수행했다. 사보이의 마르가리타(약 1390-1464), 로마의 프란치스카(1384-1440), 볼로냐의 가타리나(1413-1463), 비나스코의 베로니카(1445-1497), 제노바의 가타리나(1447-1510), 리에티의 골룸바(1467-1501), 그리고 엘레나 불리올리(1472-1520)는 그리스도교 개혁에 열렬히 몰두한 신비주의 권위자들이었다.

그중에는 권력의 신성함을 보증하는 가문 출신의 성녀도 있었다. 그리고 그들의 현명한 지도력에서 하느님의 현존을 보았던 제자들이 호칭한 대로 '신성한 어머니'로 간주된 여성들도 있었다. 코르비의 콜레타(1381-1447)처럼 쉼 없이 기도회를 만든 여성들도 있었다. 콜레타는 40세가 되던 해에 백년전쟁으로 만신창이가 된 프랑스에 수녀원 17개를 세워 클라라회를 개혁했으며, 귀족인 사보이의 비앙카, 바이에른의 마르게리트(1445-1479), 포르투갈의 이사벨라(1432-1455)의 후원을 받았다. 콜레타 덕분에 치유를 비롯해 부활에 이르는 기적의 선물이 가능해졌다. 그녀는 『법령집Costituzioni』도 작성했고, 이것은 5백 년 동안 전 세계에 흩어진 수도원에서 적용되었다.

신비주의의 모습과 더불어 마녀의 모습도 있었다. 두 모습 모두 권위 있는 행동과 말을 통해(예언이나 마법) 자신의 정체성과 인정을 얻고자 노력했다. 여성의 신비주의 영역 침범은 신성과의 관계에서 남성의 법적인 매개를 뛰어넘었고, 악마의 지배는 교회 생활에 무질서를 만들 때 여성에게 권력과 독자성을 허락했다. 둘은 유사한 경험이었으며, 다양한 영감과 요구에 대해 동일한 표현 수단을 사용했다. 따라서 당국은 신의 존재와 악마의 존재를 구별하기 어려웠다.

교황 인노첸시오 8세(1432-1492)는 1484년에 교황 교서 「지고의 것을 추구하는 이들에게」를 내린 다음 1487년에 도미니쿠스회 소속인 하인리히 크라머(약 1430-1505)와 야콥 슈프랭거(약 1436-1494)에게 『마녀를 심판하는 망치』집필을 명했다. 이 책은 이단 재판관이 여성에게 악마가 존재한다는 것에 동의하도록 집필된 안내서다. 그러나 실은 수백 년 전부터 수용한 생리학적, 도덕적, 사법적 열등함을 강조한 책일 뿐이다. 역설적으로 말하자면 마녀는 힘이 약하기 때문에 악마와 계약해서 타인에게 손실을 주는 부정적인 힘의 집중을 나타냈다. 여성은 허약하기 때문에 악마의 속임수에 누구보다 민감하게 반응하고, 악마는 그녀에게 놀라운 힘을 준다는 것이었다.

여성들의 도시La città delle donne

피장의 크리스틴Christine de Pizan(피차노의 크리스티나, 약 1364-약 1430)은 프랑스 발
루아의 샤를 5세(1338-1380)의 궁정에서 일했으며, 샤를은 그녀가 작가로 살아갈
수 있도록 허락했다. 그녀는 1401년에 『장미의 이야기Dit de la Rose』를 집필했으며,
이 책에서 장 드 묑Jean de Meun(약 1240-약 1305)이 제기한 여성 비하 담론에 대하여
논박했다. 그리고 그녀의 가장 유명한 책, 『부인들의 도시Le Livre de la cité des dames』 **피장의 크리스틴**
를 쓰기 시작했다. 이 책에서는 여성의 세계가 중심이 되는 정치적 견해를 밝혔다.
세 명의 부인의 모습으로 나타나는 이성, 정직, 정의로부터 위로를 받은 크리스틴
은 여성들의 유토피아 건설을 시작한다. 이곳에서 성경과 고전에서 끌어낸 여성들
은 그들의 본보기를 통해 도시를 지탱하는 구조를 세운다. 조반니 보카치오Giovanni
Boccaccio(1313-1375)의 저술 『저명한 여성들에 관하여De mulieribus claris』에서 출발한
크리스틴은 몇몇 여성의 모습을 선별하여 그 가치를 서술했는데, 보카치오처럼 그
들의 특이함 때문이 아니라 그들이 보여 주는 보편적인 덕성이 가치 있었다. 여성이
역사에 존재하는 이유는 자연이 임의로 정한 개념이 아니라 덕성의 실천 덕분이라는
것이다.

피장의 크리스틴과 더불어 여성의 문제querelle des femmes의 시대가 시작된 셈이다. **여성의 문제**
유럽 전체에 폭넓고 논리 정연한 논쟁을 야기한 팸플릿이 이와 관련 있었다. 논쟁은
대략 3백 년 동안 진행되었고, 그 덕에 무수히 많은 책자가 출판되었다. 요컨대 토론
집, 논문, 대화집, 풍자 비방문은 성평등이나 성차별에 대해 논쟁했다. 여성에 대한
찬사와 혐오, 교육 관련 도서는 남성에 비해 여성의 열등함, 평등함, 우월함을 주장
하기 위해 성서만이 아니라 이성과 경험까지 근거로 제시했다. 이 책자들은 역설의
수사학을 자주 사용함으로써 체계적인 개념에 대한 논쟁의 토대를 마련했으며, 철
학적이고 신학적인 인류학이 상대적으로 여성의 역할과 개념을 발전시켰다. 덕분에
이후 여성 권력의 문제를 논할 수 있게 되었다.

사촌이자 시인인 비토리아 콜론나Vittoria Colonna(1490-1547)의 권유를 받은 폼페
오 콜론나Pompeo Colonna(1479-1532) 추기경은 『여성 변호론Apologia mulierum』(1524)
에서 이성과 자연ratione atque natura을 논하며 명쾌한 훈계 글을 썼으며, 전통적으로
잘못된 의견을 논박했다. 또한 역사적으로 철학적으로 남녀평등을 주장했고, 결과
적으로 귀족 여성이 사회 및 정치에 활발하게 참여할 수 있는 현실을 주장했다.

데시데리위스 에라스뮈스Desiderius Erasmus(약 1466-1536)는 멍청한 수도원장에게 여자라고 조롱당한 학자 막달레나의 입을 빌려 이렇게 예언했다. "당신네 남자들이 조심하지 않으면, 우리 여자들이 교회에서 신학을 가르치고 설교할 날이 올 것이오. 사제라는 계급장도 잃을 것이오…… 세상은 변하고 있소"(에라스뮈스, 『대화록 Colloqui』, 1967).

| **다음을 참고하라** |
역사 마녀사냥(230쪽); 종교 재판(235쪽)

축제, 놀이, 의식

| 알레산드라 리치Alessandra Rizzi |

15세기는 전반적인 확립기였다. 보다 넓은 영토를 토대로 국가 조직이 세워지면서 피통치자에 대한 통제를 강화할 필요를 느꼈으며, 더욱 질서 정연한 사회를 다시 만들 준비를 했다(공적 영역이 개인의 행동 양식에까지 개입하면서 사적 영역을 침범했다). 14세기의 위기가 지난 후에 교회는 자신의 세속적인 측면을 강화했으며, 쇄신 요구와 태초의 진실로의 회귀 요구에 응답하면서 영적인 역할을 재개했다. 또한 동시대 습관과 관습을 도덕적으로 설교하고 검열하는 일을 수행했다. 마지막으로 일반 예술 및 과학계로부터 자극을 받아 진정한 문화 재생이 시작되었다.

처벌과 관리 사이를 오간 모험과 도박

이 시기에 유희 영역에서의 새로운 사건은 트럼프(처음에는 카드를 뜻하는 나이비naibi로 칭함)의 보급이었다. 트럼프는 주사위와 더불어 모험과 도박을 증가시켰다. 이 때문에 카드놀이는 혹독한 처벌의 대상이 되었지만, 반대로(체스 게임과는 반대로) 세상사를 말하고 있었기에 교화적 측면에서 논문집 목록에도 포함되었다(특히 1377년에 도미니쿠스회 소속 라인펠덴의 요하네스가 집필한 『인간이 대화하는 태도와 규율에 관한 논문집Tractatus de moribus et disciplina humanae conversationis』을 위시하여 14-15세기의 여러 논문집). 이슬람 문화를 통해 동방에서 들여온 트럼프는 1370년대 무렵 유럽(특히 프랑스, 이탈리아, 에스파냐, 독일)에 등장했고, 유럽 궁정에서 카드놀이가 인기를 끌면서 15세기에 유행처럼 번졌다. 특히 페라라에서 카드 제작에 대한 관심은 말할 것도 없고, 카드놀이가 놀랍도록 다양해지고 확산되었다. 좀 더 정확히 말해 타로 카드(처음에는 명칭이 트럼프였다) 제작에 관심을 두었는데, 아마도 페라라에서 탄생하여 이탈리아 북부 궁정에 확산되었을 것이다. 네 세트에 포함된 카드와 더불어 스물두 장의 우의적인 그림 카드로 구성되었는데, 중세 시대에 매우 익숙했던 그림 목록에서 뽑았다(구성은 다음과 같다. 신중을 제외한 기본 덕목의 우의화; 우주의 구조, 즉 태양, 달, 별, 세상; 영적이고 세속적인 권력인 황제와 교황; 운명에 관한 우의, 즉 운명의 수레바퀴, 사랑, 죽음, 최후의 심판; 인간의 조건, 즉 바보, 배신자, 마술사, 은자). 트럼프

    교회는 카드놀이와 관련된 수익의 합법성을 강조했고, 우연한 현상과 경제 규칙의 상관관계와 논쟁의 기회를 도덕론 및 미래 관련 율법에 제공하면서 카드놀이에 대한 성찰을 심화해 나갔다. 그럼에도 불구하고 교회는 탁발 수도회(프란체스코회 오세르반차 수도회의 지도를 받음)와 더불어 도박에 반대하는 캠페인을 벌이기 시작했다(당대 풍속에 대한 보다 일반적인 도덕적 훈계의 일부). 평소처럼 사목 활동(대중 설교와 개인적인 고해성사)을 하면서 놀라운 활동도 했는데 우리에게 잘 알려진 예가 모닥불이었다. 이때 놀이 도구(주사위, 카드, 장기판)와 인간의 허영과 죄를 상징하는 모든 것(화장품, 의류, 그리고 주름 장식, 모자, 가발 등 여성들에게 삼가라고 권하는 물건, 금서)을 태웠다. 아무튼 공식적인 관청 활동(일시적으로나마 일반적인 놀이 관련 법규를 더욱 제한할 때 당국은 종교인들과 합의했다)으로 교회를 통한 풍속 개혁이 절실함을 느꼈다. 요컨대 공식적인 통제를 벗어날 수 있고(집이나 술집, 야간 시간), 더 많은 스캔들(야외 혹은 공적인 자리보다는 교회 축제 기간)을 야기하는 시간과 장소에서 일어나는 많지 않은 범죄를 처벌할 때 불법 도박의 성격을 정의했다. 시류에 역행하는 태도와 선택을 행할 때, 관청은 보다 유연한 태도로 법을 집행했으나 도박 범죄자에게 보였던 적대감을 보이지는 않았다. 하지만 처벌의 목소리를 높일 때에 공직자의 도박을 좌시하지는 않았다. 그리하여 공식적인 불법 행위에 주사위 놀이만이 아니라 카드놀이도 포함되었으며, 공식 도박의 세금 수익은 알프스를 넘어 로마 교황청에도 계속 위탁되었다. 15세기에 코무네 혹은 국가가 통제하던 도박장은 점차 폐지되었지만, 새로운(그리고 더 많은 이익을 주는) 방법을 찾으면서 도박과 내기에서 나오는 수익을 포기하지 않았다. 새로운 세금(인지세, 카드 제작과 판매)을 비롯하여 16세기에 도박에 반대한
교회

는 복권과 복권 뽑기가 확산되었다.

놀이의 필요성

종교계가 놀이 영역을 긍정적으로 재평가한 것이 경제 영역에만 이로운 것은 아니었다. 14세기에 중년층이 육체노동의 가치를 평가하면서 엄격한 교회 관계자들도 놀이를 인간의 타고난 현실로 인정하게 되었다. 새로운 판단이라기보다는 15세기에 사고가 성숙한 결과였다. 과거의 권위자들auctoritates, 특히 생빅토르의 위그Hugues de Saint-Victor(약 1096-1141)와 아리스토텔레스Aristoteles(기원전 384-기원전 322)의 영향을 받은 토마스 아퀴나스Thomas Aquinas(1221-1274)와 다시 연계하면서, 시에나의 베르나르디노(1380-1444) 이후 세대에 속하는 15세기의 엄격한 설교가들, 특히 프란체스코회의 마르케의 야고보(1393-1476), 스폴레토의 케루비노, 펠트레의 베르나르디노는 영혼에 위안을 주는 고귀하고 유덕한 목적을 위해서는 적절한 육체적 연습이 필요하다고 주장했다. 또한 정해진 조건에서(놀이를 하느님보다 우선하지 않는다면, 혹은 탐욕을 위해 놀이를 하는 것이 아니라면, 혹은 이웃에 해를 주지 않는다면……) 훈련 놀이(무기나 공을 가지고), 지능 발달 놀이, 춤 등을 다시 제안했으며, 나이에 맞는 놀이

놀이의 명예 회복 를 제시했다. 그와 동시에 인문주의 문화를 이끈 유명한 대표자들(그중 많은 사람이 교단에 속했다)은 교육 논문에 육체 훈련과 놀이를 포함시켰고, 그 논문을 통치자에게 헌정했다. 비오 2세(1405-1464, 1458년부터 교황)가 오스트리아, 보헤미아, 헝가리 젊은 왕인 라디슬라우스(1440-1457)에게 쓴 『자유 교육론』이 가치가 있다. 미래의 교황이 될 비오 2세는 터키군에 맞서 싸워야 하므로('새로운 십자군') 라디슬라우스에게 활 훈련, 화살 쏘기, 투석기 돌리기, 창던지기, 말타기, 달리기, 뜀뛰기, 사냥하기, 수영하기를 하라고 조언했다. 놀이가 백성과 교회에 봉사하겠다고 서원한 충실한 통치자를 위한 도구가 되었던 것이다. 무엇보다 그리스도교 개혁 시기에 놀이의 '그리스도교화'가 이루어질 것이었다. 이는 지배 계급 청년들의 교육을 맡은 새로운 교단인 귀족 학교collegia nobilium에서 승인되었다.

축제 사회: 대중 공연과 카드놀이

중세 말에 축제는 강한 정치적 의미를 띠었다. 공동체에 중요한 순간이 있을 때마다 열렬한 공동의 참여 외에, 대개 행사를 축하하는 의미로 '답례'가 존재했다. 공동

체 전체를 즉시 끌어들였던 사건(적의 패배, 평화의 종식, 정치 제도의 변화, 새로운 귀족의 지배 등)에서 정치 지도자와 보다 직접적으로 연계된 '연회'(상속자의 탄생이나 세례, 결혼, 중요한 방문, 기사 작위 수여식, 고위층의 대관식이나 임명식, 장례식 등)에 이르기까지 축제를 열 기회는 무궁무진했다. 축제를 공표하는 형식도 보다 즉흥적인 것에서 피지배자에게 세금을 요구할 수 있는 보다 복잡한 것에 이르기까지 다양했다. 즉 야밤의 모닥불, 춤과 노래, 악기를 이용한 '콘서트', 향연 등. 그리고 전쟁놀이(무술 시합과 무기 연습), 종교와 세속의 내용을 담은 연극, 경주(도보 혹은 승마), 기사도 축제, 가장행렬, 모든 것이 상징적 가치를 지니고 권력 의례 형성에 기여한 국가의 대규모 의식. 사건이나 군주의 '덕목'을 강조하거나 동의를 얻기 위해, 특히 통치권을 주장하기 위해(대내외적으로), 때에 따라 혹은 해마다 축제가 열렸다. 당시 축제는 대중 집합을, 특히 사회 통제를 목표로 했다. 15세기 말의 엄격한 지도자인 지롤라모 사보나롤라(1452-1498)도 그것을 알고 있었다. 그는 "시민들이 정부를 자기 집으로 생각하여 국가의 비밀에 무관심하도록 하기 위해, 통치자가 도시 정책에 경험이 없고 경솔해도 그가 통치자로 남을 수 있기 위하여 공연과 축제를 이용한다"라면서 피렌체 정부를 고발했다(『피렌체 정부와 통치 관련 논문을 통한 예언자 학개에 관한 설교 Prediche sopra Aggeo con il trattato circa il reggimento e governo della citta di Firenze』, 1965). 요컨대 축제는 결국 새로운 엘리트와 새로운 귀족을 위한 의식과 공연으로 변화된 정치적-사회적 상황에 '순응한다'는 것이다. 더구나 모든 놀이와 축제가 볼거리를 제공했다. 맞추기 경주(활쏘기 혹은 석궁 던지기)처럼 목적이 다른 형태도 마찬가지였다. 전술의 진화로(총포 도입 및 군사 훈련 조직) 훈련보다는 루두스ludus(라틴어로 게임을 뜻함*), 즉 유희와 공연 및 챔피언 몇 명을 위한 스포츠 경주가 더 가치를 가지게 되었다. 서로 반목하는 시민 단체의 무장 충돌을 의미하는 '소규모 전쟁'이 코무네 전통이 존재하는 이탈리아와 알프스 산 너머에서 있었다. 15세기에도 계속되긴 했지만, 비공격용 무기를 들고 대중이 격한 폭력성을 토로하거나 군주와 귀족도 참여하는 축제 행사의 일환으로 중요 인사의 방문을 축하하기 위해 공연이 펼쳐졌다.

그러므로 중세 말에 공권력은 당시 사회에서 놀이 및 축제의 역할을 인지하고 있었으며, 사회 운영을 세련되게 만들었다고 할 수 있다(법률 도구를 주의 깊게 활용하면서). 그렇다고 해서 반대 의사를 표현하거나 타락한 정치 축제가 없었던 것은 아니다.

궁정도 당시의 유희 영역에서 중요한 역할을 했다. 놀이를 포함해서 궁정에서는

놀이와 궁정 예의 바르게 행동하고 활동하는 문화가 발전했다. 궁정에서는 참여 민중을 차별하지 않는 온갖 종류의 놀이를 실행했는데(카드놀이의 경우처럼), 여기서 행해진 놀이는 시험과 결점 보완을 거쳐 사회 최하층 계급 사이에서 확산되었다. 카드놀이는 하층민이 참여한 놀이와 구별되었으며, 궁정 내부에서 인정과 승인을 받은 양식이 있었다.

여성의 참여 궁정에서 여성이 놀이 활동에 활발히 참여했다는 점을 강조해야 한다(하층민과 관련된 경우는 그렇지 못했다). 오히려 관중은 남녀 간의 싸움에 관심을 두었다. 그밖에 카드놀이에 대한 인식과 목적이 달라졌다. 아무튼 궁정 '논리'(특히 16세기 논문을 보면)에서 민중의 놀이는 도덕적인 일탈의 징후를 보였다. 반면에 궁정 놀이는 원기를 회복하고 치유한다는 덕목을 가지고 있었거니와 궁정인이라면 놀이를 해야 했고 여기에 빠지는 사람은 비난받았다. 궁정 놀이는 올바른 방식에 따라 합법적으로 수행하는 활동으로 생각되었으며 궁정 생활의 엄격함과 피곤을 잊게 하는 치료법이었다. 그리하여 놀이 참여가 제도화되고, 직업이 되어 가고 있었다. 하지만 이탈리아의 군주들은(에스테 가문, 메디치 가문 혹은 곤차가 가문) 급료 지불 명부에 놀이와 축제 전문가(매사냥꾼, 새 사냥꾼, 낚시꾼, 난쟁이, 익살 광대, 춤꾼, 펜싱 교사, 무용 교사 등)로 이루어진 범주를 만들지는 않았다. 그밖에 궁정 귀족은 모두가 따르지 않는 놀이를 했으므로, 많은 경우 이는 명백한 일탈이었다. 또 다른 경우에 게임 참가자가 상금을 나누고, 패배를 명백히 인정한다면 불법 게임ludus illicitus(내기를 하는 게임)이 묵인되었다(당시에 도박은 관대함의 미덕을 행사하기 위한 기회였다). 그밖에 궁정 내의 놀이ludus는 사회적 신분 상승의 도구이자 대중 모집의 요소이고, 평화의 시기임을 알려 주는 것이었다(그러므로 민중의 놀이와 반대되었다). 궁정 놀이가 성공한 이유는 궁정 내의 유효한 질서를 중단했다가 재정립했기 때문이다. 요컨대 군주가 1위를 차지한 자를 위해 놀랍게도 경기에 질 수도 있는 것이다! 궁정 놀이가 좋은 평가를 받고 인기가 있던 것은 이처럼 역할을 중단할 수 있었기 때문이다. 그러면 군주에게 놀이는 자신의 지위에서 금지되었던 것을 시도해 볼 수 있는 기회로 변할 수 있었다. 즉

'자유의 공간'으로의 놀이 기분 전환을 하고 궁정 생활의 긴장을 푸는 데 도움을 주었다. 그러므로 놀이는 "자유의 공간이자 진실의 공간이 되며…… 또 다른 지배를 받는 새로운 질서가 수립되어 통상적인 공식 질서를 파괴하고, 계급제라는 독약에 날마다 건강한 해독제가 되었다"(귀도 구에르초니Guido Guerzoni, "그는 귀족의 놀이와 하층민의 놀이를 구분하지 않는다Ei non distinguea i giuochi patrizi da i plebei", 『15세기에서 16세기에 있었던 귀족 및 궁정 놀이

에 관한 기록Note sul gioco aristocratico e cortese tra Quattro e Cinquecento』, 1996). 그러므로 거짓을 꾸밀 수 없는 곳에서(궁정 생활을 하는 동안 스스로 강제했듯이) 궁정 놀이는 진실을 조사하기 위한 도구가 될 수 있었고, 군주의 통치에 유용했다.

| **다음을 참고하라** |
역사 이탈리아 시뇨리아 체제(133쪽); 귀족과 시민(189쪽); 종교 생활(254쪽); 여성의 권력(264쪽)
문학과 연극 축제, 소극, 성극(599쪽); 궁정 연극(605쪽)
음악 카니발 음악(850쪽)

일상생활

| 실바나 무셀라Silvana Musella |

15세기에 경제 상황이 나아지기 시작하면서 흑사병으로 인한 사망률이 점차 낮아지는
동시에 출생률은 증가했다. 당시 가옥에 유리창과 유기물 잔해를 모으는 오물통이
등장했다. 더블릿과 질긴 발걸이가 달린 다채로운 스타킹은 15세기 남성 의복의
특징이었다. 반면 여성 의복은 모양과 색이 매우 다양했다. 음식은 더욱 풍부하고
다양해졌으며, 식기류 사용이 확산되었다. 그러나 여전히 손을 이용하는 경우가 많았다.
그리고 끔찍한 질병, 즉 매독이 새로이 등장했다.

사생활

바실루스Bacillus균의 독성이 줄어든 덕도 있지만, 특히 경제 상황이 나아지면서 출생률이 점점 증가한 덕에 흑사병의 발병률이 점차 낮아졌다. 한때 버려졌던 토지와 마을에 다시 사람들이 살기 시작했으며, 비록 모든 지역에서 동일하게 진행된 것은 아니었지만 서양 전체가 명백히 다시 살아나고 있었다.

가족 구조는 단순해졌다. 귀족 가문은 계속 대저택에 모여 살긴 했지만, 부유한 상인들은 핵가족을 이루면서 대신 주택 수를 늘리기 시작했다. 아무튼 혈통 보존이 중요해지면서 아들의 유리한 결혼에 대한 요구가 늘었고, 결혼한 다음에는 아들을 낳아야 했다. 적당한 결혼을 하고 적절한 지참금을 가져가면 신분 상승의 기회가 있

었으나 대개 딸을 낳으면 크게 실망했다. 결혼식은 중매 활동으로 돈을 버는 중매인을 이용하여 각각의 가문에서 진행했다. 사촌까지 가족의 결혼을 금지한 주교좌 참사회의 원칙이 남아 있었기 때문에 많은 귀족 가문은 교황에게 특별 면제를 요구했다. 귀족들은 자기들끼리 결혼하려는 경향이 있었고, 신흥 계급도 그러했으며, 자유 직업 훈련과 관련된 자들이나 상업 관련자들도 그랬다. 제3자의 개입이 없어도 결혼 승낙은 가능했지만, 공증인이나 판사 혹은 사제가 자주 동석했는데, 결혼에 공적인 성격을 부여하기 위해서였다. 결혼식은 키스를 교환하고 친척이나 권위 있는 인물의 부축을 받은 신부의 손에 반지를 끼워 줌으로써 완결되었다.

　　교회의 축성식은 일반 의식과 달랐다. 신랑과 신부의 머리에 흰 베일을 씌우고 번영 기원을 위해 곡식, 꽃, 마른 과일을 던지는 옛 풍습이 아직도 남아 있었다. 이 의식은 지나치게 호화스러울 때가 많아 자제를 권고받기도 했다. 결혼의 목적은 출산이었지만, 출산은 매우 위험한 순간이었으므로 많은 여성들이 유언을 남겼다. 세례는 보다 유복한 가정에게는 행복한 상황을 보여 줄 수 있는 기회였다. 아기를 감싼 포대에 수호성인의 성상을 두기도 했다. 르네상스 시대에 명명학命名學의 유행은 가문의 관습에도 적용되어 아버지와 조상의 이름을 다시 반복했다. 자녀 교육은 어머니의 임무였으나 이 어려운 임무를 돕기 위해 아이 교육에 대한 논문이 등장하기 시작했다.

　　장례식도 결혼식처럼 가족 모두가 모이는 기회가 되었다. 매우 유복한 가정은 교회나 수도원에 가족묘를 두었다. 장례 행렬을 위해 형제회 활동이 지속되었다. 가난한 자들은 교회의 공동묘지에 매장되었다. 의상으로도 상중임을 표시했는데 여성은 검은 망토와 흰 베일을 썼고, 남성은 수염을 길렀다.

주생활

14세기 말에서 15세기 초에 도시에 층수가 높고, 공간은 좁은 건물이 지어지기 시작했다. 이는 마치 탑처럼 보였다. 모든 집은 보통 사방의 벽 안에서 자율성을 누렸다. 집과 집 사이에는 배설물과 쓰레기를 모으는 공간이 있었다. 15세기에는 출입문 앞에 세웠던 지붕을 넓고 편안한 회랑까지 연결하여 공간을 만들었다. 나무나 밀랍을 입힌 천으로 만들었던 창문에는 유리가 등장했다. 이로써 처음으로 집 안에서 외부를 볼 수 있었고, 처음으로 햇빛이 물결치듯 집 안까지 밝혔다. 이런 집은 나무 혹은 벽돌로 만든 좁고 긴 테라스가 부각되었다. 길에서 위층으로 가기 위해 옥외 계단이 이용되었지만, 실내에도 계단을 만들어 계단 앞에 일종의 복도-로비가 생겼고, 문으로 열고 닫았다. 집 안에는 물을 운반하는 수도관이 없었기에 공중 우물에서 물을 길어다 먹어야 했다. 보다 부유한 집안의 저택에는 우물이 존재했다. 배설물을 모으는 오물통이 확산된 것은 새로운 뉴스였다. 오물통은 대개 밭에 놓았다. 인접한 두 건물 사이에 만들었고, 측면을 벽돌로 막고 위는 열어 두었다. **건축 구조**

15세기에는 수태고지Annuncio a Maria 혹은 그리스도의 탄생Natività을 소재로 한 그림이 널리 확산되었는데, 이는 사실적인 회화가 나타날 수 있는 기회였다. 그리하여 도시를 둘러싼 농촌 풍경(그림에 도시의 성벽이 멀리서 보였다)과, 농민의 의복과 풍습, 가구와 가재도구가 있는 집 안의 모습이 틈새로 언뜻 보이는 그림이 무수히 많았다. 집 안 바닥은 벽돌이었는데, 매우 다양한 모양과 디자인으로 배치되었다. 보다 부유한 집에서는 다채로운 색깔의 마욜리카 타일을 이용했다. 15세기 후반 귀족의 저택에 대리석이 등장했다. 가구는 더욱 단순화되었고, 새 가구가 도입되지는 않았다. 부 **대리석의 출현** 잣집에는 탁자와 바닥에 까는 양탄자가 확산되었던 반면에 침대에는 낮에 가문의 무기를 수놓은 트윌twill(두 올 이상으로 실을 꼰 원단*) 커버를 깔아 두었다. 벽 아래 부분을 자개를 입힌 나무로 덧씌우는 것이 유행이었는데, 습기로 가구가 손상되는 것을 방지하기 위해서였다.

의생활

화려한 의복과 관련된 보다 흥미로운 측면은 그것이 특정 상황과 연관되었다는 점이다. 당시 사람들이 누구를 위하여 값비싼 옷을 입었는지, 누가 그 옷을 입었는지, 그리고 어떤 미적 기준에 따라 옷을 수선했는지 아는 것이 중요하다. 물론 사치를 과시하는 제일의 장소는 궁정이었다. 궁정은 소속을 보여 주는 수많은 상징이 있는 곳으로, 모든 사람이 그것을 토대로 움직였다. 궁정은 의상이 실질적인 역할을 하는 별도의 세상을 보여 주는 장소였다.

장인의 솜씨로 제조되던 모직은 보다 얇고, 색을 입힌 비단에게 점점 자리를 빼앗겼다. 비단의 색은 흰색, 하늘색, 주홍색, 선홍색, 검은색, 푸른색이었다. 단색 염색이나 무늬가 다양한 비단은 전 유럽에 수출되었다. 벨벳은 비단으로 제조되었다. 황금 옷감이나 브로케이드brocade(무늬가 있는 직물*)는 견사와 금속 실을 제시했고, 비

이탈리아 비단 단 바탕에 금실로 짠 무늬나 황금 바탕에 비단으로 짠 무늬를 만들 수 있었다. 은실로 짠 옷감도 시도되었지만, 금속의 산화로 원래의 가치가 사라졌다. 민중은 퍼스티언 직물로 짠 의복을 입었는데, 양모와 혼방 면직물로 만들어 광택이 없었다. 모피를 옷의 안감이나 겉감으로 쓰면서 외국에서 가죽을 많이 수입하게 되었다.

15세기 초의 의복은 14세기의 유행을 따랐지만 길이가 길어 바닥에 끌리도록 방추형 모양으로 변했다. 당시 사람들이 옷감을 낭비함으로써 자신의 부를 과시했기 때문이다. 1424년에 시에나의 베르나르디노(1380-1444)는 자신의 저술 『민간 설교집Prediche volgari』에서 이와 같은 관습에 대해 훈계했다. "남편이여, 당신 때문에 여자가 의상에 꼬리를 덧붙이고 재봉사가 도움을 주는 것입니다. 꼬리를 만들고 여자가 그것을 입는다면 포목상도 도움을 주는 것입니다. 그렇다면 모두가 도덕적으로 죄인입니다."

15세기 말에 우아한 의상은 폭이 더 넓어졌고, 거기에 수를 놓았다. 여자는 셔츠를 입은 다음에 이탈리아어로 가무라gamurra로 불린 긴 치마 혹은 술 장식을 달았다. 거기에 자수를 놓거나 소매에 수를 놓은 치마를 입었다. 그리고 속옷을 입기 시작했 **레이스** 다. 의상에서의 혁명은 레이스를 도입한 것이었다. 당시 상황에 대한 글을 보면 특히 베네치아에서 가슴을 드러내는 것이 유행이었음을 알 수 있다. 교회의 설교도 상원의 법률도 그 풍습을 막지 못했다. 허리를 조이기 위해 은 버클과 온갖 장식을 단 벨벳 벨트를 사용했다. 의복과 끌리는 치맛단의 길이는 스타킹과 구두 때문에 거의 주목을 끌지 못했다. 비단이나 진홍색 천으로 만든 스타킹은 무릎까지 왔고, 천으로 만든 밴드로 위를 묶었다. 스타킹에 수를 놓고 밑창을 댔다. 우아한 신발은 수놓은 천이나 벨벳으로 만든 슬리퍼였다. 거리에서는 흙탕물과 먼지를 피하기 위해 굽이 매우 높은 슬리퍼를 신었다. 장갑은 우아한 의상의 일부였다. 여름에는 보다 가벼운 장갑을, 겨울에는 수놓은 두꺼운 장갑을 꼈다. 부채와 우산은 다시 세련된 여성의 장식품이 되었다.

그리하여 젊고 아름다운 여성에게 또 다시 관심을 보이게 되었다. 호화로운 의상을 입은 여성에 대한 설교가와 도덕가의 설교는 여러 해 동안의 일이었는데, 이 시기에는 강도가 더욱 컸다. 의상과 화장 및 가발을 통해 몸을 외적으로 드러내게 되었기 때문이기도 하고 교회가 말하는 정숙하고 단정한 생활과 반대되는 옷차림이 유행했기 때문이기도 하다. 설교에 따르면 외모 치장에 신경 쓰는 사람은 영혼의 소중한 내면에 이로울 것이 없었다.

하지만 그와 같은 충고에는 무관심한 채, 여성들은 아름답게 꾸미는 것에만 신경을 썼다. 석회 제품으로 털을 태워 제모를 하기도 했는데, 간혹 화상을 입기도 했다. 머리색은 금발이 유행이었으며, 강한 잿물이나 오렌지 껍질, 재, 유황으로 탈색했다. 머리카락 숱을 늘리기 위해 여러 가닥으로 땋은 천과 인조 머리 타래를 이용했다. 정교하게 머리를 장식하여 머리 양쪽에 줄을 늘어뜨리며 이마를 덮었는데, 이는 미용사의 작품이었다. 귀부인은 최신 유행하는 염색, 화장 및 향수를 썼다. 프랑코 **완벽미 추구** 사케티(약 1332-1400)는 여성들을 '조토보다 훌륭한 화가'라며 칭찬했다.

밑창을 댄 다채로운 양말과 더블릿doublet(몸에 딱 맞는 상의*)은 15세기 남성복의 특징이었다. 겉옷으로는 긴 상의, 품이 넓은 옷, 치마 모양의 긴 상의 혹은 수도복을 입었다. 남자들도 팔 중간까지 오는 세무 가죽으로 만든 장갑을 꼈다. 15세기 초에는 면도를 하고, 귀 중간까지 오는 단발머리가 다시 유행했다. 청년이 처음 면도를 시작하면 건장한 어른이 된 양 축제를 벌였다. 15세기 말이 되면서 다시 긴 수염이 유행했다. 남자들도 머리를 감는 것이 의무적인 의식이었으며, 수건으로 머리를 감싼 채 몇 시간이나 있어야 했다. 이 활동을 전문적으로 돕는 여성들이 있었지만 평판은 좋지 않았다.

대머리 초기인 사람들은 모자를 쓰거나 다른 것으로 머리를 덮어야 했다. 그렇지 않으면 남성용 가발을 써야 했는데, 보통의 남자들은 가발 쓰기를 꺼렸다.

그러므로 남자들도 특이한 유행에서 멀리 떨어져 있지 않았다. 신흥 부자들이 생기면서 의류에 돈을 투자했고, 의류 자체가 상징적인 가치를 가졌다. 사치 금지법으로 지나친 의상은 규제를 받았지만, 일반적으로 지켜지지는 않았다. 보석도 남성과 **보석의 중요성** 여성 모두에게 매우 중요했다. 처음엔 집시들만 달았던 귀고리가 등장했다. 남자들도 인장을 새긴 반지와 더불어 손가락마다 반지를 꼈다. 목에 길게 늘어뜨린 금목걸이도 널리 퍼졌다. 남자용 목장식은 보통 메달이나 카메오 모양의 펜던트였다. 진주와 보석을 단 여성용 목걸이는 더 종류가 많았다. 15세기 만들어진 공정 증서는 주로 의류와 관련 직물, 장식품 및 감정을 말했다. 그것이 부자와 연관된 것이든 최하층 빈민과 연관된 것이든 말이다.

식생활

빵은 15세기 식사에서 가장 중요한 자리를 차지했다. 부자는 흰색 빵을 먹었고, 농민과 노동자는 밀 2/3와 보리 혹은 호밀 1/3을 혼합한 빵을 먹었다. 더 가난한 사람들은 기장이나 병아리 콩을 우유나, 올리브 오일이 없는 경우에는 호두 기름과 반죽한 폴렌타polenta(곡물을 끓여 만든 죽*)를 먹었다. 산악 지역 주민들은 밤栗을 이용한 음식을 먹은 반면에 동방에서 들여온 메밀이 등장했다. 수프와 뇨키를 만들기 위해 막대한 양의 밀가루가 제조되었다. 잠두콩, 완두콩, 제비콩, 병아리 콩을 고기 요리에 곁들여 먹기도 했다. 부잣집이든 가난한 집이든 식탁마다 포도주가 있었다. 사람들은 제한을 두지 않고 마신 포도주를 영양 보충을 위한 가장 중요한 요소로 생각했고, 건강을 위해 꼭 필요한 것으로 여겼다. 날마다 시골에서 우유가 도착했지만 아직 널리 보급되지는 못했고, 대개는 후식을 만들기 위해 사용했다. 치즈도 점차 많은 사람이 먹기 시작했다. 요리와 양념에 가장 많이 사용한 기름은 돼지비계였다. 지중해 지역에서만 올리브유를 이용했다. 버터는 아직 거의 사용되지 않았다. 송아지 고기는 널리 보급되지 않았지만 돼지고기는 풍부했고, 더 가난한 사람들은 양고기를 먹었다. 신선한 생선과 소금으로 간한 생선이 있었다. 쌀은 아직 거의 보급되지 않았으며, 15세기 후반에 롬바르디아 지방에서 쌀을 재배하기 시작했다. 식탁을 차리고 접대용 요리를 선택하는 것이 정교한 기술이 되었으며, 그것을 기술한 논문집도 나왔다. 손님은 커플, 즉 귀부인과 기사가 함께 초대되었는데, 아직도 두 사람이 한 접시에 음식을 먹고 같은 컵으로 음료를 마시는 게 유행이었기 때문이다. 나이프와 더불어 국물 요리를 먹기 위한 수저가 있었으며 포크도 많이 보급되었지만 대부분의 요리는 손가락 세 개로 먹었다. 이때 음식이 너무 많이 묻지 않도록 노력했다. 손님들이 자신에게 배급된 대야에 손을 씻고 냅킨에 손을 닦는 습관이 여기서 비롯되었다. 사냥해서 얻은 고기와 생선 및 과일 쓰레기는 식탁 밑으로 던졌다.

식탁 차리는 법

위생 상태

15세기 말에 매독이 확산되기 시작했다. 전통에 따르면 크리스토퍼 콜럼버스(1451-1506)의 선원이 미국에서 가져왔고, 샤를 8세(1470-1498)의 군대가 이탈리아에 내려오면서 전염병을 일으켰다. 전염병으로 인해 전 유럽이 순식간에 무너졌다. 처음에는 매우 치명적인 방식으로 수많은 사람이 사망했고, 이윽고 전염병 형태를 띠었다.

매독의 기원이 미국이라는 것에 대해서는 아직도 의견이 분분하며, 많은 의사가 반론을 제기했다.

대체적으로는 15세기에 위생-보건 상황이 분명하게 개선되었으며, 의학의 토대도 강화되었다. 1472년에 유아학 문제를 다룬 저술『유아 질병과 치료서Libellus de aegritudinis et remediis infantium』가 출간되었다. 이는 최초의 소아과 논문이었으며, 풍요 **최초의 소아과 논문** 로운 아랍 의학 전통과 서양 의학 전통을 지혜롭게 혼합한 저술로 유명하다. 몇 년 후에 켈수스Celsus(1세기)의 저술『의학론De medicina』이 출판되면서 고전주의 문화의 치료법과 수술법이 제기되었다. 여기서 의학은 식이요법, 약리학, 외과의 세 가지로 세분되었다. 원래의 방법론이 제기되면서 이 책은 경험적 접근과 전통적 접근을 결합시켰다. '자연이라는 거대한 책'을 읽기 위한 토대를 마련해 준 것과 같았다.

| **다음을 참고하라** |

역사 인구의 증가와 경제 발전(156쪽); 도시(166쪽)
과학과 기술 새로운 질병 모델: 매독과 그 확산, 지롤라모 프라카스토로(414쪽)

철학
Filosofia

철학 서문

| 움베르토 에코 |

일반적으로 인문주의 시기는 르네상스와 함께 정의되고, 현대적 감성이 시작되는 시기로 연구되었다. 그런데 이러한 시대 구분은 항상 논의의 여지가 있다. 여러 나라에서 페트라르카(1304-1374)와 보카치오(1313-1375)는 인문주의와 르네상스 사상의 최고봉으로 평가받는다. 반면에 근대가 아메리카 대륙의 발견과 더불어 1492년에 시작된다는 전통을 인정한다면, 모든 인문주의자들은 중세 시대에 속하고, 심지어 아리오스토(1474-1533), 레오나르도 다 빈치(1452-1519), 미켈란젤로(1476-1564), 라파엘로(1483-1520) 등이 중세에 태어난 것으로 간주되어야 한다. 한편 중세와 르네상스의 전환이 갑작스런 단절과 획일적인 패러다임의 변화로 이루어졌다고 생각해서는 안 된다. 중세를 아리스토텔레스(기원전 384-기원전 322) 사상이 지배적이던 시대로, 그리고 인문주의를 플라톤(기원전 428/427-기원전 348/347)의 재발견 시대로 생각해서도 안 된다. 한편으로 15세기에는 성숙한 스콜라 철학의 전통이 지속되고 아리스토텔레스에 대한 성찰은 이전 세기에는 알려지지 않았던 형태를 띠게 된다. 바로 이 시기에 아리스토텔레스를 부활시킨 두 개의 피렌체 학파인 알렉산드리아 학파와 아베로에스 학파(아리스토텔레스 철학에 기초해서 개인의 죽음은 부정하나 모든 인간에게 공통된 보편적 이성에 의한 인간 정신의 불멸을 주장함*)가 설립된다. 한편 인문주의 철학자인 피코 델라 미란돌라Pico della Mirandola(1463-1494)와 같은 인물들은 아리스토텔레스와 플라톤 사이의 통일성을 증명하려고 시도했다. 거부되었던 것은 바로 아리스토텔레스였다.

다른 한편으로는 중세를 신학의 시대라고, 그리고 인문주의 시기를 세속적 가치를 인정하는 시대라고 생각할 수는 없다. 반면 마르실리오 피치노(1433-1499) 및 플라톤 학파와 더불어 중세 못지않게 열렬한 새로운 형태의 종교가 확고해졌다. 만약에 르네상스가 몇 가지 측면에서 더 잘 조명된 중세의 신앙주의, 즉 종교적 진리는

중세부터
르네상스까지

이성이 아니라 믿음에 의해서만 파악된다는 형식을 '이성주의'라는 일정한 형식으로 대체한다면 말이다.

중세의 맹신은 초기 그리스도교 전통과 여전히 대부분 미지였던 자연에 대한 세계관이 투입된 것이고, 르네상스의 맹신은 고대 그리스-로마의 고전 시대 이전의 전통과 천상 세계 및 지상 세계 사이의 관계가 투입된 것이다.

물론 중세 시대에 비해 인문주의 시기에 우선하는 것은 새로운 감각의 문헌학이다. 고대의 저자들에 비해 더욱 유연한 해석으로, 그리고 매우 신중하게 개념을 다룬다. 이는 텍스트 비평의 현대적인 형태를 말하는데, 로렌초 발라Lorenzo Valla(1405-1457)가 〈콘스탄티누스의 증여 문서〉의 진위를 증명하는 방법을 참조할 수 있다. 이 증여 문서는 콘스탄티누스가 그리스도교로 개종했을 때 감사의 뜻으로 교황에게 광범위한 특권과 막대한 재산을 기부한 것처럼 쓰인 8세기 중기 무렵의 문서로, 15세기에 이르러 가짜로 판명되었다. 또한 플라톤(중세에는 플라톤의 『티마이오스Timeo』만 알려져 있었다), 플로티노스(203/204-270), 스토아 학파, 에피쿠로스 및 다른 그리스 저자들의 작품이 전체적으로 번역되었다. 그런데 인문주의적 맹신의 **인문주의 문헌학** 전형적인 역설은 연금술에 관한 고대인들의 기록을 모아놓은 『헤르메스주의 전집 Corpus Hermeticum』처럼 찾아낸 고대 문헌들을 동시에 받아들인다는 점이었다. 문헌학적 기준이 부족했던 중세에 『디오니시우스 전집Corpus Dyonisianum』을 받아들인 것과 매한가지다.

그러나 인문주의 정신으로 인간-신-세계에 대한 새로운 개념이 만들어졌다고 말할 수 있다. 만약 중세가 신을 사상의 중심에 놓은 시대였다면 인문주의는 의심할 여지없이 인간 중심을 특징으로 한다. 이는 인간이 신을 대신한다는 의미가 아니라 신과 세상의 중개자처럼 종교적인 드라마의 주인공과 같은 능동적인 중심으로 인간을 보는 것을 의미한다. 그리고 우주의 중심에서 지구를 폐위시킬 준비를 하는 반면에 어떻게 인문주의적 인간이 모든 사물의 척도로 인간을 제시했는지 이해하려면, 피코 델라 미란돌라가 인간의 존엄성에 대해 쓴 『인간의 존엄성에 관하여De Hominis Dignitate』를 읽는 것으로 충분하다.

다양한 경향의 생각은 새로운 감각의 탄생에 기여한다. 이는 니콜라우스 쿠사누스Nicolaus Cusanus(1401-1464)를 생각하면 된다. 그는 개별 사물의 다양성이 하느님 안에서 하나로 통합된다고 인식하며, 수축하는 세계에 대한 교리를 이야기한 인물로 기억된다. 그런데 바로 이 때문에 세계를 초월하는 하느님 안에는 '대립의 합치'가 있다. 이 생각은 해석학적(헤르메스주의적)인 사상의 다양한 측면들과 합쳐졌고, 스콜라 철학을 특징지었던 동일성과 일의성一義性에 대한 이성적인 연구를 위기에 빠뜨리는 데 기여했다. 쿠사누스와 더불어 세상의 무한성에 대한 첫 번째 사고가 구성된다. 즉 "중심은 도처에 있고 그리고 그 어디에도 주변부는 없다. 왜냐하면 주변부와 중심은 하느님이시고, 하느님은 모든 곳에 계시지만 어디에서도 보이지 않는 분이기 때문이다"(니콜라우스 쿠사누스, 『박학한 무지De docta ignorantia』, 2,12). 『위대한 존재의 연결고리The Great Chain of Being』(1936)에서 미국의 철학자 아서 온켄 러브조이Arthur Oncken Lovejoy(1873-1962)는 르네상스 사상의 진정한 혁명성은 코페르니쿠스의 발견이 아니고, 세상에 대한 다수의 생각, 즉 새로운 천문학적 발견을 통해서 만들어진 쿠사누스와 조르다노 브루노Giordano Bruno(1548-1600) 사이에 교류하던 사상이었다고 말했다.

그런 의미에서 15세기는 도가니 안에 두 시대가 동시에 뒤섞여 숙성된 진정한 과도기다. 바로 이 시기에 철학 사상은 새로운 세상의 출현으로 결정타를 맞았고, 인쇄의 발명에 기인한 유통 및 확산의 새로운 가능성을 맞이하게 되었음을 잊지 말아야한다.

생각의 새로운 흐름

연속성과 파열: 철학과 전통의 부활

FILOSOFIA

과학 르네상스

| 루카 비앙키|Luca Bianchi |

르네상스는 과학의 발전 단계인가 혹은 침체 단계인가? '과학의 재탄생'에 대해 말하는 것이 타당할까? 20세기 초반 많은 역사학자들이 과학에 대해 주장한 바와 달리, 오늘날에는 인문주의 운동이 단지 문학, 미술, 철학뿐만 아니라 수학, 천문학, 지리학, 식물학, 의학 같은 분야에도 관심이 있었음을 분명히 한다. 특히 15세기에 대학에서 중세 후기의 가장 중요한 과학적 전통(추동력 이론부터 계산까지)이 발달하는 동안 인문주의자들 집단 안에서는 히포크라테스, 파포, 대 플리니우스, 프톨레마이오스, 사모스의 아리스타르쿠스의 텍스트가 재발견되고, 출판되고, 논의되었다. 이 텍스트의 분석은 학문적 관심뿐만 아니라 자연 현상을 통해 제시되는 정보와 이론을 비교하려는 열망도 채워 주었다. 상징적으로 플리니우스의 오류에 관한 논쟁으로 나타나는 이러한 과정을 통해서 유럽 문화의 관심은 점진적으로 고대 서적에 대한 연구에서 자연 서적에 대한 연구로 옮겨갔다.

과학의 '재탄생'인가, 침체인가?

중세 후반에 나타난 우주학, 물리학, 천문학, 수학, 광학, 의학, 생물학의 발달에 비해 20세기 초 많은 과학 역사가들은 르네상스가 지체 혹은 심지어 쇠퇴의 흔적을 드러냈다고 주장한다. 이 역사가들에 따르면, 사실상 인문주의는 자연에 대한 연구에서 문학, 예술, 철학 연구로 관심을 이동시켰다. 철학은 주로 윤리 및 정치적 주제에 관심을 갖고 종종 신화와 마법, 밀교적인 내용에 지나치게 민감했다. 마리 보아스Marie Boas, 에우제니오 가린Eugenio Garin, 파올로 로시Paolo Rossi, 찰스 B. 슈미트Charles B. Schmitt, 체사레 바솔리Cesare Vasoli 같은 학자들에 의해 진행된 연구는 이미 이러한 논지를 결정적으로 반박했다. 이 학자들 덕분에 15세기는 침체의 단계와는 거리가

'scientia'의
다양한 의미

멀고 오히려 고유한 과학의 '재탄생'을 의미함을 알게 되었다. 그 당시 다양한 의미를 지니고 있었던 학문이라는 뜻의 라틴어 'scientia'는 두 가지 기본 요소를 명심해야 함과 동시에 그 어떤 시대착오적 접근도 방지하고자 더 많은 연구를 필요로 했다. 먼저 첫 번째, 15세기에는 특히 문화적, 제도적, 사회적 배경의 다양성 때문에 제각기 전혀 다른 지적 활동에 관련된 학문scientia을 말했다. 다음과 같은 곳에서 그러한 활동이 이루어졌다. 대학, 예술가들의 작업장, 제조장, 마법사와 연금술사의 실험실, 신학교와 일반학교, 법원, 학술원, 사설 도서관, 인문주의자 집단 등이다. 두 번째, 결과적으로 근대와 현대 문화의 중요한 차이나 '정밀과학'과 '사이비 과학'의 차이처럼 많은 논란을 불러일으키는 점성술, 점, 관상학, 연금술, 마법 같은 분야들을 일반적으로 '과학' 안에 포함시키는 방식을 적용할 수 없었다.

아무튼 이 과도기에 나타난 학문의 성과와 한계를 평가하려면 바르톨로메우 디아스Bartholomeu Diaz, 크리스토퍼 콜럼버스Christopher Columbus, 바스코 다 가마Vasco da Gama, 그리고 다른 많은 이들이 위대한 지리적 탐험을 하던 시대를 두고 '침체기'라고 말할 수 없음을 인식할 필요가 있다. 그 시대에 게오르크 포이어바흐 Georg Peurbach(1423-1461), 그리고 쾨니히스베르크의 요하네스 뮐러 Johannes Müller Königsberg라는 본명의 레기오몬타누스Regiomontanus(1436-1476)는 명왕성, 해왕성, 천왕성을 다룬 『신행성 이론Theoricae novae planetarum』을 썼고, 반면에 니콜로 레오니체노Niccolò Leoniceno와 에르몰라오 바르바로Ermolao Barbaro는 서적 전체를 할애하여 대 플리니우스가 쓴 『박물지Naturalis historia』에 담긴 오류를 전했다. 이 시대에 위 아리스토텔레스의 『역학Meccanica』이 깊이 있게 연구되었고, 소아과 및 노인병에 대한 최초의 '소책자'가 인쇄되었으며, 알레산드로 베네데티Alessandro Benedetti는 의사들이 파도바의 해부학 극장에 출입할 것을 촉구했다. 또한 이 시대에 레오나르도 다 빈치는 이질적인 자연 현상을 관찰하고 분석하며 자신의 경이로운 그림으로 이 자연 현상을

시각화했다.

자연학, 우주론, 계산학

강의용 '교재'로 유럽의 모든 대학에서 13세기 중반에 채택된 아리스토텔레스의 자연학, 우주론, 생물학 및 동물학에 관한 훌륭한 논문들은 천체 현상과 지상 현상의 원인에 관한 지식처럼 이해되는 자연 철학 및 자연학의 기초가 되었고, 그리고 그 현상들을 만들어 낸 물질의 '본질'적 징후를 추적할 수 있을 때 설명된다는 것은 잘 알려져 있다. 처음에는 변화를 통해 주요 자료부터 물질에 대해 이해할 수 있는 형상의 정의까지 추적하는 능력인 세심한 귀납법 과정을 의미했다. 그 다음에 연역적 과정은 관찰된 효과들이 정의된 물질의 속성임을 증명하는 것이었다. 이 두 과정 사이의 적절한 관계에 대한 방법론적 논의의 확산에도 불구하고, 사실 그 구체적인 작업에서 자연 철학자들은 연구에 집중하고자 아리스토텔레스가 자연 지식에 대한 다양한 분야의 첫 번째 요소를 제공하고 원리를 정리한 텍스트에 대한 설명과 비평적인 논의를 경험적 조사에서 사소하게 다루었던 것 같다. 『자연학Fisica』에서는 자연, 질료, 공간, 시간 등 몇 가지 기본 개념에 대한 정의를 내리는 것 외에 다양한 변화 유형을 분류하고 그 원인과 특성을 연구하였다. 『천계론De caelo』, 『생성소멸론De generatione et corruptione』, 『기상학Meteorologica』은 천문학적 지구 중심설을 포함한 우주론의 출처였고, 일반 지리학 기초와 더불어 달 위와 달 아래의 현상에 대한 분석과 요소들에 관한 이론이었다. 『영혼론De anima』, 『자연학 소론집Parva naturalia』, 위조된 『식물론De plantis』은 살아 있는 것들과 그것들의 기능, 그리고 영혼임을 결정하는 원리에 대한 모든 연구의 출발점이었다. 마지막으로 『동물학De animalibus』은 기술적이고 분류적인 동물학의 근간이 되었지만 형상학적이고 발생학적인 정보를 풍부하게 담고 있었다.

    2세기 전의 대학에서처럼 15세기 대학에서 가르치고 실습한 '자연 과학'은 아리스토텔레스가 그것은 단지 실천적이고 작용적인 목적 없이 그 자체로per se 추구된다는 의미에서만이 아니라 양적인 분석이나 현상의 체계적이고 경험적인 관찰로부터 독립적이라는 측면에서도 이론적인 지식이었다. 요컨대 주로 질적 개념을 사용하고 활동적이거나 실용적인 것보다 근본적으로 '책을 좋아하는', 즉 학문적이고 추측에 근거한 지식이다. 단지 아리스토텔레스의 사상이 반복되었음을 의미하지는 않는다. 반면에 아리스토텔레스의 사상은 논의되고 근본적으로 바뀌기도 하고 종종 비난

귀납법과 연역법

아리스토텔레스의 저술

자연 과학

받고 거부되기도 했다. 14세기 이후부터 이론적이고 방법론적인 주요 혁신은 적어도 두 영역에 도입되었음을 기억하는 것이 좋다. 첫 번째로 파리에서 장 뷔리당Jean Buridan(약 1290-약 1358), 작센의 알베르투스Albertus(약 1316-1390), 니콜 오렘Nicole Oresme(1323-1382) 같은 몇몇 대가들은 국부 운동의 원인에 대한 아리스토텔레스의 설명을 철저히 검토하였다. 그들은 물이나 공기처럼 운동이 발생하는 매체에 중심적인 역할을 부여하던, 발사체의 움직임 같은 격렬한 운동에 대한 아리스토텔레스 설명의 취약점을 증명하였다. 그리고 대체 가능한 설명을 공식화하면서 요하네스 필로포누스Johannes Philoponus에 의해 6세기부터 제시되고 몇몇 이슬람 사상가들에 의해 다시 채택된 발상을 끌어냈다. 이 설명에 따르면, 엔진은 대상에 힘을 줄 것이고, 추동력impetus이라 불리는 그 힘은 운동의 내부 원인으로 역할을 할 것이고, 자연적 위치로 향하는 물체의 성향과 저항처럼 상반된 힘이 우세해질 때까지 유효할 것

추동력 이론 이다. 소위 '추동력 이론'은 아리스토텔레스가 고려하지 않았던 일상의 현상을 설명할 수 있고, 속도와 물질의 양의 함수로서 총알에 가해진 힘으로 정의되는 만큼, 전통적인 아리스토텔레스 '역학'의 매우 중요한 변화를 나타낸다. 커다란 크기의 물건이 작은 크기의 물건보다 더 어렵게 정지하기 때문이고, 아주 가벼운 물체는 멀리 던져질 수 없기 때문이고, 멀리뛰기를 하기 위해서는 잠깐의 도움닫기로 달리는 것이 유용하기 때문이다. 이외에도 이 이론은 쉽게 일반화되었고, 아리스토텔레스가 풀지 못했던 떨어질 때의 가속도 같은 문제에 적용될 수 있었다. 또한 형이상학적 실재에 의존해서 해결되었던 문제들, (예를 들어) 천구의 회전 운동이 일어나는 이유와 같은 문제도 추동하는 지성에 의존하지 않고 해결할 수 있었다.

두 번째로 옥스퍼드 머튼 컬리지Merton College와의 관련성 때문에 보통 머튼파라고 불렸던 월터 벌리Walter Burley(약 1275-약 1345), 토머스 브래드워딘Thomas Bradwardine(약 1290-1349), 리처드 스와인즈헤드Richard Swineshead(계산기Calculator라고 불림, 1340-1354년에 활동), 헤이테스베리의 윌리엄William of Heytesbury(1313-1373)과 같은 영국의 사상가들은 논리학, 의미론, 수학을 이용하여 '운동', '찰나', '시작', '끝'의 개념들을 엄격한 방법으로 분석하는 고유한 연구 전통을 만들어 냈다. 그래서

브래드워딘 원리 및 평균 속도의 정리 14세기 중에 합성 문학이 발전한다. 논문, 계산calculationes 및 자연학 궤변sophismata physicalia으로 이루어진 이 합성 문학은 특별한 '계산 언어'를 사용한다. 이는 관계의 언어(비례proportiones), 무한과 연속 그리고 한계의 언어(처음과 마지막 순간, 최대와 최

소, 시작과 끝), 성질의 증가와 감소의 언어(강도와 감소의 형태), 시도의 표현, 그 다음으로 파리에서 독창적으로 이루어진 오렘에 의한 성질의 정량화다. 이 새로운 접근 방식 덕분에 상당히 중요한 두 가지 과학적 결과가 도출되었다. '브래드워딘 원리'는 국부 운동시 속도가 힘과 지구력 사이의 기하급수적 증가에 상응하여 산술적으로 증가한다고 주장했다. 따라서 아리스토텔레스 원리가 수정되었다. 아리스토텔레스 원리에 따르면, 속도는 반대로 가해진 힘에 직접적으로 비례하고, 경험에 의해 조작된 중간 저항에 반비례한다. '평균 속도의 정리'는 균일한 변화와 균일한 기형 사이에 등가의 규칙을 설정한다. 예를 들어, 균일하게 가속화된 운동과 균일한 동작의 속도는 전반에 도달한 속도와 동일하다.

뷔리당과 '파리 학파'의 '새로운 자연학'이든, 머튼파의 전통적 물리학이든, 둘 다 15세기 내내 그리고 그 이후로도 일정한 영향력을 행사했다. 추동력 학설은 파리 학파의 거장들에 의해 다시 성행했다. 독일, 에스파냐, 폴란드에서 수많은 아리스토텔레스 주석가들이 쏟아져 나왔다. 니콜라우스 쿠사누스(1401-1464)처럼 플라톤을 따르는 사상가도 아리스토텔레스를 주석했다. 반면에 만토바의 피에트로Pietro da Mantova, 조반니 마를리아니Giovanni Marliani, 아폴리나레 오프레디Apollinare Offredi, 시에나의 올리비에로Oliviero da Siena, 니콜레토 베르니아Nicoletto Vernia 같은 이탈리아 대학의 논리학, 수학, 자연 철학의 훌륭한 거장들 중 몇몇은 처음과 마지막 순간, 최대와 최소, 시작과 끝, 강도와 감소의 형태에 관한 논의를 했다. 사실상 중세 후기 과학의 세부 내용에 반하여, 특히 '영국의 야만인들'에 의해 도입된 문화적, 언어적 퇴보의 상징으로 두드러지는 머튼파의 방법에 반하여 인문주의자들이 악성 논쟁을 야기했음에도 불구하고 측정법은 크게 유행했고 연구 프로그램에 도입되었으며 자연학 분야뿐만 아니라 의학에도 적용되었다. 위급한 상태에 빠진 환자의 경우 채혈의 유효함처럼 엄격한 치료에 대한 문제를 논의하는 데 비례에 대한 머튼파의 규칙이 필요하다고 주장한 시에나인 베르나르도 토르니Bernardo Torni(15세기)의 사례가 상징적이다.

머튼파에 반하는 인문주의자들

인문주의와 고대 과학의 재발견

계산에 적대적이고, 16세기 중반 무렵에야 비로소 감소라는 개념을 알게 된 인문주의자들은 인문학, 예술, 수사학, 그리고 도덕 및 정치 철학에 대한 관심을 무한하게 펼쳤다. 고대 그리스인과 라틴인에 대한 그들의 열정과 고대 문화유산 전체를 고스란히 회복시키려는 의지는 시, 문학, 역사, 철학 작품뿐만 아니라 그리스 과학의 가장 중요한 문헌 역시 재발견하고, 편집하고, 번역하고, 확산시키기에 이른다. 이런 측면에서 두 인물이 상징적이다. 첫 번째 인물은 니콜로 페로티Nicolò Perotti(1429-1480)로, 그는 조반니 베사리오네Giovanni Bessarione(1403-1472)의 비서이자 친구였고, 『풍요의 뿔Cornucopiae』의 저자다. 고대 로마의 풍자시인 마르티알리스Martialis에 대한 해설서 형태의 이 책은 1478년부터 편집되어 1489년에 출판되었고 20여 차례 이상 재판을 받았는데, 사실 철학적, 자연주의적 그리고 의학적 정보를 담고 있는 고전 라틴어 사전이자 사상 목록이다. 아무튼 페로티는 문법학자 이상의 존재다. 그는 플라톤과 아리스토텔레스에 관한 논쟁과 관련하여 지속적으로 인용된 플리니우스Plinius 전문가로, 5세기 비잔티움의 철학자 심플리키우스Simplicius가 논평한 아르키메데스의 작품과 자연학에 대한 논평집 번역을 계획했다. 그리스어에 대한 최고의 지식을 갖춘 그는 조반니 마를리아니의 가르침 덕분에 훌륭한 논리학과 수학 교육을 받았고, 1498년에 정말로 주목할 만한 그리스어 작품의 번역 모음집을 펴냈다. 『시학Poetica』 같은 눈에 띄는 아리스토텔레스의 주요 저술과 함께 유클리드, 프로클로스, 갈레노스Galenos, 그리고 최초로 사모스의 아리스타르쿠스Aristarchus의 작품들이 출판되었다. 이외에도 아르키메데스, 프톨레마이오스, 그리고 필사본을 소유하고 있는 헤론 같은 다른 저자들에 대해서 조르조 발라는 사후 1501년에 출판될 자신의 명저 『열망하는 것과 피하는 것에 관하여De expetendis et fugiendis rebus』를 집필했다. 이는 산술학, 음악학, 기하학, 천문학처럼 인간의 모든 지식이 서로 교차하는 분야와 자연학 및 의학에 특별히 초점을 맞추어 분야별로 소개하는 기념비적인 작품이었다.

니콜로 페로티의 활동과 조르조 발라

　기본적으로 인간은 모든 분야에서 고대의 과학 유산을 장악하기 위해 노력했다. 위에서 언급한 사모스의 아리스타르쿠스의 재발견은 천문학에서 새로운 전망을 열었고, 그 전망은 한참 뒤에 코페르니쿠스와 갈릴레오 덕분에 구체적으로 분명해지는 결과를 맞이하게 된다. 반면에 유클리드, 아르키메데스, 헤론은 수학의 중요한 발전에 기여했다. 그 당시 이탈리아의 가장 유명한 수학자 중 한 명이었던 루카 파촐리Luca Pacioli(약 1445-약 1517)는 『산술학, 기하학, 비례와 비례성에 관한 대전Summa de arithmetica, geometria, proportioni et proportionalità』(1494)이라는 자신의 저서에서 매우 유용한 산술 개념, 대수, 중세부터 내려오는 기하학을 종합적으로 정리하였다. 프랑스의 수학자 니콜라 쉬케Nicolas Chuquet(1445-1488)는 『수의 과학에 있어서의 세 부분 Triparty en la science des nombres』(1484)에서 뛰어난 설명으로 매우 복잡한 수와 수식 및 계산에서 대수의 주요 특징을 풀어냈고, 두 개의 독창적인 규칙인 '평균수의 규칙'과 '소수의 규칙'을 세웠다. 반면에 게오르크 포이어바흐(1423-1461)와 레기오몬타누스(1436-1476)는 기하학의 자율적 분기를 만들면서 평면 삼각법과 구면 삼각법을 발달시켰다. 인문학의 탄탄한 배경을 갖추고, 키케로와 베르길리우스에 관한 대학 교육 과정을 이수한 저자들은 천문학을 역사적인 측면에서 다루었다. 1454년에 포이어바흐가 끝냈지만 비로소 1472년에 레기오몬타누스가 완성하고 출판한 『신행성 이론』은 제목에서부터 크레모나의 제라르두스Gerardus Cremonensis(1114-1187)의 『행성 이론Theorica planetarum』을 뛰어넘고 대체하려는 의지를 선언했다. 그 결과는 적어도 부분적으로나마 약속했던 것에 상응했다. 미셸-피에르 레르너Michel-Pierre Lerner가 언급한 대로 "포이어바흐는 수성의 주전원周轉圓의 중심을 불완전하게 설명하는 비원형 곡선을 지적하고 그리고 그 비원형 곡선을 타원형과 유사한 것으로 특징지은 최초의 라틴어 저자일 것이다. 그는 그런 방식으로 천체 운동의 엄격한 원형 규칙에 예외가 있을 수 있음을 명시적으로 인정했다."

중세에는 거의 알려지지 않았고 팔라 스트로치Palla Strozzi(1372-1462)와 에마누엘레 크리솔로라Emanuele Crisolora(약 1350-1415)의 제자들의 피렌체 인문주의자 모임에서 재발견한 클라우디오스 프톨레마이오스Klaudios Ptolemaios의 『지리학Geografia』은 평행선과 자오선 망을 종이에 그리는 습관을 확산시키는 데 결정적인 역할을 했다. 정확한 토지 지도 제작의 필요성이 대탐험과 지리학적 발견의 시대에 얼마나 절실했는지 강조할 필요는 없다. 반면에 초판부터 프톨레마이오스 작품의 필사본에 딸려 있던 지도가 스칸디나비아와 그린란드처럼 미지의 영역이었던 곳을 포함한 '새로운 판'으로 통합되었음을 기억해야 한다. 이러한 수정 과정과 개정은, 이전에 알려지지 않았던 대륙 내부 및 나라들에 대한 예기치 못한 정보를 전하는 탐험가의 보고뿐만 아니라 상인들과 여행자들의 이야기를 통해서 점점 더 빠르게 이루어졌다. 15세기에 베니스 총독의 자부심이었던 베니스 지도는 전례 없는 발전을 이루었다. 유명한 마우로 수사Fra 'Mauro(?-1460)의 세계 지도와 그라치오소 베닌카사Grazioso Benincasa의 지도책(1473)은 그리스 원본을 제대로 담아내지 못했지만 당시의 발견 내용을 담

프톨레마이오스의 『지리학』의 새로운 지도판

고 있다. 무엇보다 바르톨로메우 디아스(약 1450-1500)와 알비제 카 다 모스토Alvise Ca' da Mosto(1432-1488)가 제공한 아프리카 해안에 대한 자료와 베니스의 상인 콘티의 니콜로Nicolò di Conti(약 1396-1469)가 탐험한 인도에 대한 자료를 포함했다.

히포크라테스와 갈레노스에 대한 가장 완성도가 높고 믿을 만한 번역으로, 켈수스에 대한 재발견으로, 테오프라스투스와 디오스코리데스에 대한 새로운 관심으로 상당히 바뀐 의학, 약학 및 식물학에서 유사한 발달이 진행되었다. 대 플리니우스에게 행운을 안겨 준 담화는 1501년 이전에 활판 인쇄되어 현존하는 그의 기념비적인 『박물지』의 15개 초기 간행본에서 잘 알 수 있다. 15세기에 이 작품이 불러일으킨 매력은 심지어 폐기될 정도의 위기를 야기했다. 니콜로 레오니체노의 『의학에 있어서 플리니우스와 다른 사람들의 오류De Plinii et plurium aliorum in medicina erroribus』(1492)와 에르몰라오 바르바로의 『플리니우스의 징계Castigationes Plinianae』(1492-1493)는 정말 인기 있었던 가장 유명한 증거다. 자료와 원전을 해석하는 데, 즉 동물, 식물, 질병 그리고 약물을 구별하는 중에 라틴어 학자들에 의해 저질러진 진짜 혹은 추정되는 '실수'를 비난하는 내용을 담고 있다. 아무튼 1493년 『플리니우스의 방어Pliniana defensio』에서 판돌포 콜레누초Pandolfo Collenuccio(1444-1504)의 반응을 유도한 이러한 공격에도 불구하고 플리니우스는 매우 대중적인 인기를 누렸고, 특히 중부 유럽에서 16세기 초 수십 년 동안 일부 루터파들이 인문학부에서 교육을 위해 아리스토텔레스 대신에 그의 작품을 활용하려고 생각했음을 기억해야 할 것이다.

플리니우스의 장점과 단점에 대한 분쟁만큼 프톨레마이오스의 『지리학』에 첨부된 지도의 개정은 문헌학적 활동 및 편집 활동으로도, 그리고 이미 습득하고 최종적으로 평가한 지식의 독단적인 반복으로도 전혀 고갈되지 않았던 고대 과학의 복구처럼 모범적인 방식으로 분명히 보여 주었다. 지금까지 고대인들을 순수하고 단순하게 숭배하던 모방imitatio의 고전 신화를 따르는 것이 아니라 오히려 반대로 많은 이들을 일치시킬 수 있고 필요한 경우 과거의 패턴을 극복할 수 있는 생산적인 대립인 경쟁aemulatio이라는 이상에 의해 주도되는 서구 과학 사상의 원천 전파를 목표로 했다.

모방과 경쟁 이후 따라서 학자의 중요한 기능은 문헌학적으로 정확한 텍스트 복구에만 한정되어 있는 것은 아니었다. 문학 작품과 달리 과학을 주제로 다루는 서적은 정보의 진위 여부를 검토할 것을 요구받는다. 한 가지 예를 들어 보면, 플리니우스의 『박물지』에 대한 니콜로 레오니체노(1428-1524)의 수정은 약초 하나를 다른 약초와 혼동하는 것이 심각한 결과를 초래할 수 있다는 분명한 인식에서 생겨났다. 그래서 고대 서적에 대한 연구는 자연에 대한 서적 연구로 나아갔고, 이러한 비교에서부터 새로운 의문점, 새로운 문제, 새로운 연구 전망이 생겼다. 마리 보아스의 말에 따르면, "원래 그리스 작가들이 존재를 확신했던 것을 보려고 시도하면서 유럽의 과학자들은 실제로 무엇이 있는지 천천히 보게 되었다."

인쇄의 발명, '과학의 고전'의 확산과 지식에 대한 새로운 개념의 출현

인쇄의 발명이 과학 분야도 압도하는 정통한 문화 변혁을 가져왔다는 점은 잘 알려져 있다. 1500년경에 사실상 수백여 권의 책이 출판되고 확산되었는데, 플리니우스의 경우처럼 이따금 '과학적 사상의 무수한 고전들'을 포함하여 자연 철학에 대한 아리스토텔레스의 저술에 관해 가장 중요한 코멘트를 남긴 수많은 자료 및 '머튼파'의 주요 저서 등 중세 과학에 관한 대부분의 자료, 자연학, 천문학, 수학, 지리학, 의학 관련 소책자와 수많은 관련 논문들이 수천여 권의 사본으로 인쇄되어 퍼져나갔다. 과학 서적의 확산에 있어서 선구적인 역할은 앞에서 언급한 레기오몬타누스가 담당했다. 베사리오네 추기경의 시중을 들며 로마에서 오랜 기간 체류한 뒤에 다시 뉘른 베르크로 돌아온 레기오몬타누스는 기술적 어려움과 기호, 그림, 도표의 사용으로 인한 높은 비용 때문에 이전에 그 누구도 감히 용기를 내지 못하던 수학, 천문학 텍스트를 전문으로 하는 작은 인쇄소를 집 안에 차렸다. 출판처럼 일반적으로 수학이나 과학이 필수적인 문화적 기능을 수행하는 것 외에 어떻게 자신의 시장 점유율을 확보해 나갈 수 있는지를 이해한 다른 사람들이 빠르게 그를 따라 했다. *과학 출판*

　전문가뿐만 아니라 상술이나 금융업 기술을 발전시키면서 늘 산술 능력을 충분히 갖추고 있어야 할 필요가 있는 상인이나 은행가와 같은 광범위한 계층의 대중들에게도 수학은 점점 더 관심을 받는 대상이 되었음은 의심할 여지가 없다. 항해자의 경우 천문학의 도움으로 수평선 위 태양의 높이를 결정하는 위도를 찾아내는 방법을 완성했다. 건축가, 기술자, 그리고 '숙련된 장인들'은 요새와 군사 기계, 광산 및 관개용 수로, 시계 및 항해 장비를 제작하면서 수학적 방법으로 점점 더 복잡해지던 정역학靜力學(물체가 평형 상태에 있을 때 나타나는 힘이나 물체의 변형 따위를 다루는 학문*), 탄도학, 수력학 문제를 해결했다. 화가는 원근법 기술을 발전시키고자 기하학 원리와 광학 법칙을 심화시켜야만 했다. 이는 더욱 광범위한 현상으로 이어졌고, 철학자이 *산술 지식의 필요성*

294

자 과학 역사가였던 파올로 로시(1923-2012)는 15세기부터 자연 철학자, 예술가 및 기술자들 사이에 실현된 생산적인 사상 교류의 중요성에 관심을 보이며 주목했다. 이러한 현상의 원인은 문화적이기도 하고 사회적이기도 하다. 첫 번째로 중세 문화가 종종 자유롭고 교양 있는 인간에게 혐오스럽고 어울리지 않는다고 간주한 활동들(기계적 기술)에 이론적 가치를 승인할 수 있도록 하기 위해 실천적 삶과 시민 참여라는 인문주의적 이상을 활용했음을 기억해야 한다. 두 번째로는 새로운 인물의 역할이 눈에 띈다. 그 인물은 전통적인 대학 교육은 받지 못했지만 만족할 줄 모르는 호기심으로 움직였다. 사실상 15세기에 대학과 함께, 때로는 대학에 반하여 법원, 도서관, 인문주의자 집단, 장인과 예술가의 작업실 등 새로운 연구 및 교육 센터가 등

실천적 삶과
시민 참여

장했다. 이곳에는 학문적인 자격은 없지만 지적 능력과 손재주를 결합한 능력과 부러울 정도로 손쉽게 다양한 분야를 넘나드는 능력을 갖춘 이들이 드나들었다. 그래서 건축가로 유명한 필리포 브루넬레스키Filippo Brunelleschi(1377-1446)는 기술자, 배관공, 수학자이기도 했다. 윤리학자이자 라틴어 산문 작가였던 레온 바티스타 알베르티Leon Battista Alberti(1406-1472)는 계산 도구를 발명한 것 이외에 건축학, 도시 지형학에 대한 글을 썼다. 천문학자이자 실력 있는 수학자였던 파올로 달 포초 토스카넬리Paolo dal Pozzo Toscanelli(1397-1482)는 의사 개업을 하고 지리학과 지도 제작에 종사했다.

르네상스 학자들 중에서 다재다능함의 상징은 당연히 레오나르도 다 빈치(1452-1519)다. 철학, 과학, 기술, 예술을 넘나드는 그의 독특한 능력은 회화 이외에도 공학, 지도학, 광학, 수학, 정역학, 역학, 유체역학, 해부학, 식물학, 탄도학, 지리학, 지질학에 상당히 기여했기에 의심의 여지없이 독립적이고 심도 깊게 논의할 만하다.

과학과 예술

레오나르도 다 빈치는 중세 문화에서 아주 분명했던 과학과 예술의 차이를 문제 삼으면서 15세기에 생겨난 새로운 지식 개념의 유일한 증거를 제공한다는 점에서도 주목을 받았다. 그는 유효성에 대한 탐색에 있어서 참으로 공평한 사고 대비를 거부했다. 그는 온갖 형태의 독단주의, 권위에 대한 숭배, 소수만 이해하는 엘리트주의적 지식 개념의 방지를 위해 저항했다. 자연 현상을 심화시키려는 레오나르도 다 빈치의 단편적인 노력들이긴 하지만 도저히 이해할 수 없는 복잡한 그림, 계산, 글로 적힌 주석, 일정을 문서화한 수천여 장의 종이에서 17세기 현대 과학의 기초를 마련하게 되는 그 모든 노력에 대한 적절한 수정의 근거가 재발견되었다. 그는 마법이나 초

자연적인 개입에 전혀 의지하지 않고 순수하게 이성적인 관점에서 자연 현상을 설명하는 가능성을 신뢰했다. 그는 자연은 자신의 법을 위반하지 않고 '감탄스러울 정도로 그 필요를 충족시키는', 인과관계가 분명한 질서 정연한 시스템이라고 생각했다. 그는 '권한의 중요성을 가치 있게 여기는 것에 이의를 제기하는 사람'이자 '천재성이 아니라 더 많은 기억력을 활용하지 않는 것에 반대'하여 논쟁했다. 게다가 그는 이성과 경험을, 관찰과 이론적 고찰을 결합할 필요성을 역설했다. 중세 문화에서 이미 폭넓게 퍼져 있던 수리 과학 중 하나를 적용할 수 없는 곳에는 그 어떤 확실함도 없다는 레오나르도의 명제에서 갈릴레오의 규칙을 예상하는 것은 분명히 시대착오적일 것이다. 그러나 측정 기기의 역할 및 인공적인 모형에 대한 체험적인 유용성에 관하여 '반대편을 침묵시키고' 주관적 오류를 방지하기 위한 반복적인 실험 결과에 대한 그의 주장에서 드러나는 현대성을 포착할 수밖에 없다.

| **다음을 참고하라** |

철학 레온 바티스타 알베르티: 공작인, 시간과 철학적 교육학(339쪽)
과학과 기술 과학 도구와 그것의 적용(386쪽); 인문주의와 그리스 수학(397쪽); 새로운 고대 원천의 번역과 발견: 그리스어 문헌의 부활(402쪽); 레오나르도 다 빈치(442쪽)

15세기 이탈리아에서의 아리스토텔레스 전통

| 루카 비앙키 |

15세기에 아리스토텔레스 철학의 진정한 '재탄생'을 목격할 수 있었다. 사실 인문주의자들은 미지의 철학 문헌이나 중세 때 덜 연구된 철학 문헌을 복구하는 것 외에, 13세기와 14세기의 거친 비평으로 왜곡된 관점에 대한 정확한 의미를 회복하고자 아리스토텔레스 철학을 재연구할 것도 제안했다. 아리스토텔레스의 그리스어 문헌의 새로운 번역, 헬레니즘 주석의 연구 출판, 문헌학에서 제공된 텍스트 분석 기법의 응용, 새로운 해석 방법의 사용 덕분에 인문주의자들은 스콜라 철학 전통과 관련한 대학 집단까지 전파된 아리스토텔레스 연구에 중요한 변화를 불러일으켰다. 플라톤주의, 향락주의, 금욕주의, 회의론과 비교하면서 아리스토텔레스 철학은 지배적인 철학 전통의 역할을 확인하고 르네상스 시기 동안 무척이나 유행했다.

대학 교육의 기초로서 아리스토텔레스 사상에 대한 교황의 지원

아리스토텔레스 철학

오래된 역사 서술 전통에 따르면, 1125년경에 시작된 그리스어와 아랍어 번역의 큰 물결을 좇아 라틴어 그리스도교계에 확산된 아리스토텔레스(기원전 383-기원전 322) 철학은 13세기에 최고조로 확산되고, 14세기 이후 심각한 위기 단계를 경험했으며, 15세기에 플라톤주의로 대체되었다. 따라서 이 세기에 아리스토텔레스 철학은 결정적으로 현대 과학 및 철학의 출현에 압도당하기 전에 이탈리아의 파도바 대학, 포르투갈의 코임브라 대학이나 폴란드의 크라쿠프 대학처럼 몇몇 보수적인 거점에서만 살아남았다. 오늘날 유럽 사상의 발전이라는 이미지는 실제로 거짓임이 드러날 정도로 부분적이었음이 알려져 있다. 14세기의 아리스토텔레스 철학은 교황의 공개 지원 덕분에 역류 단계를 거치는 대신에 정반대의 확장 단계를 거쳤음이 규명되었을 뿐이다. 15세기와 16세기 사상의 가장 큰 새로움은 중세에 덜 유명했거나 알려지지 않았던 철학적 전통인 플라톤주의, 회의론, 향락주의, 금욕주의 등이 발견됨으로써 사실상 생겨났다. 그럼에도 불구하고 아리스토텔레스 철학이 르네상스 시기 내내 우세한 철학 전통으로 남아 있었다는 것이 점점 더 분명해지기도 한다. 필사본의 종수, 인쇄된 출판물, 번역물, 아리스토텔레스 작품의 토착어 번역이 이를 증명한다. 예를 들어, 논평의 개수가 이를 확인해 주는데, 15세기와 16세기 사이에 이루어진 아리스토텔레스에 대한 논평은 플라톤의 『대화Dialoghi』편보다 적어도 열 배 정도 더 많다.

플라톤 작품의
뒤늦은 확산

　　그것은 무엇보다 플라톤(기원전 428/427-기원전 348/347) 작품의 투입이 대조적으로 더딘 수준에 머물러 있었던 데 반해 아리스토텔레스 작품은 대학 교육 과정 내에서 계속 사용되면서 표면상으로 독점하는 수준에 다다르게 되었기 때문이다. 이미 15세기 중반에 테오도르 가차Theodore Gaza(약 1400-1475)는 페라라에서 수사학을 가르치면서 『고르기아스Gorgia』를 활용했다. 그런데 플라톤의 가장 중요한 『대화』 편이 교육에 사용되기까지는 다음 세기 초반 몇십 년까지 기다릴 필요가 있다. 반면에 16세기 말엽과 17세기 초엽 사이에만 파도바의 레오니코 토메오Leonico Tomeo(약 1446-1531)와 파비아의 코르넬리우스 아그리파Cornelius Agrippa(1486-1535)에 의해 비로소 플라톤 철학이 대학에서 활성화되었다. 그런데 프로그램의 개혁을 망설이는 교육 기관의 비활성화라는 단순한 결과를 아리스토텔레스 전통의 지속적인 영향으로 보는 것은 실수다. 15세기에 『아리스토텔레스 전집corpus aristotelicum』의 연구가 받은 큰 힘은 학교에서 가르치는 철학 교수뿐만 아니라 다수의 인문주의자들이 아리스토텔레스와 그의 추종자들의 사상에 대해 보여 준 지대한 관심 덕분이기도 하다.

15세기 아리스토텔레스의 '재탄생': 번역

사실상 이탈리아 인문주의자들과 이탈리아에 이민 온 비잔티움 대가들은 아리스토텔레스의 작품과 이 작품들에 대한 중세적 접근으로부터 일탈을 보여 주는 그리스 주석가들의 작품을 재번역하려는 원대한 계획을 실현시킬 책임이 있었다. 그래서 아리스토텔레스의 '재탄생'이라고 말하는 것이 합당하지만, 이전에 접근하기 어려웠던 텍스트의 재발견으로 촉발된 플라톤, 원자론(물을 개별 요소로 분리하여 분석할 수 있다고 보는 주의*), 혹은 고대의 회의론에 대한 현대적인 '재탄생'과는 완전히 다르다. 의심할 여지없이 인문주의자들은 중세 때 각광받지 못했거나 부분적으로만 유명했던 아리스토텔레스의 몇몇 저서들과 아리스토텔레스가 기여한 글을 다시 유통시키는 데 기여했다. 『에우데모스 윤리학Etica Eudemia』, 『대윤리학Magna moralia』, 『역학 문제Quaestiones mechanicae』 혹은 조르조 발라(1447-1500)의 새 버전이 1498년에 베네치아에서 출판되었을 때 진짜 '베스트셀러'가 된 반면에 뫼르베케의 기욤 Guillaume de Moerbeke(1215-1286)의 번역에도 불구하고 13세기와 14세기에는 아주 약간의 관심만을 불러일으킨, 정말로 상징적인 『시학』의 경우를 보면 알 수 있다. 그럼에도 불구하고 아리스토텔레스의 '재탄생'은 알려지지 않았던 텍스트의 재발견에 있지 않고 오히려 덜 연구되었지만 라틴어로 번역된 지 꽤 오래된 『수사학Retorica』과 『시학』 같은 텍스트에 대한 관심을 다시 불러일으키는 데 있었다. 그리고 특히 참된 의미를 회복하기 위해 새로운 방식으로 읽기 시작한, 수세기 동안 익숙했던 텍스트의 '복원'에 있었다.

> 뫼르베케가 번역한 『시학』

　이러한 목적을 추구하기 위한 인문주의자들의 도구는 근본적으로 세 가지였다. 새로운 번역, 문헌학에서 제공된 텍스트 분석 기술의 사용, 해석의 새로운 방법과 새로운 원리다. 사실상 인문주의자들은 제일 먼저 아리스토텔레스 글의 우아함을 되살리려고 노력했다. 페트라르카(1304-1374) 덕분에 확산된 믿음을 기반으로 하여 키케로와 로마의 수사학자 퀸틸리아누스까지 거슬러 올라가는 우아함이 그리스어 원본에 담겨 있다고 여겼다. 아리스토텔레스의 작품 전체를 재번역하려는 계획은 메디치가의 코시모와 로렌초처럼 철학 연구의 발전에 지대한 관심을 가진 귀족들의 후원으로, 그리고 특히 에우제니오 4세, 니콜라오 5세Nicolaus V, 식스토 4세와 같은 교황의 행동으로 지원을 받았다. 그 계획은 '진정한 아리스토텔레스를 부활시키려는' 것에 버금가는 『니코마코스 윤리학Etica Nicomachea』, 『자연학Fisica』, 『형이상학 Metafisica』과 같은 텍스트를 멋진 라틴어 문체로 옮기려는 생각(혹은 에우제니오 가린이 애매모호하게 썼던 것과 같은 생각)에서 생겨났다. 이러한 체계에 대응하여 레오나르도 브루니Leonardo Bruni, 잔노초 마네티Giannozzo Manetti, 프란체스코 필렐포Francesco Filelfo, 조르조 발라, 에르몰라오 바르바로와 같은 인문주의자들, 요하네스 아르기로포울로스Ioannis Argiropoulos, 트레비손다의 조르조Giorgio da Trebisonda, 테오도르 가차처럼 그리스어를 배운 이들과 조반니 베사리오네 추기경은 아리스토텔레스에 대한 새로운 번역을 만들어 냈다. 이 새로운 번역은 거칠 뿐만 아니라 부정확하다고

'멋진 문체'로 재번역

평가되는 중세의 번역 대신 사용되었다. 한 단어 한 단어씩 번역하는 방법, 곧 직역 verbum e verbo을 거부하고 개념적 내용rerum doctrina과 아리스토텔레스 문장의 문체 scribendi ornatus 모두를 라틴어로 옮기려 시도했다. 그리고 의미상ad sensum(또는 명제상ad sententiam)의 관점을 통해 전체 의미를 전달했다. 1420년경 레오나르도 브루니 (약 1370-1444)에 의해 공개적으로 이론화된 이 방법은 실제로 매우 다양한 방식으로 적용되었다. 일부 몇몇 사람들이 덜 충실한 의역으로 자신들의 번역을 변형시키는 대가를 치르면서까지 수려한 문체를 목표로 했던 반면에 또 다른 이들은 종종 중세 버전을 아름답게 하고 재검토하는 데 그칠지언정 읽기 쉬운 가독성과 정확함 사이에서 균형을 찾았다.

문헌학과 텍스트 해석의 새로운 방법

'진정한' 아리스토텔레스 복원을 위해 애쓴 인문주의자들이 사용한 두 번째 도구는 문헌학이다. 위대한 헬레니즘 학자들의 출판 활동에 따른 결과로 아리스토텔레스 저술이 겪은 갖가지 고난에 대한 역사적 증거가 재발견되었고, 『아리스토텔레스 전집』은 역사적으로 결정된 산물이었다는 결과를 인식하게 되었으며, 14세기와 15세기에 이탈리아에 이주한 비잔티움 거장들의 가르침이 이루어졌다. 그 거장들은 아리스토텔레스 용어에 대해, 그리고 관례로 전해지는 다양한 가르침에 대해 지대한 관심을 기울였다. 헬레니즘 학자들의 출판 활동은 사실상 아리스토텔레스의 철학에서 그리스어 원전으로 읽은 아리스토텔레스의 텍스트로 관심이 옮겨지도록 점진적

인 변화를 이끌고, 텍스트를 연구할 때 새로운 분석 방법을 사용하도록 인문주의자들을 자극했다. 르네상스 시기에 가장 유명했던 출판업자 중 한 명인 알도 마누치오 Aldo Manuzio(1450-1515)의 결단력 덕분에 1495년과 1498년 사이 베네치아에서 아리스토텔레스의 전작 초판본editio princeps 인쇄가 빛을 보게 된 것이다. (이탈리아 학자 프란체스코 카발리Francesco Cavalli와 영국인 학자 토머스 리너커Thomas Linacre 등의) 국제적인 학자들 집단을 활용함으로써 마누치오는 아리스토텔레스를 소개한다는 원대한 사업을 실현시키는 데 성공했다. "극소수의 그리스 서적들이 그리스어 텍스트를 작업하는 현대의 편집자도 만족시킬 만한 모든 특징들, 즉 독보적인 우아함을 지닌 활판 인쇄술과 멋진 종이, 제본, 정교한 조판, 우수한 교정 등을 갖추어 여전히 인쇄되고 있던 시기에 2천 쪽짜리 2절판 5권을 만들었다"(로렌초 미니오 팔루엘로Lorenzo Minio Paluello).

  세 번째로, 아리스토텔레스를 연구하는 인문주의자들에 의해 도입된 결정적이고 혁신적인 연구 방법은 새로운 해석 방법과 원칙의 발전, 확산을 가능하게 했다. '근원으로 복귀'한다는 이상에 이끌린 인문주의자들은 아리스토텔레스 작품의 직접 읽기, 가능하면 그리스어 원전으로 읽기를 장려했다. 그리고 의역과 주석의 남용을 비판했다. 그들은 아리스토텔레스의 텍스트에서 추상적이고 종종 쓸모없는 문제를 통해 분쟁을 일으킬 단순한 구실을 찾아냈다고 비난하면서, 특히 13-14세기의 주석자들과 논쟁을 벌였다. 또한 그들은 과거의 모든 작가들의 경우처럼 역사적 결정으로 돌아갔을 경우에만 이해 가능한, 인간과 세계를 인식하는 상이한 방법의 증거를 찾아내기 위해 아리스토텔레스를 읽어야 한다고 주장했다. 철학 문헌 주석자의 활동원칙, 목표, 방법을 다시 정의 내리려는 그들의 시도는 이렇게 설명된다. 주석자는 침착하고 명확하지만 우아한 문제를 채택해야만 한다. 과도한 철학적 세부 교칙을 피해야 하지만, 반면에 문학, 역사, 미술 분야에서 모범exempla 사례를 사용하여 논의 중인 학설 내용을 설명하는 것은 자유롭다. 가능하다면 원어로 아리스토텔레스의 저술을 함께 연구해야 한다. 다양한 번역과 가르침의 정확성을 확인하고, 손상된 정도를 구별하고, 위품에서 진품을 구별해 낸다. 마지막으로 가장 시기적으로 가까울 뿐만 아니라 문화적으로 아리스토텔레스에 더욱 가깝기 때문에 가장 신뢰할 수 있는 이차적인 원천으로 간주되는 그리스어 해석에 특권을 부여해야 한다.

  학교 교육에 종사하던 일부 거장들의 강한 반대에도 불구하고 이 새로운 접근법

마누치오의 초판본

원천으로의 복귀

은 점점 더 널리 확산되었고, 14세기 말엽에 대학 교육에 받아들여지는 정도가 되었다. 이런 현상은 무엇보다 이탈리아에서 두드러지게 나타났다. 그리스어 텍스트에서 시작하는 아리스토텔레스에 대한 연구 과정이 파도바에서 열리면서 1497년에 니콜로 레오니코 토메오Niccolò Leonico Tomeo에게 주어진 과제는 종종 '인문주의적 아리스토텔레스주의'에 대한 영광의 상징으로 평가되었다. 안젤로 폴리치아노 (1454-1494)가 피렌체에서 개최한 논리학 과정인『오르가논Organon』과정은 별다른 영향을 미치지 않았다. 그 과정은 (1491년의「변증론 입문 강의Praelectio de dialectica」와 1492년의「라미아Lamia」〔그리스 신화에서 어린아이를 잡아먹는 반인반수 괴물*〕라는) 두 개의 유명한 연설로 시작되었다. 그 연설 중에 인문주의자들 세대가 다시 시작하고 발전시켜야 할 작업 일정이 정리되었다. 스콜라 철학의 대표자들에 반하여 인문주의적 논쟁의 지배적인 주제(즉 토론 문제quaestio disputata 방식의 거부, 그리스어 전문 비평, 우아함과 명쾌함에 대한 탐구)를 다시 제시하는 것 외에 사실상 폴리치아노는『아리스토텔레스 전집』이 고대 후기에 그리스어와 그리스 문화에 대한 탄탄한 지식과 함께 문헌학적 전문 기술을 합친 헬레니즘 문법학자들에 의해 발전된 방법에 따라 연구되어야 한다고 주장했다.

폴리치아노의 과정

그리스 주석자의 재발견과 중세 주해의 지속적인 영향

인문주의 문화부터 그리스어 해석에 대한 새로운 관심으로 이루어진 아리스토텔레스 연구까지, 그리고 더 일반적으로 철학적 문화 발달까지 큰 기여를 한 이들은 다음과 같다. 고대 그리스 철학자 테오프라스투스, 아리스토텔레스의 주석자 아프로디시아스의 알렉산드로스Alessandro di Afrodisia, 아프리카 출신의 라틴어 시인 포르피리오스Porphyrios, 고대 그리스 철학자 테미스티우스Themistius, 암모니우스Ammonius, 심플리키우스와 필로포누스 등이다. 테오도르 가차(약 1400-1475)는 1452년부터 1453년까지 가짜 아프로디시아스의 알렉산드로스의『난제들Problemata』을 번역하면서 이들에 대한 관심을 불러일으켰다. 그에게 영감을 받아 에르몰라오 바르바로 (약 1453-1493)는 1472년부터 1473년까지『분석론 후서Analici posteriori』,『자연학』및『영혼론』에 관한 테미스티우스의 주해를 번역했다. 그런데 이 번역서들은 1481년이 되어서야 출판되었다. 바르바로의 친구이자 제자인 제롤라모 도나토Gerolamo Donato(15세기)는 아프로디시아스의 알렉산드로스의 다양한 단편들을 라틴어로 번역하면서 바르바로의 모범을 따랐다. 그 번역서들 중 최고로 꼽을 수 있는 책은 니콜레토 베르니아(약 1420-1499)와 아고스티노 니포Agostino Nifo (약 1473-약 1546) 같은 철학자들이 출판(1495)도 되기 전에 참조했던 『영혼론』이다. 그렇게 아리스토텔레스 철학의 역사 전통에 새로운 단계가 열리고, 그중 중세에 일부만 알려지고 남아 있던 거의 모든 그리스어 주석들이 재발견되고 번역되고 출판되었다. 이 경우에도 알도 마누치오는 결정적인 역할을 했다. 1495년에 그는 그리스어로 된 아리스토텔레스 작품의 제1권을 취소하고, 아프로디시아스의 알렉산드로스, 포르피리우스, 테미스티우스, 심플리키우스와 필로포누스의 주석 역시 출판할 계획을 공표했다. 이후 다음에 나온 책의 서문에서 더욱 광범위한 형태로 재구성되고 카프리의 왕자 알베르토 피오Alberto Pio(1475-1531)로부터 후원을 받은 이 원대한 계획은 마누치오로부터 시작되었지만 그의 후손들에 의해 1520년과 1530년 사이에 마무리되었다.

**알도 마누치오의
지칠 줄 모르는 활동**

　이러한 새 주석의 유용성은 철학적인 논쟁에 강한 영향을 끼쳤다. 두 가지 예만 들어 보면, 아프로디시아스의 알렉산드로스와 심플리키우스의 주석을 복구한 것은 아리스토텔레스의 심리학에 대한 정확한 해석에 관해 신랄한 논쟁을 부추겼던 반면에, 『자연학』과 『천계론』의 원칙에 대한 풍부한 비평인 필로포누스의 주석에 관한 최고의 지식은 아리스토텔레스의 자연 철학에 대한 심오한 재검토를 유발했다. 아무튼 이 재검토가 중세 주석, 아랍어 주석, 라틴어 주석의 영향력 행사가 중단됐음을 의미하지는 않는다. 15세기 내내 알베르투스 마그누스, 토마스 아퀴나스, 에지디우스 로마누스, 장됭의 장, 월터 벌리, 장 뷔리당의 주석은 계속해서 학교 교육에 속하는 아리스토텔레스주의자들뿐만 아니라, 인문 교육에 속하는 이들에 의해서도 연구되고 활용되었다. 이들은 13세기와 14세기의 '야만인' 거장들에 반대하는 독설에도 불구하고 적어도 근원을 드러내지 않은 채 종종 자신들의 생각을 통합했다. 인쇄 발명의 여파로 라틴 중세의 위대한 아리스토텔레스에 대한 주석은 반복적으로 출판되었고, 그 출판은 대성공을 거둔 뒤 1535년경에 이르러 쇠퇴하기 시작했다. 폴리치아노는 그리스어 해석 작품이 중세 주석가 작품의 자리를 대신하기를 기대했음에도 불구하고, 결국 소요학파의 도서관biblioteca peripatetica은 르네상스기에 알려진 심오한 변화를 대체하지도 못하고 나란히 평가받지도 못했다. 다른 문화적, 언어학적, 종교적 맥락에서 15세기에 걸쳐 만들어진 해석상의 상이한 전통은 갑자기 상호간에 비교 가능하고 받아들일 만하게 되었다. 바로 이러한 해석 자료와 전통의 과잉은 한

**엄청난 양의
자료와 해석**

편으로 르네상스의 아리스토텔레스 철학의 대단한 생명력을 증명한다. 반면에 다른 한편으로 적지 않은 문제를 만들어 냈고, 아리스토텔레스 문학이라는 새로운 장르를 만들어 냈다. '아리스토텔레스의 장서들'은 때로는 몇몇 중요한 비평적인 평가와 더불어 아리스토텔레스의 많은 작품의 주요 판본, 번역 및 주석을 전달했다.

아베로에스의 정반대의 행운

중세 사람들이 아리스토텔레스의 최고의 '주석자'라고 평가했던 아베로에스(1126-1198)의 담화는 15세기에도 여전히 같은 행운을 그에게 안겨줄 만했다. 13세기 전반에 이탈리아, 프랑스, 영국에 널리 알려진 위대한 아랍 철학자의 주석은 14세기 이탈리아의 교육 영역이나 일부 문단에서 대단한 성공을 거두었다. 문단에서의 성공은 단테를 생각하는 것으로 충분하다. 이탈리아에서는 특히 대학 내 신학 교육의 제한된 역할과 뒤늦은 발달이 자연주의적이고 합리주의적인 접근 방식의 확산에 유리하게 작용했고, 정통 그리스도교와 충돌 양상을 보이던 아베로에스의 이상(인류 전체에 공통적인 가능 지성의 단일성, 세계의 영원성 및 종교의 정치적 기능 등)도 흡 **지성의 단일성** 수할 준비가 되어 있었다. 만약 1430년부터 1462년 사이에 파도바에서 자연 철학 강의를 맡고 있던 르네상스 시대의 철학자이자 의사인 티에네의 가에타노Gaetano di Thiene(15세기)가 개체화 이론과 영혼의 불멸성과 더불어 양립할 수 있다는 의미에서 아리스토텔레스의 『영혼론』을 해석하려고 애썼다면, 니콜레토 베르니아나 아고스티노 니포 같은 차세대 거장들은 지성의 단일성에 대한 아베로에스 학파의 입장으로 기울면서 이 교리의 논증 가능성을 부정했다. 이렇게 그리스도교 교권의 반응이 설명된다. 1489년 5월 4일 파도바의 주교 피에트로 바로치Pietro Barozzi(1441-1507)가 지성의 단일성에 대한 공적 갈등을 금하면서 개입했다. 베르니아와 니포가 모두 의견을 철회했지만, 이것이 아베로에스 학파의 종말을 당연히 의미하지는 않았다. 아베로에스 학파는 다양한 흐름으로 세분화되었고, 영혼의 개체성뿐만 아니라 사멸성 또한 주장하던 아리스토텔레스의 심리학에 대한 알렉산드리아 학파의 해석 이론과의 갈등 국면에 접어들면서 16세기에 획기적인 발전을 이루었다. 모든 인간의 죽음 이후 영혼의 생존을 문제시하는 이 두 입장 모두 1513년에 교황 레오 10세(1475-1521, 1513년부터 교황)에 의해 공표된 「아포스톨리치 레지미니스Apostolici regiminis(사도들의 지휘)」 대칙서에서 공동으로 비난받았다는 점에서 의미가 있다.

아무튼 15세기에 아베로에스의 영향이 지성의 본성에 관한 분쟁으로 소멸되었다고 생각하는 것은 잘못된 것이다. 물론 그의 생각은 강한 적대감을 불러일으켰다. 14세기 도미니쿠스회를 통해 확산되고 15세기 내내 회화로 계속 그려졌던 '토마스의 승리'를 통해 보이는 고정관념에 따르면, 몇몇 이들에게 그는 토마스 아퀴나스에게 결정적으로 패배한 '사악한' 사상가의 원형으로 남기도 했다. 이는 유명한 베노초 고촐리Benozzo Gozzoli(1420-1479)의 그림을 떠올리면 된다. 유명한 인문주의자로서 에르몰라오 바르바로를 꼽는 다른 이들의 판단에 따르면, 아베로에스는 아리스토텔레스에 대해 전적으로 신뢰할 수 없는 독서를 했다. 왜냐하면 정확하게 해석한 내용이 별로 되지 않는 그리스어 번역에서 가져온 부정확한 아랍어 버전을 기반으로 하기 때문이다. 그럼에도 불구하고 아베로에스의 철학, 과학, 의학 저술은 끊임없이 교육에 활용되었고 논리학, 자연학, 우주학에 대한 논쟁과 윤리 철학과 정치 논쟁에서 결정적인 역할을 했던 탓에 셀 수 없을 정도의 수많은 인쇄물로 번역되고 출판되었다. 그렇게 중세의 '주석자'라고 불리고 르네상스 시대의 사람들이 독립적이고 독창적이고 논평할 만한 가치를 지닌 사상가로 인식하며 따랐던 그의 영향력의 새로운 국면이 펼쳐졌다.

'불경한' 사상가와
독창적인 사상가

| 다음을 참고하라 |
철학 플라톤과 아리스토텔레스: 대립에서 화해로(312쪽); 스토아 철학에 반대하는 논쟁과 보에티우스와 에피쿠로스의 회생: 로렌초 발라의 철학과 언어학(317쪽); 피치노와 인문주의적인 신비주의(346쪽)

'학파'의 연대: 15-17세기의 교육 철학

| 마르코 포를리베시|Marco Forlivesi |

15세기와 17세기 사이에 대학의 철학은 고전주의와 중세의 상이한 영혼 사이의 열떤
논쟁 속에서 발전했다. 아리스토텔레스 작품에 대한 공통된 해석 변동은 대학의
저술가들이 각자의 역할 모델에 따라 몇 개의 흐름으로 나뉘는 것을 막지는 못했다.
형성된 강력한 역동적 변증법과 수리 과학 및 실험 과학 결과의 비교는 대학의 철학
사상을 개조하고 볼프에서부터 헤겔에 이르기까지 현대 철학 체계의 출현을 준비했다.

15세기: 새로운 전통주의

15세기는 과거의 분열된 정치 상태의 긴장, 문화적 역동성 및 사회적 불안정을 고스
란히 이어받았다. 종교적인 특징도 지니고 있던 정치권력의 중심이 크게 증가했고,
이와 더불어 대학 기관도 커졌다. 대학 제도가 시작될 때부터 채택된 운영 체계에 따
라 통치자들은 대학에서 국가 경영을 위한 전문인을 찾았다. 그리고 이런 이유로 기
존 대학에 보조금을 지원해 주거나 새로운 연구 기관의 설립을 장려하고 재정을 지
원했다. 그런데 대부분의 대학은 (엄격한 의미에서) 국립대학이든 종교단체의 부설
대학 대학이든 연구를 통해 제안하고 논의하는 주제와 논문의 편수를 늘렸다. 사회적 평
화의 취약성, 정치적 분열 및 (무질서의 근원으로 인식되는) 교리 제안의 증가에 대한
문화 엘리트와 그리스도교적이면서 세속적인 지배 계급의 연합과 동조는 서구의 전
체 역사 중 가장 강력했던 '황금시대'라는 신화에 대한 설명 중 하나였다. 이것은 상
이한 방법들을 통해 대학, 인문주의, 아리스토텔레스주의, 플라톤주의, 점성술과 연
금술, 종교적 운동과 기관 등 15세기와 16세기 사상의 모든 기본 구성 요소의 특징
을 구축했다.

특히 대학은 세 가지 현상으로 특징지어졌다. '길(사도)'들의 형성과 경쟁, '학파'
의 형성과 경쟁, 그리고 문자 그대로의 아리스토텔레스 철학의 탄생이다. 세 가지 모
두 과거의 추측에 근거한 안정적인 기준을 확인하려는 욕구에서 생겨났다. '길'은 문
화적 측면이나 정치 교육 측면이나 대학 제도의 구조다. 문화적 측면으로 간주되면
서 길은 무엇보다 철학을 넘어 계시 신학의 보호 문제에 대한 다양한 대답으로 이루
어졌다. '오래된 길'은 신학에 철학을 종속시킴으로써 어려움을 해결했다. '새로운

길'은 두 분야의 영역과 방법을 명확하게 분리함으로써 해결했다. 오래된 길과 새로운 길 모두를 따르는 추종자들은 자신의 논문에서 과거의 인물을 정신적 지주로 삼고자 하는 뜻에 따라 고유한 입장의 원형으로 채택될 수 있는 작가를 연구하게 되었다. 오래된 길의 신봉자들은 13세기 혹은 14세기 초반의 작가들 중에서 선별했다. 알베르투스 마그누스(1200-1280), 토마스 아퀴나스(1221-1274) 혹은 둔스 스코투스 (1265-1308) 같은 이들이었다. 새로운 길의 신봉자들은 15세기 전체 작가들 중에서 선별했다. 생푸르생의 뒤랑Durand de Saint-Pourçain(약 1275-약 1332), 리미니의 그레고리우스Gregory of Rimini(약 1300-1358), 오컴의 윌리엄(약 1280-약 1349), 잉겐의 마르실리우스Marsilius von Inghen(?-1396), 장 뷔리당(약 1290-약 1358) 같은 이들을 선별했다. 이러한 문화적이고 정치적-학술적인 지침은 대학에서 제도적 구조로 드러났다. 몇몇 대학은 '오래된 길'에 따른, 또 다른 대학은 '새로운 길'에 따른, 또 다른 어떤 대학은 두 가지 '길' 모두에 따른 교육을 했고, 동시에 분명히 차이 나는 상이한 길을 유지하면서 제공했다.

오래된 길과
새로운 길

'학파'들은 두 가지 길이 채택한 구체적인 형태 외에도 대학 문화의 방향과 강사진에 있어서 더 세분화되었다. 참조하는 '거장'에 따라서 알베르투스주의, 스코투스주의, 토마스주의(토미즘이라고도 함*), 유명론이 탄생하게 되었다. 혹은 더욱 안정적인 형태로 재탄생하기도 했다. 제도적 차원에서 학파들은 다른 기숙사를 부여받거나 적어도 학과장들은 특정한 사변적 학파에 전념했다. 알베르투스 방식in via Alberti, 토마스 방식in via Thomae, 스코투스 방식in via Scoti, 두란두스 방식in via Durandi을 말한다. 정치 및 문화 차원에서 '학파'들은 15세기에 가장 선풍적이었던 사상의 갈등에 참여했다. 무엇보다 수도원에 들어가지 않은 성직자와 수도 성직자 사이의 모든 갈등에 참여했다. 첫 번째는 주로 '새로운 길'의 추종자들이고, 두 번째는 '오래된 길'의 추종자들이었다. 그 다음에 교황 절대주의와 공의회 수위설 사이의 갈등이었다. 첫 번째는 주로 토마스주의를 따랐고, 두 번째는 '새로운 길'의 추종자들이었다.

학파

중세에 공의회의 결정권이 교황의 권력보다 우위에 있다고 주장하던 공의회 수위설에 반하여 교황 절대주의에 대한 방어 대신에 토마스주의 신봉자들의 입장에서 로마 교황청은 모든 가톨릭 신학에 있어서 참조할 만한 사상가로 토마스 아퀴나스라는 인물을 내세웠다. 또한 15세기 동안 교황청은 토마스주의 신봉자들 혹은 일반적으로 '오래된 길'의 추종자들에게 제한 없이 호의를 보였다. 15세기 중반에 교황은 모든 연구에서 통일된 사상의 기초와 방법론을 도입하려는 행동에 착수했다. 이 행동은 니콜라오 5세(1397-1455, 1447년부터 교황)에 의해 1452년에 파리 대학의 법령에서 전형적인 표현으로 명시되었다. 첫 번째로 법령은 교육에 대한 근본적인 두 가지 방향 전환을 우선적으로 규정했다. 두 가지는 '문제를 통한' 교육에서 '주석을 통한' 교육으로의 전환과 가능한 한 아리스토텔레스(기원전 384-기원전 322)의 원본에 가깝게 따르도록 권장하는 것이었다. 두 번째로 법령은 그러한 변화의 이유를 설명했다. 이는 논쟁거리가 되는 문제가 많아지는 것을 억제했다. 상기된 내용에도 불구하고 15세기 대학의 사상은 강렬하게 역동적으로 유지되었다. 다양한 학파들 중 대표적인 학파들의 충돌이 발생하는 동안에 상호간에 영향을 미쳤고, 상대에 저항했고, 상대를 해체시켰으며, 심지어 상대에 동화되려는 노력의 일환으로 스스로를 초월했다. 다른 한편으로 아리스토텔레스 읽기의 강요는 아리스토텔레스의 전작에 대한 관심, 아리스토텔레스만의 고유한 단어에 대한 관심, 그 단어의 정확한 라틴어 번역에 대한 관심을 대학의 저자들에게 불러일으켰다. 이러한 측면과 관련해서는 대학과 인문학이 어우러졌다.

기본적인
아리스토텔레스주의

16세기: 긴장 상태와 원천의 폭발

한 개씩 낱개로 이루어진 독립적인 가동 활자 인쇄의 발명과 확산은 15세기 후반부터 유럽에서 시작된 혁명적인 지식 확산을 가능하게 했다. 인문주의자들은 고대와 고대 후기 작가들 작품의 다수의 판본과 번역본을 발행하는 데 이를 폭넓게 활용했다. 신학자들과 인문학자들artistae(즉 철학자들 및 인문학부의 교수들) 역시 그들의 동료인 인문주의자들보다 덜하지 않았다. 그들은 기하급수적으로 증가하는 원본 작품들을 출판했을 뿐만 아니라, 13세기와 14세기 작가들의 수많은 텍스트 판본을 바로잡았다. 종교 개혁으로 인한 가톨릭 신학자와 개신교 신학자들과의 충돌은 맨 처음 출판을 부흥시켰고, 교부들의 작품 또한 마찬가지였다. 편집과 관련한 열의는 아리스토텔레스와 그의 주석자들의 작품에도 쏟아졌다. 1495년부터 1498년 사이에 마누치오(1450-1515)는 그리스어로 된 아리스토텔레스 저술의 첫 번째 판본을 출간했다. 이후 몇 년 동안 그리스인 주석자들의 텍스트가 원어로, 그리고 번역문으로 출판되었다. 이러한 '공격적인' 플라톤 철학에 대한 응답으로, 1550년부터 1552년 사이에 아베로에스(1126-1198)의 주석에 대한 새로운 번역이 실린 아리스토텔레스의 유

1495-1498:
아리스토텔레스
저술의 첫 그리스어
판본

명한 모든 전작의 새로운 번역본이 준타Giunta에 의해 출판되었다.

16세기 대학 사상사에서는 종교 운동과 그에 따른 긴장이 특히 두드러진다. 아직 프로테스탄트 종교 개혁이 일어나기 전인 1513년에 교황 레오 10세(1475-1521, 1513년부터 교황)는 주교들에게 보내는 회칙을 공표했다. 그 회칙은 한편으로는 믿음의 교리로, 영혼은 육체의 형상이고 불멸하며 하느님께서 직접 창조하신 것이고, 각각의 인간 육체는 하나의 영혼을 지닌다고 주장하는 논지의 교리를 확인했다. 그리고 다른 한편으로는 그 주제를 다루는 논지를 철학 교수들이 철학적으로 방어할 것을 강요했다. 종교 개혁 자체는 15세기와 16세기 초반을 특징짓는 정치 및 종교 갈등에 꼭 들어맞는다. 한편으로 그 종교 개혁은 반反지성주의 압박을 계승했고, 바로 이 때문에 반反대학적, 수도원 중심적, 그리고 인문주의적 압력을 물려받았다. 종교 **종교 갈등** 개혁의 첫 번째 단계에서 사실상 루터(1483-1546)는 머지않아 토마스 아퀴나스 신학의 주창자들, 토마스 아퀴나스의 스승이자 독일의 스콜라 철학자로 아리스토텔레스의 철학을 그리스도교 신학에 적용한 알베르투스 마그누스를 추종하는 알베르투스 마그누스주의자들, 13세기 둔스 스코투스의 철학을 추종하는 스코투스주의자들, 영국의 철학자 오컴을 추종하는 오컴주의자들이 세상에 남아 있지 않을 것이고, 단순히 하느님의 자식이자 진정한 그리스도교인들만이 남을 것이라고 썼다. 다른 한편 프로테스탄트와 가톨릭 사이의 갈등은 정확하게 개혁가들과 가톨릭교도들 사이의 분쟁에 관련한 논쟁으로, 적어도 2세기 전부터 준비되었음이 분명하다. 루터 자신은 단순히 대학 문화에 대한 반대자도 아니었고 새로운 길이나 오래된 길의 추종자도 아니었다. 반대로 중세 후기 대학의 다른 중요한 저자들과 마찬가지로 여러 학파의 다양한 교리를 수용하고 고유하게 종합하는 능력을 갖춘 사상가였다. 즉 16세기 초반 북유럽 대학에서 유행하던 구조와 패러다임의 일부를 활용하여 학술적 차원에서 종교 개혁의 구성과 강화를 제도적이고 문화적인 틀로 변화시켰다.

가톨릭 내에서 신교가 발흥하기 이전 종교 개혁의 움직임과 신교로 인한 다양한 형태와 비교할 필요가 있는 움직임 사이에 상호 작용은 수많은 변화를 만들어 냈다. 가장 근본적인 변화는 교황 절대주의의 추가적인 통합과 가톨릭교의 완전한 동화에 있었다. 이 과정의 근본적인 요소는 로마 교황청에서 교리와 사람들의 정통을 보장 **교황 절대주의 강화** 하던 (통제) 기관들의 설립이었다. 그중에 신성한 종교 재판(1542)과 신앙생활에 해로운 금서 목록을 작성하고 추방하는 업무를 담당하던 기구인 금서목록성성禁書目錄聖

省(1571)이 있다. 이러한 (통제) 기관은 신학부, 특히 파리 대학 신학부의 교회 및 정치, 사회 역할에 영향을 미쳤다. 교리 문제에 있어서 중재자의 기능 혹은 적어도 전문가의 기능이 박탈된 학부들은 점진적으로 다른 곳에서 설정한 입장을 단순 반복하는 곳이 되어 갔다. 대중적인 학문에 대한 신학부의 운명에서 무엇보다 중요했던 것은 성직자 양성을 위한 신학생 교육과 개별 종교 단체 내에 신학부를 창설한 것이었다. 이러한 구조가 발달되고 아주 느리게 확산되었지만, 결국 고위 성직자를 양성하는 과제와 가장 혁신적인 저자들의 역동성이 신학부에서 사라지고 말았다. 가톨릭 개혁의 구체적인 방법은 철학적이고 신학적인 역사 기록에도 영향을 미쳤다. 트렌트 공의회에서 스코투스주의 신학자들에 대한 토마스 아퀴나스주의 신학자들의 경미한 우위는 공의회 문서를 토마스 아퀴나스주의자들의 어휘로 작성하는 것을 의미했다. 수세기 동안 계속되던 이 현상이 토마스 아퀴나스주의에 비해 더 폭넓게 확산된 스코투스주의를 지워버린 것은 아니다. 그러나 장기적으로 가톨릭 교회가 고유한 평가 기준을 토마스 아퀴나스에 설정한 결과, 역사적 서술의 착오를 만드는 데 기여했다.

이미 앞에서 언급한 만큼 가톨릭에서 추진력이 있는 경우가 부재했다는 결론으로 이어져서는 안 된다. 15세기 말부터 여러 종교 단체의 문화 정책 지침은 두 개의 커다란 군으로 나뉘어 분류되었다. 즉 스코투스주의와 토마스 아퀴나스주의다. 그 어떤 종교 단체도 학파들처럼 15세기 말엽과 16세기의 첫 30년 동안 상대적으로 사라진 알베르투스 마그누스주의나 유명론에 속하지 않았다. 반면에 16세기 말부터 스코투스주의나 토마스 아퀴나스주의의 채택이 확산되어 가는 것을 목격할 수 있다. 공공 연구 영역에서 아리스토텔레스 철학의 자율적 형태는 질긴 생명력을 유지했다. 이것은 엄격한 의미에서 학파 혹은 학파들은 아니고, 오히려 아리스토텔레스의 텍스트와 강력한 관계를 유지하고 동시에 그 텍스트에서 인식론적이고 도덕적인 영역에 있는 새로운 교리를 위한 아이디어와 영감을 끌어내는 교리 전통 묶음이었다. 대학 학부와 개별 종교 단체에서 지지하는 교리 전통 사이의 관계 역시 복잡하다. 전체적으로 잘 운영되는 신학부가 있는 곳은 스코투스주의를 통해서든 토마스 아퀴나스주의를 통해서든 신학에서 중요한 교육을 지속했다. 그러한 학부들이 단순히 시험을 감독하는 기관에 불과하다면 문제가 되는 교육의 기초는 인문학부에서 배우도록 했다. 형이상학 교육의 활성화 역시 스코투스주의를 통해서든 토마스 아퀴나스주의를 통해서든 지원되었고, 이 활성화 역시 인문학부에서 기초를 세웠다.

종교 개혁 역시 종교 개혁이 확산된 나라의 대학에 깊은 흔적을 남겼다. 그러면서 수도회의 소멸, 특정한 사변적인 경향에 기울어져 있던 수도회, 인턴십 및 교수직 연구의 소멸, 대학 교육의 기본 텍스트처럼 아리스토텔레스 저술 활용에 대한 연구의 소멸, 논쟁 방법 및 동일한 학문 수준에 대한 연구의 소멸을 즉각적으로 초래했다. 처음 두 가지 변화는 결정적이었지만, 다른 세 가지는 수명이 짧았다. 몇 년 이내에 아리스토텔레스의 텍스트를 참고로 하는 강좌가 재개되었다. 교육 도구로서의 토론이 다시 시작되었고 시험 및 학위가 복원되었다. 그러나 개신교 대학에 인문주의자들의 방법과 이상이나 반지성주의가 깊이 스며들었다는 점을 덧붙여야 한다. 교리 차원에서 '오래된 길'과 '새로운 길'을 따르는 학자들 사이의 구별 혹은 한 방향으로 병합되지 못한 알베르투스 마그누스주의, 토마스 아퀴나스주의, 스코투스주의, 그리고 유명론자들 사이의 구별은 일단 사라졌다. 결과적으로 16세기 후반부터 개신교 대학 자체가 종파에 근거하여 구별되기 시작했다. **개신교의 세계**

16세기와 17세기: 아리스토텔레스의 쇠락과 아리스토텔레스 철학의 절정

16세기와 17세기에 걸친 시기에는 주석 문학 장르의 감소와 체계적인 안내서의 발달이 목격되었다. 체계적인 안내서라는 표현은 제1원리들에서 하나 또는 여러 파생된 지식의 전체 범위에 대한 텍스트를 의미하지는 않는다. 반면에 이전 텍스트에서 논의된 주제의 순서가 아니라, 오히려 조사된 사물 및 그것들을 연결하는 관계의 특성을 독자에게 드러내려는 의지로 주제의 배열이 정당화되는 작품이라고 이해되었다. 체계적인 안내서는 16세기 말엽의 발명품이 아니다. 그럼에도 불구하고 문화적, 정치적 동향은 주석의 문학 장르를 선호했다. 16세기 전반기에 주석 장르는 여전히 광범위하게 사용되다가 16세기 후반에 상황이 변했다. 각 분야에서 독자에게 소개할 입장과 자료의 양은 기하급수적으로 증가했다. 이 때문에 대학 법령이 기준 텍스트로 제시하는 작품에 따라 안정된 주제의 순서를 따르는 것이나, 그 텍스트의 간단하고 가능한 설명으로 새로운 동향을 소개하는 것이 점점 더 어려워졌다. 이러한 불편함이 생겨남과 동시에 16세기의 저자들은 분야별 습득 및 전시에 대한 올바른 절차 사안에 대해 토론을 벌이는 데 점점 더 열중했다. 이러한 논쟁은 방법론적인 엄밀성에 대한 강한 기대감을 불러일으켰고 적절한 '재구성'과 내용이 담긴 아리스토텔 **체계적인 안내서**

레스의 텍스트를 필요한 것으로 평가하게끔 영향을 미쳤다.

가톨릭에서 제2의 힘이 변화의 방향으로 밀어붙였다. 인문학부 교수들의 저술은 아리스토텔레스의 교리가 본질적인 특성에서 가톨릭 교리와 일치하지 않는다고 분명히 말한다. 이는 무엇보다 오래된 혹은 새로운 버전의 주석 연구로, 그 다음에는 새로운 관점의 형성으로 옮겨갔다. 그 형성에서 아리스토텔레스는 상황 이해에 참조가 되는 주요 핵심적인 역할을 계속한다. 그런데 진정한 철학은 그 작품의 주석 형태로 더 이상 드러나지 않았고, 오히려 '직접적인' 방법으로 드러났다. 개신교적인 맥락에서는 동일한 변형이 약간 다른 방향에서 이루어졌는데, 그 안에서는 다양한 개신교 종파들 사이에서의 차이가 결정적인 역할을 했다.

이러한 사례의 결과로 몇 년 후에 자료 자체의 내부적인 필요성에 따라 주석에서 자료의 재배열까지 길이 만들어지고, 진정한 발전을 이룰 때까지 '토론disputationes'으로 나뉘었다. 17세기 중에 유럽에서 다수의, 그러나 여전히 일부 참고 서적과 관련한 철학 과정과 신학 과정 서적들이 인쇄되었다. 이 서적들은 상이한 특징들을 지녔다. 분야별로 전체적인 혹은 단일한 부분에 전념하는 것일 수도 있고, 종합적이거나 장황할 수도 있다. 주목을 거의 못 받거나 혹은 상당히 사변적인 것일 수도 있다. 철학 텍스트의 경우에 라틴어 혹은 속어로 쓰였을 수도 있다. 이 저서들은 내용에서도 차이가 난다. 몇몇 저자들은 특정 사상가를 참조하지 않았다. 이는 대부분의 경우 공공 연구 분야에서 만들어진 철학 서적이었던 경우다. 다른 저자들은 명시적으로 몇몇 중세 거장들을 참조했다. 둔스 스코투스, 토마스 아퀴나스, 바뇨레조의 보나벤투라(약 1221-1274), 에지디우스 로마누스(약 1274-1316), 요한 바콘토르프John Baconthorpe(약 1290-약 1348)가 그들이다. 켄터베리의 안셀무스Anselmus Cantuariensis(1033-1109), 클레르보의 베르나르두스Bernardus Claravalensis(1090-1153) 혹은 카르투지오회의 디오니시오Denis the Carthusian(1402-1471)가 신학에서 필수로 여겨진다. 이는 대부분의 경우 종교 단체의 맥락에서 진행되었고, 드물지 않게 동일한 종교 단체의 수장의 압력을 받아 저술되었다. 개신교에서도 차이와 분열이 발생했고, 이 경우 역시 근본적인 역할을 담당하는 다양한 종교 단체 사이의 경쟁에 따른 긴장에 의해서 발생했다.

주석에서 토론까지

17세기 중반: 새로운 자연학의 균열

15세기와 17세기 사이에 대학에서 철학의 발달은 복잡하고 역동적인 현상이었다. 그럼에도 불구하고 아리스토텔레스 시대와 근대라는 두 세기의 구분점을 정확하게 17세기 전반기로 정의 내리는 것을 가능하게 하는 정도의 변화가 있었다. 이 변화는 특히 자연학 영역에서 벌어졌다. 아리스토텔레스의 자연학은 두 가지 기본적인 특징을 지녔다. 첫째로 물질의 성질과 그 물질 내부에 일정한 양으로 존재 혹은 부재하는 특성의 효과로 자연 현상을 해석했다. 둘째로 등속 운동을 상태로서가 아니고 오히려 변화 형상으로 이해했다. 16세기 말엽과 17세기 초엽에 분명하게 독보적으로 두각을 나타내며 등장한 학자 중 한 명인 갈릴레오 갈릴레이Galileo Galilei(1564-1642)는 아리스토텔레스의 자연학의 기본 관점이나 등속 운동의 특성에 대한 논문을 거부했다. 첫째, 자연 현상은 크기, 모양, 운동의 관점에서 전부 설명 가능하다는 논문을 반대했다. 두 번째, 관성의 원리에 반대했다. 움직이는 하나의 물체의 등속 운동은 이 물체에 끊임없이 가해지는 어떤 요인도 필요로 하지 않는다. 이는 갈릴레이가 자연학에 수학을 적용한 대학 연구자들의 파상을 극복하고 상대적으로 직접적인 방법으로 자료와 대등한 주장을 공식적인 언어로 표현하는 과학으로 자연학을 변모시킬 수 있도록 했다.

갈릴레이에 의해 자연학에 각인된 전환점은 무에서 생겨나지 않았다. 피사 출신의 사상가의 원칙을 구성하는 요소들은 중세 후반과 르네상스 문화 및 무수한 사변적 성찰에 근거한 전통에서부터 준비되었다. 즉 토마스 아퀴나스주의, 스코투스주의, 머튼주의, 파도바의 아리스토텔레스 철학, 인문주의 전통에서 토양을 닦았다. 이외에도 이 전환점은 일반적으로 문화에 대한 인간의 열망뿐만 아니라 대학 내 연구자들의 특별한 열망에도 응답했다. 사실 갈릴레이의 원칙은 대학에서 바로 논쟁거리가 되었다. 왜냐하면 가장 강력한 자연학적 현상 조사의 이론적인 도구를 갈망한 자연 철학자들의 박식함 때문이다.

새로운 자연학의 확산으로 도입된 변형 중 두 가지가 주목받기에 충분할 정도로 특별하다. 아리스토텔레스의 작품을 기반으로 한 과학의 전체적인 도안은 재설계되어야만 한다는 신념과 자연학이 모든 지식 영역에서 수학화 혹은 적어도 공식화를 신속하게 실현시킬 수 있으리라는 희망의 확산이었다. 앞서 언급한 신념은 실질적으로 일반적인 차원에서 과학의 공식화에 기여하였고, 반면에 지금 기억되는 희망은 17세기 동안 자연학과 다른 분야에서는 기본적으로 일관된 구체적 해결안으로 옮겨지지 않았다.

| 다음을 참고하라 |
철학 15세기 이탈리아에서의 아리스토텔레스 전통(295쪽)
과학과 기술 15세기 과학 논쟁의 일부 측면(391쪽)

플라톤과 아리스토텔레스: 대립에서 화해로
| 루카 비앙키 |

15세기 내내 인문주의자들에 의해 진행된 역사적, 철학적 연구는 가장 주류를 이룬 고대 사상가와 사상을 대상으로 하여 꽃을 피웠다. 더 이상 찾아볼 수 없을 정도의 사상가, 즉 철학자 아리스토텔레스는 고전 시대와 헬레니즘 시대의 위대한 철학자들과 위상을 나란히 했고, 특히 플라톤과 비교되었다. 처음에 이 비교는 스승과 제자 사이에 누가 더 위대하고 가장 진실에 가까웠는지를 정하기 위해서였으나 15세기 말부터 이탈리아의 철학자로 신플라톤학파인 피치노와 이탈리아의 인문주의 철학자인 피코 델라 미란돌라 덕분에 아리스토텔레스와 플라톤의 차이점은 내용보다는 방법이나 언어에 의한 것이라는 논지에 따른 조화로운 해석이 우세해졌다.

대립

라파엘로(1483-1520)가 1508년과 1511년 사이에 바티칸 서명의 방에 그린 〈아테네 학당Scuola di Atene〉은 15세기 내내 인문주의자들에 의해 진행된 역사 및 철학 연구가 고대 사상의 주요 흐름과 인물을 어떻게 재발견하게 했는지를 매우 효과적인 방식으로 기록하고 있다. 소크라테스, 소피스트, 고전 시대와 헬레니즘 시대의 위대한 철학자와 과학자들 가까이에 위치한 아리스토텔레스(기원전 384-기원전 322)는 수세기 동안 최고의 철학자로 불리는 영예를 간직해 왔는데, 그림 속에서는 수많은 고대 철학자 중 한 명으로 그려져 있다. 만약에 라파엘로의 걸작에서 피타고라스와 나중에 덧그려지면서 미켈란젤로의 얼굴로 그려진 헤라클레이토스, 소크라테스, 프톨레마이오스, 디오게네스, 그리고 어쩌면 플로티노스를 알아차리게 되면, 전체적인 구도의 중심점에 수많은 제자들에 둘러싸인 플라톤(기원전 428/427-기원전 348/347)과 아리스토텔레스가 있다는 사실이 파악된다. 먼저 플라톤은 『티마이오스』를 왼팔 아래 끼고 오른손 검지로 하늘을 가리키고 있다. 그리고 아리스토텔레스는 왼손으로 『윤리학Etica』 책을 들고 활짝 핀 오른 손바닥을 아래로 향하고 있다.

　플라톤과 아리스토텔레스가 선택한 책의 의미와 그들의 몸짓의 상징성에 대한 많은 논의가 있었다. 어떤 이들은 정반대의 내용을 지적했고, 다른 이들은 좀 더 정확하게 상보성을 주장했다. 사실상 서명의 방 안에 있는 모든 프레스코화가 심오하게 신플라톤적인 영감을 드러낸다면, 〈아테네 학당〉에서 마르실리오 피치노(1433-1499)와 조반니 피코 델라 미란돌라(1463-1494)의 영향은 철학의 정확한 개념을 숙고하는 데 특별한 영향을 끼친다. 그 개념은 아리스토텔레스의 사상이나 플라톤의 사상으로 식별되지 않고, 오히려 인간 이성에 대한 가장 고양된 두 설명으로 평가되고, 뚜렷이 구별되지만 조화시킬 수 있는 플라톤과 아리스토텔레스 학설의 종합으로 이해된다. 이런 방식으로 라파엘로는 논의의 여지가 없는 명백한 중심성을 그려 냈다. 이 두 철학자 사이의 비교라는 주제는 15세기를 압도했다. 이미 중세 문화에서 논의된 이 주제는 조르조 제미스티오 플레톤Giorgio Gemistio Pletone(약 1355-1452)의 개입으로 대단히 성행하게 되었다. 비잔티움 학자 중 한 명인 그는 1438년부터 1439년 사이에 동방 교회와 서방 교회의 연합을 위한 페라라-피렌체 회의에 참석했다.

라파엘로의 〈아테네 학당〉

논쟁

지병으로 피렌체에 머물게 된 제미스티오 플레톤은 아리스토텔레스가 플라톤과 구별되는 간략한 핵심 내용을 그리스어로 풀어냈다. 그는 확립된 비잔티움 전통에 따라 그 스승(플라톤)이 그 제자(아리스토텔레스)보다 형이상학적으로 훨씬 더 위대하다는 사실에 만족하지 않고, 소요학파 철학 전체에 대해, 특별히 도덕론(정당한 수단), 우주론(세계의 영원성, 천상과 지상의 인과관계), 그리고 하느님의 창조 행위를 거부하는 신학론에 초점을 맞추고 신학론에 대한 거센 공격을 시작했다. 비잔티움 세계에 논쟁을 불러일으킨 이 책자는 로마의 조반니 베사리오네(1403-1472) 추기경 주변에 모인 그리스 이주민들 사이에서 활발한 논쟁의 대상이었다. 그러나 족히

20년 동안 라틴어 저자들에게 흔적을 남기지 않았던 듯하다. 놀랍게도 한 세기가 지

나서야(1540년과 1541년) 라틴어로 풀어쓴 『플라톤과 아리스토텔레스의 차이점De differentiis Platonis et Aristotelis』이 인쇄되었다. 그러면서 소아시아 동북부의 중세 제국이 었던 거대 그리스의 식민지 트레비손다의 조르조(1395-1484)의 회신 덕분에 아리스 토텔레스와 플라톤의 '우위'에 대한 논쟁은 일반적인 반향을 얻게 되었다. 1458년의 『아리스토텔레스와 플라톤 철학 비교Comparatio philosophorum Aristotelis et Platonis』에서 바로잡을 수 없는 반그리스도교적 철학을 창시한, 뿌리 깊이 부도덕한 사람으로 나 타난 플라톤의 이미지는 동방과 서방 교회의 협력에 노력한 동방 정교회의 인문주의 신학자 베사리오네의 항변을 야기했다. 그는 1459년 첫 번째 그리스어판으로 만들 어진 『플라톤에 대한 무고자In calumniatorem Platonis』를 펴냈다. 베사리오네는 테오도 르 가차(약 1400-1475)와 니콜로 페로티(1429-1480)의 도움으로 중요성을 지니게 된 문헌의 그리스어-라틴어 버전이 1469년에 출판되기까지 10여 년 동안 작업을 계속 했다.

　자신의 주목할 만한 역사적-문헌학적 준비를 하나의 성향과 결합시키면서 트레 비손다의 조르조는 세 가지 주요 논문에 도움이 되는 각자 다른 가치를 지닌 많은 주 요한 논쟁들을 한데 모았다. 아리스토텔레스는 철학 분야에서 인류의 가장 위대한 후원자로 평가되는 반면에 플라톤은 말이 많고 공허하고 간섭하기 좋아하는 탓에 아 무런 학문적 기여도 하지 않은 것으로 평가될 수 있었다. 비잔티움 제국의 철학자로, 르네상스 시대 플라톤 연구의 중심인물로 플라톤 철학을 부흥시켜 아리스토텔레스 철학의 권위를 위태롭게 했다는 평가를 받는 제미스티오 플레톤이 변명한 것과 달 리, 심지어 삼위일체의 교리도 제시했을 아리스토텔레스가 사악한 플라톤보다 그리 스도주의에 훨씬 더 가깝다. 플라톤의 신학은 이교도 미신의 끔찍한 혼합물이었다. 이외에도 플라톤은 고결한 아리스토텔레스와 반대로 '지독한 늙은 호색한', 동성애 자, 술주정뱅이에 애국심이 없고 자기중심적인 과대망상증 환자였다.

　이와 비슷한 폭력적인 공격은 초기 인문주의자들에 의해 진행됐던 수월한 화해 노력을 압도했다. 고대 그리스, 이슬람, 중세 전통을 참조한 초기 인문주의자들은 두 명의 위대한 그리스 사상가들 사이에 화해할 수 없는 학설 논쟁은 존재하지 않고 단 지 용어 및 방법의 차이만 있을 뿐이라며 그들 철학의 양립 가능성을 종종 언급하였 다. 그러므로 더욱 믿을 만한 용어 색인 편집 프로그램을 재구성할 필요가 생겼다.

베사리오네는 트레비손다의 조르조가 플라톤에게 퍼부은 비난으로부터 플라톤을
옹호하려는 목적으로 쓴『플라톤에 대한 무고자』를 통해 이를 재구성하려고 제안했
다. 자신이 플라톤에 대해 호감을 가지고 있음을 선언했음에도 불구하고 베사리오
네는 일정한 등거리를 과시했다. 그가『국가Repubblica』에서 그려졌던 정치 이론을 높
이 평가한 반면, 보통 사람에게 적합하지 않은 것으로서의 결혼 개념을 비판했는데,
그들(보통 사람들)의 필요성에는 아리스토텔레스의 생각이 더 화답하는 것으로 인식
했다. 그리고 만약에 아리스토텔레스를 '신성화'하려는 모든 논지를 단호하게 거부
한다면, 그렇다고 이 거부가 플라톤에게 세례를 주려는 의도는 아니지만 둘 다 그리
스도교 신앙에 반대되는 특정 학설을 옹호했음을 인정했다. 그럼에도 불구하고 글
의 탁월한 명확성과 제시한 순서를 인정받아 두 세기 동안 유럽 전역에서 대학의 철
학 교육이 아리스토텔레스의 작품에 바탕을 두었던 만큼 얼마나 플라톤에 반하는 의
심이 확산됐는지를 알 수 있었다. 베사리오네는 이 선호도를 정당화하기에 적합하
고 익숙한 동기가『대화』에 영감을 주었던 의도에 대한 오해로 생겨났기에 일관성이
없다는 점을 증명하느라 힘들어했다. 수수께끼 형태인『대화』의 시적인 이미지와 신
화의 사용은 저자의 비약적인 논리학적 자세에서 혹은 과학적 엄밀성에 대한 주장을
무시하는 것에서 생겨난 것이 아니다. 오히려 모든 이들이 이해할 만한 말로 표현할
수도 없고 표현되어서도 안 되는 그의 담론의 숭고한 형이상학적 높이에 기인한 것
이다.

화해

플라톤이 주장했던 인간의 영혼이 몸과 결합하기 이전에 다른 영적 세계에 존재했다
는 학설인 영혼선재설靈魂先在說의 마지막 속성처럼 과도한 주해 강제력의 대가로, 아
리스토텔레스와 플라톤의 화해의 지지자인 베사리오네는 이러한 일치를 동등한 관
점에서 이해하지 않았지만, 사변적인 여행 경로의 원천으로서 플라톤의 우위를 인
정했고, 이것은 '방법론화'와 확산에 제한되었다.『대화』의 모호함을 '역사화'하고
아리스토텔레스의 저술이 부분적으로 밝혀냈을 진리에 대한 대답의 원천을 집어내
면서 베사리오네는 두 명의 위대한 그리스 철학자들의 불일치가 실제로 존재하는 것
에 비해 더 많이 언급되고 있다고 여기고 차례대로 토포스topos(문학의 전통적인 주제
및 사상*)를 다시 다루었다. 그런데 그의 아리스토텔레스는 전형적인 플라톤적 개념

아리스토텔레스
대 플라톤

'신성한' 플라톤

도식에 따르면 '신성한' 플라톤에 대한 지상의 사본 및 불완전한 사본으로, 그리고 반사 및 그림자로 축소되었다.

몇 가지 예외를 넘어 베사리오네가 만들어 낸 해석 전략은 15세기의 수많은 철학자들에게 대환영받았고 미세한 차이를 보이며 부활했다. '철학적 평화론'의 사도인 조반니 피코 델라 미란돌라가 (비록 말이 아니라면 의미와 실체로) 플라톤과 아리스토텔레스 사이의 총합의 개념을 확인했다면, 다른 사람들은 상호 보완으로서 그들의 화합concordia을 원했다. 마르실리오 피치노가 공개적으로 지지했고 비테르보의 에지디오Egidio da Viterbo(1465-1532)가 발달시킨 이 관점에 따라 플라톤이 형이상학과 신학 영역에서 분명한 우위를 차지한다고 인정되었다. 반면에 아리스토텔레스는 논리학과 자연 철학의 최고 권위자로 남았다. 따라서 화합은 연구 분야, 담론의 수준, 방법의 명확한 경계를 통해 가능했다. 이렇게 15세기 중반에 제미스티오 플레톤, 트레비손다의 조르조, 베사리오네에 의해 정리된 플라톤과 아리스토텔레스의 차이와 비교comparatio는 피코와 피치노에 의해 화합이라는 용어로 재번역되었다. 바로 이러한 접근 방식이 길이길이 남을 〈아테네 학당〉이라는 '고대 철학에 대한 그림 역사'를 완성하도록 라파엘로를 이끌었던 것이다. 사실 그들의 철학 사이에 '조정', '합의', '심포니'의 모티프에 대한 변함없는 논지를 참조하려면 플라톤과 아리스토텔레스의 관계에 관한 문제를 헌신적으로 연구했던 16세기의 수많은 저술들의 제목을 살펴보는 것으로 충분하다.

분리된 연구 영역

| 다음을 참고하라 |
철학 15세기 이탈리아에서의 아리스토텔레스 전통(295쪽)
문학과 연극 인문주의: 일반적 특징(482쪽)

스토아 철학에 반대하는 논쟁과 보에티우스와 에피쿠로스의 회생: 로렌초 발라의 철학과 언어학

| 아녜세 괄드리니Agnese Gualdrini |

로렌초 발라의 다면적인 작업은 인간의 자연적인 성향과 고전 텍스트의 진리와 관련하여 최대한 현실을 준수하는 철학 복원 시도의 표현이다. 여기에서부터 스콜라 철학 논리의 중요한 세부 요소에서 어느덧 순수하게 형식적이고 추상적인 언어로 축소된 언어verba와 실재res 사이의 관계를 갱신할 정도인 반스토아 학파의 쾌락주의 및 모든 분야에 적용 가능한 수사학에 대한 예찬에서 철학에 대한 흥미가 위축되었다.

중세와 인문주의 사이

중세와 인문주의 사이의 추이를 분석하는 데 있어서 대부분의 역사 편찬은 종종 두 개의 상이한 인식론적 기초를 강조하면서 일반적으로 한 시대의 폐막과 새로운 시대의 개막이라는 개념을 주장하였다. 이러한 연구 지평에서 로렌초 발라Lorenzo Valla(1405-1457)라는 인물은 중세의 스콜라 철학에 공공연히 반대하던 당대의 새로운 사상의 지지자로, 일반적으로 15세기 이탈리아의 가장 유명하고 세련된 인문주의자 중 한 명에 속한다. 사실 그가 의심할 여지없이 다음에 오는 르네상스 전통에 영향을 끼치게 될 문헌학적인 관점을 선택하기 때문에, 그리고 점점 더 숨 막히고 지적으로 마비된 지성적 전망과 함께하던 스콜라 철학의 방법론을 반박하기 때문에라도, 로렌초 발라는 중세의 문화 지평에서 분명히 독립적이라고 할 수 없다. 중세 철학은 되풀이되는 주제에 대한 단일하고 일정한 재작업이 아니라 서로 전혀 다른 이론적 입장과 전통의 상호 교류로 이루어졌다. 발라는 여전히 아리스토텔레스 철학과 아베로에스주의에 관련한 학술 분쟁으로 야기된 현실과의 분리를 거부했고, 이후 피렌체 플라톤주의로 통합되는 방향 및 문헌에 대한 성례 해석으로 특징지어지고 마법-밀교적 영향에 의한 철학 창조로 특징지어지는 방향에 참여하지도 않았다. 발라의 수사학자로서의 전형적인 결정적 기여에 따르면, 그는 문헌의 본래 의미를 왜곡하는 무능력에 반대하고 실제적인 삶의 차원으로 인간을 다시 불러냈다. 수사학은 언어의 우아함elegantia을 사용하여 발전시키는 과제를 안고 있다. 그래서 과거에 대한 진정한 이해가 가능해지는 순간부터 철학은 인간 사상을 표현하는 말과 범주의

발라의 문헌학

정확한 이해를 이끌어냈다. 발라의 문헌학은 동시에 역사 서술적이 되었던 것이다. 단지 이 방법을 통해서만 사물의 현실과 인간의 본성을 전체적으로 파악하는 것이 가능했다.

생애와 작품

1405년 로마에서 태어난 이탈리아 북부 피아첸차 가문의 로렌초 발라는 조반니 아우리스파Giovanni Aurispa(1376-1459)와 카스틸리온 피오렌티노의 라누초Ranuccio da Castiglion Fiorentino(14-15세기)의 제자로, 로마를 거쳐 피렌체에서 아주 어린 시절부터 고전 라틴어와 그리스어를 공부했다. 1430년에 파비아로 옮겨 웅변술을 가르쳤고 유명한 대화록인『쾌락론De voluptate』(1431)을 썼다. 이는 많은 논쟁과 비난을 불러일으킨 다양한 초안과『참된 선과 거짓된 선De vero falsoque bono』(1433),『참된 선에 관하여De vero bono』(1444),『참된 선에 대한 찬사Panegiricon cle vero bono』(1483) 등 계속 제목을 바꾸어 유명해진 문헌으로 쾌락주의의 기쁨에 대한 재평가를 내리고 있다. 법률가 사소페라토의 바르톨로Bartolo da Sassoferrato(1313-1357)에 관한 씁쓸한 분쟁에 이어 바로 1433년에 발라는 살던 도시를 떠나 이탈리아의 여러 도시를 옮겨 다닐 수밖에 없었다. 제노바와 피렌체를 거쳐 1435년에 나폴리에 자리를 잡았고, 그 곳에서 아라곤의 알폰소 5세(1396-1458)의 서기관직을 맡았다. 수세기 동안 교황의 임시 권력을 주장하는 근거가 되었던 서류의 거짓을 문헌학적으로 증명하는 것을 목표로 한 유명한 책자『콘스탄티누스의 증여라고 믿어진 선언의 허구성De falso credita et emenditia Constantini donatione』(1440)은 아라곤 법원의 반교회적 지침에 있어서 정치적이고 문화적인 도구로 제공되었다. 그 법원은 1444년 종교 재판에 기소되고 공소가 제기된 발라의 변호에 개입했다.『자유의지론De libero arbitrio』과『논리적 토론Disputationes dialecticae』(1439)의 초고 외에『라틴어의 우아함에 관한 6권의 책 Elegantiarum latinae linguae libri sex』(1435-1444) 같은 중요한 학술서의 초안 작성 역시 나폴리 체류 시기로 거슬러 올라간다. 이 글을 통해서 발라는 수세기 동안 쌓인 불순함을 떨쳐버린 고전 라틴어의 전체적인 복원 및 신성한 텍스트에 대한 문헌학적 적용을 위한 도구를 제공했다. 이는『신약 성경에 관한 주석Annotazioni sul Nuovo Testamento』(1449)에서 잘 드러난다. 이 서적은 데시데리위스 에라스뮈스Erasmus Roterodamus(약 1466-1536)가 매우 높게 평가했고, 16-17세기 가톨릭 교회 내부의 자기 개혁 운동인

기소 및 재판

반종교 개혁 중에 트렌토 공의회를 통해 도서 목록에 실리게 되었다. 1448년에 니콜 로마로의 복귀
라오 5세(1397-1455, 1447년부터 교황)가 교황으로 선출된 덕분에 레온 바티스타 알
베르티(1406-1472), 피에로 델라 프란체스카Piero della Francesca(1415/1420-1492), 포
조 브라촐리니Poggio Bracciolini(1380-1459) 사이에서 환영받는 교황의 후원자 중 한 명
이었던 발라는 수사학 교수이자 교황의 비서 자격으로 로마에 돌아왔다. 로마 체류
중에 발라는 호메로스, 이솝, 헤로도토스, 투키디데스의 작품 번역에 매달렸다. 그
리고 로마에서 1457년에 세상을 떠났다.

수사학의 중요성

때때로 확인되던 바와 달리, 로렌초 발라의 작품은 수사학과 언어적 우아함이라는
이름으로 철학에 대한 비판을 나타내지는 않았다. 철학적인 주제에서도 단어에 부
여된 중요성과 문헌학의 적용은 전혀 현실에 상응할 수 없는 형식적이고 엄격한 논
리 연습으로 철학을 추락시켰던 대학 내부의 학문적 논쟁에 대한 응답으로 다양한
관점을 제공하는 것을 목표로 했다. 이외에도 고전어에 대한 적절한 지식이 없던 중
세의 스콜라 철학은 더 이상 진리와 관계할 수 없는 인공 언어를 만들어 내면서 일련
의 오해와 다의성多義性을 불러일으켰다. 이런 의미에서 발라의 고찰은 아리스토텔 언어에 대한 논평
레스의 논리학 용어의 기초 개념에 대한 문법 분석을 통하여 언어에 대한 실질적인
개정을 제안했다. 인간 지식의 대상이 '사물'이라면 고전적 형이상학의 용어는 전적
으로 무의미하고 보편성이 부족하다는 가정에서 시작한 발라는 존재자ens, 어떤 것
aliquid, 일unum, 진眞, verum, 선bonum의 첫 번째 개념은 실질적으로 구체적인 한 단어
실재res의 특별한 표현에 불과하다고 주장하기에 이르렀다. 추상적인 용어는 형용
사에만 관련되어 있고, 이것은 단지 사물을 질적으로 규정하도록 결정되어 있다. 문
장 속에서 주어에 대해 진술하는 동사 이하 부분인 술부는 실체, 행위, 성질의 세 가
지로 축소되고, 초월적인 것은 하나로 축소된다. 왜냐하면 실재res만이 개체의 특별
한 한정을 표시하지 않기 때문이다. 언어는 진정한 진리의 규준(지식, 인식, 판단이 진
리인지 아닌지를 판정하는 척도*)이 되었고, 로마의 수사학자인 퀸틸리아누스(약 35-약
96)의 가르침을 통해 수사학은 새로운 학문이 되었으며 철학부터 역사 기록학 및 신
학에 이르기까지 모든 학문의 특별한 수단이 되었다. 더 이상 단순하게 설득의 영역 학문의 특별한 수단,
수사학
에만 국한되지 않은 수사학은 개연성과 신뢰성에 관한 담론 설정뿐만 아니라 변증법

적 방식의 적절하고 필요한 증명 가능한 논거 역시 자체적으로 흡수했다. 이러한 관점에서 (역사성으로 평가되는) 언어의 지식에 관한 유효함을 확인할 수 있는 역사학으로 이해되는 문헌학은 세속적인 차원의 재정복에 근거한 지식의 새로운 모델을 발견했다. 『콘스탄티누스의 증여라고 믿어진 선언의 허구성』은 그렇게 서술된 문헌학의 적용과 올바른 고전 읽기의 아주 좋은 예다.

스토아 철학에 반하는 논쟁

수사학에 대한 재평가는 학교scholae 내의 지배적인 거짓된 철학 구조에 대한 비판을 분명하게 표현했다. 발라의 비판은 현실과 너무나 동떨어진 철학적 방법의 추상성에 대한 고발에 불과하지는 않았다. 그의 비판은 아리스토텔레스의 논리학에 대한 거의 독점적인 숭배로까지 확장된다. 실질적인 철학에 주의를 돌리면서 발라는 쾌

행복의 주제 락주의적 관점에서 문제를 다루고자 행복의 고전적인 주제를 다시 제안했다. 그러한 복귀는 한편으로 다양한 아리스토텔레스 철학 사상의 재평가를 뜻했고, 다른 한편으로 금욕과 수도원의 엄격함에 대한 직접적인 반대자를 지지했기 때문에 특히 독창적인 해결안처럼 여겨졌다. 결국 발라가 옹호했던 것은 타고난 성향으로 편견 없이 평가받고 구체적으로 여겨지는 인간의 완전한 이미지다. 따라서 인간의 완전한 이미지는 현자의 아파테이아apatheia(스토아 학파에서 이상으로 한, 모든 정념에서 해방된 태연자약한 심경 상태*)에서 기반을 찾는 윤리로 분명해진다. 그리고 그 윤리는 현실에 더욱 밀접하고 인간 본성을 존중하는 실천 철학을 반대한다. 그리고 덕을 추구하는 중에 가벼운 논쟁거리가 될 수 없는 그 자체로 중요한 활동을 찾아낸다. 그러한 윤리는 발라에 의해 덕과 쾌락 사이에서 향락을 식별할 때 규명되었다. 그리고 『쾌

『쾌락론』 락론』은 가장 명백한 이론적 선언을 명시한다. 세 권의 책으로 만들어진 이 대화록은 (초판에서) 열정이 지닌 오류를 이성이 수정할 수 있다고 여긴 금욕주의 윤리학의 지지자 레오나르도 브루니(약 1370-1444)와 기쁨을 인간 행동의 원인과 궁극적인 목적으로 향상시킨 파노르미타(1394-1471), 그리고 스토아 철학과 에피쿠로스 철학 사이의 입장을 취한 그리스도교의 대표자 니콜로 니콜리Niccolò Niccoli(1364-1437) 사이의 토론을 제안했다. 바로 이 마지막 인물의 개입으로 발라의 대화록의 고유성이 재정립되었다. 그 고유성은 오히려 쾌락주의 형태로 그리스도교를 평가하는 만큼 그 유명한 두 개의 헬레니즘 윤리 형태를 비교하는 정도는 아니다.

향락주의의 열망과 그리스도교 신앙 사이에 쾌락을 추구하는 것에 근거한 기본적인 연속성이 존재한다. 하나는 전적으로 지상의 세속적인 특징을, 다른 하나는 천상의 내세적인 특성을 띤다. 사실상 대화록을 읽다 보면, 니콜리는 천상의 행복의 가능성에 근거한 그리스도교의 궁극적인 목적인telos, 즉 목적을 기쁨으로 인식하기 때문에 공허하고 오해의 소지가 있는 스토아 철학을 거부했다. (내세의 기쁨은 쾌락voluptas의 가장 숭고한 표현이 되었다.) 인간의 육체를 훼손하는 모든 금욕적인 실천에 반대하는 행복은 어쨌든 가능성을 지닌 인간의 모든 잠재력의 완전한 실현으로 이해되었다. 이런 의미에서 발라가 진행한 인간 특성의 모든 형태와 차원에 대한 재평가는 사실상 쾌락주의자로 이름이 잘못 붙여진 에피쿠로스(기원전 341-기원전 271)의 윤리학보다 아리스토텔레스(기원전 384-기원전 322)의 행복주의 윤리학에 훨씬 더 가까운 것으로 드러났다. 잘 알려진 대로 에피쿠로스는 고통이 부재하는 기쁨을 구별하였고 그 기쁨을 달성하기 위해 무엇보다 간단하지만 많은 것을 포기하는 방법을 보여 주었다. 어떤 경우든 문헌학자를 압박하고 15세기의 전망 안에서 흥미롭고 혁신적인 위상을 드러낸 것은 자연과 인간의 성향에 가장 일치하는 윤리학을 만드는 것이었다. 이를 위해, 그리고 이 이론상에서 즐거움이라는 뜻의 그리스어 헤도네hedoné에 대한 재평가가 이루어졌다. 왜냐하면 정신의 가장 높은 가치 역시 유용하고 즐거운 자연의 자극에 반응하기 때문이다. "즐거움만큼 생명을 보존하는 것은 더 이상 아무것도 없다. 미각, 시각, 청각, 촉각, 후각 없이 우리는 살 수 없다. 그러나 정직함 없이는 살 수 있다. 만약에 누군가 자연에서 정해놓은 것을 스스로 감히 위반하려 한다면, 고유한 미덕에 반하는 것이 될 것이다. 왜냐하면 각자는 자신의 이익을 위해 일해야 하기 때문이다"(『쾌락론』, I, 36).

인간 본성에 부합하는 윤리학

자유 의지와 보에티우스에 대한 비판

유용함이나 개인의 이익의 자연스러운 성취를 허용하지 않은 채 그 자체로 미덕을 추구한다고 여기는 스토아 철학의 가면을 벗기면서 발라는 세베리누스 보에티우스 Severinus Boethius(약 480-525)의 『철학의 위안De consolatione philosophiae』을 명백한 논쟁 대상으로 삼았다. 『쾌락론』은 『철학의 위안』의 처음 네 권의 책에 대해서 분명하게 비판했다. 반면에 『자유 의지론』은 『철학의 위안』의 다섯 번째 책에 반대하며 논쟁을 벌였다. 이 책에서 발라가 '마지막 로마인이자 최초의 스콜라 철학자'라고 정

의 내린 보에티우스는 하느님의 예지와 인간의 자유 의지 사이의 관계를 규명하는
데 독특한 해법을 제시했다. 그는 하느님의 지혜는 사건 자체에 대해서가 아니라 고
유한 인식 방법 및 현존에 관련하여 미래에 일어날 우연한 사건을 알기 위해, 영원한
현재에서 미래에 일어날 우연한 사건을 이해할 정도로 확장되는 지혜라는 전제로 한
인간의 자유 지식의 기반을 닦았다. 그러한 입장에서 발라는 만약에 부정하지 않으
면 하느님의 섭리의 약화라는 손실을 초래하는 과장된 지성주의와 인간의 지식에 대
한 과도한 신뢰를 비난했다. 어쨌든 문제의 두 가지 측면을 보호하고 조화시키려는
인문주의자의 시도는 좋은 결실을 맺지 못한 채 끝나버렸고, 정해진 신성한 전지全知
인 자유에 관한 오래된 질문에 대한 설명도 없고 정당화도 없었다. 만약에 하느님이
미래를 안다면 이는 하느님이 미래를 결정하기 때문이 아니라 예견하기 때문이다.
따라서 원인을 필요로 하지 않는 하느님의 예지豫知를 평가하는 것은 논증 가능한 해
법이 아니다. 그래서 발라는 이 경우에도 관점의 반전을 선택했다. 신학, 즉 오직 개
연성에 의해서만 지배되는 오류에 근거를 두고 있는 신적 실재에 대한 학문을 심화

겸손에의 호소 시키는 것은 인간에게 아무런 이익도 가져다주지 않았다. 지복beatitudo 달성을 목적
으로 한 삶을 살아가기 위해서는 사랑과 박애의 미덕에 대한 확신이면 충분했다. 발
라의 관점은 결론적으로 신비에 대한 수용과 겸손을 호소했다. 루터(1483-1546)와
칼뱅(1509-1564)에게 미친 영향을 깨닫는 데 부족하지 않은 박애와 신앙 운동으로
이해되는 종교에 대한 호소다.

| 다음을 참고하라 |
철학 아그리콜라(367쪽); 궁중 정치와 이상적인 통치자: 마키아벨리 이전의 권력에 대한 다양한 관점(372쪽)
과학과 기술 고전과 과학(458쪽)
문학과 연극 인문주의: 일반적 특징(482쪽); 고대 문헌의 발견, 로마 신화, 시민 인문주의(488쪽); 그리스어 지
식과 연구(495쪽); 인문주의 산문의 종류(500쪽); 역사 기록학(506쪽); 폰타노와 아라곤 치하의 나폴리의 인문
주의(518쪽); 인문주의자들의 종교(578쪽); 축제, 소극, 성극(599쪽)

쿠사누스, 박학한 무지와 무한의 철학

| 마테오 달폰소Matteo d'Alfonso |

일반적으로 유럽 인문주의 최고의 대표적 인물로 꼽히는 니콜라우스 쿠사누스는
하느님의 개념에 있어서 하느님이 아니다라는 개념을 부정하면서 접근하는 교리에
의한 자연 신학에 대한 본연의 연구로 유명하다. 그는 1440년에 동일한 제목의 저서에서
'박학한 무지'라는 이름으로 처음 강론했고 이후에는 수많은 저서를 통해 그 교리를
명확하게 설명했다. 쿠사누스의 활동은 철학-신학 영역과 수학 영역 이외에 정치 개혁과
종교 평화라는 과제를 수행하면서 사색적인 수준에만 머물지 않았다. 독일, 네덜란드,
보헤미아에 있던 교황의 사절이자 바젤 공의회, 페라라와 피렌체 위원회의 주역,
브레사노네의 주교, 마지막으로 로마의 교황 대리인으로 파견되었듯이 관용의 이론적
선구자인 쿠사누스는 목자의 역할도 수행했다. 당시 교회의 종교적이고 정치적이고
복잡한 활동 중 외교 및 기관에서 중요한 위치를 차지하며 선구자 역할을 했다.

생애와 업적

니클라스 크리프츠Niclas Kryffts 혹은 니콜라우스 크렙스Nicolaus Krebs(1401-1464)라고
도 불리는 니콜라우스 쿠사누스(쿠사누스라는 성은 이탈리아어로 게라는 뜻이다)는 독
일의 코블렌츠와 트리어 사이에 있는 모젤의 작은 도시인 쿠에스에서 태어났다. 그
의 가족은 유복한 중산층 가문으로, 부친인 헨 크리프츠Henne Kryffts는 배를 소유한
해운 무역상이었고 아들을 하이델베르크의 대학에 보낼 정도로 부유했다. 이 대학
에서 니콜라우스는 자연학, 윤리학, 논리학, 수사학의 기초를 닦고, 1년 후 파도바
의 대학으로 옮겨 법대에 진학했다. 파도바에서의 수학으로 쿠사누스는 1423년 교 파도바에서의 수학
회법 학위를 받았다. 이 시기는 그의 철학적 방향과 교회의 경력에서 중요한 시기였
다. 파도바에서 그는 새로운 세기에 이미 태동하여 확산되고 있던 지적 맥락에 주목
했다. 이는 실재에 대한 더 확실한 이해를 위해 새로운 도구를 탐구하면서 가능한 한
고전적인 고대로 기울어지던 경험적 과학에서 펼쳐졌다. 이러한 환경에서 쿠사누스
는 그의 삶에서 중요한 역할을 하게 되는 두 사람인 로마 태생의 줄리아노 체사리니
Giuliano Cesarini(1398-1444)와 피렌체 출신의 파올로 달 포초 토스카넬리(1397-1482)
와 우정을 쌓았다.

바젤 공의회를 주재한 줄리오 체사리니로부터 쿠사누스는 동방 교회의 대분열 (1054)을 막지 못해 교회 내부에 발생한 무수한 문제를 해결해야 할 공의회의 직책을 떠맡고 1432년에 파견되었다. 쿠사누스는 공의회 직책 가운데 하나인 트리어 대주교 특사로 참여했다. 이 분야에서 그는 자신의 첫 번째 저서인 『가톨릭 교회의 일치De concordantia catholica』(1433)를 구상했다. 매우 복잡한 정치 및 종교 상황에서 광범위한 갈등을 만들어 냈고 내적으로 심각하게 분열된 공의회에서 현실적인 불가능성을 확인하고 더욱 효과적인 개선책이 되기를 기대하면서 쿠사누스는 교황 편에 가담하여 해결을 시도했다. 그래서 쿠사누스는 에우제니오 4세(1383-1447, 1431년부터 교황)로부터 콘스탄티노플로 가서 그리스 교회와 로마 교회 사이의 불화를 해결하기 위해 조직된 페라라-피렌체 대평의회에 요한네스 8세 팔라이올로고스 황제(1394-1448)가 참석하도록 초대하라는 임무를 받았다. 이 행동으로 교황은 이제 거의 콘스탄티노플의 성문에 서 있던 터키인들의 위협에 직면한 동방의 그리스도교인들에게 군사적인 원조를 해 주는 대가로 동방 교회가 서방 신학에 복종하는 것을 목표로 삼았다. 마지못해서이기는 했지만 비잔티움 황제는 이탈리아에 발을 들임으로써 그 초대를 받아들였다. 신학자들과 대신들 일행이 황제와 동행했는데, 그중에 신플라톤주의 철학자였던 조르조 제미스티오 플레톤(약 1355-1452)이 눈에 띈다. 그는 마르실리오 피치노(1433-1499)의 플라톤 학교 설립으로 이어지도록 코시모 1세(1389-1464)의 플라톤에 대한 이해에 생명력을 부여했다.

비잔티움에서 돌아오는 여행 중에 쿠사누스는 많은 그리스어 필사본을 운반했다. 그중에 포함된 무수한 신플라톤주의 문헌들에서 그는 '박학한 무지' 이론을 생각했다. 돌아온 뒤 몇 년 후에 그는 1440년 동명의 저서에서, 그리고 1444년 『추정론De conjecturis』에서 그 이론을 확실하게 정리했다. 쿠사누스는 1447년까지 다양한 사도직 임무에 종사했지만 동시대의 인문주의적 취향의 문체적 요구가 제거된, 하지만 다른 한편으로 사변적으로 대담한 짧은 논문이나 라틴어 대화로 이루어진 특유의 문체를 개발하면서 정기적으로 글을 썼다. 1445년까지 『감추어진 하느님De Deo abscondito』, 신학 저서 『신을 찾음De quaerendo Deo』, 『하느님의 자녀 됨De filiatione Dei』, 그리고 수학에 대한 첫 번째 연작인 『기하학적 변환De geometricis transmutationibus』, 『산술적 보충 설명De aritmeticis complementis』을 집필했다. 뒤이어 종말론의 영향을 드러내는 『빛을 주시는 성부의 선물De dato patris luminarum』, 『최후에 대한 추정Coniectura de

바젤 공의회 참여와 『가톨릭 교회의 일치』

추측에 근거한 문체

ultimis』이 1446년에 추가되었고, 1447년에 결론적으로『성모영보(수태고지)에 관한 대화Dialogus de annuntiatione』가『창세기 해설De genesi』이라는 저서와 더불어 완성되었다.

1448년에 추기경으로 취임하자마자 공의회 수위설을 주장하는 공의회 지상주의자적인 입장을 포기하고 교황의 편에 서도록 독일의 주교들을 이끌어야 하는 어려운 과제를 안고 독일에 교황 특사(사도좌의 특사)로 다시 파견되었다. 1450년에 브레사노네 주교로 임명된 그는 교황 니콜라오 5세(1397-1455, 1447년부터 교황)의 부름을 받고 독일로 두 번째 긴 여행을 떠나게 된다. 이후에 그가 기획하고 강력하게 원했지만 엄청난 저항에 부딪친 교회 개혁을 촉진시켰고, 특권을 허용하는 대희년을 선포하기 위해 네덜란드로 파견되었다. 이 해에 네 권으로 된『문외한Idiota』에서 중요한 대화집을 작성했다.

돌아온 그는 자신의 개혁 계획에 대한 강력한 반대는 개의치 않았고, 1452년부터 브레사노네 교구의 1인자로서의 활동도 왕성하게 했다. 자신과 교구, 대성당 이익의 방어자로 나선 티롤의 지기스문트Sigismund(1427-1496) 공작과의 충돌은 여러 차례 생명의 위협을 무릅쓸 정도로 무척 치열하게 전개되었다. 1453년에 중요한 신학 문헌인『신의 바라봄De visione dei』,『신앙이 주는 평화De pace fidei』,『신학적 보충Complementum theologicum』을 쓰고 난 뒤, 1454년부터 1457년까지 수학 전집으로『수학적 보충 설명De mathematicis complementis』,『직선 커브 선언Declaratio rectilineationis curvae』,『오른쪽 커브 측정법De una recti curvique mensura』(1454),『원의 구적법De circuli quadratura』,『세속 국가의 원 구적법De cesarea circuli quadratura』(1457)을 썼다. 1458년에 안드라즈의 돌로미티 성채로 후퇴하면서 지기스문트 공작의 군대에서 벗어났다. 돌로미티 성채에서 테게른제 수도원 수도사들을 위한『확대경De beryllo』을 작성하는데, 쿠사누스는 그 책에서 '박학한 무지'와 '대립의 일치'에 관한 어려운 개념을 가능한 한 대중적인 형태로 압축시켰다.

브레사노네에서의 활동

마침내 인문주의자였던 에네아 실비오 피콜로미니라는 속명의 교황 비오 2세(1405-1464, 1458년부터 교황)는 1459년에 쿠사누스에게 주교 총대리의 역할을 맡겼고, 위험으로부터 보호하고자 그를 로마로 다시 불렀다. 얼마 지나지 않아 그는 브레사노네로 돌아갔다. 그곳에서 그는 1460년에 대화록『가능성De possest』을, 이어서 1461년에는 코란 연구서인『코란 탐구De cribratione Alkorani』를 집필했다. 또 다시 지기

로마에서

스푼트와의 분쟁으로 악화된 상황 속에서 쿠사누스는 로마와 오르비에토 사이에서 1462년에 『다른 것이 아닌 것De non aliud』을 집필했고 자신의 저서의 필사본들을 모으기 시작했다. 1463년에 드디어 그의 철학적인 성숙함을 간직한 주요한 세 권의 저서 『구球 운동De ludo globi』, 『지혜의 사냥De venatione sapientiae』, 『요강Compendium』이 빛을 봤고, 이어서 1464년에 『사유의 정점De apice theoriae』이 완성되었다. 『신앙이 주는 평화』에서 일신교의 세 가지 형태를 구성할 수 있는 단일 종교적 관점을 공식화하고 제안한 그는 사실상 비오 2세에 의해 새로운 십자군을 결성하라는 임무를 받고 이를 수행하던 중 1464년 토디에서 사망했다.

박학한 무지와 추측

박학한 무지의 개념과 더불어 니콜라우스 쿠사누스는 자신의 철학적 교리를 특징 짓는 첫 번째 모순 어법을 소개했다. 신플라톤주의 전통 다음에 아우구스티누스 전통에서 차례대로 파생된 것을 바뇨레조의 보나벤투라(약 1221-1274)로부터 차용한 쿠사누스는 "당신이 알지 못한다는 것만 알고 있음을 믿으라"는 소크라테스(기원전 469-기원전 399) 철학을 명시적으로 거슬러 올라갔다(『박학한 무지』 I, 1). 쿠사누스는 이 한 쌍의 용어에 대해서 유한한 사물의 진실만큼 무한한 신에 대한 인간 지식의 유한성 및 어떤 적절한 개념을 만들어 내는 불충분함을 중심으로 하는 참되고 고유한 지식 원칙을 만들었다. 그의 결론은, "사람들 가운데 학구열이 가장 뛰어났던 자(소크라테스)조차도 스스로에게 고유한 무지〔함〕 자체를 통해서 〔자신이〕 가장 박학하다는 사실을 발견하는 것보다 더 완전한 박학함에 이르지 못했기 때문이다. 그래서 누구나 자신이 무지함을 더 많이 알게 되면 될수록 그만큼 더 박학해질 것이다"(『박학한 무지』 I, 1).

세 권으로 구성된 이 책은 상대적으로 절대적인 최고, 즉 "모든 것이 하느님께 있도록 모든 사물들 안에 계시는" 하느님을 논한다(『박학한 무지』 I, 5). 그리고 "다多를 통하여 일一이 결정되는 우주와 세계"에 대하여, 그리고 마지막으로 "절대적이고 동시에 결정된" 최고 존재에 대해(『박학한 무지』 III, 1) 혹은 인간의 모습을 한 하느님인 그리스도에 대해 논한다.

절대적인 최고에 관한 쿠사누스의 인식론적 고찰의 출발점은 "모든 탐문은 〔서로〕 비교하는 어울림을 통해서 더 쉽게, 또는 더 어렵게 이루어진다고 하겠다. 그런

까닭에 무한한 것infinitum은 〔다만〕 무한한 것으로 정의된다. 왜냐하면 그것은 모든 어울림과는 거리를 두고 있어서 〔전혀〕 알려지지 않겠기 때문이다"(『박학한 무지』 I, 1)라는 바에 따라 "절대적인 '가장 큰 것'이 납득할 수 없는 방식으로 이해될 수 있는 동시에 명명되지 않는 방식으로 명명될 수 있다는 사실이 아주 분명하다고 확신한 다"(『박학한 무지』 I, 5).

　이러한 쿠사누스의 입장을 예시例示하는 데 있어서 피타고라스(기원전 6세기)부터 플라톤 학파를 거쳐 아우구스티누스(354-430)와 보에티우스(약 480-525?)로 이어지는 전통까지 연결될 정도로 "하느님의 일을 배우는 데 수학의 엄청난 도움"이 가치가 있다(『박학한 무지』 I, 9). 만약 무한하다고 생각된다면 서로 줄일 수 있는 직선, 삼각 〔수학의사용〕 형, 원, 구球의 기하학 모양의 속성에서 시작하여 니콜라우스 쿠사누스는 어떻게 유한에서 무한으로 옮겨지는가처럼 실제를 설명하는 전통적인 방법이 모순율의 원칙을 위반하는 것 같은지를 증명했다. 이러한 기하학적 무한에 대한 사고 운동은 하느님을 생각하는 모든 시도가 하느님의 삼위일체 교리의 효과적인 예시를 포함하고, 제시하는 역설에 마음을 움직이게 만들었다. 사실 쿠사누스는 이렇게 말했다. "이러한 사실들로부터 과연 〔우리의〕 정신은 스스로를 진작시켜, 무한한 선이 단순하게 존재하는 가장 큰 것과 닮았음을 알아보고 모든 정신을 뛰어넘어 신성한 무지를 향해 부지런히 나아갈 수 있다"(『박학한 무지』 I, 17). 그리고 하느님이라는 절대 타자와 함께 유일하게 대화하는 인간을 설정하는 단계로 부정의 길via negationis을 수용하게끔 지성을 준비시키는 과정을 완성할 수 있다고 쿠사누스는 말했다. "신성한 무지는 〔부정의 길〕 우리에게 '신은 형용할 수 없는 분'이라고 가르쳐 주었다. 또 신은 무한함을 통해 모든 것들, 예컨대 명명될 수 있는 그런 모든 것들보다 더 크신 분이라는 사실도 가르쳐 주었다. 또 과연 신은 가장 진실하신 분이기에, 제거 및 부정하는 방식을 통해 그분에 대해 우리가 진술하게 된다는 사실도 가르쳤으니, (이는 그분을 진리로도 정신으로도 또는 빛으로도 〔사람들이〕 말할 수 있는 그런 모든 것들 가운데 하나로도 생각하지 않으려 했던) 위대한 〔위〕 디오니시우스와도 통한다"(『박학한 무지』 I, 26). 그런데 다른 한편으로 "진리의 가파름(정확함)이 우리 무지의 어둠 속에서〔도〕 납득할 수 없는 방식으로 〔우리를〕 비춘다고 결론을 내리게 된다"(위와 동일). 따라서 쿠사누스가 다양한 연구를 설명할 때 사용한 방법인 원에 대한 다각형 근사법 절차와 유사하게 진실에 점점 더 가까워지려는 무궁무진한 노력에 인간의 지식이 사용되어야만 한다.

그래서 무엇보다 박학한 무지는 지식의 형태 앞에서 지혜의 올바른 자세와 같은 지식의 출발점이다. 게다가 진정한 지식의 세계를 유일하게 열 수 있는 방법이고, 마침내 사물의 진실에 유일하게 접근할 수 있는 모든 긍정적 지식도 필수적으로 부분적인 가치를 지닐 수밖에 없다는 인식이다. 이 인식 없이는 절대 진실에 도달할 수 없다. 박학한 무지는 쿠사누스가 『추정론』에서 다루게 될 인지적 태도다. 인지적 태도는 가능한 지식 영역을 원인의 인식을 통해 열 수 있다. 그런데 박학한 무지는 하느님과의 유일하게 가능한 지적인 관계다. 위 디오니시우스 아레오파기테스 Dionysios Areopagites(5세기)가 모범적으로 공언했고 쿠사누스가 주로 다시 다룬 부정신학을 펼친 지식 형태이기도 하다. 신의 의지의 무한함을 아는 데 있어서 유한한 마음의 총체적인 부적절함에 대한 깊은 인식에서부터만 사실상 이 내용에 대해 상상도 할 수 없는 직관에 대한 가능성을 열었다. 이 가능성은 또한 자신의 무지의 의식에 이미 암시되어 있어야만 한다. 이해할 수 없는 만큼 설명이 불가능하기 때문에 이러한 인식은 우리의 절대적인 부족함을 경고해 줄 수 있는 긍정적인 정보에 기초해야 한다.

하느님과의 유일한 관계로서의 추측

인간의 지성과 신성한 영혼 사이의 밀접한 관계에 대한 이해는 이러한 기초에 근거한다. 이런 이유 때문에 쿠사누스의 제안은 인간을 단순한 굴욕으로 이끌지 않고, 새로운 토대와 인간이 만물의 척도라는 프로타고라스의 개념에 대한 의미를 부여했다.

두 번째 책에서 전개된 우주에 대한 논의 역시 사실상 부정적인 방법으로 진행되었다. 하느님의 정체성에 반하는 창조를 특징짓는 차이점은 "물질적인 것들로부터 추상해 낸 진리가 [비록] 전적으로 사물(물질적인 것)들 안에서는 그에 대한 경험의 결함으로 인해 경험될 리가 없지만, 다만 합리성을 좇아서는 [그와] 동일성을 갖는다고 하는지 알게 된다(『박학한 무지』 II, 1). 수학적-지리적 실체와 우주 사이의 관계에 대한 이러한 관찰의 확장은 쿠사누스가 구형일지언정 땅의 형태가 완벽하게 구형일 수 없고, 그 운동은 정확하게 원형일 수 없고, 확장으로 인해 우주에서 부동의 중심이 존재할 수 없다는 혁신적인 우주 가설을 공식화하도록 이끌었다. 모든 천체는 지속적으로 상호 운동 중이어야 하고 둘레와 중심이 일치하는 원에서 전체적으로 이동해야만 한다. 태양이나 달의 예처럼 지구 역시 다른 천체보다 더 낮아야만 한다. 오히려 이 천체는 지구와 모든 면에서 동일해야만 한다. 지구처럼 물, 공기, 불의 세 영역으로 둘러싸여 있지만 태양에 비해 불의 영역을 차지하고 달에 비해 물의 영역

새로운 우주론 가설

을 차지하는 정도의 거리만큼 지구에서 떨어져 배치된 천체들이다.

그리스도론에 할애된 세 번째 책은 분명히 사변적인 논증을 가지고 주장을 펼치는 그리스도교 교리의 내용을 소개한다. 신플라톤주의 원칙에 따르면, 우주는 자체적으로 복잡하게 만드는 원리의 효과이고 공동으로 관계한다는 의미에서 지배권 안에 놓인다. 따라서 원리의 수축이라는 개념과 더불어 연속적인 발산 단계를 위해 첫 번째 원리에 따라 진행된다. 쿠사누스는 '절대 최대 수축'으로 그리스도를 이해하기 위해 신플라톤주의 원칙을 사용했다. 그러므로 그리스도는 하느님과 세계 사이를 연결하는 형이상학적 보증인이 된다. 또한 원리상 인간까지 내려오는 계단은 하느님 근처에 인간을 다시 데려가도록, 오름차순으로 다시 거슬러 올라갈 수도 있는 가능성의 도덕적 보증인으로서 가치가 있다.

하느님과 세계의
중재자, 그리스도

세속적인 지식으로 이동하면서 『추정론』에서 다루는 대상으로 들어선다. 『박학한 무지』를 보완하는 이 책에서도 절대 진리와 인간 지식의 비교 불가능성이 확인되었다. 하지만 인간 지식의 고유한 영역과 독점적인 생산, 즉 "타자를 통해 참여하는 긍정적인 주장, 보통 진실의 영역"으로 정의되는 추측이 재확인되었다(『추정론』 I, 13). 신과 인간, 두 정신의 절대적인 비교 불가능성은 사실상 둘 다 제각기 현실과 추측의 창조적인 정신이라는 비유적인 배경에 여전히 여지를 남겨두었다. 쿠사누스는 두 철학자 프로클로스(412-485)와 마이스터 에크하르트Meister Eckhart(약 1260-1328)의 문헌 초고를 깊이 연구했다. 쿠사누스의 연구 결과인 세계의 본질에 대한 추측이 프로클로스의 철학으로 대표되었고, 마이스터 에크하르트에 의해 회복된 신플라톤 전통에, 더 구체적으로 말하면 명백하게 피타고라스 행렬에 기초하여 공식화되었다.

하느님, 창조물과 그 요소들 간에 존재하는 관계를 드러내기 위해 사실상 주로 수학이 사용되었다. "숫자는 사물의 상징적 예시인 바 …… 합리적인 구조물의 성장은 자연의 원리다"(『추정론』 I, 3). 그리고 "숫자의 본질은 마음의 첫 번째 모델이다"(앞의 책). 쿠사누스의 추측은 다양한 형태 단위에 대한 사색의 결실이었다. 그리고 숫자 1, 10, 100, 1000은 상대적으로 하느님, 지성, 영혼, 그리고 몸의 상징으로 사용되었다. 선線의 첫 번째 보기처럼 이제 하나는 완전히 의미하지 못한 채 명시할 수 있는 것이기 때문에 부정의 방법으로ex negative 제시된 신의 관점을 식별할 수 있도록 도와준다. "아무 종류도 아니고, 아무런 이름도 없고, 아무런 형태도 아닌 그 절대 단위는, 비록 모든 것에 모두 있을지언정……: 모든 복수성의 단위다"(『추정론』 I, 6). 결

하나

국 다수로부터 멀어지기 때문에 사실상 모든 수학화 이전에, 산술 연산장치를 구성하는 데 기여한 신플라톤주의 전통 중 하나에 대한 것이다.

따라서 첫 번째 단위와 다른 세 개의 힘 사이의 관계는 복잡해지고, 설명 (혹은 수축) 원칙에 따라 새롭게 설명되었다. 더 높은 힘으로 이미 모든 것이 현존하는 바탕에서 더 낮은 힘으로 다시 마주치게 되는 만큼 차례로 그 힘들은 자신의 설명 혹은 **존재론, 인식론** 수축에 불과한 것이었다. 이외에도 이러한 존재론적 추론에 감성, 이성, 지성의 인식론적 추론이 상응하고, 각각의 추론은 증가하는 추상성 덕분에 연속적인 추론 안에 포함되었고 이를 초월했다. 감성은 감각적인 차이를 포착하는데 개념 수준에 도달할 정도로 추상화시키지도 못한다. 이 개념들은 이성으로 만들어졌고, 이성은 개념 덕분에 감각적인 차이를 능가하지만 지성에 도달하는 논리 원칙을 넘어서지는 못한다. 그 지성은 모순 너머에 있는 단위의 원칙을 인식하는 능력을 갖추고 있어서 모순되는 것들의 우연의 일치를 포착했다.

"모든 것은 하나의 참여를 위한 것"이라는 진술과 더불어(『추정론』 II, 3) 쿠사누스는 범신론의 비난에 관해 단위에 대한 강조를 언급했다. 그 비난은 하이델베르크의 아리스토텔레스주의 신학자인 요한 벵크Johann Wenck(1396-1459)에 의해 그의 책 **범신론의 비난** 『미지의 저서De ignota litteratura』에서 공식화되었다. 쿠사누스는 "하느님은 한 개인과 우주의 우연한 일치 너머에서 일반적이고 특별하고 단일하다. 혹은 표현할 수 있거나 이해할 수 있는 다른 모든 형태의 최고 절대적인 형태로 이해되어야 한다. …… 우리가 알고 있는 세상에서 그분을 볼 수 없다는 박학한 무지 덕분에 이런 방법으로 하느님을 보는 것은 모든 것이 하느님이고 하느님은 모든 것임을 보는 것이다"고 부정적으로 주장하는 『박학한 무지에 대한 변론Apologia doctae ignorantiae』에서 자신의 연구를 방어했다.

정치적 관점과 종교의 평화

평생 동안 쿠사누스는 자신의 신학적 추측에 대한 정치적 영향에 적극적으로 관여하였다. 처음에 그는 『가톨릭 교회의 일치』에서 그리스도교 내분, 특히 가톨릭, 보헤미아 이단, 비잔티움의 분열에 조정을 제안했다. 1453년의 콘스탄티노플 함락 이후 가장 시기적절하고 극적인 문제는 그리스도교와 이슬람교의 관계였다. 동방에서 전해온 소식에 당황한 교황 비오 2세는 콘스탄티노플의 멸망에 대해 "나는 신앙과 문화는 함께 소멸된다고 본다"고 논평했다. 쿠사누스는 동일한 감정으로『신앙이 주는 평화』를 썼다. 그리고 8년 뒤인 1461년에『코란 탐구』에서 신념을 가지고 이슬람교에 대한 심화에 전념했다. 사실상 교회가 오스만 제국의 확장에 즉시 군사적 해결을 지향했을지언정 다양한 입장의 신학적 심화에서 출발하여 연구한 평화적 중재 요인들이 생략되지는 않았다. 그 요인들 중 가장 저명한 이름은 니콜라우스 쿠사누스와 그에 속한 세고비아의 조반니(약 1393-1458)였다.

1453년의『신앙이 주는 평화』는 종교 중재에 대한 두 권 중 첫 번째 책이자 가장 복잡한 책으로, 매우 광범위한 세계 교회주의의 지평에서 궁리되었다. 문학 소설에서 지구상의 모든 민족을 나타내는 17명의 현자, 즉 그리스인, 이탈리아인, 아랍인, 인도인, 칼데아인, 유대인, 시아파인, 갈리아인, 페르시아인, 시리아인, 에스파냐인, 터키인, 독일인, 타르타르인, 아르메니아인, 보헤미아인, 영국인은 하늘로, 즉 그들의 분쟁이 해결될 수 있는 유일한 장소로 소환된다. 작품의 순서는 다양한 신앙 사이에서 평화적 공존의 시작이 서로의 신학적 위치에 대한 이해에 근거하는 관용이다. 근본적인 전제는 모든 다양한 경우에도 예배의 대상인 하느님은 동일한 분이라는 것이다. 이슬람교의 일부 측면에서처럼 고유한 신학적 오류에 근거하지 않는다면, 종교 간 차이점은 단지 예배 형태에 관련된 문제로, 다양한 의식으로 행해지는 신에 대한 동일한 경배다. 결국 다양한 예식의 하나의 종교una religio in rituum diversitate라는 신조에 따라 사람들의 다양한 관습과 전통이나 심지어 개인의 취향에 기인하는 예배의 형태와 관련된 문제로 해석될 수 있다. 이 중 어떤 것도 다른 종교 형태로의 전이나 한층 유력한 이유로 다른 신자들 사이의 공존도 방해하지 않는다. 하늘로부터 받은, 그러나 자유로운 상호 의견 교류로 다듬어진 이러한 세계 교회주의의 메시지에 대해서 다양한 종교 대표자인 현자들은 자신의 민족에게 전달자 역할을 함으로써 영구한 평화를 특징으로 하는 인류의 새로운 시대를 열어야만 했다.

『신앙이 주는 평화』

상이한 종교의 다양성으로 특징지어지는 그리스도 세계에서 매우 심각하고 끊임없이 계속되는 문제는 세상에서 어떻게 평화를 유지하는지에 대한 보편적인 고찰을 할 기회를 쿠사누스에게 제공했다. 이뿐만 아니라 화해를 궁리하고 이끄는 해결사로 활동하는 반면에 이성의 힘을 논지화하려는 목적을 지닌 다양한 민족의 지식인들이 떠맡아야 할 역할을 고찰할 기회도 제공했다.

덜 외교적인 작품으로는 사실상 가장 늦게 쓰인, 코란에 대한 엄격한 비평서『코

란 탐구』일 것이다. 이 책에서 이슬람 종교의 '오류'에 대한 논쟁은 순식간에 치열해

졌다. 쿠사누스는 코란에 담긴 오류가 무함마드(약 570-632)와 그의 형제 알리의 종

교 형성에 대한 독특한 역사의 결실인 반면에 코란에 담긴 모든 진실은 이미 성경에

나타나 있다고 했다. 따라서 그리스도교에서 출발해야 한다는 것을 증명하고자 코

『코란 탐구』 란 이외에 수많은 2차 자료를 인용했다. 무함마드는 사실상 네스토리우스(그리스도

가 신성과 인성 두 가지를 지니고 있음을 주장했고, 마리아는 인성의 그리스도의 어머니이나

신의 어머니일 수는 없음을 주장함*) 교파 수도자에서 그리스도교인으로 개종했을 것

이다. 즉 그는 네스토리우스파로서 그리스도 안에 인성과 신성의 차이를 확실하게

지지했다. 그리고 이런 이유에서 마리아는 하느님의 어머니일 수 없음을 확신했다.

계속해서 그는 술수가 뛰어난 유대인들에게 영향을 받았고, 그들은 알리에게도 자

신들의 영향력을 확대했다. 따라서 이슬람교는 이중 이단의 결실로 맺어진 종교인

셈이다. 적어도 이론적인 관점에서 진정한 종교의 품으로 돌아오게 하는 것은 어렵

지 않았다.

　알려진 바와 같이 적절한 중재 시도가 일단 실패로 증명되자 니콜라우스 쿠사누

스는 자신의 고상한 신학자로서의 정신을 접고 교황 정책의 실용주의적 요구에 따라

십자군을 조직하라는 비오 2세의 명령을 받아들였다.

| 다음을 참고하라 |
철학 과학 르네상스(285쪽); 피치노와 인문주의적인 신비주의(346쪽)
문학과 연극 인문주의자들의 종교(578쪽)

르네상스의 문턱에 선 인문주의와 철학

FILOSOFIA

실천적 삶과 관상적 삶: 살루타티의 시민 인문주의

| 클라우디오 피오키|Claudio Fiocchi |

피렌체의 정치인이자 지식인이었던 콜루초 살루타티는 '자유의 철학자'라고 정의 내릴
수 있을 것이다. 그는 사실상 전력을 다해 결정론의 모든 형태에 반하여 인간의 자유를
주장했고, 인간의 작품을 향상시켰으며, 전제 정치에 반하여 정치적 자유의 가치를
옹호했다. 이러한 주제에 문학에 대한 사랑 및 고대 작품의 연구와 확산이 결합되었다.
한마디로 살루타티는 인문주의의 아버지 중 한 명이다.

정치 활동과 연구

콜루초 살루타티Coluccio Salutati (1331-1406)는 인문주의 시대에 확산된 정치 활동과
연구를 병행하는 지식인 모델을 구현했다. 더욱 상징적인 모델을 만들고자 그는 관
상적 삶에 반하는 실천적 삶을 살기를 고양하고 전형적인 고대 로마인의 특징이자
정치 조건인 자유를 옹호했다.

　살루타티는 1331년에 이탈리아 발디니에볼레에 있는 스티냐노에서 태어났다. 그
는 가족의 안락한 보금자리이자 당시에 법 공부를 위한 주요 기관들이 모여 있던 볼
로냐에서 수사학과 공증인이 되는 학업을 마쳤다. 1351년에 그는 볼로냐를 떠나 이

탈리아 중부 지방인 토스카나의 여러 주요 도시에서 공증인 활동을 했고 토디와 루카 두 도시에서 서기관으로 일했다. 1374년에 피렌체 공화국의 서기관이 되는데, 그는 이 일을 세상을 떠날 때까지 지속했다. 당시에 최대로 영토를 확장한 밀라노 도시 국가로부터 피렌체의 자유를 위해 힘껏 투쟁하기도 했다. 피렌체를 위한 투쟁이라는 맥락에서 그는 자유라는 자신의 원칙을 밀고 나갔다. 그는 1406년에 사망했다.

인문주의자 살루타티

살루타티는 고대 학문의 가치를 철저히 옹호하는 사람이었다. 그는 고대 학문이 모든 인간 활동의 기본이어야 하고, 모든 영역에서 유익한 가르침을 제공하며 자유 libertas의 근본 가치를 일러준다고 주장했다. 초기 인문주의자들 중 한 명으로서 확신한 이러한 신념은 수많은 그의 선택 중에 드러났다. 그는 피렌체 학계에 그리스어 강좌를 개설하도록 했다. 그리고 그 강좌에 이탈리아에서 플라톤과 아리스토텔레스의 언어 재발견에 공헌한 비잔티움인 에마누엘레 크리솔로라(약 1350-1415)를 초빙했 자유와 도시 다. 살루타티 자신이 고대 로마 작품을 연구하면서 베르첼리와 베로나의 필사본에서 키케로(기원전 106-기원전 43)의 『가족에게Ad Familiares』라는 편지를 복원했다. 그러한 연구가 도덕적 타락의 원인이 된다고 판단하고 고대 지식의 확산에 반대했던 도미니쿠스회 소속의 조반니 도미니치Giovanni Dominici(약 1357-1419) 추기경 같은 이들은 그를 비난했다. 반면에 살루타티에게 고전 독서 자체는 무엇보다 『도시civitas』에서 언급한 것처럼 도덕적 가치를 강화시키는 데 도움이 되었다. 살루타티의 작품은 인문주의 발전에서 결정적인 중요성을 가진다. 그의 가르침과 사례는 포조 브라촐리니(1380-1459)와 레오나르도 브루니(약 1370-1444)에게 영감을 주었다.

시와 말의 가치 인문학studia humanitatis에 대한 관심을 드러내고 인간의 행위나 사용되는 말에 대한 흥미를 결합시킨 것 중 하나가 시다. 살루타티는 이러한 맥락에서 시의 가치를 강조하고 문법학, 수사학, 논리학의 3개 교양 과목 안에 시를 넣음으로써 언어 예술의 반열에 올려놓았다. 그는 『헤라클레스의 12가지 공적De laboribus Herculis』(네메아 사자 퇴치, 물뱀 히드라 퇴치, 에뤼만투스 멧돼지 생포, 케뤼네이아 수사슴 생포, 스튐발리데스 새 퇴치, 아우게아스의 외양간 청소, 크레타 수소 생포, 디오메테스 암말 생포, 히폴뤼테 띠 탈취, 게뤼온 소 유괴, 헤스페리데스 정원의 황금 사과 탈취, 저승으로부터의 케르베로스 견犬 탈취*)에서 시인의 일은 인간과 인간의 행동을 칭송하고 비판하는 것이라고 썼다. 시인은 타인의 행동을 평가하기 위해서 위대한 도덕성을 지닌 사람이어야 했다.

말에 대한 주의는 살루타티를 대학 관례 및 분쟁과 용어의 추상성에서 멀어지게 했다. 사실상 말은 '사물과 함께 생겼다.' 그리고 용어의 사용으로 잃어버리고 감추어진 이 심오한 가치를 회복할 필요가 있었다. 말과 말의 의미를 잘 아는 것은 하느님의 말씀을 이해하는 데 근본적인 것이기도 하다. 살루타티의 철학은 사물과 인간 행동과 더불어 더욱 가까워진 관계를 형성하고, 담화의 구체성을 회복하려는 방향으로 나타났다.

실천적 삶vita activa과 관상적 삶vita contemplativa

살루타티가 생각하는 작업은 도시 확장, 자유 옹호, 대과업과 덕의 지상 실현과 관련이 있었다. 인간이 한 작업의 유익한 이용은 『법학과 의학의 우위성에 관하여De nobilitate legum et medicinae』에서 논쟁 형식으로 표현되었다. 이 책에서 법학의 가치와 **법학의 우위성** 의학, 즉 자연 탐구의 가치를 비교했다. 살루타티에 따르면, 법학은 수많은 이유로 최고의 자리를 차지하고 있었다. 무엇보다 이는 인간에 의해 확장되었기 때문에 충분히 알 수 있다. 반면에 물리학으로 연구되는 자연의 법칙은 기만의 원천인 경험에 달려 있기 때문에 불확실하다. 도시법은 인간의 삶을 통제하고 도시의 생존을 허용하기 위한, 그리고 공동의 이익을 달성하기 위한 근본적인 수단이었다. 선을 행하기 위한 도구인 만큼 법은 하느님의 조력자다. 덧붙여 말하면, 살루타티는 인간의 법이 하느님으로부터 영향을 받았거나 혹은 받아야 한다고 주장했다. 살루타티의 이러한 선호는 자연 탐구에 대해 무관심하고 인간과 공존의 문제를 중심에 두는 일부 인문주의의 특징을 잘 드러낸 것이다. "사색으로부터 구별되는 만큼 실천적 삶은 하늘나라에서처럼 지상의 순례자에게 사색에 대한 온갖 방법으로 선호할 만한 것이다"(『법학과 의학의 우위성에 관하여』, 에우제니오 가린 편집, 1947). 이외에도 살루타티는 구원을 받을 만큼 지상에서 공동의 선을 달성하기 위한 구체적인 행동과 인간의 근면함의 중요성을 확신했다. 이러한 관점에서 살루타티는 구원 및 하느님에 대한 복종이 **현자의 원형, 소크라테스** 라는 종교적 주제와 관련한 세속의 일에 대한 관심과 실천적 삶을 대립시키지 않고, 오히려 긴밀한 관련이 있음을 간략하게 명시했다. 탐구해야 할 공동의 선은 '최고로 신성한 선'이었다. 살루타티에게 현자는 한마디로 말해서 세상에서 자신의 최선을 다해 일하는 하느님의 종이다. 그러한 원형은 비록 이교도이지만 시민으로서 삶에 헌신한 철학자 소크라테스(기원전 약 469-기원전 399)였다.

지성에 관한 의지의 우위

이론과학에 대한 실천과학, 그리고 관상적 삶에 대한 실천적 삶의 우위는 살루타티가 의지의 능력과 지성의 능력 사이에 설정한 계층에서 대응 관계를 찾았다. '이성과 의지의 능력'이 토마스 아퀴나스(1221-1274) 같은 지성 우위의 지지자들과 둔스 스코투스(1265-1308)와 오컴의 윌리엄(약 1280-1349) 같은 의지 우위의 지지자들로 철학자를 구분했던 것처럼 페트루스 롬바르두스(약 1095-1160)의 자유 의지에 대한 정의에서 시작된 논쟁에서 살루타티는 입장을 정리하며 두 번째 경향을 받아들였다. 그러면서 의지는 영혼의 황후와 같다고 주장했다. 의지는 다른 능력을 작용하게 만들고, 비록 어느 것이 더 나은지에 대해 방향을 지시받을지언정 다른 능력에 의해 생겨나는 것은 아니었다. "따라서 의지는 명령의 존엄성으로 인해 지성보다 더 고귀하다"(『법학과 의학의 우위성에 관하여』, 에우제니오 가린 편집, 1947). 이러한 입장에서 살고 있는 세상을 바꾸는 인간의 능력과 인간의 자유를 향상시키는 계획을 발견했다.

점성술 결정론에 반하여

인간 활동의 격상으로 살루타티는 점성학처럼 인간 활동을 제한할 수 있는 학설을 찾았다. 사실 점성학 같은 분야는 우리가 관찰하는 하늘에서 움직이는 별이 지구에 미치는 영향에 따라 인간 행동 및 사건을 예견하기 때문에 결정론적 형태를 띤다. 살루타티가 비평서 『운명에 관하여De fato』에서 주장한 관점에 따르면, 점성학은 정확성과 원칙이라는 두 가지 심각한 결함을 드러냈다. 첫 번째 결함은 알렉산드리아의 과학자 클라우디오스 프톨레마이오스(2세기) 이래로 별에 대한 지식이라고 알려진 운동 오차에 대한 것이다. 이 오류는 학문의 불안정성을 보여 주었다. 두 번째 오류는 인간 선택을 속박하는 예측을 하는 주장 자체에 관한 것이다. 살루타티에 따르면, 인간이 자유롭다는 것은 이성적으로 증명될 수 없다. 그러나 이 자유는 인간 스스로 지니고 있는 통찰력과 의지의 행동을 통해 시도될 수 있다.

수도승의 삶과 가난의 선택

헌신의 차원에 대한 강조 이후에 살루타티가 수도승의 삶에 할애한 관심은 충격적일 정도다. 수도원에 들어가려던 친구 우차노의 니콜라(1359-1431)에게 우연한 기회에 쓴 글 「세속과 종교De saeculo et religione」에서 살루타티는 하느님과의 만남을 추구하고 세상에서 증거하는 삶을 받아들이고자 적극적인 포기를 하는 이러한 선택의 가치를 조명했다. 가난의 선택 역시 칭송했다. 살루타티는 수많은 서신에서 도시를 위대하게 만드는 돈을 버는 데 평생을 보내는 상인들을 칭송했다. 그러나 상인으로서 명예와 약속에 충실한 윤리를 갖추어야 한다는 것도 강조했다. 약속을 지키지 않는 것은 타인을 기만하고 거래 질서를 저해하고 사회관계를 차단시킨다는 의미다. 무역 가난에 대한 칭송 의 자유는 행동 규칙을 준수하며 진행되어야 했다. 사실상 부의 선택은 우정을 훼손하는 원인이 될 수 있거나 국가에 악영향을 끼치는 나쁜 평판을 초래할 수 있다. 이러한 맥락에서 가난에 대한 동일한 개념이 주의 깊은 방법으로 이해되어야만 한다. 비움inanitas과 결핍carentia, 즉 부족함과 필요처럼 수도승의 삶과 가난pauperta-을 묶어서 이해하는 것은 옳지 않다. 수도승으로서 가난한 삶을 선택하는 것은 오히려 풍요로운 삶을 선택함을 의미하기 때문에 가난pauperas은 풍요divitiae를 식별하는 용어의 일반적인 사용일 뿐이다. 부를 포기하고 선택한 삶이 완벽한 삶이라면 어떻게 그 완벽한 삶이 가난한 삶일 수 있는가라고 살루타티는 주장했다. 세속적인 삶과 수도원의 삶 및 재산 축적과 가난에 대한 칭송을 대비시키는 강렬한 중세적 취향이 깃들어 있는 글에서 살루타티는 실천적 삶을 특징짓는 헌신과 노력의 주제를 여전히 부각시켰다.

정치적 자유

살루타티의 정치 사상은 그의 서기관 활동과 더불어 탄생했다. 그의 고찰의 대부분은 자유libertas라는 주제를 중심으로 진행되었다. 살루타티는 피렌체가 자유 로마의 후계자이고 적에 대항하여, 특히 폭군이라고 비난받았던 밀라노의 비스콘티에 대항하여 자유를 지켜야만 한다고 생각했다. 살루타티는 자유를 두 가지 방식으로 이해 피렌체, 자유의 상징 했다. 첫 번째로 자유는 외부 세력으로부터의 독립이다. 피렌체 같은 자유 도시는 외부 세력에 종속될 수 없는 도시였다. 이런 자유를 유지하기 위해 피렌체는 밀라노에 대항하여 싸워야 했다. 두 번째로 자유의 유형은 반대로 공화국 제도와 동일시되었다. 살루타티는 시민의 임무에 대해 분명히 했고, 법이 효력을 발휘하고 통치자가 독재가 아닌 정부라는 체제를 분명히 선호함을 보여 주었다. 이 방식에 따라 자유는 시민의 자유이고 도시의 자유다. "그렇게 오랫동안 열망하던 자유를 즐기는 것보다 더욱 명예롭고 확실한 것이 무엇이 있겠는가?"(*Missive*, reg. 17, c. 50v, Daniela De Rosa, *Coluccio Salutati: il cancelliere e il pensatore politico*, 1980 중에서) 비스콘티의 밀라노는 살루타티에게 정반대의 모델이었다. 자신의 경계와 영역 너머까지 억압적인 힘을 확장시키고 싶어 하는 폭군이 세운 도시였던 것이다.

참주에 저항하여

『참주에 관하여De tyranno』(1399-1400)에서 살루타티는 중세 정치 사상의 전통적인 주제인 참주의 정의 및 저항 방법의 식별에 대해 다루었다. 이 작품은 피렌체와 밀라노의 충돌이 최고조에 달하던 시기에 극적으로 탄생했는데, 살루타티는 카이사르가 독재자였는지 아닌지의 질문을 던지며 작품의 아이디어를 얻었다. 먼저 (부정적인) 대답은 통치자가 정부에 대해 아무런 직책도 권리도 없을 때, 즉 명목상 직책을 얻기 전 독재자ex defectu tituli와 합법적인 통치자로서 권력을 남용하는 독재자ex parte exercitii 간에 구별되는 참주 형태의 분류에서부터 시작되었다. 분류는 법학자인 사소페라토의 바르톨로(1313-1357)와 토마스 아퀴나스 덕분에 많은 진전이 있었다. 첫 번째 유형의 참주는 도시의 적인만큼 시민 중 누구에게나 살해당할 수 있었다. 두 번째 유형의 참주는 원래 합법적인 통치자였기 때문에 전혀 다르다. 이 경우에 저항은 통치자 상부의 결정에 대한 문제였다. 혹은 상부가 없다면 민중의 결정에 따르는 문제였다. 모든 경우에 시민은 당국의 형식적인 공표 없이 자발적으로 행동할 수 없었다. "왜냐하면 의심할 여지없이 모든 시민은 국가의 안전을 위해 목숨까지 희생해야 할 정도로 조국에 봉사할 의무가 있었기 때문이다. 즉 범죄를 저지르는 대가를 치르면서도 대중의 이익을 보장할 의무가 있음을 의미하지는 않았기 때문이다"(콜루초 살루타티, *Il trattato "De Tyranno" e lettere scelte*, Francesco Ercole 편집, 1942). 이러한 입장은 개별 행동이 완전한 무정부 상태로 도시를 몰고 갈 수 있다는 두려움을 표현한 것이다. 그리고 살루타티가 인간 문명의 구조적 요소의 표식인 법에 부여한 중요성도 드러냈다.

| 다음을 참고하라 |
문학과 연극 인문주의: 일반적 특징(482쪽); 고대 문헌의 발견, 로마 신화, 시민 인문주의(488쪽)

레온 바티스타 알베르티:
공작인, 시간과 철학적 교육학

| 스테파노 시몬치니|Stefano Simoncini |

알베르티의 지식 개요에 대한 해석은 특히 논란이 많다. 그의 작품은 관심 및 기록의
극단적인 다양성, 그의 전기와 역사적 맥락에 대한 일정한 암시, 그리고 공개적으로
모순인 도덕적 시각으로 특징지어진다. 이 해석은 사실상 신성한 미덕과 도구를
사용하는 인간 재능에 대한 예찬에서 근본적으로 비관적인 인간과 세상에 대한
관점으로 매끄럽지 못하게 바뀐다. 풍자와 논문 사이에서 알베르티는 현대 윤리 사상의
가장 유명한 결론을 포함하면서, 체계성의 의도적인 부족을 통해 인간 조건과 현실에
대해 상당히 앞선 통찰력 수준에 접근하는 담화와 사상을 구축했다.

생애

레온 바티스타 알베르티(1406-1472)의 삶은 15세기 안에 고스란히 들어가 있다. 그
시기는 내부 구조적으로 적절한 과두 정치나 독재 권력의 중앙 집중화 경향으로 특
징지어진다. 그리고 많은 소지주 공작 대공들로 인해 나뉘었던 몇몇 강력한 지역의
통합과 더불어 역사적으로 소위 정치적인 균형으로 이어진 이탈리아 국가의 영토 정
착 과정으로 특징지어진다.

알베르티의 로렌초의 아들인 레온 바티스타는 피렌체 과두 정치사에서 가장 유명
하고 강력한 가문에 속한다. 그러나 그는 복합적인 경계성을 지니고 있었다. 그는 피
렌체가 아닌 제노바에서 그의 가문이 가장 어려움을 겪던 시기에 태어났다. 치옴피 **어려웠던 유년기**
(하층 노동자*)의 난에 이은 민심의 방향 때문에 집안 전체가 피렌체에서 추방되고 망
명을 해야 했다. 어쩌면 더 심각한 두 번째 경계성은 가족이라는 의미에서 그의 주변
부적인 입장에 관한 것으로, 사생아로 태어난 것과 관련된다. 그는 결국 가문으로부
터 소외당했기 때문에 사회적인 신분 상승에도 지장을 받았을 뿐만 아니라 부친의
유산을 상속받지도 못해 경제적 어려움을 겪게 되었다. 결국 그는 일찍이 부모를 모
두 잃고 외로움이 깊어지는 불운을 겪었다. 초기 법률 교육을 받은 이후에 그는 가문
에서 별로 인정하지 않던 분야인 수학과 인문학 수업에 열중했다. 알베르티는 적어
도 1432년까지 베네치아, 파도바, 볼로냐에서 교육을 받았다. 파도바에서 그는 저

명한 인문주의자 가스파리노 바르치차Gasparino Barzizza(약 1360-1431)의 학교를 다녔고, 볼로냐에서 법률 공부와 병행하며 문학 활동을 시작했다. 1432년부터 그는 로마와 피렌체 사이를 오가며 자신의 인생 여정을 바꾸기 시작했다. 그 와중에 두 가지 근본적인 이유 때문에 1436년부터 1438년까지 다시 파도바와 볼로냐, 페라라에 머물렀다. 가족을 짓누르던 피렌체 금지령과 교황청 세력권 안으로의 진입이 그 이유였는데, 그는 후에 교황의 서기관 역할을 떠맡게 된다. 처음 1439년부터 1444년까지는 피렌체에서, 이후 몇 년 동안은 로마에 정착했다. 빈번한 이동에도 불구하고 레온 바티스타의 예술과 건축에 대한 관심은 점점 커졌다. 이후 그의 관심은 그의 삶의 후반부에서 구체적으로 실현되었다. 이 마지막 시기에 알베르티는 피렌체와의 관계를 강화시키는 것 이외에 중북부와 리미니, 우르비노, 만토바의 주요 궁정 사교계와의 관계를 긴밀하게 만들었다.

로마와 피렌체 사이에서

알베르티가 처한 힘겨운 개인사와 역사적 맥락은 그의 작품을 이해하는 데 근본적이다. 한편 그는 볼로냐, 피렌체, 로마를 오가는 긴 방랑 생활 중에 각 분야의 가장 저명한 이들을 알게 되면서 (필렐포Filelfo, 파노르미타Panormita, 브루니Bruni, 브라촐리니Bracciolini, 비온도Biondo, 발라Valla 등) 인문주의의 다양한 영혼들을 흡수했다. 다른 한편으로 그는 시민 인문주의의 주제에 접근할 수 있도록 이끈 중산층이자 피렌체 상인의 성향을 지니고 있었다. 이러한 그의 성향은 교황의 세력권을 주장한 부활한 '군주제'의 맥락에서든 그의 '귀환' 시기부터 시작된 메디치가의 헤게모니를 긍정한 피렌체의 전후 사정에서든 이탈리아 정부의 동반자이자 군주와 독재 정권의 동반자로 일반적으로 통합된 그의 관계를 어렵게 만들었다. 알베르티는 역사와 개인적 상황에서 선택하게 된 궁정인의 조건과 시민의 소명 사이에서 멈추어 있었다고 말할 수 있다.

시민 인문주의로의 접근

도덕주의자 알베르티의 작품

알베르티는 광범위하고 화려한 각양각색의 작품을 만들어 냈다. 라틴어와 속어로 쓰인 그의 작품은 대화체 형식과 논문 형식으로 전문적이고 사색적이고 진지하고 익살스럽고 다정하고 냉정하고 즉흥적이고 체계적이다. 한편 그는 문체와 내용을 재현하며 키케로, 세네카, 아리스토텔레스, 크세노폰, 루치아노 등의 고대 저자들로부터 텍스트 원형을 취했다. 반면에 원문에서 뽑아낸 의미를 재사용하고 뒤섞고 뒤집

여러 방면에 걸친 결과물

는 매우 개인적인 방법으로 에라스뮈스부터 브루노까지, 라블레부터 몽테뉴까지, 볼테르부터 레오파르디까지 근대 도덕 문학의 주제와 어조를 예고했다.

찬반양론 논쟁의 변증법과 모호함이 만연한 그의 사상과 작품들의 일관된 통시적 진화를 추적하는 것은 어렵지만, 아무튼 역사적이고 정치적인 맥락과 그의 전기에서 항상 강력한 흔적으로 남아 있다.

십중팔구 가장 독창적인 구성을 보이고 논란이 많았던 알베르티의 작품은 『인테르코에날레스Intercoenales』다. 이 작품의 초고는 1420년대에 시작되어 1440년대까 『인테르코에날레스』 지 쓰였다. 이 작품은 아마도 암암리에 조금씩 확산되었을 것이다. 이는 이야기 형식과 대화 형식을 오가는 유쾌한 특징을 지닌 라틴어 시다. 11권의 작품집으로 발간되었고, 과학자 파올로 달 포초 토스카넬리(1397-1482)를 포함하여 저자의 여러 친구들에게 헌정된 작품이다. 이 작품은 악덕과 덕, 신으로 구현된 역사와 신화적 인물로 구현된 역사, 의인화 혹은 동물로 구현된 인간 유형 및 알레고리를 다룬다. 이야기 어조, 도덕적 대화 어조, 역설적 어조, 훈화 어조를 번갈아 바꾸어 가면서 알베르티는 근본적으로 비관적이고 회의론적인 세계관과 인간관, 그리고 씁쓸한 냉소를 드러내는 열린 작품에 생명력을 불어넣었다. 사회는 미덕과 합리성보다 이따금 현실에 대해 무자비하고 환각적이고 몽상적인 관점으로 해석되는 가면과 외관의 효과에 지배된다고 적고 있다.

문체 및 어조와 내용의 반전은 1433년과 1436년 사이에 만들어진 네 권의 속어 대화집으로 유명한 『가족에 관한 책Libri della Famiglia』에서 발견되었다. 이 책에서 자 『가족에 관한 책』 기 홍보용 문화 프로그램과 더불어 다른 한편으로는 피렌체의 중산층이 사용하고 구축한 언어학적이고 도덕적인 체계화와 함께 '공적인' 알베르티가 모습을 드러냈다. 알베르티는 자신의 가족에 대한 개인적인 대화를 일부 이상화하면서 실용적인 접근과 동시에 이론적인 접근이 적용되는 사회에 대한 광범위한 실존적 지평을 포용했다. 결혼부터 성생활까지, 부성父性부터 교육학까지, 생활용품의 위생부터 관리까지, 부의 축적부터 우정까지, 삶의 양식부터 정치적 관계까지 광범위한 문제를 다루었다. 역경에 대응하는 데 적합한 합리적인 미덕과 실천적 삶의 인문주의적 가치가 회복된 금욕적인 이론의 틀 안에 모든 것이 있다. 세속화된 틀에서 개인과 가족, 사회의 관심 분야의 상호 의존성을 말하는 것이다.

뒤늦게 1440년 즈음 두 권짜리 속어 대화집 『테오제니우스Theogenius』가 출간되 『테오제니우스』

었다. 이는『가족에 관한 책』에서 지향하던 바를 전복시키는 내용을 담고 있다. 주인 공 서술자로서 '세속적인 금욕주의'로 승격된 냉소적이고 금욕적인 '영웅' 제니파트로Genipatro를 모델로 했다. 테오제니우스는 '행운의 파괴 혹은 타락하고 부패한 관습의 힘과 가치로 현 정부와 국민이 빈곤과 비참함에 빠지기 때문에' '손쉬운 행운'을 거머쥘 수 있는 도시 생활에서 스스로 물러난다. 『가족에 관한 책』에서의 전복은 급진적이다. 역경은 끊임없고 압도적이다. 인간의 영혼은 실천적 삶에서부터 명상과 자연, 그리고 현자와의 문학적 대화를 위해 물러남으로써만 그 역경을 버틸 수 있다. 애정, 심지어 부성애조차 너무 고통스럽지 않기 위해서는 존재의 중심이어서는 안 된다. 인간은 당연히 비도덕적이다. 그리고 인간의 지성은 단지 인간을 짐승보다 더 못한 존재로 만드는 데 사용될 뿐이다. 여하튼 반사회적이고 염세적인 대화는 고요한 별장에서 펼쳐진다. 그곳에서 테오제니우스는 저자 자신에 의해 채택된 태도를 등장인물에게 투영시키면서 정치적 폭풍우로부터 피신하여 멀리 떠나온 공화국 시민의 파란만장함에 대해 성찰한다. 메디치 가문이 지배자로 등극한 피렌체인의 입장에서 알베르티는 시민 인문주의가 도덕적이고 정치적인 모델로 고양시켰던 적극적인 공적 참여의 돌이킬 수 없는 부정인 '두 번째 행운'에 의해 부과된 퇴락과 부패를 목격했다. 라틴어 속어로 쓴 시를 홍보하고자 1441년에 피렌체에서 그가 조직한 시 경연 대회에서 영예의 기회에 특히 강화되고 확인되어야만 했던 그의 통찰력은 패배했다. 경연의 포상은 플라비오 비온도Flavio Biondo(1392-1463)와 포조 브라촐리니(1380-1459) 같은 '라틴어'를 사용하던 인문주의자 심사위원단에 의해 수여되지 않았다. 어쩌면 코시모 1세(1389-1464)의 뜻과 관련된 정치적 측면으로 언급할 만하다.

　　1442년경에 좀 더 균형 잡힌 중간 작품이자 지역 사회에 이익이 되는 관점에서 행운에 대처하는 방법을 다시 추론하기 시작한『비참함에서 벗어나기 3권 Profugiorum ab aerumna libri III』이 출간되었다. 테오제니우스-알베르티에 의해 환기된 공화국에 대한 비관적 추론은 예상치 않은 방식으로 전개되었다. 10여 년 후에 교황 니콜라오 5세(1397-1455, 1447년부터 교황)의 황제교황주의에 적합한 로마의 부활이라는 계획으로 인해 알베르티는 궁정인의 입장이 되어 재등장한다. 장편 라틴 문학인 우화『모무스(혹은 군주)Momus seu de Principe』(약 1450)는 진정한 걸작이다. 모무스는 비판의 신 루치아노다. 이 소설에서 모무스는 최고의 철학자들의 계획에 따르도록 제우스를 설득한다. 물론 처참하게 실패할 그 계획은 새로운 세계를 건설하기 위해 세

「모무스」

계를 파괴하는 것이다. 이 계획에 따르면, 우주의 질서는 위험에 빠진다. 이를 위해 '폭군' 제우스를 설득하는 모무스는 궁정 광대의 특징을 지니고 있다. 게다가 모무스는 로마의 정치가로 공화 정부를 전복하려는 음모를 꾸몄으나 실패한 카틸리나, 하늘의 불을 훔쳐 인류에게 준 벌로 바위에 묶여 독수리한테 간을 먹히는 프로메테우스, 그리고 심지어 종말론적인 적그리스도의 파괴적인 특징을 지니고 있다. 이 소설은 인간 조건과 정치에 대해 그 어느 때보다 황량한 관점을 제공하는 사모사타의 루치아노Luciano di Samosata(약 120-?)의 발자취에 우주와 정치라는 이중의 의미 단계를 반영한 우의적인 작품이다. 니콜라오 5세의 쇄신renovatio에 대한 맹렬한 비판은 군주의 횡포와 교황의 건설하려는 욕망libido aedificandi에 대한 낙인과 더불어 자연 전망에 대한 묘사로 연결된다. 자연 전망은 에피쿠로스와 루크레티우스의 특성으로 구별된다. 그 자연은 온갖 신성의 불모지이고 무수한 형태와 무수한 세상으로 경이롭고 흥미롭지만 인간에 대한 무관심으로 냉혹하다.

『모무스』와 같은 시기에 집필된 또 다른 걸작으로 논문 형식인 『건축론De re aedificatoria』이 있다. 이 작품은 동시대 소설과 더불어 알베르티의 유용성과 건설적인 측면을 보여 준다. 새로운 사회의 건설은 레온 바티스타 알베르티가 주장한 대로 철학 이론이나 폭군의 뜻에 따라서가 아니고, 오히려 자연 형태와 자연 법칙이 그런 것처럼 물질의 토대에 의해, 필요에 의해, 인간 영혼의 경험적 지식에 의해 움직이는 것이다. **『건축론』**

이러한 작품들에 이어 광범위한 작품 활동이 이루어졌다. 특히 회화와 더불어 지금도 칭송받는 유명한 건축 관련 작품 이외에도 네피 호수 바닥에서 고대 로마 선박을 끌어올린 기계와 관련한 '사업'에 이르기까지 이론화되고 숙련된 다양한 활동이 이루어졌다.

알베르티의 '영혼'

알베르티 작품의 다양성을 더 명확하게 하는 데 있어서 지식을 정리하고 더욱 풍성하게 하고자 고대 지식과 신지식을 모으는, 예를 들어 속어 문법과『건축론』, 『회화론De pictura』, 『조각론De statua』, 『수학의 유희Ludi mathematici』, 『도시에 관한 설명 Descriptio urbis』 등과 더불어 건설적이고 규범적이고 혁신적인 알베르티를 염두에 둘 수 있다. 게다가『가족에 관한 책』및『위인론De iciarchia』을 통해서 경제학자이자 교육가인 알베르티의 면모가 잘 드러난다. 가정과 가족생활, 개인적이고 사회적인, 사적이고 공적인, 경제적이고 정치적인, 도덕적이고 지적인 모든 인간적인 차원에 대해 다루고 심화한 그는 말 그대로 사회의 초석에 대한 근면한 연구가였다. 『편리함에 관하여De commodis』, 『망명자Profugia』, 『테오제니우스』와 더불어 세상과 사회에 대한 관점을 배가시키도록 하고 삶의 선택과 그 선택의 근거가 되는 원칙에 대해 질문하는 도덕가 알베르티가 있었다. 최종적으로 『모무스』, 『인테르코에날레스』를 통해서 종류의 경계를 넘어 각각의 수준에 맞추어 전체 현실을 포용하고 표현한 그는 지성과 문체의 사용에 대해 신성이 박탈된 무한한 공간에서 자연, 사회, 문화를 다루는 인지의 시약으로 웃음을 택하여 모든 이상을 조롱했다.

경제학자이자 교육가

이러한 광범위한 관심은 이미 언급했듯이 강력하게 비체계적이고 겉보기에 모순적인 특징에서 사상으로 표출된다. 이는 얼마간 상호 텍스트적인 모자이크 구성과 같은 『비참함에서 벗어나기』에서 자체적으로 설명된 알베르티의 글쓰기 방법에 의한 것이다. 알베르티에게 글쓰기는 모든 단편이 문맥에 따라 다시 의미를 지니는, 고전과 중세의 혼합을 통해 엮은 텍스트의 끊임없는 조합이다. 그래서 알베르티는 결정적인 관점을 주장하기 위해 더 이상 원전의 주석 모음이 아니고 오히려 역사 암호화 초기 시스템 중에 그의 『암호학De cifriis』의 체계와 비슷한 어지러운 수사학적 만화경인 고전의 재사용을 이야기한다. 『암호학』에서 해석은 현실의 복잡함을 해독하기보다는 거의 구현하는 정도의 위대한 표현 놀이가 된다. 사물의 의미는 항상 눈에 띄지 않고, 인간의 영혼은 가치에 대한 온갖 평가에 있어서 부분적인 가역성에 대한 인식을 시작하는 것으로만 탐구가 가능하다. 모든 인간 담화에 대한 수사법 차원의 이러한 강조 뒤에는 스토아 학파와 무신론의 중심에 머무는 우아하지만 명확한 이론적 틀이 짐작된다.

다양한 문체

지킬 필요가 있는, 그리고 사실상 알베르티가 자신의 삶에서 지키고자 애쓴 최소한의 도덕 원칙이 존재했다. 무엇보다 행복의 추구는 각자가 별개의 차원에서 진행시키는데, 각자 고유한 방법으로 시작하고 고유한 습관에 따라 도달하려고 시도한다. 사회 구성원으로 조화를 이루어 살기, 특히 우정과 결과적으로 명성의 우수성으로 확대되는 좋은 명성을 얻으며 살기, 모든 지적인 분야와 신체 분야의 발달과 훈련, 그리고 마지막으로 모든 가치 있는 것과 모든 성취의 상대성에 대한 냉소적인 인식으로 이는 자연 세계와 공감하는 능력과 서로 교차하는 인간의 허영심에 대한 명

도덕적 원칙

상을 통해서 가능하다.

두 번째 도덕적 축은 유용성이다. 유용성 안에서 개인의 관심과 집단의 관심은 분리가 불가능하다. 미덕은 본질적으로 두 가지 방법으로 이익을 제공한다. 본능을 절제하고 부조리를 차단하는 신중한 평범함은 타인을 해치지 말라는 명령을 따른다. 반면에 긍정적인 미덕은 가정에서 국가까지 더 많은 사람들이 누리는 예술, 전문직, 정치 분야에서 세속적인 선행을 추구한다.

따라서 알베르티에게 필수 요소는 인간 행동의 사회적 가치다. 왜냐하면 미덕의 합리적인 순서는 그 어떤 존재론적인 균형을 의미하지는 않는다. 장점과 보상 사이에 아무런 본질적인 관계도 없기 때문이다. '축복받은 삶'과 '좋은 일'에 대한 개념 자체는 객체와 문화에 따라 다르다. 미덕은 더 이상 페트라르카적이고 종교적이고 문명적인 두 개의 얼굴을 지니지 않는다. 왜냐하면 선에 대한 정당화는 모두 근본적으로 사람을 현혹하기 때문이다. 미덕은 이성과 일치하는 도구일 뿐이다. 이성은 세상에서 모든 사물이 움직이고 그 결과 생겨난 모든 것과 관련이 있다고 본다. 선처럼 보이는 모든 것은 악한 것으로 밝혀질 수 있고, 모든 이상은 환상으로 드러날 수 있다. 가장 고귀한 것은 사실상 고귀하지 못한 것으로 드러난다. 쓸모없는 것으로 여겨지는 것이 본질적인 것이 된다. 지혜는 광기로, 광기는 지혜로 변한다.

이렇게 자신의 작품에서 알베르티는 현실과 겉모습 사이에, 그리고 가치와 보상 사이에 실존하는 간격의 모범exempla을 무한정 증대시켰다. 공적 생활의 중심에서 부는 파멸에 빠진다. 물질이 부족한 망명은 행복한 삶이다. 부유하고 공적이 많은 가문의 아버지는 죽자마자 잊히고 배신당한다. 군주에 대한 합리적인 충고consilia는 무시당한다. 악마는 공공의 이익과 실천적 삶에 대한 매우 중요한 담론을 통해 성인이 되려고 시도한다. 전복으로 사형 선고를 받은 이는 가장 고귀한 자유의 옹호자로 보인다. 선체에 구멍이 뚫려 물이 새면 방치된 넝마 조각이 구원이 된다. 진흙이 튀어 더럽혀진 절단석(잘린 돌)이 튀어 올라 흩어지며 거울같이 반짝이는 대리석 건물을 붕괴시킨다. 산이 보이는 곳은 한때 바다였다……

세상은 변화하는 외관으로, 그리고 환상이나 인간의 거짓 표현의 내면성으로 이루어져 있다. 분명하게 유일한 선은 이 극단적인 가변성과 죽음의 무를 향해 희미해지는 형태의 무상함을 직감하는 능력에 있다. 신성神性의 부재와 사회적 가면의 광기를 보는 이러한 관점에서 두 가지 반응이 가능하다. 상처받은 인간성을 위한 인간의

형태에 대한 무상함과 가변성

연민, 그리고 삶과 사회에서 합리적인 질서의 원리를 소개하기 위한 활동적인 에너지다.

| 다음을 참고하라 |
문학과 연극 레온 바티스타 알베르티와 이탈리아 속어 인문주의(525쪽); 로렌초 치하의 피렌체에서 재탄생한 속어시(539쪽)

피치노와 인문주의적인 신비주의
| 움베르토 에코 |

인문주의 시대에 인간은 신비하고 초자연적인 힘으로 채워진 우주에서 살아간다고
느꼈다. 그런 의미에서 점성학, 마술, 연금술, 점占, 유대교의 신비주의인 카발라, 천사
세력 혹은 악마 세력과의 거래는 중세 때보다 더 공공연히 인문주의 세계에 존재하였다.
그리고 그런 의미에서 15세기는 중세 때 무시하거나 지하 선상으로, 미미한 것으로
그리고 이단으로 격하시켰던 신비주의 문화 탄생의 세기이자 더 이상 그것이 지하에
감추어지지 않고 공적으로 드러난 세기다. 이 문화의 가장 전형적인 대표 인물은
마르실리오 피치노다.

생애와 업적

1433년에 필리네 발다르노에서 태어난 마르실리오 피치노(1433-1499)는 피렌체
에서 수학하며 그리스어의 기초를 배우고 철학, 자연학, 논리학, 신학을 공부했
다. 에피쿠로스(기원전 341-기원전 270)와 루크레티우스(기원전 약 99-기원전 55/54)
에 관한 연구에 전념했지만 더욱 깊이 있게 플라톤(기원전 428/427-기원전 348/347)
에 대해 파고들었다. 플라톤에 대한 연구는 코시모 1세(1389-1464)가 1459년에 피
치노에게 제공한 카레지 별장에 설립된 플라톤 아카데미아에 헌신하는 것으로 이
번역가로서의 활동 어진다. 1463년에 플라톤의 『대화』의 라틴어 번역을 시작하고, 1484년에 플로티
노스(203/204-270)의 『엔네아데스Enneadi』 번역을 시작했다. 이어서 이암블리코스
Iamblichos, 프로클로스, 포르피리오스, 미카엘 프셀로스Michael Psellos와 다른 그리스

작가들, 그리고 위 디오니시우스 아레오파기테스(5세기)의 『신비주의 신학Teologia Mistica』과 『신명론Nomi divini』을 번역하게 된다. 번역가로서의 그의 활동은 르네상스 철학 사상에 미칠 결정적인 영향에 대한 이론적 가치를 추정하는 활동으로, 사변적 특징의 작품을 꼽을 수 있다. 그중에 『영혼 불멸성에 관한 플라톤의 신학Theologia platonica de immortalitate animarum』, 『그리스도교Religione christiana』, 『점성술사의 판단을 거스르는 토론Disputatio contra iudicium astrologorum』이 인생의 역작 세 권이다.

피치노의 최고 작품이 우연히 『플라톤 신학Theologia platonica』(1482)이라는 이름이 붙은 것은 아니다. 그리스 철학의 주제와 성경의 진리를 조화시키는 새로운 종교 정신을 재발견한 것이다. 그는 자신의 플라톤주의의 중심에 종교와 철학을 결합시켰다. 새로운 주제는 아니었지만 그 주제를 실현하고자 애쓰며 살아가는 삶은 새롭다. 고대 지식의 재발견을 통해서 이러한 삶은 단절되지 않았다. 자연 종교 및 고대 기원 **『플라톤 신학』** 의 핵심을 철학과 종교 안에 재구축했기 때문이다. 따라서 그리스도교 이전, 즉 고대의 지혜를 담은 텍스트의 재발견에 대한 열정 때문에 이러한 태도가 모든 계시, 모든 시대, 그리고 모든 국가에 대한 다시 읽기로 어떻게 이어지는지 이해할 수 있다. 플라톤 사상은 이러한 결합이 더 큰 증거와 더불어 증명되었던 이론적 배치로 나타난다. 그러나 재발견에 대한 이 열정으로 플라톤주의는 세상에서 인간의 역할에 대해 다시 정의 내리며 부여할 수 있었던 조언과 사랑의 교리를 조명했다.

철학적 종교의 목적은 피치노에게 인간의 부활이다. 구원은 부활이고, 그 부활 때문에 창조된 자연이 인간을 통해 하느님에게 되돌아간다. 인간의 영혼은 세계의 진정한 연결체다. 왜냐하면 한편으로는 신을 향하고 다른 한편으로는 몸에 딱 맞게 들어가 자연을 지배하기 때문이다. 인간은 정신을 다스리는 질서인 신의 섭리와, 생명이 없는 존재를 다스리는 질서인 운명과, 몸을 다스리는 자연과 함께한다. 이 세 가지 질서와 함께하지만 인간은 그 질서들 중 하나로만 결정되지는 않는다. 이 질서들에 적극적으로 참여한다.

영혼은 사랑을 통해 그 중재 기능을 수행한다. 하느님은 세상을 사랑하고 그리고 **영혼, 사랑, 하느님** 세상을 창조한다. 인간은 하느님을 사랑한다. 인간은 양방향으로 하느님과 묶인 사랑의 결합을 통해 살아있는 존재다. 인간은 무한한 개선과 정화 과정으로 자신의 이성을 발달시킴으로써 신성해진다.

간단히 말해서 피치노의 플라톤주의는 숨겨진 보물인 지적 계시에 대한 탐구 및 부족함에 대한 인식 같은 사랑에 대한 생각에 달려 있다. 지적 계시란 신성한 문자에 둘러싸인 신비한 진리에 관한 것이다. 이 때문에 철학자는 성직자의 역할을 맡는다.

한편 피치노는 이탈리아 인문주의 세계에 스며드는 중이던 마술적이고 신비한 지식의 재발견 덕분에 자신의 철학적 통합을 달성했다.

새로운 문화

스콜라 철학 사상의 '정전'을 구성하는 고전 저자들 목록의 한계에 반하여 새로운 문화가 고대 지식으로 향하게 되었다. 그리고 성경의 독점적인 해석에 대해 역사적인 인물이나 후대에 쓰인 텍스트에 기여하게 되는 전설적인 저자들 모두 그리스와 동양의 위대한 종교 사상가들의 주석을 덧붙인다.

『오르페우스의 찬가Inni Orfici』, 『칼데아 신탁Oracoli Caldaici』과 같은 고대의 텍스트가 인문주의적 환경과 만났다. 르네상스 시기에 알려진 『오르페우스의 찬가』는 아마도 2세기와 3세기 사이에 쓰였을 것이고, 마법적인 주문의 뉘앙스를 풍기며 태양 숭배 문화를 기념했다. 그리고 이는 오르페우스 덕분이었다. 『칼데아 신탁』은 매한가지로 2세기의 산물이다. 아주 오래된 고대 문서로 간주되고, 조로아스터교에 기여했다. 마침내 서양에 『헤르메스주의 전집Corpus Hermeticum』이 전파되었다.

(왼쪽 여백) 『오르페우스의 찬가』와 『칼데아 신탁』

1460년에 마케도니아에서 코시모 1세가의 궁정으로 옮겨온 이 책은 그리스어 사본으로, 책에 담긴 내용은 헤르메스 트리스메기스투스Hermes Trismegistus의 전통에 따른 결과로 본다. 헤르메스 트리스메기스투스는 그리스 철학자들 이전에, 어쩌면 모세 이전에 살았을, 그리고 이따금 모세와 동일 인물로 추정되는 현명한 이집트인이라고 한다. 그래서 이 문헌은 그리스도교 계시 이전에 확산된 아주 오래된 고대 지식의 원천으로 평가되었다. 사실 1614년에 이삭 카소봉Isaac Casaubon (1559–1614)이 『종교와 교회의 관행De rebus sacris et ecclesiasticis exercitationes』에서 증명했듯이, 『헤르메스주의 전집』은 이집트 정신에 의해 모호하게 조성된 그리스 문화 환경에서 살던, 그리고 1세기 전에 쓰지 않던 다양한 저자들의 플라톤에 대한 참조 및 신플라톤주의 사상에 대한 예측이 풍부한 선집이다. 저자들이 달랐다는 것은 『헤르메스주의 전집』의 다양한 소책자에서 발견되는 무수한 모순에 의해 충분히 입증되었다. 그들이 이집트 현자 혹은 제사장이 아니라 그리스 철학자들이었다는 것은 『헤르메스주의 전집』에서 단축되지 않는다면 신의 조화나 숭배 혹은 전례의 그 어떤 형태에도 일관된 참조로 표시되지 않는다는 사실로 암시된다. 이 문헌은 그리스도교가 아니라 극단적으로 아랍적인 환경에서 살아남았다. 알렉산드리아의 키릴로스Kyrillos(약 380–444), 알렉산드리아의 클레멘스Titus Flavius Clemens(2/3세기), 락탄티우스Lactantius(약 240–약 320), 테르툴리아누스Tertullianus(약 160–약 220) 같은 몇몇 교부들에 의해 부정확한 방식으로 간접적으로 인용되었다. 그들 중 많은 이들은 중세 때 유포되고 아우구스티누스(354–430)도 잘 알고 있던『헤르메스주의 전집』의 유일한 텍스트인『아스클레피오스Asclepius』만 알고 있었다. 궁극적으로『헤르메스주의 전집』전체에 대한 대부분의 공인된 가설은 6세기와 11세기 사이에 만들어졌다.

만약에『헤르메스주의 전집』의 재발견이 플라톤과 신플라톤주의의 주요 문헌들의 재발견과 똑같은 세기에 일어났다는 것을 고려한다면, 그 문헌 안에서 신플라톤주의와 함께 플라톤의 유추와 참조도 볼 수 있기 때문에 어떻게 신플라톤주의의 새로운 분위기가 깊이 감추어진 동요에 호의적이었는지 이해 가능하다. `신플라톤주의적인 분위기`

코시모는 고대 그리스 문헌의 재발견을 위한 인문주의적 열렬함이 함께하던 그 시대의 모든 지식인들처럼, 발견에 열중하고 피치노가 1463년에 막 시작했던 플라톤의 저서들 번역을 중단시키고 즉시『헤르메스주의 전집』을 번역하도록 이끌었다. 그리고 이는 어떻게『헤르메스주의 전집』의 명성이 15세기 학자들에게 매혹적이고 거대한 계시의 흔적을 남겨두었는지를 설명해 준다.

피치노는 1464년에 코시모가 숨을 거두기 전 라틴어로 번역을 마쳤다. 피치노의 번역본은 단지 14편의 학술적 글만을 포함한다. 그는 첫 번째 글의 제목인「포이만드레스Poimandres」를 전체 번역본의 제목으로 붙였다. 이 책은 1471년에 이미 라틴어 판으로 존재하던『아스클레피오스』와 함께 출판되었다. 이후로 차츰 다른 텍스트들로 풍성해진 수많은 다른 버전이 출판되었다. `「포이만드레스」`

『포이만드레스』와『아스클레피오스』가 모세 시대까지 거슬러 올라가는 전통에 속해 있다고 확신한 피치노는 첫 번째 장을 해석하던 중에 자신이 묘사하던 우주의 기원이 성경의 창세기를 떠올리게 한다는 사실에 충격을 받았다. 이 글의 저자는 분명하게 유대인 전통의 일부 영향을 받았을 테지만 피치노에게 이 유사성은 역으로 두 문헌의 동시대성을, 그렇지 않다면 연금술 전통의 오래된 고대성을 경험하게 했다.

물론 피치노가 모세의 창세기보다 연금술의 창세기를 선호하게 한 것은, 성경에서 일어나는 것과 반대로『포이만드레스』에서 인간은 하느님에 의해 창조되지만은 않았고 그 자체로 신성하다는 것을 강조하고 있다는 사실이었다. 인간의 타락은 죄에 기인한 것이 아니라 본성에 대한 사랑으로 움직여져 본성에 굴복하는 능력 때문이기도 하다.

세계와 자연

연금술 전통은 특히 『헤르메스주의 전집』에서 우주에 대한 마법적이고 점성술적인 관점을 제시한다. 다양한 천체들이 중간 힘으로 실체화되고, 천체는 지상의 사물에 대해 힘과 영향을 발휘하는 것으로 생각된다. 행성의 법칙을 알고 있기에 전체적으로 세계에 대한 것뿐만 아니라, 각 개인의 운명에 대해서도 영향을 예측할 수 있다. 예측을 하는 이러한 능력에 대해 그리스 세계에서는 아포텔레스마티카apotelesmatica 라고 불렀다. 따라서 별이 도래할 일의 '표식'으로 보일 수 있을 뿐만 아니라, 자연에 직접적으로 작용하려는 의도를 가진 주술과 달리 별의 마법은 별에 대한 영향의 중재를 통해서 자연 과정을 변화시킬 수 있다.

우주의 마법적-점성술적 관점

이는 대우주와 소우주인 인간 사이에 조응한다는 생각뿐만 아니라, 이 조응이 우주적 공감의 상호 관계에 근거한다는 믿음을 암시한다. 공감의 원리에 지배되는 신비로운 힘이 넘치는 우주에 산다는 것은 똑같은 외형의 사물에 새겨진 특징 및 표식을 통해서 이 신비로운 유사성을 인식할 줄 안다는 것을 의미한다. 그리고 16세기에 파라켈수스Paracelsus(1493-1541), 코르넬리우스 아그리파(1486-1535), 그리고 다른 저자들과 더불어 약징주의藥徵主義, signature 최고의 완성 과정이 진행되었다. 관상, 손금, 인상학 연구가 등장한 것처럼 인간의 내면적 특징이 겉모습으로, 심지어 걸음걸이 혹은 목소리로 표현되는 것처럼 모든 사물의 각각의 형태와 자질은 그 사물을 통해서 조작된다. 그리고 자연의 힘은 이 형태와 자질을 확실하게 단련하면서 관계를 드러낸다.

약징주의

그런데 자연과 초자연 사이의 이 관계에 대한 생각은 이미 피치노가 드러냈다. 피치노에 따르면 치료, 건강, 체력에 힘을 작용하기 위한 수단으로 허용될 수 있는 이미지는 부적符籍이었다.

피치노의 입장을 이해하려면 그의 직접적인 혹은 간접적인 원천의 일부를 구별할 필요가 있다. 예를 들면, 그가 1498년에 번역한 시네시우스Synesius(약 370-413)의 『꿈에 관하여De somniis』와 함께 이암블리코스(약 250-약 325)의 『이집트인, 칼데아인,

아시리아인의 비밀De mysteriis Aegyptiorum, Chaldaeorum, Assyriorum』 및 프로클로스(412-485), 프셀로스(1018-1078), 포르피리오스(233-약 305)의 텍스트다. 우주적 공감의 기초는 플라톤의 가르침처럼 영혼은 감각적인 대상의 이상적인 각인을 포함하고 지식을 쌓게 된다는 사실에서 주어진다. 왜냐하면 양면 거울처럼 감각적인 사물과 영 **위대한 정신** 원한 진리를 동시에 비추고 비교할 수 있는 종합 원칙을 가지고 있기 때문이다. 종합 원칙은 위대한 정신인 환타스티콘 네우마phantastikon neuma로 완성된다. 따라서 일종의 중립 및 공통 지역이 있다. 그 지역 안에서 내면세계와 외부 세계는 서로 동등하게 마주친다. 시네시우스는 "인간과 공감하고 공모하는 이 우주의 일부는 어떤 방법으로든 연결될 필요가 있다. 의미하는 데 그치지 않고 불러일으키기도 하는 바, 어쩌면 마력이 있는 황홀감이 이 방법을 나타낸다"라고 말했다. 그리고 피치노는 『천상의 삶 비교De vita coelitus comparando』(15)에서 "세계의 감추어진 삶과 세계의 여왕인 정신에 활력과 지력의 자질을 부여받은 뛰어난 천상의 것들이 있다"라고 썼다. 이외에도 적절한 순간에 우월한 것에 대응하여 활용된 열등한 것을 통해서 천상의 존재가 인간 스스로에게 끌리도록 허용하는 존재를 확인했다.

　별의 마법에 대한 다른 기본 문헌은 알 킨디Al Kindi(9세기)의 아랍어 문헌들처럼 각각의 별뿐만 아니라 각각의 요소도 광선을 발한다는 생각을 대중화시켰다. 그 광선은 별 혹은 다른 요소들 그리고 영향을 받는 사물들 간의 다양한 관계 덕분에 위에서부터 아래로, 그리고 그 반대로도 우주를 통합시키던 끊임없는 영향 관계(여기에서 보이는 것은 물리적 유형의 빛나는 영향이지만, 르네상스 플라톤주의에서 형이상학적 영향이 될 사랑의 관계다)를 설정할 정도로 바뀌었다. 따라서 알 킨디의 말에 따르면, "무엇인가를 달성하기를 원하는 인간은…… 자신의 고유한 광선 덕분에 세계가 상위든 하위든 상이한 움직임에 따라 고유한 광선으로 사물을 동요시키는 것과 동일한 방식으로, 외부 사물을 움직이는 힘도 얻는다"(『광선에 관하여De radiis』, V). 이런 기적을 수행하기 위한 방법은 유사성의 능력으로 더 높은 단위에 따라 행동하는 인간이 만든 바로 부적이다.

　『천상의 삶 비교』에서 피치노는 "어떤 물질은 더 상위의 사물과 닿도록 배치될 때 …… 하늘의 영향으로 즉시 타격을 받는다. …… 플로티노스가 수성水星을 모방하여 고대의 사제들이나 마법사들이 그들의 상과 그들의 희생으로 신성하고 훌륭한 무엇인가를 소개하며 치켜세운다고 주장할 때, 이에 대한 예를 든다"라고 말했다. 부적은 **부적**

(그런데 피치노는 항상 "그림"이라고 말했다) 별의 정신이 도입된 물질이다.

　부적과 더불어 피치노는 오르페우스의 찬가의 노래를 추천했다. 이 노래는 피타고라스의 전통에 따라 행성 영역의 음악에 일치하는 몇 가지 방법으로 멜로디를 붙였다. 그런데 만약 피타고라스(기원전 6세기)의 사상이 우리에게 받아들여진 대로, 그리고 보에티우스(약 480-525?)가 그 사상을 발전시키고 전한 대로 일정한 멜로디와 일정한 음악적인 방법이 슬픔, 기쁨, 흥분 혹은 진정을 유도할 수 있다는 논란의 여지가 없는 사실에 근거했다면, 피치노에게 마법의 오르페우스는 부적의 마법과 비교되었을 것이고 별에 작용되었을 것이다.

피치노의 마법

다양한 해석은 피치노가 실제로 했던 것과 하도록 요청받은 것에 대해서 애매하게 말한다. 몇몇 작업 단계에서 그는 부적 마법을 비판할 만한 것으로 평가하는 반면 약초와 의약품을 통해 진행되는 마법은 유용하고 성스러운 것으로 평가하는 듯하다. 그러나 다른 순간에 그는 부적의 힘을 믿는 것처럼 여겨진다. 『천상의 삶 비교』는 부적을 착용하는 방법, 특정한 별과 공감하는 식물을 키우는 방법, 영향력을 발휘하기 원하거나 축복을 받기를 청하고 싶은 별에 어울리는 적당한 색상의 옷을 입고, 적절한 노래와 향수를 사용하는 마법 의식을 어떻게 치르는지에 대한 지침을 풍부하게 담고 있다.

　천체, 별, 행성　태양은 금색 옷을 입고 헬리오트로프, 허니 옐로, 샤프란, 계피처럼 태양과 관련된 꽃을 사용하여 불러낼 수 있다. 태양과 관련된 노란색 동물은 사자와 악어다. 목성의 영향력은 히아신스, 은, 토파즈, 크리스털, 녹색과 청동색 덕분에 끌어들일 수 있다. 유사성을 인식하거나 설정할 수 있는 다양한 기준이 있다. 금은 색상 때문에, 공작새는 그 위엄과 태양 광선처럼 화려한 꼬리 때문에, 사자는 갈기 때문에, 그리고 노란색은 떠오르는 태양을 나타내기 때문에 태양과 유사하다. 큰 곰 별자리의 영향력을 모으기 위해 자기장을 띤 돌 위에 곰을 새겨 넣고 그 메달을 목에 걸 필요가 있다. 그러한 의식을 행하는 장소 역시 행성의 교감에 따라 선택되어야 한다.

　"이런 이유 때문에 플라톤 학파는 부적의 마법과 감동을 통해 세계의 정신에 우리의 정신이 조화를 이루게 함으로써 우리의 영혼과 몸이 하늘의 선을 향하도록 시도한다. 이는 우리의 영혼에 유리하게 작용하는 별의 광선 작용 및 그 광선과 같은 성격의 작용을 통해서 세계의 정신으로 우리 정신을 강화시키는 것도 포함한다. 그리고 이는 하늘의 사물을 자신에게 끌어당기는 것을 가능하게 한다"(『생명에 관하여De vita』, 3).

따라서 건강한 식이요법에 관한 일련의 조언들, 온화하고 맑은 공기가 가득한 유쾌한 장소에서 산책을 하는 것, 포도주와 설탕 같은 물질의 사용은 피치노의 마법의 일부가 되었다. 세계의 정신에 더욱 유사해지도록, 따라서 더욱 천상의 것이 되도록 함으로써 더럽혀진 인간의 정신을 정화시키는 것이다.

이러한 의식에 대해 둘러싸고 있는 사물과 고유한 환경의 우아함, 그리고 자신의 몸을 사랑으로 가꾸는 섬세한 정신으로 완성된 예술적 표현으로도 생각해야 한다. 그리고 이러한 측면은 분명하게 인문주의자들의 삶의 양태modus vivendi를 특징짓는다. 이 아름다운 형태를 명상하고 즐거운 멜로디를 노래하는 방식에 미적인 요소가 있다.

이는 '강령降靈, theurgy' 혹은 의례적인 관행 특성을 지닌 의식 행위를 통해서 지상 세계를 초월한 하늘의 권력을 소환하고 영향력을 발휘하는 능력처럼 일반적으로 고대부터 실천된 것들이다. 역설적일지언정 르네상스의 마법은 새로운 과학 정신의 탄생과 어떤 면에서 연관될 수 있다는 의미에서 초자연의 어두운 영역보다는 즐거운 자연의 균형을 허락하는 듯하다. 르네상스의 마법은 초자연적인 비밀보다 자연의 비밀에 더 관심을 갖는다. 그리고 인간의 필요에 따라 세상을 변화시키기 위해 이 신비로운 힘을 지배하려 한다. 피치노의 강령은 저승 혹은 천상보다는 지상의 조화를 더욱 사랑한다. 그리고 요안 콜리아노Ioan Couliano(1950-1991)는 자신의 저서 『르네상스 시대의 에로스와 마법Eros et magie à la renaissance』(1984년 출간, 1987년 이탈리아어판으로 번역 출간)에서 그러한 마법사의 모습을 재치 있게 다음과 같이 그렸다. "피치노의 마법사는 벤베누토 첼리니Benvenuto Cellini가 묘사한 주술사처럼 볼거리를 마련하려고 망자의 정신을 소환하지 않는다. 전통적인 마녀처럼 사람과 동물을 구현하고 허공에 날아다니게 하지 않는다. 게다가 코르넬리우스 아그리파처럼 불꽃놀이에 관여하지도 않는다. 혹은 수도원장 트리테미우스Trithemius처럼 암호를 읊어대지도 않는다. 이런 피치노의 마법사는 무해한 인물이다. 그 마법사의 습관은 선량한 그리스도인의 눈에 전혀 비난거리도 추문거리도 되지 않는다.

그가 우리의 동행을 별로 바람직하다고 여기지 않는 한 (분명 그렇게 여기지 않을 것

강령

즐거운 장소 이다) 그의 일상적인 산책에 동행할 것을 제안하는 느낌이 들 것이라 확신한다. 부적절한 만남을 피하기 위해 피치노의 마법사는 태양빛이 비치고 꽃향기가 가득하고 신선한 공기가 감돌고 새들의 노랫소리가 진동하는 유쾌한 장소인 마법의 정원으로 우리를 몰래 데리고 갈 것이다. 특유의 흰색 양모로 만들어진 옷을 입은 우리의 강령술사는 짧은 순간 구름이 만들어질 정도로 숨을 들이쉬고 내쉬기 시작할 것이다. 이에 감기에 걸릴 것이라는 생각으로 걱정하며 집에 돌아가게 될 수도 있다. 아폴론의 유익한 영향력과 하늘의 은총을 모으기 위해 리라를 연주할 것이다. 그러고는 검소한 식탁에 앉아서 살짝 익힌 채소와 샐러드를 먹고 자신의 마음을 강하게 하고자 닭의 심장 두 개와 자신의 뇌를 강화시키고자 양의 뇌를 먹을 것이다. 유일한 호사로 몇 스푼의 흰 설탕과 한 잔의 포도주가 허락될 것이다. 그런데 이 포도주를 가까이에서 들여다보면 실수 없이 금성의 호의를 끌어당기는 자수정을 잘게 부순 것으로 보이는 불용성 가루가 들어 있음을 알게 된다. 그의 집은 그의 옷만큼 깨끗하다는 사실을 알아차릴 것이다. 그리고 그의 좋은 습관을 따르기를 대수롭지 않게 여기는 대부분의 시민들과 정반대로 우리의 강령술사는 매일 두 차례씩 꼼꼼하게 씻는다.

고양이처럼 그 누구보다 더 깨끗하고 그 누구도 당황하게 만들지 않으려고 매우 주의하는 이 사람이 세속적인 권력자든 종교적인 권력자든 어느 누구의 분노도 사지 않음에 깜짝 놀라게 될 것이다. 그는 관용 혹은 오히려 무관심의 범위 내에서 용인되었다. 그 스스로 자신만큼 생기生氣가 투명한 적이 없던 열등한 그의 동료들과 비교됨을 입증한다."

| 다음을 참고하라 |
철학 15세기 이탈리아에서의 아리스토텔레스 전통(295쪽); 플라톤과 아리스토텔레스: 대립에서 화해로(312쪽); 쿠사누스, 박학한 무지와 무한의 철학(323쪽); 피코 델라 미란돌라: 철학, 카발라 그리고 '보편적 합의' 계획(360쪽)

브루니: 인간, 하느님과 르네상스 여명의 세계

| 루카 비앙키 |

문화적 소양이 깊은 인문주의자 브루니는 문학의 문명적 중요성을 깨달은 당대
최고의 인물들 중 한 명이다. 브루니는 그의 기념비적인 『피렌체의 역사』 및 단테와
페트라르카에 대한 전기 이외에 철학 영역에서 상당한 중요성을 지닌 플라톤과
아리스토텔레스의 텍스트 번역으로도 고전 시대의 위대한 철학자들의 그리스어 작품을
번역한 훌륭한 번역가들 중 한 명으로 기억된다.

생애와 비非철학적 작품

레오나르도 브루니(약 1370-1444)는 1370년에 아레초의 겔프(교황파*) 집안에서 태
어났다. 젊은 시기에 피렌체로 옮겨온 그는 수사학과 법학 공부를 마치고, 나이 많
은 유명한 서기관인 콜루초 살루타티(1331-1406)와 긴밀한 우정을 쌓았다. 살루타
티 덕분에 브루니는 수많은 젊은 인문주의자들을 알게 되었는데, 그중에 포조 브라
촐리니(1380-1459)와 니콜로 니콜리(1364-1437)가 있다. 라틴어와 문학 지식, 그리
고 유명한 비잔티움인 거장 에마누엘레 크리솔로라(약 1350-1415)로부터 배운 그리
스어 지식을 심화시킨 브루니는 번역가로서의 왕성한 활동을 시작한다. 1405년에
로마로 옮겨와 1412년에 피렌체의 부유한 집안 출신 여인 톰마사Tommasa와 결혼했
을 당시, 피렌체와 아레초에 잠시 머문 아주 짧은 기간만 제외하고 교황 인노첸시오
7세, 그레고리오 12세, 알렉산데르 5세, 요한 23세를 위해 교황청에서 오랫동안 일
했다. 1414년에 종파 분열까지 치닫게 될 회의에 참석하고자 독일의 콘스탄츠에 가
지만, 요한 23세(1370-1419, 1410-1415년에 교황)의 폐위 소식을 듣고 황급히 그 도시
를 떠나 이탈리아로 도망치듯 돌아온다. 1415년에 피렌체로 돌아와 피렌체 시민권
을 획득하고 그곳에서 정치에 활발하게 참여하면서 문학, 역사, 철학 연구를 진행했
다. 1427년에 서기관으로 임명된 그는 1444년 3월 9일 세상을 뜰 때까지 계속해서
그 직책을 맡았다.

우아한 라틴어 작품 저자인 브루니의 종교적이거나 정치적인 주제의 연설문은 주
목할 만하다. 수도원 생활에 반하는 인간적인 논쟁의 전형적인 주제를 설명해 놓은
『위선자에 대한 연설문Oratio in hypocritas』(1417)이 그러하다. 정치적 주제의 연설문

356

중 우수한 것은 1403-1404년에 쓰인 『피렌체 찬가Laudatio Florentinae urbis』와 1428년
의 『요한 스트로치의 장례식에서의 연설문Oratio in funere Ioannis Strozzae』이다. 그리스
어 모델을 다시 따르면서 연설문들을 통해 브루니는 피렌체의 미덕, 아름다움, 그리
고 정치-군사적 성공을 높이 칭송했다. 피렌체는 폭군에 대항하는 고대 그리스 도시
와 요새의 재구현이자 이상적인 공화국의 상징이 되었다. 법으로 다스려지고 평등
과 보상의 원칙에 근거한 피렌체는 그에게 정치적인 영역에서 이탈리아 전체의 평
화와 자유를 수호하고, 문화적 영역에서는 지적 미개함과 언어의 타락, 그리고 참
된 '인간적인' 지식에 대한 경멸이 팽배했던 수세기가 지난 뒤 전 세계에 인문학studia
humanitatis을 확산시킨, 두 가지 임무를 수행하도록 요구받은 시민 공동체의 발원지
인 새로운 아테네 같았다.

연설문

역사 기록의 결실   브루니의 역사 기록의 결실은 풍부하다. 평생에 걸쳐 쓴 『피렌체의 역사Historiae
florentini populi』 12권 이외에 당시 『시대 연구에 대한 논평Commentarius rerum suo tempore
gestarum』, 『고트족에 대항한 이탈리아 전투 4권De bello italico adversus Gothos libri IV』, 라
틴어로 쓴 아리스토텔레스(기원전 384/383-기원전 322)와 키케로(기원전 106-기원전
43)의 전기, 이탈리아어로 쓴 단테(1265-1321)와 페트라르카(1304-1374)의 전기는
기억할 만한 가치가 있다. 한편 브루니의 풍부한 서간은 당시의 정치와 문화생활을
재구성하는 데 훌륭한 원천이 된다. 호메로스, 아리스토파네스, 크세노폰, 플루타르
크, 아이스키네스, 데모스테네스의 라틴어 번역과 피렌체 입헌에 관한 조약처럼 그
리스어로 쓴 글은 주목할 만한 그의 그리스어 능력을 증명한다. 그의 최고의 표현력
은 철학 문헌의 위대한 번역에서 찾아볼 수 있다.

플라톤과 아리스토텔레스의 번역
브루니가 편집한 수많은 라틴어 번역 작품 중에 큰 성공을 거둔 것은 1403년에 작업
이 끝나고 콜루초 살루타티에게 헌정된, 그리스의 위대한 교부 바실리우스Basilius(약
330-379)의 『청소년에게 보내는 편지Epistula ad adulescentes』 혹은 『학문의 유용성De
utilitate studii』이었음이 중요하다. 바실리우스가 그리스도교 문화에 유용한 것으로 인
정된 위대한 이교도 저자들, 특히 시인들과 플라톤(기원전 428/427-기원전 348/347)
의 연구에 대해 한 칭송은 이것이 인문주의 운동의 진정한 '선언'이 되기 전에 브루
니가 1404-1405년에 착수하여 30년 넘게 매달린 '철학의 고전들'의 장대하고 영향

력 있는 번역 작품에 영감을 주는 동기가 된다.

처음에 크리솔로라와 살루타티로부터 격려를 받고, 브루니는 플라톤에 관심을 기울이기 시작했다. 중세에는 아주 최소한의 플라톤 작품만 알려져 있었다. 적혀 있는 그대로 모든 대화를 번역할 수 없었음에도 불구하고 브루니는 『파이돈Fedone』 (1404-1405), 『소크라테스의 변명Apologia di Socrate』(1404-1409, 1424-1427에 두 번째 버전), 『크리톤Critone』(1404-1409, 1424-1427년에 두 번째 버전), 『고르기아스Gorgia』 (1409), 『편지들Lettere』(1427)을 우아한 라틴어로 옮겼다. 이외에도 파이드루스의 단편들(1424), 플라톤의 『향연Simposio』(1435) 그리고 크세노폰Xenophon(기원전 약 430- 기원전 약 355)의 『소크라테스의 변명』을 번역했다.

브루니는 아리스토텔레스의 실천 철학에 대한 적지 않은 주의를 담고 있는 『니코마코스 윤리학Etica Nicomachea』(1416-1417)을 먼저 번역하고, 그 다음에 위 아리스토텔레스의 『경제학Oecoomica』(1420), 마지막으로 『정치학Politica』(1436-1438)을 번역했다. 비록 상당수의 필사본과 활자판이 증언하듯 많은 대중들로부터 호의적으로 받아들여졌지만, 이 번역물들은 신랄한 논쟁도 불러일으켰다. 브루니가 『서간집Epistolae』에 쓴 답장으로만 알려져 있는 정체불명의 데메트리우스Demetrius, 주디치의 바티스타Battista de' Giudici(?-1483), 카르타헤나의 알폰소Alfonso di Cartagena(1384-1456)는 덜 우아하지만 더욱 정확하다고 평가받는 중세 버전을 옹호했다. 그들은 브루니 버전의 느슨함과 용어의 부정확성을 비난했다. 그리고 특히 그들은 그가 최고선summum bonum이라고 잘못 이해한 선to agathon의 해석처럼, 『니코마코스 윤리학』의 몇 가지 핵심 개념에 대한 브루니의 해석을 맹렬하게 비난했다. 1420년경에 『올바른 해석De interpretatione recta』이 세상에 나왔다. 이는 자기 방어를 목적으로 명시한 안내 책자로 '정확하게 번역하기'에 대한 가장 심오한 이론적 토론을 제시한다. '정확하게 번역하기'는 십여 세기 이전에 성 히에로니무스(약 347-약 420)가 의미에 따른ad sensum 번역 방법을 옹호하고자 팜마키우스Pammachius(340-409)에게 보낸 사도 서간 이후에 서양 문화에 자리 잡게 된 것이다. 중세 때 종종 사용된 단어 단위로 옮기는ad verbum 방식으로 논란에 노출된 브루니 역시 더 자유롭게 문장 단위로 옮기는ad sententiam 번역 기술을 옹호한다. 이 번역 기술은 아리스토텔레스 문헌의 전체적인 의미를 파악할 수 있고, '그리스어나 야만인의 표현으로' 오염된 '라틴어 담화의 순수성'을 손상시키지 않고 문체 양식(장식

『올바른 해석』

358

ornatus)이든 개념적 내용이든 복원시키는 능력이다. 모든 것에서 수사학과 멋진 문체 때문에 과장된 사랑에 대해서 단순한 표현이 보이는 것은 환원적이다. 한편 브루니는 아리스토텔레스 작품을 번역한 중세 번역가들을 조토(1267-1337)의 걸작을 망가뜨린 사람처럼 비난하며 그들이 사용한 번역 방법의 결과가 엉망임을 상당히 강조했다. 다른 한편 브루니는 키케로와 퀸틸리아누스(약 35-약 96) 같은 저자들이 사용하지 않은 말은 그 어느 것도 '라틴어가 아니라고' 평가하는 고전주의자들의 편견에 영향을 받았다. 그래서 그는 로버트 그로스테스트Robert Grosseteste (1175-1253)와 뫼르베케의 기욤(1215-1286) 같은 13세기의 위대한 번역가들이 만든 철학 어휘의 상당 부분을 거부할 수밖에 없었다. 그럼에도 불구하고 그리스어에서도 매우 다루기 힘든 전문 용어의 원형뿐 아니라 정치학politica(공적인 일을 다스리는 학문 scientia gubernandarum rerum publicarum이라는 장황한 완곡 표현으로 대체됨)과 민주주의 democratia(국민의 권력populuris potestas이라는 잘못된 표현으로 만들어짐)처럼 이미 보편적으로 사용되는 어휘까지 금지함으로써 다양한 동의어와 완곡한 표현으로 서툴게 대체된 전문 용어의 해석에 있어서 상당한 혼란을 초래했다. 그런데도 브루니는 우아함과 충실함의 상충되는 필요를 결합하려 하고 '아리스토텔레스의 생각(의미 sensum)에 쉼표 하나' 보태거나 빼지 않았음을 자랑스러워했다. 번역가들에게 자신들의 표현력에 넋을 빼앗길 정도로 작업 중인 작품에 완전히 몰입할 것을 제안하면서 브루니는 자신의 입장에서 '라틴어를 사용하지만 그리스어를 모르는' 독자들에게 원문의 진정한 대체제를 제공할 수 있다고 믿었다. 하느님을 직접 본다는 천국의 행복한 상태를 뜻하는 지복직관至福直觀에 대해 말하고자 성 바오로가 사용한 비유에 매달리면서까지 설명한『정치학』서문의 한 구절에서 그가 자신의 번역서 덕분에 작가와 총체적으로 직접적인 관계를 수립할 수 있을 것이라고 약속한 것은 우연이 아니다. 그 구절은 "거칠고 오류투성이인 번역의 이해하기 힘든 수수께끼와 어리석음을 통해서가 아니고 서로 얼굴을 맞대고 아리스토텔레스를 보기, 그리고 그리스어로 쓰인 바로 그 내용을 라틴어로 읽기"다.

철학 작품과 '시민 인문주의'

브루니의 주요 철학 작품은 1405-1406년까지 거슬러 올라가는『피터 폴 다뉴브에 대한 대화Dialogi ad Petrum Paulum Histrum』, 그리고 1423년경에 대화 형식으로 쓰인 도덕 철학 입문서인『도덕 교육 소개 연설Isagogicon moralis disciplinae』이다. 이 두 작품은 오랜 역사 서술의 전통이 '시민 인문주의'라고 불렀던 인간 존재의 개념에 대한 가장 특징적인 이유 몇 가지를 서술했다.『피터 폴 다뉴브에 대한 대화』는 살루타티의 전통 안에서 진행되던 논쟁거리에 대해 훌륭히 기술하는 것 이외에 우아한 표현에 대한 관심 부족에서 파생되거나 브루니가 과도하다고 생각했던 논리적이고 물리적인 문제를 위한 관심에서 파생된 비인간성inhumanitas, 권력자의 원칙 남용, 그리고 스토아 철학 문화에 대한 격렬한 불만을 포함한다. 인간은 '정치적 동물'이라는 생각을   **'정치적 동물'인 인간**
아리스토텔레스로부터 다시 받아들인 브루니는 종교적인 생활을 수도회적이고 금욕적이라고 보는 해석과 인문주의적 이상을 순수하게 문학적이고 미학적으로 해석하는 것에 반대하며 논쟁을 벌였고 고독한 삶의 모든 선택을 반대했다. 특히 여기서 단테에 대한 그의 편애는 '시민적' 관점에서 페트라르카보다 단테가 우월하다고 평가했다. 철학에 대해 개방적이고 문제적인 개념에 우호적이고, 좋은 문학bonae litterae 에 대한 연구에 기초하여, 고전뿐만 아니라 다양한 원천을 사용할 준비가 된 브루니는 아리스토텔레스에게서 영감을 받은 실천 철학에 대한 호감을 숨기지 않았다.『도덕 교육 소개 연설』은 제목에 언급된 바대로 그 내용은 전혀 소개되지 않았고, 아리스토텔레스의 윤리학 개론 내용도 전혀 소개되지 않았으며, 아리스토텔레스 작품의 16세기 버전과 1501년 이전에 활판 인쇄되어 현존하는 수많은 초기 간행본에 담긴 내용도 전혀 소개되지 않았다. 무엇보다 브루니는 그 책에서 반反스콜라 철학적 논쟁을 다시 불러일으킨 도덕 문제의 중요성을 강조했다. 페트라르카가 이탈리아 문화에 소개한 모티프가 반향을 일으킨 뒤에 브루니는 '잘 살기' 위해서 '서리와 눈雪의 원인, 안구 홍채의 색상'을 알아야 할 필요는 없지만 개인 생활에서뿐만 아니라 특히 일반 사회생활에서 미덕을 발휘할 수 있는 최고선의 본질과 방편을 잘 알아야 함을 주목했다. 이외에도 그는 고대의 주요 도덕 원칙 간의 차이는 실질적인 내용보다는   **도덕적 문제**
말뿐이라고 주장했고, 그러다 보니 주요 철학 학파 사이에 타협을 제안했다. 그가 주목한 바에 따르면, 최고선에 대한 아리스토텔레스의 개념은 스토아 학파의 개념 및 에피쿠로스의 개념과 전혀 대조적이지 않았다. 사실 모든 개념은 인간에게 '기쁨'과 '미덕'의 조화로운 통합으로 이해되는 '행복'에 도달하는 방법을 알려 주려 할 것이다. 스토아 학파가 권하는 미덕의 실천이든, 아리스토텔레스 전통이 강하게 주장한 진실에 대한 인식과 묵상이든 에피쿠로스 학파가 탐구한 것과 유사한 '무한한 기쁨'

을 가져다줄 것이다. 이렇게 에피쿠로스(기원전 341-기원전 270)의 가르침에 대한 긍정적인 평가를 내리는 길이 열리게 되었다. 그러한 기쁨의 탐구는 동시에 '정의, 절

미덕과 행복   제, 신중함'의 탐구일 것이다. 그런데 그 탐구는 실천적 삶과 관상적 삶 사이의 관계에 대해 갱독更讀의 맥락 안에서 이루어지는데, 인문주의 문화에서 소중하게 여기는 그 관계는 공동선에 분명한 우위를 제공한다. 아리스토텔레스 윤리, 스토아 학파 윤리, 그리고 에피쿠로스 학파 윤리 사이에 일치함을 찾으려는 이러한 노력만큼 독창적인 것은, 삶에 관한 이교도적 개념과 그리스도교적 개념 사이의 차이를 감소시키려는 시도였다. 전자의 개념은 '이 삶의 최고의 목적인 미덕의 결실'을 탐구하였고, 반면에 후자의 개념은 '또 다른 삶의 목적'을 탐구한 것임을 인정하면서, 브루니는 악덕과 미덕을 생각하는 방법으로뿐만 아니라 '그리스도교에 특별히 속한 듯한 방법'으로도 고대 철학자들은 '똑같은 것을 생각하고, 규정하고, 가르치면서 우리와 의견이 일치한다'고 주장했다.

| 다음을 참고하라 |
철학 실천적 삶과 관상적 삶: 살루타티의 시민 인문주의(333쪽)
시각예술 로렌초 데 메디치 시대의 피렌체(788쪽)

피코 델라 미란돌라:
철학, 카발라 그리고 '보편적 합의' 계획
| 페데리카 칼데라Federica Caldera |

피코에게 매우 소중한 보편적 합의concordia universalis의 주제는 유대교의 신비주의인 카발라 연구를 더 잘 이해하는 문제와 연관된다. 피코는 자신의 저서 『존재자와 일자』의 내용에서 정리해 놓은 하느님에 대한 이론화, 『일곱 형상론』에서 공개한 세계에 대한 이론화, 그리고 『인간 존엄성에 관한 연설』에서 인간에 대한 이론화를 다루었다. 피코가 기소된 재판은 『결론들』과 『변론서』에 반하는 유죄 선고로 마무리되었다.

일대기와 연구

이탈리아 북부 도시 미란돌라 및 콘코르디아의 백작인 잔 프란체스코 피코Gian Francesco Pico와 보이아르도 시인의 이모 줄리아 보이아르도Giulia Boiardo의 아들로 태어난 조반니 피코 델라 미란돌라(1463-1494)는 이탈리아와 외국의 여러 도시에서 교육을 받았다. 볼로냐에서 1477년에 교회법 박사 학위를 취득하며 진정한 흥미를 느끼지 못하던 법학 공부를 마쳤다. 1479년에 피코는 페라라에 공부를 하러 갔다. 그곳에서 수사학, 시학, 철학, 신학을 공부하고 루도비코 카르보네Ludovico Carbone, 로돌푸스 아그리콜라Rodolphus Agricola, 니콜로 레오니체노, 바티스타 과리니Battista Guarini와 친분을 쌓고, 루도비코 비고 피토리Ludovico Bigo Pittori, 지롤라모 사보나롤라, 티토 베스파시아노 스트로치Tito Vespasiano Strozzi를 알게 되었다. 1479년과 1480년 사이에 피렌체로 옮겨가 인문주의 문화의 가장 대표적인 인물들인 피치노, 폴리치아노, 제롤라모 베니비에니Gerolamo Benivieni에게 매료되었다. 1480년과 1482년 사이에 피코는 파도바에서 수학했다. 그곳에서 그는 니콜레토 베르니아, 아고스티노 니포, 에르몰라오 바르바로의 지도하에 아리스토텔레스 철학과 스토아 철학, 아베로에스주의에 대한 공부를 시작했다. 그는 이 외에도 베르니아의 몇몇 제자들인 지롤라모 라무시오Girolamo Ramusio, 지롤라모 도나토Girolamo Donato, 톰마소 메디오Tommaso Medio와 함께 시작詩作 연습과 연구를 병행했다. 이 시기 피코의 신임을 가장 많이 받은 사람들 중에 의사인 메디고의 엘리아Elia del Medigo(1460-1493)라는 인물이 있는데, 피코는 그로부터 아베로에스주의에 대한 개인 교습을 받는 것 이외에 유대교와 카발라에 대한 공부 역시 시작했다. 1482년부터 1483년 사이에 그는 전통적인 계산 calculationes에 흥미를 보였고 그리스어 학업을 완성하면서 파비아 대학에서 수사학 과정을 듣는다. 1485년 말에 파리로 옮겨가 그곳에서 소르본 대학의 신학 과정을 들었다.

보편적 합의 계획

지혜sapientia에 대한 새로운 이미지에 영감을 받은 피코의 사변적인 계획은 무한한 표현으로 드러나는 동시에 숨어드는 유일한 진실의 열쇠를 찾아내기를 목표로 한다. 그렇게 '합의 철학' 사상이 발달했다. 갈등을 진정시키고 통합하여 플라톤과 아리스토텔레스, 아베로에스, 아비케나, 성 토마스와 둔스 스코투스의 사상들을 조정할 수 있는 철학적 연구 비전을 제시하고 인간 간의 평화와 종교 화합을 증진시키고자 수많은 사상가들이 어려운 플롯을 구성하도록 부름받았다. 보편적 지식에 대한 이 최고의 계획에 카발라, 즉 유대교의 신비 철학적 경험이 드러난다. 개종한 유대인인 플라비우스 미트리다테스Flavius Mithridates(약 15세기 후반에 활동)의 도움으로 히브리어와 칼데아어를 잘했던 피코는 성경 해석과 세계에 대한 해석의 최고의 비결로 평가받는 카발라 텍스트 읽기에 열정적으로 도전했다. 그의 비밀 주해와 더불어 카발라는 지식의 모든 형태를 자신의 최초이고 본질적인 단일성으로 환원시켰다. 카발라는 사실상 또 다른 계시를 담고 있다. 신비하고 비밀스러운 그 계시를 통해 카발라 입회자들에게 현실을 읽는 열쇠를 발견하게 하고 모든 신앙, 모든 교리, 모든 언어를 하나로 줄이는 방법을 찾게 했다. 그래서 카발라는 가장 숭고하고 가장 순수한 형태의 영적 인식으로, 유일하고 참된 비밀스러운 지혜로, 그리스도교의 지혜와 계시 그리고 철학적 교리와 영원하고 불변한 진리의 절대적인 표현이 만나는 최고의 장소로 이해된다.

카발라의 경험 *(왼쪽 여백 주석)*

존재론

피코의 추론 중 첫 번째 주목할 점은 1490년과 1491년 사이에 준비하고 사후에 출판된 『존재자와 일자De ente et uno』에서 심화시킨 하느님에 대한 이론화다. 이는 서양 형이상학의 가장 골치 아픈 논쟁인 최고의 존재자에 대한 논쟁의 재구성에서 시작한다. 안젤로 폴리치아노(1454-1494)에게 헌정하고 순회 설교사인 안토니오 치타디니Antonio Cittadini(15세기)와 열띤 논쟁을 벌인 이 책자는 일자를 존재자에 앞세우는 플라톤의 주장과 존재자와 일자의 완전한 수렴을 주장하는 아리스토텔레스의 논변을 화해시키는 것을 목표로 한다. 피코는 두 관점의 조화를 증명하고자 어떤 것에도 반대되지 않을 뿐만 아니라 존재에 참여하는 것으로도 이해되는 존재자의 개념에 대해 철두철미한 논의를 발전시켰다. 피코에 따르면, 사실 존재자ens는 구체적인 것이고 추상적 개념에 참여하는 그 무엇이라고 말할 수 있다. 반면에 존재esse는 추상적인 것이고 개체에 분유分有됨으로써 그 존재를 구축하고 초월하는, 그 자체가 절대적으로 자립적이고 초월적인 존재라고 말할 수 있다. 이러한 존재론적인 고찰은 신학적 본성에 즉각적인 결과를 가져온다. 앞의 작품에서 이미 언급했던 바를 지적하고(『G. 베니비에니의 사랑의 찬가에 대한 논평Commento alla canzone d'amore di G. Benivieni』

존재자의 개념 *(왼쪽 여백 주석)*

에서 말로 표현할 수 없는 신의 초월성) 다음 작품의 통찰력을 예상하면서(『일곱 형상론 Heptaplus』에서 신의 초월적인 이해 작용super-intelligere의 개념) 피코는 하느님은 존재 자체Ipsum Esse로서 존재자ens를 초월하고 자립하는 존재 자체Ipsum Esse subsistens로서 하나라고 설명했다. 결과적으로 여기에서 하나가 존재를 초월한다는 논지가 파생되었다. 사실상 하느님의 본질은 다수의 그리고 존재의 개념 자체를 넘어 절대적인 단위로 생각해야만 이해할 수 있다. 만약 하느님이 분명하고 정의하기 힘든 모든 현실 너머에 있다면, 보기에 따라서는 존재자가 아니고 초월 존재자super ens다. 이렇게 획득된 하느님에 대한 지식은 물론 신비를 샅샅이 다루지는 않았다. 이러한 부정 신학은 사실 탁월의 신학theologia eminentiae이기도 하다. 하느님을 알기에 부족한 지성의 무능력은 그 근원적 원인에 인간을 결합시킬 수 있는 순종의 힘으로 보상받는다.

하느님, 최고의 존재자

인간의 존엄성

존재esse와 존재자들entia의 관계는 『창세기 7일 중 6번째 날에 대한 일곱 형상론 Heptaplus de septiformi sex dierum Geneseos enarratione』(1496)에서 논의되었다. 세계에 대한 이론화에 할애된 이 작품은 창조에 대한 대답의 의미를 철학적 우주론으로 밝혀내며, 모자이크처럼 엮인 우화적인 이야기를 드러냈다. 한 분이시고 유일한 하느님에 의해 창조된 세상 역시 하나다. 그러나 세계는 다양성 중 하나이고 다양성으로 이루어진 하나다. 정적이면서 동적인 단위가 함께하는 하나다. 지적인 혹은 천사의 세계인 영적 실체 옆에 초자연적인 물체인 천상의 세계와 현세가 나란히 있다. 모든 세계는 다른 세계에 있는 것을 강화하거나 약화시킬 수 있다. 그러므로 천상과 지상의 총체적인 조화인 상호 구속의 세계mundorum mutua continentia에 대해, 그리고 자연 마술의 연구 대상인 사물의 공감sympathia rerum에 대해 말할 수 있다. 피코 연구의 첫 번째 단계에서 그 효과로 묘사되는 이 학문은 후에 『예견적인 점성술학 반대 토론 Disputationes adversus astrologiam divinatricem』에서 언급한 점성술학과 더불어 심각하게 비판받았다.

다양한 세계

　『인간 존엄성에 관한 연설Oratio de hominis dignitate』이나 『일곱 형상론』에서 자신을 위대한 기적magnum miraculum으로 격상시키며 피코가 말한 중간 세계medium mundi인 네 번째 세계는 인간과 일치한다. 『인간 존엄성에 관한 연설』에서 인간의 위대함은 자유에 달려 있다. 인간은 별(지적인 별일지라도)이나 천사(더 우월할지라도)와는 다르다. 왜냐하면 자신의 운명의 결정권자이기 때문이다.『일곱 형상론』에서 인간은 경험에 근거한 창조의 주인으로 묘사된다. 본질적으로 예민한 본성, 지적인 특성, 정신을 조합한 인간은 창조의 모든 단계를 재조합한 요약본이다. 천사 세계의 끝이고 요소들의 세계의 으뜸이며, 비규정적이고 무한한 신적인 본성의 모상인 인간은 변화하고 비규정적인 본성을 가지고 살면서도 자기 스스로 결정하는 능력을 가지고 있다. 아무튼 인간은 자유롭다. 왜냐하면 인간의 불확정성을 자기 결정권으로 바꾸고 스스로 주장하는 상태에 있기 때문이다. 정확하게 이해된 인간의 존엄성dignitas hominis은 세상에서 인간이 중심이라는 것으로부터 우선적으로 유래하지는 않았다. 그 존엄성은 창조에 대한 인간의 지배권이나 자유 같은 것에만 달려 있지 않다. 물론 그것은 자유롭지만 물질적인 목표를 향해 종적縱的인 긴장 상태를 유지할 수 있고 유지해야만 하는 자유로 이루어져 있다. 하느님에게 도달하기 위한 방법은 여러 가지인데, 내용은 다르지만 삼자 구조로 모양이 같고 끝에는 통합된 모습이다(Pier Cesare Bori, *Pluralità delle vie. Alle origini del discorso sulla dignità umana di Pico della Mirandola*, 2000). 한편 인간의 위대함은 도덕 교육 중에 묵상 훈련과 사랑의 논리를 통하여 하느님과의 일치와 행복의 합으로 이어지는 경로를 완성할 수 있는 능력에 있다. 변증법, 자연 철학, 신학을 통해서 구현되는 이러한 지혜의 증가는 보편적인 평화의 달성을 보장해야만 한다. 그러므로 인간의 존엄성은 보편적 사랑의 질서를 회복하려는 의식적인 선택이다. 그리고 이는 죄로 가려진 자연적인 행복이 그림자에 불과하다는 최고선에의 진정한 관여다.

명제집: 로마 논쟁, 재판 및 선고

단 한 가지 일을 하는 모든 정신의 단일성 안에서 우주 교향곡의 조건으로서 인간 사이의 평화는 피코 저술 활동에서 가장 빈번히 논의된 주제 중 하나다. 유일한 진리를 끊임없이 탐구하면서 합의 철학에 대한 자신의 사상을 이론화한 피코는 탐구가 explorator의 역할에 그치지 않고 논쟁자disputator로도 드러나기를 열망했다. 인간 자유의 절대 가치를 찬양하는『인간 존엄성에 관한 연설』은 당연히 로마 논쟁에 대한 서언으로 간주된다. 로마 논쟁은 피코의 의도에 따라『구백 편의 논문Novecento Tesi』혹은『결론들Conclusiones』에서 이론화된 피코의 보편적 합의 계획을 논의하기 위해 로마에 모이게 된 학자들의 집회였다. 1486년 12월 7일 실베르Silber 인쇄소에서 인쇄된 책자는 두 부분으로 나뉜다. 7개 그룹으로 나뉜 400편(사실상 402편)의 논문으로 구성된 첫 번째 부분은, 학교Studia에서 소개된 당시 유행하던 다양한 철학과 신학 교리를 토론에 부쳤다. 두 번째 부분은 11개 그룹으로 나뉜 500편(사실상 497편)의 논문으로, 피코 개인의 이론적 입장이나 주석을 드러냈다.

피코의 철학적 계획에 대해 강한 의심이 확산되었다. 초반에 교회 당국으로부터 격려를 받은 그의 논문에 대한 논의조차 피코 백작을 향한 광범위한 적대감을 막지는 못했다. 『명제집』은 여섯 명의 주교, 두 개의 종교 단체, 여덟 명의 신학과 교회법 전문가들로 이루어진 조사위원회에 회부되었다. 인노첸시오 8세(1432-1492, 1484년부터 교황)에 의해 공표된 「의무 부과Cum ex iniuncto officio」 교서 이후(1487년 2월 20일) 피코의 논문에 대한 조치 방식을 다음과 같이 명시했다. 그 표현 방식의 결과로 가 『결론들』 톨릭 신앙과 어울리지 않아 보이고 이단적인 분위기를 지닌 제안들은 그가 있는 곳에서 교회법의 절차를 엄격히 준수하는지 검증되어야만 한다. 미심쩍고 모호한 제안은 더 이상 신앙과 반대되고 잘못된 의미로 이해되지 않도록 분명히 밝혀져야 한다. 전대미문의 새로운 용어와 모호하고 무의미해 보이는, 의미를 알 수 없는 말들로 가득 찬 제안들은 단순한 용어로 고쳐져야 한다. 3월 첫 열흘 동안 위원회는 피코의 진술을 논의하고자 그를 소환했다. 그러나 그의 설명이 충분치 않다고 판단하여 일곱 편의 논문에 대해 선고를 내리고 다른 여섯 편의 논문을 미심쩍은 정설이라고 언명했다. 철학적 혹은 신학적 전통에 반하고, 위험하고 물의를 일으키고 독실한 이들을 모욕하고, 이단적인 분위기를 지니며 이교도적이고 이교도 철학자의 오류 경향을 보이고, 유대인들의 아집에 호의적이고, 위험한 예술과 관례, 이방인, 그리스도교 신앙의 반대자들에게 치우친 열세 개의 제안은 크거나 작은 심각성을 증명한다는 이유로 모두 유죄 판결을 받았다(G. Di Napoli, *Giovanni Pico della Mirandola e la problematica dottrinale del suo tempo*, 1965).

1487년 6월 5일 교황의 판결을 무시하고 새로운 글을 추가하여 신중하지 못한 신학자의 지지를 얻었다고 기소된 피코는 이단 혐의로 재판을 받게 되었다. 6월 6일 「최근 몇 달 동안Superioribus mensibus」 교서로 인노첸시오 8세는 종교 재판소를 설립했다. 반면 피코는 자신의 글을 비난한 판결을 준수할 것을 맹세했다. 교황 교서 「우리에게 부과되었을지라도Et si iniuncto nobis」(1487년 8월 4일)로 교황은 피코의 긴급 체포 영장을 발급했다. 그리고 파문에 대한 처벌로 『결론들』과 『변론서Apologia』의 출

리옹에서의 체포

판과 독서를 금지하고, 그 서적들을 소지하고 있는 사람들에게 30일 이내에 불태울 것을 엄명했다. 그런데 교황 교서는 1487년 12월 15일에 공표되었다. 1488년 1월 6일 리옹에서 체포되었고 그 전 해 8월 교황 교서에 대해 알게 된 피코는 자신을 위태롭게 할 수 있는 모든 서적과 서류들을 즉시 불태우는 조치를 취했다.

그가 젊은 나이에 쓴 방대한 양의 논문들이 처벌을 받을 만하다는 사실, 마법사이자 그리스도교회의 새로운 이교도 창시자라는 사실에 관한 논쟁의 부적절함에 대해 그에게 쏟아진 비난에 대응하려는 시도로 이루어진『변론서』의 출판(1487년 5월)은 피코 입장에서 심각한 전술상의 오류였다. 교황은 사실상 그 책에서 저자의 불복종 징후를 알아채고 종교 재판소로 자료 일체를 넘겼다. 자신의 주장에 대한 더욱 광범위하고 평화적인 검증만을 원한다고 주장한 서문의 마지막 조항에도 불구하고, 피코는 재판관들의 무지ruditas, 자신의 이론을 이해하는 데 있어서 그들의 무능력함, 논증의 부족, 논리학 법칙에 대한 그들의 무지, 원칙에 대한 그들의 적대감, 권위에 의한 논증의 남용(예를 들어 1277년 탕피에Tempier가 검열한 글)을 비난했다. 이러한 공개적인 논쟁에 직면하여 교황의 선고가 무지와 편파로 인한 결과가 아니라 용어에 대한 전문적인 의미에서 권위 있는 결정determinatio magistralis임을, 따라서 훌륭한 만큼 오만한 한 젊은이에 의해 무모하게 제기된 철학적이고 신학적인 문제를 분명한 방식으로 해결한 교리적 결정임을 증명하는 것이 필요했다. 피코의『변론서』에 대한 반론의 초안은『조반니 피코의 변론서 결론에 반하는 권위 있는 결정Determinationes magistrales contra conclusiones apologeticas Ioannis Pici』을 작성한 조사위원회의 일원인 페드로 가르시아스Pedro Garsias(15세기)의 작품이다. 이 문헌은 광범위하게 확산된 그 논문을 확인한 것은 아니었다. 그 문헌에 따르면, 피코는 파리 대학과 로마 교황청을 통치했다고 추정된 유명론자唯名論者들의 희생양이었다. 사실상 유명론과 가르시아스 사이에 그 어떤 긴밀한 관계도 입증되지 않았지만, 유명론자 전통을 대표하는 일부 개념적인 도구의 사용은 오컴의 교회론과 신학의 공공연한 적인 후안 데 토르케마다(1388-1468)의『교회 전서Summa de ecclesia』에 대해 상호 보완적이다(루카 비앙키, *Pierre Garsias, adversaire de Jean Pic de la Mirandole, entre nominalisme et via communis*, in *Archives d'histoire doctrinale et littéraire du Moyen Âge*, 74, 2007).

인노첸시오 8세의 뒤를 이어 1492년 7월 26일 교황 알렉산데르 6세(1431/1432-1503, 1492년부터 교황)는 모든 일에 대한 조사위원회를 구성하고, 이에 대한 가장 중

교회의 비난과 무죄 선고

요한 사안들을 「모든 가톨릭 신자Omnium catholicorum」를 통해 문서화했다. 세 부분으로 나뉜 이 교황 교서는 원인을 제거하는 일련의 준비 조항들을 담고 있다. 미란돌라 백작의 무죄 선고는 1493년 6월 18일로 거슬러 올라간다.

| 다음을 참고하라 |
철학 플라톤과 아리스토텔레스: 대립에서 화해로(312쪽); 피치노와 인문주의적인 신비주의(346쪽)

아그리콜라

| 리카르도 포초Riccardo Pozzo |

로돌푸스 아그리콜라(라틴어화하면 로엘로프 후이스만Roelof Huysman)는 1442년에(다른 자료에 의하면 1443년) 네덜란드 북부 도시 흐로닝언 근처 바플로에서 태어났다. 네덜란드 동부 도시 데벤테르, 벨기에의 루뱅, 프랑스 파리에서 수학한 뒤 로마와 페라라에 머물며 오랫동안 이탈리아를 여행했다(에르콜레 데스테Ercole d'Este 앞에서 철학에 대한 기념비적인 찬가를 발표하기도 했다). 알프스 북부로 돌아와 브뤼셀, 흐로닝언, 하이델베르크에서 외교에 종사했고, 1482년부터 하이델베르크 대학에서 가르치기 시작하여 로마에서 마지막 외교 사절로 돌아온 1485년, 40대가 조금 넘은 나이에 사망했다.

보편적 방법

1479년에 집필되어 1515년에 사후 판본으로 처음 출간된 그의 주요 저서 『변증적인 발견에 관하여De inventione dialectica』는 플라톤, 아리스토텔레스, 키케로, 보에티우스, 페트라르카를 거울삼아 새로운 주체 이론의 방향에서 스토아 철학의 유명론적인 논리학을 상당히 넘어서는 방법에 대한 논문이다. 로돌푸스 아그리콜라(1442-1485)는 아리스토텔레스(기원전 384-기원전 322)의 체계적인 다원주의와 다르고, 로렌초 발라(1405-1457)가 자신의 변증론에 부과했던 윤리에 대한 결합에서 자유로운 보편적 방법 제시를 목표로 했다. 아그리콜라는 변증론을 모든 학문의 방법으로 의도했다. 문법과 수사학이 사실상 주목을 받았다. 프란체스코 페트라르카Francesco

Petrarca(1304-1374)와 발라와 동일하게 아그리콜라 역시 중세 스콜라 철학의 전문 용어에 반대하여 고전 라틴어 사용의 최대 복원을 옹호했다. 데벤테르의 프라테르헤렌Fraterherren의 신앙 쇄신 운동devotio moderna을 고취시킨 설득력 있는 이상을 강조할 필요가 있다. 아그리콜라가 교육 받은 데벤테르의 프라테르헤렌은, 이성적이고 도덕적인 인간 능력의 발달을 목표로 하는 지식을 요구하며 헌신적이고 완전히 내면화한 실용철학을 지지했다. 인간은 지적인 삶에 접근하는 것보다 실질적이고 개별화된 삶에 접근할 필요가 있다는 것이다.

아그리콜라가 모든 논의 대상의 개연성의 기술ars probabiliter de qualibet re proposita disserendi이라고 변증론에 부여한 유명한 정의는 변증론을 공식적인 지식 분야에 포함시켰다. 사실 변증론은 개체의 종류와는 상관없다. 변증론은 모든 종류의 기술과 학문artes et scientiae에 유효하다. 아그리콜라에게 '아마도probabiliter'라는 의미는 '설득력 있는'이라는 의미와 동등하다. "변증론이 아마도 논증의 방법 혹은 논증 그 자체를 알려주기 때문에 그 한계는 이성과 방법으로 논의할 수 있는 모든 것과 동일해 보인다. 이외에도 변증론은 먼저 정의된 사안을 전제로 하지 않는 듯하지만, 모든 도전을 위해 준비하고 훈련하게 될 무기를 제공한다." 논의하고자 제안된 주제의 독창성을 위한 도구로서 변증론은 기술 중의 기술ars artium이다. 그리고 모든 지식의 원칙에 대한 설명을 제공한다. 변증론은 학문의 원리이자 공식적인 전제조건이다. 똑같은 발견inventio이 공식화될 수 있다. 모든 학문의 기본 주제loci들을 조사하기 때문에 변증적 발견inventio dialectica으로서의 논리학은 각각의 특별한 내용에 대한 기준계를 설정하고, 유사성에 기초하여 고립된 것과 공통적인 것 사이의 관련성을 실현한다. 왜냐하면 각각의 사물의 다수성에 직면하여 굴복하지 않으려면 사상은 유사성similitudines에 의지해야 하기 때문이다.

증명

기본 주제loci는 증명에 사용된다. 기본 주제들은 다루는 내용에 대한 물리적인 정확성에 대해 보장하고 일반적인 결정을 가능하게 한다. 발라가 퀸틸리아누스(약 35-약 96)의 논점topica을 자신의 논점으로 삼는 데 그친 반면, 아그리콜라는 새로운 논점을 발달시키는 데 전념했다. 아리스토텔레스가 논의의 실행으로 논점을 이해한 반면, 아그리콜라에게 논점은 논리 전체를 포함하고 따라서 아리스토텔레스의 논점보다

기술과 학문을 위한 유효한 방법인 변증법

훨씬 더 광범위하다. 아리스토텔레스부터 키케로(기원전 106~기원전 43), 퀸틸리아누스, 보에티우스(약 480-525?)를 지나 아그리콜라에 다다르는 전통의 24가지 기본 주제(그리스어로 topoi 혹은 라틴어로 loci)는 사물의 안과 밖의 가장 일반적인 조건을 나타낸다. "사실상 내적인 기본 주제loci 목록은 다음과 같다. 정의, 류(유), 종, 특성, 전 체, 부분, 결합, 실체에 대한 기본 주제는 인접, 행위, 주체다. 동질로 언급되는 외적인 기본 주제는 능동인, 목적, 결과, 계획이다. 적용되는 기본 주제는 장소, 시간, 관계(연결)다. 우연적인 기본 주제는 우연, 발표, 표제, 비교, 유사다. 모순적인 기본 주제는 반의어, 차이다." 아그리콜라에 의하면, 24개의 기본 주제loci는 열거되자마자 모든 면에서 아리스토텔레스의 10개 범주로 교체되었다. 기본 주제는 최종적으로 찾아졌고 발견inventio을 위해 쓰였다. 이는 논쟁을 탐구하는 데 있어서 인간 주체를 도와준다. 왜냐하면 모든 서술 방법을 통해서 논쟁은 24개의 모든 언급 가능성에 따라서 대상을 인간 주체에게 보여 줄 수 있기 때문이다. 논증 위치sedes argumentorum에서 주제를 엮는 것은 점차 늘어났고, 계층적으로 커지지는 않았다. 그리고 주제에 대한 검사는 시간이 지남에 따라 진행되고(논의 작용discorrere), 당연히 관상만으로 이해되지는 않는다(이해 작용intelligere).

논증

설명expositio이 호의적인 청중을 상정한다면, 논증argumentatio은 적대적일 수 있고 찬성하기를 강요당하는 청중을 상정한다. 이성은 논증의 재료이지만, 원인도 똑같은 재료다. 그리고 사실상 "담화에 대한 동의는 이중으로, 즉 상황을 통해서 그리고 담화를 통해서 얻어져야 한다." 그런데 듣는 사람은 "믿을 준비가 되어 있거나 혹은 담화의 힘으로 믿는" 사람이다. 한편 "담화는 믿음과 확실한 의견에 의지하여 언급되는 상황 설명으로 충분하거나 저항하는 청중을 강요해야만 한다." 첫 번째 경우에는 설명expositio이, 두 번째에는 논증argumentatio이 있다. "언급되는 모든 것에 대한 담화는 설명 혹은 논증일 것이기" 때문에 "설명은 믿게끔 하기 위한 어떤 수단도 활용하지 않고 말하는 사람의 정신만을 설명하는 담화이고, 반면에 논증은 실제로 언급되는 것에 동의하도록 강요하는 담화다." 아그리콜라는 논증을 우리가 설명하기 원하는 자료들의 가급적 완전한 원인의 목록으로 본다. 모든 논증들은 사물의 원인 중에서 탐구가 가능한 지표와 같은 기본 주제를 기반으로 한다. 그러므로 지시를 숙지하고,

기본 주제

설명과 논증

지시의 특성과 속성을 잘 알고, 지시를 기억하고 종종 적용하는 것에 필수적이다. 기본 주제를 훑어보며 일어난 논증은 최고의 정신 훈련이다.

철학자의 삶

유명한 글인 「"철학자는 아내가 있어야 하는가Philosopho habenda est uxor"를 예로 들어 보자Sumamus in exemplo」에서 아그리콜라는 철학자가 결혼을 하는 것이 좋을지 나쁠지에 대해 토론한다. 문제는 24개의 모든 기본 주제를 통해 분석하면서 제기된다. 그리고 일치점과 불일치점이 무엇이고 어느 정도인지를 설정하기 위해 '철학자'와 '아내'라는 개념은 별개로 제기된다. 철학자의 정의definitio는 '신성한 것과 인간적인 것의 지식을 열망하고 미덕 있는 자'다. 만약 유類, genus가 분명히 인간이라면 종種, species은 소속, 즉 스토아 학파 철학자인지, 소요학파 철학자인지, 탁상공론의 철학자인지, 에피쿠로스 학파 철학자인지, 기타 다른 학파의 철학자인지에 달려 있다. 철학자의 특성proprium은 미덕에 연결된 지식에 관한 욕구다. 철학자의 전체totum와 부분partes은 인간과 동일하다. 철학자의 결합coniugata은 철학과 철학적으로 사색하기다. 철학자의 전형적인 분위기adiacentia 중에 '창백함, 마름, 위풍당당하고 엄격한 외모, 냉철한 삶의 방식, 도덕적 청렴함, 일에 대한 애정, 세속적인 것에 대한 소홀함, 쾌락과 고통에 대한 경멸'이 두드러진다. 그의 일련의 행위acta들은 '연구하기, 지켜보기, 노력하기, 자신과 타인들을 향상시킬 수 있는 것에 항상 몰두하기'다. 철학의 능동인causa efficiens은 타인들을 가르치려고 준비한 연구에서의 성실함이다. 하지만 교육했던 철학자뿐만 아니라 지식을 습득하는 데 활용된 연구에 꾸준히 집중된 관심과 노력이기도 하다. 그 목적finis은 '올바르고 평온한 삶을 살아가기'다. 게다가 철학자의 삶의 결과effecta는 '인간의 습관을 향상시키기, 올바른 행동에 대한 좋은 지침을 제공하기, 규칙을 게시하기, 후대를 위한 기억memento이자 유용한 도구인 좋은 책 쓰기', '철학에 숙달해야 얻을 수 있는 모든' 계획destinata을 세우고, '제자, 평가, 영광 같은 습득한 것'을 연결connexa하고, '그의 출생지'인 장소locus와 마지막으로 '그의 나이 혹은 인간은 젊거나 늙다는' 사실인 시간tempus이다.

부인을 맞이하기

아내의 입장으로 설명할 수도 있다Hoc pacto etiam erit explicanda uxor per suos locos. 아내

의 정의definitio는 '후대의 관점에서 합법적인 배우자로 선택된 여인'이다. 원래 아내인 것이 아니고, 누군가의 아내이기 때문에 분명히 관계적인 개념이다. 아내의 유類, genus는 여성이고, 그녀의 종種, species은 '이 신부 혹은 저 신부'이고, 그녀의 특성proprium은 '아이를 낳는 것'이다. 여성의 전체totum와 부분partes은 남성과 똑같고, 결합coniugata은 여성과 남성 간의 결혼 관계에 차례로 달려 있다. 분위기adiacentia는 '부부의 애정과 사랑, 신랑을 즐겁게 해 주려는 욕구, 순결 혹은 성생활에 대한 무관심'이다. 행위acta는 전형적인 것들로, '자만하기, 울기, 실랑이하기, 의심하기, 남편의 정부를 근심하기, 결혼 법 이행에 주의하기, 아이를 낳고 기르기, 집안일 하기'다. 능동인causa efficiens은 '결혼의 만장일치의 헌신'이고, 목적finis은 '아이의 출산과 양육'이다. 계획destinata은 '가족을 유지할 수 있게 하는 모든 물질적 수단과 결혼의 무게를 버티는 데 필요한 모든 것'이고, 연결connexa은 '신랑, 재산, 지참금, 신분의 고귀함'이다. 장소locus는 외국 여성 혹은 그 지역 여성이고, 마지막으로 시간tempus은 그녀의 나이다. 분석은 발표pronuntiata에 관한 고려, 피력된 질문에 관한 유명인들의 판결, 그리고 예를 들어 우두머리가 결혼해야 하는지, 시종 혹은 한 도시의 통치자가 결혼해야 하는지, 혹은 철학자의 아내에 관해 말한다면 철학자가 하인, 친구 혹은 첩과 함께 사는 것이 나을지 같은 비슷한 사안들, 즉 비교comparata 사안들로 완료된다.

타당한 해결안

그렇긴 해도 실용적인 관점에서 가장 적합한 해결안은 어느 것이 일치하는지, 명제propositum를 확인하기 위해 어느 것이 공모하는지, 어느 것이 만들어 내지 않고 특히 그 주제를 전멸시키는지 결정하기 위해서 모든 기본 주제loci를 함께 평가함으로써 드러나게 된다. 그래서 철학자의 유類, genus는 신성한 것과 인간적인 것을 조심스럽게 조사하는 누군가일 것이고, 비록 철학과 관련지을 여지는 별로 없을지언정 아이를 낳는 것이 무엇인지를, 여성에게 적합한 것은 무엇인지를 조사한다. 하지만 여성과 남성은 자연스럽게 합쳐진다. 자신의 미덕에 의해 구별되는 여성을 평가하는 것으로 제한한다면, 철학자 역시 미덕의 실천에 전념하기에 아내라는 종種, species은 철학자에게 적합하지 않을 수 없다. 이런 방식으로 계속하여 동의하는 것들과 동의하지 않는 것들을 찾으면서, 특히 예를 들어 스토아 학파 철학자와 에피쿠로스 학파 철학자가 한 명은 미덕을 추구하고 다른 한 명은 쾌락을 추구하며 대조적인 것처럼, 두 개의 반대되는 면이 공존하는 기본 주제가 나타나는 경우에 주의하면서 철학자의 정의를 아내의 정의에 관한 24개 기본 주제 전부와 비교해야 한다. 만약 에피쿠로스 학파 철학자가 '내실內室의 즐거움', 허영, 우아함과 아름다움에 동의한다면, 스토아 학파 철학자는 허락되지 않은 것에 정신을 빼앗기지 않기 위해서 자신의 성욕을 억제하려는 근심과 더불어 자식 세대를 만나게 된다. 그래서 기술은 기본 주제를 통해서 세계를 설명한다. 두 정의의 설명적 비교는 있는 그대로의 가장 좋은 의도를 수용할 수 있게 한다.

| 다음을 참고하라 |
시각예술 파도바와 페라라: 르네상스의 두 가지 변종(757쪽)

궁중 정치와 이상적인 통치자: 마키아벨리 이전의 권력에 대한 다양한 관점

| 스테파노 시몬치니 |

마키아벨리는 『군주국에 관하여』에서 '이상적인' 통치자의 윤리적 측면에 집중한 도덕주의자적인 접근에 주목하고, 권력을 다스리는 실제 법규에 기초하여 새로운 '국가를 다스리는 기술'을 설정하고자 그가 작업한 급진적인 반전을 강조하며 공국에 대한 15세기의 논문들을 비난했다. 정치적 균형 및 영주의 권력의 진보와 확장으로 특징지어진 이탈리아의 15세기가 그랬듯이, 다양한 문화적, 정치적 경험의 한 세기에 대한 그러한 평가는 어쨌든 정당하지 않다.

공국

근대 정치 사상의 태동은 일반적으로 이탈리아 초기 르네상스의 정치적, 문화적 상황, 특히 니콜로 마키아벨리Niccolò Machiavelli (1469–1527)의 작품까지 거슬러 올라간다. '역사 인식'과 직접적인 경험을 엮어 그는 정치 문제에 관한 이론적인 접근 방식에서 급진적인 전환을 모색했다. 즉 정치적 행동의 차원과 모든 역사는 상충되는 물리력의 자율적인 장으로 보였고, 사실에 입각한 진실의 지평에서 종교는 통치권에 종속되어 작용했으며, 갈등으로 해석되는 정치 질서는 윤리적인 질서로부터 분열되었다. 유명한 『군주국에 관하여De principatibus』에서 그는 복잡한 인문주의적 정치 문학을 버렸는데, 그럼에도 오랫동안 키워온 그의 사상으로 문화적 배경을 구성했다.

15세기에 나약했던 이탈리아 국가들은 북부 유럽이 민족 국가 형성을 향해 나아가던 역사적 과정의 맥락에서 이탈리아 반도에는 걸림돌로 드러난 '정치적 균형'이라는 꿈에서 깨어났다. 이러한 발전은 교황권과 제국 같은 상반된 보편성의 점진적 **제국과 교황권의 쇠퇴로부터…** 인 쇠퇴로 인해 촉진되었다. 경제 발전과 인구 증가 사이에 새로운 사회단체들이 천천히 보편적인 기관 및 상징들을 잠식해 나갔고, 이탈리아에는 독재와는 거리가 먼 시민 공화국 형태가 자리를 잡았다. 그러한 방향으로 법적 정당성은 아초네(?-1230)와 사소페라토의 바르톨로(1313-1357) 같은 13-14세기의 논객論客과 법학자들의 작업에서 나왔다. 그들에게 사실상 집합체인 대학universitas이 존재하는 곳에서 제국에 유리한 왕의 법lex regia의 이동과 유사한 국민populus에 의한 권력의 모든 이동은 철회될 수 있었다. 법적 차원 이외에 새로운 통치권의 구성은 정치적인 아리스토텔레스 **…도시 공화국까지** (기원전 384-기원전 322)의 재발견과 확산 덕분에 자주적인 개념의 지형을 발견했다. 그 지형이 공유하는 언어는 다음과 같은 새로운 '정치 기술'을 만드는 데 기여했다. 그 기술은 기관과 법률의 복합체로서 정치적인 통치regimen politicum의 특성을 정의하고 대개 도시civitas 크기와 동일하고 시민 사회의 평화와 통일을 보장하는 것을 목표로 한 원칙과 섭정의 요구를 정의할 수 있다.

인문주의

만약 인문주의가 이탈리아의 도시 국가 체계의 결실인 것이 사실이라면, 이는 그 근원부터 아비뇽 '유수'와 동방과 서방 교회의 대분열 이후 부활한 황제교황주의를 포함하여 공화국과 왕국, 공국 사이에서 기존의 다양한 체제들을 있는 그대로 유지하고 정당화하는 데 적합했다. 선거 시스템과 자치 도시 사법부의 현실과 이론에 대한 **작가의 다양한 역할** 개방에서 비롯된 대학 법률 문화 갱신의 결실인, 수사학과 인문학studia humanitatis의 새로운 법령은 정치 문학의 형식과 내용에서 급진적인 변화를 이끌었고 작가의 다양한 역할을 만들어 냈다. 인문주의자들의 초기 영주권에 대한 지원은 페레티의 페레토Ferretto de' Ferretti(1297-1337)가 칸그란데 델라 스칼라(1291-1329)를 찬양하고자

374

쓴 운문 「스칼리제르의 기원De Scaligorum origine」과 1373년에 카라라의 프란체스코 (1325-1393)에게 보내는 서간 형식으로 페트라르카(1304-1374)가 쓴 원칙의 정부에 대한 조약 사이에서 파도바의 맥락 안에 주로 드러났다. 페트라르카는 세계의 영광과 명성에 대한 로마의 이상을 강조하면서 '영광은 당연히 미덕에 대한 사랑에서 유래한다'고 주장했다. 그리고 이러한 군주의 덕virtus을 정리하기 위해 세 개의 주요 원천, 즉 키케로의 『의무론De officiis』, 아리스토텔레스의 『정치학Politica』, 그리고 로마법이 필요하다고 주장했다.

살루타티의 시민 인문주의

15세기 초반 30여 년 동안, 즉 유일한 영주의 주도권으로 대체되기 전에 피렌체는 시민 인문주의라고 불리는 발전으로 이끈 공화국 체제를 유지하는 데 성공했다. 1375년부터 1406년까지 서기관이었던 콜루초 살루타티(1331-1406)는 밀라노의 비스콘티의 폭정에 반대하여 피렌체의 자유Florentina libertas를 칭송하고, 조국의 하인이자 자유의 연인이자 "평등이라는 정당한 수단으로 모든 이를 규제하는" 법에 순종하는 정치가의 인문주의적 이상을 구축했다(『독설Invectiva』).

정부 형태의 모호함, 로마 제국에 대한 보편적 이상과 향수, 관상적 삶에 대한 실천적 삶의 중요성에 대한 불확실함. 이 요소들은 살루타티의 시민 인문주의의 함축된 의미를 '제한'하고 레오나르도 브루니(약 1370-1444)에 이르러 희미해졌다. 브루니와 더불어 실천적 삶과 시민의 의무에 대한 찬미는 최고조에 이르렀고, 동시에 공화국의 특징은 전례 없이 명확해졌다. 번역, 대화록, 역사 기록의 사용과 더불어 브루니의 계획은 문화와 시민 생활을 결합하면서 도덕과 정치를 종교에서 분리하여 세속화하기를 지향했지만, 영토 결합의 역사적 과정과 메디치가에 의해 피렌체에 도입된 독재적인 중앙 집권 앞에 직면했다.

지식인과 권력 사이의 단절

몬테펠트로의 페데리코 공작(1422-1482)에게 헌정된, 크리스토포로 란디노Cristoforo Landino(1424-1498)의 『카말돌리 논쟁Disputationes Camaldulenses』(1472)은 피렌체에서 지식인과 권력 사이의 관계를 직접 소개하고자 키케로의 대화록을 사용했다. 카말돌리의 수도원에서 로렌초 데 메디치와 줄리아노 데 메디치와 함께 휴가를 보내던 란디노, 레온 바티스타 알베르티, 알라만노 리누치니Alamanno Rinuccini, 마르실리오 피치노는 실천적 삶과 관상적 삶 사이의 관계에 초점을 맞춘 철학적이고 정치적

인 대화를 펼쳤다. 후에 궁중의 대화에서 전형적이 될 어조와 주제와 더불어 두 가지
유형의 삶 사이의 대립이 해결되었다. 피치노(1433-1499)의 신플라톤주의적 관점이
채택되면서 인문주의 문학과 그리스도교 신학의 조화를 통한 관상적 삶이 우위를 선
점했다. 그러므로 변화된 피렌체의 정치적 상황에서 지식인들은 박식한 자문관 혹
은 법원 서기의 지혜롭지만 정치적으로는 약한 입장을 취함으로써 위신을 되찾았
다. 이는 이후 16세기 초반에 강화된 패러다임이었다.

　　란디노의 『카말돌리 논쟁』은 대화록의 동일한 대담자들 중 몇몇, 특히 레온 바티
스타 알베르티(1406-1472)와 그의 친구이자 동향인인 포조 브라촐리니(1380-1459)
가 포함되었던 대립을 완화시키려는 의도로 군주의 권력과 지식인 간에 화해를 실
제로 시도했다. 사실 후자는 전제적 권력의 출현과 관련하여 시민 인문주의의 관점
에서 포용한 것과 무척 다른 세계와 사회의 일반적인 관점에서, 그리고 전통적으로
이해된 인문주의에서도 부분적으로 생겨났던 강력하게 비판적인 입장을 취했다.
두 사람 모두 교황이 안정된 국가 영토에 대해 확인하는 것으로부터 자신의 정신적
인 권위를 회복하기 시작한 그 순간에 로마의 교황청 관료 체제에 합류했다. 그 이
상으로 유사한 통치권은 아우구스티누스의 공동의 조국communis patria인 로마 자체
의 상징적인 역할로 로마 라틴 문화의 재탄생이 따라와야 했다. 신플라톤주의자들
인 루스티치의 첸치오Cencio de' Rustici(15세기)와 잔노초 마네티(1396-1459)는 신정주
의 관점과 인문주의를 조화시킴으로써, 그리고 천상의 인간과 지상의 신celestis homo
et terrenus deus, 로마 군주, 새로운 예루살렘과 같은 새로운 로마의 원칙을 소개함으로
써 이 모델이 재작동하는 데 기여했다.

　　알베르티와 포조에게 로마 교황청은 피렌체 기관들과의 지적인 관계와 공화국에
대한 환상의 분열 앞에서 의무적인 피신처가 되었다. 하지만 이곳은 교황의 수위권
과 권위에 대한 어떤 식별도 없었다. 공유된 비관주의의 틀 안에서 사적인 차원과 연
구의 고요함으로 물러나는 선택은 두 가지 모두 풍자의 대상이 되는 학자의 정치적
주체성의 부재와 권력의 부정성 확인의 직접적인 결과가 된다. 역사에 대한 신의 섭
리의 관점을 폐기하면서 그들은 폭력과 기만, 특히 독재라는 최악의 정치적 전염병
에 감염되어 타락한 군주의 권력이 지배하는 비이성적인 힘으로 권력을 설명했다.
그런 의미에서 『군주의 불행De infelicitate principum』(1440)과 『행운의 다양성De varietate
fortunae』(1448)은 권력과 역사 소개에 할애된 이상적인 두 폭 제단화의 두 부분을 이

인문주의와
신정神政주의
관점

풍자와 비관주의

룬다. 이 두 책에서 브라촐리니는 두 가지 기본 개념에 대해 다음과 같이 주장했다. 먼저 덕은 거의 신의 영광을 가장한 죄악, 부당함, 위선, 불행이 만연한 군주의 궁궐에서 찾아볼 수 없다. 그리고 권력의 세속적 영광은 이성ratio의 기준을 충족시키지는 못하지만 전적으로 기구한 운명과 전쟁의 자극을 조건으로 하는 역사의 순수한 속임수다. 브라촐리니의 세속적 금욕주의에 따르면, 덕과 이성은 사적인 불멸의 문화 사원에서 '덕의 제사장이자 평화의 친구'인 지식인에 의해 관리된다. 알베르티의 비관주의는 더욱 날카롭고 복잡하다. 공국의 소개라는 면에서 더욱 중요하다고 평가될 수 있는 작품은 『테오제니우스』(약 1440), 『모무스 (혹은 군주)』(약 1450), 『위인론』(약 1465) 세 권이다.

'군주의 해결안'의 출현

1460년대부터 군주의 거울speculum principis의 전통에서 영감을 받은 일종의 소책자가 꽃을 피웠다. 이런 장르는 12세기에 비테르보의 고프레도Goffredo da Viterbo(약 1125-약 1202)와 더불어 생겼지만, 사실상 고대 그리스 로마 시대부터 이따금씩 다양한 문학 형태로 등장했다. 이러한 글들에서 고전적인 플라톤의 네 가지 기본 덕인 지혜, 용기, 절제, 정의와 나란히 열거되는 덕의 규범인 박애, 동정, 절제, 정의, 진리에 대한 사랑이 만들어졌다. 15세기 후반의 학술서는 고전의 원천을 회복하고자 중세의 전통, 특히 솔즈베리의 요하네스John of Salisbury(1110-1180)와 에지디우스 로마누스(약 1274-1316)와 엮어내면서 군주의 조언자로서 이탈리아 궁정에서 인문주의자의 위치를 강화시키려 했다. 조반니 폰타노(1429-1503)는 자신의 저서 『군주론De principe』을 칼라브리아의 알폰소 공작(1448-1495)에게 헌정했고, 그는 1468년에 나폴리 왕국의 왕좌를 계승했다. 반면에 동명의 학술서는 바르톨로메오 플라티나Bartolomeo Platina(1421-1481)가 페데리코 곤차가Federico Gonzaga(1441-1484)에게 헌정했고, 그는 1471년에 만토바의 공작의 지위를 계승했다. 프란체스코 파트리치Francesco Patrizi(1413-1492)는 70대에 자신의 저서 『왕국과 왕의 실제 연설De regno et regis istitutione』을 아라곤의 알폰소(1448-1495)에게 헌정했다. 폰타노 이외에 나폴리 왕국의 다른 인문주의자들은 『영광에 관하여De maiestate』를 쓴 주니아노 마이오Giuniano Maio(1469-1527)와 『왕과 좋은 군주의 의무De regis et boni principis officio』를 쓴 디오메데 카라파Diomede Carafa(약 1406-1487)처럼 기여를 했다.

만토바의 플라티나(바르톨로미오 사키Bartolomeo Sacchi, 1421-1481)의 학술서가 포조 브라촐리니의『군주의 불행』을 주요 논쟁 대상으로 삼은 것은 그가 교황청에 장기 체류한 것 때문이 아니라 식스토 4세(1414-1484, 1471년부터 교황)에게 헌정된 중요한『그리스도와 모든 교황들의 삶』을 썼기 때문에 놀라운 일이다. 자신의 저서『군주론』에서 군사 기술을 포함한 정치 활동의 모든 영역을 포용하고, 현실적인 측면에서 공국의 필요성과 국가 안에서 종교의 역할에 대한 주장을 펼쳤다. 그런데 군주의 권력 문제에 대한 궁중의 해결책의 주요 기둥은 아라곤 왕국이었다. 확실한 인문주의적 전제 군주제의 세속적 가치를 설명하기 위해서는 절대 권력plenitudo potestatis과 세속적인 권력에 대한 교황의 주장을 무너뜨린『콘스탄티누스의 증여라고 믿어진 선언의 허구성』으로 철학의 정치적이고 종교적인 사용에 처음으로 길을 연 로렌초 발라(1405-1457) 외에는 없다.

인문주의자들과 공국 사이의 관계에 궁정 전체의 차원을 다룬 작품은 조반니 폰타노의『군주론』이다. 이 책에서 군주의 권력과 인문주의자의 조화의 수준은 카스틸리오네(1478-1529)와 구아초(1530-1593)의 16세기 궁정 문학이 예상하는 행동 수칙으로 떠밀렸다. 그의 작품의 형식 체계는 기관과 군주의 성격 사이를 국제적으로 양 **폰타노의『군주론』** 분했던 에지디우스 로마누스에게서 영감을 받았다. 그러나 이론의 핵심은 이상적인 통치자의 덕의 목록에 모두 둘러싸였다. 그 목록의 목적은 민중의 평화와 견제다. 통치자의 권위는 외부 조직보다는 오히려 덕virtus에 더 큰 비중을 두고 이에 기반하는데, 자유와 관용 같은 인간적인 덕에 주로 기울지만 중심축으로 여전히 정의에 대한 덕보다 페트라르카적인 믿음을 채택했다.

군주에 대한 학술서의 아라곤적인 모델을 좀 더 작은 면으로 만들고, 마키아벨리적인 판단의 근거를 덜 충분하게 하고자 마이오와 카라파의 조약이 중요하게 기여했다. 웅장한 외부 조직의 기능에 대해 주장한 첫 번째는 나폴리의 페란테(1431-1494) **마이오와 카라파의 조약** 를 이상적인 통치자와 연관 짓는 것에 초점을 맞춘 아첨성 목적을 지니고 있다. 그런데 채택된 방법에 혁신적인 특징을 부여했다. 추상적인 덕에서부터 마이오는 고대부터 내려오는 모범exempla들로 역사적인 설명을 기술하기 시작했다. 그리고 페란테의 삶과 관련된 에피소드를 인용하면서 동시대의 역사적인 차원에서 결론을 내렸다. 반면에 카라파는 출판하려는 목적이 아닌 개인적인 각서memorandum를 준비했다. 그 각서에서 권력과 정치에 대한 그의 실질적인 가르침을 환상을 깨뜨릴 정도로 삭막하게 전달했고, 현실적으로 '관심'이 가는 측면에서 읽어냈는데, 이유인즉 모든 통치자는 자신을 따를 것을 명령했기 때문이다.

'정부의 다양성' 프란체스코 파트리치와 함께 정부 체계의 더욱 '기술적인' 관점에서 공화국과 공국 사이의 모호함이 부분적으로 재논의되었다. 『공화국에 관하여De repubblica』와 『왕국에 관하여De regno』에서 이론적으로 공국은 정부라는 측면에서 단순함과 신성한 기운 덕분에 좀 더 낫지만 실제로는 단 한 사람의 덕에 묶여 있기에 더 약할 수밖에 없다. 반면에 공화국은 최대한의 안정성과 공정함을 보장한다. 그는 마키아벨리에게 소중한 '정부의 다양성'이라는 주제를 유념하며, 사람 이외에도 요구와 권력의 상황(민중의 습관, 빈약한 발전 같은 객관적인 조건)에 대해서도 살펴보면서 두 가지 형태의 장점을 연구하는 타당성에 대해 주장했다.

| 다음을 참고하라 |
역사 근대 국가의 형성(25쪽); 이탈리아 국가들의 균형(50쪽)
문학과 연극 폰타노와 아라곤 치하의 나폴리의 인문주의(518쪽)
시각예술 식스토 4세의 로마(750쪽); 만테냐와 곤차가 가문의 만토바(768쪽)

과학과 기술
Scienze e tecniche

과학과 기술 서문

| 피에트로 코르시|Pietro Corsi |

만약 13세기와 14세기가 대학 문화 유형의 탄생과 확산으로 특징지어진다면, 15세기에는 궁정 문화의 폭발적인 발전이 이루어졌다. 이탈리아 혹은 독일 같은 나라에서 국가 군주제의 강화와 지방 영주의 설립은 중앙 집중 관리 구조의 발전을 지원했다. 혹은 종종 힘겹게 지역 사회를 중앙 권위의 규정과 국가 영토를 분할하는 봉건 세력에 복종시키기를 열망했다. 권력의 본거지는 호화로운 궁전을 갖추고 있었고, 영토 확장의 열망 혹은 방어에 대한 요구는 군대와 군대 장비, 특히 화기에 투자를 증가시켰다. 궁궐, 군대, 요새, 함대는 고도로 숙련된 기술의 공급을 필요로 했다. 15세기 후반에 인문주의의 문화 엘리트와 더불어 대화를 나눌 정도였던 탁월한 인물들 덕분에 이전 세기의 익명성으로부터 기술 세계가 강렬하게 모습을 드러냈다.

문화와 혁신

그 현상은 이탈리아에서, 특히 시에나와 피렌체에서, 그리고 전쟁 기계 문화가 풍성한 발달을 이룬 여러 게르만 국가들에서 상당히 중요했다. 이탈리아 반도의 발달 과정에서 르네상스 시기 많은 칭송을 받았던 이탈리아의 예술 도시들은 실제로, 그리고 무엇보다도 위대한 기술 혁신의 중심지였다. 다시 말하자면, 수십여 년 동안 수준 높은 기술 노동자들과 엔지니어들을 고용한 대형 공공사업을 언급하지 않고서는 설명이 불가능하다. 시에나에서 '보티니bottini'(지하 수로망으로 연결된 저수조로, 지하수를 보티니에 저장해 두었다가 지상의 분수로 내보내 물을 이용하도록 하였다*)라 불리던 지하 수로망으로 이루어진 도시 상수도 공사는 갈까마귀라는 뜻의 타콜라Taccola라고도 불린 야코포의 마리아노Mariano di Iacopo(1381-약 1458)와 조르조 마르티니의 프란체스코Francesco di Giorgio Martini(1439-1501) 정도의 다양한 행정적, 기술적 재능을 갖춘 기술자들이 수행했다.

그들의 논문과 그 논문이 전한 기술적-예술적 문화는 레오나르도 다 빈치(1452-1519)의 과학적이고 예술적인 연구를 개시한 전문적인 맥락과 문제적인 시야를 구성했다. 의심할 여지없이 만능 천재인 레오나르도의 신화는 여러 가지 점에서 매우 중요한 통역사의 역할을 하면서 신화가 생겨난 지식과 실천의 세계를 벗어나도록 하는 데 기여했다. 피렌체에 있던 베로키오의 안드레아Andrea del Verrocchio(1435-1488)의 작업장 도제로서 레오나르도는 프랑스 왕의 궁정에서 자신의 경력을 마무리하기 전 이탈리아의 여러 궁정에서 작업했다. 당연히 그의 뛰어난 재주로 인한 여정이었지만, 동시에 예술가–기술자가 르네상스 권력 사회와 구조 안에서 차지한 역할을 나타낸 것이기도 하다. 피렌체에서 레오나르도는 타콜라와 조르조의 프란체스코에 대한 글로부터 영향을 받았고, 피렌체 성당 건설 현장, 특히 토스카나의 중심 도시에 레오나르도가 도착했을 당시 여전히 작동 중이던 대형 기중기에 필리포 브루넬레스키(1377-1446)가 적용한 건축 기술의 중요성과 혁신성으로부터 감명을 받았다.

레오나르도 세대 이전 예술가–기술자 세대의 주인공인 브루넬레스키는 정규 교육을 받지는 않았지만, 원근법에 대한 꾸준한 연구와 늘 행운을 가져오지만은 않았던 건축 및 기술 발명품 덕분에 수공예 작업장에 문화 혁신을 불러일으켰다. 인문주의 문화 중에서 브루넬레스키는 고대 로마의 유물, 기계에 대해 이야기한 헬레니즘 문학, 그리고 따라야 할 모델로 평가된 비트루비우스Vitruvius(기원전 1세기)의 건축 작품에 대해 골고루 열정을 드러냈다.

지식의 혁신

비잔티움 문화의 거물들이 이탈리아와 유럽 여러 나라의 궁정으로 피신하고자 애썼던 1453년에 동로마 제국의 몰락을 이용한 과정으로서 15세기 내내 그리스와 헬레니즘 세계의 철학, 의학, 기술 문화의 원본에 대한 연구와 힘겨운 편집 작업이 강화되었다. 점점 그리스어에 대한 친숙함이 확산된 반면 유럽 대륙의 수준에 적합한 의사소통 방법으로서 인쇄의 성공은 지식을 교류하는 시장을 번성시켰다. 로렌초 발라(1405-1457) 같은 뛰어난 인문주의자는 고대 로마의 과학, 의학, 기술 문화에 대한 핵심 텍스트를 문헌학적으로 엄격하게 다루는 데 주저하지 않았다. 반면에 기술 혹은 의학 텍스트는 종종 인문주의자들과 예술가–기술자 혹은 장인들 간의 공동 작업의 결과로 출판되었다.

세기말 무렵 먼 지역 혹은 유럽 대륙 안에서의 여행으로 인해 필요해진 지식의 위대한 혁신에 비추어 쉽게 사용되고 읽혔던 고전 텍스트의 축적은 인간 지식의 다양한 측면에서 고대 지식의 실질적인 중요성에 대한 첫 번째 토론을 야기했다. 자연 과학에서 니콜로 레오니체노(1428-1524)의 공헌은 특별한 중요성을 지닌다. 그리스어와 아랍어에 대한 풍부한 지식 이외에 레오니체노는 대大 플리니우스(23/24-79)의 『박물지』와 같은 고전을 경험의 검증에 종속시켰다. 위대한 고전 작가가 큰 오류에 빠질 수 있다는 것을 수많은 인문주의자들은 수용할 수 없었는데, 그의 논문에서 야기된 논쟁은 유럽, 특히 유럽 대륙의 북쪽과 동쪽 지역의 동식물에 대한 새로운 관심을 불러일으킨 촉매제로 작용했다. 이는 16세기 동안 충분한 발전을 이루었다.

여행과 발견

동방과 극동 아시아의 영토 및 섬들에 도달하기 위한 안전한 무역로 개척 임무를 맡은 여행은, 특히 클라우디오스 프톨레마이오스(2세기) 같은 고대의 위대한 지리학자들이 가졌던 대지 표면에 관한 지식이 얼마나 단순한 것이었는지 밝혀냈다. 포르투갈, 이탈리아, 에스파냐, 북유럽 국가의 여행자들은 신지식의 보고와 값진 금속으로 이루어진 진짜 보물, 향신료, 희귀한 천연자원을 고향으로 가져왔다. 그 어떤 고전 자료에도 기술되지 않았던 동식물은 고전주의자들이 읽고 해석하던 방식을 근본적으로 다시 살펴보도록 하는 데 기여했다. 자연에 대한 관찰은 고전적인 식물학과 동물학 텍스트의 주석에 필수적인 도움이 되었다. 동시에 1492년 크리스토퍼 콜럼버스Christopher Columbus(1451-1506)의 예상치 못한 성공으로 시작된 대양 항해는 다른 탐험들로 바로 연이어 이어졌고, 무엇보다도 선박의 위치를 결정할 수 있는 기술과 같은 상당한 기술적 문제를 제기했다. 대서양 횡단은 상대적으로 쉬운 일로 곧 드러난 반면에 사소한 판단의 실수가 탐험 전체를 망칠 수도 있던 태평양 횡단은 천문학자와 항해 이론가들도 답하기 어려운 문제를 해결해야 할 필요가 있었다. 고전적인 천문학 이론은 독일의 천문학자들이 만든 혁신적인 도구로 시행된 더욱 정확한 천문 관찰 기술을 설명하는 데 있어서 별로 만족스럽지 못한 것으로 드러났다. 세기말의 천문학적 논쟁을 특징짓는 태양계 구조에 대한 보다 안정적인 모델 연구는 인생 말엽에 비로소 근본적으로 근대 과학을 정의한 작품『천구의 회전에 관하여De revolutionibus orbium coelestium』를 출판한 니콜라우스 코페르니쿠스(1473-1543)의 훈련의 장이었다.

탐험과 혁신

연금술

다양한 이유들, 특히 교황의 보편적인 야망과 군주와 영주의 독립 의지 사이에 커져 가던 차이 등의 이유 때문에 13, 14세기의 대학들에서 나타난 초기 스콜라주의 철학-신학 문화는 종종 궁정 문화로부터 논의의 대상이 되었다. 예를 들어, 연금술의 실천에서 사회적, 문화적으로 다양해진 관심이 번성한 것은 강령술 마법 같은 관행을 비난한 가톨릭 교회의 입장 반복에 영향을 받지는 않았다. 반면에 박식한 연금술의 대표자들은 연금술 기술이 그리스도교가 출현하기 전에 발달한 지식 형태까지 거슬러 올라간다고 주장하기에 이르렀다. 연금술에 대한 흥미는 야금술의 광범위한 분야와 건강에 관한 직업, 그리고 실천과 관련이 있다. 연금술, 자연 마법, 점성술은 학식이 높은 인문주의자들, 교회의 우두머리들, 그리고 군주들이 참여하여 활발한 토론을 벌이던 분야다.

의학

의학 분야는 전문적 차별화 및 인증을 위한 중요 과정을 거쳤다. 인문주의자 의사 혹은 당시 큰 대학에서 교육을 받은 이들은 건강 수칙에 관해서, 조합들(이발사, 잡화상, 의사)의 과잉과 르네상스 시대 도시들의 거리와 장터에 북적였던 여자 주술사, 산파, 사제와 수도사, 부적과 엉터리 약 판매상 같은 개인이 넘쳐나던 상황에 대해서 엄격하게 관리할 권리를 종종 주장했다. 14세기 중반의 페스트 같은 전염병 발병 이후에 **공중 보건 설비** 만들어진 공중 보건 설비와 전염병 예방 기구들은 이따금씩 성공을 거두며 의료 통제의 역할도 맡으려 했다. 하지만 이러한 제어 형태는 의료 시장에 존재하는 또 다른 치유자들을 신뢰하던 군주와 성직자들의 바람으로 자주 비교 검토되었다. 유럽 대륙의 차원에서 대학의 의학 교육은 특히 볼로냐와 파도바에서 놀라운 발전을 이루었다.

　15세기 동안 자연의 지식과 기술의 실용성에 대한 사회적, 지적 고리는 중요한 변화를 겪었다. 15세기 말엽에 다수의 지식인과 전문인들은 고유한 직업 활동을 할 권리와 군주와 후원자들의 관심을 끌 권리, 당시 사회에서 물질적 안녕과 확고한 명성을 얻을 권리를 주장하며 투쟁했다. 지식 지리학은 지리적 지식에 개입된 변화와 유사한 변화를 겪었다. 자신을 새로운 지식과 새로운 작업 능력의 보유자로 소개한 사람에게 기회는 열렸고, 새로운 전문가들이 궁정과 도시 경제에서 점점 더 많은 자리를 차지했다.

천문학

SCIENZE E TECNICHE

과학 도구와 그것의 적용

| 조르조 스트라노Giorgio Strano |

15세기는 다양한 종류의 응용 수학적 도구의 설계와 시공 면에서 놀라운 발달을 이룬 시기다. 원칙적으로 이미 이슬람의 산물로 알려진 도구들의 세 가지 주요 기능, 즉 관찰, 계산, 교육이 유럽에서도 명확했다.

관측 도구

관측 도구는 근본적으로 여러 가지 방법으로 중복되는 천문학과 지리학의 두 영역에서 확산되었다. 이 도구들은 프톨레마이오스(2세기)의 『알마게스트Almagesto』혹은 이 작품에 대한 그리스와 이슬람 주석에서 발견되는 설명에서 파생된 대형 혹은 초대형의 등급별 도구들이다. 이런 도구들의 실현은 근원적인 천체의 범위를 증명하고 채택하려는 목적에서 13세기에 유럽에서 시도되었다. 하지만 비로소 15세기 말엽에 이르러서야 체계적인 관측 실행을 목적으로 만들어진 구조 내부에 그러한 도구들을 배치할 생각을 하기 시작했다. 다시 한 번 이 영역에서 쾨니히스베르크의 요하네스 뮐러가 두각을 나타냈다. 라틴어 이름인 레기오몬타누스Regiomontanus(1436-1476)로 더 잘 알려진 그는 일단 뉘른베르크로 옮겨

레기오몬타누스

가 설비를 잘 갖춘 천문대를 세우려고 노력했다. 1544년에 요하네스 쇠너Johannes Schöner(1477~1547)가 수집하고 출판한 레기오몬타누스의 글들을 보면, 천문대는 프톨레마이오스의 도구들 몇 가지만을 적절하게 포함시켰다. 그중 첫 번째는 '시차 측정 도구' 혹은 후기 라틴어로 '삼각triquetrum'이라는 도구인데, 3개의 나무 자로 구성되었고 별의 높이, 특히 수평선 위의 태양과 달의 높이를 밝히는 데 사용되었다. 한편 두 번째는 '고리 모양의 아스트롤라베'다. 이는 등급이 나뉜 7개의 고리라고 할 수 있는데, 이는 지역 자오선, 적도, 황도 등 주요 천체 둘레의 배치를 그대로 모방하도록 상호적으로 위치를 잡을 수 있었다. 이런 이유로 이 도구는 어떤 별이든 천구의 좌표인 경도와 위도를 측정하는 데 활용되었다.

그런데 프톨레마이오스의 도구와 더불어 다른 개념의 관측 도구들이 같이 사용되기 시작했다. 게오르크 포이어바흐(1423~1461)가 수평선 위쪽 별들의 높이뿐 아 **기하학적 정사각형** 니라 접근할 수 없는 지형의 기복과 탑의 높이를 측정하기 위해 일종의 휴대형 사분의인 '기하학적 정사각형'을 만들었다면, 반면에 레기오몬타누스는 '전파 천문학'과 '토르퀘툼torquetum'을 만드는 데 기여했다. 첫 번째는 14세기 초에 프랑스에서 고안되었고, 두 개의 눈금 막대로 구성되었는데 한 막대 위에 다른 한 막대가 미끄러질 수 있게 교차되어 있었다. 이 도구는 두 개의 별 사이의 분리 각도를 측정하는 데 사용되었고, 야곱의 막대기라는 의미의 '발레스트릴리아balestriglia'로 이름이 바뀌면서 사용의 간편함 덕분에 해군에게 확산되기 시작했다. 이런 경우에 발레스트릴리아로 **전파 천문학과** **토르퀘툼** 수평선 위의 태양이나 별의 높이를 측정하여 도착 지점의 위도를 계산할 수 있었다. 반면에 라틴어 '회전시키다torqueo'라는 단어에서 유래한 토르퀘툼은 기원이 불확실한 유럽에서 만들어진 도구인데, 분명 15세기 이전에 만들어진 것은 아닐 것이다. 이는 가장 복잡한 고리 모양의 아스트롤라베로 실행 가능했던 천구 좌표 측정 작업을 단순화하도록 설계된 도구다.

새로운 계산 도구

이 모든 관측 도구들은 일반적으로 몇몇 작업 유형에만 적용되었지만, 하나 또는 두 개 각도의 정확한 측정을 가능하게 했다. 큰 단위의 숫자를 간략하게 계산하는 정도로만 계산 도구를 생각하거나 활용하는 사람의 눈에는 최선의 것으로 여겨지는 계산 도구 사례와는 전혀 다르다. 계산 도구에 대한 이러한 개념은 월링퍼드의 리처드

Richard of Wallingford(약 1292–1336)가 설계한 소위 '알비온albion'에서부터 분명해졌다.

알비온 그 이름은 영어 'all by one'이 변화하면서 유래했다. 더구나 계산 도구의 응용은 반드시 단일한 수학 분야에 제한되지 않고, 상이한 연산, 기하학, 천문학, 측량, 해양학, 탄도학 등에 활용될 수 있었다. 성공을 거두며 확산되기 시작한 계산 도구들 중에서 우선 평면 아스트롤라베처럼 이슬람 세계를 통해 이전 세기에 유럽에 소개된 것들도 있다. 15세기에 많은 유럽의 제조업자들은 원래 모델의 본질적인 한계를 극복했을 정도로, 소위 '보편적 아스트롤라베'와 같은 몇 가지 변형을 만들어 낼 정도로 도구

보편적 아스트롤라베 를 만드는 방식을 완전히 습득했다. 제조업자들은 자신이 만들어 낸 물질을 가지고 제조와 도구 사용에 대한 철저한 검사를 시행하는 습관도 지녔다. 검사 중에 적어도 50여 개의 다른 수학 연산의 해결책도 고려되었다.

하지만 유럽 학자들은 이 경우에 있어서도 새로운 도구를 개발하기 시작했다. 대부분의 새로운 도구들은 시간을 정확하게 측정하는 문제를 해결하려는 목적으로 만들어졌다. 15세기에, 특히 영국, 프랑스, 독일 지역에서 수많은 유형의 고정형 혹은 휴대용 도구들이 만들어졌다. 이들은 당시 사용 중이던 많은 크로노미터 시스템, 즉 동일하거나 천문학적인 시간, 동일하지 않거나 계절적인 시간, 바빌로니아 시간, 이탈리아 시간, 유대인 시간 등의 시스템들 중 하나에서 수평선 위 태양이나 별의 높이

콰드란스 베투스와 베네치아 해시계 에 근거하여 시간을 빠르게 측정하기 위해 만들어진 것이다. 영국 지역에는 대체로 콰드란스 베투스quadrans vetus(구식 사분의*)로 알려진 작은 포켓용 사분의와 소위 '베네치아 해시계', 즉 여러 장소에서 그리고 한 해의 다양한 시기에 시간을 감지할 수 있는 두 가지 모델의 해시계가 있었다. 이러한 크로노미터 도구로 알려진 시계의 광범위한 확산은 15세기와 16세기 동안 기계 시계가 가지고 있던 상당히 빈약한 성능으로 인해 가능했다. 톱니바퀴와 무게 기울기로 작동하는 기계 시계는 보통 크기가 컸고 가장 중요한 대성당의 종탑에 걸렸다. 해시계가 가리키는 정오의 순간에 매일 기계를 조절하고 시간을 맞추는, 시계 관리의 특별한 임무를 맡은 사람이 기계 시계를 매 순간 끊임없이 관리해야만 했다.

아날로그 계산기: 에콰토리움

시간을 결정하는 도구들과 병행하여 유럽의 수학자들은 매우 복잡한 산술과 기하학 연산을 풀기 위해 고안된 진짜 아날로그 계산기를 연구했다. 예를 들어, 천문학에

서는 종이 또는 황동으로 만든 도구인 에콰토리아equatoria의 사용이 확산되었다. 에
콰토리아는 포개진 눈금 원판으로 이루어져 있는데, 프톨레마이오스의 가설에 따
라 행성 운동의 원인인 행성 둘레에 비례하는 크기를 지니고 있다. 지정된 날짜로부
터 경과한 시간에 비례하는 각도에 따라 이 도구의 다양한 부분이 서로 맞물려 회전
하면서 도구의 원판들은 단일 행성의 주전원周轉圓과 이심원離心圓이 하늘에서 가지고
있어야 하는 동일한 배치 형태를 취했다. 에콰토리움equatorium(천문학적인 계산 도구
에콰토리아의 복수형*)의 다양한 부분들을 정렬하기 위해 간단한 선을 사용함으로써
실제로 삼각 함수 계산을 하지 않고도 단지 덧셈과 곱셈만으로 황도대를 따라 행성
의 위치를 찾는 것이 가능해졌다. 이 개념에 부합하여 태양과 달의 위치를 측정함으
로써 조수의 높이를 알고, 유사한 삼각형의 속성을 활용하여 탑의 높이 혹은 우물의
깊이를 재고, 혹은 지름을 측정함으로써 일반 고체의 부피와 무게를 밝힐 수 있는 다
양한 종류의 검출 및 계산용 항해 장비가 개발되기도 했다. 이 마지막 성능을 제공할
수 있는 도구들 중에는 고대에 이미 부분적으로는 존재하다가 15세기에 제작과 사
용의 용이함 덕분에 대단한 성공을 거두기 시작한 다양한 유형의 컴퍼스(항해용, 축
소용, 비례용, 캘리퍼스〔물체의 외경, 내경, 두께 등을 측정하는 기구*〕)가 있다. 계속되는   **컴퍼스**
전쟁으로 얼룩진 시대에 컴퍼스, '다림줄', 삼각 함수를 계산하기 위한 도구들이 특
히 초기의 탄도과학과 연관된 군사적 응용과 관련하여 확산되기 시작했다.

학습 도구

15세기 동안 학습 도구의 범주는 거의 독점적으로 천문학에 제한된 응용 영역에 들
어갔다. 사실상 이 영역에서 특정 과학 이론이 일반적인 이론 개발 이외에 물리적 합
리성을 입증하거나 내용을 유포하는 데 유용한 자료 견본의 현실화도 기대할 수 있
었다. 가장 널리 확산된 학습 도구 유형은 일반적으로 '혼천의渾天儀'와 '플라네타륨
planetarium(천체의 운행을 나타내는 기계*)' 두 가지다. 혼천의는 지구 주변을 둘러싸고   **혼천의와 플라네타륨**
있는 주요 행성들의 위치와 움직임을 시각화하는 데 쓰인다. 이는 적도와 황도, 평
분시平分時와 지점至點 두 개의 분지 경선, 북회귀선과 남회귀선, 그리고 북극권과 남
극권의 주요 원주를 나타내는 고리로 형성된 천구天球 모양으로 만들어졌다. 현지 자
오선과 관찰자의 수평선의 추가 둘레를 포함하여 구성된 틀에 놓인 구는, 지구를 나
타내는 작은 구형을 중심으로 돌아가는 축의 둘레로 회전시킬 수 있다. 이런 방식으

로 교사는 혼천의를 가지고 천문학 수업을 듣는 학생들에게 특별한 천체 현상, 예를 들어 태양이 겨울보다 여름에 수평선 위에 더 오래 머무는 이유를 설명할 수 있었다. 때때로 혼천의 내부에 배치된 플라네타륨은 예상컨대 하나 이상의 행성들의 경로를 조절하는 원주 혹은 구체를 재현할 수 있는 원반이나 고리 체계로 만들어졌다. 몇몇 플라네타륨은 극도로 단순했고 도구의 여러 부분을 손가락으로 움직일 수 있었다. 다른 플라네타륨들은 조반니 돈디Giovanni Dondi(1318-1389)의 '천문 시계'가 일찍이 부착된 전통에 따라 복잡한 시계태엽 장치로 움직였다.

| 다음을 참고하라 |
과학과 기술 15세기 과학 논쟁의 일부 측면(391쪽); 여행, 탐험, 발견(451쪽)

수학

SCIENZE E TECNICHE

15세기 과학 논쟁의 일부 측면

| 조르조 스트라노 |

새로운 과학적 방법의 신발견과 응용은 여전히 큰 존경을 받고 있던 프톨레마이오스의
권위를 위기에 빠트렸다. 삼각법 계산의 발전 덕분에 천문학은 상당한 진전을 보였고,
처음으로 지도 제작을 가능하게 한 지리학은 동방과의 무역과 상업 덕분에, 특히 복잡한
계산 기술의 응용 덕분에 고유한 지평을 넓혔다.

대수학과 삼각법

유럽 학자들은 이슬람의 과학으로 인해 자신들에게 발생한 이익을 절대 포기하지 않
았을 것이라는 사실은, 레기오몬타누스(1436-1476)라는 라틴어 이름으로 더 잘 알
려진 쾨니히스베르크의 요하네스 뮐러의 과학적인 기여로 표면화되었다. 그의 주
요 작품들 중 하나로, 1464년경에 쓰이고 1533년에 사후 출판된 『삼각형에 관하여
De triangulis omnimodis』는 그가 유클리드Euclid(기원전 3세기)의 평면 기하학, 프톨레마
이오스(2세기)의 구면 기하학, 그리고 이슬람에서 파생된 삼각법을 이미 배운 것으
로 입증했다. 이 작품의 제2권은 사실상 평면 삼각형의 경우에 사인법칙에 대한 설
명을 담고 있다. 반면에 제4권은 구면球面 위에 그린 삼각형의 경우까지 사인법칙을

확장한다. 이론적인 측면과 함께 레기오몬타누스는 각 변의 사인, 코사인, 탄젠트를 밝히고자 1490년에 사후 출판된『방향 계정Tabulae directionum』을 준비하면서 삼각법을 계산하는 실용적인 측면에도 전념했다. 두 작품의 성공은 출판이 되기도 전에 엄청난 수의 필사본이 유통된 것으로도 증명된다. 두 작품은 삼각법이 유럽의 모든 대수학자들에게 받아들여졌음을 확인시켜 준다. 그중에 젊은 니콜라우스 코페르니쿠스(1473-1543)는 자신의 천문학 문헌들에서 삼각법을 광범위하게 사용했다. 이슬람 지식을 포기할 수 없었음은, 15세기에 유럽에서 쓰인 대수학에 대한 다른 작품들의 중요성을 모호하게 만든 루카 파촐리(약 1445-약 1517)의『산술학, 기하학, 비례와 비례성에 관한 대전』으로 잘 증명된다. 1487년경에 완성된 이 대전은 수학의 네 가지 측면, 즉 연산, 대수학, 기하학 및 회계에 대해 비중 있게 편집한 책이다. 그리스, 이슬람, 유럽의 원천에 의지하여 파촐리는 수리수학에서 매우 유용한 정수와 소수 사이에 특히 접점接點의 사용을 확산시켰다.

대수학, 기하학, 삼각법의 숙달은 별에 관한 과학에 아주 새로운 자극을 주었다. 15세기 후반에 학자들은 철학자의 권한인 물리 우주론과 실질적인 천문학자의 권한인 수리 천문학數理天文學 사이의 차이에 근거한 이유를 잘 알게 되었다. 이 두 가지 관점을 만족시킬 정도의 행성계 모델 덕분에 일부 학자들은 물리학적이고 수학적이고 단일화된 의미를 한꺼번에 우주에 부여하려는 작업을 시작했다. 이 점에서 1472년에 레기오몬타누스가 처음으로 출판한, 게오르크 포이어바흐(1423-1461)의『신행성 이론』은 무척 중요하고 성공적이었다. 몇몇 이슬람 천문학자들이 프톨레마이오스의『행성에 관한 가설Ipotesi sui pianeti』에서 추론해 낸 생각을 다시 받아들이면서 포이어바흐는 프톨레마이오스의 행성계 모델과 아리스토텔레스 우주론의 동심원 결정체 구체의 구조를 융합시켰다. 그는 이 작업을 수행하고자 프톨레마이오스의 천문서『알마게스트』에 적혀 있는 주전원周轉圓 이론의 본질적인 구조가 구면 껍질이라는 면에서 다시 생각될 수 있다는 주장을 펼쳤다. 프톨레마이오스의 각 행성계 모델은 다른 한 쌍의 편심偏心 구면 껍질을 끌어당기는 사이의 공간에서 지구로 동축 구면 껍질 한 쌍을 도입하는 물리당량物理當量으로 입증될 수 있다. 이 마지막 한 쌍의 공동空洞 안에 더 작은 구체로 간주되는 주전원이 돌아간다. 유럽 수학자들의 상상력에 대한 이해 때문에 포이어바흐의『신행성 이론』은 여러 차례 재출간되었고, 주석이 달렸으며, 재작업되었고, 일부 숙련된 과학 도구 제조업자들에 의해 16세기

포이어바흐의
『신행성 이론』

내내 고체의 설명 모델의 생성을 야기했다.

전통적인 천문학의 모순

레기오몬타누스는 가능한 한 빠르게『신행성 이론』을 출판함으로써 포이어바흐의
뜻에 따르는 데 그치지 않았다. 그는 조반니 베사리오네(1403-1472)가 강력하게 동
조한, 그의 스승의 또 다른 바람을 완성하기도 했다. 모든 부분에서 텍스트의 어려움
과 수학적 어려움을 해결하면서 쓴 입문서로 그리스 천문학 최고의 작품인 프톨레마
이오스의『알마게스트』를 쉽게 읽을 수 있도록 하는 것이었다. 1462년과 1463년 사
이에 완성된『프톨레마이오스의 알마게스트 요약Epytoma in Almagestum Ptolomei』이 평
범하지 않은 축약본으로 만들어지면서 프톨레마이오스의 걸작 13권 모두를 다루었
다. 사실 레기오몬타누스는『알마게스트』의 순수하게 수학적인 특징들을 드러내고,
궁극적으로『신행성 이론』으로 포이어바흐에 의해 시도된 작업에 신뢰성을 부여하
는 것을 막는 단점들을 지적하는 것도 빠트리지 않았다. 예를 들어, 프톨레마이오스 　**『알마게스트』의 부활**
가 생각하는 달의 모델 혹은『신행성 이론』의 구형 기저와 동등한 것을 자세하게 관
찰한 사람이라면 달 궤도의 강한 편심이 역설적인 현상을 암시함을 알아챌 것이다.
근지점(지구에 가장 가까운 지점)에서 달의 시지름은 원지점(지구에서 가장 멀리 떨어진
지점)에서 달의 시지름의 두 배여야만 했다.

이런 이유 때문에 미완성의 다른 천문학 작품들에서 레기오몬타누스는 철학자의
물리적 필요와 실질적인 천문학자의 수학적 필요를 더 만족시키는 행성계 모델을 연
구하는 데 전념했다. 이런 방향으로 그는 지구에 대해 동심원의 구체로 형성된 일부
행성계 모델의 윤곽을 설명했다. 지구에서 별의 움직임과 특히 태양과 달의 움직임
은 기존에 비해 매우 혁신적인 막대 크랭크 장치로 조절되었다. 비록 짧은 생애 동안
그가 아리스토텔레스(기원전 384-기원전 322)나 프톨레마이오스의 체계를 대체할 정
도로 세계에 대한 완벽한 체계를 정의할 수는 없었지만, 천문 관측과 계획을 강화하
려던 그의 시도는 당대의 천문학과 다음 세기의 천문학에 큰 영향력을 끼쳤다. 사실
레기오몬타누스는 1475년에 교황 식스토 4세(1414-1484, 1471년부터 교황)가 달력의
오래된 문제를 해결하기 위해 그를 로마로 부를 정도로 수학자로서 세계적인 권위를
누렸다. 고대 작품의 지식과 함께한 이 권위는, 중요한 무엇인가가 우주에 대한 일반
적인 지구 중심적 개념에서는 작용하지 않았다는 표시로 과거의 천문학에 대한 비판

을 야기했다.

    따라서 15세기와 16세기의 전환기에 유럽의 천문학이 다양한 유형의 기하학적 모델을 만드는 데 치우쳤다면, 행성계 위치의 관측과 천구의 물리학을 점점 더 결합하고자 한 것은 우연이 아니었다. 특히 독일과 이탈리아 국가들에서 프톨레마이오스가 개발한 모델의 대체 가능한 주전원 모델 지지자들과 아리스토텔레스가 설명한 체계보다 이따금 훨씬 더 복잡했던 동심구 체계의 지지자들이 앞서기 시작했다. 바로 이 **지구의 이동성** 지역 안에서, 그리고 특히 도메니코 마리아 노바라Domenico Maria Novara(1454-1504)가 가르치던 볼로냐 대학에서 지구의 이동성 추정에 대한 첫 번째 가설이 꽃을 피우기 시작했다. 크라쿠프 대학에서 진행된 코페르니쿠스의 초기 연구 중에 포이어바흐의 『신행성 이론』을 통해서 자신감을 얻은 이후 코페르니쿠스는 볼로냐, 파도바, 페라라 대학에서 수학하고자 바로 이탈리아로 향했다. 역사 기록에 따르면, 코페르니쿠스는 위대한 수학적 재능을 곧 나타냈고 1500년 대희년에 로마에 도착해 강의를 했다. 지구가 정말로 움직이고 태양은 우주의 중심에서 멈추어 있을 수 있다는 생각이 어쩌면 교육을 받던 시기에 이미 그의 머릿속에 떠올랐을 것이다.

프톨레마이오스의 권위에 대한 비판

15세기 후반에 프톨레마이오스의 권위에 반하여 양면적인 태도가 생겨나기 시작했다. 포이어바흐와 레기오몬타누스를 선봉으로 한 수학자들은 민감한 세계를 다루기에 적절한 방법을 결정하는 데 그가 중요한 역할을 하였음을 인정하면서 그를 칭송했다. 이러한 방법은 해석해야 할 현상에 대한 정확한 관찰과 예측의 공식화에 유용한 일반적인 기하학 법칙을 추론하기 위해 정교한 계산 기술을 결합하는 것을 필요로 했다. 하지만 바로 그 수학자들이 방법의 정확성에도 불구하고 프톨레마이오스 **양면적인 태도** 의 결론이 항상 정확한 것으로 증명되지는 않음을 목격하기 시작했다. 정교한 도구로 완성된 새로운 관측, 그리고 고대에 알려지지 않았던 수학적 방법으로 시행되어 수집된 자료의 새로운 해석은, 특히 프톨레마이오스가 그의 최고의 작품인 『알마게스트』, 『지리학』, 『광학Ottica』에서 소개했던 것과 상당히 다른 특별한 결론을 이끌어내도록 했다.

    이러한 양면적인 태도에 관한 또 다른 중요한 사례는, 15세기에 동방과의 무역이 재개된 덕분에 새로운 자극을 받기 시작한 지리학적 연구에서 파생되었다. 새로운 계산 도구와 측량 도구의 확산은 도덕적 성격을 지닌 중세의 지도 제작을 포기하고, 객관적으로 지표면을 나타내고자 정확한 지도를 제작하기 위해 전체적인 개선을 결정하게 했다. 각 장소에서 지구 구면상의 위치를 정의하는 두 개의 좌표인 위도와 경도를 조합할 수 있었다. 『지리학』에서 프톨레마이오스가 설명한 지도 투사도의 두 가지 유형 중 하나를 따라서 종이 평면 위에 그린 좌표의 특정 격자무늬에 점을 찍음으로써 이 위치를 기록할 수 있었다. 점의 위치는 영토의 지세도地勢圖를 만드는 데 참조할 요소로 활용되었다. 이런 유형의 지도 제작 수용은 당시 가장 유명했던 지리학자 중 한 명으로 천구의 표현까지 확장하기를 주저하지 않았던 파올로 달 포초 토스카넬리(1397-1482)의 작품에서 분명해졌다.

　　토스카넬리는 이전의 결과들에 대해 가졌던 불신으로 인해 독특한 방식으로 영향을 받았다. 프톨레마이오스는 키레네의 에라토스테네스Eratosthenes(기원전 272-기원전 196)가 만든 지구 둘레에 대한 추정치를 받아들였다. 결과는 신자르 사막에서 칼리프 알–마문al-Ma'mūn이 조직한 지리 탐험으로 9세기에 확인되었다. 탐험대에 의해 진행된, 1도에 상응하는 자오선 원호의 길이 측정은 지구 둘레가 약 40,250킬로미터(20,400아라비아 마일)일 것이라는 결론을 이끌었다. 18세기까지 수학자들을 괴롭히게 될 문제인, 장소의 경도를 결정하는 데 필요한 방법이 부족했던 것은 오히려 프톨레마이오스와 그의 후계자들이 헤라클레스의 기둥(지브롤터 해협의 낭떠러지에 있는 바위*)과 극동 아시아 사이에 드러나 있는 땅의 범위를 극단적으로 추정하도록 했다. 이 두 번째 추정은 프톨레마이오스의 후계자들에게 대서양이 약 16,000킬로미터(8,000아라비아 마일)보다 더 넓게 펼쳐져 있다고 생각하게 만들었다. 아라비아 마일과 유럽 마일을 같은 것으로 생각한 반면에 3아라비아 마일이 약 4유럽 마일에 상응한다고 여긴 판단의 오류는, 이 거리가 겨우 2,700유럽 마일(약 4,000킬로미터)에 불과하다고 추정하도록 토스카넬리를 이끌었다. 본질적으로 프톨레마이오스의 축소된 권위는 서쪽으로 항해하면 어려움 없이 동양에 도착할 수 있을 것이라고 단언하는 토스카넬리를 막지 못했고, 뜻밖의 신대륙 발견에 자신의 목숨을 걸었던 크리스토퍼 콜럼버스(1451-1506)도 막지 못했다.

토스카넬리와 이전의 결과들

광학 연구

광학 영역에서 프톨레마이오스의 권위의 위기는 훨씬 더 잠재적이었다. 프톨레마이오스가 전임자들의 작품에 근거한 주제에 전념했던 유일한 작품은 미완성 형태로 전해지다가 결국 이븐 알-하이삼Ibn al-Haytham(965-1040)과 비텔로Witelo(13세기)의 글에 수렴되었다. 이 작가들의 작품은 기하 광학 혹은 '원근법'의 추가적인 연구를 위한 참조 기준을 형성했다. 하지만 15세기부터 광학의 원근법 전통은 빛에 의해 생성된 민감한 영향에 대한 두 단계의 접근을 다른 전통과 거리를 두면서 발달시키기 시작했다. **원근법주의자들** 원근법주의자들은 거울, 렌즈 혹은 유리구를 통해서 보이는 이미지와 시각 형성의 메커니즘을 분명히 하고자 주의를 기울이며 저명한 이론적 방식으로 문제를 다루었다. 그들은 직선으로 이루어지는 광선의 전송과 반사면상 광선의 두 가지 반사 현상, 두 개의 투명체 사이에 면간격面間隔을 통한 굴절의 일반 원칙을 잘 이해했다. 그래서 원근법주의자들은 이 세 가지 이론적 요소들에 대한 참조의 틀 안에서 시각적 현상을 해석하는 데 주저하지 않았다. 이에 대해 의사이자 수학자였던 조반니 폰타나Giovanni Fontana(약 1395-약 1455)의 작품인 『원근법에 관하여Della prospettiva』가 증명했다. 이 책에서 물에 잠긴 사물이 확대되어 보이는 현상과 관련하여 굴절의 단순한 경우와 유사한 독서용 안경의 기능이 설명되었다.

반면에 두 번째 단계에서 원근법 전통으로 야기된 이론적인 결과를 다루는 데 관심 있는 사람들이 생겼다. 훌륭한 이론적 기술을 갖춘 그들 대부분은 반사와 굴절에 관해 이해한 지식뿐만 아니라 화경火鏡 장치의 디자인에 지식을 결합하거나 혹은 이미지를 투사할 수 있는 거울과 렌즈 같은 주요 광학 요소의 작동에 관한 지식을 결합하는 것을 목표로 했다. **로저 베이컨과 조반니 폰타나** 로저 베이컨Roger Bacon(1214/1220-1292)이 이미 생각했던 실용적인 광학의 고유한 이런 목적은 『무기 삽화서Bellicorum instrumentorum liber』에서 폰타나 자신에 의해 다루어졌다. 이 책에서 그는 다양한 물건들 중에 적의 군대를 공포에 떨게 하려는 의도로 거대한 악마의 이미지를 투사하는 마법의 등불을 소개했다. 구체적인 광학을 토대로 하든, 순수한 추상적 개념 혹은 분명한 이론적 실수로 생겨났든 실제로 이 장치는 당시에 만들어지지는 않았다. 빛에 의해 생겨난 민감한 현상에 대한 접근의 세 번째 단계의 조건은 광학 재료 및 유리 장인과 안경 장인의 능력에 대한 것으로, 시장에서 사용 가능한 거울과 렌즈의 품질이 극도로 낮았음을 의미한다. 15세기와 16세기 내내 독서용 안경이나 거울보다 더 복잡한 확대 장치를 만드는 것은 사실상 불가능했다.

| 다음을 참고하라 |
과학과 기술 과학 도구와 그것의 적용(386쪽); 여행, 탐험, 발견 (451쪽)

인문주의와 그리스 수학

| 조르조 스트라노 |

14세기 말 무렵에 가장 활발했던 아랍어 번역 시기는 막을 내리고, 유럽의 수학 학문은
그리스와 이슬람 학자들이 이미 연구했던 것들에 관한 분석과 비평에 대부분 집중한
발전 단계를 맞이하게 되었다. 그리스 사상의 직계 후손으로서 실제보다 더욱 신화화된
그리스도교 과학 사상에 대한 한층 더 엄격한 식별을 위하여 점점 더 이슬람 세계의
문화에서 벗어나는 경향이 강해지면서 15세기에 이 과정 중 가장 문제가 되는 단계가
집중되었다.

콘스탄티노플 함락 이후

그리스와 이슬람의 유산에 대한 라틴 세계의 새로운 태도를 결정지었던 요인들은 복
합적이고, 수학 분야의 내용과 반드시 관련되지도 않았다. 그 요인들 중 가장 두드러
지는 것은, 로마 제국과 교회 권력에 의해 강력한 적으로 등장한 터키인들이 지중해
연안으로 밀고 들어오는 것에 대한 광범위하고 정당한 우려였다. 에스파냐와 이탈   이슬람 문화의 영향
리아 남부 지역에서 이전 세기에 나타난 것과 비슷한 몇 가지 방법으로 상황이 전개
되면서 비록 터키의 확장이 그리스도교 문화와 이슬람 문화 사이에 중첩되는 새로운
지역을 만들어 냈을지언정 동쪽에서 서쪽으로의 과학 정보의 전달은 대부분의 경우
조용하게 이루어졌다. 오랜 십자군 전쟁 기간 중에 절정에 달한 정치, 경제, 종교 경
쟁의 세기는 두 문화의 평화스러운 공존을 위협했고 본질적으로 이미 낮았던 타 문
화에 대한 그리스도교 세계의 관용을 더욱 낮추게 되었다.

특히 터키에게 콘스탄티노플(오늘날의 이스탄불)이 함락된 1453년 이후 발칸 반도
는 이슬람의 수학 지식과 특히 오스만 제국의 지배를 받던 중동 지역에서 13세기와
14세기 사이에 만들어진 천문학 지식을 유럽에 유입시킨 세 번째 관문이 되었다. 동

시에 터키 정복의 영향으로 수많은 비잔티움 수학자들이 동방 제국을 떠나 이탈리아에서 피난처를 찾았다. 그곳에서 고대와 동시대 작품의 그리스어 필사본을 소개했다. 하지만 15세기 후반과 16세기에 걸친 유럽 저자들의 작업에서 라틴 세계에 유입된 새로운 그리스어 문헌에 대한 직접적인 언급을 포착할 수 있는 반면 더 나중에 들어온 이슬람의 영향에 대해서는 동일하게 말할 수 없다. 이슬람의 영향은 오로지 징후나 간접적인 방법으로, 즉 마라가Maragha, 다마스쿠스, 사마르칸트, 그리고 이후에는 이스탄불에서 발전한 것들과 함께 몇 가지 유럽인들의 이론과 과학적인 도구들의 너무도 분명한 유사성을 통해 판명되었다. 유럽에서 이미 자유롭게 유통되던 자료와 달리 이슬람 과학 자료의 사용을 허용하는 것은 사실상 증오하는 적이나 이단과의 공모에 대한 비난에 노출되었다는 것을 의미했다.

새로운 과학 기술의 기초

그리스와 이슬람 수학과의 관계에 대한 질서를 변화시킨 것은 외부 요인뿐만이 아니다. 다량의 번역 작품들은 유럽의 수학자들이 전임자의 작업을 다루는 태도와 관련된 또 다른 현상을 유발시켰다. 유통되던 그리스 철학과 과학 작품들의 번역, 특히 시라쿠사의 아르키메데스Archimedes(기원전 287-기원전 212)의 번역으로부터 많은 학자들은 민감한 세계가 잘게 나눌 수 있는 동질적 연속체continuum로 구성되어 있을 뿐아니라 기하학으로 측정할 수 있고 해석할 수 있고 표현할 수 있다는 신념을 얻었다. 예를 들어, 14세기에 니콜 오렘(1323-1382)은 측정 가능한 것은 무엇이든지 연속적 양의 형태로 생각할 수 있고 도표로 나타낼 수 있다고 확신했다. 이 기준에서 직접적인 관계에 놓여 있다면 낙체落體와 경과 시간으로 얻어진 속도가 선과 면적으로 해석될 수 있는 몇몇 계획을 설명하며 그는 등속 운동과 등가속 운동에 대한 연구를 활용했다. 비록 그렇게 미묘하지는 않을지언정 니콜라우스 쿠사누스(1401-1464) 역시 모든 진실한 과학적 지식은 정확한 측정을 기반으로 해야 한다는 뿌리 깊은 신념이 어느새 자리한 해석의 여정을 시작했다. 이외에도 그는 원둘레에 내접하고 외접하는 정다각형 둘레의 평균을 계산함으로써 원과 면적이 같은 정사각형을 만드는 것에 대한 매우 오래된 문제를 해결하고자 아르키메데스의 기하학적 방법에서 영감을 받았다. 결국 실패했음에도 혹은 어쩌면 바로 이 이유 때문에 쿠사누스의 시도는 그리스의 수학적 지식에 관한 논쟁을 촉발했다.

측정과 과학적 지식

전통의 재검토

15세기의 고대에 대한 지대한 관심은 몇몇 학자들이 그리스 지식의 전달에 있어서 이슬람의 매개 역할에 대해 비판적인 태도를 채택하게끔 했다. 몇 가지 수학적 방법의 빈약한 가능성과 일부 과학 이론들의 민감한 현상이 원문으로 전해지지 못하고, 그리스어에서 아랍어로, 그리고 아랍어에서 라틴어로 번역하는 복잡한 과정 중에서 실수가 여러 차례 발생하였으리라는 의심이 생겨났다. 이슬람의 중재자가 중요한 부분을 재작업하고, 삭제하고, 추가함으로써 원래의 내용을 변경할 수도 있었다. 결국 모든 그리스의 수학 지식이 전달되지 않았을 수도 있고, 귀한 자료는 어쩌면 동로마 제국의 도서관에 여전히 숨겨져 있을 수도 있다. 궁극적으로 15세기 중반 무렵 그리스 과학에 대한 찬사가 늘어나면서 원형 작품과 그리스 지식이 반영된 작품 사이에 개입된 한 명 이상의 중재자들의 존재가 그러한 지식이 제대로 작용할 수 없게 한 주요 책임자일 수 있음을 유럽의 수학자들은 인식했다.

레기오몬타누스

라틴어 이름인 레기오몬타누스로 더 잘 알려진 쾨니히스베르크의 요하네스 뮐러 (1436-1476)는 그리스 고전 수학자들을 재발견하는 과정에서 의심할 여지없이 가장 중요하고 권위적인 인물이었다. 얼마 지나지 않아 가까운 협력자가 된 게오르크 포이어바흐(1423-1461)의 지도하에 빈 대학에서 수학한 레기오몬타누스는 라틴 교회와 그리스 교회를 재통일하려는 노력으로 1439년에 로마에서 추기경 임명을 받은 조반니 베사리오네(1403-1472)와 활발한 문화적 교류 관계를 유지했다. 콘스탄티노플 함락 이후 이탈리아 영토에 거주한, 그리스어가 가능했던 가장 중요한 망명객 중 한 명이 된 베사리오네는 재정복을 위한 십자군을 조직하는 데 필수적인 군사적 지원을 황제 프리드리히 3세(1415-1493)와 독일 군주들로부터 얻고자 교황 사절단으로 빈에 갔다. 그리스 지식의 중요성을 적극적으로 선전했던 베사리오네는 1460년에 일단 빈에 다다르자 포이어바흐와 레기오몬타누스를 만나 그리스도교 국가들에 현존하는 모든 그리스 수학 필사본들을 찾고 복구할 필요성을 제안하며 두 사람 모두를 설득했다. 이탈리아 여행 계획을 세우던 시점에서 두 명의 수학자들은 이 제안에 매우 민감하게 반응했다. 포이어바흐의 갑작스런 죽음 때문에 레기오몬타누스만이 베사리오네를 따라 콘스탄티노플의 그리스 망명자들이 함께 가져왔다고 전

포이어바흐와 베사리오네의 공동 작업

해지는 그 사본들의 연구 임무를 수행했다. 레기오몬타누스는 고위 성직자들과의 긴밀한 관계를 돈독히 하며, 그리스어를 공부하고, 값진 자료들을 모으면서 6년 동안 이탈리아에 머물렀다. 1467년부터 1471년까지 헝가리로 이주하여 프레스부르크(오늘날의 브라티슬라바*) 대학에서 가르치면서 발칸 지역을 통해 동방에서 들어온 과학 정보를 접하게 되었다. 일단 독일 지역으로 다시 돌아온 그는 마침내 유럽 문화에 등장한 지침에 따라 그리스 수학자들의 복귀라는 자신의 야심 찬 계획을 구현했다. 뉘른베르크에 정착한 뒤 부유한 후원자와 제자인 베른하르트 발터Bernhard Walther(1430-1504) 덕분에 프톨레마이오스(2세기)의 천문학서『알마게스트』에서 기 **천문대** 술한 도구를 갖춘 천문대를 처음으로 설치했다. 이런 방식으로 최신 관측 기준에서 시작된 과학 이론의 발전을 규정하는 연구 전통에서 그는 정점에 이르렀다. 두 번째로 레기오몬타누스는 그리스 과학 고전과 근대 수학 저서들의 새로운 번역을 보급하기 위한 수단으로 인쇄소를 세웠다. 사실상 그는 15세기 중반 무렵에 유럽에 등장한 새로운 인쇄 기술법이 수학을 확산시키는 데 미칠 중요성을 파악했다.

필사본 버전의 제한된 범위와 비교되는 인쇄물의 광범위한 유통과 관련하여 레기오몬타누스는 정확한 텍스트 번역과 도표 레이아웃의 명료도에 연관된 근본적인 두 가지 문제에 관심을 기울였다.

세기말까지 3만이라는 상당한 숫자에 달했던 종교적, 역사적, 문학적인 내용의 인쇄 작품들과 달리 수학적인 내용을 담은 작품들은 특수한 인쇄 기술을 필요로 했 **텍스트 번역과 도표** 다. 수학을 다룬 작품들은 알파벳 이외에도 다양한 종류의 숫자, 특수 기호(그중에 그리스 문자도 있다), 도표와 그림을 사용했는데, 이것들의 기능은 인쇄면에 명확하고 질서 정연하게 표현됨으로써 독자가 충분히 이해할 수 있어야 했다. 1474년에 이러한 문제들에 대한 심사숙고 끝에 레기오몬타누스는 라틴어와 독일어 두 언어의 세련된 버전으로 1475년부터 1531년까지의 기간 동안 예상되는 천체의 위치와 주요 천체 현상에 대한 내용을 담고 있는『역법曆法, Kalendarium』을 출판했다.

한편 1475년 즈음에 야심 찬 출판 프로젝트 계획을 발표했지만, 그다음 해에 닥친 그의 이른 죽음 때문에 대부분 미완성으로 남았다. 그 계획은 다음과 같은 그리스어 작품들의 새로운 번역을 포함하고 있었다. 먼저 유클리드(기원전 3세기)의『원론Elementi』, 아르키메데스의 모든 현존 작품들, 페르가의 아폴로니오스Apollonios(기원전 약 262-기원전 약 190)의『원뿔 곡선론Coniche』, 클라우디오스 프톨레마이오스의『지리학』, 『알마게스트』, 『테트라비블로스Tetrabiblos』, 『화성학Armoniche』, 알렉산드리아의 테온(4세기)의 『알마게스트에 관한 주해서Commentario all'Almagesto』 등이다.

중세의 4과(산술학, 기하학, 천문학, 음악학) 학문을 모두 다루고 14세기와 15세기의 다른 학자들에 의해 다시 연구된 이 문화 복원 작업에도 불구하고 유럽의 수학자들은 이미 원본에서 이해하기 어려웠던 그리스 형식주의와 방법을 다시 이용하려고 하지 않았다. 대신 그들은 14세기에 행해진 이슬람 형식주의와 더불어 그리스어 내용을 융합시키는 쪽으로 계속 나아갔고, 그리고 그 작업을 통해 16세기와 17세기에 이루어질 과학의 번성을 위한 토대를 준비했다.

| 다음을 참고하라 |
역사 전쟁: 전통과 혁신(259쪽)
과학과 기술 여행, 탐험, 발견(451쪽)

의학

새로운 고대 원천의 번역과 발견: 그리스어 문헌의 부활

| 마리아 콘포르티|Maria Conforti |

> 15세기의 의학, 그리고 특히 이탈리아의 의학은 여러 가지 의미에서 새롭고 다양한
> "과거에 대한 경험"이었다(조반나 페라리Giovanna Ferrari). 인문주의적 문헌학은 오늘날
> 전적으로 모순으로 드러난 관점의 변화를 현실화하고, 과거에는 참고 자료가 풍부했던
> 것에 반해 이전 세기에 알려지지 않았던 고대 문헌의 부활과 다시 읽기에 근거하며 그
> 방법과 도구와 함께 모든 지식 영역으로 확대되었다.

과학적 '르네상스', 새로운 텍스트 형태, 그리고 인쇄의 영향

의학은 중세 시대에 여러모로 문헌학적 측면이 가장 중요했던 지식이다. 과거, 특히
고대 문헌의 복구뿐 아니라 종종 장기간에 걸친 지정학적 변화와 관련되어 지식의
실천과 재구성에 심오한 변화가 일어났다.

15세기를 특징짓는 것은 단순하거나 기계적인 조작이 아니라 텍스트를 읽고, 번
새로운 인식 역하고, 심오한 의미를 밝혀내는 새로운 인식이었다. 고대 혹은 과거의 문헌에서 설
명되고 삽화로 실리고 묘사된 사실들은 다른 텍스트뿐만 아니라 사실과 경험 자료
와도 비교되어야 한다. 수세기 동안 의사는 경험 자료에 가장 많이 노출된 자연 철학

자였다. 의학과 치료는 교회법에 따른 지식을 설명하기 위해서 현실의 복잡성에 관한 경험을 불가피한 기준으로 한 지식과 실천이었다. 비록 새로움이 고대 문헌과 그 문헌의 '진실'의 복원으로 구성되어 있을지언정 인문주의 시대의 의사들은 가장 먼저 새로움의 시대를 살아가는 인식을 갖춘 이들이었다. 이러한 새로운 태도를 지닌 가장 대표적인 사람들 중 한 명은 비첸차 출신의 의사인 니콜로 레오니체노(1428-1524)다. 그는 최고의 그리스 학자이자 갈레노스(약 129-약 201)의 '부활'의 이탈리아 주역이었다. 레오니체노는 페라라에서 60년 동안 가르쳤는데, 상대적으로 짧은 기간에 이 대학이 이탈리아 인문주의 의학과 과학 교육의 중심지 중 한 곳이 되도록 기여했다. 그러나 그는 파도바에서 수학했다. 15세기 초에 베네치아의 관할권 아래로 넘어가면서 그들의 신중한 정책 덕분에 파도바 대학Studium은 15세기에 아마도 유럽 전역에 걸쳐 의학 연구로 가장 중요한 곳이 되었을 것이다. 파도바는 실력 있는 학자들을 맞아들였다. 15세기와 16세기에는 교수진의 이동이 잦았고, 대학들은 유럽의 여러 지역 출신 학생들을 유치할 수 있도록 최고의 교수진을 확보하려는 경쟁을 벌였다. **파도바 대학**

특히 레오니체노는, 그의 의견에 따르면 이미 라틴 문화에서 잘못 이해된 의학에 대한 그리스 원천의 세밀하고 비판적인 복원을 주장했다. 발생학에 관한 작품과 원문 비평의 저자인 레오니체노는 테미스티우스(약 317-약 388)와 심플리키우스(4세기) 같은 후대 주석가들의 연구도 활용하면서, 아리스토텔레스 전통의 배경에 반하는 갈레노스의 저서들을 해석할 수 있을 정도였다. 레오니체노의 문화적 광대함뿐 아니라 그의 관심사의 특별함은 이탈리아 인문주의 문화 관련 저술이 풍부한 그의 장서로도 증명된다(다니엘라 무냐이 카라라Daniela Mugnai Carrara). 하지만 콘스탄티노플 함락과 그리스 문화 배경을 지닌 박식한 언어학자들이 이탈리아에 도착했던 시기이자 동방 교회와 서방 교회 사이의 짧은 화해 시기였던 15세기 중반에 정점을 이룬 라틴 세계와 비잔티움 세계의 화해라는 배경 없이는 그의 성격이 이해될 수 없다. **라틴 세계와 비잔티움 세계**

이 시기 과학과 의학 문헌을 통해 퍼진 '부활'의 수사학, 그리고 그 문헌들이 과시했던 고전주의는 당시 가까운 과거의 문화, 13-14세기 의학 학교, 심지어 아랍 문화에 반하는 거친 공격을 구체화했다. 분위기의 변화는 매우 천천히 대학 교육 과정 curricula으로 기록되었다. 대학 교육 과정에서 아비케나Avicenna(980-1037, 이븐 시나Ibn Sīnā라고도 함*)의 『의학 정전Canon』과 『아티셀라Articella』(13세기와 16세기 사이에 의학 참고 문헌 및 텍스트로 사용된 의학 논문집*)의 텍스트는 그것들이 누리던 특권을 유지했다. 그럼에도 불구하고 서양에 번역되어 들어온 아랍과 라틴의 의학 문화는 이 시기 대부분의 저자들로부터 야만적이고 퇴폐적인 것으로 간주되었다. 좋은 라틴어로 쓰고, 그리스 의학 원천에 직접 다가가려는 노력은 작품 제목과 사용된 용어에서 읽힌다.

15세기 말엽에 독일 라인 강 지역에서 발명되어 유럽 대륙 전체, 특히 이탈리아에 빠르게 확산된 가동 활자 인쇄술이라는 의사 전달과 재료의 혁명은 의료 및 과학 문화의 전달 가능성을 재정립했다. '과학 혁명'으로 정의된 움직임에서 인쇄의 역할에 대한 논의가 재개되었고, 비록 의심할 여지없이 설득력이 있음에도 두 번째 논문(엘리자베스 아이젠슈타인Elizabeth Eisenstein)의 직접적인 원인이 되었을 첫 번째 논문에 따르면, 인쇄는 14세기와 15세기의 수준 높은 필사본 제작 기술로도 우위를 이어갈 수 없었던 저술들의 확산뿐만 아니라 오랜 기간에 걸쳐 텍스트의 안정성 및 반복성을 장려하였음이 확실하다. 출판된 초기 의학 문헌들 중에 당연히 『아티셀라』가 있다. 대학들에 배포된 이 책은 인쇄업자들에게 확실한 사업을 보장했다.

| 다음을 참고하라 |
역사 콘스탄티노플의 몰락(35쪽)
철학 과학 르네상스(285쪽)
과학과 기술 여행, 탐험, 발견(451쪽)
문학과 연극 그리스어 지식과 연구(495쪽)

고대 문헌과 새로운 지식: 식물학과 의학

| 마리아 콘포르티 |

의학과 자연 철학에서 새로운 문헌들과 함께 이 시기에 '상세함'의 지식이 이야기되었다. 아리스토텔레스의 과학에 대한 정의에 해당하지는 않을지언정 이 시기는 의미 있는 새로움을 대표하고, 저술의 새롭고 더욱 유연한 형태뿐 아니라 관찰과 연구에 대한 새로운 양식의 자연주의적 지식을 펼쳤다.

자료의 수집과 확산

특정한 주제를 수집한 난제들problemata 장르의 부활과 관련하여 원천과 광천욕의 검토를 포함한 작품들, 전례 없는 의료 사례 분석, 동식물 및 놀라운 사실과 사물들에 대한 설명은 근거와 의미를 서서히 잃어가면서 대규모 학교 근처에서 이루어졌다. 겉보기에 서로 관련은 없지만 실제로 다양한 과학 학문 분야가 형성되는 데 기본적인 소식과 자료의 축적은 분더캄머Wünderkammern(진귀한 물건을 놓은 진열실*)를 만든 수집가들과 귀족들의 호기심만을 키운 것은 아니었다. 특히 의학의 경우에 서신과 의사 전달 등 관찰의 다양한 방법에 의한 유통은 대학에서의 체계적인 교육 이후 훌륭한 직업 활동에 필수적인 기여를 하게 된다. 물건과 사실을 수집하는 것, 수집품memorabilia은 또한 사회와 지식의 엘리트층에 속한다는 표시였다. 이러한 태도를 이해하기 위한 핵심 용어는 역사historia다. 이 역사란 직접적인 경험을 통해 나온 정확한 설명을 의미할 뿐 아니라 단일 객체 상황에 대해 이야기하고 자료를 수집하는 기술과 수사학을 의미하기도 한다.

고대 문헌은 주석가의 특정한 과학적 능력과 구술로 되돌아갈 필요성 간에 긴밀한 관계가 있음을 탁월하게 보여 주었다. 그리고 이 시기에 끊임없이 다시 읽히고 주석이 달렸던 고대 문헌은 이미 중세 때 알려진 1세기의 라틴어 백과사전 편집본, 플리니우스(23/24-79)의 『박물지』다. 15세기에 이 작품은 전례 없는 성공을 거두었다. 특히 수많은 의사들과 자연주의자들이 이 작품과 다른 작품들의 출판을 경쟁했다. 사실을 확인하면서 약학적인 사용을 하는 물질들을 식별하고 연구할 필요성은, 플리니우스의 문헌뿐 아니라 테오프라스투스(기원전 372-기원전 287)와 디오스코리데스(1세기)의 그리스어 문헌과 같은 고대 텍스트 연구로부터 근대적인 의미에서 자연 역사로의 전환을 결정짓는 데 필수적이었다. 매우 다양한 전문가들에 의해서 발전하고, 독자들부터 대학까지 그리고 학생들부터 약제상, 약사, 희귀한 자연물 수집가와 상인까지 아우르는 다양한 관심사로 고무된 이 분야의 전문 지식 역시 매한가지로 필수적이었다. 동물, 식물, 치료에 사용하는 물질에 대한 고전적인 전통을 다룬 작품은 더욱 광범위한 대중들의 흥미를 불러일으키는 증거로 너무나도 빨리 출판되었다.

견본 텍스트: 플리니우스의 『박물지』

플리니우스에 대한 분쟁

텍스트 문헌학으로부터 자연 역사로의 이동에서 중요한 사건으로, 15세기 말인 1492년에 펼쳐진 플리니우스의 문헌에 대한 분쟁이 있다. 실제로 니콜로 레오니체노(1428-1524)는 무엇보다 라틴 작가의 식물학에 대한 전문 지식의 부족을 강조하는 실수와 단순함을 열거하며 『박물지』에 대한 거친 공격을 공개적으로 발표했다. 그의 의견에 따르면, 플리니우스의 실수는 그리스 전통에 관한 위대한 문헌을 대부분 오해하거나 혹은 잘못된 방식으로 읽은 몇몇 아랍 작가와 중세 작가들에 의해서도 이

레오니체노와
베네데티 사이의
분쟁

어졌다. 안젤로 폴리치아노(1454-1494)와 판돌포 콜레누초(1444-1504)는 레오니체노에게 반대했다. 다른 한편으로 에르몰라오 바르바로(약 1453-1493)는 오히려 플리니우스를 별로 신뢰할 수 없다고 생각하는 면에서 레오니체노 편에 섰다. 레오니체노가 고대 문헌 속 구절들의 진정한 의미를 찾기 위해 자신의 뛰어난 그리스어 지식에 의지했음에도 불구하고 분쟁은 순수한 문헌학 영역에 기반을 두지 않았지만, 경쟁자들에 의해 만들어진 직접적인 경험의 문제를 다루었다. 16세기 초에 출판된 플리니우스에 대한 논평의 저자인 빈첸차의 의사 알레산드로 베네데티(약 1450-1512)는 레오니체노와의 충돌을 피할 수 없었다. 두 사람은 유사한 교육을 받았고 오랜 친구였지만, 플리니우스와 관련한 문제에서는 입장이 달랐다. 레오니체노가 플리니우스에 대한 찬사를 이제 승산 없는 싸움이라고 생각했다면, 다른 한편으로 베네데티는 그리스어에 대한 의무적인 찬양으로부터 벗어나 덜 문헌학적인 접근과 관찰에 훨씬 더 개방적인 주창자였다.

따라서 인문주의 문헌학자는 웅변가, 철학자 혹은 학자일 뿐만 아니라 전혀 중요하지 않은 분쟁 사이에서 다양한 과학적 실천에 종종 몰두하기도 했다. 또한 이 시기에 동방과 아프리카에 대한 탐사는 아메리카 대륙을 재발견하기 훨씬 전에 식물학 및 약학적으로 흥미로운 어마어마한 규모의 새로운 자연물을 유럽에 가져오는 데 큰 역할을 했다. 다양한 유형의 약초 채집을 통해서 더욱 주의 깊은 시선으로 이탈리아

인문주의 문헌학자:
종합적 지식인

와 유럽의 상이한 실제 상황도 살펴보게 되었다. 결과는 구체적 대상에 대한 문헌학이었다. 플리니우스 혹은 디오스코리데스 같은 이들의 문헌은 철저한 검토를 받았다. 언어학적-문헌학적인 검토의 필요는 고대인들에 의해 알려지거나 표현되지 않은 개체의 분류 및 이해의 필요와 관련되어 있었다. 의사들은 자연 철학의 다양한 분야의 양성 때문이든, 치료 행위의 필요성 때문이든 이러한 문헌학적-과학적 혁명의

최전방에 있었다. 고대 작가들에 의해 이미 설명된 인체에 대한 더 나은 지식을 보완해 주는 해부학이 학기 중간에 중세 대학에서 생겨났는데, 이러한 새롭게 형성된 의학 지식 분야에 상이하지 않은 태도가 수반되었다.

| 다음을 참고하라 |
과학과 기술 새로운 질병 모델: 매독과 그 확산, 지롤라모 프라카스토로(414쪽)

리우치의 몬디노부터 레오나르도 다 빈치까지의 해부학 지식
| 마리아 콘포르티 |

의학 역사에 대한 가장 신망 받는 전설 중 하나는 근대 이전 시기에 인체 해부 실습을 둘러싸고 금지된 '저주받은' 치료법의 분위기를 지녔다. 사실 최근의 수많은 연구에서 증명된 대로 다양한 목적에 따른 시신의 처리, 즉 권력자나 유명인의 방부 처리, 그리스도교 예배용과 성유물聖遺物의 창조, 시성諡聖 과정, 법적 목적을 위한 부검은 서양 중세에서 꽤 빠르게 명시되었다.

교육 목적의 해부학 도입
13세기에 해부를 위한 절개는 교회에 의해, 특히 1299년 교황 보니파시오 8세 Bonifacius VIII(약 1235-1303, 1294년부터 교황)의 교서 「혐오스러운 잔인한 행위 Detestande feritatis」를 통해 철저하게 관리되었지만 공공연히 반대되지는 않았다. 실제로 가장 유명한 절개 대상 중에 교황의 시신도 있었다. 가장 검소한 수도원이나 부유한 도시의 중산층 가정에서도 사후에 시신을 해부하는 것sparare은 허용되었고 때로는 필요한 조치이기도 했다. 의사와 외과의는 처음부터 해부post mortem에 숙련된 전문가들은 아니었다. 대학과 관련 없던 의학 전문가들에 의해 전해져 확산된 해부학 지식은 오로지 대학의 설립과 더불어 교육 목적에 따라 공식화되었다. 사실 해부학 갈레노스의 저서 은 처음에는 연구 목적으로 진행되지 않았고 기본적으로 교육에 사용되는 텍스트나 문헌의 부속물로 구성되었으며, 15세기 초에는 관찰의 측면에서 중요한 혁신을 일

구어 내지 못했다. 의사를 위한 훌륭한 교육용으로 추천된 고대 해부학의 주요 저서들 중에는 갈레노스(약 129-약 201)의 작품이 다시 눈에 띈다. 고대에 유명했던, 알렉산드리아 전통에 속하는 해부학자들의 다른 문헌들은 존재하지 않는다. 그들 중에는 헤로필로스(기원전 약 335-기원전 약 280)와 에라시스트라토스(기원전 330-기원전 250)가 있었다.

『해부학』   교육 목적의 해부학은 정식으로는 볼로냐 대학에 처음으로 도입되었다. 하지만 살레르노 대학에서 이미 동물 해부, 특히 돼지 해부가 수업 중에 행해졌음을 우리는 알고 있다. 대학에서 해부학 혁명의 주인공은 절대적인 혁신가가 아니라 이후 16세기에 안드레아스 베살리우스Andreas Vesalius(1514-1564)처럼 운이 좋은 텍스트 편집자였다. 리우치의 몬디노(약 1270-1326)는 타데오 알데로티Taddeo Alderotti(약 1215-약 1295)의 볼로냐 대학 학생 중 한 명으로, 남아 있는 유일한 해부학 교과서인『해부학 Anathomia』(1316)을 썼다. 이 책은 적어도 두 세기에 걸쳐 해부학의 기준이 되어 전해졌다. 몬디노는 해부학을 연구한 첫 번째 인물도 아니고 유일한 인물도 아니다. 오히려 그의 저서의 중요성은 교육 목적의 해부를 동반하는 것에 대해 쓰여 해부의 사용과 확산에 대한 직접적인 증언일 수 있다는 데 있다. 그 저서는 이탈리아뿐 아니라 다른 나라에 있는 대학에서도 엄청난 성공을 거두었다. 16세기 초반에 활동한 카르피의 베렌가리오Berengario da Carpi(1470-1550)는 여전히 그 저서가 '무엇과도 비교할 수 없다'고 생각했다. 해부학 책의 기준이 되었을, 그리고 당연히 먼저 관찰해야 하는 가장 약한 곳인 부패하는 기관의 순서에 따라 구성된 문헌은 복부 부위(자연적 naturalis), 흉부 부위(영적spiritualis), 머리 부위(동물적animalis), 그리고 몸에 생기를 불어넣고 생동감 있게 만들어 주는 보이지 않는 실체인 영혼의 3분할 이론 간에 갈레노스의 구분을 이용했다. 근대적인 기준에 따르면, 관찰은 여전히 불완전하다. 왜냐하면 몬디노가 7개의 세포를 가진 자궁과 5개의 엽葉이 달린 간이라고 설명한 만큼 갈레노스가 처음에 궁리한 해부학 텍스트를 모델로 삼았기 때문이다.

해부 장면은 애초부터 텍스트의 도움을 받아 의사가 지시하고 설명했다. 그러나 다른 전문가들, 특히 외과의도 종종 등장했다. 외과의는 이때 신체 절단과 해부 준비에 대한 수작업 업무를 담당했다. 그렇게 외과의가 커다란 행운을 맞이한 시기에 해부 작업에 참여함으로써 사회적, 지적 홍보에 도움이 되었다.

교육 실습으로서의 해부는 유럽 대학과 구성원들의 해부학 양성 교육에 관심을 가지고 있던 의학과 외과의 대학 같은 타 교육 기관에 도입되었다. 의사들은 항상 검시해야 할 시신의 부족함을 호소했다. 시신을 제공하는 것은 정치권력이었는데, 처형당한 사람들이나 늘 불신과 공포 속에 살며 사후를 보장할 수 없을 정도로 사회적 계급이 낮았던 사람들, 이 경우 거의 외국인이거나 병원에서 사망한 사람들의 시신을 '내어 주었다.' 15세기 초반에는 어떤 경우든 작은 마을에서는 해부가 간헐적으로 발생했다. 그리고 가장 중요한 대학들에서도 매년 시행된 해부는 대부분의 경우 실제 교육 수단이라기보다는 기념비적이고 의례적인 절차로 남았다. '진정한' 해부는 거의 이루어지지 않았고 공개적으로 일어나지도 않았지만, 스승과 학생들의 사적인 공간에서 진행되기도 했다.

주요 저자들

15세기 해부학의 가장 혁신적인 저자들 중에는 알레산드로 베네데티(약 1450-1512)가 있는데, 그는 파도바에서 수학한 베로나인으로 파도바에서 에르몰라오 바르바로(약 1453-1493)와 이후 역사 비평 분야의 혁신적인 저자인 인문주의자이자 문헌학자 조르조 발라(1447-1500)와 친분을 맺었다. 베네데티는 파도바에서 해부학 현장 실습을 받았고, 베네치아에서 활동하며 그리스와 크레타를 여행했다. 알려진 것처럼 그는 대학에서 절대 가르친 적이 없는 듯하다. 왜냐하면 그는 무엇보다도 대학에 오랫동안 행운을 안겨주려는 의도로 만들어진 건축물인 해부학 극장(임시 원형극장)을 '발명'했다고 전해지기 때문이다. 이 극장의 초창기 모델 중 하나가 바로 파도바에 세워졌다. 사실 베네데티는 자신의 풍부한 인문주의 문화적 소양에도 불구하고, 평생 동안 다양한 고객들을 확보한 운이 좋은 의사였다. 1495년에 그는 군의관으로 임명되었고, 프랑스의 샤를 8세(1470-1498)에 대항하여 파견된 베네치아 군대를 따랐다. 1502년에 그의 최대의 걸작인 『인체 해부학의 역사Historia corporis humani sive anatomice』가 평소 잘 알고 지내던 인쇄업자 알도 마누치오(1450-1515)가 아니라, 소규모 출판업자였던 베르나르디노 게랄다Bernardino Guerralda(15-16세기)에 의해 인쇄되었다. 그럼에도 불구하고 베네데티의 글은, 라틴어에 우선순위를 부여하고 필요하다면 그리스어에서 가져다 쓰기를 주저하지 않는 어휘 선택으로 인해 순수하게 인문주의적인 작품으로 제시되었다. 용어의 문제는 세세한 것으로 여겨질 수도 있지만, 의학이 발전을 이룬 최초의 과학 학문 중 하나임을 보여 주는 기술 어휘집의

알레산드로 베네데티와 해부학

생성을 위해서뿐만 아니라, 여전히 불완전하게 알려진 해부학을 정의하기 위해서 필수적이었다. 베네데티의 작품은 이 시기의 의학 문화를 특징짓는 아리스토텔레스 사상에 깊이 동화되었음을 잘 보여 주었다. 갈레노스식 의술의 몇몇 원칙에 대한 집착에도 불구하고, 이 작품은 이미 미묘하게 논쟁에 휩싸였다. 그의 텍스트 중 흥미롭고 아리스토텔레스의 자연 철학에 대해 간접적으로 비판하는 요소는, 직접적으로 의학적인 용도로 활용되지 않는다 해도 의심할 여지가 없는 원천인 플라톤(기원전 428/427-기원전 328/327)의 빈번한 인용이다. 플라톤의 대화인 『티마이오스』의 우주론적 제안은 어마어마한 과학적 행운을 인식했고, 다른 수많은 원천과 함께 지혜로운 이의 삶의 방식을 조절하는 '의학적'야망을 품은 신플라톤주의 철학의 생성을 위해 피렌체인 마르실리오 피치노(1433-1499)에 의해 재사용되었다.

15세기 동안 치료에 직접적인 관련이 없는 또 다른 전문가들, 즉 예술가들 역시 해부학을 도용했다. 실물 관찰에 주어진 새로운 관심에 따라 화가들과 조각가들은 근육, 혈관, 그리고 일반적으로 외관상 보이는 신체적인 요소들을 재현할 필요성을 느꼈다. 지금까지 언급된 교육적이고 학술적인 성격의 해부학 문헌들은 '인물'그림을 포함하지 않았고 대개 그림이 빠져 있었다. 심지어 기껏해야 인체의 사실적인 세부 묘사보다 도표와 암시적인 것에 더 가까운 도식으로 표현되었다. 이탈리아와 유럽 예술 학파의 다수가 참여한 이러한 움직임의 가장 대표적인 인물은 레오나르도 다 빈치(1452-1519)다. 그는 인체에 대한 지식은 물론 과학적 관심도 매우 컸음은 잘 알려져 있다. 그의 해부학 드로잉은 전문 기술자의 펜으로 그려진 것이 아님에도 불구하고 무척 상세하고, 특히 모든 내부 장기도 포함시켜 그려졌다. 그러므로 해부에 대한 작가의 개입뿐만 아니라 신체와 신체 부위의 측정, 그리고 골상에 대한 관심 역시 드러냈다. 16세기 초부터 한편으로는 드로잉, 회화, 조각이, 그리고 다른 한편으로는 해부학이 인체 묘사와 설명에 도움을 줄 수 있다는 생각이 점차 입증되었다. 이 시기부터 '해부 장면'은 해부학자가 칼로 밝혀내는 것을 재현하는 임무를 부여받은 새로운 등장인물, 즉 예술가의 존재로 인해 풍부해졌다. 식물학 같은 다른 지식 분야에서도 똑같은 일이 발생했다. 사물을 실제적으로 표현할 필요성은 식물 분류를 위한 관점에서 필연적인 단계였다. 해부학의 경우에 미술사학자 마틴 켐프Martin Kemp(1961-)가 이야기한 것처럼, 현장에 예술가가 난입함으로써 (개인적이거나 병적인 것과는 별개로) 인체에서 '정상적인'형태의 반복성과 검증 가능성과 관련된 다양하

해부학 드로잉

고 특정한 문제들을 부각시켰다.

| **다음을 참고하라** |
역사 인쇄술과 책의 탄생(226쪽)
철학 스토아 철학에 반대하는 논쟁과 보에티우스와 에피쿠로스의 회생: 로렌초 발라의 철학과 언어학(317쪽);
피치노와 인문주의적인 신비주의(346쪽)

이탈리아 도시들의 건강 기구:
대학과 지방 위원회, 검역, 약전

| 마리아 콘포르티 |

14세기와 15세기 이탈리아 도시들과 일부 유럽의 왕국에서 치료자과 환자의 관계 및
공중위생 모두를 전문적으로 관리하도록 임명된 전문직 길드와 특정한 사법 기구를
설립하며 치료와 관련한 복잡한 체계가 정의되었다.

의사의 면허증

공중 보건과 위생이 과학적인 의학 영역이라는 생각은 유럽 역사에서 비교적 근래
에 습득된 것이지만, 도시와 국가의 정책과 건강 기구의 조화는 훨씬 더 오래된 것이
다. 예를 들어, 그리스 도시들과 로마 제국의 일부 도시들은 주민을 치료하고 월급
을 받는 의사 체계를 운영하고 있었다. 그런데 14세기와 15세기에 공중위생뿐만 아
니라 치료자와 환자의 관계 역시 규제하고 통제하는 기관 및 사법관의 복잡한 체계
가 바로 이탈리아 도시들과 일부 유럽 왕국에 세워졌다. 실제로 이들 중 일부는 직인
길드 세계에 다양한 자격으로 끼어들 수 있었고 전문 기관이라는 특징을 지녔다. 의
과 전문대학은 이탈리아의 발명품으로, 1316년부터 베네치아에 전문대학이 존재했
다. 그리고 비록 지형적–문화적으로 상이한 지역에서는 다른 특성들을 보이긴 하지
만 유럽 전역에 성공적으로 수출되었다. 내과의사의 전문성을 병을 치료하는 이들,
특히 외과의사의 전문성으로부터 구별할 필요성에서 생겨난 표현이 도시 및 대학 의
사들의 엘리트라는 표현이다. 만약 도시가 하나의 학교를 가지고 있다면, 대학은 기 ㅤ의과 대학

관과 긴밀하게 활동했다. 대학의 주요 기능은 구성원들의 준비와 행동을 관리하면서 의료직 수행을 가능하게 하는 것이었다. 그러나 점차 다른 의사들의 치료 행위를 관리하는 기능 역시 떠안으면서 결국에는 치료자들 사이의 관할권 분쟁 및 치료자들과 환자들 사이의 분쟁을 해결하는 사법 권한을 지닌 의사위원회 프로토메디카토 Protomedicato를 갖추었다.

대학의 전망이 늘 밝지만은 않았고, 다른 기관들 및 조합들과의 마찰이 빈번히 발생했다. 대학은 도시, 군주, 교회의 권위 같은 전문 직종의 권위를 박탈할 수 있었다. 그리고 외과의사와 약제상 같은 다른 직종의 전문직 조합은 의과 대학의 노선을 따르는 것을 끝냈다. 15세기에 대학의 입학 자격은 해당 도시민이 아니거나 혹은 유대인 같은 특정한 계층에게는 배타적이었을지언정 후보자가 여전히 쉽게 받아들여졌다는 의미에서 비교적 개방적이었다. 예를 들어, 여러 대학에서 수술을 시행할 가능성이 있었던 이탈리아에서 내과의와 다른 치료사들 사이의 분쟁은 억제되었지만, 이발사-외과의, 약제상, 조산사, 돌팔이 의사, 그리고 비의료직 종사자들에 대한 의**기술의 중복** 사의 우위는 단언하기가 수월치 않았다. 비록 관리자들 간의 협력 사례가 매우 많았음에도 불구하고 이들의 평화로운 공존도 불가능했다. 의사만이 내과 질환을 치료할 수 있고 약을 처방할 수 있다는 원칙을 일반적으로 따랐다. 하지만 약은 약제상이 준비했고, 그들의 작업장은 대학의 검사를 받았다. 외과의는 의사의 감독하에 신체의 수술을 행하고, 골절을 치료하고, 정맥을 절개했다. 이발사-외과의는 이러한 작업 중 가장 단순한 일만을 했고, 조산사는 임신과 출산을 다루었다. 마지막으로 돌팔이 의사와 다른 경험론자들은 의약품과 자신이 직접 만든 치료제를 팔 수 있는 면허를 지닐 수 있었다. 현실적으로 차이가 엄격하게 보이지는 않았고 기술의 중복은 빈번했다.

전염병 대책

1347-1348년에 발병한 페스트 이후로 질병과 전염병 발생을 즉각적으로 차단하고 방지하기 위해 여러 이탈리아 도시들과 유럽의 도시들에 설립된 사법 기관의 사례는 다양하다. 밀라노, 베네치아, 피렌체 그리고 다른 도시들과 작은 마을에서 보건 기관은 '미아즈마'라고 불리는 나쁜 공기에서 질병이 발생한다고 확신하고 본질적인 예**공기 정화** 방 수단인 공기 정화에 주력했다. 따라서 하수구 관리, 오수와 시체 처리, 가죽 공장

이나 정육점 같은 작업장에 남겨진 동물 잔해 처리와 더불어 대마와 아마 같은 식물의 잔해물을 처리하는 데 힘썼다. 특별히 민감했던 영역은 시신의 매장을 규제하는 것이었다. 전염병의 경우에 보건 당국은, 때로는 자연 과학적인 조언에 반하여 14세기 후반부와 15세기에 특히 바닷가 도시에서, 아니면 어느 곳에서든 격리 조치를 신속하게 하는 것이 근본적인 일임을 이해했다. 격리는 사람뿐만 아니라 물류나 편지 같은 다른 교환용 물품에도 적용되었다. 이러한 격리는 교류에 큰 손해를 유발하는 매우 비대중적인 수단이었기에 절대적으로 필요한 경우에만 적용되어야 했다. 그렇기에 질병 확산에 대한 정보망은 필수적이었다. 15세기 중에 남은 사람들이 전염되는 것을 막고자 전염병에 걸린 환자들을 모아 두는 장소인 격리 병원이 세워졌다. 격 **격리 병원** 리 병원에 대한 최악의 악평에도 불구하고, 이곳은 달갑지 않고 위험한 일을 다룰 준비가 된 의사와 외과의 같은 보건 요원들을 채용하였고 정확한 조직력을 갖춘 기관이었다. 격리 병원은 '응급' 기관처럼 설립되었음에도 같은 시기에 서양에 확산되기 시작한 의료 기관 중 하나인 병원은 아니었다.

　이미 살펴본 바대로 비잔티움 문명과 이슬람 문명은 환자를 치료하고 돌보는 목적의 기관인 병원의 탄생과 확립에 일조하였다. 그 기원과 확산에는 다양한 요인이 기여했다. 자선caritas에 대한 새로운 개념은 그리스도교에 의해 다듬어지고 이슬람 **자선과 말기 환자용** 으로부터 인계되었다. 그 장소들은 큰 교육 기관에 의해서 주요 인사들로부터의 후 **병원** 원patronage 및 지원으로 관리되었다. 서양에서 그런 현상은 그리스도교가 유입된 초기에 생겼지만, 도시민과 여행객들에 대한 자선 기관의 성격을 지녔다. 병원은 가난한 사람, 떠돌이, 순례자, 이방인들을 위한 말기 환자용 안식처였다. 1348년 전염병이 확산될 즈음인 14-15세기에 이탈리아의 병원은 점차 환자를 돌보는 기능이 자리를 잡았다. 그 기능은 완전히 사라지지 않았고 오히려 어떤 면에서 공공 원조와 자선 기능이 강화되었다. 병원은 로지아(한쪽에 벽이 없는 복도 모양의 방*)와 좁은 통로 같 **병원** 은 특정한 건축적 사양과 혁신성으로 이탈리아 도시 구조를 잘 나타냈다. 병원은 가정에서 돌보는 상류층과 하층민을 제외하고, 주로 장인 계층에 속하는 남녀를 수용했다. 예상과 달리 사망률은 극적으로 높지 않았고, 위생 상태와 제공된 치료는 대개 훌륭한 수준이었다.

| 다음을 참고하라 |
역사 도시(166쪽)
과학과 기술 새로운 질병 모델: 매독과 그 확산, 지롤라모 프라카스토로(414쪽)
시각예술 유토피아 도시와 현실(736쪽)

새로운 질병 모델: 매독과 그 확산, 지롤라모 프라카스토로

| 마리아 콘포르티 |

14세기 말엽에 고대 학자들에 의해 전혀 기록되지 않았던 새로운 질병인 매독이
퍼졌다. 오늘날에는 이 질병이 아메리카 대륙에서 유럽으로 에스파냐 원정대를
따라 유입되었다고 가정된다. 당시에는 이 새로운 질병이 힘겹게 인식되었지만,
아리스토텔레스–갈레노스의 전통적인 기준 체계를 뛰어넘는 미래 의학 연구의 초석을
마련하게 되었다.

나쁜 공기와 사회적 낙인

『인체 해부학의 역사』(1502)를 통해서 알레산드로 베네데티(약 1450-1512)는 '프랑스 질병'으로 숨진 한 여성의 뼈에서 목격된 비정상적인 부기에 대한 첫 번째 관찰 사항 중 하나를 보여 주었다. 그의 의견에 따르면, 그 질병은 환자와의 성적 접촉을 통해 옮고, 그 당시에는 치료약이 전혀 없었다. 1490년대에 의사들을 당황시키고 환자들을 절망에 빠뜨리며 급속하게 유럽 전역에 퍼진 알 수 없는 최악의 질병이었다. 즉각적으로 치명적인 영향을 끼치기보다는 오히려 긴 잠복기를 특징으로 하며 심각한 손상과 간과할 수 없는 유전적 영향과 함께 굴욕적이고 힘겨운 삶에 빠져들게 한 것이다.

매독이 성관계로 전염된다는 점은 애초부터 분명했다. 이러한 경우에 늘 그런 것처럼, 질병은 순결과 불결함의 개념과 연관된다. 그리고 광범위한 확산에도 불구하고 그 질병으로 고통받는 이들은 심각한 사회적 낙인으로 타격을 받았다. 이 경우 '병균을 흩뿌린' 집단은 매춘부로 확인되었고, 질병의 원인은 우선 매춘을 한 여성들과 그들과 성관계를 맺은 이들의 잘못으로 밝혀졌다.

매독

악을 '멀리 하려는' 노력은 그 이름의 변화로 기록되기도 했다. 무엇보다 이 병은 프랑스 병, 에스파냐 병, 나폴리 병, 인도 병, 폴란드 병, 독일 병이라고 정의되었다. 적이었던 국민이나 나라의 이름을 붙여 정의하려는 시도가 분명했다. 사실 질병은 이탈리아에서 유래했고, 그 확산은 나폴리 왕국을 정복한 샤를 8세(1470-1498)의 군대에서 처음 관찰되었다. 그리스어 신조어였던 '매독'이라는 단어는 의사 지롤라모 프라카스토로Girolamo Fracastoro(약 1478-1553)가 자서전적 시 「매독 혹은 프랑스 질병Syphilis sive morbus gallicus」에서 그 질환을 기술했던 1530년으로 거슬러 올라간다.

고대 지식의 부족

바로 점화된 분쟁은 질병의 새로움에 관한 것이었다. 그 징후segni의 증거와 과정의 신속함 때문에 충격적이었던 증상은 고대의 자명한 그 어떤 작가에 의해서도 기록되지 않았다. 동시대 다른 의사들처럼 니콜로 레오니체노(1428-1524)는 설명이 적힌 문헌이 유실된 것이라고 믿었다. 고대 의학의 순수한 원천으로 돌아가는 것에 대해 가장 열렬했던 지지자들과 마찬가지로 그에게 있어서 그리스인의 지식은 근대에 비로소 회복되었고, 수정되거나 강화될 수 없는 도달 불가능한 정점이었다. 하지만 바로 베네데티처럼 가장 경계했던 이들은 주저하지 않고 그것을 완전히 새로운 질병으로 설명했다. 여전히 문제는 결정적으로 해결되지 않았다. 사실 아메리카 대륙에 유 **새로운 질병**럽인들이 도착하기 전에 사람 유해의 발견 소식이 주기적으로 발표되었음에도 불구하고, 특히 뼈에서 분명히 나타난 매독성 병변의 증거일 수 있는, 15세기 말 이전 유럽에서 매독의 존재를 확인해 줄 설득력 있는 과학적 증거가 지금까지는 발견되지 않았다. 매독을 일으키는 트레포네마 팔리듐 병원균에 기인하지만 약화된 증후군에 대한 과학적 확신도 없었다. 실제로 질병이 에스파냐 원정대와 함께 아메리카 대륙에서 유럽으로 유입되었고, 질병의 재앙과도 같은 확산과 위험성은 적어도 부분적으로는 아메리카 원주민을 보호했던 후천적 면역성이 대서양 반대편의 사람들에게는 존재하지 않았기 때문임을 가정할 수 있다. 따라서 '새로운' 세계와 전염병을 교환한 것이 아메리카 원주민의 불이익을 어떻게 조금이라도 줄여 주었는지 강조하는 것이 중요하다. 새롭게 조우한 문화와 관습에 대한 일말의 존중도 없이 대량 학살을 자행하며 식민지 착취를 한 탓에 비참한 인구학적인 결과를 낸 것과 별개로, 높은 치사율을 지니지 않았던 천연두 같은 질병들이 유럽에 유입되면서 특정한 면역성이 저조하거나 부재하던 사람들이 떼죽음을 당하기도 했다.

새로운 약전

새로운 식물종과 새로운 치료법으로 이미 겪은 것처럼 의학은 만들어진 과학적 틀과 무관한 병리학적이고 질병분류학적인 현실을 '분류'하고 받아들여야 하는 상황에 처했다. 그 작업은 정상적인 어려움과 저항에 부딪혔다. 매독 치료에 사용된 두 가지 주요 치료법이 카리브해 섬에서 들여온 '성스러운 나무'라는 별칭의 유창목癒瘡木을 달인 물과 화학 약품의 특성을 지닌 수은 도유와 훈증법인 것은 우연이 아니다. 금속의 극단적인 독성을 유발하는 수은 도유는 치아와 머리카락의 손실, 심각한 피부 병변, 심지어 환자의 죽음 같은, 질병보다 더 심각한 부작용을 야기했다. 두 가지 치료법 모두 '새로운' 약전藥典에서 나왔는데, 하나는 지형적인 이유에서, 다른 하나는 화학 실험 분야에서 활용되고 만들어졌다는 이유 때문에 공식적인 의학에서 이질적이고 해롭다고 여겨졌다. 지방유행성 매독은 15세기보다 16세기에 불치병 환자를 위한 병원의 설립에 기인했고, 오랜 시간 뒤에 또 다른 효과를 만들어 냈다. 살펴보았듯이 병원 기관은 바로 이 시기에 순례자, 노숙자, 버려진 아이들을 위한 일반적인 보호소로서의 특징을 잃어버리면서 더욱 특정한 건강 관리를 위한 기관이 되었다. 매독은 불치병 환자들을 위한 병원의 설립과 확산에 기여했다. 이 병원들은 거의 모든 이탈리아의 주요 도시들에 세워졌고, 심지어 다른 기능으로 사용되었을 때에도 수세기에 걸쳐 이 이름을 유지했다. 그리고 의료 현장에서처럼 도시 현장에서 생활 방식이나 개개인의 체질에서 발견되지 않고 신체의 가장 은밀한 부분을 공격하는 알 수 없는 '독성'으로 발병하는 만성 질환을 분명히 드러내는 데 기여했다. 병원에서는 시행할 수 있는 한계 내에서 유창목과 다른 의약품을 무상으로 공급하고 건축을 상당 부분 개편하면서 불치병 환자들을 돌보았다.

유창목과 수은

'불치병 환자들'을 위한 병원

과학적인 재검토

과학적이고 원인 병리학적인 고찰의 차원에서 매독의 출현은 원칙적으로 미미한 것처럼 보이지만 의학 사상에서 가장 중요한 혁신 중 하나를 위한 토대를 마련하는 변화를 일으켰다. 이는 무한한 작은 세계에 대한 발견이고, 19세기 후반에 와서 인정받은 것이다. 하지만 의학적 지식은 16세기 초반에 이미 아리스토텔레스-갈레노스

미생물학의 기원

의 해설과 양립할 수 없는 현상에 주목할 수밖에 없었다. 고대 의학에 따르면, 감염성 질병과 전염병에 대한 설명은 땅에서 내뿜거나 천체 현상에서 만들어지는 미아즈마(나쁜 공기)에서 발견할 수 있었다. 약간의 노력으로 감염 현상은 이러한 체계 안에 수용될 수 있었고, 주기적인 전염병의 발병은 미아즈마–전염병이라는 용어로 설명되었다. 매독의 경우는 이러한 적용이 불가능했다. 성관계를 통해 전염되는 병이라는 증거와 질병을 결정짓는 특징은 경험적으로 분명했다. 그리고 감염에 민감한 개인의 '체질'여부가 작용한다는 사실이 겨우 인정받을 수 있었다.

환자들과 접촉한 특정한 경우에서 발병되었음이 분명한 질병이 미아즈마 때문이라고는 할 수 없다. 질병의 원인 물질로 간주되는 '부식'은 환자의 몸에서 생겨나 나중에는 다른 사람에게 전염될 수 있다고 생각되었다. 그런데 이 설명은 무시할 수 없는 문제를 보여 주었다. 매독균이 어떤 방식으로든 '살아 있을' 수 있다는 가설이 천천 세미나 히 만들어졌던 것이다. 고대 원자 이론, 특히 루크레티우스 이론의 부활revival에 영향을 받았다고 그의 시에서 이야기한 베로나의 의사 지롤라모 프라카스토로는 세미나 seminaria에서 깨달은 질병의 원인을 식물의 씨앗과 유사하게 한 유기체에서 다른 유기체의 '새싹'으로 전염될 수 있는 독립체로 보았다. 새로운 세계에서 유래한 질병으로 인해 고대의 질병분류학적이고 병인病因학적인 체계의 재평가가 시작되었다.

| **다음을 참고하라** |
과학과 기술 고대 문헌과 새로운 지식: 식물학과 의학(404쪽); 이탈리아 도시들의 건강 기구: 대학과 지방 위원회, 검역, 약전(411쪽)

연금술과 실험화학

SCIENZE E TECNICHE

연금술과 연금술사

| 안토니오 클레리쿠치오Antonio Clericuzio |

금지와 비난에도 불구하고 15세기에 연금술은 궁정에서 고유한 입지를 다지고 의학에 더욱 결속되었다. 연금술 문헌은 이론적인 측면에서 독창적이지는 않았지만, 유럽 문화의 다양한 영역에서 폭넓게 사용되었다. 15세기에는 거의 항상 상징적인 특징을 지니고 가끔씩 실질적인 방법을 설명하는 삽화를 연금술 필사본에 그려 넣는 관행이 퍼졌다. 피치노와 라차렐리의 작품에서 보이는 것처럼 연금술에 대한 관심은 신비주의와 마법의 재탄생과 관련이 있었다.

연금술 문헌과 연금술의 역할

15세기의 연금술 작품은 대체로 이론보다 실습에 중요한 역할을 부여한 모음집이었다. 니콜라우스 쿠사누스(1401-1464), 바실리오스 베사리온(1403-1472), 니콜로 레오니체노(1428-1524) 같은 당대의 가장 유명했던 인문주의자들의 장서들 중 상당 부분을 차지한 연금술 필사본의 활발한 제작과 광범위한 확산이 이루어졌다. 문헌의 광범위한 유통은 연금술이 유럽 사회의 다양한 영역에서, 특히 의사들에게 점점 더 확산되고 흥미를 불러일으켜 성행했음을 의미한다. 이는 연금술 저서들을 특징짓는 비밀스러운 기운에도 불구하고 끊임없이 이어졌다. 이 시기에는 거의 항상 상징

역사적-문헌학적 접근

적인 특징을 지니고 가끔씩 실질적인 방법을 설명하는 삽화를 필사본들에 그려 넣는 것이 확산되었다. 그렇게 다른 학문 분야에서처럼 연금술 분야에서도 참고 문헌과 텍스트 판본이 유래한 역사적-문헌학적 접근법이 발달했다.

특히 라틴어나 속어로 번역된 연금술 텍스트의 수많은 글들을 통해 연금술 작품과 사상이 상류 문화 영역 밖으로 확산된 것은 의심할 여지없이 연금술을 행하는 사람들이 증가했기 때문이다. 연금술 비법이 부도덕한 사람들의 손에 들어갈 수 있음을 염려한 적지 않은 저자들은 진정한 연금술사와 사기꾼을 구별하는 작업을 해야 할 필요를 느꼈다. 사회의 다양한 영역에서 연금술에 대해 커져 가던 관심은 정치권력의 개입을 유발하고 교회 당국의 비난을 불러일으켰다. 교황 요한 22세(약 1245-1334, 1316년부터 교황)가 연금술을 비난한 교황 교서(1317)를 작성한 이후, 1399년에 카탈루냐에서 아라곤 왕국의 이단 심문관 니콜라스 에이메리히Nicolas Eymerich(1320-1399)는 『연금술사에 반하는 논문Trattato contro gli alchimisti』을 썼다. 그는 이 논문에서 자연의 작품을 기술의 작품과 대조하고, 오직 하느님만이 은과 납을 씌운 은에서 금을 만들 수 있다고 명시했다. 이 이단 심문관은 연금술사들을 위조범, 혹은 훨씬 더 나쁘게는 주술사로 간주한다는 결론을 내렸다.

> 연금술사에 반대한 에이메리히

정치적 권위의 개입은 연금술을 저지하는 것, 특히 금속의 변형을 억제하는 것을 목표로 했다. 1380년에 프랑스의 샤를 5세(1338-1380)는 연금술 사용을 금지하는 칙령을 내렸다. 1403년에 영국의 헨리 4세(1367-1413)는 금속 변형 행위를 처벌했고, 1488년에 베네치아 공화국은 유사한 칙령을 발령했다. 하지만 금지령은 다양한 지역에 끊임없이 확산되던 연금술 실험에만 그치지 않았고, 연금술사들의 활동에 대한 통치자의 지배권을 더 강하게 만들었다. 영국의 연금술사 조지 리플리George Ripley(약 1415-약 1490)는 런던에서의 빈번한 연금술사들의 모임에 대해, 심지어 웨스트민스터 사원에서의 만남에 대해 이야기했다. 백년전쟁(1453)이 끝날 무렵 금속 변형을 승인받기 위해 영국 연금술사들의 수많은 청원이 군주에게 보내졌다. 펠리체 5세(1383-1451, 1440-1449년에 대립 교황)의 궁정에서는 의사, 법학자, 교황의 비서인 굴리엘모 파브리Guglielmo Fabri(15세기 초반)가 작업했다. 15세기에 종종 이전의 문헌들과 연관되어 실질적이기보다 교리적이고 상징적인 내용의 연금술 도상학이 발달했다. 풍부하게 채색된 수많은 양피지 필사본들은 중요한 의뢰를 받았음을 증명했고, 연금술이 유럽 궁정에서 확고부동한 입지를 차지했음을 드러냈다. 그러나

> 연금술 도상학

연금술사의 상황은 무척 불안정했다. 연금술사는 작업opus이 실패하는 결과를 맞이하게 되면 부도덕한 위조범이자 투기꾼으로 몰렸고, 만약 연금술 작업의 비밀을 간직하고 있다면 위협과 도난의 희생자가 되었고, 연금술을 행하려는 사람들을 끊임없이 찾아 방랑하는 삶을 살기도 했다.

연금술 원칙과 이미지

14세기 후반에 라틴 연금술에서 뚜렷한 두 가지 전통을 구별할 수 있었다. 금속의 변형을 목적으로 하는 야금술冶金術 전통과 유무기 화합물에서 추출해 내는 가장 순수한 정수의 증류수뿐 아니라 생명을 연장하는 불로장생의 영약elisir 제조를 목적으로 하는 의학 전통의 연금술이다. 첫 번째 전통은 13세기 말에 타란토의 파올로Paolo가 쓴 위僞 게베르Geber 의『완전성의 총체Summa Perfectionis』에 근거한다. 두 번째 전통은 라이문두스 룰루스Raimundus Lullus(1235-1316)와 빌라노바의 아르노Arnau de Villanova(1240-1311)가 불로장생의 영약elisir에 관해 저술한 문헌과 로크타이야드의 장Jean de Roquetaillade(약 1310-1365)이 가장 순수한 정수의 증류수와 추출에 관해 쓴 문헌에 근거한다. 연금술 문헌은 다수의 종류로 분화하여 집필되었다. 요리책, 상징적인 성격의 작품, 위전僞典, 서간, 설명서, 개요서, 연금술 기술의 최고 권위자들이 추린 격언과 경구 모음집 등 이러한 모음집들은 점진적으로 주요한 문헌과 저자들의 목록을 만들었다. 15세기의 새로운 업적 중 하나는 라틴어와 해당 나라의 언어로 모두 쓰인 연금술 작품에 대한 시 작품집이 만들어진 것이다. 이러한 시 작품들 중에 룰루스의 연금술 원칙을 따른 조지 리플리의『연금술 합성Compound of Alchemy』, 토머스 노턴Thomas Norton(약 1433-약 1513)의『연금술의 서수Ordinal of Alchemy』, 그리고 이탈리아의 조반니 아우렐리오 아우구렐로Giovanni Aurelio Augurello(1454-1537)의『크리소포에이아Chrysopoeia』가 있다.『크리소포에이아』는 연금술과 신화, 철학 등 다음 세기의 많은 연금술 작품에서 발견하게 될 관계를 형성하며 인문주의 문화 속으로 연금술을 도입했다. 비록 대학 교육에 포함되지는 못했지만, 연금술은 피에트로 폼포나치Pietro Pomponazzi(1462-1525) 같은 자연 철학자들 사이의 논쟁거리였다. 폼포나치는 아리스토텔레스(기원전 384-기원전 322)의『기상학Meteore』에 대한 자신의 대학 교육 과정에서 연금술의 기술 상태에 대해 논의했다. 그에게 금속의 변형은 불가능하지 않았지만, 경제와 정치적 측면의 피할 수 없는 비참한 현실은 이러한 연구의 확산

(좌측 여백) 야금술 전통과 의학 전통

을 신중하게 고려하도록 이끌었다.

15세기 연금술사들의 연구는 거장들, 특히 위 게베르와 위 룰루스의 이론을 중심 **두 명의 거장,**
으로 이루어졌고, 종종 여러 가지 개념 간에 혼합주의를 실행했다. 종종 새로운 문헌 **위 게베르와**
이 위대한 작가들의 이름으로 나왔지만, 이 문헌들은 분명히 대규모 연금술사 단체 **위 룰루스**
의 일원인 유명하지 않은 실제 작가들의 이름을 더욱 자주 사용했다. 증가한 작품들
은 앞선 두 세기에 비해 이론적으로 변변치 않은 독창성을 지녔다. 비록 몇몇 경우에
는 더 훌륭하게 체계화되었음에도 실제로 로크타이야드의 장이 제안한 원칙뿐 아니
라 라틴인 게베르와 라이문두스 룰루스, 빌라노바의 아르노의 이름으로 유포된 원
칙들은 반복되었다. 룰루스의 불로장생의 영약elisir, 가장 순수한 정수의 추출, 마실
수 있는 황금, 현자의 돌, 현자의 수은이 발견되었다. 연금술의 전통적인 목적인 치
료, 약물, 금속 변형, 기교 역시 다시 제시되었다. 15세기의 논문들을 특징짓는 것
은, 이미 로크타이야드의 장이 연금술과 의학에 가장 큰 중요성을 부여한 증류를 통
해 획득한 역할이다. 순수한 약물용 증류의 목적은 더 크고 무거운 부분으로부터 순 **증류**
수하고 불안한 부분을 분리하는 것이다. 가장 엄격한 연금술적인 증류의 목적은 전
체의 시작하는 물질을 새로운 순수한 물질로 바꾸는 것이다. 반면에 제약 목적의 증
류는 일반적으로 하나 또는 그 이상의 구멍이 있는 용기인 증류기를 필요로 한다. 연
금술적인 증류는 밀봉된 용기를 사용하지만, 이러한 차이는 연금술사와 증류자 사
이의 명확한 분리를 의미하지는 않았다. 15세기 말과 16세기 초 사이에, 특히 독일
지역에서 종종 연금술의 원칙과 방법을 소개하며 증류에 중점을 둔 수많은 작품들이
쏟아져 나왔다.

독일어 속어로 1416년과 1419년 사이에 저술된 『성삼위일체의 책Libro della Santa
Trinità』 혹은 『떠오르는 여명Aurora Consurgens』과 같은, 단순히 실용적인 개념뿐만 아
니라 상징적이고 종교적인 개념도 담고 있는 작품들이 남아 있다. 『떠오르는 여명』
은 성경에서 따온 인용문을 담고 있고, 지혜와 예언의 주제로 가득 차 있다. "내게로
오라, 그리고 깨우치리라 …… 자녀들아 이제 오라, 하느님의 지혜가 너희를 인도
하리라." 여기에는 금속 변형의 실질적이고 가동적인 특징뿐만 아니라 상징적인 의
미도 있다. 변형은 완벽한 영적인 상태로 죄인인 인간이 나아가는 경로의 상징이다.
연금술적이고 종교적인 우화의 출현을 나타내는 이 두 작품에서 글과 이미지 사이 **추상주의와 사실주의**
에 긴밀한 연관성이 존재한다. 이러한 유대는 르네상스 시대의 연금술에서 점점 더

밀접해진다. 연금술에 대한 이미지에는 추상주의와 사실주의, 상징주의와 교훈적인 목적이 공존했다. 연금술 도상에서 반복되는 이미지는 태양, 달, 나무, 용, 자신의 꼬리를 무는 뱀 우로보로스uroborous, 유니콘, 공작, 강의 수원水源, 자웅동체, 독수리, 혼인 장면이다. 이 이미지들은 금속이나 작업opus 단계를 나타내거나 재료의 완벽함과 정화 과정 자체를 나타낸다. 이미지들의 의미는 고정되어 있지 않았고, 변화 가능하며 문화적, 교리적 배경에 따라 달라졌다. 따라서 그 이미지들의 판독은 대단히 복잡한 작업이다. 『성삼위일체의 책』과 『떠오르는 여명』의 필사본은 다양한 연금술 작업을 상징하는 세밀화를 담고 있다. 『성삼위일체의 책』(뮌헨의 바이에른 주립 도서관의 598개의 독일어 코덱스)에는 나병 환자인 사형 집행인에게 참수되기 직전의 또 다른 나병 환자가 손이 묶인 채 무릎을 꿇고 있는 이미지가 그려져 있다. 『떠오르는 여명』 속 이미지에는 각각 태양과 달의 머리를 한 남성과 여성이 등장한다. 남성은 사자, 여성은 그리핀(사자 몸통에 독수리의 머리와 날개를 지닌 신화적 존재*)을 타고 싸우고 있다. 수많은 다른 상징들을 담은 전투 장면은 두 가지 연금술의 원칙인 유황(사자)과 수은(그리핀)을 묘사하는 것처럼 보인다.

연금술과 의학: 미켈레 사보나롤라부터 마르실리오 피치노까지

14세기 말에 연금술과 의학 사이의 연관성은 매우 견고해졌다. 그리고 가장 순수한 정수, 불로장생의 영약elisir, 그리고 마실 수 있는 황금은 의사들의 관심의 대상이 되기 시작했다. 비록 연금술 문헌을 특징짓는 비밀에 비판적이었음에도 파도바인 의사 미켈레 사보나롤라Michele Savonarola(약 1385-1466)는 라이문두스 룰루스의 연금술 문헌에 담긴 가르침을 따르기를 주장했다. 그는 마실 수 있는 황금이 불가능한 생각임을 확신했지만, 금속 변형에 대해서는 호의적인 관점을 취했다. 특히 생명을 연장시킬 수 있는 불로장생의 영약을 얻을 수 있다고 확신했다. 비록 의심을 많이 받긴 했지만 연금술에 대한 그의 관심은 의학에서 연금술로 만든 제품, 특히 광물질로 만든 치료약의 사용에 대해 적어 놓은 약물에 관한 글에서 드러난다. 마실 수 있는 황금 제조에 대한 연구는 아마도 14세기와 15세기에 발생한 전염병인 페스트에 자극을 받았을 것이다. 이 연구에 수많은 의사들이 전념하였는데, 그중 펠리체 5세의 주치의였던 굴리엘모 파브리가 있다. 황금의 치료 효능은 황금의 완벽함과 부패하지 않음에서 유래했고, 또한 생명을 주는 태양과 활기찬 영혼의 근원인 심장과의

불로장생의 영약

관련성에서도 유래했다. 『생명에 관하여De vita』에서 마르실리오 피치노(1433-1499) **황금의 치료 효능**
는 "황금은 모든 것 중에 가장 온화하고, 부패에 대한 면역력이 가장 높기에 자연의
열을 완화시킬 수 있는 것으로서 무엇보다도 모든 사람이 인정하는 것이다"라고 썼
다. 마실 수 있는 황금은 치료제일 뿐만 아니라 생명을 연장시키는 데에도 유용하게
사용될 수 있었다. 피치노는 연금술의 의학적 사용을 평가하는 데 그치지 않았다. 그
는 금에서 추출한 영혼은 금속을 변환하고 활성화시킬 수 있다고 명시했다. 16세기
에 피치노는 연금술사 피치노의 이미지를 허락함으로써 후대의 연금술 관련 저술에
공헌한 권위자 중 한 명이 되었다. 피치노의 추종자였던 루도비코 라차렐리Ludovico
Lazzarelli(1450-1500)는 헤르메스에게 마법과 연금술의 기원의 역할을 부여함으로써
연금술과 신비주의를 합쳤다. 라차렐리에게 연금술은 금속을 완벽하게 하고 신체를
치료하기 위한 강력한 약을 조제하려는 이중의 목적을 지녔다. 라차렐리는 연금술
연구의 유용성을 강조하는 데 그치지 않고, 연금술 기술의 윤리적-종교적 특징에 대
해 강조했다. 그는 연금술사들에게 얻은 신성한 선물인 약물이 가난한 이들에게 무
상으로 배포되어야 한다고 주장했다.

| 다음을 참고하라 |
철학 쿠사누스, 박학한 무지와 무한의 철학 (323쪽); 피치노와 인문주의적인 신비주의(346쪽)
과학과 기술 새로운 고대 원천의 번역과 발견: 그리스어 문헌의 부활(402쪽)

기술 지식의 문화 혁명

SCIENZE E TECNICHE

기계 문화: 원칙, 기술자, 인문주의자

| 안드레아 베르나르도니Andrea Bernardoni |

15세기 동안 기술적–예술적 형성에 대한 사람들의 새로운 사회적–문화적 범주는,
문화적 정체성에 관한 자의식으로 중세의 선조들과 자신들을 구별하며 점진적으로
구체화되었고 대중적 인지도를 얻었다. 예술가–기술자라는 이 새로운 유형은 주로
유형 재화의 생산뿐 아니라 기술 지식의 보존과 전달, 선전을 위한 저술 전통을 촉발한
수많은 보통 지식의 창조로도 특징지어진다.

기술의 르네상스

연접봉 크랭크, 앞차축 스티어링, 등자, 마구, 화약, 3년 윤작, 무거운 쟁기, 배수, 나
침반, 고딕 양식 건축물의 건축학적 해결책 등 기본적인 기술 장치의 발명에 기인한,
소위 중세 기술 혁명의 주인공들은 자신의 정체에 대한 흔적을 남기지 않고 조용히
익명으로 역사에 남았다. 기술이 중세 사회의 매우 중요한 요소였음에도 이 문화 범
주에 속하는 주인공들은 여전히 '방법'적 지식에 있어서 제한된 지적 한계로 분류되
어 사회에서 부수적인 역할을 맡았다.

14세기가 시작되면서 기술 지식의 경제적, 군사적, 문화적 가치에 대한 점진적인

인식 덕분에 이러한 모든 필요를 충족하는 예술가-기술자가 중세 후반과 르네상스

사회의 기준에서 중요한 인물이 되었다. 이러한 사회적 성장은 이 시기에 도시의 군 　　예술가-기술자

주들과 사법관들 마음대로 이용할 수 있던 문화의 주요 주창자들로 구성된 인문주의

자들에게 종속된 상황으로부터 예술가들이 스스로를 해방시키기 위해 힘겨운 문화

부흥 과정에 도전하도록 고취시켰다. 수십 년 만에 예술가-기술자들은 말 그대로 우

둔한 단순 작업자에서 유기성을 주장하는 문헌의 저자로 바뀌었다. 이들은 인문주

의자들에 의해 고유한 진실성을 회복한 고대 기술 논문을 본보기로 취했다. 이러한

노력의 결과는 기술 문학의 점진적인 변화를 이끌었다. 이는 반세기 후에 기계와 기

술적 해결안이 유형별로 구성되고 엄격한 설계를 통해 제시된 삽화를 그려 넣은 논

문에서 채택한, 작업장 서적과 치료 및 실습 방법을 적은 서적을 특징짓는 다양한 것

이 뒤섞인 형식을 버린 것이었다.

　기술자들이 사회적 각광을 받는 문화 해방 과정이 발생한다는 시나리오는 르네

상스 궁정과 도시의 것이었다. 이탈리아 북부 도시 리미니의 시지스몬도 판돌포 말

라테스타Sigismondo Pandolfo Malatesta(1417-1468), 우르비노의 몬테펠트로의 페데리코

(1422-1482)와 같은 군주들은 기술 문화의 주요 옹호자였다. 그들은 자신들의 권력

합법화와 강화를 위한 도구로 기술 문화를 후원했다. 두 사람 모두 중요한 문화 계획

이나 건축물을 장려함으로써 숙련된 군사 지도자로 자신들의 공적인 이미지를 구축

했고, 자신의 영토 안팎에서 정치적 합의를 찾으려고 노력했다.

　이 군주들은 문화를 권력의 도구로 보았고, 자신들의 궁정을 군사 기지에서 고대

와 근대 저자들의 작품을 모아 놓은 거대한 도서관이 있는 문화적 계몽 활동의 중심

지로 전환하기 위해 집중적으로 매달렸다. 후원 체계는 대학과 수도원 문화 영역에 　기술 문화의 후원자와

버금가는 새로운 문화적 영역을 만들어 냈는데, 그 안에서 중심이 되는 주인공들은 　옹호자들

인문주의자와 예술가였다. 그리고 이러한 맥락에서 군사 공학과 토목 공학의 초기

논문들이 준비되었다. 자신들의 후원자의 흥미와 호기심을 충족시키고자 일부 인문

주의자들은 고대 로마와 알렉산드리아 공학의 주인공들이 연상되고 기술 문화를 받

아들이기 위한 문화적 영역을 통합하고 확장하는 데 기여한 문학적 전통을 펼치며

전술에 관한 논문 초안에 전념했다. 레온 바티스타 알베르티(1406-1472)의 『건축론』

과 로베르토 발투리오Roberto Valturio(1405-1475)의 『군사론De re militari』의 출판과 더불

어 기술자와 인문주의자가 공동으로 참여한 비트루비우스(기원전 1세기)의 『건축서

De architectura』의 도해상의 장치 재건을 위한 체계적인 시도에 대해 생각해 보자. 기계에 대한 초기 논문의 저자들은 군사 기술과 민간 기술 발전에 직접 종사했던 기술자들이 아니라 서기관 역할을 하거나 병역 의무를 수행했던, 대체로 인문주의적 소양을 갖춘 의사 같은 학식이 높은 인물들이었다.

비제바노의 귀도

중세 후기 궁정에서 만들어진 가장 오래된 기계 서적은 미남왕 샤를 4세Charles
IV(1294–1328)와 발루아의 필리프 6세Philippe VI(1293–1350)의 궁정에서 1335년에 완
성되어 헌정된, 의사 비제바노의 귀도Guido da Vigevano(약 1280–약 1349)의 『프랑스 왕
의 관련어집Texaurus Regis Francie』이다. 저자가 성지 탈환을 위한 새로운 십자군 전쟁
을 벌이는 발상을 지지하며 엮었다고 이야기한 이 작품은 대부분 고대 후기와 비잔
티움 전통의 군사 논문에 기인한 일련의 전쟁용 기계가 그려진 도해상의 장치를 소
개했다. 이 기계들의 선택과 설명에서 인간과 바람의 에너지 견인 시스템을 통합하
는 모듈식 구조물과 자가 추진 마차에 대한 저자의 관심이 드러난다. 설계가 계속해
서 글에 종속적인 역할을 하면서 비제바노의 귀도의 논문은 기계의 양적 특성을 구
현하려는 목적에서 최초로 그림과 글 설명을 통합하려는 시도를 보여 주었다. 『프랑
스 왕의 관련어집』의 도면은 비록 해독하기는 어렵지만, 기계의 정확한 운동학적인
정밀 검사를 행할 수 있는 혁신적인 2차원 그래픽으로 그려졌다. 도면에는 주요 기
관의 크기를 알려 주는 정확한 설명글이 함께 적혀 있다. 비제바노의 귀도의 『프랑
스 왕의 관련어집』에서 시작된 필사본 전통은 이어서 15세기의 독일과 이탈리아에
서 계속되었다.

전쟁용 기계 삽화

| 다음을 참고하라 |
과학과 기술 인문주의자 기술자들: 조반니 폰타나와 로베르토 발투리오(427쪽); 독일의 군사 공학 기술자들
(429쪽)

인문주의자 기술자들: 조반니 폰타나와 로베르토 발투리오

| 안드레아 베르나르도니 |

> 군사 및 민간 분야 공학 원칙에 대한 관심 증가로 고대와 근대의 기계 장치가
> 인문주의자들에게 불러일으킨 호기심 역시 고대의 강력한 전쟁용 기계를 상기시키는
> 정교하게 채색된 도면과 기호 모음집의 유형을 결정했다.
> 그리고 당대의 기술적인 꿈이 고양되었다.

기술적 호기심과 고대에 대한 찬양

15세기 이탈리아에서 비제바노의 귀도(약 1280-약 1349)의 『프랑스 왕의 관련어집』
으로 시작된 세련된 공학 전통에 동화될 수 있던 첫 번째 기술 논문은 파도바인 의사
조반니 폰타나(1395-?)의 『무기 삽화서』다. 이 경우에도 역시 기계 장비와 유압식 장 　폰타나의
비 모음집이었다. 그런데 책 제목에도 불구하고 민간용 기술이 군사 기술을 훨씬 넘 　『무기 삽화서』
어섰다. 이 논문은 훌륭한 효력이 있는 특이한 장치인 것처럼 기계를 설명한 공방용
노트의 전형적인 다양한 것이 뒤섞인 스타일을 견지堅持한다. 그러나 기술-과학적 유
형 분석은 전혀 진행되지 않았다. 어쨌든 이 작품은 독일 전통의 작품보다 더 높은
지적 수준을 보였고, 특히 시계에 관한 연구는 실용적인 목적에서 자유로웠으며 시
간의 수량화 문제에 주로 집중했던 것 같다.

　　15세기 중반경에 기술 세계에 활기를 불어넣은 관심과 창의적인 열정을 모범적
인 방식으로 보여 준 또 다른 작품은, 시지스몬도 판돌포 말라테스타(1417-1468) 군
주의 주도로 리미니에서 1455년에 편찬된 로베르토 발투리오(1405-1475)의 『군사
론』이었다. 발투리오는 군주와 후원자의 제안에 따라 오로지 문헌 자료에 관해서만 　발투리오의 『군사론』
작업한 자신의 논문을 실현시킬 수 있는 기술적 경험과 교육을 받지 못한 인문주의
자였다. 이 공동 작업의 결과는, 판돌포 말라테스타 자신의 정치적, 군사적 활동에
더욱 초점을 맞추고, 강력한 전쟁 기계 도면이 경쟁자에게 불러일으킬 심리적 압박
에 집중하며 가동적이고 공학적인 면을 넘어서려는 목적의 고대와 근대 기술력에 대
한 개요서였다. 『군사론』은 정치적-군사적 목적으로 군주의 계획에 따라 실현된 최
초의 논문이었고, 어쩌면 르네상스 시대의 궁정이 어떻게 '기술 연구' 진흥에 더 많은

관심을 가진 사회적 배경이 되었는지를 보여 주는 가장 중요한 증거라고 할 수 있다. 발투리오의 작품은 놀라운 성공을 거두었고, 이후에 다양한 필사본 사본이 1472년에 인쇄 출판된 기술적인 성격을 지닌 최초의 작품이었다.

기술적인 문제의 해결에 있어서 폰타나와 발투리오 같은 저자들의 실질적인 개입 정도를 규명하는 것은 어렵다. 그들의 생애에 관한 정보가 빈약하긴 하지만, 라틴어로 작품을 쓰고 의사나 서기관 같은 직업을 가졌다는 사실은, 그들이 대학 교육을 받았고 따라서 군복무 중이나 행정 업무를 하면서 이후에 기술 분야에 뛰어들었음을 추측할 수 있게 해 준다. 모든 면에서 기계의 유용성과 최신 정보의 지속적인 갱신을 강조하는 이 논문들의 분명한 교육적 의도는, 문화적 변화 중 가장 눈에 띄는 징후이자 15세기 후반을 특징짓는 기술자들 자신에 대한 문화적 해방의 전주곡이다.

이 최초의 논문들에서는 고대인들에 의해 기계에 부여된 가치를 주장했고, 고대인들의 기술력 회복과 발달을 선전했다. 하지만 기술의 역사에 대한 가장 중요한 공헌은 근대에 최초로 도면에 대한 설명 가능성을 이 논문들에서 증명했다는 사실이다. 장인의 작업장의 기술적 경험과 비밀이 적혀 있는 전문 서적과 달리, 이 논문들은 정보 제공을 목적으로 만들어졌다. 이 저자들의 주요 의도는 기술 지식을 보호하는 것이 아니라 전달하는 것이었다.

이 논문들의 초안에서 예술가와 인문주의자의 공동 작업은 다양한 문화 영역의 주역들 사이의 유익한 문화 교류를 촉진하는 원동력이 되었다. 한편으로 고대 그리스와 로마의 기술 논문에 접근할 수 있는 언어학적이고 지적인 도구를 소유한 저자와, 다른 한편으로는 고대의 기계들을 그림으로 완벽하게 재현할 수 있는 예술가의 **교육적인 개입** 공동 작업이 이루어진 것이다. 고대 공학을 그래픽적으로 복구할 때 인문주의자들과 긴밀하게 협력했던 예술가들은 오직 구전으로만 전해진 기계에 대해 판단하고 그림으로 그 내용을 그리기를 요청받았다. 그들은 문헌학적 활동에 개입함으로써 실제로 기계를 작동시키는 것과 상이한 관점에서 기술에 접근하는 기회를 가졌다. 드로잉을 통해 고대 기술을 측정하는 것은 예술의 이론적인 발달에서 중요한 역할을 했다. 그리고 기계의 재현 가능성과 연관된 문제들은 기술자들이 해석학적이고 체험적인 가능성을 이해할 수 있도록 이끌었다. 이는 곧 그들의 직업의 주요 도구가 되었다.

| 다음을 참고하라 |
과학과 기술 독일의 군사 공학 기술자들(429쪽); 고전과 과학(458쪽); 이론과 실제 사이(462쪽)

독일의 군사 공학 기술자들

| 안드레아 베르나르도니 |

14세기 말 독일에서 짧은 시간에 정교하게 그려진 필사본의 실현으로 이어진 기술 사상의 점진적인 회복이 목격되었다. 이 작품들에서는 전쟁 기계에 관한 논문의 고대 후기 전통에서 받은 영향력이 분명했고, 이 기계 옆에 포병을 표현한 근대성이 언뜻 보이기 시작했다.

콘라드 카이저: 악마의 특사

군사 기술 서적에 관한 독일 전통이 유래한 가장 중요한 작품은 바이에른 출신의 군의관 콘라드 카이저(1366-1405년 이후)의 『전쟁 무장Bellifortis』이다. 이는 전술, 도시 함락 등의 전쟁 기술에 대한 논문으로, 아마도 14세기 말과 15세기 초에 편찬되었을 것이고 팔라틴의 루프레히트Ruprecht(1352-1410) 황제에게 헌정되었다. 이 필사본과 더불어 기술에 관한 논문들은 중요한 질적 도약이 이루어졌고, 이는 온느쿠르의 빌라르(13세기)의 『수첩Taccuino』을 제외한다면, 구두 설명이 오로지 교훈적 기능을 제공하는 것으로 격하되고 시각적 언어에만 기초한 최초의 책이다. 카이저의 작품은, 독일에서 높은 수준의 도상학적 신체corpus의 동질성으로 유명해진 전통에 근거하는 문학 양식의 막을 열었다. 현재까지 전해지는 이 전통의 필사본은 대부분 15세기까지 거슬러 올라가고, 거의 독점적으로 독일 지역에서 만들어졌다. 서문에서 카이저의 시칠리아, 캄파냐, 토스카나, 롬바르디아 여행에 관해 언급되었음에도 불구하고 이탈리아에서 그리 성공적이지 못했는데, 이상하게도 이탈리아에서는 단 한 권도 보존되지 않았다. 이탈리아 전통 작품과 『전쟁 무장』을 비교하면, 실제로 로베르토 발투리오(1405-1475)의 『군사론』에만 카이저의 작품과 관련된 것으로 추정할 수 있는 요소들이 있는 것 같다.

『전쟁 무장』의 시각적 언어

카이저의 생애에 관한 정보는 매우 빈약하고, 아이히슈타트에서 활동했던 시기 이후 바이에른의 프랑코니아에서 정치적 군사적으로 불리한 상황 때문에 1396년에 아마도 자신의 논문 초안 작업을 시작했을 보헤미아의 산간 지역으로 망명을 갈 수 밖에 없었다고 알려져 있을 뿐이다. 『전쟁 무장』의 가장 포괄적인 사본들은 전차, 공성攻城용 무기, 수압 기계, 승강 기계, 총기, 방어용 무기, 경이로운 비밀 기구, (군사용과 민간용) 화공술, 작업 공구를 다루는 10권으로 구성되었다. 카이저의 병기고는

비제바노의 귀도의 영향 비제바노의 귀도(약 1280-약 1349)의 영향을 분명하게 드러냈지만, 또 다른 무시무 시한 방화용 기계들과 함께 저자에게 지속적인 명성과 악마의 특사라는 별칭을 안겨 준 총기를 갖춘 두 대의 공격용 전차처럼 중요한 독창성의 흔적 역시 나타냈다. 낫, 갈고리, 작살, 창 같은 찌르기용 무기가 장착된 전통적인 공격용 전차 옆에는 의인화 하거나 동물 형태를 본뜬 전쟁 기계들에 대한 몇 가지 놀라운 디자인이 등장했다. 이 기계들은 효과적인 군사력보다 적군에 대한 심리적인 효과를 더 많이 지니도록 만들 어진 장치였다고 생각된다. 특히 흥미로운 것은 불똥이 튀기는 도구의 디자인과 논 문에 설명된 박격포로 무장한 두 대의 전차 중 하나의 발명으로, 이는 알렉산드로스 대왕(기원전 356-기원전 323)이 사용한 것으로 여겨진다. 토목 공학으로 분류 가능한 그림 중에는 위에서부터 물을 공급받는 바퀴가 달린 수압 제분기와 동물 방광을 부 풀려 만든 공기탱크를 장착한 잠수복과 마스크를 착용한 두 명의 잠수부 간의 해저 싸움에 대한 희귀한 묘사 같은, 흥미로운 몇 가지 기계 그림이 두드러진다. 방화용 기구 주제에 관해서도 충분히 할애하고 있는데, 이 중 조명 시스템, 불을 운반하는 말, 비행 로켓, 폭죽, 그리고 주방과 욕실 난방용으로 불을 사용하기 위한 일부 기술

방화용 장치 에 주목해야 한다. 몇 가지 다른 해석의 가설을 야기한 용 모양의 연 같은 그림이 특히 흥미롭다. 그중 종이 장치에서 피에르 뒤엠Pierre Duhem(1861-1916)은 최초의 풍선 기구를 본 반면에, 마르슬랭 베르틀로Marcelin Berthelot(1827-1907)는 불을 지르기 위한 동물 시체인 것으로 해석했다. 『전쟁 무장』의 마지막 장은 무기와 공격용 도구에 할애되었는데, 그중 철 채찍과 갈고리, 방패뿐 아니라 4개의 풍차가 합쳐져 굵은 철제 밧줄로 묶인 독특한 기계가 있다. 이탈리아 기술 전통과 달리 카이저의 작품은 건축물을 다루지는 않았다. 그리고 성채 그림은 무수히 많지만 항상 군사 장비 혹은 군사 기술에 대한 실용적인 그림이었다. 기술적인 내용에 있어서 『전쟁 무장』은 주로 총기와 총의 조준 나사, 윈들러스, 도르래, 회전 크레인 같은 일부 운동 변속기와 비

록 정확한 그림이 없더라도 아마도 연접봉 크랭크 시스템인 듯한 장치에 대한 관심 때문에 이전의 전통과는 달랐다.

후스 전쟁의 익명의 기술자

카이저의 작품과 관련된 필사본들 중 가장 중요한 것은 분명히 '후스 전쟁의 익명의 저자의 필사본'이다. 이는 전쟁 중 사용된 전쟁 기계에 대한 무수한 참고 문헌들을 필요로 했다. 단 하나의 사본으로 전해지는 이 필사본의 엉성하지만 풍부한 인용문들은 고대 독일어로 되어 있고, 뮌헨과 뉘른베르크 같은 도시들에 대한 언급은 저자가 카이저와 동향 출신이고 『전쟁 무장』이 그의 주요 참고 서적임을 추측하게 해 주었다. 비록 절대 언급된 적은 없지만, 사실 '후스 전쟁의 익명의 저자의 필사본'에는 카 　　독창적인 내용 이저의 작품에서 유래한 연결 계단, 마차, 다리, 배 그림이 등장한다. 하지만 이 필사본은 후스파, 베네치아인, 카탈루냐인이 발명한 기계들에 대한 특정한 참고 문헌 같은 독창적인 내용과 일반적으로 민간용 기계에 대한 지대한 관심을 특징으로 한다.

대포는 카이저가 설명한 것과 유사하고, 가장 혁신적인 요소는 두 바퀴 마차에 장착된 대포다. 그러나 이 경우에도 『전쟁 무장』에서처럼 대포는 여전히 공격용 탑, 계단, 다리와 함께 사용되었다. 이는 총기가 전통적인 도시 포위 공격 기술을 여전히 대체할 수 없었음을 보여 준다. 도르래, 밧줄, 그리고 동물이 끌어서 움직이는 윈치로 작동하는 상승 기계에 많은 부분이 할애되었고, 이 상승 기계는 총기를 위로 운반하는 것을 목적으로 한 듯하다. 특히 흥미로운 것은 '뉘른베르크의 이중 승강기'라 불린 기중기다. 반면에 다른 기중기들은 광산을 위한 채굴기를 떠올리게 한다. 또 다른 기계 그림들은 해저와 호수 바닥에서 더 용이하게 서 있기 위해 납이 달린 특수 신발과 함께 착용해야 했던 잠수복과 같은 민간용 장치와 관련이 있다. 필사본에는 　　기계에 대한 묘사 시추기와 다른 대형 기계가 등장한다. 시추기에서는 나무로 된 모듈식 파이프를 만들기 위한 가로형 드릴을 볼 수 있다. 그리고 수직축으로 작업하는 대형 기계는 우물을 확장하기 위한 천공기처럼 보이는데, 적절하게 변형되어 대포에 구멍을 내기 위한 화기 생산 공정에 들어갔다. 또한 수많은 수평축의 풍차 그림과 값진 보석에 광택을 내기 위한 흥미로운 크랭크 기계도 등장했다.

이 논문의 가장 혁신적인 요소는 연접봉 크랭크 운동 변환 장치다. 여기에서 처음으로 회전 운동을 균일하게 만들어 상하부의 사점死點을 극복하기 위해 플라이휠(기계나 엔진의 회전 속도에 안정감을 주기 위한 무거운 바퀴*)에 결합되었음을 명확하게 보여 주었다. 익명의 후스파 저자의 그림들에는 관련 내용을 설명한 글이 함께 있는데, 실제로 존재하는 기계 덕분에 단순한 상상의 단계를 어떻게 극복했는지 보여 주었다. 이 필사본 이후 독일 학파는 힘을 잃은 것 같고, 이후에는 이탈리아 학파의 점점 커지는 영향력과 더불어 카이저와 익명의 후스파 저자에 의해 이미 기록된 장치가 묘사된 사진첩에 불과해졌을 것이다.

| 다음을 참고하라 |
과학과 기술 인문주의자 기술자들: 조반니 폰타나와 로베르토 발투리오(427쪽); 고전과 과학(458쪽); 이론과 실제 사이(462쪽)

필리포 브루넬레스키
| 안드레아 베르나르도니 |

필리포 브루넬레스키는 이탈리아 르네상스 시대의 예술가-기술자 중에서 가장 매력적인 인물에 속하고, 보통 15세기 중에 유압식과 기계식같이 독립적인 문화적 차원을 획득한 건축과 관련 기술 분야를 표면화시킨 전통의 창립자로 평가된다.

예술가-기술자

확실한 문학적 열정을 증명하는 몇 편의 소네트가 전해졌음에도 불구하고, 필리포 브루넬레스키(1377-1446)의 글이나 서명이 들어간 그림은 한 점도 남아 있지 않고, 단지 그의 전기와 예술 작품이나 건축 작품들을 통해 그의 발명과 사업에 관해 간접적으로 알려져 있을 뿐이다. 피렌체의 산타 마리아 델 피오레 성당의 경우처럼 이 작품들은 어떤 면에서 오늘날에도 여전히 해결되지 않는 의문점들을 갖고 있다. 브루넬레스키는 금세공업자와 조각가로서 사회생활을 시작했다. 그의 작품들 중에서 피렌체의 세례당 문을 위해 만든 유명한 청동 조각은 '천국의 문' 작업을 의뢰받기 위한 경연에서 만들어졌고, 최종 우승은 로렌초 기베르티Lorenzo Ghiberti(1378-1455)가 차지했다.

브루넬레스키는 건축가와 군사 기술자로서 자신을 정의했다. 비코 피사노의 요새화, 그리고 이후에 전혀 성공한 적 없는, 루카 시를 물에 잠기게 한 세르키오 강의 물줄기를 바꾸려는 시도는 피렌체 군대 주둔지에 홍수를 일으켰다. 다른 증거는 카라라의 채석장부터 피렌체의 두오모 건설 현장까지 대리석을 운반하기 위한 수륙 양용 배('입을 열고 있다'라는 뜻의 '바달로네'라고 불림*)가 브루넬레스키가 만든 것임을 보여 준다. 1421년에 그의 요청으로 그에게 부여된 최초의 허가증이 그 증거다. 이 경우 역시 브루넬레스키는 배의 침몰과 화물의 손실로 피렌체 당국에 자신의 주머니를 털어 보상해야 하는 실패를 경험했다. 극장 무대장치가로서의 활동 역시 중요하다. 브루넬레스키는 무대 장치 기계 구축에 자신의 천재성을 발휘했다. 가장 성공한 장비 중 하나는, 피렌체 건축가에 대한 전기에서 바사리(1511-1574)에 의해 상세히 기술된 대로 피렌체에 있는 산 펠리체 성당에 천국을 그려 넣기 위한 장비였다.

건축가, 기술자,
무대장치가

지적인 작품에 대한 주변의 우려 섞인 증언과 기술 지식의 가치에 대한 전형적인 관심은 시에나 출신의 예술가-기술자로 갈까마귀라는 뜻의 타콜라라고 불린 야코포의 마리아노(1381-약 1458)에게 토로한 분출이기도 하다. 브루넬레스키는 그에게 공공연히 발명품을 공개하지 말 것을 강력히 권고했고, 그 결과 다른 사람들이 발명가에게 필요한 임금을 지불하지 않고는 소유하지 못했다. 타콜라의 『기술자에 관하여 De ingeneis』의 사본에 삽입된 이 서류를 통해 처음으로 발명품에 대한 지적 재산권 문제가 제기되었다. 이는 특허권 보호 기관의 설립에 대한 서막이었다.

원근법의 발명

브루넬레스키의 이름은 원근법의 발명과도 불가분의 관계로 연결되어 있다. 고대 그리스에서 이 용어는 처음에 아랍인에 의해, 그다음에는 라틴인에 의해 지속적인 발달이 이루어졌는데, 시각의 과학, 즉 자연 원근법perspectiva naturalis은 13세기부터 분명한 사물의 표현(실용 원근법perspectiva pratica)을 통해 접근할 수 없는 거리와 크기를 가늠하기 위한 방법을 포함하며 확장되었다.

전기 작가 안토니오 마네티Antonio Manetti(1423-1497)에 따르면, 브루넬레스키는 "오늘날 화가들이 원근법이라고 부르는 것을 직접 구현했다. 왜냐하면 원근법은 사람의 눈에 멀리 그리고 가까이에 있는 것처럼 보이는 사물을 사실 확대와 축소를 통해 합리적으로 잘 배치하는 과학의 일부이기 때문이다.…… 멀리 보이는 거리감을 표현하는 차원이다." 다른 원천들 역시 이 방향으로 수렴되는 것처럼 보였는데, 마네티 자신은 공간 속 형태의 사실적인 표현이 어떻게 결정된 관점의 선택에 달려 있는지, 그리고 어떻게 관점과 표현한 면 사이의 거리에 관한 지식에 달려 있는지 증명하고자 브루넬레스키가 실행한 공적 실험을 언급했다. 이런 방식으로 바닥이 관찰자의 눈과 일치하는 시각적 피라미드와 원근법 선들의 소실점의 꼭짓점이 만나는 면에 그림이 그려졌다.

산타 마리아 델 피오레의 돔

건축 영역에서 브루넬레스키의 이름은 주로 피렌체 대성당의 돔과 관련이 있다. [도판 6] 이는 전체 높이 약 36미터, 땅에서 돔까지의 전체 높이 86.7미터에 직경 약 45미터의 특이한 규모를 지닌 것 이외에, 늑재와 비계 사용을 하지 않은 혁신적인 건축 체계를 특징으로 한다. 이 계획을 발표했을 때 브루넬레스키가 제안한 해결책은 작업을 위임한 위원회를 크게 당황시켰다. 하지만 늑재와 비계가 없었기 때문에 비용을 크게 절약할 수 있었고 완공 예상 시간을 앞당길 수 있었던 요인이 다른 경쟁자들을 물리치게 해 주었다. 긍정적인 경합 결과에도 불구하고, 위원회는 그에게 로렌초 기베르티와의 공동 작업을 맡겼다. 그리고 얼마 지나지 않아 브루넬레스키의 생각이 설득력 있음이 증명된 이후 기베르티는 경쟁자 동료에게 모든 권한을 넘기며 현장을 떠났다. 오늘날에도 여전히 경이롭기만 한 방식으로, 돔 위의 빛을 받아들이는 작은 첨탑부터 돔 중심까지의 작업은 1420년부터 1435년까지 불과 15년 안에 완성되었다. 그리고 오늘날 돔의 정적 구조를 완전히 이해할 수 있음에도 돔 외부의 네 번째 예각의 여섯 번째 기울기와 돔 내부의 다섯 번째 예각의 여섯 번째 기울기의 제어 장치와 건설 기술에 대해서는 여전히 명확하지 않다.

돔은 브루넬레스키의 모든 혁신적인 장비와 기계를 사용한 작업장fabrica과 밀접한 관련이 있다. 이 경우에도 현재까지 알려진 정보는 많지 않고, 그나마 타콜라, 보나코르소 기베르티Bonaccorso Ghiberti(1451-1516), 상갈로의 줄리아노Giuliano da Sangallo(약 1445-1516), 레오나르도 다 빈치(1452-1519)와 같은 다른 기술자들의 그림 덕분에 브루넬레스키의 기계가 어떻게 작동했는지 알 수 있는 것이다. 즉 경량의 세 가지 속도의 윈치, 꼭대기에 재료를 올리기 위해 돔의 조명등 중앙에 장착한 커다

짧은 시간에 실현된
혁신적인 계획

란 기중기인 '거대한 접착제', 그리고 돔의 상단에 사용되는 전등을 달기 위한 두 대의 기중기에 대해 알 수 있다. 브루넬레스키가 고안한 기술은 피렌체 대성당 작업장의 기계에서 전형적인 모범을 찾은 후대의 많은 기술자들에게 영향을 미쳤다.

| 다음을 참고하라 |
시각예술 건축가 필리포 브루넬레스키(652쪽)

타콜라라 불린 야코포의 마리아노
| 안드레아 베르나르도니 |

'까마귀'라는 뜻의 타콜라라고 불린 야코포의 마리아노는 군사 기술과 유압식 기계, 기계공학에 관한 필사본 문학 전통을 시작했고, 시에나 학파의 기술 전통에 국제적인 주목을 이끌었다. 이는 대학과 지배 계급의 경제, 정치 그리고 군사적 리더십과 더불어 시에나를 유럽에서 가장 발전한 중심지로 만들었다.

고대 기술과 발명가를 열렬히 지지한 공증인

피렌체로부터 근처 시에나의 필리포 브루넬레스키(1377-1446)와 로렌초 기베르티(1378-1455)로 옮겨가 보면, 또 다른 르네상스 공학의 주인공, 타콜라라고 불린 야코포의 마리아노(1381-약 1458)가 있다. 15세기와 16세기 동안 국제적인 수준으로 도입된 기술 주제에 관한 시에나의 필사본 문학 전통을 시작했다는 점에서 그의 훌륭함을 인정해야만 한다. 타콜라는 공증인 교육을 받았지만 이 일을 한 적은 없는 듯하다. 대신 야코포 델라 퀘르차Iacopo della Quercia(1371/1374-1438), 트라발레의 빈디노Bindino da Travale(1315-1416), 바르톨로의 도메니코Domenico di Bartolo(약 1400-약 1445)와의 공동 작업이 보여 주듯이 예술과 공학 연구에 헌신했다. 1424년부터 1434년 사이에 지혜의 집Domus Sapientiae의 궁무처장을 역임하면서 시에나 대학의 인문주의자들과 예술가의 세계와 접촉한 타콜라의 평범하지 않았던 교육 과정은 고고학 연구와 발명 차원에서 모두 실현된 기술에 대한 근원적인 관심으로 그를 이끌었다. 한편 타콜라는 도상학적 장치도 없이 전해진 고대 기술 논문들에 설명된 기계의 재건에 헌신했고, 다른 한편으로 새로운 장비 발명을 목적으로 군사 공학과 민간 공학(오늘 날 토목 공학이라고 불리는 것들과 관련 있다*) 연구에 전념했다. 이러한 그의 발명가로 서의 역할을 기념하고자 고대 공학의 가장 중요한 인물 중 하나에 자신의 이름을 연 결시키면서 타콜라는 스스로를 '시에나의 아르키메데스'라고 불렀다. 그는 기원전 212년에 로마 군대의 포위 공격 중 시라쿠사의 과학자가 고안한 것과 같은 특별한 군사 장비를 발명한 자신의 능력을 이런 방식으로 강조하기를 원했다.

'시에나의 아르키메데스'

타콜라라는 인물은 르네상스 공학 역사에서 일종의 교차로 역할을 했다. 왜냐하 면 그의 예술적이고 인문주의적인 이중 교육이 르네상스 공학자들의 문화적 재교육 이 이루어질 방향을 예시했기 때문이다. '기계 문헌학'이라고 정의할 수 있는 고대의 기계에 대한 타콜라의 관심에서부터 사실상 기술자라는 전문인의 부활이 시작되었 다. 말 그대로 조용한 조작자는 이미지가 기술 정보 전달을 위한 주요 수단으로 간주 되는 논문의 저자로 변신했다.

논문들

타콜라의 필사본 작품은 본질적으로 『기술자에 관하여De ingeneis』와 『기계에 관하여 De machinis』라는 두 개의 논문으로 이루어졌다. 첫 번째 작품은 네 권의 책으로 나뉘 어 있다. 처음 두 권은 1419년과 1450년 사이로 거슬러 올라가고, 현재 뮌헨에서 보 관 중이며, 군사 공학 및 토목 공학 그림, 고대 저자들의 배관 설계와 인용문이 적혀 있다. 1431년과 1433년 사이에 완성되었고 피렌체에 보관 중인 세 번째와 네 번째 책에는 대부분 배관 시설에 관한 그림이 실려 있다. 1430년과 1449년 사이에 완성 된 『기계에 관하여』 역시 뮌헨에서 보관 중이고, 주로 군사적인 성격의 그림들이 담 겨 있다.

『기술자에 관하여』와 『기계에 관하여』에서 우선 사항은 기술적 장치의 작동 방법 혹은 그림으로 제시된 절차를 전달하고 있다는 점이다. 그리고 이 때문에 기계의 환 경적 맥락화, 특정 효과를 달성하기 위해 필요한 작업의 순차적 묘사, 소개된 장치의 여러 부분을 마음속으로 연결할 수 있게 해 주는 분해 조립도의 사용, 기계의 내부 장치를 볼 수 있도록 하는 투명 묘사 등의 화려한 그래픽적 장치를 이용했을 것이다. 최종적으로 타콜라는 척도 인자尺度因子와 심지어는 양적인 참고 자료로 사용한 일부 특별한 그림을 끼워 넣기를 잊지 않았다.

타콜라가 발표한 기술 지식은, 로마 건축가 비트루비우스(기원전 1세기)의 『건축서』와 베게티우스Vegetius(4-5세기)의 『군사론De re militari』에서 주로 차용한 고전적인 기계machinatio에 대한 것이다. 이는 거의 독점적으로 군사 기술에 집중된 콘라드 카이저가 개시한 독일 전통과 비교되고, 시에나의 예술가-기술자인 타콜라의 작품은 토목 공학에 대한 뚜렷한 개방으로 특징지어진다. 수원이 없는 언덕 위에 솟아 있어 **토목 공학에 대한 관심** 서 물 공급을 위한 유압 시스템이 필요했던 시에나의 정교한 수리지질학적 구조에 자극받은 타콜라는, 이미 2백 년 전에 시민들에게 물을 공급하기 위해 지하 수로망인 보티니가 건설되었기 때문에 특별히 유압 기술에 관심을 보이며 지역 전통을 영구화했다. 타콜라는 시에나에서 약 30킬로미터 떨어진 메르세 강의 물을 도시로 옮겨오기 위해 결코 실현된 적 없는 계획에 대담한 관점으로 가능한 해결책을 제시하여 물을 끌어올리는 강력한 시스템과 거대한 크기의 사이펀(대기의 압력을 이용하여 액체를 하나의 용기에서 다른 용기로 옮기는 데 사용하는 관*), 교량, 운하의 도면을 공개했다. 군사 기술에 관한 타콜라의 연구는 도시 포위 공격에 사용하는 기계에 비해 여전히 부차적이었던 화기와 더불어 카이저의 작품과 후스 전쟁의 익명의 필사본에 나오는 고전 기계machinatio에 대한 근본적인 반복이었다.

운하와 수로의 경로를 그리는 데 필요한 경위의經緯儀와 선이나 면의 수평을 확인하는 아치형 추와 같은 측량 도구의 사용에 관한 그림뿐 아니라, 잠수용 장비와 난파선과 물속에 가라앉은 보물을 건지기 위한 장비를 설명하는 몇몇 그림이 특히 흥미롭다. 타콜라의 두 권의 필사본 모두에 야금술의 취입 성형吹入成形에서 유압 에너지의 응용에 대한 가장 오래된 묘사도 포함되었다.

| 다음을 참고하라 |
과학과 기술 기계 문화: 원칙, 기술자, 인문주의자(424쪽)

조르조 마르티니의 프란체스코

| 안드레아 베르나르도니 |

고대에 대한 열정을 포함한 타콜라의 기술적인 유산은, 예술적이고 건축적으로 기여를
했을 뿐 아니라 문학 기술의 발전에서 중요한 역할로 기억되는 시에나 출신의 예술가-
기술자인 조르조 마르티니의 프란체스코에 의해 수집되었다. 그는 15세기 예술가-
기술자의 사회적이고 지적인 혁명을 증명하기 위해 모델로 간주될 수 있는 경력을 가진
유일한 기술 교육을 받은 최초의 기술자였다.

글로 쓰이고 그림으로 그려진 기술

모든 예술 영역에 걸쳐 흥미와 관심을 가지고 있던 조르조 마르티니의 프란체스코
(1439-1501)는 화가, 조각가, 군사 기술자, 정비공이자 무엇보다도 건축가였다. 직업
적으로 우르비노의 공작 몬테펠트로의 페데리코(1422-1482)와 시에나 시 위원회의
활동적인 의원과 연결된 그의 건축 작품은 무수히 많다. 가장 중요한 건축 작품들 중
우르비노의 에 우르비노의 두칼레 궁전을 꼽을 수 있다. 그 궁전의 외부 프리즈는 기념비적인 수
두칼레 궁전 준에서 군사 기술의 중요성을 확정하는 전쟁 기계와 민간용 기구를 표현한 얕은 부
조가 새겨진 72개의 석판으로 이루어져 있다. 프란체스코는 이외에도 대포 공격의
타격을 줄이기 위해 특유의 둥근 모양으로 만들어진 몬테펠트로의 요새들의 창안자
이자 건축업자다. 군사 건축에 있어서도 조르조의 프란체스코는 오각형 모양의 요
새 발명에 기여했다.

프란체스코는 토목과 군사 공학에도 참여했으며, 자신의 인생 후반에는 그 분야
의 재교육에도 참여했다. 1475년 7월 6일, 우르비노에서 시에나로 돌아온 그는 절대
다시 열지 않겠다며 자신의 작업장 문을 걸어 잠갔다. 프란체스코는 시에나 공화국
의 기술적 유산의 경영과 발전을 위한 공적이고 정치적인 대표자로서, 그리고 오로
지 프로젝트 활동을 수행하는 데 전념하며 지적인 건축가와 기술자가 되기 위해 작
「건축서」의 번역 업장의 문화적인 영역과 연관된 예술가 겸 기술자로서의 출발을 뒤로 미루었다. 고
대인들의 건축과 기계에 흥미를 느낀 프란체스코는 비트루비우스(기원전 1세기)의
『건축서』를 라틴어에서 이탈리아어로 번역하는 데 온 힘을 쏟았다. 그는 이 번역으
로 고대인들의 경험과 자신의 개인적인 경험을 비평적으로 섞어서 쓴 자신만의 건축

논문 초안을 완성했다. 비트루비우스에 대한 이 번역은 프란체스코의 지적 경험을 활발하게 한 긴장감을 강조했고, 상당한 문화적 자율성의 성취를 강조하는 상징적인 시도로 등장했다.

비트루비우스의 건축에 대한 비평적인 복구는 프란체스코의 지식을 유기적인 방식으로 발달시키는 데 필요했던 엄격함과 체계성을 그의 사상에 부여했다. 비트루비우스를 모델로 삼았지만, 아리스토텔레스(기원전 384-기원전 322) 같은 다른 고대 작가들의 사상도 심화시키며, 프란체스코는 다루려고 했던 주제들에 대한 이론적 구성에서 놀라운 발전을 이루었다. 자신의 『건축론Trattato di architettura』 두 번째 초안 서문에서 프란체스코는 보편적인 것에서 개별적인 것으로 진행하는 논쟁을 자연학에서 다룰 것이라고 예상했던 아리스토텔레스가 정해 놓은 계획에 따라 건축학을 설명하려 했다. 프란체스코의 이러한 학문적 성숙은, 1480년대와 1490년대에 그 **학문적 성숙** 가 쓴 건축학 논문의 두 개의 초안을 비교하면 분명하게 드러난다. 여기에서는 첫 번째 초안을 특징짓는 유압 장치와 기계 장치의 구성과 합리적인 분류의 기준을 소개하려던 불확실한 시도가, 후에 저자의 필요에 따라 무한하게 변화한 두 번째 버전에서 어떻게 특정 기술 체계의 기본 원리를 기록하는 유형별로 엄격한 범주가 되었는지 알 수 있다. 이러한 이론적 노력에 상응하여 기술 장치의 정밀한 그래픽이 발전하였다. 이제 이 장치에 극도의 원근법적 엄격함을 적용하고, 독창적인 이상적 구조물로 그렸다. 이와 더불어 기계는 정확한 방식에 따라 지렛대 구조 및 기어 부품 구조를 고정시켰다. 몇몇 경우에 프란체스코는 설계된 장비들을 표준화하려는 시도를 하게 만든 양에 관한 기준도 소개했다. 반면에 다른 경우에는 기계의 작동 원인에 대해, 그리고 어떻게 성능을 향상시킬 수 있는지에 대해 고찰하게 해 주었다. 『건축론』의 두 번째 초안은 어떻게 프란체스코가 장인의 작업장의 문화적 맥락에서 멀어지게 되었는지 강조했다. 그 작업장에서 모든 기술적 문제는 그 자체로 한 실례를 만들었고, 예술 거장의 능력은 해결할 수 있었던 실례의 수로 결정되었다. 프란체스코와 **엄격한 지식으로서의** 더불어 기술은 반박의 여지가 없는 독단적인 일련의 판단으로 경직되지 않고, 수학 **기술** 적-기하학적 접근 방식에 의해 결정되는 엄격한 지식으로 특징지어졌다. 사실 그 수칙은 건축가가 결정을 내리는 데 도움을 주려는 목적의 일반적인 가이드라인으로 구성되었다. 그러나 문제가 논란의 여지가 있는 채로 남아 있는 경우에는 더 나은 성공을 거두었던 자신만의 해결책과 경험을 신뢰하면서 그 단계를 따라가는 것을 주저하지 말아야 한다. 이는 그 시대의 철학의 특징을 보여 주는 공리적-연역적 지식에 대한 대안으로, 공개되지 않은 인식론적 태도다. 그리고 이는 15세기 말과 16세기 초 사이에 프란체스코 자신, 레오나르도 다 빈치(1452-1519), 반노초 비링구초Vannoccio Biringuccio(약 1480-약 1540) 같은 예술가-기술자들의 작품에서 구체화되었다.

레온 바티스타 알베르티(1406-1472)가 『건축론』에서 달성한 추상적 개념과 일반론의 수준에 도달하지 못한 채 프란체스코는 어떻게 건축에 대한 글에서 도면을 무시하지 않고 이 학문 분야에서 타콜라(1381-약 1458)에 의해 상당히 자율적으로 발달된 기술 지식을 회복시킬 수 있었는지를 분명히 했다. 프란체스코에 의한 타콜라의 기술적 자료들corpus의 동화는 다음 세대의 기술자와 건축가에 의해 몇 차례 재사용된, 수많은 기술 장비 도면을 모아 놓은 모음집과 기계에 많은 공간을 할애한 건축학 관련 논문의 초안으로 다듬어진 문학 전통의 탄생을 기록했다.

논문들

프란체스코가 기여한 첫 번째 필사본 작품은, 오늘날 로마의 바티칸 교황청 도서관(ms. Lat. Urb. 1757)에 보관된 『고문서Codicetto』로 알려진 수첩이다. 이는 1465-1470년경 시에나에서 프란체스코가 활동한 초기까지 거슬러 올라가 편찬된 메모와 스케치 모음집이다. 이 수첩은 1477년에 우르비노로 옮겨간 이후에도 사용되었고, 건축적이고 군사적인 수많은 내용들이 추가되었다. 이 필사본의 주요 주제는 타콜라에 의해 독창적인 방법으로 이따금씩 해석되면서 복구된 기계 기술에 대한 것이다. 타콜라의 글에서 참조되어 있지 않은 가장 혁신적인 기술 요소들은, 직선 운동과 교대 운동에서 부동 시간을 극복하기 위한 톱니막대와 톱니바퀴 장치의 사용, 그리고 크랭크-연접봉 시스템과 플라이휠의 조합이다. 현존하는 이런 장치에 대한 가장 오래된 도면인 것 같은 구球형 플라이휠의 묘사가 특히 흥미롭다.

프란체스코의 두 번째 필사본은 『건축학 사본Opusculum de architectura』이다. 현재 자필 서명이 들어간 사본은 런던의 영국 박물관(ms. 197.b.21)에 보관 중이다. 연대를 알기가 무척 어렵기 때문에 작가가 우르비노로 옮겨갔다는 점에서 호의好意 끌기 captatio benevolentiae의 시도로 해석될 수 있는, 몬테펠트로의 페데리코를 위한 헌정이라는 근거에 따라 제작 시기를 1475년부터 1478년까지로 보려는 경향이 있다. 실제로 앞장에만 깨끗한 사본에 그려진 도면이 있는 『고문서』보다 더 큰 수첩이라고 할 수 있다. 설명문이 없는 이 필사본은 육지와 해상 전투 기술부터 유압식 기계, 운반 시스템, 조작용 기계, 일련의 요새 계획까지 본질적으로 실용적인 기계들machinatio 을 소개했다.

『건축론』

현재까지 전해지는 세 번째 필사본은 프란체스코가 두 개의 서로 다른 초안을 작성한 『건축론』이다. 토리노 왕립 도서관의 Saluzziano 148, 그리고 피렌체 라우렌치아나 도서관의 Ashburnham 361을 통해서 알려진 첫 번째 초안은 작가로서 프란체스코의 시작을 나타냈다. 그의 이전의 필사본들과 달리, 여기에서 그는 그림에 상세한 설명을 붙였다. 직업의 문화적인 재인정을 받기 위한 상당한 노력이 있었음에도 이 초안은 여전히 기계에 대한 지대한 관심으로 특징지어지고 타콜라의 기술 훈련을 보여 주었다. 이전의 작품들에서는 언급조차 없었던 독창적인 부분은 물을 운반하고 정수하기 위한 기술과 화기에 관련된 것이다. Ashburnham 361은 토리노의 필사본과 똑같은 것인데, 대개 필사실scriptorium에서 나온 것이다. 그의 악명은 오랫동안 역사가들의 생각을 주도한 레오나르도 다 빈치의 일부 친필 노트 때문이다.

　『건축론』의 두 번째 초안은 상이하고 더욱 근대적인 개념을 담고 있는데, 이는 더 합리적이고 다른 재료의 구성을 제시했다. 이 필사본 역시 두 개의 사본이 있다. 하나는 시에나의 시립 도서관, 다른 하나는 피렌체의 국립중앙도서관에 보관되어 있다. 유일한 자필 서명이 있는 후자의 사본에는 프란체스코의 비트루비우스 번역본도 들어 있다. 논문의 두 번째 초안에서 단지 역사적인 참고 자료로만 남은 포위 공 **두 개의 초안** 격 무기는 완전히 사라졌고, 대신 프란체스코는 대포 구경의 분류와 표준화를 최초로 시도하여 대포에 많은 부분을 할애했다. 이외에도 유형별로 기계를 구성하려는 시도의 결과로 상당한 도상의 축소가 이루어졌다. 예를 들어, 프란체스코는 사용되는 에너지원에 기초한 물레방아의 6개 범주를 식별할 수 있도록 해 주었다. 즉 위에서 물이 내려오는 유압식 바퀴, 움푹 들어간 부분이 있는 수평식 바퀴, 가로축 물레방아, 금속 구형 플라이휠의 물레방아, 동물의 힘으로 움직이는 물레방아, 디딜방아 바퀴로 움직이는 물레방아다. 논문의 가장 혁신적인 부분 중 하나는 요새에 대한 부분이다. 화기의 파괴력에 대처하기 위하여 요새는 더 낮게 지어졌고, 포병을 배치하기에 적합한 공간과 분리되거나 통합되는 주변도 함께 만들어졌다.

| 다음을 참고하라 |
과학과 기술 기계 문화: 원칙, 기술자, 인문주의자(424쪽)

레오나르도 다 빈치

| 안드레아 베르나르도니 |

레오나르도 다 빈치는 15세기 이탈리아 공학 전통의 정점을 대표한다. 그는 이전의 다른
모든 예술가-기술자들 이상이었고, 간신히 장인의 차원을 벗어나 박식한 과학 기술
전문가로 인정되었다.

기술자와 과학 기술 전문가

15세기 기술자들의 문화적이고 직업적인 재인정의 과정은 레오나르도 다 빈치
(1452-1519)의 전기에 의해서 모범적인 방식으로 표현되었다. 레오나르도는 피렌
체에 있던 베로키오의 안드레아(1435-1488)의 작업장에서 견습생으로 자신의 경력
을 시작했다. 그리고 프랑스 왕 프랑수아 1세(1494-1547)를 위해 일하는 기술자 겸
화가로 자신의 경력을 마무리했다. 과학적인 차원에서 그의 지적 성숙은 철학자들
의 정리定理와 장인들의 건설적인 필요 간의 통합에서 시작하여 새로운 기계를 개발
하려는 시도와 실패를 통해 완성되었다. 레오나르도의 사회적이고 문화적인 향상의
예외성은, 죽어가는 순간에 레오나르도를 '위대한 철학자'라는 호칭으로 부른 벤베
'위대한 철학자' 누토 첼리니(1500-1571)의 말들로 가려졌다. 기술 지식의 인정 및 '라틴어를 모르는
사람들'의 지원 차원을 위해 노력하고 의견을 같이 하며 접촉한 15세기의 다른 예술
가-기술자들의 문화적 맥락에서 분리하여, 르네상스의 천재에 대한 최고의 표현으
로 레오나르도를 평가하는 것은 실수일 것이다. 전통과의 연결은 지나칠 정도로 분
명했지만, 다른 어떤 이들보다도 15세기 예술가-기술자들 대다수에 의해 공유되던
'기술의 꿈'에 목소리와 그래픽적인 가시성을 부여할 수 있는 기술자가 되려던 레오
나르도의 정신을 인정하는 것이 타당하다.

빈치에서 어린 시절을 보낸 후에 레오나르도는 부친 피에로Piero와 함께 피렌체로

옮겨갔다. 1469년에 베로키오의 안드레아의 작업장에 입문하여 그곳에서 화가로 인 베로키오의안드레아의
작업장에서
정을 받았고, 숙련된 장인의 기술 지식을 이룬 모든 비밀을 습득했다. 레오나르도가
기술에 흥미를 보였다는 첫 번째 언급은 베로키오가 1472년에 산타 마리아 델 피오
레 대성당의 돔을 덮은 거대한 구리 구체를 제작하고 설치했을 때였다. 구체를 이루
는 거대한 구리판을 화경火鏡을 이용하여 용접한 기술에 대한 추후 언급에서 필리포
브루넬레스키(1377-1446)가 디자인한 기계를 직접 볼 수 있었던 젊은 레오나르도의
존재가 대성당 작업장에 알려진 것을 알 수 있다. 그의 초기 기계 디자인에서 가장
많이 반복되는 요소는 브루넬레스키가 광범위하게 사용한 나사임을 주목하는 것이
중요하다.

밀라노에서의 나날들

1482년에 레오나르도는 루도비코 스포르차(1452-1508)를 위해 일하고자 피렌체를
떠나 밀라노로 옮겨갔다. 그는 밀라노에서 거의 20년 동안 머물렀다. 예술적 측면에
서 이 시기는 화가로서의 활동(《최후의 만찬Cenacolo》, 〈암굴의 성모Vergine delle rocce〉,
〈담비를 안고 있는 여인Dama con l'ermellino〉) 외에도 프랑스의 밀라노 침공으로 완성되
지 못한 프란체스코 스포르차(1401-1466)의 기마상 제작을 위한 준비 기간으로도 규
명된다. 밀라노에서 지내는 동안 레오나르도는 기술과 건축에 대한 연구에도 전념
했다. 1487년경 도시의 인구 과밀 문제를 해결하려는 계획으로 두 가지 수준의 이상 기술과 건축 연구
적인 도시의 드로잉이 제작되었다. 도시는 사회생활을 위한 공간과 생산과 상업 활
동을 위한 공간을 분리시켜 합리적인 구성에 따라 설계되어야만 한다. 레오나르도
는 이 시기에 운하의 건설 및 보수 유지와 같은 물을 다루는 문제의 해결을 위한 전
제 조건인 물 관련 계획에 관해서도 궁리했다.

1499년 프랑스의 침공으로 레오나르도는 자신에게 수학과 기하학을 가르쳐 준
스승이자 친구인 루카 파촐리(약 1445-약 1517)와 함께 밀라노를 떠났다. 베네치
아와 피렌체에서 거주한 뒤, 1502년에 그는 군사 기술자로서 체사레 보르자(1475-
1507)를 위해 봉직奉職했다. 이 시기에 이탈리아 북부 도시 이몰라의 멋진 그림 지도
처럼 다른 도시들과 이탈리아 중부 지방의 지형학적 조사를 하고 지도를 만들었다.
1503년에 다시 피렌체로 돌아온 레오나르도는 적의 도시를 강의 물줄기 밖으로 제
거해 버리고자 아르노 강의 물줄기 방향을 전환하는 것에 대한 연구를 피렌체 정부

에 제안하며 피사와 치른 전쟁에서 기술 고문 역할을 하고 자문을 맡았다. 그러나 그 계획은 쓸모없는 것으로 증명되었다.

앙부아즈의 샤를을 위해 봉직한 뒤 파리로

1508년에 그는 프랑스 총독 앙부아즈의 샤를Charles d'Amboise(1473-1511)의 '전임 화가 및 기술자'로 봉직하고자 밀라노에 돌아왔고, 그곳에서 롬바르디아 지방의 급 수 시설에 대한 연구를 했다. 1513년부터 1516년까지 로마에서 해부학 연구와 더불 어 로마 남동쪽의 아그로 폰티노의 간척과 치비타베치 항구를 위한 수력 연구를 교 대로 했다.

1516년에 프랑스로 이주한 그는 프랑수아 1세의 궁정에서 죽을 때까지 봉직하며 머물렀다.

| **다음을 참고하라** |
과학과 기술 기계 문화: 원칙, 기술자, 인문주의자(424쪽)
시각예술 스포르차 가문의 밀라노(742쪽)

혁신, 발견, 발명

SCIENZE E TECNICHE

광학과 빛의 이론

| 안토니오 클레리쿠치오 |

　　원근법perspectiva은 13세기와 14세기 동안 가장 발전한 과학 분야 중 하나다. 라틴어
'perspectiva'는 빛의 특성과 전파, 색상, 눈과 시각, 거울의 속성, 반사, 굴절이라는 다양한
의미를 지니고 있다. 중세 후반에 빛과 색상 사이의 구별은 빛의 직진直進 개념처럼
보편적으로 받아들여졌다. 같은 방식으로 빛의 반사 법칙에 대해서도 일반적으로
합의되었다. 수학자이자 물리학자인 알하젠(10세기)의 광학 연구는 이후에 로저
베이컨, 요하네스 페캄, 비텔로에 의해 발달했다. 베이컨에게 광학은 수학과 물리학을
결합한 것처럼 모든 자연 과학의 모델이었다.

고대인들의 연구 전달

고대인들의 광학 지식의 대부분, 특히 유클리드와 프톨레마이오스의 이론은 9세기
경 이슬람 세계에 도달했고, 알 킨디(?-873)와 알하젠Alhazen(965-1040)의 조사 연
구의 기초를 형성했다. 알하젠은 물리적, 수학적, 생리학적 관점을 합친 침투 원칙
에 근거한 시각에 대한 새로운 이론을 공식화했다. 로버트 그로스테스트에 의해 광
학 연구는 중요한 자극을 받았다. 그는 자연과 지식에 대한 연구 조사에서 빛에 중
심적인 역할을 부여했다. 알하젠의 광학 연구는 로저 베이컨, 요하네스 페캄Johannes

Peccham, 비텔로에 의해 발전했다. 중세 후반에 빛과 색상 사이의 구별은 빛의 직진直進 개념처럼 보편적으로 받아들여졌다. 같은 방식으로 빛의 반사 법칙에 대해서도 일반적으로 합의되었다. 입사 광선入射光線과 반사광은 반사면과 동일한 각도를 형성하고, 수직면에 놓였다. 굴절에 관해서는 저밀도의 매체에서 고밀도의 매체로 이동하는 광선이 반사면에 수직 방향으로 굴절되는 반면에, 더 밀도가 높은 매체에서 더 밀도가 낮은 매체로 이동하는 광선은 반대 방향으로 굴절한다는 것은 잘 알려져 있다. 14세기 초에 프라이베르크의 디트리히Dietrich of Freiberg는 물방울에 의한 태양 광선의 굴절과 반사에 근거한 무지개에 대한 설명을 제안했지만, 별다른 결론은 도출되지 않았다.

고대의 유산

중세의 광학은 유클리드에 의해 이미 증명된 몇 가지 원칙과 일부 정리에 근거한다. 유클리드에 따르면, 시각 작용에 개입하는 세 가지 근본 요소는 눈, 가시 객체, 그리고 이 눈과 가시 객체 사이의 거리로 구성되어 있다. 이 세 가지 요소들 사이의 관계는, 사물 윤곽에 닿는 빛이 직선으로 퍼지기 시작하는 지점과 눈을 비유하는 기하학적 모형을 통해 해석된다.

유클리드의 광학 이론

　모든 사물들은 그 표면의 바닥과 눈의 정점을 가진 광선의 피라미드로 이해될 때만 눈에 보일 수 있는 반면에 그 외형의 크기는 피라미드의 정점에 의해서 눈에 보이는 각의 변동 진폭에 따라 달라진다. 결론적으로, 보이는 사물은 그것이 보이는 시각視角이 커지는 만큼 훨씬 더 크게 보일 것이다. 유클리드 광학은 『광학Ottica』 혹은 『원근법Perspectiva』(시각 이론), 그리고 『반사광학Catoptics』(아마도 다른 작가의 작품이었을 거울상 이론)에 담겨 있다. 이것들은 『원론』처럼 구성된 기하학 책들이다. 14개의 공준公準이 『광학』을, 그리고 7개의 공준은 『반사광학』을 펼치는데, 이들에 명제와 '정리定理'가 따라왔다. 근본적인 기여는 직선 반경 개념의 도입이다. 이는 유클리드에게 폭이 아니라 길이만 지닌 순수 기하학적 구성이었다. 『반사광학』의 처음 두 가지 공준은 다음과 같다. (1) 광선은 극단에 닿을 수 있는 수단을 가진 직선이다. (2) 보이는 모든 것은 직선 방향에 따라 보인다.

　그리스인들이 연구한 주요 시각 이론은 다음 네 가지로 요약할 수 있다. (1) 방출, 이로 인해 시감視感 광선은 눈에서 방출되고 사물을 '포착'한다(유클리드와 이후 프톨레마이오스의 광학). (2) 침범, 이로 인해 이미지를 전달하는 발산effluvia은 사물에서 나오고 관찰자의 눈으로 들어온다(원자론자들, 특히 에피쿠로스와 루크레티우스). (3) 시 **그리스 사상** 각은 사물과 눈 사이의 접촉을 보장하는 매체, 즉 공기에 의해 생성된다(아리스토텔레스). (4) 시각은 뇌로부터 시신경을 통해서 접촉하는 물체를 감지할 수 있는 위치에 시신경을 배치하여 주변 공기에 스며드는 정신에 의해 발생한다(갈레노스). 그리스인들의 광학 이론은 시각의 문제가 전달된 방식에서도 차별화되었다. 반면에 유클리드의 이론은 주로 수학적이고, 원자론자들과 아리스토텔레스의 이론은 물리학적이며, 갈레노스의 이론은 시각의 해부학적이고 생리학적인 측면을 설명하려 했다.

아랍인들: 기하학적 광학과 시각의 생리학

아랍 과학의 기여 덕분에 광학은 안과학부터 인식론까지, 물리학부터 기상학까지 아우르며 다양한 유형의 연구를 수렴하는 훨씬 복잡하고 정교한 분야가 되었다. 9세기와 10세기 사이에 아랍 의사들은 최초의 정교한 안과 치료제를 만들었고, 이후 라틴 문화에 받아들여졌다. 알 킨디는 눈에서 방출된 시감 광선 덕분에 볼 수 있다는 방출 이론을 채택했다. 그의 견해로는 이 이론만이 기하학적 광학과 양립할 수 있었다. 알하젠은 새로운 시각 이론을 가지고 있었는데, 이는 사물에서 눈까지 광선의 침범에 대한 원칙을 발전시킨 것이다.

9세기 말엽에 구성되어 12세기 말에 『양태들에 관하여De aspectibus』라는 제목으로 라틴어로 번역된 알하젠의 작품은 중세 광학 논문의 모델이 되었다. 알하젠은 유클리드의 기하학적 광학 원칙과 시지각의 형성과 타당성에 대한 심화 연구와 함께 당대의 의학 지식을 통합했다. 시각 활동을 설명하기 위해 알하젠은 시각 피라미드의 **최초의 안과 치료** 기하학적 모델을 채택했지만, 광선이 수정체에 사물의 형태를 재현한다고 잘못된 주장을 한 유클리드와 달리 광선이 우리가 보는 사물의 모든 면에서 나오며 눈에서 완성된다고 믿었다. 구면 거울과 포물면 거울, 렌즈, 구면 수차球面收差 현상을 연구한 것 외에 알하젠은 정량적定量的으로 빛의 굴절을 연구했다.

그리스도교 철학자와 빛: 로버트 그로스테스트

빛의 이론을 발전시킨 최초의 라틴 작가는, 우주의 생성과 구성에서 빛에 중심 역할을 부여했던 영국 링컨의 대주교 로버트 그로스테스트(1175-1253)다. 빛의 성질과 전파는 아우구스티누스 유형의 플라톤 전통을 따르는 사상가들의 흥미를 끌었다. 아우구스티누스(354-430)와 몇몇 신플라톤주의 철학자들에게 신의 은총의 확산은 빛의 전파와 유사했다. 그로스테스트에게는, 최초에 하느님이 무無에서 첫 번째 질료와 이 질료로 이루어진 형태인 빛을 만들었다. 빛은 스스로 생성되고 순식간에 모든 방향과 구형으로 확산되는 속성을 지닌 아주 얇은 온전한 물질이다. 빛은 또한 모든 사물의 활성 원리이고, 물리적 우주에서 생겨난 모든 변화를 빛의 덕분으로 보았다.

물리학에 수학
적용하기

빛에 관한 연구에 주어진 중요성은 그로스테스트가 물리학에 수학을 적용시킬 필요를 인정하게 해 주었다. 그에 따르면, 자연 연구에 선, 각도, 형태를 적용하는 것은 매우 유용했고, 기하학 없이 자연을 연구하는 것은 불가능했다. 그로스테스트는 특히 구와 피라미드를 이해하는 것이 필요하다고 주장했다. 빛은 구형으로 증가하기 때문이고, 피라미드는 한 지점에 집중하고자 동인의 전체 표면에서 다른 쪽으로 힘이 가해지는 구조이기 때문이다. 그로스테스트는 빛의 굴절 때문에 무지개가 만들어진다고 설명하려 했는데, 그의 의견에 따르면 이는 거대한 렌즈처럼 작용하는 구름에 의해서였다.

그로스테스트는 물질 세계에서 빛의 역할을 다루는 데 그치지 않고 정신적인 것과 물질의 실체 사이에 매개 작용을 하는 빛을 통해 발생하는, 신체에 대한 정신의 작용을 주장했다.

로저 베이컨과 비텔로

그로스테스트의 제자였던 프란체스코회의 로저 베이컨(1214/1220-1292)은 스승의 광학 연구를 이어갔고, 빛의 전파와 시각생리학에 관한 실험 연구를 발전시켰다. 그로스테스트처럼 베이컨은 자연 연구에서 수학의 우위성을 주장했고, 실험 연구를 위해 철학적 탐구를 연관시켜야 하는 필요성에 대해 주장했다.

기하학과 물리학

학문에 대한 베이컨의 구상에서 광학은 기하학과 물리학을 연결하면서 선도적인 역할을 했다. 광학, 특히 기하학적 광학은 기하학적 형태가 어떻게 그 특성을 전혀 잃지 않고 자연과 자연체의 성질을 결정하며 물리적 특징을 지닐 수 있는지를 보여 주었다. 따라서 기하학적 광학은 모든 자연 과학의 전형적인 특징을 지녔다. 원근법에서 시작하여 베이컨은 자연 연구를 규칙화하는 몇 가지 일반 원칙들을 다음과 같이 이야기했다. (1) 자연체 사이의 상호 작용은 미덕의 투사 혹은 공간 내 종에 의해 만들어진다. 이런 과정은 기하학적 등급 혹은 점, 선, 형태에 따라 결정된다. (2) 효과의 최대 강도는 직선에 따른 빛의 투사로 주어진다. (3) 수동자에게 작용자에 의해 만들어진 변화는 수학 용어로 알아낼 수 있다.

베이컨은 기하학적 광학 덕분에 완벽한 장소인 천상과 생성과 부패의 장소인 지상을 나누는 아리스토텔레스의 전통적인 분할 개념을 극복했다. 자연을 수학으로 풀어낸 베이컨에 따르면, 천상의 영향(종species)조차도 별에서 지상으로 도달하지 못했다.

로저 베이컨은 이론적인 관점에서 광학 현상을 탐구하는 데 제한을 두지 않았지만, 실험 과정을 지속적으로 거치는 경험적 연구를 주장했다. 베이컨은 태양 광선은 상호 간에 평행하다고 주장했고, 태양에 노출된 화경火鏡의 초점 거리를 실험적으로 결정했다. 빛의 전파에 관해서 그는 물의 분출처럼 물질의 흐름으로 발생하는 것이 **경험적 연구** 아니라 소리의 속도보다 더 높은 속도로 공간에 전파되는 진동 형태로 발생한다고 말했다. 그는 시력을 향상시킬 수 있도록 렌즈의 특징과 가능한 사용을 연구했다. 이 외에도 눈의 해부학적 연구, 특히 시신경 연구와 함께 시각 연구를 진행했다.

만약 로저 베이컨이 알하젠의 연구를 활용하면서 광학이 모든 학문의 위엄적인 모델로 올라서도록 과학 개혁의 광범위한 계획을 고안했다면, 요하네스 페캄(약 1240-1292)의 위치는 이론적인 관점에서 덜 중요해졌을 것이다. 하지만 베이컨의 『일반적인 원근법Perspectiva communis』은 1269년과 1279년 사이에 완성된 광학 개론서로, 읽기 쉽고 간결한 글 덕분에 13세기와 14세기에 광범위하게 읽혔다.

마지막으로 실레지아 사람인 비텔로(13세기)는 무게와 체계성으로 알하젠의 작품과 경쟁할 수 있는 가장 유명한 라틴어 광학 논문 중 하나인 『원근법Perspectiva』의 초안을 썼다. 알하젠과 베이컨의 논문 외에도 비텔로는 고대의 과학 문헌, 특히 프톨 **비텔로의 『원근법』** 레마이오스의 문헌에 의지해 공기, 물, 유리를 통한 빛의 굴절각의 값을 결정하려는 목적의 실험을 진행했다. 입사각과 굴절각의 동시 변화를 기록한 도표가 만들어지기도 했다. 이외에도 빛이 통하는 수단의 상이한 밀도에 따른 값을 연관시키고자 노력했다. 육방정六方晶을 통해 백색광을 통과시킴으로써 빛의 스펙트럼을 구했고, 색상 스펙트럼이 굴절로 인한 백색광의 약화로 만들어질 수 있다는 가설을 세웠다.

14세기의 광학과 15세기의 지속적인 발전

14세기 후반부터 광학 연구에서 물리학-기하학적 부분이 발달한 반면, 13세기에 중요한 역할을 맡았던 빛에 관한 형이상학적 사색은 더욱 부차적으로 되는 경향을 보였다. 원근법perspectiva은 발광 현상과 시각 경험을 설명하기 위해 기하학 규칙을 사용하는 과학처럼 본질적으로 이해되었다. 무지개 연구에 중요한 기여를 한 프라이베르크의 디트리히(1250-1310)의 작품을 주목할 만하다. 그는 빛이 구체인 물방울에 떨어지면 굴절과 반사라는 이중 과정을 거친다고 이야기했다. 아마도 디트리히는 물로 가득한 유리 버블로 구성된 방울 패턴을 사용하면서 이 가설을 실험적으로 공식화하기에 이르렀을 것이다. 그는 다음의 실험 절차를 따라 무지개의 색깔을 연구했다. 물과 육방정으로 가득한 구형 유리인 크리스털 구체를 통해 빛을 통과시켰다. 그렇게 스펙트럼의 색깔은 항상 똑같은 순서로 배열되는 결론에 도달했는데, 붉은색은 늘 입사선에 가까웠고 푸른색은 입사선과 가장 멀리 있었다. 디트리히와 동시에, 그러나 독립적인 방식으로 아랍인 알-파리시al-Farisi(약 1267-약 1320)는 다양한 수단을 통해 통과하는 빛의 속도 변화에 기여하는 굴절에 대한 독창적인 설명을 했다.

디트리히의 무지개 연구

광학에 대한 중세 문헌에 나타난 빛과 시각에 대한 다수의 정교한 관찰은 15세기의 예술가들이 공간의 표현과 관련된 문제를 양적인 관점에서 다루는 것에 도움을 줄 수 있었다. 그런데 철학자들의 자연 원근법perspectiva naturalis은 일반적으로 라틴어를 모르고 대학의 교과 과정을 따르지 않았던 예술가들의 문화유산의 일부는 아니라는 점을 정확히 할 필요가 있다. 광학에 대한 근본적인 일부 개념들은 예술가들의 세계에도 도입할 수 있다고 추정한다. 원근법 과정에 대한 정의를 위해 실험 관찰, 인식론적 반사, 원근법perspectiva에 관한 중세 논문의 의학적 관점이 필요하지는 않을 테지만, 기하학적 광학에서 파생된 소수의 주요 원칙들만은 필요할 것이다. 시각 피라미드의 모델과 그 중심축의 우위, 그뿐 아니라 눈에 보이는 각도와 관련된 일부 정리가 필요할 것이다. 원근법은 광학에서 다루지 않는 다른 가설에도 근거하는데, 이는 기하학에서 전해진 것이고, 13세기와 14세기 사이에 이탈리아, 특히 토스카나에서 놀라운 발전을 이룬 주판 학교에서 자주 다루어진 일부 측정 방법으로부터 응용된 것이다. 원근법 구성에서 유사 삼각형의 정리가 수치의 미묘한 변화를 깊이 있게 결정한 반면에, 단안시單眼視 가설은 유일한 관점에 상응하는 소실점을 도표로 설정할 수 있게 했다. 이 두 가지 개념이 무시되거나 혹은 광학을 다룰 때 주변부 역할에

예술가와 공간의 표현

만 머물렀다면, 상인과 장인을 양성하기 위해 만들어진 주판 수학 측정의 일부 문제를 아주 크게 부각시켰을 것이다.

| 다음을 참고하라 |
시각예술 원근법과 투시 공간(648쪽)

여행, 탐험, 발견

| 조반니 디 파스콸레Giovanni Di Pasquale |

15세기에 유럽에서 진행된 과학의 점진적인 부활은 당대의 문화 환경에 엄청난 결과를
가져온 탐험 여행과 신대륙 발견으로도 고무되었다.

여행자와 기적

15세기에 지중해 밖의 세계와 관련된 과학 문헌과 여행 이야기가 유통되었다. 여행기는 오랫동안 가장 경이로운 자연의 기적mirabilia의 현장이었던 머나먼 미지의 지역을 관통하며 한계를 극복한 이전 세기의 사람들이 이야기한 소식들을 기록했고, 과장과 환상으로 가득한 내용도 포함하고 있었다.

알-마수디al-Mas'udi(약 897-957), 이븐 하우칼Ibn Hawqal(10세기), 이븐 바투타 Ibn Battuta(1304-1377) 같은 아랍 여행자들과 지리학자들의 저서는, 11세기 노르만의 시칠리아에서 이드리시Idrīsī(약 1099-1164)의 저술이 특히 성공을 거두었던 서양에서는 유통되지 않았다. 동양에 도달하는 것에 관심이 있던 사람들에게 더욱 믿을 만했던 소식은, 중국과 몽골로 향한 마르코 폴로와 1245년에 쿠빌라이 칸Kubilai Khan(1215-1294)의 궁정에 파견된 사절단을 이끈 피안 델 카르피네의 조반니Giovanni da Pian del Carpine(약 1190-1252) 수사, 그리고 인도로 향한 포르데노네의 오도리코(약 1265-1331)뿐 아니라 1253년에 유사한 탐험에 관해 쓴 뤼브룩의 기욤Guillaume de Rubrouck(13세기)에 의해 수집된 것들이었다.

이러한 탐험의 풍부한 결실과 기록된 정보량은 유럽인들을 환영하고 여행객들을

452

보호했던 우호적인 정치 상황의 결실이었다. 1336년에 카나리아 제도는 제노바인들에 의해서 재발견되었고, 이후 마데이라, 아조레스 제도, 카보베르데 제도도 재발견되었다. 과학 장비 제조업자들이 있던 마요르카 학교의 지도 제작자들에게 1375년의 카탈루냐 지도Carta Catalana와 더불어 오랫동안 가장 최고로 평가받으며 사용된, 내륙 지역의 정보도 담고 있는 또 다른 항해 지도 제작이 필요했다. 바다와 영토의 나머지 부분은 알려지지 않았고 상상으로만 추측할 수 있는 대상으로 여겨졌다.

우호적인 정치 상황

15세기 상반기에 베네치아인 콘티의 니콜로(1395-1469)는 인도부터 버마, 수마트라, 자바, 향료 제도(현재의 몰루카 제도*)까지 인도양 접경 국가들을 방문하며 약 25년 동안 해상을 여행했다. 그의 여행담은 포조 브라촐리니(1380-1459)에 의해 퍼졌고, 동시대 사람들 사이에 어마어마한 반향을 일으켰다. 15세기 중반에 카말돌리회 수사 마우로(?-1460)의 평면 구형도가 존재했는데, 아시아를 표현할 때는 콘티의 니콜로의 자료로 갱신된 폴로의 자료가 활용되었다. 아프리카에 대한 묘사에 있어서도 유럽에서 에티오피아까지 다다른 그리스도교 선교사들 덕분에, 그리고 사하라 내부까지 밀고 들어간 이탈리아 상인들의 여정 덕분에 많이 알려진 소식에 따라 최신 정보를 담고 있었다. 아프리카 대륙에 대한 지식을 얻는 데는 아프리카의 대서양 해안을 따라 이동한 포르투갈인들에 의해 촉진된 항해술이 결정적인 역할을 했다. 이러한 사건들에서 특별한 입지를 차지한 엔히크Henrique 항해 왕자(1394-1460)는 자신의 리스본 궁정에 선원, 천문학자, 지도 제작자들을 받아들였다. 이외에도 1416년에 세인트빈센트 곶에 사그레스 항해 학교를 세웠다. 이 학교에서는 새로운 대서양 탐험의 관점에서 미래의 항해자들이 기초를 쌓을 수 있는 도제 기술을 전수했다.

세인트빈센트 곶의 항해 학교

진정한 기술 학교에서는 천문학자와 지도 제작자들이 항해 실습과 관련된 모든 것에서 이미 전문가인 도선사들에게 이론적인 지식을 전했다. 무엇보다도 계속해서 중요한 문제였던, 바다 한가운데에서 선박의 정확한 위치를 결정하는 문제를 다루는 것이 필요했다. 오랫동안 사용했던 도구들, 즉 아스트롤라베, 사분의四分儀, 녹토라베noctolabe(북극성과 배의 천정점天頂點 사이에 존재하는 각角거리를 측정하여 위도를 알아내는 고대 해양 도구*)는 특정한 순간에 천체의 높이에 근거하여 지리적 위도를 알 수 있게 해 주었다. 특히 선원들에게 유용한 것은, 사분의를 통해 편리하게 알아낼 수 있는 각거리, 항성과 관계된 달의 위치에 대한 지식이었다. 이외에도 이를 기록하기 위해 다양한 길이와 기간에 따른 달의 위치를 제공하는 도표가 소개되었다. 이러한 유형의 첫 번째 천문력天文曆은 레기오몬타누스(1436-1476)에 의해 출판되었고, 콜럼버스(1451-1506)도 이를 사용했다.

인도 제국으로 가는 길

엔히크 항해 왕자가 세상을 떠났을 때 아프리카를 배로 일주하며 남아시아에 도달하려던 야심 찬 생각은 더 현실적인 것이 되었다. 그리고 교황은 이 계획에 전폭적인 지원을 하며, 1456년에 인도 제국을 포함하여 그때까지 발견되었거나 이후 발견될 모든 나라들의 정신적인 영역의 독점 관할권을 포르투갈에 부여했다. 탐험은 엔히크 항해 왕자의 후계자이자, 폭풍의 곶이라는 이름을 대신하여 희망봉이라는 명칭을 부여한 마누엘 1세(1469-1521)에 의해서도 고취되었다. 1481년에 포르투갈의 항해자들은 적도를 건넜고, 남반구 하늘의 북극성을 중심으로 회전하는 별들을 관찰했다. 보자도르 곶을 지나서 포르투갈의 항해자들은 세네갈, 감비아, 카보베르데의 입구와 연안의 섬들을 발견했고, 1487년에 바르톨로메우 디아스(약 1450-1500)에 의해 발견된 폭풍의 곶을 지나 기니와 콩고, 이후 아프리카 남쪽 끝까지 다다르고자 했다. 아프리카를 배로 일주하면서 증명된 것으로, 적도 지역에 사람이 살 수 없다는 원칙은 수많은 탐험 중에 수집된 관찰 증거들로 인해 사라졌다. **바르톨로메우 디아스**

아프리카의 주항周航은 바스코 다 가마(약 1460-1524)로 인해 가능했다. 그는 **바스코 다 가마** 1497년 여름에 세 척의 배로 리스본에서 출발하여 11월 22일에 아프리카 남쪽을 주항하고, 크리스마스에 현재에도 나탈(포르투갈어로 성탄절이라는 뜻*)로 알려진 지역에 머물렀다. 그리고 아랍인 선원들의 안내에 따라 바람의 도움을 받아 1498년 5월에 인도 서남부 캘리컷에 도착했다. 돌아오는 여정은 1499년 9월에 리스본에서 마무리되었다. 한 세기가 끝나고 인도로 가는 바닷길이 열렸다.

새로운 지리학 문헌

대륙, 섬, 바다에 대한 지식의 엄청난 증가는 과학적 지식의 증가에 즉각적으로 부합하지는 못했다. 가장 큰 신뢰를 받았던 문헌은 에마누엘레 크리솔로라(약 1350-1415)의 제자였던 스카르페리아의 야코포 안젤리Iacopo Angeli(약 1360-약 1411)가 1410년에 라틴어로 번역하여 서구 유럽에 다시 소개된, 클라우디오스 프톨레마이

454

오스(2세기)의 『지리학』이다. 이 책은 1475년에 비첸차에서 처음으로 인쇄되었다. 안젤리의 번역본은 유럽에서 지리학 지식의 보급을 위한 핵심적인 문헌으로 남았다. 그리고 초판 이전의 수백여 권의 필사본 사본들은 이 문헌의 놀라운 성공을 증명했다. 장소명 목록을 위해 헬레니즘 시대 선원들의 주항周航을 언급하고, 각거리角距離와 좌표의 개념을 위해, 그리고 구의 각도 분할을 위해 그리스 천문학자인 히파르코스Hipparchos(기원전 2세기)에 대해 언급하면서 클라우디오스 프톨레마이오스는 중요한 내용의 요약을 제공하는 이전의 전통에 관한 정보의 상당 부분을 복구하고 수집했다. 하지만 프톨레마이오스 작품의 놀라운 성공으로 그 작품에 포함된 지구의 크기와 관련된 오류와 같은 부정확함 역시 확산되었다. 프톨레마이오스는 이 작품에서 240,000단계(약 38,000킬로미터)에 해당하는 포시도니우스Posidonius(기원전 약 135–기원전 50)의 실제보다 훨씬 정확도가 떨어진 계산을 기꺼이 받아들였다. 이는 모든 정보 중에서 서쪽에서 출발해 서인도 제도에 닿고자 했던 탐험 계획에 가장 큰 영향을 끼친 정보였다. 다른 한편 물보다 땅이 높다는 믿음, 서쪽–동쪽으로의 유라시아 대륙의 확장에 대한 확신, 그리고 인도양은 대륙에 둘러싸인 바다이고, 지도에 그려져 있을지언정 인간의 환상으로 만들어진 섬들은 조밀하고 그 중심부를 알 수 없기 때문에 항해가 불가능하다고 여겨진 대서양에 대한 전설은 인도로 향하는 선박 항해를 계획하는 순간에 결정적인 영향을 끼쳤다. 이러한 관점에서 콜럼버스의 사건은 상징적이었다. 바르톨로메우 디아스에 의해 펼쳐지고 제시된 항로에도 불구하고 아프리카의 주항에 비해 더욱 짧은 여정이라는 확신 속에 대서양을 가로질러 동아시아에 도착하려던 콜럼버스의 계획은 1482년까지 거슬러 올라가고 끊임없는 시도로 완성되었다. 고대와 당대의 수많은 학자들의 우호적인 의견은 콜럼버스 자신의 여행 동기를 세운 조건 중 하나였다.

논의된 고대와 당대의 출처에서는 지구의 알려지지 않은 부분에 대해 과도한 크기를 지정하지 않는 것이 공통적이었다. 위 아리스토텔레스의 『천체론De caelo et mundo』, 세네카(기원전 4–65)의 『자연의 의문들Naturales quaestiones』, 아베로에스Averroes(1126–1198)의 글 등은 인도가 에스파냐에서 그렇게 멀리 떨어져 있지 않고, 며칠 내에 도착할 수 있다고 이야기했다. 바다에서 이 여정을 완수할 가능성을 인정했던 그리스의 지리학자이자 역사가 스트라본(기원전 약 63–21년 이후), 플리니우스(23/24–79), 솔리누스Solinus(3세기)조차도 이 의견에 반대하지 않았다. 당연히 콜럼

클라우디오스 프톨레마이오스의 『지리학』

콜럼버스의 상징적 경험

버스를 과학자로 분류하는 것은 잘못이다. 그는 단지 자신이 읽었던 책들에서 필요한 확신을 찾았다. 그의 개인 서고에는 크리스토포로 란디노(1424-1498)가 주석을 단 대 플리니우스Gaius Plinius Secundus의『박물지』, 에네아 실비오 피콜로미니(1405-1464, 1458년부터 비오 2세라는 이름으로 교황)의『그의 시대의 기억해야 할 사물에 대한 주해Historia rerum ubique gestarum cum locorum descriptione non finita』(1477), 마르코 폴로 Marco Polo(1254-1324) 여행기의 라틴어 번역서, 프톨레마이오스의『지리학』, 피에르 다이(1350-1420)의『세계의 이미지Imago mundi』가 자리를 차지하고 있었다.

파올로 달 포초 토스카넬리

프톨레마이오스의 저서에 대한 의심과 불확실성은 상당한 권위를 지닌 학자이자 천문학자, 수학자였던 파올로 달 포초 토스카넬리(1397-1482)의 과학적 지원 덕분에 해결되었다. 그는 콜럼버스에게 보낸 편지에서 동쪽에 있는 아시아에 도달하기 위한 가장 짧은 경로는 대서양을 가로지르는 길이라고 언급했다. 이외에도 토스카넬리는 지정학적 지도를 제작했는데, 그는 포르투갈의 왕실에 콜럼버스와 똑같은 요청을 제안하기 위해 이 지도를 리스본의 대성당 평의원으로 보냈다. 그는 중국으로 향하는 항해는 그리 멀지 않은 포르투갈에서 출발하는 것이 타당하다고 설명했다. 다른 한편 콜럼버스의 의견과 토스카넬리의 의견은 일치했을 뿐만 아니라, 이는 그가 사본을 가지고 있던 1410년에 작성된 피에르 다이의『세계의 이미지』에서 추가로 확인할 수 있다. 다이 추기경은 로저 베이컨(1214/1220-1292)의『큰 저작Opus maius』에 담긴 지리학 개념 연구에서 영향을 받았다. 아랍 문헌에 대한 광범위한 지식을 바탕으로 베이컨은 아시아와 아프리카는 적도 훨씬 너머에 펼쳐져 있고 열대 지역은 거주가 가능할 것이라고 결론을 내렸다. 중세의 지리학 연구에 대한 마지막 번역 텍스트인, 다이 추기경의『세계의 이미지』는 성경과 아리스토텔레스 전통에서 가져온 정보의 보고이지만, 당대의 대탐험에 대한 언급이 빠져 있다.

피에르 다이의
『세계의 이미지』

　이 번역서는 1483년에 벨기에 중부 도시 루뱅에서 출간되었고, 15세기 말과 16세기 동안 널리 확산되었다. 다이는 또한 동쪽으로의 아시아의 확장, 그리고 바다와 솟아나온 육지 간의 비율을 과장했다. 그럼에도 덜 알려진 고전의 전문가였던 추기경은 아프리카 항해 일주의 가능성 등을 볼 수 있는 긍정적인 통찰력을 지녔다. 프톨레마이오스의『지리학』의 라틴어 번역본 이후, 다이 추기경이 새 작품『세계지리 개요서Compendium Cosmographiae』(1413)를 구성할 수밖에 없었음을 살펴보는 것은 흥미롭다. 그 책에서 그는 자신의 첫 번째 작품에서 다루지 않은 부정확한 점, 즉 아프리카는 더 이상 하나의 섬에 불과한 것이 아니고 인도양은 개방되어 있지 않다는 점을 끼워 넣으며, 주제에 관한 절대적인 권위를 인정하는 프톨레마이오스의 의견을 요약했다. 15세기 문화인다운 태도를 보여 주는 다이의 『세계지리 개요서』는 프톨레마이오스의 권위에 경의를 표했다. 프톨레마이오스의 작품은 그 분야의 모든 학자들의 관심 한가운데에 있을 수밖에 없었다.

캐벗, 베스푸치, 마젤란

15세기가 끝나기 전에 유능한 항해사였던 존 캐벗John Cabot(약 1450-약 1498)도 언급해야만 한다. 그는 영국 서부 항구인 브리스틀에서 출발하여 테라노바, 케이프브리튼 섬, 노바스코샤, 세인트로렌스 만을 지나면서 두 번의 여행을 했다. 캐벗의 탐험은 극동 지역을 향해 북서쪽으로의 경로 탐색을 촉진하면서 그가 도달한 땅의 광대함에 관한 정확한 과학적 정보를 유럽 학자들에게 확인해 주었다. 동쪽 지역에서 목격되고 묘사된 사람들과 이 지역에서 마주친 식물, 동물, 생명체들 간의 명백한 차이에 관해 의구심이 급증했다. 게다가 사람이 붐비는 부유한 도시, 그리고 마르코 폴로와 그 경로를 개척했던 다른 많은 이들이 기술한 높은 수준의 문명은 황무지와 빈곤층 때문에 비교가 어려웠다.

알려진 것처럼 이 문제의 해결안은 아메리고 베스푸치Amerigo Vespucci(1454-1512)에게 있었다. 기아나부터 파타고니아까지 남아메리카 해안가를 따라 올라간 두 번의 연속 항해, 즉 1499년부터 1500년까지의 첫 번째 항해와 1501년부터 1502년까지의 두 번째 항해에서 땅의 광범위한 부분이 아시아에 속할 수는 없고 새로운 세계임에 틀림없다는 것이 증명되었다.

신세계

육로가 닫힌 이후에 동양과의 교역을 위한 새로운 경로를 열어야 한다는 서양인들의 필요와 강렬한 경제적 호기심에 대한 편견 없이, 이 야심 찬 계획은 직접적인 실험과 실행을 향한 더욱 긍정적인 태도에 근거한, 자연에 대한 새로운 철학으로도 충족되었다. 항해술과 지도 제작의 발전은 알 수 없는 해안에서 한 지점의 위도를 결정할 수 있게 했고, 이따금 바다에서 배의 위치를 나타낼 수 있게 했다. 동서양의 경험이 적절하게 결합된 건축술로 인해 상당한 양의 물건을 운반할 수 있을 정도의 휠씬 규모가 큰 선박이 유럽의 무기로 등장했다. 나침반, 이동식 키, 더 넓은 돛은 바닷길을 가로질러 신세계에 도착할 수 있으리라는 희망을 채워 주며 선원들에게 더 큰 믿음을 주었다. 반면에 대포의 급속한 발전은 유럽인들에게 안정감을 주었는데, 그들은 대포가 적들의 무기보다 훨씬 효과적이라고 믿었다.

이는 1517년에 출발한 페르디난드 마젤란Ferdinand Magellan(1480-1521) 항해의 전제였다. 3년 후 그의 배들 중 한 척이 지구를 한 바퀴 항해한 뒤에 유럽으로 돌아왔다. 한 세기가 못 되는 시간 동안 유럽인들은 지중해를 빠져나와 대서양과 북해 연안을 따르는 항해를 포기하고, 가장 넓은 바다가 태평양임을 깨닫고는 세계 일주를 달성했다. 이 결과는 대학에서 읽은 고대인들의 지식을 담은 문헌의 연구를 통해서는 이해될 수 없었던 자연의 다양성에 관련된 새로운 의심과 지구의 모양에 관해 더 확신할 수 있게 해 주었다. 특히 전통을 담은 새로운 정보를 중재한 모든 육지 지도를 다시 살펴볼 필요가 있었다. 14세기 중반부터 유럽인들은 직접 경험을 통해서, 그리고 여행하고 보고 알게 된 사람들의 이야기를 통해서 세상을 알아 갔다. 바닷길로 접근 가능했던 수많은 지역을 가 보게 되었고, 새로운 땅을 발견했고, 전체를 담은 세계 지도를 그리게 되었다. 지리적 지식의 확장은 이전과 비교할 수 없이 빠르게 일어났다. 특히 혁신적인 연구를 시작하기 위한 단서인 과학과 기술 사이의 더욱 긴밀한 협력의 필요성을 분명히 하며 텍스트의 권위에 반하는 경험 과학의 중요한 첫 승리를 결정했다.

직접적인 실행과 실험

신세계를 위한 새로운 지도

15세기 중반 이래로 더욱 정확하고 완전한 방식으로 세계의 이미지를 묘사하기 위한 조건이 있었다. 프톨레마이오스의 『지리학』에는 지식의 발전과 분명히 거리가 있는 것으로 보이는 지도에 할애된 부분이 있다. 여전히 프톨레마이오스의 새 인쇄본은 멋졌지만 시대에 뒤진 것이었다. 그렇게 1482년부터 프톨레마이오스의 문헌에 가장 정확하고 갱신된 지도가 포함되었다. 아브라함 오르텔리우스Abraham Ortelius(약 1528-1598)의 『세계의 무대Theatrum orbis terrarum』(1570)도 유포되었는데, 47개의 지도 중에 새로운 11개의 지도를 포함한 이 최고의 지도책은 상당히 값진 스트라스부르의 아름다운 판본이었다. 고대인들의 권위를 엄격하게 살펴보기 시작했는데, 의심에 근거하고 다른 연구 분야에도 확장된 탐구 방법이 유행했다. 신세계에 대한 인

지리학적 지도의 갱신

식이 확장되면서 세계의 이미지는 유럽인들의 눈에 펼쳐졌고, 의심할 여지없이 인간의 지식이 어떻게 만들어지고 있는지를 보여 주었다. 따라서 새로운 표현은 사실에 더욱 가깝게 알려진 땅의 이미지를 보여 주었고, 작은 모형으로 만들어진 지구본을 통해 세계를 나타내는 개념에 대한 생각을 분명히 했다. 15세기가 끝나갈 무렵 독일 남부 도시 뉘른베르크에서 지도 제작자 마르틴 베하임Martin Behaim(약 1459-1507)이 작은 지구의를 제작했다. 이 모형에는 새롭게 발견된 땅을 그려 넣는 것이 가능했다. 이 특별한 시장은 네덜란드인들이 장악했는데, 네덜란드의 지도 제작자와 지리학자들은 전문적으로 지구의를 제작했다.

탐험가들의 발견, 요하네스 구텐베르크(약 1400-1468)의 사업, 예술가-기술자들의 인상적이고 대담한 작업, 야금학과 연금술의 발달은 15세기를 자연, 과학, 기술 지식이 대단히 혁신적인 방향으로 흘러간 시간으로 만들었다. 이 시대는 16세기에 새로운 지식과 새로운 문화의 기본을 보여 준 학문과 연구의 번성을 위한 조건을 성립했다. 코페르니쿠스, 베살리우스, 비링구초, 에르커, 라멜리는 연구의 발전에 큰 영향을 미친 각각의 분야에서 작품을 만들었다.

| 다음을 참고하라 |
역사 소매 시장과 도매 시장 및 통신 수단(176쪽); 원정군과 콜럼버스 이전의 지리상의 발견(184쪽)
과학과 기술 15세기 과학 논쟁의 일부 측면(391쪽); 기계 문화: 원칙, 기술자, 인문주의자(424쪽); 인문주의자 기술자들: 조반니 폰타나와 로베르토 발투리오(427쪽); 독일의 군사 공학 기술자들(429쪽); 중국의 과학과 기술(469쪽)

고전과 과학

| 조반니 디 파스콸레 |

15세기는 고대 문화의 기초에서 시작한 지식 구조를 재검토하려는 목적에서 고전 논문을 이해하기를 원했던 인문주의자들의 연구가 지배적이었다. 15세기의 인문주의는 고대의 과학과 기술 지식에 대한 접근 역시 철저하게 갱신한 것에 근거하여 일반적인 특징들을 유지하면서 다양한 이탈리아 문화 중심에서 상이한 방식으로 드러났다.

문헌학의 탄생, 로렌초 발라

중세는 고전을 잊지 않았다. 고전에 대한 연구는 작품에 담긴 진실에 경의를 바치고 탐구하며 읽고 연구하고, 절대적인 권위에 의해 만들어진 그 작품들을 평가하는 경향의 맥락 안에서 진행되었다. 학자들 가운데 부지런히 수렴되어야 하는 문헌을 납득할 만한 방식으로 가까이하려는 목적에서 새로운 문헌학적 필요성이 생겨났다. 인문주의 학자는 열정적으로 고전을 다루었지만, 고전을 그 역사적 현실에 맞게 복원할 수 있도록 거리를 두기도 했다. 과거의 자료에 대한 뜨거웠던 비판적 논쟁은 기술-과학 지식 분야에서도 그 결실을 증명했다. 이러한 관점에서 로렌초 발라(1405-1457)의 작품은 고전에 대한 인문주의자의 태도를 명시하는 것으로 이해될 수 있다. 말이 위대한 의사소통의 가치를 지니고 있음을 확신한 발라는 문헌학에서 고대의 작 **말의 중요성** 품에 유익하게 접근할 수 있는 유일한 수단을 찾았다. 말의 역사에서 그는 인간사와 제도, 그 사용과 관습을 재발견했다. 문헌학은 인간에 대한 학문이자 인식이고 교육이다. 이러한 관점에서 발라가 소유했던 수많은 고전은 새로운 사실을 드러냈고, 이는 바로 과거의 재정복이었다. 과학적인 관점에서 그의 풍부한 장서 중 가장 중요한 문헌은 오늘날에도 여전히 피렌체 라우렌치아나 도서관에 보관 중인 아르키메데스(기원전 287-기원전 212)의 작품을 포함한 자료다.

고대인들의 자연 및 과학 지식의 발전에 주목한 인문주의자 발라는 갈레노스(약 129-약 201)의『의학 입문Introductiorum ad medicinam』(1481)과 퀸투스 세레누스 삼모니쿠스Quintus Serenus Sammonicus(3세기)와 아비에누스Avienus(4세기)의『의학서Medicinae Liber』,『고대 천문학의 작가들Scriptores astronomici veteres』이라는 제목의 천문학 총서와 라틴어로 번역된 사모스의 아리스타르쿠스(기원전 4세기)의『태양과 달의 크기와 거리에 관하여De magnitudinibus et distantiis solis et lunae』, 아프로디시아스의 위 알렉산드로스의『난제들Problemata』같은 책들의 주석판 번역본을 출판했다.

학문 분야별로 분류된 고대인들의 지식에 대해 발라는 기념비적인 작품『추구해야 할 것과 피해야 할 것De expetendis et fugiendis rebus opus』을 저술했는데, 이 책은 49권으로 되어 있고 그가 세상을 떠난 뒤인 1501년에 베네치아에서 출판되었다. 고대 의학에 대한 그의 진정한 열정은 서양 의학 지식의 뿌리를 확산시키려는 의도를 지닌 7권의 책으로 만들어졌다. 게다가 발라의 태도는 고립된 것이 아니었다. 교육받은 **지식의 재구성** 계층에서 당시 성행하던 지식의 재연설과 재구성에 대한 사려 깊은 작업을 시행하려

460

는 필요가 생겼다. 이는 새로운 태도는 아니었다. 헬레니즘 시대의 알렉산드리아 문화 계층, 공화정 말기의 로마, 이슬람 문명, 라틴 중세가 이와 동일한 방향으로 이동하였는데, 이 시기는 학자들이 소유물과 지식, 고대 문학과 이민족들의 재구성에서 고유한 지식을 기반으로 추정하는 시대였다.

인쇄의 발명과 고전의 배포

15세기 내내 고전에 대한 여러 연구가 여기저기에서 이루어졌다. 중세에 종속된 매개체를 통하지 않고 이제야 마침내 직접 습득한 고대 작품들에 대한 연구를 당대 지식인들은 무시할 수 없었다. 이제 문헌학은 본질적 중요성을 지니고, 문헌학에 대한 지식은 그리스와 라틴 문헌을 다루기 위해 변함없이 필요했다. 가동 활자 인쇄의 확산 역시 고전의 재발견에 기여했다. 요하네스 구텐베르크(약 1400-1468)가 독일 서부 도시 마인츠의 책 작업장에서 1447년과 1448년 사이에 연속적으로 작품을 만들며 발명한 이후에 인쇄술은 이탈리아에도 확산되었다. 구텐베르크에 의해 도입된 기계적인 절차는 제작 시간을 줄이면서 필경사의 작업을 병행했다. 특히 이탈리아의 주요 궁정에서 필사본은 여전히 유통되었다. 그러나 15세기 중에 책 작업장의 확산은 수도원과 성직자 집단에서 가져온 문화의 생산을 도시 중심부에 소개했다. 다른 한편 교회 신자들이 고대 문헌의 유일한 사용자는 아니었다. 이는 수많은 수공예 직업들의 발전과 대학 모두를 위해 필요했다. 인쇄된 원고를 만들어 내는 새로운 기계 방식은 대필자의 일을 대신 했는데, 이는 대학의 탄생과 수공예 활동의 발전과 더불어 점점 더 가속화되었다. 이탈리아 도시들에서는 문헌의 사본을 다양한 사람들에게 조각조각 나누어 맡겨 만드는 공방이 만들어질 정도였다. 이러한 목적으로 피렌체에 비스티치의 베스파시아노Vespasiano da Bisticci(1421-1498)의 작업장이 생겼다. 이 작업장은 후에 인쇄 서적의 새로운 생산 중심지로 자리 잡게 되었다.

기술적인 관점에서 구텐베르크는 합이 예상되는 결과를 도출하는 일련의 행동으로 모든 작업을 해체하는 탁월한 직관력을 지녔다. 문헌은 사실상 페이지별로 나뉘고, 페이지는 줄로, 줄은 단어로, 단어는 문자로, 모든 문자는 정확한 획으로 나뉜다.

대필자에게 맡기는 대신, 재료를 받아서 인쇄기 아래에 다시 만들기를 원하는 순서에 따라 모든 것을 재배치하는 기술자에게 맡기는 과정을 통해 계속해서 진행된 쓰기 작업은 항상 어디서나 작동하도록 설계된 계획에 따라 복제 가능한 활동이 되

이탈리아에서의 인쇄의 확산

었다.

자연스럽게 구텐베르크의 성공은 그가 뛰어난 직관을 가진 과정의 발달에 기초했다. 금속 용해 기술은, 한쪽 끝에 글자가 새겨지도록 내리찍기 위한 전제이고, 그 다음에 이미지가 만들어지도록 구리 덩어리를 두들겨 변형시키기 위한 전제다. 이는 이론상 무한하게 반복될 수 있는 작업이다. 16세기 초반에 기술적 완벽함을 최종 작품에 부여하려는 섬세한 작업에 따라 인쇄 이후 책을 실로 묶어 꿰맸다. 첫머리incipit, 본문, 끝말explicit이 있는 필사본을 오랫동안 복제하면서 인쇄된 책은 속표지라는 중요한 새로움을 도입했다. 속표지는 작가와 작품을 소개하는 페이지였다.

<!-- 여백 주석: 속표지 -->

15세기가 끝나기 전 자연주의적, 과학적, 기술적인 문화에 관해서 대 플리니우스의 『박물지』(베네치아, 1469), 베로나의 구아리노가 주석을 단 스트라보Strabo의 『지리학Geographia』(로마, 1469), 『스키피오의 꿈Somnium Scipionis』에 대한 마크로비우스Macrobius의 주석집(베네치아, 1472), 마닐리우스Manilius의 『아스트로노미카Astronimica』(뉘른베르크, 1471), 아라토스의 『현상Phaenomena』(브레시아, 1474), 히기누스의 『시적 천문학Poeticon Astronomicon』(페라라, 1475), 스카르페리아의 야코포 안젤리가 라틴어로 번역한 클라우디오스 프톨레마이오스의 『우주지Cosmographia』(비첸차, 1475), 켈수스의 『의학론De medicina』(피렌체, 1478), 디오스코리데스의 『약물에 대하여De materia medica』(콜레 발 델사, 1478), 폼포니우스 멜라Pomponius Mela의 『우주지』(베네치아, 1478), 유클리드의 『기하학 원론Elementa Geometriae』(베네치아, 1482), 테오프라스투스의 『식물의 역사De historia plantarum』(트레비소, 1483), 마르실리오 피치노가 번역한 플라톤의 작품(피렌체, 1485), 비트루비우스의 『건축서』(로마, 1486), 프론티누스Frontinus의 『수도론De aquaeductibus』(로마, 1487), 갈레노스와 세네카의 논문들(베네치아, 1490), 마르티아누스 카펠라Martianus Capella의 『필롤로기아와 메르쿠리우스의 결혼De Nuptiis Philologiae et Mercurii』(비첸차, 1499)이 인쇄되었다.

과학과 기술 지식의 다양한 영역에서 고대인들의 지식 복구에 주의를 기울인 지식인들은 지금 대학 과정의 일부이기도 한 새로운 자료를 마음껏 활용했다. 이외에도 회계 장부, 시장의 개념, 몇몇 과학적 도구 사용을 위한 안내서 같은, 상업적 배포물을 위한 기본적인 지침을 담고 있는 문헌도 있었다. 인쇄의 출현은 문화에 접근할 수 있는 전환점을 나타냈을 뿐만 아니라, 자신들의 능력을 책 작업장에서 활용하려던 학자들 사이에 새롭고 더욱 긴밀한 접촉을 이끌어 내기도 했다.

천문학자, 의사, 기계공은 15세기의 화가들과 마찬가지로 자연의 실제를 꼼꼼하게 묘사하는 데 주의를 기울이면서 조판사가 활용할 수 있도록 자신들의 지식을 쏟아부었다. 그러므로 자연을 표현하는 방식은 과학 지식을 위해서도 큰 중요성을 갖게 되리라고 추정되었다. 만약 16세기에 이 새로운 기술을 전적으로 사용했다면, 1315년과 1318년 사이에 볼로냐에서 의사로 활동한 리우치의 몬디노(약 1270-1326)가 쓴, 최초의 그림 해부학 문헌인『해부학』주석집이 중요한 역할을 했다. 이 책은 카르피의 자코모 베렌가리오(1470-1530)의 주석을 담아 같은 도시 볼로냐에서 인쇄되었고, 15세기에 이 새로운 기술을 익히기 위한 지식이 발달했다.

최초의 그림 해부학 문헌

| 다음을 참고하라 |
역사 교육 및 문화의 중심지(249쪽)
과학과 기술 새로운 고대 원천의 번역과 발견: 그리스어 문헌의 부활(402쪽); 기계 문화: 원칙, 기술자, 인문주의자(424쪽); 인문주의자 기술자들: 조반니 폰타나와 로베르토 발투리오(427쪽); 독일의 군사 공학 기술자들(429쪽); 이론과 실제 사이(462쪽); 중국의 과학과 기술(469쪽)

이론과 실제 사이

| 조반니 디 파스콸레 |

도시, 수공예 직종, 전문직 조합의 발달은 15세기에 대학과 수도원이 더 이상 유일한 문화 생산의 중심지가 아니었음을 명확하게 보여 준다. 기술 과학 지식의 관점에서 15세기는 예술가-기술자가 중심을 이루었다. 이탈리아 도시의 문화와 그 사회의 전형적인 표현은 번성했고, 예술가-기술자들은 15세기 신지식인들이었다.

논문과 안내서

대학에 있는 철학자들의 논리에 따라 예술가-기술자들은 인문주의자들과의 공동 작업으로 고전 문헌의 기술 도안 및 해석에 근거한, 그리고 수학 및 기하학 규칙에 따른 재료의 습성에 근거한 새로운 지식을 동반했다. 예술가, 장인, 그리고 더 높은 문화적 수준의 기술자들은, 헬레니즘 역학 및 라틴 기술 논문의 문헌에서 문제와 질문에 대한 답을 찾는 인문주의적 환경과 접촉했다.

15세기의 문학은 때로는 안내서처럼 혹은 특별한 주제와 관련된 소개서처럼 만들어진 기술 논문들이 풍부하다. 두 경우 모두 이론과 실제 간의 협력을 촉진하면서 이론과 실제, 과학과 기술 간의 거리를 좁히는 데 결정적으로 기여한 문헌들이다. 특정 주제에 관해 예술가, 기술자, 장인들이 제작한 15세기의 매우 광범위한 생산물은 기베르티, 피에로 델라 프란체스카, 첼리니, 조르조 마르티니의 프란체스코, 필라레테, 레오나르도, 레온 바티스타 알베르티, 발투리오 같은 이들의 작품이었다. **이론과 실제의 혼합**

회화, 조각, 건축, 수력 공학, 요새 건설, 온갖 종류의 기계는 점점 더 상세해진 논문 초안을 통해 명시된 이론적이고 실제적인 개념에 기초하여 뛰어난 지적 가치를 지닌 활동의 결과였다. 이러한 지식의 소유자들은 찾는 이들이 많았고 벌이도 좋았다. 그들은 고대의 문헌과 기념물에 대한 관심을 가지고 있었을 뿐 아니라, 때때로 그들의 행동을 이해하기 위해 기술적 절차에 속하는 재료에 대한 주의 깊은 실험 관찰을 공통적으로 하기도 했다. 예술가, 기계 제작자, 기술자, 건축가의 작품들에서 새로운 작업 개념이 인기를 끌었다. 즉 합리적인 건설뿐 아니라 재료의 변형 과정을 이끄는 능력이 있는 것으로도 이해된 기술의 중요성에 대한 개념이었다.

15세기 독일 남부 지역에서 발달한 야금 활동은 지식의 성장과 점점 더 효율적으로 개선된 도구와 장치의 유용성과 관련이 있었다. 이는 의학 분야에도 적용된 연금술의 발달에 즉각적인 영향을 미쳤다.

기술 도안과 이미지의 언어

장인, 기술자, 예술가의 입장에서 자신의 지식을 더 쉽게 이해할 수 있도록 하기 위해 특히 중요했던 것은 이미지와 기술 도안이었다. 15세기 초반에 기술자가 사용할 수 있는 도상 목록은 다소 제한적이었다. 헬레니즘 시대의 기계 기술 논문을 모아 놓은 필사본, 특히 요새 공격 및 방어 전술에 할애된 논문들에는, 비투르비우스의 문헌과 다마스쿠스의 아폴로도루스(약 2세기)의 작품, 작자 미상의 『병무兵務에 관하여De rebus bellicis』(4-5세기), 그리고 베게티우스의 문헌에서처럼 글을 설명하는 그림이 그려져 있었다. 비잔티움에서도 1천 년 전에 기계와 도구 그림이 그려진 요새 공격 및 방어 전술 문헌 모음집이 유통되었다. 온느쿠르의 빌라르(13세기)의 노트와 비제바노의 귀도(약 1280-약 1349)의 『프랑스 왕의 관련어집』의 그림에는 13세기부터

콘라드 카이저 날짜가 적혀 있다. 군사 분야에서는 바이에른 프랑코니아의 학식 있는 군인이었던 콘라드 카이저(1366-1405년 이후)가 쓴 『전쟁 무장』이라는 라틴어 논문이 있다. 이는 15세기 초반에 작성되었고, 팔츠 선제후이자 독일의 왕이었던 루프레히트(1352-1410)에게 헌정되었다. 카이저는 그림 언어를 체계적으로 사용했던 최초의 기술자였다. 특히 프론티누스(약 30/40-103/104)와 베게티우스를 유념하며 『전쟁 무장』은 당시 전장에서 처음 시도했던 화기, 따뜻하게 데운 공중목욕탕 계획과 야간용 램프 제작에 상당한 주의를 기울이면서 고대 작가들의 전술과 요새 공격 및 방어 전술에 대한 시각적 개요서를 보여 준 것이다. 하지만 기술적인 세부 사항을 대략 제시한 것에서 알 수 있듯이 이 그림들은 항상 글의 주제를 설명하기 위해 그려진 것은 아니었고 오히려 분명한 장식의 의도였다.

정확하게 고대 기술 논문들을 설명할 필요성은 15세기 동안 더 분명해졌다. 이러한 변화의 분명한 신호는, 무엇보다도 전쟁 기계와 도구에 할애된 『기술자에 관하여』라는 네 권의 책 안에 수백여 장의 그림을 그린 저자이자 15세기 초에 활동한 타콜라라 불린 야코포의 마리아노(1381-약 1458)의 기계 그림에서 볼 수 있다. 이 그림들에는 여전히 극복해야 하는 분명한 기술적 문제들이 있었다. 이는 종종 자율성 없이 배경에 삽입되었는데, 기계의 명확성이 부족한 것에 영향을 미쳤다. 타콜라의 목적 역시 텍스트를 그림으로 표현함으로써 고대인들의 지식을 되살리려는 것이었다.

타콜라의 『기술자에 관하여』

그러므로 타콜라에게 이미지는 텍스트 읽기에 기여하고, 텍스트 이해를 쉽게 할 수 있도록 통합적이어야 했다. 타콜라 이후 기술자들에게 빠르게 드러난 문제는 도안과 물질, 이론과 실제 사이의 관계에 대한 것이었다. 종이 위에 잘 나타나고 효과적이었던 기술적 해결책은, 비례 척도와 비례 확대의 법칙을 충분히 존중하며 실행되었을 때에도 수정과 각색이 필요한 문제를 다루어야 했던 순간에 약속대로 이행되지 않았다.

이런 이유 때문에라도 쓰고 그리는 작업 외에 실용적인 능력을 소유하고 물리적인 현실로 디자인을 옮길 때 필요한 변화와 마주할 수 있어야 하는 기술자의 작업이 필요했다.

군사 공학과 민간 공학

여전히 2차원의 평평함 때문에 기술적으로 상당히 불편했음에도 그래픽적인 표현은 기하학의 달성, 원근법, 그리고 새롭고 정확한 디자인 도구의 사용을 유용하게 한 새로운 공간성을 지니도록 진화했다. 자신들의 작품과 문헌 속 그림으로 예술가, 기술자, 장인은 비록 주로 군사 용병술에 관련된 것이었긴 하지만 민간용으로 확대될 수 있는 기술 문화 확산에 기여했다.

그래픽 기술의 개선으로 수압 장치, 온갖 종류의 기중기와 배 이미지를 볼 수 있다. 이미 훌륭하게 제작된, 수력을 활용하는 수차水車 기술 분야에서 야코포의 마리아노는 조수 간만의 차를 활용하기 위해 특별한 순환 물레방아를 설계했다. 몇몇 기술자들은 바람이나 노를 젓는 행위와 관계없이 배를 움직이게 하는 독창적인 계획을 실행했다. 기본적으로 바퀴 프로펠러가 달린 배나 기계 장치로 움직이는 노가 달린 배였다. 그런 의미에서 완전한 무풍의 순간에 적을 공격하고, 바람이 없을 때도 움직이고, 작전 중 노의 방해 없이 승선하고, 조류의 방향과 반대로 강을 거슬러 올라가기 위한 도구들을 소개하고 싶은 생각으로 촉진된 첫 번째 계획이 14세기 동안 등장했다.

뮌헨에 보관된 1430년의 필사본에는 네 개의 외륜으로 움직이는 소형 군사용 선박이 보인다. 『군사론』에서 로베르토 발투리오(1405-1475)는 갑판 위에 단 한 사람만 있고, 크랭크를 사용해서 작동하며 쌍을 이룬 바퀴 두 개의 운동으로 움직이는 소형 선박을 보여 주는 그림들을 사용했다. 명백히 상상 속의 것이었지만 풍력을 활용할 수 있다는 깨달음은 15세기 여러 작가들의 작품을 통해 중요한 장치를 고안하는 데 영감을 주었다. 이 중에 콘라드 카이저는 방어용 구조물 꼭대기로 무장 인력을 신속하게 이동시키기 위해 바람의 힘으로 움직이는 승강기를 요새 성벽 위에 건설하려고 계획했다(1405). 풍력으로 무게를 들어 올리려는 생각은 당시 기술자들의 상상 속에서 시작되었음에 틀림없다. 뮌헨에 보관된 그림 문서에서 후스 전쟁의 익명의 저자는 주로 군사적인 주제의 다양한 프로젝트 중 물레방아를 돌릴 뿐 아니라 밀가루 자루를 들어 올리기도 하는 바람으로 움직이는 바퀴를 소개했다. 로베르토 발투리오가 바람으로 두 개의 바퀴를 움직이게끔 되어 있는 마차 제작을 시도한 것 역시 주목할 만하다. 15세기에는 또한 혁신적인 건설 기계가 등장했다. 다른 한편 그 시대는 야심 찬 사업으로도 특징지을 수 있다. 1455년에 볼로냐에서 20미터 높이의 마조네의 탑을 옮겨야 하는 상황이 발생했다. 15세기의 지역 연대기는 그다음 해에 페라라 근처 첸토에서 산 비아조 탑을 옮기는 데도 참여했던 건축가 로돌포 피오라반

새로운 그래픽 기술

풍력

티Rodolfo Fioravanti(15세기)가 마주한 어려움을 전했다.

건축 현장에 적용되는 규칙의 관점에서 독일인 건축가 마테우스 로릭처Matthäus Roriczer(약 1430-약 1495)의 『정확한 첨탑 건설에 관한 책Il libro della costruzione esatta dei pinnacoli』이 1486년에 레겐스부르크에서 인쇄되었다. 주교좌 성당의 첨탑 건설에 대한 자신의 이론을 명확하게 확산시키려던 로릭처는 온느쿠르의 빌라르가 이미 마주했던 사각형을 두 배로 늘리는 과정이 어떤 절차에 따라 진행될 수 있었던 것인지를 일련의 그림들을 통해서 독자들에게 설명했다.

로릭처와 첨탑   로릭처가 사용한 이미지는 또 다른 사각형 안에 있는 하나의 사각형을 그리는 것을 포함한 그의 방식을 보여 주었다. 첨탑이 올라갈 때까지 하나의 사각형 안에 다른 사각형을 집어넣는 방식으로 안쪽 사각형이 정리된다. 따라서 사각형 부분들 간의 비례 관계에 대한 규칙은 새 교회의 상이한 요소들을 다루는 열쇠가 되었다. 로릭처가 자신의 지식을 건설업자들에게 더 잘 전달하고자 이미지에 의존했다면, 1459년의 자료는 스트라스부르, 빈, 잘츠부르크 같은 도시에서 온 여러 석공들과의 레겐스부르크에서의 만남을 기록하고 있다. 무엇보다 건물 도면으로 수직면을 추정하는 기술을 그 일에 종사하지 않는 사람에게 공개하는 것을 금지하는 사항을 인준했다.

비트루비우스의 『건축서』 그림

15세기 후반에 비트루비우스의 문헌 역시 유통되었다. 초판본editio princeps이 1486년 로마에서 술피키우스Sulpicius에 의해 출간되었고, 이 책은 텍스트를 쉽게 이해할 수 있도록 문헌학자들과 예술가들이 참여하여 노력한 구체적인 결과물이다. 문헌학자인 술피키우스가 라틴어로 적혀 있는 비트루비우스 문헌의 모호한 점들을 이해하기 위한 준비를 한 반면에, 예술가들은 놀라운 로마 건축과 그 프로젝트를 가능하게 한 기계의 비밀을 탐구하고 있었다. 다른 한편, 로마의 고대 건축물들은 문헌과 비교되는 자료를 제공했다. 술피키우스는 장치의 삽화를 제공하지 않았다. 왜냐

술피키우스의 초판본 하면 원래 이미지를 찾지 못했기 때문에 나중에 이미지를 끼워 넣기가 어려웠기 때문이다. 『건축서』의 원본 그림의 손실은, 손실된 장면을 재현하려고 애쓴 예술가와 기술자들에게 자극이 되는 것으로 마무리되었다. 아랍인들조차도 수많은 기술 논문들에 직접 그림을 그리면서 이 문제를 다루었다. 그들은 이 논문들에 번역문을 붙이고, 그림 없이는 해석하기 어렵다고 여겼다. 예를 들어, 9세기 말경에 아랍인 수학자

쿠스타 이븐 루카Qusta ibn Luqa(820-912)는 쉽게 읽히도록 원본에 전혀 없는 이미지를 덧붙이고 수정하면서 알렉산드리아의 헤론Heron(1세기?)의 『역학Meccanica』을 번역했다.

비트루비우스의 문헌에서 수치의 삽입은 1511년 베네치아에서 문헌학자이자 건축가, 그리고 기계와 건축물 설계 전문가였던 조반니 조콘도Giovanni Giocondo(1433-1515) 수사가 출판한, 그림이 들어간 초판 이래로 필수 사항이 되었다. 이탈리아와 프랑스에서 활동한 그는 건축가architectus, 기계공mechanicus, 골동품 수집가antiquarius로 당대 자료에 기록되었다. 비트루비우스의 문헌에 그림을 그리기로 결정했을 때, 그의 기술 그림 경험은 부족하지 않았다. 왜냐하면 1492년에 건축과 전쟁 도구와 관련된 조르조 마르티니의 프란체스코(1439-1501)의 두 권의 책에 126개의 그림을 그렸기 때문이다. 무엇보다 조콘도 수사는 1472년에 베로나에서 출판된, 그림이 들어간 최초의 기술 논문인 발투리오의 『군사론』의 초판 그림 작가로도 명시되었다.

조콘도 수사의 작업 방식을 따라가 보는 것도 흥미롭다. 비트루비우스(기원전 1세기)의 논문 서문에 포함되어 율리오 2세(1443-1513, 1503년부터 교황)에게 헌정된 작품에서 그는 고고학 유물과 함께 문헌을 비교하거나 많은 자료를 수집했다고 이야기했다. 이는 건물과 건축적 요소들의 표현의 기원이지만, 『건축 10서De Architectura libri X』에 그려진 기계 그림의 기원은 아니다. 16세기 초 이 주제로 파리에서 열린 강연들에서 추론할 수 있는데, 그는 오랫동안 이에 대해 계획하고 있었던 것이다. 다른 한편, 15세기가 끝나기 전에 로렌초 기베르티(1378-1455)는 속어로 번역된 비트루비우스의 몇몇 구절을 자신의 『주해서』에 끼워 넣었다. 그리고 조르조 마르티니의 프란체스코는 이 문헌을 손에 넣고자 전력을 다해 연구에 열중했다. 속어로 번역된 『건축서』를 구한 뒤 프란체스코는 후에 번역에 뛰어들었다. 주로 혼자서 작업한 이 번역본은 필사본 형태의 매우 귀중한 증거로 남아 있는데, 현재 피렌체 국립도서관에 보관 중이다.

비트루비우스에 대한 조콘도 수사의 관심은 한 세기, 즉 고대인들의 기술 문화에 대한 더 나은 이해를 목적으로 인문주의자와 예술가 간의 근본적인 협력이 처음으로 실현된 15세기를 이상적으로 마무리했다.

조콘도 수사가 그림을 그린 비트루비우스의 문헌

텍스트와 이미지

식물, 동물, 광물, 그리고 인류에 대한 지식은 문헌의 쪽수보다 훨씬 더 많은 설명을 담고 있는 이미지의 보급으로 인해 놀라운 이익을 얻었다. 지구본은 논문을 읽는 것보다 지리학적 지식을 더욱 즉각적으로 받아들일 수 있는 정보를 담고 있다. 그리고 동물과 식물의 종을 분류하려던 첫 번째 시도는 그림으로 상당한 이익을 도출하게 강력한 의사소통 수단 되었고, 다음 세기의 작품들에서 결실을 보였다. 1477년에 볼로냐에서 출판된 프톨레마이오스의 『우주지』에 등장하는 타데오 크리벨리Taddeo Crivelli (약 1425-약 1479)가 그린 우주와 지구의 표현과, 15세기 말에 베네치아에서 출판된 『약물 정보Fasciculus medicinae』의 해부학 표에 실린 인체의 표현을 주의 깊게 살펴보면, 고전을 세심하게 읽을 때 얻을 수 있는 것보다 더 많은 정보를 담고 있다.

기술적이고 자연주의적인 삽화는 특히 다음 세기에 인쇄된 책의 가장 큰 성공 요소로, 과학과 기술 실험의 확산과 심화를 위한 새롭고 강력한 의사소통 수단이 되었다. 과학 발전에서 이미지의 타당성은 전문가들 사이에 연구와 논쟁을 부추기는 데 중요했을 뿐만 아니라 보통 사람들의 관심을 불러일으키는 효과도 지니고 있었다. 과학적 생각 및 이론, 새로운 기술 제품은 인쇄된 텍스트와 삽화를 통해서 현 세대와 미래 세대 모두에게 전달될 수 있는 것이다.

| 다음을 참고하라 |

역사 전쟁: 전통과 혁신(259쪽)
과학과 기술 기계 문화: 원칙, 기술자, 인문주의자(424쪽); 인문주의자 기술자들: 조반니 폰타나와 로베르토 발투리오(427쪽); 독일의 군사 공학 기술자들(429쪽); 고전과 과학(458쪽); 중국의 과학과 기술(469쪽)

유럽 밖으로

SCIENZE E TECNICHE

중국의 과학과 기술

| 이사이아 이아나코네Isaia Iannaccone |

중국 역사의 새로운 단계는 명나라 황제 영락제 덕분에 시작되었다. 그는 수도를
베이징으로 옮겨 기념비적인 도시로 만들었고, 뛰어난 선견지명으로 국가를 다스렸다.
영토 관리와 조세 제도를 재구성하고, 17세기까지 왕조가 지속되던 기간 내내 유지된
지배 계층을 육성했다.

화폐 경제와 과학의 쇠퇴

몽골 제국 원나라의 마지막 시기에 산재했던 수많은 폭동 중 하나를 이끌었고, 비천
한 출신의 한족이 설립하여 정복한 지역의 민간과 군사 부문을 세심하게 관리한 덕
분에 점점 더 광대한 영토를 다스리게 된 명나라는 1368년부터 1644년까지 지속되
었다.

　15세기에 황제가 여덟 번 바뀌었는데, 그중 가장 중요한 황제는 영락제永樂帝
(1360-1424)라는 이름으로 기억된다. 베이징을 재건설하고, 난징에서 베이징으로
수도를 옮긴(1421) 황제가 바로 영락제다. 그는 거대한 외벽을 세웠고, 오늘날에도
명나라의 위대함을 증명하는 장엄한 금단의 도시인 자금성과 궁궐, 공공건물과 사

원을 지었다.

영토를 재정비하고, 법적 체계와 조세 제도를 재구축하고, 교육 체계와 관료 선발 제도를 복원한 신중하고 현명한 정부에 건축 복원 작업이 힘을 실어 주었다. 당시 형성된 지배 계층은 15세기뿐만 아니라 명나라 전체 기간의 경제, 정치, 문화를 사실상 장악했다.

화폐의 혼란   화폐 경제는 기존의 구리 동전으로의 복귀와 신용장의 인증서 소멸이라는 두 가지 조치로 부정적인 영향을 받았다. 구리의 생산 수준을 지표로 사용함으로써 중국의 역사는 만들어졌다고 할 수 있다. 15세기는 금속이 부족한 시대였기에 그 세기에 공식적으로 기한이 만료된 과거의 동전도 사용하게 되었다. 결정적으로 몇 가지 동전을 유통시킴으로써 화폐의 혼란이 유발되었다. 상황을 더욱 악화시킨 사건은 15세기 중반부터 일본의 은과 에스파냐의 은을 집중 수입하여 유통시키고, 정부는 세제 지불을 위한 수단으로 이 값진 금속을 선택했던 것이다. 실질적인 혼란 속에 자신의 재량에 따라 무게를 재는 도구와 무게 단위를 사용하던 세제 징수관들이 이익을 보았고, 지방에 있던 소수의 개인 장인들이 은 야금 작업을 했다. 송나라 때부터 이미 사용했고 원나라 때 통용되던 지폐는 처음에는 명나라에서도 사용되었지만 계속되는 인플레이션과 평가 절하의 결과 사용이 감소되었다. 명나라 시대 내내 시행되었지만 그 어떤 발전도 없었던 보초寶鈔라는 지폐만이 허용되었을 뿐이다.

명나라 시대의 중국   과학과 관련된 추상적 개념 과정의 지표(혹은 자극기)로 동전의 공식적인 유통을 활용하면, 15세기에 명나라는 정치적으로는 안정되어 있었지만 화폐 경제에 있어서는 쇠퇴했고, 과학 분야는 빛을 발하지 못했음을 알 수 있다. 제국을 정복했던 몽골에 대한 분노는 이민족 혐오의 감정과 외부에 대한 문화적 차단을 야기했다. 번성했던 한나라, 당나라, 송나라 시대의 먼 과거 모델을 추구하게 되었는데, 자문화 중심주의는 문화적 우월감을 증진할 것을 장려했고 물질, 기술, 과학 문화의 여러 분야에서 개선이 부족했던 원인이 되었다.

간단히 말해서 명나라 이전의 중국은 과학적 사고의 기초를 이루는 추상적 직관에 있어서 서양보다 훨씬 앞서 있었고(공空과 무한의 개념을 생각하는 것으로 충분하다), 다른 분야에서 급속한 발전을 이룬 발명과 발견(종이, 자석, 화약, 도자기 등)은 서양보다 훨씬 수준이 높았다. 하지만 명나라는 그동안의 이러한 배경을 잃었다. 송나라와 원나라의 수많은 대수학자들의 눈부신 업적을 뒤로 하고, 15세기에는 그 어떤 수학자도 빛을 발하지 못했다. 철학적 관점에서 당대의 가장 유명하고 영향력 있던 사상가인 왕양명王陽明(1472-1528)은 심지어 자연 과학과 과학적 방법의 발전에 유해했던 원인으로 지목되기도 했다. 사실 사물의 이치를 따져 밝히는 격물格物에 관한 그의 입장은 우리의 감각으로 받아들이는 현상에 대한 탐구에 유리하지 않고 자기 성찰에 더욱 편중되었다.

항해 기술

과학 역사의 관점에서 15세기 중국이 발전시킨 유일한 분야는 정화鄭和(1371-약 1433)의 위대한 해양 탐험으로 축적된 항해 기술이었다. 그는 이슬람교도인 후이족으로 환관이자 황실 함대의 대항해가였다. 중국에서는 기원전 2세기부터 선미에 키를 설치하였음을 기억해야 한다(유럽에서는 13세기가 되어서야 설치했다). 2세기에는 배의 방수 구획(유럽에서 최초의 방수 구획은 1795년부터 사용되었다)과 침수 구획(서양에서는 1712년에 발명되었다)이 발명되었다. 네 번째에 있는 돛의 배치는 3세기로 거슬러 올라간다. 6세기에 실린더로 작동하는 날개깃 바퀴가 장착된 최초의 배가 등장하여 특히 송나라 때 확산되었다(가장 중요한 시기는 1130년인데, 유럽에서 유사한 장치에 의해 움직이는 배를 최초로 만든 것은 1543년으로 거슬러 올라간다). 8세기부터 방어를 위해 선체를 무장하기 시작했고(유럽에서는 11세기에 시작했다), 850년과 1050년 사이에는 항해에 나침반을 활용했다(유럽에서는 12세기에 사용하기 시작했다). 15세기에 영락제 황제의 명나라 함대는 3,800척의 배와 그중 1,350척의 전투용 함대로 당시 세계에서 가장 규모가 크고 강력했다. 그리고 난징 지역에서 현명한 삼림 정책을 시행하여 새로운 함대의 구축과 정비를 위한 안정된 목재 공급이 보장되었다. 난징 근처의 장커우 현에 400척의 배가 곡물 수송뿐 아니라 전쟁을 위해 영구적으로 주둔했다. 게다가 정화가 사용한 선박 같은 장거리용 대형 선박 300척이 있었다. 그는 일곱 번의 대양 항해에 참여했는데, 그중 가장 유명한 항해는 1431년과 1433년 사이에 있었다. 그 함대는 280척의 배로 구성되었다(그중 62척은 대형 선박이었다). 선원과 관료들은 적어도 2만7천여 명이 타고 있었고, 아프리카 동쪽 해안에 정박하고 중국의 지리학적 지식을 확장하면서 자바부터 메카까지 20개국을 방문한 것으로 기록되어 있다.

명나라 때 조선소가 지어졌던 난징 근처에서 1962년에 발견된 거대한 키(길이 6미

거대한 키의 발견 터, 늑재 지름 38센티미터, 높이 11미터)는 문헌 자료와 더불어 정화의 선박의 크기를 가늠할 수 있게 했다. 길이 140미터(크리스토퍼 콜럼버스가 1492년에 아메리카 대륙으로 타고 간 산타마리아호보다 30미터 더 길다), 무게 약 1,500톤(바스코 다 가마가 이용했던 가장 큰 선박은 약 300톤이었다)으로 추정된다. 유럽 선박의 돛처럼 천으로 만든 것이 아니라 (보통 2세기 이후부터) 가느다란 대나무 조각을 서로 연결하여 만든 중국의 돛은, 바람을 최대한 활용하기 위해 선원이 배의 기둥에 기어오르는 위험한 작업을 하지 않고도 함교에서 밧줄, 도르래와 다른 장치들을 사용해 작동할 수 있었다.

곡물 수송 황실 함대의 임무 중에는 남에서 북으로 수도를 향해 농산물뿐 아니라 곡물과 기타 식량을 운반하는 임무도 있었다. 1411년에 기술자였던 승례(14-15세기)가 근처 수로로부터 물을 끌어오는 배수 체계와 저수지를 건설하며 대운하의 물 공급 체계를 개선했다. 이런 방식으로 1년 내내, 심지어 가뭄 기간에도 수로는 항상 사용이 가능했다. 그 이후로 밀의 운송은 주로 이 운하를 통해 이루어졌지만, 1415년에 칙령으로 해상 운송이 폐지되었다. 이어서 지리적 발견을 포함하여 중국적이지 않은 모든 것을 무시하는 태도가 확산되고 군사 전략과 기술 쇠퇴의 결과로 함대는 15세기 전반에 누리던 중요성을 잃고 전면에 나서지 않게 되었다.

| 다음을 참고하라 |

역사 신용, 화폐 및 몬테 디 피에타 은행(180쪽); 원정군과 콜럼버스 이전의 지리상의 발견 (184쪽)
과학과 기술 여행, 탐험, 발견(451쪽); 이론과 실제 사이(462쪽)

문학과 연극
Letteratura e teatro

문학과 연극 서문

| 에치오 라이몬디Ezio Raimondi, 주세페 레다Giuseppe Ledda |

콰트로첸토(숫자 400을 뜻하는 이탈리아어로, 15세기 르네상스를 꽃피운 이탈리아 예술을 일컬을 때 사용된다*)의 문화를 알려 주는 인문주의의 혁신은 프란체스코 페트라르카 (1304-1374)의 놀라운 교훈과 더불어 시작된다. 친구들과 제자들이 그의 뒤를 따랐는데, 그중에 조반니 보카치오(1313-1375)와 무엇보다 콜루초 살루타티(1331-1406)가 있었다. 콜루초 살루타티는 페트라르카의 직관력을 다음 세대인 니콜로 니콜리 (1364-1437), 레오나르도 브루니(약 1370-1444), 베로나의 구아리노(1374-1460), 포조 브라촐리니(1380-1459)에게 전수했다. 위대한 시인 페트라르카는 책과 고대 문헌에 깊은 애정을 보인 최초의 인문주의자일 뿐만 아니라 키케로(기원전 106- 기원전 43)의 『아티쿠스에게 보내는 편지Lettere ad Attico』를 발견하면서부터 고대 필사본 발견에도 열의를 보였다. 키케로의 서간집은 페트라르카의 인생에 중요한 본보기가 되었고, 페트라르카는 자신의 편지도 모아서 작품집을 만들 생각을 했다.

실로 고대 세계의 발견은 인문주의의 업적 중 하나이며, 일부 불완전한 형태로 알려졌거나 아예 알려지지 않았던 수백 년 전의 작품을 필사한 필사본을 찾는 것이었다. 특히 포조 브라촐리니의 역할이 컸다. 그가 발견한 수많은 중요한 문헌들 중에 결과적으로 가장 내용이 풍부한 서적은 중세에 훼손된 형태로 배포되었던 퀸틸리아누스(약 35-약 96)의 『웅변 교수론Institutio oratoria』이다. 이 책을 복구하는 것은 단지 골동품을 수집하는 것이 아니라 새로운 문화 논쟁의 중심이 되는 서적들을 제시하고 있기 때문에 중요하다. 가령 퀸틸리아누스는 수사학과 의사소통 언어에 대한 새로운 생각을 의미했다.

이 시기에는 '시민 인문주의'라고 말할 정도로(부르크하르트, 바론, 가린) 인문주의자들이 국가 통치에 관여하기도 했다. 특히 피렌체 공화국에서는 두 세기에 걸쳐 30년 동안 서기관을 지낸 콜루초 살루타티와, 이후 거의 15세기 중반까지 서기관을

(좌측 여백) **포조 브라촐리니의 역할**

(좌측 여백) **시민 인문주의**

지냈던 레오나르도 브루니의 활동이 두드러진다. 문학 활동 또한 인문주의자들이 강조하는 시민의 활동이 특색을 이룬다. 특히 이들은 정치 서적 및 역사서에 몰두했다. 그리하여 고전 세계의 새로운 비전은 정치적 의미를 지니게 되었다. 요컨대 고대 로마의 시민 생활은 본보기가 되는 태도의 이상적인 레퍼토리가 되었다. 그것이 현실 생활과 윤리학, 정치학의 제1순위가 된 것이다.

그러나 도서관의 필사본에 대한 초창기 세대의 연구 이후에는 로렌초 발라(1405-1457)와 레온 바티스타 알베르티(1406-1472) 세대가 고전 작품에 대한 보다 명쾌하고 성숙한 해석을 했다. 작품을 '실제로' 확인하는 것과 더불어 그것의 특성 및 쓰인 연도에 대한 확인 작업이 이루어졌다. 이제 이 작품들은 중세 문화의 전형적인 특성이었던 우의적 기법으로 읽히지 않았고, 그것이 지닌 본래의 의미가 연구되었다. 저자들의 고유한 사용 방법과 역사적인 형태에 따라 연구한 고전 라틴어에 대한 지식과 문헌학이 이와 같은 새로운 독법에 기여했다. 작품을 정확하게 해석하기 위해 문헌학에 관심을 갖게 됨으로써 이 작품들이 언어와 문체, 사상과 행동의 모범적 본보기로 삼는 것을 막지 못하고 오히려 장려하게 되었다. 서적과 라틴어를 복원함으로써 정말로 고대 문명의 부활을 생각하게 된 것이다.

로렌초 발라는 고전 작품을 새롭게 바라보는 이와 같은 문헌학의 새로운 주역들 중 가장 위대한 인물이었을 것이며, 6권으로 구성된 『라틴어의 우아함Elegantiae latinae linguae』은 그것을 보여 주는 놀라운 기념물이다. 그렇지만 〈콘스탄티누스의 증여 문 **로렌초 발라** 서〉의 거짓이 보여 주는 것처럼 그의 문헌학적 도구는 역사적인 진실에도 적용되었다. 그리고 발라는 성서 연구에 새로운 문헌학적 방법을 적용함으로써 데시데리위스 에라스뮈스(약 1466-1536)에게 길을 열어 주었다.

콰트로첸토는 비잔티움의 학자들 덕분에 심지어는 페트라르카도 몰랐던 그리스어를 유럽과 이탈리아에서 새롭게 인식한 시기이기도 하다. 14세기 후반 피렌체에 에마누엘레 크리솔로라(약 1350-1415)가 출현한 뒤에 또 다른 중요한 사건은 페라라-피렌체 공의회(1438-1443), 그리고 콘스탄티노플이 함락된 뒤(1453) 비잔티움의 지식인들이 도주한 것이다. 결정적인 영향을 준 '그리스 문화 연구자들' 중에는 조르조 제미스티오 플레톤(약 1355-1452)이 있었다. 공의회 때문에 피렌체에 왔던 그 덕 **그리스 문화 연구자들** 분에 피렌체 인문주의자들은 플라톤(기원전 428/427-기원전 348/347)에 대해 열광하고 관심을 보였다. 플라톤의 작품은 아직 유럽에서 거의 알려지지 않은 상황이었다.

그의 교육을 통해 피렌체의 플라톤 학파가 위대한 시기를 맞이했고, 마르실리오 피치노(1433-1499)는 이 학파의 날카롭고 정열적인 대표자가 되었다.

초기 인문주의는 이탈리아적인 현상이었다. 15세기 유럽의 나머지 지역에서는 놀랍도록 성숙한 중세 문화가 강하게 지속되었는데, 이는 '중세의 가을'이라고 화려하게 정의되었다(하위징아). 그리고 부르고뉴 궁정처럼 특별한 상황에서는 회화, 음악, 문학의 혁신이 첨예하게 이루어졌다. 그러나 '부르고뉴 르네상스'에서 부족한 것은 바로 인문주의가 가지는 뚜렷한 특징이다. 즉 고대의 모범과 맺는 새로운 중요한 관계가 없었다. 무엇보다 이탈리아의 고전주의 재발견에 자극을 받아 고전에 대한 관심이 전 유럽에서 불길처럼 일어났다. 그리하여 이미 14세기 말 이베리아 반도에서는 아라곤의 후안 1세(1358-1390)가 고대 서적을 수집하고 고전 문학 연구를 장려한 반면, 카탈루냐의 작가 베르나 멧지Bernat Metge(1340/1346-1413)는 페트라르카를 찬양했고, 페트라르카와 보카치오뿐 아니라 키케로에게도 영감을 받아 『꿈Lo somni』을 썼다. 파리 또한 고대 문화를 연구하는 중심지가 되었는데, 장 제르송(1363-1429), 클레망주의 니콜라Nicolas de Clémanges(1363-1437), 몽트뢰유의 장Jean de Montreuil(1354-1418) 주변으로 인문주의자들이 결속했다.

콰트로첸토 시기에 이탈리아의 예는 유럽의 많은 지역들의 새로운 발전에 영향을 주었다. 이는 귀니포르테 바르치차Guiniforte Barzizza(1406-1463)가 아라곤의 알폰소(1396-1458) 궁정에 정착한 것처럼 이탈리아 인문주의자들이 다른 나라에 정착한 것을 통해서 가능했을뿐더러 고향에 돌아간 외국의 지식인들이 이탈리아에서 받은 교육을 통해 인문주의 연구를 장려했기 때문이기도 하다. 이런 의미에서 폴란드의 사노크의 그레고리오Gregorio di Sanok(1406-1477), 독일의 아이프의 알브레히트Albrecht von Eyb(?-1475), 영국의 로버트 플레밍Robert Flemming(15세기), 헝가리의 야누스 판노니우스Janus Pannonius(1434-1472)가 모범적이다. 인문주의는 유럽적인 현상이 되기 시작하며, 15-16세기 가장 위대한 인문주의자였던 데시데리위스 에라스뮈스가 보여 준 것처럼 국제적으로 얽히고설킨 풍부한 교환망을 통해 활기를 얻었다. 네덜란드 출신의 데시데리위스 에라스뮈스는 파리, 이탈리아와 영국에서 교육을 받은 후 유럽적인 전망과 영향을 지닌 문화 활동을 전개했다.

고대와의 생산적인 관계

인문주의와 속어 문학

이탈리아의 개별 지역 국가에서는 각각의 특징과 양식, 시기에 따라 인문주의 문화가 발전하고 속어 문학이 재탄생했다. 그러나 이탈리아와 유럽에서 특히 중요한 곳은 피렌체다. 피렌체는 이미 15세기 초반에 선두로 나섰으며, 이윽고 속어 문학 혁신의 주역을 담당했고, 속어 문학은 로렌초 데 메디치 시대와 더불어 정점에 오른다.

피렌체에서 인문주의 문화, 예술과 건축에서의 혁신은 다시 시작된 속어 문학의 전통과 긴밀하게 결합되었다. '속어 인문주의'란 명칭을 부여받은 이 시기의 대표적인 인물은 레온 바티스타 알베르티와 레오나르도 브루니다. 그들은 작가로서, 문화의 장려자로서, 속어와 속어의 명예를 보호하는 방어자로서 열정적으로 참여했다. 알베르티는 콰트로첸토 문화를 대변하는 가장 유명하고 다재다능한 인물 중 한 명이다. 건축가이자 건축, 회화, 조각에 관한 저술가이고, 수학 및 기계, 광학 학자이자 인문주의자, 라틴어와 그리스어 전문가, 라틴어 작품 저자이기도 한 알베르티는 운문과, 특히 산문으로 중요한 속어 작품을 썼다. 속어의 부흥을 위해 알베르티는 '속어시 경연'을 조직했다. 이는 진정한 우정을 주제로 하여 속어로 시를 쓰는 대회였으며, 1441년 피렌체에서 준비되었다. 레오나르도 브루니는 그리스어에 대한 조예가 깊고, 플라톤과 아리스토텔레스(기원전 약 384-기원전 약 322)의 정전을 라틴어로 번역했으며, 중요한 역사서를 저술했고, 단테(1265-1321)와 페트라르카의 전기를 썼지만, 몇 차례나 속어와 속어 문학을 옹호했다.

그러나 15세기 피렌체의 황금시대는 로렌초 데 메디치(1449-1492)의 시대가 틀림없다. 아르기로포울로스(약 1415-약 1487), 피치노와 크리스토포로 란디노(1424-1498) 같은 인문주의자들뿐만 아니라 루이지 풀치Luigi Pulci(1432-1484) 같은 속어 시인들이 있어 문화적인 자극이 이미 풍성한 분위기에서 성장한 로렌초 데 메디치는 문학과 정치의 관계에 늘 날카로운 관심을 기울였다. 이런 점에서 『아라곤 선집 Raccolta aragonese』은 그의 관심을 보여 주는 것이었다. 요컨대 피렌체 방언과 그것으로 쓴 시가 가장 우월하다고 주장하는 것이 신망이 두터운 정치에 필요한 요소였다. 이는 이탈리아의 정세에서 피렌체에 더 큰 역할을 부여하기 위한 것이었다. 로렌초의 정치적 감수성은 학자의 시와 대중적인 시 사이의 복잡하지만 활발한 대화를 통한 것이기도 했다.

마지막으로 15세기 최고의 지식인들 중 한 명이자 아마도 가장 재능 있는 시인이었을 폴리치아노(1454-1494)도 로렌초 데 메디치의 후원을 받았다. 풍자시, 송시, 비가, 라틴어와 그리스어 단시를 썼고, 피렌체 학교의 교수였으며, 대학 교과목과 6보격 시로 지은 강의록의 저자였으며, 문헌학 논문을 공들여 쓴 폴리치아노는 속어시의 개혁자이기도 했다. 그의 시는 가볍고, 자연스럽게 우아하고, 겉으로 보기에는 단순한데, 사실 이런 특징은 고전시와 속어시의 소재를 다시 고쳐서 섬세하고 강도 높게 작업한 결과다. 요컨대 고대 세계를 기억하여 현재의 시로 만든 것이고, 목가적인 심상과 감동을 추억하는 것이다.

폴리치아노

15세기 다중심적인 풍경에서 피렌체와 더불어 아라곤 왕조의 나폴리가 돋보였다. 나폴리는 이미 15세기 초반에 인문주의 문화가 성숙했던 곳이며, 파노르미타(1394-1471)가 주관하는 아카데미아가 설립되었다. 15세기 후반 조반니 폰타노(1429-1503)는 음악적인 쉬운 라틴어로 섬세하고 친근한 사랑과 내밀한 감정을 노래하는 시인이면서 정치인으로서 나폴리 인문주의를 대표하는 인문주의자였다. 그러나 아라곤 왕조 치하 나폴리는 단편 소설과 특히 서정시에서 속어 문학을 인정했던 반면, 산나차로Sannazaro(1455-1530)의 『아르카디아Arcadia』는 목가풍의 천재적인 인문주의 형태였으며, 이는 수백 년 동안 유럽 문학에 영향을 주었다.

나폴리와 페라라

파도바의 궁전들 중에는 페라라가 두드러졌는데, 이곳에는 베로나의 구아리노가 이끄는 인문주의 학파와 능력이 출중한 마테오 마리아 보이아르도Matteo Maria Boiardo(1440/1441-1494)가 있었다. 보이아르도는 오를란도와 그의 기사들에 대한 서사시에 새로운 생명과 환상적인 위엄을 부여했고, 이후 아리오스토Ariosto(1474-1533)는 그것을 통해 현대 소설의 모험 패러다임을 만들어 냈다.

세속적인 인문주의가 우위를 떨치던 시기인지라 종교 문학도 매우 활발했다. 당시 최고의 설교가 두 명이 설교 장르를 다양하게 혁신했다. 시에나의 베르나르디노(1380-1444)는 단순하고 명쾌하며 활기찬 언어를 사용했고, 지롤라모 사보나롤라(1452-1498)는 묵시록적인 비유의 웅변적인 힘과 예언의 강렬함을 사용했다. 메디치가의 피렌체에서도 종교 문학은 찬송가와 성극에서 보다 명확한 결과를 보여 주었다.

종교 문학

마지막으로 15세기는 활기 넘치는 복수複數의 시기이며, 고전 작가들을 재발견하고 인문주의적 교정을 가하여 속어 문학도 재탄생하도록 한 풍요로운 실험실이었다. 그리하여 '모방하기'는 필사본과 새로운 장르를 실험하는 것을 의미했다. 이렇듯 여러 종류의 실험실에서 근대 유럽 문학에 대한 인식과 다양한 형식이 성숙했다.

1492년 로렌초가 사망하고 1494년 샤를 8세(1470-1498)가 몰락하자 시뇨리아 체제의 이탈리아를 지탱하던 허약한 균형이 종말을 고했으며, 그 균형은 유럽 국가들의 새로운 권력에 의해 결국 깨지고 말았다. 하지만 이탈리아 문화 모델은 마침내 유럽의 것이 되었다.

인문주의 시대

LETTERATURA E TEATRO

인문주의: 일반적 특징

| 로레다나 키네스Loredana Chines |

순수하게 지적인 현상과 거리가 먼 이탈리아의 인문주의를 지탱한 것은 거대한 야망이다. 즉 고대인들과의 대화를 토대로 문화를 혁신하여 새로운 사회를 건설하려는 야망 말이다. 지식의 경계선을 다시 그린 규율은 문헌학이며, 그것의 최고 해석자는 로렌초 발라였다. 원전에 대한 새로운 접근을 통해 새로운 교육 프로그램, 새로운 정치 프로그램, 새로운 해석 방식이 탄생했다. 이 '꿈'을 이루는 대선율이 레온 바티스타 알베르티의 명암 관련 글에 나온다.

인문주의자들의 꿈: 사물을 위한 문헌학

페트라르카 이전에는 알베르티노 무사토Albertino Mussato(1261-1392)와 로바토 로바티Lovato Lovati(1241-1309) 같은 소위 '파도바의 초기 인문주의'를 대표하는 인물들이 있었다. 이후에 등장한 페트라르카의 교훈은 인문주의자들 세대에게 재발견해야 할 과거와 부흥해야 할 현재 간의 끊임없이 유익한 대화의 의미를 남겨 주었다. 그리하여 인문주의는 모든 지식의 위대한 재탄생에 도박을 걸었다. 에스파냐의 유명한 학자 프란시스코 리코Francisco Rico(1942-)에 의하면, 인문주의자들은 모든 영역의 지식과 인간의 태도, 개인과 사회에 투자하는 새로운 문화를 구축하려는 놀라운 꿈을 키웠다. 문헌학, 즉 지식과 사물, 그리고 인간 잠재력의 경계선을 다시 그리고 정의한 규율을 통해 현실을 새롭게 인식한 덕분이었다. 15세기 초반, 특히 천재적인 인물인 로렌초 발라(1405-1457)가 문헌학적 방법(페트라르카[1304-1374]는 이미 리비우스[기원전 59-17]의 원전을 통해 그것의 눈부신 본보기를 보여 주었다. 오늘날 필사본은 London Harley 2493)을 수용하여 심화시켰다. 로렌초 발라는 새로운 문헌학적 방법론에 따라 재정립한 말에서 모든 지식의 범위를 재건할 수 있는 방법을 찾았고, 라틴어의 언어학적 정확함에서 문학뿐 아니라 모든 학문 영역의 문명과 문화의 재생을 위한 근본적인 가능성을 보았다. 그러므로 문헌학은 원전을 수정하는 무기가 될 뿐만 아니라 실제 시민 생활에서 견고해지고 때로는 구체적으로 적용된, 과거로부터 내려온 모든 교리집, 의학서 및 법전의 행간에 숨어 있는 왜곡되고 잘못된 해석과 오류를 파헤치는 무기가 되기도 했다. 1441년부터 1449년까지 오랜 힘든 작업을 거친 기념비적인 저서『라틴어의 우아함』은 라틴 작가들의 정확한 언어 사용 및 그 특성을 분석한 '반反규범적인' 문법책이다. 이 책에서 발라는 중세의 추상적인 유명론을 공격하면서 중세 시대의 어둠이 발휘하는 야만적이고 파괴적인 힘에 대항할 견고한 성채를 세웠다. 순수함을 회복한 라틴어의 화려한 혁신을 통해 위대한 로마 문화와 문명의 가치를 재생할 수 있기를 기원하면서 말이다. 무조건적으로 말의 진리veritas를 연구하는 발라의 텍스트 비평은 〈콘스탄티누스의 증여 문서〉의 허위성을 증명하기 위해 쓰인 『콘스탄티누스의 증여라고 믿어진 선언의 허구성』(1440년 나폴리에서 작성됨)처럼 새로우면서 때로는 매우 위험한 영역에 직면했다. 교황청이 자신들의 세속적인 특권에 합법성을 준 이 문건을 법률적, 역사적으로, 특히 언어학적으로 치밀하게 연구한 결과물이었다. 발라는 또한 『신약 성경의 대조Collatio Novi Testamenti』(현재 2개의 판본이 남아 있다)라는 저서에서도 성서의 자구字句를 전례 없이 대범하게 연구했는데, 그의 교훈은 이후 데시데리위스 에라스뮈스(약 1466-1536)의 문헌학과 종교개혁에 새로운 길을 열게 된다.

로렌초 발라와 말의 진실

텍스트 비평

라틴어 및 그리스어 필사본의 발견과 현재를 위한 고대인들의 교훈

인문주의 시대는 유럽의 도서관에 소장된 그리스어 및 라틴어 고전 작품들을 찾은 위대한 발견의 시대이기도 하다(그 분야의 유명한 선구자는 페트라르카였다). 그리하여 특히 당시 서간집에 매혹적인 이야기들이 남아 있다. 지치지 않는 연구자이자 고대 필사본 발견자 및 필사자이기도 했던 포조 브라촐리니(1380-1459)는 1415년에서 1417년 사이에 교황 비서 자격으로 중북부 유럽 여러 나라를 여행할 수 있었다. 그 때 그는 수도원과 수녀원 부속 도서관을 조사하여 다음과 같이 매우 중요한 작품들을 찾아냈다. 키케로의 연설문, 퀸틸리아누스의 『웅변 교수론』, 루크레티우스의 『사물의 본성De rerum natura』, 스타티우스Statius의 『숲Silvae』, 그리고 기타 고대 라틴어 작품들이 그것이다. 자신이 발견한 필사본을 직접 필사했던 포조 덕분에, 이후 '인문주의적'이라 불리는 깔끔하고 선명한 서체의 정서법 형식이 생겨나게 되었다. 그리고 그것은 근대 서법의 기원이 되었다.

브라촐리니의 '인문주의적 정서법'

사람들이 읽고 수정하고 모방한 고대 저자들은 인문주의자들에게 문체 교육이나 풍부한 논제를 제공해 주었을 뿐만 아니라 구체적인 현실과 문화 발전, 정치 생활과 시민 생활에 본보기를 보여 주었다. 15세기 초반 몇십 년 동안 새로운 학문인 교육학에서 가스파리노 바르치차(약 1360-1431), 펠트레의 비토리노(약 1378-1446), 베로나의 구아리노(1374-1460) 같은 대가들이 배출되었다. 교육학은 위 플루타르코스의 『자녀 교육론De liberis educandis』 혹은 크세노폰Xenophon(기원전 430-기원전 354)의 『키루스의 교육Ciropedia』과 같은 그리스어 고전 번역본을 연구하면서 발전했다. 반면 레오나르도 브루니(약 1370-1444)가 1422년에서 1425년 사이에 집필한 『연구와 문헌De studiis et litteris』처럼 교양 있는 독서의 '표준'이 있어야 한다는 생각을 하기 시작했다. 그러므로 고대인들의 말은 민감한 인문주의자들에게는 언제나 삶의 태도이자 삶의 형식이었고, 모범이 되는 지식이자 행위였으며, 사적이면서도 공적인 취향이었다. 다른 한편 몇몇 중요한 인문주의자들은, 그들이 읽었거나 번역했거나 혹은 교정을 본 문헌에서 배운 교훈을 정치적으로 실천하거나 구체적으로 실현했다. 콜루초 살루타티(1331-1406), 레오나르도 브루니, 카를로 마르수피니Carlo Marsuppini(1399-1453), 포조 브라촐리니처럼 피렌체 서기국에서 활동한 명망 높은 인물들은 코무네 활동 및 피렌체 공화국의 설립에 적극적으로 참여한 지식인들이었다. 이들은 실천적 삶을 사유의 중심에 놓고 찬양하면서 문학과 사회의 강한 결속, 문화적이고 정치적인 참여 간의 강한 결속을 주장했다. 다음 세대인 마키아벨리(1469-1527)와 귀차르디니Guicciardini(1483-1540)도 마찬가지였다. 1434년 아리스토텔레스의 『정치학』 라틴어판 서문에서 브루니는 인간은 본래 나약하지만 시민 사회로부터 본인에게 없는 완전함과 완벽함을 부여받는다고 주장했다. 그렇게 개인은

시민 제도의 기본 역할

자아를 실현하고, 고립된 상태가 아니라 사회와 시민 제도권(국가, 도시) 내에서 행복을 느낄 수 있다는 것이다. 그러므로 정치학은 인간 교육에서 제일 중요한 역할을 해야 하고, 시민의 덕을 발전시키는 수단이 된다. 콜루초 살루타티는 세속적인 생활에 참여하는 것을 사유의 동기로 삼았는데, 이는 인문학studia humanitatis이 통치 활동과 지속적으로 연관이 있다는 확신에 기반하며 키케로의 영향을 받은 것이다. 원전 텍스트 읽기를 갈망했던 이 인문주의자들의 열정 덕분에 이탈리아에서 그리스어 연구가 시작되었고, 최초의 그리스어 교육 기관이 설립되었다. 조반니 보카치오(1313-1375)도 이미 그것을 바랐고, 페트라르카도 그리스어를 모르는 것을 매우 애석해했다. 콜루초 살루타티가 중재한 덕분에 비잔티움 출신의 대가 에마누엘레 크리솔로라(약 1350-1415)가 피렌체 대학에 왔으며, 그리스어를 라틴어로 번역하는 방법론의 토대를 마련했다(단어 단위로 옮기는 것ad verbum이 아니라 문장 단위로 옮기는 것ad sententiam). 크리솔로라는 『그리스어 문법 Erotemata』을 썼으며, 무수히 많은 인문주의자들이 이 책으로 그리스어의 기초를 익혔다.

최초의 그리스어 교육 기관

다른 한편 이탈리아 도시의 풍경 속에서 사람들은 찬란한 유적과, 화려하고 위대한 과거를 보여 주는 물질적인 증거물을 고려하게 되었으며(브라촐리니는 1448년에 쓴 『행운의 다양성』에서 로마의 고고학 유적 사이를 지나가면서 제국의 허영과 덧없는 인간사를 생각한다), 인문주의자들은 뿌리에 대해, 그리고 먼 과거이지만 현재에도 여전히 생기를 불어넣는 여러 세대를 결합시켜 주는 깊은 연결 고리에 대해 인식하게 되었다. 이와 같은 새로운 감수성으로부터 고고학, 골동품 연구, 역사지리학 같은 근대 학문이 시작되었으며, 플라비오 비온도(1392-1463)의 『승리의 로마』, 『재건된 로마Roma Instaurata』, 『빛나는 이탈리아Italia illustrata』 혹은 르네상스와 인문주의 예술의 미학적 전망에 영향을 받은 레온 바티스타 알베르티(1404-1472)의 『로마 시 디자인』 같은 작품이 그 결과물이었다. 안드레아 만테냐Andrea Mantegna(약 1431-1506)의 회화 혹은 알베르티 자신이나 필리포 브루넬레스키(1377-1446)의 건축을 생각해도 그 점을 충분히 알 수 있다.

알베르티와 인문주의의 근대성

로렌초 발라가 말에서 시작하여 사물을 평가하는 진실의 기준을 연구하는 작품 집필에 몰두했던 반면, 15세기 인문주의의 또 다른 최고 인물인 레온 바티스타 알베르

말과 사물

티는 동일한 시기에 말verba과 사물res 사이, 문학과 실재의 경험 사이의 지속적인 호응 관계를 다른 방식으로 연구했다. 알베르티의 얼굴은 혼합 모자이크(알베르티를 연구한 가장 현명한 인문주의 학자들 중 한 사람인 피렌체 대학 문학부 교수 로베르토 카르디니 Roberto Cardini가 애용한 단어를 사용한다면 말이다)라서 근대성을 나타내는 모든 특성을 가지고 있다. 한편으로는 건축가이자 건축 이론가(『건축론』), 회화 및 조각 이론가(『회화론』과 『조각론』), 『가족에 관한 책』과 최초의 속어 문법책 저자, 늘 '모자이크'처럼 각양각색의 도서 저자로서 환하고 건설적인 모습이었다. 도시 설계자와 고고학자로서 지칠 줄 모르는 호기심도 그의 '건설적인 부분pars construens'이라 할 수 있는데(『로마 시 디자인』을 생각해 보라), 그는 결코 현학적인 지식을 탐하지 않고, 오히려 창의적 작업을 위한 자극제로 모범이 되는 서적을 이용했다(고전에서 중세 서적까지 활용 범위가 넓었다). 그러나 피코 델라 미란돌라(1463-1494)와 피치노(1433-1499)가 취한 신플라톤주의의 인간의 존엄성dignitas hominis이 승승장구하던 시절에 감춰져 있던 외롭고 그늘진 얼굴은 이탈리아 르네상스 역사학자 에우제니오 가린(1909-2004)에 의해 밝혀졌다. 이것이 바로 우리 현대인의 감수성과 가까운 알베르티의 모습이며, '가면'처럼 밝은 면과 어두운 면이 공존하는 특성을 보인다. 그로 인해 『인테르코에날레스』와 『모무스』가 탄생했고, 유려하면서도 신랄한 문장이 돋보이는 『백 가지 훈화Apologi centum』가 탄생했다. 심지어 페트라르카가 달필로 쓴 기념비적인 작품 『후손에게 보내는 편지Posteritati』에서도 불안감, 즉 '확신 없는 상태stare nescius'를 인정했다면, 알베르티는 그 이상으로 어떤 평온한 안식처에도 몸을 맡기지 않았으며, 인간은 존재의 흐름fluxus에 몸을 맡긴 조난자naufragus이고 끊임없이 순환vicissitudo한다는 것을 알고 있었다. 인간은 존재의 지속적인 흐름 속에서 가면을 쓸 수밖에 없다는 것이다.

희극적인 사고

『모무스』에서 연극 관련 전문 용어가 처음 등장하기 시작했는데, 희극 작가인 테렌티우스Terentius(기원전 2세기)와 특히 플라우투스Plautus(기원전 약 250-기원전 184)의 작품을 읽으며 용어를 다듬었고, 이들은 심오한 해석의 모범이 되었다. 첫 번째 인물 sumpta persona(서문)과 두 번째 인물desumpta persona(제1대본)('가면 쓰기와 가면 벗기') 혹은 낮은 의자subsellium 공식이 보여 주는 것처럼 말이다. 맨 마지막 용어는 행정관이 앉는 의자 혹은 극장의 관객이 앉는 의자를 우스꽝스럽게 말하기 위해 사용되었다(오늘날에도 권력의 연극성을 상기시키는 매혹적인 작품으로 사용된다). 그러므로 알베르티가 레오파르디(1798-1873)를 통해 피란델로Pirandello(1867-1936)에 이르는 근대 유머 사상을 창안한 인물이라는 말은 일리가 있다. 다른 인문주의자들처럼, 어쩌면 그 이상으로 알베르티는 고대인들의 목소리에서 근대성이 생생하게 울려 퍼지도록 했고, 비트루비우스(기원전 1세기) 및 다른 고전 작가들과 작품 속에서 대화했다. 그 뿐만 아니라 고대 저자들을 복원했고, 이들을 만화경 속에 천재적으로 재배치하면서 저자들auctores의 작품 속 모자이크 조각에 의미를 부여했다. 그것은 결코 우연히 맞춘 조합이 아니었다. 그밖에 최근 연구를 통해 인문주의 도서관에서 몇 권의 책이 세상에 나오게 되었다. 키케로와 수학에 주로 관심을 보인 점, 필사본에 보인 애정과 친숙한 관계를 보여 주는 서적들이었다. 알베르티는 필사본에 천궁도와 별자리 그림을 그려 넣었다(알베르티가 소장했던 키케로의 『법률론De legibus』 필사본에 이 그림들이 있으며, 현재 이 필사본은 피렌체 국립도서관에 보관되어 있다). 혹은 가족의 기념일과 어린아이 기생충 퇴치법oleum contra vermes puerorum, 즉 어린아이의 기생충 감염을 막는 물약을 기록해 두었다(키케로의 『브루투스Brutus』 필사본 중 하나에 기록되었고, 현재 마르차나 도서관에 소장되어 있다). 사적인 기억과 일상의 이야기를 기록할 자리는 고대인의 고상한 말 옆자리가 당연한 것처럼 말이다.

해석자의 중심 역할과 주석의 중요성

문헌학적 작업을 통해 페트라르카를 비롯하여 지식인의 비전문적인 방법이 아니라 특별한 방법으로 조사할 문헌들의 중심 역할에 관심을 두었다. 그리하여 인문주의자들도 텍스트와 독자를 매개하는 해석자interpres와 그의 재주ingenium의 중요성을 인식하게 되었다. 우선 발라, 그리고 특히 15세기 후반에는 폴리치아노(1454-1494)와 볼로냐 출신의 대 필리포 베로알도Filippo Beroaldo(1453-1505)와 더불어 해석자의 가치가 점차 중요해졌는데, 해석자는 텍스트에 대해 기지에 찬 비평ope ingenii을 하는 가운데 모습을 드러냈다. 이들에게 영향을 준 인물들은 다음과 같다. 베로나 출신의 도미치오 칼데리니Domizio Calderini(약 1446-1478), 밀라노에서 양자가 된 조르조 메룰라Giorgio Merula(약 1430-1494), 혹은 베네치아 출신의 에르몰라오 바르바로Ermolao Barbaro(약 1453-1493), 그리고 카를로 디오니소티Carlo Dionisotti(1908-1998)가 가르친 것처럼 인문주의 '지리학'의 기준에 맞는 수많은 다른 인문주의자들 말이다. 특히 폴리치아노의 『선집Miscellanea』, 즉 두 권의 『고전 작가 문집Centurie』(폴리치아노의

문헌학과 텍스트 비평

목소리는 피렌체 인문주의자 페트라르카의 속어, 라틴어, 그리스어로 쓰인 지적인 시에서 주장하는 바와 관련이 있을 것이다)에서는 문헌학이 텍스트 비평, 문헌의 역사적 맥락화와 밀접한 관련이 있었다. 근대적인 의미로 말하자면, 문헌학이 비평과 불가분의 관계라는 것이다. 이 두 권의 『고전 작가 문집』은 매우 다른 성공을 거두었고, 여러 지역에 확산되었다. 첫 번째 문집의 초판본editio princeps은 안토니오 미스코미니Antonio Miscomini(1470~1481년에 활동)의 피렌체 판본인데, 1489년에 제작되었고 이후 작가 자신이 교정했다. 두 번째 『고전 작가 문집』은 비평 판본으로 출판되었는데, 폴리치아노의 자필 원고를 토대로 비토레 브란카Vittore Branca(1913~2004)와 만리오 파스토레 스토키Manlio Pastore Stocchi가 편집하여 1972년에야 출판되었다.

　　15세기 후반 해석자와 해설이 중요한 역할을 했는데, 무수히 많은 잡다한 주석 형식을 통해서도 그것을 추정해 볼 수 있으며, 이 주석 형식은 대학 강의에서 자주 채택한 고전 문헌 덕분에 많이 늘었다. 지속적인 주석(원전은 말이 없지만, 원전을 근거로 주석을 달았다)을 비롯하여 단일 저자 혹은 다수의 저자가 쓴 주해집Adnotationes(대 필리포 베로알도의 『주해집 100Adnotationes centum』), 첨삭집Castionganes(에르몰라오 바르바로의 『플리니우스 박물지 첨삭집Castigationes plinianae』), 코드로Codro라고 불린 볼로냐 출신 학자 안토니오 우르체오Antonio Urceo(1446~1500)의 작품과 같은 설교집Sermones(학기 초 진행한 첫 강의)이 있다. 다른 한편, 근대 텍스트 비평으로 대부분 복원된 언어학 사전에 등장한 신조어는 인문주의자들의 공이었다.

| 다음을 참고하라 |
문학과 연극 고대 문헌의 발견, 로마 신화, 시민 인문주의(488쪽)

고대 문헌의 발견, 로마 신화, 시민 인문주의
| 안드레아 세베리Andrea Severi |

새로운 인지 방법이 된 '문헌학', 15세기 초 피렌체 인문주의 모임에서 출현한 시민의 문제를 보면 르네상스의 모순적인 매력을 포착하게 된다. 르네상스는 '두 얼굴을

가진' 시대처럼 보인다. 한편, 재탄생한 로마 신화는 당시에 최고로 여기던 과거에 대한 고전주의적 열정을 발전시키고, 다른 한편으로 그 과거를 복구하기 위한 방법이 발전하여 세계와 시간에 대한 새로운 개념을 만드는 조건이 제시되었다.

고전 작가들의 '해방'

인문주의와 관련하여 '문헌학'(말에 대한 사랑)이란 용어를 이해하려면 그 시기에 했던 근본적인 해석 방식이 요구된다. 그것은 가치가 영원한 문명의 보고로서 고대 그리스-로마를 복원하려는 지적인 실천이었고, 새로운 사고방식forma mentis과 새롭게 요구되는 논리의 표현이었다. 이렇듯 내적인 모호함 때문에 인문주의는 매우 다양한 평가를 받았다. 폴 오스카 크리스텔러Paul Oskar Kristeller(1905-1999)처럼 인문주의를 문학 운동으로 한정하는 연구자가 있는가 하면, 에우제니오 가린(1909-2004)처럼 사상사에 일으킨 반향을 포착한 연구자도 있다. 그에 따르면, 문헌학이 근대 학문의 귀납법에 길을 열어 준 것이었다. 유럽의 초기 인문주의자들의 꿈은 라틴어 저자 | 잊힌 저자들의 재발견들을 갇혀 있던 '감옥'에서 해방시켜 다시 생명을 주는 것이었다.

고대의 고전을 재소환하여 그 세계의 증거물을 집요하게 연구함으로써 인문주의 운동을 촉진하는 신화가 만들어졌다. 포조 브라촐리니(1380-1459)와 더불어 수백 년간 잊혔던 고전 작가들을 줄줄이 발견하기 시작했다. 1416년 여름 콘스탄츠 공의회(1414-1418) 1차 회기가 끝나고 2차 회기가 시작되기 전 독일 수도원의 오래된 도서관들을 방문한 포조는 산 갈로 수도원에서 키케로의 연설문 몇 개, 발레리우스 플라쿠스Valerius Flaccus의 『아르고나우티카Argonautiche』, 퀸틸리아누스의 『웅변 교수론』을 찾아냈다. 특히 그가 쓴 유명한 편지 중 베로나의 구아리노(1374-1460)에게 쓴 편지에서 열정적으로 『웅변 교수론』을 언급했다. 이듬해에는 스타티우스의 『숲』, 실리우스 이탈리쿠스Silius Italicus의 『포에니 전쟁Puniche』, 암미아누스 마르켈리누스 Ammianus Marcellinus의 『역사Historiae』, 마닐리우스의 『아스트로노미카』, 루크레티우스의 『사물의 본성』을 연이어 발견했다. 『사물의 본성』은 에피쿠로스 학파의 라틴 | 루크레티우스의 『사물의 본성』어 수용에 근본적인 작품이 되었고, 에피쿠로스 학파는 15세기 사상의 전통에 심오한 영향을 주었다. 한편 그때와 거의 동일한 시기에 암브로조 트라베르사리Ambrogio Traversari(1386-1439)와 조반니 아우리스파(1376-1459)는 지식의 모든 분야에서 가능

한 더 많은 필사본을 이탈리아에 가져올 임무를 가지고 그리스 도시들을 탐험했다. 1421년에 아우리스파는 아리스토텔레스, 플라톤, 아리스토파네스, 칼리마코스, 데모스테네스, 헤로도토스, 아이스킬로스, 루키아노스, 스트라본, 테오프라스토스, 디오게네스 라에르티오스, 프톨레마이오스, 아르키메데스의 작품을 담고 있는 무려 238권의 필사본을 이탈리아로 가져왔다.

과거에 대한 향수와 미래를 향한 개방 사이의 문헌학

새로 발견한 필사본을 이렇듯 '갑자기' 이용할 수 있게 되자 원전을 대하는 태도가 새로워졌다. 전승된 교훈의 선의를 조사했으며, 특히 한 작품에 대한 여러 증거물을 비교(대조)함으로써 잘못된 문장을 바로잡았다. 필사본을 면밀히 검토하여 저자의 의지에 따라 문학 작품을 복원하는 본문 비평 혹은 텍스트 비평이 탄생했다. 이렇듯 혁신적인 비평 정신은 중세 전통이 승인한 권위들auctoritates에 대한 반독단적인 태도에서도 나타났다.

본문 비평의 탄생

몇몇 인문주의자들은 고대에서 비추는 빛에 눈이 멀었다. 니콜로 니콜리(1364-1437)와 안코나의 치리아코Ciriaco d'Ancona(1391-1455)는 지치지도 않고 서적과 동전과 비문을 연구하면서 잃어버린 시대에 대한 향수를 드러냈다. 그러나 다른 인문주의자들은 재발견한 고대 저자들을 새로운 교육학 정전에 편입시켰으며, 미래의 문을 열 수 있는 교육학 방법론을 제시했다. 베로나의 구아리노는 페라라에 유명한 학교인 '콘투베르니움Contubernium'을, 펠트레의 비토리노(약 1378-1446)는 만토바의 빌라조이오사에 학교를 세웠고, 전 유럽에서 학생들이 몰려들었다.

과거로 회귀하려는 의지와 새로운 인식 방법의 실행 간의 이와 같은 긴장 관계를 15세기 초 가장 유명한 문헌학자였던 로렌초 발라(1407-1457)의 걸작 『라틴어의 우아함』(1441-1449)에서 주로 찾아볼 수 있다. 6권의 책으로 라틴어 문법의 역사를 다루고 있는데, 자신을 로마 공화정 시기 신화적 영웅인, 새로 태어난 카밀루스라고 선언한 로렌초 발라는 키케로, 퀸틸리아누스, 베르길리우스의 어휘와 구문론을 복원하기로 마음먹었다. 사실 라틴어는 성사sacramentum로 간주되었으며, 그것이 없다면 어떠한 지식과 문명의 형태도 불가능했다. 발라는 자신이 알고 있는 모든 언어학적 지식을 수백 개의 표로 분류했으며, '라틴 문화'의 표준을 준수하고 있을 뿐만 아니라 말과 사물을 구체적으로 연결하는 명확한 설명explanatio의 기준도 따르고 있다.

위에서 언급한 것을 염두에 두면서 발라는 아리스토텔레스(기원전 384-기원전   **라틴 문화와 설명**
322)가 서구 사상에 인도했고 포르피리오스(233-약 305)와 보에티우스(약 480-525?)
를 지나 스콜라 철학이 정립한 논리학-수사학 체계를 구조적으로 재편했다. 발라
는 『논리적 토론』에서 중세의 추상적인 삼단논법에서 해방된 언어를 이용해 라틴어
와 형이상학의 관계를 끊었으며, 의미 없는 중세의 언어학적 괴물(존재자ens, 무엇임
quidditas, 신성deitas……)을 라틴어에서 제거했다. 퀸틸리아누스의 가르침에 따라 '관
습'의 규제를 받는 세속의 차원에 그것을 집어넣기 위해서였다.

라틴 교회와 그리스 교회가 신학 용어를 바탕으로 서로 이해하려는 극단적인 시
도가 있었던 페라라-피렌체 공의회 기간(1436-1439)에 좀 더 명확한 라틴어가 특별
히 필요하다고 생각했던 것이다.

문헌학의 걸작

라틴어 발전의 역사를 인지함으로써 발라는 가장 유명한 논쟁적 소장을 쓸 수 있었
다. 『콘스탄티누스의 증여라고 믿어진 선언의 허구성』(1440)에서 발라는 텍스트의
언어학적 시대착오적인 면을 밝히면서 문서의 허위성을 보여 주었다. 수백 년 전부
터 교회가 누린 합법적인 세속권의 특권을 밝혀낸 것이다. 때로는 전통을 향한 날카
로운 비판을 통해 다수가 완벽하다고 생각한 고전 지식의 원전 자체에서도 잘못된
점을 찾아내기도 했다. "유랑하지 않았다"고 말한 리비우스(기원전 59-17)의 경우가
그러한데, 발라는 『두 명의 타르퀴니우스에 관한 서신Epistola de duobus Tarquinis』(1444)
에서 고대 로마 시대 초기 왕들의 계보학에 실수가 있었음을 밝혔다.

15세기 말이 되자 문헌학에서는 발라의 유산을 물려받아 최종적으로 문헌학적
방법론을 정리할 수 있는 뛰어난 대표자인 안젤로 폴리치아노(1454-1494)가 주도적
인 역할을 맡았다. 주석을 단 두 권의 고전 작가 문집Centuriae인 『선집Miscellanea』에서   **폴리치아노**
폴리치아노는 잘못된 문장을 수정했고, 특히 필사본 작품ope codicum, 즉 운 좋게 입
수한 새 필사본(『행운의 여신 포르투나fors fortuna』)을 토대로 고전 작가들의 교훈이 넘
쳐나는데도 '글'을 맺었다. 사실 그는 다음과 같은 깊은 확신을 가지고 있었다. "많은
연구자들이 고대 필사본의 권위에 의지하지 않고, 훌륭한 저자의 증거물을 토대로
하지 않고, 단순한 의혹만을 가지고 이전의 교훈에 본인들의 교훈을 덧붙여 연구한
것들을 우리가 연구하는 것보다 위험한 짓은 어디에도 없을 것이다"(*Secunda Centuria*,

5, 4).

폴리치아노와 거의 동시대를 살았던 베네치아 출신 귀족인 에르몰라오 바르바로(약 1453-1493)도 15세기 문헌학의 또 다른 기념비적인 작품『플리니우스 박물지 첨삭집과 폼포니우스 멜라Castigationes Plinianae et in Pomponium Melam』를 집필했다. 요컨대 15세기 말 원전 비평이 고대 로마 제국의 지리학자 폼포니우스 멜라(1세기)의 『지리지Corographia』 외에 서구 지식의 가장 중요한 백과사전이라 할 대 플리니우스(23/24-79)의『박물지』를 수정할 때 막강한 위력을 발휘했던 것이다. 그러나 이렇듯 절정에 달한 학문이 인간의 갱신renovatio을 위해 모든 지식을 동원하려는 '꿈'(프란시스코 리코[1942-])이 쇠퇴하는 듯한 시기에 나왔다. 이 시기에 인문학studia humanitatis은 한풀 꺾여 노골적인 문헌학으로 나아갔다. 인문주의를 불도저처럼 밀어붙였던 피렌체에서 그랬던 것처럼 말이다.

도시에 봉사하는 지식: 피렌체 시민 인문주의

사실 문헌학과 로마 신화는 15세기 초, 즉 독일인 비평가 한스 바론Hans Baron(1900-1988)이 시민 인문주의Bürgerhumanismus라고 정의한 바 있는 특별한 시기에 피렌체에 활력을 주었다. 바론은 혁신적인 세속 개념의 뿌리를 파헤쳤는데, 그것에 따르면 선한 인간vir bonus은 자신의 조국을 위해 정치적 책임을 지려는 현명한 인간이었다. 당시 번역되었던 아리스토텔레스와 플라톤(기원전 428/427-기원전 348/347)의 정치 서적과, 특히 진정한 '시민 인문주의의 바이블'이라 할 키케로(기원전 106-기원전 43)의 『의무론』이 그것을 말해 준다.

살루타티의 활동　이 이상을 구현한 최초의 인문주의자는 프란체스코 페트라르카(1304-1374)의 제자 콜루초 살루타티(1331-1406)다. 피렌체 공화정에서 30년 동안(1376-1406) 서기관으로 일했던 인문주의자 콜루초 살루타티는 몇몇 편지에서 여전한 중세의 금욕주의 전통에 반하여 관상적 삶보다 실천적 삶을 칭송했다.

그러나 피렌체 인문주의는 초기에 상이한 주장을 한 두 파벌의 대결을 보여 주었다. 하나는 현재에 관심을 두지 않고 엘리트주의적인 전망에 따라 고대 세계로의 무조건적이고 배타적인 회귀를 주장했던 반면, 다른 하나는 그리스-라틴 세계를 문화 및 문명 전통이 발전하는 출발점으로 생각하여 그 세계로의 회귀를 주장하는 자들이었다. 이 전통은 세 명의 '피렌체 출신 대가', 즉 단테, 페트라르카, 보카치오의 속어 문학으로 이어졌다. 이들의 논쟁은 매우 정확한 역사적 상황에서 진행되었다. 말하 **세 명의**
'피렌체 출신 대가'
자면 14세기가 끝날 무렵은 잔 갈레아초 비스콘티(1351-1402)가 이끄는 밀라노 공
국의 팽창주의 전쟁이 오랫동안 수행된 시기였다. 밀라노와 전쟁이 터지자 피렌체
공화정의 시민들과 지식인들은 피렌체의 정체성을 재고할 필요를 느꼈으며, 피렌체
의 영광스러운 문화와 문명의 전통을 고대 로마 시대의 신화적 기원과 관련지었다.
이와 같은 전망에서 카이사르(기원전 102-기원전 44)가 피렌체를 처음으로 건설했다
고 주장하는 파벌과 피렌체의 기원을 로마 공화정, 즉 시민들이 정치적 자유를 누리
던 시기로 거슬러 올라간다고 주장하는 파벌 간의 논쟁querelle은 특히 중요하다. 이
시기에 발전한 시사 평론에 의하면, 후자의 주장에는 폭압적인 밀라노에 대항하는
전투에서 피렌체의 자유 수호 임무가 '보편적'인 성격을 가진다는 믿음이 내재되어
있었다.

레오나르도 브루니와 피렌체의 자유

상인이었던 치노 리누치니Cino Rinuccini(약 1350-1417)는 속어로 쓴 『답장Responsiva』
(1397)에서 밀라노 서기관 안토니오 로스키Antonio Loschi(1368-1441)가 피렌체인들과
그들의 공화정 정책에 대해 악담을 하자 그것에 대해 처음으로 반박했다. 밀라노 대
공의 갑작스러운 죽음(1402)으로 피렌체가 승리했던 전쟁이 끝날 즈음 살루타티는
리누치니의 답장을 토대로 『안토니오 로스키에 대한 악담Invectiva in Antonium Loschum』
(1403)을 완성했다. 이 작품에서 살루타티는 역사 서적을 토대로 하여 피렌체가 로
마 공화정 시대를 기원으로 한다는 것을 보여 주었으며, 피렌체가 고대 로마의 자유
libertas를 수호하는 후계자임을 증명하고 칭송했다.

피렌체의 자유florentina libertas 신화는 레오나르도 브루니(약 1370-1444, 1411/
1427-1444년에 피렌체 서기관으로 활동)가 『피렌체 찬가』(1403-1404)에서 다시 거론
하여 발전시켰다. 그리스 연설가 아엘리우스 아리스티데스Aelius Aristides(117-180)의
『판아테나이카Panathenaica』를 모델로 삼은 이 유명한 연설문에서 브루니는 피렌체
를 칭송했다. 피렌체는 지리적 위치, 시민들의 덕성, 문학 문화, 브루넬레스키(1377- 이상적인 도시, 피렌체
1446)와 도나텔로(1386-1466)가 활동하던 시기의 특징으로 나타난 원근감과 대칭적
인 특징의 취향이 표현된 건물들의 배치와 관련하여 이상적인 도시라고 주장했다.
그밖에 피렌체의 자유florentina libertas는 로마 시대 이전의 에트루리아 시대에서 그 모

형母型을 찾을 수 있다고 강조했다. 피렌체의 자유florentina libertas라는 관념은 12권으로 쓴 『피렌체의 역사』(1416-1444)와 『요하니스 스트로체 장례 연설문Oratorio in funere Iohannis Strozze』(1427)에서도 나타난다. 후자의 작품은 피렌체 군대 사령관을 위한 장례 연설문이며, 결국은 조국 피렌체에 대한 찬양으로 마무리하고 있다. 이와 동일한 이데올로기를 견지하면서 브루니는 『피터 폴 다뉴브에 대한 대화Dialogi ad Petrum Paulum Istrum』(1401-1408)에서 니콜로 니콜리를 통해 14세기 속어 문학을 재평가했다. 하지만 비스티치의 베스파시아노(1421-1498)는 니콜로 니콜리를 모든 교양 있는 논쟁과는 거리가 먼 골동품 전문 인문주의의 표본으로 그리고 있다. 1436년 속어로 집필된 『단테의 생애Vita di Dante』에서 레오나르도 브루니는 단테를 최고의 시인이자 사법부에 종사하고 피렌체 군대에도 몸담은 교양 있는 인물로 칭송하기에 앞서 위대한 동시민으로 찬양하고 있다.

「단테의 생애」

1430년대에 나온 두 개의 속어 작품도 피렌체 시민 인문주의 정신이 가득했다. 즉 레온 바티스타 알베르티(1406-1472)의 유명한 대화록이 그중 하나인데, 『가족에 관한 책』은 가정생활을 살피려는 가장론pater familias를 쓰기 위한 일종의 안내서였다. 다른 한 작품은 마테오 팔미에리Matteo Palmieri(1406-1475)의 『시민 생활론Della vita civile』인데, 종교성이 강한 정치 및 교육 관련 논문이다. 이 작품은 1434년 코시모 1세(1389-1464)와 함께 피렌체에 자리 잡은 새로운 정치 지도층에 피렌체 인문주의의 시민적 요구를 종합한 것이기도 하다.

| 다음을 참고하라 |
역사 인쇄술과 책의 탄생(226쪽)
문학과 연극 그리스어 지식과 연구(495쪽)
시각예술 식스토 4세의 로마(750쪽)

그리스어 지식과 연구

| 레티치아 레온치니Letizia Leoncini |

인문주의 운동이 수행한 고전 세계의 재탈환에서 중요한 것은 그리스어의 재정복이었다. 15세기에 인문주의자들이 점진적으로, 그리고 더욱 폭넓게 고대 그리스 문학과 언어를 재발견하는 동안 원전을 모방한 근대 그리스 문학 작품의 생산이 활발해졌다.

피렌체의 그리스어 연구 재개와 발전

중세에 유행하던 문구인 'Graeca sunt, non leguntur(이것은 그리스어라 읽지 못한다)'는 라틴어가 중심이던 서방에서 그리스어는 미지의 대상이었다는 공통의 의견 communis opinio을 반영한다. 15세기에 발전한 인문주의만이 보다 중요한 그리스어 원전을 원어로 읽을 수 있는 독자를 만들어 냈다는 것은 실제로 사실이었다. 무엇보다도 서구 유럽에서, 특히 이탈리아에서 그리스어를 다시 습득함으로써 서로마 제국이 멸망한 이후에도 그리스 세계와 라틴 세계를 잇는 문화 관계가 계속 유지될 수 있는 토대가 마련되었다. 그리스어 습득은 그리스어 원전을 라틴어로 번역하면서 중세 시대에 계속 이어졌는데, 실용적인 그리스어를 알고 있었던, 소수이지만 유능했던 중세 지식인들이 번역했다. 또한 이탈리아에서, 특히 베네치아 및 남부 중심 지역을 통해서 비잔티움 세계와 계속 접촉을 했기 때문이기도 하다.

그리스어 연구를 피렌체에 최초로 소개한 인물은 보카치오(1313-1375)다. 보카치오는 칼라브리아 출신의 수도사 레온티우스 필라투스Leontius Pilatus(?-1366)에게 1360년에 교수직을 마련해 주었다. 그러나 레온티우스 필라투스는 소수의 피렌체 사람들에게 초보적인 그리스어 개념만을 불충분하게 나눠 주었을 뿐이다. 진정한 대전환기는 1397년 피렌체에서 이루어졌는데, 그리스어에 대한 방법론적이고 심화된 연구를 누구나 할 수 있게 되었다. 인문주의적 혁신의 절대적인 역할을 했던 피렌체에서 콜루초 살루타티(1331-1406) 서기관은 재생 운동의 주역이었고, 그리스어 원전을 직접 읽을 수 있기를 바랐다. 그는 이렇게 확신했다. "그리스인들이 라틴 문화를 보물로 여길 때 더욱 박학다식했고, 라틴 사람들은 그리스 문화와 자신의 문

보카치오의 최초의 시도

화를 결합했을 때 더욱 박학다식했습니다"(콜루초 살루타티, *Invito ufficiale della Signoria fiorentina al Crisolora*). 그러므로 서기관 스카르페리아의 야코포 안젤리(약 1360-약 1411)의 피렌체인 제자를 통해 피렌체 코무네가 경비를 대고 '누구든 원하는 이에게' 그리스어를 가르치기 위해 비잔티움의 학자 에마누엘레 크리솔로라(약 1350-1415)를 피렌체에 초대한 것은 살루타티의 단호한 제안 덕분이었다. 크리솔로라가 피렌체에서 가르친 기간은 짧았지만(1397년 2월-1400년 3월), 결과는 풍성했다. 그리하여 그리스어에 정통한 문학가들이 최초로 나오기 시작했고, 동시에 굵직한 연구가 새롭게 이루어졌다. 15세기 내내 그리스어를 연구한 덕분에 고대 그리스 및 비잔티움 세계의 문화와 언어를 점차 완벽히 이해할 수 있게 되었다.

레오나르도 브루니와 '완벽한 번역'

피렌체에서 크리솔로라의 학생들 중에 레오나르도 브루니(약 1370-1444)가 있었다. 살루타티의 제자이자 친구인 브루니는 보다 친절하게 그리스어를 전수받았으며, 그리스 문화를 다시 섭렵하려는 개척자 정신이 결실을 거두면서 피렌체의 새로운 인문주의자 세대에게 서구 문화 발전을 위해 거부할 수 없는 요소인 그리스어의 개념을 전달했다. 두 개의 언어로 재정립한 고대 문화 전통을 반드시 복원해야 한다는 생각과 함께 말이다. 그 자신도 피렌체의 서기관(1410/1411, 1427/1444)이었으며, 학자이자 정치가이기도 했던 브루니는 그리스 연구의 발전을 위해 중대한 공헌을 했 정확한 번역 다. 수많은 고전 작품(플라톤, 아리스토텔레스, 크세노폰, 플루타르코스, 데모스테네스, 아이스키네스, 아리스토파네스)의 번역가이자 피렌체 헌법Costituzione fiorentina에 관한 소논문을 그리스어로 쓴 독창적인 작가이기도 한 브루니는 번역에서 라틴어-그리스어 관계의 문제에 최초로 초점을 맞추면서 두 언어가 똑같이 중요하다는 이론을 폈다. 다양한 작품이 있지만, 특히 『올바른 해석』(완벽한 번역에 관하여)에서 브루니는 번역가는 도착 언어와 마찬가지로 출발 언어도 깊이 있고 정교하게 인지하고 있어야 한다고 주장했으며, 목표어의 특이한 용법과 방법을 통해 최대한 저자의 의도를 옮기기 위해 원전 저자의 정신과 원전의 의미를 엄격히 준수하는 기술을 얻을 수 있는 방법에 대해 숙고했다.

그리스어와 라틴어를 모두 깊이 이해하고 있던 로렌초 발라(1405-1457)가 다른 방향을 제시하고 있지만, 15세기에 인문주의자들은 브루니의 입장을 가장 추종했다. 로렌초 발라는 『신약 성경의 대조』에서 보듯 복음 그리스어를 통달한 연구자였으며, 당대의 불순한 언어로 많이 손상된 성 히에로니무스Hieronymus(약 347-약 420)의 『불가타 성서Vulgata』의 라틴어를 검증하고 때로 수정하기도 했다. 브루니가 먼저 번역하기도 했지만, 데모스테네스의 연설문 『크테시폰을 위한 변론Pro Ctesifonte』의 라틴어 번역판에서 발라는 텍스트의 의미를 표현할 뿐만 아니라 언어학적으로 효과적이고 세련된 표현을 통해 그 의미에 필적하는, 라틴어로 다시 쓰기와 같은 번역 방식을 제안했다. 이와 같은 번역 방식으로 인해 그리스어와 라틴어 간의 경쟁을 피할 수도 없었고 피해서도 안 되었다.

『불가타 성서』의 수정

15세기 이탈리아의 활발한 그리스어 공부: 인문주의자, 여행가, 상인

피렌체에서 그리스어 수업을 한 뒤, 크리솔로라는 밀라노와 파비아에서 그리스어를 가르쳤다. 이후 그의 영향력은 친구들과 학생들을 통해 다른 도시로 확대되는데, 페라라와 로마도 그중에 속해 있었다. 다른 한편으로 그는 황제 마누엘 2세(1350-1425)의 대사로서 정치 활동에도 활발히 참여했기에 비잔티움 제국과 이탈리아 인문주의의 관계가 강화된 것은 그 결과라고 할 수 있다. 이후 이탈리아에서는 그리스어 원전 번역이 늘어났으며 여러 도시들, 특히 중북부 도시에 그리스어 강좌가 개설되었다. 오스만 제국의 압박이 더욱 심해지자 비잔티움 제국에서 도망친 학자들뿐만 아니라 베로나의 구아리노(1374-1460)와 프란체스코 필렐포(1398-1481) 같은 이탈리아 최고 전문가들도 그리스어 강의를 했다. 아마도 서구 최고의 그리스어 전문가였을 프란체스코 필렐포는 1420년 콘스탄티노플에 가서 1427년까지 머물렀다.

많은 인문주의자들이 언어도 배우고 그리스의 지혜graeca sapientia를 보여 주는 신성한 장소를 방문하여 책과 골동품을 가져오기 위해 여행을 시작했다. 1403년에 베로나의 구아리노도 크리솔로라와 함께 콘스탄티노플로 떠났으며, 나중에는 베네치아에서 프란체스코 바르바로Francesco Barbaro(1390-1454)에게 그리스어를 가르쳤다. 그의 가르침 덕분에 베네토 지역에서 그리스어에 대한 인문주의적 연구가 발전했다. 특이하면서도 중요한 경우가 시칠리아 출신의 조반니 아우리스파(1376-1459)다. 그는 볼로냐와 피렌체에서 그리스어를 가르쳤고, 애서가이기도 했지만, 특히 책 판매상이기도 했다. 그는 자주 그리스에 가서 수많은 필사본 모음집을 가져와 판매하거나 고향에 가서 물물교환을 했다. 문학가이자 지치지 않는 여행가였던 안코나

그리스의 지혜

의 치리아코(1391-1455)도 그리스 전역을 돌며 금석문과 화폐 유물뿐 아니라 필사본 연구에 나섰다.

신학, 철학, 문학: 피렌체 공의회부터 로렌초 데 메디치의 시대까지

동방 그리스 교회와 서방 교회의 일시적인 재통합을 승인했던 피렌체 공의회(1439-1443)는 매우 중요한 새로운 사건이었다. 그로 인해 피렌체는 그리스 연구를 견인하는 중심지로서의 역할을 재확인했으며, 동시에 비잔티움 학자들이 이탈리아에 유입되었다. 이들은 만국 공의회 참석뿐만 아니라 비참한 상황에 빠진 동방 제국에서 멀리 떨어진 곳에 정착하기 위해서도 이탈리아에 왔다. 결국 콘스탄티노플이 몰락하면서 동방 제국은 1453년 메흐메트 2세(1437-1481)의 수중에 들어갔다. 그리스어 재습득을 위한 노력은 더욱 증가했고, 학자들은 신성하면서도 세속적인 그리스 사상 및 그 사상과 서구 사상과의 관계에 관심의 폭을 넓혔다. 피렌체 공의회에서 삼위

암브로조
트라베르사리일체 문제와 그리스어 및 라틴어 교부 저작에 대한 신학 논쟁 때문에 카말돌리회 수도사 암브로조 트라베르사리(1386-1439)는 구체적인 해석의 문제를 적절하고 조직적으로 조사하기 시작했다. 그 역시 그리스 교부들의 저작과 디오게네스 라에르티오스Diogenes Laertios(3세기)의 『철학자들의 삶Vitae philosophorum』을 번역한 중요한 번역가이기도 했다. 종교와 교리 관련 논쟁에서 부수적인 철학 논쟁, 특히 고대 최고의 철학자들인 아리스토텔레스(기원전 384-기원전 322)와 플라톤(기원전 428/427-기원전 348/347)의 대립-충돌로 가는 행보의 기간은 짧았다. 더 좋게 말하자면, 스콜라 철학의 아리스토텔레스주의와 그리스 신플라톤주의의 논쟁이라고 할 수 있다. 이는 비잔티움 문화의 고유한 반정립反定立을 서구에 전이한 이데올로기 논쟁인데, 15세기 후반에 이르면 새로운 철학적-교리적 체계 내에서 플라톤 학설이 우세해진다. 이 체계는 마르실리오 피치노(1433-1499)가 착안한, 난해하고 불가사의한 전통이 배어 있는 신플라톤주의의 영향을 받았다.

로렌초 데 메디치가 다스리던 시기의 후반이 되면 언어학과 문학 분야에서 그리스어 재정복이 최고의 수준에 이르게 된다. '그리스어 석학' 안젤로 폴리치아노(1454-1494)는 『오디세이아Odissea』 관련 수업을 할 수 있었으며, 아테네가 '피렌체와 함께하는 유일한 것'이기에 아테네 '전체'가 피렌체에 이식되었다고 주장했다. 또한 그리스어 찬양을 위해 탁월한 능력을 발휘하여 우아한 풍자시와 비가를 그리스

어로 집필했는데, "한 세기에 걸친 작업을 봉인해 놓은 듯했다"(에우제니오 가린, *La letteratura degli umanisti*, 2001). 이제 시대가 발전하여 베네치아 출신 출판업자 알도 마누치오(1450-1515)의 기념비적인 아리스토텔레스 작품집처럼 중대한 인쇄본이 나왔다.

도서: 선집과 도서관

15세기에 고대 그리스 지역에서 가져왔거나 아니면 이탈리아에서 제작된, 인문주의자들이 수집한 수많은 그리스 서적은 귀중한 도서 유산이며, 개인 혹은 귀족의 서고에 보관되었는데, 이들 서고가 온전히 보존되지는 못했다. 조반니 아우리스파의 풍부하고 다양한 모음집의 경우가 대표적인 예인데, 그가 모은 서적들은 피렌체에서 추방된 팔라 스트로치(1372-1462)의 서적들처럼 그가 죽자 흩어지는 비극을 맞고 말았다. 팔라 스트로치는 파도바의 산타 유스티나 수도원에 자신의 컬렉션을 기증했지만, 그리스어 서적의 비중이 상당했던 그의 컬렉션은 이후 뿔뿔이 흩어졌다. 피렌체에서 로렌초 데 메디치(1449-1492)는 협력자들에게 비잔티움과 이탈리아 필사본을 모아 메디치의 개인 도서관을 채우라고 했던 반면, 피에졸레 대수도원에는 안토니오 코르비넬리Antonio Corbinelli(1376/1377-1425)의 수많은 그리스어 필사본이 소장되었고, 산 마르코 성당에는 니콜로 니콜리(1364-1437)의 책들이 소장되었다. 위대한 스승 펠트레의 비토리노(약 1378-1446)는 곤차가 가문이 다스리던 만토바에 카조코사 수도원 부속학교를 설립했고, 그곳에 많은 양의 필사본들을 모아두었다. 로마에서 니콜라오 5세(1397-1455, 1447년부터 교황)는 바티칸 도서관의 원서 소장 구역을 만들어 수년 만에 교황 도서 기금을 크게 늘렸다. 트라브존 태생의 바실리우스회 수도사였다가 이후에 추기경(1449)이 된 베사리오네(1403-1472)는 피렌체 공의회와 그 이후에도 플라톤주의를 균형 있게 옹호했으며, 살아 있는 동안 대부분 그리스어 서적으로 구성된 막대한 컬렉션을 모았다. 서적이 분산되지 않도록 하기 위해 그는 1468년에 자신의 컬렉션을 베네치아에 기증했다. '자유롭게 접근할 수 있는 안전한' 도시 베네치아를 제2의 비잔티움으로 생각했으며, 전 세계에서 온 그리스인들과 라틴인들이 그의 책을 읽고 참고할 수 있도록 했다. 콘스탄티노플이 비극적으로 몰락했지만, 그의 책이 고대 그리스의 위대한 문화유산을 증명하고 미래에도 계속해서 보여 줄 수 있도록 말이다. 그것을 최초의 기원으로 삼아 마르차나 국립도서관

아우리스파의 컬렉션

베사리오네의 컬렉션에서 마르차나 국립도서관까지

이 설립되었다.

| 다음을 참고하라 |
역사 콘스탄티노플의 몰락(35쪽); 광산업과 제조업(162쪽); 인쇄술과 책의 탄생(226쪽)
과학과 기술 새로운 고대 원천의 번역과 발견: 그리스어 문헌의 부활(402쪽)
문학과 연극 고대 문헌의 발견, 로마 신화, 시민 인문주의(488쪽)

인문주의 산문의 종류

| 레티치아 레온치니 |

라틴어 인문주의 산문은 고대 문학 장르를 되찾아 고전 작가들의 원전을 가능한 충실히 모방하도록 했다. 그러나 고전 작가들의 유산을 고집하는 것 외에 인문주의자들은 동시대 사회에 맞는 문화 체계의 창출과 윤리적 가치의 혁신을 위해 고대 전통을 새로운 형식의 글쓰기에 맞게 현대화했다.

사회 참여와 사색의 장르: 연설, 대화록, 논문

인문주의 산문은 실천적 삶과 공공적인 삶에 대해 새로운 형태의 시민 참여와 행동을 말하고 있으며, 모든 형식의 글쓰기는 근대성의 모든 측면을 해결하고 이해하는 관문으로서 역사적 진실을 전체적으로 정확히 재정립한 상황에서 고대 유산을 재사용하기 위해 고전 작가를 본받으며 혁신을 이루었다. 역사 편찬과 더불어 고전 문화를 필터로 삼아 과거와 동시대를 함께 해석하고 형상화하려는 인문주의자들의 요청에 더욱 폭넓고 완벽하게 응답한 산문의 유형 분류, 즉 중세에 이미 실행되고 있던 집단적 참여가 이루어질 수밖에 없는 다른 장르가 새로운 자리를 더욱 넓게 차지했다. 무엇보다도 시민과 교회의 연설이 활발히 이루어지던 곳은 피렌체와 로마였다. 가령 레오나르도 브루니(약 1370-1444)는 피렌체에서 속어 연설이든 라틴어 연설이든 모두 장려했다. 비오 2세(1405-1464, 1458년부터 교황)는 로마에서 세련된 달변과 독특하고 효과적인 표현법을 이용한 연설문 만들기에 주력했고, 그의 가장 중요한 작품은 만토바 회의(1459)에서 이슬람에 대항할 십자군 모집을 위한 연설문이었다.

비오 2세의 연설

또 다르게 중요하게 생각한, 상대를 설득하는 의사소통의 종류는 대화록이었다. 인문주의가 주력한 철학적-도덕적, 문화적인 주제에 관한 공개적인 논쟁에서 대화록은 키케로의 『변론가론De oratore』(기원전 55)을 본받아 '서술 형식'이 될 수 있었다. 키케로는 이야기를 이끌어갔으며, 플라톤과 루키아노스처럼 대화자를 소개하거나 저자가 개입하지 않고 주인공들끼리 직접 대화하는 '연극 무대'를 만들었다. 인문주의의 가장 유명하고 중요한 작품 중 하나도 대화록이며, 최초로 가장 민감한 부분을 공개하면서 어떤 식으로든 재생 운동을 시작했다. 피에르 파올로 베르제리오 Pier Paolo Vergerio(1370-1444)에게 헌정한 『피터 폴 다뉴브에 대한 대화』(1401-1408)에서 브루니는 근대 속어 문화와 고대 라틴 문화의 비교-대조 논쟁을 콜루초 살루타티(1331-1406), 로시의 로베르토Roberto de' Rossi(14-15세기), 니콜로 니콜리(1364-1437)에게 맡겼다. 그리고 권력, 고귀함, 행운에 대한 대화록을 쓴 포조 브라촐리니(1380-1459)도 눈에 띈다(『군주의 불행』[1440], 『우위성에 관하여』[1440], 『인간의 불행한 조건에 관하여De miseria humanae conditionis』[1445], 『행운의 다양성』[1448]). 또한 레온 바티스타 알베르티(1406-1472)의 『인테르코에날레스』(1440)에 나온 많은 대화록, 그리고 쾌락주의(『참된 선과 거짓된 선』[1430]), 운명론(『자유의지론』[1439]), 종교인에 대한 세속인의 우월성(『종교인 직업에 관하여De professione religiosorum』[1439-1442])에 관한 작품을 쓴 로렌초 발라(1405-1457)도 중요하다. 메디치 가문 치하의 피렌체에서는 크리스토포로 란디노(1424-1498)가 1472년에서 1473년 사이에 신비주의적 경향의 신플라톤 철학과 관상적 삶의 관계에 대해 쓴 『카말돌리 논쟁』이 있으며, 인문주의가 성숙했던 시기에는 나폴리 인문주의를 대표하는 조반니 폰타노(1429-1503)가 쓴 도덕적이고 문학적인 논쟁과 관련된 대화록이 있다.

그러나 무엇보다도 인문주의자들이 산문에 관한 최고의 능력을 보여 준 것은 학술 논문이었다. 보다 관심이 많은 철학적-도덕적 주제에 대한 성찰은 콜루초 살루타티의 초기 인문주의 논문에서 몇 가지 논지를 통해 이미 시작되었으며, 15세기 내내 대화록 외에도 도덕 관련 논문이 지속적으로 우세하게 나타났다. 인문주의 전성기 시절 나온 유명한 논문 두 개는 잔노초 마네티(1396-1459)의 『인간의 존엄성과 탁월함에 관하여De dignitate et excellentia hominis』와 조반니 피코 델라 미란돌라(1463-1494)의 『인간의 존엄성에 관하여』(1486-1487)인데, 새로운 인문주의 인간형에 대해 명료하게 서술하고 있다. 새로운 인간형인 공작인homo faber은 우주의 중심에 위치하며 자신의 운명을 창조하는 자라는 것이다. 피에르 파올로 베르제리오의 『자유 학예와 도덕에 관한 유년 시절의 학습De ingenuis moribus et liberalisbus adolescentiae studiis』(1400-1402)이 나오면서 인문학studia humanitatis을 토대로 한 새로운 교육학 도서들이 출판되기 시작했다. 이후 혁신적인 자유 교육의 진정한 선언서인 브루니의 『연구와 문헌』(1423-1426)이 나왔고, 마페오 베지오Maffeo Vegio(1407-1458)와 피콜로미니(비오 2세*)도 교육학과 관련된 중요한 논문을 썼다. 귀족 혈통과 덕성 간의 변증법적 관계에 대한 논문도 있었는데, 이 주제는 인문주의 사상에서 매우 중요했다. 모두 대화록 형식으로 쓰인 관련 논문들의 주요 저자로는 앞에서 언급한 브라촐리니, 몬테마뇨의 부오나코르소Buonaccorso di Montemagno(약 1391-1429), 크리스토포로 란디노가 있다. 개인의 시민 생활에 대한 인문주의자들의 특별한 관심은 가정과 결혼이라는 사적인 영역으로 확장되는데, 속어로 쓴 알베르티의 『가족에 관한 책』(1432-1441) 외에도 라틴어로 쓴 작품들도 있었고, 수준이 낮긴 해도 매우 흥미로운 작품들이

가정과 결혼 다. 예를 들어, 프란체스코 바르바로(1390-1454)의 『결혼에 관하여De re uxoria』(1416) 는 신부 선택의 기준에 대해 성찰을 하고 있으며, 조카인 에르몰라오 바르바로(약 1453-1493)의 소논문에도 영향을 주었다. 에르몰라오 바르바로는 『독신에 관하여De coelibatu』(1471-1473)에서 독신이 문학 연구에 매우 적합한 조건이라고 주장했다. 로렌초가 다스리던 시기에 피렌체에서는 마르실리오 피치노(1433-1499)가 기념비적인 『플라톤 신학Theologia Platonica』(1482)과 『그리스도교에 관하여De christiana religione』(1474) 같은 철학적-종교적 논문을 쓰면서 신플라톤주의가 제안한 철학 및 종교 문제에 몰두했다. 15세기 마지막 30년 동안 아라곤 왕국이 지배하던 이탈리아 남부에서는 폰타노가 많은 작품을 발표하면서 정치적-도덕적인 모든 문제들이 매우 폭넓고 체계적으로 제기되어 발전했으며 점성술, 천문학, 신화학 등 새로운 주제도 풍성해졌다.

고대 원전을 보다 완벽하게 역사적으로 검증하여 복원하려는 연구와 성찰 덕분에 언어학과 수사학 영역에 몰두한 지적인 수많은 전문가들의 논문이 나오게 되었으며, 그 과정에서 인문주의자들의 문헌학이 다양한 방식으로 나타났다. 그리하여 발라의 『콘스탄티누스의 증여라고 믿어진 선언의 허구성』(1440)처럼 서구 문화에서 매우 유명한 중요 작품들이 등장했다. 이 논문에서 원전을 언어학적으로 조사한 덕에 로마 제국 영토에 대한 교황들의 세속 권력을 합법화했던 문서가 허구임이 드러

났다. 어떤 경우를 보면 형식이 다른 글도 이런 논문에 공헌을 하기도 했다. 가령 발 〔발라의「콘스탄티누스의 증여라고 믿어진 선언의 허구성」〕
라의『콘스탄티누스의 증여라고 믿어진 선언의 허구성』은 연설문 대신에 언어학적,
문헌학적으로 매우 엄격한 증명을 수행하고 있다. 니콜로 페로티(1429-1480)의『풍
요의 뿔』(1489)도 시인 마르티알리스(39/40-약 104)의 작품에 논평을 한 것으로, 언
어학, 문헌학, 역사적 지식이 나열되어 있고, 고대 라틴 문화를 알려 주는 정보의 보
고라고 할 수 있다. 문학이 아닌 학문 분야에 관한 작품도 인문주의자들의 전문적인
작품에 포함된다. 여러 인물들 중 알베르티는 수학(『수학의 유희』〔1451-1452〕,『암호
글쓰기에 관하여De componendis cifris』〔1466〕)과 도시 계획(『로마 시 디자인』〔1443-1449?〕)
에 관한 글을 썼고, 비오 2세(피콜로미니라고도 함*)는 지리학에 관심을 보였다(『독일
지도의 장소, 관습, 조건에 관하여De situ, moribus et conditione Germaniae descriptio』〔1457〕,『유
럽에 관하여De Europa』〔1458〕,『아시아에 관하여De Asia』〔1461〕).

14세기와 15세기 동안 피렌체는 혁명의 시기였다. '기계적인' 활동이던 예술이
철학 및 정치학과 연결된 '자유로운' 학문이 되었고, 예술가들은 자신을 직인이 아니
라 지식인이라고 생각하기 시작했다. 이처럼 예술가의 역할이 근본적으로 바뀌면서
우선 피렌체와 토스카나 지방에서 문학이 크게 발전하기 시작했는데, 무엇보다 예
술가란 직업의 역사적 가치를 높이 평가하게 되었다. 이는 바사리Vasari(1511-1574) 〔지식인 예술가들〕
의『예술가 열전Vite』(1549-1550)에서 최고봉을 이루었고, 15세기 피렌체 출신의 금
세공사이자 건축가였던 로렌초 기베르티(1378-1455)가 고대부터 조토(1265-1337)
까지의 미술사를 기술하고 있는『주해서』(1447-1455)에서 라틴어로 예술가들의 가
치를 언급하고 있다. 아라곤 지역에서는 바르톨로메오 파초Bartolomeo Facio(약 1400-
1457)의『위인전De viris illustribus』(1457)에 수록된「화가들의 생애Vite dei pittori」가 그것
을 보여 주고 있다. 이론적 측면에서는 물론 알베르티의 저서들도 지식인으로서의
예술가를 언급하고 있다. 근대 최초의 회화 논문인『회화론』(1435), '피렌체의 비트
루비우스'란 별명을 안겨 준 12권의 건축서『건축론』(1452), 조각에 관한『조각론』
(1435?)이 그것이다.

서간집과 자서전

페트라르카의 서간집(『친지들에게 보낸 편지Familiari』〔1351-1366〕,『노년의 편지Senili』
〔1354-1374〕)을 본받아 묶은 서간집은 이상적인 자서전 문화와 정신을 보여 주는 중

요한 자료가 되었으며, 인문주의자들은 스스로 그것을 강조했고 친구와 수취인에게 제시했다. 인문주의자들의 서간집은 출판을 위해 일부러 모은 '편지 모음집'이며, 자발적인 행동이었고, 인문주의 정신에 맞게 대화체를 썼다. 대화는 생각을 표현하는 최고의 수단이었으며, 현실과는 매우 다르게 만든 자전적 이야기를 덧붙여 기술했다. 키케로(기원전 106-기원전 43)와 세네카(기원전 4-65)가 제시한 모범을 모방하면서 과시적인 문체가 두드러지는 편지는 다른 문학 장르(대화록, 논문, 노벨라)와 겹치는 부분이 있다. 인문주의 산문의 또 다른 형식과도 관련된 혼합 서술 기법에 따르자면 말이다. 포를리 출신의 플라비오 비온도(1392-1463)의 경우 레오나르도 브루니에게 보낸 편지는 짧지만 중요한 언어학 논문이 되었다(『로마어 표현법De verbis romanae locutionis』[1435]). 그는 이 편지에서 교황 에우제니오 4세(1383-1447, 1431년부터 교황)의 교황청 각료들이 벌인 논쟁, 즉 고대 로마 시대의 구어가 라틴어인지 속어인지 묻는 유명한 논쟁을 언급했다. 인문주의자들은 교황 비오 2세가 재임 기간 동안 쓴 『우연한 시기에 기억할 만한 것에 관한 회고록Commentarii rerum memorabilium, quae tempribus suis contigenrunt』과 알베르티의 『고대 로마인의 삶Vita latina』(1438)과 같은 자전적 글쓰기 형식에 영향을 주기도 했다.

대화록의 유용함

칭찬 글과 논쟁 글

인문주의 시대에는 연설과 관련된 문학 장르가 특히 성공을 거두었는데, 장소와 사람, 사건에 대한 칭찬과 비난을 하기 위해서였다. 정치적인 목적으로 도시를 찬사한 경우도 있는데, 브루니의 피렌체를 위한 연설이 그것이다(『피렌체 찬가』[1403 혹은 1404]). 플루타르코스(약 45-약 125)와 수에토니우스Suetonius(약 69-약 104)의 작품을 따라서 작성한 유명인들의 연설도 있었다. 인문주의자들 간에는 개인적으로 혹은 학문적으로, 아니면 학교에서 자주 심각한 의견 충돌이 있어서 상대에 대한 활발한 악담이 정당했는데, 공격을 받은 사람은 자신을 방어하는 글을 써서 응수할 수 있었다. 이런 글들은 가끔 해결책antidotum, 비난recriminatio, 변명apologia, 방어defensio와 같은 제목을 달았다. 살루타티(『안토니오 로스키에 대한 악담Invectiva in Antonium Luschum Vicentinum』[1403])와 안토니오 로스키(1368-1441)(『피렌체에 대한 악담Invectiva in Florentinos』[1399], 유실됨)의 갈등은 역사적-정치적 특성을 보이며, 공화정인 피렌체와 비스콘티 가문이 다스리던 밀라노 사이의 갈등이 있었을 때 생겼다. 로렌초 발

라와 포조 브라촐리니, 그리고 바르톨로메오 파초와 발라가 서로 악담의 글을 교환
한 것은 개인적인 원한과 문화적인 혐오 때문이었다.

'새로운' 서술 장르: 재담

15세기 라틴어 단편 이야기는 페트라르카(1304-1374)가 『그리셀다Griselda』를 집필
하면서 시작된 학술적인 새로운 노벨라가 주를 이루었다. 그러나 고대의 재담을 현
시대에 맞게 적용하여 출판하면서 단편 이야기는 더욱 눈에 띄게 되었다. 인문주의
자들은 교양 있고 세련된 오락이라며 그것을 좋아했고, 지적인 경험이자 훈련으로
여겼다. 사실 인문주의 재담은 15세기 거장 포조 브라촐리니를 통해 탄생했는데, 그   **저급한 주제**
때까지 몰랐던 비열하고 '저급한' 주제를 말하는 새로운 영역에서 라틴어를 쓸 수 있
는지 증명해 보려는 계획을 했던 것이다. 『변론가론』(기원전 55) 2권에서 키케로가
한 말에 따르면, 재담은 활발한 연설을 하기 위해 웅변가가 사용하는 예리하고 신랄
한 이야기다. 조롱하고 빈정대면서 대개 저속한 독설을 이용한다. 연설문에서 결정
적으로 그것을 빼낸 사람은 포조였다. 그런데 이미 고전 시대에 일시적이긴 하지만
연설문에서 떨어져 나와 문학 형식을 보이기도 했다. 포조는 273개의 이야기를 모
아 『재담 모음집Liber facetiarum』(1438-1452)을 냈다. 이 작품에서 그는 일상생활에서   **『재담 모음집』**
마주친 사람들(그리고 유명인들)을 일화의 주인공으로 삼을 때 키케로의 이론을 따랐
다. 동시에 언어학적이고 문학적인 실험 및 '재담 형식'의 다양한 형태에 적합한 중
세의 짧은 산문narratio brevis에 속하는 전통적인 하위 장르(속담, 우화, 우의, 동화, 일화
exemplum, 농담, 노벨라 등)도 모음집에 들어갔다.

| 다음을 참고하라 |
문학과 연극 단편 소설 및 다른 짧은 산문 형식(529쪽)

역사 기록학

| 안드레아 세베리 |

15세기 역사 기록학은 원전 연구와 선별 작업에 맞는 혁신적인 방법론을 특징으로
하며, 중세 문학에서 유래한 속어의 전통과 고대 저자들의 모범 사례를 맞추는 서술
유형의 다양화를 꾀했다. 플라비오 비온도는 엄격히 규칙을 준수한 비평을 중요시했고,
로렌초 발라는 역사에 대한 인식론적 재평가를 중요하게 생각했다. 피렌체 공화정의
서기관이었던 레오나르도 브루니와 포조 브라촐리니는 피렌체 민중의 역사를 기술하기
위해 리비우스의 모범을 따랐다.

혁신과 전통

15세기는 원전 비평뿐만 아니라 서술 양식 실험 때문에 역사 기록에서 대혁신을 이
룬 시기였다. 고전의 모범(역사historiae, 연대기, 주해서commentarii, 유명인의 전기)에서
추론한 수많은 종류의 역사 기록학은 보다 가까운 중세를 기원으로 하는 재담, 일화,
노벨라와 자주 혼합되었다. 다른 한편으로는 원전의 선별과 그것을 취급하는 방식
에 있어서 지난 13-14세기와는 완전히 단절된 상황이었다.

　매년 이야기하는 사건을 병렬적으로 이어가는 무차별적인 구전 자료 및 문서를
토대로 한 중세 연대기 전통과는 거리를 유지하면서 인문주의 역사 기록학은 새로운
원전 연구 및 면밀한 조사를 특징으로 한다. 그리하여 고대 로마 시대의 역사가들뿐
만 아니라 고대 그리스 역사가들도 찾아내어 번역하면서(크세노폰, 투키디데스, 헤로
도토스) 영감을 줄 최고의 역사가를 찾았다. 이들로부터 과거 민중을 지킨 위대한 용
병들이 영원한 명성을 얻기 시작했기 때문에 영주들은 인문주의자들을 궁정 소속 역
사 기록가로 승진시켜 자신들의 권력을 상속받은 것으로, 자신들의 행동을 정당화
하도록 했다.

새로운 방법: 플라비오 비온도의 지식과 골동품 애호

자료를 토대로 과거를 엄격히 재구성하며 막힘없는 성과를 거둔 주역은 포를리 출신
의 플라비오 비온도(1392-1463)였다. '연구 노동자' 플라비오 비온도는 고대 로마와
중세 이탈리아를 가장 정확하게 재구성하여 우리에게 제시했을 뿐만 아니라 역사 기

록학부터 고고학까지, 지형학부터 지명학까지, 역사 지리학부터 고고학까지 다양한 방면에서 새로운 길을 열었다. 중세 연대기 작가라는 좁은 틀에서 벗어나 티투스 리비우스Titus Livius(기원전 59-17)의 연대기를 모범으로 삼은 비온도는 32권의 『로마 제국 쇠퇴 이후의 역사Historiarum ab inclinatione Romani imperii decades』(1453)에서 중세 역사를 재구성하고 있다. 자신이 살던 시대(1441)에서 시작하여 천 년 이상의 세월을 거슬러 올라가 알라리크 1세Alaric I(약 370-410)의 고트족이 로마를 침입하여 '야만족'의 중세를 시작한 410년까지 다루었다. **티투스 리비우스의 모범**

　　레오나르도 브루니(약 1370-1444)가 중세 야만의 '700년'을 제거해야 한다고 주장한 것과는 반대로, 비온도는 근대를 지속적인 역사로 인식했는데, 그러기 위해서는 중세가 구성적인 역할을 하며, 그 시기를 알아야 고대를 정확히 이해할 수 있다고 생각했다. 교황 에우제니오 4세(1383-1447, 1431년부터 교황)에게 헌정한 『재건된 로마』에서 비온도는 고대 로마의 도시공학적 모습과 건축학적 모습을 세심하게 재구성했다. 그러나 『승리의 로마Roma triumphans』(1457-1459)에서는 위대한 로마 문명의 토대가 되는 제도를 서술하고 있다. 로렌초 발라(1405-1457)도 『라틴어의 우아함』의 서문에서 언급한 신화에 따르면, 로마 문명은 점령국의 백성들과 완전한 지배 관계가 아닌 긍정적인 관계를 발전시킬 수 있었다. 하지만 비온도의 걸작은 이탈리아 최초의 역사 지리학 서적인 『빛나는 이탈리아』(1448-1453)이며, 근대에도 이 책을 토대로 하여 알려지지 않은 시기의 이탈리아 역사를 인식하게 되었다. 이 책은 이탈리아 18개 지역에 대한 온갖 유형의 정보(지리, 자연, 역사, 문학)를 제공하고 있는데, 개별 도시마다 수백 년 동안 인정을 받은 민간 신앙을 합리화하기 위해 권위 있는 필사본을 참고했다. **고대 로마의 재구성** **『빛나는 이탈리아』**

역사 기록학과 시민 생활: 피렌체와 베네치아

브루니와 브라촐리니가 집필한 피렌체 역사는 혁신적인 비판 정신이 두드러지긴 하지만, 피렌체 특유의 분위기와 그들이 피렌체에 다시 부여한 역할을 느끼게 해 준다. 율리우스 카이사르Julius Caesar(기원전 102-기원전 44)에게서 최근의 역사적 사건을 서술하는 역사 기록학 방법론을 본받은 레오나르도 브루니는 『시대 연구에 대한 논평』에서 그가 살던 시기(1378-1440)의 이야기를 기술했다. 그러나 티투스 리비우스를 모범으로 삼은 『피렌체의 역사』에서는 로마 공화정의 종말에서 1403년까지 일어난 사건을 이야기하기 위해 연대기 형식을 취하고 있다. 그처럼 규모가 큰 작업을 한 덕분에 그는 피렌체가 고대 로마 시대에 누린 공화정의 자유libertas를 물려받은 후계자가 되길 바랐고, 그 '신념'을 표현할 수 있었다. 이 작품에서 역사의 진실을 재구성하려는 의지는 피렌체를 칭송하려는 요구로 변했다. 자유로운 공화정이었던 피렌체는 **'시민 군주국'** 1434년 코시모 1세(1389-1464)가 다스리는 '시민 군주국'이 되었다. 새로운 군주 코시모 1세에게 책의 일부를 기증하겠다는 헌사는 피렌체 특유의 자유로운 전통을 방해하지 않도록 브루니가 수취인에게 하는 충고로 이해할 수 있다.

과두 정치 모델에 대해 살짝 언급하고 있는 이 역사서 다음으로, 사망하기 전 5년간 서기관으로 일했던 유명한 인문주의자 포조 브라촐리니(1380-1459)의 역사서도 『피렌체의 역사』 나왔다. 『피렌체의 역사』는 코시모 1세의 정책을 보여 주는 기념비적인 작품이다. 여덟 권으로 구성된 이 책은 피렌체와 밀라노 사이의 오랜 기간에 걸친 정치 및 문화적 갈등을 기술하고 있는데, 이 싸움은 14세기 중반부터 시작되었다가 15세기 중반에서야 끝이 났으며, 결과적으로 밀라노에서는 비스콘티 왕가가 몰락하고 코시모가 지지하는 스포르차 가문이 지배권을 잡았다. 이탈리아 모든 강국이 서명한 로디 화약(1454)으로 코시모 1세가 열렬히 원했던 평화의 시기가 시작되었다.

속어의 전통에 관해서는 조반니 카발칸티Giovanni Cavalcanti(1381-약 1450)의 『피렌체사Istorie fiorentine』를 기억해야 하는데, 속어 표현력이 강조하는 파토스pathos를 담 『피렌체사』 고 있다. 두 권(1권은 채무 때문에 스틴케 감옥에 갇혀 있는 동안 대부분 집필되었다)으로 구성된 이 책은 두 개의 상반된 이데올로기를 받아들이고 있는데, 인문주의 작품에서는 자주 있는 일이다. 즉 1권에서 코시모는 속임수를 쓰는 적 밀라노를 물리쳐 조국을 구한 사람으로 칭해지는 반면, 2권에서는 독재를 원하고 자유를 방해하는 적으로 언급된다.

또 다른 위대한 공화정인 베네치아 공화정도 공식적인 역사책에서 자신의 권력을 정당화하기 위한 기원을 찾았다. 자신의 무훈을 써 달라는 요청을 로렌초 발라가 거절하자, 베네치아 상원의원은 베네치아 역사가이며 사벨리코Sabellico라 불린 마르칸토니오 코초Marcantonio Coccio(약 1436-1506)에게 일을 맡겼다. 그는 1487년 『33권으로 구성된 베네치아 역사Rerum Venetorum ab urbe condita libri XXXIII』를 제시했으며, 수사학 및 윤리학적 의미에서 강국 베네치아의 '시민' 계획에 발맞추어 강한 어조로 글을 시작하고 있다.

유명 인사들의 도덕적 본보기와 인문주의 최고의 역사가

역사서, 시사평론, 찬양 수사학에 정치적, 문화적인 내용이 결합하면서 권위 있는 역
사 기술에 하나의 전환점을 만들 수 있는 매우 구체적인 계획이 수립되었다. 보편적
개념을 포착할 수 없다는 이유로 철학과 시보다 열등한 장르로 생각했던 역사 기록
학이 알폰소 5세(1396-1458) 궁정의 역사가였던 로렌초 발라에 의해 재평가되었다.
『페르디난도 왕의 무훈Gesta Ferdinandi regis』(1445)의 서문에서 발라는 역사를 최고의
인식 수단으로 여기며 지식에 대한 아리스토텔레스적 위계질서를 뒤집었다. 구체적
인 인물과 사건을 연구함으로써 뛰어난 사람이라면 해석할 수 있는 보편적이고 관념
적인 메시지를 생각할 수 있도록 한 유일한 학문이 역사라는 것이다.

칼리마코 에스페리엔테Callimaco Esperiente라 불린 필리포 부오나코르시Filippo
Buonaccorsi(1437-1496)는 역사Historiae에 대한 인문주의 모델을 폴란드 왕실에 가져
갔다. 고대 로마 역사에 대해 공부를 한 다음에는 바르샤바 궁정에서 가장 유명한 인 바르샤바의 칼리마코
문주의자가 되었으며, 무엇보다도 주군의 위업을 기술한 『브와디스와프 왕의 역사 에스페리엔테
Historia de rege Vladislao』를 집필했다.

교황청에서는 주해서Commentarius를 독창적이고 신선하게 해석한 에네아 실비오
피콜로미니(1405-1464, 비오 2세라고도 함*)가 눈에 띈다. 그는 교황 비오 2세(1458년
부터 교황)로 교황청에 들어갔다. 교황청의 공식적인 사건을 기술하기 위해 시작한
『우연한 시기에 기억할 만한 것에 관한 회고록』은 결국 매혹적인 일기가 되었으며,
사실적인 어조로 쓴 축제, 소풍, 여행, 회견, 역사적 인물의 내면을 기록한 연대기라
고 볼 수 있다. 권력의 논리에서 보면 어두운 일면이 없지는 않은, 위대한 역사의 주
역이 서술한 일상적인 미시사인 셈이다.

이렇듯 고대로부터 물려받은 역사 기록학 장르 중에 플루타르코스(약 45-125)
와 수에토니우스(약 69-약 140)를 모방한 유명인들의 전기도 포함되어야 할 것
이다. 교황청의 바티칸 도서관 최초 관장인 바르톨로미오 플라티나Bartolomeo 유명인들의 전기
Platina(1421-1481, 바르톨로미오 사키라고도 함*)는 교황 식스토 4세(1414-1484,
1471년부터 교황)의 권유로 『그리스도와 모든 교황들의 삶Liber de vita Christi ac omnium
pontificum』(1472-1475)을 집필했다. 교황들의 전기를 모은 작자 미상의 『교황 연대표
Liber pontificalis』를 인문주의적 관점으로 개작했으며, 몇 권의 자료를 이용하고 문체와
수사학적 어법을 더욱 다듬어서 교정을 보았다. 그러나 피렌체의 제지업자였던 비

스티치의 베스파시아노(1421-1498)는 인쇄소가 등장하면서 세계 각지의 고객들을 위해 지치지 않고 했던 필사본 작업을 그만두고, 15세기에 활동했던 주역들의 『열전 Vite』(총 103명)을 소박한 속어로 쓰기 시작했다. 그중 많은 사람들과 직접 교류를 했기 때문에 그는 재미난 일화를 알고 있는 정보원이기도 했다.

| 다음을 참고하라 |
문학과 연극 고대 문헌의 발견, 로마 신화, 시민 인문주의(488쪽)

라틴어 시

| 레티치아 레온치니 |

고전 시인들의 복원으로 전성기를 맞은 15세기 라틴어 시는 속어시와 깊은 영향을 주고받았는데, 우선 이탈리아의 위대한 시 전통의 기원인 페트라르카의 시에서 영향을 받았다. 고대 로마 시에서 신 라틴어 시로 이동한 '민족적' 가치는 근대 라틴어 시와 속어시 창작의 주요 중심지를 연결하는 접착제 역할을 했으며, 이탈리아 문학의 기원을 위한 인문주의의 토대 창조에 크게 기여했다.

인문주의 라틴어 시: 문학적 모방과 삶의 실체

안젤로 폴리치아노(1454-1494), 조반니 폰타노(1429-1503), 야코포 산나차로(1455-1530), 미켈레 마룰로Michele Marullo(1453-1500)와 같은 소수의 위대한 인물로 분류되는 정상급 시인들을 제외하면, 15세기 라틴어 시는 순수한 문학적 모방(그리고 반복)의 산물이라고 베네데토 크로체Benedetto Croce(1866-1952)가 말했다. 진정한 영감과 독창성은 없지만, 모범이 된 고대 작품에 대한 문헌학적-문학적 연구 과정에서 제작되었거나 시 그 자체에 대한 사랑으로 생겨났다는 것이다. 반대로 오늘날에는 이탈리아와 유럽의 시 문화가 활발히 발전하면서 라틴어 시가 중요한 역할을 했기에 객관적인 예술적 가치를 인정받고 있다. 라틴어 시는 고전 작가의 전통을 이어받은 '인문주의 기초'에 큰 공헌을 한 것이 틀림없다. 이것을 토대로 하여 정치적-문화적으로 통합되지 못하고 갈등하는 상황에서 이탈리아의 새로운 국민 문학이 발전하면서

시에 대한 사랑

당대의 속어시와 상호 영향을 주고받는 깊은 관계를 만들어 냈다. 특히 프란체스코 페트라르카(1304-1374)와 그의 추종자들의 속어시가 그러한 경우이며 이후에도 계속 발전을 이어갔다. 고전 작품을 매우 우아하고, 완벽하고, 완성도 높게 모방한 것이 새롭게 태어난 이탈리아 속어시에도 동일하게 전달되었고, 중세에 소홀했거나 거의 무시당했던 시 장르가 다시 유행하여 독창적이고 혁신적인 시 해석이 이루어졌다. 15세기 라틴어 시는 또한 문학과 삶을 성공적으로 결합하는 상황을 보여 주기도 했지만, 자주 있는 일은 아니었다. 문학 작품에서 고전 작가의 언어, 서식, 주제를 통해 자신의 의견을 표현하는 능력은 "다양성이 곧 진리"(프란체스코 아르날디Francesco Arnaldi, *Poeti latini del Quattrocento* 중 서문, 1964)라는 명목 하에 시를 창작하면서 역사-정치, 문화, 풍속에 대한 이야기와 매우 적절하게 결합할 때도 있다. 그리하여 인문주의 시인들이 관찰하여 고대 시인들의 언어로 이야기하는 역동적이고 생생한 삶의 모습을 총체적으로 제시한다.

라틴어 서정시의 재탄생: 경구와 애가

15세기 전반 시에나에서는 유쾌하고, 풍자적이고, 세련된 대학의 분위기 덕분에 인문주의 경구를 자유롭고 대담하게 시도했다. 파노르미타Panormita라고 불린 안토 **파노르미타** 니오 베카델리Antonio Beccadelli(1394-1471)는 법대 학생으로 시에나에서 돈벌이를 하던 용기 있는, 혹은 뻔뻔한 시칠리아 출신의 젊은이였는데, 『헤르마프로디토스 Hermaphroditus』(1426)라는 선집을 출판하면서 고대 라틴어 경구를 애가조의 연구聯句 로 다시 썼다. 조롱과 풍자를 위해 노골적이고, 집요하고, 명확한 외설적 표현이 두드러지는 이 작품은 희극적이고 익살맞은 어조이고, 시민과 풍자 시인이 등장하는데, 때로는 역사적으로 실존한 인물이 주인공으로 등장할 때도 있다. 모범으로 삼은 주요 작품은 마르티알리스(39/40-약 104)의 경구와 음란한 『카르미나 프리아페아 Carmina Priapea』(1세기)다. 두 번째로는 더욱 신랄하고 교활한 카툴루스Catullus(기원전 87-기원전 54)와 아우구스투스 시대의 애가 시인들인 프로페르티우스Propertius(기원전 약 50-기원전 약 16), 티불루스Tibullus(기원전 55/50-기원전 19), 오비디우스Ovidius(기원전 43-17/18)를 모방하고 있는데, 이 시기에 이미 경구와 애가는 서로 영향을 주고받고 있었으며, 이는 인문주의 시대에도 계속되었다. 파노르미타의 작품은 겉으로는 중세 경구의 교육적-도덕주의적 모습을 하고 있지만, 혁신적이고 근대적인 형태로 경구에 근대성을 부여했으며, 작품의 외설성 때문에 수없이 독한 공격을 감당해야 했다. 그러나 인문주의 라틴어 시와 라틴어 경구 덕분에 동의 혹은 거부와 관련된 표현에서 고대 대표 시인들과 마찬가지로 지속적이고 필수적인 모범이 되었다.

다양한 특성과 내용의 여러 가지 형식 덕분에 모든 인문주의자들이 경구를 썼으며, 때로는 보다 적당한 서식(묘비명, 장송가, 찬가 혹은 비방문, 비난, 서정시 혹은 특별한 기회에 쓰는 시)에 집중할 수 있었다. 피렌체에서는 폴리치아노, 위대한 고전주의 시대를 맞은 나폴리에서는 폰타노, 산나차로, 마룰로(*Epigrammata*, 1488-1498)가 있었는데, 심리를 주제로 하는 순수하고 교양 있는 경구를 위해 파노르미타 식의 방탕한 시학을 공공연히 거부했다.

융통성 있고 다양한 내용

시에나에서는 안젤라 피콜로미니Angela Piccolomini에 대한 사랑을 표현한 7편의 애가 모음집 『안젤리네툼Angelinetum』(1429)을 쓴 안토니오 마라시오Antonio Marrasio(?-1471년 이전), 교황 비오 2세(1405-1464, 1458년부터 교황)가 되는 에네아 실비오 피콜로미니와 더불어 사랑의 애가가 다시 전성기를 맞았다. 시에나에서 근심 없고 방탕한 젊은 시절을 보내고 이후 그러한 삶에서 벗어난 에네아 실비오 피콜로미니는 프로페르티우스와 오비디우스를 모방하여 작은 애가집 『친티아Cinthia』(1423-1431)를 썼다. 하지만 1440년대가 되자 피렌체의 크리스토포로 란디노(1424-1498)가 프로페르티우스를 모방한 애가에는 페트라르카의 영향이 넘쳐났다. 『크산드라Xandra』(1443-1444)에서 란디노는 『칸초니에레Canzoniere』의 소네트를 라틴어로 고쳐서 표현했으며, 세스티나sestina(6행으로 된 6연과 끝에 3행의 결구를 가지는 시*)를 6보격 시행인 헥사메터hexameter로 바꾸면서 인문주의자들의 새로운 라틴어 애가에 페트라르키즘(페트라르카 시풍*)의 문을 열었다. 메디치 궁정의 다른 서정시인들도 란디노의 시도에 동참했다. 즉 『플라메타Flametta』(1463-1464)를 쓴 우골리노 베리노Ugolino Verino(1438-1516), 애가집을 낸 날도 날디Naldo Naldi(1436-약 1513)와 알레산드로 브라체시Alessandro Braccesi(1445-1516)였다. 포 강 유역에서 라틴어 연애시의 공식은 에스테의 에르콜레 1세Ercole I d'Este(1473-1505) 치하의 페라라에 뿌리를 내렸다. 주요 시인으로는 티불루스를 모방하여 『에로티콘Eroticon』(1443년 초판)을 쓴 티토 베스파시아노 스트로치(1424-1505)와 『키리스Cyris』(1446-1449)를 쓴 파르마의 바시니오 Basinio da Parma(1425-1457)가 있다. 시지스몬도 판돌포 말라테스타(1417-1468)의 리미니 궁정에서는 바시니오가 최초로 오비디우스의 『헤로이데스Heroides』의 구조를

모방하여 서간체 소설 『이소타이우스Isottaeus』(1450-1453)를 썼는데, 시지스몬도와
아티의 이소타Isotta degli Atti(약 1432-1474)의 사랑을 이야기하고 있다.

경구도 애가처럼 15세기에 발전했으며, 인문주의적 서정시는 최고의 교훈을 선
물로 주었다. 나폴리에는 아라곤 지역 출신의 위대한 인문주의자들이 있었고, 피렌
체에는 혼자 놀라운 시도를 했던 폴리치아노(『서정시집Elegiae』, 『경구집Epigrammata』,
『오드Odae』)가 있었다. 폴리치아노의 세련된 절충주의는 문헌학의 산물이었다. 그리
하여 그리스어-라틴어 시 문화의 막대한 유산을 물려받은 시가 나왔으며, 그것은 위
대한 속어 작품에도 똑같이 유용했다. 이전에는 한 번도 시도한 적 없는, 운문으로
쓴 대학 강의집 『숲Silvae』(1482-1486)에서 했던 실험에도 마찬가지로 유용했다.

서사시

15세기 라틴어 서사시는 다양하고 차별화된 길을 걸었으며, 무엇보다 많은 경우에
궁정에 들어갔다. 그리하여 라틴어로 쓴 6보격 시는 권력을 찬양하는 연대기와 역
사 기록학을 지지하게 되었다. 사실 인문주의적 궁정 서사시는 특히 모범이 되는 고
전 작품의 찬양과 축하의 기술을 발전시키고 폭넓게 만들었으며, 가장 평범한 역
사적 사건에도 호메로스적인 서사시 느낌이 근엄하게 울려 퍼지도록 했다. 그리하
여 근대의 군주-용병대장이라는 새로운 신화를 창조하는 데 기여했다. 지배 계급
이 정치적 평판과 선전 도구로 이용했던 서사시는 성실한 문학적 소명을 거부했으
며, 그 소명은 노래 형식의 속어 서사시에서 발전했다. 예를 들어, 프란체스코 필렐
포(1398-1481)는 프란체스코 스포르차(1401-1466)를 위해 『스포르티아스Sphortias』
(1450)라는 기념비적인 작품을 구상했지만 미완성으로 남았다. 페라라에서는 그
의 조카 마테오 마리아 보이아르도(1440/1441-1494)와 루도비코 아리오스토Ludovico
Ariosto(1474-1533)가 나오기 전에 티토 베스파시아노 스트로치가 에스테의 보르소
Borso d'Este(1413-1471)에게 『보르시아스Borias』(1460-1496)를 헌정하며 에스테 가문
을 찬양했다.

15세기에는 매우 다양하고 폭넓은 작품이 만들어졌는데, 그 안에는 문학적 신
화에서 사용된 고전의 흐름이 생생하게 지속되었으며, 발레리우스 플라쿠스(?-
약 90)와 실리우스 이탈리쿠스(약 26-101)의 라틴어 시가 재발견되었을 때 그 흐
름은 계속 유지되었다. 그것은 또한 호메로스와 그리스의 다른 서사시인들을 직

접 알고 있었기 때문이기도 하다. 로디 출신 비스콘티 가문의 마페오 베지오Maffeo Vegio(1407-1458)는 『아이네이스Eneide』(기원전 29-기원전 19)의 13권을 썼고, 베르길리우스가 서술한 신화 혹은 고대의 다른 에피소드에서 영향을 받은 작품을 썼다(『아스티아낙스Astyanax』[1430], 『황금양모Vellus aureum』[1431], 『폴리도레이스Polidoreis』[1439]). 파르마의 바시니오가 쓴 신화적 서사시가 더 큰 성공을 거두었다. 그는 오비디우스와 호메로스의 영향을 받아 『멜레아그리스Meleagris』(1448)와 『헤스페리스Hesperis』(1450-1457)를 썼는데, 후자의 작품은 시지스몬도 말라테스타의 무훈에 관해 호메로스를 본받아 집필한 것이다.

서사적이지 않고, 교훈적이지도 않고, 특히 우주적-자연주의적인 주제를 보이는 6보격 시는 이전 시대에 시도한 하위 장르인데, 16세기 다른 유럽 국가에서도 새로운 학문 전파 수단으로 크게 발전하고 성공했다. 루크레티우스(기원전 약 99-기원전 55/54), 마닐리우스(1세기), 아라토스(기원전 약 310-기원전 약 240)와 같은 저자들을 새롭게 알게 되면서 특히 15세기 후반에 발전했으며, 마침내 마룰로의 『자연 예찬Hymni naturales』(1497), 폰타노의 매우 중요한 작품들, 그리고 가장 소박한 바시니오의 『아스트로노미카Astronomica』(1455)에서 최고의 표현을 얻게 되었다.

6보격 장시는 종교시를 위한 최고의 표현 수단이 되기도 했는데, 그보다 앞서 우골리노 베리노가 경구 형식으로 꾸준히 시를 썼고, 마페오 베지오는 파도바의 성 안토니오Sanctus Antonius de Padua(1195-1231)에 대한 찬미시 『안토니아스Antonias』(1437)를 서사시로 썼다. 베르길리우스를 모방하여 그리스도의 탄생에 대해 산나차로가 쓴 『성모 마리아의 출산에 관하여De partu virginis』(1526)가 나오기 전에 만토바노Mantovano라 불린, 카르멜회의 바티스타 스파뇰리Battista Spagnoli(1447-1516)의 『시대적 재앙을 만든 자에 관하여De suorum temporum calamitatibus』(1489)와 『파르테니체 마리아나Parthenice Mariana』(1481) 같은 초국가적인 수준의 평가를 받는 중요한 실험적인 작품이 있었다.

전원시

베르길리우스(기원전 70-기원전 19)가 『목가집Bucoliche』(기원전 42-기원전 39)에서 체계적으로 정리한 라틴어 전원시는 근대 문학에서 단테 알리기에리Dante Alighieri(1265-1321)와 더불어 재탄생했다. 단테는 특히 우의적-상징적 성격의 전통적

인 외형을 제시했으며, 전원의 풍경 속에 묻혀 사는 목가적인 인물과 주제 속에 현재
에 대한 언급을 숨겨놓았다. 그러나 초기 인문주의에서 나타난 수많은 전원시는 페트
라르카로부터 영향을 받았다. 페트라르카는 베르길리우스를 보다 직접적으로 수용
하는 동시에 그것에 우의적-비유적 조직을 강화하여 쉽게 판독할 수 없도록 했다.

조반니 보카치오(1313-1375)가 젊은 시절 실험적으로 쓴 시를 보면, 정치적-역
사적 참여 의무를 라틴어 전원시에서 표현하고 있는데, 이와 같은 의무는 15세기
후반 속어 전원시에서 유행하는 주제가 되었다. 반대로 라틴어 전원시는 궁정 서 젊은 시절 보카치오의
시도
사시에서 적절한 방향을 찾으면서 많은 경우에 시뇨리아가 지배하는 왕조와 도시
의 과두 정치를 찬양하는 도구가 되었다. 피렌체에서는 날디, 페라라에서는 스트로
치와 보이아르도가 그와 같은 시를 썼는데, 보이아르도는 『파스토랄리아Pastoralia』
(1463-1464)에서 베르길리우스를 충실히 모방하면서 에스테 가문을 찬양했다. 그
러나 일반적으로 다른 인문주의자들에게서 볼 수 있듯 산문뿐만 아니라 시, 특히 전
원시에도 다른 시 형식에서 보이는 이단적인 주제, 특성, 요소가 스며들어 있었다.
인문주의-르네상스 시기에 막대한 전원시 작품들이 집필되자 새로운 용도와 새로
운 형식이 나오기 시작했으며, 전원시는 내용과 주제 면에서 매우 다양하고 여러 방
면으로 차별화된 자유로운 표현 수단이 되었다. 보다 정통에 가까운 고전 작품에
서 영향을 받아 '모방적인' 전원시, 즉 바티스타 과리니(1434-1503), 앞에서 언급한
스트로치, 보이아르도, 만토바노(바티스타 스파뇰리라고도 함*)의 전원시 외에 15세
기에 신앙과 종교를 주제로 하는 목가적 특성의 작품이 전성기를 이루었다. 시에
나 출신의 프란체스코 파트리치(1413-1492), 아멜리아의 안토니오 제랄디니Antonio
Geraldini(1448-1489), 나폴리의 자노 아니시오Giano Anisio(약 1475-1540), 그리고 바티
스타 스파뇰리가 그런 경우였다. 그러나 공적 사건 혹은 사적인 사건을 기념하기 위
한 전원시도 꾸준히 폭넓게 이용되었으며 찬가, 탄생 기념가, 축혼가, 장송가로 만들
어졌다.

결국 16세기에 전원시는 산나차로에 의해 형식적인 측면에서 놀라운 혁신과 발
전을 이루었다. 그는 전원시의 배경과 주제를 나폴리 연안 지역에 사는 어부들의 세
계로 바꾸었다(『어부 전원시Eclogae Piscatoriae』, 1526)

풍자시

고대 풍자 시인들을 새롭게 논평한 이후, 15세기가 되어서야 두 가지 방식의 풍자, 즉 페르시우스Persius(34-62)와 유베날리스Juvenalis(약 55-약 130)를 모방하여 공격적인 분노를 표출하거나 아니면 호라티우스Horatius(기원전 65-기원전 8)를 따라 유쾌한 반어법의 탈을 쓰고 신랄한 풍자를 할 때 정치-사회, 도덕, 관습을 비판할 수밖에 없는 전

모범이 되는
페르시우스와
유베날리스 통적인 풍자시가 재탄생하는 조건이 성립되었다. 전자의 두 시인을 따라 프란체스코 필렐포는 『풍자시집Satyrae』(1476)으로 다양한 공격적인 풍자를 했지만, 뚜렷한 교육적인 목적과 웅변술 덕에 정치적 독설을 통해 피렌체의 분위기를 비판했다. 필렐포는 다양하고 폭넓은 풍자를 구사하고 있었기 때문에 인문주의 시대에 매우 중요한 성과를 보였으며, 그레고리오 코레르Gregorio Correr(1411-1464), 가스파레 트리브라코Gaspare Tribraco(1439-약 1493), 로렌초 리피Lorenzo Lippi(1440-1485), 티토 베스파시아노 스트로치 등 그와 경쟁했던 다른 작가들의 작품은 그와 필적하기 어려웠다.

유럽에 대한 시선: 15세기 이탈리아 외부의 라틴어 시

인문주의 신 라틴어 시는 대개 15세기가 끝날 무렵 유럽에 뿌리를 내렸으며, 후기 고딕의 느슨해진 분위기를 깨고 양적으로 놀랍게 발전하는 토대를 제공했고, 이후 이탈리아 밖의 다른 나라에서도 라틴어 시가 만들어졌다. 우선 슬라브 지역에서 크로아티아 출신의 유라이 쉬즈고리츠Juraj Šižgorić(약 1420-약 1509)와 엘리오 람프리디오 체르바Elio Lampridio Cerva(약 1460-1520)의 애가와 헝가리 최초의 인문주의자 야누스 판노니우스(1434-1472)의 작품에서 라틴어 시의 재탄생이 시작되었다면, 독일과 프랑스에서 라틴어 시가 폭발적으로 증가한 것은 15세기 말이 되어야 했다.

종교 개혁의 분위기 라틴어 시는 새로운 르네상스 시대의 주력 상품으로서 종교 개혁 이전의 열기 가득한 분위기 속에 편입되었다. 로베르 가갱Robert Gaguin(약 1433-1501)과 장 살몽 마크랭Jean Salmon Macrin(1490-1557)과 같은 프랑스 예술가, 세바스찬 브란트Sebastien Brant(1457-1521)와 콘라드 켈테스Conrad Celtes(1459-1508) 같은 독일인 예술가의 작품과 더불어 두 세기에 걸쳐 유럽 그리스도교 인문주의를 대표하는 최고 권위자 두 명의 작품도 있었다. 에라스뮈스(약 1466-1536)는 젊은 시절 고전주의에 영감을 받은 시를 썼지만, 나중에는 그것을 부인했다. 그러나 그는 경우에 따라 교훈적, 종교적, 자전적인 주제의 라틴어 시와 때로는 우울한 내면을 드러낸 라틴어 시를 쓰는 것

을 결코 포기하지 않았다. 그리고 영국인 토머스 모어(1478-1535)는 1518년에 나온 『유토피아Utopia』 판본에 고전풍의 『경구집Epigrammata』을 동봉했는데, 이 경구집은 영국 인문주의의 탄생을 알리는 일종의 출생 증명서였다. 16세기 유럽에서 인문주의 라틴어 시는 폴란드 주교 안제이 크시츠키Andrzej Krzycki(1482-1537)가 루터(1483-1546)를 조롱한 풍자시 「루터 예찬Encomia Lutheri」(1524)처럼 신교의 종교 개혁을 만나기도 했다. 그는 열렬한 가톨릭 신자이자 세련된 궁정인으로, 틈틈이 쓴 많은 시에서 뛰어난 시적 재능을 보였다. 산나차로가 정통 전원시에서 출발해 만든 '어부 목가 시' 장르에 대한 이탈리아 밖의 다양한 저항이 흥미롭다. **'어부 목가시' 장르**

16, 17세기에 유럽, 즉 이탈리아, 프랑스, 독일, 네덜란드, 잉글랜드, 스코틀랜드에서 아라곤 출신의 위대한 인문주의자 산나차로가 만든 목자-어부시의 규칙은 다른 시인들이 이어받기도 했지만, 다소 변형되어 항해시ecloga nautica, 사냥시ecloga venatica, 약초시ecloga holitoria, 양조시ecloga vinitoria와 같은 새로운 형식에 독창적으로 적용되었다. 이 시들은 고전주의가 정교하게 변화하여 어부, 사냥꾼, 농부, 정원사, 양조사의 생활과 일을 형상화했다.

| 다음을 참고하라 |
문학과 연극 궁정과 도시의 시(555쪽)

궁정과 도시의 문학

LETTERATURA E TEATRO

폰타노와 아라곤 치하의 나폴리의 인문주의

| 실비아 로톤델라Silvia Rotondella |

아라곤 왕조가 정착하면서 나폴리는 이탈리아 인문주의를 보여 주는 주요 중심지 중 한 곳이 되었다. 로렌초 발라와 바르톨로메오 파초 같은 소중한 인문주의자들이 나폴리 궁정에서 환영을 받았으며, 당시 활동했던 최고의 라틴어 작가들 중 파노르미타와 특히 조반니 폰타노는 문학의 재탄생에 기여했다. 폰타노의 이름을 따서 만든 폰타노 아카데미아는 나폴리 문화 활동의 중심지였다. 페트라르카가 모범이 되는 속어시도 동시에 발전했다.

아라곤 치하의 나폴리의 인문주의(1443-1501)

나폴리 인문주의는 고귀왕이라 불리던 아라곤의 알폰소 5세(1396-1458)가 문화에 자극을 준 덕에 발전했다. 에스파냐 군주였던 그는 앙주 가에 대한 승리로 1443년 나폴리 왕좌를 손에 넣을 수 있었다. 나폴리 카스텔 누오보의 개선문으로 상기되는 그와 같은 성공으로 아라곤 왕조가 시칠리아 왕국을 통치하기 시작했으며, 샤를 8세(1470-1498)가 1495년에 일시적으로 시칠리아를 점령하고, 이후 1501년 프랑스가 정복할 때까지 통치했다. 후계자인 페란테 1세(1431-1494, 페르디난도라고도 함*)는 사생아라서 힘겹게 후계자로 인정을 받았지만, 그 역시 자신이 직접 재개한 학교에 인문주의 강좌 4개를 열어 문화 발전에 기여했다. 그중 그리스어 강좌는 코스탄티노 라스카리스Costantino Lascaris(1434-1501)에게 맡겼다. 1475년 이탈리아에서 출판한 최초의 라틴어 사전『말로 표현한 최초의 자산De priscorum proprietate verborum』을 쓴 주니아노 마이오(1430-1493), 폴리치아노(1454-1494)의 제자인 프란체스코 푸피Francesco Puppi(1454-1494) 같은 강사들이 그곳에서 강의를 했다. 페란테 1세의 자녀들 중 왕조의 마지막 왕이었던 페데리코(1451-1504)는 속어 문학 발전에 중요한 역할을 했다. 로렌초 일 마니피코(1449-1492)가 만들라 하고 폴리치아노가 서문을 쓴 유명한 토스카나 시집『아라곤 선집』(1477)은 페데리코 1세에게 선사하기 위한 것이었다.

집권 16년 동안 계속 전쟁을 해야 했음에도 불구하고 알폰소 5세는 신생 국가에서 문학의 중요한 기능을 잘 알았던 진정한 예술 후원자였다. 신하와 나폴리에 대한 아량이 넓은 태도뿐만 아니라 문화에 대한 공적이 커서 관대한 자라는 별명을 얻었다. 라틴어와 그리스어 필사본 수집을 장려하여 아라곤 왕국 왕들의 호화로운 도서관에 비치했고, 그리스어 서적의 라틴어 번역을 맡겼는데, 군주 교육과 관련된 논문의 중요한 모범인 크세노폰(기원전 430-기원전 약 354)의『키루스의 교육』번역을 위해 포조 브라촐리니(1380-1459)에게 상당한 사례금을 주었을 정도였다. 알폰소 5세의 후원

이탈리아의 다양한 지역에서 온 인문주의자들은 알폰소 5세의 궁정에서 오랫동안 손님으로 지내면서 문화 개혁을 성공적으로 이끌었다. 로렌초 발라(1405-1457)는 1435년부터 1448년까지, 바르톨로메오 파초(약 1400-1457)는 1445년부터 사망할 때까지, 플라비오 비온도(1392-1463)는 1451년과 1452년에, 잔노초 마네티(1396-1459)는 1455년부터 사망할 때까지 궁정에 머물렀다. 이들은 미래 군주를 교육하는 개인 교사로서, 문학 부흥의 촉진자로서 왕의 측근entourage이 되었다. 동시에 정치적, 외교적 임무를 맡은 자들은 파노르미타라 불린 안토니오 베카델리(1394-1471)와 조반니 폰타노(1429-1503)였다.

이 시기에 이탈리아 인문주의의 가장 중요한 작품들 중 몇 개가 나폴리에서 나왔다. 알폰소 5세에게 헌정한 마네티의『인간의 존엄성과 탁월함에 관하여』(1452), 발라의『콘스탄티누스의 증여라고 믿어진 선언의 허구성』(1440),『라틴어의 우아함』(1444),『티투스 리비우스 수정판Emendationes in Titum Livium』(1446-1447) 등이다. 아 나폴리의 주요 작품들라곤 왕의 치하에서 인문주의가 발전했음을 직접적으로 보여 주는 발라의 작품들

을 접한 후 여러 문학가들은 수정 작업을 계속 시도했다. 문학가들은 '도서 분석 시간'을 갖기 위해 카스텔 누오보 왕궁 도서관에서 매일 발라를 만났다. 무엇보다 논의 대상은 알폰소 5세가 특별히 높이 평가한 고대 로마 역사가의 서적이었다. 궁정의 인문주의자들의 일상적인 모임(알폰시아 아카데미아)에서 안토니아 아카데미아가 만들어졌다. 처음에는 파노르미타의 이름을 따서 그렇게 불렀지만, 그가 사망하자 규약집을 편찬한 폰타노가 아카데미아의 지휘를 맡았고, 명칭은 유명한 폰타노 아카데미아로 바뀌었다. 문학과 문헌학뿐만 아니라 철학과 과학 등 다양한 문화 영역으로 논쟁을 구체적으로 확대하려는 방침을 세운 사람은 처음에는 베카델리, 나중에는 폰타노였다. 폰타노 아카데미아의 왕성한 활동은 폰타노의 재기발랄한 대화록, 특히 『안토니우스Antonius』(약 1471)에 효과적으로 나타나 있다. 폰타노 아카데미아 회원들의 만남에서는 시민 생활의 일상적인 사건에서 실마리를 얻는 경우가 자주 있었으며, 엄격한 규칙을 지키는 언어 연구가 될 수밖에 없는 현학적인 문법학이나 추상적인 조사는 피했다. 폰타노가 대화록인 『카론Charon』(약 1470)과 『당나귀Asinus』(1486년 이후)에서 문법학자들을 풍자한 것을 보면 그가 이끈 논쟁의 범위가 어떤 수준이었는지 알 수 있다. 폰타노의 추종자들로는 야코포 산나차로(1455-1530) 외에 라틴어 시인 가브리엘레 알틸리오Gabriele Altilio(약 1440-1501), 지롤라모 카르보네Girolamo Carbone(약 1465-약 1528), 편집자 피에트로 숨몬테Pietro Summonte(1453-1526), 라틴어와 속어 두 언어로 작품을 쓴 귀족 예나로의 피에트로 야코포Pietro Iacopo De Jennaro(1436-1510)와 갈라테오Galateo라 불린 의사 페라리스의 안토니오Antonio De Ferrariis(약 1447-1517)가 있었다. 그리고 테오도르 가차(약 1400-1475)와 미켈레 마룰로(1453-1500)처럼 나폴리에 잠깐 들른 그리스인들은 고전 언어와 그것이 전달하는 가치의 이상적인 통합, 웅변술과 지혜의 이상적인 통합을 추구했다. 이는 나폴리 인문주의자들이 현실과 말의 일치에서, 구체적인 생활에서 말의 중요성을 강조했음을 보여 주는데, 폰타노 자신이 쓴 다양한 라틴어 작품을 통해 특별히 증명되었다. 또한 철학자들 중에서 아리스토텔레스(기원전 384/389-기원전 322)와 토마스 아퀴나스(1225/1226-1274)를 편애했음을 말해 준다.

아라곤 왕조를 찬양하는 경향이 우세하긴 해도 대개 라틴어로 쓴 윤리학-정치학 논문과 역사 기록에서도 이런 경향을 보였다. 그와 같은 방향성을 더 많이 반영하는 작품은 왕실 역사가 바르톨로메오 파초의 『알폰소 1세의 행적에 관하여De rebus gestis

성 토마스 아퀴나스와 아리스토텔레스에 대한 편애

ab Alphonso primo』다. 10권으로 구성된 이 책은 1448년에서 1455년까지 집필되었고, **역사 기록**
1420년부터 1454년까지의 연대기를 기록하고 있는데, 알폰소 5세를 강하게 이상화
하면서 군사적, 정치적 사건에 특히 관심을 보이고 있다. 파노르미타도 아라곤 역사
를 기술했는데, 일화집『알폰소 왕의 말과 행적에 관하여De dictis et de factis Alfonsi regis』
(1455)와 아라곤 왕국 두 번째 군주의 교육에 대한『페르디난도 1세 시절 발생한 사
건Liber rerum gestarum Ferdinandi regis』(약 1469)을 썼다. 앞에서 언급한 두 학자 이전에
역사 기록을 맡은 사람은 발라였다. 발라는『아라곤의 페르디난도 왕의 무훈Gesta
Ferdinandi regis Aragoniae』(1445-1446)을 독창적으로 기록했는데, 주로 진실과 객관성
을 탐구한 또 다른 역사 기록의 개념을 보여 주는 시험대였다. 폰타노도『아름다운
나폴리에 관하여De bello neapolitano』에서 이와 같은 문학 장르를 실천으로 옮겼다. 나
폴리의 페르디난도 1세와 로렌의 장 2세(1427-1470)가 1458년에서 1465년까지 벌
인, 폰타노도 직접 참가한 전쟁에 대한 이 책은 나폴리 대학 교수 릴리아나 몬티 사
비아Liliana Monti Sabia에 따르면, '열정적으로' 집필되었으며, 이후 1494년에 개정된
바 있다.

　　윤리학 및 정치학 논문에는 폰타노가 군주의 교육에 관해 쓴『군주론』(1464)이 있
는데, 이 논문은 학생에게 보내는 편지 형식으로 칼라브리아 공작 알폰소 2세(1448-
1495)와 군주의 교육 및 태도를 서술하고 있다. 니콜로 마키아벨리(1469-1527)의
『군주론Il principe』과『군주들의 거울specula principum』에 대한 중세 논문들 사이에서 완
벽히 중도의 길을 걷고 있는 폰타노의『군주론』은 군주의 덕성에 주목했다. 이뿐만 **윤리학-정치학 논문**
아니라 군주는 신하들의 칭송과 존경을 받기 위해서 덕망 높은 자신의 이미지를 보
여 주어야 한다고 폰타노는 주장했다. 나폴리의 페르디난도 1세에게 주니아노 마이
오가 헌정한『영광에 관하여』(1492)는 속어로 쓴 작품이었다. 디오메데 카라파(약
1406-1487)의『기념비Memoriali』와 특히 군주의 의무가 정치적 실행으로 옮기는 방법
을 제안하는 것임을 말하고 있는『페라라의 공작 부인 엘레오노라에 대한 군주의 의
무I doveri del principe ad Eleonora duchessa di Ferrara』(1467년 이후)도 속어로 쓴 것이다.

　　속어 산문가 중에는 이솝 우화를 속어로 쓴(『속어로 쓴 이솝 우화Esopo volgare』,
1485) 인쇄업자 투포의 프란체스코Francesco Del Tuppo(1443-1501)와 마수초 살레르니
타노Masuccio Salernitano(톰마소 과르다티, 약 1410-1475)를 언급할 만하다. 마수초 살레
르니타노가 쓰고 1476년 유작으로 출간된『노벨리노Novellino』는 1450년대부터 한

편씩 쓴 50개의 짧은 글을 한 권으로 묶은 것으로, 알폰소 2세의 부인인 이폴리타 스포르차Ippolita Sforza(1445-1488)에게 헌정되었다.

　　마지막으로 나폴리 왕국 출신(나폴리인, 왕국 태생, 에스파냐인)의 중요 문학가들이 쓴 시 작품들도 아라곤 궁정 주변에서 유통되었다. 1477년 『아라곤 선집』을 페데리코 1세에게 헌정한 것은 시인들의 후원자였던 마지막 왕의 토스카나 문학 전통에 대한 관심을 보여 주는 것이었다. 아라곤 왕국 시절 유명한 시인들 사이에서 페트라르카 시풍의 영향은 대단했다. 그들 중 몇몇은 아카데미아 소속의 예나로의 피에트로 야코포와 특히 프란체스코 갈레오타Francesco Galeota(약 1446-1497)의 경우처럼 통속적인 시에 관심을 두었지만 말이다. 예나로의 피에트로 야코포는 『파스토랄레Pastorale』외에 카탈루냐 출신의 귀부인 비앙카Bianca에 대한 시를 썼고, 프란체스코 갈레오타는 궁정의 분위기와 관련이 있지만 세련되지도 않고 페트라르카를 모방한 것도 아닌 행사시를 남부 코이네koinè(새로운 공통 그리스어*) 속어로 썼다. 페트루치스의 조반니 안토니오Giovanni Antonio de Petruciis(1456-1486)의 작품도 흥미롭다. 폴리카스트로의 젊은 백작이었던 그는 남작들의 음모(1486)에 연루되어 카스텔 누오보 성에서 4개월간 감금되어 있는 동안 참수를 기다리며 80편 가량의 시를 썼는데, 운명과 희망에 관한 소네트를 썼다. 그러나 조반 프란체스코 카라촐로Giovan Francesco Caracciolo(1435/1440-1506년 이전)와, 카산드라 마르케제Cassandra Marchese를 위한 소네트와 노래를 쓴 산나차로는 페트라르카를 더 많이 추종했고, 특히 카리테오Cariteo라 불린 카탈루냐 출신의 베네데토 가레스Benedetto Gareth(약 1450-1514)도 페트라르카의 추종자였다. 고전 시대의 이상에 흠뻑 취한 인문주의자였던 그는 청신체파와 페트라르카를 모방한 『엔디미온Endimion』(1493-1494년 무렵 집필되었지만, 1509년에 확장판으로 출판되었다)을 통해 우아함과 음악성에 모범이 되는 텍스트를 제시했다.

시작품

조반니 폰타노의 생애

나폴리 인문주의의 주요 대표자이고, 당대 최고의 대가들 사이에서 다방면에 걸친 천재이자 라틴어 저자들의 경쟁자였던 조반니 폰타노는 1429년 5월 7일 움브리아 지방의 체레토에서 태어났다. 1447년부터 알폰소 5세를 따라 아라곤 왕조의 상황을 지켜보면서 화려한 정치적 이력을 밟았다. 왕실 문서국 서기에서 고문, 가정교사를 거쳐 마지막으로 1495년까지 최고 대신(수상)이 되었다. 그 외에 처음에는 알폰소

5세를 수행했고, 다음에는 여러 전쟁에서 알폰소 5세와 페르디난도 1세의 후계자인 칼라브리아의 공작 알폰소를 수행했다. 또한 이탈리아 반도의 보다 중요한 여러 궁정에서 파노르미타와 함께 외교적 임무를 수행하기도 했다. 그밖에 페라라 전쟁 후반부인 1484년 바뇰로 조약처럼 몇 가지 유명한 협정을 교섭했고, 1486년과 1492년에 페르디난도 1세와 교황 인노첸시오 8세(1432–1492, 1484년부터 교황) 사이의 협정에도 나섰다. 이렇듯 왕실 신하로서의 활동과 병행하여 폰타노는 정치학에서 윤리학, 사회생활, 문학에 이르는 다양한 문화 영역과 관련된 대화록과 논문을 라틴어로 풍성하게 집필했고, 고전주의 시대 이후 최고의 라틴어 시인으로서 시 작품도 다수 집필했다. 군주들과 친구들에게 보낸 속어로 쓴 편지도 있었다. 샤를 8세가 나폴리에 입성했을 때, 카스텔 누오보 성의 열쇠를 그에게 양도한 폰타노의 태도는 비판을 받았다. 한편 1495년 이후 은퇴하여 개인적인 생활에 몰두했던 폰타노는 자신의 막대한 라틴어 작품 수정에 몰두했다. 그는 1503년에 사망했고, 친구들인 숨몬테와 산나차로가 1505년에서 1512년까지 그의 작품 완성본을 출간했다.

시 작품

변화무쌍한 라틴어 시인이자 독창적인 문장가였던 폰타노는 이미 당대 비평가들에게 고대 언어가 가진 가능성을 대담하게 실험한 사람이었다. 속어에서 차용한 언어와, 이탈리아어 고유의 리드미컬하고 반복적인 실험을 통해 그가 표현하려는 말에 고대 언어를 맞추었고, 결과적으로 고대어 표현을 풍부하게 만들었다. 가장 유명한 예가 「자장가Naeniae」다. 아들 루치오('루치에토', 루치올루스)를 위해 애가조의 2행 연구로 12편의 자장가를 썼는데, 폰타노가 가장 소중히 여기는 애정관을 현실적으로 보여 주고 있다. 이 시들은 '아내를 위한 시집'인 『부부애De amore coniugali』에 추가로 삽입되었다. 『부부애』는 세 권으로 나뉜 애가 모음집으로, 결혼한 해(1461)부터 시작하여 약 25년간 쓴 시를 모은 것이다. 이 시집이 전달한 새로움은, 폰타노가 저자 **아내에게 헌정한 작품** 들auctores, 즉 애가 시인들인 티불루스, 프로페르티우스, 오비디우스와는 독창적으로 거리를 두면서 연인에 대한 사랑이 아니라 1490년에 사망한 아내 아드리아나 사소네Adriana Sassone에 대한 사랑을 노래한다는 것이다. 폰타노의 대부분의 작품들처럼 자전적 이야기를 담은 이 시에서 라틴어는 일상을 표현하는 언어가 되었는데, 근대적인 감정과 대상을 고대 언어로 생생하게 표현한 덕분이었다. 모범으로 삼을 라틴어 작품에 단순히 제한을 두지 않았는데, 폰타노의 시는 고전 시의 본질을 내면화하여 솟아나온 것이다. 모방한 문학 작품을 자신이 살고 있는 현실과 융합하면서 독창적인 형식을 창안했던 것이다. 그것을 보여 주는 또 다른 예가 신화를 만드는 능력이었으며, 이는 인문주의자의 나폴리를 배경으로 새로 쓴 행복한 신화에서 나타났다. 그렇게 쓴 것이 6편의 「전원시Eclogae」 중 첫 번째인 세베투스 신과 님프 파르테노페의 결혼식을 형상화한 「레피디나Lepidina」(1496)였다. 무수히 많은 시집이 폰타노의 행복한 창작을 증명하고 있으며, 고대의 미적 규범을 통해 물려받은 모든 장르를 시도해 보려는 의지로 그의 인문주의자로서의 인생을 화려하게 수놓고 있었다. 「파르테노페 혹은 연애서Parthenopeus sive amorum libri」(1455년부터)의 애가를 비롯하여 1480년에서 1494년 사이에 사포의 영향을 받아 집필한 16편의 시 「리라Lyra」 및 두 권의 11음절 시 모음집 『11음절 시 혹은 바이아Hendecasyllabi sive Baiae』, 교육시(「정원의 깍지벌레에 관하여De hortis Hesperidum」, 1500) 혹은 천문시(「우라니아Urania」)에 이르기까지 말이다. 하나의 장르를 독창적으로 재창조하기도 했던 폰타노의 시도는 두 권으로 쓴 『무덤에 관하여De tumulis』로 나타난다. 고대 장례시의 다양한 형식을 연구하면서 15세기의 대표적인 장례시를 만들어 냈다.

대화록과 논문집

폰타노는 여러 대화록과 논문집에서 언급한 윤리적, 사회적, 정치적 성찰을 긴밀히 실천하지는 않았지만, 대화록 『악티우스Actius』(1499)는 그의 시학을 더 잘 이해할 수 있도록 해 준다. 이 책의 제목이 아치오 신체로Azio Sincero(산나차로가 아카데미아에서 사용한 이름)의 이름에서 따온 것도 우연은 아니다. 이 작품 중 경탄admiratio을 불러일으킬 수 있는 내용에서 시의 목적을 인식할 수 있다. 『악티우스』 후반부에서 시를 찬양하고 시의 윤리적 기능과 문명 전달자로서의 기능을 찬양한 것은 완벽한 형식뿐만 아니라 인간 지혜의 근원에 접근할 수 있도록 하는 우아한 예술의 이상을 의미한다. 그러므로 이 작품은 폰타노의 가장 확고한 신념을 종합적으로 보여 준다고 할 것이다. 폰타노는 말년에(1501-1503) 특히 대화록과 논문집에서 『야만에 관하여De immanitate』와 『설교에 관하여De sermone』, 『에지디우스Aegidius』를 주로 산문으로 썼는데, 정치적으로 심각한 위기를 맞은 역사적 순간에 인간성humanitas의 보루로서 문학 연구와 말의 가치가 뚜렷이 나타났기 때문이다.

| 다음을 참고하라 |
역사 지중해의 아라곤 왕국(30쪽)
철학 궁중 정치와 이상적인 통치자: 마키아벨리 이전의 권력에 대한 다양한 관점(372쪽)
문학과 연극 산나차로와 목가 소설(573쪽)
음악 마르실리오 피치노, 요하네스 팅크토리스, 프란키누스 가푸리우스, 그리고 음악 인문주의(825쪽)

레온 바티스타 알베르티와 이탈리아 속어 인문주의

| 실비아 로톤델라 |

다재다능한 인문주의자(라틴어 작가, 이탈리아어 작가, 건축가, 예술 이론가)인 레온 바티스타 알베르티는 1441년 피렌체에서 최초의 시 경연 대회를 열어 속어 선택을 옹호했고, 여러 작품을 쓸 때 이탈리아어를 선택했다. 눈에 띄는 작품은 네 권으로 쓴 『가족에 관한 책』인데, 주로 경험에 의거한 대화체 논문에서 시민 생활 중 가족 중심의 관련 주제를 다루었다.

생애

레온 바티스타 알베르티(1406-1472)는 이탈리아 인문주의를 대표하는 다재다능한 인물들 중 한 사람이다. 라틴어와 속어로 작품을 쓴 인문주의자였던 그는 이론적 관점에서 이탈리아어 사용을 강하게 주장했을 뿐만 아니라 특히 자신의 작품을 이탈리아어로 썼다. 유명한 건축가로서 『건축론』(1452)과 『회화론』(1435, 나중에 속어로도 다시 써서 필리포 브루넬레스키[1377-1446]에게 헌정했으며, 이 책에서 최초로 인위적 원근법 이론을 설파했다) 같은 중요한 논문집을 집필했다.

로렌초 알베르티의 서자인 레온 바티스타 알베르티는 아버지가 유배되었던 제노바에서 태어났다. 알베르티 가문은 피렌체의 부유한 상인 가문 중 하나였는데, 토스카나 코무네에서 계속 있던 다툼 때문에 14세기 말 피렌체에서 추방되었다. 어쨌든 피렌체와의 교역 덕분에 알베르티 가문은 피난처로 찾은 여러 도시에서 부유한 생활을 유지할 수 있었다.

레온 바티스타는 파도바의 가스파리노 바르치차Gasparino Barzizza(1360-1431, 베르

법률 공부와 성직 생활 가모의 가스파리누스라고도 함*)가 운영하는 인문주의 학교에서 교육을 받기 시작했고, 이후에는 볼로냐에서 교육을 받았다. 볼로냐에서 프란체스코 필렐포(1398-1481)로부터 그리스어를 배웠을 뿐 아니라 교회법으로 학위를 받았고(1428), 같은 해에 성직 생활을 했다. 1432년 교황청 서기국 서기관이 되었을 때 알베르티는 경력에서 전환점을 맞았다. 로마를 방문했을 때 그가 받은 인상은 건축에 대한 그의 끌림을 이해하기 위해서도 중요하다. 여러 교황을 위해 일하는 동안 이탈리아 전역을 여행하면서 인문주의의 요지와 접촉하게 되었다. 특히 피렌체에 여러 차례 머물렀던 알베르티는 1420년대 말부터 세간의 인정을 받았다. 그는 1472년 로마에서 사망했다.

속어 인문주의와 시 경연

레온 바티스타 알베르티는 속어에 우호적인 입장을 취하면서 이탈리아어 사용에 대한 15세기 논쟁에 활발히 참여했다. 15세기 '언어 문제'의 중요한 첫 여정은 1435년에 있었던 레오나르도 브루니(약 1370-1444)와 플라비오 비온도(1392-1463)의 고대 로마인의 구어에 관한 논쟁이었다. 플라비오 비온도는 『로마어 표현법』(1435)에서 야만족의 침입 시기에 게르만족의 유입으로 야만족과 언어가 혼합되었고 다양한 속어로 분화되었기 때문에 지식인층과 하층민의 단일한 언어로 라틴어를 써야 한다고 **로마의 양층 언어** 주장했다. 그러나 단테(1265-1321)와 프란체스코 페트라르카(1304-1374)의 『생애』(1436)를 속어로 쓴 브루니는 양층 언어 현상이 고대 로마 언어학의 특징이었다고 주장했다. 문학가들은 고전 라틴어, 즉 위대한 저자들이 남긴 작품이 증명하는 라틴어로 말했던 반면, 대중들은 속어, 즉 문법 규칙이 없고 고대부터 지식인의 말sermo literatus과 공존했던 언어로 말했다는 것이다.

레온 바티스타 알베르티는 『가족에 관한 책』 3권 서문에서 비온도의 이론을 본인이 선택한 속어에 유리하게 재해석했다. 사실 라틴어와 속어의 공존을 말하는 브루니의 이론이 고대였기 때문에 속어가 효용성이 있었다는 주장에 힘을 실어 준다면, 고전 시대에 라틴어의 단일성에 대한 비온도의 입장은 만인의 언어로서 속어 확산 **속어의 위엄** 을 강조한다. 알베르티에 따르면, 속어는 라틴어의 표현력과 우아함을 따라가기 위한 모든 조건을 갖추고 있지만, 문학가들뿐만 아니라 대중에게도 유리한 성과를 줄 수 있다는 것이다. 속어의 위엄을 옹호하면서 알베르티는 최초의 절대적인 근대 언어 문법서라 생각되는 책을 썼다. 소위 말해 『바티칸 문법서Grammatichetta vaticana』 혹은 『토스카나어 문법서Grammatica della lingua toscana』라고 하는 이 책은 클립보드 형태로 Codice Vaticano Reginense Latino 1370에 보관되어 있다.

그밖에 알베르티는 1441년 최초의 체르타메 코로나리오Certame Coronario, 즉 속어 시 경연 대회를 열었다. 속어가 라틴어보다 저급하지 않으며, 오히려 우정처럼 정치적으로 중요하고 고전적인 주제에서는 라틴어와 대적할 수 있음을 보여 주기 위해서였다. 안코나의 치리아코(1391-1455)와 레오나르도 다티Leonardo Dati(1408-1472) 같은 다수의 인문주의자들이 경연에 참가했다. 경연에서 레오나르도 다티와 알베르티는 처음으로 속어 작시법을 시도했다. 10월 22일, 산타 마리아 델 피오레 대성당에서 있었던 수상자 발표에서 심사위원들 중 카를로 마르수피니(1399-1453)와 포조 브라촐리니(1380-1459) 같은 인문주의자들이 있었기에 실패했다. 메디치 가문에 우호적이었던 이들은 속어의 부활에 찬성하지 않았는데, 메디치가에 반대한 구 귀족들이 그것을 지지했기 때문이다.

이후 1460년대가 되어서야 로렌초 일 마니피코(1449-1492)와 함께 메디치 가문은 속어 부활을 나름대로 촉진하려 애썼다. 크리스토포로 란디노(1424-1489)의 작품을 통해 속어의 가치를 더 많이 인지하게 된 것도 마찬가지로 중요했다. 크리스토 **란디노의 작품** 포로 란디노는 로렌초의 문화 정책에 찬성하면서 피렌체 학교에서 진행한 페트라르카 강의(1467)와 단테 강의(1474)에서, 이후에는 알베르티와 더불어 로렌초까지 찬양한 서문을 쓴 『희극Commedia』(1481)에 관한 주해에서 속어로 고전 연구를 하는 것에는 아무런 갈등이 없다는 것을 보여 주었다. 마지막으로 『아라곤 선집』(1477)의 문학적 가치뿐만 아니라 다른 가치의 중요성도 간과할 수 없다. 이 작품은 13, 14세기 토스카나 시인들(단테, 페트라르카뿐만 아니라 청신체파)의 작품을 로렌초 일 마니피코의 작품과 함께 모은 것으로, 피렌체가 위대한 속어 문학 전통을 계승하는 문화후계자임을 가리키고 있다.

속어 작품: 『가족에 관한 책』

알베르티의 속어 작품들 중에 우선 15세기 산문 걸작 『가족에 관한 책』(1432-1443) 네 권이 떠오른다. 대화체 형식의 이 작품은 인문주의자들의 찬사를 받았으며, 고대인의 이론과 근대인의 경험을 함께 언급하고 있다. 시민 공동체의 중요한 핵심인 가족의 현실과 관련된 다양한 주제가 취급되고 있는데, 알베르티 가족을 찬양하고 피

고대와근대 렌체 상류층 부르주아 가문의 시각과 생활 방식을 보여 주기 위해서였다. 대화자들은 바티스타 자신을 포함하여 '알베르타Alberta' 가문의 구성원들이었는데, 이들은 1421년 임종을 맞는 부친의 머리맡에 옹기종기 모였다. 앞의 세 권은 자녀 교육(I권), 사랑과 결혼(II권), 살림살이, 즉 가족 관리의 경제적 측면(III권)에 대해 다루고 있고, 저자는 더 나아가 1441년 시 경연 대회 이후 협력 생활에서 중요한 결속력을 발휘하는 우정에 관한 IV권을 썼다. 이 작품에서 가족의 현실은 긍정적인 인간 조직에 효율적인 구체적 모범 사례로 부상했지만, 정치인들의 활동 및 국가 권위에 대한 비판은 그리 명확하지 않다. 논쟁은 경험의 원칙에 기초한다. III권에서 고전 작품에 토대를 둔 인문주의 문화를 대변하느라 노인 잔노초의 지혜에 굴복해야 했던 리오나르도의 입장이 의미심장하다. 잔노초는 어떻게 가족의 재산을 입수하고 관리하는지, 어떻게 그것을 잘 사용하는지 이야기할 때 '경험'을 통한 지식에 주로 호소하고 있다.

알베르티가 다양하게 표현한 사상을 단일한 철학 체계를 이루는 그의 작품을 통해서만 판단하는 것이 제한적이긴 하지만, 그는 덕성과 행운의 관계를 성찰했다.

인간과운명 『가족에 관한 책』 서문에서 알베르티는 공동체와 가족의 붕괴에 대해 사색하면서 인간 덕성의 긍정적이고 낙천적인 개념을 힘 있게 주장했다. 운명이 덕성에 미치는 힘이 약하다는 것이다. "그것은 운명의 힘이 아니다. 몇몇 어리석은 자들이 믿는 것처럼, 패배를 원하지 않는 자를 이기기는 그렇게 쉽지 않다. 어리석은 자들에게 굴복하는 자만 위태로운 운명에 처한다."

인간은 운명에 저항해야 한다고 그는 다양한 언급을 통해 작품에서 이야기하고 있는데, 그것에서 스토아 학파의 영향을 볼 수 있다. 속어 대화록인 『테오제니우스』(1441), 『영혼의 평온함에 관하여Della tranquilità dell'animo』(1441-1442), 평생에 걸쳐 작성한 라틴어 대화록 『인테르코에날레스』에서처럼 말이다. 알베르티의 마지막 주요 논문은 『위인론』(1470)인데, 유산 관리, 공적 생활 참여, 자기 지배의 가치 등 『가족에 관한 책』에서 다루었던 주제들을 다시 다루고 있다.

| 다음을 참고하라 |
철학 레온 바티스타 알베르티: 공작인, 시간과 철학적 교육학(339쪽)
문학과 연극 로렌초 치하의 피렌체에서 재탄생한 속어시(539쪽)
시각예술 레온 바티스타 알베르티(669쪽); 식스토 4세의 로마(750쪽)

단편 소설 및 다른 짧은 산문 형식

| 엘리자베타 메네티Elisabetta Menetti |

조반니 보카치오의『데카메론』(1348)이 15세기 중반까지 유통되면서 토스카나는
여전히 이탈리아어 속어와 라틴어, 두 개의 언어로 쓰인 단편 소설의 발생지였다.
피렌체에서 속어로 쓴 소설은 우선 토스카나 지역의 다른 도시들로 전파되었다가
나중에는 남부(나폴리의 마수초 살레르니타노)와 북부(볼로냐의 아리엔티의
사바디노)로 전파되었다. 동시에 페트라르카의 영향을 받아 라틴어로 쓴 인문주의
소설이 탄생한 덕에 교황 비오 2세가 되는 에네아 실비오 피콜로미니의『두 연인의
이야기』(1446)가 나오게 되었다.

라틴어 단편과 속어 단편

14세기 말과 15세기 초에, 그리고『데카메론Decameron』이 처음으로 환영을 받은 직
후 불손하고 우화적이고 희극적이고 기괴한 느낌의 다양한 주제를 특성으로 하는 속
어 단편 소설과 함께 곧 라틴어 단편 작품들이 등장했는데, 역사적이고 교육적이고
도덕적인 차원을 다룬 이야기가 더 많았다. 보카치오 이후 본질적으로 두 개의 언어
로 쓰인 단편 소설의 이와 같은 두 흐름과 더불어 장난스럽지만 인문주의 형식의 세
련된 아이러니가 늘 묻어나는 어조의 세 번째 가설은 15세기에 있었던 '재담'이라는
장르로 나타났다. 포조 브라촐리니(1380-1459)가 그 분야를 대표하는 최고의 저자
였다. 재담은 설득력 있는 재치 혹은 재기에 찬 표현에 집중한 짧은 산문 형식이다. **재담**
이미 고전주의 시대에 알려졌는데, 생생한 표현력 덕분에 인문주의자들에 의해 재
개되었다.

　일반적으로 단편 형식의 산문은 이중 언어학, 수사학, 문체론 분야의 연구로 시
작되며, 이탈리아와 유럽의 산문 전통을 깊이 있게 보여 준다. 1세기 동안 라틴어와
속어 산문의 두 흐름은 계속해서 만났다. 14세기 말『겁쟁이Pecorone』를 쓴 피오렌티
노Fiorentino라 불린 세르 조반니Ser Giovanni(14세기)를 위시하여 15세기 후반『노벨리
노』를 쓴 마수초 살레르니타노(약 1410-1475)에 이르기까지 이탈리아어 속어 작가들
과, 1373-1374년에 보카치오의 「그리셀다」를 라틴어로 번역한 프란체스코 페트라
르카(1304-1374)부터『재담Facetiae』의 포조 브라촐리니, 1446년에『두 연인의 이야

기『Historia de duobus amantibus』를 쓴 미래의 교황 에네아 실비오 피콜로미니(1405-1464, 1458년부터 비오 2세라는 이름으로 교황)까지의 인문주의 라틴어 작가들 간에는 산문의 시적인 목표와 관련하여 볼 때 차이가 크다. 그러나 둘이 만나는 접점도 있는데, 주제의 차용, 고대 언어와의 상호 텍스트 관계, 점차 복잡해지고 비유적인 문학 형식의 재작업에 있어서 그렇다.

단편소설 보카치오(1313-1375)의 최초 후계자와 15세기 인문주의자들은 속어 노벨라를 라틴어로 다시 쓰는 시도를 하면서부터 새로운 산문 형식을 실험했다. 속어 단편 형식을 인문주의에서 도용하려는 생각은 『데카메론』의 최초의 특별한 독자이자 번역자인 프란체스코 페트라르카가 장려한 인문주의 문화 계획에 대한 모방에서 시작되었다. 사실 페트라르카가 보카치오의 마지막 소설을 라틴어로 번역한 것은 보카치오 이후 단편 소설의 이와 같은 두 흐름(라틴어와 속어)의 시작을 의미했다. 1373년에서 1374년 사이에 페트라르카는 「그리셀다」편(『데카메론』 X. 10)을 고쳐 쓰려고 했지만, 그것을 라틴어로 다시 제안했다. 그 외에도 그것에 새 제목을 붙였고(「뛰어난 순종과 아내의 신뢰에 관하여De insigni obedientia et fide uxoria」), 두 장의 편지 사이에 동봉하여 친구였던 보카치오에게 보냈다(『노년의 편지』 XVII 3, 4). 속어로 쓴 노벨라를 라틴어로 다시 쓰고 인문주의 사상의 틈새에 노벨라를 편입시키려는 페트라르카의 제안을 15세기 인문주의자들이 모방했으며, 이들은 역사적인 주제와 교육적인 방향의 라틴어 산문을 쓰면서 서로 경쟁했다. 페트라르카의 「뛰어난 순종과 아내의 신뢰에 관하여」는 15세기 내내, 그리고 마테오 반델로Matteo Bandello(1485-1561)의 『노벨레 Novelle』가 나온 16세기까지 페트라르카가 선택한 형식(노벨라 한 편을 포함한 서간집)뿐만 아니라 서사적 이론의 성찰을 통해서도 인문주의 서술narratio의 모범이 되었다. 모범이 되는 이야기의 표현력에 의지하면서 서사 전통의 잠재적인 규범 능력을 정당**특별한 인물들의 이야기** 화했던 것이다. 인문주의자(페트라르카부터 이후의 인문주의자들)는 특별한 인물의 '격언'과 '행적'을 찬양하는 고대 '이야기'에 의지하면서 노벨라에 더욱 고상한 내용을 담고자 했으며, 보카치오가 『데카메론』의 뼈대를 잡을 때 호라티우스(기원전 65-기원전 8)로부터 영향을 받은 즐거움과 창작의 유용성의 관계는 인문주의 사상을 통해 더욱 긴밀해졌다. 인문주의 노벨라는 교육적이고 도덕적인 훈계를 목표로 했고, 그렇게 변화된 상황에서 완전히 새로운 문학 공간이 되었다. 그리하여 인문주의 학자도 품격에 대한 요구를 배제하지 않고, 그리스 라틴 역사가들의 우아한 일화에 집중한 지식을 거부하지 않고도 산문 작가가 될 수 있었다.

보카치오의 유산과 액자 구조 모델

동시에 단편 소설집 모델로서의 『데카메론』은 이야기의 거시 구조, 즉 '행복한 집단'이라는 액자 구조를 수용하고 다듬는 작업에 명백히 영향을 주었다. 한 세기(14세기)를 마감하고 다른 한 세기(15세기)를 여는 바로 그 시기에 토스카나 지방과 영국의 작가들은 단편 소설의 텍스트 구조를 가지고 경쟁을 하고 있었다. 순례자들의 여행 **액자 구조와** 에 관한 이야기인 『캔터베리 이야기Canterbury Tales』를 고안한 영국 작가 제프리 초서 **'행복한 집단'** Geoffrey Chaucer(1340/1345-1400)뿐만 아니라 토스카나 작가들도 그런 상태였다. 토스카나 작가들은 속어로 쓴 다양한 노벨라 선집을 제안했다. 1378년경 포를리 근처 도바돌라에서 집필된 세르 조반니의 『겁쟁이』, 피렌체 출신의 프랑코 사케티(1332-1400)가 쓴 『이야기 300편Trecentonovelle』(1385-약 1386), 루카 출신의 조반니 세르캄비Giovanni Sercambi(1348-1424)의 『이야기꾼Novelliere』(1410년대) 등이 있다. 이와 같은 단편집에서 보다 중요한 변화를 보인 것이 액자 구조다.

『겁쟁이』는 50편의 노벨라를 모은 것으로, 수도원 면회실에서 아우레토 수사가 25편을, 그가 사랑한 수녀 사투르니나가 25편을 이야기하고 있다. 세르 조반니가 선택한 액자 구조는 동방을 기원으로 하는 교훈적 이야기를 특징으로 하며, 대화체 액자 구조를 그로테스크하게 패러디한 것이다. 아우레토 이야기의 목적은 사 『겁쟁이』 투르니나를 설득하여 굴복시키는 것이다. 이야기 중 친구의 아들을 양자로 삼은 베네치아 출신의 부유한 상인의 이야기가 있다. 양자인 잔네토는 벨몬테라는 신비로운 여인을 사랑하여 자신을 파멸로 이끄는데, 이 이야기는 윌리엄 셰익스피어William Shakespeare(1564-1616)의 『베니스의 상인Mercante di Venezia』에 영향을 주었다. 특히 고리대금업자(유대인)와 상인(그리스도교인) 간의 극적인 충돌과 관련하여 말이다. 이야기에서 돈이 없는 상인의 채무는 그의 살의 '무게'로 계산된다.

프랑코 사케티는 열린 단편집을 제안했다. 작가는 "작가인 나는"이라고 하면서 자주 활기찬 목소리로 나타나다가 이야기꾼들의 무리(혹은 '행복한 집단')로 대체되며, 『데카메론』의 거시 구조적인 특징을 보여 준다. 『이야기 300편』은 액자 구조가 아니다. 저자는(사케티 자신) 1인칭 서술자일 뿐만 아니라 때로는 이야기의 주체가 되기도 한다. 수록된 노벨라의 내용이 각각 다르기 때문에 사케티가 사건에 집중할 때 명 『이야기 300편』

명자가 유일하게 나타나는데, 그는 이야기한 사건들을 개인적으로 검토했다. 조반니 세르캄비의 『이야기꾼』에는 155편의 노벨라가 실려 있는데, 이야기는 여행 액자 구조에 의해 연결되어 있다. 이 구조는 『데카메론』(1374년 페스트를 피해 도망가는 집단)을 모방해서 나왔지만, 초서의 『캔터베리 이야기』의 구조와 매우 유사하다. 이 집단은 이탈리아를 여행하는데, 우베르티의 파치오Fazio degli Uberti(1305/1309-약 1367)의 『디타몬도Dittamondo』와도 매우 유사하다. 참고한 자료가 다른 대신 활기차고 다양한 어법이 있으며, 복잡하게 자신의 정체성을 찾아다니는 모피상인 간포의 이야기에서처럼 유쾌한 민중의 세계가 형상화되어 있다.

다른 형태의 단편 소설

15세기에는 선집 형태를 이루던 새로운 거시 구조가 『데카메론』 모델을 매개로 하여 액자 구조 형식으로 대체되었던 반면, 인문주의자들이 보다 폭넓은 자료를 발굴하여 수정하기 시작하면서부터 새로운 미시 구조 산문이 발달했다. 그리하여 교훈적이고, 전설적이고, 우화적인 고대 이야기에 관심을 가지게 되었다. '이야기'와 '노벨라novella'의 새로운 모음집이 모든 신인 작가들에게 절대적인 모범이 되었던 『데카메론』의 아류 작품에 더해졌다.

　　15세기에는 속어와 라틴어로 쓴 단편 소설 형식이 보카치오가 체계화한 노벨라 장르에 비해 하위 장르로 발전했고, 이야기가 포함된 환경에 따라 문체와 형식의 특징이 달랐다. 속어로 쓴 노벨라와 유사한 재담은 포조 브라촐리니가 1438-1452년에 『재담 모음집』에서 혹은 페라라의 루도비코 카르보네(1430-1485)가 『재담집Facezie』(1466-1471)에서 특별한 사건들을 라틴어로 써서 모은 것으로부터 나타났다. 페트라르카처럼 『데카메론』의 노벨라를 모방하여 라틴어로 다시 쓴 작품은 레오나르도 브루니, 필리포 베로알도, 마테오 반델로를 통해서 나왔다. 역사를 배경으로 한 인문주의 노벨라는 조반니 콘베르시니Giovanni Conversini(1343-1408) 혹은 바르톨로메오 파초(약 1400-1457)의 작품으로 나왔다. 피콜로미니의 라틴어 서간문 형식의 비극 노벨라도 있었다. 액자 구조 없이 속어로 쓴, '조롱'을 담은 희극 노벨라 혹은 역사 노벨라, 애가조의 노벨라는 피렌체에서 소위 말해 '따로 노는 노벨라'였다(『뚱뚱한 목수Grasso Legnaiuolo』, 『비앙코 알파니Bianco Alfani』, 『리세타 레발디니Lisetta Levaldini』 혹은 『교구 사제의 이야기Novella di un Piovano』). 노벨라 형식의 민요시(15세기 초 피렌체에서 쓰

다양한 유형의 노벨라

인 「제타와 비리아Geta e Birria」 같은 작품)와 문답과 대화에 유용한 노벨라도 있었다. 이런 노벨라는 조반니 폰타노의 『설교에 관하여』(1498) 같은 라틴어 논문처럼 단순한 노벨라 선집과는 매우 다른 거시 구조와 만났다. 혹은 프라토의 조반니 게라르디Giovanni Gherardi da Prato의 『알베르티의 천국Paradiso degli Alberti』(1430년대로 추정)의 경우처럼 일종의 철학 소설 속에 포함되는 노벨라도 마찬가지였다.

액자 구조를 넘어서: 새로운 형식의 노벨라 선집

노벨라는 토스카나에서 다른 지역으로 이동했고, 궁정과 인문주의의 새로운 현실을 비추는 거울이 되었다. 그리고 더욱 유동적이고 내용이 상이한 자료의 새로운 모음집이 나타났다. 프랑스에서도 『신백화집Les cent nouvelles nouvelles』(1462)은 보카치오 모델이 국경선을 넘어 최초로 이식된 작품이었다. 『데카메론』 선집이 개별적으로 흩어져 하나의 노벨라 혹은 서간문 유통과 관련하여 늘어나게 되자 나폴리의 아라곤 궁정에서 50편의 노벨라 선집을 통해 혁신적인 모범을 보여 준 작가는 마수초 살레르니타노라 불린 톰마소 과르다티였다. 그의 『노벨리노』(약 1474)에는 주제별로 나눈 50편의 이야기가 실려 있다. 그중에는 『데카메론』을 상기시키는 노벨라도 있었다(성직자 풍자, 조롱, 비극적 사랑과 즐거운 사랑, 귀족의 덕성 등). 시칠리아 및 캄파니아의 도시(트라파니, 카타니아)를 배경으로 하는 몇몇 노벨라는 장소를 사실적으로 서술하고 있고, 때로는 문학성이 있는 동화 작품이기도 했다. 『데카메론』에서 보이는 만화경 같은 세계는 『노벨리노』에서 다시 나타나지만, 여성의 악습에 대한 비판이나 특히 극단적이고 폭력적인 사건을 서술할 때는 잔인해지는, 눈에 띄게 소름끼치고 그로테스크한 문체처럼 의미가 다르다. 마수초는 액자 구조보다는 새로운 거시 구조 형식을 선호했는데, 이 형식은 내부적으로 여러 부분으로 나뉘는 서술 부문(노벨라)으로 이루어졌다. 즉 논쟁(선택한 주제의 제시), 서두(궁정의 헌정자나 헌정 받는 자에게 보내는 편지), 서술(본격적인 노벨라), '마수초'(저자의 결론)다.

나폴리의 「노벨리노」

볼로냐에서 아리엔티의 사바디노Sabadino degli Arienti(약 1445-1510)는 15세기 말에 『포레타네Porretane』(1492-1498)를 집필했다. 이 작품은 벤티볼리오 궁에서 탄생했으며, 이제는 멀어진 『데카메론』 모델과 새로운 서술 형식이 교차하고 있었다. 사바디노는 원형과 유사한 서두와, 이야기를 좋아하는 집단이 볼로냐 근처의 포레타 온천에서 휴가를 즐긴다는 매우 경쾌한 생각을 덧붙였다. 흑사병(1478)이 불가피한 역사

아리엔티의 「포레타네」

적 배경으로 등장하긴 하지만, 그것은 현재에 대한 쓰라린 성찰로 작품 마지막에 상기된다. 닷새 동안 61편의 노벨라가 배치되어 있지만, 이야기가 한 가지 주제에 연결된 것도 아니고 수적인 균형을 보여 주는 것도 아니다. 동시에 여러 형식이 무질서하게 나온 상황인지라 이제는『데카메론』의 구조가 새로운 작품에 나타나지 않았다. 단편 이야기(노벨라나 우화 혹은 재담이나 역사 혹은 서간)로 '책'을 만들기에 유용한 선집의 거시 구조 연구는 보카치오 이전과 이후에 지속된 산문 작품의 무질서한 형식을 계속 조명했으며, 이 형식은 르네상스 전성기에 이탈리아 단편 소설의 최후의 보루인 마테오 반델로의『노벨레』와 더불어 성숙에 이른다.

| **다음을 참고하라** |
문학과 연극 인문주의 산문의 종류(500쪽)

부르키엘로, 비용과 희극적인 풍자시 형식

| 카밀라 지운티|Camilla Giunti |

동적이고 실험적인 15세기 시에서 지식인 문학 및 민중 문학과 활발히 대화하는 유쾌한 풍자시가 특히 눈에 띈다. 이탈리아에서는 부르키엘로란 인물과, 난센스nonsense를 누적시켜 그것만을 연구하여 쓴 그의 '무작위' 소네트가 두드러졌다. 유럽에서는 프랑스의 개성 넘치는 프랑수아 비용이 두각을 나타냈으며, 불합리한 사회에서 희생되는 사람들의 생애를 주제로 시를 썼다.

희극시의 주제와 형식

15세기의 수많은 시는 주제와 형식에서 실험을 많이 했는데, 특히 풍자와 기지가 돋보이는 작품이 중요한 자리를 차지했다. 이와 같은 통속적인 형식의 작품은 당대의 인물과 사건을 자주 언급했는데, 사회, 문화적으로 출신이 다양한 작가들, 즉 전문 작가와 비전문 작가 덕분이었다. 이들은 때로는 혁신 정신을 발휘하여 13-14세기 희극시의 부활에 영향을 미쳤다. 여성혐오주의와 더불어 매우 저속한 요소와 지적인

언급을 활용해서 만들어진 비난vituperium 도식처럼 진부한 주제와 모티프들이 재개 비난
되었다. 그밖에 쾌락plazer, 풍자enueg와 같은 우아한 영역에서 탄생하고 발전한 다른
장르들은 희극적-사실적인 주제를 포착했다. 특히 논쟁시 형식에서 계속 폭넓게 사
용된 소네트와 더불어 다른 운율시 형식 및 다양한 장르가 때로는 희극시의 패러디
를 가미한 방식에 도움을 주었다.

예를 들어, 방탕한 생활을 했던 불경한 저자인, 자Za라고 불린 스테파노 피니게
리Stefano Finiguerri(1370-1412)의 두 편의 3운구법 시가 중요하다. 즉「몬페라토 동굴
Buca di Monferrato」과 「징징이Gagno」는 저승세계에 대한 시각과 여행처럼 우의적-교육
적 작품들의 도식을 다시 취하는데, 반영웅적 인물을 강조하기 위해서였다. 반영웅
은 보물을 허황되게 쫓는 탕자의 자손들과 이익의 섬을 향하는 빚쟁이 피사인들이었
다. 그러나 그의 세 번째 시「아테네 학교Studio d'Atene」는 1404년에서 1412년 사이에 '찌르레기의 조롱'
문을 닫은 피렌체 대학의 쇠퇴를 한탄하기 위해 독설을 던지고 있다. 학술적인 인문
주의 문화를 언급하는 지적인 주제와 관련해서는 '찌르레기의 조롱', 즉 지나친 지식
으로 활력을 잃은 전통주의 문화에 대한 공격이 많아졌다.

마찬가지로 3운구법으로 작성한 최초의 속어 풍자시는 베네치아 출신의 크로니
코Cronico라 불린 안토니오 빈치게라Antonio Vinciguerra(약 1440-1502)의 작품이었다.
15세기 초 이탈리아의 유쾌한 풍경에서 초기 페트라르카주의의 우아한 방식뿐만 아 최초의 속어 풍자시
니라 희극적인 방식으로도 시를 썼던 학식이 높은 저자들과 더불어 익명의 작가들도
많은 작품을 썼다. 그중 가장 두드러진 인물은 피렌체 출신의 이발사인 부르키엘로
Burchiello라 불린 조반니의 도메니코(1404-1449)였다. 프랑스에서는 15세기 중반 반
항적인 개성이 돋보이는 프랑수아 비용(약 1431-1463년 이후)이 있었고, 카스티야 지
역에서는 당대 정치적 혼란기에 영향을 받은 참여적인 풍자시 경향과 더불어 전통
적인 방랑 정신에 충실했던 재단사 몬토로의 안톤Antón de Montoro(약 1404-약 1480)의
희극적인 작품이 한자리를 차지하고 있었다.

부르키엘로와 그의 추종자들

메디치 가문에 반대하는 문학가들과 인문주의자들이 드나들던 피렌체 칼리말라 가
의 상점은 피렌체 출신의 태생이 비천한 부르키엘로의 시가 탄생한 곳이다. 1434년
부터 정치적인 이유로 유배를 떠나야 했던 부르키엘로는 시에나와 로마를 오가며

말년을 보냈다. 직업이 이발사였던 부르키엘로는 풍자 소네트를 쓰면서 13세기와
14세기 희극적-사실주의적인 작품 전통에 놓여 있었다. 독학한 시인이었지만, 그의
혁신적인 경력을 보면 정식 교육을 받았다고 할 만큼 강렬하다. '무작위' 시는 이내
하나의 양식이 되었고, 수많은 모방자들을 낳았다. 무작위란 이름의 배에 물건들이
난잡하게 쌓여 있는 것처럼 부르키엘로의 시는 의미론적으로 서로 다른 단어가 섞인
것이 특징이며, 사물과 말 사이에 전례 없던 연합을 만들어 냈다. 현실의 모든 곳에
서 추출한 사물이 소네트를 가득 채우고 있으며, 이 소네트는 난센스nonsense 양식에
따라 변형된다. 세련된 표현과 일상적인 표현이 높낮이를 조절하여 연속해서 등장
하며, 강렬하게 생각을 되살리는 표현주의적인 음성과 대담한 비유가 시를 장식하
고 있다. 비이성과 풍자를 지렛대로 이용하여 불합리로 나아가는 시이기에 이성과
언어의 힘을 신뢰하는 당대 인문주의 문화의 인지적 긴장감과 혼동에 빠진 알 수 없
는 현실의 이미지를 대립시킬 정도다.

풍자 소네트

그리하여 부르키엘로 역시 스테파노 피니게리가 두 편의 유미 소네트 「이미 아테
네를 공부하는 사람들Questi ch'andaron già a studiar Athene」과 「『겁쟁이』를 공부한 사람
들Questi che hanno studiato il Pecorone」에서 실행한 바 있는 '찌르레기의 조롱'을 재개했
다. 가장 유명한 소네트 「진부한 이름과 세계 지도Nominativi fritti e mappamondi」는 환유
의 연속으로 이어져 있는데 문법학자, 지리학자, 설교가의 현학적인 태도를 패러디
하고 있다. 몇몇 작품들에는 자전적인 흔적이 많이 남아 있는데, 수감 시절을 회상
하거나 시인의 일상생활을 이야기하고 있다. 유명한 「면도기와 경쟁하는 시La poesia
contende col rasoio」처럼 메타 문학적 특성을 지닌 소네트가 특히 유쾌하다. 이 시는 영
혼의 극장 안에 있는 시와 면도기의 경쟁하는 장면을 연출하는데, 각자 부르키엘로
의 독선적 몰입을 불평하고 있다. 다른 작품들은 도시 전체 혹은 당대 인물들을 겨냥
하고 있는데, 그중 많은 사람들이 모르는 사람들이다. 소네트를 가득 메운 인물들과
사건에 관한 개념을 알지 못했기에 독자들은 텍스트를 읽기가 더욱 어려웠고, 그래
서 난센스nonsense 같은 인상을 더욱 많이 받았다. 그러나 당대 사람들은 브루키엘로
의 글에 쉽게 접근할 수 있었기에 시인이자 이발사인 그와 격렬하게 논쟁했다. 그중
에 「노가 없어 흔들리는 부르키엘로Burchiello sgangherato, sanza remi」를 쓴 레온 바티스
타 알베르티(1406-1472)도 있었다.

난센스

부르키엘로 시의 즉각적인 성공으로 반페트라르카 경향이 다시 강화되었다. 이

미 언급한 것처럼 칼리말라 조합의 이발사였던 그는 창시자로 인정받았고, 그의 시는 새로운 방식을 만들어 냈다. 대개 익명이었던 수많은 모방자들은 결국 조반니의 도메니코의 특징을 가리고 말았다. 부르키엘로는 누구든 자신의 작품을 쓰기 위해 그를 이용하려는 자들이 마음대로 사용하는 '시인의 도장'이 되었는데, 모방자들의 텍스트와 진짜 텍스트를 구별하기 어려운 문집이 수없이 많을 정도다. 14-16세기의 모든 희극 시인들은 부르키엘로의 작품을 의무적으로 언급했으며, 본인들의 작품에 사실주의적 특징을 강하게 새겨 놓았다. 부르키엘로의 아류들은 부르키엘로 시의 중요한 세 경향, 즉 사실적 경향, 패러디 경향, 그리고 바로 '무작위' 경향을 이어받아 다시 작업했다. 우선 피렌체 출신의 추종자들 중에는 부르키엘로의 친구인 알토비앙코 알베르티의 프란체스코Francesco d'Altobianco Alberti(1401-1479)가 있는데, 그는 축적 기법과 몇 가지 특징이 있는 양식을 수용했다. 그밖에 안토니오 알레만니Antonio Alemanni(1464-1528), 베르나르도 벨린초니Bernardo Bellincioni(1452-1492), 프란체스코 체이Francesco Cei(1471-1505)의 작품이 대표적이다. 13-15세기 시의 가장 중요한 잡기장을 준비한 서정시인이자 희극시인인 조반니 필리Giovanni Pigli(1396-1473)도 부르키엘로의 방식에 영향을 받았다. 속어시 찬양자이자 서정시, 희극-사실주의 시, 종교시, 행사시의 저자이기도 했던 필리포 스카를라티Filippo Scarlatti(1442-약 1487)도 묵직한 잡기장을 썼다. 그밖에 프란체스코 스캄브릴라Francesco Scambrilla(15세기)의 작품도 인상적이다. 그는 희극 전통의 전형적인 모티프를 사용할 때 부르키엘로를 계속 모방해서 쓴 희극시와 관련하여 흥미를 보였다. 그러나 연애시와 희극시의 저자인 멜리오의 조반 마테오Giovan Matteo di Meglio(1427-1481)는 부르키엘로 모델에 덜 의존했다. 그는 전통적인 모티프를 회복했지만, 혁신적인 제안을 정교하게 다듬어 눈에 띌 수 있었다.

진정한 '시인의 도장'

프랑수아 비용의 생애와 작품

부르키엘로의 시가 칼리말라 조합의 작업장-집회실에서 탄생한 반면, 오를레앙의 샤를(1394-1465)과 더불어 15세기 프랑스의 가장 중요한 시인이었던 프랑수아 비용은 어두운 환경의 사람들과 부당한 사회의 가해자와 피해자들과 접촉하며 거리에서 자신만의 시를 썼다. 비용은 파리 미술 대학에서 학위를 받을 때까지 정규 교육을 받았지만, 학교에서 무엇인가를 배웠다는 것을 부정했으며, 시를 배우기 시작한 것은

전설적 인물

인생이 고달팠던 탓이라고 했다. 몽코르비에의 프랑수아François de Montcorbier의 생애
는 구멍이 많다. 그는 아버지 없이 자랐고, 후견인으로부터 비용이란 이름을 받았다.
싸움에 휘말리고 절도와 사제 살해 혐의를 받은 비용은 1461년과 1462년에 감옥에
갇혀 있었다. 처음에는 사형을 언도받았다가 나중에 파리로 10년 동안 추방된 그는
1463년 이후 자신의 흔적을 남기지 않았다.

그의 생애와 죽음에 대한 불확실한 소식과 더불어 그의 시를 입수하면서부터 비
용은 전설적인 인물이 되었으며, 때로는 음유시인의 모습으로, 때로는 시대에 앞선
ante litteram '저주받은 시인'의 모습으로 변형되었다. 비용의 시학에 가장 근접한 문화
적 언급 중에서 장 레니에Jean Regnier(약 1392-약 1465)의 작품을 꼽을 수 있다. 그는
포로 생활의 찬양과 시적 의지를 표현한 작가였다. 그밖에 장 드 묑(약 1240-약 1305)
의 두 번째 『장미 설화Roman de la Rose』와 사실주의적인 풍자시 전통이 비용을 모범
으로 삼았음을 알 수 있다. 비용의 문체는 아이러니와 조롱, 순수한 서정주의가 깃
든 폭넓고 다양한 어조로 주변 세계를 이야기하는 직설적이면서도 지적인 방식 때
문에 인기가 많았다. 발라드, 칸초네, 론도rondeaux 작가인 비용은 혼란기에 함께 생
활했던 거지패coquillards와 도둑떼들이 쓰는 은어로 시를 쓰기도 했다. 특히 중요한
것은 유언장을 이용했다는 점이다. 비용은 1456년에 『유증시Lais』(혹은 『소 유언집Petit
Testament』)에서 처음으로 유언장을 이용했고, 다음에는 1461년에 『대 유언집Grand
Testament』에서 유언 장르를 채택했다. 후자의 작품은 매우 명확한 구조를 제시했고,
넓은 범위의 서술 방식과 어조를 녹여내고 있다. 주변부적인 작품에 비해 명철한 감
정 이입과 내적 성찰을 보인 더욱 중요한 작품으로는 『비용의 몸과 마음에 대한 논쟁
Débat du cœur et du corps de Villon』과 『목매달린 사람의 발라드Ballade des pendus』로도 잘
알려진 『비용의 묘비명L'epitaphe Villon』이 있다.

| 다음을 참고하라 |
시각예술 로렌초 데 메디치 시대의 피렌체(788쪽)
음악 카니발 음악(850쪽)

로렌초 치하의 피렌체에서 재탄생한 속어시

| 엘리사 쿠르티|Elisa Curti |

15세기가 끝날 무렵 피렌체는 문학과 예술의 전례 없던 '재탄생'을 장려했다. 환칭하여 군주이자 학자였던 로렌초 데 메디치란 인물이 중요하다. 로렌초는 시인과 학자들을 자신의 주변으로 불러들였고, 이들은 재발견한 지 얼마 안 된 그리스 전통뿐만 아니라 라틴 전통의 고전 작품에 집중하는 새로운 문학을 위한 토대를 만들었다. 로렌초 사업의 주요한 협력자는 시인이자 교수, 문헌학자였던 안젤로 폴리치아노였으며, 더불어 문화적인 비중은 적지만 큰 성공을 거둔 루이지 풀치와 지롤라모 베니비에니 같은 다른 인물들도 있었다.

로렌초 데 메디치

일 마니피코(위대한 자*)라 불린 로렌초(1449-1492)가 1469년에 권력을 잡자 피렌체에서 메디치 가문의 힘은 더욱 강해졌고, 매우 현명한 문화 정책 덕분에 피렌체 르네상스 신화를 구체화하기 시작했다. 피에로 데 메디치Piero de' Medici(약 1414-1469)와 루크레치아 토르나부오니Lucrezia Tornabuoni(1425-1485)의 아들인 로렌초는 마르실리오 피치노(1433-1499), 크리스토포로 란디노(1424-1498), 요하네스 아르기로포울로스(약 1415-1487) 같은 인문주의자들과 철학자들에게 교육을 받았다. 로렌초 주변 '로렌초 사단' 에는 소위 '로렌초 사단'이라고 하는 문학가, 시인, 협력자들로 구성된 일종의 모임이 생겼는데, 당시 피렌체 문화를 풍미하던 유명인사들 중 안젤로 폴리치아노(1454-1494)와 루이치 풀치(1432-1484)가 특히 두드러졌다. 젊은 로렌초는 관심사가 다양했지만, 특히 도시의 전통 회복에 관심을 보였다. 그리하여 1470년대 초반 피렌체에서는 14세기 모델을 따르는 피렌체 속어 문학이 강력하게 부활했다.

　　탁월한 문학의 '군주'였던 로렌초는 시인과 예술가들을 보호하는 것에서 그친 것이 아니라 15세기 말 피렌체 문학의 재탄생을 위해 많이 기여했다. 피렌체에서 뒤늦게 인문주의가 전성기를 맞은 것에는 로렌초의 정치적 관심사가 한몫을 했다. 그는 우수한 문화를 통해서도 복잡한 이탈리아 정치에 기준점을 제시하고자 했다.

　　전통적으로 볼 때 로렌초의 다방면에 걸친 문학 작품은 세 단계로 구분된다. 대부분 권력을 잡기 이전인 첫 번째 단계에서는 모범을 충실히 따르는 세련된 페트라르카주의와, 토스카나 특유의 희극적-풍자적 전통을 따르는 이중적인 노선을 걸었다. 젊은 루크레치아 도나티Lucrezia Donati를 위해 쓴 서정시(정통 음률을 따르는 소네트, 칸초네, 세스티나, 발라드)는 1474년에 『칸초니에레』로 묶여 나왔다. 이 시집은 『속어 단편집Rerum Vulgarium Fragmenta』의 구조를 취하고 있는데, 이 구조는 나중에 유행하게 될 구조보다 앞선 것이었다. 이에 덧붙여 로렌초는 점차 시간이 흐르면서 청신체파의 영향을 받은 또 다른 서정시를 썼다. 그리하여 『나의 소네트에 관한 논평Comento de' miei soneti』을 통해 더 이상 페트라르카가 아니라 단테의 영향을 받은 새로운 체계에 도달하게 되었다. 이 작품은 1481-1484년에 처음 출판되었다. 『새로운 삶Vita Nova』을 토대로 하여 로렌초는 『칸초니에레』에 실린 몇 편의 소네트를 다시 작성하여 산문으로 주석을 첨가했으며, 재판본(1487-1491)에서는 피치노의 영향을 받아 명확한 철학적 해석에 집중했다. 서정시를 향한 영감이 절대 줄어들지는 않았지만(앞에서 언급한 『칸초니에레』와 『논평』은 저자의 사망으로 미완성으로 남았다), 그것과 더불어 속어 전원시에 대한 관심도 있었다. 그러나 속어 전원시는 『코린토Corinto』(1464-약 1465)에서 보인 더욱 절제된 어조에도, 『바르베리노의 넨치아Nencia da Barberino』의 그로테스크한 어조에도 명맥이 이어지지 않았다.

세 단계로 진행된 작품 창작

피렌체의 가장 뛰어난 애주가들을 조사하는 내용의, 『희극』을 3행시capitolo로 패러디한 『향연Simposio』(1469-1472), 노벨라(『데카메론』의 영향을 받은 『자코포Giacoppo』, 보카치오의 소품에서 보이는 어조와 더욱 가까운 『지네브라Ginevra』), 사냥 대회를 8행시ottava로 서술한 『자고새 사냥 대회Uccellagione di starne』(1473-1474), 『7편의 유쾌한 연애시Sette allegrezze d'amore』(1473-1478), 다양한 사육제 노래, 우연한 사건과 관련된 발라드 같은 작품들은 풍자시 맥락에 속한다. 1470년대 초반부터 로렌초는 희극적인 맥락을 포기하고 피치노의 신플라톤주의 이론의 영향을 받는 동안 더욱 복합적인 영감을 받아 작품을 썼다. 이 단계에서 행복에 관한 성찰을 3행시로 쓴 『최고선De summo bono』(1473), 몇 편의 찬가, 종교적 주제의 시가 집필되었다.

보다 폭넓은 세 번째 단계는 파치 가의 음모로 체포된 이후인 1480년대에 쓴 시였다. 폴리치아노와 보다 고상한 토스카나 전통을 따른 '탁월한' 서정시가 우위를 보였다. 젊은 시절 유쾌한 실험과는 작별을 고한 로렌초는 고전적인 속어 전통을 따르는 매우 유명한 작가들을 주시하면서 보다 고전적인 문체로 방향을 바꾸었다. 이 시기에 쓴 작품으로는 3운구법의 3행시 두 편으로 구성된 『아폴로와 판Apollo e Pan』

고상한 서정시

(약 1480), 위 아우소니우스의 『장미 서정시De rosis nascentibus』를 모델로 삼은 『코린토』 마지막 장의 두 번째 판본, 특히 스타티우스(40-96)의 『숲』의 고전적 모델에 영향을 받은 8행시 「호박琥珀, Ambra」과 「숲Selve」이 있다. 마지막 두 작품은 1480년대 말에 집필된 것으로, 원전과 주제의 혼합(연애 서정시와 산문의 혼합), 강한 문체적 긴장을 특징으로 한다. 사육제를 위한 생애 마지막 노래들, 그중 가장 유명한 것이 『바쿠스의 노래Canzona di Bacco』("젊음은 얼마나 아름다운가. / 젊음은 곧 사라질 것이니! / ……")이고, 사보나롤라의 설교에 영향을 받은 찬송가 『성 요한과 바오로의 형상화Rappresentazione di san Giovanni e Paolo』는 『논평Comento』에 대한 꾸준한 교정 작업과 더불어 로렌초 말년에 쓴 것이다.

겉으로 보기에는 이질적인 로렌초의 다양한 작품에서도 몇 가지 변하지 않는 것을 볼 수 있는데, 특히 속어를 풍요롭게 하여 문학어로서뿐만 아니라 우월성을 인정받도록 하기 위한 의식적인 노력이 있었다.

젊은 시절 일찍이 문화 활동을 했던 로렌초는 토스카나 전통을 따르는 장르를 훈련하면서 속어 시인이 되었다. 이런 장르는 원래 코시모 시대(1389-1464) 메디치가의 지식인들, 즉 대개 라틴어로 작품을 썼던 철학적인 상위 문화 지지자들과 대립한 과두 정치 체제의 전유물이었다. 젊은 로렌초의 선택은 그의 영역에서 보면 혁명적 **속어를 풍요롭게 하다** 인 선택이었다. 당시 그가 생활하던 영역에서는 단테(1265-1321)를 필두로 하는 속어 반대자들의 문화적 기호를 수용하려는 경향을 보였기 때문이다.

이론적 관점에서 볼 때 로렌초의 이런 사상을 보여 주는 가장 중요한 선언문은 『아라곤 선집』을 통해 나타났다. 나폴리 왕의 아들 페데리코 1세(1451-1504)에게 보내는 편지를 앞에 실은 이 선집은 로렌초의 위탁을 받아 폴리치아노가 작성한 듯한데, 이는 중요한 문화적 사건이었다. 원본이 유실되어 사본(즉 나중에 직접적이든 간접 **『아라곤 선집』** 적이든 원본 필사본에서 나온 증거물)을 토대로만 복원할 수 있는 이 시집은 1477년에 선물로 보낸 것으로 보아 1476-1477년에 만들어진 것이 틀림없다. 선집에는 13세기부터 로렌초 시대까지 중요한 속어 작가들의 작품이 묶여 있으며, 적어도 한 세기 전부터 알지 못했던 역사적 현실을 재구성하려는 의도가 명확히 담겨 있었다. 문학의 역사를 순위로 매겨 가치를 평가하여 자료로 남기는 이와 같은 작업에는 이전 세대, 즉 조반니 빌라니Giovanni Villani(약 1280-1348)와 크리스토포로 란디노의 작업에 대하여 차별화와 폐기가 이루어졌다.

정전의 범위는 넓었다. 그리하여 명성을 잃었던 시인들을 위한 공간이 마련되었다. 이제는 속어 문학의 고전이 된 작품들(단테의『새로운 삶』, 칸초네, 『시집Rime』과 페트라르카, 보카치오, 카발칸티의 작품들) 외에 시칠리아 시인들(렌티니의 자코모Giacomo da Lentini와 비녜의 피에르Pier delle Vigne), 볼로냐의 귀니첼리Guinizzelli, 토스카나의 귀토네Guittone, 보나지운타 오르비차니Bonagiunta Orbicciani, 피스토이아의 치노Cino da Pistoia, 라포 잔니Lapo Gianni, 그밖에 수많은 다른 작가들의 작품들, 마지막으로 시집의 마지막을 장식하는 로렌초의 시가 수록되었다. 그리하여 하나의 전통이 도시와 지역을 뛰어넘는 근원으로 인정을 받았다. 이 전통은 전적으로 피렌체의 영향을 받아 발전하면서 피렌체를 더욱 광범위한 현상을 이끄는 도시로 만들었고, 더 나아가이는 이탈리아 전체의 전통이 되었다. 이렇게 해서 이탈리아 반도 전체에 대한 문학적, 언어학적 헤게모니를 얻기 위한 토대를 마련했으며, 그것을 의도한 정치적 목적도 간과할 수 없다(「서문Proemio」, 106 단락: "[속어는] 초창기와 전성기에 쉽게 완벽해질 수 있었고, 피렌체 제국에서 순조롭게 성공하고 쓰임새가 늘어났다. 재능과 힘을 원해야 할 뿐만 아니라 그것으로 선량한 시민들을 도와주어야 할 것이다"). 『서간문Epistola』의 서문에서 그리고 있는 그림 안에서는 특히 청신체파가 중요하며, 무엇보다 청신체파의 달콤함과 '귀중한 문체'를 칭찬하고 있다. 치노(약 1270-약 1337)에 대해서는 다음과 같이 언급하고 있다. "내가 생각하기에는, 매우 섬세하고 진정 사랑스러운 그가 처음으로 과거의 거친 표현을 피하기 시작했고, 신성한 단테는 또 다른 경이로움을 위해 그것으로부터 자신을 지킬 수 있었다." 그러므로 완벽한 형식을 토대로 한 우수한 새 기준이 나타나기 시작했다. 이 경우에는 그 형식이 잠재되어 있었지만, 그럼에도 불구하고 단테의 우월함을 침해하지 않았으며, 그로부터 몇 년 후에 란디노의『거짓 중상모략자로부터 단테와 피렌체를 보호하기 위한 변론Apologia nella quale si difende Dante e Florenzia da' falsi calunniatori』에서 다른 결과로 발전되어 나타났다.

청신체파에 대한 찬가

특히 더욱 성숙한 단계에서 나타난 로렌초 작품의 변하지 않는 또 다른 요소는 티치아노 차나토Tiziano Zanato가 '무례한 문체'라고 효과적으로 정의한 바 있는 것에 있었다. 로렌초는 원전을 모으고, 속어 문학뿐만 아니라 고전 문학에 대한 심오한 소양을 보여 주는 다양한 영감을 통해 보편적 주제를 계속 변주하여 진행하려는 경향을 보였다.『코린토』(두 번째 판본)의 결말이 그것을 보여 주는 중요한 예인데, 이 작품은 위 베르길리우스풍의 애가『장미 서정시』의 일부를 충실히 번역한 것이지만, 로

'무례한 문체'

렌초 사단의 작품과는 거리가 먼 시적인 '대화록'에서는 동시대인들, 특히 폴리치아노의 조언과 간섭(서정시에 대한 대학의 주석뿐만 아니라 『마상 시합을 위한 시Stanze』 형식의 재개)을 수용하고 있다.

지롤라모 베니비에니

피렌체에서 모든 교육을 받은 지롤라모 베니비에니(1453-1542)는 피렌체 학교에서 라틴어와 그리스어를 공부했지만, 사춘기 시절부터 속어 문학에도 전념했는데, 활기찬 즉흥시인으로서의 능력 덕분에 일찍이 로렌초 사단에 들어갔다. 우아하고 신중한 시인인 그는 젊은 시절 로렌초와 특히 폴리치아노의 명확한 개성에서 영향을 받았으며, 시칠리아에 거주했던 그리스 시인 모스코스Moschos(기원전 2세기)의 『달아나는 에로스Amore fuggitivo』 라틴어 번역판을 속어로 번역했다. 코레조의 영주 니콜로 비스콘티Niccolo Visconti(1450-1508)에게 헌정한, 8행시로 쓴 우의적 시 「에로스Amore」는 이 시기에 쓴 것이다. 「에로스」는 페트라르카의 영향이 명확한 8행시 118편으로 **「에로스」** 구성되어 있으며, 폴리치아노의 영향도 매우 강하게 배어 있어서 이야기가 진행됨에 따라 점차 신성한 아름다움에 접근하는 피치노의 신플라톤주의적인 보편적 주제를 발전시키고 있다. 『마상 시합을 위한 시』에 등장하는 청년 율리오를 모방한 주인공에게 풀밭에 앉아 화관을 만들고 있는 아름다운 여인이 나타난다. 이와 같은 공격적인 주제를 통해 당시 로렌초 그룹에서 유행하던 신플라톤주의적 취향에 따라 단테의 확실한 모범에서 벗어나는, 유실과 개종 이야기가 나오기 시작했다. 지롤라모는 매우 흥미로운 작품을 통해 과거(단테와 페트라르카)와 현재(폴리치아노)의 토스카나 속어 문학 전통을 수용했으며, 작품에 가끔 원작의 모습이 드러나긴 하지만 완전히 매력이 없는 것은 아니다.

지롤라모가 『매우 우아한 전원시Bucoliche elegantissime』로 일반적으로 알려진 작품 **「매우 우아한 전원시」** 집에 실은 여덟 편의 전원시는 안토니오 미스코미니(1476-1481년에 활동)의 영향을 받아 1482년(1481년 피렌체 양식) 2월에 표제지가 없는 상태로 피렌체에서 출판되었다. 이 인쇄본은 특히 중요한데, 왜냐하면 속어 전원시 장르를 체계화한 역사에서 의무적으로 참고해야 할 기준점이 될 뿐만 아니라 베르길리우스(기원전 70-기원전 19)의 『목가집』을 속어로 출판한 최초의 인쇄본이기 때문이다. 속어로 번역한 작가는 겸손한 시인 베르나르도 풀치Bernardo Pulci(1438-1488)이며, 그보다 더 유명한 루카 풀치와 루이지 풀치의 동생이었다.

베니비에니의 인생에서 진실한 우정을 맺은 피코 델라 미란돌라(1463-1494)와의 만남은 중요했는데, 다만 시 활동에 한정해서 그런 것은 아니었다. 초창기 젊은 시절 궁정 생활에 영감을 받은 뒤에는 당시 피렌체에 등장했던 지롤라모 사보나롤라(1452-1498)와 피코 델라 미란돌라로부터 깊은 영향을 받아 신비주의적인 경향으로 나아갔다. 로렌초의 사망(1494) 이후 메디치 가문의 권력이 위기를 맞는 동안 베니비에니는 사보나롤라를 지지하면서 그의 도덕적, 사회적 개혁 계획을 맹신했다. 놀라운 성공을 거둔 영가靈歌와 수많은 찬미가 및 사보나롤라 작품의 번역(예를 들어 『단순한 신자의 삶에 관하여Della semplicità della vita cristiana』 같은 논문)은 이 시기에 이루어진 것이다. 사보나롤라 추종자들이 세운 공화국이 종말을 맞자 사보나롤라에 충실했던 베니비에니는 현역에서 은퇴하여 자신의 작품을 재정비하는 데 주력했는데, 영적인 의미로 작품을 수정하고, 피코가 자신의 작품에 적용했던 방법에 따라 작품을 해석하는 장치를 마련했다. 그리하여 1500년에 단시 「에로스」를 부록으로 실은 『그의 노래 및 신성한 아름다움과 사랑의 소네트에 대한 베니비에니의 논평Commento di Hieronymo Benivieni sopra a più sue canzone et sonetti dello Amore e della Bellezza divina』이 등장했다.

작품집의 두 번째 판본 위의 작품보다 더욱 완전한 베니비에니의 작품집 두 번째 판본은 1519년 피렌체 준티 출판사에서 출판되었다. 이 작품집에는 피코의 주석이 실린 유명한 「천상과 신의 사랑의 노래Canzona dell'Amor celeste e divino」도 수록되었으며, 모두 1480년대 후반에 집필되었을 것이다. 베니비에니는 긴 생애의 말년에 문학 연구, 특히 단테 연구에 집중했다. 1506년에 『신곡』의 중요한 판본이 출판되었고, 이 판본에는 단테의 지옥의 형태와 크기에 대한 안토니오 마네티(1423-1497)의 이론이 등장하는 대화록이 수록되었다.

루이지 풀치

귀족 출신이지만 가문의 파산으로 혼란스러운 삶을 살아야 했던 루이지 풀치는 로렌초 사단의 가장 확실하게 풍자적이고 냉담한 요소를 표현하고 있으며, 그 누구보다도 토스카나 도시 전통에 가장 가까웠다.

전통적인 문학 교육을 받은 풀치는 1460년대 초부터 메디치 궁에 드나들기 시작했고, 그로 인해 여러 직책을 맡았다. 그는 1470년대 초반까지 놀라운 행운을 누렸다. 로렌초는 우정에 대한 대가로 그에게 사례를 해 주었고, 자기 주변에 모인 무리에서 중요한 인물로 만들어 주었다. 로렌초는 이 무리에서 즉흥시인들의 신선한 영감과 공격적이고 활달한 취향을 높이 평가했으며, 이는 그의 초기 시 작품(「넨치아Nencia」와 「향연Simposio」 같은 작품)과 잘 어울렸다. 잘나가던 풀치는 갑자기 몰락했는데, 마르실리오 피치노와 마테오 프랑코(1447-1494)와의 신랄한 공격적인 논쟁 때문이기도 했고, 이단이라는 의혹을 샀기 때문이기도 했다. 게다가 시와 문화에 관심이 많았던 로렌초는 풀치를 더욱 복잡하고 학구적인 영감을 보이는 작품에 관심을 갖도록 했고, 그 결과 풀치는 옛 친구들과 멀어질 수밖에 없었다. 생계를 꾸려야 했기 때문에 풀치는 피렌체를 떠나 산세베리노의 로베르토Roberto da Sanseverino(1418-1487)를 위해 일했다. 그는 파도바에서 사망했으며, 불경한 땅에 이단으로 매장되었다.

냉담한 작가

등단한 작품은 『소네트Sonetti』인데, 사실적인 소재가 '폭발'할 정도로 언어유희가 유쾌한 이 작품은 부르키엘로(1404-1449)의 영향을 많이 받았다. 대개 로렌초에게 보낸, 산문으로 쓴 『서간집Lettere』과 다양한 방언(밀라노, 베네치아, 나폴리 방언)으로 쓴 풍자 소네트도 그것과 어조가 동일하다. 풍부한 표현과 패러디 유형에 대한 언어학적인 관심으로 그는 두 권의 소사전 『보카볼리스타Vocabolista』(라틴어법)와 『은어 소사전Vocabolarietto di lingua furbesca』을 집필했고, 로렌초 사단이 주로 이용했다. 젊은 시절에는 로렌초의 『바르베리노의 넨치아』에 대해 운율을 맞춰 방랑시풍으로 화답한 『디코마노의 베카Beca di Dicomano』를 썼다.

그러나 풀치의 명성을 높인 작품은 두말없이 『모르간테Morgante』인데, 8행시 서사시로 작품 전체에 풍자가 녹아들어 있었다. 이미 1478년에 23편의 노래(『모르간테 소품Morgante minore』이라 불렸다)가 출판되었지만, 이후 28편으로 확장하여 1483년에 출판되었다(『모르간테 대품Morgante maggiore』). 제목('민중의 분노'를 보여 주기 위해 일부

『모르간테』

러 그렇게 지었다)은 주인공 중 한 명인 놀라운 식욕을 가진 거인의 이름을 따서 지었다. 오를란도 덕분에 개종한 그 거인은 종을 울리는 추로 무장한 채 온갖 모험을 마주했으며, 결국 고래를 죽인 다음 게한테 물려서 죽는다.

카롤루스 대제(742-814)와 프랑스 용장의 무훈에 집중한, 카롤링거 왕조를 소재로 한 노래에 새롭게 관심을 둔 이유는, 1453년에 이미 콘스탄티노플을 정복한 오스

만 제국의 위협 때문이었다. 또한 로렌초와 파리 궁정이 외교를 통해 가까워진 것을 계기로 당시 피렌체에서는 프랑스에 특히 관심을 보이기도 했다. 풀치는 자신의 작품을 헌정한 로렌초의 어머니 루크레치아 토르나부오니의 주장을 받아들여 작품의 초고를 쓰기 시작했다. 카롤루스 대제를 따르는 그리스도교 기사와 이교도와의 충돌은 노래집의 오랜 전통이었다. 특히 피오 라유나Pio Rajna(1847-1930)가 19세기에 재발견한 바 있는 『오를란도Orlando』로 알려진 익명 작가의 노래집을 풀치가 모방하고 있다는 점은 학계의 오랜 생각이었다. 그러나 파올로 오르비에토Paolo Orvieto는 언어와 구조에 대한 연구를 근거로 하여 『오를란도』가 『모르간테』를 모방하고 있으며, 그 반대는 아니라고 주장했다.

여러 일화를 보면 그리스도교 사가saga에 등장하는 전통적인 영웅을 주인공으로 하고 있다. 즉 카롤루스 대제, 용장 오를란도와 리날도, 배신자 가노, 마술사 말라지지, 울리비에리, 리차르데토가 있는데, 폭식과 속임수에만 전념하다가 역설적으로 포복절도하다 죽는 부패한 거인 마르구테 등이 더해졌다.

『모르간테』의 대략적인 특징은 역설과 기괴함이다. 풀치는 반어적인 거리 두기를 통해 기사의 이야기를 다루고 있다. '인간 희극'의 장면을 무대에 올린 재미있는 배경에 이야기를 풀어내고 있는 것이다. 말하자면 영웅적인 것은 '충족되지 않으면서' (안토니오 엔초 콸리오Antonio Enzo Quaglio) 물질적인 삶에 대한 과장스러운 찬양이 우세하게 나타나기 때문이다. 모르간테와 마르구테의 왕성한 식욕은 유명하다. 두 경쟁자가 먹어 치운 음식의 목록은 부르키엘로의 시를 떠올리게 한다.

| 다음을 참고하라 |
문학과 연극 폴리치아노(547쪽)
시각예술 로렌초 데 메디치 시대의 피렌체(788쪽)

폴리치아노

| 엘리사 쿠르티 |

그 당시 가장 유명한 시인들 중에서 안젤로 폴리치아노는 15세기 후반 최고의
인문주의자이자 문헌학자임이 틀림없었다. 로렌초 데 메디치를 위해 피렌체에서
활동했고, 피렌체 학교 교수였던 그는 라틴어, 그리스어, 속어로 쓴 많은 작품을
남겼다. 라틴어와 그리스어 경구, 애가, 송가, 라틴어로 쓴 『숲』의 저자이며, 『시』(혹은
『마상 시합을 위한 시』)로 알려진 신화적인 찬양시와 풍자극, 『오르페우스의 이야기』를
속어로 작성했다. 그밖에 놀라운 가치가 있는 발라드와 일련의 8행시 민요를 수집했다.
폴리치아노는 소위 말하는 박학다식docta varietas한 지식을 통해 영감을 받았으며,
수수께끼 낱말 맞추기 기법, 즉 다양한 모델이 서로 주고받는 그물 형식을 이루고
있으면서 지적인 암시를 전달하는 기법으로 작품을 썼다.

생애

몬테풀치아노의 안젤로 암브로지니Angelo Ambrogini(1454-1494, 그의 고향의 라틴어 명
칭 mons Politianus에서 필명을 따왔다)는 피렌체에서 문학 교육을 받았으며, 크리스토
포로 란디노(1424-1498), 마르실리오 피치노(1433-1499), 조반니 아르기로포울로
스(1415-약 1487), 안드로니코 칼리스토Andronico Callisto(?-약 1487) 같은 스승들로부
터 가르침을 받으며 학교에 다녔다. 놀라운 지적 성숙함 덕분에 그는 일찍이 피렌
체 문학계에서 주인공이 되었다. 고전 언어를 능숙하게 구사할 수 있어서 고작 16세
에 『일리아드Iliade』 번역을 시작했고(완성하지는 못했다), 그것으로 마르실리오 피치
노에게 호메로스 같은 청년Homericus adulescens이란 호칭을 얻었다. 그의 명성 덕분에
메디치가의 문이 열렸고, 1473년 11월부터 서기국에서 일을 했으며, 1475년부터는
로렌초(1449-1492)의 자녀들을 교육하는 일을 맡았다. 성직자 신분으로 받는 임금
과 메디치 가문 안에서의 지위 덕분에 그는 놀랍도록 자유롭게 연구에 몰두할 수 있
었고, 3개 국어로 문학 작품을 쓸 정도가 되었다. 사실 폴리치아노는 라틴어와 그리 3개 국어 사용
스어 실력이 탁월한 시인이었지만, 피렌체를 속어 문학의 최고로 만들려는 로렌초
의 계획도 있었고, 로렌초 사단도 속어에 관심이 많았기에 속어가 주는 영감을 거부
하지 않았다(무엇보다도 로렌초가 페데리코 1세[1451-1504]에게 보낸 속어시 선집인 『아

라곤 선집』의 서문격인 편지를 폴리치아노가 1477년에 썼다). 1478년에 파치가의 음모로 로렌초의 동생 줄리아노 데 메디치Giuliano de' Medici(1453-1478)가 살해되면서 메디치 가문의 시뇨리아 체제가 어려운 시기를 맞았으며, 피렌체 귀족의 점점 커지는 반감과 이탈리아 반도의 다른 국가들의 압박에 맞서 싸워야 했다. 음모가 있던 다음 날까지 주군 옆을 지키던 폴리치아노는 1479년에 갑자기 피렌체를 떠났는데, 그 이유가 명확하지 않다. 전기 작가들은 로렌초의 아내 클라리체 오르시니Clarice Orsini(약 1453-1488)와의 불화 혹은 곤경에 처한 메디치 가문에서 벗어나려는 시도 때문이라고 말한다. 폴리치아노는 북부로 이동하면서 당시 가장 중요한 문화적 중심지였던 볼로냐, 파도바, 베네치아, 만토바를 방문했으며, 각각의 도시에서 중요한 문화적 관계를 맺었다. 마침내 1480년 여름에 후원자의 부름을 받아 피렌체로 돌아가 피렌체 학교에서 라틴어 및 그리스어 웅변술 교수가 되었다. 그렇게 해서 교육과 연구에 매진하기 시작했으며, 메디치가를 대표하는 사절단 임무를 맡기도 했고, 자신과 로렌초 도서관을 위해 희귀 서적을 찾는 여행도 했다(친구인 피코 델라 미란돌라[1463-1494]와 함께 1491년에 에밀리아와 베네토로 탐험을 떠난 일은 유명하다). 폴리치아노의 지칠 줄 모르던 활동은 1494년 9월에 갑자기 중단되었고, 고작 마흔 살의 나이에 불확실한 이유로 사망했다.

교육, 연구, 여행

시 작품

전통적으로 폴리치아노의 활동 시기를 두 단계로 나누는데, 시적 활동기와 문화적 임무 단계로 구분한다. 1470년대 전체를 아우르는 첫 번째 시기에 젊은 폴리치아노는 로렌초의 충실한 협력자가 되어 주로 고전시와 속어시에 몰두했다. 1480년부터 시작되는 두 번째 시기에 교수가 된 폴리치아노는 자신의 놀라운 지식과 고문서 독해 능력을 문헌학과 문학 비평에 적용했다. 이렇듯 이분법적인 시각은 문화적 전환기뿐만 아니라 개인사적인 전환기를 통해서도 두드러졌지만, 이는 사실인 부분도 있고 거짓인 부분도 있어서 정확한 사실 확인이 많이 필요하다. 현대 최고의 폴리치아노 연구자인 비토레 브란카(1913-2004)는 1479-1480년 이후 폴리치아노가 의무와 작품의 분량뿐만 아니라 내면의 보다 심오한 지적 수준에 있어서도 새로운 방향으로 나아갔음을 명확히 밝혔다. 그의 심오한 지적 성찰은 문학 작품 활동에서도 알 수 있다. 그러나 비토레 브란카는 1480년대와 1490년대에도 폴리치아노가 속어시와 문학 비평에 계속 관심을 보인 사실을 강조했다. 폴리치아노는 세 명의 대표 시인 단테, 페트라르카, 보카치오에 대한 관심
(단테, 페트라르카, 보카치오)과 동시대인들의 속어 작품 비평에 평생 관심을 보였다
는 것이다. 더구나 폴리치아노 작품집도 이 모든 모호함을 해결해 주지는 못한 듯하
다. 베네치아 인쇄소에서 출판한 『안젤로 폴리치아노 전집Omnia opera Angeli Politiani』
(1498)은 유작이지만, 매우 충실한 제자인 알레산드로 사르티Alessandro Sarti가 편집
한 것이어서 신뢰할 만하다. 이 전집에서 속어 작품을 배제했다면, 그것은 피렌체 인
문주의의 최고 대가인 폴리치아노의 이미지와 전혀 어울리지 않는 작품과 어느 정도
거리를 유지하려는 것으로 생각할 수도 있겠지만, 1494년 폴리치아노 생전에 사르
티 자신이 볼로냐에서 『폴리치아노 속어 작품집Cose vulgare del Politiano』을 출판했다는
점을 기억해야 한다. 저자가 직접 개입했다는 언급은 없지만, 이 유명한 초간본이 폴 속어 문학에 대한 관심을 잃지 않다
리치아노가 모르게 혹은 그의 의지에 반하여 출판될 수는 없었다. 한편 폴리치아노
는 말년에도 속어 문학에 대한 관심을 부정하지 않았다.

라틴어 시 작품(『경구집Epigrammi』, 『서정시집Elegiae』, 『서정단시집Odi』, 『숲Silvae』)과
그리스어 시 작품(『경구집』)과 더불어 폴리치아노는 속어 문학 전통을 잇는 다양한
장르에 몰두했다. 사실 리스페토(연시이든 단시이든)와 무도곡을 너무 좋아한 나머지
『시Stanze』(혹은 『마상 시합을 위한 시』)로 알려진 신화적 찬양시와 풍자극 『오르페우스
의 이야기』를 집필했다. 그밖에 산문 속담과 재담을 모아 책으로 묶었다(『유쾌한 격
언집Detti piacevoli』).

폴리치아노의 모든 작품의 중심에는 말에 대한 숭배가 있다. 세 가지 언어로 시
를 쓸 때나 새롭고 혁명적인 텍스트 비평을 할 때나 매우 세련된 언어 훈련을 적용하
고 있다. 비평가들은 폴리치아노의 창작 스타일에 대해 오래 전부터 박학다식docta
varietas의 개념을 인용하고 있다. 즉 속어 저자들auctores과 고전주의 작품 전체를 포
함하고 있는 여러 모델을 수없이 변주하면서 텍스트의 줄거리를 만들고 있다. 폴리 말에 대한 숭배
치아노는 끝없는 문학 문화를 활용하여 영감을 받고 있으며, '수수께끼 낱말 맞추기'
기법을 통해 창작하고 있다. 요컨대 다양한 모델이 그물망처럼 촘촘히 얽힌 영향 관
계를 형성하면서 지적인 암시 놀이를 하고 있는데, 각각의 낱말이 서로 혼합되면서
내부적으로는 고전 작품의 영향을 받고 있지만 절대적으로 새롭고 사적인 작품을 창
작하도록 한다. 변화varietas가 가능한 것은 많은 참고 자료 덕분이기도 하지만, 특히
다양하고 때로는 이질적인 모델이 고전 전통과 근대 전통 간의 연속성을 만들지 못

한 채 겹겹이 쌓여 있기 때문이기도 하다.

라틴어 시와 그리스어 시

프란체스코 바우시Francesco Bausi가 최근 강조한 것처럼, 당대의 많은 인문주의자들과 달리 폴리치아노의 라틴어 시집은 존재하지 않는다. 그러므로 그의 라틴어 시 전집은 여전히 모호한 형태로 남아 있다. 별도로 논할 가치가 있는『숲』외에 폴리치아노의 라틴어 시 작품은 복잡한 계획이 아니라 우연한 상황에 연관된 행사 때문에 쓴 **행사 작품** 작품들(100여 편의 경구, 15편 정도의 애가, 서정 단시 몇 편)이었다. 가장 중요한 작품으로는 알비치의 알비에라Albiera degli Albizi의 죽음과 바르톨로메오 폰치오Bartolomeo Fonzio를 위해 쓴 두 편의 위대한 애가인 서정단시「소녀Puella」와 애가「비올라 연주 In violas」등이 있다. 개별 작품들도 특별하지만, 라틴어 작품에서 돋보이는 점은 실험주의와 놀라운 지식이며, 이는 체계적인 전통 장르에서도 폴리치아노가 이용하고 있는 변주variatio를 통한 창작 기법이다.

　　최근 재출간된 그리스어 경구는 60편이 조금 안 되며, 매우 다른 두 상황에서 집필되었다. 첫 번째 상황의 시들은 1471-1481년, 두 번째 상황의 시들은 1493-1494년으로 거슬러 올라간다. 대부분『플라누데스 선집Antologia Planudea』의 경구를 모델로 하고 있으며, 대개 행사를 맞이해 찬양하는 작품인데, 고대 그리스어로 작품을 쓰려는 서양 최초의 가장 중요한 시도였다.

『숲』

『숲Silvae』은 하나의 작품에 시로 쓴 4개의 서언을 담고 있으며, 시와 시인을 찬양하고 있다. 폴리치아노가 1482년에서 1486년 사이에 대학 강의를 위해 썼던 것으로,「만토Manto」(1482, 베르길리우스의『목가집』에 대한 강의 소개글),「전원생활Rusticus」(1483, 헤시오도스의『노동과 나날Opere e I giorni』에 대한 강의 소개글),「호박Ambra」(1485, 호메로스의 시에 관한 글),「교육Nutricia」(1486, 고대 서사시에 관한 강의 소개글로 예상)으로 나뉜다. 스타티우스(40-96)의『숲』에서 제목을 따온 것이 확실하므로 복합성, 다양한 주제, 가치 있는 내용을 토대로 한 시 장르의 영향을 받은 것이다. 이 장르는 격노furor, 즉흥적 열정subitus calor과 같은 폴리치아노 시 개념과 완벽히 일치하며, 표면적으로만 불연속적인 '무운시' 작품이 불쑥 튀어나온 듯이 보이지만, 사실

은 「교육」 헌사에서도 언급한 바 있는 많이 알려지지 않은 작품multa et remota lectio이
포함되어 있다. 게다가 이미 1470년대 중반 아카데미아에서 받은 교육에 비해 이른
시기에 여러 편의 『숲』 중 최초의 가장 놀라운 작품 「동경하는 숲Sylva in scabiem」을 집
필했다. 단테의 느낌이 나는 소름 끼치는 주제(옴진드기의 증식)를 불꽃 같은 라틴어
6보격 시로 쓴 것인데, 이 주제는 민간 전통을 통해 내려왔을 것이다.

『시집』

『시집Rime』은 폴리치아노가 완전히 성숙했던 시기를 포함하여 오랫동안 집필되었
다. 그 시기에 그는 피렌체 학교에서 강의도 하고 있었다(1479-약 1494). 그러나 교
정판 편집자 다니엘라 델코르노 브란카Daniela Delcorno Branca가 언급한 것처럼, 대부
분의 위대한 작품들은 1487년 이전에 쓰였을 것이다. 리카르디 도서관 필사본 2723
제1장의 날짜를 토대로 그 시기를 정한 것이다. 이 작품은 폴리치아노의 속어 작품   서정시와 발라드
중 가장 광범위한 작품집(산문 텍스트 외에 『마상 시합을 위한 시』, 『오르페우스의 이야
기』, 서정시, 발라드)을 보여 주고 있다. 거의 유포되지 않았던 네 편의 작품 외에 속어
시는 서정시(즉 8운구법 서정시)와 발라드로만 집필되었다. 이 두 시형은 민간 전통과
조화를 이룬 것으로 음악적인 응용과 관련이 있으면서 서로 연관되어 있었다.

'단순한' 시형을 이용하는 폴리치아노의 속어시는 변주variatio 기법을 통해 단테,
페트라르카, 보카치오 세 명의 대표 시인 및 청신체파의 우아한 토스카나 전통뿐만
아니라 속담, 속요, 5월 노래 같은 반정형적인 오락 형식도 복원하기 위한 일련의 실
험을 실행했다(다니엘라 델코르노 브란카). 주로 로렌초 시의 전형적인 어조에 가까운
사랑을 노래하고 있다. 즉 열정적이고 유쾌하고, 때로는 편견 없이 관능적인 감정을   변주
풀어내면서 달콤한 젊음을 즐기라고 자주 권하고 있다("시간이 화살처럼 빠른데 그렇
게 흘러가게 두는구나, / 세상에 시간보다 소중한 것은 없는데; / 오월이 지나길 기다린다면
/ 뒤늦게 장미만 헛되이 찾으리", 『시집』XXVII 7; vv. 1-4). 라틴 시인들과 속어시 전통,
특히 청신체파 양식을 지적으로 추억하면서 로렌초 시에서 전형적으로 등장하는 은
어, 그리고 민간 장송가와 속담 전통에서 뽑은 단어와 혼합하고 있다("부인, 저는 돼지
새끼랍니다 / 하루 종일 꼬리를 흔들어도 / 결코 묶는 법이 없어요 / 하지만 당신은 당나귀일
거예요", 『시집』CXVII; vv. 1-4; "저마다 노래를 불러야, 내가 노래를 부를 것 / 룰룰, 랄라,
룰룰랄라", 『시집』CXX; vv. 1-2). 보다 유명한 작품 중에 서정시 「내 당신을 부르건만,

당신은 무엇을 하고 있지? 사랑하고 있지Che fa' tu, Ecco, mentre io ti chiamo? Amo」(델코르노 브란카 판 XXXVI)는 12음절 시구의 형식에서 영향을 받은 세련된 시인데, 시의 마지막 단어가 질문에 대한 답으로 반복되고 있다("둘이서 아니면 혼자라도? 혼자라도. / 내겐 당신뿐, 남을 안 사랑하지. 나는 남을 사랑하지", vv. 2-3). 『선집Miscellanea』에 실린 유

「선집」 일한 속어 작품도 있다. 이처럼 완성도 높은 놀라운 문헌학 작품에서 폴리치아노는 지적이고 언어학적이며 텍스트 비평적인 다차원적 분석 결과를 질문 형식으로 수집하고 있다. 발라드 CII「아가씨들, 화창한 아침 내가 있는 곳은I'mi trovai, fanciulle, un bel mattino」은 언급할 가치가 있다. 이 작품은 폴리치아노의 여러 작품에서 나타나는 주제를 '공상에 빠져' 노래하듯 말하고 있다. 에덴동산 같은 곳에서 꽃을 따고 있는 유일한 소녀의 존재처럼 말이다. 이 토포스topos(문학의 전통적인 주제와 사상*)는 고대 후기 전통에서 가져온 또 다른 모티프와 관련이 있으며, 로렌초도 좋아하는 모티프였다. 즉 덧없는 젊음을 장미꽃이 피는 여러 단계로 비유하고 있는 것처럼 말이다.

『마상 시합을 위한 시』

폴리치아노가 쓴 속어 작품 중 가장 유명한 『마상 시합을 위한 시Stanze per la giostra』 (1475-1478)도 8행시다. 두 권(각각 125편의 8행시와 46편의 8행시)으로 이루어진 이 작품은 줄리아노 데 메디치의 마상 시합을 위해 작성되었는데, 아마도 그의 죽음 때문에 중단되었을 것이다.

1권은 피렌체와 메디치 가문에 대한 찬양으로 글을 시작하고 있고, 다음에는 율리우스(줄리아노의 라틴어)의 황량한 젊음을 서술하고 있다. 사냥만 하는 율리우스는 사랑과 사랑의 신봉자들을 경멸하고, 그것 때문에 큐피드에게 벌을 받는다. 큐피드는 순백의 암사슴 모습의 소녀를 그의 앞에 나타나게 한다. 아름다운 요정인 소녀는
율리우스의 젊음 시모네타임이 밝혀지고, 율리우스는 그녀를 사랑하게 된다. 이 첫 번째 에피소드 다음에는 비너스 왕국과 왕궁을 기술하고, 큐피드는 어머니에게 가서 자신이 거둔 성공을 전한다. 2권은 율리우스가 자신의 명예를 걸고 마상 시합에 참가하도록 비너스가 결정하는 내용이다. 비너스는 자신의 잠을 율리우스에게 보내 마상 시합에서의 승리와 시모네타의 임박한 죽음을 알린다.

『마상 시합을 위한 시』가 상승 과정에 따라 어떻게 전개되는지 여러 연구자(특히 마리오 마르텔리Mario Martelli)가 주목한 바 있다. 당대 신플라톤주의 문화의 범주와 이

미지를 이용하면서 주인공 율리우스가 감각적인 것에 대한 사랑(사냥과 암사슴을 통
해 형상화됨)으로부터 이성적인 영혼의 상징인 시모네타가 구현한 인간의 지혜와 실
천적 덕성에 대한 사랑으로 상승하는 것을 기술하고 있는 것이다. 시모네타의 임무 **이성적인 영혼,**
시모네타
는 피치노와 피코 델라 미란돌라의 신학 이론에 따라 율리우스를 한 계단 한 계단 데
리고 올라가 천상의 비너스와 그녀의 왕국의 순수한 아름다움을 명상하도록 안내하
는 것이었다. 이미 루이지 풀치(1432-1484)가 1469년 마상 시합에서 로렌초의 영광
을 찬양한 바 있는 8행시 운율은『마상 시합을 위한 시』에서 사용되다가 2행 연구 구
조로 바뀌었다. 이 구조에서는 이야기를 논리적으로 연결할 때 보다 전문적이고 귀
중한 고전주의 전통(특히 스타티우스, 클라우디아누스Claudianus, 시노니우스 아폴리나리
스Sidonius Apollinaris)에서 끌어낸 이미지, 서정적 서술 모티프를 매우 소중한 일종의
콜라주collage 형식으로 배합하기가 유리해진다. 일관적인 어조로 이 형식을 유지하
는 것이 아니라 연속적인 병렬 방식으로 전개하고 있는 것이다.

『오르페우스의 이야기』
『오르페우스의 이야기Fabula di Orfeo』는 속어 풍자극 사상 최초로 가장 성공적인 예를
보여 준다. 주인공은 그리스 신화에 나오는 음유시인이다. 사랑하는 에우리디케의 죽 **최초의 속어 풍자극**
음으로 절망에 빠진 이 시인은 저승으로 내려가 아내를 이승으로 데려가도 좋다는 허
락을 얻지만, 돌아가는 도중에 절대로 뒤돌아봐서는 안 된다는 조건이 있었다. 궁금
함을 참지 못한 오르페우스는 뒤돌아보고 싶은 유혹을 이기지 못했고, 영원히 자신의
연인을 잃고 말았다. 절망으로 인해 동성애에 빠지게 되었지만, 바쿠스 축제날 여인
들을 모욕했다는 이유로 광기에 빠진 제의에서 그의 몸이 갈기갈기 찢겨 버렸다.

342행에서 8행시, 3행시, 발라드, 마드리갈 시절詩節이 다중 운율을 이루며 교체
된다. 이후 다중 운율은 하나의 장르가 되었다. 폴리치아노는 이 실험을 위해 피렌체
성극, 재탄생한 속어 애가, 사육제 노래를 모델로 삼았다. 모든 작품마다 그와 같은
당대의 민간 문학에 고전 시인들을 매우 지적으로 언급하며 혼합했고, 이 작품에서
는 특히 오르페우스 신화를 시로 썼던 베르길리우스(기원전 70-기원전 19)와 오비디
우스(기원전 43-17/18), 에우리피데스Euripides(기원전 480-기원전 406, 오직 풍자극만 남
아 있다)뿐만 아니라 로마 제정기 전통(칼푸르니우스Calpurnius, 1세기)을 혼합했다.『오
르페우스의 이야기』가 쓰인 시기는『마상 시합을 위한 시』가 나온 시기와 일반적으 **날짜에 대한 논쟁**

로 일치하는 1470년대(소품집을 출판하기도 했던 안토니아 티소니 벤베누티Antonia Tissoni Venvenuti의 최근 연구에 따른 것이다)에서 1480년대 사이로 추정된다. 조반니 바티스타 피코티Giovanni Battista Picotti는 특히 1480년이라 주장하는데, 그 해에 폴리치아노가 곤차가 가문의 만토바 궁정에 머물렀기 때문이다(카를로 카날레Carlo Canale에게 보낸 편지 앞부분에서 이것을 언급했던 것으로 보인다). 작품 출판 시기 문제는 작품 해석과도 관련이 된다. 사실 상층 구조는 신플라톤주의 입장에서 보면 오르페우스와 그의 저승 여행을 완벽하지 못한 일 때문에 죽은 것이 아니라 죄로 추락할 수밖에 없는 무능한 인간에 대한 알레고리로 해석할 수 있도록 했다(마리오 마르텔리). 그러나 작품 출판 시기를 1480년 이후로 옮기면 폴리치아노가 신플라톤주의 입장을 포기한 것처럼 보인다. 오르페우스란 인물 이면에서 죽음을 이기지 못하는 시의 패배를 읽어낼 수도 있기 때문이다.

『유쾌한 격언집』

1477년에서 1482년 사이에 집필된 『유쾌한 격언집Detti piacevoli』은 폴리치아노가 속어로 쓴 보다 실험적이고 어려운 작품 축에 속한다. 400편이 넘는 격언, 속담, 희롱 투의 명언 인용wellerismo, 단편 소설은 1930년대까지만 해도 작자 미상으로 알려졌고, 그 시기에는 암브로지니의 작품이라고 확신되었다(알베르트 베셀스키Albert Wesselski, 1929). 폴리치아노가 자신의 다른 작품에서 한 번도 인용한 적이 없었기에 속어 전통을 통해 내려오던 이 작품은 로렌초 사단으로 나타난 매우 협소한 범위 안에서 작성되었던 것 같다. 로렌초 사단이라 함은 매우 고상한 고전 전통에 대한 글뿐만 아니라, 로렌초 자신과 비아 라르가의 친구들도 사용한 바 있는 빈정대고 불경한 어조도 높이 평가할 수 있던 특별한 '친구들'을 말한다. 그중 폴리치아노의 재치에 특히 감동을 받은 사람들은 루이지 풀치와 마테오 프란코(1447-1494)였다.

| 다음을 참고하라 |
문학과 연극 로렌초 치하의 피렌체에서 재탄생한 속어시(539쪽); 궁정과 도시의 시(555쪽)
시각예술 로렌초 데 메디치 시대의 피렌체(788쪽)

궁정과 도시의 시

| 엘리사 쿠르티 |

15세기 말 이탈리아의 가장 중요한 궁정과 도시들에서 시가 발전했다. 저마다 다른
특징을 가지고 있지만, 사랑의 주제 및 궁정 생활에서 영감을 찾는 점에서 공통점이
있었다. 페트라르카는 서정시 언어의 모델이 되었고, 이후 명백한 페트라르카주의의
토대가 마련되었다. 파도바(특히 페라라와 만토바), 밀라노, 베네치아(비록 특이한
위치에 있지만) 궁정, 나폴리 궁정이 주요 중심지가 되었다. 시 선집은 필사본으로
전해졌지만, 이탈리아에 유포된 초기 인쇄술에 의해서도 전해졌다. 15세기 후반 활동한
시인들은 많았지만 모두 유명인은 아니었다. 그중 코레조의 니콜로, 테발데오, 가스파레
비스콘티, 필레니오 갈로, 카리테오, 세라피노 아퀼라노가 주목을 끌었다.

페트라르카주의의 뿌리

15세기 후반 이탈리아 여러 궁정 및 도시들에서 속어로 쓴 서정시가 매우 많았는데,
이 시들은 만들어진 장소에 따라 매우 다른 특성을 보였다. 특히 포 강 유역의 궁정
(우선 페라라와 만토바)은 각각 독특한 특징을 보였지만, 형식이나 주제 면에서 놀랍
도록 유사한 점을 보여 주는 문학을 장려했다. 그러나 밀라노 궁정, 나폴리 궁정, 우
르비노 공국의 궁정은 문학적 관점에서 볼 때 유난히 개별적인 특성을 보여 주었다.
그리고 베네치아 같은 도시의 풍경은 지극히 다채롭게 나타났다. 베네치아는 궁정
은 없었지만 저마다 매우 다르고 때로는 '무정부적인' 문학적 경험이 공존했다. 경험
과 결과가 매우 다른 상황에서 15세기 말 서정시를 지배한 것이 페트라르카 모델인
점, 서정시가 궁정에서 주로 발전한 점은 명백한 사실이었다. 마르코 산타가타Marco
Santagata와 스테파노 카라이Stefano Carrai가 폭넓게 보여 준 것처럼(『15세기 이탈리아
궁정의 서정시La lirica di corte nell'Italia del Quattrocento』, 1993) 15세기에는 '대중 문학'의
놀라운 현상을 보이는 토대가 마련되었다. 그것은 페트라르카주의였으며, 이후에
최고로 많이 전파되었다. 15세기가 끝날 무렵 여러 중심지에서 활동한 시인들은 매
우 많았다. 여기에서는 보다 중요한 궁정들에서 당대 정치 현실에 따라 활동한 몇 사
람만을 언급할 것이다.

코레조의 니콜로

1481년부터 1497년까지 일했던 비스콘티 가문의 성을 사용할 수 있었던 코레조의 니콜로Niccolò da Coreggio(1450-1508)는 에스테의 니콜로Niccolò d'Este(1383-1441, 니콜로 3세라고도 함*)의 서자였고 베아트리체의 아들이자 유명한 마테오 마리아 보이아르도(1440/1441-1494)의 사촌이었으며, 페라라에서 태어나 에스테 궁에서 청년기를 보냈다. 코레조에서 자신의 영지를 방어해야 했기에 군인이 되어 밀라노 공국 영역으로 들어갔으며, 에스테 가문의 신하로 있긴 했지만 루도비코 일 모로Ludovico il Moro(1452-1508, 루도비코 스포르차라고도 함*)와 특별한 관계를 맺었다. 베네치아 공화국과 페라라 사이에 전쟁이 지속되던 1482년에 베네치아 군대의 포로가 되었으며, 거의 1년 만에 풀려났다.

궁정 시인   니콜로는 최고의 궁정 시인이었다. 평생 북부의 중요한 궁정들(페라라, 만토바, 밀라노)을 돌아다녔기에 당대 주요 문학가들과 친분을 맺었지만, 에스테의 이사벨라 Isabella d'Este Gonzaga(1474-1539)의 특별한 지지를 받았다. 일련의 편지들을 보면, 그는 자신의 시를 만토바 후작 부인이었던 이사벨라에게 헌정했지만, 형수인 루크레치아 보르자Lucrezia Borgia(1480-1519)와 경쟁하며 편지에서 수없이 시집 출간을 고집했음에도 불구하고 죽은 후에도 결코 시집을 소유하지 못했다. 그의 서간문은 알레산드로 루치오Alessandro Luzio(1857-1946)와 로돌포 레니에르Rodolfo Renier(1857-1915)가 책으로 묶은 바 있다. 그의 시는 두 권의 증거본(그중 한 권은 토리노 국립도서관 화재로 유실되었다)과 궁정시 모음집의 필사본과 인쇄본에 실렸다. 서정시는 소네트, 3행 해학시, 칸초네를 포함하고 있었고, 그러므로 8행시(8행 서정시)는 제외되었다.

페트라르카주의   니콜로도 8행시를 쓰긴 했지만, 그것에 대해 늘 무관심했다("저는 8행시 인쇄본은 염두에 두지 않습니다"라며 그것을 요구했던 이사벨라에게 쓴 유명한 편지에서 말하고 있다). 페트라르카의 체계를 엄격히 따른 운율 형태, 유난히 많은 사랑 관련 주제, 모범이 되는 작품을 꾸밈 없이 상기시키는 언어로 인해 니콜로는 가장 유명한 최초의 페트라르카 추종자가 되었다.

서정시 외에도 니콜로는 궁정 생활을 하는 동안 축제가 있을 때 산문과 희극을 쓰기도 했다. 밀라노에 체류하는 동안 썼으리라 추정되는 『프시케와 큐피드 이야기 Fabula Psiches et Cupidinis』(1481-약 1491)는 서술적으로 나아가는 우의적 8행시(179연)이며, 큐피드와 프시케의 유명한 신화를 궁정 취향의 액자 구조 안에서 이야기하고

있다. 불행한 사랑으로 울고 있던 시인 목동의 꿈에 큐피드가 나타난다. 큐피드는 프 큐피드와 프시케
시케의 모범이 되는 사랑 이야기를 들려준다. 이 작품의 명확한 주제는 연인으로 하
여금 위험한 열정을 피하도록 하는 것이다. 이사벨라에게 쓴 헌사와 강한 자전적 요
소는 궁정 의식 및 초기 전원시의 '개작'과 관련된 흥미로운 자료가 된다.

에스테의 루크레치아Lucrezia d'Este와 안니발레 벤티볼리오Annibale
Bentivoglio(1469-1540)의 결혼식을 위해 1487년에 집필된 『케팔로스 이야기Fabula de
Cefalo』는 당시 가장 성공적인 희곡 작품이었을 것이며, 세속극의 초기 예에 해당될
것이다. 『프시케와 큐피드 이야기』와 함께 인쇄되어 상당 부분 전해지고 있는 이 작
품은 니콜로의 신화 관련 희곡이 광범위한 성공을 거두었음을 의미한다. 『케팔로스 세속극
이야기』는 풍자극이며, 모두 5막으로 구성되어 있고 2막을 제외하고 합창단의 노래
로 막이 끝난다. 운율 형식 중에는 8행시가 우세하고, 그 뒤를 이어 합창 부분의 서정
적 운율이 나온다. 케팔로스와 프로크리스에 대한 오비디우스의 신화(『변신 이야기
Metamorfosi』 VII, 690-865)는 수많은 사티로스, 파우누스, 님프가 있는 이상적인 전원
을 배경으로 하는 이야기의 실마리로서만 기능을 한다. 질투심 때문에 사망한 프로
크리스를 다시 소생시킨 디아나의 개입 덕분에 행복한 결말을 맞게 되고, 극을 본 젊
은 신부들에게 비이성적인 질투심에 굴복하지 말라는 교훈을 준다.

그로부터 몇 년 후 1493년 사육제를 축하하는 밀라노 궁정을 위해 「숲Silva」을 썼
다. 작품 중심에는 짝사랑에 빠진 남자의 불행한 운명이 있다. 사랑하는 로사로부터
멀어지기 위해 죽음을 염원하지만, 하데스(죽은 자들의 신*)의 뱃사공 카론은 청년의
염원을 거부한다. 사랑에 빠진 청년의 고통스러운 영혼이 지옥의 형벌에 과도한 불
꽃을 더해 엘리시움(선량한 사람들이 죽은 후에 가는 곳*)에 불을 낼 것이 염려스러웠기
때문이다. 수사학적 말장난calembour은 구원을 받는 전환적 원점原點에서 시작된다. 「숲」
극도의 고통 때문에 죽을 수가 없었으므로 청년은 다시 삶을 되찾게 되고, 정원으로
갈 수밖에 없었다. 그곳에서 마침내 그의 로사를 생각하고 그녀의 향기를 맡을 수 있
게 된다(8행시, 21연, 7-8행: "연인들이여, 그와 같은 결말에 기뻐하라 / 그래야 장미는 가시
를 감출 것이다"). 큐피드의 폐쇄된 정원에서 로사 같은 여성의 이미지는 중세 전통 양
식에 따라 우의적 의미의 장미라는 전통적인 토포스topos를 변질시켰다(『장미 설화』
를 생각해 보라). 이 양식은 당시에 나타나기 시작한 궁정 서정시의 영향을 많이 받았
다(예를 들어, 모순어법과 역설을 풍부하게 이용하면서 이루어졌다).

안토니오 테발데오

안토니오 테발디Antonio Tebaldi(1463-1537)는 인문주의 유행에 따라 자신의 성을 라틴어인 테발데오Tebaldeo로 바꾸었다. 놀라울 정도로 다작을 한 문학가이자 시인인 그는 페라라에서 태어났으며, 1496년까지 에스테의 이사벨라의 가정교사가 되어 에스테 궁정에서 일했고, 그 후 프란체스코 곤차가의 만토바 궁정에서 얼마 동안 머문 다음(1466-1519) 루크레치아 보르자의 비서 자격으로 페라라에 돌아왔다. 마지막으로 1513년에 로마로 이주하여 교황 레오 10세(1475-1521, 1513년부터 교황)를 위해 일했지만, 로마의 약탈 시기에 유명한 도서관을 포함하여 재산을 잃었다. 그는 경제적으로 궁핍한 삶을 살다가 로마에서 사망했다.

당시 궁정 사람들 및 주요 지식인들과 접촉하며 놀라운 성공을 거둔 테발데오는 2개 언어로 시를 썼으며, 궁정에서 발전했던 혁신적인 페트라르카주의를 장려했다. 그의 속어 서정시집은 사촌인 야코포 테발디Iacopo Tebaldi의 제안으로 1498년에 처음으로 출판되었고, 만토바 후작 부인 이사벨라에게 헌정되었다. 16세기 중반 이후까지 인쇄본들이 연이어 나왔다. 초판본princeps의 개정판(초판본 그대로이거나 약간의 수정을 거침)만 해도 40부 정도가 나왔다. 페트라르카가 그랬듯이 절대적으로 우세한 형식은 소네트였지만, 작품집에는 애가와 부분적으로는 암송을 위한 풍자 3행시도 포함되었다. 그러나 매우 폭넓은 운율의 변주가 규칙을 벗어난 운문에서 눈에 띄었다(즉 초판본editio princeps에는 없던 운이었다). 페트라르카의 규칙을 여전히 엄격히 따르는 6행시sestina와 칸초네와 더불어 스트람보토strambotto(6, 8행으로 이루어진 11음절 시*), 그리고 당시의 유행을 조금이라도 허용한 일련의 8행시ottava 연작도 포함되어 있었다. 테발데오와 더불어 페트라르카의 유산이 어조와 기교에 과장스럽게 묻어났다. 때로는 '후기 고딕적'인 세련되고 간결한 언어가 페트라르카(1304-1374)의 전형적인 모티프와 양식을 과장하고 있는 것이다. 궁정과 사랑이라는 주제가 궁정의 취향과 만나면서 '테발데오 방식'을 만들어 냈다.

1518년 처음 출판된 『노래집Stanze』은 8행시로 쓴 연애시다(17편의 8행시 연작). 도입부는 폴리치아노의 『마상 시합을 위한 시』와 매우 유사하다. 사실 모든 구애를 경멸하면서 세상에서 고립되어 아름다운 곳locus amoenus에 사는 주인공(시인 자신)의 '야생적'인 젊음을 표현하고 있다. 장년기가 되자 주인공의 마음속에 '피하던 사랑이 늘 곁에 있음'을 깨닫고 사랑의 모든 장애물을 이겨낸다. 이제 노인이 되어 날개 달

약화된 페트라르카 양식

린 신의 인질이 된 시인은 결국 모든 호전적인 영혼들에게 젊었을 때 사랑을 하라고
권한다.

가스파레 비스콘티

밀라노 궁정은 가스파레 비스콘티Gaspare Visconti (1461-1499)와 관련이 있었다. 코레
조와 테발데오가 다소 과소평가를 했지만, 북부 궁정에서는 매우 중요한 시인이었다.
귀족 출신이었고 루도비코 스포르차의 통치와 직접 연루된 비스콘티는 시인으로서
짧지만 화려한 시절을 보냈는데, 15세기 말엽에 이탈리아의 가장 중요한 궁정 중 한
곳인 밀라노 궁정을 피난처로 삼은 토스카나 출신의 수많은 지식인들 덕분이었다.
북부의 보다 많은 문학인들(칼메타Calmeta, 코레조의 니콜로, 안토니오 필레레모 프레고
소Antonio Fileremo Fregoso)과 특히 밀라노 궁정의 문학인들(카레토의 갈레오토Galeotto del
Carretto, 발다사레 타코네Baldassarre Taccone, 란치노 쿠르티Lancino Curti)과 우정을 맺은 가
스파레 비스콘티는 이론적 측면뿐만 아니라 시적 실천에 있어서도 페트라르카주의
를 추종했다.

    비스콘티는 1494년『칸초니에레』의 밀라노 출판에 적극적인 역할을 했다(이 밀라
노 판을 위해 그는 매우 소중한 원본 대조 작업을 했다). 카를로 디오니소티(1908-1998)에
따르면, 이 밀라노 판본은 속어를 최초로 성찰한 증거물인 셈이다. 그로부터 몇 년
후면 보다 많은 이탈리아 문학가들이 그 일에 몰두하게 될 것이지만 말이다. 1498년
6월 1일, 레오나르도 아리스테오Leonardo Aristeo에게 보낸 편지에서 비스콘티는 파올
로 코르테세Paolo Cortese (1465-1510)를 칭찬하면서 '토스카나 출신이 아닌 사람'인지
라 기준을 정하기 어려워 매우 당황했으며, 기준을 체계적으로 취급한 책이 없다고
말했다. 그러므로 피에트로 벰보Pietro Bembo (1470-1547)의『속어 산문Prose della Volgar
Lingua』이 나올 때까지 기다려야 했다. 토스카나어 모범에 가능하면 일치하는 언어를
습득하려는 비스콘티의 노력은 작품을 창작하는 과정에서 확인할 수 있는데, 더욱 **더욱 토스카나적인 언어**
'중립적'이고 토스카나식의 언어를 목표로 삼았다. 토스카나어 모범에 대한 관심은
페트라르카에게만 한정된 것이 아니라 시기적으로 매우 가까웠던 로렌초의 시와 희
극-풍자시 전통으로 확대되었다. 더구나 토스카나 문학은 페트라르카, 우베르티의
파치오(1305/1309- 약 1367), 프란체스코 필렐포(1398-1481)가 밀라노 궁정에 머물
렀을 때부터 궁정에서 큰 신뢰를 받았다.

피렌체 사육제 노래와 덧없는 시간에 대한 로렌초의 성찰에 확실한 영향을 받은 것이 8행시 「지나가는 사육제Transito del carnevale」다. 사랑과 찬사가 있는 역사시 「파울로와 다리아의 연애 이야기De Paulo e Daria amanti」(1495년 출간)와 재탄생한 세속극 중 가장 흥미로운 극작품 『파시테아Pasitea』는 산문 8행시로 썼다. 비스콘티는 서정적 전통을 이어받은 페트라르카의 소네트를 바탕으로 서정시 쓰는 연습을 했다. 『운율Rithimi』에서 두 편의 6행시sestina(그러나 그 전에는 246편의 소네트가 나온다)도 자리를 차지하고 있긴 하지만, 1494-1496년 무렵 에스테의 베아트리체 공작 부인(1475-1497)을 위해 만든 시집에는 오로지 소네트만(157편 정도) 있으며, 현재 헌사의 원본이 남아 있다. 그러나 비스콘티의 마지막 작품집은 신중을 기하긴 했어도 그보다 다양한 형식의 시가 실려 있다. 이 시집은 말년(1497-1499)에 일을 했던 막시밀리안 1세 황제(1459-1519)의 부인 비앙카 마리아 스포르차(1472-1510)가 주문했다. 소재가 부족했던 비스콘티는 베아트리체를 위해 쓴 시집을 재활용했다. 수정을 하고 운율적 관점에서 분량을 늘리기도 했다. 사실 풍자 3행시 다섯 편, 칸초네 한 편을 추가했는데, 마지막 칸초네가 그의 이름을 알린 유일한 작품이었다.

강렬한 서정시 애호

필레니오 갈로

아우구스티누스 수도회의 시에나 출신 수사 필리포 갈리Filippo Galli(?-1503)의 작품은 완전히 다른 상황에서 집필되었으며, 그는 필레니오 갈로Filenio Gallo를 가명으로 썼다. 그의 생애에 관한 정보는 거의 없다. 고립된 인물이라 석연치 않은 구석이 없지 않지만, 속어 전원시 장르의 부활에 기여했으며, 속어 전원시는 그의 고향인 시에나에서 더욱 발전했다. 그러나 필레니오는 베네토 지역으로 이주하기 위해 토스카나적인 환경에서 너무 일찍 떠났다. 1480년대부터는 파도바에서 신학을 공부했고, 이후 베네치아에서 죽기 얼마 전인 1502년까지 살았다. 베네치아에서 필레니오는 당시 베네치아 문학계를 지배하던 동향 사람들뿐만 아니라 현지 교양 있는 귀족의 대표자들(특히 조반니 바도에르Giovanni Badoer〔1465-1535〕)과도 밀접한 관계를 맺었다. 베네치아 연인들에게 헌정한 두 권의 시집이 그의 폭넓은 작품 활동을 증명해 준다. 소네트, 빠른 무도곡barzelletta, 3음절 시, 스트람보토 등 총 129편이 실린 『릴리아를 위한 시집Canzoniere per Lilia』은 비통하고 감상적인 어조로 쓰인 반면, 더 많은 작품이 실린(칸초네, 발라드, 빠른 무도곡 외에 소네트, 6행시sestina, 스트람보토 등 총 265편)

베네치아에서의 인간관계

사피라를 위한 시집의 어조는 불안정하다. 동시대 시인들이 페트라르카처럼 사랑을 이상화시킨 것과는 달리 필레니오는 관능과 감정으로 이루어진 매우 구체적인 사랑을 기술하고 있다. 이런 의미에서 필레니오는 토스카나식 모델과 궁정의 신생 페트라르카주의 사이를 잇는 독특한 '연결적' 인물이며, 고립된 실험가였다.

카리테오

카리테오Cariteo('뮤즈의 제자')라는 고전적인 이름으로 알려진 베네트 가레트Benet Gareth(약 1450-1514)는 폰타노(1429-1503)와 더불어 15세기 말 아라곤 궁정에서 활발한 활동을 했던 시인들 중 가장 유명한 대표자다. 집안은 카탈루냐 출신이고, 그는 바르셀로나에서 태어났지만 일찍이 나폴리로 이주했고, 그곳에서 호의적인 궁정 모임에 들어갔다. 1486년부터 궁정 서기국에서 중요한 역할을 맡았으며, 그렇게 해서 페르디난도 1세(1431-1494)의 비서였던 폰타노와 당대의 주요 문학가들(예나르의 피에트로 야코포, 조반 프란체스코 카라촐로, 프란체스코 갈레오타, 야코포 산나차로)과 접촉하게 되었다. 카리테오라는 이름으로 폰타노 아카데미아 입회 허락을 받은 베네트 가 아라곤 궁정 레트는 고전 라틴 작가들에 대한 숭배를 속어시의 영감과 결합시켰다. 『엔디미온과 달의 여신Endimione alla Luna』이라는 제목의 시집을 쓴 카리테오는 원래부터 우아한 페트라르카 추종자였다. 달의 여신을 떠올리게 하는 루나Luna(무한하게 시에서 변형되고 있다)라는 이름의 여인에게 헌정한 이 시집은 앞선 페트라르카의 추종자들을 충실히 따르고 있다. 카리테오의 시집 초판이 1506년 나폴리에서 나왔는데(『카리테오 작품집 Opere del Chariteo』), 출판된 지 3년 만인 1509년에 증보판이 나올 정도로 큰 성공을 거두었다. 증보판은 놀랄 정도로 내용이 확장되었는데(작품 수가 65편에서 247편으로 늘어났다), 사랑 주제에 역사적 암시 및 찬사를 주제로 한 시가 덧붙여졌다.

카리테오는 시집의 언어와 문체 교정에 특히 관심을 기울였다. 자신의 서정시 레퍼토리를 토스카나 지방 페트라르카주의적 요소에 정확히 맞추어 우아하게 표현하고 있으며, 더불어 운율 형식을 바꾸었지만, 결국 『속어 단편 시집Rerum Vulagrium Fragmenta』(소네트, 칸초네, 6행시, 발라드, 마드리갈)의 규범에 맞는 운율만 포함시켰다. 그렇게 하여 카푸아의 군주 페르디난도 2세(1467-1496)에게 헌정한 필사본(1495년 이 주의 깊은
언어학적 교정 전에는 데 마르니스 필사본 혹은 모로고 필사본으로 알려진 시집의 첫 번째 초안이다)뿐만 아니라 1506년 카푸아에서 나온 유명한 초판본princeps에도 실렸던 프로톨라 형식의 칸초네와 리스페토rispetto(8-10행에 10, 11음절을 가지는 대화투의 사랑시*)가 배제되었다.

세라피노 아퀼라노

세라피노 치미넬리Serafino Ciminelli(1466-1500)는 다른 누구보다도 당시 이탈리아 시의 특성을 체화한 작가다. 생전에 성공을 거둔 달변의 작가인 그는 갑작스러운 죽음 이후 명성이 더욱 높아져 이미 생전에 존재했던 방대한 작품 수가 허위 추정으로 더 늘어날 정도였으며, 시집 초판본(1502) 작품 수가 323편에서 1516년에는 753편으로 늘어났다. 1466년 라퀼라의 귀족 가문에서 태어나 아퀼라노Aquilano라는 별칭을 얻은 세라피노는 나폴리에서 플랑드르 출신의 유명한 대가 구아르니에Guarnier(15세기)에게 음악을 배웠다. 이후 고향에서 짧은 기간 머무른 것을 제외하고는 이탈리아의 가장 중요한 궁정에서 살았다. 우선 아스카니오 스포르차Ascanio Sforza(1455-1505)를 위해 일했던 로마에서 파올로 코르테세 아카데미아를 다녔고, 이후 나폴리의 아라곤 궁정에서 3년 동안 머물며 폰타노 아카데미아와 긴밀한 관계를 맺었다.

1494년과 1495년 사이에는 에스테의 이사벨라 주변에 몰려들었던 문학가 집단이 주로 활동한 만토바 궁정으로 이주했고, 다음에는 결혼 때문에 밀라노로 이동했다. 밀라노에서는 루도비코 스포르차의 궁정에서 북부의 중요한 시인들, 즉 코레조의 니콜로, 가스파레 비스콘티Gaspare Visconti, 안토니오 필레레모 프레고소와 접촉하게 되었다. **만토바로의 이주** 1497년부터 세라피노는 다시 도시 순례를 시작했다. 만토바, 우르비노를 거쳐 로마에 갔고, 로마에서는 체사레 보르자(1475-1507)를 위해 일했으며, 고작 35세의 나이에 열병으로 로마에서 사망했다. 소네트, 빠른 무도곡, 애가, 서간문, 3음절 3행시를 쓴 아퀼라노는 광범위한 스트람보토 작품으로 특히 유명했다. 로렌초 치하 피렌체에서 이미 유행한 서정적 8행시는 세라피노를 통해 정점에 이르렀고, 어떤 의미에서는 그의 마지막 작품이었다. 최근 안토니오 로시Antonio Rossi가 감수한 스트람보토 시집은 아카데미아에서 발표한 것(가령 루크레치아 보르자와 조반니 스포르차의 로마 결혼식을 위해 1493년 암송한 애가가 있다) 외에 여러 궁정의 축제나 행사를 위해 집필한 221편의 작품을 실었다. 여러 자료를 통해 알려진 바에 의하면, 아퀼라노는 자신의 시에 곡을 붙이고 노래를 했을 뿐만 아니라 공연에 참여하기도 했다. 다른 운율의 작품과 마찬가지로 스트람보토의 중심 주제 역시 여러 다양한 주제 중에서 **사랑의 주제** 서 사랑이다. 페트라르카 추종자라 예상할 수 있듯이 연인은 괴롭고, 슬프고, 죽음을 원한다. 사랑하는 여인이 한 명은 아니었고(예를 들어, 스트람보토 시집에서 비라고의 라우라Laura da Birago와 또 다른 인물인 펠레그리나Pellegrina가 등장한다), 여인의 아름다움은 빠르게 지나가는 시간 때문에 덧없다. 페트라르카의 모델을 기본으로 하면서 당대의 서정시, 특히 로렌초와 안젤로 폴리치아노(1454-1494)의 서정시로부터 영향을 받은 작품들도 함께 혼합되어 있다. 코르테세의 로마 모임에서 아퀼라노는 그곳에 모인 문학가들 사이에 돌려 보던 『아라곤 선집』을 보았을 것이다. 하나의 예를 들어보면, 앞선 폴리치아노의 모델에서 영향을 받은 메아리 기법을 구사한 스트람보토 시리즈(115-117편)를 생각해 보자("내 당신을 부르건만, 당신은 무엇을 하고 있지? 사랑하고 있지Che fa' tu, Ecco, mentre io ti chiamo? Amo", 『시집』, XXXVI).

1502년에 프란체스코 플라비오가 로마에서 초판princeps을 출판하고 나서 이듬해 인문주의자 안젤로 콜로치Angelo Colocci(1474-1549)가 준비한 핵심판 인쇄본이 나왔는데, 이 판본에 저자 자신의 변론이 앞부분에 실려 있고, 마지막 부분에는 「풍부한 속어 시인 세라피노 아퀼라노의 생애Vita del facundo poeta vulgare Seraphyno Aquilano」가 추가되었다. 조반니 필로테오 아킬리니Giovanni Filoteo Achillini(1466-1538)가 준비한 『그리스어, 라틴어, 속어시 총서Collettanee Grece Latine e Vulgari』는 1504년에 나왔고, 엘리사베타 곤차가Elisabetta Gonzaga(1471-1526)에게 헌정되었다. 그것은 갓 사망한 시인 세라피노 아퀼라노를 기리기 위해 150명이나 되는 작가들이 라틴어, 그리스어, 속어(심지어는 에스파냐어도 있었다)로 쓴 시를 모은 놀라운 책이었다. 그중 보다 유명한 작가들로는 코레조의 니콜로, 안토니오 테발데오, 빈첸초 칼메타Vincenzo Calmeta, 프란체스코 마리아 몰차Francesco Maria Molza, 판필로 사소Panfilo Sasso, 안토니오 필레레모 프레고소, 안젤로 콜로치, 마르첼로 필로세노Marcello Filosseno, 베르나르도 일리치노, 아킬리니 자신, 디오메데 귀달로티Diomede Guidalotti, 베르나르도 아콜티Bernardo Accolti, 톰마소 카스텔라니Tommaso Castellani 등이 있다.

유럽의 상황

15세기가 끝날 무렵 특별히 발전한 환경(예를 들어, 카탈루냐 같은 곳)과 협소한 지역이 아니라면, 다른 유럽 나라들의 문학 현상을 알지는 못했으며, 다음 세기에나 인정받은 유일한 모델, 즉 페트라르카주의를 토대로 한 초국가적인 시가 유럽의 주요 궁정에 확산되었다. 15세기에는 유럽 각국의 다양한 현실이 전통에 따라 독자적으로

유럽 궁정의 페트라르카주의

진행되고 있었기에 공동의 시학이나 방향성을 찾을 수는 없다.

이 시기 에스파냐에서는 칸시오네릴cancioneril이라는 전통적인 토착 서정시가 발전했다. 여전히 중세의 작법을 따르는 시집에는 주제별로, 시 학파별로 분류한 서정시를 모아두었고, 현지의 작품에 큰 관심을 보였다. 주요 주제는 사랑이었고, 보다 공통적인 운율은 8음절 시와 10음절 시였다. 이런 서정시를 쓴 가장 유명한 대표자들로는 후안 데 메나Juan de Mena(1411-1456)와 호르헤 만리케Jorge Manrique(약 1440-1479)가 있다. 호르헤 만리케가 쓴 유명한 「아버지의 죽음에 바치는 노래Colpas a la muerte de su padre」는 『부러진 다리에 관한 노래Colpas de pié quebrado』에 실린 40연의 시이며, 죽음에 대한 명상을 심화시키고 있다.

이 시기 프랑스에서는 매우 유명한 시인인 프랑수아 비용(약 1431-1463년 이후)의 작품이 나왔는데, 중세 기사도 세계를 맴돌던 그는 종종 '저주받은 시인'으로 거론되었다. **문자 그대로의 저주받은 시인** 비용은 늘 사법부의 추적을 당하는 위험한 삶을 살았으며, 젊은 시절 여러 해 동안 감옥에 있기도 했다. 매우 유명한 시인이었고, 언어학적 관점에서 보더라도 중세 시 형식을 심오하게 혁신했다. 사랑과 우정에 관한 시를 쓰기도 했지만, 우울과 고뇌가 강하게 서린 보다 유명한 작품은 스탠자로 구분되는 2,000행의 시 『대 유언집』과 『목매달린 사람의 발라드』다.

15세기 후반 영국에서도 시적 경향은 이전의 중세 전통, 특히 제프리 초서(1340/1345-1400)의 모델 및 우의적 시와 밀접한 관련이 있는 듯했다. 세 개의 중요한 풍조, 즉 궁정시, 풍자시, 교육, 종교 혹은 도덕 관련 작품 등을 인지할 수 있다. 중요한 대표자로는 계관시인이자 번역가, 풍자글의 저자이기도 한 존 스켈턴John Skelton(약 1460-1529)이 있다.

| 다음을 참고하라 |
철학 궁중 정치와 이상적인 통치자: 마키아벨리 이전의 권력에 대한 다양한 관점(372쪽)
문학과 연극 라틴어 시(510쪽); 로렌초 치하의 피렌체에서 재탄생한 속어시(539쪽); 폴리치아노(547쪽)
시각예술 로렌초 데 메디치 시대의 피렌체(788쪽)

보이아르도와 기사시

| 엘리사 쿠르티 |

스칸디아노 백작 마테오 마리아 보이아르도는 에스테 가문의 영주이며 친척
중에는 두 명의 훌륭한 시인(티토 베스파시아노 스트로치와 코레조의 니콜로)도
있었다. 페라라에서 인문주의 교육을 받은 뒤, 그는 무엇보다 속어시에 전념했다.
그는 페트라르카를 충실히 따르는 시집을 써서 사랑하는 안토니아 카프라라에게
헌정했고(『세 권의 연애서』), 흥미로운 전원시 모음집(『파스토랄리』), 희곡(『티모네』),
타로 카드 게임 글(『타로 카드』)을 썼다. 그러나 보이아르도의 걸작은 세 권의 8행시로
쓴 기사시 『오를란도의 사랑』이며, 미완성으로 남았다. 보이아르도와 더불어 카롤링거
왕조(카롤루스 대제와 기사들의 위업)와 브르타뉴 지역(사랑 이야기)을 소재로 하는
기사시에 교착entrelacement 기법으로 서술하는 놀라운 사랑과 모험 이야기가 포함되는
것을 목격할 수 있다.

생애

스칸디아노의 백작 마테오 마리아 보이아르도(1440/1441-1494)는 15세기 말 가장
중요한 시인들 중 한 명이 틀림없다. 에스테 가문에 헌신했던 오래된 영주 가문의
후손이자 시인 티토 베스파시아노 스트로치(1424-1505)의 외조카이며, 유명한 코
레조의 니콜로(1450-1508)의 사촌인 그는 아버지를 일찍 여의고 페라라에서 태어
났는데, 그곳에서 훌륭한 인문주의 교육을 받았다. 그는 청년 시절부터 코르넬리우
스 네포스Cornelius Nepos(기원전 약 99-기원전 약 14)와 크세노폰(기원전 약 430-기원전
약 355)의 작품을 속어로 번역했으며(포조 브라촐리니의 라틴어판을 번역했다), 에스
테 가문 사람들을 위해 라틴어 찬양시를 썼다(소위 말하는 「에스테가 찬양 노래Carmina
de laudibus Estensium」). 가장 흥미로운 라틴어 작품들 중에는 베르길리우스를 모방해
서 쓴 열 편의 전원시 『파스토랄리아』가 있다. 1470년대 초반 보이아르도는 속어시
에 관심을 보였다. 그리하여 안토니아 카프라라Antonia Caprara를 위해 일련의 시를
썼으며, 나중에 정리하여 『세 권의 연애서Amorum libri tres』로 묶었다. 보이아르도는 궁 **젊은 시절의 작품들**
정을 위해 일을 하기도 했다. 1471년에는 교황으로부터 대공 작위를 받기 위해 로
마로 간 에스테의 보르소(1413-1471)를 수행했고, 1473년에는 에스테의 에르콜레

(1431-1505)의 약혼녀인 아라곤의 엘레오노라(1450-1493)를 나폴리에서 페라라로 수행하는 행렬에 속했다. 1476년부터는 새로 등극한 에르콜레 대공에게 봉급을 받았으며, 안정적으로 궁에 머물렀다. 이 시기에 그는 최고의 작품인 『오를란도의 사랑Innamoramento de Orlando』의 초고를 쓰기 시작했다. 1478년에는 당시 격심한 가족 분쟁의 대상이었던 자신의 영지로 돌아갔으며, 1480년에는 모데나의 영주가 되었다. 그는 업무가 많았던 탓에 카롤루스 대제(742-814)의 기사들에 대한 시를 쓰는 일을 1483년까지 연기했다. 1483년이 되어서야 책의 첫 두 권이 레조에서 출판되었을 것이다(이때의 초판본은 보존되지 못했다). 이 작품은 곧 1487년과 1491년에 베네치아에서 세 권으로 재출간되었다(II권의 22-31곡을 III권으로 넘겼다). 1487년부터 레조의 통치자가 된 그는 1494년 사망할 때까지 매우 성실하게 임무를 수행했으며, 그동안 『오를란도의 사랑』을 집필하고 있었다. 미완성으로 남은 이 작품은 1495년에 스칸디아노에서 유작으로 출판되었고, 이후 1506년에는 베네치아에서 출판되었다.

소품들 중에는 속어로 쓴 열 편의 전원시인 『파스토랄리Pastorali』, 사모사타의 루키아노스(2세기)의 동명의 대화록을 각색한 11음절 시로 쓴 희극 『티모네Timone』, 타로 카드놀이에 대해 다섯 장에 걸쳐 쓴 『타로 카드Tarocchi』가 있다. 여러 편의 속어 번역본도 썼는데, 아풀레이우스Apuleius(약 125-약 180)의 『황금 당나귀Asino d'oro』의 번역본과 헤로도토스의 『역사Storie』의 번역본이 훌륭하다. 보이아르도가 추구하는 인물상과 정치가상을 보기 위한 흥미로운 책은 『서간집Lettere』이다(전문을 속어로 쓴 한 편의 편지를 제외하고 모두 193편이다).

서정시

보이아르도가 쓴 서정시는 보이아르도의 필사본(Vat. Lat. 11255)에서 발견된 중요하지 않은 몇 편의 스트람보토를 제외하면, 『세 권의 연애서』에 모두 수록되어 있다. 페트라르카처럼 한 여성을 향한 사랑을 찬양하고 있는 이 작품의 구조는 매우 공을 들인 것이다. 사실 각각의 책에는 60편의 작품이 수록되어 있는데, 그중 소네트가 50편이고, 나머지 10편은 다양한 운율로 작성되었다(발라드 14편, 칸초네 12곡, 마드리갈 2편, 론도 1편과 6행시 1편). 『속어 단편집』의 구조를 단조短調 형식으로 모두 다시 취하는 것에서 보듯 숫자 3과 10에 근거한 수비학적 구조는 명백히 단테를 모방한 것이다. 그의 다양한 서정시들은 레조 출신의 안토니아 카프라라를 향한 시인의

『세 권의 연애서』

젊은 시절 사랑을 이야기하고 있는데, 다양한 이야기를 한 뒤에는 늘 반성하고 하느님께 용서를 구하는 것으로 끝난다. 페트라르카의 『칸초니에레』를 편집한 티치아노 차나토는 15세기에 서정시 작품집의 수가 얼마나 적은지 강조했다. 비록 프란체스코 페트라르카Francesco Petrarca(1304-1374)를 모델로 하고 있지만, 이 서정시들은 『칸초니에레』의 비유를 문자 그대로 따르면서 반성으로 끝난다는 것이다. 개별 작품들의 구조 또한 페트라르카의 선례와 유사하기에 모든 작품들이 '상호 텍스트적 연결'(1947년 마르코 산타가타가 페트라르카를 언급하며 이렇게 정의했다)을 이루고 있다. 요컨대 모든 서정시는 주변의 서정시 및 다른 책에서 동일한 수로 배열된 작품들과 주제 및 수사학 혹은 언어학적으로 관련이 있다. 현실을 풍부하게 언급하고 있는 이야기는 2년 남짓한 기간(1469년 초봄-1471년 늦봄)을 아우르고 있지만, 작품의 구조적인 시기는 적어도 1476년까지 확장된 것이 틀림없다(이는 작품을 전하고 있는 필사본 말미에 제시한 날짜를 근거로 한 것이다). 사랑 이야기의 규정을 직선 형태로 답습하는 이야기가 주를 이룬다. 즉 사랑에 빠지는 것, 사랑받는 쪽의 초기의 보답, 사랑의 승리, 여성 쪽의 거절과 배신, 사랑에 빠진 남자의 절망과 한탄, 여성의 새로운 자비, 마지막으로 후회가 그것이다. 『칸초니에레』와의 유사점이 명확하지만, 심오한 차이점도 남겨 놓았다. 보이아르도의 맥락은 궁정이 아니라 궁정인이었다. 그리하여 두 젊은이가 레조의 에스테 가문 축제에서 만나 사랑의 게임에 참여한다. 그러나 여성은 냉정함을 보이고, 연인을 배신한다. 에스테 가문 귀족이 레조를 점령한 것이 기쁘다는 언급이 많다.

『칸초니에레』와의 유사점과 차이점

운율 선택, 특히 운의 선택에서 페트라르카에 비해 전통을 따랐던 보이아르도는 다른 많은 모범들에 열려 있었다. 다른 누구보다도 이미 언급한 바 있는 단테(1265-1321)를 따르고 있으며, 청신체파와 이후에는 서정시집 『아름다운 손La bella mano』을 쓴 콘티의 주스토Giusto de' Conti(약 1390-1449)의 영향을 받기도 했다. 이 작품은 라틴어 저자들actores의 작품도 실린 『사랑Amores』과 여러 면에서 유사하다. 라틴어 저자들은 카툴루스, 루크레티우스, 베르길리우스, 오비디우스를 말하는데, 보이아르도는 이미 라틴어 서정시에서 이들로부터 폭넓은 영향을 받았다.

소품

보이아르도의 라틴어 작품들(『파스토랄리아』, 『에스테가 찬양 노래』, 『경구집』)은 15세기 후반 페라라의 광범위한 인문주의 작품에 속하며, 안토니오 테발데오(1463-1537), 조반니 피코 델라 미란돌라(1463-1494), 에르콜레 스트로치(1473-1508) 같은 다음 세대 시인들에게 다방면에서 영향을 주었다. 현재까지 남아 있는 작품들 중(유실된 다른 작품들에 대한 간접적인 정보는 있다)『파스토랄리아』는 가장 복잡한 책이다. 1463년부터 이듬해 사이에 집필된 이 작품은 운이 좋은 전원시 장르에 편입되었지만, 중세 전통이 규범화한 모든 알레고리즘(우의적 해석*)에서 벗어났다. 10개의 작품 모두 100행으로 구성되어 있으며, 매우 치밀한 구조를 만들어 가면서 베르길리우스의 모델과 유사한 과정을 밟고 있다. 사실 보이아르도의 모든 전원시는 주제나 문체에 있어서 베르길리우스와 만나는 지점이 있다(예를 들어, 베르길리우스가 아우구스투스 황제를 칭찬했듯이 보이아르도 역시 에스테의 에르콜레를 찬양했다). 보이아르도가 모범으로 삼은 고전 작가들(특히 오비디우스와 클라우디아누스) 및 제정 시대 작가들의 작품은 다양하고 광범위했으며, 숙부인 티토 베스파시아노 스트로치의 라틴어『연애시Erotica』에 대해서는 특히 빚진 것이 많았다.

『파스토랄리아』가 나온 지 대략 20년 만에 보이아르도는『파스토랄리』로 속어 전원시를 시도했다. 당시 피렌체, 페라라, 나폴리 궁정에서 주로 유행했던 전원시(피렌체에서 1482년에 출판된『매우 우아한 전원시』모음집, 에스테 가문을 위해 코레조와 테발데오가 시도한 전원시, 산나차로의『아르카디아』집필을 생각해 보자)에 완벽히 적응한『파스토랄리』는 3행시 10연으로 구성되었으며, 편집자 스테파노 카라이(1955-)에 따르면 짧은 시기(1483년 말-1484)에 작성되었고, 페라라와 베네치아 간의 전쟁(1482-1484)과 관련된 내용이었다.

『3행 해학시Capitoli』혹은『타로 카드』는 두 편의 소네트가 첨가된 일련의 3행시이며, 그림 카드 한 벌(정확히 말해 타로 카드)을 운문으로 서술하고 있다. 연속적인 카드들을 설명하기보다는 인간의 네 가지 열정, 즉 사랑, 희망, 질투, 공포를 형상화하고 있다. 각각의 3행시는 시리즈와 일치하는 단어(사랑 등)로 시작해야 하고, 카드 숫자(10번까지)나 전통적인 형상(요정, 말, 왕, 여왕)을 대신하는 인물의 이름을 담아야 했다. 결국 이와 같은 의무적인 선택을 하고 나면, 3행시에서 서정시의 영감을 표현하기 위한 공간이 얼마나 축소되는지 보여 준다. 이 작품은 보이아르도가 카드놀이에 빠진 에스테 궁정에 자주 드나들던 시기(1469-1478)에 집필되었을 것이다. 그러므로 사회의 유희를 일부 보완하는 환대와 행사용 작품이라 할 것이다. 그런 상황이

『파스토랄리아』

『3행 해학시』혹은
『타로 카드』

니 이 작품을 집필했다는 것을 증명하는 증거가 아무것도 없다는 것도 납득이 된다 (여러 장의 카드에 3행시를 썼는데 카드들은 분실되었다. 이 시집의 초판은 1523년에 나왔다).

에스테의 알폰소(1476-1534)와 안나 스포르차Anna Sforza(1473-1497)의 결혼식이 있었을 때 집필한 『티모네』는 11음절 시로 쓴 희극이며, 이탈리아의 모든 인문주의자들이 매우 사랑했던 작가 루키아노스의 그리스어 대화록을 연극 형식으로 바꾼 것이다. 인간과 재산의 문제적 관계가 인간의 행동을 제어한다. 주인공 티모네는 제우스 덕분에 막대한 재산을 얻은 부친의 유산을 탕진하여 가난해지자 거짓된 친구들과 기회주의자들을 쫓아내고 가난하고 외롭게 산다. 보이아르도의 시각은 온정적이며, 재산에 대한 갈망뿐만 아니라 인간 혐오까지 처벌한다. 3막까지 루키아노스의 모델을 충실히 따르다가 다양한 혁신을 시도하는데, 그중 필로코로스Philochorus의 이야기를 모방하여 티모네의 우울한 인생의 낙관적인 전복을 꾀한다.

『티모네』

『오를란도의 사랑』

궁정의 분위기도 그렇고, 프랑스 기사 문학 및 프랑스-베네치아 문학에 대한 에스테 가문의 열정 덕분에 보이아르도는 자신의 가장 유명한 작품을 위한 영감을 얻는다. 즉 오를란도의 위업을 주로 언급한 8행시의 기사 서사시인데, 이 작품은 수백 년 동안 『사랑에 빠진 오를란도Orlando Innamorato』로 전해졌다가 최근에 와서야 본래의 이름을 되찾았다(『오를란도의 사랑Innamoramento de Orlando』).

텍스트를 편집한 안토니아 티소니 벤베누티에 따르면, 작품을 구상하고 제1권을 집필하던 시기가 보르소 시대의 마지막 5년(1467-1471: 그러므로 전통적으로 언급하던 날짜보다 훨씬 앞선다)으로 거슬러 올라간다. 그러나 2권을 집필한 시기는 1470년 대와 1480년대 초반까지 해당되며, 1483년에 완성했다. 이때 그는 레조에 머물렀을 것이고, 두 권(각각 29개와 31개의 노래가 들어 있다)으로 구성된 초판본이 나왔다. 이후 보이아르도는 작품이 완성되기를 기다리는데, 그동안 베네치아에서 2쇄본과 3쇄본(1487년과 1491년)이 나온다. 그러나 보이아르도는 매우 느리게 작업을 진행했다. 정치적 역할과 관련된 업무 때문에 계속 작업을 중단했기 때문이다. 3권은 9곡에서 중단되고 프랑스인들이 이탈리아로 내려오는 것을 암시하면서 끝난다("오 구원자이신 주님, 제가 노래하는 동안 / 저는 온통 불꽃과 화염에 싸여 있는 이탈리아를 봅니다. / 갈

초판본과 베네치아 재판본

리아인들 때문이죠. 저들이 오는 것은 가축 때문이 아니라 장소를 떠나기 위함이지요. / 서서히 불타는 필오르데스피나의 / 허망한 사랑을 보십시오. / 한 번만 더 숨을 쉴 수 있다면 / 이 모든 것을 당신께 말하겠습니다"). 초판본을 1495년에 베네치아에서 인쇄하고(3권만), 이후 스칸디아노에서 인쇄한(작품 전체) 다음, 루도비코 아리오스토(1474-1533) 때문에 이 작품은 16세기부터 완전히 평가절하되었다. 그리고 포 강 유역의 언어는 사람들이 좋아하지 않았기 때문에 피렌체 출신의 프란체스코 베르니Francesco Berni (약 1497-1535)가 고전 작품을 토대로 고쳐 썼다(1542년부터 인쇄함).

『오를란도의 사랑』의 놀라운 업적은 이전 시대의 노래에서 이미 시작되었던 과정을 완수한 점이다. 그것은 카롤링거 왕조의 전설과 아서 왕 전설을 혼합하거나 혹은 결합한 것으로, 어떤 의미에서는 서사시와 소설의 결합이었다. 보이아르도는 아주 유명한 첫머리에서 카롤링거 왕조의 전설보다 브르타뉴 전설을 우위에 두고 있다(II권, XVIII장, 1-3절). 그것 외에 이 작품에서는 저자가 의식적으로 선언한 것이 하나 더 있는데, 폴리치아노의 서정시에서 보이는 상징과 이미지를 우위에 둔 점이다 (III권, V장, 1-2절: "그러나 특이하게도 나의 정원에 / 나는 사랑과 전쟁의 나무를 이미 심었나니; / 더욱 용감한 사람은 전쟁을 좋아하고 / 섬세하고 친절한 사람은 사랑을 좋아하나니"). **서사시와 소설** 카롤루스 대제를 따르는 기사들의 위업이 이야기의 중심을 이루었다. 이들은 이교도의 위험으로부터 그리스도교 세계를 구해야 하지만, 그와 동시에 끊임없이 이어지는 사랑의 모험에 휘말리느라 그들의 경로에서 이탈하게 된다. 많은 기사들과 주인공인 오를란도의 욕망의 중심에는 카타이의 공주 안젤리카가 있다. 그녀는 놀랍고도 모호한 인물이었는데, 파리에서 기사들이 마상 창 시합을 하는 동안 1곡부터 무대에 등장하여 그리스도교 진영에 혼란을 일으킨다. 안젤리카는 오빠 아르갈리아의 이름으로 모든 기사들에게 도전장을 내민다. 누구든 오빠를 이기는 사람이 안젤리카를 상으로 받을 것이고, 오빠에게 진 기사들은 그의 포로가 될 것이었다. 두 남매의 계획은 이것이었다. 그들은 마법의 창을 믿고 있었기 때문에 가장 유명한 그리스도교 기사들을 살해할 생각이었다. 그런데 아르갈리아를 죽인 페라구토 때문에 그들의 계획이 실패한다. 그 순간 안젤리카는 도망치고 여러 그리스도교 기사들이 그녀를 뒤쫓는다. 안젤리카의 미모에 반한 기사들은 카롤루스 대제의 진영을 무방비 상태로 버려두었고, 그때 그라다소가 그리스도교 진영을 공격한다(오를란도의 검 두린다나와 라날도의 말 바이아르도를 얻기 위해서였다). 그러나 청년 아스톨포가 바로 아르갈리아의 마법의 창으로 이교도들을 물리친다. 안젤리카가 도망치면서 동로마와 서로마 사이에 커다란 변화가 생기는데, 변화의 주역은 바로 오를란도와 라날도였다. 그러나 아르덴나 숲에 이른 라날도는 사랑을 잃게 하는 힘을 가진 메를리노의 샘에서 샘물을 마신다. 그리하여 라날도는 안젤리카를 증오하기 시작한다. 그러나 사랑의 샘에서 물을 마신 안젤리카는 갑자기 라날도를 사랑하게 된다. 지금까지 그를 피해 도망쳤지만, 이제부터는 라날도를 따라가기 시작한 것이다. 수많은 모험을 겪은 뒤, 대부분의 인물들은 알브라카에 있었다. 이곳에서는 사크리판테와 아그리카네가 안젤리카를 차지하기 위해 싸움을 벌이고 있었다. 그들의 싸움은 그리스도교 기사들의 싸움과 혼합되었다. 결국 아그리카네는 오를란도에게 살해된다. 그 사이(II권) 이교도 왕 아그라만테는 로다몬테와 함께 프랑스를 침략하기로 한다. 그러나 그들은 마법사 아탈란테가 숨겨둔 루지에로의 도움이 필요하다고 생각한다. 그들은 루지에로를 되찾기 위한 모험을 시작한다. 혼자 프랑스로 떠난 로다몬테는 그리스도교 군대를 위험에 빠뜨린다. 이윽고 아그라만테와 루지에로가 이끄는 이교도 군대 전체가 도착한다. 루지에로는 마법사 브루넬로가 안젤리카에게서 훔친 마법의 반지 덕분에 아탈란테의 감시에서 벗어난다. 이 반지는 마법을 깨는 힘을 가지고 있었다. 이때 안젤리카와 함께 동방에서 돌아온 그리스도교 기사들과 이교도 군대 간에 맹렬한 전투가 벌어진다. 카롤루스 대제의 기사들은 이교도들과 싸울 뿐만 아니라 안젤리카(카롤루스 대제 진영에서 포로가 되었다)를 차지하기 위해서도 싸운다. 특히 그 사이에 사랑의 샘물을 마신 라날도는 안젤리카를 얻기 위해 다시 오를란도와 싸운다. 그러나 라날도가 마신 샘의 반대편 샘에서 물을 마신 안젤리카는 다시 라날도를 증오하게 된다. 이 전쟁 이야기를 하면서 보이아르도는 갑자기 작품을 끝맺는다. 나중에 에스테 가문의 선조가 되는 라날도의 누이 브라다만테와 루지에로의 새로운 사랑에 대해서는 언급(III권)도 하지 않은 채 말이다.

도망친 안젤리카에 대한 추적

보이아르도가 창안한 인물들

작품에 활기를 불어넣은 많은 인물들은 무훈시의 전통을 따른 것이지만, 또 다른 인물들은 보이아르도가 창조한 결과물이다. 이 인물들 중(로다몬테와 루지에로를 포함하여) 가장 혁신적인 인물이 안젤리카다. 안젤리카는 모든 남성의 욕망을 나타내는 인물이며, 모호하면서도 매력적인 요소를 지닌 여성성을 보여 준다. 카타이의 공주 안젤리카가 지닌 중요한 특징은 모호함이다. 모두가 그녀를 쫓아가지만, 그녀를 정복할 수 있는 사람은 아무도 없다(아리오스토의 『광란의 오를란도』를 기다려야 한다). 마술(무기, 물건, 장소, 괴물과 관련됨), 경이로움, 모험은 이 인물들이 빠진 놀라운 세계를 구성하고 있다.

독자는 구불구불 끝없이 이어지는 이야기의 길에서 방향을 잃는다. 이때 이야기 교착 는 교착entrelacement 기법에 따라 진행된다. 하나의 이야기가 유일한 일부로 서술되는 것이 아니라 다른 이야기의 시작이나 진행을 하도록 하는 에피소드와 섞여서 서술되도록 이야기들이 병렬적으로 진행된다. 그리하여 복잡한 구조가 만들어지는데, 이 구조를 따라가다 보면 독자는 보다 많은 모험을 동시에 따라가게 된다.

시의 음보는 일반적인 전통에 토대를 두어 토스카나 8행시(운율 체계: ABABABCC)를 채택하고 있다. 8행시를 실험하면서 시절을 최대한 분화시켜 완전히 치밀하게 배치하는 등 모든 가능성을 최대한 이용하고 있다.

최근 비평 판본에서 복원된 원전의 언어는 이후 이탈리아 문학에서 규범이 되는 토스카나적 경향에 비해 심히 이질적이다. 보이아르도는 강한 표현 방식이 등장하고 관용어법과 고어 표현이 풍부한 『연애서Amorum libri』에서 보이는 페트라르카적 해결 방식과 거리가 먼 포 강 지역의 방언을 사용한다. 그러므로 이런 관점(자필 원고와 초판본은 없지만 말이다)에서 보더라도 『오를란도의 사랑』은 북부 이탈리아의 언어학–문학 문화의 가장 놀라운 결과물 중 하나라 할 것이다.

| 다음을 참고하라 |
시각예술 프랑스 궁정 양식(617쪽)

산나차로와 목가 소설

| 실비아 로톤델라 |

아라곤 왕조 치하의 나폴리에서는 폰타노의 동료였고 프랑스로 유배된 페데리코 1세를
충실히 따르며 궁정에서 활동했던 시인이자 인문주의자 야코포 산나차로가 눈에 띈다.
그의 명성은 목가 소설 『아르카디아』와 관련이 있으며, 이 소설을 통해 유럽에서 운 좋게
발전한 전원시 전통을 혁신했다. 16세기에 특히 호평을 받은 페트라르카풍의 시를 썼고,
종교시 「성모 마리아의 출산에 관하여」와 「어부 전원시」와 같은
라틴어 작품에도 몰두했다.

생애

속어 인문주의 문학에서 가장 유명한 축에 속했던 시인 야코포 산나차로Iacopo
Sannazaro(1455-1530)는 귀족 가문의 알폰소 5세(1396-1458) 치하의 나폴리에서 태
어났다. 부친이 1462년 사망하자 가족은 살레르노에 위치한 어머니의 영지로 돌아
갔다. 자연과 밀접하여 조용했던 전원생활은 어머니 마셀라Masella의 죽음과 사랑하
던 여인의 이른 죽음과 더불어 미래 시인이 될 산나차로의 마음에 깊은 인상을 남겼
다. 사실 두 사람의 죽음과 교외 생활은 그의 걸작 『아르카디아』에 영향을 주었다.
청년이 된 산나차로는 1470년대 중반쯤 다시 나폴리에 와서 주니아노 마이오(1430-
1493)의 인문학 강의를 들었다. 인문주의 견습생이 된 증거물이 자전적인 '잡기록
zibaldoni'인데, 이는 최근 카를로 베체Carlo Vecce가 연구한 바 있다. 이 시기에 산나차 **폰타노 아카데미아
에서**
로는 악티우스 신케루스Actius Sincerus라는 이름으로 폰타노 아카데미아에서 폰타노
(1429-1503)의 환영을 받았으며, 가장 왕성한 활동을 하는 회원이 되었다. 1481년부
터 칼라브리아 공작 알폰소 2세(1448-1495)를 위해 일했다. 무운시(각운이 없는 시*)
를 쓰기 시작했으며, 특히 『아르카디아』의 핵심 작품인 전원시를 썼다. 이후 아라곤
왕국의 마지막 왕이 될 페데리코 1세(1451-1504)를 위해 일했다. 시인들의 후원자이
자 『아라곤 선집』의 수취인이었던 페데리코 1세는 메르젤리나 별장을 산나차로에게
선물했다. 아라곤 왕조가 몰락하는 순간 산나차로는 '그의' 주군에게 충성했고, 재산
의 상당 부분을 주군을 위해 팔았으며, 1501년 프랑스로 유배를 갈 때 동행했다. 유
배는 야코포 산나차로의 작품 제작에서 명확한 분수령이 되었다. 프랑스에서 고대 **프랑스 유배**

후기 희귀한 작가들의 진귀한 필사본 연구에 몰두했고, 나폴리에 돌아온 후에는 죽을 때까지 25년 동안 고전주의와 그리스도교 사이의 조화로운 통합을 말한 라틴어 걸작 『성모 마리아의 출산에 관하여』(1526)의 초고를 다듬었다. 또한 라틴어로 쓴 『서정시집Elegiae』, 『경구집Epigrammi』을 지속적으로 교정했고, 잘 알려진 다섯 권의 『어부 전원시』도 계속 수정을 했는데, 이 작품을 통해 전원시의 배경을 아르카디아에서 나폴리 만으로 바꾸었다. 그는 노년에 위로를 해 주었던 귀족 카산드라 마르케제(15-16세기)의 나폴리 저택에서 1530년에 사망했고, 산타 마리아 델 파르토 교회에 안치되었다. 산나차로는 이 작은 교회를 메르젤리나에 짓도록 했는데, 불멸의 영광을 기대한 라틴어 시를 영원히 기억하기 위해서였다.

『아르카디아』

사실 야코포 산나차로가 세계 문학에 명성을 알린 작품은 『아르카디아』로, 프롤로그와 12편의 산문, 12편의 애가 및 『목동의 피리A la sampogna』를 언급한 결구結句로 구성되었다. 『목동의 피리』는 속어로 쓴 산문과 시를 묶은 작품으로, 단테(1265-1321)의 『새로운 삶』과 특히 보카치오(1313-1375)의 『아메토 요정 이야기Ameto』에서 영향을 받았다. 『아르카디아』는 유산으로 받은 전원시 기준을 산문 형식에 접목하여 서구 문학에 전파한 것이 업적이다. 그리하여 18세기 서구 문학을 아르카디아 학파로 명명하게 된 것이다. 이 작품의 편집은 두 시기로 나눌 수 있다. 1480년대 중반 산나차로는 프란체스코 아르초키Francesco Arzocchi(14-15세기)와 필레니오 갈로(?-1503)의 전원시처럼 시에나에서 쓴 전원시가 성공을 거두자 집필해 둔 무운시 몇 편을 모았다. 거기에 다른 전원시를 합해 10편을 모았고, 앞에는 프롤로그, 중간에는 동일한 수의 산문을 삽입하여 초고인 『아르카디오라는 제목의 목가서Libro pastorale nominato Arcadio』를 만들었다. 이윽고 1496년 무렵 에필로그뿐 아니라 전원시와 두 편의 산문을 집필했고, 작품을 언어학에 맞춰 교정을 보았다. 방언 형식과 라틴어를 토스카나 언어로 대체한 덕분에 이 작품은 16세기에 처음으로in primis 피에트로 벰보(1470-1547)의 호평을 받았다. 1501년에 산나차로가 프랑스에 있는 동안 저자의 승인 없이 오류투성이의 『아르카디아』 판본이 나왔다. 한편 1504년에는 아직 나폴리에 돌아오지도 않았지만 친구인 피에트로 숨몬테(1453-1526)가 시지스몬도 마이어Sigismondo Mayr(?-1516)의 인쇄소에서 최종판 감수를 맡았기 때문에 출판을 허락했다. 이 작품의 상당 부분이 이 인쇄소에서 나왔다.

줄거리는 단순하지만, 장르 자체가 요구하는 문학적, 정치적 함의는 매우 복잡하다. 그리스의 아르카디아는 목동과 목동의 노래, 목가적 삶을 의미하는 신화적인 고향인데, 나폴리 출신의 목동 신체로Sincero가 이곳에 도망을 왔으며 목동들과 함께 연대하면서 불행한 사랑을 위로받는다. 이 소설에 등장하는 전원시는 최고의 전원시 전통에 따라 부르는 노래와 일치하지만, 탁월한 문장력을 보여 주는 1부의 산문은 전원생활을 위한 배경을 만들어 낸다. 산문 구조에서 서술의 전환을 보여 주는 **단순한 줄거리** VII번 산문을 보면 전원시 규칙에 따라 작가와 주인공의 동일시가 명확히 나타나므로 목가적 우화의 이면에 인물과 장소, 저자가 처한 현실적 상황이 숨어 있다. 이 순간부터 향수병에 걸려 아르카디아를 떠나기를 바라는 신체로가 등장한다. 그는 보다 고귀한 장르인 시를 통해 영원한 명성을 얻고자 겸손하게 시를 쓴다. 불길한 사건을 예고하는 꿈을 꾸고 난 후 마지막 산문에서 신체로는 기적처럼 지하세계 여행을 완수하여 인문주의가 발전한 나폴리에 다시 나타난다. 그곳에 가 보니 자신의 아내 필리를 위해 폰나토 작품의 등장인물이었던 멜리세오의 애도곡이 울려 퍼진다(전원시 XII). 불안정한 분위기에서 이야기는 모든 인간의 본질적인 두 가지 핵심, 즉 꿈을 향한 긴장감과 현실의 수용을 이야기하고 있다. 뒷부분의 『목동의 피리』는 목가적 삶의 경험을 뛰어넘고 싶은 시인의 의도가 명백히 드러난다. 전원시 장르와 시인으로서의 소명, 시의 운명에 대해 비판적인 성찰을 하는 동안 목가 소설의 주요 주제 중 하나가 인식되는데, 그것은 15세기 말 전환기를 맞은 나폴리 문화와 정치에 대한 인식과 결부되어 있다.

끊임없이 작품을 수정함으로써 문체가 조화로운 서정적인 소설 형식이 만들어졌다. 서정적인 산문에서 운율이 있는 병렬적, 근대 문장론이 우세하게 나타나는데, 마리아 코르티Maria Corti (1915-2002)는 이 작품의 문장을 '파도가 치는 듯한 움직임'이라고 정의한 바 있다. 또한 전원시 장르의 특징인 다중 운율(뒤에서 세 번째 모음에 악센트가 있는 단어가 나오는 3행시 혹은 중간운이 있는 11음절 시)뿐만 아니라 페트라르카를 모델 삼아 칸초네와 6행시의 서정적인 영향도 만나게 된다. 『아르카디아』를 목 **참고 작품** 가 문학 장르의 대전summa으로 만들어 준 참고 작품들은 테오크리토스Theokritos(기원전 310-기원전 250), 베르길리우스(기원전 70-기원전 19), 칼푸르니우스(1세기), 네메시아누스Nemesianus(?-약 283) 같은 고대 혹은 고대 후기 전원시 작가들의 작품들뿐이 아니다. 여기에 다른 어떤 작품들보다도 오비디우스(기원전 43-17/18)의 『변신 이야기』, 아풀레이우스(약 125-약 180)의 작품들, 플리니우스(23/24-79)의 『박물지』, 근대 작품들 중에는 페트라르카(1304-1374)의 『목가시Bucolicum carmen』, 보카치오의 '소품들', 15세기 토스카나 지방의 전원시 작품 등이 추가되어야 한다.

유럽에서의 성공

『아르카디아』는 나폴리 출신의 시인 예나로의 피에트로 야코포(1436-1510)의 『파스토랄레』와 서로 영향을 주고받았다. 이 작품은 15편의 전원시와 1482년에 쓰기 시작한 산문 한 편을 모아 놓은 것으로 1508년에 출판되었다. 16세기에 나온 전원 관련 작품도 대부분 산나차로의 영향을 받은 것이다. 토르콰토 타소Torquato Tasso(1544-1595)의 『아민타Aminta』(1573)를 비롯하여 조반 바티스타 과리니Giovan Battista Guarini(1538-1612)의 『충직한 양치기Pastor Fido』(1589)에 이르는 전원극의 번성을 생각해 보는 것으로 충분하다. 작품의 성공은 국경을 뛰어넘어 수많은 문학가들에게 영향을 주었는데, 특히 에스파냐, 프랑스, 영국에 영향을 주었다. 16세기에 가서야 몬테마요르의 호르헤Jorge de Montemayor의 『디아나의 사랑Diana Enamorada』 (1542), 레미 벨로Rémy Belleau의 『양떼들Bergerie』(1565), 에드먼드 스펜서Edmund Spenser의 『목동의 달력The Shepheardes Calender』(1579), 세르반테스Cervantes의 『갈라테아Galatea』(1585), 필립 시드니Phlip Sidney의 『아르카디아』(1590), 그리고 놀라운 성공을 거둔 오노레 뒤르페Honoré d'Urfé의 『아스트라이아Astrea』(1632-1633년에 완벽한 형태의 유작으로 출판되었다)에 이르는 많은 목가 소설들이 나왔다.

소네트와 칸초네

『아르카디아』와 더불어 사랑의 모험뿐만 아니라 특히 시적 모험을 감행했다면, 이후 1490년대부터 쓰기 시작한 시는 산나차로가 서정적인 작품으로 이동했음을 보여 준다. 이 시들은 1530년에 『소네트와 칸초네Sonetti e canzoni』라는 제목의 유작으로 출판되었다. 운율이 다양한 101편의 작품(소네트, 칸초네, 6행시, 마드리갈)이 수록된 이 작품은 2부로 구성되어 있으며, 각 부 말미에 초판본princeps 감수자가 넣었겠지만 3운구법terza rima의 해학 3행시 세 편이 추가되었다. 카를로 디오니소티(1908-1998)에 따르면, 시간의 순서에 따라 작품을 배치하지도 않았고, 산나차로가 시집에 부여했을 구조를 반영하지도 않았다. 카산드라 마르케제에게 쓴 편지 형식의 헌사 다음에 나오는 2부에는 1부보다 더 많은 작품을 수록했는데, 더욱 치밀한 시집을 만들어 내고 있다. 2부에서는 이제는 옛날이 되어버린 감정과 관련된 모티프가 주로 나타난다. 1, 2부 모두 정교한 형식을 보여 주며, 규격화된 단일 언어를 사용하려는 경향이 있다. 또한 16세기에 이 작품이 성공을 거두었음을 증명해 주고 있다.

| 다음을 참고하라 |
문학과 연극 폰타노와 아라곤 치하의 나폴리의 인문주의(518쪽)

종교 문학의 형식

LETTERATURA E TEATRO

인문주의자들의 종교

| 안드레아 세베리 |

인문주의자들은 적어도 이론적으로는 고전 작품에서 얻은 지식과 성서의 진실 간의
화합을 찾았으며, 때로는 과감하게 추진한 제설혼합주의를 해결책으로 제시했다.
그들의 종교는 매우 사적이고 내면적인 것이며, 극히 제한된 범위의 친구들과 신앙을
공유했다. '이교 신앙'이라는 비난을 극복하기 위해 때로는 공식적인 종교 찬양을
거부했다. 15세기가 끝날 무렵 '그리스도교인 베르길리우스'란 이름으로 개명한
바티스타 스파뇰리 만토바노 덕분에 그리스도교 라틴어 시가 승승장구했다.

말이라는 기호를 통한 종교적 모험

인문주의자들은 신앙의 규칙과 의식儀式보다는 윤리적 태도에 더 집중하는 종교를
선호했다. 그들의 신앙은 신학적이기보다는 철학적이고, 엘리트주의적이고, 내면
적이었다. 이런 측면에 대해 로렌초 발라(1405-1457)는 편견을 갖지 않았다. 대화
록 『쾌락론』(이후 제목은 『참된 선과 거짓된 선』)은 에피쿠로스 학파의 쾌락과 그리스
도교의 사후 세계 전망 간의 화합을 과감하게 시도했다. 이 논문의 앞의 두 장에서
인간을 움직이는 것은 스토아 학파의 덕성이 아니라 유용함에 대한 탐구라고 주장
한 이후, 3장에서는 쾌락의 원칙을 초월적인 의미에서 논하면서 진정한 그리스도교

발라의 『쾌락론』

인에게 천국의 기쁨을 예시하고 있다. 시인이자 직업군인이었던 미켈레 마룰로 타르카니오타Michele Marullo Tarcaniota(1453-1500)도 루크레티우스(기원전 약 99-기원전 55/54)의 에피쿠로스 철학에 심취했다. 전설에 따르면, 그는 자루에 『사물의 본성』을 넣고 체치나 강을 건너다가 죽었다고 한다. 그의 『자연 예찬』은 루크레티우스의 자연주의와 신플라톤주의의 영성靈性을 동시에 결합하고 있다.

인류학적 확신의 우세한 태도로 인해 전에는 추상적이었던 원칙을 인간적인 차원으로 접근하려는 경향이 생기면서 모순적인 사고가 다소 명확하게 나타났다. 레온 바티스타 알베르티(1406-1472)는 『가족에 관한 책』에서 하느님을 자연에 자주 비교했다. 보다 명확하고 더 잘 확인할 수 있는 자연의 존재를 느꼈기 때문이다. 그러나 라틴어로 쓴 『종교Religio』라는 제목의 유명한 대화록에서 두 대담자 중 한 명인 리브리페타Libripeta는 오직 인간만이 성공과 패배를 만든다는 세속적인 세계관으로 여러 신들에게 기도를 하는 것이 어리석다고 주장했다. _{자연에 대한 믿음}

로마 아카데미아를 대표하는 학자들은 이교도적인 관습과 그리스도교에 대한 믿음의 부족으로 반종교적이라는 의혹을 얻었다. 1460년대에 발라의 제자였던 율리우스 폼포니우스 라에투스(1428-1497)가 설립한 로마 아카데미아에서는 칼리마코 에스페리엔테라는 이름으로 유명한 필리포 부오나코르시(1437-1496), 플라티나라고 불린 바르톨로미오 사키(1421-1481)와 같은 저명한 인문주의자들이 활동했다. 이슬람 제국의 메흐메트 2세(1432-1481)를 지지하여 공화국을 건설하기 위해 바티칸에 대항해 음모를 꾸몄다고 고발당한 그들은 1468년 바오로 2세(1417-1471, 1464년부터 교황)에 의해 투옥되었고, 카스텔 산탄젤로 감옥에서 수개월 동안 문학 논쟁을 계속했으며, 고대 지식에 대한 자신들의 열정을 옹호했다. _{바티칸의 비난}

베네토 지방의 귀족이자 문헌학자였던 에르몰라오 바르바로(약 1453-1493)의 "나는 두 명의 주인을 알고 있소. 그리스도와 문학이오"라는 문장이 증명하듯이 몇몇 인문주의자들은 문학을 종교와 똑같이 진정으로 찬양했다. 그러나 로렌초 발라는 라틴어가 '성사'나 다름없었기에 성경의 말과 씨름하는 것이 순수한 종교적 경험을 위한 유일한 방법이라고 했다. 그리하여 발라는 신약 성경을 그리스어에서 라틴어로 번역했으며, 수백 년 전부터 성 히에로니무스(약 347- 약 420)의 『불가타 성서』의 신성함에 해를 끼친 오류들을 수정했다. 데시데리위스 에라스뮈스(약 1466-1536)가 16세기 초 플랑드르 지방의 한 수도원에서 발라의 '주석'이 달린 필사본을 발견했으며, 그는 근 _{로렌초 발라와 라틴어의 신성함}

대적인 성경 문헌학과 성경의 전통과 해석을 연구하는 규범의 길을 열었다.

여러 진리의 화합 가능성을 찾아서

1458년에 인문주의자 에네아 실비오 피콜로미니(1405-1464, 1458년부터 교황)가 교황이 될 무렵 베르길리우스의 작품에 나오는 영웅인 '비오', 환칭해서 아이네아스에게 경의를 표하기 위해 그는 비오를 이름으로 선택했다. 인문주의 연구자 톰마소 파렌투첼리(1397-1455, 1447년부터 교황)가 니콜라오 5세라는 이름으로 교황에 선출된 다음, 15세기에 비오 2세의 선출은 인문주의 운동의 최고봉을 보여 주었다. 사실 인문주의자들은 고대 시인과 철학자의 지식을 그리스도교 진리와 화합시키는 것을 주로 고민했다. 이교도의 덕성, 지상의 가치, 그리스도교의 교리 사이에서 지식인의 윤리적 측면을 강하게 공격하는 논쟁이 발전했다. 이때 지식인들은 서로 갈등하기보다는 겉으로 보기에도 화합할 수 없는 입장의 혼합에 관심을 두었다.

조반니 보카치오(1313-1375)를 추종했던 콜루초 살루타티(1331-1406)는 이미 시적인 '이야기'를 옹호했으며, 비유적 표현을 통해 성서와 철학이 전달하는 진리와 동일한 진리를 시적인 이야기가 전달할 수 있다고 주장했다.

『카말돌리 논쟁』(1472-1473) 마지막 두 권에서 크리스토포로 란디노(1424-1498)는 철학자로서 『아이네이스』를 영혼의 여행으로 읽었으며, 그 속에서 제시된 우의적 의미를 발견했다. 그의 해석은 특히 친구인 마르실리오 피치노(1433-1499) 덕분에 당시 피렌체에서 지배적이었던 관념론에 대한 관심을 따르고 있었다. 피치노는 매우 유명한 작품 중 하나인 『영혼 불멸성에 관한 플라톤의 신학』(1482)에서 플라톤 사상, 토마스 아퀴나스(1221-1274)의 철학, 그리스도교의 철학적 종합을 시도했다.

인문주의자들은 교회의 신학을 대신할 신학을 발전시키지는 못했지만, 토마스 아퀴나스가 제시한 가치에 비해 신앙의 영역에서 어느 정도 사상의 자율성을 누렸다. 청년 피코 델라 미란돌라(1463-1494)가 1487년 로마에서 교황 인노첸시오 8세(1432-1492, 1484년부터 교황)와 모든 추기경단 앞에서 논쟁을 제안한 900편의 철학-종교 논문은 파문을 불러일으켰다. 이 논문들을 통해 피코는 고대 이집트 사제에서 피타고라스 학파에 이르기까지, 유대교의 신비 철학에서 중세 아랍 철학자 아베로에스(1126-1198), 더 나아가 그리스도교 사상가에 이르기까지 다양한 문명을 통해 당시에 발전된 주요한 지식의 위대한 종합을 시도했다. 피코의 연구는 공동의 진리

니콜라오 5세의 선출

『아이네이스』의 알레고리

에 도달하기 위한 다양한 방법을 수용하도록 했다. 그러나 그의 논문 몇 편은 이단으로 선고되었고, 피코는 프랑스로 피신해야 했다.

그리스도교 시詩의 시도와 성공

'공식적인' 종교에 특히 헌신한 인문주의자들은 고전 시의 형식에 그리스도교 내용을 담으려고 했다. 성 아우구스티누스 수도회 수도사이며 로디 출신인 마페오 베지오(1407-1458)는 호메로스와 베르길리우스의 영웅을 라틴어 시로 즐겨 노래했으며, 말년에는 서사시로 그리스도교 성인전 『안토니아스』(1437)를 집필했다. 이 작품은 베르길리우스의 기교와 언어에서 영향을 받아 성 안토니우스의 생애를 기술했으며, 이후 광범위하게 실행한 장르의 첫 번째 본보기가 되었다.

그러나 피렌체 출신의 우골리노 베리노(1438-1516)는 길이가 짧아 소품으로 생각되는 장르에 신성한 소재를 끼워 넣었다. 7권으로 구성된 『경구집』은 주로 종교적인 주제를 다루고 있다. 1494년부터 1498년까지 피렌체를 통치했던 지롤라모 사보나 고전시형식롤라(1452-1498)의 소송을 열렬히 지지했던 베리노는 「그리스도교와 수도사의 행복에 관하여Carmen de christiana religione ac vitae monasticae felicitate」라는 시를 사보나롤라에게 헌정했다. 이 시는 동시에 종교와 시에 대한 그의 신념을 옹호한 것이었다.

그러나 이 분야에서 명백한 일인자는 카르멜회 수사이자 시인이며, 만토바노라고 불린 바티스타 스파뇰리(1447-1516)였으며, 그는 고대의 수많은 시 형식을 빌려 그리스도교를 표현했다. 그의 매우 광범위한 작품 중 10편의 전원시를 수록한 『청춘Adolescentia』(1498)이 특히 중요하다. 작품에서 모범이 되는 정신의 여정을 보여 주기 위해 만토바노는 그리스도교를 이야기하는 독특한 도구로 고전 작품의 전형적인 장르를 사용했다. 만토바노를 '그리스도교인 베르길리우스'라고 한 에라스뮈스의 열 만토바노의『청춘』렬한 평가에 힘입어 이 작품은 이내 베스트셀러가 되었고, 유럽 전역의 학교에서 필독서로 지정되었다. 마틴 루터(1483-1546)가 다음과 같이 말한 덕분에 이 책이 라틴어 연구의 입문서로 사용되었음을 알 수 있다. "나는 만토바노를 먼저 읽은 다음 오비디우스와 베르길리우스를 만났다." 16세기 말 윌리엄 셰익스피어(1564-1616)도 어느 희곡에서 학생들을 정말 괴롭혔던 작가라며 그를 언급했다. 만토바노는 그리스도교 인문주의의 유토피아를 실현했으며, 『성모 마리아의 출산에 관하여』를 쓴 야코포 산나차로(1455-1530), 그리스도의 생애를 시로 쓴(「크리스티아스Christias」, 1527) 마르코 지롤라모 비다Marco Girolamo Vida(1485-1566)와 같은 16세기 초 그리스도교를 대표하는 이탈리아 작가들보다는 유럽 르네상스의 위대한 작가들에게 영향을 주었다.

| 다음을 참고하라 |
역사 종교적 불안(239쪽)
철학 쿠사누스, 박학한 무지와 무한의 철학(323쪽); 피코 델라 미란돌라: 철학, 카발라 그리고 '보편적 합의' 계획(360쪽)
문학과 연극 설교(582쪽); 종교시: 찬가(587쪽)
시각예술 예술가의 새로운 형상(711쪽)

설교

| 실비아 세르벤티Silvia Serventi |

15세기는 인문주의와 고전 문헌 발견의 시기이지만 무엇보다 교부들의 저작 또한 재발견한 시기임을 잊지 말아야 할 것이다. 초기에는 탁발 수도회가 주도했지만, 이 시기에 여러 교단들이 오세르반차라는 이름으로 알려진 대개혁 운동을 이끌었다. 오세르반차 운동의 주역은 프란체스코 수도회의 시에나의 베르나르디노와 도미니쿠스 수도회의 지롤라모 사보나롤라였다.

그리스도교 인문주의

특히 이탈리아에서 15세기는 인문주의와 고전의 재발견의 시기였지만, 초기부터 이와 같은 관심은 이교도 사상과 그리스도교 사상의 화해 불가능성에 대한 논쟁을 촉발했다. 유명한 인문주의자 콜루초 살루타티(1331-1406)와 추기경 조반니 도미니치(약 1357-1419)가 연루된 논쟁처럼 말이다. 한편으로는 키케로(기원전 106-기원전 43)와 세네카(기원전 4-65)를 추종했고 다른 한편으로는 성 아우구스티누스(354-430)를 추종했던 '전前인문주의자' 프란체스코 페트라르카(1304-1374)에서 볼 수 있듯이 이교도 작가들에 대한 연구가 처음부터 위대한 그리스도교 작가 및 성경에 대한 연구와 결코 분리된 것이 아니었다. 토마스 아퀴나스(1221-1274)와 알베르투스 마그누스(약 1200-1280) 같은 13세기 위대한 학자들은 동방과 서방 교회의 교부들

교부들에 대한 관심

에게 관심이 많았으며, 이들의 원전을 백과사전이나 선집을 통해 읽는 간단한 방법을 택하지 않고 원전 그대로 읽었다. 그리고 설교가이기도 한 새로운 지식인이 탄생했다. 인문주의자는 신학자이기도 했으니 세속의 학자들이 설교집 집필에 몰두했다고 해서 놀랄 일은 아니었다. 특히 철학자이자 사제였던 마르실리오 피치노(1433-1499)와 같은 피렌체 동방박사회 소속의 인문주의자들뿐만 아니라 조반니 네시Giovanni Nesi(1456-1506), 니콜로 마키아벨리Niccolò Machiavelli(1469-1527), 필리포 카르두치Filippo Carducci(15세기)와 같은 세속인들도 그런 경우였다. 이들은 개인적인 종교 생활에 활발히 참여함으로써 플랑드르에서 시작된 영적 심화 운동인 새 신심 운동devotio moderna에 영향을 주었다. 토마스 아 켐피스(약 1380-1471)가 유명한 저서인 『그리스도를 본받아』에서 주장한 대로 그리스도를 모방하는 삶을 찬양하고 성경을 개인이 직접 읽는 것을 강조했다.

오세르반차 운동

그밖에 15세기에는 주요 교단들이 연루된 광범위한 개혁 운동이 일어났는데, 특히 오세르반차Osservanza라는 이름으로 알려진 탁발 수도회의 활동이 두드러졌다. 프란체스코의 작은 형제회에서는 사르테아노의 알베르토Alberto da Sarteano(1385-1450), 시에나의 베르나르디노 델리 알비체스키Bernardino degli Albizzeschi da Siena(1380-1444), 카피스트라노의 요한(1358-1456), 마르케의 야고보(1393-1476)가 이 운동을 전파했던 반면, 도미니쿠스 수도회에서는 페라라 태생의 지롤라모 사보나롤라(1452-1498)의 활동이 중요하다. 이들은 더구나 위대한 순회 설교가들이었으며, 여러 형제회와 교단들은 이들의 활동을 두고 논쟁을 벌였다. 이들의 설교를 들은 청중들은 성 베르나르디노의 경우처럼 고유한 강의록reportationes에서든 설교와 신앙 활동이 나란히 수록된 잡기록에서든 말씀을 포착하려고 노력했다. 그렇게 해서 세속에서 제작한 **강의록과 잡기록** 교리문답 형식의 종교 문학이 탄생했으며, 여기에서는 그리스도교인의 생활 규칙이 가격을 정한 종교religion tarifée 혹은 '계산 가능한 영적 생활'이라고 말할 정도로 공리주의적이고 상업적인 용어로 해석되는 경우가 많았다. 청중들이 기록한 속어 강의록reportationes 외에 성 베르나르디노의 경우 주기적으로 반복되는 설교 때문에 사순절을 위한 『그리스도교에 관하여』(1429-1436)와 『영원한 복음에 관하여De Evangelio aeterno』(1436-1440)처럼 본인이 직접 작성한 라틴어 설교집이 있었다. 이 두 권의 증거 자료는 특히 중요한데, 청중들과 설교자 사이에 단절이 있음을 이해할 수 있기 때문이다. 베르나르디노의 설교와 15세기 일반적인 설교의 중심 주제는 고리대금, 사회 평화, 그리고 성생활에 대한 특별한 관심과 더불어 결혼 윤리에 관한 것이었다. 수사들 덕분에 설립된 15세기 중반의 몬테 디 피에타 재단('자비를 베푸는 곳'이라는 의미를 가진 자선 대출 전당포*)을 생각해 보면, 수사들이 주도하는 활동이 유용하지 않은 것은 아니었다.

성 베르나르디노의 경우

베르나르디노는 청중을 설득하기 위해 연극 기법과 대중에게 자주 제시하는 예수의 이름표와 설교 용어로 '허영'을 의미하는 불기둥 같은 구체적인 요소를 이용했다. 청중의 구체적인 경험과 수공예 활동들을 자주 언급했고, 수준 높은 주제를 이야기할 때는 현실이나 우의적 이미지를 떠올리도록 하면서 청중이 자신의 가르침을 쉽게 습득하고 기억하도록 도왔다. 15세기 초반에는 이처럼 유명한 설교가들이 설교 행사에서 풍자적 희곡의 잠재력을 최대한 끌어올리고자 했다면, 15세기 후반에는 교리문답을 통한 교육 효과를 높여 당시에 가장 유명했던 설교가들의 라틴어 설교집 출판이 우세했다. 이런 작품들에서는 전례와 관련이 없는 윤리적 주제를 논하기 위해 중세의 복잡한 설교 구조를 단순화했다. 사보나롤라의 설교가 이런 방향으로 진

윤리적 주제

행되었으며, 정치적 의무와 예언이 강하게 나타나는 것이 특징이었다. 특히 1494년부터 사보나롤라는 메디치 가문이 도망을 친 뒤 정치적, 사회적으로 어려운 상황에 처한 피렌체에서 기준점을 세웠다. 무엇보다 학개, 시편, 욥기 같은 성경에 관한 모임과 더불어 국가 개혁을 촉구했고, 합법적인 원칙을 토대로 국가를 세워야 한다고 주장했다. 사보나롤라의 설교는 매우 특이하게도 묵시록적이고 예언적인 화법을 특징으로 하며, 그에게도 몇몇 청중들의 작업은 중요했다. 그중 가장 유명한 사람이 피렌체 출신의 공증인이자 속기사이며, 보다 중요한 설교집을 출판한 로렌초 비올리 Lorenzo Violi(1464-?)였다.

'영적인 어머니'

설교 강의록과 서신을 통한 영적인 지도를 통해 교단에 속한 여성 지부도 이내 오세르반차 운동에 참여했다. 독일 베네딕투스 수도회의 여성 학자와 더불어 12세기에 시작된 '영적인 어머니' 전통이 계속되었고, 이탈리아는 14세기에 폴리뇨의 안젤라 Angela da Foligno(약 1248-1309)와 시에나의 가타리나 Caterina da Siena(1347-1380)와 더불어 이 전통을 계승했는데, 이제는 볼로냐의 성 카테리나(카테리나 비그리 Caterina Vigri, 1413-1463) 혹은 톰마시나 피에스키 Tommasina Fieschi(약 1448-1534)와 같은 더 많

은 수녀들과 파라디소의 도메니카 나르두치Domenica Narducci da Paradiso(1473-1553) 같은 제3회 수녀들도 동참했다.

볼로냐의 카테리나의 설교는 간접적인 증거만을 확보할 수 있었지만 다른 두 수녀들인 톰마시나와 도메니카 나르두치의 경우는 몇 권의 책이 전해지고 있는데, 이 책들을 통해 그들이 도미니쿠스회 소속 수녀들의 종교적 경험의 두 측면을 나타내는 방식을 알 수 있다. 세속과 격리된 생활을 했던 톰마시나 피에스키는 새로운 설교 sermo modernus 기술을 수도원식 전통인 거룩한 독서lectio divina와 결합했지만, 사보나롤라의 추종자 도메니카 나르두치는 화가의 그림과 당시 성극聖劇의 효과를 느낄 수 있는 환영을 이용한 설교를 했다. 무엇보다도 도미니쿠스 수도회에 소속된 이 두 설교가의 설교에서는 성서가 중심 역할을 하는 반면, 성 카테리나가 사망하기 전 성목요일에 했던 설교는 영혼의 고귀함을 말하기 위해 야코포네의 찬가 첫 구절incipit에서 실마리를 얻었다. 이와 같은 차이점도 있지만, 여성 설교의 더 큰 특징은 청중의 유형에 있었다. 대부분의 경우에 여성 설교는 수도원 내에서 이루어졌으며 동료 수녀들의 교육이 목적이었고, 예외적인 경우에만 밖에서 이루어졌다.

연극적 요소를 결합한 통합 설교

비첸차의 조반니Giovanni da Vicenza(약 1200-약 1260)를 비롯하여 중세 후기 라틴어 표현이 혼합된 설교 전통에 뿌리를 두고 있긴 하지만, 15세기 특유의 '통합' 설교는 주목할 가치가 있다. 살림베네Salimbene 수사(1221-1288)가 『연대기Cronica』에서 언급한 바 있는 비첸차의 조반니는 자신만의 언어를 발전시켰다. 이와 같은 표현주의적 설교에 뛰어난 인물이 도미니쿠스 수도회의 가브리엘레 바를레타Gabriele Barletta(?-1480년 이후)와 프란체스코 수도회의 펠트레의 베르나르디도Bernardino da Feltre(1439-1494)였던 반면, 시에나의 베르나르디노, 마르케의 야고보 혹은 레체의 로베르토 카라촐로Roberto Caracciolo da Lecce(약 1425-1494)와 같은 다른 설교가들에게는 조잡한 라틴어latinus grossus로 쓴 강의록reportationes은 속기사들이 기록한 것이라 설교자의 의식적인 선택은 아니었다.

베르나르디노 양식을 모방한 가장 유명한 인물인 카라촐로의 설교의 특징이기도 했지만, 이 시기의 위대한 순회 설교자들 대부분은 일반적으로 '연극적 요소를 결합한 설교'를 진행했다. 설교하는 동안 성경의 일화를 극적으로 표현하기 위해 자신의 목소리를 바꾸기도 했다. 이와 같은 방법과 밀접한 관련이 있는 것이 안토니노 피에로치Antonino Pierozzi(1389-1459, 1426년부터 피렌체 대주교)를 통해 급격히 발전한 피렌체 성극이었으며, 이것은 진정한 연극 형식의 설교가 되었을 정도다.

유럽의 상황

유럽에서 가장 두드러진 인물들은 도미니쿠스 수도회의 빈첸시오 페레리오(1350-1419)와 파리 대학 총장이자 신학자인 장 제르송(1363-1429)이었다. 페레리오는 가장 유명한 순회 설교자들 중 한 명이었고, 중요한 정치 활동을 했던 에스파냐를 비롯하여 프랑스, 이탈리아, 스위스, 네덜란드와 같은 여러 나라에서 활동했다. 비록 몇 개의 설교는 이후에 라틴어로 번역되기도 했지만, 그는 자기 고향 발렌시아의 언어로 설교를 했다. 이런 이유로 청중이 그의 언어를 이해하지 못했기 때문에 설교를 할 때 연극적인 공연performance을 하면서 목소리와 행동을 맞출 수 있는 능력을 가지는 것이 중요했다. 위에서 언급한 다른 위대한 이탈리아 설교자들처럼 그의 설교도 강의록reportationes 형태로 청중들이 모아두었다. 그의 경우는 발렌시아의 산토 도밍고 수도원 제단화에서 놀라운 증거를 찾을 수 있다. 현재 그 제단화는 발렌시아의 베야스 아르테스 미술관Museo de Belias Artes에 소장되어 있다. 그림에서 페레리오는 교회에서 설교를 하고 있고, 그의 발치에 속기사 두 명이 있는데, 당시 차례로 글을 썼던 관습에 따라 한 사람은 쉬고, 한 사람은 글씨를 쓰고 있다. 그와 거의 동시대 사람인 제르송의 활동은 매우 달랐다. 사실 제르송은 대중 설교자였지만, 영적인 지도자의 특성이 강했다. 그도 그럴 것이 영적 분별력discretio spirituum에 대한 그의 글은 소위 말하는 '성자의 학문'을 토대로 했으며, 이것은 16세기와 17세기 사이에 충분히 발전했다.

페레리오와 제르송

트렌토 공의회 이전의 설교의 특성

15세기 설교는 중세 설교와 인문주의 웅변술의 두 극단 사이를 오가며 발전했지만, 성스러운 웅변의 새로운 모델을 만들어 내지는 못했으며, 이 모델은 16세기에만 잠깐 존재했다. 사실 15세기의 위대한 설교자들은 중세의 설교를 수정하는 것에 그치면서 설교를 보다 단순하고 대중적으로 만들었으며, 자신의 웅변과 인문주의적인 새로운 웅변술 사이의 관계를 이론적으로 심화하려는 노력은 하지 않았다. 특히

15세기 후반에는 혼합된 경우가 있었는데, 이 경우에는 주로 고전 작가들을 인용하는 인문주의적 방식이 주제 중심의 설교에 구조적으로 영향을 주었다. 고전 작가들이 인문주의적 취향의 성스러운 웅변술과 나란히 서게 된 것인데, 이 설교는 교황 면전coram Papam의 교황궁 소성당과 형제회에서 혹은 콘스탄츠와 바젤 공의회에서 이루어졌다.

| 다음을 참고하라 |
문학과 연극 인문주의자들의 종교(578쪽)

종교시: 찬가

| 스테파노 크레모니니Stefano Cremonini |

15세기에도 찬가의 전통은 계속되었고, 성극과 더불어 종교인들과 세속인들의 열렬한 신앙심을 더욱 생생하게 표현하는 방법 중 하나가 되었다. 전해지는 많은 찬가들의 증거를 보면, 세속 형제애 단체들이나 수도원과 수녀원에서도 찬가를 읽고 노래했다. 13-14세기 찬가에서 이미 나왔던 주제, 즉 인류 구원을 위한 그리스도의 수난, 그리스도교로의 개종 권유, 성모 마리아와 성자들에 대한 찬양을 동일하게 발견할 수 있다.

15세기 찬가의 확산

중세 후기는 민중 신앙이 집단적으로 표현된 시기였다. 백의 순례자Bianchi의 위대한 속죄 운동과 더불어 14세기가 마감되었다. 이때 흰색 옷을 입은 수천 명의 남녀가 십자가상을 따르며 전 세계 평화를 염원하면서 여러 도시를 순회했다. 회개한 자들은 찬가도 불렀는데, 그중 가장 유명한 찬가가 〈자비를 주소서, 영원의 하느님 Misericordia, eterno Dio〉이었다. 찬가에서는 회개의 필요성, 겸손함 권유, 성모 마리아의 강력한 중재 등이 주제가 되었다. 세속 형재애 단체들의 정기적인 모임에서 계속 불렀던 이와 같은 집단적인 찬가와 더불어 사적인 차원으로 찬가를 수용한 경우도

백의 순례자 행렬

있었는데, 특히 여성들이 관심을 보였다. 도미니쿠스 수도회의 조반니 도미니치(약 1357-1419)와 같은 형제회 회원인 안토니노 피에로치(1389-1459, 1446년부터 피렌체 대주교)는 그들의 영적인 딸들에게 하느님을 향해 '기도, 찬송, 찬미'를 올리거나 '찬가 몇 곡을 낮은 소리로' 부를 것을 부탁했다.

찬가 제작의 주요 중심지는 15세기 초반에는 베네치아였고, 15세기 중반부터는 피렌체였다.

레오나르도 주스티니안과 이탈리아 북부의 찬가

15세기 초반 주요 찬가의 작사가는 베네치아 귀족 레오나르도 주스티니안 Leonardo Giustinian(약 1388-1446)이었으며, 그는 1451년에 베네치아 공화국 최초의 대주교가 된 로렌초(1381-약 1456)의 동생이었다. 구아리노 구아리니Guarino Guarini(1374-1460)의 제자였던 레오나르도는 중요한 인문주의자였지만, 무엇보다도 그의 명성은 세속적 내용이든 신성한 내용이든 속어로 쓴 시(민간에서 유행한 '주스니티안 노래'라 불린 속요)와 관련이 있었다. 1474년에 초판본editio princeps이 나온 영
불확실한 원저자적인 찬가에서 주스티니안은 작사와 작곡을 했다. 곧 많은 사람들이 그의 문체를 따라 했는데, 많은 찬가들 중에서 그의 작품인지 아니면 유능한 모방자의 작품인지 말하기 어려운 것도 있다. 그의 작품이라 확실히 말할 수 있는 찬가는 〈오, 감미로운 예수님, 오 끝없는 사랑O Iesù dolce, o infinito amor〉, 〈모두 예수님 앞으로 오라Veniti tuti al fonte di Iesù〉, 〈성령 사랑Spirito Sancto amore〉, 〈그분을 만드시고 당신을 만드신 성모님 Madre che festi colui che te fece〉 등이다. 가장 많이 알려진 찬가인 〈내게 온 사랑L'amore a mi venendo〉도 주스티니안의 작품이다. 몇몇 찬가집에서는 토디의 자코포네Jacopone da Todi(1230/1236-1306)와 시에나의 비앙코Bianco da Siena(약 1350-약 1410)의 작품이라 말하고 있지만 말이다.

15세기 포 강 유역에서 활동하던 다른 찬가 작사자들 중에서 최소한 볼로냐의 카테리나(1413-1463)를 기억해야 한다. 클라라 수녀회 소속인 그녀는 신비주의 논문인 『일곱 개의 영적 무기Le sette armi spirituali』, 자코포네와 당시의 베네치아와 피렌체 찬가의 영향이 뚜렷한 12편의 찬가를 썼다. 그리고 노년에 예수회에 입회한 페라라 출신의 조반니 펠레그리니Giovanni Pellegrini(15세기)도 기억해야 할 것이다.

피렌체의 찬가

피렌체의 영적 찬가의 전통은 13세기부터 피렌체에서 활발히 활동했던 라우데시 Laudesi(찬가[라우다]를 창작 연주하는 사람들*) 및 평신도Disciplinati 세속 형제애 단체의 독실한 신앙 실천에 그 뿌리를 두고 있었다. 이들은 지금도 형제회의 규정과 회원 의 임무를 담고 있는 규약집과 다양한 찬가집을 보존하고 있다. 가장 화려한 찬가집 의 예는 산토 스피리토Santo Spirito 및 산 질리오San Gilio 형제회의 것으로 각각 1330년 과 대략 1380년에 나왔다. 이와 같은 14세기 찬가집에서 찬가는 대개 익명인 반면, 15세기에는 작사자 개인의 이름이 나타났다. 그중 페오 벨카리Feo Belcari, 알비초의 프란체스코Francesco d'Albizzo, 루크레치아 토르나부오니와 아들 로렌초 데 메디치, 카 스텔라노 카스텔라니Castellano Castellani가 특히 눈에 띈다.

> 라우데시와 평신도

    페오 벨카리(1410-1484)는 신비주의 서적을 속어로 번역했고 소네트, 성극, 성자 전(『복자 조반니 콜롬비니의 생애Vita del beato Giovanni Colombini』가 유명하다)과 130편이 넘는 찬가를 썼다. 이 찬가 덕분에 15세기 피렌체에서 가장 작품을 많이 쓴 영향력 있는 종교 작가가 되었다. 운문 작품만 따로 문집으로 만들고 싶었던 뚜렷한 의지 덕 분에 모인 찬가는 1486년부터 여러 차례 인쇄본으로 나왔다. 매우 다양한 작시법(발 라드에서 정치 풍자시, 6행시에서 8행시까지)으로 집필된 찬가들은 당시 매우 인기 있 던 '노래 부르는 법' 관습에 따라 세속 가극의 멜로디에 맞춰 작곡되었다. 때로 참고 서적을 몇 개의 이미지나 각운을 유지하면서도 어조를 바꾸어 종교적으로 다시 썼 다. 이런 경우에 콘트라팍툼contrafactum(원래의 가사를 새로운 가사로 대신하는 성악 작 곡법*) 혹은 '종교적 개작'이 이루어졌다. 벨카리는 중세 후기 종교계에서 가장 유행 한 다음과 같은 주제를 찬가에서 다루었다. 죄인에게 개종을 권하는 그리스도와 천 사들, 개종의 기쁨과 다시 찾은 영성체, 그리스도와 마리아와 성자들의 생애 이야기, 열성적인 기도와 세속에 대한 경멸로 회개하라는 권유, 종교 서적의 설명과 주석 등 이다. 벨카리의 신학적 문화는 매우 광범위하지만, 그는 하느님의 말씀에 대한 신비 주의적 독해를 선호했다. 당시에 보다 유명하고 널리 확산되었던 벨카리의 찬가들 중에 〈주여, 당신께 귀의한 뒤부터, 상처 입은 마음이Da che tu m'hai, Dio, el cor ferito〉를 기억해야 한다. 교리 신학을 운문으로 명확하게 해설한 이 작품에서 하느님 자신은 성경과 스콜라 철학의 말을 언급하면서 영혼 앞에 나타난다. 신의 사랑을 신학적으 로 놀랍게 기술한 또 다른 찬가 〈누가 나의 모습을 받아줄까요, 자비로운 주님Chi si

> 페오 벨카리

> 가장 유행한 주제

veste di me, carità pura〉은 1467년 교황 바오로 2세(1417-1471, 1464년부터 교황)에게 보낸 것이다. 〈미친 광기를 들어 보소서Udite matta pazzia〉와 〈신성한 광기에 감동을 받아Mosso da santa pazzia〉는 자코포네에게서 영감을 받아 하느님을 따르는 자의 '신성한 우매함'과 대립하는 세속의 광기를 두 폭 제단화처럼 서술하고 있다. 〈오 복자이신 예수회 조반니O beato Giovanni iesuato〉와 〈복녀가 된 나 빌라나의 이름으로Beata sono et per nome Villana〉는 각각 예수회 창설자 조반니 콜롬비니Giovanni Colombini(약 1304-1367)와 복녀 보티의 빌라나Villana dei Botti(1332-1361)에게 헌정된 장편의 서사적 찬가다.

　　과거의 찬가 인쇄본에는 많이 알려지지 않았던 알비초의 프란체스코(15세기)의 100편 정도의 찬가도 실려 있지만, 전체적으로 비평가들의 평가를 받지는 못했다. 그러나 프랑스나 에스파냐의 세속 가극 멜로디를 토대로 작곡된 흥미로운 찬가들이 있었으며, 성서의 특별한 에피소드 혹은 성서 외전의 복음서들이나 세속 역사 이야기를 함으로써 평범한 찬가의 주제에 변화를 주었다. 주로 피렌체 수호성인들에게 헌정한 성인 찬가들(대략 전체의 1/3을 차지한다)이 특히 중요하다.

　　피에로 데 메디치(약 1414-1469)의 아내이자 로렌초 일 마니피코의 어머니인 루크레치아 토르나부오니(1425-1485)는 다섯 편의 성시와 여덟 편의 찬가를 썼다. 3행시 혹은 8행시로 쓴 시들은 신중하게 그녀가 선택한 성경의 일화를 기술하고 있다. 피렌체 수호성인인 〈세례자 요한의 생애Vita di santo Giovanni Battista〉를 썼고, 〈유대인 미망인 유디트 이야기Istoria di Judith vedova ebrea〉, 〈에스델 왕비 이야기Storia di Ester regina〉, 〈독실한 수산나 이야기Istoria della devota Susanna〉 등은 구약 성경에 등장하는 유명한 세 여인의 이야기에 집중하고 있지만 정치적 의미가 없지는 않다. 마지막으로 신의 의지를 인내하며 충실히 따르기 위해 모범으로 삼은 성경의 인물을 다룬 〈토비아의 생애Vita di Tobia〉를 썼다. 루크레치아는 특히 성경의 도덕적 의미에 집중했는데, 독자에게 즉각적이고 구체적인 교훈을 주기 위해서였다. 이 찬가는 신약 성경의 가장 중요한 에피소드, 즉 예수 탄생, 수난, 부활, 성령 강림을 다시 말하고 있다. 중세 라틴어 찬가의 전통과 성경의 문체를 충실히 따르고 있는 루크레치아는 단시를 주로 썼으며, 활기차고 때로는 절박한 느낌을 주었다.

　　로렌초 데 메디치(1449-1492)와 카스텔라노 카스텔라니(1461-약 1519)와 함께 베르나르도 잠불라리Bernardo Giambullari(1450-1520)까지 가세할 즈음은 이미 15세기 말

알비초의
프란체스코의
찬가

루크레치아
토르나부오니의
활동

이었으며, 이때 피렌체는 페라라 수사 지롤라모 사보나롤라(1452-1498)의 분노의 설교로 들썩이고 있었다.

재능이 다양했던 피렌체의 주인 로렌초 데 메디치는 아홉 편의 찬가를 썼는데, 대 **로렌초 데 메디치** 부분 1491년 성주간에 집필했다(그 해에 『성 요한과 바오로의 형상화』가 공연되었다). 몇몇 학자들에 따르면, 1470년대로 거슬러 올라가 가장 먼저 쓴 세 편의 찬가들이 젊은 시절에 쓴 「3행 해학시」와 단시 「최고선」(1473)처럼 마르실리오 피치노(1433-1499)의 경건한 철학pia philosophia에서 영향을 받았다면, 장년기에 사보나롤라의 종교관에서 영향을 받은 듯 보이는 작품을 쓴 로렌초는 가장 정평이 난 피렌체 찬가의 전통으로 되돌아가면서 성서와 교부들을 직접 언급했고 자코포네, 페오 벨카리, 심지어는 어머니 루크레치아로부터 영향받은 양식적 특징을 다시 취했다.

카스텔라노 카스텔라니의 시는 다르다. 그는 성극과, 최근 비평에서 50여 곡의 찬가를 포함하고 있다고 평가된 운문 〈사순절을 위한 복음Evangeli per la Quaresima〉의 저자다. 벨카리의 찬가를 고쳐 쓴 것 외에 당시 피렌체에서 유행했던 사육제 노래에 종교 색을 입혔으며 죄, 형벌, 덧없는 시간, 하루 만에 없어지는 세속의 재산과 같은 주제가 지속적으로 등장했다. 몇몇 연구자들은 가장 널리 알려진 '망자의 노래Canzona **카스텔라니의 시** de' morti' 〈고통의 눈물과 회개 / 무엇보다 우리를 괴롭히네Dolor pianto e penitenzia / ci tormenta tuttavia〉도 카스텔라니의 작품이라고 했다. 보통 안토니오 알라만니Antonio Alamanni(1464-1528)의 작품이라 말하지만 말이다.

지롤라모 사보나롤라

열렬한 예언과 열정적인 설교를 했던 페라라 태생의 젊은 도미니쿠스 수도회 수사 지롤라모 사보나롤라가 1482년 피렌체에 도착했다. 5년간 피렌체에 머물렀으며, 1490년에도 피렌체에 다시 돌아왔다. 1483년부터 1485년까지 머무는 동안 사보나롤라는 현재 밀라노 암브로시아나 도서관에 소장된 법규집(S.P.II.5)과 더불어 사적인 독서를 위한 요약본을 집필했다. 20편의 시도 옮겨 적었는데, 이 중 12편은 1472년부터 그가 직접 쓴 것이다. 12편 중 4편의 찬가는 피렌체 전통, 특히 벨카리로부터 영향을 받은 것이다. 과도하게 세속적인 피렌체 사회를 비판한 불굴의 도덕가였던 사보나롤라는 시가 '즐거운 담화와 세속인들의 위선과 더불어 신앙의 진실'을 표현해야 한다고 확신했다. 그래서 『천성에 대한 변호와 작시법의 본질Apologetico sull'indole e la natura dell'arte poetica』(1491) 마지막 부분에서 시인들에게 '우상 숭배'를 피하고, '그리스도 십자가를 향해, 그분의 소박함과 겸손을 향해' 달려가라고 재촉했다.

| 다음을 참고하라 |
문학과 연극 인문주의자들의 종교(578쪽); 축제, 소극, 성극(599쪽)

연극

LETTERATURA E TEATRO

고전주의 연극의 재발견과 인문주의 연극

| 루치아노 보토니Luciano Bottoni |

방랑시풍의 인문주의 희극은 플라우투스-테렌티우스 전통을 따라 조롱과 속임수를
재발견하여 학문적 지식의 뒤틀린 논리와 더불어 인문주의 이상 자체를 패러디하기
위해 희극을 이용했다. 즉 에로스 때문에 학문과 부부의 정절, 신학자의 의무를
저버리고, 심지어는 명예와 관대한 애정보다는 에로스의 요구를 따랐다. 결국
플라우투스의 연극이 이와 같은 연극을 대신했던 반면, 비극은 형식은 견고해졌지만
수사학적인 연습이 필요했다.

방랑시풍의 영감과 풍자적 영감의 갈림길에 선 인문주의 희극
라틴 희극 전통은 중세를 통틀어 중단된 적은 없었으며, 학교에서 '교육적인' 테렌티
우스(기원전 195/185-기원전 약 159)의 명성과 플라우투스(기원전 약 254-기원전 184)
의 거침없는 팽창이 지속되었다. 15세기 초 시뇨리아 체제 내에서 시민 생활 경험이
활발했던 도시 국가에서는 레스 푸블리카res publica(국가 또는 공화국*)의 신화가 인문
주의 문화를 탄생시켰지만, 고대의 것을 재정복하려는 꿈이 희곡에 직접적인 영향
을 주지는 않았다.

　니콜라우스 쿠사누스(1401-1464)가 1429년에 미발표된 플라우투스 희극 12편을

발견하고 10여 년이 흐른 뒤였지만 인문주의 희극에 대한 관심은 대학 안에서만 있었다. 대학 내에서도 학생 방랑시풍의 영감은 인문주의 이상을 높이거나 자유를 갈망하기보다는 그 이상을 패러디하기 위해 조롱과 속임수를 주로 시도하기 위해 사용되었다.

탈신비주의놀이   서문에 교육학적인 측면에서 교훈을 주려는 글이 있기는 하지만, 인문주의 지식을 탈신비화하려는 희곡이 이미 『파울루스Paulus』에서 시도된 바 있었다. 이는 볼로냐에서 논리학을 가르친 피에르 파올로 베르제리오(1370-1444)가 스무 살 무렵이었던 1390년에 교황청으로 일하러 가기 전 쓴 작품이었다. 젊은 대학생인 이 작품의 주인공은 간밤의 꿈에 감명을 받아 몸과 마음을 다해 연구에 매진하기 위해 그동안 방탕했던 행동을 그만두기로 한다. 그러나 하인 에로테가 결심을 미루라고 제안하자 청년은 자유로운 아가씨들과 저녁 식사를 하기 위해 책과 옷을 전당포에 맡긴다. 과거에 가정교사를 했던 나이 든 하인 스티코가 막아보려 해도 허사였다. 에로테는 중매쟁이 니콜로사의 집에 몰래 들어가 딸 오르솔라가 자신의 주인과 결혼하면 부자로 만들어 주겠다고 약속한다. 그는 곧장 '자신이 얼마나 능력 있는 하인인지 시험할 기회를 얻는다.' 관심 없는 것처럼 가장하면서 그 아가씨에게 처녀인 척하라고 충고를 하며, 에로테는 친구 파피데에게 저녁 식사의 결말이 어떻게 났는지 이야기해 준다. 노련한 오르솔라가 처녀인 척해야 한다는 것을 잊어버리고 부잣집 도련님들을 '구빈원으로' 보낼 때 얼마나 즐거웠는지 떠벌린 것이다. 이 사건은 중단되고 3막이나 4막에서 새로운 사건이 전개된다. 에로테는 중매쟁이를 상대로 승리를 거둔 다음 교활한 술수를 써서 파피데의 무서운 주인을 골려 먹을 생각을 한다. "여우도 도살장에 끌려가 죽을 수도 있다"며 친구가 반대하자 에로테는 다음과 같이 말하면서 조롱 섞인 냉소주의로 인문주의 풍자의 교훈을 확인한다. "하지만 그곳엔 양들이 더 많은 법이야!"

베르제리오의 『파울루스』   『폴리세나Poliscena』도 15세기 초반 작품이며, 아레초 출신의 레오나르도 브루니(약 1370-1444)의 작품으로 여겨진다. 희극 형식의 규범 준수로 테렌티우스와 유사한 측면이 많지만, 이야기 전개를 산문으로 풀었고 시간이나 공간의 일치에 얽매이지 않으며, 설교하는 수사에 대한 풍자적 요소를 수용하고 있다. 인색한 아버지, 중매꾼과 하인의 도움을 받는 낭비벽의 아들이라는 평범한 유형을 보이지만, 줄거리를 보면 청년 그라코가 사랑하는 폴리세나와 만나기 위해 교활한 구르굴리오네와 자유로운 타란타라에게 도움을 청한다. 나중에 어머니의 협박 때문에 청년은 결혼을 결심한다.

희극의 알레고리와 스캔들

1420년대 초반 볼로냐에서 학생이었던, 베르가모 출신의 안토니오 바르치차Antonio Barzizza(1401-1444)는 현대적인 소재에 주력했다. 『카우테라리아 축제Cauteraria』는 테렌티우스적 모범과 비교하는 것을 거부하고 있으며, 배신과 가족의 복수 이야기를 산문으로 풀어내고 있다. 5막을 대신하여 장면이 빠르게 전환되는 이 희극은 브라코의 아내 신틸라가 젊은 사제 아울레아르도를 사랑하는 장면을 무대에 올린다. 여집사의 충고를 받아들인 신틸라는 사제가 침대로 달려오도록 기절한 척하지만, 하인 그라눌로의 연락을 받은 질투에 찬 남편이 현장을 급습한다. 바람을 핀 부인은 관계를 가질 때 침실을 더럽히지 않으려고 탁자에 몸을 묶고 있었다. 당시에는 간통한 아내를 때려서 죽이는 관습이 있었는데, 남편의 조롱 섞인 보복은 배우자의 몸에 낙인을 찍는 것이었다. 사디스트처럼 잔인하게 이렇게 말하면서 말이다. "난 당신을 벌하고 싶지 않아. 잘못은 몸이 했으니 말이야. 불에는 불이지!" 아울레아르도가 무기를 보이며 개입을 하고 나서야 남편은 여인을 위해 '죄를 지었으나 처벌받지 않을' 가능성을 가지고 협상하자는 신부의 말에 동의한다. 그리하여 서로 합의한 것을 축하하며 잔치를 한다.

바르치차의
『카우테라리아 축제』

볼로냐에서는 『필로독스 이야기Philodoxeos fabula』 혹은 『필로독스 희극Commedia di Filodoxia』도 나왔다. 이들의 무거운 우의적 줄거리를 보면, 1424년 당시 한 지역의 이야기를 말하기보다는 교회법을 연구하는 학생이었던 레온 바티스타 알베르티(1406-1472)의 윤리적 생각을 로마를 배경으로 말하고 있다. 독시아Doxia(명예)에 대한 청년의 모순적인 사랑은 공상적이고 극적인 이야기를 만들어 내고, 이는 경쟁자인 포르투니오의 속임수로 복잡해진다. 사건은 크로노스, 즉 시간의 개입을 통해서야 해결된다. 등장인물의 신원을 확인하여 표면적인 어려움을 극복하고 불화를 중재한다.

『필로제니아』와 더불어 유리해진 플라우투스 모델

한편 1430년대가 되자 플라우투스의 희극이 재발견된 것 외에도 도나투스(4세기)가 주석을 넣어 수정한 테렌티우스의 작품이 마인츠에서 발견되었다. 이렇듯 고대 희극을 문헌학적으로, 해석학적으로 새롭게 접근한 작품이 파르마 출신의 인문주의자 우골리노 피사니Ugolino Pisani(1405-1450)가 법률 아카데미 견습생 시절 파비아에서 집필한 『필로제니아Philogenia』였다.

산문으로 쓴 15개의 장면에서 플라우투스를 모범으로 삼은 희극 체계 덕분에 표현이 풍부한 창작, 대화의 활력, 일관성 있는 기법을 만들 수 있었다. 순진하고 관능적인 여주인공은 방탕한 에피페보의 유혹을 받았으며, 에피페보는 자객의 수색을 피해야 한다는 핑계를 대며 그녀를 친구들의 집에 숨긴다. 실제로 필로제니아는 추적을 당하다가 에피페보의 친구들에게 양도된다. 에피페보는 의무감에서 벗어나기 위해 그녀를 천박한 고비오와 결혼하도록 설득한 다음 고해 신부 프로디조의 보증을 받아 아무 방해도 받지 않고 필로제니아와 만날 수 있도록 한다.

조롱 섞인 극 중 장면을 통해 연인들의 초기의 에로틱한 긴장감에서 쾌락에 대한 에피쿠로스 학파적인 혹은 공리주의적인 의지가 나타난다. 더불어 부모와 하인의 냉소적 사실주의도 볼 수 있다. 필로제니아 자신도 가담하는 이유는 에피페보가 사랑을 받아주지 않으면 죽고 싶은 척했기 때문이 아니라 젊었을 때부터 '몸은 사랑을 하라고 있는 것'이기 때문이었다. 프로디조 신부도 많은 사람들의 욕망을 받아 준 죄인인 그녀를 방면해 주면서 "그렇듯 음란해진 것은 너의 의지가 아니라 필요 때문"이라며 죄가 없다고 말한다.

프룰로비시의 교훈과 피콜로미니의 공평함

페라라 출신의 가정교사였던 프룰로비시의 티토 리비오Tito Livio de' Frulovisi(약 1400-약 1456)는 베네치아에서 다섯 편의 산문 희극(『코롤라리아Corollaria』, 『클라우디 형제I due Claudi』, 『엠포리아Emporia』, 『심마쿠스Simmaco』, 『오라토리아Oratoria』)을 썼고, 공공 축제를 맞아 1432년에서 1435년 사이에 공연했다. 상류사회가 애호하는 파티에 초대받기를 헛되이 갈망하면서 말이다. 프룰로비시는 고전 라틴어 작품에서 하인이 젊은 주인의 에로틱한 정사를 도와주는 관습적인 플롯을 끌어냈다. 무질서하고 혼란스러운 이 체계에 현실에 대한 언급과 더불어 모험이 넘치는 로망스적 모티프를 접목시켰다. 『오라토리아』에서는 위선적이며 여자를 유혹하는 신부가 나타나 냉소적인 도덕주의를 통해 도미니쿠스회 소속의 적수들 중 하나를 풍자한다.

하지만 『크뤼시스Chrysis』에서 전개되는 18개의 장면은 고전의 모델을 놀랍도록 통제하고 있다. 플라우투스의 유쾌한 축제 상황을 상기시킬 수 있는 약강격 6음절 시를 모방한 이 작품은 에네아 실비오 피콜로미니(1405-1464, 1458년부터 교황 비오 2세)가 뉘른베르크에서 쓴 희극이다. 사창가에서 속임수를 쓰면서 신학생들인 디오파네와 테오불로를 무대 앞으로 불러낸다. 한 명은 사랑에 빠졌고, 다른 한 명은 더 많이 의심하는데, 이들은 포주 칸타라의 집에서 연인들을 위해 저녁 식사를 준비한다. 그러나 젊은 매춘부들인 카시나와 크리시데는 연륜이 있는 세둘리오와 절제하는 카리노가 제안한 계획대로 하지 않는다. 이들은 청년들의 경쟁자로 앞서 등장한 바 있다. 다른 사람들은 애석해했고 화가 나서 그 자리를 떠나지만, 하인 리비판테에게 끌린 포주 칸타라는 대리인들을 몰래 들인다. 화가 난 테오불로와 디오파네는 창녀들에게 더 이상 돈을 쓰지 않겠다고 하다가 이내 순수한 그녀들에게 설득당하고 만다. 상업적이고 반어적인 격언gnome이 자유로운 사랑을 찬양하고, 그것은 독신남의 애가와 균형을 이룬다. "날마다 새로운 결혼을 축하해요. 아가씨가 마음에 들면 다시 싱글로 돌아가요. 그녀가 싫으면 다른 길로 가지요." 이에 화답하기 위해 크리시데는 상황의 본질에 초점을 맞추어 '날마다 새 애인을 얻기로' 결심한다.

「크뤼시스」

방랑시풍의 익살극에서 끌어낸 외설적인 모티프를 포기하지 않은 풍자-패러디와 도덕적-교훈적 전망을 교대로 보여 주던 인문주의 연극은 쇠퇴하고, 15세기 후반이 되자 플라우투스와 테렌티우스의 작품집 출판과 번역 및 공연이 주를 이루었다. 피렌체에서는 1476년 사육제에서 조르조 안토니오 베스푸치Giorgio Antonio Vespucci의 제자들이 『안드리아Andria』를 라틴어로 공연했다. 로마에서는 1486년에 율리우스 폼포니우스 라에투스(1428-1497)가 플라우투스의 『에피디쿠스Epidicus』 공연을 지휘했다. 1488년 5월에 피렌체에서 안젤로 폴리치아노(1454-1494)가 서문을 쓴 『메나에크무스 형제Menaechmi』가 공연되었다. 그러나 페라라에서 이 작품은 2년 전 속어로 공연된 바 있다. 고전 작품의 영향을 받은 『에피로타Epirota』(1483)는 베네치아 귀족 톰마소 메디오(15세기)의 희극이었다. 초로의 판필라는 안티필레의 연인 클리토파네라는 청년 때문에 안달한다. 하지만 안티필레의 숙부는 조카의 결혼에 반대하는 상황이다. 결국 판필라에게 구애하는 청년이 에피로에서 도착해 상황이 해결된다. 15세기가 끝날 무렵 익명의 저자가 쓴 『아에테리아Aetheria』에서는 플라우투스와 특히 테렌티우스의 영향이 두드러졌다. 이 작품은 오르키테/클라리메나 커플의 힘겨운 결혼을 6음절 시로 형상화하고 있다. 규범이 된 5막이 끝날 무렵 천상의 아름다운

플라우투스와 테렌티우스 작품집 출판과 번역 및 공연

여신 에테리아와의 결혼을 꿈꾸던 인정 많은 필레보는 여신과 닮은 오르키테의 여동생을 만난다. 이 이야기는 큐피드와 프시케의 이야기를 우아하게 패러디한 것으로, 작품에서는 돈을 빌리는 것과 불리한 계약 간에 벌어지는 희극으로 바꾸어 놓았다.

비극 장르: 수사학적 칭송의 재활성화

희극보다는 엘리트적인 요소가 더 많긴 하지만, 비극은 인문주의 교육에서 특히 수사학 훈련을 할 때 활용되었다. 15세기에 비극의 형식은 체계, 주제, 비극적 리듬, 모범이 된 세네카 작품의 언어를 강화하면서 직접적이기보다는 암시적이긴 하지만 현실화의 길을 열었다.

베네치아 출신의 그레고리오 코레르(1411-1464)의 『프로크네Progne』는 놀라운 문학적 성공을 거둔 작품으로, 1427년 연극 이론에 맞춰 집필되었다. 네 번의 합창과 더불어 5막으로 구성된 이 비극은 밀라노의 오만한 가문인 비스콘티 가문을 염두에 두고 독재를 주제로 하고 있다. 1막에서 테레우스 왕궁에 임박했다고 예고한 묵시록적 불행은 처제 필로메나를 겁탈한 왕의 거짓말에서부터 구체화되기 시작한다. 4막에서 심부름꾼과 합창단은 프로크네 여왕이 저지른 끔찍한 범죄를 이야기한다. 여동생에 대한 복수로 아들을 죽여 남편의 식사로 주었던 것이다.

코레르가 오비디우스 신화에서 영향을 받은 반면, 피렌체 출신 공증인 레오나르도 다티(1408-1472)의 비극 『히엠프살 왕Hiempsal』(1442)에는 역사에 실존한 우의적 인물들이 많이 등장한다. 5막에서 어둠의 신 에레보스와 질투Invidia는 살육Strage과 배신Tradimento을 불러 유구르타가 히엠프살의 목을 베면서 형제들의 복수를 하는 이야기를 하도록 한다.

당시 역사를 소재로 삼은 라우디비오 자키아Laudivio Zacchia(1435-약 1475)는 베로나의 구아리노(1374-1460)의 영향권 내에서 성장했으며, 로디에서 군 복무를 했다. 1465년에 비극 『야코포 공작의 감금De captivitate ducis Iacobi』을 썼으며, 니콜로 피치니노Niccolò Piccinino(약 1380-1444)의 비극적인 이야기를 5막으로 표현했다. 그는 나폴리의 페란테 왕(1431-1494)을 위해 일한 용병대장인데, 국가의 이성이라는 명목으로 희생되었다. 등장인물들 중에는 용병대장의 친구이자 이 작품의 수취인이기도 한 에스테의 보르소(1413-1471)가 있다.

율리우스 폼포니우스 라에투스가 이끌었고, 라파엘레 리아리오Raffaele

코레르의 『프로크네』

Riario(1460-1521) 추기경의 후원을 받은 로마 아카데미아의 지적인 분위기에서 1486년부터 1488년 사이에 세네카의 비극『히폴리토스Hippolytus』가 여러 차례 공연되었다. 플라우투스의『당나귀 희극Asinaria』을 '가볍게' 공연한 다음 무대에 올린 이 작품은 연극계에서 로마의 쇄신renovatio urbis 세례를 받아 선택되었다. 비트루비우스(기원전 1세기)의『건축서』를 출판한 베롤리의 술피초Sulpicio de' Veroli가 이 작품을 감수했고, 비극적인 여주인공 역할은 당시에 '페드라Fedra'라는 별명으로 불린 젊은 배우 톰마소 잉기라미Tommaso Inghirami(1470-1516)가 맡아서 호평을 받았다. 교황청에서 일한 작가들 중에는 교황청 기록실 서기관이었던 카를로 베라르디Carlo Verardi(1440-1500)가 눈에 띈다. 1490년대에 리아리오 궁에서 공연된『페르디난두스 세르바투스Ferdinandus Servatus』는 그라나다의 의기양양한 정복자였던 에스파냐 왕에 대한 헛된 시도를 그려내고 있다.

| 다음을 참고하라 |
문학과 연극 궁정 연극(605쪽)

축제, 소극, 성극

| 루치아노 보토니 |

공공 축제의 화려한 행사는 시뇨리아와 그 가문의 정치적-종교적 힘을 칭송했으며, 통속적이거나 익살맞은 표현력이 돋보이는 공연을 수용했다. 방랑시풍의 문학에서는 소극의 조롱 섞인 놀이를 발전시킨 반면, 베네치아의 '혼인극'은 농민의 유쾌한 결혼 이야기를 무대에 올렸다. 그러나 프랑스에서는 부르주아 출신 변호사 파틀랭의 소극이 성공을 거두었다. 피렌체 성극이 창작되는 사이 프랑스에서는 수난극이 주기적으로 공연되었고, 영국에서는 복잡한 기적극이 등장했다.

연극적 성격의 공공 축제, '개선식', 계절장

초기 시뇨리아 체제의 도시 국가에서 정치 권력 혹은 종교 권력의 화려한 의식을 강화한 것은 공공 축제의 특별한 행사였다. 왕가의 필요성이나 전례의 필요성을 운율에 맞춰 말하면서 형제회의 행진에 특별히 공식성을 부여한 것처럼 팔리오 경주의 안무에도 공적인 성격을 부여했으며, 성극의 엄숙한 성격을 더욱 증가시켰다.

15세기 공연 중에서 가장 으뜸은 시뇨리아 수행단의 환영을 받은 왕가의 행렬이 입장하여 함께 개선문을 지나 궁정으로 행진하는 것이었다. 나팔 소리와 북 소리가 요란한 가운데 행렬이 꽃 장식, 나무 장식이나 종이 장식, 신화 속 영광의 인물들을 그린 무대로 만들어 놓은 길을 통과하는 동안 인조 분수에서는 포도주가 흘렀고, 종소리가 멀리까지 울려 퍼졌다. 개선식에서 특히 중요한 것은 정치 권력의 찬양이었다. 인문주의 학자들이 화려하게 설계한 마차가 역사적/우의적 주제를 과시하며 대규모로 행진했다. 단역들, 조각상들, 기사들이 음악가들과 이국적인 동물들을 뒤따르며 행진했다. 알폰소 5세(1396-1458)가 1442년 나폴리에 입성하기 위해 거행한 개선식이 기억할 만하다. 길 양편에 군중이 무리 지어 서 있는 가운데 운명의 수레가 앞서 가고 그 뒤를 말의 호위를 받는 일곱 가지 덕성이 새로운 왕의 마차에 길을 내주기 위해 따랐다. 황금 왕관을 쓰고 지구본을 발로 밟고 있는 왕 앞에서 마차가 멈추어 소네트를 암송한다. 수많은 목수와 장인들이 '기술자들'의 지휘를 받아 준비한 축제에는 배우와 연주자로 구성된 형제회가 동원되었고, 민중은 놀이와 어릿광대극, 잔치, 불꽃놀이에 참여했다. 유쾌한 공공 행사 덕분에 '매년 5월' 열리는 계절 축제와 사육제를 통해 오래 유지되었던 세속 의식儀式과 연계해서 민중은 다시 활발한 표현력을 보여 주었다. 배우들과 어릿광대들은 만담과 발라드, 칸초네와 독백극, 마임 춤과 소극 같은 레퍼토리를 보여 주며 존속했다. 방랑시 암송 대회와 하위 성직자의 광란의 파티는 말할 것도 없고, 소극에 사육제적 요소를 허락하여 재래시장과 유원지, 종교 축제에 자극적인 흥분이 넘쳤음에도 불구하고, 귀족은 소극 공연을 거부하지 않았다. 하층민의 음담패설과 농담이 서열화되고 상징적인 권력의 위계질서를 희극적으로 보완해 주는 역할을 한 동시에 그것(권력의 위계질서)을 혼란과 몸으로 보충해 주는 역할을 했기 때문이다.

알폰소 5세의 나폴리 입성

유쾌한 방랑시풍의 소극

15세기 초, 하단에 칼리가노의 마타초네Matazzone da Caligano(14-15세기)라는 이름이 적힌 『농촌 우화집Detto dei villani』 같은 속어 소극집이 나왔다. 유쾌한 제스처를 취하는 사람이 말하는 '우화'는 싸구려 족보로 농민을 처벌할 수 있는 계율 남용을 정당화했다. "저놈의 사악한 바람에서 / 악취가 진동하는 저 촌놈이 태어났다네." 북부 이탈리아에서는 학생 방랑시풍의 소극이 발전했고, 그리하여 유쾌한 놀이는 성직자와 대학생이 만든 희극으로 이동했으며, 라틴어와 속어가 혼합된 표현이 급격히 늘어났다. 파비아 출신의 익명의 작가가 쓴 『아내의 불평Conquestio uxoris』은 자신의 소년들pueros을 함께 공유하자고 아내를 설득하는 동성애자 남편에 대한 불평을 무대에 올렸다. 파도바 출신의 인문주의자 시코 폴렌톤Sicco Polenton(약 1375-1448)은 선술집을 배경으로 하는 익살맞은 대화체 작품 『카티니아Catinia』를 썼다. 생선 장수, 탁발수도회 수사, 접시 장수 등 여러 손님이 모인 선술집에서 웃기는 말싸움이 벌어진다. 변증법이 싸움의 기술로 품위가 하락하는 순간이다.

폴렌톤의 『카티니아』

1427년 5월 파비아 학생들이 『야누스 사제Janus sacerdos』를 공연했다(대학 교수들 중에는 '학생 장사꾼'으로 유명한, 파노르미타로 불린 안토니오 베카델리[1394-1471]와 『쾌락론』을 쓴 로렌초 발라[1405-1457]가 있었다). 여기에서 야누스 사제의 음란한 접촉을 말하고, 사제 관계를 욕망을 채우기 위한 관계로 추락시키면서 동성애의 기괴한 이면을 무대에 올렸다.

파르마 출신 법률가 우골리노 피사니(1405-1450)(『필로제니아』의 저자)는 『차니 교수의 복습Repetitio Zanini』에서 조잡한 라틴어 표현으로 학문적인 예법을 패러디한다. 차니의 요리법에 박사 학위를 수여하며 이렇게 주장한다. "교수복으로 가린 것은 무지가 아니라 사타구니, 항문, 기생충이겠지."

프랑스 소극, 베네치아 '혼인극', 나폴리 극본

15세기 중반 바람 핀 남편, 교활한 아내, 타락한 수도사, 어리석은 한량이라는 평범한 유형에서 작자 미상의 걸작 소극 『파틀랭 선생Maistre Pathelin』이 나왔다. 유쾌한 파틀랭은 고객인 양치기에게 양 울음소리를 내면서 변호하겠다고 하고, 나중에 그는 양 울음소리를 수임료로 받는다. 이탈리아에서는 파도바와 베네치아에서 방언으로 쓴 소극, 혼인극(이탈리아어로 mariazzi, mogliazzi)이 계속 발전한다. 이 연극은 결혼 계약과 결혼으로 인한 다툼을 무대에 올렸다. 유쾌한 프로톨라 어조로 쓴 『파바의 결혼Mariazo da Pava』은 베티오에게 벤베뉴아를 맡기기 위해 형식에 얽매이는 판사들을 패러디하고 있다. 멍청한 투니아초도 그녀를 얻기 위해 경쟁했다. 그때 벤베뉴아는

파틀랭

헛간에서 반복되었던 에로틱한 관계로 얻은 권리를 확인했다. 이와 같은 인물들 덕분에 루찬테Ruzante(약 1496-1542)의 거대한 극장에 생기가 넘쳤다.

교외 지역이지만 프랑스와 직접 교류했던 그곳에서는 아스티에서 활동한 조반 조르조 알리오네Giovan Giorgio Alione(약 1460-1521)가 15세기 말에 10편의 소극 레퍼토리를 아스티 방언으로 준비했다. 즐거운 모임société joyeuse의 아마추어 청년들이 소극을 공연했는데, 그중 『제화공 조안의 소극Farsa de Zohan zavatino』이 두드러진다. 보카치오 작품에 나오는 주제를 선택했는데, 의심 많은 남편이 현장을 덮쳐 탐욕스러운 사제를 몽둥이질하는 것이었다.

나폴리 대학과 아라곤 궁정에서는 『치토와 치타의 소극Farsa de lo Cito e de Cita』을 쓴 피에트로 안토니오 카라촐로Pietro Antonio Caracciolo(15-16세기)가 활동했다. 비토와 로렌첼라의 욕정의 발산을 통제하는 공증인의 명령과 더불어 미래의 남편을 홀로 두려는 사악한 여인이 있다. "그녀는 정말이지 애인을 가지고 싶었다."

피렌체 성극에 나타난 기적과 일상

15세기에 이탈리아 여러 지역에서 전례력에 맞춰 진행된 성극과 연극적 찬가 공연 덕분에 그리스도교 전례의 이유가 시각화되었고, 초자연적인 것을 마법으로 활성화하려는 경향이 있었다. 공연은 교육적, 감동적, 인지적 기능을 하면서 시각의 기쁨도 주었다. 그리스도의 생애를 주로 다루는 한편, 찬가 공연은 성경에서 뽑은 이야기, 특히 고난과 기적을 경험한 성자들의 생애를 작품화했다. 괴물과 악마가 사는 곳과 접한 지역이 배경인 이야기를 주로 취급하고 있지만, 인간적이고 동정심을 유발하는 측면과 더불어 희극적이고 사실주의적인 측면도 있다. 오르비에토 대성당(성전이 성극의 '극장'이 되는 것은 당연했다) 규약집은 '배우, 마술사, 허풍선이'를 성당에 들인다며 플라젤란티(채찍질 고행자 형제회*)와 평신도 모임을 비난했을 정도다. '우화'를 '조롱거리'로 만들고, 인간의 영혼을 구원해야 할 연극이 '파멸의 성격'을 보여 주기 때문이었다.

고난과 기적의 이야기

대개 문학적인 가치는 없지만, 작자 미상의 공연 작품은 1439년 공의회를 열었던 코시모 1세(1389-1464) 치하의 피렌체에서도 종교적 권위를 회복하려는 교회의 목적을 지지했다. 문화를 주도한 모임과 연계되어 있던 피렌체 작가들은 찬가의 6행시 대신에 산문시와 노래로 익숙해진 11음절 8행시를 썼다. 대중을 위하여 교육적인 서문을 첨가하거나 천사로 분한 배우가 교훈적인 인사말을 하도록 하면서 어린이 단체에 희곡을 전달했다.

좀 더 오래된 작품 중에는 『수태고지Annunciazione di Nostra Donna』를 비롯하여 『아브라함과 이삭Abramo e Isaac』을 썼던 페오 벨카리(1410-1484)의 성극이 눈에 띤다. 작품의 구조는 일관적으로 특별한 행위에 집중하면서 표현의 효율성을 노리고 있다. 신학적으로 영원한 진리를 전달하려는 이와 같은 기능은 좀 더 세련된 구조를 보이는 연극에 자리를 내 준다. 베르나르도 풀치(1438-1488)의 『바를람 이야기Storia di Barlaam』와 그의 아내 안토니아 잔노티Antonia Giannotti(1452?-?)의 『성녀 굴리엘마 Santa Guglielma』가 그러한데, 희극적 리얼리즘 경향이 부차적인 인물과 관련된 상황에서 다시 나타난다. 이들은 기꺼이 일상의 현실에 영향을 받았다. 1491년 귀족 자제로 구성된 복음전도회가 로렌초 데 메디치(1449-1492)의 『성 요한과 바오로의 형상화』를 공연했다. 율리아누스Julianus 황제(331-363)가 명한 성자들의 순교에서 몇몇 비평가들은 국가 이성의 필연성을 예감했는데, 이것은 로렌초 데 메디치가 지롤라모 사보나롤라(1452-1498)에게 비판받았던 부분이다.

페오 벨카리

프랑스의 수난극 공연과 에스파냐의 성극

15세기 프랑스에서는 부활 전례와 그리스도의 탄생에서 직접 유래한 수난극 passions 공연에서 거창한 행사가 순서대로 있었다. 성직자 외스타슈 메르카데Eustache Mercadé(?-1440)의 작품 『아라스의 수난극Passione di Arras』은 2만5천 행의 시행으로 그리스도의 생애를 각색했으며, 몽타주 기법 덕분에 그리스도의 생애를 4일로 세분하고 100명 이상의 인물이 등장하도록 함으로써 인간 구원을 위한 그리스도의 개입을 강조했다. 파리 노트르담 형제회가 준비한 수난극passioni은 더욱 웅장한데, 모임이 있던 대저택mansions이나 평지 도로에서 복합적인 장면을 연출했다. 앙제르 대학 학장이 4만5천 행으로 쓰고 1486년에 공연한 『그리스도 수난의 기적극Le mystère de la Passion』은 생생한 상황과 희극적인 막간극을 늘렸으며, 신학적이고 전례적인 요소를 완화했다. 에스파냐의 성극autos은 표현 구조가 간단하고 엄격하여 신화로부터 점차 영향을 받게 되었던 반면, 성체축일 축제에는 수레와 참가자들의 화려한 행진이 계속되었다.

영국의 기적극에 나타난 사실주의와 역설

영국에서는 이미 1425년 무렵 웨이크필드에서의 작자 미상 연극 공연으로 기적극 miracle play이 최고로 발전했다. 서른두 번 공연된 이 작품은 위대한 창작 능력을 발휘하여 아담의 창조부터 유다의 교수형에 이르는 이야기를 서술하고 있다. 미지의 거장 작가는 다섯 편의 희곡에서 사실주의와 아이러니를 제대로 표현하고 있으며, 희극적인 요소와 비극적인 요소를 현명하게 결합했고, 소극의 유쾌함도 복원했다. 노아의 에피소드를 보면, 늙은 아내가 방주에 오르기를 거부하며 완강하게 말다툼을 한다. 그녀는 남편과 아이들이 간청하고 위협해도 무심하다가 홍수를 보고서야 이렇게 인식한다. "물이 너무 많아지니 / 젖기 시작했네요. / 그보다는 방주에 올라가는 게 더 낫겠네 / 빠져 죽지 않으려면." 『두 번째 목동 이야기』Secunda pastorum』에서는 가난한 마크가 양을 훔쳐 요람에 숨겨둔다. 의심을 받자 아버지가 되는 꿈을 꾸었다고 거짓말한다. 그러나 거짓말이 발각되고, 친구들이 신생아라 추정되는 것에 입을 맞추려고 할 때 장난으로 벌을 받는다. 결국 이 가난한 사람들 사이에 짧은 이야기 형식이 생겨났다. 당대 농촌 사회에 맞게 형상화된 이 이야기에는 성인전의 모든 암시가 사라진다. 그리하여 종교 행사는 불경한 희극적–사실주의적 작품의 에필로그가 된다.

그러나 인간의 영혼을 얻기 위한 선과 악의 싸움은 영국의 신성극이 아니라 도덕 극morality plays에서 다루게 되었다. 천사와 악마, 악덕과 덕성, 대죄와 회개 등 이와 같은 복잡한 영혼의 갈등은 『인내의 성The castle of perseverance』(약 1425)부터 더욱 구조화된 『만인의 소환Chiamata di Ognuno』(약 1495)까지 널리 표현되었다. 처음에 요구된 시각화 대신 이제는 감동과 종말론에 대한 성찰이 필요해진 것이다.

선과 악의 투쟁

| 다음을 참고하라 |
문학과 연극 인문주의자들의 종교(578쪽); 종교시: 찬가(587쪽)

궁정 연극

| 루치아노 보토니 |

시뇨리아 궁정의 자기 과시적 경향은 목가적-신화적 우화에서 최고의 표현을
발견한 무언극, 화려한 안무, 우의적인 춤에서 집중적으로 나타났다. 폴리치아노의
『오르페우스』는 희곡 장르의 제도화를 촉진했고, 15세기 말이 되어서야 플라우투스
희곡의 가치를 재발견하게 되어 군주의 전망을 따르는 르네상스 희곡이 발전하게 되는
징조가 나타났다.

궁정의 자기 과시적 연극

궁정은 집단 문화의 관습에 대해 많은 측면에서 탁월한 통제를 가했고, 15세기 연극
은 궁정 축제에서 그 통제에 광범위하게 호응했다. 그리하여 15세기 후반부터 공연,
연극, 낭송회의 기술과 장소의 통제가 강화되었다. 안무, 우의적 축하, 신화와 관련 **신화와 우의를 통한**
한 춤에 대한 궁정의 취향이 연극적 성격을 더욱 고집스럽게 반영하게 되었다. 축제 **암시**
때 희극이 공연되는 동안 잔치와 춤, 음악 막간극도 함께 공연되었다. 궁정인들은 그
것에 매료되었고, 안무 장치의 화려한 쇼를 보고 위로를 받았다. 그것은 신화적 혹은
우의적 암시를 통해 영주와 그 무리를 영웅으로 치켜세웠다.

　베네치아 공화국과 위대한 총독 가문은 호화로운 연극과 더불어 화려한 의상을
입고 합창과 음악을 동반하는 가면극momarie 혹은 신화적 팬터마임(무언극*)을 이용
해 명성을 더욱 높였다. 피렌체의 시뇨리아는 1467년에 그리스도 승천을 표현하기
위해 움직이는 둥근 지붕이 산과 성묘聖廟로 보이도록 하는 장치를 이용했다.

　파도바 궁정들 중에서는 페폴리 가문의 볼로냐 궁정이 1475년에 결혼식을 맞아
『케팔로스와 프로크리스 이야기Fabula di Cefalo e Procris』를 궁정에서 공연하도록 했다.
이때 연설가 세 명이 오비디우스가 쓴, 남편이 쏜 화살에 죽은 질투심 많은 님프 이
야기를 낭독했다. 불행한 사냥꾼 케팔로스는 숲으로 꾸민 높은 단상에서 이렇게 한
탄했다. "혼자 남느니, 차라리 함께 죽을 것을……."

폴리치아노의 『오르페우스의 이야기』: 속어로 쓴 드라마투르기의 모범

1480년에 특사로 온 프란체스코 곤차가Francesco Gonzaga (1444-1483) 추기경을 위해

만토바에서 공연된 폴리치아노(1454-1494)의 『오르페우스의 이야기』는 이렇듯 우연한 기회에 탄생한 우의적-신화적 연극의 파토스pathos에 문학적 권위를 부여했다. 첫 번째 목가적인 장면에서 목동들은 님프인 에우리디체를 사랑하는 아리스테우스 이야기를 한다. 에우리디체가 〈숲이여, 들어라Udite selve〉를 부르자 아리스테우스는 〈오 아름다운 요정님, 들어보세요Ascolta o ninfa bella〉로 화답한다. 에우리디체가 도망치다가 뱀에 물리는 동안 오르페우스가 나타나 곤차가 가문의 후원을 찬양한다. 영웅적인 장면에서는 지하세계로 내려가는 오비디우스 신화를 다시 취하는데, 연인의 죽음을 한탄하는 합창단의 서정 8행시와 플루토와 미노스의 대화체 8행시가 교대로 반복된다. 오르페우스가 지상의 빛을 보기 전에 아내를 뒤돌아봤을 때, 그들을 막는 푸리아의 단시와 절망에 빠진 연인들의 단시가 교차된다. '여인 집단'을 혐오하는 오르페우스의 비교祕敎적 결심으로 바쿠스 제전 장면이 폭발하게 되고, 쳄발로 소리와 탬버린 소리가 요란한 가운데 바쿠스 여제사장들이 오르페우스를 찢어 죽이는 장면이 이어진다. 『오르페우스의 이야기』는 목가시 주제와 풍자극 전통의 조화를 꾀하면서 속어 희곡의 역사에 하나의 전환점을 마련했으며 무대 장식, 음악, 춤, 연기의 새로운 조화를 실험한 드라마투르기(연극 이론*)의 모범을 만들어 냈다.

1483년 무렵 익명의 작가가 오르페우스 이야기를 『오르페우스 비극Orphei tragoedia』의 5막으로 세분하면서 라틴어 해설을 첨부하여 에피소드의 주제를 강조했다(I 목동pastoricus, II 요정이 가진 것nynphas habet, III 영웅heroicus, IV 강령술necromanticus, V 바쿠스 축제bachanalis). 처음에 목동들의 장면에서 희극적인 요소를 제거함으로써 고전의 규칙을 의식적으로 따르고 있음을 보여 주는 작품이다. 그러나 이와 반대 방향이 우세한 경향이 되었다. 에르콜레 1세Ercole I(1431-1505) 치하의 페라라에서는 궁정 정원에 '총안(활 쏘는 구멍*)이 있는 집'이 막고 있는 무대를 설치했고, 속어로 공연된 『메나에크무스 형제』는 5막으로 구성된 『케팔로스 이야기』(1487)로 교체되었다. 코레조의 니콜로(1450-1508)가 집필한 이 작품은 프롤로그에서 행복한 결말을 맞았다고 전한다. 디아나가 프로크리스를 다시 살려 주어 '슬픈 운명이 웃음으로 바뀌었다.' 게다가 케팔로스는 상인으로 변장하여 먼저 하녀를 돈으로 매수한 다음 아내 프로크리스에게 허풍으로 선물을 주면서 그녀의 정절을 시험한다.

지하세계로 내려가는 신화

포 강 유역 궁정의 연극: 신화 이야기와 플라우투스 연극 공연

1488년 5월 피렌체에서는 폴리치아노의 문헌학적 열정 덕분에 『메나에크무스 형제』를 원본 그대로 공연할 수 있었다. 그러나 포 강 유역 궁정의 영주들은 정치적-문화적 명성을 자랑하고 싶어서 화려한 무대와 음악이 있는 웅장한 연극을 원했다. 1493년 에스테의 에르콜레 공작이 늘 자랑하던, 플라우투스 연극을 주로 공연하는 희극 배우들이 파비아로 보내진 반면, 1496년 1월에 밀라노의 루도비코 스포르차(1452-1508)는 발다사레 타코네(1441-1521)의 『다나에Danae』를 관람했다. 아무도 접근할 수 없는 탑에서 제우스의 유혹을 받는 아름다운 처녀의 신화적 이야기를 접한 관중은 레오나르도 다 빈치(1452-1519)가 고안한 조명 효과와 경이로운 무대 장치에 넋을 잃었다. 밀라노의 자율적인 전통을 자랑하기 위해 모로의 고문관이었던 가스파로 비스콘티Gasparo Visconti(1461-1499)는 5막으로 구성된 『파시테아』를 통해 고전 희극과 신화 이야기의 혼합을 제안했다. 인색한 아버지라는 희극적인 모티프와 아폴로의 기적적인 개입을 토대로 사랑에 빠진 피라모-티스베 커플의 오비디우스적 주제를 발전시킨 것이다. 한편 에스테의 에르콜레 공작에게 기쁨을 주기 위해 마테오 마리아 보이아르도(1440/1441-1494)는 루키아노스(약 120-?)의 대화록에서 영향을 받아 『티모네의 희극Comedia di Timone』을 썼다. 모두 3행시 대화체로 이루어진 이 연극은 성극에서처럼 무대 앞부분에서 교대로 배우들이 이동한다. 티모네가 인간들의 탐욕과 지나친 낭비를 한탄하며 척박한 땅을 일구면, 하늘에서 겹겹이 싸인 구름 속에서 제우스가 나타나 메르쿠리우스와 함께 그 일에 대해 이야기한다. 그리하여 신화 이야기는 반어적인 인문주의적 알레고리로 변하며, 이때 원래의 축하하는 내용에 부유한 궁정 귀족의 에토스ethos(윤리*)에 대한 암시가 들어간다.

보이아르도의 『티모네의 희극』

15세기 말 신화 이야기의 속어 연극 때문에 궁정을 중심으로 한 시민과 귀족 사이에서 라틴어 희극은 점차 위기를 맞았다. 인문주의 문화가 고전을 모범으로 삼고 품위에 맞는 문체를 제기했음에도 말이다. 한편으로 이와 같은 자화자찬의 의지로 궁정은 극장이 되었고(궁정 예의를 보여 주는 장소이자 승리 혹은 불길한 권력이 자리한 곳), 다른 한편으로 세속의 무대에 이데올로기적 지배의 도구instrumentum regni를 맡긴 셈이었다. 하지만 플라우투스-테렌티우스의 견고한 망령이 16세기 희극에 계속 영향을 주게 된다. 그것이 희극적이고 모험 가득한 상황에서 우의적-도덕적 이야기를 제안했을 뿐 아니라 단편 소설이 등장하는 결정적 상황을 포착할 수 있었고, 현실 상황을 은근히 암시할 수 있었기 때문이다.

군주의 시선, 전망, 연극 공간

르네상스 문화 및 궁정 문명의 경쟁 정신은 완벽한 패러다임의 고전주의 신화를 모든 예술 형식에서 치켜세우면서 고전 작품 발굴에 주력하게 했으며, 귀족의 커다란 살롱과 정원을 세속 공연을 위한 장소로 만들었다. 그리하여 건축 설계상으로 무대 주변의 빈 공간과 마주하는 대중을 위한 공간이 마련되었다. 도시 구조 속에서 기념비적인 건축물로서 극장을 재건하기 전에 무대 장치를 실용화하는 단계에서 『건축론』(1452)과 『스펙타쿨라Spectacula』를 통해 구조적 유형이 발전했다. 전자는 비트루비우스에게서 영향을 받은 레온 바티스타 알베르티(1406-1472)의 작품이고, 후자는 15세기 후반 페라라 궁정 도서관장이자 천문학자인 펠레그리노 프리쉬아니Pellegrino Prisciani(1435-약 1518)의 논문이다.

(구조적 유형)

궁정 연극에서 궁정인들이 군주의 시선에 따라 움직이고 행동해야 했다면, 극장의 구조도 군주의 시점에서 원근법에 맞춰 건축되었다. 희극이든 비극이든 군주에게 복종하는 완결된 세계에 관한 이야기는 군주의 시선, 즉 군주의 관심 혹은 풍자와 이데올로기에 대해 군주가 허용하는 기준에 따랐다.

그러나 환영의 순간이자 장소인 극장은 군주의 환상 혹은 군주의 유토피아와 일치하든 일치하지 않든 경험한 세상에 대해 어느 정도 진실을 요구할 수 있다. 모든 이데올로기적 장애물에도 불구하고 영주가 자신과 자신의 궁정에 미리 정한 환영을 통해 연극을 공연하고/즐기려는 원래의 동기와 자극, 본질적인 본능이 다시 조금씩 나오게 되었다. 르네상스가 16세기에 회복한 연극 체계는 극장 건물 자체를 재건축하면서 복잡한 유산을 수용했고, 결과적으로는 그 유산을 소진했다. 즉 현실에서 고군분투하는 것과 이데올로기적 요구 사이에서, 상징적/위계적 질서를 가지는 유토피아와 모순적인 일상 사이에서 갈등하는 경험적 주체를 공연하게 되었던 것이다.

| 다음을 참고하라 |
문학과 연극 고전주의 연극의 재발견과 인문주의 연극(593쪽)

시각예술
Arti visive

시각예술 서문

| 안나 오타니 카비나Anna Ottani Cavina |

구상具象 문명은 최고 절정의 순간에 두 개의 현저한 양극성을 띠었다. 유럽어로 말해지는 르네상스의 영역 안에서 피렌체와 플랑드르(벨기에, 네덜란드 남부, 프랑스 북부*)라는 두 개의 세계관이 에스파냐와 프랑스, 그리고 서구 세계를 차지한 문화 사상을 소통하고 상호 작용하고 활발하게 했다. 스위스의 역사학자 야코프 부르크하르트(1818-1897)가 『이탈리아 르네상스 문명La civilta del Rinascimento in Italia』(1860)에서 위대한 과거의 가치와 모델의 회복인 르네상스를 선별하고 재구성했다. 이 연구는 15세기가 격렬하게 비판했던 반항적이고 혁신적인 이미지를 스스로 부여하기를 원했다. 또한 고대로의 복귀라는 표식 아래 이상적인 재탄생을 설정한 르네상스 신화와 계획에 따른 이미지에 대한 근대적 고찰의 기원이었다(에우제니오 가린Eugenio Garin, J. 부르크하르트의 『이탈리아 르네상스 문명』 서문, 1955).

피렌체, 미래의 공간
피렌체는 새로운 세기를 여는 전환기를 맞이했다.

원근법은 회화와 조각 영역에서 공간과 신체에 대한 합리적이고 과학적인 태도를 설정했다. 원근법은 대상을 바라보는 각도를 축소시키는 것으로, 이차원에 삼차원의 공간 표현을 위한 수학적 방법이 도입되었음을 뜻한다.

유클리드 기하학의 응용과 더불어 필리포 브루넬레스키(1377-1446)가 실험하고 레온 바티스타 알베르티(1406-1472)가 이론화시킨 원근법은 만물의 척도가 되는 우주를 의인화해서 보는 개념의 이름으로, 부분과 전체 사이의 조화 및 비례 관계의 원리를 소개했다.

이 모든 것은 후기 고딕 양식의 반反영웅적인 높은 문명의 지속성으로, 그리고 개략적으로 시대 구분이 허용되지 않던 복잡한 문화 현실 속에서 분명하게 재생되었다.

위대한 미술사가 페데리코 제리Federico Zeri(1921-1998)는 역사(정치, 경제, 사회) 도표상 억지로 평행인 것과 상반되는 "르네상스는 얼마나 지속되는가?"라는 역설적이고 도발적인 질문을 무자비하게 던졌다. 그리고 다소 미심쩍지만 진실에 상당히 근접한 자신의 방식에 따라 추론한 결과, 1430년 피렌체에서 르네상스 사상의 중심이 되는 모든 것이 이미 형성되고 표현되었다는 결론을 내리려 했다. "1430년대가 끝나갈 무렵에 브루넬레스키와 도나텔로Donatello(1386-1466)가 가장 중요한 텍스트를 만들어 냈고, 마사초Masaccio(1401-1428)는 이미 세상을 떠났고…… 수십 년 후에 재작업, 접목, 주제의 변화를 실행하게 될 것에 해당되는 것들은 이미 나타났다"(페데리코 제리, 『15세기 이탈리아 회화La Pittura in Italia. Il Quattrocento』 서문, 1987).

이것은 베아토 안젤리코Beato Angelico(약 1395-1455, 프라 안젤리코Fra Angelico라고도 함*)의 매혹적인 관점 및 도메니코 베네치아노Domenico Veneziano(1410-1461)의 귀족적인 색채와, 형태의 조화가 성장하는 합리성의 초기 변형에 대한 것이었다. 엔니오 플라이아노Ennio Flaiano(1910-1972)는 "눈에 보이지 않는 공간의 삼각 함수에 의한" 파올로 우첼로Paolo Uccello(1397-1475)의 매혹적인 투시도법 표현(엔니오 플라이아노, 『파올로 우첼로』, 1971) 및 "피에로 델라 프란체스카의 숭고한 수학적 지성"에 대해 썼다(페데리코 제리). 피렌체 예술의 다채로운 풍경은 원근법에 대한 수많은 해석을 잊어버리지 않은 채, 도메니코 베네치아노, 파올로 우첼로, 수사 카르네발레Fra Carnevale(?-1484), 카스타뇨의 안드레아Andrea del Castagno(약 1421-1457), 피에로 델라 프란체스카Piero della Francesca(1415/1420-1492)의 회화에서 제시되었던 빛과의 합의는 향상되거나 혹은 도나텔로(1386-1466), 안드레아 만테냐Andrea Mantegna(약 1431-1506), 포를리의 멜로초Melozzo da Forli(1438-1494)가 극단적인 결과로 착각하여 소명을 갖고 투영했거나 반대로 15세기 후반에 폴라이올로Pollaiolo(약 1431-1498), 필리피노 리피Filippino Lippi(약 1475-1504), 산드로 보티첼리Sandro Botticelli(1445-1510)의 풍부한 표현력과 실물 같은 디자인 앞에 뒤처졌다.

북쪽 세계: 프랑스와 플랑드르

당시에는 종종 국가와 동일시되었던 권력 체계의 중심은 도시였다. 15세기에는 문명 통합의 요소가 도시 장악에 달려 있었기에 특별히 높은 수준의 조형예술에 대해 이야기할 때 도시 문화를 빠뜨릴 수 없다. 르네상스는 피렌체 근처에서 두드러지는 지리적 영토와 관련된 각양각색의 함축적인 의미를 지녔고, 특히 이탈리아에서 예술성을 갖춘 일부 대도시를 중심으로 발생되었다. 무엇보다 밀라노와 베네치아를 꼽을 수 있고, 우르비노, 만토바, 페라라, 나폴리, 제노바도 그렇다.

형태와 색상의 통합 관점

아무튼 이탈리아의 수많은 도시-영주의 무리를 통해서 원근법에 근거한 공간 및 통합의 개념이 아주 빠르게 자리 잡았다.

반면에 알프스 산맥 너머의 프랑스부터 독일, 플랑드르 지역에서 변화는 미세하고 유동적인 소우주의 진실을 기록하는 분석력을 용이하게 했다.

체사레 브란디Cesare Brandi(1960)의 『이탈리아 공간, 플랑드르 환경Spazio italiano, ambiente fiammingo』과 엔리코 카스텔누오보Enrico Castelnuovo의 「이탈리아 전망과 플랑드르 축소판Prospettiva italiana e microcosmo fiammingo」(『색의 거장들Maestri del Colore』, 제 259호, 1968)은 두 세계를 통합하고, 상호 매력을 설명하고, 그리고 과도할 정도로 높이 솟은 "고딕 양식 숲의 아름다움"에 새로운 르네상스의 이상을 대조하는 매우 유사한 전략을 알리고자 노력한 것으로 유명하다(로베르토 롱기Roberto Longhi, 1890-1970). 아름다움은 이 새로운 르네상스 이상에서 1440-1460년에 새로운 예술 단체의 역사를 풍부하고 복잡하게 만드는 규칙, 규범에 관련하여 근본적으로 다른 방식으로 정의되었다.

당시에 이탈리아 중부 토스카나 지방의 형태와 색채의 통합 관점은 플랑드르, 아라곤 왕의 국가 및 프로방스부터 루아르에 이르는 프랑스 왕국을 정복했다.

그런데 이 관점은 단순히 도구 혹은 잘해야 '상징적인 형식'이나 '공간의 시학'에 불과했기 때문에 1450년대 이탈리아에서 문서로 기록된 프랑스 화가 장 푸케Jean Fouquet(1415-1481)는 "자신의 조각으로 고딕 성당 대형 석물石物의 장엄한 고요함, 부피감, 평화를 복구하면서" 토스카나의 엄격한 기하학적인 세상과 다른 세상을 표현하기 위해 이것을 활용했다(줄리아노 브리간티Giuliano Briganti, 『중세 예술부터 신고전주의까지. 예술사 이야기Racconti di storia dell'arte. Dall'arte medievale al neoclassico』 중 "장 푸케",

장 푸케와 고딕 성당의 위엄

루이사 라우레아티 편집, 2002). 다시 말해 이탈리아에서 유래된 더욱 모던하고 원근법적인 공간성으로 중세 프랑스 건축가들의 기념비적인 양식을 비판하면서 말이다.

이러한 방식으로 푸케는 '이탈리아의 비밀' 옆에서 유럽의 르네상스에다 멋지고 신비로운 채색을 도입했다. 그의 세밀화에도 등장하는데, "밝은색 돌로 쌓고 슬레이트 첨탑을 세우고 해자垓子(성 주위에 둘러 판 못*)의 그늘지고 고여 있는 물로 둘러싸

인 막 완성된 성채의 전망, 둥글게 둘러져 있는 푸른 언덕으로 지평선이 막혀 있는
광활한 경작지 한가운데 있는 성벽 뒤로 보이는 집들이 빽빽하게 있는 도시, 여전히
젖어 있는 벽토와 막대패질을 한 나무로 만든 잘 지어진 중산층 가정의 집이 늘어서
있고, 수습 기사와 궁수의 제복에 새겨진 문장의 깃발 사이로 왕 수행원의 장식용 천
을 덮은 말이 지나가는 도시의 거리" 그림이 그것이다(줄리아노 브리간티, 같은 책).

이탈리아, 프랑스, 그리고 이와 동일한 생산적인 변증법적 방식 내에서 플랑드
르의 양극성을 표현한 벨기에 서북부 도시인 브루제Bruges와 강Gand의 위대한 화가
들로는 로베르 캉팽Robert Campin(약 1378-1444), 얀 반 에이크Jan van Eyck(1390/1395-
1441), 로히어르 판 데르 베이던Rogier van der Weyden(약 1400-1464)을 꼽을 수 있
다. 이들이 작품에서 광도光度, 즉 시각적 명확성과 분석적인 묘사를 구현했기
에 이탈리아의 르네상스는 추상적인 형태를 만났으며, 혹은 앙드레 샤스텔André
chastel(1912-1990)의 표현에 따르면 공간의 결정학적 분석이 존재했다. 이것은 플랑
드르의 페트루스 크리스투스Petrus Christus(약 1410-1475/1476)와 이탈리아의 메시나
의 안토넬로Antonello da Messina(약 1430-1479)와 함께 두 문화의 통합을 이끌어 낼 때
까지 이어졌다.

예술가의 명망

15세기에는 변화와 성과, 예술과 인문주의의 관계, 신新플라톤 사상의 발생 정도, 예
술과 과학 사이의 연속성, 고전주의와 자연주의, 예술가의 사회적 구속을 읽어 내는
관점이 무한했기에 예술가의 명망이 전혀 소진되지 않았다.

가장 급진적인 양상은 경계와 국경을 뛰어넘고, 조직 형태를 통해 모호한 현상
의 세계를 지배할 수 있도록 허용한 분리된 지식 영역(수학, 기하학, 해부학, 광학)에
서 탐험가의 역할을 수행했던 예술가에 대한 인정에서 드러났다(A. 카스텔, *Arte e
Umanesimo a Firenze*, 1964).

예술가는 자신의 특정한 기술 지식 이상의 작가, 시인, 문헌학자, 수학자, 철학자
옆에서 과학적, 철학적, 그리고 궁정 영주의 인문주의적 차원에서 평가되었다.

15세기에 예술가는 옹호받았고, 이전에 없었을 정도로 명망을 받는 생산자가 되
었다.

15세기는 혁신 및 위대하고 숭고한 시詩의 시대로, 조리-카를 위스망스Joris-Karl

Huysmans부터 조세핀 페라당Josephin Peladan(상징주의 시대의 난해한 사람), 월터 페이터 Walter Pater, 마르셀 프루스트Marcel Proust까지 시인들은 유럽의 퇴락 시기마다 저항할 수 없는 매력을 발휘했다. 작가는 "전적으로 모던한 전율의 환상적인 재현 및 대담한 암시"를 계획하는 분위기만큼이나 실제 이야기를 많이 찾아다녔고(마리오 프라츠, W. 페이터의『상상의 초상화Ritratti immaginari』서문, 1980) 자서전과의 경계에서, 산드로 보티첼리의 회화에서, 비애로 감동을 주는 창백한 비너스에서, 그리고 19세기 말에 현대 문명의 삶의 고통과 상실감을 가지고 소설화하기를 상상했다.

국제 고딕 양식

ARTI VISIVE

프랑스 궁정 양식

| 밀비아 볼라티|Milvia Bollati |

발루아 왕조의 샤를 5세 및 샤를 6세의 왕국은 위탁받은 작품과 후원으로 프랑스 궁정
예술가들의 삶이 행복했던 시기임을 보여 준다. 적지 않은 부분에서 귀중하고 세련된
이 양식은 아주 빠르게 다른 유럽 궁정들에 본보기로 받아들여졌다.

궁정의 후원

발루아 왕조의 샤를 5세 현왕Charles V le Sage (1338-1380)의 죽음은 변함없는 활력
으로 지속되었던 궁정 후원 정책의 단절을 나타내지 않는다. 앙드레 보느뵈André
Beauneveu (1335-약 1401)처럼 이미 군주에게 봉사하던 예술가는 베리 공작 장Jean de
Berry (1340-1416)의 영토에서 권위 있는 대담자 중 한 명을 찾았다. 공작은 당대의 가
장 훌륭한 예술가들 중 몇몇을 선별하여 자신의 곁에 두었다. 그중에는 장 르 느와르
Jean le Noir (1331-1380년에 활동)와 나르본느Narbonne의 파라멘토의 거장(1350-1370년
에 활동)이 있다.

파라멘토라는 이름은 그가 그리자유grisaille (회색 단색 화법*)로 예배당 제단을 장식
하는 〈예수의 수난사Storie della Passione〉(파리, 루브르 박물관, inv. M.I.1121)에 그려 넣

은 실크 제의祭衣에서 유래한다. 십자가 측면에 있는 두 개의 아치형 구조 안에는 두 명의 후원자인 샤를 5세와 그의 아내 부르봉의 잔Jeanne de Bourbon(1337-1378)이 무릎을 꿇고 있다. 유다의 배신으로 시작하여 막달라 마리아에게 나타난 그리스도의 모습으로 마무리되는 이 작품에서 섬세하고 구멍 난 고딕 건축물은 액자 역할을 한다. 예술가는 그리자유의 적절한 사용을 통하여 드높여진 무척이나 우아한 그래픽을 활용하고 율동적으로 변형된 선으로 완성되었다.

그리자유 사용

궁정의 후원은 장식이 화려한 필사본, 특히 미사 시간과 미사용 시편인 전례 텍스트에 대한 것이든 그림, 금세공, 전례용 장식에 대한 것이든 동등했다. 여러 필사본들 중에는 베리 공작의 후원 지급 목록 필사본이 유명하며, 샤를 5세의『역사 성서Bible Historiale』는 더욱 유명하다(파리, 병기창 도서관, ms. 5212). 이는 장 퓌셀Jean Pucelle(약 1300-약 1355)의 제자인 장 르 느와르에 의해 권두卷頭 삽화에 조명되었고, 샤를 6세(1368-1422)에 의해 1413년에 준비된 공작의 서고 목록에 반영시키는 방식으로 베리 공작 장에게 하사되었다. 필사본은 그림들, 금은보석, 그리고 장식 모두가 재료 선택 및 동기의 다양성에 따라 점차적으로 고딕의 레요낭rayonnant(방사선식*)의 가장 복잡하고 생동감 넘치는 형태를 취하는 양식으로 만들어졌다.

베리 공작 장을 위한 필사본

건축에서도 유사한 경향이 확인된다. 1361년에 시작된 프랑스 왕국의 중심부 일 드프랑스에 있는 도시 뱅센의 성채 구축이 1380년에 완성되었다. 샤를 5세가 열망하여 1388년에 시작되었고, 샤를 6세의 주도로 건립된 생트 샤펠Sainte Chapelle처럼 건축과 조각의 진정한 통합 사례에 해당한다. 완성되지 않았을지언정 조각 장식은 위爲 디오니시우스Dionysius(이름이 알려지지 않고 있는 5세기의 신비한 그리스도교적 플라톤주의자*)의 정의에 따라 아홉 명의 천사 합창단 시리즈를 〈삼위일체Trinità〉 주변에 전개시키는 방식으로 평범하지 않은 노작勞作을 보여 주었다.

금은보석 및 에나멜 환조

샤를 6세는 자신의 부친으로부터 상속받은 이미 풍부한 소장품에 공헌하고자 분투했고, 일부 계획에 있어 추종자 및 주창자로 역할을 했으며, 무엇보다 뱅센의 성채 작업을 완료했다. 그는 수도원과 사원들에도 후한 선물을 했는데, 그중 생드니 수도원에 있는 예수가 못 박힌 성스러운 십자가 성유물聖遺物, 노트르담 성당을 위한 은 십자가, 그리고 1411년에 시나이 반도에 있는 산타 카타리나 수도원에 기부된 금과 반투명 에나멜로 만들어졌고 라틴어와 그리스어로 아름다운 글이 새겨진 아름다운 성배가 있다. 군주의 종교적 헌신은 금은보석 및 에나멜 환조en ronde-bosse(완전한 삼차원적 구성으로 주변을 돌아가며 만질 수 있는 입체 표현의 조각*)라는 특별한 방식으로 표현되었다. 프랑스인이 아닌 금은세공업자들 역시 유명해진 파리 생산품을 곧바로 모방해 만들어 냈다. 14세기 중반부터 시도되었고 14세기 말엽에 완성된 혁신적인 에나멜 기술은 흰색, 초록색, 푸른색, 그리고 반투명 붉은색 표면으로 타의 추종을 불허하는 효과를 냈다. 종종 진주와 귀한 보석으로 장식하기도 했다. 이들은 궁정의 무수한 보물 목록 문서에 기록되었는데, 나바르의 잔Jeanne(1370-1487)이 브리튼 공작이자 아들인 장 5세(1389-1442)에게 선물한 〈삼위일체〉(파리, 루브르 박물관, inv. MR 552)처럼 소수의 경우만이 오늘날까지 보관되고 있다. 성부 하느님, 성 처녀, 그리고 성인들의 모습을 담은 작품은 성당의 건축 양식을 모방하여 천장과 양쪽 단면이 3판 무늬로 되어 있는 3판형 아치와 끝이 뾰족한 천장, 그리고 첨탑으로 만들어진 벽감 안에 담겨 있다. 매한가지로 유명한 교회 제단 위의 3폭짜리 그림인 트립틱triptych(암스테르담, 국립미술관, inv. RBK 17045)은 중앙에 돌로 만들어진 그리스도의 형상을 천사가 떠받치고 있고, 소위 〈시에나의 평화Pace di Siena〉(아레초, 교구 박물관, inv. 74)에 복제되었다. 성모 마리아가 예수를 안고 있는 이 그림에서 수난을 상징하는 두 사람이 트립틱 측면에 나란히 등장한다. 두 명의 아기 천사와 함께 슬퍼하는 성모와 예수는 에나멜 환조로 만들어졌다.

금은세공업자 공방의 진정한 걸작은 금으로 만든 높이 62센티미터의 말馬 조각상으로 독일 바이에른 주 알트외팅 예배당에 있는 〈골든 뢰슬Goldenes Rössl〉이다. 1405년 설날에 바이에른의 이자보Isabeau(1371-1435)가 남편인 샤를 6세에게 준 선물로, 금으로 만든 백합이 새겨진 푸른 망토를 두르고 갑옷을 입고 있는 군주가 성녀 가타리나, 세례자 요한, 사도 요한과 함께 아기 예수를 안고 있는 성모 앞에 무릎을 꿇고 기도를 드리고 있다. 무릎을 꿇은 샤를 6세 곁에는 왕실의 문장을 달고 있는 기사와 왕의 말을 잡고 있는 하인이 있다. 진주 및 보석으로 장식된 황금 격자 배경에는 두 아기 천사가 성모 마리아를 둘러싸고 있다.

작품은 다행히도 뮌헨의 바이에른 국립박물관(inv. MA 2607)에 보관 중이다. 위의 보물을 연상시키는 구성 및 디자인으로 유명한 다른 보석 유물은 두 명의 아기 천사에 둘러싸여 아기 예수를 안고 있는 성모 마리아 앞에 있는 성인 제오르지오와 엘

타의 추종을 불허하는 결과로 이룬 혁신적인 기술

루브르의 〈삼위일체〉

〈골든 뢰슬〉

리사벳인데 부부인 이자보와 샤를 6세를 표현한다. 아마도 똑같은 금은보석상의 공방에서 만들어졌을 것이다.

헌신과 영성 사이: 피에타의 주제

아마도 장 말루엘Jean Malouel(약 1365-1415)이 그렸을, 현재 루브르 박물관에 있는 〈피에타Pietà〉(inv. M.I. 692)[도판 49]는 부르고뉴 공작 용담공 필리프(1342-1404)의 무기와 관련 있다. 독창적인 도상학의 발명 결과로 무혈의 그리스도의 모습이 드러나 있다. 슬퍼하는 천사 무리가 성모 마리아와 그리스도 주변을 감싸는 한편으로 성모 마리아는 팔에 안고 있는 그리스도에게 몸을 굽혀 다가가며, 두 사람 곁에 선 세례자 요한은 눈물을 감추지 못한다. 이 그림은 종종 경건한 명상과 묵상에 도움을 주는 용도로 활용되거나 작은 테이블, 제단 위의 그림 혹은 성무일도와 같은 기도서에 사용되었다. 발루아 왕가의 예술가들이 신앙인들의 정서적 연대 관점에서도 다룬 피에타의 그리스도에 대한 묵상은 평신도들이 전념했던 특별한 테마 중 하나였다. 이미 샤르트르의 트립틱(샤르트르 순수 미술관, inv. 2886)에서 그러했듯이, 마치 성모 마리아와 세례자 요한의 위로를 받고 있는 것 같은 그리스도의 모습이 두 천사의 숭배를 받고 있는 듯한 그리스도의 이미지로 대체되었다. 베리 공작 장이 소유한『성모와 복음주의자 요한의 매우 아름다운 시간경Très Belles Heures de Notre-Dame』(파리, 국립중앙도서관, ms. Lat. 3093, f. 155r)부터 시작된 도상학은, 샤를 5세와 샤를 6세 치하의 파리에서 큰 성공을 거두었다. 루브르에 있는 장 말루엘의 그림에서 또 다른 변화를 볼 수 있다. 십자가에서 내린 그리스도의 시체를 자신의 무릎에 놓고 애도하는 성모 마리아는 삼위일체의 이미지를 고양시켰지만 이에 한정되지 않았다. 이는 성자의 희생, 성부의 뜻, 그리고 인간의 조력자인 성모 마리아의 참여를 동시에 강조했다. 유사한 이미지는 1430년경에『로앙의 멋진 시간경Grandes Heures de Rohan』(파리, 국립중앙도서관, ms. Lat. 9471, f. 135r)의 세밀화가에 의해 제공되었다. 여기서 요한은 죽음으로 뻣뻣해진 상처가 난 몸으로 땅바닥에 누워 있는 그리스도를 향해 몸을 굽히고 팔을 뻗은 성모 마리아에게 말하고 있다. 그의 시선은 푸른 날개의 치천사 사이에 신성하게 발현하신 성부 하느님에게로 향한다. 기도를 장려하고 함께하는 이미지에 대한 명상은 성모 마리아의 상심 및 십자가에서 내린 그리스도에 대한 재해석과 관련 있다. 예술가의 원숙함을 드러내는 걸작『로앙의 멋진 시간경』은 파리에서 먼 프

특별한 묵상 주제: 피에타의 그리스도

랑스 서쪽에서 탄생했다. '로앙의 시간경의 거장'이라는 뜻의 이름을 가진 세밀화가 細密畵家 로앙의 마에스트로 델레 오레(1420-약 1430년에 활동)는 동시대의 많은 작품과 마찬가지로 『로앙의 멋진 시간경』 완성을 위해 백년전쟁으로 기록되는 힘겨운 시기에 파리에서 멀리 떨어진 앙주에 머물러야 했다.

| 다음을 참고하라 |
역사 프랑스 왕국(71쪽)

베리 공작 장의 『아주 호화로운 시간경』
| 밀비아 볼라티 |

개인의 종교적 헌신의 표현인 베리 공작 장의 『아주 호화로운 시간경』은
공작이 랭부르 형제에게 위임한 그림이 풍부하게 그려진 책이다. 공작의 애서에 대한
열정과 당대의 궁정 생활을 이해할 수 있는 양식의 전형을 동시에 보여 준다.

베리 공작 장의 소장품

태피스트리tapestry(색실로 무늬를 짠 직물*), 보석, 그림 및 궁정의 위대한 예술가들 몇몇이 그린 멋진 필사본들은 발루아 왕가와 베리 공작 장(1340-1416)의 자랑거리인 가장 풍부한 소장품들이었다. 최고最古 소장품 목록은 1401년과 1403년에 작성된 것으로, 1천317개의 물품을 열거한다. 이들은 인수, 판매 및 교환으로 확보된 것들로, 1413년에 에스탕프의 로비네Robinet d'Estampes가 편집한 목록이건 1416년에 베리 공작이 사망한 다음날에 장 레봉이 작성한 마지막 목록이건 주기적으로 덧붙여 작성되었다. 가장 눈에 띄는 소장품은 므윙쉬르예브르Mehun-sur-Yèvre에 소장되었다.

초반에 공작은 샤를 5세(1338-1380)의 것과 크게 구별되지 않는 소장품을 수집했으나 1380년경에 이미 자신의 취향과 관심을 분명하게 드러냈다. 그는 전례용 필사본, 특히 기도서를 선호했고, 장 퓌셀(약 1300-약 1355) 같은 예술가들에 강한 관심을 보였으며 그의 필사본 일부를 수집하기도 했다. 장 퓌셀은 기도서 『소小시간경Petites

Heures』(파리, 프랑스 국립도서관, ms. Lat. 18014)을 위해 자신의 가장 재능 있는 제자인 장 르 느와르(1331-1380년에 활동)의 도움을 받았다. 그는 1375-1380년경에 시작된 필사본 작업에서 수난기만 완성했다. 거장의 죽음으로 중단된 작업은 1385년 이후에 더 많은 예술가들에 의해 다시 다루어졌다. 가장 눈에 띄는 인물은 에당의 자크마르Jacquemart de Hesdin(1380-1411년에 활동)로, 1384년부터 공작의 조신으로 일했다. 장은 1412년경의 소장품 목록에 랭부르 형제Frères Limbourg(14-15세기), 어쩌면 요한(f. 288v)의 세밀화를 덧붙이도록 했다.

그의 풍부한 장서 목록 중에 짧은 메시지일지언정 『시편Psalter』(파리, 프랑스 국립도서관, ms. Fr. 13091)은 가치가 있다. 도서는 므윙 성채 작업을 진두지휘하도록 불러온 앙드레 보느뵈에 의해 1386년경에 채색되었다. 그리고 랭부르 형제가 채색한『노트르담의 매우 아름다운 시간경Les Très Belles Heures de Notre-Dame』(파리, 프랑스 국립도서관, ms. N.A. Lat. 3093과 토리노, 고대예술 시립박물관, inv. 47) 및『아름다운 시간경Les Belles Heures』(뉴욕, 클로이스터즈, 메트로폴리탄 박물관, ms. 54.1.1.)이 가치 있다.

베리 공작의 『아주 호화로운 시간경』

공작이 지닌 장서 소장품의 명성과 가장 긴밀한 관련이 있는 필사본은 기도서『아주 호화로운 시간경Les Très Riches Heures』[도판 33 참조]으로, 오늘날에는 샹티이의 콩테 미술관(ms. 65)에 보관 중이다. 그러나 본래 표지를 잃어버렸고, 18세기에 붉은 모로코 가죽으로 만든 이탈리아 제본 방식을 보여 준다. 원본은 1411/1412년에 채색된 것으로 추정된다. 교황이 시성諡聖한 가르멜 수도회의 수사 시칠리아의 알베르토의 이름은 1476년에서야 호칭 기도에 등장하기 때문이다. 그를 기념하는 축제는 1411년부터 전례 달력에 소개되었고, 1416년에 프랑스 중부의 부르주와 어쩌면 파리에서 랭부르 형제에 의해, 용맹공 장 휘하의 성무일도서의 거장에 의해, 그리고 공방의 다른 예술가들에 의해 소개되었다. 그러나 이것이 공작을 위한 랭부르 형제의 첫 임무는 아니었다. 그들은 이미 공작을 위해 시간경 장식을 완성했다. 하지만 1416년에 세 명의 채식사彩飾師와 짧은 거리를 두고 발생한, 아마도 흑사병이 원인이었을 공작의 죽음으로 인하여 작업이 중단되었다. 필사본 장식을 재개한다는 결정을 내리기 위해서는 1440년대까지 기다려야 한다. 앙주의 르네René d'Anjou(1409-1480) 왕의 시관이자 플랑드르 출신 화가였던 바르텔레미 다이크Barthélemy d'Eyck(1444-1476년에

랭부르 형제

활동)의 개입이 발생해야만 하기 때문이다. 그는 시간경의 5월, 6월 및 9월 일부에
도 개입하면서 10월과 11월을 그렸다. 화가는 유럽 서부에 있던 중세의 공국 림뷔르
흐Limburg(프랑스어로 랭부르*)의 동화로 유명했다. 화가는 언제나 아주 명쾌하게 진
행했던 분석적 조사로 현실감을 강조했고, 이따금 등장인물의 특징과 그림자 사용,
야간 및 특별한 조명 효과에서 거의 거칠기까지 한 특징을 보였다. 필사본은 1485-
1489년에 사보이 궁정에서 프랑스의 필사본 삽화가인 장 콜롱브Jean Colombe(약
1430-1493)에 의해 완성되었다.

텍스트와 상관없이 독립적인 구성으로 몇 장의 그림이 덧붙여졌고, 35쪽이 넘는
페이지가 채색되었다. 무엇보다 아주 세련된 그림이 특징인 성무일도서(성모 마리아
에게 바치는 기도문이 담겨 있으며, 이탈리아 롬바르디아 지방에서 후기 고딕 방식으로 채색
된 작은 책*)는 궁정의 도서 삽화 중 최고 경지를 보여 준다. 랭부르 형제(폴, 요한, 헤
르만)의 예술은 풍부하고 세심한 모든 표현법으로, 특히 귀족의 일과 농부 및 장인
의 직업을 다룬 달月에 대한 설명에서 거의 모든 종류로 전개되었다. 가장 유명한 달 달에 대한 설명
인 4월(f. 4v)은 프랑스의 두르단Dourdan 성채를 배경으로 평화롭고 조용한 시골 풍
경을 담고 있다. 그림의 주인공인 사랑의 징표를 교환하는 젊은이 한 쌍은 금실로 짠
옷과 당시 유행했던 사치스러운 모자를 쓰고 있는 반면에 두 명의 하녀는 땅에 떨어
진 꽃을 줍기 위해 몸을 굽히고 있다. 이 약혼 이야기는 다음 장에서도 이어진다. 5월
(f. 5v)에서는 시테 궁을 배경으로 승마 축제가 벌어진다. 관람자들은 인물들을 감싸
고 있는 숲 너머에서 무슨 일이 벌어지고 있을지 추측하게 된다. 마지막으로 8월(f.
8v)에서 그 한 쌍의 남녀는 매사냥을 즐기고 있다. 이 그림은 조금 전 궁정에서 거행
된 결혼식, 정확히는 1400년 6월 20일 파리에서 거행된 베리 공작의 딸 마리(1367-
1434)와 루이 2세Louis II de Bourbon의 아들인 부르봉의 장Jean de Bourbon(1380-1434)의
혼인을 나타낸다는 가설이 제기되었다. 넓은 전망의 풍경을 펼쳐 내는 시간경의 그
림에서 2월(f. 2v)에 모든 것을 덮고 있는 눈부터 4월(f. 4v)의 봄 하늘까지, 계절과 날
씨의 연속적인 다양성 역시 이목을 끈다. 심지어 주의 봉헌 축일Presentazione di Gesù al
tempio(f. 54v)에 대해 생각하게 하는 그리스도의 삶의 에피소드는 궁정 및 귀족의 최
신 정보를 단서로 분석되었다. 그리스도 수난기는 파리를 배경으로(f. 143r) 혹은 그
리스도의 유혹(f. 161v) 장면을 압도하는 베리 공작 장의 저택인 므윙쉬르예브르의
성채를 배경으로 묘사되었다.

624

| 다음을 참고하라 |
역사 보헤미아(106쪽)

프라하와 보헤미아, 카를 4세부터 바츨라프까지
| 밀비아 볼라티 |

보헤미아 궁정은 룩셈부르크 가문의 카를 4세와 바츨라프 4세, 그리고 룩셈부르크
왕조의 마지막 귀공자인 지기스문트의 통치 기간에, 왕국의 수도 프라하를 가장
활기차고 문화적인 유럽 도시의 하나로 만들어 준 특별히 결실이 풍부한 예술 시기를
맞이했다. 고딕은 바이허 슈틸이라는 부드러운 양식으로 확산되었다.
한편 새로운 건축 사업은 카를슈테인 성채부터 성 비토 대성당까지
도시의 면모를 다시 디자인했다.

카를 4세

프랑스 궁정에서 교육받은 미래에 카를 4세(1316-1378)가 될 보헤미아의 카를은 여러 차례에 걸친 이탈리아 여행 중에 이탈리아 북부 파다나 지역의 궁정 문화도 접했다. 이탈리아의 궁정 예술이 젊은 군주에게 불러일으킨 매력의 결과로 인하여 보헤미아에 자신들의 작품과 재능을 빌려주기를 요청받은 이탈리아 예술가들이 도착했으며, 이탈리아 거장들의 공방에서 나온 물건들은 보헤미아 왕과 측근들의 소장품으로 인기를 끌었다.

보헤미아의 이탈리아 예술가들

1344년에 프라하는 프랑스 궁정에서 젊은 왕의 가정 교사였던 교황 클레멘스 6세Clemens VI(1291-1352, 1342년부터 교황)의 뜻에 따라 주교구가 되었으며, 즉시 성 비토 대성당 건축이 시작되었다. 성당은 왕의 축성 장소 및 왕실의 묘로 사용될 것이었다. 건축 계획은 프랑스 건축가 아라스의 마티외Mathieu(약 1290-1352)에게 맡겨졌다. 이어서 페터 파를러Peter Parler(1333-1399)가 불려 와 1356년부터 건축물 감독 자격으로 마티외의 뒤를 이어 일했을 것으로 추정된다. 독일 남부 지역인 슈베비슈 그뮌트Schwäbisch Gmünd에 있는 부친의 작업장에서 교육받은 그는 뉘른베르크의 프라

우엔 교회 아트리움atrium 외부 정면에 조각 작업을 했고, 다음에는 카를 4세의 조신으로서 궁정에서 진행되는 다른 작업을 위해 흐라드차니Hradčany 성채의 올 세인츠 교회 및 블타바Vltava 강에 있는 카를교의 탑을 위한 일을 거들면서 독일의 라우프 안 데어 페그니츠 성채의 조각 장식을 만들었다.

카를 4세는 1347년 9월 12일에 있었던 자신의 대관식 이후 제국 내에서 보헤미아의 역할을 통합하고 프라하를 유럽의 수도로 만들기 위한 작업을 시작했다. 수도에 모여든 화가들, 세밀화가와 필경사, 또 조각가, 유리 제조업자, 자수업자들의 수는 많았다. 이제 프라하는 프랑스 궁정 모델에 국제적인 고딕 양식을 실험하면서 예술적 생명력으로 넘쳐 나는 도시가 되었다. 유럽의 수도 프라하

카를 4세는 1335년 1월 6일에 밀라노의 산 암브로조 성당에서 관습에 따라 철 왕관을 쓰고 왕위에 앉은 뒤에 로마로 이동했다. 1353-1364년 및 1371-1374년에 영향력이 있던 인물로, 스트레다의 얀Jan von Streda이라고도 불린 카를 4세의 재상 네우마르크트의 요한Johann von Neumarkt은 왕의 예술적 선택이 결정되는 데 가장 주도적인 역할을 했다. 보헤미아 궁정에서 이탈리아 양식은 프라하 국립박물관에 있는 휴대용 성무일과서인 『리베르 비아티쿠스Liber viaticus』(ms. XIII A 12)부터 롬바르디아와 파리의 영향으로 장 퓌셀(약 1300-약 1355)까지 생생하게 드러났다. 로마에서 돌아온 왕이 가장 많은 에너지를 쏟은 사업은 카를슈테인Karlstein 성의 재구축이었다. 5개의 부속 예배당은 이 장소의 신성한 특징을 강조했다. 왕실 보물을 보관하는 산타 크로체 예배당, 수난 유물 예배당, 그리고 성 처녀라는 이름이 붙은 것 외에 성 니콜라오와 성 벤체슬라오에게 헌정된 다른 두 개의 예배당이 그것이다. 성에서 활동한 화가들 중 스트라스부르의 니콜라스 뷔름세르Nicholas Wurmser(1357-1360년에 활동)와 산타 크로체 예배당에서 일했던 가장 유명한 인물인 마지스터 테오도리쿠스Magister Theodoricus(1359-1381년에 활동)를 꼽을 수 있다. 이곳은 라테라노의 지성소至聖所 예배당과 파리의 생트 샤펠 예배당을 모델로 한 예배당-신사였다. 밀라노에서 왕위에 앉은 카를 4세

그림이 그려진 내벽은 귀중한 금과 준보석으로 장식된 벽과 더불어 예루살렘의 하늘의 아름다움과 화려함을 연상시킨다. 벽에 그려진 성인들의 존재는 안에 보관 중인 보물과 직접적인 관련이 있었다. 모든 프로그램은 현명하고 경건한 군주인 카를 4세의 모습으로, 왕실의 축하를 목표로 했다. 작업은 마지스터 테오도리쿠스에게 맡겨졌다. 1359년에 성에 거주한 것으로 알려진 그는 성 내부를 장식하는 프로젝 마지스터 테오도리쿠스의 산타 크로체 예배당

트를 맡고서 프레스코화의 전통적인 메디움médium(광의의 뜻으로는 예술 표현의 모든 재료를 뜻하며 매재媒材라고도 한다. 회화에서는 물감을 풀어 쓰는 재료*)을 성인들의 반신 상을 그린 목판 시리즈로 대체했으며 특이한 갤러리를 형성하도록 쌓아 올려 정돈 한 통나무 벽에 배치했다. 거장은 자신이 직접 도안을 그렸고, 적어도 30개의 목판 을 만들었다. 십자가에 매달린 예수, 복음사가들, 열두 제자의 모습, 보헤미아의 수 호성인, 그리고 샤를마뉴의 모습을 담은 목판을 만들었다. 그의 작업 공방에서 세 명 정도의 다른 거장들이 작업을 완성하기 위해 함께 작업했다. 작업은 꽤 빠른 시간 안 에, 즉 1364년에 완료되어 1365년 2월 9일에 예배당이 축성되었다. 또 다른 중요 인 물은 모데나의 톰마소Tommaso da Modena(1326-약 1379)다. 그에게 성인 벤체슬라오 와 팔마시오 사이에 아기 예수와 함께 있는 성모 마리아의 모습을 그리는 삼부작이 맡겨졌다. 카를슈테인의 삼부작에 자신의 서명을 남긴 톰마소의 인생 여정에 관해 서는 아무런 기록도 남아 있지 않다. 아직도 거장 톰마소가 실제로 보헤미아의 도시 에 머물렀는지 혹은 단순히 자신의 작품을 이탈리아에서 완성한 다음에 발송했는지 에 대한 논의가 분분하다.

모데나의 톰마소의 존재

바츨라프 4세의 시대

바츨라프 4세의 후원으로 만들어진 일곱 권의 성문집은 오늘날 오스트리아 국립도 서관과 스트라스부르 대학 도서관에서 보관 중이다. 현재 가장 유명한 것은 빈에 있 는 성경(ms. 2643)이다. 적어도 아홉 명의 거장들에 의해 꾸며진 이 성경은 최초의 독일어 번역본 중 한 권으로, 애석하게도 미완성이지만 전례 없이 화려한 장식이 곁 들여져 있다. 바츨라프 소유의 시간경 역시 오늘날 옥스퍼드(펨브로크 칼리지, ms. 20) 에 남아 있다. 그는 아버지인 카를 4세가 그러했듯이 일상적으로 성무일도에 전념했 다. 여기서는 보헤미아 교회의 성인들, 루드밀라, 프라하의 아달베르토 주교, 그리 고 분명하게 성 벤체슬라오에 대한 신앙심을 도상학 주제로 선택했다. 이 마지막 인 물에 황제의 초상화를 담았는데, 왕의 독수리로 장식된 로마 문장이 동일한 종이에 찍혀 있다. 다른 초기 필사본에서 바츨라프는 자신의 두 번째 부인인 바이에른의 소 피아(1376-1425)와 나란히 그려졌다. 지금도 여전히 바이허 슈틸Weicher Stil(부드러운 양식*)로 언급되는 이와 같은 양식은 세기 말로 갈수록 잘 정의되었다. 작품은 보헤 미아 왕국의 특별한 순간을 의미하지만 그것이 전부는 아니다. 풍성한 주름과 부드

바이허 슈틸과 〈아름다운 성모〉

럽게 떨어지는 옷으로 몸을 감싸고 있는 느슨하고 경쾌한 인물 표현, 섬세하게 연구된 리듬이 특징이며, 미사와 성무일도를 바치는 신성한 무대 위에 자리하여 사적으로 예배를 올리는 주인공을 표현했다. 예를 들어 아기 예수를 안고 있는 성모 마리아를 표현한 조각품인 〈아름다운 성모Schönen Madonnen〉는 아기 예수와의 다정하고 사랑스러운 관계 속에서 성모의 아름다움을 돋보이게 하는 새로운 도상학으로, 오늘날 빈 미술사 박물관에 있는 크롬로프Krumlov의 아기 예수를 안고 있는 성모 마리아 조각이나 라인 주립박물관(16058)에 있는 아기 예수를 안고 있는 성모 마리아 조각이 이 새로운 도상학의 아주 아름다운 사례라고 할 수 있다. 성 비토 대성당의 보물이었고, 오늘날 프라하 국립박물관(P 5463)에 있는 아기 예수를 안고 있는 성모 마리아 조각은 작은 테이블도 본떴다. 이 작은 테이블은 대성당 안에 있는 하센부르크 예배당에 세례자 요한과 성 에반젤리스트에게 1415년에 헌정된 제대와 관련 있을 것으로 추정된다. 십자가에서 내려진 그리스도를 껴안은 성모상인 〈베스퍼빌드Vesperbild〉로 알려진 자비의 그리스도 역시 16세기로 접어들 즈음에, 특히 조각 형태로 크게 확산되었다. 뉴욕 메트로폴리탄 박물관의 〈피에타Pietà〉(클로이스터스 컬렉션, 2001.78) 같은 작품은 보는 이로 하여금 아들의 시신을 찬찬히 들여다보는 성모 마리아와 함께 예수가 감내한 고통에 대한 생생한 감정을 느끼도록 관람자를 이끌고 묵상하게 한다.

룩셈부르크의 지기스문트

지기스문트(1368-1437)는 룩셈부르크 왕조의 마지막 왕이다. 헝가리 앙주 가문의 마리어(1371-1395)와의 결혼으로 1387년에 헝가리 왕이 되었고, 1433년에는 신성 로마 제국의 황제가 되었다. 그러나 짧은 두 번의 기간(1419-1420년과 1436-1437년)에만 보헤미아를 통치했다. 오늘날 빈(미술사 박물관)에 보관 중인 그의 초상화는 1436-1437년에 그려진 것으로 추정된다. 초상화는 1939년부터 프라하 국립미술관에 대여 중인, 이미 프라하의 카푸친 수도원에 있는 14개의 테이블 시리즈를 작업한 동일한 익명의 예술가의 작품이다. 예배당 벽면을 장식한 그리스도, 성모 마리아, 세례자 요한, 열 명의 사도들, 그리고 성 바오로의 반신상 시리즈로 표현된 복잡한 그림의 원래 목적이 무엇인지는, 어쩌면 영원히 알 수 없을 것이다.

| 다음을 참고하라 |
시각예술 베리 공작 장의 『아주 호화로운 시간경』(621쪽); 파브리아노의 젠틸레(632쪽)

비스콘티 통치의 밀라노

| 밀비아 볼라티 |

> 밀라노 궁정은 잔 갈레아초 비스콘티와 더불어 사상과 예술가, 그리고 국제 고딕 양식의
> 우아한 기호를 따른 작품들의 실험실이 되었다. 비스콘티 가문의 집정 시기에 알프스
> 너머에서 온 예술가들의 계승과, 밀라노 두오모와 파비아 샤르트르 수도원 작업이
> 동시에 시작되었다. 나무에 그린 그림은 거의 아무것도 남아 있지 않지만,
> 강한 암시를 주는 이미지는 궁정의 세밀화 필사본으로 전달된다.

잔 갈레아초 비스콘티의 정략결혼

이탈리아 북부에서 국제 고딕 양식이 가장 활기차게 성행했던 도시들 중 베르나보 비스콘티Bernabò Visconti(1323-1385)와 잔 갈레아초 비스콘티(1351-1402) 통치의 밀라노는 진정한 의미에서 유럽 감각의 고딕 양식이 확산되었던 중심지였다. 프랑스 발루아 궁정과의 접촉은, 특히 젊은 잔 갈레아초에 의해 진행된 결혼 동맹 정책으로 지속되었고 또 용이해졌다. 그는 첫 번째 결혼 상대로 발루아 왕가의 장 2세 선량왕 (1319-1364)의 딸 이사벨Isabella of Valois(1348-1372)과 혼인했다. 프랑스 궁정과의 결속을 강화하던 시기에 진행된 또 다른 정책으로 인하여 오를레앙 공작 루이(1372-1407)의 딸 발렌티나는 샤를 6세(1368-1422)의 형제와 혼인했다.

사보이의 비앙카와 잔 갈레아초 비스콘티의 시간경

밀라노 궁정은 영주인 잔 갈레아초 비스콘티의 어머니 사보이의 비앙카Bianca of Savoy(1336-1387)와 더불어 알프스 너머의 고딕 양식의 가장 정교하고 세련된 취향과 감성과 함께 이를 판단할 기회를 가졌다. 예를 들어 비앙카가 자신을 위해 파리에서 몇 권의 기도서를 구입하게 한 일화는 유명하다. 아름답게 채색된 책은 평신도가

개인적으로 사용하기 위한 목적의 성모에 대한 기도가 중심 내용이었다. 비스콘티 가문 통치의 밀라노에서도 발루아 궁정과의 반복적인 접촉을 통하여 프랑스 양식에서 영감받은 유행을 쉽게 접할 수 있었다. 그리고 고상한 취향의 고딕 양식이 보석, 제대 뒤 조각품, 유물함, 그리고 특히 필사본을 통해 확산되었다.

잔 갈레아초 자신이 베리 공작 장(1340-1416)의『아주 호화로운 시간경』과 더불어 시간경 사용의 옹호자 역할을 했다. 13세기 말엽에 활동했던 밀라노의 위대한 예술가들 중 한 명이자 세밀화가였으며, 밀라노 두오모 건축가이자 엔지니어였던 그라시의 조반니노Giovannino de' Grassi(1350-1398)가 아들 살로모네Salomone의 도움으로 채색한 시간경 두 권은 현재 피렌체 국립도서관에 있다(ms. Banco Rari 397, 그리고 Landau-Finaly 22). 파비아의 벨벨로(1432-1462년에 활동)가 필리포 마리아 비스콘티(1392-1447)를 위해 자신의 작업장에서 여러 해의 간격을 두고 텍스트를 완성했다. 그리고 밀라노 궁정에서 프랑스 양식에 매우 근접한 양식을 만들어 내기를 열망했던 잔 갈레아초의 야심을 분명하게 반영했다. 조반니노는 레이아웃과 기도문 장식에 오늘날 뮌헨 국립도서관(ms. Clm 23215)에서 보관 중인, 비앙카의 소유였으며 기도문에 덧붙여진 지면에 자랑스럽게 서명한 코모 출신의 베네데토의 조반니가 세밀화 작업을 맡았던, 다른 시간경에서 영감을 받은 듯하다. 작게 그림을 그려 넣은 점은 사보이의 비앙카의 것과 같지만 예술가는 당대 혹은 조금 이전의 프레스코화의 좋은 예를 표현하려 했다. 특히 롬바르디아 시골인 렌타테 혹은 모키롤로에 흩어져 있던 예배당 프레스코화 전통에 주목했다(그중 마지막 프레스코화는 현재 밀라노 브레라 미술관Brera Art Gallery으로 옮겨 보관 중이다). 흩어져 있는 그림 증거들은 원래는 풍부하고 복잡했을 풍경 구상화로 유일하게 전해지고 있다. 그것이 오늘날 밀라노 디오체사노 박물관에 있는 임보나테의 아노벨로Anovelo da Imbonate(1375-1402년에 활동)의 〈십자가형Crocifissione〉인데, 14세기 마지막 10여 년 동안의 작품은 대부분 손실되었다.

그라시의 조반니노의 세밀화

밀라노와 파비아에 있는 공작 저택

1386년에 밀라노 두오모의 건축 개시는 롤랑 드 바닐레Roland de Banille부터 자크 쾨느Jacques Coene와 한스 본 페르나크Hans von Fernach에 이르기까지, 프랑스와 독일 건축가, 조각가들의 밀라노 도착과 함께 국제적인 분위기를 풍겼다. 가장 오래된 산타 마리아 마조레 성당에 중첩되는 새로운 대성당을 다듬는 작업에 대한 논의가 한창 진행 중이던 반면, 비스콘티 공작은 밀라노에서 얼마 떨어지지 않은 파비아에서 샤르트르 수도원 설립을 추진하기로 결정했다. 이 작업에서도 당대 최고의 예술가들을 불러 모아 샹몰Champmol의 샤르트르 수도원 건설에 재정을 지원했던 베리 공작의 계획을 모방했다. 공작 자신의 뜻에 따라 영주의 명망을 영구히 기리는 웅장한 능을 만들고자 했으며, 자신이 묻힐 장소로 샤르트르회를 선택하여 수도원 설립을 계획했던 것은 잔 갈레아초의 이름과 밀접하게 관련되었다.

파비아 성채의 가구 및 장식

샤르트르 수도원과 달리 스테파노 브레벤타노의 설계로 만들어진 비스콘티의 유명한 다른 저택처럼, 파비아의 성채는 내부에 그려진 프레스코화 파편으로 오늘날 이미 스러져 버린 찬란함에 대한 희미한 기억만을 전한다. 비스콘티 가문은 가구 및 장식에 지대한 관심을 지녔다. 이런 점에서 잔 갈레아초는 저택 내부를 자신이 무척 좋아하는 사냥 장면과 궁정 생활 장면으로 꾸밀 생각으로 만토바의 공작에게 재능 있는 화가를 보내 줄 것을 요청했다. 열정적인 애서가이기도 했던 공작은 서적 선택과 구입에는 직접 개입하지 않았을지언정 필리포 마리아 비스콘티가 그러했듯이 화려한 그림이 그려진 기도서 주문을 즐겼고, 강제 습득 및 몰수를 통해서라도 지속적으로 파비아 도서관을 확장했다. 파스퀴노 카펠리Pasquino Capelli(?-1398) 혹은 프란체스코 페트라르카(1304-1374)의 개인 도서 일부를 합쳐 놓은 카라라의 유명한 도서관을 떠올릴 수도 있다. 두 도서 목록 모두 잔 갈레아초의 부친인 갈레아초 비스콘티 2세(약 1320-1378)와 더불어 생겨난 파비아 성채의 도서관에 속했고, 이 도서관은 족히 9백여 권의 필사본을 소장함으로써 14세기 말엽의 이탈리아 최대 도서관 중 하나로 꼽힌다. 그렇게 공작의 소장 도서 목록에 들어간 책들 중 오늘날 유명한 것은 다음과 같다. 페트라르카가 소장했으며 시모네 마르티니Simone Martini(약 1284-1344)가 권두 삽화로 세밀화를 그린 베르길리우스가 집필한 도서의 필사본은 오늘날 밀라노의 암브로시아 도서관에 있고, 알티키에로Altichiero(1369-1384년에 활동)에 의해 세밀화로 그려진 페트라르카의 저술 『위인전De viris illustribus』은 베키오의 프란체스코 Francesco il Vecchio(1325-1393, 파리, 프랑스 국립도서관, ms. Lat. 6069 I)의 카라라 도서관에서 보관했다.

공작의 소장 도서

잔 갈레아초 비스콘티의 궁정 예술가들

잔 갈레아초로 인하여 그의 궁정에는 자석에 이끌리듯 다양한 예술가들이 모였다.

조반니노와 그라시의 살로모네부터 모데나의 익명의 시간경의 거장까지, 임보나테의 아노벨로와 베소초의 미켈리노Michelino da Besozzo(1388-1450년에 활동)에 이르기까지, 수많은 세밀화가가 대체로 공작과 지속적인 관계를 유지한 것으로 기록된다. 잔 갈레아초의 시뇨리아 집정 기간은 짧았으나 찬란했던 파브리아노의 젠틸레Gentile da Fabriano(1370-1427)의 현존을 지켜봤다. 젠틸레는 롬바르디아에서 교육받았기에 기도서와 건강 전서Tacuinum Sanitatis에 등장하는 세밀화가 표현했던 자연주의에 영향 받았을 것으로 추측된다. 이는 그가 롬바르디아에 머물던 시기에 그린 프란체스코회의 성인과 성녀 클라라 사이에서 아기 예수를 안고 있는 성모 마리아가 묘사된 그림인 파비아 말라스피나Malaspina 회화관의 아름다운 제단화祭壇畵로 증명 가능하다. 사보이의 비앙카가 창립한 클라라 수녀회의 파비아 수도원을 위해 위임된 작업이었다. 자연주의의 영향은 또한 안토니오 피사넬로Antonio Pisanello(약 1395-약 1455)의 뛰어난 솜씨로 양피지에 완성된 공작의 매우 아름다운 초상화에서도 드러나는데, 현재는 루브르 박물관에 보관 중이다. 파브리아노의 젠틸레에게 상당히 효과적이었던 그라시의 조반니노와 베소초의 미켈리노의 롬바르디아 자연주의와의 조우는 이미 확인된 사실이다. 조반니노의 표현 방식과 부드러운 스타일은 젊은 미켈리노에게서 즉각적인 반향을 찾을 수 있다. 하지만 청춘기에 파비아에서 산타 무스티올라Santa Mustiola 교회 혹은 황금의 하늘나라에 있는 성 베드로 교회에서 프레스코화가로 활동했던 시기에, 후자의 작품은 안타깝게도 현재는 거의 완전히 손상되었으나, 산타 마리아 포도네Podone 교회를 위해 작업한 동방박사의 행렬(오늘날 밀라노 대주교 성당에 있다)과 보로메오Borromeo 가문의 밀라노 저택 실내 장식을 위한 작품 등과 같은 오랜 활동 경력의 마지막 나날에 그려진 몇 점만이 남아 있을 뿐이다. 유명한 거장의 그림 두 점인 시에나 회화관의 〈성녀 가타리나의 신비로운 혼인Sposalizio mistico di Santa Caterina〉과 뉴욕 메트로폴리탄 박물관의 〈성모 마리아의 혼례Matrimonio della Vergine〉는 금빛 화강암 배경에 섬세하게 미묘한 차이를 보이는 색상이 칠해진 그림으로, 국제적인 고딕 양식에 더해 느슨하고 우아한 리듬과 귀중함을 곁들여 작업한 화가의 탁월한 능력을 전한다. 아비뇽 시립도서관의 시간경(ma. 111)부터 잔 갈레아초에 대한 추도 연설(파리, 프랑스 국립도서관, ms. Lat. 5888), 『보드머Bodmer 성무일도』(뉴욕, 피어폰트 모건 도서관, ms. M 944)에 이르기까지, 세밀화가로서의 미켈리노의 활동은 잘 알려져 있다.

파브리아노의 젠틸레

베소초의 미켈리노의 국제적인 고딕 양식

1402년에 갑작스러운 공작의 죽음 때문에 비스콘티 가문의 후원 정책은 중단되고 말았다. 밀라노는 일시적으로나마 예술가들에게 일할 기회를 제공하는 데 무능력해졌다. 베소초의 미켈리노는 베로나로, 그다음에는 베네치아로 길을 떠났다. 그는 잔 갈레아초의 아들인 잔 마리아 비스콘티(1388-1412)와 짧은 한때를 보낸 뒤, 밀라노 공국의 새로운 정치적-문화적 시기를 펼친 필리포 마리아 비스콘티와 함께했다. 이에 대한 수많은 작품 위임 증거가 있다. 특히 고전적인 주제(티투스 리비우스 Titus Livius, 수에토니우스, 그리고 다른 역사가들)는 전적으로 르네상스 탄생에 대해 덧붙여진 관심과 감성에 대해 이야기하고 있다. 공작이 선호했던 세밀화가는 여전히 작자 미상이다. 그의 이름은 속어로 쓰인 『비타에 임페라토룸Vitae imperatorum』이라는 작품 삽화에서 유래한다. 십중팔구 더 많은 예술가를 필요로 했을 그의 공방은 고전적인 필사본 제작에 전문화되어 있었다. 그러나 여전히 삽화는, 방식과 디자인 면에서 궁정에서 영구화하기를 즐겨 했고 익명의 거장의 공방에서 탄생했을 예술가인 파비아의 벨벨로(1432-1462년에 활동)가 15세기 중반이 지난 이후에야 독창성과 열정을 가지고 해석할 줄 알았던 전통적인 고딕 양식의 동화적이고 서술적인 취향을 간직했다.

『비타에 임페라토룸』의 익명성

| 다음을 참고하라 |
시각예술 베리 공작 장의 『아주 호화로운 시간경』(621쪽); 파브리아노의 젠틸레(632쪽)

파브리아노의 젠틸레

| 밀비아 볼라티 |

14-15세기의 과도기에 경력을 쌓았던 예술가들 중 한 명인 파브리아노의 젠틸레는 이탈리아 중부와 북부의 궁정 양식을 설명해 준다. 그의 작품은 연속적인 실험 기법에서만이 아니라 형태의 일탈에서 국제적인 고딕 양식의 패러다임을 도입했다.

롬바르디아에서의 교육 과정부터 다른 조형 경험과의 접촉까지

파브리아노의 젠틸레(1370-1427)는 일자리를 찾아 떠돌아다녔던 예술가다. 젊은 시절 롬바르디아에서의 교육 과정부터 시작해 구상 표현을 풍부하게 하는 환경 및 경험과 접촉하는 기회를 갖게 되었다. 그러나 예술가의 독창성과 매우 섬세한 현실 세계에 대한 재해석은, 열렬하고 의도적인 명상을 더 자주 떠올리게 했다. 이것은 베네토 내륙 지역과 마르케에서 베네치아가 누렸던 행운의 증거기도 하다. 브레시아에서 젠틸레와 함께 작업했으며 피렌체에 스승과 동행한 야코포 벨리니Jacopo Bellini(약 1400-1470/1471)와 같은 더욱 젊은 예술가들의 교육에 대한 젠틸레의 기여 역시 분명하다. 베네치아에 있는 팔라초 두칼레와 로마에 있는 산 조반니 인 라테라노 성당에 있는 그의 대표적인 프레스코화 걸작 두 점은, 현실에 대한 세부적이고 철두철미한 조사에 대한 관심을 결합시킨 예술가 안토니오 피사넬로(약 1395-약 1455)와 나란히 함께 작업했음을 보여 준다. 젠틸레는 자연주의를 늘 리드미컬하고 복잡한 형태로 축소했고, 발레 로미타Valle Romita의 다폭 제단화polyptych(병풍처럼 몇 개의 널빤지로 연결해서 만든 장식품*)부터 스트로치의 제단화에 이르기까지, 동시대의 보석 생산과 더불어 경쟁하듯이 기술적 기교가 뒷받침된 새로운 기법을 끊임없이 탐구하는 예술가의 전형을 보여 주었다.

비스콘티의 궁정에서

니콜로 디 조반니 디 마시오의 아들로 태어난 젠틸레는 1370년에 파브리아노에서 태어났다. 젊은 나이에 고향을 떠난 그는 잔 갈레아초 비스콘티(1351-1402)의 궁정으로 향해야만 했다. 어쩌면 이 젊은 화가는 파브리아노의 영주이자 잔 갈레아초의 일가인 키아벨로 키아벨리Chiavello Chiavelli(?-1428)의 도움을 받아 파비아에 다다랐을 것이다. 보다 최근의 연구에 비추어 볼 때 젠틸레는 롬바르디아에서 받은 교육을 통하여 젊은 시절 작업한, 아기 예수와 성인 프란체스코와 클라라와 함께 있는 성모 마리아가 그려진 작은 제단화(파비아, 말라스피나 박물관)부터 시작된 스타일과 기술에서의 더욱 분명하고도 미묘한 차이를 설명하는 유일한 능력을 기른 듯하다. 사실 **젊은 시절의 작품** 상 그에 관련된 교육은 잔 갈레아초의 모친인 사보이의 비앙카(1336-1387)의 바람으로 비스콘티 가문이 세운 파비아의 산타 키아라 왕실 수도원에서 시작되었다. 베소초의 미켈리노(1388-1450년에 활동)가 그곳에서 그렸던 회화에서 시작된 실험인, 선으로 황금 잎의 나뭇결을 칠하는 작업으로 젠틸레는 확실하게 귀중한 보석으로 인정 받았다. 특히 기도서를 그린 그라시의 조반니노(1350-1398)를 비롯한 궁정 예술가 들과의 접촉은 젊은 젠틸레가 더욱 정교하고 철저한 사실화를 그리도록 이끌었다. 이러한 특징은 베를린 국립박물관에 있는 무릎을 꿇은 보나벤투라의 암브로시오와 함께 가타리나 성녀와 니콜라오 성인 사이에 아기 예수와 함께 있는 성모 마리아를 그린 그림에서 드러난다.

베네치아에서의 나날들, 팔라초 두칼레의 손실된 장식과 피사넬로와의 만남

1402년에 잔 갈레아초의 갑작스러운 사망은 궁정에서와 공작에게 중요한 파트너였 던 예술가들에게 부정할 수 없는 영향을 미쳤다. 또한 패권을 장악하고자 했던 비스 콘티의 야심찬 계획만이 아니라 도시의 삶 자체에도 차질을 주었다. 따라서 베소초 의 미켈리노와 같은 예술가들과 젠틸레 자신이 라구나에서 일거리를 찾고자 롬바르 디아를 떠났다는 점은 놀랍지 않다. 베네치아에서 거장의 나날들은 무엇보다 작품 과의 만남 측면에서 풍부했다. 젠틸레는 1408년에 베네치아에 머물렀던 것으로 기 록되지만 심중팔구 그 이전에 도착했을 것이다. 그는 산타 소피아에 거주하면서 산 크리스토포로 스쿠올라에 정기적으로 등록했다. 그리고 아마디Amadi와 산데이Sandei 가문을 위해 일한 것으로 기록되었다. 베네치아에 머물던 시기에 성 도미니쿠스 지 역 성당에서 작업했으며 현재는 페루자 국립미술관에 있는 아기 예수와 함께 있는 성모 마리아는, 젠틸레가 파올로(약 1320-1362년에 활동)와 로렌초 베네치아노(1356- 1372년에 활동)에 의해 표현된 베네치아 전통과, 롬바르디아 체제 시기 중 초반 무렵 의 자연주의를 접목한 제단화에 배치되었다. 젠틸레가 제시한 해결안은 정말로 특 별했다. 그는 아기 예수와 함께 있는 성모 마리아라는 주제를 선언했다. 성모는 소박 하고 벽으로 둘러싸인 정원에서 신록의 왕좌에 일정하게 앉아 있는 반면에 노래하는 아기 천사들은 성모의 발치에 우아하게 펼쳐진 두루마리에 적힌 악보를 읽으며 〈레 지나 챌리Regina Coeli〉를 노래한다. 금박 종이에 세 쌍의 천사들이 성모 마리아 옆에 작게 그려져 있다. 젠틸레가 관심을 보인 기술적 실험에 근거한 것으로, 당대의 파리 금세공 생산 모델에 대한 관심을 드러내는 것이었다. 이후 페루자의 나무 제단화는 다른 제단화의 원형이 되었다. 오늘날 뉴욕 메트로폴리탄 박물관에서 소장 중이나 애석하게도 보관 상태가 좋지 않은 또 다른 제단화 역시 베네치아 체류 기간에 만들

아기 예수와 함께 있는
성모 마리아의
독특한 표현

어졌다. 그런데 베소초의 미켈리노가 피사넬로와 공동 작업한, 베네치아의 대평의
회 홀에 그려진 프레스코화들은 손실되었다. 오늘날 루브르에 있는 이 연작들은 피
사넬로의 몇몇 작품으로 유명한 알렉산데르 3세와 프리드리히 1세 바르바로사의 이
야기를 그림으로 옮겼다.

　젠틸레가 판돌포 3세 말라테스타Pandolfo III Malatesta (1370-1427)를 위해 브레시아
에서 작업한 산 조르조 예배당 청사에 그려진 다른 프레스코화의 일부는 현존한다.

발레 로미타의 다폭 제단화

젠틸레가 베네치아에 거주했다는 점이 그를 라구나 외부에서 의뢰받아 일해야만 하
는 상황으로 억압하지는 않았다. 이 시기에 젠틸레의 제일 유명한 작품의 하나인 마
르케 지방의 은둔지를 위한 발레 로미타의 다폭 제단화가 만들어졌다. 프란체스코
회의 수도사에게 위탁된, 죽음의 계곡이라는 뜻의 발디사소Valdisasso의 성모 마리아
소성당이 젠틸레의 후원자였던 파브리아노 영주 키아벨로 키아벨리의 관심을 끌게
되었고, 영주가 자신의 묘지로 그곳을 선택했기 때문이다.

　다폭 제단화는 나폴레옹 약탈(1811)까지 은둔지의 작은 성당 안에 남아 있었고
현재는 밀라노 브레라 미술관에서 보관 중이다. 원본 틀이 사라진 작품은 중앙의 갓
돌(가장자리에 둘러놓은 돌*)이 빠져 있는데, 최근 밀라노 박물관으로부터 구입한 십
자가상이 그려진 나무 제단화에서 몇 가지 의심스러운 점을 확인할 수 있다. 중앙 판
에는 성령의 비둘기가 성모와 성자 사이의 황금으로 칠해진 배경을 맴돌고 있는 반
면에 바닥에는 붉은 치천사들 가운데 발현하신 성부의 환영을 받으며 성모 마리아
를 만나는 그리스도의 모습이 그려져 있다. 이 광경을 지켜보고 있는 몇몇 성인의 모
습이 그림 판 측면에 그려진 잔디와 꽃 위에 그려져 있다. 한편 다음 판에는 이후 이
야기가 표현되었다. 팔라초 두칼레에 있는 아르포의 과리엔토Guariento di Arpo(문서에
따르면 1338-1370년에 활동)의 유명한 모델을 환기시키는 베네치아의 성모 마리아의 　**성모의 대관식**
대관식에 대한 주제는 선과 색의 우아함으로 드러나는 순수한 선형성線形性 관점에서
완성되었다. 중앙 판의 별이 총총한 하늘에 황금빛으로 빛나는 태양과 은빛의 달 사
이에 고딕 양식으로 파브리아노의 젠틸레의 그림Gentilis de Fabriano pinxit이라는 화가
의 서명이 있다.

폴리뇨 팔라초 트린치에 있는 프레스코화(1411-1412)

콜텔리니Coltellini 필기장의 재발견과 최근 출판물이 폴리뇨 팔라초 트린치에 그려진 프레스코화의 자필 서명에 대한 새로운 문제를 제기했다. 그동안 개인 소장품으로 보관 중이던 이 필기장에는 18세기 학자 루도비코 콜텔리니의 팔라초 트린치에 대한 기록과 스케치들이 담겨 있다. 그의 메모는, 오늘날에는 분실된, 파브리아노의 젠틸레에게 유리한 공증인 폴리뇨 조반니 제르마니로부터 요청받은 두 장의 송장의 존재를 보여 준다. 콜텔리니의 기억은 팔라초 트린치의 그림에 대한 젠틸레의 기여에 대해, 과거에 벨레트리Velletri의 렐로(1430년대에 활동)와 조반니의 펠레그리노 덕분으로 여겨지던 그림의 특성과 모순되는 해결안에 우호적인 듯하다. 중세 작업 공방 조직은 작업 전체 혹은 작업 일부의 실행을 다른 사람들에게 맡기기를 마다하지 않았다. 따라서 지불 기록에 젠틸레에 대한 언급이 적혀 있다고 하더라도 이것이 거장이 직접 개입한 증거가 아니라 작업장 감독이라는 입장과 관련된 증거마냥 이해되어야 하는 것처럼, 프레스코화에서 보이는 젠틸레의 반향은 이 예술가들에 대한 참조로 이해될 수 있다. 무엇보다 젠틸레는 이 시기에 베네치아에 머물렀기에 그가 도면 및 모델 준비 작업에만 기여했을 가능성이 없지 않다.

논의된 부성

피렌체 도착: 팔라 스트로치와 콰라테시 다폭 제단화

젠틸레는 당시 도미니쿠스회 산타 마리아 노벨라 수도원에 상주하던 마르티노 5세(1368-1431, 1417년부터 교황)를 만나기 위해 1419년 10월 피렌체에 도착했다. 현재 로스앤젤레스의 폴 게티 미술관에 있는 성모의 대관식을 그린 그림과, 트라베르세톨로의 마냐니 로카 디 마미아노 재단이 소유한 배너 양면이 성 프란체스코의 성흔으로 배치된 작품이, 1420년 3월 23일부터 4월 16일까지의 짧았던 파브리아노 시기와 함께, 거장의 가장 긴 체류 중 하나로의 피렌체 시절 기록에 남았다. 그가 자신의 여행을 위해 판돌포 3세 말라테스타로부터 입수한 안전 통행권으로 입증되듯이, 젠틸레를 뒤따르는 이들은 적어도 여덟 명이었다. 피렌체로 가는 젠틸레와 동행한 이들은 미켈레 판노니오Michele Pannonio(1415-1464년에 활동)와 베네치아에서 온 야코포, 즉 야코포 벨리니였다.

피렌체 최고의 부자로 유명한 팔라 스트로치(1372-1462)는 산타 트리니타 성당 안의 가족 예배당에 놓을 제단화를 위해 그를 선택했다. 현재 우피치 미술관에 소장

중인 이 그림은 베들레헴의 암굴까지 성과 숲을 구불구불 지나가는 동방박사 일행의
풍부하고 화려한 행렬을 그리고 있다. 성모의 팔에 안겨 있는 활발한 아기 예수가 작
은 손을 내밀어 자신 앞에 무릎 꿇고 있는 동방박사 중 가장 나이 든 이를 축복한다.
참으로 독특하고 화려한 옷을 입은 세 명의 동방박사가 이끄는 엄숙한 축제 행렬이   **엄숙한 축제 행렬**
다. 젠틸레는 매와 원숭이 사냥 장면 등 사실에서 관찰한 이야기를 구현하면서 다시
한 번 황금과 다양한 색상을 사용했다. 제단화에는 밖에서 닫는 기둥에 전문적인 식
물학 지식을 바탕으로 그려진 꽃과 나뭇잎으로 장식된 화환이 보인다. 원본은 루브
르 박물관에 있기 때문에 마지막 것은 사본으로 대체된 예수 탄생, 이집트로의 도망,
그리고 성전에 그리스도 봉헌을 묘사한 단상에서 거장은 새로운 기법으로 예수가 탄
생한 그 밤에 목자들을 놀라게 한 천사가 발하는 빛으로 환하고 경이로운 밤을 표현
했다.

　　영국 왕실 컬렉션에서 아기 예수와 성모 마리아가 함께 그려진 중앙 제단화를 제
외하면, 우피치 미술관에 있는 콰라테시 다폭 제단화 역시 지금은 여러 박물관에 흩
어진 제단화들과 함께 성 니콜라오의 이야기로 완성되었다. 한때 성 니콜라오 사원
제단에 1425년 날짜로 손실된 틀 위에 제단화가 세워졌다. 성인의 엄숙하고 차분한
배치에서 발레 로미타 제단화와의 차이점이 드러났다. 젠틸레는 로렌초 기베르티
(1378-1455), 파니칼레의 마솔리노Masolino da Panicale(1383-약 1440), 그리고 마사초
(1401-1428)와 작업한 10여 년 사이에 피렌체 지역에서 제시된 새로운 화풍에 숙달
했다. 지능적인 복원 작업 이후 산 니콜로 성당을 위해 복원된 또 다른 제단화는 장
례용 예배당이라는 목적을 지닌, 원래는 몬테의 산 살바토레의 피렌체 기도소에 있
는 비잔티움 예술의 대표적인 성화인 디시스Deesis(옥좌의 그리스도상*)다. 중앙에 라
자로의 부활, 성 고스마와 다미아노, 앙주 가문의 루이, 그리고 베르나르도를 함께
배치하는 아주 특별한 도상학의 선택을 보여 준다.

　　젠틸레의 두 번에 걸친 짧은 시에나 여행은 1424년과 1425년으로 기록된다. 그
가 이 기간에 캄포 광장에 그린 프레스코화는 안타깝게도 손실되었다.

로마에서의 마지막 나날들과 산 조반니 인 라테라노 대성당의 손실된 프레스코화

젠틸레는 오늘날에도 주교좌성당에서 볼 수 있는 〈아기 예수를 안고 있는 성모 마
리아Madonna con il Bambino〉를 담은 프레스코화를 완성할 정도의 시간만큼 오르비에

중요한 임무 토에서 머문 뒤 로마에 도착했다. 교황의 도시 로마에서는 아주 중요한 임무가 그를 기다리고 있었다. 산 조반니 인 라테라노 대성당 본당 건물에 그릴 프레스코화에 대한 것이었다. 안타깝게도 그는 이 작업을 마치지 못하고 스케치만 남겼다. 젠틸레가 1427년 8월과 9월 사이에 세상을 떠났기 때문이다. 이미 15세기 중반에 훼손되어 장식 조각 일부와 선지자 다윗의 두상만 남아 있는 이 작품(바티칸 도서관의 그리스도교 박물관)은 17세기에 보로미니(1599-1667)의 치장 벽토로 개축되면서 삭제되었다. 오늘날 베를린에 그림으로 남아 있는데, 이에 대한 정밀 탐사는 젠틸레의 작품을 판독 가능케 한다.

젠틸레는 산타 마리아 누오바 로마 성당에 매장되었다. 윈저에 있는 왕립 도서관의 컬렉션 가운데 17세기 그림은 가족의 문양과 함께 단추로 잠긴 긴 튜닉을 입은 젠틸레의 묘비를 재생했다.

| 다음을 참고하라 |
시각예술 영웅, 여걸, 악당: 이탈리아 국제적인 고딕 양식의 또 다른 중심지(638쪽); 르네상스와 골동품 문화: 고대와의 관계(643쪽)

영웅, 여걸, 악당: 이탈리아 국제적인 고딕 양식의 또 다른 중심지
| 밀비아 볼라티 |

저택이나 성채에 일부 남아 있는 프레스코화는 중세의 문화 및 사회의 또 다른 측면을 드러내는, 정중하고 신성모독적인 주제를 주로 다루었다. 중세에 기사 문학은 고대 역사에, 그중에서도 로마 역사에 영감을 받은 주제와 더불어 공동 작업을 하며 고전 시대에 대한 관심과 연구의 부흥을 야기했다.

평신도의 프레스코화

중세에 귀족 저택의 방이나 궁정 안에 그려진, 성스러운 인물이 아닌 인간 및 영웅에 대한 이야기는 대수롭지 않은 것으로 저평가되었으며, 심지어 비밀인 것처럼 잘 알려져 있지 않다. 하지만 그에 관한 이야기는 정치 및 왕가의 의지에 따라 문학적 위상과 관습이 뒤얽히는 세상을 생생하게 비추는 거울이었다. 시간이 흘러 지금은 대부분 손상된 프레스코화는 서작叙爵과 합법성을 찾던 평신도들의 자부심을 표현하는 방법이기도 했다. 가장 안타까운 손실 중 하나는 본도네의 조토Giotto di Bondone(1267-1337)가 아초네 비스콘티Azzone Visconti(1302-1339)의 밀라노 저택에 그렸을 프레스코화다. 매한가지로 조토가 카스텔 누오보에 그린 나폴리의 유명 인사 연작 역시 건물과 거주지에 가해진 개축 공사로 인해 그림이 손실되는 동일한 운명을 맞이했다. 알티키에로(1369-1384년에 활동)가 파도바에서 유명 인사들을 그린 프레스코화 연작은, 책상 앞에 앉아 있는 프란체스코 페트라르카(1304-1374)의 초상만이 16세기의 개축에서도 살아 남았다. 이 작품은 인문주의 문학자humanae litterae의 이미지를 영원히 간직하고자 인문주의가 막 시작되는 시기에 그려졌다.

> 조토의 프레스코화 손실

영웅, 황제, 그리고 용감한 이들: 피에몬테 만타 성과 폴리뇨 트린치 저택의 프레스코화

프란체스코 페트라르카의 『위인전』덕분에 중세 때 폭넓은 인기를 누렸던 유명 인사라는 주제는 아홉 호걸이라는 주제와 아주 유사했는데, 아홉 호걸은 세 명의 이방인 영웅, 세 명의 유대인, 그리고 세 명의 그리스도교인의 몸짓이 의도적으로 단순화된 역사 추이 안에 패러다임처럼 표시되었다. 피에몬테 살루초Saluzzo에 있는 만타 성의 프레스코화는 가장 유명한 연속적인 사건들 사이의 순서를 제시한다. 각각의 문장이 새겨진 방패를 매단 나무가 심어진 잔디 위에 다양한 옷을 입고 다양한 포즈를 취한 아홉 명의 고대와 근래의 영웅이 묘사되어 있다. 이와 같은 주제에 대한 최초의 문헌 법전은 롱귀용의 자크Jacques de Longuyon의 『공작의 서약Les Voeux du paon』(1312)이다. 이에 관련된 행운을 1394-1396년에 살루초 후작인 톰마소 3세(1356-1416)가 썼을 것이며, 〈무사 수업 중의 기사Le Chevalier errant〉까지 이어졌음이 거의 확실하다.

여기에는 국제적인 고딕 양식 본래의 동화적인 취향으로 특정한 순진무구함이 드러나게 그려진, 홀笏이나 검劍을 들고 만족하며 기뻐하는 일련의 인물이 보인다. 아홉 호걸 주제는 젊음의 샘이라는 진기한 도상 옆에 나란히 배치되어 있는데, 이와 같은 문화적이고 거짓 고전적인 주제는 기사 문학의 전통적인 토포스topos(문학의 전통적인 주제 또는 사상*)에서 추론된 의례적인 주제와 합쳐졌다.

> 아홉 호걸

한편 최근의 복원으로 대중이 즐길 수 있게 된 폴리뇨 영주의 소유였던 아름다운 트린치 저택도 있다. 이 저택은 특별하고 중요한 도시 맥락에 따라 산 펠리치아노 주교좌성당과 시청 건물 옆 베키아 광장이 있는 곳에 있다. 1388년에 트린치의 우골리노 3세Ugolino III Trinci(?-1415)가 이 저택을 손에 넣고 향후 자기 가문이 도시의 정치사에서 떠안게 될 막중한 역할에 어울리는 주거지로 탈바꿈시키고자 저택 확장 작업과 내부 공사를 시작했다. 비록 프레스코화의 완성과 관련하여 젠틸레가 예술가로서 참여하지 않고 디자인과 모형 제작에만 참가했다 해도, 우골리노가 당시 가장 유명하고 인정받았던 화가인 파브리아노의 젠틸레(1370-1427)에게 일을 맡기기로 결정했던 것은 트린치 저택의 중요성을 입증한다. 행성과 인류 이야기로부터 중세의 3학인 문법학, 논리학, 수사학과 4과인 산술학, 음악학, 기하학, 천문학이 묘사된 저택의 집회장은 소위 장미의 방에서부터 중세 지식의 총체summa를 나타낸다. 페데리코 프레치Federico Frezzi(약 1346-1416)의 교훈적인 서사시인 『콰드리레조Quadriregio』에서 부분적으로 따온 복잡한 계획은 인문주의자 피아노의 프란체스코Francesco da Fiano(1340?-1421)에 의해 폴리뇨에 영향을 주었다. 베로나 사람인 알티키에로의 유망한 기교를 염두에 둔 건축과, 자신의 전문 역량이 발휘되기를 기다리는 동안 당시에 유행하던 옷을 갖추어 입고서 차분하게 앉아 기다리는 중인 소녀상에 표현된 특유의 고딕 양식 모두가 그에 대한 해석을 가능하게 한다. 저택 복도에 흑백으로 그린 가장 오래된 프레스코화를 부분적으로 볼 수 있다. 그러나 15세기 초엽에 행해진 두 명의 유명 인사인 로물루스Romulus와 스키피오 아프리카누스Scipio Africanus가 양옆에서 있는 아홉 호걸을 다시 한 번 단장하는 작업 때문에 감추어졌다. 폴리뇨의 영주는 집회장을 고전적-문화적 양식으로 꾸미겠다는 선택을 했다. 집회장에는 독창적이고 거의 서민적인 힘vis을 가진, 소탈한 모습으로 표현된 황제들이 실물 크기로 늘어서 있다. 예배당 앞 오두막에 점잖은 제의를 갖추어 입은 모습으로 표현된 〈로물루스와 레무스의 일생Storie di Romolo e Remo〉은 마리우스의 멋진 시리즈와 함께 오타비아노 넬리Ottaviano Nelli(약 1370-약 1444)에 의해 묘사되었다.

중세의 백과사전

볼차노의 론콜로 성: 영웅과 기사들

1385년에 프란츠와 니클라우스 빈틀러는 방가Vanga의 영주들인 베랄도와 페데리코 형제가 지은 성을 구입하여 실내를 이교도풍으로 꾸미기로 결정했다. 이를 위해 선택한 주제들은 무용과 노래와 함께 포커 혹은 창 대회 같은 놀이부터 아서 왕이 등장하는 소설적인 표현까지 다양했다. 사건 전개에 따라 흑백으로 그려진 트리스탄

트리스탄과 이졸데의 사랑 이야기

과 이졸데의 사랑 이야기가 홀 벽면에 펼쳐져 있는데 우아한 고딕 양식의 글자로 적어 놓은 설명을 통하여 주요 등장인물의 식별이 가능하다. 여름 저택에는 가장 잘 알려진 모델에 따라 삼인조로 구성된 아홉 호걸, 즉 그리스 로마 시대의 영웅 헥토르와 알렉산드로스 대왕, 율리우스 카이사르, 그리고 헬레니즘 시대의 여호수아Joshua와 다윗, 유다스 마카베우스Judas Maccabaeus, 그리고 중세의 아서 왕과 카롤루스 대제, 부용의 고드프루아를 주인공으로 했다. 여기에 아서 왕 전통의 영웅들과 노르웨이 무용담에 등장하는 영웅들이 덧붙여졌다. 이를 통하여 귀족의 여담과 거의 필수적인 문학 영역이었던 기사 문학이 궁정을 고스란히 투영했음을 쉽게 알 수 있다.

궁정 소설에 등장하는 영웅과 귀부인은, 예를 들어 얼마 전에 발굴된 알렉산드리아에 있는 프루가롤로Frugarolo 탑에 그려진 혹은 피사넬로(약 1395~약 1455)가 만토바에 있는 곤차가 궁에 그린 프레스코화처럼 영주 저택에 벽화로 그려져 살아남았다.

빌라니와 귀족: 트렌토에 있는 아퀼라 탑에 그려진 달의 순환

15세기 초엽에 트렌토의 부온콘실리오Buonconsiglio 성 아퀼라 탑 벽면에 궁정 생활, 리듬, 업무, 여가 시간의 복합적인 면모를 반추하는 거울과 같은 아름다운 프레스코화 시리즈가 그려졌다. 1390년에 트렌토 교구의 주교로 임명된 리히텐슈타인의 게오르크(?-1419)가 그림을 주문한 고객이었다. 고위 성직자였던 그는 1255년부터 주교관으로 사용되었던 부온콘실리오 성에 특별한 관심을 쏟았으며 많은 부분을 개축했다. 특히 단순한 성문으로 벽을 따라 서 있는 아퀼라 탑을 창으로 들어오는 빛을 통하여 환히 빛나고 나선형 계단으로 연결된 3층 구조로 변모시켰다. 프레스코화에 한 마무리 칠 덕분에 중앙 홀에 그려진 계절 주기와 윗방에 그려진 궁정 풍경의 단편들이 보존되었다. 그림을 그린 화가는 당시 주교를 모시던 보헤미아의 거장(14-15세기)으로 확인되었다. 1년 열두 달 동안 시간 순서에 맞추어 진행되는 일들을 하는 사람들의 모습이 홀을 향해 열려 있는 일종의 로지아loggia(한쪽 또는 그 이상의 면이 트여 있는 방이나 복도로, 특히 주택에서 거실 등의 한쪽 면이 정원으로 연결되도록 트여 있는 형태*)로 가장한 벽면에 그려졌다. 계절 순환이라는 주제는 중세에 즐겨 채택되었는데, 주교좌성당의 이동 가능한 장식 조각과 교회와 회랑의 주두柱頭에도 많이 활용되었다. 어쨌거나 아퀼라 탑 프레스코화에서 일상의 노고로 여겨지던 농부와 장인이 수행하는 작업이라는 주제는 매우 정중한 감성과 귀족의 즐거움과 얽혀 있다. 상이

농부의 일과 귀족의 유희

한 사회 습관과 계층 간의 대조는 더욱 분명했으며 이따금 비열하도 했다. 젊은이들은 12월에 눈싸움을 벌였고, 2월의 주제는 성 밖에서 벌어지는 마상 시합이 차지했다. 반면에 기사와 숙녀의 사랑의 만남은 5월 이야기의 주인공이었다.

귀족의 즐거움 가운데 매사냥을 빼놓을 수 없다. 이것은 9월에 할애되었다. 이 프레스코화는 가스통 페뷔스Gaston Fébus(1331-1391)의 『사냥서Livre de la chasse』에 나오는 세밀화를 폭넓은 크기로 해석해 놓은 듯하다.

게다가 4월의 경작과 파종에서부터 8월과 10월의 수확에 이르기까지 각각의 달은 특별한 농업 활동과 연결되어 있다. 화가는 현실적인 작은 세계를 옮겨 놓기 위하여 모든 아이디어를 사용했다. 작가가 관찰하는 마음으로 탐구한 세계는 식물학에 대한 필사본의 확산만이 아니라 건강 전서Tacuina sanitatis와 같은 생활 영역에서 새로워진 연구 결과에 대해서도 국제적인 고딕을 통하여 설명 가능하다.

오늘날 홀 벽을 따라 주추를 차지하고 있는 커튼은 15세기 프레스코화 일부를 감추고 손상시킨 16세기에 행해진 리메이크의 결실이다. 원래 장식을 얼핏 보여 주는 일부 조각들은 벽감壁龕과 뒤바뀐 일련의 대리석 거울을 상상하게 한다. 벽감 안에는 설교하려는 의도를 지닌 프레스코화의 완성 계획에 대한 우의적인 형상이 표현되어 있었다.

| 다음을 참고하라 |
시각예술 파브리아노의 젠틸레(632쪽)

르네상스

ARTI VISIVE

르네상스와 골동품 문화: 고대와의 관계

| 키아라 바살티Chiara Basalti |

서양 문화에서 항상 발휘되는 고대 유적의 매력은, 15세기 초엽에 특히 피렌체와
파도바에서 더욱 풍성한 결실을 이루었다. 해당 지역에서는 고대의 주제를 해석하고
새로운 형태가 만들어지는 관계를 언어학적으로 엄격하게 연구했다. 15세기 후반
무렵에 앞선 경험들을 체계화함으로써 궁정에서 '고대' 취향에 대한
용어의 정의가 내려졌다.

르네상스와 재탄생

15세기 문화의 어떤 새로운 소식이 고대의 재발견에 대한 오해를 불러일으켰는지에
대해서는 에르빈 파노프스키Erwin Panofsky(1892-1968)가 저술한 『서양 예술에서의 르
네상스와 재탄생Rinascimento e Rinascenze nell'arte occidentale』(1960)에서 이미 밝혀졌다.
이 책에서 저자는 서양 문화사가 주기적으로 고대 세계와 비교되었다는 것에 주목
했다. 사실 중세 전통에서 아헨의 팔라티나 예배당(786-804)의 청동 문장 장식 혹은
니콜라 피사노Nicola Pisano(1210/1220-1278/1284)와 그의 아들 조반니 피사노Giovanni
Pisano(약 1248-1315/1319)가 작업하여 시에나 대성당 강론대에 새겨진 〈덕성과 여성

예언가〈Virtù e Sibille〉에서도 '재탄생'에 대한 흔적을 찾을 수 있다.

재탄생은 과거와의 상이한 관계 때문에 르네상스와 구별할 수 있다. 15세기의 예술가들은 자신의 작품에 더욱 정확한 의미를 부여하고자 유물을 연구했다. 그리고 새로운 연구 대상을 찾아냈고 고대 세계로부터 자신들의 세계를 분리하는 거리를 인식했으며, 자연스러운 모형을 이끌어 내고자 형태를 관찰했다. 그러한 인식의 미덕에서 예술가들은 역사적 분리와 더욱 선별된 정신을 통하여 비로소 과거에 접근할 수 있었다. 학자들, 문학가들, 그리고 예술가들은 로마의 유물을 탐구함으로써 고대 세계와 연결되었고, 그곳으로 들어가는 더욱 정확한 길을 찾았다. 그렇기에 로렌초 기베르티(1378-1455)의 저서 『주해서Commentarii』(약 1450)에 적힌 내용을 읽다 보면 과거에 대한 상이한 접근 작가의 노력을 이해할 수 있다. 이 책은 저자 자신과 동시대 예술가들이 고대 역사와 자신들이 직접적으로 연결되었다고 기술한 최초의 예술사 서적이다. 이외에도 고전주의에 대한 심화된 연구와 문화의 계승자이기를 바랐던 열망은, 중세 전통에 따라 규정이 어렵다고 평가되었던 주변 현실을 파악하려 했던 인문주의자들의 뜻을 고양시켰다. 15세기 초반에 플라톤 철학에서 신화와 로마 역사에서의 '비종교적'이고, 전형적인 새로운 인류학을 밝혀냈던 것처럼, 세상을 지배하는 법칙을 이해하기 위한 수단이 연구되었다. 여기에서부터 공간과 현실에, 그리고 어림짐작하거나 의심할 여지를 남기지 않는 인간 척도에 따른 역사 자체에 대한 개념이 생겨났다.

장소, 주인공, '고대'에 대한 취향: 피렌체

15세기 초엽 피렌체는 고대와 관련된 연구의 가장 민감한 도시로 등장했다. 고전적인 전형에 대한 개혁을 꾀했던 수많은 문학가와 예술가 곁에는 새로운 사례에 주목했던 개인 고객들, 새로운 문화 정책에 투자할 준비가 된 시정부가 있었다. 예술가들이 이러한 열기에 참여하는 방법은 특별하지 않았으며 고대로부터 전달받은 자극도 여기에 고려되지 않았다. 명성 높은 산타 마리아 노벨라 성당의 건설을 통해 고전에 대한 다양한 접근과 다양한 특성을 비교할 수 있는 계기가 마련되었다. 이 건설에서 방코의 난니Nanni di Banco(1380/1390-1421)와 도나텔로(1386-1466)는 성당 제대의 벽감과 종탑을 위해서, 오늘날 피렌체 두오모 박물관에 보관 중인, 복음사가 루카 동상(1408-1413)과 예언자 하바쿡 동상(1423-1425)을 만들었다.

그러나 두 사람은 상이한 결과에 도달하며 고전적 원천의 도움을 받게 되었다. 작품 인식에 주의한 방코의 난니는 동상의 높은 위치 때문에 생긴 시각적 오류를 바로 잡기 위해 인물을 약간 늘였다. 그리고 성인에게 존엄함과 권위를 부여하는 원천을 로마 제국 시대의 초상화 얼굴과 엄격한 몸짓에서 찾았다. 반면에 도나텔로는 "이미 달성한 결과와 양식의 모방이 아닌 그것을 달성하는 과정의 모방"에 주목했다(에우제니오 가린, 『르네상스 문화La cultura del Rinascimento』, 1967). 사실 난니는 더 이상 고대의 목록에서 자신이 작업할 인물의 몸짓과 설명서를 찾지 않았으며 대신에 최대의 골상骨相 표현력을 얻고자 기술적 방법의 온상을 찾았다.

방코의 난니와 도나텔로의 활동

그리고 진정한 탐구 대상인 예술적 잠재력이 정점에서 본질을 반복하는 바, 고대 모델은 본질을 대체할 수 있었다. 도나텔로는 마른 신체를 부각시키는 휘장과, 특히 헬레니즘 시대의 초상화 모델 덕분에 역동성을 부여하는 눈에 보이지 않는 뒤처진 다리를 표현하는 것으로 예언자의 동상에다 그로테스크한 경계에 맞닿는 진실성을 부여하는 데 성공했다. 이와 똑같은 실용적인 태도는 필리포 브루넬레스키(1377-1446)의 건축 실습에 영감을 주었다. 그는 고고학적 유물에서 공간을 비례하고 빛의 조화로운 분배를 허용하는 수학적인 규칙을 탐구했다.

고대를 도용하는 새로운 패러다임은 1428년 산 로렌초 성당의 오래된 성물안치소 건축에도 적용되었다. 예술가는 성물안치소의 반원 아치를 복원하면서 독특한 건축 순서를 적용시켰다. 또 간단한 사암沙巖의 단순한 주형鑄型에서 기하학의 흔적이 강력하게 드러나는 필수 공간을 마련했다.

열렬한 고대 문학 애호가이자 꼼꼼한 골동 공예품 조사관이었던 레온 바티스타 알베르티(1406-1472) 역시 도덕적이고 상징적인 가치 회복을 위하여 고대 예술 유형을 재검토했다. 리미니의 말라테스타가 사원(1450) 기둥과 개선문의 조화로운 조합을 위한 중심 설계에서 그의 계획은, 특히 우주의 완벽함을 칭송하고 플라톤의 미학 사상 표현이 목표였다.

파도바

레온 바티스타 알베르티가 고대에 대해 더욱 역사적인 단면으로 접근했을 때 드러난 몇몇 양상은 이미 14세기 말부터 파도바에서 생겨났던 양상과 유사했다. 고전 문화 개념을 추적하기 위한 문헌학적 조사에 따른 라틴어 텍스트가 파도바에서 분석되었다. 1375년에 인문주의자 조반니 돈디(1318-1389)는 확실히 플라비오 비온도(1392-

1463)와 알베르티의 연구에 앞서는 자신의 저서 『재건된 로마Roma Instaurata』에서 로마의 고대 유적을 상세하게 설명했다.

정치권력 역시 이러한 매력에 영향을 받아 고전 전통과의 관계를 갱신하는 계획에 예술가를 포함시켰다. 1390년에 카라라의 프란체스코 2세(1359-1406)는 파도바 재정복을 축하하기 위해 동전 앞면recto에 새기던 초상에 로마 제국 초상화 양식을 복원시킨 메달을 발행했다.

스카르초네의 작업장 — 게다가 고대 조각상의 석고 거푸집을 뒤섞는 곳이던 프란체스코 스카르초네(1395-1468)의 작업장은 "고고학으로 풍부해진 표현주의의 영향으로 벽감, 아치, 무거운 제대 안의 풍부한 형태와 조각으로 만들어진 인물들에 변함없는 반복 요소를 이용하여 가장자리를 두르는 경향을 가진 예술가 집단을 위한 작업장으로 사용하도록 했다"(앙드레 샤스텔, 『위대한 작업장. 이탈리아 예술, 1460-1500La Grande Officina. Arte italiana, 1460-1500』

여기에서 카를로 크리벨리Carlo Crivelli(약 1435-1493년 이후), 마르코 조포(1433-1478), 그리고 조르지오 스키아보네Giorgio Schiavone(1433/1436-1504)가 아기 예수와 성모 마리아 조각상을 만들었다.이들 조각상에는 대단히 조형적인 푸토putto(르네상스 시대의 장식적인 조각으로 발가벗은 어린이상*)가 왕좌의 꽃 장식에 매달려 있고, 대리석 난간에는 소용돌이 장식과 돋을새김도 보인다. 안드레아 만테냐(약 1431-1506) 역시 동일한 환경에서 작업했다. 아주 젊은 시절에 파도바의 에레미타니Eremitani 성당(1450-1460)의 오베타리Ovetari 예배당 작업에 참여한 그는 문헌학적인 연구가 알려 준 문학 원천에 대한 적절하게 의미 있는 고전 형태로 복귀했다. 사실상 이 복귀에서 승리의 아치, 정간으로 장식한 둥근 천장, 촛대, 그리고 코린트 양식Corinth Style의 기둥 상부는 예술가의 풍부한 지식으로 세밀함에 굴복하지도 그렇다고 환상적인 재구성으로 이어지지도 않는 엄격하고 독특한 양식으로 연속해서 형성되었다. 왕좌를 장식한 스핑크스가 헤롯의 폭정을 비난하는 것처럼 〈성 야고보의 심판Giudizio di san Giacomo〉 둘레를 두르는 대형 아치가 장엄한 순간을 강조한다. 또한 예배당의 용도에 따라 필요했던 장례식 분위기는 〈성 크리스토포로의 귀양과 순교Martirio e trasporto del corpo di san Cristoforo〉에서 포Po 강 지역에 존재하는 기념비적인 수많은 석관과 비석에서 끄집어낸 듯한, 화환을 떠받치고 있는 푸토와 트리톤 및 종려나무 잎과 아칸서스acanthus 무늬로 강조되었다.

그런데 고대의 수집품을 인근에서 접할 수 있다는 유리한 입장임에도 불구하고 피렌체, 파도바, 그리고 베네치아의 예술가들은 고대의 영향을 더욱 생생하게 느끼기 위해 자신들이 자주 드나들어야 할 장소가 로마라고 인식했다.

로마

1430년경부터 로마는 새로운 교황의 정책 덕분에 단순히 영감을 제공하는 원천으로 존재할 뿐만이 아니라 고대 로마 유적으로부터 개인적인 해석을 이끌어 내는 곳이기도 했다. 과거의 찬란함은 현재의 예시처럼 다시 읽히고 다시 제안되었다. 로마의 위대함은 그리스도교의 힘에 상응했다. 1433년에 교황 에우제니오 4세(1383-1447, 1431년부터 교황)는 고전적인 주제들을 그리스도교적으로 다시금 표현해 내는 피렌체 예술가 안토니오 필라레테Antonio Filarete(약 1400-약 1469)에게 성 베드로 대성당의 청동문 제작을 맡김으로써 교회의 승리를 황제의 초상화와 로마 역사의 에피소드로 보여 주기에 이르렀다. 토스카나 출신의 예술가가 작업한 판테온Pantheon 문이 갖는 기념비성은 그리스도교의 역사를 설명하고 에우제니오 4세에 의해 수행된 권력의 재확인 정책을 암시하는 대형 패널로 옮겨졌다.

고대 로마와 그리스도교라는 두 세계 사이의 공모는 니콜라오 5세(1397-1455, 1447년부터 교황)와 이어서 식스토 4세(1414-1484, 1471년부터 교황)가 진흥한 도시 재개발renovatio urbis 계획으로 강화되었다.

1480년대에 이루어진 재개발 작업으로 에스퀼리노 언덕에 위치한 도무스 아우레 **도시 재개발** 아Domus Aurea(네로 황제의 별장*)의 그림이 발견되었다. 이는 국제적인 고딕 양식의 가장 가공할 만한 선견지명으로, 새로운 의견을 제시했다. 이를 통하여 항상 쉽게 이해되는 것은 아니나 세련된 이미지의 그로테스크라는 독립적인 장식 영역이 탄생했고, 로마로부터 기원하여 이탈리아 반도의 주요 도시로 퍼져 나갔다.

15세기 말엽에 가면 고대에 대한 재해석이 사실상 점점 더 엘리트적이고 탈역사적인 목적을 지닌다. 영주들은 베리 공작 장의 『아주 호화로운 시간경』이 정치적 안정에 도달했을 때, 부자들과 문화 후원자들은 신플라톤주의의 사변思辨이 아리스토텔레스의 경험 철학을 대체하기 시작했을 때, 고전 세계에서 더욱 지적인 측면을 포착했다. 그리고 그들을 행동하도록 이끄는 활동적인 삶과 도덕 범례에서 사변주의를 선호했다. 전통에 대한 재작업은 오래되고 고고학적인 것보다 구식이고 골동품적인 흔적으로 착색되었으며 편안하지 않은 경향으로 진행된 필리피노 리피(약 1457-1504)의 작업, 선의 탐구자 폴라이올로(약 1431-1498)의 작업, 보티첼리(1445-1515)의 모호한 신화적인 언어, 그리고 핀투리키오Pinturicchio(약 1454-1513)의 중세 동물 우화집과 박학한 인용 사이의 환상적인 결합으로 발전되었다.

| 다음을 참고하라 |
시각예술 파브리아노의 젠틸레(632쪽)

원근법과 투시 공간
| 프란체스카 탄치니Francesca Tancini |

르네상스 시대의 예술가들은 패널이나 캔버스와 같은 이차원의 표면에 깊이로 단계를 나누어 삼차원의 부피감을 만들면서 현실 구현의 절박함을 지각했다. 이것은 인간을 우주의 중심에 두고 모든 것이 비례 값으로 환원되는 균형과, 조화로운 세계의 거울인 수치 좌표 체계로 인한 공간 환원을 통하여 구현되었다.

원근법 도해와 도시 공간

15세기가 시작될 무렵의 피렌체는 거리와 골목으로 이루어진 도시였다. 건물 정면, 창문 문설주, 철책, 그리고 난간과 토대의 귓돌과 포석은 압도적으로 퍼져 나갔고 "같은 지점을 향하는 깊이로 나타나는" 다양한 체계로 나누어진 선을 따라 만들어졌다(루치아노 벨로시Luciano Bellosi, 『공간 표현La rappresentazione dello spazio』, 1980). 마차가 다니는 길은 오가는 마차와 장사꾼들로 북적거렸으며 활기가 넘쳤다. 그리고 상점을 다녀 본 경험으로, 한 번 보기만 해도 대강의 거리와 길이를 가늠할 수 있는 사람들로 붐볐다.

투치오 마네티의 안토니오Antonio di Tuccio Manetti(1423-1497)에 따르면 이와 같은 도시에서 필리포 브루넬레스키(1377-1446)는 스스로 고안한 "가까이와 멀리에서 사람의 눈에 보이는 사물의 감소와 증가"를 이차원에서 가능하게 하는 방법을 공개적으로 증명했다(투치오 마네티의 안토니오, 『필리포 브루넬레스키의 생애Vita di Filippo Brunelleschi』, 약 1482). 그것은 피렌체에서 제일 중요한 두 건물인 산 조반니 세례당과 팔라초 베키오가 있는 시뇨리아 광장을 묘사한, 1410년에 만들어진 것으로 추정되는 오늘날에는 손실된 패널이다. 광택이 나는 은 위에 비추어진 이 그림들을 고리를 통해 관찰하면, 받침판 위에 수학적으로 정확하게 옮겨진 피렌체의 거리와 광장을 볼 수 있다. ◁ 손실된 패널

    이 수학적-추상적인 세계 구축으로 추정되는 연속적-동질적, 그리고 안정적인 공간은 『회화론De Pictura 또는 On Painting』(1435-1436)에서 레온 바티스타 알베르티(1406-1472)에 의해 이론화되었다. 예술가가 관찰자와 화가의 위치가 일치되도록 설정한 관점에 따라서 현실은 모든 면에서 모든 것을 위해 믿을 만한 결과를 얻게끔 관찰되어야 했기 때문에 초점, 부동의 관객, 단 하나의 눈, 그리고 유일한 수평선은 동일한 소실점을 향해 선을 수렴하고 규모의 단일 척도를 실행하며 관점 결합을 완성하도록 가늠되었다. 이 추상적인 구조를 구축하는 인간은 참으로 우주의 중심이며, "관찰자의 눈에서 대상 방향으로 출발하는 직진 광선"의 출발점이자 도착점이었다(레온 바티스타 알베르티, 『회화론』). ◁ 레온 바티스타 알베르티의 『회화론』

원근법과 관점

오늘날에 표현과 전망의 가장 좋은 연습 방법으로 여겨지는 것은, 사실 가능한 수많은 공간 표현 방법의 하나일 뿐이다. 1927년에 에르빈 파노프스키(1892-1968)는 『'상징적인 형태'와 같은 원근법La prospettiva come 'forma simbolica'』을 썼다. 여전히 훌륭한 이 글에서 독일 태생의 미술사가는 사람의 신체적-정서적 공간과 비교하여 15세기의 원근법 연습 안에 감추어진 추상적 개념과 관례를 강조했으며 심오한 역사적 측정을 지지했다. 수학적으로 식별되는 기하학적 기준 선망을 기반으로 하는 회화 이미지 창조는 르네상스 정신과 결합되는 전통적인 방식이다. 오늘날에 대상은 합리적인 좌표계座標系에 새겨지고, 모든 공간은 더 높은 보편적인 질서를 드러내는 균형을 이루며, 조화로운 구상 규칙의 적용에 근거하여 구성된다. 또 이들은 전적으로 측정과 인식이 가능하다. 따라서 통제 가능한 우주를 종이 위에 옮기는 상징적인 구조를 만들어 낸 주인공이 15세기 피렌체의 상인층과 중산층이라는 것은 놀랍지 않다. ◁ 관례적이고 추상적인 원근법

    이와 같은 회화 현실은 높이, 넓이, 그리고 깊이 사이의 단순한 관계 체계처럼 정

의된 공간에 근거한다(에르빈 파노프스키, 『'상징적인 형태'와 같은 원근법』, 1927). 아무튼 다른 시대의 상이한 문화들은 이미 공간 정의에 대한 동일한 위급함을 다루었다. 고대인들은 소위 자연perspectiva naturalis 혹은 공통communis 원근법이라는 원근 투시화 **자연 원근법** 법 형태를 활용했다. 이 때문에 수학적으로 미리 결정된 체계 구성에 다다르지 않고서도 위치에 근거하여 대상을 다양화하는 필요를 충족할 수 있었다. 중세에도 표현은 덩어리와 표면의 집합이었고, 그 안에서 공간은 덩어리와 표면의 상이한 형태를 통합하지 않았다. 그러나 유일한 비례 체계 대상이 아닌 본체 사이의 관계는 주로 계층적인 관계를 통해 발생했다. 장엄한 성모 마리아는 발치에 무릎 꿇은 기증자보다 위대하다. 더 중요했기 때문이다. 따라서 인간이 기념하기 위해 건립한 성당은 구성 요소들에 나타난 다른 건물들에 비해 더욱 중요했다.

반대로 알베르티의 직선 원근법은 공간의 각각의 점, 묘사된 각각의 인물이 위치에 관계없이 정도와 기능에서 동일한 가치를 지닌다는 추정에 근거했다. 따라서 15세기의 합리적인 공간과 사람의 정신 생리학적인 공간과의 거리는 관념의 의식적인 인식과 원근법 전통에, 지성의 강력한 개입을 필요로 했다.

르네상스의 창

마사초(1401-1428)는 산타 마리아 노벨라 성당에서 당대의 전통적인 관례를 해체하고 회화 역사상 최초로 진정한 신의 현현顯現을 구현함으로써 15세기 초반의 수십 년보다 더욱 엄격하고 체계적인 공간 기획을 실현했다(1426-1428). 이로써 관찰자는 시각적으로 환상적인 공간 앞에, 구멍이 난 것 같은 벽 앞에 있고(조르조 바사리Giorgio Vasari, *Vite de' più eccellenti pittori, scultori e architetti*, 1568), 관찰자 정면에 성부 하느님의 시선 아래로는 십자가에 매달린 그리스도의 형상이 발현했다.

신자가 예술가가 관찰자와 동일한 공간에 삼위일체를 배치했다는 것을 인식하는 순간에 구원자의 죽음에 대한 아찔하고 충격적인 관점이 신성모독의 경계를 스친다. 하느님의 아들, 성모 마리아, 그리고 복음사가 성 요한의 초상화는 계단에 무릎을 꿇은 두 명의 기증자, 아래 무덤에 누워 있는 해골, 성당 중앙 신도석에서 프레스코화를 깜짝 놀라서 바라보는 살과 뼈로 된 사람의 크기와 동급으로 그려졌다.

동일한 소실점을 향하는 선線의 경쟁으로 통합된 회화의 공간과 실제의 공간, 그리고 그 공간을 메우는 등장인물들은 똑같은 본질과 동일한 실체를 지녔다. 이 시점

에서 오해의 소지가 있는 공간의 효율성, 뜻밖의 요소, 전환, 신념을 제공하는 정도
의 표현 방식 안에 가려진 중요성이 분명해진다. 마사초의 첫 번째 공간 환각법에서   **공간 환각법**
부터 만토바에서 안드레아 만테냐(약 1431-1506)의 대담한 투시도를 거친 다음, 코
레조Correggio(약 1489-1534)의 무모하고 환상적인 원근법까지, 그리고 이후에 프레
스코화를 정사각형 틀에 맞춘 원근법으로 그리는 화가의 가짜 건축 양식과 위대한
바로크 장식까지 아우르는 기나긴 여정이 출발했다.

　레온 바티스타 알베르티가 내린 정의에 따르자면 회화 공간은 다시 생성되는 세
상에 대해 '열려 있는 창'이며, 회화는 공간 과학이자 표현 과학이었다. 한편으로 베   **공간 표현으로의**
아토 안젤리코(약 1395-1455)와 도메니코 베네치아노(1410-1461) 같은 후속 세대의   **회화**
화가들이 끊임없이 이와 같은 실적을 적용하면서 열주列柱와 배가되는 복잡한 다듬
기로 한계가 정해진 양을 구성했다면, 다른 한편으로 브루넬레스키의 구조는 동일
한 방법 및 상반된 방법으로 비사실적이고 환상적이고 생경한 현실 표현에 적용될
수 있었다.

　'어렵고 불가능한 원근법으로 몇 가지를 탐구하는 것 이외에는 다른 즐거움을 갖
고 있지 않았던' 조르조 바사리(1511-1574)에 따르면, 파올로 우첼로(1397-1475)의
실재하지 않고 사실일 것 같지 않은 밤의 전경에 펼쳐진 창은 언제나 원근법적 창이
었다.

　창, 갑옷, 그리고 시신들이 교차하는 격자무늬 위에 펼쳐진 평면 그림이나 비스듬
한 금속 화단으로 표시된 정원에 그려진 평면 그림은 잘린 종이일 수 있다는 동일한
가능성을 지닌다. 반면에 15세기 원근법에 대한 학술서 최고의 대표자인 알베르티
와 피에로 델라 프란체스카(1415/1420-1492), 그리고 그의 제자이자 추종자인 루카
파촐리(약 1445-약 1517)의 작품에서 회화는 원근법과 일치했다. "분해되거나 확대
된 표면과 신체를 드러내지 않는다면 그림이 아니다"(피에로 델라 프란체스카, 『회화의
투시화법De prospectiva pingendi 또는 On the Perspective of painting』). 바르베리니 제단화, 팔라
초 두칼레의 목재 상감, 그리고 몬테펠트로의 페데리코(1422-1482)의 궁정을 중심
으로 모여든 예술가들의 작품에서처럼 우르비노에 있는 피에로 델라 프란체스카의
〈태형Flagellazione〉에서 원근법은 타일 바닥, 돌출된 처마, 아치의 교차점, 그리고 연
속 기둥 표현으로 환상적이고 과장된 힘을 보여 주었다. 피에로 델라 프란체스카의
영향력은 그가 젊은 시절에 고향에서 받은 원근법 지식과 공간 환상법 덕분에 군주

와 교황의 건축가가 된 도나토 브라만테Donato Bramante(1444-1514)의 교육 배경이 되었다.

원근법과 방식

15세기 초반기의 몇 십 년간 혼란과 놀라움을 야기했던 평평한 표면상에 삼차원의 공간을 구현하는 브루넬레스키의 방법은 결국 묘사의 단순 요소가 되었다.

예술가의 능력과 기술, 재료, 해부학, 그리고 원근법 지식을 보여 주었던 단계에서 이제 과학적이고 수학적이며 구조적인 복합적 사고를 과시하기에 이르렀다.

채 한 세기가 못 되는 사이에 이루어진 이와 같은 심도 깊은 사회, 정신 및 성숙한 문화 변화는 초기 르네상스의 예술 매개체를 더 이상 쓸모가 없는 구식으로 만들어 버렸다. 그리고 라파엘로Raffaello(1483-1520)는 바티칸 궁에 정교하고 균형 잡힌 구조를 적용함으로써 이미 빠르게 해체 중이었던 사상의 표현을 가능하게 했고, 이를 숭고한 모델에 적용시켜 체계적으로 묘사해 내는 더 높고 질서정연하고 또 완벽한 세상에 대한 마지막 위대한 표현을 가능하게 했다. 르네상스 회화에서 항상 존재했던 원근법의 통용과 더불어 (무엇보다 산드로 보티첼리[1445-1510]의 그림에 나타난 이차원적 묘사를 생각나게 하는), 마침내 레오나르도 다 빈치(1452-1519)의 푸르스름한 안개와 음영으로 감추어졌고 미켈란젤로Michelangelo(1475-1564)의 우선하는 인간애에 압도당하거나 틴토레토Tintoretto(1518-1594)의 형이상학적이고 불안한 해석으로 위축된 기하학적 격자의 더욱 이단적인 사용이 발달하게 되었다.

| 다음을 참고하라 |
과학과 기술 필리포 브루넬레스키(432쪽)
시각예술 건축가 필리포 브루넬레스키(652쪽); 만테냐와 곤차가 가문의 만토바(768쪽)

건축가 필리포 브루넬레스키

| 실비아 메데Silvia Medde |

필리포 브루넬레스키는 이탈리아 르네상스 시대 최초의 건축가였다. 그의 작업은

이후의 필수 불가결한 기준이 되는 설계 방법 및 장식용 어휘를 갱신했고, 공간에 대한
합리적인 개념으로 만들어진 언어를 도입했다. 레온 바티스타 알베르티와 비교하여
상이한 의미를 지닌 필리포 브루넬레스키는 아이디어부터 건물 창조로 이어지는
과정에서 기획자의 중요성을 확인하는 데 기여했다.

피렌체에서의 양성 교육

1377년에 피렌체에서 출생한 필리포 브루넬레스키(1377-1446)는 금세공인과 조각
가로서 양성 교육을 받았다. 그가 1399-1400년에 피스토이아에 있었다는 기록이 있
다. 브루넬레스키는 자신이 태어난 도시에서 산 조반니 세례당 청동 문 제작을 위한
1401년의 경연에 참여했다. 이를 기회로 공간에 대한 새로운 개념으로 구별되는 부
조로 〈이삭의 희생Sacrificio di Isacco 또는 Sacrifice of Isaac〉(피렌체, 국립미술관)을 제작했다.
고대 조각상에서 이끌어 낸 인용으로 깊이 있고 풍부한 묘사가 가장 중요한 중심 주
변에서 준비되었다. 그것은 천사를 외면한 살인에 대한 극적인 장면이다. 브루넬레
스키는 라이벌 로렌초 기베르티(1378-1455) 덕분으로 여겨지는 승리 이후, 젊은 도
나텔로(1386-1466)와 함께 처음으로 로마를 여행했다. 목적은 브루넬레스키의 미학
에서 근본적인 주요 참고 기준이 되는 조각, 건축 기술, 그리고 고대 건축물을 공부
하는 것이었다.

그는 조각가로서 계속 작업하는 한편으로 (1420년대에 산타 마리아 노벨라 성당에의
목재 십자가로 거슬러 올라가는) 광학 실험에도 관여했다. 또한 르네상스 예술의 기초 **광학 실험**
를 이룬 레온 바티스타 알베르티(1406-1472)에 의해 나중에 표현된 원근법 관점에서
건축 양식의 원칙을 정의 내렸다. 손실된 두 개의 제단화 완성에 대한 기록이 전해지
는데, 피렌체 두오모에서 바라본 산 조반니 세례당과 팔라초 베키오의 북향과 서향
외관을 드러내는 경사 각도로 시뇨리아 광장을 그린 것이다. 브루넬레스키의 연구
와 마사초(1401-1428)가 그의 작품에서 채택했던 해결안의 관련성은, 피렌체 산타
마리아 델 카르미네Santa Maria del Carmine 성당의 브랑카치 예배당(〈베드로의 일생Storie
di San Pietro〉, 1424년부터)과 산타 마리아 노벨라 성당(〈삼위일체Trinità〉, 1426-1428)의
프레스코화의 예상 위치를 정하는 데 있어 건축가들의 공동 작업 가능성을 재기할
수 있게 했다.

다재다능한 천재가 가지고 있던 관심은 파올로 달 포초 토스카넬리Paolo dal Pozzo

Toscanelli(1397-1482)와 같은 당대의 뛰어난 과학자와의 관계를 통하여 고무된 것으로, 요새 전문가와 기계의 창안자로서 평형, 수력학, 수학, 그리고 공학에서의 능력을 보여 주었다. 이 분야들은 극장 영역도 혁신시켰지만 동시대인들과 비교하여 브루넬레스키에게 큰 명성을 안겨 주었던 건축에서 보다 잘 드러났다.

산타 마리아 델 피오레 성당의 둥근 천장

브루넬레스키의 실험 정신으로 특혜를 받은 장소는 피렌체에 있는 산타 마리아 델 피오레 성당의 건설 현장이었다. 브루넬레스키는 1418년에 웅장한 둥근 천장의 건설을 위해 개최된 경연에서 우승하면서 15세기 초반부터 현장에서 공동 작업을 시작했고, 1420년부터 세상을 뜰 때까지 작업장 책임자 역할을 이어 갔다. 그리고 14세기부터 예상되었으나 건설 체계의 부적절함 때문에 실행이 불가능했던 여덟 개의 뾰족한 고딕식 도해에 관련하여 건축 체계의 온갖 측면을 면밀하게 추구했다. 둥근 천장에 대해서는 늑재肋材(천장의 늑골을 이루는 재료*)를 사용하던 전통적인 목재 외장 건설 단계에서는 필요하지 않은, 로마 기술에서 영감을 받은 벽돌의 오늬무늬 **독립 구조 공법** (교대로 방향을 바꾸며 비스듬하게 벽돌 등을 배열함으로써 만들어지는 모양*) 배열 덕에 독립 구조 공법(조각 및 건축물이 받침대 없이 서 있는 시스템*)을 적용시킬 수 있었다. 둥근 천장은 무게를 덜기 위한 이유로 위로 올라갈수록 두께가 얇아지는 두 개의 동심원 덮개로 구성되었고, 외부에서 볼 때는 여덟 개로 보이는 늑재로 강화되었다[도판 6]. 1436년에 둥근 천장을 덮는 등의 건축 경연에서 당선된 브루넬레스키는 자재를 적재하고 운송하는 새로운 방식의 도입으로 용이해진 작업자들의 노무 관리까지 책임져야 했다. 설계 작업 이외에 작업장 내부에서 행해진 관리 역할은 그에 의해 각인된 건축가의 모습이 현대적인 의미의 변화를 맞이했음을 의미하고, 알베르티에 의해 촉진된 모든 지적 구원이 상호 보완적으로 발전했다.

일반 건축: 오스페달레 델리 인노첸티와 겔프당 궁

오스페달레 델리 인노첸티Hospital of the Innocenti는 고대에서 영감을 받은 장식 취향만이 아니라 기하학적인 구조와 단비례單比例 도입에 바탕을 둔 브루넬레스키의 현대적인 건축 방식을 분명히 드러낸 첫 작품이었다. 방치된 아이들을 돌보기 위한 보육원 목적으로 지어졌으며, 1419-1421년에 그가 속해 있던 실크와 금은세공 상인 조합으

로부터 의뢰받았다. 초기 르네상스 건축으로 이따금 언급되는 이 건물은 설계와 외 합리적인 조화
관 모두 이후에 적절하게 변경할 것을 염두에 두었으며, 특히 주요 설명서에 규칙적
이고 율동적인 공간을 만들어 내는 배수와 약수(소위 모듈) 면에서 반복되는 측량 채
택으로 결정된 구상을 보여 주었다. 여전히 과거에 대한 기억이 잔존하던 피렌체 중
세 건축에 내포된 비율과 조화의 의미는 인문주의의 이성의 빛으로, 또 고대의 복원
으로 읽혀질 수 있다. 핵심 요소는 어쩌면 처음으로 완성된 형태로 제안되는 규범 양
식의 활용이었다. 도시화를 위해 연속적인 정사각형 모양의 공간에 기반을 둔 오스
페달레 델리 인노첸티의 현관은 산티시마 안눈치아타Santissima Annunziata 광장 전체
에 걸쳐 펼쳐져 있다.

　1419년 이후 그에게 맡겨진 겔프당Guelfi (교황파*) 궁은 일반 건축 영역에 포함시
킬 수 있다. 미완성의 변경된 초기 설계를 보면 회의를 위한 대형 홀을 지을 예정이
었음을 알 수 있다. 건물의 외관은 극단적인 형식의 통합을 특징으로 한다.

후원자 메디치가

르네상스 건축의 기본이 되는 브루넬레스키의 작품 중 두 점은 메디치 가문의 후원
으로 산 로렌초 성당을 위해 만들어졌다. 경제적-사회적, 그리고 시민적 맥락에서의
메디치 가문의 주도권은 이 시기에 점점 더 분명해졌다.

　1418년경에 메디치가의 조반니 디 비치(1360-1429)는 아마도 자신의 묘로 사용
하고자 하는 의도로 브루넬레스키에게 성물안치소 건축 작업을 맡겼다. 구舊성물안 구성물안치소
치소라는 이름으로 불리며, 16세기에 미켈란젤로 부오나로티(1475-1564)에 의해 만
들어질 대칭적인 건축물과 대조된다. 구성물안치소는 1421년에 시작되어 1428년에
일부 구조가 완성되었다. 그다음에 즉시 개시된 장식 작업에는 도나텔로의 활동이
두드러졌다.

　회색 석조 건축물이 이따금 끼어 있는 기하학적인 설계를 가진 전례 없이 장엄하
고 엄격한 형식의 공간은 북부 이탈리아의 비잔티움 모델(파도바 주교좌성당 세례당)
에 가까운 특징을 보이는 늑재로 분명히 표현되었고, 기둥 위에 올려놓은 반구형 돔
으로 관식冠飾을 단 정육면체 구조였다. 한쪽 공간에는 비례적으로 더욱 작지만 동일
한 특징을 지닌 제단이 마련되었다.

　성물안치소의 구성 맥락으로 인하여 메디치 가문이 브루넬레스키에게 맡겨서 이

미 작업이 시작된 산 로렌초 성당 내부를 현대적인 형태로 재구축하려는 생각이 무르익었다. 작업은 1421년에 그의 계획에 따라 시작되어 천천히 진행되다 중단되었고, 1441년에서야 비로소 코시모 1세(1389-1464)에 의해 재개되었다. 하지만 작업장은 예술가의 사망 후에 폐쇄되었다. 따라서 브루넬레스키가 미완성으로 남겨진 건물 정면을 어떻게 완성할 예정이었는지는 알 수 없다. 게다가 종교 건물에 대해 설계한 그 어떤 투시도 역시 알려져 있지 않다.

낭만적인 시대에 기존 성당 발달의 장기적인 변화 과정을 다루었던 도식은 극단적으로 명백한 구성으로 대체되었다. 고대와 초기 그리스도교 성당에 대한 기억으로 다양한 크기의 공간을 만들어 냈지만, 즉시 읽어 낼 수 있는 균일한 배분과 대칭 연구에 대한 엄격한 기하학적 적용에 따라 구축되었다.

1442년경에 건축가가 코시모 1세의 궁전을 위해 준비한 설계도가 사라졌다. 기획안이 제시한 건물은 산 로렌초 성당 앞 광장에 만들어질 것이었다. 하지만 이 기획안은 1434년에 피렌체의 실질적인 영주가 된 후원자 코시모 1세가 실행하는 정책의 신중성에 부합되지 않는 야심 때문에 폐기되었다. 미켈로초 미켈로치Michelozzo Michelozzi(1396-1472, 바르톨로메오의 미켈로초라고도 함*)에게 맡겨진 디자인에는 독창적인 특징들이 드러나 있다. 10여 년 후에는 레온 바티스타 알베르티가 기획한 루첼라이 저택을 지을 목적이었다. 이 저택은 15세기와 이후 피렌체 영주 저택의 전형이 되었다.

파치 예배당과 산타 마리아 델리 안젤리 성당

피렌체 산타 크로체 성당의 프란체스코회 복합 건물 가운데 1430년대부터 건축을 시작한 파치 예배당은 브루넬레스키의 진화된 건축 기법을 부각시켰다. 프란체스코회 수사들의 모임을 위한 곳으로 사용될 이 예배당은 파치의 안드레아(1372-1445)에게 일임되었다. 겉모습은 구성물안치소와 유사했으나, 사실상 더더욱 공간의 복잡함을 야기하며 정사각형 패턴은 직사각형으로 변환되었다. 벽의 장식 또한 더욱 풍부해지고 다양해졌다. 건축물의 요점을 나타내는 벽 위에는 건축 요소의 구성이 짙어졌다.

중심 도법에 의한
르네상스 건물의
최초 사례

브루넬레스키의 혁신적인 공간 개념은 산타 마리아 델리 안젤리 성당에도 특징적으로 드러났다. 중심 도법에 따라 유형적으로 지어진 르네상스 건축물의 첫 번째 사례로, 기하학적인 완벽함과 선의 상징적인 중요성 때문에 15-16세기에 큰 명성을 얻었다. 어쩌면 브루넬레스키는 두 번째 여행을 기회로 로마 고대 유적지에서 진행할 연구를 염두에 두고서 벽돌의 조형 가치에 대해 작업했을 것이다. 1434년에 시작되었으나 후원자인 피포 스파노로도 불린 필리포 스콜라리Filippo Scolari(1369-1426)의 경제적 문제 때문에 미완으로 남겨진 성당은 둥근 천장이 달린 팔각형의 평면 측량법을 규정했고, 건물 맥락에 맞도록 배치함으로써 예배당 후광이 윤곽을 겉으로 드러내도록 규정했다[도판 1]. 겹겹이 중첩된 기둥 열 아래에 있는 산타 마리아 델 피오레 성당의 반구형 지붕 주변에 세워진 반원형 공간(소위 죽은 설교단blank tribunes*)이 동일한 방향으로 배치된 이 작품은, 고대에서 영감의 원천을 받아 이를 더욱 발전시켰음을 보여 준다.

산토 스피리토 성당

파치 예배당과 구성물안치소 사이의 연결점과 유사점은 산토 스피리토Santo Spirito 성당과 산 로렌초 성당 사이에도 존재한다. 유사한 특징은 작업에 도입된 새로움, 즉 브루넬레스키의 경력의 도착점을 드러냈다. 1428년부터 설계되었을 것으로 추정되나 시작은 1436년부터 이루어진 이 작업은 1446년 4월 15일에 발생한 브루넬레스키의 사망 이후로 원래의 설계를 손상시키며 다른 이들의 지휘로나마 지속적으로 진행되었다. 더 새로운 요소 중 성당 중심부를 따라 펼쳐진 예배당과 유사한 외벽의 볼록한 경향을 외부에 드러내려는 계획은 실현되지 않았다. 여기에서도 브루넬레스키에 의해 도시와의 관계가 강하게 느껴진다. 그는 광장 개방을 위한 적절한 공간을 확보할 목적으로 건물 방향을 수정하자고 제안했을 것이다. 이 제안은 르네상스 시기에 처음 설계된 것 중 하나인데, 값비싼 해체 비용 탓에 전혀 실행되지 않았다.

세 군데의 신도석이 딸린 흔한 라틴 십자가를 기본으로 한 성당은 조화로운 내부 공간과 기념비적인 구상을 보여 준다. 로렌초의 모델을 완벽하게 수행하면서 상호 간에 간단한 비례 관계로 연결된 형태의 반복에 기초한 정교한 설계 덕분에 가능한 효과였다(중앙과 측면 사이가 1 대 2). 새로운 개념은 건물의 다양한 부분 사이에 전이를 부드럽고 한층 더 균일하게 하는 결과를 만들면서 기둥과 반기둥에 사용된 삼차원으로 표시되는 건축 요소 역시 특징지었다.

| 다음을 참고하라 |
시각예술 건축가 필리포 브루넬레스키(652쪽); 마사초(658쪽); 레온 바티스타 알베르티(669쪽); 얀 반 에이크(680쪽); 빛의 화가들(694쪽)

마사초

| 스테파노 피에르귀디Stefano Pierguidi |

마사초는 겨우 26세에 완료된 짧은 경력에도 불구하고 브루넬레스키 및 도나텔로와 함께 피렌체 초기 르네상스의 세 번째 주인공으로 꼽는다. 국제 고딕 양식 표현과의 단절은 급격하게 이루어졌다. 마사초는 결정적인 명암법 사용을 통해 인물에 전혀 새로운 조형성과 물리적 구체성을 부여했다. 그리고 원근법 규칙의 적용으로 주목할 만하고 개연성 있는 회화 공간을 만들어 낼 수 있었다.

조토의 흔적이 남아 있는 르네상스 회화

1490년경에 오늘날 우리가 르네상스라고 칭하는 그것이 어느덧 자리 잡았을 때, 그리고 로렌초 데 메디치(1449-1492) 시대의 피렌체 회화를 산드로 보티첼리(1445-1510), 피에트로 페루지노Pietro Perugino(약 1450-1523), 그리고 필리피노 리피(약 1457-1504)가 장악하고 있었을 때, 도메니코 기를란다요Domenico Ghirlandaio(1449-1494)의 작업장에서 교육받던 한 견습생은 토스카나에서 생겨난 새로운 예술의 뿌리와 기반으로 다시 거슬러 올라갈 필요성을 느꼈다. 미켈란젤로 부오나로티(1475-1564)는 15세기경에 산타 크로체 성당 페루치 예배당에 있는 조토의 프레스코화를 베끼고(1315-1317/약 1318), 산타 마리아 델 카르미네 성당 브랑카치 예배당에 있는 마사초(1401-1428)의 프레스코화도 베꼈다(1424-약 1427). 예술가는 한편으로 인물의 몸짓은 한 세기 이상의 차이를 넘어 조토와 마사초를 결합시키는 붉은 맥락을 강조했고, 다른 한편으로는 자신이 현대 회화의 창립자, 더 정확하게는 재창립자임을 나타냈다. 1550년에 조르조 바사리(1511-1574)는 저술『예술가 열전Vite』에서 "마사초의 뛰어난 점은 조토의 방법을 모든 면에서 상기시키고…… 당시와 오늘날까지 모든 화가에 의해 지속된 그 현대적인 방법을 강조했다는 것이다"

라고 기록했다. 마사초의 짧은 예술 경력은 그의 동시대인들이, 그리고 세기를 넘어 그의 계승자들이 즉각적으로 지각한 바대로 서양화 역사에서 근본적인 전환점을 기록했다. 마사초 스타일에 대한 최고의 묘사가 이미 1481년에 단테 알리기에리(1265-1321)의 『신곡 주해Commento alla Divina Commedia』에서 크리스토포로 란디노(1424-1498)가 한 스케치로 남아 있음은 우연이 아니다. 란디노는 마사초의 사실에 대한 모방, 입체 렌더링rendering, 그리고 원근법 구축을 칭송한 다음에 거장의 스타일에 대해 종합적으로 '순수하고 화려한 장식이 없는' 표현이라고 정의했다. 파브리아노의 젠틸레(1370-1427)가 1423년에 〈동방박사의 경배Adorazione dei Magi〉(피렌체, 우피치 미술관)를 통해 표현했고 피렌체에 들여와 마지막으로 화려하게 꽃피운 후기 고딕 양식과 마사초가 급작스럽게 단절한 것은 물론 논쟁의 여지가 있기도 하다.

양성 교육과 마솔리노와의 제휴

마사초라 불린 조반니 카사이의 톰마소Tommaso di Giovanni Cassai는 산 조반니 발다르노에서 출생했다. 이미 1418년에 피렌체에 마사초의 '화가'로서의 기록이 존재하며 1422년에는 메디치와 스페치알리Speziali 가문의 예술 작업 공방에 등록되었다. 레젤로Reggello 근처 카시아의 산 조베날레 성당에 있는 〈성인들과 왕좌에 앉아 있는 성모 마리아Madonna in trono e santi〉를 그린 3폭 제단화에 이름이 새겨진 해였다. 모든 비평가가 동의하지는 않을지언정, 중앙 제단에 놓여 있는 이 제단화는 성모 마리아가 앉아 있는 왕좌를 원근법 관점에서 구축한 것과, 아기 예수를 표현한 조형성 때문에 대체로 마사초의 첫 작품으로 평가된다.

그는 1424년에 산 루카 조합에 가입하며 같은 해 현재 우피치 미술관에 있는 〈성 안나, 아기 예수와 성모 마리아와 천사들Sant'Anna, La Madonna col Bambino e angeli〉을 위탁받았다. 1568년에 바사리가 마사초만의 작품으로 기록하는 산탐브로조Sant'Ambrogio 성당에 그려졌던 그림이다. 로베르토 롱기(1890-1970)는 1940년에 출판된 두 예술가에 대한 자신의 중요한 비평서인 『마솔리노와 마사초에 관한 사실Fatti di Masolino e Masaccio』에서 이 작품 일부에 기여한 나이 든 파니칼레의 마솔리노(1383-1440)의 손길을 최초로 알아챘다. 무형의 성 안나와 실질적으로 배경처럼 그려진 성인의 폭넓은 주황색 망토에 비하여 성모 마리아와 아기 예수는 섬세한 터치가 돋보인다. 이 작품은 후기 고딕 양식 회화에서부터 르네상스 회화에 이르는 급작스럽고

마솔리노와 마사초

폭력적인 흐름의 상징이 되었다. 두 화가 사이의 거리는 마솔리노가 작업한 성모 마리아의 어깨 위에 살짝 올려놓은 성 안나의 오른손과 마사초가 그린 아기 예수의 왼쪽 다리를 단단히 부여잡고 있는 성모 마리아의 두 손을 비교하는 것으로 충분하다. 혹은 다시 한 번 무릎 사이를 비교하자면, 성모 마리아의 푸른 망토에서 더욱 도드라지는 망토 아래 감추어진 인체의 형태와 성 안나의 오른쪽 다리의 확실치 않은 무릎의 비교로 알 수 있다. 따라서 이 작품은 어떻게 마사초를 회화의 진정한 거장으로 구별할 수밖에 없는지를 나타낸다. 조르조 바사리는 마솔리노가 피오렌차의 카르미네 성당의 브랑카치 예배당에서 작업하던 시기에 마사초는 가능한 한 브루넬레스키와 도나텔로의 흔적을 따르려 하면서 예술을 시작했다고 적었다. 사실 마사초는 원근법 사용 때문에 정신적으로 필리포 브루넬레스키(1377-1446)에, 조형술과 인물의 도덕적 형상화 때문에 도나텔로(1386-1466)에 가깝다.

브랑카치 예배당

1424년에 브랑카치 예배당 작업도 시작되었다. 헝가리를 향해 첫 출발을 한 1425년 9월까지 마솔리노와 마사초가 나란히 작업했던 곳이다. 후원자 펠리체 브랑카치 (1382-1449년 이전)가 가문의 수호성인인 성 베드로를 기념하고자 택한 것이 〈베드로의 일생〉으로, 작품은 출입구 측면에 두 점의 〈원죄Peccato originale〉 에피소드와 함께 그려졌다. 1425년경에 근방 왼쪽 벽에 마사초의 프레스코화 〈낙원에서의 추방 Cacciata dal Paradiso〉과 〈세금을 바치는 그리스도Pagamento del tributo〉가 그려졌다. 다시 한 번 마솔리노가 그린 〈아담과 이브의 유혹Tentazione di Adamo ed Eva〉과 마사초의 〈낙원에서의 추방〉과의 비교로 마사초와 동시대 화가들 사이의 심연을 가늠할 수 있다. 산 조반니 발다르노의 거장은 명암법을 통해서 빛으로 인물을 조각했다. 인물의 다리에 생긴 그늘의 원근법적인 표현은 이 그림이 전하는 이야기에 심오하면서도 자연스러운 진실감을 부여했다. 이브의 얼굴은 그녀가 겪은 순수함 상실에 대한 어마어마한 고통을 생생하게 표현했다. 〈세금을 바치는 그리스도〉에서 영웅적인 사도들은 왕관을 두른 네 명의 성인들에게 다가간 그리스도 주변을 반원으로 둘러싸고 있다. 네 명의 성인들은 방코의 난니(1380/1390-1421)가 오르산미켈레 성당의 벽감 중 한 곳을 위해 작업한(1413-1416) 조각을 참조한 것으로, 마사초가 회화의 표현 기법을 혁신하고자 조각에서 자신에게 필요한 참조 모델을 추가한 것이다. 오른쪽 건물

원죄

조각에서의
모델 탐구

은 브루넬레스키의 원근법 규칙에 따라 그려졌고, 참으로 주목하지 않을 수 없는 논리에 따라 철두철미하게 사도들의 후광 역시 얼핏 보이게 했다. 프레스코화 중앙에서 그리스도의 몸짓에 대해 손으로 반응하는 성 베드로의 찌푸린 얼굴은, 회화사에서 영웅적인 세대인 초기 르네상스 시대 예술가들의 정신을 가장 잘 집약한다. 베드로에 대한 표현은 그리스도 자신의 더욱 나약한 표현과 대조된다. 롱기가 언급한 것처럼 그리스도의 머리는 마솔리노가 그린 것이 틀림없다. 이처럼 두 거장은 나란히 함께 작업했으며, 몇 해가 지난 뒤 로마에서 몇 년간 다시 연결되는 우정을 주고받는 관계였다.

　이후 마솔리니는 헝가리로 떠났고, 마사초는 1427년에 예배당 바닥과 제단 벽 작업을 위해 홀로 일하러 돌아왔다. 그러나 모든 작업은 1480–1485년에 필리피노 리피가 마무리했다.

마지막 작품

마사초는 1426년 2–12월에 피사의 카르미네 성당에, 18세기에 분할되고 일부 손실된, 커다란 다폭 제단화 제작의 대가로 대금을 받았다. 마사초는 〈책형도Crucifixion〉에　**피사의 카르미네 성당을 위한 다폭 제단화**
서 과거의 유산인 성모 마리아의 왕좌(런던, 내셔널 갤러리)의 선명한 건축 양식과 갓돌이 있는 원경의 현대적인 표현과 다폭 제단화 전체(나폴리, 카포디몬테 국립미술관)를 절대적으로 대비시켰다. 어깨 사이에 놓인 그리스도의 머리에 대한 인상적인 표현은 왼쪽에 있는 성 요한이 걸친 푸른색 옷의 더욱 정교하고 섬세한 표현과 잘 어울린다. 아래에서 볼 때에 성인의 옷 안쪽 단까지 보이는데, 모든 묘사가 아래에서 그림을 관찰하게 되는 관객의 관점을 염두에 두고 표현되었다. 하늘을 향해 두 팔을 들고 있는 막달레나의 고통은, '순수하고 장식이 없는' 십자가가 놓인 곳 아래에서 지면에 닿을 듯 황량한 풍경만큼 절대적이다.

　1427년 산타 마리아 노벨라 성당에 프레스코화 〈삼위일체〉가 그려졌다. 이 그림의 특징은 보는 이에게 놀라울 정도로 착각을 불러일으키는 기법에 있다. 건축학적 배경에는 종종 브루넬레스키의 직접적인 개입이 제안되었지만 가장 높은 코린트식 기둥과 이오이나식 기둥의 결합은 1423년에 도나텔로가 디자인한 오르산미켈레 성당 내 교황당파의 예배소에서 더욱 직접적인 피드백을 발견할 수 있는 듯하다. 1420년대 피렌체 예술의 주요 주인공 세 명은 분명히 동일한 주제에 대한 아주 유사　**피렌체 예술가들에 대한 탐구**

한 연구를 진행했지만, 그들의 공동 작업이 기록으로 남아 있지 않기에 그들을 언급하는 것은 불필요하다. 그림 아래에 넣은 원근법적 배경 외에도 마사초는 후원자인 바르톨로메오의 베르토와 그의 부인으로 보이는 인물을 함께 묘사했다. 마사초가 치밀한 초상화 기법으로 묘사한 이들은 비슷한 시기에 도나텔로가 테라코타로 만든 우차노의 니콜로Niccolò da Uzzano의 흉상(피렌체, 국립박물관)[도판 39]과 유일하게 비교된다. 성모 마리아와 복음사가 요한은 아래에서부터 짧아지는 반면 영원한 성부와 십자가에 매달린 그리스도는 지나치게 과격한 비율로 원근법 규칙의 엄격한 적용에서 제외되었다.

마사초는 1428년에 로마로 옮겨 갔다. 그리고 그곳에서 헝가리에서 돌아온 마솔리노와 함께 산타 마리아 마조레 대성당의 제단을 위한 다폭 제단화 제작을 맡았다. 그런데 〈성 예로니모와 세례자 요한Santi Girolamo e Giovanni Battista〉(런던, 내셔널 갤러리)이 그려진 패널을 완성하자마자 죽음을 맞이했기에 나머지 작업은 마솔리노 혼자 이끌어 갔다.

| 다음을 참고하라 |
시각예술 원근법과 투시 공간(648쪽); 레온 바티스타 알베르티(669쪽)

도나텔로

| 조반니 사수Giovanni Sassu |

동시대인들에게는 우상화되었고 후세대인들에게는 칭송받았던 도나텔로라는 카리스마적인 인물은 위대한 혁신으로 15세기 조각사를 발전시켰다. 그는 온갖 조각 기술과 표현 기법의 실험자로서 토스카나 스타일의 조화로운 르네상스 정신을 표현했다. 동시에 15세기 초반에 피렌체 인문주의가 추구했던 평온의 이상 극복과 대칭을 실현했다.

고대와 현대 사이의 도나텔로

필리포 브루넬레스키(1377-1446), 도나텔로(1386-1464), 그리고 마사초(1401-1428)의 공통점은 창의력으로 예술적 인문주의 개념의 본질을 세운 창립자들이라는 것이다. 인문주의 개념에 대한 신뢰성 너머에서, 특히 세 명 중 도나텔로는 엄격한 분류상 덜 틀에 박힌 예술가로 대표된다. 그가 인간을 중심에 두는 르네상스 이상을 표현한 최초의 예술가들 중 한 명이었음이 사실이라면, 자신의 오랜 활동 기간 동안 당시 알려진 방법과 기술을 열심히 시도했던 연구를 통하여 새로운 지평을 탐구할 능력을 갖추고 있었다는 점 역시 사실이다.

양성 교육과 초기의 성공

도나텔로가 받은 양성 교육은 대리석 조각 분야보다는 금세공 분야와 더욱 밀접한 관련이 있던 것으로 드러났다. 이런 맥락에서 브루넬레스키와의 연관성이 생겨나는 듯하다. 도나텔로는 젊은 시절에 예술가들과(미켈로초 미켈로치, 바르톨로의 난니, 그다음에 베르나르도 벨라노와 더불어) 다양한 전문적인 관계를 맺지만 브루넬레스키와의 관계는 스승과 제자라는 의존적인 관계라기보다는 공동 작업이라고 표시되는 진정한 우정으로 이어지면서 공동 작업의 한계를 뛰어넘었던 것으로 보인다. 두 사람의 관계의 원천이 되었던 우정은 이후 두 젊은이들을 건축, 고전적인 조각상과 고대 후기의 부조로 그들이 매력적인 로마로 가게끔 이끌었다.

브루넬레스키와의 우정

조각가로서의 교육 양성은 로자 데이 란치Loggia dei Lanzi, 산 조반니 종탑, 산타 마리아 델 피오레 대성당, 오르산미켈레 성당 등과 같은 피렌체의 주요 생활 터전과 관련된 본격적인 건축물들이 재개발 중이던 1400-1410년에 이루어졌다. 14세기 말부터 15세기 초반의 30년 사이에 진행되었던 마지막 두 곳의 작업장에서는 도시 최고의 모든 조각가들을 볼 수 있었다. 최고 책임자는 종탑의 북쪽 문을 위한 1401년의 경연에서 우승한 로렌초 기베르티(1378-1455)였다. 당시 기베르티는 자신만의 인문주의적 감각을 가진 뛰어난 후기 고딕 문화의 대표자였다. 또 다른 주인공은 작품에서 장엄함, 대칭, 그리고 표현의 불변으로 이루어진 고전적인 이상을 추구했던 방코의 난니(1380/1390-1421)였다.

도나텔로는 두 경향 사이에서 겉보기에만 중도적인 다른 길을 바로 택했다. 기베르티의 아주 바쁜 작업장에서 견습하던 소년들에 대한 1404-1407년의 기록 중에

두오모 대성당 작업 주문

도나텔로는 1406년 말 산타 마리아 델 피오레 대성당의 조각 장식 때문에 눈에 띄는 아몬드 문이라는 의미의 포르타 델라 만돌라 작업을 독립적으로 작업했다. 처음에는 공동으로 작업하거나 다른 예술가들과 경쟁하고, 그다음에 조만간 혼자 작업한 조각가가 추후에 받을 대성당 작업 의뢰의 전주곡인 셈이었다. 1408년에 도나텔로는 정면의 벽감 중 하나를 위한 〈복음사가 요한San Giovanni Evangelista〉과 북쪽 관람석을 위한 〈다비드David〉 조각상의 제작 임무를 맡게 되었다. 기존의 〈다비드〉 조각상들에서 나타나는 일반적인 접근 방식이 기베르티의 고딕 양식에서 영향받은 것이었다면, 도나텔로는 나이 든 왕이 아니라 골리앗을 물리치고 난 뒤에 커다란 자부심을 가지고 정면을 바라보는 젊은 전사로의 다비드를 조각함으로써 자신의 강렬한 개성을 단번에 확인시켰다. 기술적인 숙달에서의 놀라운 점은 다비드와 골리앗 형상이 하나의 덩어리에 새겨졌다는 점이다. 이것은 당시 조각에서 절대적인 새로움이었다. 이 작품의 "맹렬할 정도로 대단한 활기"(바사리, 1511-1574)는 곧 예술적으로나 정치적으로 참조할 만한 모델로 자리 잡았다. 1416년에 피렌체 정부의 뜻에 따라 도나텔로가 만든 조각상은 불굴의 투지와 도시 영주의 경제 자립 정책의 열망과의 동질성을 강조하고자 팔라초 베키오에 전시되었다.

도나텔로에게 〈다비드〉의 성공은 도시 상업의 중심 지역인 오르산미켈레 성당 정면 작업이라는, 피렌체의 또 다른 대규모 작업장으로의 문을 열어 주었다. 기업들은 뛰어난 예술가들에게 그들의 수호성인들을 동상으로 만드는 작업을 위임했다. 조각가는 10여 년에 걸쳐 세 차례 작업을 요청받았다. 오르산미켈레 성당에서 가장 유명한 작품은 현재 피렌체 국립박물관에 있는데, 1415-1417년에 갑옷과 칼을 만드는 **〈성 제오르지오〉** 조합을 위해 조각된 〈성 제오르지오San Giorgio〉 조각상이다. 도나텔로는 〈다비드〉에서 더욱 심화시킨 연구에 다시 한 번 묘사의 도덕적인 가치를 구현하기 시작했다. 다리를 넓게 펼치고 상체를 살짝 돌린 성인의 자세는 도나텔로의 모든 영웅이나 성서의 인물을 특징짓는 '잠재된 행동 가능성'을 보여 주었다(Artur Rosenauer, *Donatello*, 1993). 방패를 잡고 칼을 휘두를 준비를 한 성인은 마치 적을 기다리며 지평선을 관찰하듯이 시선은 먼 곳을 응시하고 이마에는 주름이 잡혀 있다. 길고 가느다란 고딕 양식의 비율은 인물의 구석구석을 살아 있게 하는, 행동하기 직전의 힘과 활력이 넘치는 뛰어난 느낌을 감소시키지 않는다.

한편 밑받침에 새겨진 〈성 제오르지오와 용San Giorgio e il drago〉도 중요하다. 도나텔로는 처음으로 스티아차토stiacciato(얇게 새김*) 기법을 적용했는데, 불과 몇 밀리미터로 재생시켰다. 이것만 새로운 것이 아니다. 오르산미켈레 성당의 조각에서 지속적으로 단축된 공간의 외관 설정이 등장한다. 평행선이 하나의 소실점으로 향하는 직선 원근법에 브루넬레스키의 이론을 배치한 것은, 알려진 바에 의하면 도나텔로가 최초였다.

새로운 표현 가능성: 1420-1440년의 실험주의

도나텔로는 또 다른 값진 임무 덕분에 서 있는 인물 표현에 대한 탐구를 진행할 수 있었다. 1415-1436년에 조토(1267-1337)가 제작했던 종탑 북쪽과 동쪽 측면을 장식하기 위해 다섯 명의 예언자들과 성서 속 인물상 제작을 성당으로부터 의뢰받아 작업에 전념했다. 시리즈 중 가장 많이 알려진 〈하바쿡Abacuc〉은 대머리 인물상으로 큰 호박이라는 의미의 '추코네Zuccone'로도 기억된다. 거장 도나텔로의 1420년대의 걸작이다. 그는 예언자를 일그러지고 희한한 얼굴을 가진 광인처럼 묘사하는 표현 기법을 정면으로 다루었다. 멍하니 허공을 바라보는 시선을 강조하는 살짝 벌린 입과 치켜세운 눈썹은 이 작품을 바라보는 동시대인들에게 잊을 수 없는 모습이었다. 불과 한 세기 후에 조르조 바사리가 언급했던 것처럼 온갖 이야기가 꽃피우게 될 이 작품 주변에는 말로는 조각을 다 설명할 수 없기에 격분한 조각가의 묘사에 대한 강렬한 사실성이 기억에 남게 되었다.

걸작 〈하바쿡〉

  획기적인 표현은 도나텔로가 대리석, 목재, 점토 혹은 청동 주물과 같은 더욱 다양한 조각 재료와 더불어 맹렬하게 도전했던 점진적인 실험과 함께 이루어졌다. 청동 조각을 만드는 그의 뛰어난 능력은 다른 사람들 중에서는 로렌초 기베르티와 퀘르차의 야코포Jacopo della Quercia(1371/1374-1438)가 일했던 작업장인 시에나의 세례당에 있는 침례반에서 드러난다. 〈헤롯의 향연Banchetto di Erode〉(1423-1427)이 전형적인 사례다. 도나텔로는 대단히 현대적일 수 있는 선택을 다시 한 번 택했다. 그는 자신이 고안한 4개의 다른 차원으로 구성된 원근법 상자 안에 가느다란 테두리로 윤곽을 나타내는 그림처럼 헤롯 왕의 만찬 장면을 설계했다. 공간은 이제 전적으로 수학적이고, 브루넬레스키적이고, 그리고 중앙의 허공 주변에 분해되었다. 중요한 요소들(살로메의 무용, 헤롯 앞에 등장한 세례자 요한의 머리 등)은 장면 양옆에, 연속적인 단계로 위치했다.

표현주의와
실험주의

1432-1433년의 도나텔로의 유일한 로마 여행은 기록으로 남았다. 이 여행을 통해 그는 이후의 작품 창조에 중요한 결과를 미칠 경험을 했다. 이 순간부터 도나텔로는 작업 방식에 대한 영감의 원천만이 아니라 진정한 도상 연구 차원에서 고대에 대한 새로운 관심을 가졌다. 바로 다음 작품인 프라토 대성당의 강론대(1433-1438)처럼 말이다. 도나텔로의 푸토는 〈권투 장면Scene di pugilato〉이 그려진 석관(3세기, 바티칸, 바티칸 박물관)과 같은 고대 후기의 작품에서 영감받았다.

도나텔로 특유의 인물들의 행동의 강렬함과 온갖 제약에서 자유로운 즐거운 움직임은 1433년에 시작해서 5년 후에 마무리된 피렌체 두오모의 오페라 박물관에 놓인 성가대석Cantoria에도 스며들었다. 로비아의 루카Luca della Robbia(1399/1400-1482)의 작품 같은 유사한 동시대 작품과의 비교는, 고전 인용을 감지할 수 있는 두 가지 다른 방식을 손으로 만질 수 있을 정도로 분명하게 드러내기 때문에 예술사에서 가장 중요한 하나다. 두 예술가 모두 후기 로마의 돋을새김에서 출발했지만 루카가 철저하게 대칭과 폴리포니polyphony로 만들어진 틀에 묶여 있었다면, 반대로 도나텔로는 의도적으로 한계를 강화하고 표현을 과장하고 또 자세를 복잡하게 했다. 벌거벗은 몸을 그대로 보여 주는 푸토들의 행동을 묘사한 도나텔로에게 성서적인 특징에 대한 선경지명은 없었다. 에너지의 흐름을 기하학적인 판으로 묶어 둘 수 없기에, 도나텔로는 구조물의 상단을 지탱하는 작은 기둥 아래에도 푸토들을 나열한다는 놀라운 해결안을 제시하면서 패널 표면 전체를 넘치게 표현했다. 몇 년 후 파도바에서 성령의 제단 작업에서 다시 사용하게 될 자신만의 독특한 아이디어였다.

메디치 가문의 조각가 도나텔로

대칭과 고전적인 기준을 적용시킨 작품은 산타 크로체 성당에 놓인 〈수태고지Annunciazione〉(약 1435), 청동으로 제작한 〈다비드〉, 그리고 약 1444년의 〈아티스Atys〉(그리스 신화에 나오는 여인*)도 있다. 〈수태고지〉의 경우 고대의 참조는 소위 〈모성의 비너스Venus Genitrix〉라는 원전에서 영감을 받은 동정녀 성모 마리아의 머리에서부터 거리를 두었다. 14세기의 도상학 모델은 대천사 가브리엘의 수태고지에 대한 말씀에 성모 마리아의 내켜하지 않는 마음을 더욱 사실적으로 묘사하는 기회가 되었다. 동시에 도나텔로의 단순하고 천재적인 방책이란 기둥의 물리적인 제한 때문에 팔꿈치와 옷 오른쪽 부분을 '자르는' 것이었고, 이를 통하여 실제로는 존재하지 않는 공간을 암시할 수 있었다.

반면에 예술가가 1443년에 피렌체에서 완성시킨 두 작품에서는 모든 감정이 금지 피렌체와의 고별 작품
된 듯했다. 그것은 17-18세기에 고대의 유물로 여겨졌던, 피렌체 국립미술관의 조각
상 〈아티스〉로 알려진 우의적인 작은 청동상Figura allegorica과 같은 장소에 있는, 대단
히 유명한 〈다비드〉 조각상 혹은 다른 해석에 따르면 〈머큐리Mercurio〉 상이다. 도나텔
로의 작품이 골동품화되는 시련은 이 작품들의 완벽한 서정적 표현의 정점을 손상시
키지는 않았다. 그리고 이 동상들이 오랜 시간 메디치 가문의 상징이었던 것도 놀랍
지 않다. 사실상 〈다비드〉의 거의 추상적인 우아함은 카레지Careggi의 플라톤 아카데
미와 마르실리오 피치노(1433-1499)의 연구에 생기를 불어넣게 될 징후로, 활발해진
피렌체 궁정과의 조화로 나타났다. 어쩌면 이것이 전투는 거의 없고 유연하게 누워
있는, 온전히 누드인 〈다비드〉의 도상학을 암시하는 풍토였을지도 모른다.

파도바 체류

1444년 1월에 도나텔로는 독자적으로 작품으로 만들었고 그다음에는 도시에서 가
장 중요한 교회인 산 안토니오 성당의 제단에 지렛목으로 봉헌할 〈십자가Crocifisso〉 파도바에 있는 산 안토니오 성당의 〈십자가〉
를 만들기 위해 파도바에 체류했다. 베네토에서의 체류는 10여 년간 지속되었다. 이
것이 포 강 유역과 베네토 지역의 예술적 결과를 특징짓는 도나텔로로부터 고통 묘
사에 대한 표현력을 배우게 될, 북부 이탈리아의 예술 발전을 위한 중요한 결과를 만
들었다. 도나텔로는 장인의 작업 공방이라기보다는 참으로 고유한 자신만의 작업장
에서 두 개의 주요 작품인 〈가타멜라타 기마상Monumento equestreal Gattamelata〉과 동일
한 이름의 가타멜라타 성당의 〈성령의 제단Altare del Santo〉을 완성했다.

더불어 도나텔로는 1447-1450년에 준비된 웅장한 청동 기계를 인생의 역작으로
완성했다. 오늘날 우리가 보는 것은 다양한 재설치의 결실로, 원래는 청동에 곡선과
돋을새김으로 된 조각을 포함하는 건축 공사가 결부되어야 했다. 그래서 아기 예수
와 함께 동정녀 마리아의 동상과 여섯 성인들의 조각상은 높은 단에 위치하고, 돋을
새김이 된 〈성 안토니오의 일생Storie di sant'Antonio〉이 가장자리 전부를 장식한다. 인
물과 환경의 역동적인 관계에 대한 도나텔로적인 탐구를 기반으로 하는 새로운 관
점을 드러내는 작품이다. 강력한 동적인 움직임의 선을 따라 하단에는 인물들로 북
적거리는 반면에 매우 심오한 건축 배경과 브루넬레스키 특유의 구성이 보인다. 평

평한 압축은 배경에 한정되는 반면에 인물은 〈구두쇠의 마음의 기적Miracolo del cuore dell'avaro〉에서 볼 수 있듯이, 돋을새김 방식으로 표현되었다. 온통 곡선으로 된 동상에서 도나텔로는 밀집되어 있는 동시에 날카로운 윤곽 위로 미끄러지는 빛으로 만들어진 역동적이고 활기찬 인물을 표현하면서 스스로를 갱신하려는 목표를 추구하는 듯이 보인다.

피렌체 귀환과 코시모 데 메디치와의 관계

1453년경에 도나텔로는 이탈리아에서 가장 인기 있는 예술가 중 한 명이었다. 나폴리 왕이 도나텔로가 만토바의 루도비코 곤차가의 궁정에서 자신의 궁정으로 오기를 원했을 정도였다. 그럼에도 불구하고 그는 거의 독점적으로 수행한 청동 작품을 위한 상당수의 주문만이 아니라 메디치 가문의 코시모(1389-1464)의 격려와 애정이 기다리는 피렌체로 돌아가기로 결정했다.

〈막달레나〉   청동이 아닌 소수의 작품들 가운데서 나무에 다색으로 제작한 참회하는 막달레나의 모습(피렌체 종탑을 위해 만들어졌고 현재는 오페라 델 두오모 박물관에 있는)이 손꼽힌다. 이 작품에서 도나텔로는 막달레나의 물리적-영적 고통을 생생하게 묘사하고자 목판을 얇게 긁어 파서 거기에 인물을 새겨 넣었다. 메디치가의 궁정 화가이자 1459년에 메디치 예배당을 동방박사의 행렬 그림[도판 59]으로 장식했던 베노초 고촐리(1420-1497) 덕분에 이 작품은 당시 피렌체에서 지배적이었던 신고딕 양식의 장식주의와 차이가 날 수 있었다. 구성 요소와 장식의 대조로 만들어진 이 매혹적인 〈막달레나Maddalena〉는 코시모가 직접 의뢰한 두 작품인 〈유디트와 홀로페르네스Giuditta e Oloferne 또는 Judith and Holofernes〉(약 1455)와 산 로렌초 성당에 있는 두 개의 강론대(1463-약 1466)와도 몇 년의 차이가 있다.

〈유디트와 홀로페르네스〉   〈유디트와 홀로페르네스〉에서 도나텔로는 하나의 조각에 두 명의 인물을 표현하고자 궁리했다. 이 작품은 머리에 비해 지나치게 얇은 여성의 신체를 통하여 두 인물의 내부 불균형을 분명하게 표현했다. 홀로페르네스의 목에 마지막 타격을 가할 준비가 된 유디트의 움직임을 강조하고자 여성의 다리 사이에 인간의 생명이 없는 신체를 배치했고, 360도로 관점을 강조함으로써 두 개의 서로 다른 차원을 병합시켰다.

이러한 관점의 나선형 이동과 의미를 더욱 완벽하게 구현하기 위해서는 16세기의 마니에리슴maniérisme(예술상의 기교주의*) 조각을 기다려야 할 필요가 있을지언정, 이것은 도나텔로가 후대에 남긴 가장 중요한 유산이다. 모든 것은 옷, 모자, 그리고 심지어 숨을 거둔 홀로페르네스가 발견되는 침대를 연상케 하는 두 인물이 기대고 있는 쿠션의 부드러움까지 만들어 내는 뛰어난 전문 기술에 의해 습관대로 움직인다. 이 작품이 조각가의 활동에서 중요한 도착점임을 표현하는 것은, 도나텔로가 대체로 하지 않았던 피렌체 사람 도나텔로의 작품이라는 의미인 OPUS DONATELLI FLO를 서명으로 선택한 것으로도 증명 가능하다.

1463년 70세에 접어든 도나텔로는, 조반니의 베르톨도(1435/1440-약 1491)와 바르톨로메오 벨라노(약 1434-약 1497)의 도움을 받으면서, 산 로렌초 성당에 그리스도교에 대한 주제로 인간적인 면모를 별로 지니지 못한 고통받는 인물의 열정과 표현력이 지배적인 절망을 꿰뚫는 시를 두 개의 강론대pulpiti에 작업했다.

그러나 이 작품의 고객인 메디치가의 코시모나 예술가인 도나텔로 모두 완성을 보지 못했다. 위대한 조각가는 1466년 12월에 세상을 떠났다. 최초의 피렌체 인문주의 전성기의 마지막 생존자는 슬픔에 복받친 "모든 화가, 건축가, 조각가, 금세공업자, 그리고 도시의 거의 모든 시민들"이 참석한 명예로운 장례식을 치르고 산 로렌초 성당에 있는 오래된 친구인 코시모의 무덤 가까이에 묻혔다(조르조 바사리).

| 다음을 참고하라 |
시각예술 마사초(658쪽)

레온 바티스타 알베르티

| 실비아 메데 |

레온 바티스타 알베르티는 필리포 브루넬레스키와 더불어 15세기 건축을 대표하는
주인공이었다. 고대 유적지와 유물 연구로 무르익은 그의 고대 부활을 목표로 한
이론 활동과 설계가로서의 활동은 로마, 피렌체, 리미니, 그리고 만토바와 같은
이탈리아 르네상스의 가장 중요한 중심지들의 재개발에 확실한 방식으로 기여했다.

인문주의 건축가

레온 바티스타 델리 알베르티는 피렌체 망명자의 사생아로, 1406년에 제노바에서 출생했다. 이른 나이에 베네치아로 옮겨 갔으며, 1416년 이후에는 파도바에서 인문주의자인 베르가모의 가스파리누스Gasparinus de Bergamo(약 1360-1431)의 가르침을 따랐다. 또 자연 철학과 수학을 공부했고, 이후 교회 관료직을 수행하고자 1428년 볼로냐에서 교회법으로 학위를 받았다. 외국 여행과 어쩌면 피렌체에서의 체류 (1428년부터 망명이 해지)에 이어, 1432년에는 로마에 머물렀다. 그곳에서 교황이 주교에게 보내는 서신 이외에 교황청 고위 성직자의 공개 연설 등을 작성하는 단기직 사도로 임명되었다. 레온 바티스타는 에우제니오 4세(1388-1447, 1431년부터 교황) 교황청의 일원이 되었다. 덕분에 가족 불화 및 건강 문제로 인한 경제 상태를 완화시킬 수 있었다. 알베르티는 성장하면서 비관주의적인 태도를 지녔는데, 인문주의의 긍정적인 가치와 반대되는 그의 비관주의적인 태도는 풍부한 문학적 결실로, 특히 그가 평생 헌신했던 도덕적인 특징을 지닌 문학 작품으로 승화되었다. 그는 교황청 사람들과 교류하고 교황을 수행하며 문화적 열정이 높은 중심 지역들을 여행하면서 자신의 철학 및 과학 교육을 바탕으로 회화, 조각, 특히 건축에 대해 점점 커져 가는

이론에서 실행으로 관심을 충족시킬 수 있었다. 작업 공방이나 작업장의 실질적이고 실용적인 차원 밖에서 생겨난 예술에 대한 레온 바티스타의 관심은 이론적인 고찰에서 시작하여 발달했다. 사실 그는 자신의 아이디어에서 시작된 작품을 다른 이들이 완성하도록 내버려 두었다. 따라서 처음에 그가 생각한 아이디어가 오염되는 것을 피할 수 없었으며, 실현 단계에서 분명히 분리되었다.

로마, 피렌체, 페라라에서의 1430년대

레온 바티스타 알베르티가 1443년부터 로마에서 거주하며 보낸 시간은 고대에 대한 심오한 이해를 바탕으로 한 그의 표현 정의와 관련 있다. 이 시기의 활동은 잘 알려져 있지 않다. 문학 창작에 시간을 할애했을 것이 거의 분명한데, 아마도 프로스페로 콜론나Prospero Colonna(약 1460-1523) 추기경 일행과 교류했을 것이다. 그중에는 골동품 수집가인 플라비오 비온도(1392-1463), 안코나의 치리아코(1391-1455)도 포함되었다. 치리아코가 추진하던 계획에 알베르티가 참여했을 것으로 보인다. 당시에는 메세나테의 저택이라고 믿었던 퀴리날레Quirinale의 유적지 발굴 사업과 로

마 근교 네미Nemi 호수에서 로마 시대 선박의 일부를 복구하는 시도(어쩌면 손실된 글인 「배Navis」가 이에 대해 적어 놓았을 것이다)에 대한 계획이었다. 이것은 알베르티가 1443-1455년에 저술한, 현대 지형학의 원리가 예측되는 『로마 시 디자인Descriptio urbis Romae』이라는 지도 제작 문서를 상기시킨다.

알베르티는 인문주의자 톰마소 파렌투첼리Tommaso Parentucelli가 니콜라오 5세(1397-1455)라는 법명으로 로마 교황의 자리에 오르게 되는 1447년의 선거 이후 교황이 원하는 건물과 도시 개혁에 참여했을 것으로 추정된다. 그중 곧 중단되었다가 나중에 바오로 2세(1417-1471, 1464부터 교황) 치하에서 다시 시작된 산토 스테파노 로톤도Santo Stefano Rotondo 성당과 바티칸에 있는 성 베드로 대성당의 보수가 특히 기억된다.

1434년과 1439-1443년에는 오랫동안 마음에 간직했던 마사초(1401-1428), 도나텔로(1386-1466), 그리고 브루넬레스키(1377-1446)의 존재 덕분에 당시 가장 발달한 예술 중심지였던 고향 피렌체에 머물렀다. 그리고 이곳에서 1435년에 『회화론』을 저술했다. 1년 후에 브루넬레스키가 속어로 번역한 이 글은 알베르티 스스로 광학 실험에 적용한 원근법적 영역에서의 르네상스의 근본적인 성과를 처음으로 설명한 저술이다. 기계적 차원에서의 예술의 해방 과정에서 관련성이 덜하지 않은 건축에 대한 글과 함께, 더 나중에 나온 『조각론De statua』(1464)은 비율에 대한 고전적인 이론을 설명했다.

레온 바티스타 알베르티는 페라라 협의회(1438)를 기회로 1441년부터 페라라의 영주인 에스테의 레오넬로Leonello d'Este(1407-1450)와 그의 형제인 멜리아두스Meliaduse(1406-1452)와의 우정을 새롭게 시작했다. 알베르티는 두 사람에게 자신의 작품 몇 권을 헌정했다(그중에 기하학 도서인 『수학의 유희Ludi rerum mathematicarum』가 있다). 이와 같은 이유로 현대적인 표현과 골동품적인 영감으로 구분되는 두 개의 도시 계획에 알베르티의 개입을 가설화하는 이들도 있다. 1444-1445년에 알베르티가 우연히 『생기를 주는 말馬De equo animante』을 쓰면서 조언한 니콜라오 3세Nicholaus III(1388-1441)의 기마상을 받치고 있는 아치와, 이미 1412년에 시작된 주교좌성당의 종탑이 기록으로 남았다.

「회화론」 및 「조각론」

어쩌면 페라라에서 비트루비우스(기원전 1세기)의 『건축서De architectura』를 둘러싸고 생겨난 관심으로 자극을 받았을 알베르티는 먼저 이 고대 텍스트에 대한 코멘트처럼 글을 쓰고 나서 진정한 논문으로 구상한 건축에 대한 글을 쓰기 시작했다. 1452년에 완성되었으나 1485년에서야 비로소 피렌체에서 출판된 『건축론De re aedificatoria』은 15-16세기의 풍부한 전문 텍스트 결과물의 효시로 건축이 보편적인 학문으로 인정받는 데 기여했다. 열 권으로 기획된 이 책은 비트루비우스의 범주에 따라 견고함firmitas, 유용성utilitas, 매력venustas에 대해 논의했고, 건설 기능 및 구조물과 관련된 다양한 측면에 대해서도 논의했다. 그리고 신성한 건물(알베르티는 이를 사원이라 불렀다)의 장식과 비율 이론에 대해 논했을 뿐만 아니라 고전적인 질서 체계에 대한 정밀 검사와 조화라는 개념에 근거한 아름다움의 정의(짜임새concinnitas)를 제공했다.

리미니의 말라테스타가 사원

1450년에 알베르티가 아마도 니콜라오 5세를 수행하기 위해 파브리아노에 체류하는 동안 리미니에서는 산 프란체스코 성당의 재구성을 위한 조건이 무르익었다. 이 가설이 희년에 기인한 사업을 위한 일종의 교황 후원을 가리킨다면, 1432년부터 리미니의 영주이자 이 작업의 재정 지원자였던 시지스몬도 판돌포 말라테스타Sigismondo Pandolfo Malatesta(1417-1468)가 행한 역할을 부정할 수는 없을 것이다. 피에로 델라 프란체스카(1415/1420-1492) 정도의 역량과 가치 있는 인문주의자를 끌어모으는 힘을 지녔다고 논의된 인물이 가족 묘지를 배치하기 위해 성당의 현대화를 추진했다. 조각가 두초의 아고스티노Agostino di Duccio(1418-1481)에게 맡겨진 내부 장식의 연금술적 의미와 결합된 왕가의 규모는 말라테스타가의 사원 명명에 대한 신성모독적인 특성을 부각시키는 데 일조했다. 이 건물은 알베르티의 관념화와 고대에 대한 영감을 강조한다. 작업 감독관인 파스티의 마테오(?-약 1467)가 주조한 기념 메달 덕분에 알려진 신중했던 원래 계획은 고딕 양식 구조에 중첩된 대리석 코팅을 예상했고, 구조의 고전적 측면을 새롭게 하는 것이었다. 따라서 높은 기저 위에 세워진 기둥, 리듬감 있는 세 개의 아치로 체계화하여 영감을 주는 정면, 옆에 간간이 끼어드는 깊은 아치의 기념비적인 연속은 고전적인 측면을 새롭게 했다고 높이 평가되고 해석되어야 할 것이다. 이외에도 마찬가지로 로마 시대에서 영감받은 대형 반구형

산 프란체스코 성당
재구성

돔의 실현이 예정되었다.

피렌체에서의 작품

한 가지 단서가 알베르티가 피렌체에서 계획했던 작품과 연결된다. 후원자인 조반니 루첼라이(1403-1481)가 산타 마리아 노벨라 대성당 구역에 자축의 의도와 도시적인 야망 때문에 위임하여 만들어진 모든 작품이 지역 전통의 획기적 변신으로 차이를 보였다.

　이런 의미에서 이미 1457년에 완성을 위해 건축가를 데려와 작업을 개시한 산타 마리아 노벨라 성당 정면은 상징적이다. 그가 데려온 건축가는 1460년부터 시작하여 1470년까지 작업에 매달렸다. 로마네스크 양식과 피렌체 고딕 양식의 전형적인 흰색과 녹색의 기하학적 상감 장식으로 이루어진 기존의 대리석 외장으로부터 아이디어를 얻은 알베르티는, 새로운 비율 측정으로 결정된 구성 틀에 따라 리듬감을 재구성했다. 고딕 양식 건물의 수직 개발로 옥상 탑과 넓은 소용돌이무늬 연결의 두 단계에 삽입할 수 있어 요약되고 상쇄 효과를 내는 알베르티 특유의 정면 건축에서, 건축학 순서의 사용과 최고의 진동판, 그리고 건물 윗부분의 띠 모양 그림이나 조각 장식인 프리즈friez에 글을 새기는 로마의 주요 특징이기도 한 고전적인 표현 양식에서 가져온 요소들이 도입되었다. 루첼라이가 알베르티에게 맡긴 임무 가운데는 성당 정면을 새로 짓는 것도 있었다. 건축가는 미켈로초 미켈로치(1396-1472)가 10여 년 전에 메디치가를 위해 만들었던 모델을 대신할 아이디어를 고안하여 건물 내부 수리 이후에 이 작업에 전념했다(1452년 작업 완료). 알베르티는 세련된 버전으로 지역 건축물의 토속적인 전통을 재해석하며 이 건물에 적용된 중복 주문으로 다양해진 건물의 설계도를 처음으로 완성된 형태로 수정했다.

산타 마리아 노벨라
대성당의 정면

　약 1461년부터는 산 판크라치오 성당의 루첼라이 예배당 작업에 전념하여 1467년에 마침내 예루살렘 성지를 대표하는 귀중한 사원이 세워졌다. 그가 지은 건축물의 외관은 고대의 건축술 표현과 피렌체의 전통적인 기하학적 장식주의의 결합을 제시했다.

산 판크라치오의
대리석 사원

루도비코 곤차가에게 기여

만토바에서의 체류가 완료되었을 때, 1459년의 규정에 따라 알베르티와 영주인 루도비코 곤차가Ludovico Gonzaga(1414-1478) 사이의 첫 번째 계약이 맺어졌다. 안드레아 만테냐(약 1431-1506)의 천재성으로 활기를 띠게 된 도시의 비옥한 문화 풍토 속에서 강력한 도시화를 위한 일련의 건물 공사 구축이 시작된 것이었다. 알베르티는 1460년에 네 가지 계획을 진행했다. 결실 없이 남아 있는 운명에 처해 있던 산 로렌초 성당의 로마네스크 양식 건물의 재건, 라지오네 궁 앞의 로지아 건설, 베르길리우스 기념물 디자인(실현되지 않음), 마지막으로 산 세바스티아노 새 성당 디자인이 그 것이다.

1460년의 네 가지 계획

곤차가 가문의 무덤을 안치하려고 했던 산 세바스티아노 성당의 건물은 용지用地의 특성과 과거에 묘지로 쓰인 성당 지하실 위에 그리스도교를 기념하는 공간을 세우려는 결정 때문에 처음에는 수많은 어려움에 부딪혔다. 건축가 루카 판첼리Luca Fancelli(1430-1495)에게 맡겨진 작업들은 1478년에 루도비코의 죽음으로 중단되었다. 작업들이 다시 시작되고 마무리되었던 1499-1512년에 건축 계획은 초반에 비해 상당히 변형되었다. 또한 이후의 개입 때문에도 (특히 20세기의 개입으로 감실로 변모했다) 건물은 알베르티의 계획과 전혀 달라졌다. 그의 계획에 대한 기억은 1510년경에 안토니오 라바코(1495-약 1570)가 만든 디자인으로만 남아 있다. 중앙 집중 유형을 궁리함으로써 새로운 통찰력을 제공하려던 원래의 계획은 고대에서 영감을 받은 돔과 더불어 동일한 좌우와 상하 길이를 특징으로 하는 그리스 십자가 구조를 예상하게 했다.

알베르티 자신이 1470년 10월 21일자의 서신에서 확인했듯이, 그는 1470년 이전에 지어진 것보다 더욱 완벽하고 영원하고 값지고 적합한 건물을 지으려는 의도로 산 안드레아 성당의 재건 임무를 맡았다. 1459년에 마네토 차케리의 안토니오(15세기)에게 맡겨졌던 것이었으나 초기 작업은 소유주였던 베네딕투스회의 반대로 진행되지 못했다. 후작이 대중의 동의를 얻을 목적으로 그 안에 보관 중이던 유물인 그리스도의 성혈 관리에 가한 정치적 간섭 때문이 확실하다. 알베르티는 건축가 자신의 에트루리아Etruria 사원처럼 연출하려는 계획을 바탕으로 하여 장기적인 변화 과정을 다루는 종적인 작업 계획을 재작업할 것을 제안했다. 이를 감안하여 성당은 예배당과 나란히 있는 넓은 통로로 설계되었다. 내부와 외부의 상관관계 역시 대단히 중요하다. 정면은 아치와 사원의 고대 건축 유형에 다시 한 번 영감을 받은, 통로의 흐름과 동일하게 표시되는 형태를 가졌다.

내부와 외부의 조응

1470년에 알베르티는 루도비코 후작의 의뢰에 대해 피렌체 산티시마 안눈치아타 성당의 주교좌座를 위해 디자인을 다시 수정했다. 계획은 둘레에서부터 일부 솟아 있는 아홉 개의 예배당으로 활기를 띠었다. 그리고 반구형 모자를 쓴 것처럼 올려놓은 돔으로 둘러싸인 구조를 예상했다. 1472년 4월에 로마에서 거장이 사라졌고 1477년에 알베르티의 검토에 따라 완료된 구조는 후속 개입으로 변경되었다. 아눈치아타 성당의 둥근 모양은 초기 르네상스 건축의 초석인 브루넬레스키가 설계한 미완성의 산타 마리아 델리 안젤리 원형 성당과 직접적으로 통한다.

| 다음을 참고하라 |
철학 레온 바티스타 알베르티: 공작인, 시간과 철학적 교육학(339쪽)
문학과 연극 레온 바티스타 알베르티와 이탈리아 속어 인문주의(525쪽)

파올로 우첼로

| 스테파노 피에르귀디 |

파올로 우첼로는 자신의 오랜 경력 중 15세기 피렌체 회화가 나아가는 선상과 비교하여
전적으로 자율적인 여정을 따랐다. 사실 그의 작품들 중 레온 바티스타 알베르티 이론의
명료성을 거부하는 원근법 과학의 실험적인 사용은,
우첼로가 교육받았던 후기 고딕 문화의 구상 이미지에 근접했다.

르네상스와 후기 고딕 사이의 파올로 우첼로

"아! 파올로, 저기 보이는 자네의 원근법이 불확실하기 때문에 확실한 것을 놓치게 하는군." 조르조 바사리(1511-1574)에 따르면 이것은 파올로 우첼로(1397-1475)가 점점 더 공들이던 원근법 연구를 지켜보던 조각가 도나텔로(1386-1466)가 한 말이다. 바사리는 특히 화가 우첼로가 자신의 작품에서 종종 묘사한(〈〈산 로마노의 전투 Battaglia di San Romano〉[도판 69]에서 몇몇 기사가 그 모자를 쓰고 있고, '노아의 홍수'로 알려진 프레스코화 〈홍수와 물의 후퇴Diluvio e la recessione delle acque〉의 전경에 배치된 두 인물도 그 모자를 쓰고 있다) 15세기 피렌체에서 사용된 둥근 형태의 모자 '마초키오mazzocchio' 마초키오

를 기억했다. 우피치 미술관과 인화 보관실에 있는 우첼로의 그림들 중 특별히 복잡한 원근법 격자를 통해 탐구된 마초키오의 구조를 그려 놓은 종이가 현존한다. 디자인 자체를 위해 준비된, 다시 말해 프레스코화나 밑그림이 아니었던 마초키오 도안은 화가의 "궤변적이고 얇은" 독창성을 드러내는 가장 중요한 증거 중 하나다(바사리). 원근법에 대한 열정적인 연구는 자체로 피렌체 초기 르네상스의 주인공들에 화가를 배정할 것인가를 제안하는 요소였다. 그런데 파올로 우첼로는 자신의 교육 양성의 뿌리인 후기 고딕 양식 궁정 문화의 일부 측면을 떨치지 못하고 새로운 중산 계급 사회의 표현인 마사초(1401-1428)의 자연주의를 받아들이지 않았다. 따라서 그의 오랜 예술 경력은 마사초로부터 필리포 리피Filippo Lippi(약 1406-1469)를 지나 보티첼리(1445-1510)에 이르는 15세기 피렌체 회화 축과 비교하여 편중되었다. 그래서 일부 후기 작품은 피에로 델라 프란체스카(1415/1420-1492)보다 피사넬로(약 1395-약 1455)의 국제적인 고딕 양식에 가까운, 거의 향수鄕愁 어린 귀환을 보여 주었던 것이 사실이다.

후가-고딕 요소

교육 양성과 성숙한 미래의 실험주의

아마도 동물과, 특히 새 표현에 대한 깊은 관심 때문에 파올로 우첼로(우첼로는 이탈리아어로 '새'라는 뜻*)라고 알려진 도노의 파올로의 교육은 당시 피렌체에서 가장 큰 작업장에서 이루어졌다. 그곳은 파니칼레의 마솔리노(1383-1440)나 도나텔로와 같은 피렌체 예술의 주인공들과 어깨를 나란히 했던 조각가 로렌초 기베르티(1378-**기베르티의 작업장** 1455)의 작업장이었다. 우첼로가 기베르티의 작업장에 있었다고 기록된 시기(1412-1416)는 그가 세례당의 두 번째 청동 문을 신약에 나오는 장면으로 장식하는 데 열중해 있을 때다. 1425-1430년에는 베네치아에 머무르며 산 마르코 성당의 모자이크 장식 작업을 했는데, 피렌체로부터 멀리 떠났던 것은 보수가 충분한 의뢰를 받을 기회가 적었기 때문으로 추정된다. 마사초가 브랑카치 예배당에서 작업했고 베아토 안젤리코(약 1395-1455)와 필리포 리피가 예술가로서 첫 발을 내딛었을 핵심적인 시기에 그가 피렌체에서 자리를 비웠던 것은 기베르티에게 교육받던 파올로의 독립에 유리하지 않았을 것이 분명하다. 1430년대 초반에 작업한 것으로 기록된 피렌체 산타 마리아 노벨라 성당 녹색 회랑의 동쪽 벽에 그려진 프레스코화 〈아담과 이브의 이야기Storie di Adamo ed Eva〉는 1425년경에 기베르티가 세례당에 작업한 〈천국의 문Porta del Paradiso〉과 동일한 주제다. 몇 년 후 프라토 두오모 오른쪽 첫 번째 예배당에 그린 프레스코화 〈성 스테파노의 이야기Storie di santo Stefano〉 가운데 〈성 스테파노의 석살 Lapidazione di santo Stefano〉은 성인에게 돌을 던지는 시민들의 배경에서 브루넬레스키 (1377-1446)의 작품인 피렌체 산 로렌초 구성물안치소(1428)의 둥근 천장의 정확한 인용이 식별되었다.

의뢰자가 첫 번째 결과물에 만족하지 않았기에 화가가 두 차례에 걸쳐 작업해야 했던 〈조반니 아구토 기마상Monumento a Giovanni Acuto〉의 제작은 1436년으로 거슬러 올라간다. 파올로가 색채 범위, 원근법 단축 효과 혹은 또 다른 것의 수정을 요청받 았다면 아마도 해결이 불가능했을 것이다. 작품의 주인공인 조반니 아구토는 그를 받치고 있는 선반 및 석관과 달리, 관객 입장에서 이미지가 더 잘 관찰되고 이해될 수 있는, 아래에서 위를 향하는 관점으로 만들어지지 않았다. 이는 화가가 의뢰인의 요구 사항을 충족시키기 위해 자신의 수학적 계산의 엄격함을 포기한 결과라 할 수 있다. 산타 마리아 델 피오레 성당의 프레스코화인 첫 번째 르네상스 기마 그림에서 말과 기사의 자연스러운 형태는 고귀한 순수성을 지닌 명확한 그림 안에 이상적으로 둘러싸여 있는데, 수학적인 엄격함에 대한 파올로의 열정을 짐작할 수 있다.

유명한 3폭 제단화인 〈산 로마노의 전투〉(피렌체, 우피치 미술관; 파리, 루브르 박물 관; 런던, 내셔널 갤러리)는 1430년대 말엽에 아마도 바르톨로메오 바르톨리니의 레 오나르도를 위해 그려진 것으로, 그림에는 날짜가 적혀 있다. 작품은 15세기 말에 상속인인 로렌초 데 메디치(1449-1492)에게 전달되었다. 그는 그림 세 점 모두를 안 전하게 지키기 위하여 전력을 다했다. 이 그림이 의뢰되었을 것이라고 기록이 남아 있는 1437-1438년에 다시 발발한 루카 전쟁의 첫 단계 중, 1432년 6월 1일에 3일에 걸쳐 연속적으로 벌어졌던 피렌체인들과 피사인들 사이의 충돌이 각각 그림에 옮겨 졌다. 피렌체와 파리에 있는 제단화에 묘사된 땅에 떨어진 부러진 창은 기괴한 규칙 에 따라 현실을 표현하는 대단히 비자연스러운 원근법적 발상을 제안하고 있다. 치 솟거나 땅에 넘어진 말 역시 추상적인 볼륨감으로 묘사되었다. 파올로가 묘사한 말 은 전쟁이 아니라 경마 장면 속의 말처럼 느껴진다. 피렌체에 있는 그림 배경에는 심 지어 토끼 사냥을 위한 공간이 있었을 정도다. 동물들 중에는 우아한 그레이하운드 가 훨씬 작게 그려졌어야 했을 원근법 규칙의 이성적인 적용을 무시한 채, 거의 전경 에 부각될 정도로 묘사했다. 사실 파올로의 실험주의는 피에로 델라 프란체스카의

〈조반니 아구토 기마상〉

3폭 제단화 〈산 로마노의 전투〉

유기적인 공간 관점과 거리가 있다.

1443-1444년에 예술가는 산타 마리아 델 피오레 성당의 많은 유리창 장식을 위해 네 장의 종이를 전달했고, 그중 하나가 나중에 기베르티의 종이로 만들어졌다. 얼마 지나지 않은 1445-1446년에 파올로는 파도바로 가자는 친구 도나텔로의 초대를 받아들여 파도바에서 손실된 몇몇 프레스코화를 그렸다. 피렌체로 되돌아온 그는 1440년대 말과 1450년대 초반에 자신의 가장 중요한 작품인 〈대홍수와 범람한 물위를 떠다니는 방주Diluvio e la recessione delle acque〉를 산타 마리아 노벨라 성당의 녹색 화랑에 완성했다. 복잡한 구성과 이해하기 어려운 성서의 두 개 에피소드를 그린 프레스코화 연작이었다. 예술가가 채택한 색상의 지적인 활용(노아의 방주는 완전히 붉은색, 인물들은 고루고루 회색 톤)에는 바람에 흔들리는 나무와 같은 멋진 자연주의 파편들이 나란히 묘사되어 있다. 파올로 우첼로는 알베르티의 원근법 규칙들을 거부하면서 이 그림에 두 개의 소실점으로 이루어진 구조를 도입시켰다. 한편으로 예술가는 한 개의 소실점만을 지닌 추상적인 원근법의 틀을 뛰어넘었고, 다른 한편으로는 인체와 말의 형상으로 채워진 공간에 대한 공간 외포horror vacui, 즉 자기 앞에 펼쳐진 공백에 대한 공포 안에서 심오하게 반反자연주의를 드러내는 장면을 조정했다.

원근법의 색다른 혼합과 후기 작품의 궁정 이야기

〈성 제오르지오와 용〉(런던, 내셔널 갤러리, 1460-1470년으로 기록됨) 왼쪽에 보이는 공주는 우아한 비율, 의상, 날카로운 옆모습을 가진 전형적인 궁정의 여성 영웅이다. 캔버스(당시 피렌체 회화에서는 여전히 매우 드문 증거였다) 위에 그려진 이 그림에서 파올로는 반자연주의적인 맥락에서 자신만의 비범한 원근법적 지식을 계속해서 활용했다. 배경에서 용이건 성인이건 마치 관객을 향해 앞으로 나오는 듯이 묘사되어 있고, 대담하게 단축된 곡선으로 그려진 괴물의 날개는 예술가가 기하학 규칙에 대해 잘 알고 있었음을 드러낸다. 왼쪽의 동굴은 종이 반죽처럼 보이는데, 의도적으로 그렇게 한 것 같다.

우르비노에서의 작업   기록에 따르면 파올로는 1465년과 1468-1469년에 우르비노에 머물렀다. 그곳에서 바티스타 스포르차Battista Sforza(1446-1472)의 보호를 받는 성체 축일 단체를 위한 제단화의 프레델라predella(15세기 이후 제단 장식으로 일반화된, 제단 계단의 수직면 상의 그림*)를 그렸다. 그러나 작업 결과가 의뢰자의 마음을 충족시키지 못했고, 그는 이 작업을 피에로 델라 프란체스카가 하도록 제안했다. 이 마지막 제단화는 결국 겐트의 요스Joos van Gent(1460-1475년에 활동, 우르비노, 마르케 국립미술관)가 그렸다. 이미 노인이 된 파올로 우첼로에 대한 일화는 그가 그다지 성공을 거두지 못한 채 피렌체 밖에서 일을 찾고 있었음을 전해 준다. 파올로가 우르비노의 제단화 완성을 거부한 것은 원근법에 대한 이해에 있어 전혀 다른 두 가지 방법의 조화 불능 때문인 듯하다. 예술가의 마지막 작품 가운데 〈야간 사냥Caccia notturna〉(옥스포드, 애슈몰린 Ashmolean 미술관)이 있다. 이 그림에서 나무줄기로 표시된 엄격하게 대칭이고 인공적인 질서에서 엄격함과 우화적인 분위기의 또 다른 조합인, 점점 더 중심 소실점으로 향해 가는 무수히 다채로운 인물들이 등장한다.

| 다음을 참고하라 |
시각예술 원근법과 투시 공간(648쪽)

이탈리아 미술과 플랑드르 미술

ARTI VISIVE

얀 반 에이크

| 프란체스카 칸디Francesca Candi |

얀 반 에이크는 15세기 예술에서 중요한 역할을 했다. 그는 고품질의 회화 기법, 볼록 렌즈 기법을 사용한 진귀한 세계 묘사, 이탈리아 르네상스에서 유사하게 지녔던 관심과 심오한 차이를 지닌 현실에 대한 새로운 관심의 도래를 일구었다. 그와 더불어 유럽에서 아주 강력해진 경제력을 지닌 새로운 계층과, 궁정으로부터 사랑받게 되는 플랑드르 미술의 호시절이 도래했다.

우리 세기의 회화의 왕자nostri saeculi pictorum princeps **얀 반 에이크(바르톨로메오 파초)**

15세기 초반에 피렌체에서 무역 및 금융 활동에 전념했던 구체적이고 활동적인 중산층의 상승에 동조하는, 필리포 브루넬레스키(1377-1446)와 마사초(1401-1428)가 구축한, 인간 이성 능력에 대한 믿음이 새로워진 것과 동시에 플랑드르 지역에서도 새로운 수단과 정신을 통하여 국제적인 고딕 양식의 분석 전통을 극단적인 결과로 이끌어 감으로써 더욱 객관적인 방식으로 현실을 표현하는 데 관심 가진 회화의 출현이 기록되었다.

플랑드르 회화에서 심오한 개혁의 주역이자 조상격인 익명의 플레말의 거장

(약 1378-1444, 로베르 캉팽Robert Campin이라는 설이 유력*) 가까이에 얀 반 에이크(1390/1395-1441)가 존재했다. 문서에 따르면 그는 1422년에 네덜란드 헤이그와 에노 백작 바이에른의 조반니 3세(1374-1425) 가까이에서 봉직했고, 1425년부터는 부르고뉴 공작 선량공 필리프(1396-1467)의 시관으로 들어가 세상을 뜰 때까지 자문관이자 외교 사절로 남았다.

동시대인들은 조르조 바사리(1511-1574)의 『예술가 열전』(1550)부터 플랑드르의 화가이자 저술가였던 만더르의 카렐Karel van Mander(1548-1606)이 쓴 『화가 평전 Schilderboeck』(1604)에 이르는 많은 증거 자료가 실린, 전해 내려오는 이야기들이 뒷받침하는 그의 비범한 전문 기술을 높이 평가했다. 여기서 선량공 필리프는 자신이 편지에 썼던 것처럼 얀 반 에이크가 '예술과 과학' 분야에서 타의 추종을 불허하는 능력이 있음을 인정했고, 그를 유화의 발명자라고 여겼다. 발명에 대해서가 아니라면 그는 이전에는 알려지지 않았고 색상 범위에서 상당한 성장을 이룬 광학 기술로 현실을 다루는 섬세한 조사를 제단화에 옮기려는 절박한 필요성으로 이 기술의 완성을 위해 매진했을 것이다. 이탈리아 인문주의자 바르톨로메오 파초(약 1400-1457)는 『위인전De viris illustribus』(1456)에서 자연을 모방하는 정도로까지 사물을 볼록 렌즈로 본 것처럼 묘사하고 더욱 극단적인 거리를 표현해 내는 정확한 그의 환각법, 다시 말해 착각 그림 기법 회화의 높은 기교를 강조했다.

얀 반 에이크의 것으로 여겨지는 젊은 시절의 활동과 형 후베르트의 문제

얀 반 에이크의 경력을 재구성하려는 시도는 서로 얽힌 두 가지 문제로 복잡해졌다. 먼저 초기 작품들로 그럴듯한 자료집을 만드는 일의 복잡성이다. 날짜와 서명이 기재된 그림 혹은 학자들이 만장일치로 그의 것이라고 인정한 그림들은 모두 얀 반 에이크의 마지막 10년 동안의 활동 시기에 만들어진 것이다. 그다음으로 그가 그린 그림들과 형 후베르트 반 에이크Hubert Van Eyck(약 1366-1426)가 그린 그림과의 구별이 어렵다는 점이다. 〈신비의 어린양 제단화Polittico dell'Agnello mistico〉(강, 산 바보네San Bavone 주교좌성당, 1432)의 제작에 개입했다는 것 외에 후베르트의 다른 작품들은 알려져 있지 않다. 얀은 스스로를 "예술에서 두 번째"라고 정의했던 반면에 화가들 중 가장 재능 있는 화가라는 수식으로 그를 설명하는 인용이 〈신비의 어린양 제단화〉의 틀에 기록되어 있다.

"위대한 거장 요하네스(얀의 라틴어 이름*)가 책을 빛나게 하는 예술을 먼저 하다"라고 적고 있는 인용문은 베네치아인 수집가이자 미술 평론가 마르칸토니오 미키엘Marcantonio Michiel(1484-1552)에게 보내는 인문주의자 피에트로 숨몬테Pietro Summonte(1453-1526)의 서신(1524)에 담긴 논거를 지지했다. 논거는 아마도 바이에른의 조반니 3세의 궁정에서 1422-1424년에 만들어졌을 소위 토리노-밀라노 기도서인 『시간경』 일부 지면에 그린 세밀화에 대한 것으로, 그것을 젊은 얀 반 에이크의 작품이라고 말했던 것이다. 몇몇의 학자들이 세밀화의 구성을 실제보다 이전 시기의 것으로 여기거나 여기에 후베르트의 개입이 있었다고 의견을 제시할지언정 부르고뉴 후기 고딕 양식 예술에서 표현된 현실적인 긴장과의 관계에서도 이 그림은 이미 〈세례자 요한의 탄생Nascita di san Giovanni Battista〉(토리노, 고대 예술 시립박물관)처럼 전혀 새로운 회화 예술을 보여 준다. 신성한 사건이 이야기되는 장소인 15세기 전반기의 중산층 가정 안에서, 현실 현상의 모든 측면에 대한 상세한 분석에 빛이 사용되었다. 빛은 상이한 원천에서 발생하며 지속적으로 굴절하면서 멀고 가까운 모든 형태를 드러내는 반면에, 이탈리아 르네상스의 원근법적인 개념에서 그토록 낯선 다수의 소실점과 높은 지평선은 무한하고 계속하여 증가하는 공간 안에 관찰자를 포함시켰다.

빛의 사용

특히 〈교회의 성모 마리아Madonna in una chiesa〉(베를린, 국립박물관, 약 1426)라는 개인적인 봉헌을 위해 만들어진 작은 제단화 역시 만장일치로 얀 반 에이크의 젊은 시절 작품으로 여겨졌다. 〈교회의 어머니Mater Ecclesia〉(에르빈 파노프스키, 『초기 네덜란드 회화Early Netherlandish Painting』, 1958)와 같은 성모 마리아에 대한 매우 상징적이고 암시적인 가치는 그의 예술 특징을 일찌감치 드러냈다.

〈신비의 어린양 제단화〉

날짜가 기록(1432)되어 있고, 얀과 후베르트 반 에이크라고 서명된 첫 번째 작품인 이 중요한 제단화는 예술사에서 곤란한 문젯거리의 하나다. 이 서명의 발견으로 오늘날까지도 모든 학자는 충분한 설명도 없이 그림에서 신비에 싸인 형의 손을 구별하려는 시도를 했다.

총 열두 개 패널에 각기 다른 이미지가 담긴 복잡하고 비유적인 의미로 주제를 전개하는 이 제단화는 구원의 개념과 연결되어 있는 듯하다. 닫혀 있는 다폭 제단화에

는 중심에 성모 마리아에게 예수 잉태를 알리는 〈수태고지〉, 열려 있는 다폭 제단화
에는 모든 성인의 축일에 대한 전례 상징에서 영감을 받은 〈어린양의 숭배Adorazione
dell'Agnello〉가 있다. 옆 패널까지 하나의 풍경이 계속되는 이 제단화는 플랑드르 회화
의 전형적인 특징인 일종의 무한한 공간을 펼친다. 관찰자의 시선은 중심이지만 양   **복잡하고 비유적인**
에게로 향하지 않고, 오히려 가장 멀리 있는 지점까지 빛으로 빛나는 모든 세부적인   **의미**
표현에 오래 머문다.

　　성인, 기사, 은둔자, 그리고 옆 패널에 그려진 순례자의 지극히 개인화된 얼굴은
예술가의 현실적인 모든 긴장감을 드러내고 있고, 위쪽 제단화 끝에 있는 아담과 이
브의 모습 혹은 닫혀 있는 다폭 제단화 하단의 의뢰자 조세 비즈드Josse Vijd와 이사
벨 보르루트Isabella Borluut의 모습에서도 분명히 나타난다. 〈복음사가 요한San Giovanni
Evangelista〉과 〈세례자 요한San Giovanni Battista〉 혹은 반대편의 흑백으로 칠해진 〈디시
스Deesis〉(옥좌에 앉은 그리스도*)와 동일한 등장인물들의 인위적인 신체적 조형성은,
예를 들어 전례 없는 자연스러움을 지닌 클라우스 슬뤼터르Claus Sluter(약 1360–1406)
의 부르고뉴 조각에서 나타난 현실적인 경향을 뚜렷이 보이고 있다.

전성기의 작품들

얀 반 에이크의 작품들 중 〈신비의 어린양 제단화〉 이후에 날짜가 기록되고 서명
된 일부 작품들은 그의 표현 양식이 성숙하여 전성기를 맞이했음을 드러내며, 대단
한 유연성을 증명하는 것이기도 하다. 〈니콜라오 알베르가티 추기경 초상Ritratto del
cardinale Nicola Albergati〉(빈, 미술사 박물관, 약 1435)이나 〈붉은 터번을 두른 남자의 초
상Ritratto di uomo con turbante〉(런던, 내셔널 갤러리, 1433) 같은 그림들은 화가의 초상화
표현 기법을 모두 보여 준다. 〈붉은 터번을 두른 남자의 초상〉은 그 독특함의 긍정성   **초상화 기법**
에 기여하는 온갖 측면에서 화가가 표피적인 방식으로 탐구하기 시작한 빛이 넘치는
얼굴을 어둠으로부터 드러내고 있다. 어쩌면 화가의 자화상일 수도 있는 이 얼굴은
화가의 직업적 자부심을 위해 문학에서부터 가져온 '나의 최선'이라는 모토를 사용
했는데, 이것이 자신의 개성을 드높이는 틀에 딱 들어맞았다.

　　단독 초상화(베를린, 국립미술관)도 있는 루카 출신 사업가였던 조반니 아르놀피니
Giovanni Arnolfini(약 1400–1452)와 조반나 체나미의 결혼 계약 체결 순간을 묘사한 유   〈조반니 아르놀피니와
명한 그림인 〈조반니 아르놀피니와 그의 아내 초상Ritratto dei coniugi Arnolfini〉(런던, 내   그의 아내 초상〉

셔널 갤러리, 1434)[도판 71]에서 예술가의 세심한 현실주의는 중산층 의뢰인의 사회적 상태를 드러내야 하는 필요를 충족시켰다. 1421년부터 벨기에 서북부 도시인 브뤼헤에 머물며 선량공 필리프의 고문관이 된 아르놀피니는 자신의 활동과 부유함의 표식으로 초상화 제작을 주장한 활동적이고 실용적인 상인 계층에 속했다. 이 그림에서 방에 있는 물건들은 빛으로부터 유래되는 물질의 일관성을 섬세하게 드러내고 있으며, 화가는 결혼의 증인 역할을 하는 자신의 존재를 증명하고자 부부의 뒷모습을 담은 거울에 자신의 서명을 남겼다. 덕분에 이 그림은 결혼 계약 성사의 증거 자료로 삼으려는 목적을 지니고 있는 것 같은 함축적인 의미를 담게 되었다.

봉헌 특징을 띤 그림 중에 〈대성당 참사회원 헤오르흐 판 데르 팔러의 성모 마리아Madonna del canonico van der Paele〉(브뤼헤, 시립미술관, 1436)와 3폭짜리 작은 그림인 〈옥좌에 앉은 아기 예수, 성 미카엘, 알렉산드리아의 성녀 가타리나, 그리고 열렬한 신자와 함께 있는 성모 마리아Madonna con il Bambino in trono, san Michele, santa Caterina d'Alessandria e un devoto〉(드레스덴, 국립미술관, 1437)의 비교는 그것이 공용 대상인지 아니면 사적 대상인지에 따라 자신만의 방식으로 표현한 예술가의 능력을 보여 준다. 공용 대상인 경우에서는 전시라는 요구를 충족시키는, 특별한 환각법을 지닌 풍부함이 물질에 굴절된 빛의 강도로 감지된다. 반면 사적인 대상인 경우 빛은 상징적인 특징을 지닌 듯하고, 개인적인 종교성의 신중하고 친밀한 분위기가 관찰자를 이끈다.

마지막으로 〈재상 니콜라스 롤랭과 성모 마리아Madonna del cancelliere Rolin〉(파리, 루브르 박물관, 1435)[도판 60]는 부르고뉴에서 강력한 힘을 지녔던 한 인물의 개인적인 봉헌을 위한 것이었다. 또 얀 반 에이크의 빛에 대한 지식의 또 다른 대성공을 의미한다. 멀리 있는 곳까지 환하게 보이는 멋진 풍경이 중앙에 펼쳐져 있으며, 온통 상징적인 환경 안에 자리한 성모 마리아와 니콜라스 롤랭Nicolas Rolin(1376-1462)이라는 도무지 사실일 것 같지 않은 인물을 보여 준다.

| 다음을 참고하라 |
시각예술 원근법과 투시 공간(648쪽); 플랑드르 소우주와 이탈리아(685쪽); 빛의 화가들(694쪽)

플랑드르 소우주와 이탈리아

| 프란체스카 칸디 |

15세기에 플랑드르 회화의 이탈리아 침투는 얀 반 에이크의 새로움과 그의 추종자들이
새로운 회화 전통이 시작되었음을 표시했던 나폴리와 제노바, 그리고 매한가지의
새로움이 이탈리아 르네상스를 압도하는 성과를 내며 성공적으로 통합되었던 피렌체,
우르비노 및 베네치아에서 분명히 나타났다. 반면에 일부 사례와는 별도로
플랑드르 회화는 16세기가 시작될 무렵까지 이탈리아 정복에 둔감했다.

플랑드르 소우주

15세기 초반에 부르고뉴 공작령의 플랑드르 합병(1384)과 상업 및 금융 활동에 열
심이며 예술 생산에도 흥미를 가졌던 강력한 중산층은 플랑드르 회화의 익명의 거
장(로베르 캉팽[약 1378-1444]으로 추정)과 얀 반 에이크(1390/1395-1441)가 처음으로
현장에 모습을 드러냈던 생동감 넘치는 회화 시기의 발달을 위한 이상적인 배경으로
여겨진다. 두 플랑드르 거장의 회화는 같은 해 피렌체에서 유사한 방식이 발생했던
만큼 국제적-지배적인 고딕 양식과 단절하고, 현실에 대한 더욱 직접적-객관적인 표
현을 추구했다.

　　플랑드르 회화의 익명의 거장과 얀 반 에이크는 공간의 삼차원 표현과, 그 안에 인　**삼차원 표현**
간의 일관성 있는 배치에 대한 새로운 관심을 정확하게 담았다. 후자는 '무한하게 가
깝고 무한하게 멀게' 만드는 감탄할 만한 능력으로 관찰자를 공간 안으로 이끌면서
여러 개의 소실점 및 성숙된 경험적 원근법의 활용(유명한 〈조반니 아르놀피니와 그의
아내 초상〉에서 볼 수 있음, 런던, 내셔널 갤러리)을 통하여 후기 고딕 양식으로는 표현해
낼 수 없는 깊이에 대한 표현을 펼쳤다(에르빈 파노프스키, 『초기 네덜란드 회화』, 1958).
얀 반 에이크가 주도한 플랑드르 회화는 통합된 원근법 도구를 통해 현실을 선별하
는 의식적인 작업을 진행했던 피렌체식의 통합에서 깊이 측정에 대한 전형적인 분석
능력을 대체했다. 유화에서 두드러지는 빛은 비록 부피감을 구축하고 공간 관계를
정의하는 기능을 지니지는 못하지만(예를 들어 마사초), 그림의 모든 표면에 굴절되면
서 얀 반 에이크의 눈부신 작품인 〈대성당 참사회원 헤오르흐 판 데르 팔러의 성모 마
리아〉(브뤼헤, 시립미술관, 1436)에서 볼 수 있듯이 본질적인 도구가 되었다.

그런데 1450년에 로히어르 판 데르 베이던(약 1400-1464)이 성년 50주년을 기념하여 이탈리아를 여행했던 것은 플랑드르 회화가 피렌체 르네상스 정복 앞에서 어떻게 여전히 별개의 것으로 남아 있으려는 경향을 보였는지를 증명한다. 베아토 안젤리코(약 1395-1455)의 〈성 마르코 제단화Pala di san Marco〉(뮌헨, 알테 피나코테크) 연단演壇으로부터 〈십자가에서 내려지는 그리스도Deposizione〉(피렌체, 우피치 미술관, 약 1450)의 유래는 사실상 도상학만이 남아 있다. 한편 피렌체의 공간 통합과 조형성은 플랑드르 화가에게 영향을 미치지 않았다. 반대로 이탈리아 회화는 차네토 부가토Zanetto Bugatto(1458-1476년에 활동) 같은 이탈리아 화가가 자신의 예술을 완벽하게 심화시키고자 밀라노에서 로히어르 판 데르 베이던이 있는 브뤼셀로 갈 정도로(1460-1463) 당대인들이 얼마나 북부 예술에서 발원한 빛에 대한 탐구와 공간의 이해에 즉시 매혹되었는지 가늠할 수 있다.

이탈리아의 플랑드르 회화: 나폴리, 제노바, 그리고 이탈리아 북부

플랑드르 예술의 이탈리아 침투는 나폴리와 제노바에서 아주 특별한 방식으로 이루어졌다. 엔리코 카스텔누오보(1929-2014)가 기억하는 바에 따르면 기존의 표현 양식을 통하여 확산되지는 않았지만, 프랑스부터 스위스와 에스파냐까지 광범위한 유럽 지역에서 얀 반 에이크와 그의 추종자들의 방식을 채택하는 상황에 접어들면서 이것이 "새로운 전통의 출발점"으로 도입되었다(엔리코 카스텔누오보, *Prospettiva italiana e microcosmo fiammingo*, 1966). 나폴리에서는 앙주의 르네(1409-1480, 1438-1442년에 왕)와 그의 뒤를 이어 나폴리를 차지한 아라곤의 알폰소 5세(1396-1458, 1442년부터 왕)를 거치면서 플랑드르 예술에 대한 관심이 커졌다. 먼저 앙주 왕국에서 프로방스 출신의 예술가들을 불러 모았다. 그들의 플랑드르 방식이 당시 나폴리 출신의 가장 대표적인 화가였던 콜란토니오Colantonio(1440-1470년에 활동)의 양성 교육에 영향을 끼쳤다고 설명할 수 있다. 〈서재의 성 예로니모San Girolamo nello studio〉(나폴리, 카포디몬테Capodimonte 미술관, 약 1445)를 보면 알 수 있다. 그다음에 아라곤 왕국은 얀 반 에이크(잃어버린 〈로멜리노 3폭 제단화Trittico Lomellino〉와 같은)와 로히어르 판 데르 베이던(예를 들어 몇몇 목록에서 인용된 〈예수의 수난사Storie della Passione〉를 표현한 태피스트리 시리즈)의 걸작을 입수했을 뿐만 아니라 자코마르트 바코(약 1410-약 1461)와 같은 플랑드르 방식을 구사하는 에스파냐와 포르투갈을 포함하는 이베리

콜란토니오

아 반도 출신 예술가들을 그들의 조국에서 데려오기도 했다. 이처럼 활기찬 환경에서 1524년에 인문주의자 피에트로 숨몬테(1453-1526)가 콜란토니오의 작업 공방에서 완성되었다고 말한, 따라서 플랑드르-프로방스 회화와의 접촉이 이루어졌을 가능성이 있는 메시나의 안토넬로(약 1430-1479)의 양성 교육이 연결된다. 나폴리에서 **메시나의 안토넬로의** 혹은 시칠리아에서도 브뤼헤의 페트루스 크리스투스(약 1410-1475/1476)와의 비교 **양성 교육** 는, 특히 초상화에서 알아챌 수 있는 이 예술가와 안토넬로의 일치를 설명할 수 있을 것이다. 아무튼 플랑드르 회화의 현실 분석으로 인한, 그리고 얀 반 에이크의 창조로 기원을 거슬러 올라가는 빛을 다루는 방식으로 인한 완전한 매력은(바사리는 심지어 그를 플랑드르에서 화가에게 직접 배운 제자이자 이탈리아에 다시 돌아온 유화의 '비밀'을 알고 있는 유일한 인물이라고 했다), 특히 1475-1476년의 화가의 베네치아 거주 중에 분명히 드러났던 것처럼 피렌체 르네상스의 공간과 형태의 통합과 일치하며 원숙하게 나타났다(런던, 내셔널 갤러리의 〈서재의 성 예로니모〉 참조).

15세기의 주요 상업 중심지였던 제노바의 상황은 나폴리와 유사했다. 얀 반 에이크와 로히어르 판 데르 베이던이 그린 도시의 모습은 프로방스와 슈바벤 예술가들의 여정처럼 롬바르디아 환경에, 예를 들어 파비아 출신 화가인 바르디의 도나토Donato de' Bardi(1426-1451년에 활동)의 양성 교육에 중요한 영향을 미쳤다.

베네치아, 우르비노, 그리고 피렌체

플랑드르 문화에 대한 관심은 이탈리아 반도의 다른 궁정에서도 곧 풍부한 결실을 맺었고 플랑드르 예술이 15세기 이탈리아에서 주역으로 부상했다. 플랑드르에서 도래한 회화는 여기 속한 화가들이 지속적으로 주장했던 자연주의로 이탈리아에 충격을 주었다. 1449년에 페라라에서 로히어르 판 데르 베이던의 〈십자가에서 내려지는 그리스도〉를 본 인문주의자 안코나의 치리아코(1391-1455)는 감정의 진실한 표현과 회화 도구로의 자연, 대상, 그리고 인물을 구현하는 화가의 멋진 능력에 감탄했다. 나폴리 아라곤 궁정의 화가 바르톨로메오 파초(약 1400-1457)는 제노바 상인 조반니 바티스타 로멜리니를 위해 얀 반 에이크가 완성한, 앞서 언급한 3폭 제단화를 특징 **선명함과 기교** 짓는 착각 그림 기법의 기교와 우르비노에서 보았던 〈목욕하는 여인Donne al bagno〉(『위인전』, 1456)에서 아주 멀리 보이는 풍경까지 표현하는 대단히 선명한 묘사에 충격을 받았다.

귀족적인 성격의 도시 베네토 역시 1440년대 이후 플랑드르 회화 컬렉션을 풍부하게 하는 데 열중했고, 예술가들 중 야코포 벨리니(약 1400-1470/1471)와 안드레아 만테냐(약 1431-1506)와 같은 예술가들이 이와 같은 새로움을 칭송하는 듯했다. 베네치아에서 조반니 벨리니Giovanni Bellini(1431/약 1436-1516)와, 그의 1450년경의 데뷔 이후로 '서쪽' 회화와 빛과 색상에 맡겨진 현실의 표피적인 표현에 대한 관심

로히어르 판 데르 베이던의 영향

이 체계화되었다. 이에 베네치아 혹은 페라라 컬렉션 중 로히어르 판 데르 베이던의 작품에 대한 인식은, 오늘날 브레라에 있는 〈피에타〉(1460) 같은 작품 속의 애처로운 감정 표현에 깊은 영향을 끼쳤으며, 초상화에서 베네치아에서 수많은 그림을 통하여 알려진 플랑드르 화가 한스 멤링Hans Memling(1435/1440-1494)을 참조한 것 같다는 해석이 덧붙여졌다. 기름을 굳게 하는 새로운 물질 덕분에 빛의 투명성이 표현된 성모 마리아의 대관식을 묘사한 제단화 〈페사로 성모 마리아Pala Pesaro 또는 Pesaro Madonna〉(페사로, 시립박물관, 1470-1480) 혹은 〈성 욥 제단화Pala di san Giobbe 또는 San Giobbe Altarpiece〉(베네치아, 아카데미 미술관, 1478-1480) 같은 그림이 1470년대에 조반니 벨리니의 작품 경계선을 나누었다. 바사리가 말했던 것처럼 베네치아의 유화 도입이 메시나의 안토넬로의 손에 달렸는지는 알 수 없다. 그러나 그와의 교류는 다른 관점에서도 둘 다에게 풍요로운 결실을 맺게 했음은 확실하다. 안토넬로는 베네치아에 머물던 동안에 자신의 걸작 대부분을 정리했고, 벨리니는 〈성 프란체스코의 성흔Stimmate di san Francesco〉(뉴욕, 프릭 컬렉션, 1475-1480) 같은 작품을 그리기에 이르렀다. 안토넬로가 언급했던 바대로 이 작품에서 화가가 플랑드르 회화로 쌓은 경험은 공간 감각과 르네상스적 형태의 조형성 면에서 완벽하게 동화되었다.

르네상스적인 표현 방식을 발견한 안토넬로에 의해 형태와 원근법 통합이 많은 이들에게 중요하게 여겨지자 피에로 델라 프란체스카(1415/1420-1492) 역시 플랑드르의 새 소식에 강렬한 관심을 보였다. 베네치아 문화와의 접촉 덕분에 초창기의 북유럽 화가인 도메니코 베네치아노(1410-1461)의 공방에서 이루어진 그의 양성 교육과 1450년대부터 이와 같은 표현 언어 확산의 활발한 중심지였던 우르비노 궁정의 지적인 풍토에서 떠안은 중심적인 역할이 편애의 동기를 설명해 준다. 1472년에 거대한 제단화인 〈사도들의 성찬식Comunione degli Apostoli〉(우르비노, 마르케 국립미술관)을 의뢰하고자 플랑드르 화가인 겐트의 요스(1460-1475년에 활동)와, 얼마 후에 아들 귀도발도의 초상화(우르비노, 마르케 국립미술관)를 의뢰하고자 에스파냐 출신의 화

가 페드로 베루게테Pedro Berruguete(1450/1455-약 1504)를 호출한 이는 몬테펠트로의 페데리코 공작(1422-1482)이었다. 공작의 서재를 장식한 28명의 〈유명 인사Uomini illustri〉 시리즈(오늘날 파리와 우르비노에 분산)와 이탈리아와 플랑드르 예술가들이 다양하게 기여한 〈교양 과목Arti Liberali〉 시리즈는 두 회화가 만났던 가장 극적인 순간이다. 이 그림들의 현실적인 교훈은 대략 같은 시기에 메시나의 안토넬로와 조반니 벨리니에 의해 실현되었던 것과 병행되어 1465-1475년에, 특히 〈몬테펠트로의 2폭 제단화Dittico dei Montefeltro〉(피렌체, 우피치 미술관, 약 1465)와 〈세니갈리아의 성모 마리아Madonna di Senigallia〉(우르비노, 마르케 국립미술관, 약 1470) 사이에서 피에로 델라 프란체스카에 의해 플랑드르의 분석과 이탈리아 형태의 가장 성공적인 합성이 완성된 듯하다. 프란체스카는 〈몬테펠트로의 페데리코 초상Ritratto di Federico da Montefeltro〉에서 공작의 얼굴을 마치 볼록 렌즈로 본 것처럼 묘사했다. 공작의 어깨 너머로 밝게 표현된 원경은 얀 반 에이크를 떠올리게 만드는 반면에 그림의 조형성과 엄격한 공간 감각은 피렌체의 영향을 받았음을 증명한다.

이탈리아와 플랑드르 회화의 만남

　1440년대 이후로 피렌체에서도 특히 플랑드르에서 강력한 힘을 발휘했던 사업가와 은행가들의 활동 덕분으로 얀 반 에이크, 페트루스 크리스투스, 로히어르 판 데르 베이던 등으로 시민들의 컬렉션이 풍부해졌다. 회화는 1428년의 마사초 사망 후로 빠르게 필리포 리피(약 1406-1469), 카스타뇨의 안드레아(약 1421-1457), 베아토 안젤리코, 그리고 도메니코 베네치아노와 그의 〈산타 루치아 데이 마그놀리 제단화Pala di santa Lucia dei Magnoli〉(피렌체, 우피치 미술관, 1445-1447)에서 볼 수 있듯이 플랑드르의 빛을 활용하는 새로움으로 방향을 잡았다. 1470년대부터 새로운 물결을 이룬 주요 의뢰인들이, 특히 브뤼헤에 있는 메디치 은행장인 토마소 포르티나리가 장려하여 피렌체에 투자했다. 한스 멤링의 〈최후의 심판 3폭 제단화Trittico del Giudizio universale〉(1466-1473)는 그단스크(오늘날도 그단스크 국립미술관에 있다)에 남아 피렌체에 다다르지 못한 반면에, 그의 다른 작품인 〈예수의 수난사〉(1470-1471, 오늘날에는 토리노 사보이 미술관에 있다)이든 또는 휘호 판 데르 후스Hugo van der Goes(1435/약 1440-1482)의 유명한 〈포르티나리 3폭 제단화Trittico Portinari〉(피렌체, 우피치 미술관, 1475-1477)이든 피렌체 회화까지, 또 도메니코 기를란다요(1449-1494)부터 필리피노 리피(약 1457-1504)까지, 그리고 레오나르도 다 빈치(1452-1519)에 이르기까지의 15세기 말엽에 활동했던 피렌체 대표 화가들에게 깊은 영향을 미치는 데 부족하지

빛을 활용하는 새로움

않다.

| 다음을 참고하라 |
시각예술 얀 반 에이크(680쪽)

장 푸케

| 프란체스카 칸디 |

장 푸케의 예술에서 플랑드르 회화의 분석적인 사실주의와 광학적 지식은
피렌체 르네상스 예술 공간에 대한 기하학적인 조직과 볼륨의 조형성과 함께
만들어졌다. 화가의 일생에 대한 기록은 별로 남아 있지 않으나
제한된 작품 목록만으로도 장 푸케가 15세기 유럽 예술에서
절대적인 역할을 했음을 부정할 수 없다.

이탈리아와 플랑드르 사이의 장 푸케

2003년 파리 프랑스 국립도서관에서 19세기 예술 역사서 편찬으로 재발견된 프랑스 화가이자 세밀화가였던 장 푸케(1415/1420-1481) 헌정 전시회가 열렸다. 이 전시는 그의 화가로서의 명성과 작품 목록에 관한 풍요로움과 모순을 정리할 수 있는 좋은 기회였다. 장 푸케는 이프르의 앙드레(1425-1450년에 활동) 혹은 리테몽Litemont의 야곱(1451-1474년에 활동) 같은 예술가와 더불어, 어쩌면 얀 반 에이크(1390/1395-1441)의 일부 걸작품과의 직접적인 관점을 통해서도 알려진 프랑스에 스며든 플랑드르 회화와의 연결고리다. 그중에서도 이탈리아 르네상스의 조형예술 문화와의 관계는 베아토 안젤리코(약 1395-1455)와 관련 있다.

불확실한 신상 자료 그에 대한 기록들이 불확실한 것이라면 장 푸케에 대한 정확한 최초의 소식은 필라레테Filarete로 불린 건축가이자 조각가인 안토니오 아베를리노Antonio Averlino(약 1400-약 1469)가 증언하는 그가 이탈리아에 머물 때의 근황이다. 확인된 바에 따르면 예술가는 최고로 능숙하게 자연을 묘사하는 실력으로 스포르친다Sforzinda(『건축론

Trattato di Architettura』, 1460-1465)의 이상적인 도시 장식에서 가장 가치 있는 후보자였다. 필라레테가 성 베드로 대성당(1445년에 완성)을 위한 청동 문 제작에 열중하고 있을 때, 그리고 프랑스인 예술가 장 푸케가 〈에우제니오 4세 초상Ritratto di papa Eugenio IV〉을 의뢰받았을 때에 두 사람이 로마에서 서로 알게 되었을 가능성이 있다. 1470년경에 쓰인 편지에서 도미니쿠스회 수도사이자 인문주의자인 프란체스코 플로리오(15세기)가 언급한 바에 따르자면 한때 산타 마리아 소프라 미네르바 성당에 보관되었던 이 초상화는 손실되었다.

이 마지막 증언에 의하면 젊은 시절 장 푸케는 에우제니오 4세(1383-1447, 1431년부터 교황)가 로마로 귀환한 1443년과 그가 사망하는 1447년 사이에 로마에 머물렀다. 반면에 이탈리아에 얼마간이나 어떤 환경에서 머물렀는지는 알려져 있지 않다. 그러나 이 시기에 바티칸 궁을 꾸미는 작업을 위해 수도 로마에 소집된 베아토 안젤리코와의 만남이 성사되었다는 가설을 떠올릴 수 있다(앙리 포시옹Henri Focillon, 『장 푸케의 기념비적인 예술 스타일Le style monumental dans l'art de Jean Fouquet』, "가제트 데 보자르", 1936). 이탈리아 화가 베아토 안젤리코와의 이 우연한 스타일상의 일치는 그가 피렌체에도 머물렀을 가능성을 가정하게 한다. 피렌체 산 마르코 수도원(1436-1452) 작업장에서 젊은 장은 최고 수준의 피렌체 르네상스 예술에 이끌렸을 수 있고, 그 또한 더욱 분명하고 깔끔한 장식 활용과 빛에 대한 지대한 관심 면에서 베아토 안젤리코에게 영향을 끼쳤을 수 있다(루치아노 벨로시Luciano Bellosi, 『피에로를 위한 유파Una scuola per Piero』, 1992). 물론 그의 이탈리아 체류는 다른 예술가들, 그중에서도 마솔리노(1383-1440), 마사초(1401-1428), 도메니코 베네치아노(1410-1461), 필리포 리피(약 1406-1469)와 비교해 볼 수 있는 기회를 제공했음에 틀림없다. 반면에 피에로 델라 프란체스카(1415/1420-1492)와 그의 정교한 스타일에 관련된 문제는, 나폴리에서의 여정(로베르토 롱기의 주장, 『다시 한 번 푸케의 예술에 관하여Ancora sulla cultura di Fouquet』, 1952)에서처럼 논란의 여지가 많이 남는다.

로마 체류와 이후의 피렌체 체류

초상화가 장 푸케

초상화가로서의 숙련된 재능은 장 푸케에게 교황 에우제니오 4세를 위한 권위 있는 임무를 보장해 주었을 것이다. 몇몇 예술사가들 때문에 화가의 이탈리아 여행 전으로 제작 시기를 추정할 수 있는 〈샤를 7세 초상Ritratto di re Carlo VII〉(파리, 루브르 박물관)은 젊은 그에게 확실한 명성을 안겨 주었다. 또한 아주 아름다운 초상화인 15세기 초반 에스테 궁정의 광대이자 하인을 그린 〈고넬라 초상Ritratto di Gonella〉(빈, 미술사 박물관, 1445)[도판 73]은 페라라(오토 패히트Otto Pächt, 『고넬라 초상의 저자Die Autorschaft des Gonella-Bildnisses』, 1974)와 직접적인 관련이 있음이 분명하다. 여기에서 플랑드르 미학에의 집착은, 그림의 연장 비율이나 얼굴과 의상에 볼록 렌즈 기법으로 탐구한 등장인물의 간결한 정형화에 있어 총체적이다.

반면에 북유럽의 정밀 광학뿐만 아니라 프랑스 고딕 양식 조각 특유의, 늘상 생생한 기억과 결합하는 조형성과 이탈리아와의 기념비적 합성은 1460-1470년대 사이로 제작 시기를 추정할 수 있는 〈기욤 주브넬 데 우르생 초상Ritratto di Guillaume Jouvenel des Ursins〉(파리, 루브르 박물관)을 꼽을 수 있다. 대법관 기욤의 당당한 풍채가 주변 공간을 기하학적 정확함으로 기획한 오래된 벽 장식을 배경으로 엄숙하게 부각된 작품이다.

에티엔 슈발리에의 시간경과 고대사 필사본

이탈리아에 머물다 1460년대 말엽에 다시 프랑스로 되돌아온 장 푸케는 고위 관리 에티엔 슈발리에Étienne Chevalier(15세기)를 위한 시간경 제작에 전념했다. 현존하는 이 시간경의 종이는 모두 샹티이 콩데 박물관에 보관 중이다.

일찍이 그가 랭부르 형제(14-15세기) 스타일에 가까운 파리 세밀화가들의 환경에 끌렸을 것이라 할지라도 시간경은 그들의 추측을 배제시킬 정도로 플랑드르와 이탈리아의 구상예술 문화로부터 비롯된 자극을 받아 재작업하는 데 있어 후기 고딕 양식의 세밀화와 비교할 때 두드러지는 새로움을 보여 준다. 용량에 따라 물체와 대상을 형상화하는 광범위하고 미묘한 빛 처리와, 실제로 필리포 브루넬레스키의 원근법 기준을 항상 규정하지 않으면서도 절대적으로 경험적인 내적 일관성에 지배받는 공간 개념에서의 혁신적인 특징도 보인다.

시간경의 수많은 세밀화 중에 예를 들어 〈십자가형Crocifissione〉(샹티이, 콩데 박물관)은 베아토 안젤리코가 산 마르코 수도원 참사회실에 그린 프레스코화와 똑같은 장면으로, 특히 매우 자연스럽게 공간에 삽입되고 빛으로 표현된 인물의 선명하고 정확한 디자인에서 분명히 영향을 받았음을 드러낸다. 똑같은 하단은 십자가 주변에 북적거리는 사람들에 대한 분석적인 설명과 풍경에서 간과할 수 없다. 게다가 얀 반 에이크로부터 플랑드르 회화에 전형적으로 제기되는 관점에서의 포기 및 곡선 원근법에 따른 공간 기획은, 푸케의 더욱 통합되고 일관된 시야를 전제로 하는 관점을 나타내고 있다.

이탈리아와 북유럽 모델의 독창적인 합성 사례는 몇몇 역사 필사본의 세밀화에서도 발견된다. 예를 들어 『유대 고대사Antiquités judaïques』("루이 6세의 화가 및 세밀화가, 장 푸케, 투르 출신", 15세기의 기재 덕분에 언급됨), 『프랑스 대연대기Grandes de Chroniques de France』, 『시저까지의 고대사와 로마 제국의 사건Histoire ancienne jusqu'à césar et faits des romains』과 같은 책이 그러하다. 지금은 모두 프랑스 국립도서관에 보관 중이다. 이와 같은 문서에 아주 강렬한 장 푸케의 묘사 성향이 드러난다. 의뢰인의 요청을 만족시키고자 역사 텍스트의 현실화를 연속 과정으로 표현했을 것인데, 그 과정은 관찰자를 일종의 과거 사건에 대한 증인으로 변환시키려는 시도로 가능했고 화가는 현실적인 스타일에 의존하여 세부 사항에 주의를 기울였다.

〈믈룅의 2폭 제단화〉 및 〈누앙의 피에타〉

원래 2폭 제단화를 구성하며 믈룅Melun의 노트르담 성당에 배치된 〈에티엔 슈발리에와 성 스테파노Étienne Chevalier e santo Stefano〉와 〈옥좌에 앉은 예수와 함께한 성모 마리아와 천사들Madonna con Bambino in trono e angeli〉[도판 55]이 그려진 아주 멋진 제단화들은 오늘날 베를린 국립회화관과 앤트워프 왕립 미술관에 나뉘어 보관되고 있다. 아마도 에티엔 슈발리에(이미 시간경의 세밀화 옹호자)의 의뢰로 1450년대 초반에 만들어졌을 이 제단화들은 장 푸케에 의해 달성된 이탈리아적인 특징과 플랑드르 회화 및 프랑스 조각 전통의 완벽한 통합을 보여 준다. 푸케는 프랑스 조각 전통 및 피렌체 예술의 영향을 받은 마지막 가르침, 즉 기념비적이고 조형적인 특징을 추론해 냈다. 이탈리아 모델에 근거한 피라미드식 구성 해법에 따라 배치된 성모 마리아와 아기 예수 및 천사 무리에서처럼, 조형성은 이따금 형태적 추상성에까지 이르렀다. 〈에티엔 슈발리에와 성 스테파노〉에서 보여 준 소실선은 그가 이탈리아에 머무는 동안 습득한 지식으로 〈옥좌에 앉은 예수와 함께한 성모 마리아와 천사들〉에 집중되었다. 장 푸케는 심지어 성 스테파노를 그린 제단화에서 산 마르코 수도원 참사회실에 그려진 베아토 안젤리코의 〈십자가형〉의 일부 얼굴을 기억하는 듯했다. 이는 상당히 높은 단계의 환상주의다. 등장인물의 신체 및 의상과, 성모 마리아의 왕좌를 구성하

이탈리아, 플랑드르 및 프랑스의 가르침

는 값진 재료들에서, 그리고 의뢰인과 성인들의 어깨에서 빛을 포착하는 분석적 탐구는 결국 플랑드르 회화에서 유래하지 않을 수 없다.

〈누앙의 피에타Pièta de Nouans〉(누앙레퐁텐Nouans-les-Fontaines 본당)에서, 어쩌면 연대순으로 더욱 앞선 장 푸케의 그림은 신성한 사건을 정석으로 표현하는 인물을 강조하는 화가의 초상화가로서의 자질만이 아니라 등장인물을 대상으로 표현하는 구체적인 회화 공간 구축에서 포괄적인 장악력이 완성된 듯했다.

| **다음을 참고하라** |
시각예술 원근법과 투시 공간(648쪽); 피에로 델라 프란체스카(700쪽)

빛의 화가들
| 조반니 사수 |

1440-1465년에 피렌체에서 예술가 집단이 피에로 델라 프란체스카에 의해 성공을 거두게 되는 르네상스의 변이체變異體를 개발했다. 도메니코 베네치아노, 카스타뇨의 안드레아 혹은 프란체스코의 조반니와 같은 화가들을 통합하는 특징인 윤기가 나는 표면, 환하게 빛나는 색상, 수학적 원근법에 대한 열정은 빛의 활용과 색상의 농도를 활용하여 그림을 그리는 새로운 방식을 만들어 냈다.

빛의 회화
마사초(1401-1428) 사망 몇 년 후에 피렌체 회화 영역에서 르네상스의 새로운 스타일이라고 인정받는 새로운 조건이 분명해졌다.

1440년대 말엽에 사실상 필리포 브루넬레스키(1377-1446)의 합리적이고 수학적인 원근법에 정복당했으며 템페라 및 프레스코에서 표현 가능한 환한 색채에 매혹된 예술가 집단은 마사초 자신과 그의 추종자인 필리포 리피(약 1406-1469)가 소박하게 해석하던 것과 대조되는 회화 언어를 개발했다. 이 새로운 "색상이 빛과 원근법으로 꾸며지고, 볼거리를 만들어 내는 편안하고 낙관적인 관점"(루치아노 벨로시)은 도메니코 베네치아노(1410-1461)에서, 베아토 안젤리코(약 1395-1455)의 후기 활동 중에, 파올로 우첼로(1397-1475)에서, 카스타뇨의 안드레아(약 1421-1457)에서, 프라토베키오의 거장(15세기 중반)에서, 프란체스코의 조반니(1412-1459)에서, 그리고 알레소 발도비네티Alesso Baldovinetti(1425-1499)에서 더욱 의미심장한 해석을 찾을 수 있다. '빛의 회화'라는 용어에 대한 비평을 통하여 효과적으로 확인된 이 솟구쳐 나오는 새로운 표현법은 성화 영역에서 거의 사반세기 동안 우선적으로 적용되었다. 성화 물론 짧은 기간이었지만, 15세기 이탈리아 예술의 단일 현상 중 가장 독보적인 최상의 품질과 내면의 일관성을 드러냈다.

빛의 회화에서 절대적으로 뛰어난 점은 밝은 색채의 실험주의가 15세기의 가장 위대한 화가 중 한 명인 피에로 델라 프란체스카(1415/1420-1492)와 지속되는 직접적인 관련으로 증명되었다. 빛과 색상으로 공간과 형태를 결합시키는 그의 "형태와 색상의 원근법적 통합"(로베르토 롱기, 1890-1970)은 피렌체에서 프란체스카의 멘토였던 도메니코 베네치아노의 후원으로 얻어진 결과였다.

도메니코 베네치아노와 카스타뇨의 안드레아

도메니코 베네치아노는 베네치아와 로마에서, 그리고 확실하게 페루자에서 작업한 이후인 1438년에 피렌체에서 메디치 가문과 접촉한 것으로 기록이 남아 있다. 그는 피에로 데 메디치(약 1414-1469)를 위해, 파브리아노의 젠틸레(1370-1427)와의 접촉을 가능하게 하는 후기 고딕 양식으로 현재는 베를린 국립회화관에 보관 중인 〈동방 박사의 경배〉를 작업했다. 그리고 오늘날 런던 내셔널 갤러리에 있으며 이미 카르네세키Carnesecchi 감실의 일부를 꾸미고 있던 〈아기 예수와 성모 마리아〉 혹은 세티냐뇨Settignano에 있는 베렌슨 재단의 또 다른 〈성모 마리아Madonna〉와 같은 작품 덕분으로 불과 몇 년 사이에 도시의 외관을 꾸미는 위대한 주역으로 인정받았다. 이 작업에서 예술가는 거대한 인물이 절정의 빛으로 둘러싸여 드러나면서 대칭과 균형 잡힌 구성을 구사했다. 같은 해에 필리포 리피가 추구한 마사초 스타일의 모사인 더욱 견고하고 건조한 방식에 반하는 도메니코의 선택이 있었다. 도메니코 베네치아노의 예술 언어를 형성하는 데 1433년에 바르톨로의 도메니코(약 1400-약 1445)가 그린 시에나의 화랑에 있는 〈겸허의 성모 마리아Madonna dell'Umiltà〉와 같은 작품 역시 영향을 끼쳤음에 틀림없다. 이 작품은 빛으로 그려 내는 더욱 중요한 온갖 측면을,

10여 년 앞서 아주 간단명료하게in nuce 표현했다.

1439년에 도메니코 베네치아노는 '밝은 빛의 스타일'을 중심으로 평가하는 비평에 손을 얹었다. 산 에지디오 성당 성가대의 프레스코화인 〈성모 마리아의 일생Storie della Vergine〉이 대표적이다. 하지만 거의 모든 장식이 손실되어 위대한 명성과 대조적이다. 신입이었던 피에로 델라 프란체스카 곁에 도메니코 베네치아노라는 거장이 존재했으며, 1445년에 아직 미완성이던 장식이 또 다른 두 명의 빛의 화가인 카스타뇨의 안드레아와 알레소 발도비네티에 의해 완성되었다는 사실은 지금 기술 중인 사건들과 순환하여 연결되고 있음을 증명한다.

〈아기 예수와 성모 마리아와 성인들〉 손실된 산 에지디오 성당의 장식은 1447년에 도메니코 베네치아노가 달성한 스타일을 본보기로 한 작업이었던 우피치 미술관의 〈아기 예수와 성모 마리아와 성인들Madonna col Bambino e santi〉의 일부였다. 이 작품은 산타 루치아 데 마그뇰리 성당을 위해 코시모 1세(1389-1464)의 개입으로 의뢰되었다. 화가가 바둑판무늬 바닥과 배경에 설정한 완벽한 원근법의 실행은 그의 브루넬레스키에 대한 숙고가 얼마나 심오했는지를 보여 주는 반면에, 인물에서의 조형성 강조는 로비아의 루카(1399/1400-1482)의 조각이 풍기는 인상을 전달한다. 인물과 배경 사이에 이루어진 색채의 일치와 선명하고 밝은 전체적인 효과는 이 작품이 1440년대 토스카나 조형 문화의 최고 걸작 중 하나이게 했다.

플랑드르 회화의 영향은 빛이 흩뿌려진 것과 같은 느낌을 주는 표면에 우선 드러난다고 하겠는데, 이는 예술가로부터 나중에 카스타뇨의 안드레아에게 전달된다. 유화 물감 기술 조르조 바사리(1511-1574)에 의하면 플랑드르 회화는 앞서 유화 기술을 사용한 도메니코 베네치아노가 전설적인 작품을 만들어 내도록 이끌었다. 카스타뇨의 안드레아 역시, 비록 그가 더욱 과도하게 과장된 표현을 했을지언정 빛의 회화 추이에서 주인공 역할을 했다. 예를 들어 카스타뇨의 안드레아는 1447년에 산타 아폴로니아 식당의 〈최후의 만찬Ultima Cena〉에서 이 프레스코화가 그려진 장소의 실제 빛을 염두에 두고, 그늘로 생생해지는 완벽한 원근법 상자를 만드는 도메니코 베네치아노에게 소중한 빛의 동일한 효과를 연구했다.

다른 주인공들: 베아토 안젤리코, 파올로 우첼로, 프란체스코의 조반니, 그리고 프라토베키오의 거장

빛의 가치에 있어서 도메니코 베네치아노의 선택은 필리포 리피에 의해 1430년대에 생명력을 유지한 마사초의 더욱 소박한 전통에 대응하는 듯하면서 다른 예술가들에 의해 공유되었다.

　　프란체스코의 조반니는 이러한 예술가들 중 한 명이다. 그의 작품이 산타 크로체 성당에 있는 카발칸티 예배당 장식에서 도메니코 베네치아노 작품과 나란히 있는 것은 우연이 아니다. 이 작업에서 베네토 출신의 거장은 프레스코화를 그렸다(이는 일부만 남아 있다). 반면에 조반니는 도나텔로(1386-1466)의 그 유명한 〈수태고지〉를 장식하는 연단을 꾸몄다.

　　〈바리의 성 니콜라오의 일생Storie di san Nicola di Bari〉(피렌체, 카사 부오나로티Casa Buonarroti)과 더불어 작품은 주택, 가구, 그리고 바닥의 원근법 처리에서부터 선명한 빛과 환한 색상에 다다르기까지, 도메니코 베네치아노와 피에로 델라 프란체스카와 동일했다. 이 작품은 지금 피렌체 국립박물관에 있는 '카란드 3폭 제단화Trittico Carrand'로도 알려진 〈옥좌에 앉은 예수와 함께한 성모 마리아와 성인들Madonna col Bambino in trono e santi〉 뒤에 등장한다. 이 제단화는 오랫동안 익명의 예술가가 작업한 이후 프란체스코의 조반니에게 맡겨졌다. 또한 고딕 양식을 보였는데, 도메니코 베네치아노의 멋진 조형성 방식에 근접함을 공공연히 드러냄으로써 조반니의 초기 작품의 흔적을 나타냈다. **'카란드 3폭 제단화'**

　　스타일의 관점에서 평범한 이름의 프라토베키오의 거장 역시 1440년대 빛의 회화 근처에서 등장했다. 1439년부터 피렌체에 머물며 마그놀리의 제단화에서 간과할 수 없는 스타일의 특성을 발견했던 그는 도메니코 베네치아노의 추종자였다. 예민한 정보 수집에 대한 취향과 프라토베키오에 있는 산 조반니 에반젤리스타 수도원의 〈성모 승천Madonna Assunta 또는 Assumption of Mary〉 같은 작품이 그가 도메니코 베네치아노의 추종자임을 증명한다. 그리고 종종 혼동되던 조반니 프란체스코 옆에 이 예술가를 내세웠다.

　　빛의 회화는 가장 유명하고 주체적인 거장들의 활동에도 영향을 끼친 구상 풍토를 제안했다. 1430년대와 1440년대에 도메니코 베네치아노가 주도했던 형태와 색상에 대한 연구에서 파올로 우첼로의 명확한 기하학이 매우 다양하게 관련지어졌다. 1430-1437년의 베네치아 여행 중에 프라토의 프레스코화 〈성모 마리아와 성 스테파노의 일생Storie della vergine e di santo Stefano〉이 그려진 아순타 예배당 혹은 볼로냐 **파올로 우첼로의 기하학**

에 있는 산 마르티노 성당에 그려진 〈아기 예수의 경배Adorazione del Bambino〉의 멋진 단편처럼, 관련성을 유추할 수 있는 무수한 작품들이 만들어졌다.

그러나 다른 유사한 경우에서도 당연히 베아토 안젤리코와 심오한 빛의 회화 사이의 관련이 드러났다. 지금까지 언급한 예술가들보다 나이가 많은 그는 파브리아노의 젠틸레와 로렌초 모나코(약 1370-1422년 이후)와 매우 유사한 전제에서 출발했고, 이후 부분적으로 1420년대 말엽에 마사초의 혁명으로 영향을 받았다. 그런데 이미 1430년대에, 그 시기에 유행하던 원근법적이고 빛에 관련된 통설을 실험하려 했던 화가의 의도를 알아챌 수 있다. 화가이자 도미니쿠스회 수도사였던 그는 1438년부터 살았던 산 마르코 수도원 성당 대제단의 제단화와 같은 작품 혹은 현재 움브리아 국립미술관과 바티칸 화랑에 나뉘어 보관 중인 페루자의 다폭 제단화를 통해 의도를 분명히 밝혔다. 이 제단화에서 중심적인 위치를 차지하는 〈성모 마리아, 아기 예수와 천사들Madonna, il Bambino e angeli〉은 오랫동안 피에로 델라 프란체스카의 궤도 안에서 해석되었다. 반면에 약 1447년에 제단화에 대해 기록된 기반에 대한 예측은, 페루자의 작품에 대한 진실한 스타일을 참조할 때, 페루자에서 여러 차례 일할 기회를 가졌던 피에로의 스승 도메니코 베네치아노를 보여 주었다. 이미 성숙했지만 아직 새로움과 더욱 젊은 화가들에게서 받는 자극에 즉각적으로 반응할 자세를 갖춘 화가의 모습을 복원함으로써 베아토 안젤리코를 움직이게 했다.

베아토 안젤리코의
빛의 경험

빛의 회화의 퇴색

도메니코 베네치아노와 베아토 안젤리코의 발자취를 따라서 산 에지디오 예배당 안에서 볼 수 있는 부피감과 밝은 색상에 충실했던 예술가 알레소 발도비네티가 움직였다. 런던 내셔널 갤러리에 있는 약 1465년의 작품 〈노란색 옷을 입은 여인 초상Ritratto di dama in giallo〉 같은 작품은 피에로 델라 프란체스카의 작품 덕분에 그 시기에 이미 피렌체의 경계를 넘었던 색상, 조형성, 선형의 강조에 대한 화가의 집착을 증명한다. 따라서 도메니코 베네치아노가 미완성으로 남겨 둔, 그리고 카스타뇨의 안드레아의 도움을 받아 훨씬 젊은 추종자에 의해 완성된 산 에지디오 예배당 성가대를 장식하는 대규모 사업에서 보이는 발도비네티의 영향은 우연이 아닌 듯하다.

알레소 발도비네티

1459년에 프란체스코의 조반니의 죽음과, 1461년의 도메니코 베네치아노의 죽음은 종종 빛의 회화의 상징적인 종말로 여겨진다. 그러나 중간 휴지기는 그다지 분명하지 않다. 폴라이올로(약 1431-1498) 혹은 베로키오의 안드레아Andrea del Verrocchio(1435-1488)처럼 색채보다 선형에 기초한 고유의 스타일을 세우게 되는 새로운 세대의 예술가들 대부분이 경력을 쌓기 시작하는 초반기에, 도메니코 베네치아노의 밝은 실험주의에 빚지고 있는 것 같았다. 특히 피렌체 팔라티나 미술관에 있는 표면의 빛의 효과에 대한 명상이 분명한 〈성 예로니모의 머리Testa di San Girolamo〉와 같은 베로키오의 안드레아의 작품은 보다 큰 자연주의적인 초점을 알리는 바, 도메니코 베네치아노 혹은 카스타뇨의 안드레아의 시사 없이는 생각할 수 없다.

빛의 회화의 마지막 모습은 산타 마리아 델 피오레 성당의 북쪽에 위치한 성물안치소의 바닥과 입구의 벽으로 전해진다. 이곳에서 1463-1465년에 마이아노의 줄리아노Giuliano da Maiano(1432-1490)의 원근법과 빛의 마지막 열렬한 지지자들, 즉 마소 피니궤라Maso Finiguerra(1426-1464) 및 알레소 발도비네티의 그림이 우아하고 균형 잡힌 상감 장식으로 변환되었다. 이 순간부터 로렌초 데 메디치(1449-1492)의 궁정에서 선호되던 신플라톤주의의 새로운 풍토는 예술 생산에서 훨씬 더 뚜렷한 장식적 관심을 결정지었다. 피렌체 경계 너머에서 흥미롭게 빛의 회화적 요소들이 재발견되었는데, 피에로 델라 프란체스카에게서 우르비노 출신의 조반니 코라디니의 바르톨로메오에게서 혹은 수사 카르네발레(?-1484), 페라라의 보노(1441-1461년에 활동)에게서 찾아볼 수 있다. 이외에도 같은 시기에 토스카나 지역과 조화를 이루는 파도바식 표현인 자신의 표현 언어 탄생에 결정적인 역할을 한 피렌체에서 기본적인 체류를 했으며 이후 파도바에 머물던 코사의 프란체스코Francesco del Cossa(약 1436-1478)가 있다.

메디치 궁정의 나폴리풍

| 다음을 참고하라 |
시각예술 원근법과 투시 공간(648쪽)

피에로 델라 프란체스카

| 엘리자베타 삼보Elisabetta Sambo |

15세기 원근법의 정점에 있는 화가 피에로 델라 프란체스카는 당대 예술계에
널리 알려진 만큼 대단한 영향력을 발휘했다. 그의 표현 언어는 빛과 공간이라는
측면에서 안토넬로가 활동했던 남쪽 메시나부터 조반니 벨리니가 활동했던 북쪽
베네토에 이르는 이탈리아만이 아니라 이탈리아 밖에서도, 즉 앙게랑 콰르통의
프로방스에서부터 장 푸케의 프랑스까지, 그리고 페트루스 크리스투스의
플랑드르에까지 영향을 미쳤다.

피렌체에서의 양성 교육

피에로 델라 프란체스카(1415/1420-1492)는 움브리아와 토스카나, 그리고 마르케
사이에 있는 도시 보르고 산세폴크로에서 태어났다. 1431년에 이 도시의 경계는
말라테스타 가문의 영지에서 교황령으로 주인이 바뀌면서 더욱 분명해졌다. 그는
1441년에 피렌체로 이주했다. 프란체스카가 고향에서 그다지 중요하지 않은 후기
고딕 예술가인 안토니오 당기아리(15세기)의 작업 공방에서 받은 교육은 별로 알려
져 있지 않다.

　　그의 회화가 미치는 영향 범위와 초상화가로서의 향후 활동에 관해서는 수학 연
구를 기억해야 한다. 어쩌면 피에로는 가족의 상업 활동에 필요했던 상업 수학을 통
해서 이 연구에 도달하게 되었다.

피렌체에서의
전환점　　그의 전환점은 1439년의 피렌체 체류로 발생했다. 예술가는 산 에지디오 성당의
후진後陣에다, 18세기에 파손되는, 프레스코화 〈성모 마리아의 일생〉을 그린 도메니
코 베네치아노(1410-1461)의 동업자 혹은 동반자로도 기억된다.

　　이 기회를 통하여 그는 조토의 전통과 브루넬레스키(1377-1446)가 막 연구를 마
치고 마사초(1401-1428)의 회화에 도입된 새로운 원근법 과학을 알게 되었다. 반면
에 도메니코 베네치아노에게서는 원근법과 밝은색 초안 사이에 통합된, 좀 더 늘어
진 편안한 관점으로 마사초의 조형성 개념을 고스란히 재현하는 '빛의 회화'에 접근
해야만 했다(로베르토 롱기, *Piero della Francesca*, 1927).

　　1439년 이후의 자취는 산세폴크로의 산타 마리아 델라 미제리코르디아(자비*) 교

단(오늘날 지역 박물관)을 위한 다폭 제단화 제작을 의뢰받았을 때인 1445년까지 존재하지 않는다. 이 작업은 아주 늦게인 1461년에야 비로소 완성되었다. 그러나 17세기에 훼손되면서 인물들 사이에 정확한 공간 관계의 손실을 야기했다. 진부한 선택이나 고객이 요구한 것이 분명해 보이는 황금 배경과 큰 크기의 성모는 원근법적 배치의 일치와 일관성을 동시에 부여했다고 할 수 있다.

1465년경에 시에나 출신의 조반니의 마테오(약 1430-1495)가 완성한 산세폴크로 산 조반니 바티스타 성당 대제단 다폭 제단화의 중앙 판을 구성하는 〈그리스도의 세례Battesimo di Cristo〉(런던, 내셔널 갤러리) 역시 같은 시기에 만들어졌다. 학자들에 의해 1440-1450년의 다양한 제작 날짜가 추정되는데, 몇몇 학자에 의하면 심지어 미제리코르디아 제단화의 의뢰를 앞선다. 도메니코 베네치아노의 뒤를 이은 색상을 환하게 돋보이게 하며 모든 특별한 것을 선명하게 부각시켜 묘사하는 정점에서의 빛의 박명薄明 때문이다. 〈그리스도의 세례〉

1447년에 그는 로레토에 있었으며 그곳에서 다시 한 번 도메니코 베네치아노와 함께 현재의 성당에 자리를 내어 주기 위해 허물어진 성물안치소에서 작업했다. 그리고 어쩌면 같은 해에 에스테의 레오넬로(1407-1450)의 부름을 받고 페라라에 도착했을 것이다. 하지만 그 기간 중에 화가가 작업한 프레스코화는 궁정의 문화적 풍부함을 드러내는 것은 한 점도 남아 있지 않고, 에스테 가문을 위해 활동했던 다른 동시대 예술가들의 기록으로만 간접적으로 전해진다. 로레토에서

기록으로 확인된 바는 아니지만 이 시기는 자료 출처로 드러나는 프란체스카의 빈번한 여행이 특징이다. 반면에 유언장의 서명으로 1450년에 피에로가 안코나에 있었음은 분명하다.

1451년에는 위대한 지도자이자 정치 경력의 최고 정점에 있었고, 역사와 철학 등의 인문학을 아낀 시지스몬도 판돌포 말라테스타(1417-1468)의 부름을 받고 리미니에 왔다. 그 즈음에 레온 바티스타 알베르티(1406-1472)가 말라테스타가 사원[도판 4, 도판 5]으로 변환시킨 성 프란체스코 성당 성물안치소 혹은 수도실에서 화가는 기념과 정치적인 의미가 가득한 프레스코화에 자신의 수호성인 앞에 무릎을 꿇은 리미니의 영주에게 시지스몬도 성왕이라는 영원성을 부여했다. 어쨌거나 이 장소에 분리 및 보존되었고 색채와 빛과 관련된 가치에서 심각하게 고갈된 프레스코화는 알베르티의 건축을 상기시켰으며, 아레초에서 화가들이 채택한 해결안을 미리 보여 주는 말라테스타가 사원의 프레스코화

것 같은 건축학사의 한 장으로 기록되는 혁신과 웅장함을 부여했다.

아레초의 산 프란체스코 성당에 있는 프레스코화와 전성기 작품들

1451년에 피에로는 아레초로 이동했던 것으로 보인다. 이곳에서 그는 산 프란체스코 성당 후진에 프레스코화를 그리기 시작했다. 예배당 정면과 지하 납골당, 아치의 일부를 그린 뒤에 사망한 피렌체 출신의 화가 로렌초의 비치(1373-1452)가 1447-1448년에 시작한 작업이었다. 하지만 피에로의 개입에 대해서는 문제가 많다. 한 자료에 따르면 프레스코화는 이미 1466년에 완성된 것으로 기록되어 있지만, 마무리는 1450년대 말엽으로 거슬러 올라간다.

문제 많은 역사

피에로는 가장 큰 벽의 넓은 공간과 성가대의 중간 문설주 양옆의 작은 벽에 복잡한 이야기를 요약한 열 개의 에피소드로 이루어진 프레스코화 〈진정한 십자가의 전설Leggenda della vera Croce〉을 그렸다. 그림의 주제는 18세기까지 조형예술에서 도상학의 원천으로 채택되는 13세기의 유명한 텍스트인 야코부스 데 보라지네Jacobus de Voragine(약 1228-1298)의 『황금 전설Legenda aurea』에서 가져왔다. 화가는 엄격한 연대기순이 아니라 구성 유형에 따라 결정된 연속적인 사건별로 그림을 구성했다. 이 순환은 〈아담의 죽음Morte di Adamo〉이 있는 오른쪽 뤼네트lunette(아치형 채광창 혹은 둥근 지붕이 접촉되는 곳에 생긴 반원 공간*)에서 시작되어 〈성 십자가를 찬송하는 축일 Esaltazione della Croce〉이 있는 반대편 뤼네트에서 끝난다. 형태는 경직된 틀로 수학적 규칙성을 띠고, 부피감은 단순화되고 밝고 행복한 빛으로 빛나고, 디자인은 거의 사라졌다. 색상의 광범위한 팽창은 층의 공간과 그 경계가 대비될 정도다.

고전 조각에 대한 참조

오른쪽 뤼네트 상단의 벌거벗은 사람들에게서는 고전 조각에 대한 참조, 두 개의 전투 장면에 나타나는 고대 로마 예술의 특징인 돋을새김 반향은 1450년의 희년과 1455년에 한두 번의 그의 로마 여행을 예상하게 한다. 하지만 문서에 기록된 유일한 여행은 교황 비오 2세(1405-1464, 1458년부터 교황) 치하에서의 1458-1459년에 걸친 2년간의 여행이다. 이때 피에로는 율리오 2세(1443-1513, 1503년부터 교황)에 의해 추진된 혁신으로 파손된 프레스코화를 바티칸 궁에 그렸다.

〈태형〉

빌라도가 앉아 있는 옥좌가 놓여 있는 단의 옆모서리에 피에로가 서명한 채찍질을 당하는 그리스도를 묘사한 〈태형Flagellazione〉(우르비노, 마르케 국립미술관)은 1455년의 로마 체류까지 제작 시기를 거슬러 올라갈 수 있을 것이다. 14세기부터 시작된, 배경에 그리스도가 채찍질을 당하는 장면과 전면에 신원이 불확실한 세 명의 등장인물이 대화하는 장면이라는 두 개의 상이한 내용을 나란히 배열한 제단화의 해석에 대해서는 복잡한 논쟁이 분분하다. 신학적이든 정치적이든(실비아 론케이, *L'enigma di Piero*, 2006) 수많은 설명은, 거의 그늘 없이 밝은 부동의 침묵과 틈과 간격이 정확한 가치를 지니는 형태의 완벽한 상감 세공으로 발산되는 이 작품의 매력에 사실상 아무것도 추가하지 못한다.

반면에 오늘날 시민 박물관으로 사용되는 팔라초 델라 레지덴차 안 콘세르바토리 홀에 그린 프레스코화 〈그리스도의 부활Resurrezione di Cristo〉과 몬테르키에 있는 산타 마리아 디 모멘타나 성당에 그린 프레스코화 〈만삭의 성모 마리아Madonna del parto〉는 산세폴크로와 전혀 단절된 적이 없는 연관성을 나타낸다. 아레초에서의 활동으로부터 너무 동떨어지지도 않는다. 다양한 스펙트럼의 색상으로 칠해진 인물들의 엄숙함과 낮은 채도 때문에, 제작 시기를 1460년대 말과 1470년대 초반 사이를 넘나들 수 있는 작품들이다.

피에로와 우르비노의 궁정
예술가의 마지막 시기는 산세폴크로와 우르비노에서 발견할 수 있다.

피에로 델라 프란체스카가 우르비노의 몬테펠트로가 궁정에 머물던 시기는 1469년으로 기록되어 있다. 그러나 피에로는 1464-1465년경에 이미 우르비노에 있었을 것으로 보이며, 계속해서 우르비노와 연락을 유지했다. 그는 몬테펠트로가 궁정에서 몬테펠트로의 페데리코(1422-1482)라는 개방적이고 지적인 후원자를 만났고, 레온 바티스타 알베르티와 루치아노 라우라나Luciano Laurana(약 1430-약 1502) 등의 인문주의자 및 건축가들과 교류했다. 몬테펠트로가
궁정에서

공작의 후원으로 장례식용 제단화인 〈아기 예수, 천사들, 성인들, 그리고 몬테펠트로의 페데리코와 함께 있는 성모 마리아Madonna con Bambino, angeli, santi e Federico da Montefeltro〉가 탄생하는데, 1811년에 산 베르나르디노 성당에서 우르비노 밖의 밀라노 브레라 미술관으로 옮겨 갔다. 기념비적이고 유일한 이 작품은 궁정 건축가의 참여 없이 예술가가 합리성과 공간의 일관성을 통하여 상상도 할 수 없는 충분한 공간의 후진을 표현해 냈다. 게다가 여기에서 예술가는 플랑드르 예술에 대한 자신의 지식을 드러냈다. 기증자로부터 칭송받은 무릎에 아기 예수를 안고 있는 성모 마리아

에 표현된 도상학 이외에도 밝게 반사하는 빛으로 둘러싸인 것 같은 색상의 사용과 인물의 옆모습을 표현하는 사용 기법이 특징이다.

　　오늘날 우피치 미술관에 보관 중인 반으로 접을 수 있는 목판 성상화聖像畵 역시 우르비노의 궁정을 위해 제작되었다. 경첩으로 연결된 패널로 구성된 이 작품은 안에는 몬테펠트로의 페데리코와 부인 바티스타 스포르차(1446-1472)의 초상화를, 밖에는 그들의 미덕에 대한 상징적이고 인문주의적인 기념식인 특별한 승리Trionfi를 그렸다[도판 21, 도판 22]. 개인 용도의 물건으로 보이는데, 책처럼 닫힌다. 1460년대 초엽으로 기록된 목판 성상화는 용량에 대한 광범위하고 추상적인 확장에 영향을 끼치지 않으면서도 플랑드르 기원의 특별함에 대한 주의를 드러냈다. 로마 제국의 동전에서 유래한 옆얼굴 초상을 그린 도상학은 다채로워졌고, 시선이 닿지 않을 정도로 광활하게 펼쳐진 영토에 대한 그들의 평화로운 지배를 암시하는 두 인물 사이의 거리 및 정확하게 묘사된 풍경은 풍부해졌다. 〈아기 예수를 안고 있는 성모 마리아와 두 명의 천사Madonna con Bambino e due angeli〉 혹은 〈세니갈리아의 성모 마리아〉(우르비노, 마르케 국립미술관) 역시 이 시기로 거슬러 올라간다. 이 작품은 1474-1478년경에 로베레의 조반니Giovanni della Rovere(1457-1501)의 신부가 될 페데리코의 딸 조반나에게 선물하기 위해 공작의 요청으로 제작되었다. 이 작품에서 피에로는 궁정에서 즐겨 하던 이론적 논쟁인 팔라초 두칼레의 실제 건축과 환기된 이상적 건축 사이의 내부 등거리等距離 묘사에 다시 도전했다. 한스 멤링(1435/1440-1494)이 유행시킨 종교적인 주제 이외에 분석적인 쓰기 및 기술적인 특징은 아주 미세한 빛의 광선이 통과하는 창문에 대한 생각을 제안하는 플랑드르 예술과의 관계를 확인시켜 주었다. 생의 말년에 그는 종종 고향에서 작업했던 것으로 기록되고, 갑자기 실명하게 되는 약 1490년까지 자신의 예술 활동 및 초상화가로서의 활동을 계속했다. 그리고 1492년에 산세폴크로에서 사망했다.

플랑드르의 영향

| 다음을 참고하라 |
시각예술 원근법과 투시 공간(648쪽); 마사초(658쪽); 장 푸케(690쪽)

메시나의 안토넬로

| 마우로 루코Mauro Lucco |

메시나의 안토넬로는 15세기 회화의 핵심 인물 중 한 명이다. 나폴리에 있으면서
프로방스, 에스파냐, 플랑드르에서 온 외국인 예술가들과 접촉한 그는 이탈리아 예술의
고유한 회화 조형성 정의 및 공식적인 태도와 함께 자연주의와 플랑드르의 밝음을 놀랄
만한 통합으로 결합시켰다. 베네치아 체류 중에 지역 예술가들과, 특히 조반니 벨리니의
작품에 영향을 끼치게 되는 안토넬로 스타일이 확산되었다.

메시나와 나폴리에서의 양성 교육

조르조 바사리(1511-1574)에 따르면 메시나의 안토넬로(약 1430-1479)는 얀 반 에이
크(1390/1395-1441)로부터 직접 유화 기술을 익혔다. 그러나 1441년에 얀이 세상을
떠나면서 브뤼허에 있는 작업 공방에 출입할 수 없게 되었고, 안토넬로의 유화 기술
은 얀의 전문 기술로부터 거리가 먼 채로 남았다.

그의 고향 메시나는 당시에 가장 중요한 자유 무역항으로, 지중해 교통 및 무역의
제일 큰 교차로였다. 브뤼허와 런던을 오가는 베네치아 갤리선이 정기적인 서비스
를 받기 위해 반드시 들려야 하는 지점이자 베네치아 상인들의 본거지였던 것이다.
아무튼 메시나에서 안토넬로는 장인으로서의 기술적인 첫 교육을 받고, 베네치아에   메시나에서의
서 여러 가지를 경험하며 기술을 익힐 수 있었다. 그리고 프로방스 혹은 플랑드르의   첫걸음
새로움을 잘 알고 있었고, 이곳이 아라곤 왕국의 통치 도시였기에 바르셀로나, 카탈
루냐, 그리고 발렌시아 간에 벌어지는 소식도 역시 잘 알았다. 나폴리 출신의 인문주
의자 피에트로 숨몬테(1453-1526)가 증명했듯이, 또 다른 큰 매력적인 곳은 왕국의
주요 도시 중 하나인 나폴리였다.

나폴리가 아라곤 왕국의 지배에 들어간 지 얼마 지나지 않았을 때라 나폴리는 여
전히 과거 앙주 가문의 왕 앙주의 르네(1409-1480) 및 그의 궁정 화가 바르텔레미 다
이크(1444-1476년에 활동)에 대한 기억이 생생했다. 새로운 왕 아라곤의 알폰소 5세
(1396-1458)[도판 17, 도판 18 참조]는 훌륭한 후원자이자 예술 애호가였다. 따라서 당시
나폴리의 예술적이고 문화적인 분위기는 매우 활기찼고, 안토넬로는 플랑드르 화가

들의 작품부터 자코마르트 바코(약 1410-약 1461), 루이스 달마우(1428-1460년에 활동) 같은 카탈루냐 화가들의 작품들까지 많은 것을 볼 수 있었다. 그러나 안토넬로가 그중 어느 작품을 연구했는지는 알 수 없고, 이외에도 그의 기술 선택에 대한 증명은 약간 상이하다. 예를 들어 그는 거의 독점적으로 프로방스 화가들이 사용했던 호두기름을 선호했던 것 같다. 게다가 화가의 그림 꼬리표의 글은 이탈리아 인문주의자의 글이 아니고 소위 프랑스, 부르고뉴, 그리고 앙주의 르네 시대에 나폴리에서 작성된 일부 약호로 사용되던 '고딕 양식의 아류'였다. 그래서 그의 문화는 플랑드르로부터의 직접적인 지식 습득이 아니라 프로방스 해안과 지중해 카탈루냐와의 교류에 근거했다고 보는 것이 옳을 수 있다.

메시나의 자율적인 예술가

나폴리 혹은 다른 곳에서의 도제는 안토넬로가 메시나 산 미켈레 단체를 위해 만들었던 것을 모방하여 레지오 칼라브리아에 게르비니의 산 미켈레 단체를 위한 깃발 그리기에 집중했던 시기인 1457년에 분명하게 끝났다. 하지만 현재 두 깃발은 모두 손실되었다. 이후 예술가는 이동했고, 야코벨로Jacobello의 아버지가 되었다. 그의 사망 이후 작업 공방의 모든 관리를 하게 될 아들 야코벨로는 1년 동안 칼라브리아 출신의 파올로 디 치아초 다 밀레토Paolo di Ciacio da Mileto의 도제로 있었다.

고향에 정착하기 전인 1457/1458-1460년에는 정확하게 어디인지는 알 수 없지만 아무튼 메시나 밖에서 작업했다. 1461년에 부친 조반니로부터 법적 지원을 받은 안토넬로는 남동생인 조르다노를 전문 화가로 교육하기 위한 3년의 계약을 맺었다. 관례대로 그 기간 중에 결혼하지 않으려고 노력했는데, 이것은 남동생에 대한 편애를 감춘 아버지가 원했던 그의 공증인으로서의 교육이었을 가능성이 있다. 조르다노의 예술에 대해서는, 1481년에도 여전히 활동 중이었는지 전혀 알려지지 않았다. 다음 해에는 역사적 인과관계가 일괄적으로 파괴하려고 규정했던 많은 작품을 완성했다. 1461년에 자신의 후원자인 귀족 조반니 미룰라를 위해 〈아기 예수를 안고 있는 성모 마리아Madonna col Bambino〉를 그렸다. 1462년에는 메시나의 산텔리아의 고행승 단체를 위해 앞서 만들었던 것과 비슷한 깃발을 만들었다. 1463년에 메시나에 있는 산 니콜로 델라 몬타냐 단체를 위해 제단화 〈성 니콜라오의 이야기Storie di san Nicola〉를 그렸지만 1908년의 지진으로 손실되었다. 잘 알려진 증언에 따르면 부를

파괴된 작품들

축척한 그는 1464년에 남은 생을 보내게 될 시코판티Sicopanti에 집을 구입했다.

이 순간부터 1472년까지 예술가에 관련된 자료에는 차이가 있는데, 본의 아니게 교육을 위해 이탈리아 혹은 유럽을 여행하느라 고향에서 멀어졌음을 의미한다. 그의 초기 보존 작품들은 대부분 이 시기로 거슬러 올라간다. 메시나 주립미술관의 **초기 보존 작품** 양면 제단화, 뉴욕에 개인 소장품으로 있는 마찬가지로 양면 제단화, 루마니아 중부 도시인 시비우Sibiu의 〈십자가형〉(브루켄탈 국립박물과), 파비아의 초상화(말라스피나 화랑), 칼라브리아 지방의 시민 화랑인 치비카의 두 개 제단화, 제노바 내셔널 갤러리의 '보라 이 사람이로다'라는 뜻의 〈에케 호모Ecce Homo〉[도판 47](팔라초 스피놀라), 런던 내셔널 갤러리의 아기 예수와 함께 있는 성모 마리아를 그린 〈마돈나 솔팅 Madonna Salting〉, 그리고 시칠리아 체팔루의 만드랄리스카 재단 박물관 및 뉴욕 메트로폴리탄 박물관의 초상화가 있다. 오늘날까지 전해지는 이 작품들에 대한 분명한 제작 날짜는 1471년으로 추정이 가능하다.

스피리토 산토 디 노토 단체를 위해 손실된 깃발을 만드는 1472년에 다시 안토넬로에 대한 기록이 발견된다. 그는 이 작업에 6년을 할애했고, 작품이 파손된 경우 공짜로 복원하기로 약속했다. 이 정보는 템페라 기법보다 큰 안정성 때문에 유화 기술이 공공사업을 위해 깃발에 처음 활용되었음을 가정할 수 있게 만든다. 이 순간부터 그의 예술 작업은 견고해졌다. 같은 해 칼타지로네의 산 자코모 성당에 오늘날에는 손실된 대형 제단화 제작 업무를 맡았다. 1473년에 메시나 성벽 밖에 있는 산타 마리아 수녀회를 위해, 아마도 프라비아 키리노Frabia Cirino 수녀의 위탁으로, 서명이 들어가고 날짜가 기입된 제단화를 만들었다. 이 제단화는 오늘날 도시 지역 박물관에 보관 중이다. 트리니타 디 란다초를 위한 깃발을 제작하기도 했다. 이외에도 메시 **손실된 깃발** 나에 피에트로 군대를 위하여 깃발을 그렸다. 하지만 두 깃발 모두 손실되었다. 서명 날짜의 마지막 숫자가 벌레 먹은 구멍으로 사라진 런던 내셔널 갤러리에 있는 〈십자가형〉은 1473년으로 추정할 수 있을 것이다. 오늘날 필라델피아 박물관 존슨 컬렉션에 보관 중인 〈젊은이의 초상Ritratto di giovane uomo〉에는 1474년이라는 날짜가 있었다. 같은 날짜가 제2차 세계대전 중에 행방불명된 오스트로스키 컬렉션의 〈에케 호모〉에도 적혀 있다. 같은 해 8월에 안토넬로는 줄리아노 마니우니를 위해 팔라촐로 아크레이데에 걸릴 〈수태고지〉 제작에 열중했다. 이 그림은 오늘날 시라쿠사 팔라초 벨로모 박물관에 보관 중이다. 그리고 9월 중순경에 부모님이 자신들의 재산 모두를 작은 아들 조르다노에게 물려주었다. 이것은 안토넬로가 본토 여행을 할 경우를 대비하여 자신들의 장래를 보장하기 위한 행동이었을 것이다. 사실 베를린 박물관에 있는, 1474년으로 날짜가 기록된, 베네치아식으로 옷을 갖추어 입은 〈젊은이의 초상〉은 그 해 말 안에 안토넬로가 이미 베네치아에 도착해 있었음을 의미할 수 있다.

베네치아에서 안토넬로

튀니스의 베네치아 영사였던 피에트로 본Pietro Bon(15-16세기)의 주선으로 성사되었을 안토넬로의 여행은 당시 가장 빠르고 덜 위험한 수단이었던 배를 이용했음이 틀림없다. 로베르토 롱기("피에로 데이 프란체스키와 베네치아 회화의 발전", 『아르테Arte』, 1914)의 오래된 가설에 따르면 안토넬로는 무모할 정도로 길고 위험한 가상의 육로 여행 중에 우르비노에 방문할 수 있었을 것이나 배를 택하면서 그곳에서 피에로 델라 프란체스카(1415/1420-1492)를 만날 수 있는 가능성이 사라졌다. 이에 대해 롱기가 말한 바에 의하면 베네치아에 도착한 안토넬로는 조반니 벨리니(약 1431/1436-1516)의 회화와 더불어 자신의 회화를 혁신시키는 형태와 색상의 원근법적 통합을 발견할 수 있었다. 아무튼 시칠리아에서의 시기와 베네치아에서의 시기 사이에 스타일상의 불연속적인 흔적을 포착해 내기는 대단히 어렵다. 베네치아에서는 오로지 베네치아 고객들만을 위한 초상화를 그리는 것 이외에도 〈서재의 성 예로니모〉와 〈축복을 내리는 그리스도Cristo benedicente〉(두 작품 모두 런던 내셔널 갤러리 소장), 그리고 그림에 표현된 인물의 감정이 15세기의 관객들에게는 이례적인 것이었던 〈기둥에 묶인 그리스도Cristo alla colonnà〉 또는 〈고통스러워하는 그리스도Cristo in pieta〉라는 놀라운 시리즈와 같은 특이한 도상을 탄생시켰다.

스타일의 혁신

냉소적이고 날카로운 사람을 생생하게 살아 있게 하고 초상화가 이야기하는 필요를 당연히 시사하는 관찰자와의 상호 작용의 문제는 그가 성스러운 주제를 다루면서 더욱 강렬해졌다. 15세기 플랑드르부터 유럽 전 지역에 확산된 새신심운동devotio moderna에 대한 밝고 애처로운 색조로도 제기된 이와 같은 필요를 바탕으로 하여 팔레르모(팔라초 아바텔리스)와 뮌헨(알테 피나코테크)에 두 개의 관점으로 그려진 〈성모 마리아Vergine〉(《수태고지》)의 혁명적인 발명이 이해되어야 한다. 주인공 중 한 명인 천사는 보이지 않고, 그림을 바라보는 관찰자는 거의 성모 마리아의 입장에서 성모 마리아의 관점으로 수태고지 상황을 바라보게 된다.

《수태고지》의 혁명적인 관점

1475년 8월 베네치아에서 그는 피에트로 본의 의뢰로, 현재는 빈 미술사 박물관에 일부 보존 중인 산 카시아노 성당의 제단화 작업을 시작했다. 밀라노의 갈레아초 마리아 스포르차(1444-1476) 공작에게 보내는 본의 1476년 서신으로 추정하자면, 공작은 최근에 사망한 궁정 화가 차네토 부가토(1458-1476년에 활동)를 교체해야만 했기에 안토넬로를 붙잡으려 했다. 본은 공작에게 안토넬로가 밀라노로 옮겨 가기 전에 이탈리아에서 가장 아름다운 제단화 중 한 점이 될, 그리고 완성까지 20여 일 정도 부족한 제단화를 마치도록 허락해 줄 것을 청했다. 그러나 안토넬로가 공작의 초대를 받아들이지 않은 채 베네치아로 아주 신속하게 돌아왔을 것으로 생각하기 좋은 동기가 있다.

1532년에 마르칸토니오 미키엘(1484-1552)이 베네치아의 안토니오 파스콸리노의 집에서 본 바에 의하면 현재는 손실된 알비세 파스콸리노와 미켈레 비아넬로의 초상화 두 점의 제작 시기는 1475년으로 전해진다. 루브르 박물관에 보관 중인 용병 대장이라는 뜻의 〈콘도티에로Condottiero〉와 피아첸차의 알베로니 미술관에 보관 중인 〈에케 호모〉, 벨기에 앤트워프에 있는 〈십자가형〉(앤트워프, 왕립 미술관)은 1475년으로 날짜가 적혀 있다. 런던에 있는 〈축복을 내리는 그리스도〉(내셔널 갤러리) 역시 1475년으로 읽혀져야만 한다. 역시 런던의 내셔널 갤러리에 보관 중인 대단히 멋진 〈서재의 성 예로니모〉도 같은 시기로 추정되어야만 할 것이다.

메시나로의 귀환과 마지막 작품들

토리노 시민 박물관의 〈트리불치오 초상Ritratto Trivulzio〉은 1476년으로 날짜가 전해진 〈트리불치오 초상〉 다. 이 해 말경에 안토넬로는 메시나로 돌아왔다. 후원자를 확보했기에 한창 번창 중이던 작업 공방을 넘기고 베네치아를 떠났을 것이다. 플랑드르 회화의 더욱 생생한 나른함에 익숙한 베네치아 고객을 위해 〈기둥에 묶인 그리스도〉 또는 프라도의 〈피에타〉와 같은 걸작들이 그려졌다. 그러나 안토넬로는 전통적인 시칠리아 유형의, 예를 들어 1477년의 피카라의 안눈치아타의 손실된 깃발 혹은 시민 배심원단이 지불한 명시되지 않은 작업을 포기했다.

베를린 박물관에 소장 중인 〈젊은이의 초상〉은 1478년으로 기록되었다. 이 초상 〈젊은이의 초상〉 화에 표현된 인물의 두상은 화가가 살던 지역의 맑은 날씨와 하늘보다는 플랑드르의 화가 한스 멤링(1435/1440-1494)의 어두운 그림들에 가깝다. 같은 해 여름에 베네치아에 발병한 흑사병의 결과로 이제 막 설립되고 합법적인 형태를 갖추어 가던 산 로코 단체가 산 줄리아노 성당 제단에 설치할 3폭 제단화를 그에게 의뢰했다. 예술가는 로코의 모습을 작품 중앙에, 왼쪽에는 성 세바스티아노를, 그리고 오른쪽에는 성 크리스토포로를 배치했다. 즉시 작업에 착수했음에도 안토넬로는 오늘날 드레스덴 박물관에 있는 〈성 세바스티아노San Sebastiano〉만을 그리는 데에만 성공했다. 사실 얼마 후인 1479년 2월 14일에 세상을 떠났던 것이다. 소식통에 따르면 손실된 〈성 크리스토포로San Cristoforo〉에는 아들 야코벨로 혹은 '피노 다 메시나'라는 서명이 적혀 있었다고 한다. 〈성 로코San Rocco〉는 1556년에 성당 일부가 붕괴될 때 함께 파괴되었을 것으로 보인다. 1478년 11월에 안토넬로는 루제로 디 루카 다 란다초를 위한 붉은색의 얇은 견직물로 된 깃발을 그리는 데 전념했으나 화가의 사망으로 1479년 2월 25일 그의 아들이 완성을 담당했다.

| **다음을 참고하라** |
역사 지중해의 아라곤 왕국(30쪽)
시각예술 원근법과 투시 공간(648쪽); 얀 반 에이크(680쪽); 초상화(720쪽)

새로운 주제와 유형

ARTI VISIVE

예술가의 새로운 형상

| 마르첼라 쿨라티|Marcella Culatti |

15세기에 예술가는 작업 관례상의 관점에서 여전히 장인과 비슷한 존재였다. 그러나
예술의 특징 안에서 예술가의 새로운 이미지가 정립되었다. 건축가, 화가, 그리고
조각가는 이제 숙련공이 아니라 교양 예술의 거장으로 설명되어졌다. 이러한 설명은
16세기 초반에 레오나르도 다 빈치의 사상으로 무르익었다. 동시에 음침하고 우울한,
예술가에 대한 진부한 생각의 확산이 독창성을 꺾어 버렸고, 또한 정신을 지치게 하는
활동에 전념하는 개개인에 의해 형성된 범주의 새로운 인식을 증명했다.

15세기의 예술 실행

15세기에 예술가의 작업 실행 방식은 두 세기 이전인 13세기 때와 동일했다. 계속
해서 작업 공방을 중심으로 작업 활동이 이루어졌고, 그림과 조각은 의뢰인의 지침
에 따라 작업 공방에서 완성되었다. 창조성의 자유로운 표현이자 개인 영감의 자유
로운 표현이라는 현대의 예술 작품에 대한 전형적이고 낭만적인 개념과는 여전히 멀
었다. 이외에도 작업 공방은 교육 활동의 장소였다. 이 안에서 젊은 예술가들은 실습 **작업 공방의 역할**
과 기계적인 작업에서 완성된 작품의 관념화로 이어지는 과정을 따르면서 양성 교육
을 받았다. 예술가의 작업은 장인의 작업과 구별되지 않은 채로 평가받았다. 15세기

말엽에 귀족 미켈란젤로 부오나로티(1475-1564) 가문은 그들의 사회적 품위를 손상시키고 부적절한 직업을 향해 나아가는 부오나로티 가문 젊은이의 천직을 중지시켰다. 여기에는 그들이 조바심을 낸 흔적이 엿보인다.

예를 들어 1434년에 필리포 브루넬레스키(1377-1446)는 조합에 빚진 세금 지불을 거절했다는 이유로 돌 및 목재 예술 거장들의 요청에 따라 법에 의해 체포되었다. 그는 10여 일 후에 피렌체 대성당장의 요청으로 석방되었다. 건축가 입장에서 이 에피소드는 자신의 활동 및 사회 계층의 상이한 평가에 대한 일종의 권리 요구로 간주될 수 있다. 실제로 15세기는 자신들 작업의 지적 존엄성 확인에 열중했던 예술가들이 눈에 띈다. 그들은 교양 예술의 거장들이었지 숙련공은 아니었기 때문에 이 시기는 문화적 엘리트 일원 사이에 속하는 예술가로서의 권리를 찾았던 세기라고 볼 수 있다.

예술의 특징 속에 드러나는 예술가의 형상

교양 예술에 포함되는 조형미술의 실행 과정은, 본질적으로 동일한 예술가들에 의해 15세기 중에 초안이 작성된 예술 관련 논문에서 진행되었다.

14세기 말엽에 첸니노 첸니니Cennino Cennini(14-15세기)가 쓴 『회화론Trattato della pittura』은 다양한 회화 비법을 적어 놓은 책으로 실질적인 회화 기법을 전달한다. 반면에 15세기에 빛을 본 작품들은 문학 논문과 전혀 다른 내용을 담고 있었다. 빈번하게 기계공 지위를 반영하던 동기 중에는 손으로 하는 일이라는 특징이 있었다. 결과적으로 공들인 작품의 완성에 있어 정신적 기여를 제외하고는 무지한 예술가들이라고 비난받았다. 이러한 추정의 거짓됨이 추상화가들 입장에서 첫 복수를 꾸미게 했다. 화가, 조각가, 그리고 건축가들이 자신의 작업을 수행하는 데 지녀야만 하는 자유로운 목적에 따라 모든 지식의 다양성을 좀 더 회복하도록 강조했던 것이다. 로렌초 기베르티(1378-1455)는 자신의 저술 『주해서』(약 1450)에서 비트루비우스(기원전 1세기)의 『건축서』를 보다 쉽게 풀어 쓰는 작업을 하면서 예술가를 디자인과 기하학, 역사와 신화, 철학, 음악, 의학, 법학 및 점성학 등의 여러 분야에 박식한 사람으로 묘사했다. 필라레테라 불린 안토니오 아베를리노(약 1400-약 1469)도 자신의 건축학 논문(1461-1464)에서 이 특징을 언급했다.

전혀 다른 인식과 생각의 표현이 회화(『회화론』, 1435), 건축(『건축론』, 1452), 조각

예술가:
박식한 사람

(『조각론』, 1464)에 할애된 논문 세 편의 저자인 레온 바티스타 알베르티(1406-1472)에게서 충돌했다. 알베르티는 도식과 원칙을 그림을 그리는 절차에 대해 재작업되고 각색된 웅변과의 비교를 통해서나 그러한 활동 준비에 필요한 광범위한 지식에 중점을 두는 것을 통해서나 일관되게 교양과 조형 예술의 유사성을 추구했다. 논문에서 그는 건축학만이 아니라 회화 역시 다른 모든 교양 예술에서 "할 수 있는 만큼 배운 것이지만 그러나 먼저 기하학을 알기를 바라고", "시를 짓고 웅변하는 것을 배운다"고 했다. **조형과 교양 예술**

원근법과 인체 비율에 기초한 수학 규칙을 발견할 수 있었던 15세기의 핵심 역량은 산술학과 기하학이었다. 특히 초상화에서 두드러졌다. 피에로 델라 프란체스카(1415/1420-1492)와 루카 파촐리(약 1445-약 1517) 같은 예술가들은 『회화의 투시화법』 및 『신성한 비례De divina proportione 또는 On the Divine Proportion』에 비해 회화의 수학적 요소에 집중한 논문을 준비했다. 피에로 델라 프란체스카가 생의 마지막 나날들을 우르비노에 머물며 작업했던 것은 우연이 아니다. 우르비노의 영주 몬테펠트로의 페데리코(1422-1482)는 1468년에 건축가 루치아노 라우라나(약 1430-약 1502)에게 예술 작업의 지적 가치가 어떻게 의뢰인으로부터도 인정받기 시작하는지를 증명하는 허가서를 발급해 주었다. "우리는 천재성과 미덕으로 둘러싸여 있는 그 사람들을 명예롭다고 판단하고 후원해야만 한다……. 우리가 매우 장려하고 높이 평가하는 위대한 학문 및 위대한 지성의 예술이자 첫 번째 단계로 확실한 것이기 때문에, 일곱 개의 교양 및 주요 예술인 산술학과 기하학을 기본으로 하는 것이 건축의 미덕이다." 이 텍스트는 어떻게 건축 실행이 천재적인 작업으로 평가되고, 또 과학 및 수학 능력의 미덕을 지닌 학문과 교양 예술 중에 포함되는지를 보여 준다.

레오나르도 다 빈치에 의한 회화

레오나르도 다 빈치(1452-1519)는 『회화론』을 절대 출판하지 않았다. 레오나르도가 그만의 방식으로 보관하고 직접 내용을 정리하고 주석을 달고 스케치한 것들은 16세기 말엽에 재작업되었으나 그의 사후인 1651년에서야 프랑스에서 처음으로 출판되었다. 유기적인 작품으로 구조화되지 않았을지언정 그의 필사본으로 옮겨진 텍스트는 이전의 논문 성과를 요약했을 뿐만 아니라 그 이상으로 초월적임을 증명했다. 레오나르도에게 조형예술은, 특히 회화는 더 이상 수사학과 시학과의 비교를 추 **회화 예술의 우월성**

구하는 데 의존하거나 자신의 지적 특징을 증명하고자 산술학과 기하학적 지식에 호소해서는 안 되는 존재였다. 회화가 교양 예술에 더 이상 동등하지 않고 오히려 우월하다고 평가받았기 때문이다.

　레오나르도에게 회화는 수학 같은 유형의 어떤 과학 지식도 초월했다. 그리고 양적인 측면만이 아니라 질적인 측면에서도 현실 세계를 묘사하는 데 제한이 없었다. 그에게 회화는 '자연의 작품과 세계의 장식의 아름다움'을 볼 수 있게 해 주는 유일한 대상이었다. 그에 의하면 회화는 의사소통 능력 면에서도 시학과 다른 문학 작품을 뛰어넘는 존재인데, 회화는 모든 이에게 이해 가능하고 언어 장벽으로 제한받지 않기 때문이다.

　회화는 다른 모든 학문보다 우월한 자연에 대한 탐구 가능성, 지식, 그리고 자연의 재현성 때문에 개인의 자질에서부터 생겨나는 정신적인 작업으로 생각되었다. 회화는 관찰자의 마음에 제일 먼저 떠오르는 것을 즉시 손으로 그려서 표현해 낸다. 정신적인 작업과 손으로 하는 작업이라는 두 가지 요소가 필수 불가결하게 동시에 존재한다는 가정 하에, 첫 번째 요소인 정신적인 작업은 젊은 예술가의 양성 교육에서 우선권을 지녀야 했다. "먼저 과학을 학습하고, 그다음에 과학 자체에서 생겨난 실습을 추구한다." 레오나르도의 텍스트는 이러한 방식으로 당시 제공되던 교육 유형의 한계 극복을 위한 기본을 제안했다. 작업 공방에서의 수습 기간 중에 획득한 실질적인 경험은 더 이상 중심에 있지 않았고, 이론에 대한 연구와 과학적이고 지적인 유형의 지식이 이제 중심이 되었다. 이것이 16세기, 미래의 예술 아카데미 탄생의 전제였다. 그 이전에 먼저 디자인 아카데미가 1563년에 피렌체에서 빛을 보게 될 것이었다.

무뚝뚝한 예술가

에스테 가문의 이사벨라Isabella(1474-1539)와 조반니 벨리니(약 1431/1436-1516)의 중개자인 피에트로 벰보(1470-1547)는 1505년에 만토바의 공작 부인인 이사벨라에게 쓴 글에서 베네치아 예술가의 작품을 보장받기를 원한다면 그림의 도상학에 대한 요청을 제한해야 할 것이라고 했다. '확정된 상태의 작업은 벨리니의 스타일이 아니고, 말하자면 회화에서 예술가는 항상 자기 마음 가는 대로 그리는 것을 무척 좋아하기' 때문이었다. 몇 년 전인 1502년에는 피렌체의 귀부인이 미켈란젤로의 작업 지연으로 초조해하던 프랑스 대원수인 로한의 피에르Pierre de Rohan(1451-1513)에게 청동으로 만든 〈다비드〉를 전달하는 데 있어 화가 및 조각가의 작업은 정확한 기한을 정하기 어렵다고 환기시키는 편지를 썼다. 이와 같은 일화는 예술 창작의 존엄성과 가치에 대한 새로운 인식을 증언한다. 덕분에 벨리니는 만토바의 공작 부인 같은 고귀한 의뢰인 앞에서도 창조적 자율성을 확보할 수 있었다. 미켈란젤로 입장에서 작품 전달 지연은 예술가들에게만 허락된 별난 특징이자 미덕으로 받아들여지고 수용되어야 했다.

16세기에 와서야 비로소 행동을 하는 예술가에 대한 묘사가 배가되고 확산되었다. 마사초(1401-1428)의 개인적인 태만, 파올로 우첼로(1397-1475)의 원근법 실험에 대한 강박, 코시모 1세(1461-1521)의 약점, 폰토르모Pontormo(1494-1557)의 정신 이상이, 무뚝뚝하고 우울한 예술가에 대한 상투적인 문구에 들어갔다(루돌프와 마고 **우울과 불편함** 비트코버, *Nati sotto Saturno*, 2005). 이와 같은 태도의 급증은 자신들이 끼워 넣어진 구조와 상태의 변화를 마주한 예술가 입장에서 불편함의 표현으로 읽혔다. 그들은 더 이상 장인도 그렇다고 전적으로 학자 및 지식인으로 인정받지도 못하는 어중간한 상태였다. 문화적 차원에서와 예술가의 지각으로 이와 같은 현상은 신플라톤주의적 문화 및 마르실리오 피치노(1433-1499)의 작품에 뿌리내렸다. 아리스토텔레스(기원전 384/383-기원전 322)는 자신의 저서 『난제들Problemata』의 한 장에서 국가 사업, 철학, 시학 예술 분야에서 작가들 스스로 헌신하는 우울한 성향에 주목했다. 마르실리 **분노의 이론** 오 피치노는 분노furor의 이론에다 예술가의 창조적 영감을 연결하면서 이를 가정했다. 한편 지적인 활동, 발명품 혹은 개인의 창의성에 특별히 열중하는 사람들 모두 우울증의 희생자로 전락하는 위험을 무릅썼다. 피치노는 화가, 조각가, 그리고 건축가를 그러한 위험에 노출된 사람들 사이에 끼워 넣지는 않았을지언정, 사회적 입장에서 예술가들의 특이한 태도와 관습에 얽매이지 않는 행동은 기계적인 활동이 아니라 순수한 수작업인, 그러나 독창성과 정신을 피곤하게 만드는 지적인 작업에 열중하는 예술가들의 우울한 성격을 인정한다는 것을 은연중에 나타냈다.

| **다음을 참고하라** |
문학과 연극 인문주의자들의 종교(578쪽)

소묘의 우수성

| 실비아 우르비니Silvia Urbini |

15세기에 소묘는 예술가의 작업에 있어 기본적인 훈련으로 인정받았다.
한편으로는 젊은 도제의 학업과 양성 교육의 주요 도구가 되었고, 다른 한편으로는
작품의 정교한 완성에서 반드시 점검해야 하는 요소가 되었다. 이와 같은 기능의
다양성은 연속적으로 삽화 유형의 증식과 기술의 정교함으로 이어졌다. 동시에 판화의
탄생과 인쇄술의 발명은 삽화의 다양한 스타일과 생각의 확산에 기여했고,
소묘가 낮은 가격으로 보급되는 데도 기여했다.

초기 르네상스 시대의 삽화의 행운

15세기에 삽화의 위대한 공적exploit은 다양한 요인에 의해 좌우되었다. 군주와 성직자 같은 중세의 전통적인 의뢰인에 이어 15세기에 부유산 중산층이 더해졌다. 권력의 정상에 있던 그들은 사회적 요직을 획득했으며, 성채와 교회의 특권이었던 예술로 자신들의 높은 사회적 신분의 상징status symbol을 자랑하기를 열망했다. 덕분에 예술가들의 작업 기회가 증가했다. 작업 공방에서 베낄 만한 모델로 소묘를 그려 넣은 종이, 수첩, 상자들 역시 증가했다.

의뢰인의 요청으로 자극받은 예술가들은 기술을 개발하고 촉진시켜 대단히 고급스럽고 정교한 소묘 재료를 개발했다. 이에 15세기는 물론 19세기까지 사용되는 재료들이 등장했다.

소묘 소묘는 다양한 필요에 따라 제작되었다. 일단 유한성의 상이한 정도를 나타내면서 다른 매체에 실행할 작업을 위한 준비일 수 있었다. 혹은 작업 공방에서 모델로 활용하던 고대 작품이나 동시대 작품을 베끼는 데에도 쓰였다. 그것도 아니면 또다시 자유로운 활동의 순간에 연구 기회가 되었다.

소묘는 먼저 작업 공방 안에서, 그다음에 의뢰인 스스로에게 보존하고 수집해야 할 요소가 되었다. 라파엘로(1483-1520)가 자신과 팀을 이룬 동업자에게 상세한 소묘를 넘겨주면서 자신은 실질적인 작업 실행에서 벗어났던 만큼, 16세기 초반에 소묘는 예술가의 순수한 미적 표현으로 정의되었다.

피렌체의 소묘 이론과 실습

최초의 관련 논문들이 탄생했던 피렌체의 소묘 실습은 14세기 말엽부터 중요한 평가를 받았다. 첸니노 첸니니(14-15세기)는 『예술에 관한 책Libro dell'arte』에서 소묘 실습을 '모든 예술의 기본'이라고 정의했다. 한편 로렌초 기베르티(1378-1455)는 한 세기가 지난 1450년에 쓰인 『주해서』에서 같은 방식으로 소묘를 표현했다.

소묘는 고상한 표현이었다. 또한 소묘는 예술가의 지성과 관련된 생각의 시각화를 나타내며, 예술가의 마음을 매개로 하지 않는 직접적인 확장이었다.

피렌체에서 예술가들은 두 가지 방향으로 소묘의 가능성을 발전시켰다. 자연에 관하여 제시되는 새로운 방법 혹은 이상적인 기준의 탐구를 표현하는 것이 그것이었다.

화가이자 건축가, 특히 예술가들의 전기 작가였던 조르조 바사리(1511-1574)는 조토(1267-1337)의 삶에서 두 개의 일화를 기록했는데, 이는 피렌체 소묘의 이중성 **이중성** 을 전형적으로 보여 준다.

'그림 예술에 끌리는 자연스러운 성향을 지닌' 조토는 평평한 판 및 땅, 혹은 무대에 자신의 머릿속에 떠오르는 자연스러운 것을 끊임없이 그렸다. 바사리는 표현해야 한다는 절박함에 쫓긴 젊은 화가가 사용한 행운의 수단을 설명했고, 실재와 상상으로 다시 만들어 내는 대상을 이야기했다. 즉 조토는 자연을 베끼고, 자연에 영감받은 바를 만들어 냈다.

"종이를 펼치고 그 위에 붉은색으로 물든 붓을 들고, 컴퍼스처럼 기능하도록 팔을 옆구리에 붙이고, 그리고 손을 한 번 돌리자, 지켜보고 있자니 기적처럼 보이는 날카로운 윤곽의 동그라미가 만들어졌다." 이처럼 조토의 ○(동그라미*)는 소묘 이상의 **조토의 ○** 결과물이었고, 경험적 규칙에 따른 세상을 표현하는 하나의 프로젝트였다. 그는 필리포 브루넬레스키(1377-1446), 레온 바티스타 알베르티(1406-1472), 피에로 델라 프란체스카(1415/1420-1492), 그리고 파올로 우첼로(1397-1475)의 원근법적이고 수학적인 르네상스에서 완성된 상태를 발견하게 될 것이었다.

레온 바티스타 알베르티는 『회화론』(1436)에서 소묘를 첸니니와 기베르티가 이론화했던 것처럼 회화의 기초가 아닌 회화의 3요소 중 하나로 간주했다. 알베르티에게 회화는 윤곽circoscrizione(소묘), 구성composizione(원근법), 빛의 수용ricevimento dei lumi(그림의 통합을 달성하는 명암과 색상)의 집합으로 만들어졌다. 이러한 소묘의 개념은 베로키오의 안드레아(1435-1488), 폴라이올로(약 1431-1498), 그리고 레오나르도

다 빈치(1452-1519)의 소묘에 대한 새로운 태도 덕분으로 1470년경에 극복되었다. 이 화가들은 유망한 화가들의 견고하고 불변하는 조형적 확실성에 새로운 방식을 대비시켰다. 형태와 움직임의 변화를 추구하는 역동적인 선(폴라이올로), 그리고 인간애를 벌하지 않고 인물의 부피감을 구성하는 명암으로 강조한 소묘(베로키오)였다.

레오나르도 다 빈치의 소묘

레오나르도와 더불어 소묘는 처음으로 완전히 관점의 경험을 기반으로 하게 되었다. 현실은 미정된 측면으로 반환되어야 했고, 예술가는 인간의 몸과 영혼의 움직임의 지각을 이해해야 했다. 선형의, 그리고 분석적인 소묘는 과학 텍스트에 대한 유용한 논평, 자연스러운 현실을 탐구하기 위한 지식 도구였다. 매한가지로 그에게 회화 자체와 더불어 확인해야 하는 예술적 소묘도 중요했다.

레오나르도의 소묘는 더욱 자유로운 삽화 연습에서건(휘장의 소묘에 대해 생각하기) 종이에서건 그림을 준비하는 종이에서처럼 하나의 화보가 되었다. 이 때문에 윤곽선은 더 이상 이미지를 보여 주는 것으로 충분치 않았다. 회화는 공기 원근법, 색상, 스푸마토sfumato 기법, 빛과 그림자의 엮음으로 형성되었고, 소묘는 이 모든 현상을 총체적으로 나타내야 했다.

과학적 소묘와 예술적 소묘

게다가 소묘는 모든 예술의 기본일 뿐만이 아니라 해부학, 지리학, 식물학, 기계학, 공학 등 모든 과학의 도구였다. 자연의 모든 측면은 조사할 만한 가치가 있었다. 이때 바위, 식물, 폭풍우가 우주의 기호들이 가득한 상징이자 중심이 되었다.

피렌체 예술가들과 삽화의 관계에 대한 가장 고상한, 그러나 안타깝게도 손실된 표현(소묘의 일부만이 남아 있고, 부분적으로 전해진다)은 1503-1505년에 팔라초 베키오에 있는 마조레 콘실리오 홀에 그려질 프레스코화를 위해 준비된 종이에 그린 레오나르도와 미켈란젤로(1475-1564)의 서사시 대결이었다.

레오나르도의 현실에 대한 현대적이고 보완적인 분석은 위대한 초상화가이자 피렌체의 건물과 예술가들을 값어치 있게 만든 플랑드르 회화의 깊이 있는 관찰자였던 도메니코 기를란다요(1449-1494)의 피렌체 중산층 사회에 대한 기록이기도 했다. 흰색 납으로 빛나는 색종이 위에 뾰족한 은으로 그려 넣은 〈눈을 감고 있는 노인의 초상Ritratto di vecchio dagli occhi chiusi〉(스톡홀름, 국립박물관)은 충실한 데스마스크다. 루브르 박물관에 있는 동일한 인물이 등장하는 〈노인과 손자 초상Ritratto di vecchio e nipote〉에는 역동적인 생명력을 부여했다.

스톡홀름의 종이는 조르조 바사리의 1천 장 이상의 종이로 이루어진 소묘 컬렉션   **스톡홀름의 종이**
에 속한다. 예술가는 이들을 두툼하게 다시 묶고, 개인적으로 가장 중요한 종이에 우
아한 테두리를 그렸다(현재 이 컬렉션은 분해되었고 각각의 종이들은 여러 박물관에서 보
관 중이다). 이것은 체계적인 최초의 삽화 재료 컬렉션이다. 바사리의 의도는 예술가
들의 유명한 전기에 대한 시각적 완성품으로, 모든 학파 및 모든 예술의 대표적인 목
록을 모으는 것이었다.

이탈리아 북부의 소묘

중부 이탈리아에서 피렌체는 진정으로 새로운 예술을 추구했던 유일한 도시다. 지역
현실은 해당 지역의 쇠락을 나타내거나, 적어도 해당 지역과 더불어 비교되어야 할
것이다.

이탈리아 북부의 학파, 방법, 그리고 예술가들의 랜드마크는 더욱 많았다. 롬바르
디아, 베네토 지방, 그리고 파도바와 페라라를 축으로 하는 주요 핵심 지역은 고유한
특징 및 종종 생산적인 충돌이 예상되는 상황으로 변모되는 영감의 원천을 지녔다.

후기 고딕 양식 문화에서 가장 상징적이고 왕성한 활동을 했던 소묘 작가는 안토
니오 피사넬로(약 1395-약 1455)다. 그의 양식화된 소묘는 전혀 다른 주제를 대상으   **피사넬로**
로 했다. 피사넬로는 우아하고 교양 있는 군주의 현실과 절망적인 부랑자의 현실을
함께 표현해 낼 정도였다(베로나에 있는 산타나스타시아 성당에 있는 프레스코화 〈성 제
오르지오의 전설Leggenda di san Giorgio〉과 관련하여 런던의 영국 박물관에 있는 「교수형에 관
한 연구Studi per gli impiccati」를 떠올리게 한다). 예술가는 동일한 기량으로 동물 세계와
자연을 묘사했다.

그의 베로나, 베네치아, 파비아, 만토바, 페라라, 로마, 나폴리에서의 방랑 생활
은 이탈리아에서 스타일과 취향의 길고 통합된 파장을 촉발시켰다. 15세기 전반기
에 북부 이탈리아에서 활동한 또 다른 위대한 소묘 작가인 야코포 벨리니(약 1400-   **야코포 벨리니**
1470/1471) 역시 피사넬로로부터 영향받았다. 야코포 벨리니는 피렌체 스타일을 전
형적으로 대중화한 파브리아노의 젠틸레(1370-1427)에게서 교육받은 것을 자랑스
럽게 여겼다.

현재 루브르 박물관과 영국 박물관에 나뉘어 보관 중인 뾰족한 금속 팁으로 그린

720

두 개의 앨범(다른 화가가 펜으로 덧그렸다)은 그의 값진 삽화 유산을 나타낸다. 야코포는 원근법 실행에서 미약하나 매혹적인 결과를 내며 헌신적으로 작업에 열중했다. 그의 섬세한 등장인물들은 거의 중앙에 자리한 상상력이 풍부한 고대에서 영감을 받았고, 건축 양식의 용적 측정을 불리하게 하는 표면을 장식하려는 목적으로 그려진 커다란 사원 안으로 사라진다.

도나텔로(1386-1466)의 더욱 근대적인 피렌체, 그리고 필리포 리피(약 1406-1469)와 파올로 우첼로의 또 다른 피렌체는 파도바의 지배에 들어가면서 페라라에 악영향을 끼쳤다. 파도바에 있는 프란체스코 스카르초네(1395-1468)의 작업 공방에서 피렌체인들의 가르침은 상이한 두 방향으로 수용되고 진행되었다. 예를 들어 영국 박물관에 있는 마르코 조포(1433-1478)의 소묘 수첩에서 볼 수 있는 표현주의와 코시모 투라Cosimo Tura(약 1430-약 1495), 그리고 페라라인들의 안드레아 만테냐(약 1431-1506)의 경우 같은 고전적이고 오래된 양식이다.

1455년에 요하네스 구텐베르크(약 1400-1468)는 지식 유통 방식만이 아니라 이미지 확산에도 영향을 끼치게 되는 이동 가능한 인쇄기를 발명했다. 이 새로운 기계판화 는 15세기 전반기에 판화가 기술적인 완성을 달성토록 했고, 다양한 아이디어와 스타일의 삽화를 저렴한 가격으로 대중시키는 데 도움되도록 예술가들이 만든 '발명' 작품(독창적인 주제를 인쇄에 적합하도록 묘사) 혹은 '번역' 작품(기존의 작품을 재현)을 여러 복사본으로 재생할 수 있게 만들었다.

| **다음을 참고하라** |
역사 인쇄술과 책의 탄생(226쪽)
과학과 기술 리우치의 몬디노부터 레오나르도 다 빈치까지의 해부학 지식(407쪽)

초상화

| 마르코 콜라레타Marco Collareta |

15세기에 개인의 가치에 대한 인문주의적인 재발견과 나란히 개인적 성취의 신호마냥 초상화가 발달했다. 동전 및 고대의 메달에 새겨짐으로써 확산된 옆얼굴이 그려진

초상은, 그곳에 묘사된 인물의 얼굴 특징이든 인물의 성격이든 대상을 포착해 낼 수 있는
4분의 3 유형으로 점진적으로 대체되었다. 이 장르에서 반론의 여지가 없는 거장으로는
플랑드르의 얀 반 에이크, 이탈리아의 메시나의 안토넬로,
그리고 레오나르도 다 빈치를 꼽을 수 있다.

중세의 초상화

로마의 직접적인 후계자인 중세 그리스도교 문명은 동방 그리스의 초상화이든 서방
라틴의 초상화이든 다 알고 있었다. 고대 로마 제국의 초상화 전통은 콘스탄티누스
대제(약 285–337) 이후에도 엄격하게 지속되었고, 신성한 이미지 및 이콘의 정통성
에 더욱 편리한 논거를 제공했다. 앞서 언급한 단어의 독창적인 의미가 증명하듯이   그리스도,
그리스도, 성모 마리아, 그리고 성인들의 표현은 온갖 효과를 지닌 초상화로 간주되   성모 마리아,
                                                                                성인의 표현
어야 한다. 그러한 의미에서 만약 우리의 예상이 만족스럽지 않다면, 이는 절대적으
로 초상화에 대한 중세의 개념이 근본적으로 우리와 다르기 때문이다. 콘텐츠로의
특성이든 그 콘텐츠를 표현하기 위한 수단으로의 예술이든, 오늘날에는 공감하기
어려운 기준 및 가치를 지닌 시대에 상응한다. 유사한 상황이 전기 문학 영역에서 증
명되었다. 중세가 우리에게 남긴 성인들의 무한한 삶은 당연히 전기 장르에 속하지
만, 전기가 근대와 현대 시대에 와서야 알려졌다는 특별한 발달에 익숙한 독자들에
게는 정말로 유감이다.

　　하지만 중세 내내 변함없이 존재를 드러냈던 초상화의 편재성遍在性이 전기 영역
에서도 시기보다 더욱 앞선 단계에 있었던 서양을 암시하는 급진적인 새로움의 중요
성을 과소평가했다는 의미는 아니다. 강력한 발상과 어느 정도 근대적인 개성의 개
발을 담당했던 12세기는 고딕 양식의 탄생과, 고딕 양식과 더불어 영원한 세계에 대
한 예술 분야의 새로운 관심이 생겨난 세기였다. 이 혁신에 뒤늦게 합류한 13세기
말엽의 이탈리아 조각가들은 예를 들어 캄비오의 아르놀포Arnolfo di Cambio(약 1245–
1302/1310)의 동상과 무덤 조각상처럼 또다시 우리를 깜짝 놀라게 만드는 힘의 개인
적 표현을 해낼 정도였다. 이러한 필요는 조토(1267-1337)와 더불어 조각에서 회화
로 옮겨 갔다. 회화 영역에서 예술가의 의뢰인과 친구들은 실제 인물에 대한 물질 존
재와 정신적 믿음을 가지고 대상을 관찰할 것을 독려했다. 이는 파도바 아레나 성당
에 그려진 프레스코화 〈최후의 심판Giudizio universale〉에서 엔리코 스크로베니나 로마

바티칸 미술관의 동명의 다폭 제단화에서 스테파네스키 추기경을 생각하게 한다.

피사넬로, 메달에 새긴 옆얼굴 초상

초상을 포함하고 있다고 언급된 작품들이 전부 초상화는 아니다. 미세한 만큼 차이는 고전 이후 시대의 자화상으로 인정하기로 합의한 것에 가까워짐이 분명하다. 오늘날 루브르 박물관에 보관 중이고, 프랑스 화가가 1360년경에 그린 〈프랑스 왕 장 르봉 초상Ritratto di Jean le Bon re di Francia〉은 대단히 이탈리아적인 문화 특성을 지닌다고 말할 만한 가치가 있다. 전통적인 기술 방식으로 성스러운 이미지를 그린 이 작품은 정면 대신에 옆얼굴 윤곽으로 국왕을 표현하고 있어 거리감을 준다. 이러한 선택은 후기 고딕 시대 이래로 그리스도교 미술이 알고 있던 두 관점의 계층 구분에 근거한 것이었다. 적어도 1440년경부터 옆얼굴 초상을 그리기 시작했다. 공식적으로 유통되는 물질적인 가치를 지니던 고대의 동전과 달리, 15세기의 메달은 순수하게 축하를 기념하는 가치만을 함축하고 있었다. 이로써 모든 개인은 고대의 그리스와 로마 역사의 황제들 및 다른 주인공들이 누렸던 명성을 열망할 수 있었다. 그림으로 그려진 수많은 초상화 옆얼굴에 대한 신뢰와 피사넬로 이후에, 그리고 피에로 델라 프란체스카(1415/1420-1492)와 폴라이올로(약 1431-1498)와 같은 예술가에 이르기까지, 이탈리아에서 만들어진 양각 부조에 대한 충실함은 이전의 국제적 차원의 종교적 양심의 가책으로, 특히 세속적인 동의로 인해 새로운 인문주의적 필요를 확신하는 응답으로 인하여 연속성을 잃었다.

〈프랑스 왕 장 르봉 초상〉

축하의 목적

얀 반 에이크와 플랑드르의 초상화

북쪽 지역에서는 다양한 문화 전제가 상이한 예술적 해결안을 제시했다. 얀 반 에이크(1390/1395-1441)의 예술은 이탈리아 르네상스 예술만큼 혁신적이었지만 예술가가 자신이 표현하고자 했던 현실을 비추는 만큼 기념이나 축하 목적은 그리 많지 않았다. 현실을 바라보는 관점이 두드러지는 초상화가 가지는 가치는 절대적이었다. 그리고 초상화는 정물화나 풍경화와는 전혀 다른 특징을 지녔다. 오늘날 빈(미술사박물관)에 있는 에이크의 1432년경 작품인 〈니콜로 알베르가티 추기경 초상〉이 전형적인 사례다. 고위층 노인의 반신 초상은 어둡고 불명확한 배경으로부터 4분의 3 정도 떨어져 있다. 화가의 붓은 독일 동부의 드레스덴에 보관 중인 훌륭한 초안 데생에

〈니콜로 알베르가티 추기경 초상〉

서 증명된 것처럼 불굴의 자연을 모방한 화가의 연구를 순수한 색상으로 해석해 냈다. 노인의 시든 피부, 눈 속에 보이는 빛의 반사, 머리숱과 부드럽게 펄럭거리는 모피의 상이한 촉각이 묘사의 객관적 이미지를 부여하고 있다. 현명하고 권위 있는 남자가 침묵 속에 우리 앞에 있다. 그리고 느린 시각 운동을 통해 우리는 축하 팡파르가 울려 퍼지는 가운데 절대 사그라든 적이 없는 그의 개성을 마주하게 된다.

얀 반 에이크의 초상화들은 서양 예술 최고의 걸작 중 하나로 꼽힌다. 드물게 더욱 심오한 가치를 지닌 작품에 포함되는 이 초상화들은 15세기 전 유럽 초상화 영역의 발전을 기록했다. 네덜란드에서 로히어르 판 데르 베이던(약 1400-1464)의 작품에 로베르 캉팽(약 1378-1444)의 일부 선택적 측정이 사용된 방법상의 성공적인 복구 이후, 한스 멤링(1435/1440-1494)의 초상화에 대한 묘한 차이를 분석했고, 네덜란드 화가 그룹의 영광스러운 초상화 역사를 시작한 헤르트헨 토트 신트 얀스(1460/1465-1490/1495)의 빛의 통합 사이에 새로운 양극화가 설정되었다. 거의 한 세기 동안 이베리아 반도였던 플랑드르 북부 변방의 사례를 통한 급격한 단순화 과정은 리스본에서 〈성 빈첸시오 제단화Polittico di San Vincenzo〉라는 골상의 다양성에 대한 찬가를 그림에 표현하려 했던 누노 곤살베스Nuno Gonçalves(1450-1492년에 활동) 같은 천재적인 예술가에 의해 이용되었다. 독일어를 사용했던 자치 도시와 공국에서 판화와 나무 조각 중심으로 작업되었던 거친 그래픽은, 거장의 집에 관한 책에 나타난 편안한 장식주의로부터 한스 플라이덴부르프Hans Pleydenwurff(약 1420-1472)의 표현력 있는 자연주의로 상이한 효과를 가지게 되었다. 프랑스의 언어 중재에 대한 고대로부터의 소명은 북쪽과 남쪽의 조우인 것 같다. 그 결과는 로마와 피렌체를 플랑드르에 결합시키는 새로운 예술 형태를 만든 장 푸케(1415/1420-1480)의 뛰어난 초상화로 표현되었다.

이탈리아의 초상화

이탈리아의 사정은 달랐다. 얀 반 에이크와 일반적인 '서양' 그림의 매력은 상이한 물건의 다양한 표면을 비추는 빛의 역할에 대한 주의와 4분의 3 관점, 그리고 근접한 절단에 대한 관심을 전하면서 이탈리아 반도의 미술 학파에 빠르게 스며들었다. 하지만 이탈리아 화가 메시나의 안토넬로(약 1430-1479)의 전형적인 사례를 다룰 때, 그의 초상화가 플랑드르 화가 얀 반 에이크와 페트루스 크리스투스(약 1410-

메시나의 안토넬로의 등장인물

1475/1476)의 영향을 받은 초상화들과 함께 취급되었음을 감지하는 것으로는 그 영향력을 가늠하기에 충분하지 않다. 원근법의 철칙으로 그림의 틀을 잡고, 살짝 아래 시점으로 바라보고, 관찰자와의 명시적인 공모로 만들어진, 시칠리아 출신 화가가 묘사한 그림의 등장인물들은 이탈리아인들의 눈에는 알프스 너머의 등장인물들에 비해 상대적이고 이례적으로 더욱 현시적이고 더욱 활동적으로 보였다. 독특하게도 이탈리아의 초상화에서는 도시와 궁정에서 정교하게 만들어 낸 '행운'과 '미덕'의 개념이 르네상스 윤리의 더욱 전형적인 가치의 효과와 더불어 실수 없는 세계의 제패를 쉽게 읽을 수 있는데, 수세기 동안 안토넬로에 대한 비웃음과 이보다 덜하지 않은 관객들의 불신을 견디어 온 체팔루 만드랄리스카 박물관의 익명Ignoto의 모든 초상화를 떠올리게 된다.

반신 조각상　　반신상으로 된 이탈리아 인물 조각들의 눈에 띄고 전형적인 시리즈는 앞서 언급한 바를 확인시켜 준다. 중세의 성인 유물함 반신상 및 광범위한 사실 묘사 작업에서 유래하는 이와 같은 유형학은 오늘날 피렌체 바르젤로 미술관에 있는 1453년 피에솔레의 미노Mino da Fiesole(약 1430-1484)의 〈피에로 데 메디치Piero de' Medici〉를 통하여 최초의 의미심장한 성공을 거두었다. 얼굴과 의상의 특별함에 부여된 정확함은 예술가가 로마 제국 초창기 초상화와의 조화를 파악하면서 플랑드르 회화를 주의 깊게 바라보았음을 증명한다. 이 순간 이후로 회화와 조각의 비교가 르네상스 예술 발달에 중요한 역할을 했음은 엄연한 사실이다. 바르젤로 미술관에 있는 베로키오의 안드레아(1435-1488)의 〈작은 꽃을 가진 귀부인Dama del mazzolino〉과 같은 예외적인 작품은 필리포 리피(약 1406-1469)가 〈익명의 여인Profilo d'ignota〉의 옆얼굴에서 소심하게 실험했던 포즈를 활기찬 곡선 모양으로 나타내면서, 어떻게 조각이 예술의 자매라는 중요한 도전을 개시할 수 있었고 중요한 선택을 드러낼 수 있었는지를 분명하게 증명했다.

　　이러한 점에서 레오나르도 다 빈치(1452-1519)는 결단력 있는 개성을 대표한다. 그가 젊은 시절에 피렌체에서 그렸고 현재는 워싱턴 내셔널 갤러리에 보관 중인 〈지네브라 데 벤치 초상Ritratto di Ginevra de' Benci〉을 통하여 베로키오에 응답했다면, 밀라노에서의 다음 시기에 오늘날 크라쿠프(차르토리스키 박물관)에 있는 〈담비를 안고 있는 여인The Lady with the Ermine 또는 Dama dell'ermellino〉으로는 특별한 중요성을 갖는 결과를 얻었다. 인물의 윤곽과 배경에 펼쳐진 우아함, 그리고 현실 표현과 순수한 미

〈담비를 안고 있는 여인〉

의 가치 사이에서의 완벽한 균형으로 이 그림은 15세기 회화 분야에서 근대 초상화의 기원에 이정표를 만들었다. 빛이 비추는 곳을 향해 몸을 돌리고, 환한 빛의 물결 안에 있는 것처럼 여인의 팔에 안겨 있는 흰색 애완동물에 내재된 상징은 레오나르도 입장에서 넌지시 영혼의 움직임을 부르는 것을 강화하려는 의지를 비춘다. 데시데리위스 에라스뮈스(1466-1520)는 인간 내면을 표현하는 시각예술의 주장에 회의적이었지만, 라파엘로(1483-1520)와 티치아노Tiziano(약 1488-1576)에 의해 획득된 결과는 고대의 편견을 지나치게 믿지 않도록 그의 이탈리아 추종자들을 유지시켰다. 참으로 위대한 예술가들은 플라톤이 기술적 표현으로 정의했던 온전한 인간totus homo, 즉 전체 인간으로 정의 내렸던 영혼과 신체를 더불어 이해하는 경지였다.

뒤러와 예술가의 자화상

15세기 말엽의 북유럽 예술이 레오나르도 다 빈치의 혁명에 제공했던 의미심장하고도 유일한 유사점은 알브레히트 뒤러Albrecht Dürer(1471-1528)에 의해 마침내 이루어졌다. 뒤러는 어린 소년 때부터, 오늘날 뮌헨 알테 피나코테크에 보관 중인, 1500년이라고 서명한 〈자화상Autoritratto〉[도판 31 참조]으로 막을 내린 오랜 자화상 시리즈를 고집스럽게 그렸다. 그의 화풍은 거울 활용으로 인해 전면 이미지가 들어오지만 그리스도 얼굴의 도상학 유형을 환기시킨다. 이는 뒤러의 마음속에 있는 거울이 광학 장치라기보다는 내면에 대해 인식하고 개선하기 위한 수단임을 증명한다. 가짜 시프리아노 텍스트로 전해지는 그리스도에 대해 기록되지 않은 말씀이 갑자기 기억난다. "마치 너희가 물이나 거울에서 너희 자신을 보듯이 너희 중에 있는 나를 보아라." 자화상의 역사는 초상화의 역사만이 아니라 예술적 자의식의 역사와 나란히 진행되었다. 당시는 자율적인 자화상을 인정하는 세기이자 독자적인 화풍의 인식이 확립되는 세기였다. 15세기의 더욱 흥미를 돋우는 예술적 격언은 "모든 화가는 자신을 그린다"로, 니콜라우스 쿠사누스(1401-1464)의 형이상학에 뿌리를 둔 뒤러의 철학은 자신의 초상화를 그리는 예술가에게나 독특한 방식으로 자신의 작업을 하는 예술가에게나 응용 권한을 부여했다.

독자적인 화풍

| 다음을 참고하라 |
시각예술 얀 반 에이크(680쪽); 메시나의 안토넬로(705쪽); 예술가의 새로운 형상(711쪽)

장례 기념물

| 클라우디아 솔라치니|Claudia Solacini |

15세기에 장례 기념물은 인문주의 사상의 원칙을 따라 발달했다. 세속적인 인물이
신성한 이미지 옆에 등장했고, 인간은 온전한 그대로 기념물의 주인공이 되었다.
유명한 인물은 시민권을 위해 추구해야 할 긍정적인 본보기를 상징했으며
베르나르도 로셀리노의 피렌체 작품들은 현대 예술가들의 기준점이 되었다.
베네치아에서 이 모든 것은 총독의 기념행사를 통해 정부의 기념행사가 되었다.

귀족의 묘지

중세에 죽음은 삶의 자연스러운 마무리로 여겨졌다. 그러나 12세기부터 비극적이고
냉혹한 사건이 되었고, 죽음의 순간에 영혼이 신의 판결을 받는다는 생각이 굳어졌
다. 장례식은 고인의 죄를 지울 수 없을지언정 저승에서 영혼의 부활에 함께하는 의
식임을 드러냈다. 그리고 지역 사회 안에서는 사라진 사람에 대한 기억을 생생하게
만들었다.

유럽에서는 왕권을 강화하려는 목적에서 지배 계급에 한하여 주요 종교 건물 안
에 자신의 무덤을 배치할 수 있었다. 생 드니 대성당은 카페 왕조의 무덤이 되었고,
웨스트민스터 사원은 영국 왕가의 묘로 지정되었다. 반면에 에스파냐의 군주들은
포블레트Poblet, 산테스 크레우스Santes Creus, 라스 우엘가스Las Huelgas 시토회 수도원
을 선택했다. 영면에 들어간 군주들은 살아생전 기도할 때나 종종 대관식 때 착용했
던 옷을 입었고, 이따금 손을 모으고 무릎을 꿇고, 다른 경우에는 영생에 대한 기대
를 상징하면서 시신을 올려놓는 유해를 안치하는 침대lit de parade 위에서 눈을 감거
나 반쯤 눈을 감은 모습으로 뉘어졌다.

왕실의 무덤은 권력가임을 과시하는 증거였고, 이 때문에 그 후손을 부각시켜야
했다. 반면에 이탈리아에서는 영주와 자치 도시comune의 출현으로 고인의 시민의 역
할과 특권을 대대로 물려주려는 의지가 명시되었다. 따라서 장례 기념물은 고인이
종종 맡았던 직무의 상징과 더불어 항상 고인의 생존 전기를 환기시키는 요소를 더
욱 빈번하게 덧붙여 묘사했고, 조형 작품을 통한 저명한 인물의 미덕 강화를 목표로
정교한 상징을 풍부하게 장식했다. 구조적인 관점에서 14세기부터 전해진 기마상으

로 덮인 석관은 이제 고전적 기원의 건축학적 특징임을 증명하는 벽에 자리를 내어
주었고, 아치에 둘러싸인 장례 기념물 덕분에 점차적으로 쓰이지 않게 되었다.

토스카나 거장들의 기념물

영면에 빠진 죽은 육신을 담은 지상에 배치된 석관은 점차적으로 사용되지 않게 된
다. 반면에 루카 산 마르티노 성당에 지어진 시에나 출신의 조각가 퀘르차의 야코포
(1371/1374-1438)가 만든 〈일라리아 델 카레토의 장례 기념물Monumento funebre di Ilaria
del Carretto〉은 여전히 이 유형이다. 루카의 영주였던 파올로 귀니지(1376-1432)가   영면
1405년에 출산 시 사망한 자신의 두 번째 아내에 대한 경의의 표시로 이 작품을 의
뢰했다. 야코포는 섬세함과 자연주의로 특징지을 수 있는 양식으로 이 기념물을 완
성했다. 석관으로 꾸며진 이 장례 기념물에는 베개에 머리를 얹고 최신 유행 의상을
걸친 고인의 석상이 누워 있다. 야코포은 장식용 꽃 줄을 붙잡고 있는 푸토putto들로
석관의 양쪽 측면을 장식했으며 그리스도교적인 맥락에서 고대의 석관을 재활용하
는 전통에서 유래한 정교한 고전적 동기를 선택했다. 이에 관하여 에르빈 파노프스
키(1892-1968)는 15세기부터 시작되는 장례 기념물 유형을 "중세의 전통과 고대의
부활 사이에서 역동적인 균형을 이루고자 시도하는 것"이라고 했다(*Tomb sculpture*,
1964).

그리스도교적 해석Interpretatio christiana에서 유래하는 양식과 상징학의 혼합은 15세
기 무덤 기념물을 특징짓는 두 가지 측면이다. 고인을 표현하는 자연주의 기법으로
주인공을 추정할 수 있다는 중요한 특징 때문에 1425-1428년에 피렌체 세례당에 세
워진 도나텔로(1386-1466)와 미켈로초 미켈로치(1396-1472)의 공동 작업 결실인, 교
회법에 따라 선출된 교황에 대립하여 부당하게 교황 자리를 주장하고 행사한, 요한
23세의 장례 기념물 〈대립 교황 요한 23세의 장례 기념물Monumento funebre all'antipapa   〈대립 교황 요한 23세
Giovanni XXIII〉은 가히 혁신적이라고 할 수 있다. 고인의 침대는 영혼의 승천에 앞서 요   의 장례 기념물〉
한 23세가 지상의 육체를 포기함을 상징하며, 관찰자보다 높이 배치된 석관 위에 올
려 있다. 이것은 인간과 인간의 소멸이라는 종교적 메시지다. 예술가는 생전에 공적
임무를 수행하던 한 인물에 대한 기억을 기념하면서 물질적인 몸과 제도적인 몸 사이
에 구별을 두었다. 만약에 물질적인 몸이 소멸될 운명이라 해도 수세기 동안 살아 있
는 이들에게 본보기가 되도록 촉구하기 위해 공적 역할은 살아남아야 한다.

인문주의는 인간을 온전히 재평가했고, 장례 기념물 유형에도 영향을 미쳤다. 저명한 인물의 무덤은 귀족이나 교황의 무덤에 필적하는 존엄성을 띠었다. 인문주의와의 일치 선상에 베르나르도 로셀리노Bernardo Rossellino (1409-1464)가 있다. 그는 피렌체에 있는 산타 크로체 성당에 1446-1450년에 만들어진 〈레오나르도 브루니의 장례 기념물Monumento funebre di Leonardo Bruni〉을 제작하면서 새로운 무덤 유형학을 도입했다. 피렌체 공화국의 장관이었던 레오나르도 브루니(약 1370-1444)는 인문주의 역사학자 중 가장 저명한 한 명이었다. 조각가는 손에 『피렌체 역사 조약Historia fiorentina』을 펼쳐 들고 있는 브루니의 모습을 구현했다. 둥근 아치로 둘러싸인 벽감에 배치된 이 기념물은 로마 건축을 떠올리게 하며, 승리를 암시했다.

〈레오나르도 브루니의 장례 기념물〉

성스러운 인물과 이교도적 요소가 공존하는데, 중앙의 초승달에는 아기 예수를 안고 있는 성모 마리아를 조각했다. 그러나 월계수 잎으로 장식된 아치의 테두리는 독수리와 날개 달린 승리의 여신상이 달린 웅장한 왕관을 모방했다. 그리스도교와 고전 문화의 결합을 수립한 신플라톤주의 철학 덕분에 성스러운 인물이 고대의 이교도적 신성으로 둘러싸이고, 그리스도교적으로 재해석되었다.

이 도상학 프로그램은 관찰자 입장에서의 정확한 해석이 두드러지지만 구성 중앙에 인간을 배치하는 전시 의도에 있어 특히나 본질적이다. 따라서 정치, 군사 혹은 문학 영역을 통해 펼쳐진 고인의 업적은, 유명한 위인이 삶에서 죽음을 물리치는 것을 가능하게 했다는 그의 덕을 보여 주는 긍정적인 메시지로 후대에 전해지게 되었다.

안토니오 로셀리노Antonio Rossellino (1427-1479)는 일종의 개요서로, 형인 베르나르도의 건축 원칙과 세티냐노의 데시데리오Desiderio da Settignano (약 1430-1464)의 장식 취향 사이에서 피렌체 산 미니아토 알 몬테 성당 안에 〈포르투갈의 추기경의 장례 기념물Monumento funerario del cardinale di Portogallo〉을 만들었다. 이 기념물을 특정하는 활기는 이전의 작품에서는 찾아볼 수 없다. 예술가는 회화적 요소에 초점을 맞추었고, 극적인 취향을 보여 주었다. 정간井間이 있는 원근법은 사실상 석관을 수용한 벽감의 깊이를 강조하려는 목적을 지녔다.

반면에 베로키오의 안드레아(1435-1488)는 단순하고 직선으로 된 형태로 특징지어진 스타일에 도움이 되는 극적 장치를 무시했다. 피렌체 산 로렌초 성당의 구성물 안치소에 있는 〈조반니와 피에로 데 메디치의 무덤Tomba di Giovanni e Piero de' Medici〉(1472)은 자연주의와 청동, 반암斑岩, 그리고 대리석 같은 상이한 재료들을 결합하는 취향을 지닌 예술가의 성향을 보여 준다. 베로키오의 안드레아는 사람의 형상을 삽 베로키오의 안드레아의 직선 형태
입하지 않고 아예 벽 안에 무덤을 집어넣기로 결정했다. 청동으로 꼰 밧줄이 연출하
는 구성은 완전히 새로운 것이었다. 지상에서의 삶과 저승의 연결을 암시하는 이 상
징적인 요소는 대부분의 시민에게는 알려지지 않았다. 교양 있고 지적인 계층의 저
명인사에게만 이 구성의 특권을 읽어 낼 수 있게 하는 방법으로, 예술가의 은유를 해
석하도록 관찰자를 자극한다.

로마 교황의 스타일의 오염

베로키오의 안드레아처럼 폴라이올로의 안토니오(약 1431-1498)도 금세공인 양성
교육을 받았다. 그는 활동의 마지막 10여 년 동안에야 비로소 장례 기념물을 만들었
고, 작은 청동 조각을 본뜨는 경향을 보였다. 로마 성 베드로 대성당에 있는 〈인노첸 인노첸시오 8세의 초상
시오 8세의 무덤Tomba di Innocenzo VIII〉(1498)은 조각 분야에서의 혁신으로 보이는 두
개의 인물 조각상 배치 구성을 보여 준다. 왕좌에 앉아 강복하며 기뻐하는 교황의 형
상과 그 발치에 배치된 편안하게 누워 영면에 빠진 교황이다. 이전의 이중 조각상들
이 현재에 비교하여 역전된 배치를 추구함에도 불구하고(고인의 이미지는 승리한 교황
의 이미지를 삼켜 버린다) 이 작품에서 죽음은 일시적인 권력을 상징적으로 초월하고,
주인공을 영원한 영광으로 옮겨 가도록 했기에 인문주의자들의 이상에 따라 형성된
작품이라 하겠다.

　로마에서 토스카나인들이 이와 같은 경향을 주도적으로 이끌었지만 몇몇 경우에
는 다른 지역, 특히 이탈리아 북부에서 영향을 받기도 했다. 코모에서 로마에 도착한
안드레아 브레뇨Andrea Bregno(1418-1503)는 산 클레멘테 성당에 안치된 〈바르톨로메
오 로베렐라 추기경의 장례 기념물Monumento al cardinale Bartolomeo Roverella〉에 롬바르
디아 전통을 도입했다. 선형에 집중했던 피렌체 스타일과 달리, 롬바르디아는 전형
적으로 얼굴에 새겨진 주름으로 부각되는 인물의 표현과 휘장을 중점적으로 표시했
다. 그래서 로마는 로마 및 다양한 지역에 유입되고 또 유기적으로 녹아든 스타일의
영향이 합쳐졌다.

총독을 기념하는 베네치아

대단히 엄숙한 장례 기념물은 전투에서 공을 세우고 위대한 공적을 세운 지도자들의

업적을 후대에 전달하고 강화하는 것을 목표로 했다. 그뿐만 아니라 성스러운 이미지를 모호하게 하고 수많은 동시대인들의 실망감을 유발했으며, 오래된 신화적 묘사를 위해 마련된 광범위한 공간에 배치되기 위해 롬바르디아와 토스카나 장례 기념물 모델로 구별되었다. 인문주의적 사상에 밀접하게 연결된 이 장례 기념물은, 주인공의 베네치아 공화국 안에서의 역할과 장점 때문에 휘장으로 고인을 둘러쌌다. 따라서 고분의 기념성은 개별적 개인을 기념하는 것만이 아니라 국가의 승격과 국가를 대표하는 당국으로, 특히 총독의 대표적인 기념물로 이해되어야 한다. 베네치아 공화국의 대표는 자신의 육체적 차원을 포기하고, 더 높은 신성의 뜻 덕분에 국가를 이끈 공적인 인물로 기억되었다.

신화적 묘사

　　다수의 위대한 베네치아 예술가들 중 안토니오 리초Antonio Rizzo(약 1430–약 1499)와 피에트로 롬바르도Pietro Lombardo(약 1435–1515)가 기억되고 있다. 피에트로는 예술가 가문의 시조로서, 아들과의 공동 작업으로 베네치아에 장례 기념물 전문 작업 공방을 설립했다. 그의 독특한 스타일은 베네치아의 장식 작업과 둥근 아치로 이루어진 피렌체의 전통적인 반복 요소의 결합이었다. 성 요한과 성 베드로 성당 안에 안치된 〈피에트로 모체니고 총독의 장례 기념물Monumento funebre di Pietro Mocenigo〉(약 1482)[도판 9]에서는 군사적 승격이 중심 주제를 구성했다. 터키에 대항하는 성공적인 군사 작전의 주창자였던 총독은 의기양양하게 표현되었고, 베네치아 장례 예술의 특징인 겹쳐진 벽감 안에 배치되어 힘과 용기를 암시하는 신화적 인물들에 둘러싸여 있다. 비록 19세기 중에 같은 성당 안에서 위치가 바뀌게 될지언정, 르네상스 장례 기념물의 발달은 〈안드레아 벤드라민 총독의 장례 기념물Monumento al doge Andrea Vendramin〉[도판 8]로 정점에 다다랐다. 이 역시 롬바르도와 아들 툴리오(약 1455–1532), 그리고 안토니오(약 1458–약 1516)의 작품으로 15세기 마지막 10여 년에 만들어진 것으로 기록되었다. 건축 구조는 콘스탄티누스의 아치를 떠올리게 하는 반면에 미덕의 풍자는 당시 베네치아 컬렉션에 존재했던 헬레니즘 동상에서 영감을 받았다. 베네치아의 독특한 특징은 아닐지언정, 성스러운 건물 내부에 고대 고분을 특징 지었던 이교도 인물을 집어넣는다는 선택은 더욱 분명해졌다. 따라서 고대성은 다양한 필요성을 충족시키고자 모양을 갖추고 기억되었다. 이 경우에 미덕은 고인의 장점을 상징할 뿐만이 아니라 저승으로 고인과 동행하며 그의 영면을 지켜본다.

**안토니오 리초와
피에트로 롬바르도**

| 다음을 참고하라 |
시각예술 예술가의 새로운 형상(711쪽); 초상화(720쪽); 기마상(731쪽)

기마상

| 스테파노 피에르귀디 |

15세기의 청동 기마상은 고대 조각의 생명을 복원하는 르네상스의 가장 의식적인 시도 중 하나였다. 도나텔로의 〈가타멜라타 기마상〉은 외부에 배치되든 청동을 사용했든 본질적으로는 로마의 마르쿠스 아우렐리우스 황제 기마상을 모델로 하여 명시적으로 다시 만든 것이었다. 베로키오가 청동으로 만든 〈콜레오니 기마상〉은 장례 기념물이라는 맥락을 뛰어넘어 콜레오니 장군의 미덕을 기념하기 때문에 14세기 모델에 비해 절대적인 새로움을 지닌다. 프란체스코 스포르차와 잔 자코모 트리불치오의 기마상에 대한 레오나르도의 계획은 실현된 적이 없을지언정, 새로운 유형학과 더불어 고대 모델을 극복하려는 시도를 확인시켜 주었다.

르네상스 기마상의 탄생

기마상은 르네상스 시대의 발명품이 아니다. 적어도 14세기부터 시작되어 특히 이탈리아에 확산되었다. 가장 유명한 사례 중 하나인 약 1277년부터 1387년까지 베로나의 영주였던 스칼라 가문의 장례 기념물인 스칼라가 묘지에 놓인 기마상은 시뇨리 광장 옆 야외 공간에 있다. 1375년의 칸시뇨리오(1340-1375)를 기념하는 마지막 기마상은 캄피오네의 보니노(14세기 후반기에 활동)의 작품이다. 보니노는 밀라노의 산 조반니 인 콘카에 베르나보 비스콘티(1323-1385)의 장례 기마상도 만들었다(1385, 오늘날 이 기마상은 밀라노의 스포르체스코 성에 보관 중이다). 15세기 초엽에 기마상의 유형학은 장례식 맥락에 따라 군주나 군인의 모습으로 채택되었다. 예를 들어 1424-1429년에 베로나에서 피렌체 예술가 니콜로 람베르티의 피에트로(1393-1435)는 산타나스타시아 교회에서 스칼라의 안토니오(1362-1388)의 군대에 소속된 지휘관 코르테시아 1세 세르조(14-15세기)의 기념물을 조각했다. 계속해서 이탈리아 북부의 정부들과 베네치아 공화국, 페라라와 밀라노 궁정에서 의뢰한 르네상스 시기에 만들어진 기마상 대부분은 토스카나 예술가들에 의해 만들어졌다.

조반니 아쿠토(약 1320-1394)라는 이름으로 이탈리아에 알려진 영국 출신 지휘관 존 호크우드John Hawkwood의 1436년에 만들어진 기념비는 파올로 우첼로(1397-1475)에 의해 피렌체 산타 마리아 델 피오레 성당의 왼쪽 통로 벽에 놓였다. 〈조반니 아쿠토 기마상〉이 발명의 고귀함과 말을 모델링한 조형성으로 14세기와 비교하여 혁명을 이루었다면, 이러한 유형학의 역사에서 근본적인 전환을 기록한 작품은 페라라에 있는, 손실된, 〈에스테의 니콜로 3세 기마상Monumento equestre di Niccolo III d'Este〉이다. 1441년에 페라라 공작 니콜로 3세의 죽음 이후 기마상의 제작을 위해 개최된 경연에서 피렌체 예술가 크리스토포로의 안토니오(15세기)가 뽑혔다. 후에 여기에 에스테의 레오넬로 공작(1407-1450)이 페라라로 불러들인 또 다른 피렌체인 예술가 니콜로 바론첼리Niccolò Baroncelli(?-1453)가 합쳐졌다. 레온 바티스타 알베르티(1406-1450)는 기념물에 자신의 의견을 표현하기 위해 바론첼리에게 크리스토포로의 안토니오와 동일한 역할을 할당했다. 1451년에 완성되었으나 1796년에 파손된 〈에스테의 니콜로 3세 기마상〉은 오로지 축하와 기념의 기능만 가졌던 르네상스 시기의 첫 번째 기마상이었다. 팔라초 두칼레와 직접 연결된 아치 꼭대기, 고전적인 토대 위에 위치했으며 어쩌면 레온 바티스타 알베르티 자신이 디자인했을 이 기마상은 공작의 무덤을 장식하려고 만들어진 것이 아니며, 성스러운 건물과도 관련 없다. 특히 대리석에 조각되지도 않았고 오히려 고전적인 원형을 회상하고자 청동으로 주조되었다. 카롤루스 대제(742-814)가 라벤나에서 파비아로 옮겨 오게 한, 태양 왕이라는 뜻을 가진 청동 기마상 〈레지솔레Regisole〉 역시 1796년에 파괴되었다. 그리고 미켈란젤로 부오나로티(1475-1564)가 후에 캄피돌리오 광장 한가운데 배치한 유명한 기마상 〈마르쿠스 아우렐리우스 기마상Marco Aurelio〉은 로마 라테라노 산 조반니 성당 근처에 세워져 있었다.

도나텔로의 〈가타멜라타 기마상〉

몇 년 후에 도나텔로(1386-1466)가 파도바에 있는 산토 성당 앞에 자리한 〈가타멜라타 기마상〉(〈에라스모 다 나르니의 장례 기념물Monumento a Erasmo da Narni〉)을 만들었을 때에도 역시 〈마르쿠스 아우렐리우스 기마상〉을 참조했다. 손실된 페라라의 청동 기마상인 〈에스테의 니콜로 3세 기마상〉은 도나텔로가 만든 기마상의 절반 정도 크기로 추정된다. 전투를 벌인 용감한 지휘관의 업적을 기리고자 만들어진 이 기마상 제작에 소요되는 엄청난 비용은 베네치아 공화국이 지불했다. 1453년에 마무리된 기마상은 문서에 가타멜라타 묘지라고 표시된 산 안토니오 성당 안의 묘소에 있다. 따라서 안장 뒤편에 몰딩된 눈물을 흘리는 두 푸토가 강조하듯이, 이것은 축하 목적의 기념물일 뿐만 아니라 장례 기념물이라고 할 수 있다. 도나텔로의 〈가타멜라타 기마상〉은 근대적인 갑옷과 받침대 때문에 〈마르쿠스 아우렐리우스 기마상〉과 구별된다. 고대에서는 찾아볼 수 없는 말과 기수의 완벽한 융합은 갑옷과 받침대 요소를 통하여 확실해진다. 지휘관 입장에서는 관찰자에게 자신이 말을 안전하게 조종하고 있음을 전달하는 요소들이다. 〈가타멜라타 기마상〉에서도 고전 원형에서처럼 말과 기사는 얼굴을 왼쪽으로 향하고 있으며, 사실상 왼쪽에서 기념물을 관찰할 때 도나텔로의 독창적인 작품임을 분명하게 파악할 수 있다. 지휘관이 치켜든 오른손에 쥐고 있는 지휘봉은, 그의 왼쪽 옆구리를 따라 늘어진 긴 칼과 신발의 박차로 제기되는 이상적인 기본 선에 비하여 45도 각도로 끊어지지 않는 대각선을 이룬다. 인물의 조형성은 영향을 끼치지 않는 반면에 〈마르쿠스 아우렐리우스 기마상〉보다 더욱 확실하게 말의 머리를 있는 그대로 탐구하여 묘사한 말의 목과 배의 선명한 부피감에서 혈관과 근육이 새롭게 눈에 띈다.

장례 및 축하 기념물

베로키오의 〈콜레오니 기마상〉

도나텔로가 계속해서 이룬 결실은 필수적인 참조 모델처럼 제시되었다. 1480년에 베네치아 공화국이 베로키오의 안드레아(1435-1488)에게 바르톨로메오 콜레오니(1400-1475)를 기념하기 위하여 기마상을 만드는 임무를 맡겼다. 원래 베르가모 출신 귀족이었던 그는 평온한 베네치아 군대를 지휘했고, 1475년에 사망했을 때 산 마르코 광장에 자신의 기념 기마상이 세워지기를 희망하며 엄청난 금액을 정부에 남겼다. 하지만 조각가 베로키오가 작업을 마무리하기 전인 1475년에 사망하고 말았다. 베네치아 상원은 지역 제련업자인 알레산드로 레오파르디(약 1450~약 1523)에게 작업을 마무리하도록 지시했다. 1495년에 기념물은 동명의 도미니쿠스회 성당 앞에, 산 조반니와 파올로 광장에 세워졌다. 생전에 콜레오니가 바라던 대로, 비록 산 마르코 광장은 아니었지만, 기마상은 큰 명성이 있는 장소에 세워졌다. 알레산드로 레오파르디는 〈가타멜라타 기마상〉과 달리 지휘관의 무덤에 어떤 방식으로도 암시되지

하나의 기념물, 두 명의 예술가

않은 기마상의 토대 실현, 디자인, 융합을 책임졌다. 사실상 베로키오의 기념물은 그것이 베네치아의 영광이 깃든 판테온 앞에, 그리고 베네치아의 성스러운 울타리 안에 세워졌을지언정 무덤이라고는 할 수 없다. 〈가타멜라타 기마상〉에 비교할 때 말과 기사의 크기가 완벽하게 바뀌었다. 이 작품은 앞서의 기념물보다 훨씬 크고 압도적이다. 기사의 찡그린 표정 및 앞으로 움직인 왼쪽 어깨의 들썩임과 긴장된 근육을 강조하는 말에 대한 해부학적 연구는 지휘관의 차분한 이미지에 도나텔로의 〈가타멜라타 기마상〉이 제시했던 더욱 호전적인 특징을 부여한다. 파도바의 기념물에서는 구성상 완벽한 균형을 유지하는 데 쓸모 있던 말의 왼쪽 앞 발 아래에 놓인 작은 공을 제거함으로써 전체 조각물 덩어리를 앞으로 움직여 강하게 돌진하는 모습을 효과적으로 보여 주었다.

〈콜레오니 기마상Monumento Colleoni〉은 베로키오의 걸작품에 비해 구성에 있어 안정적이게 고정되었고, 〈마르쿠스 아우렐리우스 기마상〉에 나타나는 고대의 모델을 극복했다고 할 수 있다. 〈콜레오니 기마상〉과 〈가타멜라타 기마상〉 사이의 갑작스러운 변화는 1456년에 카스타뇨의 안드레아(약 1421-1475)가 피렌체의 산타 마리아 델 피오레 성당 왼쪽 벽에 그린 프레스코화와, 톨렌티노의 니콜로와 파올로 우첼로의 〈조반니 아쿠토 기마상〉(약 1438년의 그 유명한 다폭 제단화에 파올로 우첼로 자신을 그린 〈산 로마노의 전투〉의 주인공)의 기념물 사이의 변화와 유사하다. 카스타뇨의 안드레아는 우첼로가 20년 전 장면에 그려 넣은, 말과 기사의 거의 시대를 벗어난 이상화된 묘사에 관찰자를 향해 돌린 말 머리와 두려움을 불러일으키는 지휘관의 눈과 바람에 흔들리는 망토의 주름을 더욱 강조함으로써 동적인 이미지를 대조시켰다.

〈마르쿠스 아우렐리우스 기마상〉의 극복

밀라노에서 레오나르도 다 빈치가 기획한 기마상

1473년에 갈레아초 마리아 스포르차(1444-1476)는 밀라노에서 스포르차 가문의 영주로서의 지위를 확고히 한 아버지 프란체스코(1401-1466)를 기리는 청동 기마상 제작 계획을 진척시켰다. 기념물은 스포르차 성 앞에 세워져야 했으나 당시 어느 공국도 자연 크기 그대로의 기마상을 만들 정도의 청동을 녹일 수준이 아니었다. 1482-1483년경에 레오나르도 다 빈치(1452-1519)는 갈레아초 마리아의 후계자인 루도비코 스포르차(1452-1508)에게 유명한 한 통의 편지를 썼다. 이 편지에서 레오나르도는 자신의 잠재적인 의뢰자에게 군사 엔지니어, 건축가, 화가, 그리고 조각가인 자신

을 소개했고, 또한 당시까지 누구도 실현시킬 능력이 없었던 스포르차 가문의 숙원
사업을 자신이 완성시킬 수 있음을 분명하게 밝혔다. 레오나르도는 롬바르디아의
예술가들만이 아니라 폴라이올로의 안토니오(약 1431-1498)도 언급했다. 그뿐만 아
니라 정해지지 않은 날짜에 권위 있는 위원회에 자신을 추천할 것을 분명하게 제안
했다. 피렌체 예술가들의 삽화 도면 두 개가 남아 있는데(현재 뉴욕과 뮌헨에 있다), 여
기에서 스포르차는 바닥에 인물을 안전하게 내려놓는 잘 길들여진 말에 올라탄 모습
으로 그려져 있다. 약 1488-1489년으로 추정되는 윈저의 스케치 하나에서 레오나르
도는 자신이 말을 지배하려는 노력을 기울이며, 긴장한 기사를 묘사함으로써 이 혁
신을 다시 이끌었다. 이 스케치가 한편으로는 폴라이올로의 선행 연구에 연결되었 **폴라이올로의 삽화와
레오나르도의 개선**
다면, 다른 한편으로는 레오나르도가 이차원적 차원에 비슷한 자세를 한 말을 그린
미완성 작품 〈동방박사의 경배Adorazione dei Magi〉(1481, 피렌체, 우피치 미술관)가 그려
진 해부터 시작된 길들여진 말이라는 주제에 도입했던 고찰에 다시 연결될 수 있다.
1489년에 루도비코는 피렌체에 있는 로렌초 데 메디치(1449-1492)에게 레오나르도
가 준비 중인 청동상 모델을 녹일 수 있는 숙련공들을 밀라노에 보내 줄 것을 청하는
편지를 썼다. 15세기 말엽에도 그만한 크기의 청동 작품을 만들 사람을 구하기는 쉽
지 않았다. 어쩌면 그가 언급했던 폴라이올로 역시 사업을 완성시키기에 필요한 능
력이 없었을지도 모른다. 1490년경에 레오나르도는 질주하는 말에 대한 전통적인
아이디어 덕분에 길들여진 말에 대한 아이디어를 버리면서 기념물을 실물보다 세 배
나 큰 어마어마한 크기로 재설계했다. 이어서 폼포니오 가우리코(1481/1482-1530)
는 자신의 저서 『조각론De sculptura』(1504)에서 실물보다 세 배나 큰 이 조각물을 '거 '거상'
상'이라고 했다. 그와 같은 크기의 작품은 신들의 왕인 주피터(그리스 신화의 제우스*)
와 전쟁의 신 마르스(그리스 신화의 아레스*), 그리고 로마나 야만인의 왕의 신성을 표
현하는 방법이었고, 따라서 예술가가 그린 과대 망상적 모델은 절대 실현되지 못할
것이 분명하다고 정확히 언급되어야 했을 것이다. 예술가가 준비한 거대한 모델은
오늘날에는 손실되었고, 청동은 결국 녹여지지 않았다. 1501년에 루도비코의 몰락
이후 자신을 위한 기념물을 완성하기를 원한 에스테가의 에르콜레 1세(1431-1505)
가 '말의 형상'을 재요청했다. 사실상 공작은 1502-1504년경에 페라라에서 발행된
동전에 새겨진 레오나르도의 발명에 따라 말을 묘사했다.

1504년의 증거에서 육군 원수 잔 자코모 트리불치오(1440-1518)는 밀라노 산

나차로 성당에 자신의 무덤을 구축하고자 거액을 할당했다. 레오나르도는 1506-1508년에 웅장한 무덤을 세우기 위한 견적서를 제출했다. 여기서 윈저에 보관 중인 일련의 설계도를 다시 연결하는 것이 가능하다. 이 스케치들에서 레오나르도는 죄수들을 모퉁이를 장식한 사각형이나 원형의 건축 구조 상단에 배치했고, 기사를 땅에 내려놓는 껑충대는 말 주제로 회귀했다. 그런데 그는 또다시 계획을 포기하게 되었다. 그리고 트리불치오의 기념물을 위한 윈저의 마지막 그림에서 질주하는 말 아이디어로 되돌아왔다. 트리불치오의 기념물 역시 프란체스코 스포르차의 기념물처럼 전혀 실현되지 못하게 될 것이었다.

| 다음을 참고하라 |
시각예술 장례 기념물(726쪽)

유토피아 도시와 현실

| 실비아 메데 |

인간에게 흥미를 갖는 르네상스의 새로운 분위기에서 집단생활의 무대로만 이해되었던 도시에 대한 고찰이 꽃피웠다. 논문 및 예술 작품을 통해 이론적인 차원으로 설명된 이상적인 도시 옆에, 도시 인문주의 원칙에 일치하는 질서, 기능, 장식, 그리고 중요성을 기존의 도시 맥락에 부여하려는 시도로 특징지어진 구체적인 실현은 평가할 만하다.

실제 상황과 이상적인 열망

15세기의 건축, 도시 생활을 포함한 문화 부활에서 중세 도시와 긴밀한 연속성의 관계를 지닌 당대의 도시를 보존하는 등가 현상은 실제로 인식되지 않았다. 그러나 문제에 대한 이론적인 고찰은 자치 도시의 자유가 약화되고 주제를 굳건히 했던 시대에 시민, 즉 『도시 피렌체에 관한 칭송Panegirico alla Citta di Firenze』(1403-1404)의 저자이자 건축 이론가였던 레오나르도 브루니(약 1370-1444) 같은 인문주의자들의 헌신

건축 혁신

으로도 매우 활발해지고 심화되었다.

그들은 논문과 디자인을 통해 집단생활에서 요구되는 자연 주택, 건강-위생, 생산, 국방 및 대표의 필요성에 가장 적합한 해답을 제시하는 새로운 토대, 급진적인 재구성 혹은 도시 팽창(사실 거의 발생하지 않았다)을 설정하기에 이르렀다. 이와 같은 필요성은 종종 인간과 세상에 천상의 하모니를 반영하는 철학 이론에 비추어 평가되었다. 이 때문에 이론가들이 제안한 도시 계획은 저변에 상징적인 의미를 내포하기도 했다.

새로운 도시 전망에 불을 지핀 중요한 기여는 시각예술 영역을 통해 이루어졌다. 원근법에서 얻은 지식 덕분에 필리포 브루넬레스키(1377-1446)와 레온 바티스타 알베르티(1406-1472)의 작품 사례에서 관찰되는 측정 기준, 순서, 대칭 및 르네상스의 장식에 완성된 부착은 현실과 비교하여 미래를 상징하는 전망이 되었다. **시각예술의
중요성**

15세기 후반에 수많은 회화 및 조각 사례 중에서 특별히 유효한 상감 세공 예술로, 세 개의 패널에 도시의 모습을 나타낸 작품은 오늘날 우르비노의 마르케 내셔널 갤러리, 베를린 국립미술관, 그리고 볼티모어의 월터 아트 뮤지엄에서 보관 중이다. 과거에 비트루비우스(기원전 1세기)가 묘사한 희비극 장면과 관계 있다고 읽혀지는 것은, 오늘날 일종의 상기시켜 주고 권고하는 것 같은 이상적인 모델의 전형으로 해석되기 때문이다.

논문의 기여

레온 바티스타 알베르티에게 중요한 역할이 달려 있었다. 그의 아이디어는 1485년에 출판되었으나 실은 1452년부터 준비한 『건축론』 초안에 제시되었다. 모두 열 권의 텍스트에 분명히 적혀 있으며 여러 구절에서 드러난 저자의 숙고는, 일찍이 비트루비우스가 고대 도시에 대해 명시했던 바를 근간으로 하여 중세 중심 지역에 대한 그의 관찰로 심화되었다. 알베르티는 실제 도시에서 차감된 특성을 완벽하게 하고, 거주민과 제도가 필요로 하는 편의와 기능성에 대해 합리적인 방식으로 응답 가능한 기관을 희망했다. 알베르티의 논문은 정치적-사회적 차원을 참조하여 정부 형태(공화국, 군주국, 전제정치)에 따라 다양한 해결안을 예상했고, 지침과 더불어 더욱 적합한 형태에 대한 관찰을 제공했다. 예를 들어 더 많은 기능을 수행하기 위한 더 많은 중심지와 조직 체계를 선호했기에 동심원(매우 뛰어나게 완벽한 형태를 유지한)의 원형 **알베르티의
「건축론」**

형태 도면이 있었다. 이외에도 넓은 길과 기념비적인 건물들로 둘러싸인 광장으로 이루어지고 동시대 예술이 제공하는 도시 풍경과 조화를 이루는 도시에 대한 언급도 있었다.

도시와 그 정치적, 사회적, 그리고 경제적 차원 사이에 흐르는 긴밀한 연결은 스 **필라레테의** 포르친다로 이름 붙여진 이상적인 도시를 위한 안토니오 필라레테(약 1400-약 1469) **스포르친다** 의 계획에 표현되었다. 프란체스코 스포르차(1401-1466)에게 헌정된 것으로 알려진 이 도시는 건축가가 1451-1454년에 작업한 논문에 기술되어 있다. 스포르친다는 점 성학 및 상징에 대한 언급이 풍부한, 원형 주변에 새겨진 별 모양의 도면에서 중심 광장에 초점을 맞추었다. 광장에는 영주의 저택과 주교좌성당만이 아니라 상점들이 늘어선 회랑도 있다. 눈에 띄는 변별 요인은 여기에 하천이 흐른다는 점이다. 위생 시설에 관련해서는 레오나르도 다 빈치(1452-1519) 역시 고찰했다. 그의 밀라노, 비 제바노 혹은 파비아 또는 피렌체에 대한 디자인은 기술적인 측면에서 흥미롭다. 즉 교통 체증과 관련하여 높은 단계의 길은 보행자를 위한 것이고 낮은 단계는 배가 다 니는, 두 단계의 도시를 생각했던 것이다.

필사본이 남아 있는 조르조 마르티니의 프란체스코(1439-1501)의 논문에는 원형 이나 방사형으로 발전한 다각형 도면(여기서 거리는 직선 방향으로 중심지에서 외곽으로 연결된다)이 채택되었다. 영토의 변화 추세에 적응할 수 있는 특징을 지닌 도면이다. 군사 건축학 분야에서 동시대에 발전했던 고찰에 영향을 받는 규칙적이거나 불규칙 한 주변의 직교 양식도 등장했다. 요새에 관해서는 다른 이들도 작업했다, 예를 들어 상갈로의 줄리아노(약 1445-1516)는 도시 계획의 적절하고 이상적인 추상화의 특징 을 잘 설명하는 성채를 연구했던 15세기 말엽의 저자다. 조르조 마르티니는 의인화 **의인화된 유형** 된 유형도 제안했다. 인체에서 유도될 수 있는 특징과 비례에 근거하여 설정된 유형 이었다. 비트루비우스가 지적했듯이 완벽한 본보기로 여겨지던 인체는 르네상스 시 기 중 디자인에 참고로 활용되었다.

15세기의 개입

구체적인 실현은 이미 정의된 도시망 안에 국한된 사건으로 이루어졌다. 이 도시망 에 관하여서는 광장처럼 공동으로 사용되는 공간에 새로운 측면과 의미를 부여하려 는 의도가 개입되었다. 광장은 정치 및 종교 권력의 재현 장소만이 아니라 만남과 토

론의 장소였던 고대의 공회장과 동일한 방식으로 연구되고 만들어졌다. 15세기 초
반과 말엽에 그 기능의 다양성에 대한 가장 중요한 사례들 중 오스페달레 델리 인노
첸티(1419-1421, 브루넬레스키가 설계한 보육원으로, 최초의 르네상스 건축*) 구축으로
의미 있는 개입을 이룬 피렌체의 산티시마 안눈치아타 광장, 도나토 브라만테(1444-
1514)가 1492-1494년에 스포르차의 의뢰로 작업한 비제바노 회랑이 세워진 광장이
기억된다.

　　알베르티의 가르침은 도시 관점에서도 중요한 건축 작업으로 이어졌다. 그렇게　**알베르티의**
피렌체에서 로마, 피엔차, 우르비노, 그리고 만토바에서도 조반니 루첼라이(1403-　**가르침**
1481)를 위한 작품 등이 성공을 거두었다. 밀라노에서 비스콘티 가문, 그다음에 스
포르차 가문, 볼로냐에서 벤티볼리오 가문, 그리고 15세기 말 나폴리에서 아라곤 왕
가의 적절한 개입이 권력의 안정과 정당화의 도구로 종종 있었다는 기록이 남아 있
다. 그러나 도시 정책의 통찰력에 대한 중요성은 페라라의 에스테 가문이 최고로 꼽
힌다.

로마

로마에서 교황의 시대(소위 '아비뇽의 포로') 및 도시 악화에 대한 전임자의 미약한 헌
신 이후, 니콜라오 5세(1397-1455, 1447년부터 교황)는 레온 바티스타 알베르티의 도
움으로 도시 혁신 계획을 추진했다. 소식통에 따르면 계획은 다섯 개의 주요 사항인
성벽의 근대화, 1450년의 희년을 계기로 가장 중요한 도시 성당의 복원, 성 베드로
대성당의 개축, 바티칸에 더욱 가치 있는 교황의 거주지 조성, 보르고 지구의 교황청
구성원을 위한 재건으로 이루어져 있다. 그 계획의 일부(예를 들어 베르지네 수도교, 트　**도시 혁신 계획**
레비 분수 건설 및 캄피돌리오를 위해 궁리한 일부 작업)가 테베레Tevere 강 너머에 위치한
일반 대중을 위한 도시를 목표로 하고 있는 만큼, 최소한으로만 구현된 교황 계획의
적합한 요소는 교회의 권위를 통합하는 엘리트 성향의 특징을 띠면서 교황과 더욱
직접적 관련이 있는 지역에 집중되었다.

　　프란체스코 델라 로베레Francesco della Rovere라는 본명의 식스토 4세(1414-1484,
1471년부터 교황)의 정책은 다른 성격을 띠면서 공공사업과 도시 장식의 복원에 대해
신경 썼다. 종교적인 것(시스티나 예배당 건축과 큰 도시 성당 복원)과 함께 수많은 그의　**식스토 4세의**
계획은 지역 사회에 기여하게끔 설계되었다. 산토 스피리토 인 사시아 교회 병원 및　**정책**

수도교 구축, 하수구 복구, 그리고 성벽 복원, 게다가 대중에게 개방된 바티칸 도서관을 위한 에너지 비용, 그리고 캄피돌리오 박물관의 설립이 그것이다. 이외에도 식스토 4세에서 이름을 딴, 테베레 강의 고대 다리 재건과 도로 포장(이 때문에 특별 요금이 도입되었다), 그리고 도시 정체성에 있어 대단히 중요한 장소인 캄피돌리오 시장을 나보나 광장으로 이전했던 것은 로마에 잃어버린 자존심을 되돌려주려는 의지를 분명히 보여 주는 징후였다.

피엔차

피엔차의 탄생으로 독특한 사례가 만들어졌다. 이곳은 본명이 에네아 실비오 피콜로미니인 인문주의자 교황 비오 2세(1405-1464, 1458년부터 교황)의 후원과 자기표현에 대한 의지가 경제적인 이해관계와 얽혀 있다. 토스카나에 있는 보르고 코르시냐노 출신인 그는 도시의 이름을 피엔차로 바꾸며 근대적으로 도시 구조 조정을 장려했다(1459-1464). 설계와 계획 단계에서 문서로 기록된 건축가 및 레온 바티스타 알베르티의 흔적에 대해 베르나르도 로셀리노(1409-1464)는 중심 거리에 접해 있는 광장과 경계를 구분하며 광장의 세 면을 규정하는 건물에 에너지를 집중했다. 피렌체의 루첼라이 궁을 떠올리는 외관을 가진 피콜로미니의 저택이 차지한 오른쪽 면과 개조된 주교관이 있는 왼쪽 면은, 마찬가지로 알베르티의 영감을 받은 주교좌성당의 외관을 각각 다른 추세로 감싸고 있다. 이 규칙적인 기하학적 격자와 더불어 바닥은 기념비적 영향을 증폭시키며 불규칙한 광장을 시각적으로 통합하는 요소다.

파다나 지역의 몇몇 사례: 만토바와 페라라

1460년에 만토바에서 주최된 의회의 여파로 루도비코 곤차가(1414-1478)는 만토바를 시각적으로 세분화한 도시 혁신 계획을 장려했다. 개혁은 먼저 종교 건물의 에피소드 덕분에 개선된 표현을 장식하는 데 기반을 두고(산탄드레아 성당 및 산 로렌초 성당의 보수, 산 세바스티아노 성당 건축), 여러 사람 중에 루치아노 라우라나(약 1439-약 1502), 루카 판첼리(1430-1495), 그리고 특히 레온 바티스타 알베르티에게 작업을 위탁했다(팔라초 포데스타, 메르카토 주택, 그리고 시계탑에 대한 작업). 도로포장 작업으로 개선된 도시의 도로망에 특권을 가진 거리를 조성함으로써 중세적인 조직망에 귀족 정치의 징후를 부여하려는 의지가 합해졌다. 그러나 일부 공사가 어긋나는 바람

에 기존 구조에 큰 변화 없이 거리의 중심성이 설정되었다. 곤차가 가문의 축을 만드 **거리의 중심성**
는 결실을 얻고자 했던 루도비코의 의도대로, 도시를 가로지르는 거리는 공작의 저
택과 대성당을 그들의 가족 묘지가 있는 산 세바스티아노 성당에 연결시켰다.

　페라라의 보르소(1413-1471)와 에르콜레 1세(1431-1505)에 의해 진행된 페라라
의 도시 정책은 오랜 지역 전통의 뒤를 이어 생겨났다. 도시 확장 계획의 첫 번째 책
임자는 이미 적극적으로 기여했고, '에르콜레의 추가'로 잘 알려진 당대에 가장 야심 **에르콜레의 추가**
차고 선견지명 있는 계획을 시작했다. 시대를 앞서는ante litteram 규칙적인 계획으로
평가된 합병은 안전성을 높이려는 의도로 도시 면적을 두 배로 만들었다. 1492년부
터 완벽한 직각은 아니지만 수직 패턴으로 교차하는 남-북(거리 이름이 비아 델리 안
젤리)과 동-서(거리 이름이 비아 데이 프리오니) 방향을 중심축으로 한 도시 형태가 조
성되었다. 이 사업에서 크기를 재조정하는 역할은 건축가 비아조 로세티(약 1447-
1516)에게 주어졌다. 작업의 유일한 주역은 아니었던 그는 다양한 작업 단계에 따라
여러 전문가들과 함께 작업했다. 사실 비아조는 부분적으로 미완성으로 남는, 그리
고 새로운 도시 맥락과 동떨어진 귀족 저택을 건설하는 마지막 주역도 아니었다.

| **다음을 참고하라** |
역사 도시(166쪽)
과학과 기술 이탈리아 도시들의 건강 기구: 대학과 지방 위원회, 검역, 약전(411쪽)

중심지와 주인공들

ARTI VISIVE

스포르차 가문의 밀라노

| 실비아 우르비니 |

15세기 후반기의 롬바르디아 예술은 후기 고딕 양식의 전통과 르네상스의 새로움 사이에서 변증법적인 관계로 특징지을 수 있다. 스포르차 가문의 프란체스코와 갈레아초 마리아는 궁정 양식의 애호가였을지언정, 외교 관계를 통하여 피렌체가 혁신 분야에 침투하는 데에는 호의적이었다. 반면에 밀라노는 루도비코 스포르차의 정부와 함께 도나토 브라만테와 레오나르도 다 빈치 같은 예술가들의 존재 덕분에 근대적인 방식을 사용하고 개발하는 중심지 중 한 곳이 되었다.

프란체스코와 갈레아초 마리아 스포르차 시대의 후기 고딕 양식과 르네상스(1450-1476)
1454년에 베네치아와 밀라노의 적대 관계를 종식시킨 로디 평화 조약은 이탈리아 북부에 새로운 정치적-제도적 측면의 발달을 가능케 했다. 경제적 관련성, 그리고 영토 확장을 위한 밀라노와 베네치아 정부의 헤게모니는 동일했다. 지역 예술가들의 정체성을 특징짓고 이탈리아 북부 예술에 영향을 끼치게 되는 특정 스타일이 만들어지는 만토바 및 페라라와 달리, 밀라노에서는 오랫동안 예술적인 수신과 생산에 관한 절충주의적인 태도가 남아 있었다.

스포르차 가문은 무치오 아텐돌로(1369-1424)의 아들인 프란체스코(1401-1466)

와 함께 밀라노에 안정적으로 자리 잡았다. 새 영주는 부르봉 왕가, 보헤미아, 독일의 취향과 관련 있었다. 1460년대까지 롬바르디아 예술 생산품 영역에서 회화는, 특히 제단화는 세밀화, 금은보석 세공, 조각, 부조 장식 등과 같은 더욱 값진 작품 때문에 부차적인 역할을 했다. 이 시대의 표본은 몬차 대성당에 롬바르디아의 여왕이었던 테오델린다의 삶을 그린 프레스코화 〈테오델린다의 이야기Storie di Teodolinda〉다. 스포르차 궁정을 기념하기 위한 목적으로 한 개의 작업 공방이 개입하여 자바타리(15세기)의 감독 아래 값진 재료를 사용하여서 대형으로 만든 이 작품은 당대의 국제적인 고딕 양식이 갖고 있던 특징의 개요를 표현했으며, 예술가의 독특한 개성을 독특한 방식으로 아우르는 경향을 보여 주었다.

〈테오델린다의 이야기〉

　동시에 궁정의 외교적 관계 덕분에 예술은 르네상스적인 의미로 혁신되었다. 프란체스코 스포르차는 밀라노가 피렌체와 더불어 시대를 이끄는leader 도시로 변모해야 함을 간파했다.

　새로운 소식은 프란체스코 공작의 뜻에 따라 밀라노에 다다랐다. 1451년에 그는 메디치 가문의 코시모 1세(1389-1464)가 추천한 피렌체 출신의 건축가이자 필라레테라고 불린 안토니오 아베를리노(약 1400-약 1469)를 불러들였다. 필라레테는 롬바르디아 건축의 조형-장식 취향에 맞추어 후기 고딕 양식에 따라 작업해야 했다. 이와 같은 작업을 통해 오스페달레 마조레(1456) 건물과, 1462-1468년에 피렌체인 피젤로 포르티나리(1421-1468)가 자신이 묻힐 목적으로 만든 산테우스토르조 성당에 있는 순교자 성 베드로 예배당과, 프란체스코 스포르차와 코시모가 기부한 건물인, 현존하는, 메디치 은행 정문이 지어졌다. 필라레테의 활동과 생각은 1460-1464년에 이상 도시인 스포르친다를 묘사한 그림을 그려 넣고 속어로 기록한 다음 밀라노 영주에게 헌정한 『건축론』에 적혀 있다.

밀라노에서의 필라레테의 활동

　롬바르디아 예술을 드러내는 위대한 두 개의 작업은 밀라노 두오모와 파비아의 카르투지오회 수도원이다. 카르투지오회 수도원 건물은 15-16세기 지역 회화와 조각의 선집으로 읽혀질 수 있다. 건축가이자 조각가인 조반니 안토니오 아마데오 Giovanni Antonio Amadeo(약 1447-1522)는 베르가모에 콜레오니 예배당 건설을 이끌었고, 1481년 이후 카르투지오회 수도원의 책임자가 되었다. 이 건물 정면은 구조만이 아니라 표면 장식의 풍부함과 화려한 색상, 그리고 자유로운 사용 덕분에 혁신적이 되었다. 1464-1495년에 카르투지오회 수도원 건축의 다른 주역은 크리스토포로와

밀라노 두오모와 파비아 카르투지오회 수도원 건물

안토니오 만테가차 형제(1464-1495년에 활동)였다. 이들의 조각 부조는 표현 양식으로 특징지을 수 있으며 파도바와 페라라 혈통의 흔적을 보였다.

1450-1470년대에 롬바르디아 회화에서 똑같이 훌륭한 가치를 지닌 상이한 얼굴을 표현했던 두 화가인 보니파초 벰보Bonifacio Bembo(1444-1478년에 활동)와 빈첸초 포파Vincenzo Foppa(약 1430-약 1515)의 활동은 나란히 진행되었고, 이따금 서로 뒤얽히기도 했다.

보니파초 벰보는 프란체스코와 그의 아들인 갈레아초 마리아 스포르차(1444-1476)의 궁정 화가였다. 그는 가족의 다른 구성원들, 몇몇 예술가들(그중에 포파도 있었다)과 함께 집단으로 롬바르디아의 성당과 성채 작업에 공작의 요구를 만족시키고자 애썼다. 두 시대의 경계가 되는 벰보의 양식을 식별할 수 있는 소수의 작품이 남아 있다. 1450년대의 3폭 제단화 중심 부분에 그려진 〈그리스도의 대관식과 성모 마리아Incoronazione di Cristo e la Vergine〉(크레모나, 시민 박물관)는 영주의 화려한 거주지에서 작업되었다. 이 그림에서 실증적인 화법을 구현했던 롬바르디아 화가들이 종종 구현했던 원근법이 감지된다.

빈첸초 포파

빈첸초 포파(약 1430-약 1515)의 그림은 이탈리아 조형예술의 다른 주역들인 도나텔로와 안드레아 만테냐, 브라만테, 코사의 프란체스코, 레오나르도 다 빈치 같은 다른 주역들과의 비교에 영향을 받는다.

1450년경에 고향 브레시아에서 시작된 그의 초기 활동은 파브리아노의 젠틸레(1370-1427)와 야코포 벨리니(약 1400-1470/1471)를 지향했고, 베르가모의 카라라 아카데미아에 〈세 개의 십자가상Tre Crocifissi〉을 그렸다. 이후 그의 관심은 당대의 아방가르드 예술가 두 명인 도나텔로(1386-1466)와 만테냐(약 1431-1506)의 파도바 활동으로 아주 빠르게 옮겨 갔다.

전통과 아방가르드

1461년에 제노바에서 작업한 〈아기 예수를 안고 있는 성모 마리아와 천사Madonna con il Bambino e un Angelo〉(피렌체, 우피치 미술관)에서 분명히 드러난 것처럼, 그는 얀 반 에이크(1390/1395-1444)와 디에릭 보우츠(1415/1420-1475)의 경우와 유사한 결과를 내는 플랑드르 회화의 영향을 바르디의 도나토(1426-1451년에 활동)라는 화가를 통해서 발견했다.

1460년대에는 밀라노에서 필라레테가 감독하는 작업에 참여했다. 피젤로 포르티나리가 감독한 밀라노의 메디치 은행 건물 작업에서 포파는 이교도를 주인공으로 프레스코화를 그렸다. 그중에 〈독서하는 아이 키케로Cicerone fanciullo che legge〉(런던, 월리스 컬렉션)가 남아 있다. 포파는 부드러운 빛으로 평온하게 빛나는 인물을 그려 냈다. 그의 경력에서 정점을 이루는 것 중 하나는 밀라노 산테우스토르조 성당 포르티나리 예배당 안에 그린 프레스코화 〈순교자 성 베드로의 이야기Storie di san Pietro martire〉다.

〈순교자 성 베드로의 이야기〉

1490년대 초 루도비코 스포르차(1452-1508) 시대의 포파는 1477년부터 롬바르디아 지역에서 작품 활동을 했던 도나토 브라만테(1444-1514)와 비교된다.

예를 들어 포파는 브라만테가 1486년경에 궁정 시인 가스파레 비스콘티(1461-1499)의 저택에 그린 〈무기를 든 사람Uomini d'arme〉(밀라노, 브레라 화랑)을 참조했다. 이 그림은 포파에게 중요한 가르침을 주었다. 페라라 회화에 대한 숙고 덕분에 그는 더욱 일정하고 인간적인 모습으로 대상을 표현할 수 있었다.

사실상 포파는 페라라 출신의 화가 코사의 프란체스코(약 1436-약 1478)와 그의 이론적 고찰보다 지상의 세계에 더욱 관련 있는 이성론을 더 잘 알고 있는 듯했다.

브라만티노Bramantino(약 1455-약 1536), 베르나르디노 체날레Bernardino Zenale(약 1450-1526)와 특히 레오나르도가 주인공이었던 1490년대의 밀라노 조형 시기에 포파는 부차적으로만 관심을 쏟았다. 그는 〈동방박사의 경배〉(런던, 내셔널 갤러리) 같은 후기 작품에서 확고하게 자신의 양식을 다졌다.

루도비코 스포르차의 시대(1476-1499)

프란체스코 스포르차와 비앙카 마리아 비스콘티(1425-1468)의 아들인 루도비코 스포르차는 1476년에 형인 갈레아초 마리아가 살해당했을 당시, 유혈 사건으로 여전히 불안한 상황에서 1479년에 권력을 잡았다. 그리고 1494년에 합법적 계승자인 갈레아초 마리아의 아들 잔 갈레아초 마리아 스포르차(1469-1494)의 죽음으로 드디어 밀라노 공작으로 등극했다.

15세기의 마지막 20년 동안에 밀라노는 브라만테와 레오나르도 다 빈치(1452-1519) 같은 천재적인 인물들의 존재 덕분에 강렬한 예술 시즌의 주인공으로 자리매김했다. 수입된 표현법들(파다나, 피렌체, 프랑스-플랑드르, 베네토)의 교차와 재작업이 이루어졌던 롬바르디아는 근대적인 방식의 온실이자 가공 중심지가 되었다.

1481년에 레오나르도 다 빈치는 루도비코 스포르차에게 자신을 프란체스코 스포르차 기마상의 엔지니어이자 조각가로 제안하는 편지를 썼다. 동시에 도나토 브라만테의 작업 현장에 투입되었다. 브라만테와 레오나르도의 연구에 자극받은 롬바르디아의 예술가들은 두 가지 원천에 공을 들였다. 하나는 수학적 원근법에 근거한 표현의 극복이었고, 또 다른 하나는 디자인보다는 분위기와 정신적인 분야를 통한 인물의 정의였다.

창의성의 중심지 롬바르디아

더욱 흥미로운 관계는 밀라노 제사테Gessate의 산 피에트로 성당에서 활동했던 예술가 집단에게서 유래했다. 베르나르도 부티노네(1484-1507년에 활동)와 베르나르디노 체날레(약 1450-1526, 그리피 예배당에 그린 〈성 암브로시오의 이야기Storie di sant'Ambrogio〉), 조반니 도나토 몬토르파노(1478-1510년에 활동), 빈첸초 포파(이미 베를린에 〈십자가에서 내려지는 그리스도〉를 그림, 현재는 손실), 그리고 조각가 베네데토 브리오스코(1483-1517년에 활동)는 현실적인 전통과 롬바르디아의 '다정한 자연주의'를 재개했다(로베르토 롱기).

제사테 산 피에트로 성당 예술가들

브라만테의 가장 좋은, 그리고 유일한 진짜 추종 화가는 브라만티노(작은 브라만테*)라고 불린 바르톨로메오 수아르디(약 1455-약 1536)였다. 금은세공업자의 제자였던 그는 원래 예술가로, 청년기에 페라라 궁정 문화에 영향을 받은 형태와 내용으로 작고 값진 작품들을 만들었다(〈아기 예수의 경배Adorazione del Bambino〉, 밀라노 암브로시오 화랑). 대형이라 알려졌으며 우월한 원근법으로 특징지어진 그의 첫 작품은 스포르차 성채의 보물의 방 문 위와 관찰자를 향해 거의 뛰어나갈 듯이 그려진, 1493년의 대표적인 프레스코화 〈아르고Argo〉다.

브라만티노

레오나르도는 밀라노에 도착한 뒤 얼마 지나지 않아 〈암굴의 성모Vergine delle Rocce〉(파리, 루브르 박물관)의 첫 번째 버전으로 자연스러운 진실 속에 빠져 있는 인물의 분위기를 정의 내리는 실험을 감행했다. 한편 모로 궁정 인물들의 초상화 시리즈를 작업하면서 '영혼의 움직임'을 표현하려는 훈련을 했다. 하지만 특히 빈첸초 포파와 조반니 안토니오 볼트라피오Giovanni Antonio Boltraffio(1467-1516)의 입장에서 거장의 작품에 대한 일부 반응과, 소위 팔라 스포르제스카의 거장(15세기 말엽)의 제단화의 예에서처럼 대부분 오해하고 있는 경우가 지배적이었다.

팔라 스포르제스카 제단화

팔라 스포르제스카 제단화(밀라노, 브레라 화랑)는 루도비코 스포르차가 밀라노 공작으로 선포된 1494년에 익명의 예술가에 의해 그려졌다. 그림 속의 루도비코 곁에 부인 에스테의 베아트리체(1475-1497), 장자 에르콜레 마시밀리아노(1493-1530), 그리고 정부인 체칠리아 갈레아니Cecilia Gallerani(1473-1536)와 낳은 서자 체사레가 보인다.

얼굴 표현에 강조된 명암과 원근법의 과시는 레오나르도와 브라만테의 가르침의 힘이 분명하다. 이러한 요소들에 오래된 초상화 문장 윤곽, 금의 박람회, 그리고 이탈리아에서 가장 부유한 궁정에 대한 세부 묘사가 덧붙여졌다. 결과적으로 과부하가 된, 어느덧 사라지고 있는 영광스러운 과거에 관련된 그림이다. 사실 이 그림은 동맹 체계가 무너져 가는 밀라노 영주의 백조의 노래처럼 평가할 수도 있다. 얼마 후에 프랑스 왕 샤를 8세(1470-1498)의 이탈리아 침략으로 인해 15세기 밀라노 궁정 문화는 막을 내린다.

| 다음을 참고하라 |
역사 도시(166쪽)
과학과 기술 이탈리아 도시들의 건강 기구: 대학과 지방 위원회, 검역, 약전(411쪽)

벤티볼리오 시대의 볼로냐

| 다니엘레 베나티Daniele Benati |

1445-1462년에 볼로냐에서 벤티볼리오 대공과, 1462년부터 1506년까지 조반니 2세와 함께 이루어진 벤티볼리오 가문의 패권은 진정한 영주에 대한 마지막 논란으로 발생했다. 정치적 수준에 도달한 명망은, 굉장한 계획을 통해 도시 르네상스의 새로운 면모를 결정할 정도로 최고 자리를 유지했던 벤티볼리오의 행동에 비교되었고, 상호 연결된 가문들의 공동 행동이 예술 영역에서 표현되었다.

아르카의 니콜로와 볼로냐의 페라라인들

르네상스적인 의미에서 볼로냐 예술의 진화는 이 도시에 연속적으로 발생한 변화 때문에 예술을 회복해야 하는 어려운 전제를 기반으로 한다. 1450년경 피에로 델라 프란체스카(1415/1420-1492)의 이동에 근거해야만 한다. 과거에 정당화되었고 루카 파촐리(약 1445-약 1517)에 의해 기억되지만 어떤 생존도 목격되지 않았던 새로운 피렌체 원근법의 볼로냐 도착은, 산 마르티노 성당에 묘사된 파올로 우첼로(1397-1475)의 프레스코화 〈아기 예수의 경배〉(1437) 회수 중에 정확한 기준점을 발견했다. 일찍이 결실을 맺은 이 화가의 존재는 후기 고딕 양식을 전제로 할 때 볼로냐가 **파도바의 재개** 여전히 뒤처진 상황에서 즉각적인 결실을 내지 못했다. 어쨌거나 도나텔로(1386-1466)가 활동했던 파도바부터 파다나 지역의 다른 중심지들에서와 마찬가지로, 볼로냐에 눈에 띄는 재개의 징후들이 처음 도착했다. 마르코 조포(1433-1478)가 그 징후들의 해석자였다. 프란체스코 스카르초네(1395-1468)에 대한 다른 제자들의 정중한 분노를 나타내는 것과는 거리가 멀었던 볼로냐에서의 그의 활동은 피에로 델라 프란체스카(〈십자가상〉, 볼로냐, 산 주세페 박물관; 〈다폭 제단화Polittio〉, 에스파냐 대학, 1461)의 예를 참조할 수 있는 공간감과 밝기로 특징지어졌다.

이후 가장 유명한 자신의 작품 때문에 아르카의 니콜로라고 불린 풀리아 출신의 조각가 니콜로(약 1435-1494)의 기여가 결정적이었다. 그는 남부 이탈리아에서 완성한 경험과 볼로냐 산타 마리아 델라 비타 성당의 〈돌아가신 그리스도를 애도함 Compianto sul Cristo morto〉(1463)으로 힘을 얻었다. 그리고 우아한 리듬과 세련되고 복잡한 구성에 대한 탐구를 덜어 내지 않았고, 이런 종류의 그룹에서 필요로 하는 모방 기교와 격분한 드라마를 만족시키는 자연주의에 생명력을 부여하는 데 있어서는 원 **드라마와 우아함** 래 여러 가지 색상인 테라코타의 혜택을 입었다. 성인에게 헌정된 대성당에 성 도미니쿠스의 시신을 모셔 놓은 대리석 석관 뚜껑의 장식들(1469-1473)은 토스카나 스타일의 영향을 받아 우뚝 솟아 있다. 새하얗고 유연한 밀랍과 거의 경쟁하듯 사용된 재료(여기서는 대리석)가 만들어 내는 유도된 착시가 독특하다.

회화 영역에서 착각 그림 기법과 똑같은 의도가 페라라 출신의 화가 코사의 프란체스코(약 1436-약 1478)에 의해 이미 1462년 볼로냐에서와 이후에는 페라라의 팔라초 스키파노이아 내부의 살로네 데이 메시의 작업(1470-1471)으로, 에스테의 보르소(1413-1471) 공작에 의한 부당 대우를 겪고 난 뒤에 있었다. 토스카나의 원근법적 구성은 등장인물들을 당당하게 배치하고, 모든 세부 사항이 뛰어난 명성을 획득함으로써 기념비적 건축물을 만들어 냈다.

볼로냐의 명성 아르카의 니콜로와의 대화를 통해 볼로냐에 다다른 코사의 결실은, 파다나 지역과 이웃한 페라라가 암호화된 우아함에 갇힌 시기에 볼로냐에 위대한 명성을 안겨 줄 정도였다. 산 페트로니오 성당 그리포니 예배당을 위한 다폭 제단화는 1473년에 완성되었으나, 18세기에 해체되었고 현재는 여러 박물관(런던, 밀라노, 워싱턴, 파리, 바티칸 등)에 나뉘어 보관 중이다. 그리고 팔라초 델라 메르칸치아에 있던 뛰어난 작품 〈팔라 데이 메르칸티Pala dei Mercanti〉(1474)는 현재 볼로냐 국립미술관에 있다. 이 두 점의 프레스코화는 니콜로의 가장 중요한 활동 증거다. 산 피에트로 성당의 가르가넬리 예배당에 그려진 그리포니 제단화 작업 시 코사를 도왔던 로베르티의 에르콜레Ercole de' Roberti에 의해 그의 죽음 이후 완성된(1455-약 1456) 프레스코화는 파손되**로베르티의 에르콜레**

고 말았다. 미켈란젤로가 '선량한 반쪽짜리 로마'라고 정의할 이 장식의 손실은 광범위한 공명을 지녔을 코사의 작업에 대해 알 수 있는 기회를 박탈시켰다. 원천은 포를리의 멜로초(1438-1494)부터 로레토까지 반향을 일으킨 예술가들의 해결안에 따라 만들어진 〈복음사가들Evangelisti〉로, 화가가 보여 주었던 착각 그림 기법의 가치를 증언한다. 에르콜레는 그림에 더욱 짓눌리고 모험적인 공간감을 도입함으로써 불안하고 드라마틱한 자신의 생각 일부를 묘사했다(〈십자가형〉, 〈성모 마리아의 죽음La morte della Vergine〉). 한편 코사의 평화로운 표현 기법은 보다 불안정하고 문제적인 생생한 감정을 포기했다.

로베르티의 에르콜레는 세상을 뜰 때까지 궁정 화가로 일하게 될 고향 페라라로 돌아오기 전에, 볼로냐에서 조반니 2세 벤티볼리오(1443-1508)를 위해서도 작업하여 그의 초상화 몇 점을 그렸다(워싱턴, 내셔널 갤러리; 볼로냐, 대학 도서관).

볼로냐에서의 작업 결과는 코사와 로베르티의 변화와 풍부함이 감소된 상이한 모델에 의존하여 나타났다. 엄격한 공간 감각과 코사의 소박한 느낌은 벤티볼리오 성채의 폴레드라노 다리에 그려진 프레스코화 〈빵의 이야기Storie del pane〉의 기본이 되었다. 1480년경에 익명의 예술가가 그린 이 작품은 지역 조형 문화의 엄격하고 소박한 톤과 변함없이 토지 소유권에 근거하는 귀족적 표현을 재현했다.

프란체스코 프란치아

초기 활동에서 로베르티의 에르콜레 모델을 준수했던 페라라 출신의 화가 로렌초 코스타(1460-1535)는 지혜 문학이라는 세련된 의미의 지역 문화 전환을 옹호했고, 미묘한 심리적 통찰력과 기념할 만한 필요를 결합시켰다. 산 자코모 성당에 있는

**벤티볼리오 예배당
그림** 벤티볼리오 예배당이 이를 증언한다. 코스타 옆에는 프란체스코 프란치아Francesco Francia(약 1450-1517)가 함께했다. 코스타는 〈성모 마리아의 옥좌 앞에 무릎 꿇은 조반니 2세 벤티볼리오의 가족Famiglia di Giovanni II Bentivoglio genuflessa davanti al trono della Vergine〉의 책임자였고, 두 사람은 함께 제단화 〈죽음과 명성의 승리Trionfi della Morte e della Fama〉(1488-1490)를 그렸다. 짧은 기간 동안에 이따금 금은세공인이라고 서명한 프란치아는 피렌체 모델에서 유래한 상세함에 주의를 기울였고 그 구성의 빛나는 공간 감각을 갖추고 있던 바, 벤티볼리오 궁정의 야망을 되돌려 줄 정도로 인정받는 화가였다. 정교한 제단화가이자 세련된 초상화가였던 그는 산 자코모 성당에 부
섬세한 초상화가 속된 산타 체칠리아의 기도실 장식 작업에서 선도적인 위치를 차지했다. 기도실은 1504-1506년에 수많은 예술가가 그린 프레스코화로 꾸며졌다. 그중 로마의 알렉산데르 6세(1431/1432-1503, 1492년부터 교황)의 골동품 동향에 대한 가장 최근의 정보를 알려 주는 화가인 아미코 아스페르티니(1474/1475-1552)의 특이한 예술적 영감이 두드러졌다.

1568년에 바사리(1511-1575)는 프란치아가 조반니 2세의 바람으로 토스카나의 건축가 라포 포르티기아니의 파그노Pagno di Lapo Portigiani(1408-1470)에 의해 볼로냐에 세워진 웅장한 저택 건축에도 참여했다고 주장했다. 그러나 1506년에 민중들의 분노로 파손된 이 건물은 교회 정부의 볼로냐 통합으로 인하여 빠르게 성장하고 갑작스럽게 중단되는 문화적 상황의 상징이 되었다.

| 다음을 참고하라 |
역사 도시(166쪽)
철학 피코 델라 미란돌라: 철학, 카발라 그리고 '보편적 합의' 계획(360쪽)

식스토 4세의 로마

| 제라르도 데 시모네Gerardo de Simone |

학식 높고 야심 차고 족벌주의자였던 교황 식스토 4세는 때로는 공격적이고 종종 이탈리아의 다른 국가들과 충돌하는 절대 군주국으로의 교회 국가를 만들었고, 로마를

중세의 변두리에서 르네상스 시대의 대도시로 변모시켰다. 1475년 희년에 로마는
오스페달레 디 산토 스피리토, 폰테 식스토, 산타 마리아 델 포폴로와 같은 눈부신
건축물로 넘쳐 났다. 이탈리아 최고의 화가들은 바티칸 도서관(포를리의 멜로초)와
시스티나 예배당(페루지노, 보티첼리, 기를란다요, 시뇨렐리)을
꾸미기 위해 소환되었다.

로베레의 식스토 4세, 최초의 '교황–왕'

식스토 4세로 1471년 8월 9일에 교황 자리에 오른 프란체스코회 출신의 프란체스코
델라 로베레(1414-1484)는 로마에 인문주의-르네상스가 재개되고 절대 군주제를 통
하여 교황권이 확립되는 주요 순간을 대표한다. 그는 교황으로 선출되자마자 고대
의 탁월함과 덕德의 기념물로 정의된 조각상 〈늑대Lupa〉와 〈콘스탄티누스 거상Colosso
di Costantino〉(머리, 손, 둥근 몸통), 그리고 〈가시를 빼는 소년Spinario 또는 Boy with Thorn〉,
〈카밀로Camillo〉 같은 고대의 유명 청동 조각상 일부를 라테라노에서 캄피돌리오로
이동시킴으로써 시민들에게 되돌려 주었다.

이와 같은 행동은 카피톨리니 박물관(1734) 탄생에 아득히 앞선 것으로, 시 법정
의 실질적인 모든 권력에 따른 실질적인 몰수를 인가하는 것이었다. 또한 고대 로마 **교황권,**
의 위대함과 교황의 상징 아래 재탄생한 근대성 사이에서 상징적인 관련성을 설정하 **절대 군주제**
며 로마를 건설한 로물루스와 레무스의 늑대 상(쌍둥이는 15세기 말엽에 덧붙여짐)이
로마의 사자 상을 대체했다.

식스토 4세는 진정한 '교황–왕'이자 자신의 권력을 제대로 강화하기 위해 전례 없
이 르네상스 시기의 교황들이 수많은 비난을 받게 되는 과실의 기반을 제공한 족벌
주의를 실행하는 데 주저하지 않은 인물이었다.

이탈리아의 불안정한 정치 상황, 즉 나폴리의 아라곤 왕국, 식스토 4세의 큰 적이
었던 로렌초 데 메디치(1449-1492)의 피렌체, 베네치아 공화국과 스포르차 가문이
지배하는 밀라노 공국처럼, 반도에 강력한 영향력을 행사하는 국가와의 반복되는
대립과 화해로 인하여 그에게는 무엇보다 교황 지배 영토에 대한 강력한 통제와 요
직에 보낼 신뢰 가능한 사람을 선택하는 문제가 시급했다. 안타깝게도 식스토 4세와 **족벌주의**
조카들이 정치적으로 항상 현명하지는 못했다. 이몰라의 영주로 추대된 지롤라모
리아리오(1443-1488)의 무모한 야망은 1478년 피렌체에서 파치 가문의 메디치 가문

에 대한 음모 지원, 1482년에 페라라의 합병 시도 실패, 그리고 한편으로 라치오에서 콜론나 가문과의 골치 아픈 불화를 재점화한 오르시니 가문에 대한 지지로 해결되었다.

식스토 4세는 전면에서 터키의 위협에 직면했다. 이탈리아와 유럽의 왕들에게 한 십자군 호소는 1472년에 올리비에로 카라파Oliviero Carafa(1430-1511) 추기경이 거둔 소아시아에서의 제한적인 성공과 1481년에 오트란토의 재탈환밖에는 달성하지 못했다.

세상의 혁신가 식스토 4세

15세기 중반에 니콜라오 5세(1397-1455, 1447년부터 교황)가 미완으로 남긴 로마의 근대화와 꾸밈 사업을 이상적으로 진두지휘한 식스토 4세는 자신의 조카 율리오 2세(1443-1513, 1503년부터 교황) 혹은 모방자 식스토 5세Sixtus V(1520-1590, 1585년부터 교황) 같은 그의 후계자들이 달성할 가장 인상적인 성과를 예고하는, 도로와 건물에 대한 실질적인 개입을 통하여 근본적인 방식으로 도시 외관을 변모시켰다. 니콜라오 5세는 바티칸 궁정의 핵심을 확대하는 데 있어 수백여 권의 라틴어와 그리스어 서적을 입수하면서 도서관을 조성하기 위한 일부 공간을 마련했다. 유명한 신학자로서 식스토 4세는 학식 높은 그리스인 추기경인 베사리온(1403-1472)의 규율과

인문학과 종교에
대한 주의

참회에 대한 인문학과 종교에 대해 눈에 띌 정도로 예민함을 드러냈다. 로마의 고고학-문학 숭배의 심장부인 퀴리날레Quirinale에서, 1468년의 반反교황 음모 이후 바오로 2세(1417-1471, 1464년부터 교황)에 의해 폐쇄된, 폼포니오 레토Pomponio Leto(1428-1497) 아카데미가 다시 열렸다. 이외에도 1475년에는 니콜라오 5세의 도서관을 눈에 띄게 확장하고 공개했다. 『그리스도와 모든 교황의 삶Liber de vita Christi ac omnium pontificum』의 저자인 플라티나Platina라고 불린 롬바르디아 출신의 인문주의자 바르톨로메오 사키(1421-1481)가 도서관의 관리자 및 수호자Gubernator et custos로 지명되었다. 성 베드로부터 재위 중인 교황까지 모든 교황의 일대기를 담고 있는 이 책은 세밀화가인 파도바의 가스파레(15세기)와 필사가 바르톨로메오 산비토(1435-1518)가 '고전적'으로 꾸민 훌륭한 필사본 복사(바티칸 도서관, Vat. Lat. 9044)로, 1474년에 식스토 4세에게 제출되었다.

바티칸 도서관
개관식

도서관 개관식은 원래 라티나 도서관에 있던 훌륭한 프레스코화로 불멸로 남았

다. 1475-1477년에 도메니코 기를란다요(1449-1494)와 동생 다비데(1452-1525)가 그린 〈철학자들과 교부들Filosofi e i Padri della Chiesa〉은 여전히 칭송받는다. 오늘날에는 교황의 화공pictor papalis 포를리의 멜로초(1438-1494)가 1477년에 만든 바티칸 화랑에 보관 중이다. 장엄한 르네상스 건축 안에 교황들과 그 가족들familiares의 모습을 그린 이 프레스코화의 정점에 식스토 교황이 있다. 그림 제일 앞 오른쪽에 식스토 4세가 있고, 그의 앞에 무릎을 꿇고 있는 플라티나는 오른손에 자신이 직접 작성한 교황의 건축 작품을 축하하는 비문을 들고 있다. 그림 배경에는 교황의 네 명의 조카들 초상도 그려졌는데, 왼쪽으로 두 명의 세속인인 로베레의 세니갈리아 조반니(1457-1501)와 지롤라모 리아리오의 초상이 보인다. 그리고 오른쪽으로 두 명의 성직자들인 미래에 교황 율리오 2세가 되는 추기경 로베레의 줄리아노(1443-1513)와 교황 뒤로 피에트로 리아리오(1445-1474)도 보인다. 이외에도 1477년 말부터 추기경이 된 라파엘레 리아리오(1460-1521)도 있다. 족벌주의의 흔적 아래 거행된 장엄한grandeur 시스티나 성당의 기념행사는, 멜로초가 안드레아 만테냐(약 1431-1506)와 피에로 델라 프란체스카(1415/1420-1492)에게서 배운 요소들을 그림 아래에서부터 원근법으로 구조화시키며 고상한 자세의 인물들을 강조했다. 로마에서 포를리 출신의 화가 멜로초는 이미 1472-1474년에 산티 아포스톨리 성당 후진에 프레스코화 〈그리스도의 승천Ascensione di Cristo〉을 그렸다. 이 그림은 18세기에 파손되어 지금은 귀중한 파편들만 보존되고 있다. 장식은 대성당의 명목상 추기경 피에트로 리아리오에게 위임되었다. 예술과 문학의 애호가였던 그는 터무니없이 화려하고 세련된 후원자였다. 대성당에 인접한 그의 호화로운 저택은 그가 세상을 뜬 뒤에 사촌 로베레의 줄리아노에게 상속되었다.

장엄한
시스티나 성당

1475년의 희년

1475년은 교황에게 중요한 해였다. 되돌아온 희년은 그로 하여금 도시의 면모를 멋지게 가꾸고 순례자들을 잘 맞이하기 위한 여러 가지 사업에 착수하게 했다. 세상의 혁신가renovator Urbis 혹은 복원가restaurator라고 정의된 위대한 건축가 교황에게 경의를 표하는, 제국의 면모를 지닌 전형적인 주요 서체로 다듬어진 수많은 비문 중 하나인 "IAM NUNC SIXTINA VOCARI ROMA"가 그 해에 선포되었다.

　중요한 건설 중 하나는 바티칸 근처에 있는 사시아Sassia에 환자의 만족도를 높이

사시아의 오스페달레
디 산토 스피리토

고 자선 목적을 결부시킨 건축물 오스페달레 디 산토 스피리토다. 높은 팔각 등으로 중앙을 표시하고 회랑으로 둘러싸인 25미터 길이의 병원 통로는 1471–1478년에 건립되었다. 내부 벽에는 오스페달레의 창립자Fondazione dell'Ospedale가 인노첸시오 3세(1160–1216, 1198년부터 교황)의 일을 설명하고, 식스토 4세의 출생부터 천국에 갈 때까지를 담은 〈식스토 4세의 삶Vita di Sisto IV〉과 라틴어로 설명을 적어 놓은 일련의 프레스코화들이 펼쳐져 있다. 도상학에 대한 관심은 절제된 방식으로 표현되었다.

　　　로마의 후원자가 마음에 들어 했던 예술가 안토니아초 로마노(약 1430–1510)가 다양한 문서에 등장한 것에 기초하여 생각하면 교황의 업적에 기여하는 임무를 로베레가 위임받은 것은 아닌 듯하다(예를 들어 멜로초와 제휴하여). 반면에 에스파냐 화가 페드로 베루게테(1450/1455–약 1504)는 왕관을 쓰고 사제복을 걸친 교황의 초상화를 그렸다. 오늘날 미국 클리블랜드 미술관에 보관 중인 이 초상화는 페드로가 우르비노에서 몬테펠트로의 페데리코(1422–1482)의 벽장에 그린 초상화와 많이 다르지 않다.

폰테 식스토　　　또 다른 희년을 기념한 건축물은 폰테 식스토다. 고대 다리의 잔해 위에 고전 시대 이후 테베레 강에 세워진 첫 번째 다리다. 대담한 공법으로 석회와 대리석으로 네개의 아치를 만든 이 다리는 폰테 산탄젤로의 혼란을 완화하며 도로 교통에 편리함을 제공했다. 이 도로 건축 계획은 피렌체인 돌치의 조반니노(15세기)가 피오라반테 마르티넬리(15세기)의 지원을 받아 실행했다.

시스티나 예배당

돌치의 조반니노는 예루살렘에 있는 솔로몬 신전의 크기(약 40x13x20미터)를 원전로 한, 로베레 가문 출신 교황의 가장 멋진 건축물인 시스티나 예배당의 건축가로 유명하다. 또한 시스티나 예배당은 가로로 둘러쳐진 세 개의 끈을 따라 전개되는 풍부풍부한 회화 장식　한 회화 장식으로 한층 유명하다. 작업은 페루지노라 불린 피에트로 바눈치(약 1450–1523), 아멜리아의 피에르마테오(1467–1502년에 활동, 별이 뜬 하늘을 그림), 피렌체 출신의 보티첼리(1445–1510)와 도메니코 기를란다요(1449–1494), 그리고 코시모 로셀리(1439–1507), 또 그들의 동업자인 핀투리키오(약 1454–1513), 루카 시뇨렐리Luca Signorelli(약 1445–1523), 가타의 바르톨로메오Bartolomeo della Gatta(1448–1502), 코시모의 피에로Piero di Cosimo(1461–1521), 안토니오의 비아조Biagio d'Antonio(약 1445–약 1510) 같은 15세기 후반에 활동했던 움브리아-토스카나 지역 최고 수준의 전문가들에게 맡겨졌다.

높은 곳에 있는 벽감에는 서른 명의 교황이 그려 넣어졌다. 아래에 가짜 태피스트리tapestry가 있고, 중앙에 이중 순환으로 이루어진 프레스코화 〈모세의 이야기Storie di Mosè〉와, 마주한 〈그리스도의 이야기Storie di Cristo〉가 라틴어 제목과 함께 교회법을 통해 교황의 탁월함을 칭송하고 있다. 이렇게 보티첼리가 그린 〈모세의 아들의 할례 Circoncisione del figlio di Mosè〉에 대한 구약의 성찬은 피에트로 페루지노가 그린 〈그리스도의 세례〉의 피를 흘리지 않는 그리스도교 성찬에 상응한다. 모세의 정치적 탁월함과 유대인들 사이에서의 아론Aaron의 종교적 탁월함을 소중하게 옮겨 놓은 보티첼리의 〈코라, 다단, 그리고 아비람의 처벌Punizione di Core, Datan e Abiron〉[도판 62]은 베드로와 그 후계자들의 일시적이고도 정신적인 탁월함을 옮겨 놓은 천장 중앙에 그려진 페루지노의 프레스코화 〈천국의 열쇠를 주심Consegna delle chiavi〉에 상응한다. 계획을 진행시키는 데 있어 교황은 개인적으로 1482년의 자료에 언급된 프란체스코회의 학식 높은 수사 피네롤로의 안토니오의 도움을 받았을 가능성도 있다.

성모 마리아의 헌신, 건축과 조각

식스토 4세는 성모 마리아에 대한 깊은 신심을 다양한 행동으로 드러내며 키웠다. 이후 미켈란젤로 부오나로티(1475-1564)의 〈심판Giudizio〉으로 덮여진, 페루지노의 프레스코화의 주제인 '성모 마리아의 승천'을 시스티나 성당에 봉헌하기도 했다. 그리고 1477년 교황에 의해 승인된 참배인 성모무염시태聖母無染始胎라 이름 붙여진 장례용 예배당을 1479년 12월 8일에 축성했다. 성 베드로 구대성당에 딸린 이 예배당은 당시에 대단히 칭송받던 화가인 페루지노가 프레스코화를 그렸으나 1609년에 파괴되었다. 교황의 죽음과 관련하여 조카인 줄리아노가 폴라이올로(약 1431-1498)에게 교황의 무덤에 세울 청동 기념상을 의탁했다. 당시 장례용 예배당 중앙에 세워졌고 오늘날에는 성 베드로 보물 박물관에 있는 이 작품은 장례식 전에 유명인의 시신을 안치해 놓는 관대棺臺로, 르네상스 조각의 걸작품으로 평가받는다.

교황의 성모 마리아에 대한 신심은 성당 건물에서도 드러난다. 아우구스티누스 수도회의 산타 마리아 델 포폴로 성당이 처음으로in primis 1472년부터 돌치의 조반니노에 의해 재건축되었는데, 로마 최초의 위대한 르네상스 성당으로 재탄생하면서 필리포 브루넬레스키(1377-1446), 레온 바티스타 알베르티(1406-1472), 그리고 베르나르도 로셀리노(1409-1464)가 작업했던 피엔차 두오모 건축의 영향을 받았다. 이외에도 산 지롤라모 예배당 안에 핀투리키오의 풍부한 장식을 도입했다(1477-1479). 로마 시대 네로 황제의 황궁전(37-68) 안에서 근래에 발견된 그로테스크한 장식의 첫 흔적들이 분명히 드러난다. 그리고 고객인 교황의 조카이자 추기경들인 로베레의 도메니코(1442-1501)와 로베레의 크리스토포로(1434-1478)의 기념비적인 대리석 무덤들은 롬바르디아 출신인 안드레아 브레뇨(1418-1503)와 토스카나 출신 피에솔레의 미노(약 1430-1484)의 작품이었다.

핀투리키오

미노와 안드레아는 조반니 달마타(약 1440-1509년 이후)와 함께 식스토 시대 로마 조각의 주인공들이었다. 세티냐노의 데시데리오(약 1430-1464)의 제자인 미노는 토스카나의 포스트-르네상스 조각의 우아함을 드러낸 대표적인 인물이었다. 반면에 안드레아는 건축에서 피렌체 출신의 바초 폰텔리Baccio Pontelli(약 1450-1492)를 대변하는 건축학과 유사하나 더욱 성숙하고 고고학적인 고전주의의 전달자였다.

바초 폰텔리

1482년에 우르비노에서 로마에 도착한 폰텔리는 몬토리오의 산 피에트로 성당과 오스티아Ostia 산타우레아 성당으로, 그리고 어느덧 식스토 시대를 지나 라파엘레 리아리오 저택으로, 그리고 도나토 브라만테(1444-1514)가 출현하기 전까지 이탈리아에서 고전주의의 최고 예술가로 기록되었다. 라파엘레 리아리오 저택은 후에 수상의 관저가 된다.

| **다음을 참고하라** |

역사 교회 국가(66쪽); 도시(166쪽)
철학 궁중 정치와 이상적인 통치자: 마키아벨리 이전의 권력에 대한 다양한 관점(372쪽)
과학과 기술 이탈리아 도시들의 건강 기구: 대학과 지방 위원회, 검역, 약전(411쪽)
문학과 연극 고대 문헌의 발견, 로마 신화 시민 인문주의(488쪽)

파도바와 페라라: 르네상스의 두 가지 변종

| 조반니 사수 |

15세기 이탈리아의 다면적인 지리학에서 파도바와 페라라는 특출한 두 장소였다.
이곳에서 새로운 르네상스 양식의 형태와 방식은 토스카나 특유의 가장 평화로운 조형
문화의 대안이 될 독특한 의미와 표현으로 가파르게 감소하는 것처럼 보였다.

파도바와 근대가 되는 고대

문화적 활기는 15세기 파도바의 독특한 특성이었다. 최고最古 이탈리아 대학 중심지
중 하나인 파도바는, 불과 수십 년 사이에 진정한 의미의 고고학적 열정과 연결되는
고대 문학 및 예술 증거에 대한 초기의 문헌학적 고찰을 이끌어 가는 중심지가 되었
다. 학자들과 실제 골동품 애호가들 사이에 고대 유물 수집이 대단히 확산되며 실용
적인 것이 되었다. 고대의 재탄생에 있어 이탈리아 궁정 내부의 핵심 인물이었던 안
코나의 치리아코(1391-1455), 펠리체 펠리치아노Felice Feliciano(1433-약 1480) 같은 인
물들이 파도바에서 초기에 양성 교육을 받고 인정받았던 것은 우연이 아니다.

　1443년에 도나텔로(1386-1466)가 베네토 지방의 한 도시에 도착한 것은 북부 지
역에 근대적인 조형 문화가 탄생했음을 표시한다. 파도바에서 활발하게 활동했던
10년 동안 〈가타멜라타 기마상〉 작업장(1446-1453)과 산토의 작업장(1447-1450)을
오가며 작업한 예술가는 다른 예술가들과 함께 고객들의 요구에 부응하고자 고대
에서 암시를 받아 이를 문화적으로 숙성시켜 구체적인 형태로 표현하는 활동 수단
을 구현했다. 그중 하나는 전반적으로 구상에 조형성을 강조하는 인물 표현에서처
럼 돋을새김에 윤곽 라인으로 구성되었다. 이러한 역동적인 기능 중에는, 도나텔로 **도나텔로의 활동**
의 정신적인 유산을 상속하는 선상에서, 여전히 파도바의 안드레아 만테냐(약 1431-
1506) 혹은 페라라의 코시모 투라(약 1430-1495) 같은 예술가들이 해당 지역의 전형
적인 문체로 변형될 때까지 작품을 만들게 하는 것도 포함되었다. 인문주의적으로
특별히 함축된 의미는 이탈리아 북부의 더욱 최신식 작업 공방에서 구현되었다. 프 **스카르초네 공방**
란체스코 스카르초네(1395-1468)의 작업 공방을 꼽을 수 있다. 자료에서 따르면 사
업가라는 편견을 떼어 내면 유능한 재능이 있다고 기억되는 뛰어난 화가였던 그는

고고학으로 풍부해진 표현주의 활동으로 감동을 주었다. 스카르초네는 자신의 남아 있는 유일한 작품들인 파도바 시민 박물관의 〈라차라의 다폭 제단화Polittico de Lazara〉(1449-1452)와 베를린 국립미술관의 〈아기 예수를 안고 있는 성모 마리아Madonna col Bambino〉(1455)에서 안드레아 만테냐부터 조르지오 스키아보네(1433/1436-1504)까지와 카를로 크리벨리(약 1435-1493년 이후)부터 마르코 조포(1433-1478)까지, 수십 년 동안 적용하게 될 자신의 독창적인 표현을 사용함으로써 고고학적인 취향과 도나텔로의 부조 세공 및 반짝거리는 형태에 대한 편애를 회화로 바꾸었다. 스카르초네의 교육 방법은 혁신적이었다. 그의 작업 공방은 고대 유물로 가득했는데 몇몇 유물은 1425년경의 '신화적'인 그리스 여행의 결실이었다. 이에 대한 연구는 자연 관점, 그리고 동시대 작품으로 가장 먼저in primis 도나텔로의 작품에 대한 관점에서 진행되었다.

회화로 새로운 시대의 시작을 표시했던 작품이자 파도바를 이탈리아 북부 조형 문화의 선두주자로 제시하는 작품은, 1944년에 폭격으로 절반 정도 파손되었으나 오늘날에는 천우신조의 사진 캠페인 덕분에 유명해진, 에레미타니 성당의 오베타리 예배당 장식이다. 고대의 정신과 토스카나로부터 유래한 근대적인 공간 감각은 15세기 중반에 페라라의 보노(1441-1461년에 활동), 포를리의 안수이노(15세기), 니콜로 피촐로Nicolò Pizolo(약 1421-1458), 그리고 특히 안드레나 만테냐가 오베타리 예배당의 벽화 작업에서 완벽하게 조성했다. 안드레아 만테냐는 특히 훌륭한 주인공들의 힘으로 이루어진 벽화 작업 현장에서 대단히 부각된다. 1448년에 펼쳐진 논쟁에서는 방치되었던 스카르초네의 작업 공방은 같은 해 파도바 성당의 예배당 작업에 참여하고 있었다. 이 작업은 1455년에야 완성되었다. 오늘날 만테냐는 오베타리 예배당에서 더 이상 인용되지 않지만 그가 그린 프레스코화 〈성 크리스토포로의 순교Martirio di san Cristoforo〉 혹은 〈헤로데 아그리파 앞의 성 야고보San Giacomo davanti ad Erode Agrippa〉에서처럼 인물의 구성 요소로 고대에 대한 참으로 진정한 사랑의 선언을 표현했다.

인물의 윤곽을 강조하는 불안정하고 바꾸기 쉬운 선은 도나텔로의 작품에 대한 명상에서 직접적으로 유래했고, 회화 영역에서 알려지지 않은 기교의 정점에 도달했다. 선의 엄격함과 결합된 그의 그림이 갖는 도덕적 엄격함은 만토바에서 1460년부터 시작해 거의 쉼 없이 지속된 오랜 활동 기간 동안 화가의 표식이 되었다.

오베타리 예배당

페라라, 양식의 교차로

페라라에서의 시각예술의 운명은 에스테 가문과 연결되어 있었다. 페라라의 영주인 니콜라오 3세(1383-1441)와 아들 레오넬로(1407-1450)가 15세기 전반기를 지배했다. 국제적인 '달콤한 양식dolce stile' 애호가들이 재능 있는 인문주의자 베로나의 구아리노(1374-1460)의 페라라 도착을 용이하게 했다. 반면에 레오넬로의 호기심과 수집에 대한 탐욕은 연속적으로 예술가들과 작품들이 몰려드는 환경을 조성했다. 1440년대에 페라라에서 안토니오 피사넬로(약 1395-약 1455), 야코포 벨리니 (약 1400-1470/1471), 만테냐, 레온 바티스타 알베르티(1406-1472)의 존재, 로히어르 판 데르 베이던(약 1400-1464)의 작품, 그리고 1451년에 피에로 델라 프란체스카 (1415/1420-1492) 역시 흔적을 남겼다. 북유럽의 문화와 단단하게 결합할 수 있게 기여하는 태피스트리와 금은세공 제조부터 조각까지, 화가畫架에 얹어서 그리기 알맞은 크기의 그림부터 축소된 크기까지 다양한 범위에 달하는 모든 것이 에스테 가문의 주문을 둘러싸고 돌아갔다. 이 예술적 및 지적 열정은, 어쩌면 1441년에 야코포 벨리니와 경쟁하여 피사넬로가 완성한 〈에스테의 리오넬로 초상Ritratto di Lionello d'Este〉(베르가모, 카라라 아카데미아) 혹은 샤를 5세 시대에 프랑스에서 실행되고 레오넬로에 의해 이탈리아에 도입된 경이로운 기술인, 에나멜로 된 환조丸彫, ronde-bosse로 이루어진 멋진 유물함Reliquiario(몬탈토 마르케, 식스토 주교 박물관) 같은 걸작으로 남았다.

에스테 궁정의 인문주의자들

시뇨리아의 스타일: 보르소 시대와 페라라 작업장

에스테의 보르소Borso d'Este의 페라라 지배(1450-1471)와 더불어 레오넬로 궁정의 지침에 전적으로 상응했던 국제적인 고딕 형태는, 영주와 궁정이 독점했던 환상적이고 화려한 색상의 표현과 탐구하는 조형 언어로 대체되고자 신속하게 버려졌다. 이 새로운 코드는 회화만이 아니라 다른 예술 분야에서도 대단한 일관성과 균일성을 보여 준다. 첫 번째 증거로 세밀화에서 특히 표현과 색상 범위에서 가장 급격한 변화를 분명하게 드러냈다. 보르소의 성경 두 권(1455-1461, 모데나, 에스텐시 도서관)에는 금은세공과 북유럽 회화의 세련된 우아함만이 아니라 이탈리아 르네상스 문화의 원근법까지 담겨 있다. 그 내용은 좀 더 늦게, 스키파노이아 궁 열두 달의 방의 넓은 벽에서 발명의 천재 타데오 크리벨리Taddeo Crivelli(약 1425-약 1479)와 루시의 프랑코(15세

상상과 색상

기 후반)가 조정한 다른 예술가들의 개입이 어떻게 이루어졌는지를 보여 준다. 모두 보르소가 자신의 위대함을 과시하려고 손님들에게 즐겨 보여 주던 걸작품을 만든 이들이다.

〈뮤즈〉의 순환 신중하고 유사한 혼합이 보르소가 자신의 계획을 본질으로 변경하고 다시 완성을 시도했던, 레오넬로가 상상했던 〈뮤즈Muse〉를 특징짓는다. 페라라의 예술 발전에 중요한 순환 중 하나로, 로이허르 판 데르 베이던의 추종자인 시에나 출신의 안젤로 마카니노(1439-1456년에 활동)의 날렵한 우아함에 미켈레 판노니오(1415-1464년에 활동)의 기이한 표현력이 중복되었다. 작업의 두 번째 단계인 에스테의 보르소 시대에는 미켈레 판노니오가 그린 〈뮤즈 탈리아Musa Talia〉(1458-1461, 부다페스트, 미술 박물관)와 코시모 투라의 〈칼리오페Calliope〉(1458-1463)가 남았다. 이 작품들은 피에로 델라 프란체스카의 완벽한 부피감, 보석의 반짝거림의 암시, 그리고 일부 고대로부터 유래한 비이성적인 장식으로 포장된 환상적인 형상 사이에서 완벽한 융합을 분명하게 드러냈다. 이 실험주의 시기를 '페라라 작업장'이라고 정의했던 로베르토 롱기(1890-1970)의 표현은 선형적이고 형식적인 내면의 분노다.

투라와 코사의 프란체스코 투라 자신과 코사의 프란체스코(약 1436-약 1478)가 아주 빠르게 판노니오에 접근했다. 두 예술가는 형식적이든 운영 체계든 거의 대체 가능한 두 개의 그림 세계를 대표한다. 투라는 마치 만토바의 곤차가 궁정에서 만테냐가 귀하고 서민적인, 그리고 장식적이고 표현적인 언어를 만들어 냄으로써 더욱 다양한 기술 영역에서 고유한 스타일을 구현했듯이, 에스테 가문의 장식 계획을 독보적으로 해석해 내는 궁정 화가의 원형이었다. 투라는 보르소가 그에게 임무를 맡긴 1458년부터 벨피오레의 장식 작업 참여에서 말의 담요와 마갑馬甲까지, 그리고 약 1470년의 기념비적 사업인 주교좌성당 기관(오늘날 주교좌성당 박물관)의 문에 이르기까지 전혀 다른 성격의 일들을 열정적으로 수행했다. 투라의 시적 세계는 네 개의 그림 장면으로 잘 정의할 수 있다. 즉 15세기 이탈리아에 나타난 더욱 활발한 것들 중 선형 긴장감을 통해 피에로 델라 프란체스카의 부피감을 활성화했다. 어두운 달의 분위기는 일상적인 현실과 동떨어진 이질감과 거리감을 또렷하게 표현한다.

반면에 토스카나와 볼로냐에서의 경험으로 풍부해진 코사의 여정은 아주 다르게 나타났다. 그 결과 더욱 건조하고 부드럽고 조형성 있는 그림이 나왔다. 그는 동시대의 조각가들과, 특히 당당한 부피감으로 성모 마리아와 성인들의 형상을 만들었던 피렌체 출신의 안토니오 로셀리노(1427-1479)와 열린 대화를 시작했다. 예리한 자연주의와 밝은 색상 범위 때문에라도 투라와 코사를 구별해 낼 수 있다. 팔라초 스키파노이아 궁의 열두 달의 방에 그려진 그림에서 드러나듯이, 도메니코 베네치아노 **스키파노이아 궁의** (1410-1461), 카스타뇨의 안드레아(약 1421-1457), 그리고 알레소 발도비네티(1425-**열두 달의 방** 1499)의 밝은 피렌체 화풍을 직접 알게 됨으로써 생겨났다.

아무튼 1460년대가 끝나기 조금 전에 보르소가 진정한 개인적 기념물인 스키파노이아의 열두 달의 방 장식을 개인적으로 맡겼다. 초상화에 대한 강박관념(보르소는 36회나 등장)으로 표시된 순환 구조의 시도는, 시간 구성 예술의 역사에서 몇 가지 공통점이 있다. 펠레그리노 프리스차니Pellegrino Prisciani(1435-약 1518)는 궁정의 점성가와 사서가 설계한 순환을 에스테가 궁정 문화에 스며들었던 점성술의 상징주의, 고전 신화, 그리고 보르소 개인의 찬양 욕구 사이에서 놀라운 균형으로 나타냈다. 소수의 예술가 무리가 여기 매달려 작업했는데, 그중 코사 자신과 빈첸차의 게라르도(1436-1475년에 활동), 그리고 어린 로베르티의 에르콜레(1455/약 1456-1496)가 포함되었다. 〈사월Aprile〉 같은 코사의 프레스코화나 에르콜레의 그림에서 표현주의의 가속과 반대되는 경향인 평화롭고 밝은 형태의 전개가 높이 평가되었다. 〈불카누스의 대장간Fucina di Vulcano〉은 격렬한 표현의 바탕에서 투라를 따르고 뛰어넘으려는 의지를 드러냈다.

스타일의 이탈리아화를 향하여

공작이 지불한 대가에 실망한 코사의 프란체스코는 볼로냐로 옮겨 갔다. 코사는 볼로냐에서 더욱 신중한 후원자와 그의 원근법과 빛의 연구를 위한 기반을 찾은 듯했다(1473년경에 산 페트로니오 성당에 로베르티의 에르콜레와 함께 작업한 유명한 〈그리포니 다폭 제단화Polittico Griffoni〉의 경우).

보르소가 팔라초 스키파노이아 궁에서 자축하고 있는 동안에, 이 시즌의 종말이 진행되었다. 1471년, 보르소는 장식이 완성된 지 몇 달 후에 사망했다. 뒤를 이어 도시에 더욱 관심을 가지고, 더욱 금욕적인 인물인 에르콜레 1세(1431-1505)가 등장했다. 1492년부터 에르콜레는 사실상 건축가 비아조 로세티(약 1447-1516)가 고안한 **로세티의** 도시 조정 계획의 실현을 개시했다. 근대적이고 이성적인 새로운 르네상스 도시를 **조정 계획** 중세 도시 옆에 세움으로써 도시 표면을 한번에 배가시키고 도시를 북쪽 방향으로 확장시키는 것이었다.

반면에 자신의 길을 침착하게 계속 걸었던 투라의 탁월함으로 회화 분야에서 기준 지평이 변했고, 기이하고 불규칙적인 특성이 해체되기 시작했다. 적어도 예술가들 중 몇몇은 얼마간 페라라에서 멀리 떨어져 작업했던 반면에, 로베르티 같은 보다 젊은 예술가들은 표현의 통일로 자신의 양식을 규칙화하려는 경향을 보였다. 로베르토 롱기(1890-1970)는 이러한 경향을 '스타일의 이탈리아화'라고 효과적으로 정의했다.

1480년에 라벤나 성당에 그려졌고 오늘날에는 밀라노 브레라 화랑에 있는 웅장한 〈포르토의 산타 마리아 성당 성화Pala di Santa Maria in Porto〉가 이를 잘 증거한다. 제단화가 놓인 독특한 장면의 선택은 근대적이다. 높고 창의적인 모양의 성모가 앉아 있는 왕좌는 관찰자에게 멀리서 풍경을 탐구해 볼 가능성을 남겨 두는 반면, 인물의 설정은 형태와 움직임 면에서 모두 안정적이고 단순하다. 이 새로운 고전주의는 메시나의 안토넬로(약 1430-1479)와 조반니 벨리니(약 1431/1436-1516)가 만든 제단화에서 영향받은 것이 분명하며, 로베르티에 의해 자리 잡은 듯하다.

에스테 가문이 주도했던 위대한 시즌은 이 작품으로 마무리되었다. 15세기 말경에 페라라 역시 로렌초 코스타(1460-1535)와 보카치오 보카치노(약 1465-1525)를 통해 '통합된 색상을 통한 부드러움'의 표현(조르조 바사리) 및 16세기와 성숙한 르네상스에 근대적인 방식의 길을 여는 단계인 피에트로 페루지노 특유의 균형 잡힌 구성 시즌에 참여했다.

| 다음을 참고하라 |
역사 도시(166쪽)
철학 아그리콜라(367쪽)
과학과 기술 이탈리아 도시들의 건강 기구: 대학과 지방 위원회, 검역, 약전(411쪽)

〈포르토의 산타 마리아 성당 성화〉

몬테펠트로의 페데리코 시대의 우르비노
| 실비아 메데 |

몬테펠트로의 페데리코의 통치 중에, 특히 1450-1460년대 우르비노에서는 저명한
학자와 예술가들의 기여로 뛰어난 문화가 꽃피웠다. 우르비노는 군주의 야망과
인문주의적 관심의 특혜를 받은 곳이었다. 당대 가장 최신식이었던 넓은 영주의 저택을
완성하는 사업은 세 개의 주요 단계로 나눌 수 있다.

인문주의자 지휘관

몬테펠트로 가문의 페데리코(1422-1482)는 1422년 6월 7일에 페트라이아 성에서
귀단토니오(1377-1443)의 서자로 태어났다. 그는 밀라노 비스콘티 공작과 교황 사
이의 평화 협정으로 볼모마냥 베네치아로 옮겨 갔다. 이어서 아버지가 동맹 맺었던
만토바 궁정에 머물렀고, 그곳에서 펠트레의 비토리노(약 1378-1446)의 가르침을
받았다. 페데리코는 1437년에 마사 트라바리아 영지의 영주이자 기사로 지명되었
고, 음모로 살해당한 이복동생의 죽음으로 1444년에 우르비노의 통치자 역할을 떠
안고 1482년 9월 10일에 페라라에서 죽음을 맞이할 때까지 공작 작위를 유지했다.
1459년에 말라테스타 가문을 쳐부수면서 로마냐까지 권력을 확장했다. 이듬해에
마르케 지방의 강력한 권력자인 알레산드로 스포르차(1409-1473)의 딸 바티스타 스
포르차(1446-1472)와 혼인한 그는 식스토 4세(1414-1484, 1471년부터 교황)로부터 공
작 및 장관 직위를, 영국 왕으로부터 가터Garter 훈장을, 그리고 나폴리 왕으로부터
왕의 망토를 장식하는 데 쓰이는 흰담비족제비의 털로 만든 목도리를 받았는데, 나
폴리 왕에게는 친화 정책을 펼쳤고 교황에게는 동맹 정책을 썼다.

아주 젊었을 적부터 용맹한 군인이자 위대한 지휘관으로 유명했던 그는 스스로 **용맹한 군인**
몬테펠트로의 페데리코 국가의 수장으로 활약했다. 그리고 뛰어난 능력으로 1450-
1460년대에 이탈리아 전체에서 가장 풍족하고 최신식 문화 풍토의 탄생을 고취시킴
으로써 우르비노에 큰 명성을 안겨 주었다.

우르비노 궁정의 작가와 예술가들

비록 우르비노 궁정에 인문주의자들로 구성된 고정 집단이 형성된 적은 없었을지언정 두드러지는 인물들과 그들과 페데리코와의 관계는 기록으로 남아 있다. 특별한 것은 베사리온(1403-1472) 추기경, 레온 바티스타 알베르티(1406-1472), 그리고 비스티치의 베스파시아노(1421-1498)와의 관계였다. 페데리코는 전쟁술과 과학 분야만이 아니라 역사, 문학, 그리고 철학 분야를 육성할 의도를 지닌 인문주의자 군주의 신화 탄생을 위해 자신들의 작품으로 크게 기여했던 학자들의 찬사를 받았다. 즉 피에란토니오 팔트로니(15세기)가 '허가'한 전기 및 후속 작품에 실린 이야기의 대부분을 결정짓는 「우르비노 공작 페데리코의 삶과 훌륭한 업적에 관한 논평Commentari della vita et gesti dell'illustrissimo Federico duca d'Urbino」부터 베스파시아노에 의해 자주적으로 쓰인 전기까지, 페데리코에게 헌정된 다양한 전기에 그에게 바치는 찬사가 표현되어 있다. 공작이 가진 폭넓은 관심의 지평을 매우 잘 나타내는 것은 당대 주요 도서관 중 으뜸이었던 그의 도서관이다.

풍부한 도서관

페데리코의 지적 개방성 및 후원자로서의 지략은 토스카나 문화 환경에서 형성된 예술가에 대한 기부금 제도 덕분에 독특한 캐릭터를 개발할 수 있었으며 예술 작품의 풍성한 결실에 기여했다. 플랑드르 예술에서 유래한 페데리코가 무척이나 사랑한 묘사 능력만이 아니라 건축에 대한 강한 관심, 원근법에 대한 견고한 설정, 그리고 비율에 대한 연구는 우르비노 예술 세계의 변별적인 특징이었다. 이러한 맥락에서 도나토 브라만테(1444-1514)와 라파엘로(1483-1520)와 같은 다음 수십 년의 저명한 주인공들이 등장할 수 있는 토대가 형성되었다.

우르비노에서 탄생한 기본적인 작품들은 피에로 델라 프란체스카(1415/1420-1492)의 〈태형〉(우르비노, 마르케 내셔널 갤러리), 둘로 접을 수 있는 목판 성상화인 〈승리〉[도판 22]와 〈바티스타와 페데리코 초상Ritratti di Battista e Federico〉(피렌체, 우피치 미술관)[도판 21], 그리고 오늘날에는 브레라 미술관에 있지만 원래 산 베르나르디노 성당에 있던 〈성스러운 대화Sacra Conversazione〉다. 출산으로 인한 부인의 죽음에 이어 1472-1474년에 공작의 후원으로 만들어진 작품인 〈성스러운 대화〉는 브라만테의 영향을 예상하는 그리스도교적 구획으로 설정되었다. 피에로는 우르비노와의 접촉으로 몬테펠트로의 페데리코에게 헌정하는 『회화의 투시화법』이라는 논문 한 편을 썼다. 그리고 『5개의 정다면체에 관하여Libellus de quinque corporibus regularibus』가 수학자 루카 파촐리(약 1445-약 1517)의 이름으로 번역되어 등장했는데, 그는 『신성한 비례』의 저자로, 동일한 시기에 우르비노에 소개되었다.

카르네발레 수사라는 이름으로 작품을 만든 바르톨로메오 코라디니(?-1484)는 당시의 문화 풍토를 표현했다. 〈타볼레 바르베리니Tavole Barberini〉가 그의 작품이다. **〈타볼레 바르베리니〉** 〈성모 마리아의 탄생Nascita della Vergine〉이든 〈사원의 성모 마리아의 출현Presentazione di Maria al Tempio〉(오늘날 뉴욕 메트로폴리탄 박물관과 보스턴 순수미술 박물관에 보관)이든 화가의 그림들은 페데리코 공작의 영향력을 상기시키는 고대의 표현 방식에 의한 건축학적 원근법 안에서 진행되었다. 몇몇 학자에 따르면 이상적인 도시를 표현한 제단화가 동일한 환경에 속하며, 가장 유명한 것은 우르비노 마르케 내셔널 갤러리에서 보관 중이다(다른 제단화들은 베를린 국립미술관, 볼티모어 월터스 미술관에 있다). 익명의 제단화들은 여전히 새로운 우르비노 모델을 향한 르네상스의 이상적 열망을 구현하고 있었다.

영주의 거주지: '건물 형태로 된 도시'

전기 작가에 의한 보고 및 주요 건축의 인문주의적 주제topos에 대한 응답인 페데리코의 건축에 대한 관심은, 그 이미지와 역할의 긍정과 자기 정당화 정책에 중심 역할을 했던 자신의 저택 설계에 직접 참여한 것으로 해석이 가능하다. 피에로 델라 프란체스카의 참여가 추정되고 여러 예술가 집단이 작업한 결실로 평가받는 이 놀라운 사업은, 낡은 궁정 건물(졸레Jole라고 불린 구역에 상응하는)을 근대적인 르네상스풍 저택으로 변환시키는 것이 목표였다.

부친에 의해 시작된 계획을 재개한 페데리코는 메디치의 코시모 1세(1389-1464)와의 관계 때문에 피렌체 모델을 참고했고, 미켈로초 미켈로치의 제자인 바르톨로 **피렌체 모델** 메오 마소(1406-약 1456)의 봉사를 받았다. 페데리코는 그에게 저택 내부를 꾸밀 조각 장식 지휘를 맡겼다. 1464년까지 진행될 건설 현장의 새로운 계획의 총괄을 맡겼을 수도 있다.

페데리코의 정치권력 상승과 경제적인 가용성과 일치하는 날짜를 기점으로 두 번째이자 더욱 야심찬 작업 단계가 시작되었다. 1464년에 건물 확장에 조언하고 획기적인 디자인으로 기여한 레온 바티스타 알베르티의 존재가 우르비노의 기록에 남았다. 발다사레 카스티리오네(1478-1529)는 이것이 우르비노 도시 차원의 사업임을 강조하며 '건물 형태로 된 도시'에 대해 이야기했다.

만토바에서 곤차가 가문을 위한, 그리고 페사로에서 스포르차 가문을 위한 업무로 획득한 명성 덕분에 루치아노 라우라나(약 1430-약 1502)가 작업에 투입되었다.

루치아노 라우라나 그는 군사 건축학 전문가이기도 했다. 중앙 궁정에 배치된 네 개의 동이 피렌체의 메디치 저택과 피엔차의 피콜로미니의 건축 유형에 부합했다면, 우르비노 저택의 다른 특징들인 옥상정원의 존재와 평면 조직은 로마 교황위원회의 팔라초 베네치아 모델에서 유래했다. 라우라나는 주요 외관처럼 궁리된 팔라초의 소위 작은 탑이라 불린 서쪽 정면의 건축에 개입했다. 나폴리의 카스텔 누오보 입구를 떠올리게 하는 이 모습은 요새다운 면모와 당대의 영주 저택이 가졌던 전형적인 특성, 그리고 위임자의 정교한 인문주의적 흥미에 기인한 열려 있는 풍경 사이에서 흥미로운 균형을 달성했다[도판 7].

작업의 세 번째 단계

1468년 6월에 건축가의 사회적 역할에 대한 특별한 인정 징표인 작업 감독 허가증이 수여된 라우라나는 아마도 바티스타 스포르차의 이른 사망에 의한 작업 중단으로 1472년에 해고당했을 것으로 보인다. 그 결과로 1474년에 개시된 건설 현장의 새로운 감독이 된 인물은 시에나 출신의 조르조 마르티니의 프란체스코(1439-1501)다.

조르조 마르티니의 프란체스코 건축가이자 군사 및 수력학 공학자 외에도 화가이자 조각가였던 그의 개입으로 광장 외관 작업이 계속되었다. 몇몇 이들에 따르자면 그의 전임자에 의해 설정되었을 것으로 여겨지나 당대의 가장 일관성 있고 조화로운 사례로 만들어진 모퉁이 해결책으로, 완성된 기둥의 아치형 구조물이 배치된 사각형의 안마당을 배치했을지도 모른다. 프란체스코는 페데리코가 건물 내부에 자신을 위해 세워지기를 원했던(그러나 실현되지 못했던) 원형으로 된 탑을 디자인했고, 몬테펠트로 정부의 지배와 옹호를 받는 몇몇 요새 건물(사소코르바로, 산 레오, 칼리의 요새를 떠올리게 한다)만이 아니라 대성당 재건, 산 베르나르디노 성당(공작이 매장된 곳) 건축 또한 담당했다.

페데리코의 서재

마르티니는 밀라노 출신의 조각가이자 건축가인 암브로조 바로치(15세기)가 핵심 주역으로 작업한 건물 내부 장식의 작업 감독도 맡았다. 그리스도교 문화 가까이에

건축가가 고전적인 문화의 회복과 연결한 신성모독적인 차원의, 즉 전형적인 르네
상스와의 공존을 나타내는 페르도노 예배당과, 뮤즈의 소사원에 할애된 공간과 함
께 페데리코의 문화적 열망을 보다 잘 보여 주는 장소는 그가 애용하던 서재였다. 작
은 탑 구역에 위치한 서재는 그림 장식을 그려 넣었고, 상감 세공으로 꾸며졌다. 도
상학 계획은 화해에 대한 페데리코의 바람대로 고대로부터 전해지는 전형적인 책이
전하는 가르침에 따라 지적 사색을 하는 명상하는 삶과 더불어 정의를 구현하는 활
동적인 삶을 반영했다. 이런 의미에서 공작의 초상화는 두 분야에 관련된 상징으로 활동적인 삶과
명상하는 삶
꾸며졌다. 상감 세공으로 꾸며진 것은 여전히 서재에 보관 중인데, 몇몇 이들에 따르
면 페드로 베루게테(1450/1455-약 1504)의 작품이다. 그리고 다른 사람들에 따르면
익명의 이탈리아 거장이 그린 제단화는 마르케 내셔널 갤러리(우르비노)에 보관 중
이다. 서재에는 고대 문학 전통에 따라 구상된, 모범으로 삼을 만한 유명인들의 초상 유명인들의 초상화
화 스물여덟 점이 걸려 있었다. 베루게테의 공동 작업으로 도움을 받은 플랑드르 화
가 겐트의 요스(1460-1475년에 활동) 덕분에 그려진 이 그림들은 파리 루브르 박물관
에서 최종적으로 구입함으로써 17세기 중에 서재에서 해체되어 떨어져 나갔다. 현
지에 나무에 매달린 나무 쪽매붙임 세공이 여전히 남아 있다[도판 14]. 어쩌면 조르조
마르티니의 프란체스코의 디자인을 기반으로, 1479년에 우르비노에서 페데리코가
관심을 가지고 있던 일련의 사물(서적, 과학 및 음악 도구, 전투 무기)들을 환상적으로
묘사했던 바초 폰텔리(약 1450-1492)의 피렌체 작업 공방에서 만들어졌을 수도 있
다. 원근법적 기교와 플랑드르 표현법의 세심함을 담고 있는 이 서재는 당시 우르비
노 문화를 상징적으로 통합한다.

| 다음을 참고하라 |
과학과 기술 레오나르도 다 빈치(442쪽)
시각예술 피에로 델라 프란체스카(700쪽); 도나토 브라만테(810쪽)

만테냐와 곤차가 가문의 만토바

| 스테파노 피에르귀디 |

안드레아 만테냐는 1460년 만토바에서 곤차가 공작 가문 3세대를 위한 작업을
진행했다. 화가와 후원자를 결합시킨 방식은 고대에 대한 열정에 기인한 것이었다.
영주의 대리석 수집품과, 안티코라고도 불렸던 조각가 피에르 자코포 알라리
보나콜시의 청동 제품에 둘러싸인 만테냐는 〈체사레의 승리〉로 15세기의 모든 회화
중에서 가장 강렬하게 고전 세계를 재현해 냈다. 또한 에스테의 이사벨라의
유명한 서재 그림 장식에 주역으로 참여했다.

만테냐와 1460년 이전의 만토바

파도바 근처의 카르투로의 이솔라에서 태어난 안드레아 만테냐(약 1431-1506)는 아
주 어릴 적인 1442년에 프란체스코 스카르초네(1395-1468)의 파도바 작업 공방에
들어갔다. 그리고 그곳에서 로마에서 가져온 고대 부조와 모델을 공부할 기회를 얻
었다. 파도바는 1440년대부터 이곳에 머물던 도나텔로(1386-1466), 파올로 우첼로
(1397-1475), 그리고 필리포 리피(약 1406-1469)와 더불어 이탈리아 북부에서 토스
카나 르네상스의 침투를 위한 교두보 역할을 했다. 1448년에 만테냐가 속한 화가 무
리에 의해 시작되었고 1457년에 그에 의해 자율적으로 종료된(1944년의 폭격으로 현
초기의 명성 재 대부분이 파손되었다) 오베타리 예배당 장식은 1456년에 이미 만토바에까지 그 명
성이 도달한 예술가의 솜씨가 높은 경지에 달했음을 보여 준다. 1432년에 룩셈부르
크의 지기스문트(1368-1437) 황제로부터 후작 작위를 획득한 잔 프란체스코 곤차
가(1395-1444) 시대부터 만토바는, 특히 인문주의자인 펠트레의 비토리노(약 1378-
1446)가 설립한 스쿠올라 덕분에 인문주의 문화의 중심지가 되었다. 피사넬로(약
1395-약 1455)는 1439년에 잔 프란체스코 궁정에 그린 〈가족familiare〉으로 기억된
다. 이 그림은 그가 1440년대 초반에 베키아 궁정의 팔라초 두칼레에 기사를 주제
로 그린 미완성 프레스코화다. 비토리노의 스쿠올라에서 교육받은 루도비코 곤차가
(1414-1478)는 1447년에 피사넬로에게 부친을 기념하는 메달 제작을 의뢰했다. 비
스콘티, 스포르차, 에스테 가문을 위해 예술가들이 만들었던 다른 메달들과 마찬가
지로, 로마 제국의 모델을 본뜬 잔 프란체스코가 새겨진 메달은 곤차가 가문의 골동

품에 대한 관심을 일찌감치 증언하는 것이었다.

1459년에 레온 바티스타 알베르티(1406-1472)가 만토바에 도착했고, 그곳에서 산 세바스티아노 성당과 산탄드레아 성당을 위한 설계를 시작했다. 1472년에야 비로소 개시된 산탄드레아 성당 건축은 알베르티의 이론적 고찰을 중심으로 한 계획적인 고대로의 회귀를 가장 성숙하게 표현했다.

1456-1459년에 파도바에서 제노바에 있는 산 제노 성당의 제단화를 만드는 데 전념하고 있던 만테냐는 루도비코가 그를 반복적으로 초대했던 만토바로의 출발을 미루고 있었다. 1460년에는 다른 일을 맡는 것을 막는 궁정 화가의 임무를 받아들이면서 영구적으로 이 도시에 정착했다. 만토바에 기여한 만테냐의 역할은, 페라라에 에스테의 보르소(1413-1471) 궁정과 1458년에 페라라에서 일한 코시모 투라(약 1430-1495)의 역할과 아주 유사하지만, 근본적으로 거의 50년이라는 시간 동안 후원자를 위해 예술가가 완성한 사업의 광대함과 특별함으로 인해 15세기에 유일한 사례로 남았다. _{파도바에서 그다음에 만토바에서}

파도바에서 그다음에 만토바에서

신혼의 방

만테냐의 만토바에서의 첫 번째 임무는, 이미 16세기에 분할된, 〈성모 마리아의 죽음Transito della Vergine〉(오늘날 프라도에 있음)에 영향을 받은 산 조르조 성채 예배당 장식(1460-약 1465)이었다. 그는 만토바의 성문에 민치오Mincio 강에 의해 형성된 석호를 가로지르는 산 조르조 다리를 배경으로 그려 넣었다.

만테냐가 루도비코를 위해 실현한 가장 중요한 임무는 1465-1474년에 산 조르조 성채에 그린 프레스코화로, '결혼의 방Camera Picta'이라고도 잘 알려진 신혼의 방 그림이다. 정사각형의 방 옆과 정면에는 환상적인 장면이 그려져 있다. 정면 중앙의 둥근 창은 푸른 하늘을 향해 열려 있는데, 몇 명의 여인들이 얼굴을 내밀고 있으며, 발코니처럼 환상적으로 그려진 그 둥근 창에서 푸토들은 대담할 정도로 밖을 엿보며 놀고 있다[도판 2]. 주변의 소란반자 안에는 가짜 화환과 꽃차례로 꾸며진 화려한 장식이 체사레의 초상이 그려진 여덟 개의 큰 메달 주변을 둘러싸고 있다. 반면에 벽에 그려진 작은 달 위에 있는 장막 안에는 신화에 나오는 에피소드를 모자이크한 배경에 가짜 대리석 부조로 새겼다. 복잡한 장식은 후작과 만테냐 자신의 고대에 대한 사랑을 분명히 드러낸다. 네 개의 벽은 위에 얹어 놓은 기둥머리를 받치는 기둥이 생생 **고대에 대한 사랑**

하게 늘어서 있는 로지아loggia(한쪽에 벽이 없는 복도 모양의 방*)가 계속되는 듯 처리했다. 궁정 생활을 묘사한 그림 장면들이 북쪽과 서쪽까지 펼쳐진 벽은 가죽으로 된 섬세한 커튼으로 가려져 있다. 그리고 북쪽 벽 거의 전체에 건조 페인트로 그린 루도비코와 그의 아내 브란덴부르크의 바르바라(1422-1481)와 그들의 측근들에 대한 묘사가 유명하다. 여기서 사용한 표현 기법인 환각법은 당대 예술의 특별한 정점을 드러냈다. 오른쪽에 그려진 계단을 통해 들어온 홀의 벽난로는 홀의 바닥 선을 표시하며, 중앙 기둥에 기대선 사람은 관찰자와 동일한 공간에 있는 듯이 보인다. 만테냐는 후원자의 삶의 순간을 정확하게 그림으로 표현해 냈지만, 이미 16세기부터 훼손되어 그림 속 에피소드를 알아보기가 힘들었다. 루도비코는 왼쪽에서 내밀어진 간략한 서류를 막 받아들고 있다. 방의 서쪽 벽에 묘사된 둘째 아들 프란체스코(1444-1483)의 추기경 임명 문서로, 교황이 보낸 것이다. 서쪽 벽 중앙 문 위에 몇몇 푸토가 프레스코화 작업 종료를 기록한 날짜가 적힌 라틴어 비문을 잡고서 이 문을 후원자에게 헌정하고 있다. 만테냐는 방의 장식을 '소소한tenue' 작품이지만 '섬세하다'는 뜻의 라틴어 OPUS HIC TENU라고 지칭했다. 화가는 거기에서 몇 센티미터 위, 벽 기둥의 가짜 꽃차례 사이에 자신의 자화상을 자랑스럽게 집어넣었다.

만테냐와 고대와의 관계

1464년 9월 23일 만테냐는 고대인마냥 차려입은 세 명의 친구와 유쾌하게 어울렸는데, 그중 한명인 펠리체 펠리치아노(1433-약 1480)는 가르다Garda 호수 기슭에서 아우구스투스 황제 시대의 유물을 찾아가는 여행, 특히 일찍이 14세기부터 시작된 파다나 지역에서의 탐욕스럽게 수집한 값진 비문 유물을 찾고자 여행을 떠나는 장면을 묘사한 글을 남겼다. 곤차가 궁정의 후원과 만테냐의 오랜 경력을 특징짓는 그의 고대에 대한 열정을 상징적으로 드러내는 일화다.

1478년에 루도비코의 죽음으로 그의 아들 페데리코가 만토바의 세 번째 후작이 되었다. 그리고 만테냐는 1481년의 페데리코의 딸 키아라(1464-1503)의 결혼식을 계기로 자신의 골동품 문화의 역작인, 오늘날 루브르 박물관에 있는, 〈성 세바스티아노San Sebastiano〉를 절묘한 솜씨tour de force로 그렸을 것으로 추정된다. 성인은 화려하게 장식된 고전적인 건물 잔해와 관련 있고, 기둥 위에 걸쳐 놓은 수평 부분인 엔태블러처entablature(지붕을 받치는 부분*)와 돋을새김 조각 위에 발을 받치고 있다. 뒤로는 크게 성장한 도시의 전망이 보인다.

만테냐는 로마에 대한 문헌학적인 지식이 없었다. 그의 지식은 파다나 지역에서 이용할 수 있는 모든 문학이나 간접적인 시각적 원천, 그리고 고대의 웅장함에 대한 직감적인 환기뿐이었다. 그는 사실상 1488년에야, 18세기 말엽에 전적으로 손실되는, 복합 단지인 바티칸의 팔라초 벨베데레에 인노첸시오 8세(1432-1492, 1484년부터 교황)의 예배당을 장식하기 위해 처음 로마로 향했다. 만테냐가 로마의 고대 모델을 복사했다고 전혀 증명되지 않았음에도 불구하고 또한 어느 정도 논란의 여지가 있는 디자인 특징은 별도로 하더라도, 화가의 스타일은 도시 로마에서 기존에 볼 수 있던 것에 대해 직접적으로 영향받은 것 같지는 않다.

이를 확인하는 데 있어서 만테냐가 1486-1505년이라는 오랜 시간에 걸쳐 그린 아홉 개의 커다란 그림인 〈체사레의 승리Trionfi di Cesare〉가 존재한다. 로마로 여행하 〈체사레의 승리〉 기 전에 시작된 이 그림은 표현법의 급진적인 변화를 드러내지는 않는다. 루도비코에 의해 이미 사업이 시작되었을 가능성을 배제할 수 없을지라도, 하늘이 내린 후원자는 1484년부터 후작이었던 프란체스코 2세(?-1519)였을 것으로 추정된다. 적어도 1521년부터 산 세바스티아노 저택에 걸린 그림의 원래 목적지는 논의의 여지가 있다. 이 건물은 이 그림을 걸기 위해 지어진 듯하다. 1501년에 몇몇 그림은 거의 태피스트리인 연극 장치를 위한 일시적인 장식처럼도 사용되었다. 1486년에 만토바에 손님으로 머물던 에스테의 에르콜레 1세(1431-1505)는 '무척 좋아하는 그림인 만테냐가 그린 〈체사레의 승리〉를 보러 가기' 위해 민치오 야유회를 중단했다. 이 그림은 16세기 내내 유럽에서 가장 광범위하고 값지고 유명한 만토바의 예술 수집품 자랑거리였다. 1629-1630년에, 많은 도시가 생겨나기 직전에, 영국 찰스 1세Charles I (1600-1649)가 그림을 구매하여 오늘날에는 햄프턴 코트Hampton Court 궁전 화랑에 보관 중이다. 그림의 주제는 체사레의 갈리아 승리다. 만테냐는 많은 문학 작품 중에 만토바에서 1472년에 출판된 플라비오 비온도(1392-1463)의 『승리의 로마Roma triumphans』에서 그림의 원천을 찾았으나 여기에 그의 상상력의 결실인 고대의 무기와 트로피에 대한 묘사 역시 끼워 넣었다. 승리의 퍼레이드를 탐구했던 예술가의 신념은 모든 부정확함을 가릴 정도였다. 이는 고대에 다시 생명을 부여하는 15세기 회화에서 가장 웅장한 시도였고, 그 명성은 조르조 바사리(1511-1574)의 『예술가 열전』의 지면에 고스란히 안착했다. 그리고 16세기 초반의 '근대적인 방식'의 정복과 진행으로도 전혀 변색되지 않는다.

고대의 청동

만토바 골동품 문화 번성에 기여한 조각가는 피에르 자코포 알라리 보나콜시(약 1460-1528)다. 그는 먼저 금은세공업자 양성 교육을 받고서 메달을 만드는 활동을 시작했는데, 어느덧 작고 정교한 고대 청동 제품을 만드는 전문가가 되었다. 또 이미 1479년에 오늘날까지 알려진 ANTI, 즉 고대라는 별명을 얻었다. 이외에도 로마에 서 습득한 경험 덕분에 고대 작품의 복원과 구매를 원하는 사람들의 자문관이 되어, 거의 독점적으로 곤차가 가문을 위해 일하게 되었다. 1495년에는 알렉산데르 6세 (1431/1432-1503, 1492년부터 교황)를 위해서도 일했다. 1497년에 프란체스코 2세는 1490년에 결혼한 부인인 에스테의 이사벨라(1474-1539)의 수집품을 더욱 풍성하게 하고자 고대 조각들을 찾아오라는 임무를 부여하며 보나콜시를 다시금 로마에 보냈 다. 약 1498년의 작품 〈벨베데레의 아폴로Apollo del Belvedere〉는 로마에서 찾아낸 유 명한 동상을 복제한 것이다. 고대 문화의 주요 후원자인 루도비코 곤차가 주교를 위 해 만들어진 것 중 하나인 이 청동 작품은 더 많은 표본으로 알려졌다. 루도비코를 위해 만들어진 청동 작품들은 시각적으로 광택 효과를 내기 위해 은과, 일부분을 다 듬으면서 금을 사용한 고대 작품들보다 대체로 더욱 정교한 표본들이었다. 동시대 에 파도바에서 리초(약 1470-1532)가 대학과 관련된 교양 있는 후원자를 위해 이따 금 평범치 않은 주제를 묘사한 청동 제품에 비교하여 고대 작품을 단순히 모방한(〈가 시를 빼는 소년〉처럼) 고대 취향의 청동 작품들은 무엇보다 작품을 만들 때의 정확도 로 구별 가능하다. 1519년에 이사벨라는 보나콜시에게 20년에 걸쳐 루도비코 주교 를 위해 만들었던 모든 작품의 복제품을 요구했다. 예술가는 적어도 여덟 개의 복제 본을 만들었는데, 모두 금과 은의 마무리 처리가 빠져 있었다.

특별한 고객: 에스테의 이사벨라

이사벨라는 만토바 예술 작품 수집의 핵심 인물이었다. 후작은 산 조르조 성에 예술 작품을 보관, 전시하기 위한 두 개의 장소를 조성했다. 그것은 근대적인 그림으로 장 식된 서재와 골동품으로 가득한 동굴이었다.

이사벨라는 로마에 있는 대리인을 통해서 수집품을 업데이트 했는데, 미켈란젤로(1475-1564)가 1495년경에 조각하여 진짜 고대 작품마냥 팔린 〈잠자는 큐피드 Cupido dormiente〉(작품은 분실되었다)를 1502년에 구입하기도 했다.

루도비코 스포르차(1452-1508)의 몰락 이후 1499-1500년에 레오나르도 다 빈치 (1452-1519)는 밀라노로부터 피신하여 만토바에 머물며, 후에 루브르 박물관의 작은 공간을 차지하게 되는, 후작의 초상화를 그렸다. 밀라노에 머무는 동안 멋진 근대성을 갖춘 초상화들을 그렸던 레오나르도에게 후작은 자신의 궁정 조각가인 잔 크리스토포로 로마노(약 1470-1512)가 1498년에 만들었던 메달(빈, 미술사 박물관)의 얼굴 윤곽을 모델로 본뜨도록 강요했던 것으로 추정된다.

레오나르도의 초상화

이사벨라는 까다롭고 변덕스러운 고객이었다. 오랜 기간이 걸려 완성된 그녀의 서재 장식은 화려했다(오늘날 모두 루브르 박물관에 있다). 1495년경에 후작은 당시 이탈리아에서 가장 훌륭한 화가들에게 대여섯 개의 그림을 의뢰하여 서재를 장식한다는 계획을 세웠다. 그는 안드레아 만테냐로부터 눈부시게 멋진 〈파르나소Parnaso〉를 받은 이후에 조반니 벨리니(약 1431/1436-1516)에게 그 옆에 나란히 배치할 그림을 부탁했다. 그런데 베네치아 출신의 나이 든 거장은 신화-우화 그림에서 자신보다 훨씬 능숙했던 동서와의 비교를 두려워했는지, 작업을 미루다가 결국 아무것도 그리지 않았다. 한편으로 피에트로 페루지노(약 1450-1523)와의 거래는 대단히 힘들었고, 그마저도 1505년이 되어서야 범작인 〈사랑과 순결 사이의 전투Battaglia fra Amore e Castità〉로 마무리되었다. 화가는 오늘날까지 전해지는 가장 오래된 도상학 가운데 하나인 만토바 궁정의 인문주의자 체레사라의 파리데(15-16세기)가 자신에게 보낸 상세한 도상학을 따랐다. 그러나 빛나는 작품이어야만 하는 도상학에 감정을 불어넣는 데에는 성공하지 못했다. 이사벨라는 화가들이 자신의 방침을 따르도록 고지했으나 벨리니로부터 혹은 연작이 아직 완성되지 않았을 때인 1515년에 후작에게 간 라파엘로(1483-1520)로부터 작품을 얻어 내고자 기꺼이 라파엘로에게 굴복할 준비가 되어 있었다. 다양한 방향에서 수많은 시도를 한 이후에 후작은 서재에 단 세 명의 화가만이 작업하는 것으로 결정했다. 〈미덕의 정원에서 악덕을 쫓아내는 미네르바Minerva scaccia i Vizi dal giardino della Virtù〉(1502)를 그린 만테냐, 페루지노, 그리고 로렌초 코스타(1460-1535)다. 이들은 〈여성 시인의 대관식Incoronazione di una poetessa〉(1506)을 완성한 다음에 일단 만토바에서 궁정 화가로 자리 잡았다. 그리고 만테냐가 미완성으로 남긴 그림을 완성했다(〈코모 왕국Il Regno di Como〉, 약 1511). 1519년에

까다로운 고객

이사벨라는 남편의 사망으로 거주지를 옮겼다. 수집품들은 베키아 궁으로 옮겨졌는데, 1530년대 초반에 코레조(약 1489-1534)에게 위임했던 〈덕과 악의 우화Allegorie della Virtù e del Vizio〉라는 두 점의 그림으로 드디어 서재 장식을 마무리하기에 이르렀다. 결국 모든 장식 계획은 덕과 악 사이의 병치와, 특히 음악의 후원자인 후작에 대한 기념에 집중되었다. 아폴로의 리라 연주에 맞추어 춤추는 뮤즈를 높은 곳에서 지켜보는 비너스-이사벨라를 그린 〈파르나소〉는 모든 연작에서 전형적인 작품이다. 또한 이제는 노인이 된 만테냐라지만 여전히 고객인 곤차가 가문의 요청을 가장 잘 해석해 낼 능력을 지니고 있었음을 보여 준다.

비너스-이사벨라

| **다음을 참고하라** |
역사 도시(166쪽)
철학 궁중 정치와 이상적인 통치자: 마키아벨리 이전의 권력에 대한 다양한 관점(372쪽)
과학과 기술 이탈리아 도시들의 건강 기구: 대학과 지방 위원회, 검역, 약전(411쪽)

전통과 혁신 사이의 베네치아

| 파올로 에르바스Paolo Ervas |

안드레아 만테냐의 영향을 통해 중부 이탈리아의 르네상스 스타일이 파도바로부터 베네치아에 도달했다. 야코포 벨리니와 안토니오 비바리니가 15세기 베네치아 회화를 특징짓는 예술가들이다. 젠틸레와 조반니 벨리니, 바르톨로메오와 알비세 비바리니도 꼽을 수 있다. 그리고 이들의 배후에 화가 한 명이 덧붙여진다. 바로 코넬리아노의 조반니 바티스타 치마다.

야코포 벨리니와 안토니오 비바리니

르네상스 양식이 마사초(1401-1428), 필리포 브루넬레스키(1377-1446), 그리고 도나텔로(1386-1466)의 무대인 피렌체에서부터 베네토 지방에 도달하는 데 있어 석호潟湖의 도시, 즉 베네치아가 아니라 오히려 파도바에서 먼저 공식화되었다. 도나텔로는 산 안토니오 성당의 청동 제대와 신성한 건물이 내려다보이는 공간에 〈가타멜라타 기마상〉 같은 주요 작품들을 남기며 파도바에 10여 년간(1444-1453) 머물렀다. 이따금은 적나라할 정도로 현실주의적이었던 그의 표현법은 북부 이탈리아 최초의 르네상스 예술가인 안드레아 만테냐(약 1431-1506)에게 근본적인 중요성을 시사했다. 만테냐에게서 도나텔로 스타일은, 대학의 고대 연구로 무르익은 도시의 인문주의 문화와 더불어 통합되었다.

반면 베네치아는 1425-1430년에 이 도시에 머물던 파올로 우첼로(1397-1475)의 존재와, 1442년에 카스타뇨의 안드레아(약 1421-1457)의 짧은 체류로 형성된 새로운 표현 양식과의 만남 기회를 포착해 내지 못했다. 저항의 또 다른 동기는 비잔티움 문화의 지속성임이 분명하다. 비잔티움 문화의 가치와 추상성은 예술적인 성격이 가장 두드러지는 두 사람인 야코포 벨리니(약 1400-1470/1471)와 안토니오 비바리니 Antonio Vivarini(1420-1482년 이전)의 후기 고딕 양식에서 여전히 발견 가능했다. 상이한 환경에 있던 두 명의 예술가 모두 만테냐의 영향을 받았다. 비잔티움 문화의
지속성

벨리니는 한 예술가와 그의 작업 공방의 협력을 촉진하기 위해 애썼는데, 1453년에 딸 니콜로시아를 결혼시키면서 아들 젠틸레(약 1430-1507)와 조반니(약 1431-1516)가 이 일에 끼어들었다. 반면에 비바리니는 1447-1450년에 자신의 파트너인 알레마냐의 조반니(약 1411-1450)와 함께 안드레아 만테냐의 조숙한 천재성이 드러난 파도바의 에레미타니 성당에 딸린 오베타리 예배당 정면 장식 작업을 개시했다. 그러나 야코포 벨리니건 안토니오 비바리니건 새로운 기류인 르네상스적 표현 양식에 적절하게 반응할 줄은 몰랐다.

그들의 대처 방식은 본질적으로 정반대였다. 비록 야코포는 더욱 유연하고 자연스러운 기법으로 〈축복받은 아기 예수와 함께 있는 성모 마리아Madonna col Bambino benedicente〉(루브르 박물관, 타디니 갤러리)를 그리면서 소극적으로나마 새로움을 드러냈을지언정, 고전 세계에 대한 자신의 관심을 통해 양식을 개선시켰다. 반면에 안토니오 비바리니는 인물의 장식 요소와 과장된 엄격함으로 보수주의적인 입장을 고수하는 듯했다.

젠틸레 벨리니

조반니 벨리니에 의해 도입된 베네토 지방 회화 예술의 혁신과 나란히 그의 형 젠틸레 역시 파도바의 새로움을 일부 받아들였다. 그는 비토레 카르파초Vittore

Carpaccio(약 1465-1526)와 더불어 전형적인 베네치아 표현 방식을 가꾸었다. 재정 문제 때문에 벽을 따라 띠 모양으로 그려진 그림이나 조각 장식인 프리즈frieze의 발전 때문에, 특히 교회가 아니라 공화국의 직접적인 관리를 받는 비종교적인 단체에 할당되었기에, 표현법은 이탈리아 중부의 유사한 사례와 차이를 드러냈다. 종종 사회적인 의미로 암시되는 종교적 특징의 주제를, 때로는 교황청 기관의 기념비적인 정치 선전 주제를 포함했다. 이러한 연작 중 가장 중요한 것은 팔라초 두칼레에 있는 마조레 콘실리오 홀 장식이나 완성 이후 얼마 지나지 않은 1577년에 화재로 파손되었다.

젠틸레 벨리니의 연작 중 15세기 말엽에서 16세기 초반에 베네치아에서 가장 큰 두 개의 종교 단체였던 그란데 스쿠올라 디 산 조반니 에반젤리스타(〈십자가 유물의 기적Miracoli della reliquia della Vera Croce〉)와 그란데 스쿠올라 디 산 마르코(성인의 삶을 그린 일곱 점의 그림)에 그린 작품만이 보존되고 있다. 젠틸레의 죽음으로 미완성으로 남게 된 두 번째 연작은 동생 조반니와 다른 예술가들이 마무리했다. 1496년에 그란데 스쿠올라 디 산 조반니 에반젤리스타를 위해 그린 〈산 마르코 광장에서의 행렬 Processione in piazza San Marco〉(베네치아, 아카데미아 갤러리)에서 젠틸레는 기적의 사건이 거의 사라지고 있는 장면에 합창단을 배치함으로써 자신의 능력을 발휘했다.

예술가는 산 마르코 광장에서 사회 각층이 질서정연하게 행렬하는 광경을 담은 그림을 통해 조화롭게 통치되는 베네치아 사회를, 신뢰할 수 있고 동시에 이상적인 도시를, 뛰어나게 표현해 낸 것으로 기록된다.

베네치아 사회의 합창단과 조화

젠틸레 벨리니는 초상화가기도 했다. 1479년에 선교 외교 사절단을 따라 술탄 메흐메트 2세(1432-1481)의 궁이 있는 콘스탄티노플로 파견되었다. 젠틸레가 그린 술탄의 초상화는 런던 내셔널 갤러리에서 보관 중이다. 초상화가로서의 그의 능력은 〈조반니 모체니고 총독 초상Ritratto del doge Giovanni Mocenigo〉(베네치아, 콜레르 박물관)에서처럼 인물에 선명한 윤곽의 객관성을 부여하는 자연스러운 세부 사항에서 확인되는 예리한 얼굴 묘사에 있다.

초상화가 젠틸레 벨리니

바르톨로메오와 알비세 비바리니

종교화의 주역으로는 바르톨로메오(약 1430-1491년 이후)와 알비세 비바리니Alvise Vivarini(약 1445-1505)의 활동이 두드러졌다.

바르톨로메오는 1460년대 중반에 조반니 벨리니에 앞서, 통합된 공간에 신성한 대화 형식으로 제단화 모델(1465년의 〈아기 예수와 성인들과 함께 있는 성모 마리아Madonna col Bambino e santi〉, 나폴리, 카포디몬테 국립미술관)을 제시한 첫 번째 인물이었다.

어쨌거나 만테냐를 특징짓는 고대 요소의 화려함이 이 작품에서는 단지 장식 구 **후기 고딕 특징** 실을 했던 반면 아기 예수와 함께 있는 성모 마리아의 다른 규모의 크기 이외에도 후기 고딕 양식이 가진 특징의 지속성은 공간적 일관성 부족으로 분명하게 드러났다.

안토니오 비바리니의 아들이자 바르톨로메오의 조카인 알비세 비바리니는 자신의 예술 작품 활동에서 가장 행복한 시기에 바르톨로메오가 작업하던 에칭etching과 유약을 메시나의 안토넬로(1429/1430-1479)로부터 베네치아에 도입된 새로움과 조정하는 데 성공했다. 이후에도 그는 지속적인 관심을 가지고 이를 살폈다.

1497년으로 날짜가 기록되고 서명된 신사의 초상화(런던, 내셔널 갤러리)와 1474년에 베네치아 산 카시아노 성당에 그린, 안토넬로가 완성한 걸작을 생각나게 만드는 작품은 베를린에 있는 것 같은 제단화(카이저 프리드리히 박물관[보데 박물관*])를 참조했다. 이외에도 브라고라 산 조반니 성당의 〈부활Resurrezione〉(1497-약 1498)에서처럼 혁신적인 몇 가지 도상학 해결책을 제시했다.

코넬리아노의 조반니 바티스타 치마

브라고라 산 조반니 성당 대제단에는 코넬리아노의 조반니 바티스타 치마Giovanni Battista Cima da Conegliano(약 1459-1517/1518)가 완성한 제단화 〈그리스도의 세례〉도 세워졌다. 인물 표현에 보이는 고전주의와 깊이 있는 풍경의 아름다움이 묘사된 이 그림은 15세기 말엽의 베네치아 회화 중 가장 뛰어난 그림으로 큰 영향력을 끼쳤다. 얼마 지나지 않아 마돈나 델로르토 성당의 오른쪽 제단에 사라센인들이 의뢰한 그림 〈세례자 요한과 네 명의 성인들San Giovanni Battista e quattro santi〉이 완성되었다. 예술가 **성스러운 대화의** 는 폐허가 된 건물 안에 성당 안으로 들어오는 사람과 동일한 관점의 인물을 설정하 **혁신** 고, 입구와 대각선 방향으로 배치함으로써 영리하게 그림의 분산된 위치를 활용했다. 〈성 예로니모와 툴루즈의 성 루도비코 사이에 아기 예수와 함께 있는 성모 마리아Madonna col Bambino tra i santi Girolamo e Ludovico di Tolosa〉(베네치아, 아카데미아 갤러리)에서 자연스러운 환경에 건축 요소를 종속시키는 데 있어서 조반니 벨리니를 앞질렀던 코넬리아노의 조반니 바티스타 치마는 1490년대 중에 성스러운 대화의 유형학

대부분을 개혁한 예술가였다. 인물의 작은 부피감과 명확하고 투명한 빛은 조르조 네Giorgione(1478-1510)를 16세기의 새로운 고전주의와 거리가 먼, 초창기 베네치아 르네상스의 가장 매력적인 예술가들 중 한 명으로 만들었다.

| 다음을 참고하라 |
역사 도시(166쪽)
과학과 기술 이탈리아 도시들의 건강 기구: 대학과 지방 위원회, 검역, 약전(411쪽)
시각예술 조반니 벨리니(778쪽); 비토레 카르파초(783쪽)

조반니 벨리니

| 파올로 에르바스 |

조반니 벨리니의 데뷔는 부친의 후기 고딕 문화로부터, 그리고 아주 빠르게 안드레아 만테냐의 그림과 도나텔로의 파도바 조각의 흔적에서 해방되는 것으로부터 영향을 받았다. 인간과 자연을 함께 포용하는 그의 섬세한 서정은, 1475-1476년에 메시나의 안토넬로의 베네치아 도착과 더불어 새로운 발전을 맞이했다. 16세기 초반에 벨리니는 조르조네의 새로움을 즉각적으로 받아들였다.

부친의 작업 공방에서 시작

큰형 젠틸레(약 1430-1507)도 속해 있던, 잘 설립된 작업 공방의 우두머리이자 후기 고딕 회화 화가인 야코포 벨리니(약 1400-1470/1471)의 아들 조반니 벨리니(약 1431/1436-1516)는 초기 르네상스 시대 베네치아 회화에서 논란의 여지가 없는 주인공이었다.

오랫동안 예술 활동을 한 드문 사례의 주인공인 그는 작품 활동 내내 끊임없이 혁신할 줄 알았다.

시작은 15세기 르네상스의 새로운 표현 방식에 최초의 조심스러운 개방을 달성했던 부친의 보호 아래에서였다. 르네상스의 기본적인 두 가지 특징인 고대의 재발견과 자연에 대한 관찰은, 장식과 상상에서 후기 고딕의 감수성을 드러냈던 야코포에 의해 여전히 수행되고 있었다. 아들에 대한 부친의 영향은 회화 작품보다 오늘날 루브르 박물관과 런던 내셔널 갤러리에 보관 중인 부친의 그림 유산을 통해서 진행되었다. 조반니는 이로부터 일부 영감을 받았다.

알려진 초기 작품 중에 예술가의 서명이 들어간 〈사막의 성 예로니모San Girolamo nel deserto〉(버밍햄, 바버Barber 미술 재단)는 성인의 호리호리한 모습과, 파리의 수집품 중 야코포의 그림에서 참조할 수 있는 유사한 장식 효과가 있는, 풍부한 갈기를 지닌 사자의 틀에 박힌 모습에서 조반니가 부친의 방법에 의존하고 있었음이 분명하게 드러난다. 반면에 황혼에 싸인 수평선을 특징짓는 강렬한 회화 재료는 새로운 것이었다.

〈사막의 성 예로니모〉

조반니의 진화

1453년에 베네치아인 예술가의 누이였던 니콜로시아와 결혼한 이후 자신의 동서가 된 안드레아 만테냐(약 1431-1506)의 예술에 대한 조반니 벨리니의 점진적 접근은 그의 예술적 성숙을 위한 첫 번째 중요한 순간을 결정지었다.

벨리니는 파도바에서 도나텔로(1386-1466)의 조각에 대한 반향을 덧붙인 만테냐의 엄격한 고전주의를 타고난 자연주의적 소명과 결합시켰다.

자연주의적 소명

만테냐 특유의 냉철하고 원근법적인 회화의 영향은 〈고뇌하는 그리스도Orazione nell'orto〉에 정확히 포착되었다. 일부 부친의 그림에서 영감을 받은 그림들은 안드레아 만테냐가 그린 동일한 주제의 작품과 비교되었다. 조반니 벨리니의 그림 속 인물들은 수평선의 감탄스러운 황혼이 눈에 띄는 배경에 비해 의미심장할 정도로 작다.

1450-1460년대에 진행되었던 첫 번째 성숙 단계에서, 조반니의 예술품 제작에 중요한 부분을 차지하는 유형학의 바탕에 그가 개인적으로 헌신한 다양한 작품이 만들어졌다. 특히 〈아기 예수를 안고 있는 성모 마리아〉와 〈무덤 위에 돌아가신 그리스도Cristo morto sul sepolcro〉와 같은 도상학 모델은 베네치아 밖으로도 널리 확산되었다. 첫 번째 주제는 부친과 비바리니의 작업 공방에서 사용하던 모델을 연속적으로 제시하는 반면에 〈두 천사에 의해 부축받는 돌아가신 그리스도Cristo morto sorretto da due angeli〉(베네치아, 코레르 박물관)에서 분명하게 드러나는 두 번째 주제는 파도바 산토 성당에 만들어진 도나텔로의 돋을새김에서 영감을 받았다. 벨리니의 강렬하고도 극적인 비애는 점진적으로 더욱 서정적이고 부드럽게 대체되었다.

1470년대 초반에 벨리니는 더욱 성숙한 고전주의적 비전을 띠었다. 페사로 산 프란체스코 성당 대제단에 그려진 〈성 바오로, 성 베드로, 성 예로니모, 그리고 성 프란체스코 사이에 있는 성모 마리아의 대관식Incoronazione di Maria tra i Santi Paolo Pietro Girolamo e Francesco〉(페사로, 시민 박물관; 방부 처리를 한 그리스도Imbalsamazione di Cristo 가 그려진 처마 돌림띠)을 참조할 수 있다. 낮아진 관점은 인물에 기념비적인 특성을 부여하는 반면에 공간은 바닥에 있는 풍경에 테를 두르는 대리석 왕좌의 엄격한 정의를 살피게 만든다.

서정성부터
고전주의까지

표현 수단에 대한 인식을 한 그는, 오늘날 브레라 화랑에 있는, 피에로 델라 프란체스카(1415/1420-1492)의 제단화에 나타난 통합된 공간 안에 신성한 대화를 표현한 모델을 자신의 제단화의 새로운 모델로 삼기에 이르렀다.

메시나의 안토넬로와의 관계

벨리니의 표현 언어를 더더욱 발전하게끔 자극했던 메시나의 안토넬로(약 1430-1479)가 1475-1476년에 베네치아에 머물렀다. 베네치아 화가 벨리니는 안토넬로 특유의 환한 빛이 표현된 그림의 특성, 피에로 델라 프란체스카적인 명확한 공간성, 그리고 능숙한 초상화 표현력에 동화되기 시작하면서 베네치아 회화의 혁신을 결정지었다.

환하게 빛나는 공간의
새로운 결과

베네치아풍의 산 카시아노 성당에서 안토넬로가 작업했고, 현재는 단 세 조각만이 빈 미술사 박물관에 보관 중인 제단화는 독창성을 구축하고자 환하게 빛나는 공간에 신성한 대화를 전개해 나갔다.

이러한 전제를 바탕으로 하여 베네치아풍 건축물인 산 조베 성당에 걸작 〈성 프란체스코, 세례자 요한, 성 욥, 성 도미니쿠스, 성 세바스티아노, 그리고 툴루즈의 성 루도비코 사이에 아기 예수와 함께 있는 성모 마리아Madonna col Bambino tra i santi Francesco, Giovanni Battista, Giobbe, Domenico, Sebastiano e Luigi di Tolosa〉(베네치아, 아카데미아 갤러리)를 완성했다. 이 제단화는 이후 비슷한 주제를 다룬 수많은 작품의 원전이 되었다. 기념비적인 건물 중에서 현재 부분적으로 줄어든 제단화는 원래는 조각 프레임의 건축 요소와 완벽하게 일치를 이루었으며, 실제 공간과 그림 공간 사이에 환상적인 근접성을 형성하는 (지금도 존재하는) 대리석 제단에 배치되어 있었다. 성당의 실제 건축과의 관계에서 작품은 통로의 반대쪽에서 내려다보이는 예배당 공간을 균형 잡힌 환경과 조화를 이루는 요소로 사용되게끔 제시되었다. 이와 같은 방식으로

제단화와
공간의 건축

고대의 다폭 제단화에서처럼 실제 시공간으로부터 묘사가 더 이상 동떨어지지 않았다. 무엇보다 지금 눈앞에서 벌어지듯 생생하게 보였다. 벨리니가 1488년으로 날짜를 적고 서명한 〈아기 예수를 안고 있는 성모 마리아와 바리의 성 니콜라오, 성 베드로, 성 마르코, 그리고 성 베네딕토Madonna col Bambino e i santi Nicola da Bari, Pietro, Marco e Benedetto〉(베네치아, 산타 마리아 글로리오사 데이 프라리 성당)에서처럼 가장 오래된 3폭 제단화 유형을 사용해야만 했을 때에도 그는 만테냐가 〈성 제노 제단화Pala di San Zeno〉(베로나, 산 제노 성당)에서 이미 활용한 아이디어에 따라 나무 프레임과 그림을 연결시키는 비슷한 해결책을 채택했다.

초상화 영역에서 메시나의 안토넬로의 작품은 플랑드르에서 유래한 사분의 삼 설 사분의삼 설정
정에 유리한 문장학의 윤곽 모형의 극복을 결정지었다. 베네치아에서는 조반니 벨리니만 1474년에 〈예르크 푸거 초상Ritratto di Jörg Fugger〉(패서디나Pasadena, 노턴 사이먼 재단)을 통해 일찍이 마지막 유형학을 갖고 대조를 시작했다.

플랑드르와 다른 안토넬로의 작품 사례에 있어 용모에 대한 상세한 묘사는 인물의 심리적 인식에 따른 것이었다. 벨리니는 16세기 초반의 〈레오나르도 로레단 총독 초상Ritratto del doge Leonardo Loredan〉(런던, 내셔널 갤러리)으로 정점에 도달했다. 이 초상화에서는 자연스러움과 이상이 완벽한 균형으로 공존한다. 초상화가 벨리니로부터 다다른 명성은 1498년 4월 26일에 레오나르도 다 빈치(1452-1519)가 그린 체칠리아 갈레아니의 초상화 〈담비를 안고 있는 여인〉(크라쿠프, 차르토리스키 박물관)을 보여 달라는 에스테의 이사벨라(1474-1539)의 요청으로 증명되었다. 이 초상화는 '초안네 벨리노의 손으로 그린 멋진 초상화 몇 점'에 비교될 수 있다.

혁신의 과정은 1487년이라는 날짜가 기록되고 '데리 알베레티degli Alberetti'라고 서명된 〈아기 예수와 함께 있는 성모 마리아〉마냥 개인숭배를 위한 작품도 포함했다. 정면을 바라보는 모델이 취한 포즈의 엄숙함은 자연스러운 몸짓 및 시선과 어 인물의 심리학
우러진다. 더 큰 차원의, 자연 환경 및 경관을 그린 작품에서 은밀하고 사색하는 종교적 주제를 다루는 경향이 사용되었다. 이는 등장인물의 신성한 차원에 더욱 두드러지는 인간애를 부여한다고 할 수 있다. 또한 초자연적인 사건의 차원을 사적인 일상생활의 맥락으로 끌어내림으로써 관련 인물과의 교감을 용이하게 한다. 그래서 〈법열에 빠진 성 프란체스코San Francesco in estasi〉(뉴욕, 프릭 컬렉션) 혹은 〈성스러운 우화Allegoria sacra〉(피렌체, 우피치 미술관)의 경우 자연 환경은 복잡한 종교적 상징 종교적 주제

을 증폭시켰다. 유사하게, 산 미켈레 인 이솔라 성당에 마리노 초르치(1231-1312)에 게 헌정된 제단을 위해 제작한 〈그리스도의 부활〉(베를린, 국립미술관)도 새벽의 여 명에 잡힌 풍경을 나타낸다. 이 풍경에서는 파도바의 몬셀리체 언덕을 식별할 수 있 는 반면에 베네치아 대성당의 피오카르도 가문 예배당을 위한 〈그리스도의 변용變容 Trasfigurazione〉(나폴리, 카포디몬테 박물관)에서 타보르 산은 떼와 방목 소 사이에, 라벤 나의 기념물인 테오도리쿠스의 영묘와 산 타폴리나레 인 클라세 성당의 종탑은 배경 에 관찰되는 쾌적한 고원으로 변신했다.

풍경 설정

벨리니는 1479년부터, 특히 15세기 마지막 20여 년간 여러 차례에 걸쳐 팔라초 두칼레의 마조레 콘실리오 홀에 교황 알렉산데르 3세(약 1100-1181, 1159년부터 교 황)와 황제 프리드리히 1세 바르바로사(약 1125-1190)의 분쟁에 관련하여 1177년에 베네치아가 진행했던 중재를 묘사한 22개의 커다란 그림으로 이루어진 작업에 참여 했다. 15세기 말까지 이 주요 업무에 투입된 조반니 벨리니는 제단화 작업에서는 빠 지게 되었다. 그를 대신하여 새로운 구성 모델 및 도상학을 도입했던 코넬리아노의 조반니 바티스타 치마(약 1459-1517/1518)가 이 작업에 투입되었다.

마지막 나날들과 조르조네와의 비교

16세기 초반에 베네치아에서 레오나르도의 작품으로 수태된 조르조네(1478-1510) 의 고전적인 새로운 표현법이 등장했다. 조반니 벨리니는 자연을 점점 더 부각시키 면서 예수와 함께 있는 성모 마리아와의 성스러운 대화라는 전통적인 도상학을 재탐 색함으로써, 조르조네의 톤의 혁명을 흡수할 정도였다. 또한 자신이 뛰어나게 이를 받아들일 수 있음을 증명했다. 예수와 함께 있는 성모 마리아는 더 이상 난간 뒤에 배치되지 않았다. 런던 내셔널 갤러리에 있는 〈초원의 성모 마리아Madonna del prato〉 에서 성모 마리아는 땅바닥에 앉아 있으며 그녀 가까이에는 들판의 삶이 펼쳐져 있 다. 유사한 작품으로는 1505년의 〈성 베드로, 성녀 가타리나, 성녀 루치아, 그리고 성 예로니모 사이에 아기 예수와 함께 있는 성모 마리아Madonna col Bambino tra i santi Pietro, Caterina, Lucia e Girolamo〉(베네치아, 산 차카리아 성당)와 1513년으로 날짜가 기록 되어 있고 서명된 〈성 예로니모, 성 크리스토포로, 그리고 툴루즈의 성 루도비코San Girolamo, Cristoforo e Luigi di Tolosa〉(베네치아, 산 조반니 크리소스토모 성당), 그리고 산 조 베 제단의 폐쇄적인 건축에는 밝은 모자이크 표면의 잔향을 통해, 〈프라리의 3폭 제단화il Trittico dei Frari〉에서 이미 사용된 새로운 조르조네 그림의 색채 배합과 무척 유사한, 더 퍼지고 둘러싼 빛을 정당화하는 자연스러운 경관으로 열려 있는 건축이 대체되었다.

조반니 벨리니의 마지막 활동 시기에는 세속적인 주제의 작품 요청도 있었다. 1514년에 페라라의 에스테의 알폰소 1세(1476-1534) 공작의 방을 위해, 처음에는 페라라의 궁정 예술가가 이어서는 티치아노(약 1488-1576)가 변형한, 〈신들의 축제 Festino degli dei〉(워싱턴, 내셔널 갤러리)를 완성했다. **세속적 주제의 작품들**

조반니 벨리니는 오랜 화가 활동 중에 르네상스의 베네치아 화풍에 15세기 이탈리아 예술의 다양한 요소를 동화시키며 결합시킬 줄 알았다. 빛의 감도로 그려진 그림에서 색상은 자연스러운 가치에 주의를 기울이는 형태의 조형성 정의에서 명암을 대체하는 경향이 있다. 풍경은 이제 하나의 배경이 아니라 인물과 더불어 그림의 주인공이 되었다. 이러한 조화 속에 먼저 조르조네가, 그다음에 티치아노는 베네치아가 16세기 초반에 이탈리아와 유럽 예술 혁신의 주요 중심지 중 하나가 되도록 만들면서 자신들의 창작 활동을 진행했다.

| **다음을 참고하라** |
시각예술 전통과 혁신 사이의 베네치아(774쪽)

비토레 카르파초

| 줄리아 알베르티Giulia Alberti |

15세기 후반기 베네치아 예술을 특징짓는 이야기가 있는 그림의 전통 범위에서,
비토레 카르파초는 상상력이 풍부한 이야기꾼으로서의 자질과 원근법 사용에 대한
전문 지식 덕분에 가장 지적이고 세련된 예술가로 단연 눈에 띈다.
16세기의 개막과 더불어 조르조네와 티치아노의 새로운 화풍 앞에서 회화는,
주변 지역으로 활동이 국한되어 버린 카르파초가 지방으로 가기 위해
베네치아를 떠날 수밖에 없게 만들었다.

'갑자기 등장한 화가', 데뷔

15세기 후반기에 이탈리아 반도 내에서 가장 강력한 국가를 이룬 베네치아 공화국이 달성한 정치적-경제적 안정은 반도 내외부에서부터 침투한 새로운 위험 앞에서 흔들렸다. 한편으로는 캄브라이Cambrai(1509) 연맹이 만들어지면서 절정에 달한 이탈리아 및 유럽 국가들의 적대감은 본토에 대한 베네치아의 확장을 저지시켰고, 다른 한편으로는 터키의 유럽 진출이 지중해 동쪽에서 베네치아의 교역 이익을 방해했다.

베네치아 상원은 이 위험한 정치적 불안정에 대항하여 베네치아 공화국의 힘과 변함없는 평온을 기념하고자 장엄한 장식 사업을 왕국의 효과적인 지배 도구instrumentum regni처럼 설정하고 상당한 자본을 투자했다. 1474년에 팔라초 두칼레의 마조레 콘실리오 홀에 걸린 14세기의 변질된 프레스코화를 유화 그림으로 대체한다는 상원의 결정은, 이 시기의 베네치아 예술을 특징지을 뿐만 아니라 이탈리아 예술 전망에서 유일한unicum 것으로 설정된 이야기 그림 전통의 개시를 결정지었다.

이야기 그림

당대의 가장 중요한 화가들 모두, 즉 젠틸레 벨리니(약 1430-1507)부터 조반니 벨리니(약 1431/1436-1516), 그리고 비토레 카르파초(약 1465-1526) 자신의 참여로 완성된, 하지만 1577년에 화재로 손상된, 팔라초 두칼레의 그림들은 소위 수도회가 의뢰한 이야기 서술 기법의 전형이 되었다. 15세기 후반기에 베네치아의 종교 조직과 공공 지원은 건물의 장식 및 확장을 고취시켰다.

이것이 비토레 카르파초의 작품이 발달하게 된 문화적 맥락이다. 베네치아 예술계에서 그는 등장부터 매우 활기차고 상상력이 풍부한 이야기 전개 능력과, 기법에서는 원근법을 장악하는 능력을 특징으로 했다.

산타 오르솔라 수도회에서 의뢰한 그림 중 첫 번째 그림을 완성하고 서명한 해인 1490년 이전의 젊은 시절 작품 및 양성 교육에 대해서는 알려진 바가 별로 없다.

색상의 사용과 빛의 입체감 표현에 기반하여 화가가 젠틸레와 조반니 벨리니의 작업 공방에서 견습했을 가능성을 가정한다면, 세부 사항을 위한 섬세하고 세밀한 주의는 그가 메시나의 안토넬로(약 1430-1479) 덕분에 베네치아에 들어온 플랑드르 예술에 대한 지식을 습득했음을 나타낸다. 완벽한 원근법 기술은 레온 바티스타 알베르티(1406-1472)와 피에로 델라 프란체스카(1415/1420-1492)의 작품에 대한 지식을 예상하게 한다.

세부 사항을 위한 주의

연구로 습득한 상징적인 건설을 통하여 베네치아의 문화 및 정치에 밀접하게 연결된, 더 심오한 의미에 대해 은유적으로 암시하는 이야기 그림에 대한, 젊은 카르파초의 취향은 〈두 명의 베네치아 여인Due dame veneziane〉(베네치아, 코레르 미술관)과 〈계곡에서의 사냥Caccia in valle〉(로스앤젤레스, 게티 미술관)에서 일찍이 드러났다. 미술사가 아우구스토 젠틸리가 관찰했던 대로, 1490년으로 날짜가 기록된 재구성된 그림의 상징적인 내용은 베네치아 귀족 가문의 이념을 암시했다. '카르파초는 베네치아 회화에 등장할 때부터 오래된 역사 편찬으로 설정된, 환멸을 느낀 기록자가 아니라 우화 기능으로 인식된 불변하는 이야기의 숙련된 전문가임을 증명했다'(*Carpaccio*, 1996).

비토레 카르파초, '역사의 화가': 베네치아 스쿠올라에 그려진 이야기 그림

비토레 카르파초의 명성은 그가 1490-1520년에 베네치아 스쿠올라에 그린 여러 이야기 그림과 불가분의 관계로 연결되어 있다.

1490년에 카르파초가 같은 이름의 종교 단체가 의탁한 〈성녀 우르술라의 이야기 Storie di Sant'Orsola〉를 시작했을 때, 이미 자신의 본질을 보여 주었다.

영국의 그리스도교 공주 우르술라에게 헌정된 그림에서 카르파초는 현실의 모든 세부 사항에 대한 주의 깊은 관찰자이자 활기찬 이야기꾼으로, 정중하고도 멋진 분위기를 소환하는 능력과 당대 베네치아의 이상적인 삽화가로서의 면모를 드러냈다. 15세기 베네치아에서 베네치아인들과 외국인들 사이에서 정치 및 사회 안정의 메시지를 전파하기 위해 필수 공연이 된 대사관과 공공 행사의 분위기를 재현하는 데 있어, 예술가들이 기울인 풍부한 장식에 대한 관심은 마조레 콘실리오의 홀의 그림과 비교될 정도의 그림을 만들어 내며 종교 단체 구성원들의 더욱 고상한 의도를 증언했다. 그림 구석구석에 스며 있는 이야기로 전해지고 그림으로 표현되는 세상을 나타내는 예술가의 능력은 〈약혼자들의 만남과 순례자들의 출발Incontro dei fidanzati e partenza dei pellegrini〉에서 볼 수 있다. 이 그림의 등장인물들은 움직이는 무대로 통합되고, 실제 건축과 상상한 건축물로 구성된 영국 왕국과 브리튼 섬 왕국의 두 수도를 극적으로 표현해 낸다. 배경으로 통합된 다양한 시간과 장소는 연속적으로 벌어진 사건들을 나타낸다.

카르파초 양식의 더욱 완벽하고 설득력 있는 징후인 성녀 우르술라를 그린 순환

성녀 우르술라의 순환

이 예술가의 성공을 결정지었다. 1494년에 젠틸레 벨리니가 조직한 알베르고 델라 스쿠올라 디 산 조반니 에반젤리스타 홀을 위한 값진 장식 사업에 파견된 카르파초는 15세기 이탈리아 도시 최초의 지형상의 관점을 〈리알토 다리에서 십자가 유물의 기적Miracolo della reliquia della Croce al ponte di Rialto〉으로 표현했을 것으로 추정된다. 리알토 다리 근처의 대운하 표현, 정신없이 바쁘게 돌아가는 도시 경제 중심지를 돋보이게 하는 흠잡을 데 없는 원근법 구성, 악마에 사로잡힌 자의 기적적인 치유 장면을 중심에서 벗어나게 배치한 것 등에서 화가의 능력이 드러난다. 철갑상어가 그려진 여인숙 간판과 창문에 양탄자를 두드리는 여인처럼 예술가가 모든 세부 사항을 포착하는 이 일상적인 차원에서의 중요한 사건은, 역사적 진위에 의해 확인 가능하다.

조르조네의 데뷔 16세기의 시작과 더불어 1507년에 팔라초 두칼레의 마조레 콘실리오 홀 장식에 참여함으로써 카르파초의 명성이 정점에 달하는 동안 국가 화가에 임명되었고, 폰다코 데이 테데스키(독일인 거주지*) 정면에 프레스코화를 그리면서 조르조네의 데뷔가 이루어졌다. 1508년에 조르조네의 프레스코화를 평가하라는 부름을 받은 카르파초는 16세기 베네치아 회화의 새로운 방향을 선언했다.

그동안에도 그는 스쿠올라에서 화가로서의 활동을 계속했다. 1502-1507년에는 산 조르조 델리 스키아보니와 산타 마리아 델리 알바네시의 요청으로 두 개의 그림을 그렸다. 이 그림들은 당시 부각되던 중동 지방의 목판화와 장식을 연구하고, 15세기 말엽부터 시작되어 베네치아 회화에 확산된 동방에 대한 취향을 반영하는 이국적인 설정으로 구성되었다. 스쿠올라 디 산 조르조 델리 스키아보니에 그린 〈성 제오르지오, 성 예로니모, 그리고 성 트리포니아의 이야기Storie di san Giorgio, san Girolamo e san Trifone〉 가운데 카르파초가 그린 〈서재의 성 아우구스티누스Sant'Agostino nello studio〉 묘사에서 이탈리아 르네상스 전체를 환기시키고 상세하고 더욱 풍부한 내부 묘사 중 하나에 생명력을 부여했다. 반대로 산타 마리아 델리 알바네시 형제회 건물에 그린 〈성모 마리아의 삶에 관한 이야기Storie della vita di Maria Vergine〉에서는, 종교 단체의 경제적으로 빈약한 지원으로 축소된 그림에 대해 카르파초 자신이 부여한 미미한 중요성 때문에, 수준이 저하된 양식이 발견된다.

이야기 그림 영역에서 카르파초의 경력은 1511-1520년의 〈성 스테파노의 이야기Storie di Santo Stefano〉의 완성으로 마무리되었다. 로마 예술, 고대 예술, 그리고 근대 예술에 대한 참조가 눈에 띄는 이 그림에서 예술가는 동양과 서양의 건축을 뒤섞은 요소들의 역동적이고 복잡하고 정신없이 연속적인 등장을 통해 예루살렘의 환상적인 이미지를 구현했다. 이외에도 침착하고 '전문적으로 실행된 린치의 일종'인 성인에 대한 돌팔매질 장면에 부여한 유대인들의 공동 책임에 대한 중요성은 1516년에 게토 노보Ghetto Novo(새로운 게토*)를 설립하기에 이를 정도로, 16세기 초반부터 베네치아에 퍼지기 시작한 반유대주의 풍토를 반영했다.

헌신과 개인 수집가 사이의 비토레 카르파초

이야기 그림 화가 활동에 있어 카르파초는 위탁받은 작품 실현과 개인적인 헌신을 나란히 했다. 산타 오르솔라와 산 조르조 델리 스키아보니에 그린 그림에서 분명하게 드러나는 메시나의 안토넬로와 플랑드르에서 영감을 받은 초상화가로서의 능력은, 모든 베네치아 회화에서 분명하게 최초의 전신 인물이자 상징적으로 완전히 구축된 〈기사 초상Ritratto di cavaliere〉(마드리드, 티센 보르네미사 미술관, 1510)에서 드러났다.

열성 신자를 대상으로 하는 작품에서 카르파초는 〈그리스도의 수난에 관한 명상Meditazione sulla Passione di Cristo〉(뉴욕, 메트로폴리탄 박물관, 약 1500)과 〈두 명의 기증자와 아기 예수의 숭배l'Adorazione del Bambino con due donatori〉(리스본, 칼로우스테 쿨벤키안 박물관, 1505)에서처럼, 작은 차원의 그림에서 더욱 능숙하게 자신의 능력을 드러냈다. 제단화에서도 조반니 벨리니의 유명한 〈성 욥 제단화〉와 직접 비교되고, 베네치아 산 조베 성당에 그려진 〈주의 봉헌 축일Presentazione di Gesù al Tempio〉(베네치아, 아카데미아 갤러리, 1510)과 예술가가 베네치아의 기관에 봉사하는 자신의 이미지에 대해 환기시키는 능력을 매혹적으로, 어쩌면 마지막으로 제시한 〈아라라트 산의 1만 명의 순교자들diecimila martiri del Monte Ararat〉(베네치아, 아카데미아 갤러리, 1515) 같은 높은 수준의 작품이 빠지지 않는다.

초상화가 카르파초

1520년대에 베네치아 예술은 이미 조르조네와 젊은 티치아노(약 1488-1576)의 색조 회화의 새로운 정복을 향하고 있었다. 인물과 배경 표현에 사용되었던 다양한 색조 사이에 명암을 표시한 섬세한 풍경을 통해 획득된 자연스러운 조화가 어느덧 15세기의 경직된 원근법을 대체했다.

새로운 경로를 받아들이는 데 무능했던 카르파초는 베네치아를 떠나 아드리아 해 북단의 반도인 이스트라로 향했다. 그곳에서 그는 향후 부친의 양식을 계승할 아들 바르톨로메오와 피에트로의 도움으로 15세기의 전통적인 도식을 좇아 구성된 그림

베네치아부터 이스트라까지

과 제단화 작업을 계속했다.

   카르파초가 남긴 마지막 작품은 1526년 6월 중에 벌어진 예술가의 소멸을 불과 몇 년 앞선 1522년으로 거슬러 올라간다.

❘ 다음을 참고하라 ❘
시각예술 전통과 혁신 사이의 베네치아(774쪽)

로렌초 데 메디치 시대의 피렌체
❘ 스테파노 피에르귀디 ❘

   로렌초 데 메디치가 통치했던 1469-1492년에 피렌체는 베로키오의 안드레아와
폴라이올로의 안토니오 같은 조각가 겸 화가들의 활동과, 보티첼리부터 레오나르도
다 빈치까지 수많은 화가의 활동 덕분에 특별하고 행복한 예술 시즌을 누렸다.
   그들 중 여럿이 자신들의 가장 큰 역작을 피렌체 밖에서 만들었을지언정,
기를란다요의 사실적인 묘사부터 보티첼리의 고대 신화에서 취한 섬세하고 학술적인
환기까지, 피렌체에는 예술가들의 다양하고 생생하고 활발한 예술 경향이 남았다.

로렌초 일 마니피코의 황금시대의 신화

1638-1642년에 세 명의 토스카나 출신 화가인 브라보 체코Bravo Cecco(1601-1661, 본명은 프란체스코 몬텔라티치Francesco Montelatici*), 프란체스코 푸리니Francesco Furini(약 1604-1646), 그리고 오타비오 바니니(1585-1643)는 예술의 후원자인 로렌초 데 메디치(1449-1492)를 기념하는 프레스코화 시리즈를 팔라초 피티Palazzo Pitti 아르젠티 살롱 장식에 완성했다. 아폴로와 뮤즈들을 환영하는 로렌초, 플라톤 아카데미 안의 로렌초, 예술가들 사이에 있는 로렌초가 묘사된 그림들은 신화 및 전설적인 차원에서 마니피코('위대공'이라는 뜻으로 로렌초의 호칭*)의 형상을 제시했다. 메디치 가문은 정치적 성공 때문만이 아니라 문화적-예술적 성공 때문에라도 로렌초 시대를 반복될 수 없는 보기 드문 황금시대처럼 이끌었다. 비평가들은 로렌초 데 메디치의 후원 신

화를 ,무엇보다 그의 통치 시절에 피렌체 예술의 탁월한 융성을 부정하지 않은 채로 일부 축소한다. 1449년에 태어난 그는 1469년 12월에 부친 피에로(약 1414-1469)의 죽음으로 사실상 도시의 영주가 되었다. 그리고 거의 25년 동안, 1492년에 세상을 뜰 때까지 예술가들을 정치 선전 도구 중 하나처럼 활용하여 피렌체를 유능하게 통치했다.

로렌초가 권좌에 오른 해는 피렌체에서 예술가들과 장인들의 작업 공방이 엄청난 숫자로 활개 치던 시기다. 앙드레 샤스텔André Chastel(1912-1990)은 피렌체를 이탈리아 예술의 '거대한 작업장'이라고 정의 내렸다. 당시는 기술 성장과 젊은 예술가들을 자극하는 풍토 속에 화가들, 조각가들, 금은세공업자들이 나란히 작업하던 시대였다. 1460년에 보티첼리(1445-1510)는 필리포 리피(약 1406-1469)의 작업 공방에 들어갔고, 얼마 후인 1467-1469년에 스폴레토 대성당 동쪽 끝에 있는 반원형 후진의 프레스코화에 열중한 조력자로서 리피의 아들 아들 필리피노(약 1457-1504)를 도왔다. 얼마 뒤에 필리피노는 보티첼리의 제자마냥 기록되었다. 반면에 베로키오의 안드레아(1435-1488)의 매우 활동적인 사업 궤도 안에서는 레오나르도 다 빈치(1452-1519), 피에트로 페루지노(약 1450-1523), 그리고 도메니코 기를란다요(1449-1494)와 같은 인물들이 활동했다. 사실 로렌초 데 메디치가 자신의 컬렉션 가운데 고대 예술품을 연구할 수 있도록, 그리고 마르실리오 피치노(1433-1499)가 신플라톤주의를 소개하려고 미켈란젤로(1475-1564)를 피렌체 작업 공방 세계에서 빼내기 전에, 도메니코는 아주 젊은 미켈란젤로를 도제로 삼는 명예를 얻었다. 마니피코의 시대는 이 두 가지 현실 사이에 균형을 이루었다. 작업 공방 장인들이 부지런하고 열심히 일하는 현실과, 인문주의자들과 철학자들 사이에서 보티첼리와 같은 예술가들이 더욱 섬세하게 해석해 낸 선별된 문화를 호흡하는 곳인 훨씬 제한된 반경의 영주의 현실이다.

이탈리아 예술의 '거대한 작업장'

대형 공공 작업장에서 산타 마리아 델 피오레 성당부터 세례장까지가 거의 완성되었고, 로렌초는 이제 작은 크기의 물건 수집을 선호하기 시작했다. 예를 들어 그의 섬세한 취향을 드러내는 증거인 폴라이올로의 안토니오(약 1431-1498)가 자신의 영주를 위해 만든 작은 청동상 〈안타이오스의 목을 조르는 헤라클레스Ercole che soffoca Anteo〉(피렌체, 국립박물관)는 제작 시기가 1475년경으로 기록되었다. 그러나 조각가의 기념비적인 작품들은 피렌체 밖의 후원자들을 위해 만들어졌다. 1484년에 폴라

대형 작업장부터 물건 수집까지

이올로는 로마로 옮겨 성 베드로 대성당 안에 있는 식스토 4세(1414-1484, 1471년부터 교황)의 청동 장례 기념물과, 1492-1498년에 인노첸시오 8세(1432-1492, 1484년부터 교황)의 청동 장례 기념물을 10년에 걸쳐 완성했다. 폴라이올로의 경우 로렌초를 제일 먼저 떠났거나, 피렌체 문화와 문명의 대사 자격으로 다른 이탈리아 궁정으로 파견된 수많은 예술가의 하나일 수 있다. 1478년에 식스토 4세의 승인으로 로렌초를 살해하기 위한 파치 가문이 꾸민 음모가 실패로 돌아가면서 그 여파로 피렌체와 교황 사이에 전쟁이 벌어졌다. 이 과정에서 로렌초는 기적적으로 목숨을 구했지만 그의 형제인 줄리아노(1453-1478)는 목숨을 잃었다. 그의 통치 말엽에 당시 피렌체의 위대한 화가인 보티첼리와 기를란다요는 시스티나 예배당 측벽의 프레스코화 작업을 위해 로마로 옮겨 갔다.

필리피노 리피가 주인공인 에피소드는 한층 조명을 받았다. 1488년에 산타 마리아 노벨라 성당 스트로치 예배당의 프레스코화 작업에 열중하던 화가는 로마의 산타 마리아 소프라 미네르바 성당 안의 카라파 예배당을 장식하러 가기 위해 피렌체에서의 작업을 중단하고 떠났다. 아들 조반니를 추기경으로 임명하는 데 있어 올리비에로 카라파(1430-1511)의 지지를 필요로 했던 로렌초는 직접 필리피노에게 로마를 향해 출발할 것을 요청했다. 그리고 마니피코의 조정 덕분에 베로키오의 작업 공방을 돕고 있던 레오나르도 다 빈치가 1482년에 루도비코 스포르차(1452-1508)에 의해 밀라노에 보내졌을 것으로 추정된다. 레오나르도의 출발은 무엇보다 중요하다. 이로 인해 그는 밀라노에서 16세기 초반의 르네상스 성숙을 위한 전제를 제시하는 위대한 예술가 도나토 브라만테(1444-1514) 곁에 있게 된다.

공적 후원과 중산층

〈성 토마스의 불신〉

1469년에 줄리아노와 로렌초는 베로키오에게 막 세상을 뜬 부친 피에로와 1463년에 세상을 뜬 삼촌 조반니(1421-1463)의 합장묘를 위탁했다. 1472년에 완성된 이 작품(피렌체, 산 로렌초 성당, 구성물안치소)은 로렌초가 선호한 조각으로 채워짐으로써 그에 대한 예술가의 헌신을 드러냈다. 베로키오는 로렌초를 위해 카레지 별장 정원에 동상 〈돌고래와 소년Fanciullo col delfino〉도 완성했다(오늘날의 팔라초 베키오). 도시의 공적 후원회 역시 예술가를 장려했다. 이에 따라 1467년부터는 오르산미켈레 성당의 벽감 중 하나에 〈성 토마스의 불신Incredulita di san Tommaso〉이 작업되었다. 이 시리즈에 로렌초 기베르티(1378-1455), 방코의 난니(1380/1390-1421), 도나텔로(1386-1466)가 처음으로 '이야기'를 접목시켰다. 빛을 잡아 내는 휘장의 복잡함으로 뛰어난 역작tour de force을 이룬 작품은 천재적 구성이 돋보이는 걸작이다. 벽감 밖으로 절반 정도 나온 성 토마스의 형상은, 그를 통해 구세주와 직접 대화하도록 관객을 작품 앞으로 이끈다. 두 동상의 주조 작업은 거장이 콜레오니의 기념상 완성을 위해 베네치아로 떠난 해인 1483년까지 베로키오의 작업 공방이 맡았다.

　1481년에 그린 것으로 믿기 어려운 〈동방박사의 경배〉를 미완성으로 남겨 둔 채, 레오나르도 역시 피렌체로부터 출발했다. 이 그림에서 아기 예수와 함께 있는 성모 마리아 주변에 모여든 인물들의 흥분한 몸짓은 기를란다요의 차분한 묘사에 익숙했던 당대 피렌체 회화에서 절대 드러내지 않던 '마음의 상태'를 표현한다.

　레오나르도의 그림이 갖는 새로움을 측정하는 데 있어 1475년에 그려진 보티첼리의 〈동방박사의 경배〉와의 비교가 필요하다. 보티첼리가 그린 제단화는 한쪽에 아기 예수와 성모 마리아가 먼저 보이고 동방박사의 행렬과 그들에 이어 성모 마리아를 향해 나아가는 모습이 표현된 가장 흔한 도식에 비해 새로웠다. 그러나 레오나르도는 아기 예수와 성모 마리아를 전경에 옮겨 놓았고, 여기에 다른 모든 인물을 성모자 주변에 반원형으로 배치시킴으로써 보티첼리의 도식을 완벽하게 전복시켜 버렸다. 이로써 신자는 이전에 결코 경험한 적 없던, 성모 마리아와 직접적인 관계에 놓이게 되었다. 보티첼리는 〈동방박사의 경배〉가 초상화 갤러리에 걸릴까 염려했다. 제단화는 메디치 예술 후원 정책의 최대 지지자 중 한 명이자 피렌체 영주들의 조상을 기념하고 싶어 했던 라마의 과스파레(1411-1481)가 위탁했다. 아기 예수 앞에 무릎을 꿇은 동방박사 중 가장 나이 많은 이는 코시모 1세(1389-1464)의 이목구비를 지녔다. 그림 중앙 전경에 그려진 다른 두 명의 동방박사는 각각 1469년과 1463년에 세상을 뜬 피에로와 그의 형제 조반니다. 그들 뒤에 단호한 시선을 아래로 향한 채 서 있는 이는 로렌초다. 반면에 그의 형제 줄리아노는 검으로 무장하고 왼쪽 끝에 있다. 오른쪽에 두 명의 남자가 관객을 응시하고 있는데, 두 남자 중 노란색 옷을 입은 사람은 보티첼리이고, 푸른색 옷을 입은 사람은 보티첼리의 후원자다. 마지막으로 화가는 메디치 가문에 속한 다른 사람들의 얼굴로 피렌체의 가장 강력한 권력자들의 형상을 그려 넣었다. 보티첼리의 〈동방박사의 경배〉에 존경받는 동시대인들의 행렬이 등장하는 것은 당시 그림에서는 드문 사례였다. 기를란다요가 1485년 이전

보티첼리 도식의
전복

에 산타 트리니타 교회의 프란체스코 사세티(1421-1490) 예배당에 그린 프레스코화 〈성 프란체스코 규칙의 승인Approvazione della Regola di San Francesco〉에서 메디치가에 대한 찬양이 가장 눈에 띤다. 배경으로 강등된 그림 속 무대 위 계단을 오르는 마니피코 궁정의 저명한 인문주의자이자 시인, 그리고 마니피코의 세 자녀의 가정교사였던 안젤로 폴리치아노Angelo Poliziano(1454-1494)와 그 뒤를 따르는 줄리아노(1479-1516), 피에로(1472-1503), 그리고 미래의 교황 레오 10세가 되는 조반니(1475-1521, 1513년부터 교황)를 볼 수 있다. 그들 뒤에 대단히 멋진 두 명의 초상이 있는데, 시인인 루이지 풀치(1432-1484)와 마테오 프랑코Matteo Franco(1447-1494)로 추정된다. 반면에 오른쪽 끝에 다른 네 명의 인물이 서 있고, 그 가운데 혼동될 수 없는 윤곽을 지닌 그림의 구매자이자 가장 나이가 들고 머리가 벗겨진 로렌초가 서 있다. 피렌체 상인 자본가 계급과 그들의 동맹인 메디치가의 자기 찬양은 도시에 대한 명쾌한 묘사를 통해서도 앞으로 나아갔다. 성 프란체스코의 규칙을 승인하는 인노첸시오 3세 (1160-1216, 1198년부터 교황) 뒤에 원근법적 배경으로 구성된 로자 데이 란치(로지아 화랑*)와 더불어 시뇨리아 광장이 펼쳐져 있다. 이와 같은 프레스코화 덕분에 로렌초는 사회 계층 전체의 지지를 획득했다. 그리고 다른 중요한 예배당에 이야기 성격의 그림을, 특히 산타 마리아 노벨라 성당에 토르나부오니Tornabuoni의 대단한 프레스코화를 완성했다. 그는 초기 르네상스의 묘사 및 장식 전통의 가장 걸출한 후계자였을 뿐만 아니라 동시대 피렌체 은행가들과 브뤼헤 은행가들 사이의 거래 관계 덕분에 도시에 스며든 플랑드르 회화의 새로움을 신념을 갖고 제일 먼저 받아들인 인물이기도 했다.

눈에 띄는 찬양

피렌체의
〈포르티나리
3폭 제단화〉

1483년에 휘호 판 데르 후스(1435/약 1440-1482)의 〈포르티나리 3폭 제단화〉(피렌체, 우피치 미술관)가 피렌체에 도달했다. 이 그림의 풍경뿐만 아니라 아기 예수를 찬양하는 양치기의 힘찬 얼굴에서도 드러나는 묘사의 명료함은 피렌체인들을 사로잡았다. 〈성 프란체스코 규칙의 승인〉에서 계단 위에 있는 두 남자는 똑같은 예배당에 있는 제단화 〈양치기의 찬양Adorazione dei Pastori〉에서 플랑드르 회화를 비굴하게 인용한 기를란다요의 초상화가로서의 역량 측정을 부여했다. 그리고 안토니오와 폴라이올로의 피에로(1443-1496)의 〈성 세바스티아노의 순교Martirio di San Sebastiano〉(약 1475)의 비정상적으로 높은 지평선과 눈에서 사라질 때까지 계속해서 비행하는 새가 보이는 눈부신 풍경은, 플랑드르 회화의 영향 이전에는 상상도 할 수 없던 것이다. 메디치가의 또 다른 후원자 안토니오 푸치Antonio Pucci(약 1350-1416년 이후)를 그려 넣은 이 거대한 제단화에서 인체에 대한 해부학적 해석이 두드러진다. 광범위한 원근법적인 시야로 그려진 기를란다요의 프레스코화에서 자세로 드러나는 지도 계층에 대한 고무적인 묘사가 풍족한 사회의 평온한 초상이었다면, 폴라이올로의 제단화는 반대로 활 쏘는 사람들의 긴장된 근육을 분명히 나타내는 선의 꿈틀거리는 에너지와 뜨거운 빛이, 거의 대기의 먼지를 불러일으키는 것 같은 풍경이 그려진 활력의 폭발이라 할 수 있다.

보티첼리와 로렌초 데 메디치의 후원

마니피코의 피렌체 후원회가 제공한 양식과 문화의 크기는 광범위했다. 조각에서 살펴본 바와 같이 로렌초는 베로키오의 그림이나 폴라이올로의 그림 모두 후원했지만, 특히 보티첼리와의 공동의 상상력으로 로렌초의 문화 시즌과 마니피코 자신의 형상을 연결한 그림에 후원했다. 비평가들은 일반적으로 약 1478년도에 제작된 것으로 기록되는 〈봄Primavera〉의 의미에 끊임없이 의문을 제기한다. 〈봄〉은 서양 미술 **〈봄〉** 사에서 특별한 위치를 차지하는 작품이다. 고대의 텍스트 원천을 기반으로 하지 않은 듯한 신화적-우화적 대상을 묘사한, 커다란 크기로 된, 사실상 제일 중요한 그림이기 때문이다. 즉 모든 형상들이 쉽게 인식 가능할지언정(오른쪽부터 순서대로 서풍의 신 제피로스, 님프 클로리스, 플로라. 클로리스는 꽃을 흩뿌리는 여인 플로라를 뒤쫓는 것 같다. 중앙의 비너스와 세 명의 미의 여신 일행, 메르쿠리우스, 그리고 위에서는 큐피드가 날고 있다), 이들은 정확하게 신화의 어느 한 에피소드를 바탕으로 한 식별 가능한 행동을 하고 있지 않다. 해석이 분분한 가운데 몇 년이 지난 뒤에서야 해석을 두 가지로 분류하는 게 가능해졌다. 한편으로 이 그림이 신플라톤주의적 단서로 해석되어야 한다고 믿는 사람들도 있다. 마르실리오 피치노와 피코 델라 미란돌라(1463-1494)의 글과 관련하여 이들이 카레지에 있는 로렌초 데 메디치의 별장에 모인 아카데미아의 핵심 인물들이라는 해석이 있다. 영혼은 지상의 쾌락에서 벗어나기를 열망해야만 한다는 비너스가 표현하는 아름다움의 문명 가치는 그림의 마지막 의미일 것이다. 다른 한편으로 위의 해석은 지나친 확대 해석이라며 건강한 회의론으로 이끄 **논란이 되는 해석** 는 사람들도 존재한다. 이들에 따르면 그림은 단순하게 봄의 세 달을 표현한 것일 수 있다. 오른쪽부터 차가운 바람의 달인 3월(제피로스, 클로리스, 플로라), 그다음에 항상 비너스와 연결되는 4월, 마지막으로 두 마리 뱀이 감긴 꼭대기에 두 날개가 있는 자신의 지팡이로 구름을 일으키는 메르쿠리우스(이름에서 5월의 이름이 유래한 마이아 Maia의 아들)와 함께하는 5월이다.

마니피코 지배의 피렌체에서는 특이한 종류에 속하는 다른 걸작들도 만들어졌다. 오늘날 우리에게 복구할 수 없는 문학적 암시가 스며든 향수를 일으키는 고대 신화의 환기가 그러할 것이다. 사실상 똑같은 수수께끼는 바사리가 화가가 로렌초를 위해 그렸다고 분명히 말한 루카 시뇨렐리(약 1445-1523)의 〈판의 교육Educazione di Pan〉의 손실이다. 〈봄〉처럼 이 그림도 정확한 신화 에피소드를 표현하지 않았다. 오히려 보티첼리의 제단화 일부와 같은 그림의 구성은 갓 태어난 신화적-우화적 그림을 참조하여 자신의 모델을 찾아 신성한 대화를 묘사하려는 듯하다.

코르토나에서 태어나 피렌체 밖에서 오랫동안 활동한 시뇨렐리는 보티첼리처럼 문화적으로 메디치가와 관련이 없다. 그러나 이방인 화가인 페루지노는 마니피코를 위해 〈판의 교육〉에서와 똑같이 슬픈 감정을 불러일으키는 그림을 그렸을 것으로 추정된다. 시뇨렐리가 영감을 받고, 자신의 전원시에서 신화적인 양치기 형상을 노래했던 로렌초를 묘사한 작품이 〈아폴로와 다프네Apollo e Dafni〉다. 루브르에 있는 작은 제단화는 페루지노의 창작 활동과 상관없는, 절대적으로 별개의 작품이다. 역시 〈판의 교육〉처럼 시뇨렐리의 제단화다. 따라서 이 두 점은 무엇보다 로렌초 데 메디치 주변에서 번성했던 엘리트 문화의 암시에 대한 증언인 셈이다. 그리고 마니피코가 볼테라 근처 스페달레토에 세운 별장을 장식했던 연작 프레스코화의 손실 역시 안타깝다. 이것은 신화적 주제를 그린 가장 오래된 복합 장식이었다. 이 작업에 보티첼리, 기를란다요, 페루지노, 그리고 필리피노 리피가 나란히 참여했지만 우리는 기를란다요가 〈불카누스의 대장간〉을 만들었음만 알뿐이다.

루카 시뇨렐리

| 다음을 참고하라 |

철학 실천적 삶과 관상적 삶: 살루타티의 시민 인문주의(333쪽); 피치노와 인문주의적인 신비주의(346쪽); 브루니: 인간, 하느님과 르네상스 여명의 세계(355쪽); 피코 델라 미란돌라: 철학, 카발라 그리고 '보편적 합의' 계획(360쪽)

문학과 연극 로렌초 치하의 피렌체에서 재탄생한 속어시(539쪽); 폴리치아노(547쪽)

시각예술 15세기 말엽의 피렌체(795쪽)

음악 마르실리오 피치노, 요하네스 팅크토리스, 프란키누스 가푸리우스, 그리고 음악(825쪽); 카니발 음악(850쪽)

15세기 말엽의 피렌체

| 스테파노 피에르귀디 |

1492년에 로렌초 데 메디치가 사망하고 얼마 지나지 않아서 피렌체에 심각한 정치, 종교
및 문화 위기가 닥쳤다. 도미니쿠스회 수도사 지롤라모 사보나롤라는 지상의 행복과
재물의 무용無用에 대한 설교로 도시를 흥분시켰다. 1494년에 이탈리아에서 쇠퇴기를
맞이하는 피에로 데 메디치는 프랑스 왕 샤를 8세에 의해 추방되었고, 피렌체를
공화국으로 선포하기에 이르렀다. 보티첼리, 필리포 리피, 수사 바르톨로메오,
그리고 페루지노의 그림은 다양한 방식으로 당시의 동요를 표현했으며
종교적 신앙심을 표현하는 새로운 형태의 회화를 제시했다.

세기 말의 정치 및 종교 위기

페라라 출신의 수도사 지롤라모 사보나롤라(1452-1498)는 피렌체에서 15세기의 마지
막 10년간 산 마르코 수도원의 수도원장이었다. 자신의 설교에서 그는 사치, 과잉, 불
필요한 노력을 멀리 물리치라고 하며 정통 그리스도교 가치로의 회귀를 옹호했다. 특
히 부패의 뻔뻔한 수단으로 평가되는 세속적인 예술 작품에 공격을 진행했다. 수사
바르톨로메오(1472-1517)와 크레디의 로렌초(1456/1460-1537) 같은 예술가들은 자
신들의 일부 작품을 파손했고, 1497-1498년에 '허영의 소각'에서 누드화를 광장에서
태워 버릴 정도로 도미니쿠스회 수사의 말에 충격받았음을 드러냈다.

그의 설교가 더욱 강하게 영향력을 발휘했던 1492년에 부친 로렌초(1449-1492)
의 뒤를 이은 피에로(1472-1503)가 추방당했다. 프랑스의 샤를 8세(1470-1488)가 이
탈리아를 장악하며 밀고 내려오던 이 불안한 시기에 시민들은 사보나롤라의 설교
에 공감하기에 이르렀다. 1497년에 그는 알렉산데르 6세(1431/1432-1503, 1492년부
터 교황)에 의해 파문당하고, 이단으로 판결받자마자인 1498년 5월 23일에 시뇨리
아 광장에서 교수형당하고 시신은 화형에 처해졌다. 짧지만 강렬했던 사보나롤라의
시대 동안 도시에 감돌았던 위기감은 1490년대의 피렌체 회화에 나타난 갑작스러운
마니피코 시대와의 거친 단절로 기록되었다.

마지막 보티첼리

〈모략에 빠진
아펠레스〉

약 1495년에 보티첼리(1445-1510)의 작고 값지고 정교한 제단화 〈모략에 빠진 아펠
레스Calunnia〉가 만들어졌다. 조르조 바사리(1511-1574)가 전하는 바에 따르면 보티
첼리는 이 그림을 정치가 안토니오 세니에게 헌정했다. 신변을 보장받기 위해 메디
치의 피에로를 고려했을 것이라는 가설도 있다. 그림 주제는 루키아노스(약 120-?)
가 남긴 그리스인 화가 아펠레스Apelles(기원전 4세기)의 손실된 그림에서 취했다. 죄
없는 헐벗은 한 젊은이가 의심과 무지로부터 잘못된 조언을 듣는 당나귀 귀를 가진
재판관 앞에 끌려온다. 그림 왼쪽에서 벌거벗은 진실이 승리하고 있다. 보티첼리는
우화적인 이 에피소드를 가짜 금으로 된 부조 장식과 동상으로 치장된 홀 안에 세밀
화가와 함께 그렸다. 예술가의 작품 활동에서 마지막으로 나타나는 세속적인 주제
는 〈봄〉과 마니피코 통치 시대에 그려진 다른 신화적 그림에까지 지속되었던 한편으
로, 상당한 비관주의(진실이 승리할 테지만 괴로워하는 심판관 및 의심과 비방을 암시하는
당나귀의 귀는 그다지 희망적이지 않다)와 단절된 리듬으로 묘사된 인물들(왼쪽에는 빈
약하고 오른쪽에는 북적거리는)로 불안한 구성을 나타낸다. 그림 속 장면에서 유일한
두 남성인 주디체(재판)와 리보레(분노)의 거울로 비춘 듯한 똑같이 팔을 뻗은 몸짓
은 절정에 달한 긴장을 표현한다. 이 그림은 〈봄〉의 리듬감에 비해 완전한 반전을 보
인다. 그림의 건축학적 장식에서 자기 앞에 펼쳐진 공백에 대한 공포감인 공간외포
空間畏佈, horror vacui는 주의 깊은 관찰자를 충격에 빠뜨리고, 배경에 그려진 황량한 배
경과 대조를 이룸으로써 불편함을 증가시킨다.

　　이러한 관점에서 〈모략에 빠진 아펠레스〉는 산타 마리아 노벨라 성당의 스트로
치 예배당에 있는 프레스코화 〈히에로폴리스 사원에서 용을 몰아내는 성 필립보San
Filippo esorcizza un drago nel Tempio di Hieropoli〉를 기이한 몽상으로 뒤덮은 필리피노 리피
(약 1475-1504)의 고대 모티프와 유사하다. 예술가는 1487년에 작업을 개시했지만,
산타 마리아 소프라 미네르바 성당의 카라파 예배당에 프레스코화를 그리기 위해 로
마에서 머문 시기 이후인 1502년에야 그림이 완성되었다. 필리피노는 이 즈음에 로
마에서 완성된 핀투리키오(약 1454-1513)의 작품에서 압도적으로 나타난 그로테스
알렉산데르 양식
크한 나뭇가지 모양의 촛대가 지나치게 많은 '알렉산데르 양식'(교황 알렉산데르 6세
의 이름에서 유래)이라고 정의된 화풍을 피렌체에 들여왔다. 사보나롤라는 이와 같은
프레스코화에 반대했다. 그는 신성한 예술 안으로 전파되는 신성모독적인 모티프에

반대하여 거리를 두었다. 또 성인들처럼 성당 안에 만든 화려한 무덤에 묻히는 부유한 피렌체인들을 비난했다. 필리포 스트로치(1428-1491)의 경우처럼 말이다. 프란체스코 사세티(1421-1490)는 성스러운 이야기를 그린 제단화 및 프레스코화 장식까지 맡았다. 스트로치 예배당에서의 작업은 비록 늦을지언정 계속 진행되었고, 필리피노 리피는 1496-1502년에 일정하게 보수를 받았다. 사보나롤라가 끼친 심도 깊은 영향에도 도시의 관습은 하룻밤 사이에 바뀌지 않았다.

보티첼리는 빠른 속도로 메디치가의 몰락이 진행되고 사보나롤라의 화형이 일어났을 때, 또 프랑스 군대가 이탈리아를 휩쓸고 지나갔을 때인 15세기가 끝나 갈 무렵에 심각한 정신적 위기를 겪었다. 〈신비로운 탄생Natività mistica〉 위에 그리스어로 적힌 긴 글은 다음과 같이 시작된다. "이 그림은 1500년 말 이탈리아의 격변기 중에 나 산드로가 그렸다……." 정확히 명시된 중요 시기인 1500년은 그림에 지복천년至福千年의 의미를 부여한다. 캔버스의 톤은 곧 닥칠 세상의 종말을 전하는 예언을 묘사하는 듯하다. 모든 원근법 규칙 가운데 가장 기본적인 것을 무시하고, 중앙에 그려진 아기 예수와 함께 있는 성모 마리아와 성 요셉 일행은 이들을 포용하고 있는 경직되어 절망하고 있는 전경의 천사보다 크게 그려졌다. 거의 중세로 되돌아가는 이와 같은 특징은 지성이 희생된 신앙 때문이다. 그림 위쪽에 보이는 하늘에서 무용을 추고 있는 다른 천사들은 믿음을 초월하는 순수한 정신을 나타낸다. 반면에 오두막 위에 있는 천사들은 잘린 모양 같다. 건조하고 의도적으로 구식으로 그려진 이 그림은 레오나르도의 스푸마토Sfumato(색의 경계를 희미하게 한 명암법*) 기법과 거리가 멀다는 것 이외에 더 이상 아무것도 떠올릴 수 없다. 1475년에 보티첼리가 메디치가 사람들을 축하하는 왕과 그 수행원들로 가장하여 묘사한 〈동방박사의 경배〉는 어느덧 먼 기억이 되었다. 그림의 자연 배경 자체는 신앙의 규칙을 굴절하고 암석들은 지지대인 듯 오두막을 지탱하고 있다. 같은 방식으로 뮌헨의 알테 피나코테크에 있는, 1496-약 1497년에 완성된 〈피에타〉에서 돌 벽돌은 거의 문처럼 그려졌다. 말로 형언할 수 없고 소통 불가능한 고통으로 거의 모두가 눈을 굳게 닫은 이 드라마틱한 그림의 등장인물들 역시 돌로 만들어진 듯하다.

정신적 위기

거의 중세로 되돌아감

사보나롤라와 바르톨로메오 수사

보티첼리의 마지막 종교 주제의 작품들은 대체로 사보나롤라 시대의 패러다임으로 평가된다. 적어도 포그 미술관(케임브리지, 매사추세츠)에 있는 〈십자가 신비 Crocefissione mistica〉(1497-약 1498)에서 도미니쿠스회 수사의 설교와 글에 나타난 정신과, 특히 정확한 유사 표현의 포착이 가능하다. 그런데 보티첼리의 표현은 무엇보다 사보나롤라 설교와의 독특한 관계로 읽힐 수 없는 개인적 위기를 드러내는 것이었다. 엄격한 양식의 관점에서 이 작품을 〈신비한 탄생Natività mistica〉과 뮌헨에 있는 〈피에타〉와 같이 사보나롤라의 종교적 주장을 회화로 다시 표현한 작품으로 보기는 어렵다. 사실 설교자는 예술에서 성서를 읽고 묵상할 수 없는 이들에게 도달하기 위한 의사소통 수단을 목격했다. 한마디로 교황 그레고리오 1세(약 540-604)의 신성한 이미지를 그린 '빈자의 성서'라는 뜻의 판화집 『비블리아 파우페룸Biblia Pauperum』의 유명한 정의와 일치하는, 여성과 아이들을 위한 책이다. 그래서 사보나롤라는 종교적 헌신, 정신 집중을 고취시키는 그림, 즉 보티첼리의 후기 작품에서 보이는 긴장과 극적인 특성이 제거된 그림에 호의적이었다. 그리고 바르톨로메오 수사에게, 즉 개인적으로 가장 가까웠던 이에게 사보나롤라의 정신에 무엇이 깃들어 있는지 이해하고자 주목했던 것은 당연하다. 어쩌면 마리오토 알베르티넬리Mariotto Albertinelli(1474-1515)의 참여로 진행된 볼테라 대성당에 작업한 1497년의 작품 〈수태고지Annunciazione〉는 바르톨로메오 수사의 첫 번째 작품으로, 레오나르도에게서 파생된 명암법으로 부드럽게 표현되고 명확한 구성과 소박함으로 이미 걸작으로 칭할 수 있다. 성경의 에피소드를 따라 건물의 벽기둥을 장식한 섬세한 장식 모티프는 스트로치 예배당에 필리피노 리피가 행한 기괴한 벽기둥에 대한 '개혁적'인 대응이었다. 어디에도 단 한 번의 실수나 과장되어 튀는 기술은 없다. 장식가 및 활기찬 해설가로서의 능력으로 정화된 기를란다요(1449-1494)의 경우처럼 톤은 가라앉아 있다. 사보나롤라에 대한 체포 및 재판은 화가가 프라토에 있는 도미니쿠스회에 입회하고 붓을 놓도록 설득당할 정도로 그를 공포의 도가니로 몰아넣었다. 입회 후에 바르톨로메오 수사라는 이름을 갖게 된 그는 1504년에야 비로소 그림을 그리러 돌아왔다. 그는 스쿠올라 디 산 마르코에 작업을 하고자 1509년부터 1513년까지 또다시 알베르티넬리와 유익한 협력 관계를 강화했다. 사보나롤라가 1491년부터 수도원장으로 있었고, 베아토 안젤리코(약 1395-1455)의 예술이 꽃피웠던 이 수도원에서 활동했다.

〈수태고지〉의 소박함

페루지노의 성공

바르톨로메오 수사의 현장으로부터의 일시적인 떠남과 보티첼리의 자기 자신에 대한 후퇴로 인해 15세기 마지막 10여 년간 피렌체 성화 예술에서 최고의 주역으로 남은 피에트로 페루지노(약 1450-1523)는 1486년부터 대단히 근면하게 작품을 만들어 내는 작업 공방을 열었다. 약 1495년으로 추정되는, 우피치 미술관에 있는, 〈피에타〉는 바르톨로메오의 〈수태고지〉와 일부 공통적인 요소를 지니고 있다. 명확하고 읽기 쉬운 배치, 안전한 건축 구성, 신중하고 근면한 실행에서 그러하다. 그러나 페루지노 작품에서의 전형적인 요소는 성인들의 나른한 표정, 하늘로 향한 눈, 감성적인 억양이다. 사보나롤라가 말했던 것처럼 정말로 여성들과 아이들을 위한 그림이다. 복잡하고 폐쇄적인 보티첼리의 동시대 작품 〈피에타〉와 알 수 없을 만큼 거리가 있는 페루지노의 작품은 쉽고 개방적이다. 그러나 사보나롤라의 교훈에 대한 수사 바르톨로메오의 흡착력은 의식적이고 계획에 따른 것이었고, 페루지노의 부드러운 방식은 화가가 보티첼리와 유사한 정신적 위기를 겪게 되는 일 없이 당시의 피렌체에서 비옥한 토양을 찾았다. 1480년대에 페루지노는 어쩌면 로렌초 데 메디치를 위해서 자신에게 익숙하지 않은 정교한 작품인 〈아폴로와 다프네〉를 그렸다. 현재 루브르 박물관에 보관 중인 이 작품은 화가가 후원자의 바람과 시대를 해석할 줄 알았음을 증명한다. 필리피노 리피 역시 스트로치 예배당에서 거의 이교도적인 프레스코화 작업을 했던 것과 같은 시기에 사보나롤라의 과도한 지지자인 프란체스코 발로리를 위해 강렬하고 헐벗은 〈십자가 신비〉(베를린 카이저 프리드리히 박물관에 있었으나 제2차 세계대전 중에 파손)를 그렸다. 그래서 마니피코의 시대처럼 사보나롤라의 시대에도 피렌체에 도시의 과도한 활력을 재확인할 수 있는 무척 다른 양식들이 공존했다.

부지런히 일하는 작업 공방

| 다음을 참고하라 |
시각예술 로렌초 데 메디치 시대의 피렌체(788쪽)

피에트로 페루지노

| 실비아 우르비니 |

페루지노는 15세기의 마지막 10여 년과 16세기 초반 사이의 가장 유명하고 촉망받던 이탈리아 예술가들 중 한 명이다. 그의 양식은 위대한 형식적 순수함으로 특징지어지고, 색상은 밝고 환하며 공간 구성은 균형이 맞는다. 풍경은 더 이상 거친 고딕 양식이 아니라 이탈리아 중부 움브리아와 토스카나 지방의 조화로운 자연에서 영감을 얻었다. 페루지노의 예술은 움브리아와 토스카나의 초기 르네상스의 원근법 문화와 라파엘로의 고전주의와의 연합을 나타냈다.

아레초와 피렌체 사이의 교육 양성 시기

피에트로 바눈치(약 1450-1523)는 1450년경에 페루자 근처 도시인 피에베의 유복한 집안에서 태어났다.

15세기 전반기에 페루자의 예술가들은 시에나의 후기 고딕 양식 전통에 영향받았다. 르네상스를 향한 움브리아 지방 예술가들의 여정은 도메니코 베네치아노(1410-1461, 1438년에 페루자에 머뭄), 베노초 고촐리(1420-1497), 그리고 베아토 안젤리코(약 1395-1455)에 의해 안내되었다. 젊은 페루지노는 분명 이 예술가들의 작품을 알았을 것이나 진정한 첫 견습 기간은 1470년대 아레초에서 아주 새로운 빛과 공간의 원칙을 인지하게 해 준 피에로 델라 프란체스카(1415/1420-1492)와 보냈다.

조르조 바사리(1511-1574)가 "탁월한 영혼을 지니고 있다"고 표현한 바눈치는 1470년경에 피렌체로 향했고, 그곳에서 최신식으로 실력을 갱신한 예술가들의 교차로인 베로키오의 안드레아(1435-1488)의 작업 공방에 들어갔다. 그는 기를란다요(1449-1494), 크레디의 로렌초(1456/1460-1537), 필리피노 리피(약 1457-1504), 레오나르도 다 빈치(1452-1519), 그리고 자신보다 몇 살 더 많은 산드로 보티첼리(1445-1510)와 자주 만났다. 견습 기간은 1472년에 산 루카의 콤파니아에서 바눈치의 '화가' 등록과 더불어 완료되었다.

예술가의 젊은 시절 작품 일람표는 속성에 기초하여 재구성되었다. 사실 피에트로의 첫 작품은 화가가 거의 서른 살이 되었을 때인 1478년으로 기록된다(페루자 서쪽에 체르퀘토 성당 막달레나 예배당에 그려진 프레스코화).

(좌측 여백) 피에로 델라 프란체스카와의 견습 기간

그의 초기 활동에 관하여 〈동방박사의 경배〉(페루자, 움브리아 내셔널 갤러리, 1475) **기록된 첫 작품**
는 그가 프란체스카 밑에서 보낸 견습 기간, 피렌체에서 알게 된 지인들과의 교류,
그리고 플랑드르의 영향 시사라는 종합적인 효과를 나타낸다.

피에로 델라 프란체스카와 피렌체에서 알게 된 지인들 이외에 우르비노에서 조르
조 마르티니의 프란체스코(1439-1501)의 건축 문화에도 영향을 받았다. 이와 관련
하여 1470년대의 움브리아 환경을 더 잘 나타내는 작품들 중에, 현재는 페루자 움브
리아 내셔널 갤러리에 보관 중인, 1473년에 그린 여덟 개의 템페라 그림 〈성 베르나
르디노의 기적Miracoli di san Bernardino〉[도판 10, 도판 11]이 알려져야만 한다. 이 작품은 로
렌초의 피오렌초(약 1440-1520/1525)와 핀투리키오(약 1454-1513) 같은 페루지노의
동료에 의해 수행되었다.

로마 시스티나 예배당 프레스코화(1482)부터 알바니 다폭 제단화(1491)까지

페루지노의 로마 데뷔는 성 베드로 대성당 콘첸치오네 예배당에 프레스코화를 그린
때인 1479년까지 거슬러 올라간다. 1609년 성당 재개발 때 파손된 이 프레스코화는
그다음 해에 페루지노의 관리로 일을 맡긴 교황의 취향을 충족시켜야 했다. 모든 것
을 감안할 때 페루지노의 예술가로서의 경력을 통틀어 가장 중요한 일이었다.

로마 건축의 혁신에 큰 자극을 준 식스토 4세(1414-1484, 1471년부터 교황)는 예배
당 벽에 프레스코화 작업을 시작했을 때인 1480년 이전에 바티칸 궁에 인접한 장소
에 행사를 치르는 예배당을 짓게 했다. 커다란 홀의 벽은 길이 40미터에 폭이 13미
터였는데, 세 개의 수평 영역으로 나누어졌다. 높은 영역에는 마르첼로 1세Marcellus I
(?-309, 308년부터 교황)부터 선대 교황의 초상화들(그중 28점의 초상화가 남아 있다)이
나란히 걸려 있다. 중간 영역의 오른쪽 벽에는 그리스도의 이야기가 프레스코화로 **식스토 4세의 뜻**
그려져 있고, 반대 영역인 왼쪽 벽에는 모세의 이야기가 프레스코화(원래는 17점이나
지금은 14점만 남아 있다)로 그려져 있다. 오늘날에 미켈란젤로(1475-1564)의 〈최후
의 심판Giudizio Universale〉이 있는 맨 아래 영역의 중앙 벽에 페루지노는 동정녀 아순
타(손실됨)를 그렸다. 이외에도 〈탄생Nascita〉과 〈모세의 재발견Ritrovamento di Mosè〉(손
실됨), 〈모세의 여행Viaggio di Mosè〉, 〈그리스도의 탄생Natività di Cristo〉(손실됨), 〈그리스
도의 세례Battesimo di Cristo〉, 〈천국의 열쇠를 주심〉을 그렸다. 제일 아래에 있는 프레
스코화는 그림으로 그린 커튼으로 장식되었다.

엄격한 계약에 의해 관리되었던 작업은 1480년에 시작하여 1482년에 마무리되었다. 이 일의 진행자는 페루지노였다. 그는 시스티나 예배당 내부에 그려진 프레스코화 전체 중에서 유일하게 〈그리스도의 세례〉에만 서명을 남겼다. 바눈치의 지휘로 상당히 인정받는 토스카나의 예술가들인 보티첼리, 기를란다요, 코시모 로셀리(1439-1507), 그리고 페루지노의 움브리아 동업자들인 아시시의 안드레아(1484-1516년에 활동)와 핀투리키오가 작업했다.

〈천국의 열쇠를 주심〉 〈천국의 열쇠를 주심〉은 함께 그려진 프레스코화들 중에서, 그리고 페루지노의 경력 전체에서만이 아니라 당대 이탈리아 예술에서 행한 과거와 미래의 경첩 역할에서도 가장 중요한 작품으로 평가된다. 예술가가 프레스코화를 그리던 시기에 형성되었던 문화적 관점과 구사성은 어느덧 위기에 빠졌다. 페루지노는 이 작품과 더불어 그림을 그리는 데에서의 자연스러움이라는 새로운 장을 열었다. 이는 동시대인들에게 상당히 좋은 인상을 주었으며, 그의 오랜 경력에 걸쳐 다양한 변형으로 복제가 이루어졌다.

전경부터 배경까지 그림의 구성은 쉬어 가는 리듬이 간간이 끼어드는 이야기 전개와 더불어 스승 피에로 델라 프란체스카의 구성 유산을 대칭으로 하여 만들어졌다. 그림에는 한가운데 배치된 건물이 압도하는 넓은 광장이 펼쳐져 있다. 솔로몬의 신전을 떠올리게 하는 건물은 콘스탄티누스의 승리에 영감을 받은 두 개의 아치가 달려 있다.

그리스도가 무릎 꿇은 베드로에게 황금 열쇠와 은으로 된 열쇠를 내민다. 옆으로는 사도들과 페루지노 자신을 포함하여 몇몇 동시대인들이 마주하여 늘어서 있다. 등장인물의 배열과, 멀리에서 어른거리는 인물들은 피에트로가 토스카나의 예술가들인 베로키오, 폴라이올로(약 1431-1498), 보티첼리에게서 배운 리드미컬한 표현 덕분에 활기차게 묘사되었다. 인물들과 사물 사이에는 그들을 대패질하듯 전례 없는 서광이 평온하고 넓게 퍼져 둘러싸고 있다. 보티첼리와 기를란다요의 비슷한 프레스코화의 주인공들을 살아 있게 만드는 명확하고 탄력적인 선은 페루지노의 인물에서 거의 무용을 추는 듯 부드러운 움직임으로 바뀌었다. 〈천국의 열쇠를 주심〉에서는 멀리 묘사되었고, 라파엘로(1483-1520)의 그림에서는 새로운 고전주의의 서막을 알리는 목가적 이상향의 풍경으로 마무리되었다.

그다음 10년 동안 페루지노는 피렌체에서 시스티나 예배당 프레스코화에 집중했다. 여기에서 로렌초 데 메디치(1449-1492)의 궁정과 관련된 예술 환경milieu 덕분으로 그의 최신 발명품들이 만들어질 수 있었다.

예를 들어 대제단에서 거대하고 황홀한 형상들은 파란 하늘을 향해 펼쳐진 개방된 건축 양식의 커다란 방에 놓여 있다. 폴리뇨의 피오렌티노 수녀원에 기념비적인 작품 〈최후의 만찬〉이 그려졌다. 카스타뇨의 안드레아(약 1421-1457)와 기를란다요 같은 지역 유명 인사들도 그렸던 이 주제는 리드미컬한 구성의 기둥이 나란히 늘어서 있는 그늘지고 바람이 통하는 회랑 아래에 펼쳐졌다. 뮌헨 알테 피나코테크에 보관 중인 〈성 베르나르도의 환상Visione di San Bernardo〉에서 건축과 자연 사이에 균형 잡힌 관계로 유지되는 성인과 성모 마리아의 대화는 웅변적인 몸짓으로 이루어졌고, 은밀하고 우아한 그림으로 이야기를 전하는 보랏빛과 초록빛으로 둘러싸여 있다. 자연은 〈아폴로와 다프네〉에서 더 중요해졌다. 로렌초 데 메디치 궁정을 고스란히 소환하여 묘사한 이 그림은 향수 어린 분위기에 빠져 있다. 피렌체 체류 중의 근대성

10년 후인 1491년에 페루지노는 장차 교황 율리오 2세가 될 로베레의 줄리아노의 부름을 받고 다시 로마로 갔다. 줄리아노는 거룩한 사도의 저택을 위한 작업 때문에 페루지노를 불렀다. 이 귀중한 위임으로 오늘날 알바니-토를로니아 컬렉션에 있는 중요한 다폭 제단화가 탄생했다. 페루지노는 자신의 양식을 옛 제자인 핀투리키오의 양식이 지배적인 로마 취향에 맞게 적용시켰다. 페루지노는 풍경을 펼쳐 보이는 거대하고 환한 회랑과 등장인물들의 달콤한 나른함을 포기하지 않았다. 그러나 인간의 규모를 줄이고 그림을 바라보는 사람이 어느 세밀화 걸작 앞에 있는 것처럼 느껴지게 했다.

페루지노, 예술가-기업가

경력을 쌓은 이 시점에서 페루지노는 지역 양식을 뛰어넘는 '보편적'인 표현 양식을 만들어 내는 데 성공했다. 현대의 비평가들은 그의 표현 양식을 '원래 고전적'이라고 정의한다. 당시의 연대기 저자들의 말에 따르면 페루지노가 만든 형상들의 '천사 같고 매우 부드러운 분위기'와 '그의 방식대로 색상을 칠하며 얻어지는 우아함'이 뛰어났다. 이외에도 15세기 말경에 사보나롤라(1452-1498)의 설교와 프랑스 군대의 침입으로 동요하던 이탈리아 사회에서, 경건하고 신앙적인 새로운 성향에 대한 예술의 필요를 충족시켰다. '원래 고적적인 표현 양식

1450년대 말경에는 매우 활동적으로 작업하며 활동 장소를 이동했다. 그의 그림 들은 여러 도시에서 동시에 요청을 받았고 북부 이탈리아(파비아, 볼로냐, 크레모나) 에서도 대성공을 거두었다. 그는 고객이 있는 지역에 임시 아틀리에를 열기도 했다. 그리고 그곳에서 지역 예술가들을 채용하거나 자신이 시작한 일을 끝마치도록 가까 운 동업자를 파견하기도 했다. 혹은 마치 크레모나 산타고스티노 성당에 〈아기 예수 와 성인들과 함께 있는 성모 마리아Vergine col Bambino e santi〉(1494)처럼 작업 공방에 서 그린 뒤 목적지로 발송하기도 했다. 그의 직업 거주지는 적어도 페루자에 고정적 으로 작업 공방을 열게 되는 1501년까지 피렌체였다.

1494-1497년의 자료들은 페루지노가 베네치아에 있었음을 증명한다. 전형적인 베네토 지방의 색채화적-도상학적인 새로운 변조는 베네치아에서의 경험을 반영했 다. 그 즈음에 예술가는 동시에 다양한 회화 기록에 활용될 정도였다. 거대한 인물과 에나멜 안료(〈데켐비리 제단화Pala dei Decemviri〉, 바티칸 미술관) 혹은 신속하게 배치한 투명하고 마모된 색상(〈파노 제단화Pala di Fano〉 연단), 또한 플랑드르 회화의 분석적 인 양식에 대한 새롭고 정교한 고찰(〈프란체스코 델레 오페레 초상Ritratto di Francesco delle Opere〉, 피렌체, 우피치 미술관)이 그러했다.

15세기 말에 페루자의 가장 강력한 예술 길드 중 하나는 팔라초 데이 프리오리의 접견실을 위한 프레스코화를 위임한 캄비오 길드다. 도상학적 관점에서 분명하게 표현된 이 프레스코화는 중세의 백과사전적 지식의 뒤늦은 결실로, 역사적-신화적, 그리고 성스러운 인물들의 갤러리였다. 페루지노와 그의 동업자들은 무척 부지런하 게 교대로 매달려 작품을 그렸다. 이따금 어느 정도 냉담한 성실성으로, 예를 들어 〈시빌레Sibille〉에서 화려한 통찰력으로 표현되기도 했다.

다시 움브리아에 정착

페루지노의 예술 경력 제3장은 불만스러운 일화로 기록된다. 에스테의 이사벨라 (1474-1539)의 방을 위한 〈사랑과 순결의 싸움Lotta di Amore e Castità〉, 피렌체 산티시 마 안눈치아타 성당 대제단을 위한 제단화, 율리오 2세를 위해 바티칸 궁 화재의 방 에 그린 1508년의 프레스코화와 같은 작품들의 중요 의뢰인들은 신랄한 혹평을 가 했다. 어느덧 그의 양식은 일련의 진부함으로 굳어져 버린 듯했다. 제자 라파엘로 가 1507년 페루자에서 그린 발리오니 제단화(로마, 보르게제 갤러리)와 그보다 앞선

베네치아에서

진부해진 양식

1504년에 페루지노와 비슷한 연배인 레오나르도, 그리고 미켈란젤로는 카시나와 앙기아리의 전투를 그린 종이 그림을 통하여 페루지노가 따르지 않기로 결정한 새롭고도 혁신적인 길을 지향했다.

예술가는 시끄러운 항의에서 멀찍이 떨어져 은퇴한 다음 움브리아에 머물면서 좋아하던 종이를 한껏 자유로이 재활용했다. 그리고 거의 인상주의적인 회화의 새롭고 아름다운 우수함으로 제한된 업데이트 및 반복성을 획득함으로써 자신의 행운을 결정짓는 구성을 제시했다. 그래서 페루지노의 마지막 예술 시기에는 혁명이 존재한다. 산타고스티노의 다폭 제단화의 장엄한 사업을 전형적인 예로 들 수 있다. 거대한 기계와 같이 제단의 전면과 후면에 거의 서른 개의 제단화를 구축한 장엄한 사업은 한때 곤란을 겪기도 했다(일부는 페루자 움브리아 내셔널 갤러리에 보관 중이다).

| 다음을 참고하라 |
시각예술 피에로 델라 프란체스카(700쪽)

레오나르도 다 빈치

| 루카 비앙코Luca Bianco |

레오나르도 다 빈치는 16세기 르네상스를 향한 15세기 이탈리아 회화 전통 변화의 주요 책임자다. 피렌체와 밀라노 사이에서 본질적으로 활동적이었던 그는 자신의 그림과 디자인, 그리고 수많은 추종자의 작품을 직접 감독함으로써 16세기 예술에 큰 영향을 미쳤다. 예술에 대한 그의 글들은 관행으로부터 절대 분리되지 않는 이론적 고찰의 높은 사례로, 무척 중요하다.

피렌체 시기: 견습 기간과 시작(1472–1481)

어느 공증인의 서자로 태어난 레오나르도 디 세르 피에로 다 빈치Leonardo di Ser Piero da Vinci(1452-1519)는 화가이자 조각가인 베로키오의 안드레아(1435-1488)의 작업 공방에서 예술가로서 경력의 첫발을 내딛었다. 이론적 고찰에서 조각에 대한 확실한 혐오를 드러냈을지언정, 레오나르도는 이 기간 중 베로키오의 작업 공방에서 조각 작업에 참여했음직하다. 일부 그림과 디자인에서 레오나르도가 피렌체에서 머무는 초반에 스승의 모델링에 영향을 끼쳤음을 잘 식별할 수 있다. 레오나르도는 넓은 작업 공방의 일꾼들 중에 아주 빠르게 눈에 띄는 자리를 차지했다. 〈그리스도의 세례〉(약 1472)와 똑같은 제단화 풍경에서 그의 참여가 확실하게 식별 가능하다.

풍경 주제   풍경의 주제는 시간과 더불어 레오나르도 작품에서 근본적인 중요성을 획득한다. 1473년으로 날짜가 적힌 〈아르노 계곡 전망Veduta della valle dell'Arno〉이 증명하듯이, 예술가는 초창기부터 풍경 표현에 대단한 주의를 기울였다. 이미 여기서 나중에 화가 레오나르도의 가장 큰 업적 중 하나가 되는 대기 효과의 섬세하고 주의 깊은 표현이 발견된다.

그는 피렌체에서 체류하는 동안 1474년으로 기록된 〈수태고지〉와 〈지네브라 데 벤치의 초상〉 같은 작품을 그리면서 자신의 풍경을 완벽하게 정립했다. 화가는 빛과 그늘의 섬세한 균형과 꼼꼼하고 정확한 식물 표현에 집중했다.

〈동방박사의 경배〉   색채 적용과 열려 있는 풍경에서는 베로키오의 양식에 여전히 영향을 받았지만, 명백하게 레오나르도의 스타일을 보여 주는 작품은 1478년에 만들어진 〈카네이션을 든 성모 마리아Madonna del garofano〉다. 피렌체 시기의 절정은 미완성인 〈동방박사의 경배〉다. 이 작품에서 예술가는 당대에 전례 없는, 붐비는 구성 틀에 수많은 예비 연구로 증명된 상세한 원근법 연구와 등장인물들의 얼굴에 나타나는 명암과 뉘앙스에 대한 심오한 연구를 결합시켰다(『〈동방박사의 경배〉를 위한 연구Studio per 〈l'adorazione dei Magi〉』).

첫 번째 밀라노 시기(1482-1499)

1481년에 레오나르도는 위대공이라는 뜻의 일 모로라고 불린 루도비코 스포르차 (1452-1508) 공작에게 그의 시관이 되기를 제안하는 편지를 썼다. 흥미롭게도 레오나르도는 자기소개서에서 자신의 군사 엔지니어로서의 능력을 부각시켰고, 밀라노 군주인 루도비코가 부친 프란체스코(1401-1466)를 기념하여 세우기를 원했던 기마상 제작자로 자신을 제안하면서 화가 및 조각가로서의 자질에 그늘을 드리웠다.

15세기 후반기의 밀라노는 이탈리아에서 가장 부유한 궁정들 중 하나였기에 레오나르도는 아주 편안하게 지냈고, 다양한 활동에 전념하는 방식을 취했다.

그림을 그리는 와중에 대규모 작업 공방의 진두지휘도 함께했다. 여기서 조반니 안토니오 볼트라피오(1467-1516)와 오조노의 마르코Marco d'Oggiono(1475-1580)(1494-1497년으로 날짜가 기록된 〈그리스도의 부활〉)부터 안드레아 솔라리오Andrea Solario(약 1465-1530, 〈앙부아즈의 샤를 초상Ritratto di Charles d'Amboise〉)까지, 롬바르디아에서 가장 유능한 젊은 화가들 중 일부와 공동 작업했다. 거장의 그림 작업 공방의 많은 복제본, 일꾼들의 이동성, 그리고 레오나르도의 디자인에 나타난 수많은 아이디어의 재작업은 밀라노 체류 기간 중에 예술가가 완성한 정교하고 폭넓은 순환을 보장하는 것이었다. 프란체스코 스포르차를 위한 10여 년에 걸친 기마상 작업은 극장 공연을 위한 무대 장치를 만드는 활동과 축제 기획자로서의 활동으로 끊겼다. 한편 밀라노 시기의 매우 중요한 결실은 1490년까지 거슬러 올라가는 『회화론Treatise on Painting 또는 Libro della pittura』의 집필 개시다.

여러 방면에
전념한 화가

밀라노 시기에 만들어진 것으로 기록된 레오나르도의 첫 작품은 프레디스의 암브로조(약 1455-약 1508)와 에반젤리스타(약 1445-1490/1491) 형제의 공동 작업과 더불어 진행되었다. 이때 만들어진 작품이 무염시태 형제회를 위해 만든 그 유명한 〈암굴의 성모〉다. 작품을 만들면서 벌어진 대금 지불 문제와 관련된 긴 분쟁은 아마도 현재 각각 파리와 런던에 보관 중인 두 점의 작품이 만들어진 이유가 될 것이다. 레오나르도의 자필 서명이 되어 있는 파리의 제단화는 인물의 얽힌 시선과 몸짓의 복잡한 상호 작용과, 빛의 효과적인 표현과 섬세한 분위기 표현, 그리고 매력적인 구성이 두드러진다. 더 뒤에 프레디스 형제와의 공동 작업으로 그려진 런던에 있는 판본은 값진 색상과 먼저 만들어진 작품의 회화적 섬세함을 더욱 발전시킴으로써 보다 강조된 기념비적 특성과 일련의 단순화를 나타낸다.

〈암굴의 성모〉

레오나르도는 성스러운 작품에 열중하는 한편 바로 그 시기에 북부 이탈리아 궁정 문화에 확산되던 영혼의 움직임을 그림으로 표현하려는 경향에 따라서 대상의 심리적인 특성을 완벽하게 포착해 내는 능력을 보이며, 초상화 영역에도 자발적으로 참여했다.

영혼의 움직임의
초상화가

이와 같은 심리적 심화는 밀라노 체류 기간 초반으로 날짜가 기록된 〈연주가Musico〉부터, 루도비코 스포르차의 교양 있고 부유한 정부인 체칠리아 갈레아니(1473-1536)를 그린 〈담비를 안고 있는 여인〉까지, 밀라노에서 그린 초상화에서 완벽하게 분명해졌다. 최고의 찬사를 받는 이 초상화는 동시대의 문학적 원천에서도 증언하는 것처럼, 정확하게 묘사된 주의 깊고 차분한 여인의 모습이 보는 이에게 굉장한 감동을 불러일으킨다. 여전히 궁정 문화 풍토를 반사하는 것은 1490년대의 작품인, 루브르 박물관에 소장 중인, 〈여인상Belle Ferronnière〉이다. 레오나르도의 밀라노에서의 처음 20년은 가장 힘든 의뢰와 관련된 두 번의 실수로 마무리되었다. 여러 차례 중단되었다 다시 시작된 〈프란체스코 스포르차 1세의 기마상Monumento equestre a Francesco I Sforza〉 작업은 모든 관객의 열정적인 공감을 받은 거대한 점토로 만들어진 말 작품으로 구체화되었으나 청동으로 만들어지지 못했고, 밀라노 공국이 함락하는 1499년에 프랑스의 대포를 맞고 파괴되었다.

위험에 처한 걸작 〈최후의 만찬〉

부분적인 실패는 루도비코 스포르차가 산타 마리아 델레 그라치에 수도원 식당에 걸기 위해 주문한 대작 〈최후의 만찬Cenacolo〉에도 있다. 수많은 학자들의 증언에 따르자면 3년간의 작업 이후 1497년에 마무리된 〈최후의 만찬〉은 16세기 르네상스를 여는, 자유롭고 기념비적인 고전주의적 특징을 지닌 가공할 만한 걸작이다. 하지만 화가는 젖은 벽에 안료를 칠하는 프레스코 방식이 아니라 환경의 습도를 고려하지 않은 채 건조한 식당 벽에 직접 그림을 그리는 특별한 회화 기법을 택했고, 이 때문에 그림은 완성 20년이 지나자 많이 훼손된 모습을 드러냈다. 1568년에 바사리(1511-1574)는 "눈에 띄는 얼룩이 더 이상 보이지 않는다"고 불평했다.

이탈리아와 프랑스 여행(1500-1519)

밀라노 체류 기간 중에 얻은 레오나르도의 명성은 밀라노 공국의 재앙 이후, 많은 군주와 이탈리아의 저명인사에 의해 논란이 되었다. 그는 1500년에 베네치아, 피렌체, 그리고 로마를 전전하면서 〈에스테의 이사벨라 초상Ritratto di Isabella d'Este〉을 그렸다. 그리고 세기가 전환될 때 프랑스 왕의 서기 및 재무상인 플로리몽 로베르테(1457-1532)의 주문으로 〈성 안나Sant'Anna〉와 〈물레의 성모 마리아Madonna dell'Arcolaio〉를 그렸다. 16세기 초반의 그림 흔적을 따라가기란 복잡하다. 현대의 자료 출처들은 그를 붓에 매우 참을성이 없던 인물로 정의한다. 반면에 이 시기에 화가와 작업 공방의 작업자들 사이에 공동 작업이 아주 긴밀해졌다. 레오나르도는 체사레 보르자(1475-1507)의 뒤를 이어 유압과 군사 공학 연구에 전념했으며, 비행에 관한 자신의 실험에 더욱더 몰입했다.

유압과 공학

1503년에는 피렌체에서 주요한 공적 사업에 손을 댔다. 살라 델 마조레 콘실리오(대평의회의 방*)에 그려진 미켈란젤로의 프레스코화 〈카시나의 전투La battaglia di Cascina〉와 나란히 그려져야 했던 프레스코화 〈앙기아리의 전투La battaglia d'Anghiari〉다. 〈최후의 만찬〉에서 그러했듯이 이 작업은 떠들썩한 기술적 실패로 변모했다. 오늘날에는 단지 연구와 일부 복사본만 남아 있을 뿐이다. 예를 들어 피터 파울 루벤스(1577-1640)가 그린 〈앙기아리의 전투 복사본Copia della battaglia di Anghiari〉이 존재한다.

피렌체에서 사업하는 데 있어 레오나르도 가까이에서 수많은 화가가 그와 공동 작업했다. 그들은 페르난도 야노스(15-16세기)가 기여한 〈레다와 백조Leda e il cigno〉처럼, 레오나르도가 그린 그림의 수많은 복사본 및 스승의 아이디어에서 나온 작품들을 실현하는 책임자들이었다.

1510년대 말엽에 화가는 밀라노로 되돌아왔다. 비록 허식과 반복으로 거장의 미묘함이 너무 자주 오해받고 단순화되었을지언정(베르나르디노 루이니Bernardino Luini의 〈수산나와 노인들Susanna e i vecchi〉을 참조하라), 롬바르디아 회화에 오랫동안 영향을 미칠 모티프와 주제 목록을 새로운 화가 세대에게 전달했다. 1520년대에 레오나르도는 〈모나리자Monna Lisa〉(1514) 혹은 〈성 요한San Giovanni〉과 같은 초상화에서 대단히 〈모나리자〉칭송받는 그 유명한 수수께끼 같은 미소와 뉘앙스의 표현 기술을 발달시키면서 마음의 움직임과 대기 효과의 표현에 계속 집중했다. 동시에 〈최후의 만찬〉의 구성 이후 더욱 복잡한 구성 계획도 포기하지 않았다(〈성모 마리아La Vergine〉, 〈성 안나와 아기 예수Sant'Anna e il Bambino〉).

말년에는 앙부아즈의 샤를 궁정의 엔지니어로 일했다. 이 시기에 그린 수많은 도안은 그의 예술 이론 및 예술적 고찰에 대한 높은 성취를 증거했으며, 〈대홍수Diluvio〉에 일련의 연구가 적용되었다.

글

스스로 '문자 없는 사람'으로 정의(인문주의적 교육을 완성하지 못했음을 의미한다)했음에도 불구하고 레오나르도 다 빈치는 엄청난 양의 과학, 문학, 그리고 당연히 예술 주제의 글을 남겼다. 밀라노의 루도비코 스포르차의 궁정에 머물며 경험한 후기 고딕 양식의 감수성과 르네상스의 맥박 사이에서 우화집Bestiario 혹은 예언서Profezie와 같은 일부 흥미로운 출처 추적을 참조할 필요가 있다. 레오나르도는 중세의 우화에

충실했고, 말장난과 수수께끼도 잘했다. 그러나 예술가 레오나르도에 대한 밀라노
『회화론』 와 피렌체 인문주의자들의 저평가에 반대하는 회화 예술의 존엄성의 자랑스러운 주
장인 『회화론』 집필 역시 밀라노에서 이루어졌다.

1490년까지 집필한 『회화론』은 회화 예술의 우월함을 주제로 한다. 책에 따르면
"자연은 결코 경험되지 않는 무한한 이성으로 가득하다". 이 글에서 회화적 관점에서
사용하는 동기, 즉 빛의 효과에 대한 주의, 원근법의 사용, 그리고 디자인의 근본적
인 역할 등에 대한 문학적 서술이 발견되지 않았음은 놀랍지 않다.

| 다음을 참고하라 |
과학과 기술 레오나르도 다 빈치(442쪽)
시각예술 스포르차 가문의 밀라노(742쪽)

도나토 브라만테

| 페루초 카날리Ferruccio Canali |

도나토 브라만테는 르네상스의 건축 발달에서 전형적인 인물상을 대표한다.
한편으로는 필리포 브루넬레스키와 레온 바티스타 알베르티의 문화적 유산을 모았고,
다른 한편으로는 고대의 폐허에 대한 체계적인 연구로 그러한 유산을 설립했다.
다양한 건물에 적합한 그의 고풍스러운 취향의 건축 양식은
16세기의 모든 작업자들을 위한 원전이 되었다.

양성 교육과 초기 작품

1444년에 우르비노 공국에서 태어난 도나토 브라만테(1444-1541)는 1460년대 즈음
몬테펠트로의 도시에서, 곧 회화와 건축에서 원근법의 수학적 원칙 적용에 특히 주
의할 문화적 환경에서 양성 교육을 받았는데, 바사리(1511-1574)도 그렇게 교육받
기를 원했다. 그리고 피에로 델라 프란체스카(1415/1420-1492), 레온 바티스타 알베
르티(1406-1472), 조르조 마르티니의 프란체스코(1439-1501)의 존재 덕분에 브라만
테는 공식적으로 우르비노 궁정의 시관으로 들어갔을 것으로 여겨진다.

브라만테의 젊은 시절 작품에 대해서는 거의 아무것도 알려져 있지 않다. 그래서 1475년 이전에 만들어진 크거나 작은 토대를 지닌 일련의 수많은 건축물을 그의 것으로 간주한다. 우르비노의 페르도노 예배당부터 리미니의 콜론넬라 성당까지, 파엔차 대성당부터 스키파노이아의 페라라 문까지, 만토바 산 프란체스코 성당의 마조레 예배당(현재 파손됨) 등이다.

1477년에 베르가모에서 브라만테는 자신의 후원자인 아스카니오 스포르차(1455-1505)의 친구를 위한 라지오네 궁 정면 장식을 떠맡아 작업했다. 그다음 흔적은 다시 사라졌다.

밀라노에서의 브라만테

1481년에는 밀라노에 있었던 것으로 증명된다. 그곳에서 아스카니오의 형제인 루도비코 스포르차(1452-1508)의 보호를 받았음이 거의 분명하다. 브라만테 작품 전체의 본질적인 예술적 초석을 나타내며, 당시 롬바르디아 지역 조형 문화를 위한 진정한 의미의 고유 방향이기도 했던 '건물과 인물'에서 고풍스러운 취향의 원근법이 적용된 청동 접시에 새겨진 프레베다리Prevedari의 인쇄 디자인이 그의 작품을 밑그림으로 하여 제작된 것이다. 어느덧 '건축마냥 회화를 즐기는' 엔지니어로 스포르차 궁정 시관으로 복무 중이던 브라만테는 중요한 건축 설계와 권위 있는 회화 작품을 의뢰받았다(그러나 후에 건물 기초 설계에 관련된 출처에서 정확하게 드러나듯이, 상당한 기술 부족이 대조를 이룬다). 체사레 체사리노(1483-1543)가 증언하듯이 매우 비판적으로 논란의 여지가 있는 지역 옛 성당을 기념하고자 하는 밀라노 영주들의 주장 및 새로운 정치 노선에 따라 재건축되었던 산타 마리아 프레소 산 사티로 성당 작업에 개입했다(사티로는 성 암브로시오의 형제였다).

권위 있는 과제 및 건축 계획

이 이야기는 오늘날 윤곽이 불분명하다. 브라만테는 몇 년 전에 시작된 일련의 작품을 진행하고 있었다. 그런데 이미 바닥 설계 구축이 진행된 1482년에서야 그가 사업에 등장했다는 것을 고려할 때, 이 작품들이 어느 용도인지 또 언제 완성되는지에 대해 알기란 대단히 어렵다.

1486년에 예술가는 성당 정면 건축 계획에 매달렸으나 계획은 실현되지 못했다. 그의 관심은 십자형 교회의 좌우 날개 부분인 익랑翼廊을 따라 거의 완전히 평평하게 된 벽과, 도시의 길 때문에 공간을 확장시킬 수 없는 사제관에 집중되었음이 확실했다. 그는 그곳에 합창단을 위한 공간을 마련하고자 했다. 브라만테는 원근법적 구축으로 제공되는, 공간 환상의 가능성을 극단적인 결과로 이끄는 방식을 지향했다. 휘장 막에 불과 96센티미터 깊이의 평평한 벽감이 만들어졌다. 높은 곳은 한때 경사진 소란반자로 제한된 반면에 낮은 곳은 별 중요성을 지니지 못한 벽기둥을 차례대로 배치한 치장 벽토 장식을 통해 긴 원근법적 합창단 공간마냥 극적으로 만들어졌다. 동시대인들이 감탄했던 이러한 사례는 건축의 본질과 건축의 외관 사이에, 문제의 짧은 패러다임에서, 경치에 대한 연구 및 건축 요소들의 착각 그림 기법인 환각법의 표현에 기초한 그림 장식의 일종인 콰드라투라Quadratura 취향에 대한 자극이 되었다. 그러나 브라만테의 개입은 표현 양식 관점에서도, 고대인들의 건축 규정을 알고 채택했다는 점에서, 사용 시 상당한 주의를 요하는 더 큰 벽기둥과 더 작은 벽기둥 사이에 오래된 알베르티적 기법 연속이라는 건축 문화에 대한 강한 흔적을 남겼다(특히 프레베다리의 인쇄 디자인에 나타난 구조 선상에서 그러하다).

예술가는 마침내 성당 건물의 세트를 짓는 공간에 오래된 골동품 같은 고풍스러운 취향을 채택하기에 이르렀다. 팔각형 돔을 얹고 있는 그리스 십자가가 달린 초기 그리스도교 예배당의 개조와, 라벤나의 사례를 염두에 둔 아래쪽에 여덟 개의 벽감이 달려 있고 두 번째 단계로 개방된 로지아다. 마찬가지로 팔각형인 세례당 설계 개조 작업도 진행했다. 브라만테는 같은 시기에 계속해서 일을 맡았다. 그는 도시의 대성당에 고딕 양식의 석등이라는 어려운 선택을 위한 서면 보고서를 준비했다. 반면에 1480년대 말경, 여전히 아스카니오 스포르차의 위임으로, 1488년에 시작된 파비아 대성당 작업에 투입되었다. 1490년 6월에 조르조 마르티니의 프란체스코와 레오나르도 다 빈치(1452-1519)의 작업장을 방문했을 때 그는 사업적으로 이미 보호받고 있었다. 건물을 위한 브라만테의 고정된 디자인 설계certum designum seu planum와 더불어 지하실 작업 개시와 주요 십자가를 위한 작업은 다양한 변형에 대해서는 물론이고 작업장의 모든 진행 사항을 관리하는 데에서도 부족하지 않았다. 전면에 세 개의 신도석을 갖춘 성당에 팔각형의 돔을 얹은 거대한 좌석을 완성한다는 목표로 그는 피렌체의 브루넬레스키적인 산 스피리토 성당을 다시 만드는 설계에 있어서 중심 성당의 알베르티적인 도식과 홀을 숙고했다. 설계는 15세기의 가장 잘 인지된 건축 문화와 더불어 정렬되었다.

1492년에 체사리의 초상화가이자 건축가로도 기억되는 브라만테는 비제바노에 등장했다. 일 모로가 낡은 성채를 새로운 궁으로 변모시키게 했고, 특히 고대 로마 제국의 역사가인 비트루비우스(기원전 1세기)가 묘사한 바에 따라 고대 로마 제국의 광장인 포로 로마노Foro Romano처럼 '매우 길고 넓은 회랑과 기둥이 서 있고 사방에 상점이 즐비한' 넓은 도시 광장 구축을 진행시켰다. 1494년에 그가 기둥과 기둥머리 세우기를 감독했을지언정, 그 계획에서 브라만테의 직접적인 활동은 어떤 기록에도 적혀 있지 않다. 그러나 밀라노 작업 이후 그가 기획하며 개입한 골동품 전문가로 서의 입지는 견고했다.

1492년에도 여전히 아스카니오 스포르차의 위임으로 성 암브로시오의 회랑과 사제관 건설에 매달렸다(그 복합 건물은 브라만테의 개입 이전에 이미 계획된 작업의 분명한 전복으로 상당 부분 재구축되었다).

도나토 브라만테가 사용한 표현 양식은 피렌체 성당에서 브루넬레스키(1377- 1446)의 직접적인 후계자 자격으로 사용했던 표현 양식의 재사용으로 인하여 다시 한 번 상당한 접점을 지니게 되었다. 브라만테는 직접적인 기둥이 아니라 장식 부분 인 엔태블러처에 대해서 아치의 회전에서와 마찬가지로 똑같은 해결 방식을 고수했 다(그것을 지키지 않은 것은 알베르티의 합의서 출간 이후의 지나치게 분명한 문법상의 실수 였다). 게다가 건축가가 나무 기둥의 기원에 대한 오래된 이야기를 분명히 암시했으 며 비트루비우스의 가르침에 주의를 기울이고 있었음을 주목해야 한다. 비록 바사 리가 브라만테가 아니고 브란만티노(약 1455-약 1536)에게 구조의 속성을 제안했을 지언정, 회랑에 자연스러운 나무줄기 옹이를 이용하여 나무 몸통에 처리한 '나무줄 기를 가공한laboratae ad troncones' 줄기는 네 개였다. 비평가들은 여전히 성 암브로시 오의 가장 큰 회랑에 있는 대형 중앙 아치의 존재를 아비아테그라소에 있는 산타 마 리아 누오바 성당의 정면과 같은, 일련의 다른 작품을 만들 때 사용했던 참으로 고 유한 브라만테 방식으로 이해했다. 이오니아 양식Ionic Style(주두에 있는 소용돌이 모양 이 특징인 양식*) 회랑에서 예술가의 극단적인 관심 분야는 세바스티아노 세를리오 (1475-1554)가 영구적으로 제도화했고, 고작 30년이 지난 뒤 당대 혁신적인 건축 순 서의 고고학적인 변형에 따른 기둥 아래에 있는 받침대이기도 했다.

아직 1490년대 초반에 브라만테는 여전히 밀라노에서 밀라노 문화에 매우 중요한 무수한 건축 관련 에피소드에 개입했다. 종교 건물의 사제관 광장이라는 주제는, 루 도비코 스포르차의 의도로 단순하고 소박한 성당에서 스포르차 가문의 웅장한 무덤

브루넬레스키와의 접촉

성 암브로시오의 가장 큰 회랑

으로 변모한 건물인 산타 마리아 델레 그라치에 성당에서 새롭게 다시 다루어졌다. 그런데 작업장에서 그의 존재는 간헐적이었다. 1494년에 대리석 공급을 위해 개입된 것으로 알려져 있으나 아마도 1492년에 절친한 레오나르도와 상갈로의 줄리아노(약 1445-1516)와 함께 루도비코가 요청한 전문가의 대학에 참여했을 것으로 간주된다. 그러나 밀라노 출처는 물론이고 스승praeceptor인 브라만테의 작품에 주의 깊은 체사리노의 출처에서도 돔을 그의 공로로 돌리는 것 이외의 개입에 대해서는 침묵한다. 브라만테의 생각에 관련된 것 같은 일부 장식 요소(심지어 레오나르도가 '브라만테 그룹'이라고 부른, 커다란 틈에 짜 넣은 줄과 같은 장식 요소)가 충분히 드러나지 않았기에 그가 미친 영향력에 대한 비평은 오늘날에도 여전히 일치하지 않는다.

로마에서의 브라만테, 교황의 건축가

루도비코 스포르차의 권력이 기울기 시작할 무렵에 브라만테는 아스카니오와의 우정을 기대할 수 있는 로마로 이동했다. 그곳에서 교황 알렉산데르 6세(1431/1432-1503, 1492년부터 교황)로부터 1500년의 대희년을 위한 첫 그림 주문을 받았다고 바사리는 기억한다. 브라만테는 멋진 원근법으로 그림을 완성했고, 고대 작품의 양각 세공(그러나 이에 대해서는 아무것도 남아 있지 않다) 이외에 건물 정면 장식에 전념했다. 바사리는 브라만테가 로마에서 1500년 전부터, 특히 1503년 이후인 1504년까지 진행한 그의 첫 번째 건축 임무인 산타 마리아 델라 파체 회랑 작업을 추기경 올리비에로 카라파(1430-1511)의 후원으로 하게 되었을 것이라 확신했다. 자료들은 여전히 대단히 빈약한 소식을 담고 있다. 브라만테가 위원회를 위해 여덟 개의 이오니아식 기둥 디자인을 롬바르디아 대부분의 지역과 피렌체 북동 지역의 일꾼들에게 제공했다고만 알려졌을 뿐이다. 바로 이러한 개입이 예술가의 이름을 대단하게 전해 준다는 점을 바사리도 강조했을 정도로, 회랑은 로마 건축 표현 양식의 발달에 중요한 순간을 나타낸다.

건축가는 특히 고객의 두드러지는 골동품 취향에 영향력을 발휘하며 우르비노 궁정 안뜰 이외에도, 특히 로마 베네치아 궁의 알베르티식 사례를 재고하고 갱신하며, 밀라노 산타 마리아 프레소 산 사티로 성당 성가대석에 원형 석조 기둥과 벽기둥을 세울 수 있었다. 브라만테는 뛰어난 선례에 비교하여 구조를 더욱 혁신했다. 그는 기둥들이 위에 있는 엔태블러처를 떠받치는 방식으로 자유로운 기둥(진정으로 고유한

(좌측 여백) 1500년의 대희년

(좌측 여백) 산타 마리아 델라 파체의 회랑

알베르티식의 직사각형 기둥columnae rectangulae)을 밑에 있는 기둥에 겹쳐 놓았다. 반면에 다리 및 지붕 건물 등을 받치는 장식 겸용의 둥근 기둥으로 교체된 원형 석조 기둥은 아래에 있는 아치 한가운데 기대어 있는 것처럼 보인다. 그러나 사실은 가짜로 기대어 있는 것이라 모든 구조적 지지 역할에서 자유롭다. 어쨌거나 이는 그의 바로 다음 계승자들을 납득시키지 못했다. 바사리는 '아름답기만 하지 않은 개입'이라고 정의했다.

로마에서 브라만테의 명성은 대단했다. 그가 참여한 혹은 많은 이들이 그가 맡기를 원했던 건물 수는, 비록 대부분은 그의 참여 여부가 희미했지만, 정말로 대단히 많았다. 바사리는 궁정 안뜰(1511년에 끝남)에서 팔라초 칸첼레리아의 완성에 대해서와 다마소에 산 로렌초 성당에 대해, 그리고 피아차 나보나에 산 자코모 델리 스파놀리 성당을 위한 작업 참여에 대해 이야기했을 것이다. 팔라초 카스텔리(나중에 지라우드 토를로니아가 정층적整層積, opus isodomum〔고대 로마의 벽 공사에서 같은 높이의 돌로 규칙적인 층을 이루게 쌓는 방법*〕석회로 된 거대한 골동품 장막으로 된 것, 그리고 위에 결합된 벽기둥으로 된 것은 우연이 아니다), 팔라초 피에스키, 스코사카발리 성당 광장의 코르네토, 로칸다 델 솔레의 설계가 이어졌다. 브라만테의 것이 분명한 작품들 중에는 몬토리오 산 피에트로 성당의 작은 원형 신전도 있다. 이곳은 세를리오와 팔라디오(1508-1580)에 따라 고대의 사원들과 동등한 가치가 있다는 보기에서처럼, 작은 사원 다음 설명서에 들어가는 만큼, 자유로운 기둥으로 계속되었다. 그리고 유명한 고대 유적만이 아니라 기둥으로 둘러싸인 수도실이 달린 로마식 사원의 비트루비우스 유형으로도 활기를 되찾는 문헌학적인 원형 날개를 특징으로 했다. 수도원의 좁은 마당에 끼워 넣은, 그러나 매한가지로 원형 기둥이 둘러싸고 있는 공간 안에(세를리오) 십중팔구 브라만테가 계획했을 작은 사원은 도리스 양식Doric style (이오니아 건축과 코린트 건축을 합친 양식*)의 16개의 둥근 기둥이 빙 둘러 있다. 왜냐하면 복합 건물이 성 베드로의 순교 장소에 위치해 있고, 도리아식 건축이 교회의 창시자에 걸맞기 때문이었다. 이 사례로 브라만테는 15세기 후반기부터 예술 문화를, 특히 알베르티 유형을 열광시키는 주제를 명상했다. 원형 건물이 우르비노에서 몬테펠트로의 페데리코(1422-1482)를 위해 계획되었음을 기억해야 한다. 몬테펠트로 궁정 문화와의 긴밀한 관련에서 그러했던 것처럼 브라만테의 제단화들 중 우르비노의 그 유명한 원근법 설계도Tavole prospettiche는 중앙에 거대한 둥근 건물을 표현했다. 이는 후에 페

몬토리오
산 피에트로 성당
작은 신전

루지노(약 1450-1523)의 그림 배경으로도 옮겨졌다(이미 1493년에 루도비코가 갑자기 밀라노를 떠난 브라만테를 토스카나에서, 그리고 화가의 작업 공방에서 찾게 한 것을 기억하라). 몬토리오 산 피에트로 성당의 작은 신전의 프리즈에서, 즉 방이나 건물 윗부분에 띠 모양의 장식이 그림이나 조각으로 도리아식의 우아함elegantiae을 지닌 트리글리프triglyph로 교체되었다. 로마의 황제 베스파시아누스(9-79) 사원 프리즈에 나타난 이교도 숭배를 위한 유사한 도구가 분명하게 그리스도교화된 것과, 돌을새김을 한 부조의 미사 전례 도구와 성 베드로의 열쇠 표현이 두드러진다. 건물의 중심은 외부 날개의 기둥을 다시 받치고, 상이한 기둥 사이에 차례로 보이는 벽기둥이 늘어서 있다(반원형 및 직사각형의 벽감으로 파인 높은 드럼 위에 건물의 돔을 씌우는 것은 반대로 늦다).

바사리의 이야기에 의하면 이미 1505년부터 유명해지기 시작한 브라만테는 교황 율리오 2세(1443-1513, 1503년부터 교황)로부터 '전망대의 복도'를 위한 작업을 하라는 임명을 받았다. 이곳은 15세기 말엽에 인노첸시오 8세(1432-1492, 1484년부터 교황)가 분산해서 지은 작은 바티칸 궁을 연결하는 장소로, 두 방향의 복도 위에 얹힌 회랑에 나란히 달린 두 개의 기다란 날개(약 300미터)다. 나중에 식스토 5세(1520-1590, 1585년부터 교황) 시대에만 바티칸 도서관이 날개 사이에 배치되는 형태의 거대한 비축 구성단위가 형성되고 세 단계로 나누어졌다. 이 장소는 놀이와 해전 공연을 위한 일종의 거대한 고대 서커스였던 셈이지만 조각상과 더불어 골동품을 전시하는 공간으로의 특징 역시 지녔다. 장관을 이루는 일련의 경사로와 한쪽이 개방된 고대 로마 스타일의 담화실로 닫힌 공간은 나중에 피로 리고리오(1513-1583)에 의해 마무리되었다.

건축가가 염두에 둔 고대 모델에 비하여 바사리는 브라만테가 "새로운 발명으로가 아니라 모방"으로 작업을 진행했다고 했다. 브라만테는 마르첼로의 극장 모델에 대해 낮은 궁정 뜰의 도리아식으로 펼쳐진 들판에 있는 구역이기 때문에 고전적인 별장의 계단식 관람석이라는 전형적인 해결안을 기억했고, 팔레스트리나 성역 구축에서 자유롭게 모델로 삼은 건물로 복합 단지 전체 유형이 만들어졌다. 반면에 화려한 규모가 예상되는 커다란 반원형으로 인해 모든 시선 축을 닫아 버리는 볼록-오목 요철은 로마 시대의 분수 조각상이나 꽃밭 정원 등에 있는 오락용 시설인 님파에움nymphaeum을 떠올리게 한다. 도리아 양식, 이오니아 양식, 코린트 양식의 중복된 순서로, 그리고 상단 안뜰에 규칙적으로 반복되는 대들보 구조로(알베르티식인 만토바 산탄드레아 성당 내부가 그 예로, 벽감과 광장을 테를 둘러 감싸 안는 두 개의 벽기둥이 정면에 달려 있는 커다란 둥근 기둥) 장식 겸용의 둥근 기둥, 벽기둥, 아치가 정교한 연속으로 분할된 회랑이 서 있는 날개 부분은 골동품 장식 요소의 설치로 내재된 다양한 가능성의 목록을 바로 구축했다. 르네상스의 새로운 표현 양식으로 최고의 전망대를 만든 이 건축 선집summa은 앞으로 도래할 시기의 건축가들에게도 필수였다.

인노첸시오 8세의 낡은 궁 역시 얼마 지나지 않아 연속적인 달팽이 모델에 원형이 되는 나선형 계단 구축 같은 큰 변화를 겪었다. 그 분할에서 자유로운 기둥을 중첩하는 건축학 순서의 연속을 바사리는 "도리아식이 이오니아식 안으로, 그리고 그렇게 코린트식 안으로 들어간다"고 강조했다. 일련의 추가적인 주요 작업(산탄젤로 성Castel Sant'Angelo, 비테르보 요새와 치비타베키아 요새, 로마 팔라초 트리부날리Tribunali, 산타 마리아 델 포폴로 성당의 일반 신도석, 아스카니오 스포르차의 웅장한 무덤, 마글리아나에 있는 교황 별장, 산 첼소의 로레토 성당, 젠나차노의 님파에움, 토디의 콘솔라치오네 성당)과 동시에, 브라만테는 낡은 건물을 '복원하고 정돈'하기 위하여 바티칸 궁을 변모시키는 임무도 맡았다.

그런데 그는 1506년에 성 베드로 성당의 새 성당을 위한 작업을 시작했다. 첫 번째 돌 쌓기는 4월 18일에 시작되었고 카라도소(1452-1527)의 기념 메달에 새로운 정면 이미지가 결합되었다. 교황의 요청에 따라서 성당에는 15세기 문화와 일치하는 일반 신자석에 관심이 집중되었다. _{성 베드로 성당 새 성당}

브라만테 입장에서는 작업장에 있던 상갈로의 줄리아노의 존재 때문에도(오늘날 우피치 미술관에 있는 일련이 그림이 입증하듯) 적어도 두 개의 상이한 해결안으로 작업을 수정했고 처음의 아이디어는 다양한 변형을 겪었다.

소위 '양피지 계획'이라는 첫 번째 계획은 대각선으로 돔 공간을 차례로 외접하는 바깥쪽 정사각형으로 교차된 거대한 그리스식 중앙 십자가(십중팔구 하나의 일반 신도석)를 보여 주었다. 이외에도 밀라노에서 진행된 선행 작업과 이 작업을 연결하는 중심부에 불규칙한 팔각형을 제공하는 이등변 삼각형 도면으로 유명한 거대한 비어 있는 철탑이 등장했다. 그러나 이 아이디어는 율리오 2세를 무척 당황하게 만들었다. 성 베드로 성당의 무덤에 비교하여 건물의 기하학적 중심을 이동시켜야 했고, 니콜라오 5세(1397-1455, 1447년부터 교황)부터 1450년 이후에 레온 바티스타 알베르티와 베르나르도 로셀리노(1409-1464)가 세운 합창단석을 무시한다는 것을 의미하기 때문이었다.

이제 브라만테는 두 번째 계획을 완성해야만 했다. 1505년 이후 그는 원래의 그리스 십자가를 주로 표현한 반면에 텅 빈 공간은 둘레에 보행자들이 다니는 팔각형을 형성하는 모서리(기둥 막대로)에 둘러싸인, 오점형(다섯 눈 모양의 도식마냥 대각선 공간으로 균형을 맞춘 중심부) 배열 형식이라고 불리는, 광장 설계에 더욱 분명하게 집중하는 듯이 보였다. 브라만테는 사원이 세로 모양을 유지해야 하는지 혹은 그렇지 않은지 결정하지 못했다. 이 과정에서 브라만테의 우유부단함에 대한 긴 농담 시리즈가 생겨났고, 그가 사원을 어떻게 다시 지을지 정하지 못한 채로 낡은 성 베드로 성당을 파괴했기에 '파괴쟁이'라는 별명이 생겼다. 게다가 건축가의 죽음 이후에는 새로운 철탑 구축 외에도 이미 폐허가 된 낡은 성당 내부에 성 베드로의 무덤에 제단을 보호하는 도리아 양식의 한층 우아하지만 작은 예배당이 세워졌다(1592년에 철거).

'파괴쟁이' 브라만테

'라파엘로의 집'

1508년부터 브라만테는 '라파엘로의 집'(1517년에 구입)으로도 알려진 팔라초 카프리니(오늘날에는 파괴됨)에서 개인 저택의 정면을 새로운 유형학으로 다듬기 시작했다. 건물 벽의 낮은 부분은 골동품 취향의 소박한 작품으로 마름돌 쌓기를 했다. 이는 아치와 짝을 이룬 반쪽 기둥으로 테를 두른 높은 부분을 떠받친다. 그렇게 상단의 엔태블러처는 고상한 계획의 웅장함을 강조했다. 이 사례는 여러 부분을 중복시켜야 할 필요 없이 높이나 길이에서 연속적인 다양성을 허용함으로써, 거주지 앞부분을 위한 건축 체계의 활용이 더욱 용이하고 경제적임을 보여 주었다.

| 다음을 참고하라 |
시각예술 스포르차 가문의 밀라노(742쪽); 몬테펠트로의 페데리코 시대의 우르비노(763쪽)

음악
Musica

음악 서문

| 루카 마르코니Luca Marconi, 체칠리아 판티Cecilia Panti |

15세기에 음악은 15세기의 사회 및 문화 변화에 따라 중요한 변화를 이루었다. 음악은 더 이상(유일한) 성직자와 수도자의 특권이 아니었다. 글로 표현된 음악 언어가 궁정과 도시의 '지식인층' 사이에서 광범위하게 함양되었다. 누구보다 가장 유명한 인물인 아레초의 귀도Guido d'Arezzo(약 990-1033년 이후)를 생각하는 것으로 충분하다. 수도사, 노래 교사 및 수필가로 인식되던 음악가musicus는 이제 주로 귀족을 위해 **귀족의 시관으로** 일하거나 개인 소성당이나 주교좌성당에서 성가대 지휘자로 고용된 평신도 혹은 성직자를 지칭했다. 음악가는 중세에 매우 빈번하고 아주 명확하게 구별되었던 전문적인 역할인 음악 이론가, 작곡가, 그리고 심지어 연주가의 이미지와 합쳐졌다. 아무튼 이것이 소리 예술로서의 음악의 '근대적'인 개념을 강화시키는 데 유리하게 작용하면서, 음악의 추측에 근거한 이론적인 학문과 실질적인 작곡 및 연주 사이의 거리는 서서히 희미해지는 경향을 보였다. 이 결과로 당시의 음악 관련 논문들은 실제로 노래하는 데 있어, 특히 다성 음악과 관련하여 더욱 상세한 방식으로 다루어졌다. 그리고 고대 로마의 철학자-정치가였던 보에티우스의 전통이 살아 있는 추측에 근거한 작품들 역시, 지휘자들 사이에서 활기찬 충돌을 불러일으켰던 악기 튜닝 체계와 같은, 실제 관심사에 초점을 맞추었다.

이러한 중요한 변화의 주역은 주로 프랑스 북부의 도시 캉브레의 대성당 학교와 다른 플랑드르 중심지에서 양성 교육을 받고, 특히 이탈리아 궁정의 귀족들에게 종종 상당한 임금을 받으며 고용되었던 네덜란드 출신 음악가들이었다. 이들은 영주나 권력자의 시관으로 일하는 전문적인 음악가였다. 3세기가 지나고 나서 천재 음악가들인 모차르트(1756-1791)와 베토벤(1770-1827) 시대까지 지속되는 하인이나 '제복을 입은 남자'라는 음악가의 이미지는 사실 전문성을 지닌 인물상에 반反하는 것이다.

음악 형태

음악 형태에서 15세기는 중부 유럽 전체 궁정에서 시-음악류의 지배로 '샹송
chanson(14세기에 다성 음악의 기법을 도입하여 여러 음악 형식의 정형이 확립되었다*)의
시대'라고 정당하게 정의된다. 샹송은 다성 음악(폴리포니polyphony)으로 눈에 띄는   샹송
변화를 겪었다. 14세기 프랑스 및 이탈리아 음악 특유의 작곡 양식인 아르스 노바
ars nova의 모호함과 미묘함subtilitates은 오늘날에는 종종 선율에 맡겨지는 최고 성부
에 의한 악구 나누기가 점점 더 명확하게 등장하고, 아카펠라(반주가 없는*) 다성 음
악 표준인 네 개로 된 바수스bassus, 테너tenor, 알투스altus, 그리고 칸투스cantus(소프라
노)를 양극화하는 더욱 귀에 잘 들어오는 멜로디 표현 덕분에 사라지는 경향을 보였
다. 그런데 샹송의 주도권은 15세기 후반부에 이탈리아 궁정에서 화성적인 유절 가
곡인 프로톨라frottola가 만들어져 인기를 얻자 거짓말처럼 소진되었다. 이외에도 심   프로톨라
지어 신성모독적인 멜로디를 사용하면서까지, 보통 전 영역에서 정통적인 성악의
작곡 원칙을 확인하기 위한 다성 음악상의 미사곡에서, 아이소 리듬isorhythm(동형 리
듬*) 기술에 여전히 기초할지언정 정선율cansus firmus의 사용으로(목소리로만 연주하는
짧은 교회 음악인 모테트motet[성서의 구절에 곡을 붙인 다성 음악*]에서는 상당 부분) 전례
용 다성 음악 역시 새로운 분위기에 타격을 받았다. 당시에 미사곡Missa(미사의 각종
전례문에 붙여진 곡*) 〈무장한 남자L'omme armé〉가 대단히 성행했던 것을 생각하는 것
으로 충분하다.

음악의 사회적 역할

다양한 사회 계층에 점점 더 확장된 이와 같은 성과는 우리가 기억하는 전문적인 음
악가만이 아니라 영주들과 귀부인들도 포함된 음악 애호가들 사이에 존재하던, 아
리스토텔레스(기원전 384/383-기원전 322)가 권장했던, 오락과 여가를 즐기는 사회
차별의 흔적이기도 했다. 음악 수행단entourage과 후원의 훌륭함을 주장했던 귀부인
들 중에는 루크레치아 보르자(1480-1519)와 에스테의 이사벨라(1474-1539)가 두각
을 나타냈다. 반면에 귀족 음악 애호가 중에서는 로렌초 데 메디치(1449-1492)를 첫   후원자
번째로 꼽을 수 있다. 여러 자료에 기록된 바대로 예술과 학문의 후원자였던 그는 사   로렌초 데 메디치
적인 기회만이 아니라 도시 기념일과 심지어 이교도 기념일에도 예술의 홍보 및 보
급에서 능동적인 역할을 했다. 사육제가 대표적이다. 그러나 주변의 인문주의 문화

배경background을 반영하는 가사에서 지적인 메시지를 누설하게 내버려 두었고, 쉽게 노래할 수 있는 구성의 유명한 '칸티 카르나시알레스키'canti carnascialeschi'('사육제의 노래'라는 뜻으로 15-16세기에 이탈리아 메디치가 등의 궁정에서 행한 사육제를 축하하는 합창곡*)의 저자가 메디치라고 믿게 되면서, 이들은 지롤라모 사보나롤라(1452-1498)의 정치적 통제 하에 검열받았다.

음악에 대한 생각이 펼쳐진 문화 도식에서 마침내 오락과 지적인 소일거리 같은 음악 도구와 무용의 사회적 역할이 등장하고 발견되었다. 더 이상 폄하되지 않고 감각적인 기쁨의 원천이라는 의혹을 받지 않게 된 무용과 악기 연주는 이제 궁정과 도시에서 귀족들에게 확산되었다. 무용은 오히려 의미심장한 사회적 역할을 떠안았다. 공적인 기회에 마련된 특별한 무용이 예술 종류의 실행 방식으로 자신이 속해 있는 사회적 역할을 표시하는 데 사용되었다. 발레 마스터와 특정 논문이 인문주의 문화를 나타내는 음악 과정과 즐거움에 대한 다양한 맥락에 정기적으로 추가되었다.

기악 분야에서도 유사한 주장이 가치 있다. 선행하는 기록 전통의 부재로 난관을 겪었음에도 불구하고 기악은 노래 연습에 함께하려는 의도를 지닌 귀부인과 영주에게 중요한 본보기를 주며 상징적인 예술로 인정받았고, 궁정과 도시의 관심의 중심에 섰다. 악기의 상징적-성서적 가치가 사라지면서 악기 연구 작품이 등장하기 시작했다. 특히 정치적-사회적 기능에 따라 목록이 만들어졌다. 가장 중요한 차이점은 '높은' 것과 '낮은' 것 사이에 남았다. 다른 현악기와 함께 류트lute는 압도적이었다. 하프시코드harpsichord(현을 뜯어서 소리를 내는 악기*) 같은 건반악기와 당연히 종교 음악을 위한 것이었던 오르간은 사람들의 관심과 논문의 중심에 있었다. 이들은 그로부터 얼마 후에 정의되기 시작하는 음악 혁명을 그렇게 예고했다.

음악의 이론적 사상

MUSICA

마르실리오 피치노, 요하네스 팅크토리스, 프란키누스 가푸리우스, 그리고 음악 인문주의

| 잔루카 다고스티노Gianluca D'Agostino |

15세기는 이론적이든 실질적이든 음악 영역에서 이론적 설명과 체계화가 이루어진 시기였고, 음악 이론의 발달에 대한 설득력 있는 증거가 기록된 시기였다. 이제 음악 논문들은 작곡가나 성악 거장들에 의해 작성되었다. 이들은 유럽의 가장 큰 궁정에서 활동했는데, 그중 이탈리아 궁정은 음악 촉진에 대한 관심 때문에 주도권을 지녔다. 따라서 그들의 글은 이론적인 새로움보다 후원자의 취향을 반영했고, 음악가는 후원자에게 헌정하는 풍성한 도입부에서 인문주의 문화와 수사학적인 논증 취향을 보여 주었다. 사변적인 음악 측면에서, 즉 보에티우스로부터 계승된 수학적-음악적 이론 측면에서 대부분 실질적인 것에 집중된 관심이 기록되었다. 조율 체계의 선택에서 순수 조율과 반대되는 피타고라스 조율 체계는 당시 이론가들 사이에 열띤 충돌을 야기했다.

15세기 궁정 음악의 특징 및 논문들

14세기 전반기의 프랑스 이론가들인, 즉 아르스 노바Ars nova 작곡가들인 비트리의 필립Philippe de Vitry(1291-1361), 『음악 예술에 관한 지식Notitia artis musicae』과 음계 사이에서 특히 새롭고 더욱 유연성 있는 측량mensurali 개념으로 구성된(시제 관계) 저술 『정량 노래 연구Libellus cantus mensurabilis』에서 무리스의 요하네스Jonannes de Muris(약 1290-약 1351)에 의해 '아르스 노바'라고 불렸던 다성 음악은, 발달된 음악 체계에 기초했고, 요하네스의 작품에서 작곡가가 선정하는 네 개의 주요 시간 혹은 측정 mensurae(현대의 4분의 2박자, 8분의 6박자, 4분의 3박자, 그리고 8분의 9박자와 거의 동일) **2분할 및 3분할** 으로 세분화되었다. 그러나 2분할만 규정하는 근대의 기보법과 달리 중세의 기보법 은 3분할도 생각했다(두 개는 불완전하지만 세 개는 완벽하다고 말해진다). 네 개의 측 정mensurae(비트리는 네 개의 프롤레이션quatre prolations이라고 칭했다)은, 따라서 조합과 '완벽한' 시간(원[O]으로 표시)과 불완전한 시간(반원[C])의 연속 분할 결과였다.

이미 강조한 바대로 14세기 프랑스 및 이탈리아 음악 특유의 작곡 양식인 아르 **아르스 노바** 스 노바ars nova는 기술적 전문 용어의 좁은 한계를 아주 빠르게 넘어섰다. 리드미컬 하고 더욱 다양하고 또 동적이고 복잡한 14세기의 다성 음악은 이전 음악(13세기의 아르스 안티쿠아ars antiqua)에 비해 듣는 사람을 자극한다는 신선한 새로움이 주는 일 반적인 느낌을 반영하는 것으로 끝났다. 14세기 후반에 소위 미묘한 기술이라는 뜻 의 더욱 섬세하고 발달된 리듬-멜로디 구성으로 특징지어진 아르스 숩틸리오르ars subtilior라는 한층 앞서고 리드미컬하며 복잡한 음악 형식이 등장했다. 이것은 그리 스-라틴 음악 이론으로, 아르스 숩틸리오르의 실질적인 표기법 안내서인『형상 연구 Tractatus figurarum』에서 이론적으로 정확하게 설명되었다. 아무튼 14세기 다성 음악을 표시하는 참신한 아이디어의 영속성은 15세기에도 남아 있었다. 그리고 15세기 말 엽에 '아르스 노바'와 동일한 표현을 다시 한 번 발견하는 것에 주목할 필요가 있다. 15세기 처음 10여 년의 양식에 비해 갱신된 음악 양식에 대한 언급이다. 플랑드르 의 음악 이론가인 요하네스 팅크토리스Johannes Tinctoris(약 1435-약 1511)는 1472년에 『음악의 비율Proportionale musices』에서 다음과 같이 말했다. "오늘날 우리 음악의 가능 성은 새로운 예술이 생겨난 것처럼 놀라울 정도로 증가했다."

15세기에 새로운 다성 음악 레퍼토리(프랑스-부르고뉴)의 성급한 확산과 유사하 **14세기의** 게 14세기의 측정법 논문의 연구와 확산, 그리고 코멘트가 강화되었다. 14세기에 다 **측정법 논문** 듬어진 이론의 처리 및 정제는 15세기에 음악에 대한 작사scriptores de musica에서 참 으로 고유한 상수가 되었다. 앞서 언급한 무리스의 작품들Libellus이 오늘날 50개 이 상의 필사본으로 전해지며, 이것이 1526년이라는 상당히 늦은 날짜에 작성되었음을 생각하면 된다.

　당시 음악 논문을 쓰는 이들의 모습은 충분히 전형적이었고 쉽게 묘사할 수 있다. 비록 전문성을 갖춘 인물은 아직 독립적으로 존재하지 않을지언정 선창자의 교육을 이미 완료하고(가수musicus), 음악 실행을 이미 수행했으며(선창자cantor), 따라서 음악 예술의 규칙을 가르칠 수 있고(노래 교사magister cantus), 필요한 경우 새로운 노래를 작곡할 수 있는(작곡가compositor, contrapunctista) 이들은, 물론 음악가였다. 실제로 그들은 교회나 세속의 지식인들, 수도자 혹은 대학 예술artes의 거장들, 개인 지도 교사들magistri, 법률 고문들 혹은 유럽 절반의, 특히 이탈리아와 프랑스, 그리고 에스파냐 궁정에서 활동하는 관리들이었다.

　어쨌거나 15세기의 음악 이론은 적어도 학문의 탁월한 실행(혹은 활동activa) 영역과 관련하여 여전히 교육에서 전통적인 네 개 초석에 고정되고 유지된 채, 이전과 비교하여 거시적인 진보를 나타내지는 않았다. 솔미제이션solmization(계명 창법*)이라 불리던 아레초의 귀도(약 990-1033년 이후)의 전통적인 원칙에 바탕을 둔 솔페지오 solfeggio(도레미파 발성 연습*), 멜로디 양식(피아노나 그레고리오풍 곡의 여덟 가지 선법 modi), 음계와 리듬(완벽한 측정법mensuralismo), 그리고 대위법(보통 선율보다 더 높게 부르거나 연주하는 선율인 데스캔트descant〔즉흥적으로 불리거나 쓰인 초기 다성 음악의 종류*〕규칙으로 칸투스 피구라투스cantus figuratus〔그레고리오 성가에서 가사 한 음절에 두 개 이상의 높이가 다른 음표를 붙이는 것*〕, 즉 다성 음악을 만들어 내기 위해 적용). 오히려 더욱 과학적이고 기술적인 전문 용어를 풍부하게 하는 새로운 표기에 사용된 언어는 고전 텍스트에 대한 새로운 연구와, 이제 막 시작된 인문주의 정신으로 유발된 주제와 아이디어에 의해 적절하게 발달했다. 예를 들어 고전적인 추억이 가득한 입문자들을 위한 논문 서두Prologhi에는 종종 문학적 주장이 도드라졌다.

솔미제이션,
멜로디, 리듬

　그것은 과거에 비해 지식인litterati 청중에게 광범위하게 확산되고 침투된, 또한 똑같은 음악 목록의 증가 및 다성 음악에 필적하는 학문이라는 이유에서이기도 했다. 예를 들어 이탈리아에서만 개인적이나 공적인 용도로 만들어졌으며, 적어도 4과 quadrivium(산술, 음악, 기하, 천문)의 대학 수업이나 성당 부설 합창단scholae cantorum의 교재로 사용되거나 소성당 성가대원이나 수많은 성당에서 봉사하는 성직자들에게 도움을 주는 논문이나 간단한 이론 소책자는 여기에 계산되지 않았다. 사실 교회 성가cantus ecclesiasticus(전례 멜로디)에 정확하게 가락을 붙이는 것을 기억할 줄 아는 것만이 아니라, 간단한 대위법을 통해 즉흥적으로 그것을 아름답게 할 줄 아는 능력을 요구했다. 때때로 **책에 대해 노래하기**cantare super librum (그레고리오 멜로디의 편곡으로 전례 책을 참조하면서)라고 불린 이와 같은 연습은 당시 성당에 가장 널리 퍼진 하나였고, 당시 무수한 음악 논문의 근간을 형성하는 기본적인 '데스캔트의 규칙' 적용이 요구되었다. 작곡이나 음악 형태 설명서의 필요와는 상당히 거리가 멀었다. 이 시기에는 아직 음악 양식의 역사가 존재하지 않았다. 요하네스 팅크토리스의 최초의 음악 용어 사전인 『음악의 정의Diffinitorium musicae』가 1495년경에야 비로소 인쇄되었음을 기억해야 한다. 그래서 '대위법 규칙Regole di contrappunto'이라는 제목의 적지 않은 수의 논문은, 훨씬 겸손하고 대부분 단순하고 반복적인 요약(엄격한 정통 라틴어로, 또 매우 드물게 보다 쉬운 라틴어 속어로)으로 사용할 자음 및 불협화음 간격의 선택과 분류 취향을 규정했다.

다른 유형도 존재했다. 예를 들어 체법으로 걸러서 만든 종이에 질서 정연하게 집필된 『음악론Liber de musica』은 가르침 때문이 아니라 예술에 매료된 르네상스 후원자들 중 누군가에게 기증될 만한 소중한 텍스트라고 높이 평가되었다. 이 시기는 인문주의자 수칙(파도바에서 피에르 파올로 베르제리오, 만토바에서 펠트레의 비토리노, 페라라에서 베로나의 구아리노, 그리고 피렌체에 마르실리오 피치노 등)으로 재확인된 아리스토텔레스주의(여덟 권의 『정치학Politica』)에 따라서 음악이 군주의 교육과 양성에 필수적인 네 개 학문 분야(문법, 무용, 그리고 회화와 더불어) 중 하나로 손꼽히던 시기다. 사실상 음악과 음악 이론이 제공하는 강력한 자극은 이탈리아의 다양한 도시 국가 정부의 통치자들에 의해, 특히 로디 평화 협정(1454) 이후에 권위 있는 민간 합창단의 설립으로 각인되었음은 과소평가될 수 있다. 그런 의미에서 밀라노에서 갈레아초 마리아 스포르차, 페라라에서 에스테가의 에르콜레 2세, 만토바에서 루도비코 곤차가, 나폴리에서 아라곤가의 페르디난도 1세 혹은 피렌체에서 로렌초 데 메디치에 대해 생각해야 한다. 소성당의 음악 활동은 모든 면에서 남에게 과시하기 위한 대단히 호화스러운 흔적이자 그들의 권력 자체에서 이미 필수적인 자부심이었다. 그리고 여성 청중에 대하여도 몇몇 공주들, 왕의 배우자들, 그리고 궁정의 귀부인들을 종종 활기차게 만드는 한층 유창하고 진지한 음악적 열정에 대해서도 생각해 보자. 예를 들어 에스테의 이사벨라(1474-1539) 공작 부인은 자신의 음악 선생 마르티니에게 "나는 항상 벨칸토(아름다운 노래*) 배우기를 열망합니다"라고 편지를 썼다.

책에 대해 노래하기

음악, 교육 도구

사변적 음악

15세기 음악 이론의 인문주의 감수성에 대한 또 다른 특징적인 동기인 사변적 차원의 조사 또한 상기되어야 한다. 이는 아우구스티누스, 마르티아누스 카펠라, 카시오도루스, 세비야의 이시도르, 그리고 특히 보에티우스(『음악 입문De institutione musica』, 『산수 입문De institutione arithmetica』) 같은 음악에 대한 중세적 고찰을 훈련시킨 작가들 auctoritates의 강렬하고 열정적인 다시 읽기에서 영감을 얻었다. 그런데 인문주의자들은 이 고대 저자들 옆에 그리스 음악 이론가들(프톨레마이오스, 마르쿠스 파비우스 퀸틸리아누스, 니키포로스 브리엔니오스, 아리스톡세누스)을 재발견하고 번역하면서 나란히 두었다. 그리고 이러한 의미에서 이정표는 플라톤(기원전 428/427-기원전 약 348/347)의 전 작품과 마르실리오 피치노(1433-1499)가 편집한 신플라톤주의적인 수많은 번역 자료였다. 그리스의 권위에 호소하는 것은 아주 중요한, 진짜 새로움이 되었다. <small>그리스 모델</small>

    사변주의는 음악을 관장하는 수학적-비례적 측면(음, 높이, 음정, 규모와 비율)에 대한 조사로 이루어졌고, 소위 피타고라스 관계인 음을 조절하는 수적 관계가 합리적이고 이해 가능한 현실의 모든 다른 측면을 측정하는 데에도 적용된다는 가정에서 시작되었다. 『제도Istituzioni』에서 카시오도루스(약 490-약 583)가 이야기한 유명한 모토는 『어원학Etymologies』에서 이시도르가 반복했던 "음악의 과학은 우리 삶의 모든 행동에 존재한다"로, 그는 "음악은 음音에서 재발견되는 숫자에 대해 말하는 분야 혹은 과학이다"고 했다. 자연스러운 삶의 모든 영역에서 음악적 수학의 이와 같은 확장에 이어 대단히 음악적인 그리스어 하르모니아harmonía(결합, 순서)는 하느님에게서 나온 수적으로 배열되고 구성된 더욱 광범위하고 심지어는 우주적인 의미, 즉 보편적인 순서로 이해되었다. 보에티우스(약 480-525?)가 전달한 단계적으로 처리되고 상호 연결된 범주에 음악의 스콜라적인 삼 분할(세상mundana, 사람humana, 악기 instrumentalis)과 함께 플라톤 철학 어원의 음악적-우주적인 개념(천체의 운행으로 생기는 소리는 인간의 귀에 들리지 않는다는 '천체의 음악'에 대한 시대를 초월한 생각에서 전형적으로 보여 주는)을 풍부하게 하는 세상에 대한 수학적-음악적 관점은 이후의 모든 이론가에 의해 반복되었고 다시 세분화되었고 보류되었고 거부되었다. 15세기에 보에티우스를 따르는 더욱 정통파들 중에서는 프란키누스 가푸리우스(1451-1522)를 눈여겨볼 만하다. 그는 『음악 이론Theorica Musicae』(1492)에서 "우주의 영혼은 조화로운 비율에 의해 세상의 몸에 통합된다" 혹은 "인간의 몸과 불멸의 영혼의 자연스런 <small>하르모니아</small>

조합은 음악적 관계로 만들어진다"와 같은 주장을 펼쳤다.

당시에 통용되던 이와 같은 생각에 근거하여 일찍이 중세 스콜라 사상의 불변성에 존재했던 숫자에 대한 탐구가 있었다. 중세 음악 이론을 즉각적으로 알아낼 모든 수학적 개념(양quantitas, 측정mensura, 비율proportio 등)이 유래하기 때문이다. 무리스의 요하네스는 『음악 예술에 관한 지식』(1321)에서 다음과 같이 말했다. "음악은 숫자 및 그 반대에 의해 지배되는 높이로 구성되기 때문에 숫자 및 높이 둘 다를 탐구하는 것이 음악가의 과제다."

단음 분열인 비례하는 도표와 그래픽, 분수 기호, 모노코드monochord(1현금ㅡ絃琴〔음의 다양한 높이를 측정하는 하나의 진동하는 줄로 구성된 중세 악기〕*) 분할 및 그리스 문화가 배어 있는 전문 용어를 지닌 15세기의 사변적인 복잡한 문제들이 음악 논문 **수비학의 경향** 보다 대수학–신비학 서적에 의해서 유사하다는 인상을 주었음은 놀랍지 않다. 두드러진 수비학數祕學 경향(당연히 현대의 독자들에게는 단조로운)은 14-15세기의 적지 않은 '고적적'인 논문에 남겨졌다. 오르비에토의 우골리노(약 1380-1457년 이후)의 페라라의 교회법(『음악 수업 선언Declaratio musicae disciplinae』, 약 1430), 파르마의 조르조 안셀미(약 1386-약 1443)(『음악론De musica』, 1434), 루카 주교좌성당에서 오랫동안 활동한(합법적인 증기 오르간Calliopea legale) 카르멜 수도회의 영국인 회원 존 호트비(1410-1487), 만토바에서 펠트레의 비토리노(약 1378-1446; 『고대와 새로운 전례 노래De ritu canendi vetustissimo et novo』)의 제자였던 갈리쿠스Gallicus 혹은 '만토바의'라고 불리던 카르투지오회의 수사 나무르의 요하네스(15세기)의 작품부터, 파레하의 바르톨로메오 라모스(약 1440-1522; 『음악 연주Musica practica』, 1482)와 파르마의 니콜로 부르치오(15세기; 『음악 사본Musices Opusculum』, 1487) 사이에서 논란이 되었던 볼로냐에서 출판된 두 편의 논문도 있다. 그래서 가푸리우스의 인쇄된 유명한 삼 부작(1480년의 『음악 작품 이론Theoricum opus musice discipline』, 1492년의 『음악 이론』, 그리고 1500년의 『조화로운 악기 연주론De harmonia musicorum instrumentorum opus』)부터 산 페트로니오 성당의 성가대 지휘자이자 볼로냐 사람이었던 라이벌 조반니 스파타로(1459-1541)의 글(1491년의 『존경하는 방어Honesta defensio』, 1531년의 『프란키누스 가푸리우스의 실수Errori di Franchino Gafurio』, 그리고 『음악 논문Tractato di musica』)까지 있다. 그리고 선집summa을 저술한 피에트로 아론(약 1490-1545; 『화성 체계에 관한 세 권의 책 Libri tres de institutione harmonica, 1516)부터 조세포 차를리노Gioseffo Zarlino(1517-1590;

『화성 체계Istitutioni harmoniche』, 1558)의 르네상스 기념비적인 작품까지 존재한다.

그러나 이 글들에서 매우 격렬하게 논의된 음악의 사변적 위치는 실용적인 면에서 아무런 타당성을 지니지 않았다. 반대로 옥타브 혹은 음정의 분할, 협화 음정의 합리화 혹은 반음 변화의 설명(무지카 픽타musica ficta[중세 이론에서 온음계적 음렬 외에 존재하는 음, 즉 반음계적 변화가 필요한 음을 가리키며, 그 경우 악보에 변화표가 붙어 있는 것을 포함*]의 모호한 이름과 고대로 이동하는, 검은 건반) 같은 문제는 종종 이론가들 사이에서 신랄한 비난으로 끝났다. 왜냐하면 음악에서 한 가지 방법이나 다른 방법으로 음의 수비학을 갖추는 것에 근거하여, 부착 혹은 적어도 더욱 광범위한 참조 음향 체계(예를 들어 조율 체계)를 암시하기 때문이었다. 사변주의 음악가들musici speculativi 중 보에티우스 전통주의자들인 갈리쿠스, 존 호트비, 니콜로 부르치오, 그리고 가푸리우스는 돌아가면서 근대적인 볼로냐 거장들인 바르톨로메오 라모스, 조반니 스파타로와 충돌했다. 보에티우스 전통주의자들의 음은 수학적으로 설립되었고, 본질적으로 피타고라스 조율 체계에 결합했다. 반면에 볼로냐의 거장들은 청각(수많은 조정과 더불어 만들어진 동일한 반음 12개로 구분된 옥타브로 조절된 근대적인 체계)의 발견에 근거하여 순수 조율 체계의 유효성을 옹호했다. 본질적으로 비율을 최대한 단순화했던 반면에 진동하는 현의 수학적 분리의 원리를 이용했던 '피타고라스' 조율에서 음색은 동일하지 않은 반음으로 나누어진다. 순수한 관계로부터 얻어진 유일한 음계는 옥타브(2분의 1), 5도 화음(3분의 2), 4도 화음(4분의 3)이었다. 반면에 '순수' 조율체계에서 세 번째와 여섯 번째 음계(장조와 단조)는 순수하거나 단순한 관계에서 유래되었다(3장조=5분의 4, 3단조=6분의 5, 6장조=5분의 3, 6단조=8분의 5). 따라서 피타고라스 조율로 상응하여 연주되는 음계에 비해 화음에서 더 큰 일관성을 확보했다. 16세기 내내 순수한 3도 화음의 높은 등급(혹은 활음조eufonia)은 수직 화음처럼 현대의 모든 조화를 기반으로 하는 3화음으로 획득된 새로운 상태에 상응했다(3분의 2의 중첩).

'피타고라스' 조율과 '순수' 조율

음악과 인문주의

음악의 사변적인 측면의 많은 부분은, 실현 가능하거나 시행할 수 있는 활동의 단순한 목적이 아니라, 오히려 사색의 대상 및 영혼의 움직임에 대한 윤리 행동의 도구처럼 관념적으로 탐구되어야 하는 바에 따라서 음악을 위한 인문주의자들의 관심을 포

착했다. 15세기에 관념적인 음악 미학의 진정한 주창자는 단연 철학자 마르실리오

리라 연주자
마르실리오 피치노

피치노였다. 피치노는 『티마이오스 개요서Compendium in Timaeum』와 『음악에 관한 논의De rationibus musicae』(1484)의 서간 작가기도 했지만 피렌체 로렌치아 카메라(음악회 이름*)의 음악가이자 시인이었기에 리라Lyra 연주자로도 기억되어야 한다. 리라는 고대의 일종의 비올라 같은 당시의 도해圖解로 표현된 악기다. 그의 주변에서 리라 반주를 수반하는 노래 취향이 굳어졌다는 가능성도 존재한다. 이러한 취향은 피렌체 메디치 궁정으로부터 다른 인문주의 궁정으로 확산되었다. 고전 시의 인문주의적 부활revival 중, 악기 반주를 곁들이며 즉석에서 라틴어 시의 가짜 고전 낭독을 했던 것은 리라와 더불어 신화 오르페오의 모방에서 미적 정당성을 찾을 수 있다. 그러나 이 시기에 페라라 출신의 유명 악기 연주자인 키타리노의 피에트로보노(15세기) 혹은 '리포' 브란돌리니(약 1454-1497) 혹은 유명 시인인 세라피노 아퀼라노(1466-1500) 같은 칭송받는 리라 연주 및 전문 가수인 키타로이드citharède(키타라를 연주하며

키타로이드

노래하는 사람*)가 뛰어난 솜씨로 연주했던 즉흥적인 레퍼토리에 대하여 단 한 줄의 글도 남겨지지 않았다.

두 명의 주인공: 팅크토리스와 가푸리우스

15세기의 모든 이론가가 신플라톤주의적인 입장을 고수했던 것은 아니다. 오히려 다양한 주인공이 신아리스토텔레스적인 상반된 입장을 취했다. 그중 한 명이 요하네스 팅크토리스다. 이탈리아 출신인 그는 이탈리아에서의 경력 대부분을 나폴리 아라곤 궁정에서 보내며 그곳에서 오늘날까지 기억되는 논문들을 정리하고 출판했다. 앞서 다른 이론가들과 마찬가지로 팅크토리스 역시 그가 다룬 모든 자료가 독창적인 것은 아니나 교습 계획에 생명을 부여하려는 진정한 의도만은 독창적이었다.

교육 계획

그의 교육 계획은 도창법, 선법旋法, 기보법記譜法, 비율, 대위법과 같은 복잡한 특징들의 오름차순에 따라 음악에 대한 모든 이론을 포괄했다. 이와 같은 학습 커리큘럼 curriculum studiorum을 전체적으로 따른 학습자는 전문 성악가나 어쩌면 음악가musicus 도 될 것이었다. 그들 중 가장 유명한 학생인 아라곤의 베아트리체(1457-1508)를 주목할 만하다. 사실상 팅크토리스가 세 권의 논문을 헌정한 그녀는 헝가리 왕 마티아스 코르비누스(약 1443-1490)의 신부가 될 인물이었다.

가장 중요한 팅크토리스의 논문으로 『음의 특성과 정확함Liber de natura et proprietate tonorum』, 『음악의 비율』, 『대위법론Liber de arte contrapuncti』이 언급되어야 한다. 무엇보다 서두에서 사용한 고귀한 인문주의 라틴어와, 예를 들어 '천체의 음악'(피타고라스가 천구의 움직임으로 생긴다고 주장한 음악*)의 분명한 부정과 같은, 특징적인 문장의 급진성을 떠올릴 수 있다.

그런데 이와 같은 관심의 진짜 동기는 팅크토리스가 음악 이론과 연주 사이의 값진 연결 고리를 주장하면서 이론적인 전통만이 아니라 그가 당시 다성 음악 언어에 대한 가장 흥미로운 이야기를 완전히 알고 있었음을 증명한다는 사실이다. 특히 다 **다성 음악 언어에** **대한 지식** 성 음악 작곡은 테너tenor라고 불리는 합리적으로 조정된 목소리의 연속적인 덧붙임으로 구성된다고 주장했던 대위법에 대한 그의 설파가 중요하다.

이것은 팅크토리스가 수십 페이지를 할애한 두 개의 성부 진행의 안배로, 르네상스 시기까지 오랫동안 기본적으로 가르쳐진 유일한 연습 방법으로 남을 것이었다. 팅크토리스는 작곡의 목적이 공명과 짧은 불협화음의 현명한 교대 및 당대 음악이 사용하는 기술 방식의 모든 다양성varietas으로 매순간 획득되어야 하는 유쾌하고 설득력 있는 화음(합주concentus 혹은 심포니라고 불리기도 하는)을 창출하는 것임을 잊지 않았다.

가푸리우스는 이탈리아 북부에서 플랑드르 거장 아래에서의 견습 시기 및 팅크토리스와 함께 나폴리에서 보낸 짧은 시기 이후인 1484년에 두오모 합창단을 지휘하라는 루도비코 스포르차(1452-1508) 공작의 부름을 받고 밀라노에 정착했고, 공작이 파비아에 설립한 김나지움에서 '음악 선생'의 임무를 맡아 평생 유지했다. 같 **두오모 합창단 지휘** 은 시기에 밀라노 궁정에는 레오나르도 다 빈치(1452-1519), 도나토 브라만테(1444-1514), 수학자 루카 파촐리(약 1445-약 1517), 그리고 가푸리우스와 접촉한 모든 예술가가 드나들었다.

그렇게 선망의 대상이 되는 위치에서 자신의 학문적 명성을 강화했고, 자신의 음악 대부분을 작곡했으며, 사변적인 성격의 논문『음악 연주Practica musicae』는 물론이고『음악 이론』 및『조화로운 악기 연주론』의 최종 편집본을 출판했다. 시 및 가요집 혹은 적어도 그림 초상화 혹은 대리석 흉상의 헌정에 비교할 만한 헌정으로, 가푸리우스는 자신의 후원자 일 모로에게 다양한 다성 음악 작곡은 물론이고 이론으로든 연주로든 유럽 언어(이 경우 이탈리아의 다성 음악)와 지역 전통(암브로시오의 전례 의식) 사이에서 음악에서 완벽한 정량을 찾아내는 롬바르디아의 풍부한 문화가 깊이 스며든 모든 작품을 헌정했다.

이외에도 인문주의적인 텍스트에 대한 탐구, 이론적 사변과 연습 활동(대성당 성가대를 위한 지칠 줄 모르는 대위법 필경사기도 했다)을 완벽하게 분리한 가푸리우스의 예술적 성격은, 15세기의 음악적 인문주의가 창조적으로 무척 풍부하고 복잡했으며, 다성 음악의 부결된 주장이 그의 특성을 나타내는 수치가 절대 아니었음을 잘 보여 준다.

| 다음을 참고하라 |

철학 피치노와 인문주의적인 신비주의(346쪽)
문학과 연극 폰타노와 아라곤 치하의 나폴리의 인문주의(518쪽); 폴리치아노(547쪽)
시각예술 로렌초 데 메디치 시대의 피렌체(788쪽)
음악 카니발 음악(850쪽)

연주 및 작곡 기법

MUSICA

15세기 음악의 장르와 기법

| 잔루카 다고스티노 |

온 유럽에서 가장 앞선 문화 중심지들에서 시–음악의 빠른 확산 덕분으로, 인문주의 시대는 음악학에서는 '샹송의 시대'라고 정의된다. 샹송은 텍스트와 음악의 관계에 관련해서건 혹은 멜로디 라인을 유지하는 소프라노와 화음 기능을 지닌 베이스 사이의 점점 더 양극화를 초래하는 목소리의 균형에서건 근본적으로 다성 음악 작곡 기법을 갱신했다. 15세기 말엽에 출현한 새로운 '국가' 형태는 중세 후기의 '다성 음악 형태'의 확실한 감소에 기여했으며, 이탈리아에서는 프로톨라처럼 궁정에 도입되었다. 전례 음악 영역에서도 보통 목소리만으로 연주하는 짧은 교회 음악인 모테트 종류에서나 미사에서나 갱신이 분명했다. 이 때문에 테너 목소리에 배정된 교회의 전통적 성악을 기반으로 한 작곡 원칙이 오늘날 정의되었다.

세속 음악: 샹송부터 프로톨라까지

약 1430년부터 1480년까지는 음악사가들에 의해 '샹송chanson의 시대'로 표현된다. 프랑스와 부르고뉴에서 꽃피운 세속적인 다성 음악의 일종을 가리키는 이 단어는 유럽 전 지역에서 지식인들litterati에게 통용될 정도로 세밀한 방식으로 널리 퍼졌다. 프랑스어는 당시에 국제적인 공용어처럼 채택되어서 사랑에 관련된 주제의 칸초네 **공용어 프랑스어**

canzone를 유럽의 여러 궁정에 소개했고, 그 음악 원천을 더 가공하고 감소시키는 지역 및 국가에서 시적-음악적인 다른 장르보다 이것을 선호하게 만들었다. 동명의 음악 선집 『샹송니에chansonniers』는 그것이 포함하는 연구 대상을 대부분 저버렸다. 그리고 필사본들이 프랑스와 다른 나라들에서 종종 고급 장식으로 꾸며 포장되었다는 점에서, 이 시기를 샹송의 국제적 유통의 조절기라고 칭할 수 있다. 제1세대 북유럽 음악가(소위 프랑스-플랑드르)들이 갈망하던 목적(그리고 노리던 공연) 이외에도, 예를 들어 이탈리아는 르네상스 문명과 예술 후원patronage의 탁월한 요람이었다.

그러나 이와 같은 일종의 새로움이 훨씬 덜 형식적인 문학과 언어적인 면에서 탐구되어서는 안 된다. 왜냐하면 샹송은 이런 측면들에서 마쇼의 기욤(약 1300-1377) 및 그의 후계자들(아르스 숩틸리오르ars subtilior의 독창성이 없는 작곡가들)에 의해 시성된 아르스 노바ars nova의 음악-수사학 전통에 근거했기 때문이다. 사실 15세기의 샹송은 형식적으로 여전히 프랑스의 고정된 형태formes fixes(발라드ballade, 비를레virelai, 론도rondeau)와 연결되었다. 반면에 론도(차례로 13세기 롱데 드 카롤rondet de carole, 즉 13세기의 원을 그려 추는 무용과 관계가 있는 종류)를 선호하는 경향은 오히려 새로울 수 있다. 그렇지만 모든 경우는 과거에 비해 더욱더 음악 콘텐츠나 사용 준비를 갖춘 공식적이고 단순한 용기로 이해되었다. 완전해지고 일정한 방식으로 단순화되기도 하는 정률定律이 있는 체계sistema mensurale에 바탕을 둔 리드미컬한 쓰기 역시 이 시대의 경향이었다. 그뿐만 아니라 테너tenor와 엄격한 대위법에 있는 더 높은 음성(칸투스cantus)에 선율의 움직임을 집중하는 세 개의 음성(칸투스, 테너tenor, 콘트라테노르contratenor[카운터테너*])으로 구성되었다. 반면에 다른 음성은 반주 및 충전 화음으로 그 역할을 했다.

인문주의 감수성의 정말로 확실한 징후는 기욤 뒤페Guillaume Dufay(1397-1474)와 질 뱅슈아Gilles Binchois(약 1400-1460) 같은 장르의 창시자들이 시작한 음악가들의 단어의 표현 및 수사학-음악의 결합에 대한 헌신이다. 모든 시의 절節은 엄격한 '구두점'(일시 정지, 주요 음에서의 카덴차, 기악곡의 도입 및 꼬리, 차별화된 구조, 상하 이동 교류)을 통해 명확하게 정의되고 드러나는 만큼, 멜로디 라인으로 표시되었다. 이외에도 모방 기술에 의해 목소리들의 상호 작용 및 결합을 증가하려는 목적에서의 점점 더 중요한 역할이 재생되었다. 이와 같은 이유 혹은 동기에서 다른 항목들로부터 짧은 간격만 두고 나서 목소리만으로 다시 시작되었다. 다성 음악의 논리적인 구조에서의 본질적인 자원은 다양한 목소리들 사이에서 반복되면서 말의 울림 효과를 활기 넘치게 하는 문장 및 텍스트 일부에 적용될 때 강력한 표현 효과를 선별했다. 15세기 초반의 사례들 중 인토네이션intonation이 전형적이다. 젊은 뒤페는 이탈리아 중부의 페사로와 리미니의 말라테스타가 궁정에 머물던 시기에 프란체스코 페트라르카의 시에 가락을 붙인 〈아름다운 처녀여, 햇빛으로 단장하고Vergene bella che di sol vestita〉를 작곡했을 것으로 추정되는데, 앞서 다성 음악으로 노래된 적이 없는 이탈리아의 위대한 서정시에 대한 찬사였다. 이는 16세기 마드리갈madrigal(3성부 이상으로 이루어진 비종교적 합창곡*)의 미학을 이례적으로 앞선 것이다.

뒤페는 프랑스 샹송chansons에 대해 자신의 명성에 맞게 60여 곡의 론도, 10여 곡의 발라드, 그리고 4곡의 비를레를 작곡했다. 그리고 항상 다른 장르와의 접촉과, 열려 있는 새로운 해결안을 실험했다(찬송가 혹은 다성 음악 성가 같은 종교 음악 혹은 전례 외적 심신 음악). 테너와 칸투스를 선택할 때는 발성부의 전통적인 계층 구조를 파 **테너와 칸투스** 괴하면서 더욱 간단명료하면서 효과적이고 기억하기 쉬운 리듬을 채택했다. 〈아름다운 성모 마리아Vergene bella〉에서는 모든 발성 간의 텍스트에 강조하고자 표현한 과정을 배포했다. 이외에도 당시의 전형적인 음악 기술로 오늘날 리듬의 자유로운 변화와 작곡의 다성 음악 구성에 들어가는 독창적이지 않은(서민적이고 민속적인 주제와 노래) 멜로디 자료의 광범위한 사용도 특징이다. 이처럼 다양한 '주해' 기술은, 특히 15-16세기의 종교 다성 음악에서의 거시적인 결과로 이해가 가능하다.

15세기 후반에 샹송의 주요한 발전은 다음과 같이 요약할 수 있다. 세 가지 발성 **샹송의 발전** 유형은 안정적으로 삽입되고 기능적으로 구별되는 네 개의 발성과 더불어 하나에 해당하는 위치를 제공했다. 발성의 구별은 참으로 낮은 화음을 내는 데 기여하는, 테너 tenor 아래에 위치하는, 콘트라테너contratenor와 더불어 부각되었다. 파트 간의 움직임은 무수한 아이디어 모방을 예측했고, 개별적인 음악 표현은 선의 길이에 의해 고정된 범위를 종종 초과할 정도로, 아무튼 이전의 낡은 대칭성을 파괴할 정도로 과거에 비해 평균적으로 길었다. 그리고 마침내 이 장르에서 이탈리아어, 네덜란드어, 독일어로 된 파편의 존재만이 아니라 민속적 멜로디의 활용이 증가했다.

1480년 이후로 고정된 형태formes fixes의 치명적인 쇠락으로, 특히 파다나 궁정에서 작업된 글로 쓴 음악 전통에 대한 국가적 탄생을 기록한 이탈리아의 화성적인 유절가곡有節歌曲(가사의 각 절이 같은 선율로 되어 있는 가곡*)인 프로톨라frottola 같은, '국가적'인 의미에서의 새로운 스타일이 급부상했다. 이후 음절별로 힘 있게 발음하고 화음이 맞추어진 8음절의 발라드 및 스트람보토strambotto(6행 또는 8행으로 이루어진 11음절의 오래된 민중시*) 운율로 된 단순한 텍스트에 네 가지 발성으로 이루어진 비극적인 노래가 만들어졌다.

전례 음악: 모테트와 미사곡

이교도 음악에서 프랑스인들의 기여는 종교 음악에서 라틴어가 채택되어 지속적으로 사용되었다는 것이다. 모테트와 미사 음악을 포함하는 레퍼토리에서도 더욱 유력한 이유로, 다른 말로 14세기 프랑스로부터 상속받은 기술 채택과 그것의 완성을 의미하는 음악적 어법의 국제화를 먼저 논의한 현상을 증명했다.

　　15세기에 모테트는 다양한 텍스트적 특성, 탁월한 정치적 의미 내포의 특성, 그리고 앞서 채택된 기념비적인 역할의 특성을 포기했다. 이는 당시 미사곡 및 샹송의 자질과 더불어 고유의 자질이 혼동되던 모테트가 더욱 유연한 기능(여전히 전례 음악의 맥락에서) 및 훨씬 다양한 형태를 취하기 위함이었다. 생성 원리에 있어서는 오랫동안 14세기의 원칙이 계속되었다. 즉 특유의 구성상 특징, 즉 단일 리듬형이 테너 성부에서 전곡에 걸쳐 반복되는 소위 기술적인 '아이소리듬isorhythm'(동형 리듬*)이 계속되었다.

새로운 유연성

　　뒤페의 아이소리듬 모테트 중 특별히 중요한 〈지금 장미꽃이 피었네Nuper rosarum flores〉를 언급해야 한다. 이 곡은 필리포 브루넬레스키(1377-1446)의 쿠폴라 완성 이후 산타 마리아 델 피오레로 재명명된 피렌체 주교좌성당인 산타 레파라타 성당의 축성을 위해 작곡(1436년 3월)되었다. 거대한 축성식은 에우제니오 4세(1383-1447, 1431년부터 교황)의 참석 하에 거행되었고, 이때 뒤페는 교황의 시중을 들었다. 몇몇 학자들에 의하면 이 모테트의 아이소리듬 구조는 성당의 건축학 관계를 규제하는 6:4:2:3이라는 동일한 비율의 지배를 받았다. 노골적인 음악적 상징주의의 사례다.

　　당대에 가장 활발했던 다성 음악의 작곡 종류는 미사곡으로 남았는데, 보통 그레고리오 성가(전례 중 성가대가 부르는 평조곡平調曲〔칸투스 플라누스cantus planus〕)로 불렸다. 다성 음악에서 예외적으로, 마지막 경우에서도, 특히 즉석 대위법(눈에, 마음에, 책에super librum)의 변형 혹은 대체로 실행되던 단순 다성 음악(영어로 데스캔트descant, 프랑스어로 포부르동fauxbourdon 등)의 변형 중 하나인 기록된 복합 다성 음악의 공연이

고정 형태의 하나로 남았다.

반면에 음악가들은 기록된 작품을 다루어야 했기에(이론적인 전문 용어에 따라서 완성되었다는 뜻의 레스 팍타res facta) 이따금 미사 경본의 고유 부분Proprium(입당송, 승계송, 할렐루야, 그리고 전례력에 따른 다양한 구획별 노래) 역시 읊조려, 독송하는 것을 경멸하지는 않을지라도 미사 통상문Ordinarium missae(한 해의 전례 기간 내내 다섯 개 부분이 일정하게 유지된다)에 집중했다. 이때의 주요 문제는 어떻게 다양한 움직임을 결합시키고 문체론적으로 균일한 작품을 만드는가였다. 그리고 젊은 음악가들의 미사곡 역시 여기 포함시켜야 하는 다양한 실험 영역이었다. 1440년경에야 비로소 수십 년간 유효할 해결안에 도달했으며, 구성 리듬 값을 합리적이고(비율에 맞게) 점진적인 변화를 주면서 마침내 테너가 내야 하는 정선율cantus firmus로 모든 움직임을 맞추었다. 미사 주기에서 테너에 대한 아이소리듬 및 모테트의 원칙 적용으로 평가할 수 있다. 테너 아래의 진중한 네 번째 음인 저음 바수스bassus, 즉 베이스는 화음의 움직임 **저음 바수스** 을 이끄는 역할을 했으며 점점 안정된 자리를 찾았다.

이러한 유형의 뒤페의 미사곡들 중 고유한 발라드ballade 멜로디를 기본으로 한 것으로는 미사곡Missa 〈내 얼굴이 창백해진다면Se la face ay pale〉과 〈무장한 남자〉가 있다. 〈무장한 남자〉는 선악의 대결, 악마에 대한 그리스도교적인 대결, 터키인에 대한 그리스도교인의 대결 등, 제목의 무장한 기사로 가정된 상징적인 의미의 풍부함 때문에 15세기에는 상당한 대중적 인기를 누렸을지언정 익명의 동일한 유명한 미사곡에 대한 변형된 다성 음악을 쓴 긴 미사곡 시리즈 중 첫 번째로 평가받았다.

| 다음을 참고하라 |
음악 15세기의 기악(860쪽)

궁정과 소성당의 '플랑드르' 음악가들,
제1세대 작곡가들

| 티치아나 수카토Tiziana Sucato |

15-16세기에 네덜란드로부터 유럽의 주요 중심지를 향한 음악가들의 광범위한
이동이 기록되었다. 관련 자료들이 증언하기로 그들의 존재는 이탈리아에서 특히
대단했으며, 이것은 토착 음악인들의 양이나 질에 만족하지 못한 영주들의 궁정에서
전문 음악인들에 대한 요청 증가에 따른 결과였다. 이탈리아 역사 기록자들은 그들을
일반적으로 '알프스 산맥 남쪽의 사람들'이라고 했고, 전통주의자들은 좋은 음악적
흐름과 조형예술 사이에서 비유를 만들어 내는 '플랑드르' 음악가들이라고 수식했다.

제1세대

프랑의 마르탱Martin Le Franc(약 1410-약 1461)의 궁정 시 「여성들의 옹호자Le Champion
des Dames」에 담긴 1451년의 세밀화에 기욤 뒤페(1397-1474)와 질 뱅슈아(약 1400-
1460)가 묘사되어 있다. 시인은 둘 다 '놀라울 정도로 우아한' 자신들의 음악에 도달
함으로써 영국인 작곡가 존 던스터블John Dunstaple(약 1390-1453)의 소리를 환영했음
을 우리에게 알려 주었다. 동시대인인 두 사람은 1449년에 몽스에 있는 생트 와우드
루 성당 참사회원의 판결로 인해 만난 것으로 보인다. 그리고 둘 다 캉브레에 머물던
때인 1440-1450년까지의 10여 년간 자주 만났을 것으로 추정된다. 어쩌면 첫 만남
은 키프로스의 앤Anne of Cyprus(1419-1462)과 사보이의 루도비코(1413-1465)의 결혼
식으로, 한 명은 사보이의 아메데오 8세Amedeo VIII(1383-1451)의 소성당 합창단 지휘
자 자격으로, 다른 한 명은 부르고뉴 공작 선량공 필리프(1396-1467)의 소성당 합창
단과 제휴했던 1432년까지 거슬러 올라간다. 그렇다고 해도 그들의 경력과 작곡 방
식은 더 이상 아무 차이가 없었다.

기욤 뒤페

기욤 뒤페의 출생 장소와 시기는 분명하지 않다. 출생 시기는 알레한드로 플랑샤르
트가 주장한 1397년 8월 5일이 확실한 듯하다. 반면에 출생 장소에 대해서는 베르
셀, 에노 혹은 몽스인지 아직까지 그럴듯한 가설이 없다. 뒤페는 몽스의 기숙 학교

에서 처음으로 음악 교육을 받았고, 1409년 열세 살이 되던 해에 캉브레 주교좌성당의 소년 합창단pueri cantores 단원으로 들어갔다. 그리고 추기경 피에르 다이(1350-1420)를 따라 콘스탄츠 공의회(1414-1418)에 참여했다고 추측하는 것이 옳다. 그곳에서 카를로 1세 말라테스타(1368-1429)의 교황 사절과 대변인에 의해 말라테스타 가문의 중요 가족 행사에 초대받을 정도로 높이 평가받았다. 그는 테오도로 2세(1396-1448)의 결혼을 기회로 자신의 잘 알려진 첫 번째 아이소리듬 모테트 〈여왕이여 진심으로 축원하노니Vasilissa ergo gaude〉를 리미니에 있는 클레오페 말라테스타(?-1433)에게 경의를 표하며 발표했다. 그와 말라테스타가와의 유대는 파트라 주교에 페자로Pesaro에 있는 판돌포 말라테스타(?-1437)가 임명(1426)되는 것을 축하하는 모테트 〈영광스러운 사도들Apostolo glorioso〉과 마찬가지의, 판돌포의 죽음(1437년 10월 3일)을 기념하는 발라드ballade 〈몽 쉐르 아미Mon chier amy〉 같은 헌정 음악으로 증명되었다.

첫 번째 모테트

뒤페의 곡은 그가 유럽의 가장 고귀한 궁정에서 사회 생활과 종교 생활을 활기차게 만드는 상이한 중요성을 지닌 몇몇 행사를 축하하고자 불림받았음을 증명한다. 1428년에 사제로 서품된 볼로냐에서는 위대한 성인 야고보 성당에 헌정한 미사곡Missa 〈성 야고보Sancti Jacobi〉를 썼다. 영국에서 유래한 포르부동fauxbourdon(거짓 저음. 정선율을 최고 성부에 두고 6 또는 8도 밑에 테너, 4도 밑에 중성부를 놓는 15세기의 작곡 기법*)이 유럽 대륙에서 처음으로 입증된 만큼, 전대사 미사missa plenaria(통상 미사Ordinarium에서건 축일의 고유 부분Proprium에서건 다성 음악 음조를 제공하는 미사)에 특별한 관심이 쏠렸다. 다음 해에는 교황의 소성당에서 노래했고 에우제니오 4세(1383-1447, 1431년부터 교황) 취임을 위해 합의된 모테트 〈교회의 군대Ecclesiae militantis〉(1431)를 작곡했다. 하지만 교황과 그의 반대 세력들인 콜론나 추기경에 관련된 일련의 문제로 로마를 떠난 그는 몇 년간(1433-1435) 아메데오 8세의 소성당 합창단을 지휘했다. 그다음 해에는 피렌체에 있는 산타 마리아 델 피오레 대성당의 축성을 위한 모테트 〈지금 장미꽃이 피었네〉와 〈이곳은 얼마나 끔찍한가Terribilis est locus iste〉를 작곡했다. 1439-1449년에 뒤페는 캉브레에 자리 잡고 그곳에서 지역 전례 음악을 검토했다. 그리고 당시 가장 유명한 음악가의 작품을 모은 새로운 음악 코드 컬렉션을 기획했다. 1450년의 에우제니오 사망 이후 다시 이탈리아로 간 그는 토리노와 파비아에 머물렀고, 1452-1458년에 루도비코가 통치하는 사보이에 정착하여 소

미사곡 〈성 야고보〉

사보이의 소성당 지휘자

성당 지휘자와 궁정 자문관으로 일했다. 이곳에서 루도비코의 아들인 아메데오 9세 (1435-1472)를 위해서, 1452년의 프랑스의 욜란다(1434-1478) 공주와 그의 혼인을 위해 미사곡Missa 〈만일 내 얼굴이 창백해진다면〉을 썼을 것으로 추정된다. 캉브레로 돌아온 그는 마지막 걸작인 미사곡Missa 〈주님의 여종을 보라Ecce ancilla Domini〉를, 세 번째이자 마지막 정점인 〈하늘의 모후여Ave Regina caelorum〉를, 그리고 동음이의의 미사곡Missa 〈무장한 남자〉를 작곡했다. 뒤페는 1474년에 세상을 떠났다. 유럽의 가장 영향력 있는 사람들이 한 그의 예술에 대한 높은 평가가 뒤페의 가장 중요한 음악 필사본이 완성된 이탈리아에서 그의 가장 긴 기간에 걸친 체류에 기인하는 만큼, 이곳에서 작품 대부분이 간직되었다. 뒤페가 남긴 곡들은 성모 마리아 찬가Magnificat, 찬송가, 그리고 응답 송가 가운데 아이소리듬 구조거나 아이소리듬 구조가 아닌 모테트, 80개 이상의 샹송chanson, 아홉 개의 미사곡 중 일곱 곡 등이다. 아이소리듬 모테트(모두 13곡)는 유명하고 라틴어 텍스트로 되어 있는 반면에 전례를 위한 혹은 라틴어 텍스트에 대한 비공식적인 경우를 위한 모테트는(단, 라틴어로 된 테너와 프랑스어로 된 모테투스motetus〔오 너무 가련한 친구들O tres piteulx 그분의 모든 친구들Omnes amici eius〕와 더불어 유일하게 콘스탄티노플의 멸망을 한탄하는 모테트는 예외) 운문으로 된 텍스트의 분할에 더욱 관련된 계획 덕분에 아이소리듬을 심사숙고하지 않았다. 뒤페는 미사곡의 고정된 다섯 파트에서 교회의 정통 가락인 정선율cantus firmus(단음 성가, 즉 '목소리 화음'만으로 기본 화음을 내는 테너tenor가 부른 멜로디) 자체의 사용을 이끌었고, 이를 통하여 후에 '연작 미사'라 정의되는 미사곡의 첫 번째 사례를 제공했다. 다시 말해 뒤페는 영국인 레오넬 파우어(약 1370-1445)의 전례를 따르면서 미사곡의 움직임 간 단위를 전례적인 관련성 때문이 아니라 음악적인 관점에서, 즉 플레인찬트plainchant(미사곡Missa 〈주님의 여종을 보라〉와 〈하늘의 모후여〉)나 세속적인 멜로디(미사곡Missa 〈만일 내 얼굴이 창백해진다면〉, 〈무장한 남자〉, 〈당신의 레스벨리Resvelliés vous〉)로 처리된 동일한 모티프를 통해 다양한 파트를 연결하며 창안했다.

세속적인 다성 음악 영역에서, 뒤페의 샹송은 시형에 있어서 론도rondeau에 대한 분명한 선호를 드러내며 14세기 음악 계통(론도, 발라드, 비를레)의 고정된 형태를 따 **론도에 대한 편애** 랐다. 이들 대부분은 3성부였고, 음악 동기에 관한 모방과 음색 각각의 리듬 처리로 인해 대위법 면에서 전형에 충실했다고 할 수 있다. 통상적으로 노래를 반주하는 두 음색의 기악곡 수행을 예상하는 것이 우세했다. 페트라르카의 칸초네 〈아름다운 동정녀Vergene bella〉의 인토네이션intonation(음조 또는 억양*)은 위에서 언급한 어떤 형태와도 비교할 수 없는 독창적인 인토네이션으로 유명하다. 뒤페 입장에서는 이탈리아에서 인문주의자의 고양되고 세련된 즉흥적인 전통에 대한 지식을 증언했고, 취향을 윤색할 수 있고 기록되지 않은 레퍼토리에 속하는 음악 모티프의 특성에 근거했다고 하겠다. 〈아름다운 동정녀〉의 초기 동기는 프란체스코 로시가 뒤페에 관한 자신의 저서에서 Tr. 87(트렌토, 예술 박물관, 카스텔로 델 부온콘실리오, ms.1374, c.119r)에서 근래에 추적한 특성과 유사했다. 뒤페는 일곱 개의 이탈리아어 텍스트로 된 샹송도 작곡했다.

질 뱅슈아

뒤페와 달리 질 뱅슈아의 경력은 거의 전적으로 부르고뉴 공작 선량공 필리프의 궁정에서 펼쳐졌다. 1400년에 벨기에 남서부 몽스에서 출생한 것으로 추정되고, 1419년에 이미 생트 와우드루 성당에서 오르간 연주자로 활동했던 것 같다. 공작으로부터 수와니Soignies에서 1452년 생 뱅상 대학의 학장이라는 가장 한직을 수여받게 될지언정, 그가 사제 서품을 받았는지는 불확실하다. 뱅슈아는 1460년 9월 20일에 세상을 떠났다. 그의 죽음에 뒤페와 플랑드르의 작곡가인 요하네스 오케겜Johannes Ockeghem(1405/1415-1497)이 경의를 표했다. 생전에 대단히 높은 평가를 받았지만 그의 작곡 대부분은 부르고뉴 궁정 통치 지역으로부터 아주 멀리 떨어진 이탈리아에, 모두 개별적으로 편집된 자료로 전해진다. 음악 역사 편찬은 뱅슈아의 다른 작곡이 익명으로 전해질 가능성을 증명하기 위한 연구를 심화시키면서, 생전에 뱅슈아를 유명하게 만든 작곡 혹은 샹송chansons에 오랜 시간 적용되었다. 이 때문에 최근에서야 에스코리알(마드리드, 엘 에스코리알 왕실 도서관, E-E V.III.24)의 자료에 포함된 수많은 샹송과 트렌토의 자료 Tr. 93(트렌토, 교구 기록 보관소, ms. 93)에서 익명으로 전해지던 일부 종교 음악이 그의 것으로 밝혀졌다. 뱅슈아에 대해 연작 미사에는 미치지 않았지만 사도신경Credo과 영광송Gloria의 세 복사본, 상투스Sanctus(거룩하시도다*)와 아그누스Agnus(하느님의 어린양*), 일곱 개의 성모 마리아 찬가Magnificat, 그리고 미사의 다른 전례곡, 찬송가와 응답 송가도 작곡한 것으로 여겨진다. 유일하게 남겨진 아이소리듬 모테트의 파편은 선량공의 아들 안토니오(1430-1432)의 탄생을 기념하고자 1431년에 작곡한 〈새로운 노래 멜로디Nove cantum melodie〉다. 이 곡은 단편

에스코리알의 샹송 자료

임에도 불구하고 14세기 계통 작곡 기법의 절대 지배를 증언하기에 충분하다. 뱅슈아는 노래할 수 있는 더 높은 세 개의 성부로, 그리고 테너tenor와 악보가 없는 베이스 카운터테너contratenor bassus sine litteris 파트는 음을 길게 끄는 텍스트가 채택되어 악기와 함께 연주되기에 적합한 부르고뉴 악파의 샹송chanson을 공식화했다. 오늘날 그의 작품은 50여 개의 론도rondeaux와 10개가 조금 못 되는 발라드ballades로 이루어져 있다. 텍스트와 음악의 조합에 샹송의 감도가 두드러진다. 샹송 중 일부는 뱅슈아 자신에 대한 것일 수 있다.

제2세대

요하네스 오케겜과 앙투안 뷔누아Antoine Busnois(약 1430-1492)는 소위 제2세대 작곡가들 중 가장 대표적인 인물들이다. 또 다른 인물들로는 요하네스 레지스Johannes Regis(약 1425-약 1496), 기욤 파귀스Guillaume Faugues(1460년-약 1475년에 활동), 부르주의 필리퐁Philippon de Bourges(약 1449-1491)이 있다.

요하네스 오케겜

1405-1415년에 벨기에 몽스 근처의 생 지슬랭에서 태어난 오케겜은 생 제르맹의 대학과 몽스, 그리고 생트 와우드루 대성당에서 좋은 기회에 음악 교육을 받았다. 그리고 그곳에서 1423년까지 오르간 연주자로 활동했던 뱅슈아를 만나게 된다. 1443년에는 앤트워프에서 음악가로서 일자리를 얻었기에 이때 그의 도제 기간이 끝났을 것으로 추정한다. 오케겜은 40년이 넘는 기간 동안 프랑스 왕의 시관으로 일했다. 1446-1448년에는 부르고뉴 공작 용담공 샤를(1433-1477)의 소성당 가수였고, 1451년부터는 샤를 7세(1403-1461) 궁정의 소성당 가수이자 지휘자였으며, 1458년에 프랑스 중서부 도시인 투르의 생 마르탱 교회 재무상으로 임명되었다. 궁정에서 책임이 제일 막중한 자리 중 하나였다. 궁정 소성당에서의 음악 활동은 루이 11세(1423-1483) 재위 기간에도 계속되었다. 1464년부터는 캉브레에 머물며 뒤페와 교류했고 앙투안 뷔누아의 도제 시기 중에 투르 시에 머물렀다. 1470년에는 외교 사절단으로 카스티야 왕 엔리케 4세(1425-1474) 궁정이 있는 에스파냐에 갔다. 그리고 1472년에 갈레아초 마리아 스포르차(1444-1476)가 자신의 소성당 가수 모집을 위해 그에게 조언을 청했을 때 밀라노 궁정과 접촉하게 되었다. 오케겜이 1497년 사망했

프랑스 왕의 시관으로

을 때 수많은 음악가와 시인(그중 장 몰리네, 기욤 크레틴, 데시데리위스 에라스뮈스, 루
아제 콩페르가 있다)이 자신들의 작품에 오마주hommage했을 정도로 오케겜은 명예와
존경을 받았다. 오케겜의 종교 음악 작품은, 특히 바티칸 사도 도서관에서 보관 중인
키지 출처의 자료로 전해진다. 완성된 13개의 연작 미사에 제일 먼저 알려진 네 개의
성부로 된 사도신경Credo과 죽은 이를 위한 미사Missa Pro defunctis가 덧붙여졌다.

오케겜은 다양한 성부(두 개의 미사는 세 개의 성부로, 아홉 개는 네 개의 성부로, 두 개
는 다섯 개의 성부로) 사용에서나 사용하지 않는 만큼(나머지)의 정선율cantus firmus(7)
을 사용하는 작곡 방식에서나 다양한 해결 방안을 실험했다. 세속적인 음악에서
의 정선율cantus firmus은 오케겜의 샹송chanson(〈마 미스트리스Ma Maîtresse〉 와 〈오직 제
외하고Fors seulement〉)이나 프랑스의 작곡가 바르비냥의 샹송 주선율을 취한 미사곡
Missa 〈일터에서Au travail suis〉처럼 다른 작곡가들의 멜로디를 다시 취했다. 뷔누아의 **작곡 실험**
주선율을 취한 미사곡Missa 〈무장한 남자〉와 미사곡Missa 〈점점 더 많은De plus en Plus〉
은 일찍이 뱅슈아의 론도rondeau에 대한 인용을 나타냈다. 그가 단음 성가에서 정선
율contus firmus을 곁들인 것은 미사곡Missa 〈주님의 여종을 보라〉와 미사곡Missa 〈머리
Caput〉 단 두 곡이다. 어쨌거나 오케겜은 자유롭게 작곡된 미사곡에서 자신의 기량과
뛰어나고 독창적인 대위법을 보여 주었다. 미사곡Missa 〈어떤 음색으로Cuiuvis toni〉는
화음 키 배열을 바꿈으로써 네 가지 방법으로 연주될 수 있었다. 그리고 미사곡Missa **미사와 모테트**
〈프롤라티오눔prolationum〉은 전체적으로 기준 계율에 따라서 구성되었다. 예를 들
어 동일한 음악이라도 다양한 정률 흔적을 집어넣음으로써 다른 리듬의 운율을 취할
수 있으며, 이런 방식으로 동시에 네 가지 선상의 멜로디가 만들어질 수 있다. 혹은
빈 공간이 없게 엮는 법이 일치하는 규칙 쌍을 통해서 획득 가능하다. 이와 같은 연
주 기교는 대위법의 완벽한 정확함과 모든 화음으로 만들어진 즐거움으로 추적할 만
했다. 또한 미사곡Missa 〈미-미Mi-Mi〉, 〈이름 없는 미사곡Missa Sine nomine〉, 그리고 〈제
5선법에 의한 미사곡Missa Quinti toni〉은 자유로운 작곡으로 구성되어 있다. 오케겜의
종교 음악 레퍼토리 중 엮는 법의 선택, 대위법의 밀도, 그리고 멜로디 수치를 통해
서 텍스트로 표현되는 수사학적 음악 행위의 첫 장치를 추적하는 것이 가능하다.

오케겜의 모테트에서의(아홉 개의 모테트와 주로 마리안 텍스트에서) 창의성은 여전
히 미사곡보다 컸다. 단음 성가의 멜로디는 요하네스 팅크토리스(1435-약 1511)가
『음악 창작 및 연주론De inventione et usu musicae』에서 전하는 바에 따르면, 어쩌면 오케

겜 자신이 베이스로 노래했다는 점 덕분으로도, 그가 대단히 비중 있게 평가했던 베이스 음音에서 종종 나타났다. 모테트에서 복잡한 수수께끼 같은 규칙이 테너의 발전을 위해 사용되었다. 오케겜은 모두 프랑스어 텍스트에, 부르고뉴 샹송chanson 양식이 두드러지는 칸타빌조의 샹송도 썼다(론도rondeaux 16곡, 세 개의 성부로 된 비를레virelais〔1절 2운체의 중세 단시*〕 4곡). 모든 3개의 음이 규칙으로 이루어졌을 것으로 예상되는 〈나를 택해 주세요Prenez sur moi〉, 듀엣으로 구성된 〈기다림만 있던 지난날L'autre d'antan e Fors seulement l'attente〉은 이 유형에서 벗어났다.

앙투안 뷔누아

프랑스 북부 지역인 아르투아에서 출생한 앙투안 뷔누아는 1450-1461년에 투르 주교좌성당에 소속되어 경력을 쌓아 가던 초반에 이미 프랑스 왕실에 드나든 것으로 미루어 귀족 혈통 후손으로도 추정된다. 1465년에는 생 마틴 대학에서 차부제次副祭로 승진했고, 그곳에서 자신보다 훨씬 나이가 많은 오케겜을 알게 되었다. 당시에 이미 합창단 지휘자와 작곡가로 높이 평가받았으며 1466년에는 프랑스 서부 푸아티에로 옮겨 갔다. 그리고 다음 해에 용담공 샤를(1433-1477)의 소성당에서 노래했다.

용담공 샤를의 궁정에서

뷔누아는 군사 작전 동안 샤를의 소성당 가수들이 샤를을 위해 준비한 새로운 작곡을 하는 데 불편이 없도록 자신을 돌봐 준 공작의 수많은 사업에 참여했다. 반면에 온갖 가능성으로 미루어 샤를이 사망한 낭시 전투(1477)에는 참여하지 않았을 것으로 보인다. 뷔누아는 아버지에게 부르고뉴 공작 작위를 물려받은 부귀공 마리(1457-1482)가 1478년에 합스부르크 왕가의 막시밀리안 1세(1459-1519)와 혼인한 이후에 세운 소성당에서 1483년까지 시관으로 봉직했다. 16세기 초반에 편집된 자료에 의하면 뷔누아는 말년을 벨기에 서북부 도시인 브루제에서 생 소뵈르 성당 합창단 지휘자로 보냈다. 그는 1492년에 세상을 떠났다. 어쩌면 대학 문화에 적합했던 그는 자신의 인생에서 음악과 시 분야의 거장으로 칭송받았다. 필사본 전통은 무엇보다 그를 75곡의 잘 알려진 대부분의 샹송chanson과 론도rondeaux 작곡가로 이끌었다. 따라서 뷔누아의 많은 샹송 멜로디가 동시대 음악가들의 작곡에 기본이 되었던 것은 우연이 아니다. 지금까지 전해지는 나머지 작품인 열 곡의 모테트, 성모 마리아 찬가Magnificat, 사도신경Credo과 두 미사곡Missa(〈무장한 남자〉, 〈오 승리의 나무 십자가O crux lignum trionfale〉)보다, 1990년에야 비로소 등장하는 종교 음악 최초의 현대적인 편집자라는 관점에서, 이 곡들은 그의 예술에서 덜 대표적인 것으로 오랫동안 잘못 평가되었다. 모두 라틴어 텍스트로 이루어진 모테트는 멜로디의 창의성과 기법의 복잡함이 눈에 띈다. 특히 마지막 곡인 〈인 하이드롤리스In hydraulis〉와 〈안토니 우스퀘 리미나Anthoni usque limina〉는 텍스트에 작곡가의 이름을 포함하는 말장난이 흥미롭다(Anthoni us *que limina*…… *fiat omi*bus noys〔저자가 앙투안의 이름을 이탈리아식으로 '안토니우스'로 읽어서 작곡가의 스펠링을 유추*〕).

제3세대

앞서 실험된 작곡 기법과 대위법은 소위 제3세대 음악가들의 작곡에서 더 많이 활용되었다. 주요 대표자들은 야코프 오브레히트Jacob Obrecht(1457/1458-1505)와 프레의 조스캥Josquin des Prez(1450/1455-1521)이다. 특히 15세기 중에 무르익은 모든 형태로(원래의, 반전의, 역행하는, 역역행하는, 축소되는, 확대되는, 순환하는, 무한한, 정률이 있는, 수수께끼의) 된 보컬 간의 규칙과 동기의 모방에, 특히 오케겜이 탐구했던 단어의 소리 그리기와 시각적인 상징(눈을 위한 음악)에 작곡가들의 노력이 집중되었고, 그들의 작품을 통하여 한층 부각되었다.

야코프 오브레히트

오브레히트는 강Gand에서 1457/1458년에 출생했다. 최초의 음악 교육은 트럼펫 연주자였던 부친 덕분으로, 가족 안에서 이루어졌을 것으로 추정된다. 부르고뉴 공작과 관련된 궁정에서 가끔씩 연주했던 부친은 오브레히트가 오케겜을 알게 해 주었다. 오브레히트의 오케겜에 대한 평가는 그의 스타일을 모방하여(미사곡Missa 〈베드로 사도Petrus apostolus〉) 오케겜의 샹송chanson에서 자신의 두 미사곡을 위한 정선율cantus firmus을 얻어 냄으로써(〈내가 묻노니Je ne demand〉, 〈절망한 포르투나Fortuna desperata〉) 경의를 표한 초기 작품들에서 느껴진다. 기록으로 남은 최초의 일은 1480-1484년에 네덜란드 남부 베르헌옵좀에서였다. 지속적인 이동은 그의 활동적인 성격을 드러낸다. 1484년에 그는 프랑스 북부 도시인 캉브레 주교좌성당의 합창단 지휘자였지만 1486년에는 어느새 벨기에 서북부 도시인 브루제로 옮겨 갔다. 1487년에 에스테가의 에르콜레 1세(1431-1505) 공작에 의해 페라라로 초대받았고, 1492년에 다시 안트베르펜에 머물렀다. 그곳에서 1497년까지 노트르담 성당의 합창단 지휘자로 일했

활동적인 성격 다. 이후 베르헌옵좀에 되돌아온 그는 1498년에 산 도나토 성당 성가대의 선창자 대리succentor로 일하고자 브루제로 떠났다. 그리고 1500년에 병 때문에 일을 그만두었다. 안트베르펜으로 돌아온 그는 1503년까지 이곳에 머문다. 그리고 다음해에 페라라 소성당 지휘자로 임명되면서 페라라에 도착했다. 그로부터 1년이 지나자마자 에르콜레가 세상을 떴고, 몇 달 뒤에 오브레히트는 주기적으로 돌던 흑사병에 걸렸다.

오브레히트의 작품 목록은 30개의 미사곡, 27개의 모테트, 그리고 30개의 샹송을 포함한다. 그중 절반 이상이 네덜란드에 있다(두 곡은 이탈리아어 텍스트, 여덟 곡은 프랑스어 텍스트). 곡을 풀어내는 종지법의 명확함은 물론이고, 모든 항목에 상이하게 진행되고 부여된 멜로디의 동일한 자료 사용을 통해 얻은 음악적 담론의 일관성이 특징이다. 그의 레퍼토리를 보면 작품에 거장다운 복잡한 취향이 빠지지 않았음을 **다국어로의** 알 수 있다. 각각의 움직임과 달리 항상 성모 마리아 송가 레퍼토리에서 따온, 모든 **작품 완성** 부분이 소프라노로 이루어진 동음이의의 응답 송가 멜로디를 나타내는 미사곡Missa 〈당신의 보호에 우리를 맡기오니Sub tuum presidium〉가 전형적이다. 여기에 기도송Kyrie 의 세 개 성부에서 대영광송Gloria의 일곱 개 성부로 변하면서, 성부 수가 점진적으로 증가했다. 미사곡Missa 〈아름다운 마리아Maria Zart〉에서 정선율cantus firmus을 구성하는, 목소리만으로 노래되는, 단음 성가는 아그누스Agnus (하느님의 어린양)에서만 전체적으로 구성되었던 반면 다른 부분에서는 항상 짧은 부분으로만 활용되었다.

프레의 조스캥

프레의 조스캥은 1996년까지 1460년대의 밀라노 선창자인 프란티아의 조도쿠스 Jodocus de Frantia라고 잘못 식별되었다. 오늘날에는 1450–1455년으로 고정된 새로운 자료 덕분에 작곡가의 출생 날짜를 가정한다. 조스캥의 경력을 구분하는 단계는 적다. 1477년에 엑상프로방스의 앙주의 르네(1409–1480) 궁정에서 생캉탱의 성가대장 maîtrise 정통성을 형성했고, 영주의 죽음으로 일이 없어진 채 덩그러니 남게 된 다른 이들과 함께 프랑스 루이 11세의 소성당으로 이동했다. 이 시기에 오케겜과 알게 된 **오케겜에 대한** 것으로 추정된다. 조스캥은 오케겜의 죽음에 대한 애도로 작곡(〈나무의 요정Nymphes **존경과 오마주** des bois〉/〈영원한 안식Requiem aeternam〉)을 한 것만이 아니라 오케겜의 샹송chanson과 동음이의인 단음 성가 미사곡Missa 〈사랑의 상대를 바꾸었다면D'ung autre amer〉의 오마주가 증명하는 것처럼 대단한 존경을 헌사했다. 그리고 〈이름 없는 미사곡〉에서는 더욱 나이든 작곡가인 오케겜의 미사곡Missa 〈프롤라티오눔〉을 떠올리게 하는 기교의 복잡함이 드러나 있다. 1484년에는 아스카니오 스포르차(1455-1505)의 개인 소성당 성가대장으로 요청받았다. 1489-1494년 인노첸시오 8세(1432-1492, 1484년부터 교황)의 재임 중과 알렉산데르 6세(1431/1432-1503, 1492년부터 교황)의 재임 중에 로마에서 시스티나 성당의 일원으로 머물렀으며, 1503-1504년의 오랜 협상 끝에 멋진 보상을 받은 덕분으로 에스테의 에르콜레의 부름을 받고 페라라에 머물렀다. 어쩌면 몇 년 전에 공작을 위해 미사곡Missa 〈페라리 공작 헤라큐레스Hercules Dux Ferrarie〉를 작곡했을 수도 있다. 이 곡의 선율은 공작의 이름(e =re u =ut 등)에서 '주제를 끌어냈다'(제목의 모음을 6음계[hexachord]의 계명으로 바꾸어 사용했다*). 그리고 공작 가까이에서 다섯 개의 성부로 이루어진 모테트 〈미제레레Miserere〉(불쌍히 여기소서*)를 작곡했음이 분명하다. 조스캥은 페라라의 후원자가 세상을 뜨자 1504년에 결정적으로 이탈리아를 떠났다. 그리고 콩데-쉬르-에스코Condé-sur-l'Escaut에 머물며 그곳에서 노트르담 성당의 사제장을 맡았다. 세상을 뜬 1521년까지 그에 대한 더 이상의 소식은 전해지지 않는다.

사후 30년이 지난 뒤에도 전 유럽에서 여전히 복사, 인쇄된 조스캥의 음악은 유럽 전역의 도서관에 놀라울 정도로 수많은 인쇄본이나 필사본으로 보급되어 전해졌다. 그가 살아생전 누린, 그리고 사후에도 오랫동안 지속된 명성의 증거는 조스캥의 작품을 모은 카탈로그다. 이 카탈로그는 미심쩍거나 정확한 작곡을 거의 동일한 척도로 이해하고 있다. 조스캥은 미사곡에서 가능한 모든 작곡 기법을 실험했다. 테너tenor에 위임한 선율에 대해(전사戰士 미사곡Missa 〈무장한 남자L'homme armé super voces musicales〉), 때때로 다른 목소리로 다양하게 치장하고 위임한 선율에 대해(미사곡Missa 〈혓바닥이여 노래하라Pange lingua〉, 미사곡Missa 〈복되신 동정녀De beata virgine〉, 유일하게 다섯 개의 보컬), 그리고 다른 이의 전체 작곡(브루멜[약 1460-약 1520]의 모테트로 추정되는 미사곡Missa 〈성모와 성부Mater patris〉) 등이 그러했다. 두 경우에 선율은 신성한 목적에 적합하지 않은 대중적인 노래의 특징을 지녔다(미사곡Missa 〈라미 보디숑L'ami Baudichon〉, 미사곡Missa 〈비스케의 음악Une musique de Biscaye〉). 혹은 하나의 명사나 하나의 문장 소리에서 만들어졌다(미사곡Missa 〈페라리 공작 헤라큐레스〉, 미사곡Missa 〈라 솔 파 레 미Lasse faire a mi/'la sol fa re mi'〉). 모테트에서 거의 네 개 목소리를 사용했고, 마리안 텍스트에서 모방 스타일, 동일 리듬, 그리고 소리의 어울림 사용은 주의

시간이 흘러도 지속되는 명성

깊은 분석에서 일관된 수사학-표현학적 의도를 드러냈다(이탈리아어로 된 책 한 권 분량의 글이). 주제 및 텍스트와 관련된 대위법 활용의 특징을 바꾸는 그의 능력은, 특히 오케스트라의 모델로 언급되는 모테트 〈성모의 노래Praeter rerum seriem〉에서 드러난다. 세 개의 소리로 된 샹송chansons에서 조스캥은 정해진 형식(론도rondeau, 발라드ballade, 비를레virelai)을 따르는 텍스트도 선택했다. 그중 가장 유명한 것은 〈수많은 슬픔Mille regretz〉으로, 다른 많은 작곡가들이 모델로 활용하기도 했다. 네 개 혹은 그 이상의 소리로 된 샹송에서 곡의 형태는 모테트 형식에 더욱 가까워졌다. 일부는 '모테트-샹송'이라고 명명될 정도였다(죽음에A la mort/당신 자신이 어머님임을 보여 주소서Monstra te esse matrem/여기 당신의 부인Que vous madame/평화롭게 그리고 행운In pace e Fortune destrange plummaige/나는 가난합니다Pauper sum ego). 세속적인 작품 중 이탈리아어로 된 두 개의 프로톨라(〈엘 그릴로는 훌륭한 가수다El grillo è bon cantore〉, 〈스카라멜라는 전쟁에 간다Scaramella va alla guerra〉)도 있다.

샹송 〈수많은 슬픔〉

| 다음을 참고하라 |
음악 15세기 음악의 장르와 기법(835쪽)

카니발 음악
| 조르조 모나리Giorgio Monari |

예술과 학문의 후원자 로렌초 데 메디치는 1480년대부터 피렌체 카니발 변형의 중심에 있었던 것 같다. 그의 공헌은, 특히 카니발 음악 도입과 관련지을 수 있다. 그는 카니발 음악의 정교한 구성 요소 중에서 토스카나 가계의 대표 작품을 구별하는 사상과 개념으로 정리된, 지적 차원 역시 고취시키는 흥미로운 능력을 발휘하는 축제를 벌이려는 바람을 드러냈다.

15세기의 피렌체와 카니발
15세기 피렌체에서 카니발은 루이지 풀치(1432-1484)와 안젤로 폴리치아노(1454-

1494)에 의해 운영되었던 놀이 기구, 마상 시합, 댄스와 함께하는 기사-궁정의 축제였다. 비슷한 것으로는 가면을 쓰고 좀비 축제 가기와 같은 가면 축제의 관습도 존재했다. 반면에 젊은이들은 거리에서 돌 던지기, 소소한 즐거움을 위한 돈 훔치기, 도시 거리에서 불 밝히기를 즐겼다. 1480년대 말까지 카니발 마차에 대한 언급은 찾아볼 수 없는 반면에 다른 마차들은 다른 시민 축제 때 사용되고 있었다.

1469년 말부터인 로렌초가 권력을 행사하던 첫 시기 중에 그는 스스로 놀이 기구 **놀이기구**에 참여함으로써(1469년과 1475년) 전통을 준수하는 듯했다. 고대 해설가들 역시 그에게 카니발 축제의 혁신가라는 분명한 역할을 부여했다. 피렌체 공작에 대해 쓴 그라치니(1503-1584)와 바사리(1511-1574)에 따르자면 로렌초(1449-1492)의 새로움은 기사 음악에 관한 것이었다. 현대 해설가들에 따르면 하나의 장르를 열었다고 추정되는 그의 텍스트는 전통적인 모델로 축소시킬 수 없는 문학적 야망을 드러냈다고 할 수 있다.

공연적인 측면에서, 1488년 이후로 추정되는 카니발 마차의 도입 역시 그에 의한 **마차들**것으로 볼 수 있을 것이다. 1489년에 인문주의자 날도 날디(1436-약 1513)가 일곱 번의 승리와 일곱 개의 행성과 함께하는 위대한 대중화를 의미하는 〈일곱 개의 방황하는 별의 엘레지Elegia in septem stellas errantes〉에서 "여기 높은 땅에서 최초로 올림푸스를 이끄는 로렌초primis hic in terra altum deduxit Olympum"라고 그를 칭송했다. 로렌초 자신이 〈일곱 개의 행성에 관한 노래Canzone dei sette pianeti〉를 작곡하기도 했다.

도미니쿠스회의 지롤라모 사보나롤라(1452-1498)의 통치(1494-1498) 중에, 카니발 행렬이 벌어지는 장소에서 한 해의 서로 다른 시기에 사용되던 종교 송가와 종교 행렬이 사람들의 집중을 끌어모았다. 이는 메디치 가문의 복귀에 앞서 짧은 공화주의 기간 중에 다시 행해졌다(1512). 이 단계에서 로렌초와 카니발의 정치적-문화적 활동 사이의 직접적인 연결에 대한 생각을 정리할 수 있다. 사보나롤라는 "폭군은 서민들의 생활필수품에 대해 궁리해야 한다. 그러나 가능한 한 세금과 짐을 가볍게 해야 한다"고 썼다. 그리고 "넉넉하고 평온한 시대에 여러 차례 공연과 축제에 전념하고, 자신에 대해 생각하지 않고, 그들을 생각해야 한다"고 했다. 마키아벨리(1469-1527)는 "그의 목적은 서민과 명예로운 귀족을 결합한 넉넉한 도시를 유지하는 것이었다"라고 주장했다.

메디치가의 복귀 이후 카니발은 영주 로렌초의 시대를 고양시키며 왕조를 축하하는 기능을 분명하게 수행했다. 똑같은 구경거리가 그의 영광을 지속하듯이 드러났다. 카니발 음악 최초의 인쇄본은 이 시대까지 거슬러 올라간다. 카니발은 그의 통치시대에 사실상 궁정 예식으로 굳어졌다.

카니발 음악의 원천

카니발 음악 코퍼스corpus(자료집*)는 일곱 개의 피렌체 필사본과 한 개의 페루자필사본으로 전해진다. 『가면을 쓰고 카니발에 가기 위한 음악Canzone per andare in maschera per Carnesciale』(약 1515)에서 그림이 그려진 일부 인쇄 버전은 16세기 초반까

그라치니의 모음집 지 거슬러 올라간다. 반면에 그라치니의 후기 편찬 모음집인『마니피코 로렌초 베키오 데 메디치 시대부터 피렌체에 간 모든 승리, 마차들, 가면을 쓴 이들 혹은 카니발음악들; 그가 처음 시작했을 때 심지어 이번 해 1559년에Tutti i trionfi, carri, mascherate o canti carnascialeschi andati per Firenze dal tempo del Magnifico Lorenzo vecchio de' Medici; quando egli hebbero prima cominciamento per infino a questo anno presente 1559』는 순수한 문학적 야망을저버리면서까지 그림 장치를 포기했다.

　당시에는 카니발 음악이 경건한 찬양을 노래하도록 재조정되는 경우가 빈번했다. 로렌초 자신에 대한 찬양은 '처럼 노래하는cantasi come'이라는 표시가 달려 있는 필사본으로 전해지며, 또한 유명한 음악 〈바코와 아리안나의 승리Trionfo di Bacco e Arianna〉와 함께 노래해야 하는 〈아름다움이 얼마나 위대한가Quant'e grande la bellezza〉도 그러하다. 따라서 15세기 말엽부터 16세기 내내, 수많은 카니발 음악이 음악 표기법이 함께 기록되어 있거나 인쇄된 찬양가 덕분에 음악을 재구축할 수 있었다.

로렌초 데 메디치와 음악

여러 명의 해설자에 따르면 음악에 대한 로렌초의 관심은 궁정 간 경쟁이나 정치적명성에서만 국한된 것 같지는 않다. 음악은 그의 대중적 인물상에 명성을 부여하는데 있어서도 중요한 부분이었다. 특히 공작이 어린 시절 받은 좋은 교육과, 적용과

진지한 열정 경험으로 지원받은 실용 음악에 대한 진지한 열정으로 음악이 활기를 띨 수 있었다. 다양한 자료가 증명하는 것처럼, 그를 전적으로 음악 전문가라고 정의 내릴 수는 없다 해도, 뛰어난 이해력을 지닌 최고 수준의 음악 애호가라고는 할 수 있다.

　노래를 즐겨 부르기도 했던 로렌초는 대중 앞에서 노래로 이야기하는 피렌체 스

타일의 즉흥시인으로, 그의 여러 시 제목이 음악에 대한 것으로 유명하다. 열한 곡의 분명한 카니발 음악 역시 그의 작품이다. 더불어 경건한 찬양곡, 발라드, 하인리히 이삭Heinrich Isaac(약 1450-1517)이 음악으로 만든 〈최고로 기쁜 날Un dì lieto già mai〉, 또 기욤 뒤페(1397-1474)에게 작곡을 요청했으나 전해지지 않는 「당신이 제각각 본 사랑Amor ch'ai visto ciascun mio pensiero」이라는 서정시도 전해진다.

작곡가들

카니발 음악과 연결되는 최초의 음악가는 1485년부터 피렌체에서 활동한 하인리히 이삭이다. 작곡가의 이름은 알려지지 않았지만 이삭 이전에도 카니발 음악에 전념 하는 음악가들이 있었는데, 그라치니가 쓴 바에 따라서 확인이 가능하다. 이삭에게 하인리히 이삭 그러하듯이 이는 후원으로 예술적 개입을 시도했던 로렌초에 대해 생각하게 한다. 두 번째로 다코네에 따르면 이삭은 '새로운 피렌체 학파'와 깊숙한 관련이 있다. 분 명하고 잘 표현된 칸타빌레 혹은 표준적이고 모방적인 정교한 기술의 사용으로 특징 지어지는 이 학파는 알레산드로 코피니(1460/약 1465-1527), 바초라고도 불렸던 오 르가니의 바르톨로메오(1474-1539), 그리고 조반니 세라글리(?-1527년 이후) 같은 작가들과 더불어 리듬의 변형 및 대조에 대한 연구로도 유명하다.

활용 가능한 자료에 따르면 이삭은 1485년 여름 피렌체 산 조반니 소성당 지휘 자로 활동을 시작했고, 따라서 이 해부터 카니발 음악에 대한 그의 공헌을 이야기할 수 있다. 그는 인스부르크Innsbruck 황실 시관으로 봉직하러 떠난 1497년까지 피렌체 에 머물렀다. 그 후 막시밀리안 1세(1459-1519) 측의 외교 사절 임무를 띠고 1512년 부터 세상을 뜰 때까지 토스카나에 다시 모습을 보였다. 북유럽 다성 음악 거장의 음 악 유산은 알프스 산을 넘어 경력을 쌓은 많은 이들만이 아니라 다른 이들에게도 중 요하다. 미사곡 모테트 모음집인 『코랄리스 콘스탄티누스Choralis Constantinus』처럼 잘 풍부한 음악 유산 알려진 종교 음악 모음, 그리고 샹송chansons, 독일 가곡 리트lieder, 춤곡, 그리고 카니 발 노래와 몇몇 기악곡을 남겼다. 그가 피렌체에 오도록 강력히 제안한 로렌초 궁정 과의 가까운 사이는 영주에게 헌정된 작곡과 여러 기록으로 증명이 가능하다. 이삭 은 나중에 레오 10세(1475-1521, 1513년부터 교황)가 되는 조반니를 포함하여 마니피 코, 즉 로렌초 데 메디치의 아들들에게 음악 수업도 했다. 영주는 그의 우수성을 잘 알고 있었기에 이삭을 높이 평가했으며, 그의 음악에 관해 "진지하고 달콤한 다른 방식의 예술을 사랑한다"고 적었다.

레퍼토리: 시와 음악

카니발 음악에 대한 3백 편의 문학 텍스트 가운데 70편이 음악 필사본으로 전해진다. 하지만 로렌초와, 특히 16세기 몇 명의 것으로 보이는 목록들 이외의 대부분을 연대기적으로 정리하는 것은 어렵다. 그라치니는 1559년에 자신의 모음집을 구성하면서 음악 정보를 탐구하다 마주치는 이와 같은 어려움을 호소했다.

그가 여전히 과거로 거슬러 올라가며 제안했던 바대로, 카니발 노래의 문학적-음악적인 특징은 로렌초 자신의 혁신에 기인한 것이었다. 이전에 단순하게 '춤을 추는 노래'를 불렀다면 마니피코는 이를 변형시킬 생각을 했으며, 다른 다양한 노래를 밑받침 삼아 단순히 노래만이 아니라 말을 나열하는 방식을 혁신했다. 덕분에 카니발 노래 모두가 발라드 형식으로 만들어졌고, 절반 이상이 11음절의 시를 사용했다. 이것은 로렌초가 처음으로 작곡한 "베리쿠오콜리, 돈네, 그리고 콘포르티니"라는 가사가 들어가는 〈콘포르티니의 노래Canzone de' confortini〉부터 시작되었다. 로렌초가 새로운 전통을 시작하면서 다양하게 만든 '혁신'에서, 카니발 노래의 가사는 예술이나 직업(제빵사, 가축 사육사) 혹은 사회적 계급(나쁜 남편을 가진 여인, 거지)의 가면이든, 신화적 인물(디오니소스와 아리아드네) 혹은 미덕(가면 뒤의 얼굴들)의 가면이든, 이 가면에 말을 부여했다. 많은 노래에서 공통적으로 에로틱한 이중적 의미가 나오고, 그런 의미에서 제빵사의 빵 굽기와 가축 사육사의 가축 사육하기는 나중에 아마존(그리스 신화에 나오는 여성 무사족*)을 쳐부수는 것으로 읽혔다.

그라치니는 로렌초의 카니발 음악 역시 '음악은 새롭고 다양한 분위기를 만들어내야 한다'는 원칙에 따라 새로운 것이었다고 기억한다. 그가 언급한 작곡가는 이삭이었다. 〈콘포르티니의 노래〉가 기존의 음악이 사용할 수 없는 세 가지 성부로 작곡되었음을 기억하는 바, 다성 음악과 더욱 복잡한 음악적 방식에서 이러한 새로움이 존재한다는 것이 중요하다. 세 가지 혹은 16세기에 일반적이었던 네 가지 성부로 이루어진 다성 음악은 더욱 정교한 사례에서조차 엄숙하게 앞으로 나아가는 분명함을 나타냈다. 내부 음색의 활기는 드물게 모방 대위법으로 작동하기 시작한 반면에 리드미컬한 추진력을 가졌다. 다만 특정 단계의 텍스트 강조 때문에 단일 멜로디 문장이 두 개의 성부 사이에 모방되는 짧은 순간은 제외했다.

(좌측 여백 주석)
로렌초의 혁신

다성 음악

연주의 특징

가정에서의 사용도 빠지지 않았지만 카니발 노래는 무엇보다 야외에서, 피렌체 거
리에서 가면을 쓰고 카니발 마차 행렬 중에 불렸다. 달콤한 케이크 판매상의 노래가   야외용 가면
나오는 『가면을 쓰고 카니발에 가기 위한 음악』(약 1515)에 그려진 모범적인 삽화에
는 창가에 마주한 여성에게 달콤한 과자를 보여 주는 동안 터키식 조끼를 입고서 가
수들(두 명의 성인과 두 명의 아이)의 5중창을 듣는 로렌초의 초상화가 묘사되어 있다.
일곱 개의 행성에 대해 일곱 개의 승리를 거둔 거대한 미라에 대해 쓴 '일곱 행성'에
대해 갈리아노의 필리프가 1489년에 인용한 승리에 대한 구성이 인상적이다. 조르
조 바사리의 『예술가 열전』 덕분에 1513년의 카니발 축제에 대해 알 수 있다. 여기에
9백 명이 넘는 참가자들과 열 대의 마차가 투입되었다. 이 책에서 주로 재현하는 것
은 메디치 가문의 복귀를 준비하는 죽음(앞서 1512년)보다 승리의 마차였다.

그리고 그라치니가 서신(1558)에 쓴 바에 따르자면 음악 공연의 정확성과 음향의
품질이 가면 행렬의 주요 요소는 아니었지만, 음악이 모방 차원으로 함께했다. 그는
다음과 같이 적었다. "카니발 노래는 다름 아닌 지옥인가? 서민적이고 저속한 구성
이다. 그리고 열악할수록 더 좋고, 그리고 그만큼 더 좋아한다."

| 다음을 참고하라 |
문학과 연극 부르키엘로, 비용과 희극적인 풍자시 형식(534쪽); 폴리치아노(547쪽); 로렌초 치하의 피렌체에서
재탄생한 속어시(539쪽)
시각예술 로렌초 데 메디치 시대의 피렌체(788쪽)

15세기의 춤: 논문들

| 엘레나 체르벨라티|Elena Cervellati |

전 유럽에서 오랫동안 본보기가 되었던 이탈리아 궁정에서 활동했던 가장 유명한
거장들의 무용에 대한 논문들은 그것의 결실이자 거울인 무용이 순간과 사회 사이의
연관성을 부각시키면서 구성과 걸음걸이의 특별한 방식을 다루고, 몸에 대한 생각을
전적으로 발전시킨 15세기에, 영지領地와 밀접한 관련이 있음을 증명했다. 사회적으로
혹은 정치적으로 중요한 행사 중에, 그리고 여가 시간에 실제로 무용을 추는 습관은
수세기 동안 지속되었고, 그 과정에서 섬세하고 완성된 방식으로 발전되었다.
이전 세기에서 암시된 신체를 조절하려는 의지는 이제 이 예술에서
구체적인 실현 방식을 발견했다.

이탈리아 궁정의 무용

14-15세기에 무용이 분명하게 세속적인 삶의 일부에서 궁정인 교육의 일부가 되었
다. 그리고 에스테의 이사벨라(1474-1539)와 루크레치아 보르자(1480-1519)와 같은
저명한 귀부인들이 무용을 높이 평가하면서 예술 분야의 하나로 자리 잡았다. 15세
기 이탈리아 궁정 무용의 섬세함과, 겉으로 드러나는 사회 집단을 암시하는 행동과,
단순하게 무용의 단계를 기억나도록 익히며 무용을 추는 지도층 입장에서의 필요성
은 속어로 쓰인 논문들을 꽃피우게 했다. 이 논문들이 강력히 요구되던 인문주의의
가치를 일관되게 드러내면서 무용의 예술과 강조되는 규칙들을 기억하게 했고, 전
해 주었다.

당대의 궁정과 부유한 저택, 그리고 서민들의 광장에서 무용은 약혼식, 결혼식,
높은 계층에 있는 귀빈의 방문과 같은 주요 행사를 기념하는 축제의 중요한 부분이
었다. 이때 궁정인들은 구경꾼과 참가자 역할을 오가며 무용을 했다. 그리고 춤에 사
용되는 스텝과 자세의 동화는 부유층이 자신이 떠안은 역할에 적합한 태도와 조화로
움 및 아름다움을 획득하도록 도와줌으로써 좋은 궁정인이 되는 교육의 본질적인 요
소가 되었다. 이외에도 존경받는 그리스 작가들이 가리킨 바에 따라 무용은 심신을
동시에 교육시키는 데 유용한 도구이자 가장 일상적인 휴식 시간의 일부며, 따라서
명문가의 남녀 자제들도 참여하는 가정 내의 오락이 되었다. 공연보다는 일종의 관

습으로의 무용은 사회적 기능과 더불어 고유한 특징을 갖는 발레라는 방향으로 공연 기능 역시 갖추기 시작하는 15세기 중반에 이르러서야 비로소 시작되었다.

사회 행사에서의
통합

따라서 새로운 무용을 창의적으로 조합하고 규칙적으로 보상받는, 무용의 실습과 이론을 전달하는 능력을 갖추었던 궁정에 고용된 무용 전문가인 '무용 선생'이라는 인물이 중요한 평가를 받았다. 기록으로 자신의 지식을 남길 줄 알았던 사람은 예외로 하고, 비록 오늘날에는 그들 대부분이 이름도 남기지 못했을지언정, 이와 같은 무용 선생들은 15세기에 이탈리아의 여러 지역에서 높이 평가받고 세련되어졌다.

가장 중요한 필사본 논문 세 편인 피아첸차의 도메니코(?-약 1476)의 『무용의 예술과 합창단 지휘법에 관하여De arte saltandi et choreas ducendi』(1455년 이전), 안토니오 코르나차노(약 1431-약 1484)의 『무용의 예술에 관한 책Libro dell'arte del danzare』(1455), 후에 조반니 암브로조로 개명한 페자로의 굴리엘모 에브레오(약 1420-1484년 이후)의 『특별한 대중 무용 예술론De pratica seu arte tripudii vulgare opusculum』(1463)이 전해진다. 유용한 선집으로 시작된 이 작품들은 당대의 무용과 문화를 재구축하고 이해하는 데 있어 오늘날의 근본적인 자료가 되었다. 각각의 작품에는 이론적인 주석, 무용에 대한 묘사, 음악 표기법으로 적힌 멜로디가 나온다. 세 텍스트는 전체적으로 스타일과 실행의 정확한 방법을 알려 주면서 조반니 암브로조가 롬바르디아 무용, 즉 15세기의 궁중 무용을 아우르는 유행을 정의 내리며 개요를 서술했다.

저자들

안토니오 코르나차노의 스승이자 굴리엘모 에브레오의 스승인 피아첸차의 도메니코는 에스테 가문에서 봉직했고, 스포르차 가문에서도 봉직했을 것으로 추정된다. 그는 1455년 이전에 『무용의 예술과 합창단 지휘법에 관하여』를 완성했다. 복사본 하나가 현재 파리 국립박물관에 보관 중인데, 문학적으로 뛰어나지는 않지만 향후 연구에서 명확하고 감탄할 만한 언급으로 작용할 정도로 당대 무용 이론이 분명하게 확립되어 있다. 저자는 제1부에서 좋은 무용수의 신체적-지적 재능의 필요성을 설명하고, 자연스러운 동작과 '잘못된' 동작을 구별하고, 네 가지 기본 스텝(바스당스basse danse, 콰테르나리아quaternaria, 살타렐로saltarello, 피바piva)을 열거하고, 무용 음악과 15세기 다성 음악 음조의 사분할과의 긴밀한 연관성을 주장했다(마치 4가 기본 요소인 듯). 제2부에서는 도메니코가 창안한(프랑스인 굴리엘미노의 딸Figlia di Guglielmino,

무용수의 재능

무용 목록 하나는 제외하고) 바스당스와 춤으로 구별되는 무용 목록을 모아 놓았다. 도메니코의 작품 역시 음악적 주석으로 정확하게 설명되고 통합되었다. 〈멋진 응시Belriguardo〉, 〈배은망덕Ingrata〉, 〈질투Gelosia〉, 〈죄수Prigioniera〉, 〈아름다운 꽃Belfiore〉, 〈반지Anello〉, 〈마르케사나Marchesana〉, 〈상품Mercanzia〉이 유행했는데, 이들 모두에 연주 숫자가 지정되었다. '원하는 만큼 열을 늘어뜨릴' 수 있는 일부 바스당스는 예외로 하고, 일반적으로 2-8개였다. 성별에서는, 다양한 비율이지만, 남성과 여성이 공존했고, 시작하는 위치는 스텝, 궤도, 이어지는 박자였다.

거장 안토니오 코르나차노 안토니오 코르나차노는 무용 분야에서 진정으로 참된 거장은 아니었지만 다양하고 지적인 흥미 면에서 빠지지 않는 인문주의자였다. 에스테 궁정에서 시관으로 봉직한 뒤에 스포르차 가문의 시관으로 있던 도메니코에게 사사받았고, 이후 지휘관 바르톨로메오 콜레오니(1400-1475)에게 머물면서 베네치아에 정착했으며 마침내 페라라로 되돌아왔다. 1455년에 이폴리타 스포르차(1445-1488)를 위해 『무용의 예술에 관한 책』을 썼으며 이 저술은 오늘날 바티칸 도서관에 보관 중이다. 몇몇 주석가들에 의해 내용이 풍성해진 이 텍스트는 도메니코가 이미 기술했던 것과 코르나차노가 쓴 앞선 논문들에서 소개되지 않았던 유행하던 무용에 대한 설명을 담고 있다. 다른 기여에 비해서는 부차적이지만 역사적 중요성을 띤 '발리토ballitto'라는 용어 사용 이외에 (이따금 과도한 단순화로 균형을 잡아 주는) 일부 무용 설명과 일부 흥미로운 이론적 고찰에서 스승에 비해 명확하고 주요한 언급을 했다.

굴리엘모 에브레오 굴리엘모 에브레오 역시 도메니코의 제자임을 밝히고 스승에 대해 종종 언급했다. 여러 이탈리아 도시(스포르차 궁정, 아라곤 궁정, 몬테펠트로 궁정, 에스테 궁정에서 그를 받아들였다)에서 활동적인 무용의 거장으로 평가받았고, 진정한 이론가기도 했던 그는 1463년에 저술 『특별한 대중 무용 예술론』을 완성하기에 이르렀다. 오늘날에는 일곱 가지 판본이 존재하고, 그중 두 권은 파리 국립도서관에 있다. 이론적인 면에서나 실용적인 면에서나 어느덧 가장 유용해진 이 논문의 서문에서 저자는 음악에 대한 주장을 통합하면서, 음악은 청각을 통해서 자유롭게 마음의 열정에 도달하는데 이것이 무용으로 가능하다고 했다. 따라서 음악에 수반되는 무용은 결과적으로 무엇보다 고상하며 한마디로 말해 다음과 같다. "영적 움직임 밖에 드러나는 행동, 조화를 이루도록 측정되고 완벽한 화음과 더불어 일치한다." 에브레오는 제1부에서 도메니코가 이미 정의 내린 다섯 가지 목록을 확장시킨 무용의 일곱 가지 기본

무용의 일곱 가지 기본

(측정, 메모리, 지상에서의 도약, 영역, 매너, 몸의 움직임)을 분명하게 밝혔다. 그리고 그에 따라 무용수의 능력을 닦는 유용한 일련의 연습이 진행된다. 제2부에서는 앞서 언급된 일부 개념을 심화시킨 제자들과의 수사학적인 대화 이후 도메니코와 굴리엘모 자신에 의해 구성된 바스당스와 춤추는 행위를 설명했다.

이들 논문 세 편은 더불어 그리고 각자의 독창적인 중요성을 잊지 않은 채 한 권의 자료집을 형성한다. 이를 통해 무용 예술은 미학적으로 자유로운 예술을 지향하며 도덕적으로 유효한 지성에 의해 조절되는 신체의 우아한 운동이라는 체계적인 이론을 실질적인 사례를 통해 분명하게 했다. 사실상 이들은 상이한 맥락에서 활용 가능한 동작 목록을 제시했으며 행동 양식을 정의하고 해석할 줄 알았다. 특히 여성의 입장에서 바람직한 사회적 행동의 규칙을 체계화하고 부적절한 태도를 강력히 비판했다. 무용과 음악의 본질적인 관계를 강조하고, 무용 레퍼토리를 전달하고, 그리고 안무 구성 방법 제안 및 안무의 기본적인 지적 재산권을 주장했다. 무용 구성을 담당하는 인물, 즉 안무가의 탄생을 증명했던 셈이다. 안무가는 독창성을 지닌 작품 **안무가의 탄생** 을 생각하고 창조하는 능력을 지닌 존재였다. 심지어 지노 타니(*Storia della danza dalle origini ai giorni nostri*, 1983)가 했던 것처럼 수직 안정성 및 상승에 관련된, 균형aplomb 및 우아함élevation에 관련된, 공간 활용에 관련된, 그리고 음악 체계 구조에 근거하는 예술적 움직임에 관련된 규칙과 개념을 정의 내리며 학술적 무용의 기반 마련을 주장할 수 있었다. 그리고 의심할 여지없이 무용의 매우 분명한 사회적 기능에 대해 이야기할 수 있다. 모든 공연에 존재하지는 않지만 무대를 움직이는 이들에게 자질과 활기를 주고 영향을 미치는 공연적인 기능에서, 발레는 무용수들을 통제하고 관찰하는 관객의 시선을 의식하면서 정련되고 상이한 총 아홉 가지 자연적인 몸의 움직임 모두를 통합한다(안토니오 코르나차노, 『무용의 예술에 관한 책』, 1455).

| 다음을 참고하라 |
문학과 연극 인문주의 산문의 종류(500쪽); 축제, 소극, 성극(599쪽)

15세기의 기악

| 도나텔라 멜리니|Donatella Melini |

기악에 대한 정확한 경계를 정의 내리는 것은 단순하지 않다. 왜냐하면 15세기에도 기악은 여전히 필사본에 초점을 맞추었고, 그것을 증명하는 성악 레퍼토리의 위상과는 상이한 위상을 누렸기 때문이다. 그럼에도 기악 연습곡이나 성악-기악곡 덕분에 적지 않은 기록이 존재한다. 또한 바로 이 시기에 점점 더 빈번하고 특별하게 기관학의 다양한 유형에 관한 논문들이 등장하기 시작했다. 예술과 회화의 형태에서도, 특히 시각예술가의 불가피한 '과실'에도 불구하고, 변함없이 '실제' 악기를 인식할 수 있었다.

기악의 '형태'와 원천

기록으로 문서화되지 않았음에도 기악 실용이 분명한 장르는 무엇인가? 책 보고 노래하기cantare super librum, 즉 악기 반주와 즉흥 노래에 대한 것이다. 연주자가 자신의 인토네이션을 내기 위해 연주에서 다양한 텍스트에 적용될 정도의 유연성을 지니 단선율의 표현인 아에리aeri(공기*), 즉 구두口頭로 전송되는 멜로디 모듈에 바탕을 **새로운 음송시인** 둔 시구를 연주하는 것을 가리킨다. 따라서 고전적인 주장에 속하는 새로운 '음송시인'의 외관을 지닌 시인-성악가는 즉흥적으로 시 구절을 노래했으며 분위기에 따라 류트나 비올라 혹은 리라를 반주하기도 했다. 이러한 이유에서 행위예술 같은 연주를 '류트에 맞추어 노래하기' 혹은 '비올라에 맞추어 노래하기'라고도 했다. 몇몇 유명한 즉흥 연주자들은 다음과 같다. 레오나르도 주스티니안(약 1388-1446), 라파엘레 브란돌리니(1465-?)와 아우렐리오 브란돌리니(약 1454-1497), 바초 우골리니(?-1494), 세라피노 아퀼라노(1466-1500), 특히 15세기의 가장 유명한 페라라 출신 가수였던 키타리노의 피에트로보노.

몇몇 경우에 시인-성악가 유형은 다른 연주자에게 반주를 맡기고 자신은 단순히 구절 낭독만 행하기도 했다. 특성상 기록 자료로 남겨지지는 않았으나 부르고뉴 샹송chansons 레퍼토리에서 이러한 형태의, 반주 가까이에 존재했던 덜 불안정한 다른 것을 추적할 수 있다. 필사본 자료에 따르면 세 개의 음색으로 이루어진 대중적인 작품으로서의 성악과 기악의 존재가 드러난다. 대체로 가장 높은 음은 텍스트에 적합한 것이었고, 글자가 없는sine litteris 가장 낮은 음은 기악을 위한 것이었다. 기악이 성악에 비교하여 보조 역할을 수행해 왔음이 분명하다면, 노래로부터 완전히 분리되고 고유한 '독립적'인 가치를 획득하기 시작하는 기악 해방의 흔적이 시작되었다고 볼 수 있다. 그리고 즉흥적인 형태의 영역에 머물면서 사실상 류트(혹은 비올라)에 맞추어 노래하기에 대체되는 다른 형태를 발견했다. 그중 하나를 15세기 및 16세기 초에 부르고뉴 궁정의 예식 무용인 바스당스basses danses 레퍼토리에서 찾을 수 있다. 기록으로 인증된 춤 예술을 위한 기악 멜로디 자료집으로, 브뤼셀 왕립 도서관 도서 목록 ms. 9085으로, 바스당스des Basses Danses라고 한다. 혹은 피아첸차의 도메니코 (?-약 1476)와 안토니오 코르나차노(약 1431-약 1484)의 무용 논문도 있다. 한편 페자로의 굴리엘모 에브레오(약 1420-1484년 이후)의 글은 일반적으로 테너tenor를 하나로 제한하고, 다른 음조의 통합을 필요로 함에도 전적으로 기악 연주만 설명한다.

^{기악의 해방}

1480년경에 페라라에서 편집된 것이 확실한 카사나텐세Casanatense 노래집(로마, 카사나텐세 도서관, ms. 2856)도 있다. 여기에서 글자 없이sine litteris 적힌, 즉 기악을 위한 당대 유명한 저자의 성악곡을 발견할 수 있다. 파이프로 연주하는 노래 모음집으로, "돈 알렉산드로 시뇨렐로가 파이프 악기의 일종인 피파레스카에 대해 쓴 것으로 유명해진 비유적인 노래책"이라고 정의된 이 책에 이와 관련된 지불 기록이 담겨 있다. 그런데 이 페라라 판본이 유일한 것은 아니다. 15세기 후반기에 오선지가 아닌 기호를 사용하여 악보를 표기하는 태블러처tablature가 등장했다. 현악기와 건반 악기(오르간 혹은 류트)를 위해 개발된 기보법으로, 이에 따르면 음들을 숫자나 글자로 표기했다(이따금 오선五線에 음을 표기하기도 했다). 1452년에 인쇄된 콘라드 파우만Conrad Paumann(약 1414-1473)의 저술『오르간 연주의 기초Fundamentum organisandi』와『북스하임 오르간 곡집Buxheim Organ Book』(바이에른 뮌헨 국립박물관 ms. Mus. 3725) 같은 오르간 연주집도 전해진다. 이들은 건반악기 연주를 위해, 그리고 음계와 글자로 표기한 재구성된 보컬 구성을 증명하는 자료다. 류트를 위한 태블러처도 있다. 여기서 도표는 악기의 구조를, 선은 현과 숫자를 표현한다. 혹은 손잡이를 눌러야 하는 손가락을 표현한 격자 판에 일련의 숫자와 글자를 배치하기도 했다.

^{카사나텐세 노래집}

궁정과 도시에서의 기악

기악은 예술 작품에 묘사되면서 중요한 역할을 했고, 15세기 사교 생활에서 점점 더 유행했다. 사실, 천국을 묘사한 맥락이라 하더라도 중세 시대 때 이것들은 더 이상

반영 혹은 신성 음악의 시각적 자각으로 인식되지 않았다. 그러나 실제 연주는 상당

앙상블 히 충실한 표현으로 인식되었다. 앙상블ensembles은 흥미롭다. 15세기에 이전 세기에 부분적으로 흥행했던 것만큼 발달하면서, 기악은 상하 음 사이에 나오는 소리의 강도에 따라 나누어졌다. 상上, hauts음은 세고 날카로운 음으로 넓은 공간에서 연주할 때 적합한 음이었고, 하下, bas음은 응축된 음으로 닫혀 있고 좁은 환경에서 적합했다. 듣는 이에게 작용하는 음악의 효과와 부작용에 대해서도 언급되기 시작했다. 아무튼 더 이상 절대적으로 학술적-추상적인 혹은 이론적-수학적인 논거에 근거하여 음악을 이야기하지 않게 되었다. 르네상스 시대의 크고 작은 궁정에서의 공식적인 합창단(카펠라cappella) 설립에, 안정적이고 전문적인 방식의 고유한 음악 연주에 적합하도록 채택된 악기들이 등록되기 시작했다. 그러면서 악기가 현악기 제작자와

현악기 제작자 같은 특별한 장인들의 기술 연구와 실험 대상이 되었다. 이에 관련된 초반기 논문 중 하나(파리 국립박물관의 ms. lat.7295)는 특별한 주제에 따른 기악 제조 문제를(현악기와 초창기의 건반악기인 클라비코드clavichord에 대한 기술적인 디자인, 치수, 그리고 주의 사항을 언급하며) 다루었다. 그것은 제작 시기가 1440년까지 거슬러 올라가며, 부르고뉴의 즈볼러Zwolle의 앙리 아르노(약 1400-1466)의 작품이었다.

종교적 환경이든 사회적 환경이든 궁정과 도시의 사교 생활에서 음악을 즐길 기회는 다양했다. 특히 종교와 관련 없거나 세속적인 기회에도 기악곡이 연주되었다. 예배를 진행할 때 수반해야 하는 곡은 가능한 한 오르간 반주만 곁들여 불렸다. 기악은 더 이상 이론적-학구적인 협소한 영역에 갇혀 있지 않았고, 귀족이나 부르주아 계층에 확산된 음악에 대한 새로운 관심이 생겨났다. 새로운 애호가들의 요구를 받아들인, 즐거움을 선사하는 음악 서적과 관련 기록이 태동한 것이다. 음악을 알고 그것을 연주할 줄 아는 것이 모든 개인의 교육 과정에 속하게 되었고, 도덕적 기능 역시 음악의 교육으로서의 역할을 인정하며 더욱 고상하고 폭넓은 의미에서 '귀족'이

음악의 좋은 자질 라는 명성을 획득하는 데 기여했다. 위대한 이론가 요하네스 팅크토리스(약 1435-약 1511)는 자신의 논문『음악 연주 개론Complexus effectuum musices』(약 1470)에서 연습 음악의 20여 가지 유익한 효과를 구별했다. 그중에 슬픔을 쫓아 버리기, 인간 정신을 고양하기, 사람들을 즐겁게 하기, 축제의 흥겨움을 증가시키기 등이 있다. 몇 년 앞서 쓴 다른 논문(『음악 창작 및 연주론』)에서는 기술적-구성적 특징을 설명했고, 무엇보다 키타리노의 피에트로보노의 뛰어난 즉흥 류트 연주 능력을 칭송하면서 당시의

기악에 대한 고유한 관심을 조명했다.

악기의 유형과 특징

15세기에 클라비코드와 하프시코드, 두 개의 새로운 악기가 발달했고 불과 수십 년 사이에 귀족 계층의 악기 연습의 상징이 되었다. 둘 다 중세 발현악기의 체계를 적용하여 만들어진 것으로, 본질적인 특징으로 구별이 가능했다. 클라비코드의 현絃은 건반의 레버 버튼에 지원된 금속 팁(탄젠트)에 의해 튕겨진다. 반면 하프시코드의 현은 래칫ratchet(건반 축에 수직으로 달린 나무 막대가 위아래로 점프하면서 움직임)에 적용된 플렉트럼plectrum(줄을 뚱기는 도구로 대체로 까마귀 깃대로 만들어짐)으로 작동되는 팁으로 튕겨진다. 시각예술 분야에서 음악을 연주하려는 남녀의 모습을 그릴 때 클라비코드와, 한층 더 확산된 하프시코드는 류트, 플루트와 더불어 '실내'악 표현에 빠질 수 없는 주인공이 되었다. 반대로 야외 음악에서는 높고 날카로운 고음hauts을 내는 악기가 가장 적합했다. 퍼레이드 반주, 왕의 대관식, 대사의 도착을 알리는 행사와 무도회 때 가장 선호되어 연주되었던 트럼펫과 봉바르드bombarde가 여기 속한다. 트럼펫은 가장 오래되고 잘 알려진 악기 중 하나다. 전쟁터나 도시에서 사용되었으며 길이 2미터(이따금 편의를 위해 꼬이게 만들기도 함)에 해당하는 금속관으로, 끝의 주둥이부터 30센티미터에 이르는 완벽한 원통 내경으로 만들어졌기에 기관학적 관점에서는 매우 단순한 구조다. 봉바르드는 백파이프에서 유래한 고대 악기 중 하나(연주자의 입술 위에 놓인, 원통 내부를 진동하게 만들어진 얇은 리드)다. 손가락 대신 악기의 마지막 구멍을 막는 키를 보호하는 구멍 난 나무 원통이 가장 두드러지는 기능을 한다.

실내에서 열린 무도회 반주에 종종 활용되었던 이와 같은 악기의 연주와 함께, 성악이 노래의 멜로디에 다성 음악적 반주를 제공해 주는 두 악기인 류트 혹은 비올라로 행해진 노래 연습 역시 확인 가능하다.

류트는 이 시대에 이미 오늘날 우리에게 전해지는 형태와 크기로 정착되었다. 충분히 커다랗고 악기에 어울리는 껍데기나 나무판자로 만들어진 케이스 형태, 여섯 개의 별(신의 세계와 인간 세계 사이의 상호 침투의 상징)과 다섯 현(혼자 남아 있는 가장 날카로운 것을 제외하고 모두 이중 현)으로 이루어진 전통적인 기본 디자인, 잘 보존된 가문비나무에 화성 구멍을 뚫어 놓은 공명판, 오른손 손가락이 한 코로coro(합창부*)

클라비코드와 하프시코드

트럼펫

류트

와 다른 코로 사이에 적당한 공간을 확보할 수 있게 더욱 넓어진 손잡이에 달려 있는 '코리cori'라 불리는 것 등이다. 오른손 손가락의 사용 덕분에 픽을 사용하지 않음으로써 동시에 많은 줄을 튕기는 데 유리했고, 따라서 반주를 위한 화음을 연주할 수 있었으며, 멜로디를 연주할 수도 있었다.

'류트로 노래하기' 이외에 '비올라로 노래하기'도 가능했다. 비올라는 중세 때처럼 다양한 형태로 마찰하는 현악기가 아니라, 이 시대에 보다 적절하게 인코딩된 새로운 악기인 '팔에 낀 리라'로 이해되었다. 역사가 궁금한 이 악기는 고대의 현의 명명법으로, 그리스의 음악적 방법을 제공한 모든 것 중 가장 중요하고 고상한 것으로 명성을 얻은 아폴로의 리라lyra다. 긴 픽의 도움을 받아 줄을 튕겨 연주했고, 그에 어울리는 케이스에 연결된 일곱 개의 줄로 소리를 만들었다. 그리스 리라lyra는 15세기 인문주의자들이 행한 고전 세계의 재방문에서 일부 고고학적 발견의 결과였던 대체로 악기의 현에 붙어 있던 긴 픽의 이미지를 오해함으로써 흥미롭게도 활로 연주되는 형태로 바뀌었다. 그렇게 그리스 세계에서 가장 중요했던 발현악기는 15세기에 활을 사용하는 현악기가 되었다. 팔에 끼는 리라는 하트 형태의 줄감개집인 팔의 선을 상세하게 보존했다. 리라의 활의 길이는, 코드를 연주할 수 있다는 기술적인 특징을 악기에 부여하는 일곱 개의 현(손잡이에 누를 수 있는 다섯 개의 현과 손잡이 바깥에 달려 있어 누를 수 없고 고정된 반주만 가능한 두 개의 현)이 다리에 얹혀 있다는 사실에 따라 작동했다. 리라 연습을 사랑했던 가장 유명한 이들 중에는 자신의 팔에 끼는 리라를 개인적으로 제작한 레오나르도 다 빈치(1452-1519)도 있다.

'팔에 낀 리라'에 대한
간략한 역사

| 다음을 참고하라 |
음악 15세기 음악의 장르와 기법(835쪽)

찾아보기
Indice analitico

874

부록 I : 도판과 지도
Tavole & Mappe

모던한 고대: 원근법, 건축, 장식

1

1. 필리포 브루넬레스키, 〈파치 예배당 현관의 둥근 지붕 내부: 루카 델라 로비아의 마욜리카식 다색 화법으로 장식〉, 피렌체, 산타 크로체 성당

2

2. 안드레아 만테냐, 〈황제의 초상이 그려진 신혼의 방 천장〉, 약 1470, 만토바, 팔라초 두칼레

3

3. 포를리의 멜로초, 〈산 마르코 성당 성구실聖具室의 팔각형 둥근 지붕 장식〉, 15세기 후반, 프레스코, 로레토, 산타 카사 지성소

4

4. 레온 바티스타 알베르티, 〈말라테스타가 사원의 정면과 측면〉, 1450-약 1454, 리미니

5

5. 레온 바티스타 알베르티, 〈말라테스타가 사원의 현관 세부〉, 1450-약 1468, 리미니

6

6. 필리포 브루넬레스키, 〈산타 마리아 델 피오레 두오모의 둥근 지붕〉, 피렌체

7

7. 루치아노 라우라나, 〈우르비노의 팔라초 두칼레의 중정〉, 1466-1472, 우르비노

조각, 회화, 그리고 상감 장식 사이의 건축 구성 활용

8

8. 안토니오와 툴리오 롬바르도, 〈안드레아 벤드라민 총독의 장례 기념물〉, 약 1495년에 완성, 베네치아, SS. 조반니와 파올로

9

9. 피에트로 롬바르도, 〈피에트로 모체니고 총독의 장례 기념물〉, 1477-1481, 이스트리아의
돌, 베네치아, SS. 조반니와 파올로

10

10. 페루지노로 불린 피에트로 바눈치, 〈황소가 난입한 프라토의 집에서 로렌초의 니콜라를
치료하는 성 베르나르디노(《성 베르나르디노의 이야기》에서)〉, 1473, 패널에 템페라, 페루자, 움
브리아 국립화랑

11

11. 페루지노로 불린 피에트로 바눈치, 〈리에티의 조반니 페트라치오의 딸을 귀양으로부터 회복시키는 성 베르나르디노(《성 베르나르디노의 이야기》에서)〉, 1473, 패널에 템페라, 페루자, 움브리아 국립화랑

12

13

12. 조르조 마르티니의 프란체스코, 〈이상적인 도시: 건축학적 전망〉, 1490-약 1491, 템페라, 베를린, 마르케 게멜데 갤러리

13. 이탈리아 중부의 익명의 예술가, 〈이상적인 도시 전망〉, 약 1480, 패널에 템페라, 우르비노, 마르케 국립화랑

14

14. 바초 폰텔리(attr.), 〈몬테펠트로의 페데리코의 서재 쪽매붙임〉, 1474-1476, 우르비노, 팔라초 두칼레

승리의 주제에 대한 다양한 표현

15

16

15. 〈카스텔 누오보 전경(앙주 가문의 성)〉, 13세기 말, 나폴리

16. 프란체스코 라우라나, 〈아라곤의 알폰소 1세의 승리의 아치: 세부(헐연과 장교들 사이에 있는 알폰소)〉, 15세기 후반, 대리석, 나폴리, 카스텔 누오보

17   18

17. 피사넬로로 불린 안토니오 피사노, 〈아라곤의 알폰소 5세의 초상이 새겨진 메달의 앞면〉, 1448, 청동, 피렌체, 바르젤로 국립미술관

18. 피사넬로로 불린 안토니오 피사노, 〈아라곤의 알폰소 5세의 초상이 새겨진 메달의 독수리가 있는 면〉, 1448, 청동, 피렌체, 바르젤로 국립미술관

19   20

19. 피사넬로로 불린 안토니오 피사노, 〈체칠리아 곤차가의 초상이 새겨진 메달의 앞면〉, 1447, 청동, 볼로냐, 고고학 박물관

20. 피사넬로로 불린 안토니오 피사노, 〈체칠리아 곤차가의 초상이 새겨진 메달의 귀부인과 유니콘이 있는 면〉, 1447, 청동, 볼로냐, 고고학 박물관

21. 피에로 델라 프란체스카, 〈바티스타 스포르차와 우르비노의 몬테펠트로의 페데리코 공작의 초상〉, 약 1472, 패널에 유채, 피렌체, 우피치 미술관

22

22. 피에로 델라 프란체스카, 〈몬테펠트로의 페데리코와 바티스타 스포르차의 승리〉, 약 1465-1466, 패널에 유채, 피렌체, 우피치 미술관

23

23. 세노폰테 하밀톤의 거장(attr.), 〈페르디난도 1세의 승리〉, 1450-약 1470, 베를
린, 동판화 진열실, 국립미술관

24

24. 로 스케자로 불린 조반니 디 세르 조반니, 〈양쪽 면에 그림을 그린 둥근 쟁반 형태에 그려진 승리, 뒷면에는 가문의
문장과 상징〉, 1448-1449, 템페라, 나무에 금과 은으로 장식, 뉴욕, 메트로폴리탄 박물관

연구와 기획: 소묘의 시대

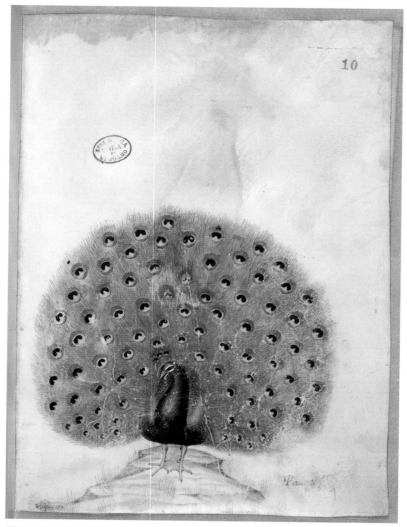

25

25. 그라시의 조반니노, 〈수첩: 공작이 그려진 페이지〉, 1380-약 1390, 소묘, 베르가모, 안젤로 마이 시민 도서관

26

26. 야코포 벨리니, 〈그리스도의 태형〉, 15세기, 소묘, 파리, 루브르 박물관

28

27. 레오나르도 다 빈치, 〈교수형을 당한 반디니 바론첼리의 베르나르도〉, 약 1478, 종이에 펜과 잉크, 바욘, 보나 미술관

28. 안드레아 만테냐, 〈유다〉, 1491, 소묘, 피렌체, 우피치 미술관, 소묘와 인쇄 보관실

29

29. 폴라이올로로 불린 안토니오 벤치, 〈벌거벗은 자들의 전쟁〉, 소묘, 피렌체, 우피치 미술관, 소묘와 인쇄 보관실

30. 도메니코 기를란다요, 〈콘스탄티누스 대제의 아치 연구, 코덱스 엑스쿠리알렌시스 고문서, f.45〉, 15세기 후반, 소묘, 마드리드, 에스코리알 도서관

31

31. 알브레히트 뒤러, 〈손과 베개에 관한 연구를 하는 자화상〉, 1493, 종이에 소
묘, 뉴욕, 메트로폴리탄 박물관

개인을 위한 책

32

33

34

32. 〈성모영보 대축일, 성모의 시간부터〉, 15세기 말, 뉴욕, 피어폰트 모건 도서관

33. 폴 랭브르, 〈말을 탄 귀족들과 음악가들의 행렬, 리옴(?)의 팔라초 두칼레 전경과 5월. 『베리 공작 장의 아주 호화로운 시간경』 필사본〉, 15세기 초반, 샹티이, 콩데 미술관

34. 클레베의 가타리나의 거장, 〈성 암브로시오, 클레베의 가타리나의 책〉, 15세기 초반, 뉴욕, 피어폰트 모건 도서관

35

35. 파비아의 벨벨로, 〈홍수, 란도-피널리 고문서로부터〉, 15세기, 피렌체, 국립도서관

36

36. 포라의 게라르도, 〈피렌체 전경이 보이는 자신의 서재에 있는 성 예로니모, 양쪽에는 기
증자인 마티아 코르비노, 헝가리의 왕, 그리고 아라곤의 베아트리체 여왕, ms. M 496, f. 2〉,
1488, 뉴욕, 피어폰트 모건 도서관

37

37. 성직자 안토니오의 프란체스코, 〈아리스토텔레스의 『해석에 관하여』, 성직자 안토
니오의 프란체스코 번역, ms. Laur. Plut. 71.7, 코시모 1세와 피에로 데 메디치의 세밀
초상이 그려져 있음〉, 15세기, 피렌체, 라우렌치아나 도서관

38

38. 〈아베로에스가 주석을 단 아리스토텔레스의 작품 제목, 크레모나의 지롤라모의 삽화, 니콜레토 베르니아가 편집하고 안드레아 토레사노와 블라비스의 바르톨로메오가 베네치아에서 출판〉, 1483, 뉴욕, 피어폰트 모건 도서관

고대의 초상

39

39. 도나텔로로 불린 바르디의 도나토, 〈피렌체의 정치가 우차노의 니콜로(1359~1431)의 흉상〉,
테라코타, 피렌체, 바르젤로 국립미술관

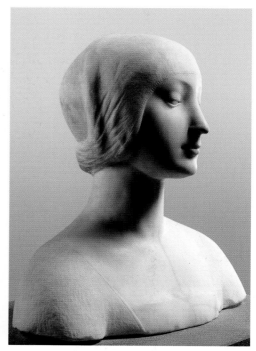

40

41

40. 세티냐노의 데시데리오, 〈여성의 초상〉, 밀라노, 스포르체스코 성

41. 프란체스코 라우라나(attr.), 〈아라곤의 엘레오노라로 혼동될 만한, 미지의 젊은 여성의 초상〉, 1467-1471, 대리석, 파리, 루브르 박물관

SIMONETTA IANVENSIS VESPVCCIA

42

42. 코시모의 피에로, 〈시모네타 베스푸치〉, 1480, 패널에 템페라, 샹티이, 콩데 미술관

43

44

45

43. 도나텔로로 불린 바르디의 도나토, 〈나르니의 조반니 안토니오의 흉상〉, 청동, 피렌체, 바르젤로 국립미술관

44. 폴라이올로로 불린 안토니오 벤치, 〈젊은 전사의 흉상〉, 약 1470, 테라코타, 피렌체, 바르젤로 국립미술관

45. 발담브리노의 프란체스코, 〈성 크레멘시오〉, 1409, 목재, 시에나, 두오모 오페라 박물관

에케 호모Ecce homo: 그리스도의 고난상imago pietatis과 극적인 고통

46

47

46. 안드레아 만테냐, 〈에케 호모〉, 약 1500, 캔버스에 접
착제와 금을 사용한 템페라, 파리, 자크마르-앙드레 박물관

47. 메시나의 안토넬로, 〈에케 호모〉, 약 1473, 패널에 유
채, 피아첸차, 콜레조 알베로니

48. 디에릭 보우츠, 〈고통의 그리스도〉, 1470–약 1475, 목
재에 유채, 런던, 내셔널 갤러리

48

49

49. 장 말루엘(attr.), 〈피에타〉, 약 1400, 목재, 파리, 루브르 박물관

50. 조반니 벨리니, 〈피에타〉, 약 1474, 패널에 템페라, 리미니, 도시 박물관

51. 안드레아 만테냐, 〈돌아가신 그리스도〉, 1480-1490, 캔버스에 템페라, 밀라노, 브레라 화랑

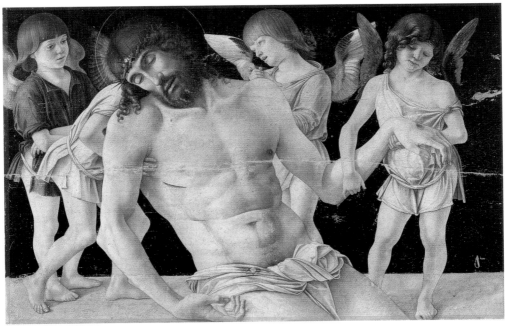

50

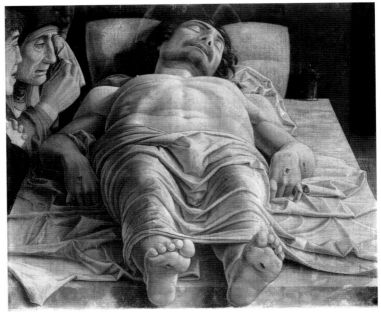

51

52

52. 히에로니무스 보스, 〈에케 호모 혹은 십자가를 진 그리스도〉, 1500년 이후, 패널에 유채, 강, 미술관

53. 도나텔로로 불린 바르디의 도나토, 〈십자가에서 내려지는 그리스도〉, 1440-약 1450, 난토의 돌, 파도바, 산 안토니오 성당

54. 아르카의 니콜로, 〈동정〉, 약 1485, 다색 테라코타, 볼로냐, 산타 마리아 델라 비타 성당

53

54

궁정의 종교적 헌신

55

55. 장 푸케, 〈옥좌에 앉은 예수와 함께한 성모 마리아와 천사들〉, 1450-약 1455, 패널에 유채, 앤트워프, 벨기에 왕립 미술관

56. 메시나의 안토넬로(attr.), 〈아기 예수를 안고 있는 성모 마리아〉, 1460-약 1465, 패널에 유채, 런던, 내셔널 갤러리

57. 피에로 델라 프란체스카, 〈브레라 성모 마리아〉, 약 1472, 패널에 템페라와 유채, 밀라노, 브레라 화랑

56

57

58

58. 피에로 델라 프란체스카, 〈태형〉, 약 1450, 우르비노, 마르케 국립미술관

59

59. 베노초 고촐리, 〈동방박사의 행렬: 로렌초의 벽〉, 약 1460, 프레스코, 피렌체, 메디치 궁

60

60. 얀 반 에이크, 〈재상 니콜라스 롤랭과 성모 마리아〉, 1435, 패널에 유채, 파리, 루브르 박물관

골동품의 종교적 헌신

61

61. 안드레아 만테냐, 〈성 제노 성화(성스러운 대화)〉, 1457-1459, 패널에 템페라, 베로나, 산 제노 성당

62. 산드로 보티첼리, 〈코라, 다단, 그리고 아비람의 처벌(복원 전)〉, 약 1481, 프레스코, 바티칸, 시스티나 예배당

63. 도나텔로로 불린 바르디의 도나토, 〈성가대〉,
1433–1439, 피렌체, 두오모 오페라 박물관

궁정과 전쟁의 기사: 소설, 대회, 전투

64

64. 피사넬로로 불린 안토니오 피사노, 〈마상 대회: 브르타뉴의 소설에서 영감을 받은 연작의 일부, 잔 프란체스코 곤차가를 위해 프레스코로 그림〉, 약 1440, 프레스코, 만토바, 팔라초 두칼레

932

65

66

65. 에브라르 드 에스펭크, 〈로그리스 왕국을 향해 항해하는 배를 탄 기사 트리스탄과 이졸데 왕비, 푸아티에의 가센의 소설 『기사 트리스탄과 이졸데 왕비』의 삽화〉, 15세기, 샹티이, 콩데 미술관

66. 산드로 보티첼리, 〈비너스와 마르스〉, 약 1485, 패널에 템페라와 유채, 런던, 내셔널 갤러리

67. 코사의 프란체스코, 〈4월: 성 제오르지오의 깃발 뺏기 경주〉,
프레스코, 페라라, 스키파노이아 궁, 열두 달의 방

67

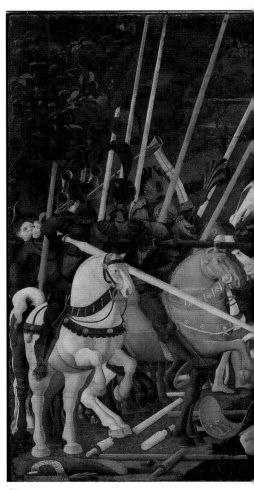

68

69

68. 피에트로의 사노, 〈성 제오르지오와 용〉, 패널에 템페라,
시에나, 교구 박물관

69. 파올로 우첼로, 〈산 로마노의 전투〉, 약 1450, 패널에 템페라, 피렌체, 우피치 미술관

상인과 거울

70

70. 페트루스 크리스투스, 〈공방에 있는 금은세공사(성 엘리지오로 추정)〉, 1449, 목재에 유채, 뉴욕, 메트로폴리탄 박물관

71

71. 얀 반 에이크, 〈조반니 아르놀피니와 그의 아내 초상〉, 1434, 패널에 유채, 런던, 내셔널 갤러리

근대의 초상을 향해

72

72. 메시나의 안토넬로, 〈남자의 초상〉, 약 1465, 패널에 유채, 체팔루, 만드랄리
스카 박물관

73

73. 장 푸케, 〈고넬라 초상〉, 1445, 패널에 유채, 빈, 미술사 박물관

1454년의
정치 상황

1454년에 로디 화약으로 이탈리아 반도 북쪽에 균형이 회복되면서 베네치아와 밀라노 사이에 다시 평화가 찾아왔다. 같은 시기에 지중해 지역에서는 아라곤 왕국의 확장이 마무리되었다. 프랑스와 잉글랜드는 백년전쟁 이후 막 평화를 되찾았고, 재정복에 저항하는 이베리아 반도에는 그라나다만 남았다. 대단히 역동적인 지역은 결국 오스만 제국과 관련된 곳으로써, 오스만 제국의 팽창으로 동로마 제국이 멸망했고, 서구 지역 국가들에게 위협이 되었다.

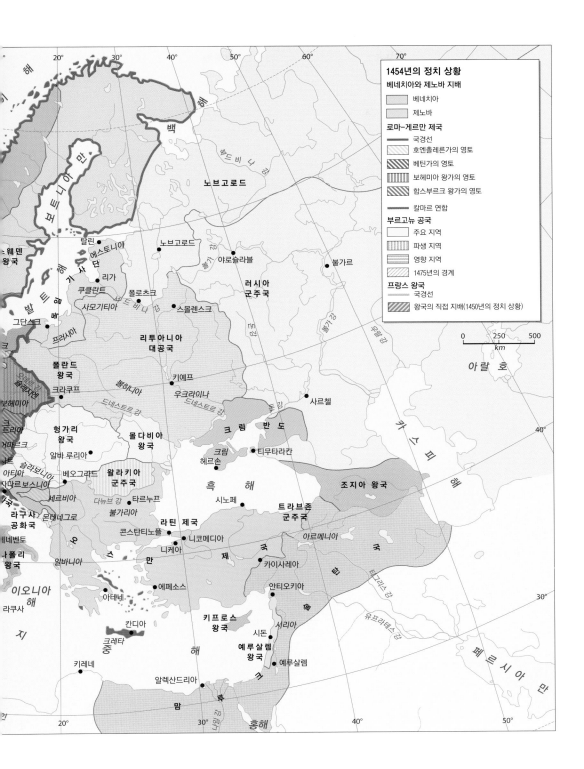

1454년의 정치 상황

베네치아와 제노바 지배
- 베네치아
- 제노바

로마-게르만 제국
- 국경선
- 호엔촐레른가의 영토
- 베틴가의 영토
- 보헤미아 왕가의 영토
- 합스부르크 왕가의 영토
- 칼마르 연합

부르고뉴 공국
- 주요 지역
- 파생 지역
- 영향 지역
- 1475년의 경계

프랑스 왕국
- 국경선
- 왕국의 직접 지배(1450년의 정치 상황)

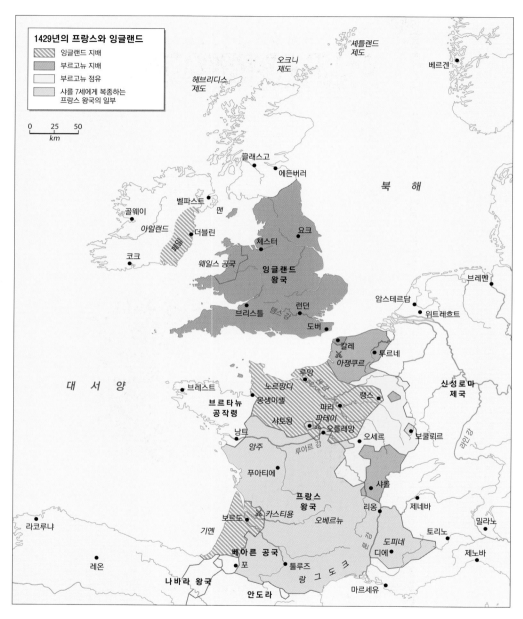

1429년의 프랑스와 잉글랜드

1429년의 프랑스와 잉글랜드
- 잉글랜드 지배
- 부르고뉴 지배
- 부르고뉴 점유
- 샤를 7세에게 복종하는 프랑스 왕국의 일부

0   25   50
km

셰틀랜드 제도
오크니 제도
헤브리디스 제도
베르겐

글래스고
에든버러

북 해

벨파스트
맨
골웨이
아일랜드
더블린
코크

요크
체스터
웨일스 공국
잉글랜드 왕국
런던
브리스틀
도버

브레멘
암스테르담
위트레흐트

대 서 양

칼레
투르네
아쟁쿠르

브레스트
브르타뉴 공작령
낭트
노르망디
몽생미셸
루앙
샤토됭
파리
파테이
오를레앙
랭스
오세르
보쿨뢰르
신성로마 제국

양주
루아르 강
푸아티에
프랑스 왕국
카스티용
오베르뉴
샤롤
리옹
제네바

라코루냐
레온
보르도
기엔
베아른 공국
포
나바라 왕국
안도라
툴루즈
랑 그 도 크
마르세유
도피네
디에
토리노
밀라노
제노바

1429년의 프랑스와 잉글랜드

아르마냑과 부르고뉴의 권력 다툼 때문에 내부적으로 분열된 프랑스에서 잉글랜드인들은 자신들의 영토를 최고로 팽창했다. 1429년에 오를레앙의 승리로 프랑스의 공격이 개시되었고, 20년이 조금 넘는 사이에 잉글랜드인이 유럽 대륙을 포기하게끔 이끌었다. 결정적인 평화는 1475년에 프랑스 피퀴니에서 맺은 조약의 서명을 통해 이루어졌고, 잉글랜드인들은 프랑스 왕에 압력을 가하는 것을 분명하게 포기하게 되었다.

부록 II : 연표
Cronologie

1400	1410	1420	1430	1440

역사

약 1370 - 1415
얀 후스의 생애

1414-1418
콘스탄츠 공의회 개최

1420
프랑스와 잉글랜드가
트루아 조약을 맺음

1425
베네치아와 피렌체가
밀라노에 대항하여 연합

1431
루앙에서 잔 다르크가
마녀재판을 받음

1431-1449
바젤 공의회 개최

1435-1464
메디치가의 코시모 1세가
피렌체의 권력을 잡음

1438
부르주 칙령 발표

1442
아라곤의 알폰소 5
폴리에 입성하여 실
를 점유; 양주의 루이
왕국을 떠남

철학, 과학과 기술

약 1400
인도에서 온 수은이 이탈리아에 등장

1410-1421
가스파리노 바르치차가 파도바의 기숙학교
콘투베르니움에서 고전을 가르침

1413
얀 후스가 『교회론』
저술

1414
포조 브라촐리니가 비트루비우스의
『건축서』를 번역

1420
파올로 달 포초 토스카넬리가
피렌체 대성당의 돔 설계를 위해
측량 계산함

1430
로렌초 발라가 『쾌락론』 저술

1440
니콜라우스 쿠사누스가
『박학한 무지』 저술

14
레온 바티스타 알베르
『수학의 유희』 논문 게

문학과 연극

1401
피장의 크리스틴이 『장미의 이야기』 저술

1403
콜루초 살루타티가 『안토니오 로스키에 대한 악담』 저술

1422
프랑스의 알랭
샤르티에가 『4인
참매문답』 저술

약 1435
레온 바티스타
알베르티가 『회화론』과
『조각론』 저술

1440
로렌초 발라가 『콘스탄티누
증여라고 믿어진 선언의 허
저술

14
포조 브라촐리니
『행운의 다양성』 게

시각예술

1408
피렌체에서 도나텔로가 〈다비드〉 제작

1411-1416
프랑스에서 랭부르 형제가
베리 공작 장의 기도서
『아주 호화로운 시간경』의
세밀화 제작

1420-1436
피렌체에서 필리포 브루넬레스키가
산타 마리아 델 피오레의 돔 건축

약 1427
피렌체에서 마사초가 산타 마리아
노벨라에 〈삼위일체〉 제작

음악

1416
피아첸차의 도메니코가
『무용의 예술과 합창단
지휘법에 관하여』 저술

1460	1470	1480	1490	1500

1469-1492
로렌초 데 메디치가 피렌체의 권력을 잡음

1483-1498
샤를 7세가 프랑스의 왕으로 등극

1455-1485
장미전쟁 발발

1453
백년전쟁 종결

1480
밀라노에서 루도비코 스포르차가
잔 갈레아초 스포르차의 후견인이 됨

1492
아메리카 대륙 발견

1497
알렉산데르 6세가
사보나롤라를 파문

1485
잉글랜드에
튜더 왕조가 시작

1486
랭커스터 가문의 헨리 7세와 요크 가문의 엘리자베스가
결혼함으로써 장미전쟁 종결

스 쿠사누스가
『권의 책』 저술

1459
피렌체의 코시모 데 메디치가
플라톤 아카데미아 설립

1472
레기오몬타누스(요하네
스 뮐러)가 혜성의 궤도
를 이론화함

1480
신성한 종교 재판 법원 설립

1494
루카 파촐리가
『산술학, 기하학, 비례와
비례성에 관한 대전』
저술

2
느츠의 요하네스 구텐베르크가
『라랭 성서』 인쇄

1478
피렌체에서 최초의 의학서인
코르넬리우스 켈수스의
『의학론』 인쇄

1486
피코 델라 미란돌라가 『철학,
카빌라 그리고 신학 명제집』
저술

1488
바르톨로메우
디아스가 희망봉을
명명함

1494
베네치아에서 알도
마누치오가 인쇄소 개설

1456
프랑수아 비용이 『유증시』 (혹은 『소 유언집』) 저술

1474
마르실리오
피치노가 『그리스도교에
관하여』 저술

로렌초 데 메디치가
『칸초니에레』 저술

1462
『신백화집』(프랑스 노벨라 선집) 저술

1479-약 1494
안젤로 폴리치아노가 『시집』 저술

1483
루이지 풀치가 『모르간테』
(『모르간테 대품』, 28편의 노래) 저술

약 1460
로히어르 판 데르 베이던이
〈에스테의 이사벨라 초상〉
제작

약 1480-1490
피에로 델라 프란체스카가
『회화의 투시화법』 저술

1494-1497
밀라노에서 레오나르도 다 빈치
가 산타 마리아 델레 그라치에
성당에 〈최후의 만찬〉 제작

가
화 제작

에서 레온 바티스타
가 말라테스타가
축

약 1478
피렌체에서 산드로 보티첼리가
〈봄〉 제작

1497-1501
로마에서 미켈란젤로가
성 베드로 성당에 〈피에타〉 제작

약 1470
요하네스 팅크토리스가
『음악 연주 개론』 저술

1489
로마에서 프레의 조스캥이
시스티나 성당 일원으로 일을 시작

2
뒤페가 미사곡
얼굴이 창백해진다면〉 작곡

1463
페자로의 굴리엘모 에
브레오가 『특별한 대중
무용 예술론』 저술

1492
프란키누스 가푸리우스가
『음악 이론』 저술

848

| 1400 | 1410 | 1420 | 1430 | 1440 |

1400
피렌체에서 알비치 가문에 대한 음모를 꾸미다.

1406
카스티야에서 유대교도와 이슬람교도를 박해하다.

1417
서방 교회의 분열 종결; 콘스탄츠 공의회에서 마르티노 5세가 교황으로 선출되다.

1425
베네치아와 피렌체가 밀라노에 대항하여 연합하다.

1432
카르마뇰라 백작이 반역죄로 몰려 베네치아에서 사형을 당하다.

1433
황제와 후스파가 프라하 협약 체결. 페라라 조약을 맺다.

1442
아라곤의 알폰소 5세 나폴리에 입성하여 레르노를 점유하다; 주의 루이 3세가 왕ᅵ 떠나다.

144
밀라노에 암. 공화국이 ᄉ

1435-1464
메디치가의 코시모 1세가 피렌체의 권력을 잡다.

1399-1413
헨리 4세가 잉글랜드의 왕이 되다.

1414-1418
콘스탄츠 공의회가 개최되다.

1422-1461
샤를 7세가 프랑스의 왕이 되다.

역사

약 1370 - 1415
얀 후스의 생애.

1413-1422
헨리 5세가 잉글랜드의 왕에 재위하다.

1431-1449
바젤 공의회가 개최되다.

1438
부르주 칙령이 발표되다.

1427
밀라노가 마클로디오에서 피렌체와 베네치아에 패하다.

1439
피렌체 공의회: 동방과 서방 교회 연합이 성립되다. 콘스탄티노플과 러시아는 반대하다.

1410
탄넨베르크 전투에서 폴란드가 독일에 승리하다.

1420
프랑스와 잉글랜드가 트루아 조약을 맺다.

1429
존 페스톨프 경이 오를레앙에서 벌어졌던 청어 전투에서 프랑스를 격퇴하다.

1415
아쟁쿠르 전투에서 잉글랜드가 프랑스에 승리하다.

1441
밀라노와 베네치아가 크에서 평화 조약을 체결하

1431
루앙에서 잔 다르크에 대한 마녀재판이 진행되다.

1444
코시모 1세ᅡ 도서관을 건

1460　　　　　1470　　　　　1480　　　　　1490　　　　　1500

가 포르미니 전투에서
드에 승리하다.

1480
밀라노에서 루도비코 스포르차가
잔 갈레아초 스포르차의 후견인이
되다.

1491
샤를 8세와 브르타뉴의 안이
결혼하다.

1492
아메리카 대륙이 발견되고
그라나다가 함락되다.

152
랑스와 밀라노가
맹을 맺다.

1477
막시밀리안 1세와 부귀공 마리가 결혼하다.

1494
샤를 8세가 이탈리아
원정을 시작하다.

1455
처음 활자로 책이 인쇄되다.

1497
알렉산데르 6세가
사보나롤라를 파문하다.

1461
제노바가 밀라노의 도움으로 프랑스
지배에서 벗어나 스포르차 가문의
지배를 받다.

1494-1498
사보나롤라가
피렌체에 머물다.

1469-1492
로렌초 데 메디치가 피렌체의 권력을 잡다.

1470-1471
헨리 6세가 잉글랜드의 왕이 되다.

1483-1498
샤를 8세가 프랑스의 왕이 되다.

1466-1476
갈레아초 마리아 스포르차가 밀라노의 권력을 잡다.

1455-1485
두 장미가 전쟁을 하다.

1471-1484
교황 식스토 6세가 재임하다.

1492-1503
교황 알렉산데르 6세가
재임하다.

450-1466
.란체스코 스포르차가
라노 공작이 되다.

1462-1505
러시아의 이반 3세가 권력을 잡다.

1483-1485
잉글랜드의 리처드 3세
가 재임하다.

1493
교황 칙서 「인테르 카에테
라Inter Caetera」: 알렉산데르
6세가 신대륙에 대한 에스
파냐와 포르투갈의 영향권
을 제한하다.

1453
백년전쟁 종결. 콘스탄티노플 점령으로
비잔티움 제국이 종말을 고하다.

1485
잉글랜드에서
튜더 왕조가 시작되다.

1468
카스티야의 이사벨 1세가 에스파냐의
합법적 왕위 계승자가 되다.

1454
로디 화약: 북부 이탈리아에서
국가 간 평형 상태가 시작되다.

1486
랭커스터 가문의 헨리 7세와 요크
가문의 엘리자베스의 결혼으로 장
미전쟁이 종결되다.

『마녀를 심판하는 망치』: 마법과 이
단을 제재할 필요성이 제기되다.

1469
아라곤의 페르난도 2세와
카스티야의 이사벨 1세가 결혼하다.

1456
터키가 아테네를
정복하다.

1475
잉글랜드가 프랑스 왕위 계승
주장을 포기하다.

1498
루도비코 스포르차가
프랑스에 지원을 요청하다.

1458
아라곤의 알폰소 5세가
사망하다.

1478
피렌체의 파치 가문이 메디치가에
대항하여 음모를 꾸미다.

1499
체사레 보르자가 샤를 8세의
사촌과 결혼하여 발랑티누아
영지를 획득하다.

1400	1410	1420	1430	1440

철학과 신학

1406-약 1412
얀 후스가 『보헤미아어 철자법De orthographia bohemica』을 저술하다.

1400
피에르 파올로 베르제리오가 『자유 학예와 도덕에 관한 유년 시절의 학습』을 저술하다.

1405
조반니 도미니치가 시적인 신학서 『밤의 서광Lucula noctis』을 저술하다.

1413
얀 후스가 『교회론』을 저술하다.

1421
레오나르도 브루니가 『올바른 해석』을 저술하다.

1430
로렌초 발라가 『쾌락론』을 저술하다.

1438
로렌초 발라가 『자유의지론』을 저술하

1439
로렌초 발라가 『논리적 토론』을 저술하다.

1440
니콜라우스 쿠사누스가 『박학한 무지』를 저술하다.

1442
로렌초 발라가 『종교 관하여』를 저술하다.

1443
피렌체 공의회: 교회와 그리스 교 만남

철학과 정치적 사건들

1401
콜루초 살루타티가 『법학과 의학의 우위성에 관하여』를 저술하다.

1410-1421
가스파리노 바르치차가 파도바의 기숙학교 콘투베르니움Contubernium에서 고전을 가르치다.

1405
얀 후스가 자신의 작품에 최초로 체코어를 사용하다.

1416
프란체스코 바르바로가 『결혼에 관하여』를 저술하다.

1423
펠트레의 비토리노 람발도니가 만토바에 기숙학교 카사 조코사 Casa Giocosa를 열다.

1460 1470 1480 1490 1500

우스 쿠사누스가 『미완의 4권의 책Idiotae
ruor』을 저술하다.

1480
신성한 종교 재판 법원이 설립되다.

452
노초 마네티가 『인간의 존엄성과 탁월함에
하여』를 저술하다.

1486
피코 델라 미란돌라가 『철학, 카발라 그리
고 신학 명제집Conclusiones philosophicae,
cabalisticae et theologicae』을 저술하다.

1494
알레산드로 아킬리니
Alessandro Achillini가
철학역사서 『지성의
신학상 논쟁Quodlibeta
de intelligentiis』을
저술하다.

1459
피렌체에서 코시모 데 메디치가 플라톤
아카데미아를 설립하다.

1474
크리스토포로 란디노가 『카말돌리 논쟁』을
저술하다.

1487
피코 델라 미란돌라가 『인간 존엄성에 관한 연설』
을 저술하다.

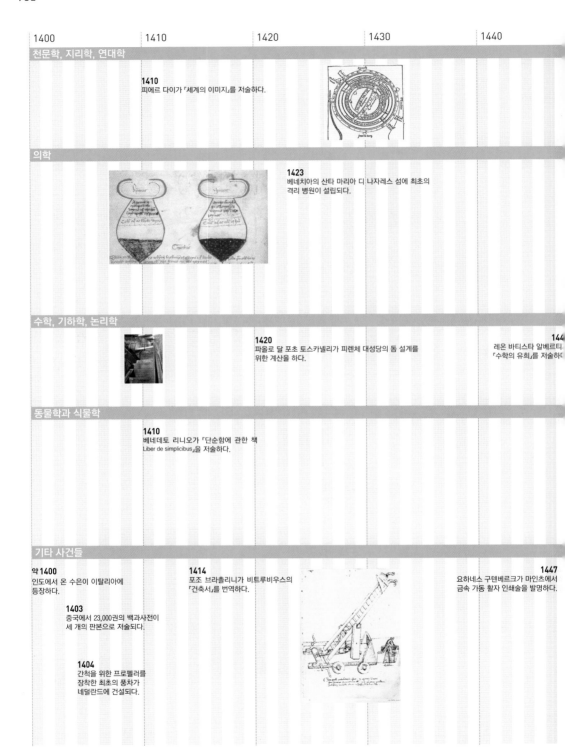

| 1400 | 1410 | 1420 | 1430 | 1440 |

천문학, 지리학, 연대학

1410
피에르 다이가 『세계의 이미지』를 저술하다.

의학

1423
베네치아의 산타 마리아 디 나자레스 섬에 최초의
격리 병원이 설립되다.

수학, 기하학, 논리학

1420
파올로 달 포초 토스카넬리가 피렌체 대성당의 돔 설계를
위한 계산을 하다.

144
레온 바티스타 알베르티
『수학의 유희』를 저술하다

동물학과 식물학

1410
베네데토 리니오가 『단순함에 관한 책
Liber de simplicibus』을 저술하다.

기타 사건들

약 1400
인도에서 온 수은이 이탈리아에
등장하다.

1403
중국에서 23,000권의 백과사전이
세 개의 판본으로 저술되다.

1404
간척을 위한 프로펠러를
장착한 최초의 풍차가
네덜란드에 건설되다.

1414
포조 브라촐리니가 비트루비우스의
『건축서』를 번역하다.

1447
요하네스 구텐베르크가 마인츠에서
금속 가동 활자 인쇄술을 발명하다.

| 1460 | 1470 | 1480 | 1490 | 1500 |

1461
게오르크 폰 포이어바흐Georg von Purbach가 『신행성 이론』을 저술하다(사후 1472년에 출판되다).

1472
레기오몬타누스(요하네스 뮐러)가 혜성의 궤도를 이론화하다.

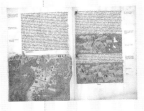

1475
노르치아의 베네데토 라피스Benedetto Lapis가 『건강 유지를 위해 필요한 일Pulcherrimum opus ad sanitatis conservationem』을 저술하다.

1490
베네치아에서 갈레노스 저술의 최초 라틴어 판본이 출판되다.

1478
피렌체에서 최초의 의학서인 코르넬리우스 켈수스의 『의학론』이 출판되다.

1493
알레산드로 베네데티가 『인체 해부학의 역사』를 저술하다.

1480
아르젤라타의 피에트로Pietro d'Argellata가 여섯 권의 외과 의학 서적을 저술하다.

1495
샤를 8세가 나폴리 왕국을 점령했을 때 매독이 발생하다.

1484
니콜라 쉬케가 『수의 과학에 있어서의 세 부분』을 저술하다.

1494
루카 파촐리가 『산술학, 기하학, 비례와 비례성에 관한 대전』을 저술하다.

1491
『식물학 가치에 관한 논문 Tractatus de virtutibus herbarum』이 출판되다.

1492
니콜로 레오니체노가 『의술의 단순 실수에 대해 적은 플리니우스와 다른 의사들 Plinii et aliorum doctorum, qui de simplicibus medicaminibus scripserunt errores』을 저술하다.

1452 요하네스 구텐베르크가 마인츠에서 『마자랭 성서』를 출판하다.

1475
인쇄공 윌리엄 캑스턴William Caxton이 영국 최초의 출판사를 설립하다.

1497-1498
바스코 다 가마가 아프리카를 일주하여 인도에 도착하다.

1455
아리스토텔레 피오라반티Aristotele Fioravanti가 볼로냐에서 원통형 기둥에 장착된 발판과 윈치, 롤러, 밧줄로 탑을 이동시키다.

1482
모일리스의 다미아노 Damiano de Moyllis가 로마 대문자의 기하학적 구성에 관한 『로마자 Alphabetum romanum』를 저술하다.

1488
바르톨로메우 디아스가 희망봉을 명명하다.

1492
크리스토퍼 콜럼버스가 팔로스에서 항해를 시작해 산살바도르에 도착하다.

1494
베네치아에서 알도 마누치오가 인쇄소를 설립하다.

	1400	1410	1420	1430	1440

논문집

1400-1402
피에르 파올로 베르제리오가 『자유 학예와 도덕에 관한 유년 시절의 학습』을 저술하다.

1416-1444
레오나르도 브루니가 『피렌체의 역사』를 저술하다.

1430
로렌초 발라가 『참된 선과 거짓된 선』을 저술하다.

1446
플라비오 비온도가 『재건된 로마』를 저술하다.

1403
콜루초 살루타티가 『안토니오 로스키에 대한 악담』을 저술하다.

1416
프란체스코 바르바로가 『결혼에 관하여』를 저술하다.

1423-1426
레오나르도 브루니가 『연구와 문헌』을 저술하다.

약 1435
레온 바티스타 알베르티가 『회화론』과 『조각론』을 저술하다.

144
포조 브라촐리니
『행운의 다양성』
저술하

1436
레오나르도 브루니가 『단테의 생애』와 『페트라르카의 생애Vita di Petrarca』를 저술하다.

1440
로렌초 발라가 『콘스탄티누스 증여라고 믿어진 선언의 허구』을 저술하다.

산문

1400-약 1410
조반니 세르캄비가 『이야기꾼』을 저술하다.

1420-약 1430
프라토의 조반니 게라르디가 『알베르타의 천국』을 저술하다.

1438-1452
포조 브라촐리니가 『재담 모음집』을 저

1403-1405
레오나르도 브루니가 『피렌체 찬가』를 저술하다.

1416
포조 브라촐리니가 『베로나의 구아리노에게 보내는 편지』Lettera a Guarino Veronese를 저술하다.

1432-1443
레온 바티스타 알베르티가 『가족에 관한 책』을 저술하다.

1429-1436
시에나의 베르나르디노 델리 알비체스키가 『그리스도교에 관하여』를 저술하다.

1446
에네아 실비오 피콜로미니가 『두 연인의 이야기』를 저술하다.

1422
프랑스의 알랭 샤르티에가 『4인 참매문답Quadrilogue invectif』을 저술하다.

1427
레오나르도 브루니가 『요하니스 스트로체 장례 연설문』을 저술하다.

1438
레온 바티스타 알베르티가 『생명에 관하여』를 저술하다.

약
페오 벨카리가 『복자 조 콜롬비니의 생애』를 저술

시

1401
피장의 크리스틴이 『장미의 이야기』를 저술하다.

1423-1431
에네아 실비오 피콜로미니가 『친티아』를 저술하다.

1403
피장의 크리스틴이 『여성들의 도시』를 저술하다.

약 1425 - 약 1445
부르키엘로라고 불린 조반니의 도메니코가 『시집』을 저술하다.

1441
피렌체에서 '체르타메 코로나리오'가 열리다.

1426
파노르미타라고 불린 안토니오 베카델리가 『헤르마프로디토스』를 저술하다.

1437
마페오 베지오가 『안토니아스』를 저술하다.

1446-144
파르마의 바시니오 『키리스』를 저술하

연극

1420-약 1425
안토니오 바르치차가 『카우테라리아 축제』를 저술하다.

1432-1435
프룰로비시의 티토 리비오가 『코롤라리아』, 『클라우디 형제』, 『엠포리아』, 『심마쿠스』, 『오라토리아』를 저술하다.

1442
레오나르도 다티가 『히엠프살 왕』을 저술하

1419
시코 폴렌톤이 『카티니아』를 저술하다.

1424
레온 바티스타 알베르티가 『필로독스 이야기』를 저술하다.

1435
우골리노 피사니가 『차니 교수의 복습』을 저술하다.

1444
에네아 실비오 로미니가 『크를 저술하다.

페오 벨카리가 『아브라 이삭』을 저술

| 1460 | 1470 | 1480 | 1490 | 1500 |

-1553
오 비온도가 『빛나는
아』를 저술하다.

452
노초 마네티가 『인간의
엄성과 탁월함에 관하여』를
술하다.

1457
바르톨로메오 파초가
『위인전』을 저술하다.

1458
에네아 실비오 피콜로미니
가 『유럽에 관하여』를
저술하다.

1464
조반니 폰타노가 『군주론』을
저술하다.

1472-1473
크리스토포로 란디노가 『카말돌리
논쟁』을 저술하다.

1474
마르실리오 피치노가 『그리스도교에
관하여』를 저술하다.

1481
크리스토포로 란디노가 단테의 『신곡』에
주석을 달다.

1482
마르실리오 피치노가 『플라톤의 신학』을
저술하다.

1486-1487
조반니 피코 델라 미란돌라가 『인간의
존엄성에 관하여』를 저술하다.

1492
주니아노 마이오가 『영광에
관하여』를 저술하다.

약 1499
조반니 폰타노가
『설교에 관하여』와
『악티우스』를 저술하다.

1455
파노르미타라고 불린
안토니오 베카델리가
『알폰소 왕의 말과 행적에
관하여』를 저술하다.

1462
『신백화집』(프랑스 노벨라 선집)이 저술되다.

1466-1471
루도비코 카르보네가 『재담집』을
저술하다.

1471
조반니 폰타노가
『안토니우스』를 저술하다.

약 1474
마수초 살레르니타노가
『노벨리노』를 저술하다.

1477-1482
안젤로 폴리치아노가
『유쾌한 격언집』을
저술하다.

1485
투포의 프란체스코가
『속어로 쓴 이솝 우화』를
저술하다.

1492-1498
아리엔티의 조반니
사바디노가 『포레타네』를
저술하다.

450-1457
르마의 바시니오가
헤스페리스』를 저술하다.

456
프랑수아 비용이 『유증시』(혹은 『소 유언집』)
를 저술하다.

1461-약 1486
조반니 폰타노가 『부부애』를 저술하다.

1463-1464
마테오 마리아 보이아르도가
『파스토랄리아』를 저술하다.

1467-1494
마테오 마리아 보이아르도가 『오를란도의 사랑』을 저술하다.

1475-1478
안젤로 폴리치아노가
『마상 시합을 위한 시』를
저술하다.

1474
로렌초 데 메디치가 『칸초니에레』를
저술하다.

1479-약 1494
안젤로 폴리치아노가 『시집』을 저술하다.

1483
루이지 풀치가 『모르간테』(『모르간테
대품』, 28편의 노래)를 저술하다.

1493-1494
카리테오라고 불린
베네데토 가레스가
『엔디미온』을 저술하다.

약 1496
야코포 산나차로가
『아르카디아』(2판)를 저술하다.

약 1460
『파틀랭 선생』이 저술되다.

1465
라우디비오 자카리아가 『야코포 공작의
감금』을 저술하다.

약 1480
안젤로 폴리치아노가 『오르페우스의
이야기』를 저술하다.

1483
톰마소 메디오가 『에피로타』를
저술하다.

1487
코레조의 니콜로가 『케팔로스
이야기』를 저술하다.

1491
마테오 마리아 보이아르도가
『티모네』를 저술하다.

1496
발다사레
타코네가
『다나에』를
저술하다.

	1400	1410	1420	1430	1440

회화

1408-약 1415
베네치아에서 파브리아노의 젠틸레와 피사넬로가 팔라초 두칼레의 마조레 콘실리오 홀에 프레스코화를 그리다(손실).

약 1420
베소초의 미켈리노가 〈성녀 가타리나의 신비로운 혼인Matrimonio mistico di santa Caterina〉을 그리다.

1424
마솔리노와 마사초가 〈성 안나, 아기 예수와 성모 마리아와 천사들〉을 그리다.

약 1427
피렌체에서 마사초가 산타 마리아 노벨라 성당에 〈삼위일체〉를 그리다.

약 1430
플레말의 거장(로베르 캉팽)이 〈메로드 3폭 제단화Trittico di Merode〉를 그리다(뉴욕 메트로폴리탄 박물관).

1434
부르주에서 얀 반 에이크가 〈조반니 아르놀피니와 그의 아내 초상〉을 그리다.

1438-약 1440
피렌체에서 파올로 우첼로가 〈산 로마노의 전투〉를 그리다.

약 1445
나폴리에서 콜란토니오가 〈서재의 성 예로니모〉를 그리다.

조각

1401
피렌체에서 필리포 브루넬레스키와 로렌초 기베르티가 〈이삭의 희생〉을 제작하다.

1406-1407
루카에서 퀘르차의 야코포가 〈일라리아 델 카레토의 장례 기념물〉을 제작하다.

1412-1416
피렌체에서 방코의 난니가 오르산미켈레 성당에 〈화관을 쓴 네 명의 성인Quattro Santi Coronati〉을 제작하다.

1408
피렌체에서 도나텔로가 〈다비드〉를 제작하다.

1433-약 1438
피렌체에서 도나텔로가 두오모 성당의 칸토리아를 제작하다.

1442-1445
피렌체에서 로비아의 루카가 두오모 성구실 입구의 아치형 채광창에 〈부활Resurrezione〉과 〈승천Ascensione〉을 제작하다.

1446-1450
피렌체에서 베르나르도 로셀리노가 산타 크로체 성당에 〈레오나르도 브루니의 장례 기념물〉을 제작하다.

건축

1420-1436
피렌체에서 필리포 브루넬레스키가 산타 마리아 델 피오레 성당의 돔을 건축하다.

1421-1440
베네치아에서 마테오 라베르티, 조반니와 바르톨로메오 본이 황금의 집을 건축하다.

1444-1464
피렌체에서 미로초 미켈로치가 팔라초 메디치를 건축하다.

기타 예술

약 1400
이탈리아에서 베소초의 미켈리노가 『보드머 성무일도』의 세밀화를 작업하다.

1405
파리의 공방에서 바이에른의 알트외팅 소성당에 있는 〈골든 로슬〉이 완성되다.

1411-1416
프랑스에서 랭부르 형제가 베리 공작장의 『아주 호화로운 시간경』의 세밀화를 작업하다.

1422-1424
얀 반 에이크가 『토리노-밀라노의 성무일도』 세밀화를 작업하다.

약 1430
로앙의 시간경의 거장이 『로앙의 멋진 시간경』의 세밀화를 작업하다.

약 1440
밀라노에서 보니파초 벰보가 비스콘티-스포르차 타로 카드의 세밀화를 작업하다.

| | | 1460 | 1470 | 1480 | 1490 | 1500 |

50
케가 〈뮬링의 2폭 제단화〉를
다.

1465-약 1474
만토바에서 안드레아 만테냐가 팔라초 두칼레
신혼의 방에 프레스코화를 그리다.

1466-1473
한스 멤링이 〈최후의 심판 3폭 제단화〉를 그리다.

1494-1497
밀라노에서 레오나르도 다 빈치가
산타 마리아 델레 그라치에 성당에
〈최후의 만찬〉을 그리다.

7-1455
.바에서 피사넬로가 공작의 성에
왕의 일대기를 묘사한 프레스코화를 그리다.

약 1459
조반니 벨리니가 〈고뇌하는 그리스도〉를 그리다.

1472-약 1474
우르비노에서 피에로 델라 프란체스카가
몬테펠트로의 성화를 그리다.

약 1498
뉘른베르크에서 알브레히트 뒤러가
〈성모자Madonna Haller〉를 그리다.

약 1460
로히어르 판 데르 베이던이 〈에스테의
프란체스코 초상Ritratto di Frances d'Este〉을
그리다.

메시나의 안토넬로가 〈마돈나 솔팅〉을
그리다.

약 1478
피렌체에서 보티첼리가
〈봄〉을 그리다.

약 1453
피렌체에서 피에솔레의 미노가
〈피에로 데 메디치의 초상Ritratto di
Piero de'Medici〉을 제작하다.

약 1463
볼로냐에서 야르카의 니콜로가 산타 마리아
델라 비타 성당에 〈돌아가신 그리스도를
애도함〉을 제작하다.

약 1478
피렌체에서 베로키오의 안드레아가 〈꽃
다발을 든 귀부인 반신상Busto di dama con
mazzolino di fiori〉을 제작하다.

1497-1501
로마에서 미켈란젤로가 성 베드로
대성당에 〈피에타〉를 제작하다.

1497
로마에서 안토니오 폴라이올로
가 성 베드로 대성당에 〈인노첸
시오 8세의 무덤〉을 제작하다.

1458-1460
피렌체에서 레온 바티스타 알베르티가
산타 마리아 노벨라 성당 정면을 건축하다.

1469-1478
베네치아에서 마우로 코두치가
산 미켈레 인 이솔라 성당을 건축하다.

1482-1486
밀라노에서 브라만테가
산 사티로 산타 마리아
프레소 성당을 개축하다.

1490-1499
파비아에서 조반니 안토니오
아마데오가 카르투지오회 수도원의
정면을 건축하다.

1459-1464
피엔차에서 베르나르도 로셀리노가
도시 재건설을 하다.

50
에서 레온 바티스타 알베르티가
체스타가 사원을 건축하다.

약 1464
우르비노에서 루치아노 라우라나가 팔라초 두칼레
건축의 두 번째 작업 단계를 시작하다.

1492
페라라에서 대대적으로
도시를 확장하다.

약 1456
밀라노에서 필라레테가 오스페달레 마조레의
건축을 시작하다.

452
로마에서 레온 바티스타 알베르티의
건축론, 필사본이 완성되다.

1480-약 1490
피에로 델라 프란체스카가
『회화의 투시화법』을 저술하다.

1461-1464
밀라노에서 필라레테가
『건축론』을 저술하다.

1400	1410	1420	1430	1440

종교 음악 연주

1421-1427
기욤 뒤페가 말라테스타 가문과의 결속을 드러내는
여러 곡을 작곡하다.

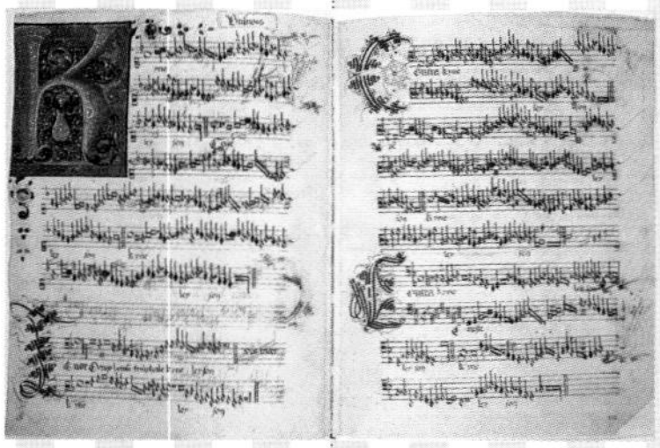

1436년 3월
기욤 뒤페가 산타 레파라타 피렌체 주교좌
성당의 축성을 기념하여 모테트 〈지금 장미
꽃이 피었네〉를 작곡하다(필리포 브루넬레스
키가 돔을 완성한 이후 산타 마리아 델 피오레
성당으로 다시 명명되다).

세속 음악 연주

1432
사보이의 루도비코와 키프로스의 앤의 결혼식에서
기욤 뒤페와 질 뱅슈아가 처음으로 만나다.

음악 이론

1416
피아첸차의 도메니코가
『무용의 예술과 합창단의 지휘에
관하여』를 저술하다.

약 1430
오르비에토의 우골리노가
『음악 수업 선언』을 저술하다.

1440
부르고뉴의 즈볼러의 앙리
아르노가 악기 제조에 대한
최초의 논문들 중 한 편의 초
고를 작성하다.

1460   1470   1480   1490   1500

⋯52
⋯옴 뒤페가 미사곡 〈내 얼굴이 창백해진다면〉을
곡하다.

1454
요하네스 오케겜이 프랑스 샤를 7세 왕실
소성당의 합창단장이 되다.

약 1460
앙투안 뷔누아가 같은 모티프의 멜로디로 시작되는
최초의 미사곡들 중 하나인 〈무장한 남자〉를 작곡하다.

약 1484
스포르차 가문의 궁정에서 일한 지 얼마 안 되는 프레의 조
스캥이 에스테 가문의 에르콜레 1세를 위하여 미사곡 〈페
라리 공작 헤라큐레스〉를 작곡하다.

1485년 여름
하인리히 이삭이 피렌체 산 조반니 소성당
지휘자로 활동을 시작하다.

1489
로마에서 프레의 조스캥이 교황의
소성당에서 봉사하기 시작하다.

1498
프레의 조스캥이 교황의 소성당을 떠나
스포르차 궁정의 봉신으로 되돌아오다.

⋯52
⋯라드 파우만의 『오르간 연주의 기초』가 인쇄되다,
저술에는 건반 연주자를 위한 '재편성된' 보컬 작곡이 포함된다.

1478
15세기의 가장 방대한 노래 모음집인
『로스토크 가요집Rostocker Liederbuch』
이 출판되다.

약 1480
당시 유명 작가들의 보컬 작
곡 목록이자 문자 없이 악기
연주를 위해 필사된 『카사나
텐세 노래집』의 초고가 작성
되다.

1497
요하네스 오케겜이 사망하다,
프레의 조스캥이 애도하며
샹송 〈나무의 요정〉을 쓰다.

1489
피렌체의 카니발: 7개의 행성에서
7번의 승리를 거둔 거대한 미라가
등장하는데, 인문주의자 날도 날디
가 7개의 가짜 별이라는 애가로 기
념하다. 이에 로렌초 데 메디치에
게 공을 돌리는 7개의 행성의 노래
가 작곡되다.

1455
안토니오 코르나차노가 『무
용의 예술에 관한 책』을 저술
하다.

1463
굴리엘모 에브레오가 『특
별한 대중 무용 예술론』을
저술하다.

약 1470
요하네스 팅크토리스가
『음악 연주 개론』을 저술하다.

1472
요하네스 팅크토리스가
『음악의 비율』을 저술하다.

1480
프란키누스 가푸리우스가
『음악 작품 이론』을 저술하다.

1482
파레하의 바르톨로메오
라모스가 『음악 연주』를
저술하다.

1484
마르실리오 피치노가 서간집 『음악에
관한 논의』를, 요하네스 팅크토리스가
『음악 창작 및 연주론』을 저술하다.

1492
프란키누스 가푸리우스가
『음악 이론』을 저술하다.

약 1495
최초의 음악 용어 사전인
요하네스 팅크토리스의
『음악의 정의』가
출판되다.

1496
프란키누스 가푸리우스가
『음악 연주』를 저술하다.

1500
프란키누스 가푸리우스가
『조화로운 악기 연주론』을
저술하다.

중세 Ⅳ

초판 1쇄 발행일 2018년 6월 22일
초판 3쇄 발행일 2022년 2월 17일

기획자 움베르토 에코
옮긴이 김효정, 주효숙
감수자 차용구, 박승찬

발행인 박헌용, 윤호권
편집 한소진, 이경주 **디자인** 박지은
발행처 ㈜시공사 **주소** 서울시 성동구 상원1길 22, 6-8층(우편번호 04779)
대표전화 02 - 3486 - 6877 **팩스(주문)** 02 - 585 - 1755
홈페이지 www.sigongsa.com / www.sigongjunior.com

ISBN 978-89-527-7425-5 04080
ISBN 978-89-527-7421-7 (set)

*시공사는 시공간을 넘는 무한한 콘텐츠 세상을 만듭니다.
*시공사는 더 나은 내일을 함께 만들 여러분의 소중한 의견을 기다립니다.
*잘못 만들어진 책은 구입하신 곳에서 바꾸어 드립니다.

	400	500	600	700	800	900

역사

395
테오도시우스 1세의
죽음과 제국의 분열

476
서로마 제국의 종말

493
테오도리쿠스 대왕에 의해
라벤나를 수도로 하는
동고트 왕국의 탄생

527-565
유스티니아누스 대제가
콘스탄티노플의 동로마
황제로 재위

약 610
무함마드가 설교를 시작

643
〈로타리 칙령〉

711
아랍인들이
서고트족의 첫 번째
왕국을 정복

722
에스파냐가 재정복을 시작

726
이사우리아 왕조의 레오 황제가
성상 파괴 칙령을 내림

771-814
카롤루스 대제의 재위

800 (12월 25일)
카롤루스 대제와 더불어
서로마 제국이 부활

843
베르됭 조약

철학, 과학과 기술

397-401
성 아우구스티누스가 『고백록』 저술

413-약 425
성 아우구스티누스가
『신국론』 저술

485
프로클로스가 『유클리드의
원론에 대한 주석서』 저술

524
보에티우스가
『철학의 위안』 저술

550
유럽 최초로 앞바퀴가
달린 무거운 쟁기를 사용

615
세비야의 이시도루스가
『사물의 본성』 저술

약 740
유럽에서 등자를 사용

789
요크의 알퀴누스가
궁정 학교를 지도

790
게베르가 『화학의 서』 저술

851
요하네스 스코투스
에리우게나가
『예정론』 저술

시각예술

450
갈라 플라키디아의
마우솔레움(라벤나) 제작

525-547
산 비탈레 성당(라벤나) 건축

532-537
성 소피아 대성당
(콘스탄티노플) 건축

603
테오델린다의 전례서 제작

799-805
팔라티나 예배당(아헨) 건축

835
부올비노가 산탐브로조
성당(밀라노)에 황금 제단 제작

약 825
『위트레흐트의 시편』 제작

91
제1
성5

문학과 연극

390-405
성 히에로니무스가 성경을 번역

약 622
세비야의 이시도루스가
『고트족, 반달족,
수에비족의 역사』 저술

725
가경자 베다가
『세계의 6단계 연대기』 저술

약 787
파울루스 부제가
『랑고바르드족의 역사』 저술

음악

494
젤라시오 1세가
『젤라시오 전례서』 저술

500
보에티우스가
『음악 입문』 저술

600
그레고리오 1세가
첫 번째 합창단 창단

약 850
『무지카 엔키리아디스』 저

약 90
오르간